ସୌନ୍ଦର୍ଯ୍ୟ-ତତ୍ତ୍ୱ
ଓ
ଓଡ଼ିଆ କାବ୍ୟରେ ସୌନ୍ଦର୍ଯ୍ୟ-ଚେତନା

ସୌନ୍ଦର୍ଯ୍ୟ-ତତ୍ତ୍ୱ
ଓ
ଓଡ଼ିଆ କାବ୍ୟରେ ସୌନ୍ଦର୍ଯ୍ୟ-ଚେତନା

ଡକ୍ଟର ବୈରାଗୀଚରଣ ଜେନା

BLACK EAGLE BOOKS

2021

BLACK EAGLE BOOKS

USA address:
7464 Wisdom Lane
Dublin, OH 43016

India address:
E/312, Trident Galaxy, Kalinga Nagar,
Bhubaneswar-751003, Odisha, India

E-mail: info@blackeaglebooks.org
Website: www.blackeaglebooks.org

First Edition by Orissa Book Store, Binodbehari,
Cuttack-753002 in 1992

First International Edition Published by
BLACK EAGLE BOOKS, 2021

SAUNDARYA TATTWA-O- ODIYA KABYARE SAUNDARYA-CHETANA
by **Dr. Bairagicharan Jena**

Cover & Interior Design: Ezy's Publication

ISBN- 978-1-64560-225-5 (Paperback)

Printed in the United States of America

ଦିବଂଗତ ପିତୃଦେବ ଓ ମାତୃଦେବୀଙ୍କ
ଦିବ୍ୟ ଚରଣରେ ଭକ୍ତି-ଅର୍ଘ୍ୟରୂପେ ସମର୍ପିତ

ସୂଚନା

ଅପୂର୍ବ ଯଦ୍ ବସ୍ତୁ ପ୍ରଥୟତି ବିନା କାରଣ କଳାଂ
ଜଗଦ୍ ଗ୍ରାବ ପ୍ରଖ୍ୟଂ ନିଜ-ରସଭରାତ୍ ସାରୟତି ଚ ।
କ୍ରମାତ୍ ପ୍ରଖ୍ୟୋପାଖ୍ୟ ପ୍ରସର-ସୁଭଗଂ ଭାସୟତି ତତ୍
ସରସ୍ୱତ୍ୟାସ୍ତତ୍ତ୍ୱଂ କବି-ସହୃଦୟାଖ୍ୟଂ ବିଜୟତାତ୍ ।।

(ଅଭିନବ ଗୁପ୍ତ)

କାବ୍ୟ କବିତାର ନନ୍ଦନ-ତାତ୍ତ୍ୱିକ ଆଲୋଚନା ବହୁ ପ୍ରାଚୀନ । ଆଧୁନିକ ସମାଲୋଚନା ପଦ୍ଧତିରେ ଏହି ତତ୍ତ୍ୱକୁ ଗୁରୁତ୍ୱ ସହ ବିଚାର କରାଯାଉଛି । ଓଡ଼ିଆ କାବ୍ୟର ସୌନ୍ଦର୍ଯ୍ୟ ଶାସ୍ତ୍ରୀୟ ଆଲୋଚନାର ଅଭାବ ଥିବାରୁ ମୋର ଏହି ପ୍ରାଥମିକ ପ୍ରୟାସ ।

ବାଲେଶ୍ୱର ଫକୀରମୋହନ ମହାବିଦ୍ୟାଳୟରେ ଅଧ୍ୟାପକ ଭାବେ ଯୋଗଦେବା ପରେ ବିକ୍ଷିପ୍ତ ଅଧ୍ୟୟନର ଉର୍ଦ୍ଧ୍ୱକୁ ଉଠି ଓଡ଼ିଆ ମଧ୍ୟଯୁଗୀୟ ଓ ଆଧୁନିକ (ଉପେନ୍ଦ୍ର ଭଞ୍ଜ ଯୁଗଠାରୁ ରାଧାନାଥ ଯୁଗ ପର୍ଯ୍ୟନ୍ତ) କାବ୍ୟର ଏକ ସୌନ୍ଦର୍ଯ୍ୟ ଶାସ୍ତ୍ରୀୟ ଅଧ୍ୟୟନ ନିମନ୍ତେ ସ୍ଥିର କଲି; ମାତ୍ର ଅଧ୍ୟୟନର ବିଷୟ ସୀମା ସମ୍ପର୍କରେ ମୁଁ ସେତେବେଳେ ଅବହିତ ନଥିଲି । ସଂଗ୍ରହ ଓ ଅଧ୍ୟୟନର ବ୍ୟାପକତା ସଙ୍ଗେ ମୋର ଜ୍ଞାନର ଦିଗ୍‌ବଳୟ କ୍ରମେ ସଂପ୍ରସାରିତ ହେବାକୁ ଲାଗିଲା । ଏହି ସନ୍ଦର୍ଭ ରଚନା ଫଳରେ ମୋର ଅଧ୍ୟୟନ ଓ ଜିଜ୍ଞାସା ଯେ ସମ୍ପୂର୍ଣ୍ଣ ହେଲା ମୁଁ ତାହା କଦାପି କହିବି ନାହିଁ; ମାତ୍ର ମୋର ବିଶ୍ୱାସ, ଏହି ତତ୍ତ୍ୱ ସହ ପରିଚୟ ଲାଭ କରି ଓଡ଼ିଆ କାବ୍ୟରେ ତାହାର ପ୍ରାୟୋଗିକ ଦିଗ୍ ପ୍ରଦର୍ଶନ କରିପାରିଛି ।

ଏହି ସନ୍ଦର୍ଭର ଉପାଦାନ ସଂଗ୍ରହ ନିମନ୍ତେ ଫକୀରମୋହନ ମହାବିଦ୍ୟାଳୟର ଗ୍ରନ୍ଥାଗାରରୁ ବହୁ ଦୁଷ୍ପ୍ରାପ୍ୟ ପୁସ୍ତକର ସନ୍ଧାନ ପାଇ ସେଗୁଡ଼ିକରର ବିନିଯୋଗ କରିବାର ସୁଯୋଗ ମୁଁ ପାଇଥିଲି । ପୁରୀ ସାମନ୍ତ ଚନ୍ଦ୍ରଶେଖର ମହାବିଦ୍ୟାଳୟକୁ ସ୍ଥାନାନ୍ତରିତ ହେବା ପରେ ସେଠାରେ ମୋତେ ବହୁ ଅଳଙ୍କାରଶାସ୍ତ୍ର ଅଧ୍ୟୟନର ସୁଯୋଗ ମିଳିଥିଲା । ସମ୍ବଲପୁର

ବିଶ୍ୱବିଦ୍ୟାଳୟର ଗ୍ରନ୍ଥାଗାରରୁ ମଧ୍ୟ ସାମୟିକ ସାହାଯ୍ୟ ପାଇଛି। ବିଶ୍ୱବିଦ୍ୟାଳୟ ଅନୁଦାନ ଆୟୋଗ ଆର୍ଥିକ ସାହାଯ୍ୟ ପ୍ରଦାନ କରି ମୋତେ ଅନୁଗୃହୀତ କରିଛନ୍ତି। ଏହି ଅନୁଷ୍ଠାନମାନଙ୍କ ନିକଟରେ ମୁଁ ଋଣୀ।

ମୋର ଶିକ୍ଷାଗୁରୁ, ନିର୍ଦ୍ଦେଶକ ତଥା ସମ୍ବଲପୁର ବିଶ୍ୱବିଦ୍ୟାଳୟର ସ୍ନାତକୋତ୍ତର ଓଡ଼ିଆ ବିଭାଗର ପୂର୍ବତନ ମୁଖ୍ୟ ଅଧ୍ୟାପକ ଡକ୍ଟର ଗୋପାଳଚନ୍ଦ୍ର ମିଶ୍ରଙ୍କର ପ୍ରେରଣା, ସ୍ନେହ ଓ ନିର୍ଦ୍ଦେଶନା ମୋର ଅଧ୍ୟୟନର କ୍ଷେତ୍ରକୁ ବିସ୍ତୃତ କରିବା ସଙ୍ଗେ ଏହି ସନ୍ଦର୍ଭ ରଚନା ନିମନ୍ତେ ମୋର ଆତ୍ମବିଶ୍ୱାସକୁ ଦୃଢ଼ କରିଥିଲା। ଏଇ ଗ୍ରନ୍ଥ ପ୍ରକାଶିତ ହେବା ଦେଖି ଯେ ସବୁଠାରୁ ଅଧିକ ପ୍ରୀତ ହୋଇଥାନ୍ତେ ସେଇ ପରମ ହିତାକାଂକ୍ଷୀ ଗୁରୁବର ଆଜି ଆଉ ନାହାନ୍ତି। ଏଇ ଅବସରରେ ତାଙ୍କର ଅମର ଆତ୍ମା ପ୍ରତି ମୋର ବିନମ୍ର ଶ୍ରଦ୍ଧାଞ୍ଜଳି ଜଣାଉଛି।

ପୂଜ୍ୟ ଗୁରୁଦେବ ଡକ୍ଟର କୁଞ୍ଜବିହାରୀ ତ୍ରିପାଠୀ ଓ ଶ୍ରୀଯୁକ୍ତ ଚିନ୍ତାମଣି ବେହେରା ସନ୍ଦର୍ଭ ସମ୍ବନ୍ଧୀୟ ମୋର ଧାରଣାକୁ ସ୍ୱଚ୍ଛ ଓ ସ୍ଥଳବିଶେଷରେ ନିର୍ଦ୍ଦେଶ ପ୍ରଦାନ କରିଥିବାରୁ ଗ୍ରନ୍ଥପ୍ରକାଶ ଅବସରରେ ମୁଁ ସେମାନଙ୍କ ନିକଟରେ କୃତଜ୍ଞତା ପ୍ରକାଶ କରୁଛି। ଶିକ୍ଷାଗୁରୁମାନଙ୍କର ଉତ୍ସାହ ଓ ନିର୍ଦ୍ଦେଶ ବିନା ଏପରି ବ୍ୟାପକ ବିଷୟରେ ଅଧ୍ୟୟନ ନିମନ୍ତେ ମୁଁ ମାନସିକ ଶକ୍ତି ସଞ୍ଚୟ କରିପାରି ନଥାନ୍ତି।

ମୋର ପତ୍ନୀ ଶ୍ରୀମତୀ ସୁପ୍ରଭା ତାଙ୍କର ସକଳ ଗୃହ-ଜଞ୍ଜାଳ ମଧ୍ୟରେ ନିରଳସ ପରିଶ୍ରମ କରି ଉପାଦାନ ସଂଗ୍ରହ ଓ ମୋର ମାନସିକ ଶାନ୍ତି-ବିଧାନରେ ତତ୍ପରା ଥାଇ ଗବେଷଣା କାର୍ଯ୍ୟକୁ ସୁଗମ କରିଥିବାରୁ ଧନ୍ୟବାଦର ପାତ୍ରୀ। କାବ୍ୟଶ୍ରୀ ଓ ନୀଳସୁନ୍ଦରଙ୍କର ସନ୍ଦର୍ଭର ମୁଦ୍ରିତରୂପ ଦେଖିବାର ସ୍ନେହ-ଅଳି ଆଜି ସାର୍ଥକ ହୋଇଥିବାରୁ ମୁଁ ଅତ୍ୟନ୍ତ ସୁଖୀ।

ଓଡ଼ିଶା ବୁକ୍ ଷ୍ଟୋରର ସତ୍ତ୍ୱାଧିକାରୀ ଉତ୍ସାହୀ ପ୍ରକାଶକ ଶ୍ରୀ ଗୋବିନ୍ଦ ଚରଣ ପାତ୍ର ଓ ତଦୀୟ ପୁତ୍ର ଶ୍ରୀମାନ୍ ବିଜୟ ଶଙ୍କର ପାତ୍ରଙ୍କ ଗ୍ରନ୍ଥ-ପ୍ରକାଶ ବ୍ୟାପାରରେ ଯତ୍ନ ଓ ତତ୍ପରତା ସେମାନଙ୍କ ପ୍ରତି ମୋର କୃତଜ୍ଞତାକୁ ଗଭୀରତର କରିଛି।

ଏହି ଗ୍ରନ୍ଥ ସାହିତ୍ୟର ଛାତ୍ର, ଗବେଷକ ଓ ପାଠକମାନଙ୍କର ସୌନ୍ଦର୍ଯ୍ୟ-ରସ-ଜିଜ୍ଞାସା ପରିତୃପ୍ତିରେ ସହାୟକ ହେଲେ କୃତାର୍ଥ ହେବି।

ସମ୍ବଲପୁର ବିଶ୍ୱବିଦ୍ୟାଳୟ
ଶ୍ରୀପଞ୍ଚମୀ
୧୯୯୨

ବୈରାଗୀଚରଣ ଜେନା

ସୂଚିପତ୍ର

ଭୂମିକା

ସକଳ କଳା-ସୃଷ୍ଟି ମୂଳରେ ସୌନ୍ଦର୍ଯ୍ୟ ନିହିତ। ଶିଳ୍ପୀର ସେହି ସୌନ୍ଦର୍ଯ୍ୟବୋଧ ଓ ପ୍ରକାଶ କାମନାରୁ କଳାର ଜନ୍ମ। କବି ଶିଳ୍ପୀମାନେ ଅନ୍ତରରେ ଭୁବନମୋହିନୀ ସୌନ୍ଦର୍ଯ୍ୟ-ଲକ୍ଷ୍ମୀଙ୍କର ସାକ୍ଷାତ୍‌କାର ଲାଭ କରି କାବ୍ୟଶିଳ୍ପ ଆଦିରେ ତାହାରି ବନ୍ଦନା ଗାନ କରିଥାନ୍ତି । ଏହି ସୌର୍ଯ୍ୟବୋଧ କଳାସୃଷ୍ଟି ମୂଳରେ ବିଦ୍ୟମାନ ଥିବାରୁ କବିର ସୃଜନ ବ୍ୟାପାର କ୍ରିୟାଶୀଳ ହୁଏ। କଳା ଓ ସୌନ୍ଦର୍ଯ୍ୟ ଶିଳ୍ପୀକବିମାନଙ୍କ ପାଇଁ ଏକ ସାଧନା। ଏହା ମାନବ ସଂସ୍କୃତିର ସର୍ବୋତ୍ତମ ଆଦର୍ଶର ସୃଷ୍ଟି। ସୌନ୍ଦର୍ଯ୍ୟ ପ୍ରତି ଆଦିମ କାଳରୁ ମାନବ ମନର ଏହି ଜାଗରୁକତା ଫଳରେ ସେ ଊର୍ଦ୍ଧ୍ୱୋନ୍ମୁଖ ଚେତନାର ବିକାଶ କରିଚାଲିଛି। ଲଳିତକଳା ମାନବର ନିରନ୍ତର କଳା-ସାଧନାର ଉପଯୁକ୍ତ ମାଧ୍ୟମ।

ଆନନ୍ଦ ପ୍ରଦାନ କରିବା କଳାର ଲକ୍ଷ୍ୟ। କଳା ସୃଷ୍ଟି ମୂଳରେ କବିର ସୌନ୍ଦର୍ଯ୍ୟ-ଚେତନା ନ ଥିଲେ ପାଠକର ଆନନ୍ଦ ପ୍ରାପ୍ତି ଘଟେ ନାହିଁ। ସୌନ୍ଦର୍ଯ୍ୟ ସହିତ ଆନନ୍ଦର ନିତ୍ୟ ସହାବସ୍ଥାନ; ଅର୍ଥାତ୍, ସୌନ୍ଦର୍ଯ୍ୟାନୁଭୂତିରେ ଆନନ୍ଦ ପରିଣାମ ସ୍ୱରୂପ ଲାଭ କରାଯାଏ। ପାର୍ଥିବ-ସୌନ୍ଦର୍ଯ୍ୟ କବି-କଳ୍ପନାର ଇନ୍ଦ୍ରଧନୁ ରଙ୍ଗରେ ରଞ୍ଜିତ ହୋଇ କଳାରେ ଚିରନ୍ତନତା ପ୍ରାପ୍ତ ହୁଏ। କବିମାନଙ୍କ ବାକ୍ କର୍ମ ମଧ୍ୟରେ ଶୋଭନ-ଲକ୍ଷ୍ମୀ ଅବସ୍ଥାନ କରନ୍ତି- 'ଭଦ୍ରୈଷାଂ ଲକ୍ଷ୍ମୀର୍ନିହିତାଧି ବାଚି ।' କଳା ସୌନ୍ଦର୍ଯ୍ୟକୁ ଘେନି ପ୍ରକାଶ ପାଏ ଓ କଳାରେ ରୂପାନ୍ତରିତ ହୋଇ ସୌନ୍ଦର୍ଯ୍ୟ ପ୍ରତିଷ୍ଠା ଲାଭ କରେ ।

କଳା କାଳରେ ଆବଦ୍ଧ ନୁହେଁ, ତାହା କାଳାତୀତ ଓ ଅକ୍ଷୟ। ମହତ୍ ଶିଳ୍ପୀ ସୃଷ୍ଟିର ସ୍ଥାୟୀ ଆଧ୍ୟାତ୍ମିକ ମୂଲ୍ୟର ଗଭୀରତାରେ ପ୍ରବେଶ କରି ତାହାର ବ୍ୟାଖ୍ୟା କରେ। ସକଳ କଳା କେବଳ ଅନୁଭୂତିର ନୂତନ ବ୍ୟାଖ୍ୟା; ଜୀବନର ସମାଲୋଚନା। ଏହା ଶିଳ୍ପୀର ନିଜ ପରିବେଶ ପ୍ରତି ପ୍ରତିକ୍ରିୟା। ଏହି ବିଶ୍ୱକୁ ସେ ଯେପରି ଦେଖିଛି ତାହାର

ସୃଷ୍ଟିରେ ସେହି ରୂପ ପ୍ରକାଶ ପାଏ। ତେଣୁ ପ୍ରାଚୀନ ଓ ନବୀନ ଭାବେ କଳାର ବିଚାର କରିବା ଅନୁଚିତ। କୌଣସି ଦୃଶ୍ୟ ବା ସମ୍ବେଗ କେବେ ପ୍ରାଚୀନ ପ୍ରତୀତ ହୁଏ ନାହିଁ। କାରଣ ସବୁ ଯୁଗର ମାନବର ହୃଦୟବୃତ୍ତି ସମାନ । ଉତ୍ତମ ଶିଳ୍ପୀ ସେହି ପୁରୁଣା ପ୍ରେମ, ପରିଚିତ ମଣିଷ ଓ ବସ୍ତୁକୁ ନୂତନ ରୂପରେ ପରିବେଷଣ କରନ୍ତି । ଅତୀତର ମହାକବିମାନଙ୍କ ନରନାରୀ, ପ୍ରେମ ଓ ପ୍ରକୃତି ଚିତ୍ର ଆମ ନିକଟରେ ଅପରିଚିତ ବୋଧ ହୁଅନ୍ତି ନାହିଁ । କେତେ ଯୁଗ ବିତିଗଲାଣି, ମନୁଷ୍ୟର ଅବସ୍ଥାରେ କେତେ ପରିବର୍ତ୍ତନ ଆସିଲାଣି, ତଥାପି ସେ ସବୁ ନିତ୍ୟ ନୂତନ ରୂପରେ ଆମର ଅନୁଭୂତିର ବିଷୟ ହୋଇ ଆସିଛନ୍ତି । ମାନବ-ପରମ୍ପରା ସମାନ ରୂପରେ ସେଗୁଡିକୁ ଉପଭୋଗ କରିଆସିଛି । ଦେଶ ବିଦେଶର ପାଠକମାନେ ମଧ୍ୟ ତହିଁରୁ ରସାସ୍ୱାଦନ କରି ଅନିର୍ବଚନୀୟ ଆନନ୍ଦ ଅନୁଭବ କରିଛନ୍ତି । ରବୀନ୍ଦ୍ରନାଥ ଆନନ୍ଦ ଓ ସୌନ୍ଦର୍ଯ୍ୟ ମାଧ୍ୟମରେ ବିଶ୍ୱର ପ୍ରତ୍ୟେକ ନରନାରୀଙ୍କର ପରସ୍ପରର ମଙ୍ଗଳକାମନାକୁ ସାହିତ୍ୟର ଯୋଗାଯୋଗର ପ୍ରଧାନ ଲକ୍ଷ୍ୟ କହିଛନ୍ତି- "କାରଣ, ମଙ୍ଗଳ ମାତ୍ରେ ସମସ୍ତ ଜଗତ ସହିତ ଏକ ଗଭୀରତମ ସାମଞ୍ଜସ୍ୟ ରହିଛି , ସକଳ ମଣିଷର ମନ ସଙ୍ଗେ ତାହାର ନିଗୂଢ଼ ମେଳ ରହିଛି । ସତ୍ୟ ସହିତ ମଙ୍ଗଳର ସେହି ପୂର୍ଣ୍ଣ ସାମଞ୍ଜସ୍ୟ ଦେଖିପାରିଲେ ତାହାର ସୌନ୍ଦର୍ଯ୍ୟ ଆଉ ଆମ୍ଭମାନଙ୍କର ଅଗୋଚର ରହେ ନାହିଁ । ...ସୌନ୍ଦର୍ଯ୍ୟ ମୂର୍ତ୍ତି ହିଁ ମଙ୍ଗଳର ପୂର୍ଣ୍ଣ ମୂର୍ତ୍ତି ଏବଂ ମଙ୍ଗଳମୂର୍ତ୍ତି ସୌନ୍ଦର୍ଯ୍ୟର ପୂର୍ଣ୍ଣ ସ୍ୱରୂପ ।" ମଣିଷର ସୌନ୍ଦର୍ଯ୍ୟବୋଧ ତା'ର ଶ୍ରେୟ ଓ ପ୍ରେୟବୋଧ ସହିତ ହରିହର ଆତ୍ମା ଭଳି ମିତ୍ରତା ବନ୍ଧନରେ ଆବଦ୍ଧ ।

ସାହିତ୍ୟ ଓ ଶିଳ୍ପ ସହିତ ପାଠକ ମନର କେବଳ ଆନନ୍ଦର ସଂଯୋଗ । ତା' ସହିତ ଅନ୍ୟ କୌଣସି ସମ୍ବନ୍ଧ ନିରୂପଣ କରିବା ନିରର୍ଥକ । କାରଣ ସୌନ୍ଦର୍ଯ୍ୟ ସହିତ ବାସ୍ତବ ଜଗତର କୌଣସି ପ୍ରୟୋଜନର ସମ୍ପର୍କ ନାହିଁ । ସୌନ୍ଦର୍ଯ୍ୟ ଚେତନା ବସ୍ତୁ ନିରପେକ୍ଷବୋଧ-ଆନନ୍ଦାନୁଭୂତି ମାତ୍ର । ଏହି ସମ୍ବନ୍ଧ ପ୍ରୟୋଜନର ନୁହେଁ କି ସ୍ୱାର୍ଥର ମଧ୍ୟ ନୁହେଁ । ସାହିତ୍ୟ ପାଠ ଫଳରେ ଅପାର୍ଥିବ ଆନନ୍ଦରେ ହୃଦୟ ପରିପୂର୍ଣ୍ଣ ହୋଇଉଠେ । ହୃଦୟରେ ସୁପ୍ତ ଲୋଭ ଓ କାମନାଦି ତା'ଫଳରେ ଜାଗି ଉଠନ୍ତି ନାହିଁ । ମମ୍ମଟ କାବ୍ୟକୁ 'ଲୋକୋତ୍ତର ବର୍ଣ୍ଣନା ନିପୁଣ କବିକର୍ମ' କହନ୍ତି । କବିର ଶିଳ୍ପକର୍ମର ରସଲୋକ ମଧ୍ୟରେ ଏପରି ଏକ ଅନିର୍ବଚନୀୟ ଲୋକୋତ୍ତର ରମଣୀୟତା ରହିଛି, ଯାହାର ଆସ୍ୱାଦନରେ ଆତ୍ମାର ବନ୍ଧନ ମୁକ୍ତି ଘଟେ । ଗ୍ୟେଟେ କହିଛନ୍ତି-

"For beauty they have sought in every age,
He who perceives it is from himself set free." [୧]

ପ୍ରକୃତ ଆନନ୍ଦାନୁଭୂତିର ମୁହୂର୍ତ୍ତ ବଚନାତୀତ। ତାହା କେବଳ ଅନୁଭବବେଦ୍ୟ।

ସୌନ୍ଦର୍ଯ୍ୟ ଓ କବିତା ଶ୍ରୀରାଧାଙ୍କର "ସୋଇ ପୀରିତି ଅନୁଭବ ବାଖାନିତେ ନିତି ନିତି ନଉତନ ହୟ" ଭଳି ଅନୁଭବ ଆଣିଦିଏ। ଥରେ ଦେଖି ବା ପଢ଼ି ତାହାର ଆସ୍ୱାଦନସ୍ପୃହା ନିବୃତ୍ତ ହୁଏନାହିଁ। ରସ ଓ ସୌନ୍ଦର୍ଯ୍ୟାନୁଭୂତି କାଳରେ ଆମର ଧାରଣା ହୁଏ ସ୍ୱର୍ଗ ଏକ ବାସ୍ତବିକତା। ପ୍ରେମିକର ପ୍ରେମାନୁଭୂତି ଓ ଦାର୍ଶନିକ ସନ୍ଥଙ୍କର ସତ୍ୟାନୁଭୂତି ପରି ଶିଳ୍ପୀ ଓ ଭୋକ୍ତାର ସୌନ୍ଦର୍ଯ୍ୟାନୁଭୂତି ବାସ୍ତବ। ସୁନ୍ଦର ବସ୍ତୁରୁ ମିଳୁଥିବା ଆନନ୍ଦରେ ତାହାର ମୂଲ୍ୟ ନିହିତ; ଯେଉଁଠାରେ ଆନନ୍ଦ ସେଠାରେ ସୌନ୍ଦର୍ଯ୍ୟର ଉପସ୍ଥିତି। ଶିଳ୍ପ ନିକଟରୁ ପାଠକର ସେହି ନୈର୍ବ୍ୟକ୍ତିକ ନିର୍ମଳ ଅନୁଭୂତି ପ୍ରାପଣୀୟ। ସୌନ୍ଦର୍ଯ୍ୟ ସନାତନ ଓ ସୌନ୍ଦର୍ଯ୍ୟବୋଧ ସ୍ୱୟଂଭୁ। ସୌନ୍ଦର୍ଯ୍ୟ ହେଲା ବିଶ୍ୱବ୍ୟାପିନୀ ଛନ୍ଦୋଧାରା ସହିତ ବ୍ୟକ୍ତିର ଅନ୍ତରାତ୍ମାର ଅନୁଭୂତିମୂଳକ ଏକ ବିଶେଷ ଅବସ୍ଥା, ଯାହା ସାମଞ୍ଜସ୍ୟର ଅନୁଭବ ଆଣିଦିଏ। ଏହି ସ୍ୱୟଂଭୁ ସାମଞ୍ଜସ୍ୟବୋଧର ନିଦର୍ଶନ ପାଇବା ପାଇଁ ମାନବ ଅନ୍ତର ଚିର ପିପାସିତ। ଅନ୍ତର ଓ ବାହ୍ୟର ସମ୍ବାଦ ହିଁ ସୌନ୍ଦର୍ଯ୍ୟ। ଦ୍ରଷ୍ଟା ଓ ଦୃଶ୍ୟ ମଧ୍ୟରେ, ଅନ୍ତର ଓ ବାହାର ମଧ୍ୟରେ ଏହି ସମ୍ବାଦ ବା ସମ୍ବନ୍ଧ ହିଁ ସୌନ୍ଦର୍ଯ୍ୟ। ବସ୍ତୁ ସହିତ ବ୍ୟକ୍ତି ଚିତ୍ତର ସଂଯୋଗ ଫଳରେ ବସ୍ତୁର ରମଣୀୟତା ଉପଲବ୍ଧ ହୁଏ। ବ୍ୟକ୍ତି ଓ ବସ୍ତୁ ମଧ୍ୟରେ ଏହା ଏକ ପ୍ରକାର ସାମଞ୍ଜସ୍ୟଭାବ। ବସ୍ତୁରେ ସୌନ୍ଦର୍ଯ୍ୟ ନିହିତ ଥିଲେ ମଧ୍ୟ ସହୃଦୟର ହୃଦୟରେ ହିଁ ଆନନ୍ଦର ଉପଲବ୍ଧି।

ଶିଳ୍ପରେ ଶିଳ୍ପୀର ମାନସିକ ମହତ୍ ଲାଳିତ୍ୟ ଓ ବେଦ୍ୟମାନତା ପ୍ରକାଶ ପାଏ। କଳାରେ ଦୃଷ୍ଟି ଓ ଅନୁପ୍ରେରଣା ନ ଥିଲେ ତାହାକୁ ମହତ୍ କଳା କୁହାଯାଏ ନାହିଁ। ସେହିପରି ଦୃଷ୍ଟିର ଅଭିବ୍ୟକ୍ତି ନ ଥିଲେ ତାହାର କୌଣସି ମୂଲ୍ୟ ନ ଥାଏ। ପ୍ରକାଶ ପାଇ ମଧ୍ୟ ଯଦି ଏହା କିପରି ହୃଦୟକୁ ସ୍ପର୍ଶ କରି ନ ପାରେ, ତେବେ ଶିଳ୍ପୀର ଅସାମର୍ଥ୍ୟ ପ୍ରମାଣିତ ହୁଏ। ସମ୍ବେଗର ଅଭିବ୍ୟଞ୍ଜନା ତଥା ତାହାର ସଂପ୍ରେକ୍ଷଣ ହିଁ କାବ୍ୟର ଲକ୍ଷ୍ୟ। ମନୁଷ୍ୟ ଅନୁଭୂତ ହୋଇ ଆତ୍ମୋନ୍ନତି ପଥରେ ଗତିକରେ ଓ ସେହି ଅନୁଭୂତିର ବିସ୍ତାର ହିଁ ତା'ର କଳାସୃଷ୍ଟିର ଧର୍ମ। ନିଜର ଭାବକୁ କବି ସର୍ବସାଧାରଣର ଭାବରେ ପରିଣତ କରିଦିଅନ୍ତି। ତେଣୁ ଭାବଦୃଷ୍ଟି ବା ଅନୁଭୂତି କହିଲେ ବୁଝାଯାଏ ସାଧାରଣୀ-ଅନୁଭୂତି। ତାହା ଆସ୍ୱାଦମାନତାପ୍ରାପ୍ତ କୌଣସି ଏକ ରସ-ସମ୍ଭାରରେ ପରିଣତ ହୋଇଥାଏ। ଯେକୌଣସି ପ୍ରକାଶକୁ ସୃଜନ କୁହାଯାଇ ନ ପାରେ। କବି ଅନ୍ତରର ଗଭୀର ସ୍ତରରେ ନିଦ୍ରିତ ବାସନାତରଙ୍ଗ ଯେତେବେଳେ ମନ-ବେଳା ଲଘିଂ ଉଠିଆସେ-ସେତେବେଳେ ତାଙ୍କର ପ୍ରକାଶ ବେଦନାର ଘଟେ ଅବସାନ। ଏହି ପ୍ରକାଶ ହିଁ ସୃଜନ, ନିର୍ମିତି।

କବି-ହୃଦୟର ବାସନା-ସଂସ୍କାର ସାହିତ୍ୟ-ସୃଷ୍ଟିରେ ରୂପ ନିଏ। ହୃଦୟସ୍ଥିତ ବାସନା-ସଂସ୍କାର କବିର କାବ୍ୟକୁ ଦିଏ ବିଶିଷ୍ଟ ରୂପ।

ରାଜଶେଖର କହିଛନ୍ତି-

ସ ଯତ୍ ସ୍ୱଭାବଃ କବିସ୍ତଦନୁରୂପଂ କାବ୍ୟମ୍।
ଯାଦୃଶାକାରଶ୍ଚିତ୍ରକରସ୍ତାଦୃଶାକାରମସ୍ୟ ଚିତ୍ରମ୍।[୨]

ଅର୍ଥାତ୍, କବି ଓ ଚିତ୍ରକର ଯେଉଁ ସ୍ୱଭାବର ହେବେ ତାଙ୍କର କାବ୍ୟ ଓ ଚିତ୍ର ମଧ୍ୟ ତଦନୁରୂପ ହେବ। କୁନ୍ତକ ମଧ୍ୟ କବି-ପ୍ରତିଭାର ସ୍ୱଭାବର ଭିନ୍ନତ୍ୱ ଫଳରୁ ହିଁ କାବ୍ୟର ପ୍ରସ୍ଥାନ ବା ରୀତିର ଭେଦ ଦେଖାଯାଏ ବୋଲି ମତ ଦେଇଛନ୍ତି (କବି ସ୍ୱଭାବ ଭେଦ ନିବନ୍ଧନତ୍ୱେନ କାବ୍ୟପ୍ରସ୍ଥାନ ଭେଦଃ)।[୩] ପ୍ରତ୍ୟେକ କବିର ଜୀବନ ଓ ଜଗତ ପ୍ରତି ଏକ ବ୍ୟକ୍ତିଗତ ଓ ବିଶିଷ୍ଟ ଦୃଷ୍ଟିକୋଣ ଥାଏ। ସାଧାରଣ ଲୋକଠାରୁ କବିର ରୁଚି ଓ ପ୍ରବୃତ୍ତି ଅଧିକ ପାରିମାର୍ଜିତ। ତାଙ୍କର ସୌନ୍ଦର୍ଯ୍ୟ-ଆହରଣ ପ୍ରଣାଳୀ ମଧ୍ୟ ଅତ୍ୟନ୍ତ ସଂସ୍କୃତ ଓ ମାର୍ମିକ। ସମସ୍ତେ ଜୀବନରେ ନାନା ଘଟଣା ଓ ଦୃଶ୍ୟ ଦେଖନ୍ତି; ମାତ୍ର କବି ତାହାର ତାତ୍ପର୍ଯ୍ୟ ଓ ଆଭ୍ୟନ୍ତରୀଣ ଗୁଣ ଧର୍ମ ବୁଝିପାରନ୍ତି। ଏହି ଜାଗରୂକତା ହିଁ ତାଙ୍କୁ କବି କରେ। ସାହିତ୍ୟର ଜଗତ୍ ବହୁଳାଂଶରେ ସ୍ମୃତିର ଜଗତ୍- **emotion recollected in tranquility** ବୋଲି ଯାହାକୁ ୱାର୍ଡସ୍‌ୱାର୍ଥ କହନ୍ତି। ଚକ୍ଷୁରେ ଦେଖାଜଗତ୍ ତା ତୁଳନାରେ ସାଧାରଣ ଓ ନିଷ୍ପ୍ରଭ। ଯାହା ସାଧାରଣ ତାହା କାବ୍ୟସ୍ତରକୁ ଉନ୍ନୀତ ହୋଇ ନ ପାରେ। କବି ତାହାକୁ ଅସାଧାରଣ ନ କଲେ, ସାର୍ବଜନୀନ ଚିତ୍ର ଚରିତ୍ର ଓ ଘଟଣାରେ ପରିଣତ ନ କଲେ, ସର୍ବୋପରି ଏକ ରସବନ୍ତ ପ୍ରାଣର ପ୍ରକାଶ ତହିଁରେ ନ ଘଟିଲେ କିମ୍ବା ରମ୍ୟାନୁଭୂତି ଆଣି ନ ଦେଲେ ତାହା କବିତା ହେବ ନାହିଁ। କବି ଗନ୍ଧବଣିକ ନୁହେଁ; ତାଙ୍କର ବେପାର ଭାବ ଘେନି, ବସ୍ତୁ ଘେନି ନୁହେଁ। ଚଳମାନ ମୁହୂର୍ତ୍ତକୁ ଅଚଳ ତାତ୍ପର୍ଯ୍ୟ ଦାନ କରିବା କବିର କାମ। ବିଶ୍ୱଧାରାର ଅନ୍ତରାଳରେ ଯେଉଁ ସୃଜନନୀଶକ୍ତି କ୍ରିୟା-ଶୀଳ, ତାହା ପ୍ରକୃତିରେ ଅଚେତନ ରୂପରେ; ମାତ୍ର କଳାରେ ସେହି ସୃଜନୀ-ଶକ୍ତି ଚେତନ ସ୍ତରରେ ପ୍ରକାଶ ପାଏ। କଳା ଜାଗ୍ରତ ଚୈତନ୍ୟର ସୃଷ୍ଟି। ଉଦ୍‌ବୁଦ୍ଧ ଚୈତନ୍ୟ ହିଁ କଳା ସୃଷ୍ଟି କରିପାରେ। ଯେଉଁ କବିର ରୂପେନ୍ଦ୍ରିୟର ବିକାଶ ଯେତେ ଅଧିକ ସେ ସେତେ ଉଚ୍ଚକୋଟିର ସୌନ୍ଦର୍ଯ୍ୟସ୍ରଷ୍ଟା। ରୂପେନ୍ଦ୍ରିୟର ସ୍ଫୂର୍ତ୍ତି ଘଟିଲେ କବି ସମକ୍ଷରେ ସମଗ୍ର ସୌନ୍ଦର୍ଯ୍ୟ-ଜଗତ ଉଦ୍‌ଘାଟିତ ହୁଏ।

ସୌନ୍ଦର୍ଯ୍ୟ ସୃଷ୍ଟି ପାଇଁ ବୀଜ ସ୍ୱରୂପ ସୁନ୍ଦର ଭାବନା ପ୍ରୟୋଜନ। ଅସୁନ୍ଦର ଭାବନା ଘେନି କେହି ସୌନ୍ଦର୍ଯ୍ୟ ସୃଷ୍ଟି କରିପାରନ୍ତି ନାହିଁ। ସୌନ୍ଦର୍ଯ୍ୟ-ପୂଜାରୀ କବିଶିଳ୍ପୀଗଣ ଶାଶ୍ୱତ ଭାବରାଜ୍ୟର ଅଧିବାସୀ। ସୃଜନ କ୍ଷେତ୍ରରେ ସ୍ରଷ୍ଟା ଏକେଶ୍ୱର। ଜୀବନର କୁତ୍ସିତତା, ଇତରତା, ଅପମାନ ଓ ଦାରିଦ୍ର୍ୟ ତାଙ୍କର ସୀମା ସ୍ପର୍ଶ କରିପାରେ ନାହିଁ। କବିତା ମାନବ ମନର ସୁନ୍ଦରତମ ଅଭିବ୍ୟକ୍ତି ଓ ଅଭିବ୍ୟକ୍ତି ହିଁ ସୌନ୍ଦର୍ଯ୍ୟର ସାରକଥା।

ସୌନ୍ଦର୍ଯ୍ୟ ଏକ ସ୍ଫୁରଣ ବା ପ୍ରେରଣା-ତା'ର ସତ୍ତା କବିର ଅନ୍ତରରେ ଖୋଜାଯାଇପାରେ। କବି ଚେତନା ସ୍ତରରେ ଲାଭ କରିଥିବା ସେହି ସ୍ଫୁରଣକୁ କାବ୍ୟରେ ନିବଦ୍ଧ କରିଥାନ୍ତି। ବଙ୍କିମଚନ୍ଦ୍ର କହିଛନ୍ତି, "ସମସ୍ତଙ୍କର ଚିତ୍ତକୁ ଆକୃଷ୍ଟ କରେ ତାହା କ'ଣ? ସୌନ୍ଦର୍ଯ୍ୟ; ଅତଏବ ସୌନ୍ଦର୍ଯ୍ୟ-ସୃଷ୍ଟି ହିଁ କାବ୍ୟର ମୁଖ୍ୟ ଉଦ୍ଦେଶ୍ୟ। ସୌନ୍ଦର୍ଯ୍ୟ ଅର୍ଥରେ କେବଳ ବାହ୍ୟ ପ୍ରକୃତିର ବା ଶାରୀରିକ ସୌନ୍ଦର୍ଯ୍ୟ ନୁହେଁ, ସକଳ ପ୍ରକାର ସୌନ୍ଦର୍ଯ୍ୟ ବୁଝିବାକୁ ପଡିବ।"(୪) କବି-ଚୈତନ୍ୟ-ନିହିତ ନିସର୍ଗ, ଆଧାତ୍ମିକ ଓ ମାନବୀୟ ସୌନ୍ଦର୍ଯ୍ୟ କାବ୍ୟରେ ଅନୁସନ୍ଧାନର ବିଷୟ। କାରଣ ସାହିତ୍ୟ ବିଚାର ମୁଖ୍ୟତଃ ସୌନ୍ଦର୍ଯ୍ୟବିଚାର। ପ୍ରକୃତି ଓ ମାନବଜଗତ, ସାକାର, ନିରାକାର ଓ ଆଧାତ୍ମ ଜଗତ୍-ସକଳ ସୌନ୍ଦର୍ଯ୍ୟ କବିର ଚିତ୍ତରଞ୍ଜନୀ ବୃତ୍ତି ହେତୁ ସାହିତ୍ୟରେ ସଞ୍ଚିତ ରହେ। ତେଣୁ ସମାଲୋଚକର କର୍ତ୍ତବ୍ୟ କବି ଯେଉଁ ଚେତନାର ଇଙ୍ଗିତରେ ଚାଳିତ ହୋଇ ବିଶ୍ୱମୟ ସେହି ସୌନ୍ଦର୍ଯ୍ୟର ଚୟନ କରିଛନ୍ତି ତାହାର ମୂଲ୍ୟାଙ୍କନ କରିବା। ଚୈତନ୍ୟ ସୃଜନୀ ଶକ୍ତିର ଅଧିକାରୀ(୫) ହୋଇଥିବାରୁ କାବ୍ୟ-ସମାଲୋଚନା କାଳରେ ପ୍ରଥମେ ସେହି ଚେତନାର ବିଶ୍ଳେଷଣ କରାଯିବା ଉଚିତ। ସୌନ୍ଦର୍ଯ୍ୟ ସହିତ ଆମର ସମ୍ପର୍କ ନିବିଡ। ଏହା ମାନବ ମନର ସୁଖାତ୍ମକ ଅନୁଭୂତି। ଏହା ପ୍ରତି ମାନବର ଆକର୍ଷଣ ସହଜ ଓ ସ୍ୱାଭାବିକ। କାବ୍ୟ ଓ କଳାର ଏହା ବ୍ୟାପକ ଗୁଣ ତଥା କାବ୍ୟୋତ୍କର୍ଷ ଓ ରସାନୁଭୂତିରେ ଏହା ପ୍ରତ୍ୟକ୍ଷ ବା ପରୋକ୍ଷ ଭାବେ ସାହାଯ୍ୟ କରେ।

ରବୀନ୍ଦ୍ରନାଥ ସୌନ୍ଦର୍ଯ୍ୟର ସେହି ପ୍ରଭାବ ସମ୍ପର୍କରେ ପ୍ରାଞ୍ଜଳ ରୂପେ କହିଛନ୍ତି, "ସୁନ୍ଦରର ଅନ୍ତରରେ ରହିଛି ଗୋଟିଏ ରସମୟ ରହସ୍ୟମୟ ଆୟତ୍ତର ଅତୀତ ସତ୍ୟ, ଆମ୍ଭମାନଙ୍କ ଅନ୍ତର ସହିତ ତା'ର ଅନିର୍ବଚନୀୟ ସମ୍ବନ୍ଧ। ତା'ର ସମ୍ପର୍କରେ ଆମ୍ଭମାନଙ୍କର ଆତ୍ମଚେତନା ମଧୁର, ଗଭୀର ଓ ଉଜ୍ଜ୍ୱଳ ହୁଏ। ଆମ ଭିତରର ମଣିଷ ବଢିଉଠେ, ରଞ୍ଜିତ ହୋଇଉଠେ, ରସେଇଉଠେ। ଆମ୍ଭମାନଙ୍କର ସତ୍ତା ଯେପରି ତା'ର ସଙ୍ଗେ ରଙ୍ଗରେ ରସରେ ମିଳିଯାଏ-ଏହାକୁ ହିଁ କହନ୍ତି ଅନୁରାଗ। xxx କାମ ଏହି ଅନୁରାଗରେ ମଣିଷର ଚୈତନ୍ୟକୁ ଉଦ୍ଦୀପ୍ତ କରିବା, ଔଦାସୀନ୍ୟରୁ ଉଦ୍‌ବୋଧିତ କରିବା। ସେହି କବିଙ୍କୁ ମଣିଷ ବଡ କହେ ଯେ ଏପରି ସବୁ ବିଷୟରେ ମଣିଷର ଚିତ୍ତକୁ ଆଶ୍ଳିଷ୍ଟ କରିଛନ୍ତି, ଯା' ମଧ୍ୟରେ ନିତ୍ୟତା ଅଛି, ମହିମା ଅଛି, ଯା' ବ୍ୟାପକ ଏବଂ ଗଭୀର। କଳା ଓ ସାହିତ୍ୟର ଭଣ୍ଡାରରେ ଦେଶେ-ଦେଶେ କାଳେ କାଳେ ମଣିଷର ଅନୁରାଗର ସମ୍ପଦ ରଚିତ ଓ ସଞ୍ଚିତ ହୋଇଉଠୁଛି।"(୬) ଏଠାରେ ରବୀନ୍ଦ୍ର ନାଥ ଯେଉଁ ଅନୁରାଗ-ସମ୍ପଦ ବିଷୟରେ ଗୁରୁତ୍ୱ ଦେଇଛନ୍ତି, ତାହା କବିର ସୌନ୍ଦର୍ଯ୍ୟାନୁରାଗ ବା ସୌନ୍ଦର୍ଯ୍ୟ-

ଚେତନାର ଉଜ୍ଜ୍ୱଳ ଅବଦାନ। କବିଶିଳ୍ପୀମାନଙ୍କ ଭିନ୍ନ ସମାଜସ୍ଥ ଅନ୍ୟ କୌଣସି ବର୍ଗ ସମାଜକୁ ଏତେ ଆନନ୍ଦ ଓ ଅନୁରାଗ ବିତରଣ କରି ନ ପାରନ୍ତି।

କାବ୍ୟରେ କବିର ସୌନ୍ଦର୍ଯ୍ୟ-ଚେତନା ଅନ୍ୱେଷଣ କରିବାର ଉଦ୍ଦେଶ୍ୟ ହେଲା, ସୌନ୍ଦର୍ଯ୍ୟତତ୍ତ୍ୱ କାବ୍ୟର ଆଦର୍ଶକୁ ସୂଚିତ କରେ । କଳା ଓ କାବ୍ୟକୁ ଉଚିତ ରୂପେ ବିଚାର କରିବା ପାଇଁ, ସଙ୍ଗତ ରୂପେ ମତଦାନ ପାଇଁ ସୌନ୍ଦର୍ଯ୍ୟତତ୍ତ୍ୱର ଅନୁଶୀଳନ ଓ ପ୍ରୟୋଗ ଆବଶ୍ୟକ । ସୌନ୍ଦର୍ଯ୍ୟତତ୍ତ୍ୱ ଓ କାବ୍ୟତତ୍ତ୍ୱ କେବଳ କଳା ଓ କାବ୍ୟର ତତ୍ତ୍ୱ ବିଚାର ନୁହେଁ, ତାହାର ପ୍ରାୟୋଗିକ ଦିଗ ମଧ୍ୟ ରହିଛି । ସାହିତ୍ୟତତ୍ତ୍ୱ ହେଉ ବା ନନ୍ଦନତତ୍ତ୍ୱ ହେଉ, ତାହା ସମାଲୋଚନାରେ ସାହାଯ୍ୟ କରିବା ଉଚିତ- ଶିଳ୍ପକର୍ମ ବା ସୃଷ୍ଟି ପ୍ରତି ତାହା ପ୍ରଯୁକ୍ତ ହେବା ଉଚିତ । ନ ହେଲେ ତାହା କେତେକ ବନ୍ଧାସୂତ୍ର ବା ନିର୍ଦ୍ଦେଶ ମାତ୍ରରେ ପର୍ଯ୍ୟାବେସିତ ହେବ । ତେଣୁ ତତ୍ତ୍ୱର ପ୍ରୟୋଗଯୋଗ୍ୟତା ପ୍ରମାଣିତ କରିବାକୁ ପଡ଼ିବ । ରସ ବସ୍ତୁର ମର୍ମଗ୍ରହଣ, ରସାସ୍ୱାଦନ, ଉପଲବ୍ଧି ଓ ମୂଲ୍ୟ ନିରୂପଣ ନିମନ୍ତେ ତାହାର ସାହାଯ୍ୟ ନେବାକୁ ପଡ଼ିବ । ସୌନ୍ଦର୍ଯ୍ୟତତ୍ତ୍ୱ କେବଳ ଦାର୍ଶନିକ ବ୍ୟାଖ୍ୟା ବା ତତ୍ତ୍ୱ ଜିଜ୍ଞାସା ନୁହେଁ, ଆନନ୍ଦବର୍ଦ୍ଧନ, ଅଭିନବଗୁପ୍ତ, ହେଗେଲ, କ୍ରୋଚେ, କୋଲରିଜ, ବ୍ରାଡ଼ଲେ ପ୍ରଭୃତି ଆଚାର୍ଯ୍ୟମାନଙ୍କର କାବ୍ୟତତ୍ତ୍ୱ କେବଳ ତାତ୍ତ୍ୱିକ ବିଚାର ହୋଇଥିଲେ ସାହିତ୍ୟର ରସ ଓ ସୌନ୍ଦର୍ଯ୍ୟ ଉପଲବ୍ଧି ନିମନ୍ତେ ତାହାର ଉପଯୋଗିତା ନିରର୍ଥକ ହୋଇଥାନ୍ତା । ତତ୍ତ୍ୱ ନିରୂପଣ ସଙ୍ଗେ କାବ୍ୟର ମୂଲ୍ୟାଙ୍କନ ନିମନ୍ତେ ମଧ୍ୟ ତାହାର ସାହାଯ୍ୟ ନିଆଯାଇପାରେ ।[୭] ସୌନ୍ଦର୍ଯ୍ୟଶାସ୍ତ୍ର କଳାର ଜ୍ଞାନକ୍ଷେତ୍ରକୁ ପ୍ରସାରିତ କରେ, ସ୍ରଷ୍ଟାକୁ ନିର୍ଦ୍ଦେଶ ଦିଏ ନାହିଁ । ସୌନ୍ଦର୍ଯ୍ୟ ବିଚାର କରିବା ଓ ସୌନ୍ଦର୍ଯ୍ୟ ସୃଷ୍ଟି କରିବାରେ ପାର୍ଥକ୍ୟ ରହିଛି । ସୌନ୍ଦର୍ଯ୍ୟ ଦର୍ଶନ ଆଲୋଚନା କରି ଜଣେ ରୂପଦକ୍ଷ ହେବେ- ଏପରି ବିଚାର କରିବା ମଧ୍ୟ ଭ୍ରମାତ୍ମକ । ଉପେନ୍ଦ୍ର ପ୍ରମୁଖ କବିମାନେ ସୌନ୍ଦର୍ଯ୍ୟଶାସ୍ତ୍ର ଅଧ୍ୟୟନ କରି କାବ୍ୟ ପ୍ରଣୟନ କରି ନ ଥିଲେ; ମାତ୍ର ସେମାନଙ୍କର କୃତିକୁ ବିଚାର କରିବା ପାଇଁ ସୌନ୍ଦର୍ଯ୍ୟଶାସ୍ତ୍ରର ପ୍ରୟୋଜନୀୟତା ରହିଛି । ସୌନ୍ଦର୍ଯ୍ୟ ଦର୍ଶନ ରସାନୁଭୂତି ନିମନ୍ତେ ପ୍ରତ୍ୟକ୍ଷ ସାହାଯ୍ୟ କରୁ ନ ଥିଲେ ହେଁ ରୂପ-ରସ-ବିଶ୍ଳେଷଣକାରୀର ଆନନ୍ଦୋପଲବ୍ଧିରେ ସହାୟତା କରିବା ସଙ୍ଗେ ରସାନୁଭୂତିକୁ ମଧ୍ୟ ଜାଗ୍ରତ କରେ । ସମାଲୋଚନା ହେଉଛି ସୃଷ୍ଟିର ରସ ଓ ସୌନ୍ଦର୍ଯ୍ୟ ପରୀକ୍ଷା । କବିତା ପାଠ ପରେ ତା'ର ଧ୍ୟାନ ରୂପ ଘେନି ପାଠକର ରସାସ୍ୱାଦନ ଚଳେ । ସାଧାରଣ ପାଠକଠାରୁ ସମାଲୋଚକର କର୍ତ୍ତବ୍ୟ ଓ ଦାୟିତ୍ୱ ସୁକଠୋର । ରସଗ୍ରାହିତା ହିଁ ସମାଲୋଚକର ମୂଳ ଯୋଗ୍ୟତା ।

କବିର ସୌନ୍ଦର୍ଯ୍ୟ-ଚେତନା ତାଙ୍କର କାବ୍ୟ-ଚେତନାଠାରୁ ଆରମ୍ଭ କରି

ଜୀବନ-ଚେତନା ପର୍ଯ୍ୟନ୍ତ ପରିବ୍ୟାପ୍ତ । ଏଣୁ ସୌନ୍ଦର୍ଯ୍ୟ ଚେତନା କହିଲେ କେବଳ ସୌନ୍ଦର୍ଯ୍ୟ- ସମ୍ପର୍କିତ ଆଲୋଚନା ନୁହେଁ- କବି, କାବ୍ୟ, ପାଠକ, ଦୃଶ୍ୟ, ଦ୍ରଷ୍ଟା, ଦ୍ରଷ୍ଟାର ମନୋବସ୍ଥା, ବସ୍ତୁର ରୂପ, ରଙ୍ଗ, ଗଠନ, ଗୁଣ, ପ୍ରଭାବ, ଇନ୍ଦ୍ରିୟ ଓ ଅତିନ୍ଦ୍ରିୟ ଇତ୍ୟାଦି ସକଳ ବିଷୟ ଏହି ବିଚାରର ଅନ୍ତର୍ଗତ ।[୮] ଆବେଗ ଓ ମହିମାବୋଧ ଆଦି ସାହିତ୍ୟର ବିଚାର ବିଶ୍ଳେଷଣର ସାମଗ୍ରୀ । ସୌନ୍ଦର୍ଯ୍ୟ ଶାସ୍ତ୍ରରେ ରୂପ ଓ ବସ୍ତୁ, ଅଳଙ୍କାର, ପ୍ରତିଭା, ରୁଚି, ଆନନ୍ଦ, ସୁନ୍ଦର ଓ କୁରୂପ, ଉଦାତ୍ତ, ସକଳ ଲଳିତ କଳାର ଅନ୍ତଃସମ୍ବନ୍ଧ, ସହୃଦୟ ଇତ୍ୟାଦି ଧାରଣା ଆଲୋଚିତ ହୁଏ । ଏହାଦ୍ୱାରା କଳାର ବିଚାର ସହିତ ଜ୍ଞାନର ସୀମା ମଧ୍ୟ ବିସ୍ତୃତ ହୁଏ । କବି ଓ ସହୃଦୟର ଚିତ୍ତଦଶା, କଳାର ପ୍ରେଷଣୀୟତା, କଳ୍ପନା ଓ ଚିତ୍ରକଳ୍ପର ବିଚାର, କାବ୍ୟପାଠ ଜନିତ ବା ସୌନ୍ଦର୍ଯ୍ୟ ଦର୍ଶନ ଫଳରେ ଭୋକ୍ତା ହୃଦୟର କ୍ରିୟା ପ୍ରତିକ୍ରିୟା ଓ ସୌନ୍ଦର୍ଯ୍ୟର ମୂଲ୍ୟ ବା ଗୁଣାବଳୀ ନିର୍ଣ୍ଣୟ କରିବା ନନ୍ଦନ ତାତ୍ତ୍ୱିକ ବିଚାରକର ଲକ୍ଷ୍ୟ । ସାହିତ୍ୟ ପାଠ ଫଳରେ ପାଠକ ମନରେ ଯେଉଁ ଭାବାନୁଷଙ୍ଗ ଜନ୍ମଲାଭ କରେ, ତାହା ହିଁ ସମାଲୋଚନାର ଭିତ୍ତିଭୂମି । ଶିଳ୍ପ ସୃଷ୍ଟି ମୂଳରେ ଯେପରି କବିର ବାସନା ବିଧୃତ, ଶିଳ୍ପର ରସୋପଭୋଗ ନିମନ୍ତେ ଶିଳ୍ପ - ରସିକପ୍ରାଣରେ ସେହିପରି ସଜାତୀୟ ବା ସହଧର୍ମୀ ବାସନା ରହିବା ଦରକାର । କାବ୍ୟ-ରସ-ସୌନ୍ଦର୍ଯ୍ୟ ଆଲୋଚନା କାଳରେ କେବଳ ସ୍ରଷ୍ଟାର ଅନ୍ତର-ପ୍ରକାଶକୁ ମୁଖ୍ୟରୂପେ ଗ୍ରହଣ କଲେ ଚଳେ ନାହିଁ । ତା'ସହିତ ଭୋକ୍ତାର ରସ-ଚର୍ବଣା ମଧ୍ୟ ଜଡ଼ିତ । ଭୋକ୍ତାର ମନରେ ସ୍ରଷ୍ଟାର ପ୍ରକାଶିତ ଅନୁଭୂତି ମୁଦ୍ରିତ, ଚିହ୍ନିତ ଓ ଆସ୍ୱାଦିତ ହୁଏ- ଏହାକୁ କୁହାଯାଏ ସହୃଦୟ ହୃଦୟ-ସମ୍ବାଦ; ଅର୍ଥାତ୍ ଶିଳ୍ପ ସୌନ୍ଦର୍ଯ୍ୟର ଅନୁଭୂତିକୁ ଏକ ମନରୁ ଅନ୍ୟ ମନରେ ପହଞ୍ଚାଇ ଦେବା, ସଞ୍ଚାରିତ କରିଦେବା । ଶିଳ୍ପ ବସ୍ତୁର ଏହି ଅନୁଭୂତି ଉପାଦାନ କବି ମନରୁ ଭୋକ୍ତାମନକୁ ସଂକ୍ରମିତ ହୋଇ ନବ ନବ ରୂପେ ଆସ୍ୱାଦିତ ହୁଏ । ଅନୁଭୂତି ନିତ୍ୟ ନବୀନ ହେବା ଭୋକ୍ତାର ରସ-ଗ୍ରହଣ କ୍ଷମତା ଉପରେ ନିର୍ଭର କରେ । ସମାଲୋଚକ ଏ କ୍ଷେତ୍ରରେ କେବଳ ଜଣେ ମଧ୍ୟସ୍ଥର କାର୍ଯ୍ୟ କରନ୍ତି । ସମାଲୋଚକର କାମ ଦଣ୍ଡଦାନ ନୁହେଁ, ନିନ୍ଦା ପ୍ରଶଂସା ନୁହେଁ- ସେ ବିଦଗ୍ଧ ଚିହ୍ନରାଗ୍ରାହକ ପରି ଶିଳ୍ପ କାନନରେ ତାଙ୍କର ମାନସାଭିସାରର ବାର୍ତ୍ତା ଉପସ୍ଥାପନ କରନ୍ତି । କବିତା ଓ ଚିତ୍ରର ସୌନ୍ଦର୍ଯ୍ୟ ଦ୍ୱାରା ଅନୁପ୍ରେରିତ ହୋଇ ଯେଉଁ ସମାଲୋଚନା ତାହା ସୃଷ୍ଟି ଧର୍ମୀ । ନୀରସ ଐତିହାସିକ ତଥ୍ୟାବଳୀ ପରିବେଷଣ, ଅଳଙ୍କାର ନିର୍ଣ୍ଣୟ, ସମାଜତତ୍ତ୍ୱ ଧର୍ମ, ଦର୍ଶନ ଓ ନୀତିବୋଧ ଆଦି ଦୃଷ୍ଟିରୁ ସାହିତ୍ୟ ବିଚାର ନ କରି ରସ-ସୌନ୍ଦର୍ଯ୍ୟ ଦୃଷ୍ଟିରୁ ସମାଲୋଚନା କରାଯିବା ଉଚିତ । ସମାଲୋଚନାର ଶେଷ କଥା- ରସୋପଭୋଗ; ତାହା ସୌନ୍ଦର୍ଯ୍ୟର ଆସ୍ୱାଦନ;

ତା'ଫଳରେ କବି ଚେତନାର ସ୍ପନ୍ଦନ ମଧ୍ୟ ଅନୁଭବ କରିହୁଏ । କବିର ଅନ୍ତଃଆବେଗ ଓ ସୂକ୍ଷ୍ମ ସୌନ୍ଦର୍ଯ୍ୟବୋଧର ସହିଷ୍ଣୁ ମୂଲ୍ୟାଙ୍କନ ସମୀକ୍ଷକର ମୁଖ୍ୟ କର୍ତ୍ତବ୍ୟ । କାବ୍ୟ ତତ୍ତ୍ୱ ବା ଅଳଙ୍କାର ଗ୍ରନ୍ଥ ଆଲୋଚନା କଲେ ସାହିତ୍ୟର ସୌନ୍ଦର୍ଯ୍ୟ ହୃଦୟଙ୍ଗମ କରିହୁଏ । କାବ୍ୟତତ୍ତ୍ୱ ସୌନ୍ଦର୍ଯ୍ୟତତ୍ତ୍ୱର ବିଶାଳ ପରିଧିର ଅନ୍ତର୍ଗତ । କାବ୍ୟ ପାଠ କରି ରସାନୁଭୂତି ଲାଭ କରୁଥିବା ପାଠକ ସେହି ଅନୁଭୂତିର ପ୍ରକୃତି ଜାଣିବା ପାଇଁ ଆଗ୍ରହୀ ହୁଏ । ପାଠକଠାରୁ ସମାଲୋଚକର କର୍ତ୍ତବ୍ୟ ଅଧିକ । ସେ ପାଠକ ପରି ସୌନ୍ଦର୍ଯ୍ୟ ଉପଭୋଗ କରନ୍ତି ଓ ନିଜ ଅନୁଭୂତିଲବ୍ଧ ସୌନ୍ଦର୍ଯ୍ୟର ପ୍ରକୃତି ତଥା ସ୍ୱରୂପ ଜାଣି ଅନ୍ୟମାନଙ୍କୁ ସେହି ବିଶେଷତ୍ୱ ସମ୍ବନ୍ଧରେ ଅବଗତ କରାଇବାକୁ ପ୍ରବୃତ୍ତ ହୁଅନ୍ତି । ଏହା ହେଉ ନ ଥିଲେ, ବିଭିନ୍ନ ପ୍ରକୃତି ବିଶିଷ୍ଟ ରଚନାର ସ୍ୱାଦ ଏକ ପ୍ରକାର ଅନୁଭୂତ ହେଉଥାନ୍ତା ।

ଲଳିତକଳା ଏକମାତ୍ର କ୍ଷେତ୍ର ଯେଉଁଥିରେ ମଣିଷ ତା'ର ସୌନ୍ଦର୍ଯ୍ୟବୋଧର ପରିଚୟ ରଖିଯାଏ । ଏଣୁ ଲଳିତକଳାର ଅଧ୍ୟୟନ କାଳରେ ସୌନ୍ଦର୍ଯ୍ୟବୋଧ ଦୃଷ୍ଟିରୁ ବିଚାର କରାଯିବା ଉଚିତ । ଶିଳ୍ପୀ ନିଜ ଅନ୍ତରର ନିବିଡ଼ତମ ରସସଂଯୋଗ କରି ଶିଳ୍ପରେ ରସସମ୍ଭାର ବାଢ଼ିଦିଏ । ଶିଳ୍ପୀ ନିଜର ଅନ୍ତର-ଆନନ୍ଦକୁ ସୃଷ୍ଟି ମଧ୍ୟରେ କିପରି ପ୍ରକାଶ କରିଛି, ପ୍ରକାଶର ରସମୂର୍ତ୍ତିର ବିଚିତ୍ରତା ମଧ୍ୟରେ ମାନବୀୟ ଚିତ୍ର ଯେଉଁ ସର୍ବକାଳୀନ ରୂପ ଆତ୍ମପ୍ରକାଶ କରିଛି, ତାହା ହିଁ ସାହିତ୍ୟରେ ସମାଲୋଚକର ଅନୁସନ୍ଧାନର ବିଷୟ ।

ସୌନ୍ଦର୍ଯ୍ୟ ଶାସ୍ତ୍ରର ବିଚାର ନିମନ୍ତେ ପ୍ରସ୍ତୁତ ସନ୍ଦର୍ଭର ପ୍ରଥମ ଭାଗରେ ପାଶ୍ଚାତ୍ୟ ଓ ଭାରତୀୟ ସୌନ୍ଦର୍ଯ୍ୟ-ଦର୍ଶନର ରୂପରେଖା ପ୍ରଦାନ କରିବା ପାଇଁ ଚେଷ୍ଟା କରାଯାଇଛି । ପ୍ରଥମ ଅଧ୍ୟାୟରେ ସକ୍ରେଟିସ୍‌ଙ୍କଠାରୁ ଆଧୁନିକ କାଳ ପର୍ଯ୍ୟନ୍ତ ପ୍ରସିଦ୍ଧ ସୌନ୍ଦର୍ଯ୍ୟଶାସ୍ତ୍ରୀ ଓ ଶିଳ୍ପୀ-କବି-ସମାଲୋଚକମାନଙ୍କ ମତାବଳୀର ସଂକ୍ଷିପ୍ତ ସାର ସଂଗ୍ରହ କରାଯାଇଛି । ଦ୍ୱିତୀୟ ଅଧ୍ୟାୟରେ ନାନା ସୂତ୍ରରୁ ସଂଗ୍ରହ କରି ଭାରତୀୟ ସୌନ୍ଦର୍ଯ୍ୟ-ଦର୍ଶନ ସମ୍ପର୍କରେ ଏକ ସୂଚନାତ୍ମକ ପରିଚୟ ପ୍ରଦାନ କରାଯାଇଛି । ଏକ ବିଧିବଦ୍ଧ ସୌନ୍ଦର୍ଯ୍ୟଶାସ୍ତ୍ର ଅଭାବରୁ ବୈଦିକ ଓ ଉପନିଷଦୀୟ ଦୃଷ୍ଟି, ଶିଳ୍ପଶାସ୍ତ୍ର, ଅଳଙ୍କାର ଶାସ୍ତ୍ର ଓ ସଂସ୍କୃତ କାବ୍ୟ ସାହିତ୍ୟରୁ ସୌନ୍ଦର୍ଯ୍ୟ ଓ ସୌନ୍ଦର୍ଯ୍ୟାନୁଭୂତି ସମ୍ବନ୍ଧରେ ମତାବଳୀ ସଂକଳିତ ଓ ବିଶେଷିତ ହୋଇଛି ।

ତୃତୀୟ ଅଧ୍ୟାୟରେ ଚିତ୍ର-ପ୍ରସୂତି ସୃଜନୀ-କଳ୍ପନା ତଥା ତାହାର ପାଶ୍ଚାତ୍ୟ ଓ ଭାରତୀୟ ଦୃଷ୍ଟିକୋଣ ପ୍ରଦତ୍ତ ହୋଇଛି । କଳ୍ପନା-ଚିତ୍ର ମାଧ୍ୟମରେ କବିର ସୌନ୍ଦର୍ଯ୍ୟ-ଚେତନା ନିରୂପଣ କରିବା ଓ କଳ୍ପନାର ଐଶ୍ୱର୍ଯ୍ୟ ନିର୍ଣ୍ଣୟ କରିବା ଏହି ଅଧ୍ୟାୟର ଲକ୍ଷ୍ୟ ।

ସନ୍ଦର୍ଭର ଦ୍ୱିତୀୟ ଭାଗରେ ଓଡିଆ କାବ୍ୟରେ ସୌନ୍ଦର୍ଯ୍ୟ-ଚେତନାର ଅଧ୍ୟୟନ ନିମନ୍ତେ ଉପେନ୍ଦ୍ରଙ୍କଠାରୁ ରାଧାନାଥ ଯୁଗ ପର୍ଯ୍ୟନ୍ତ କାଳକୁ ନିର୍ବାଚନ କରାଯାଇଛି। ଦୁଇ ଯୁଗର ଯେଉଁ ଗୌଣ କବିମାନଙ୍କ ରଚନାରେ ସୌନ୍ଦର୍ଯ୍ୟ-ଚେତନାର କୌଣସି ଉଲ୍ଲେଖଯୋଗ୍ୟ ବୈଶିଷ୍ଟ୍ୟ ପରିଲକ୍ଷିତ ହୁଏ ନାହିଁ, ସେପରି କବି ଓ କାବ୍ୟକୁ ଆଲୋଚନା ପରିସରକୁ ଅଣାଯାଇନାହିଁ। ଉଦାହରଣସ୍ୱରୂପ, ରାଧାନାଥ ଯୁଗର କବି ରୂପେ ରାମଶଙ୍କରଙ୍କୁ ଗଣନା କରାଗଲେ ମଧ୍ୟ ତାଙ୍କ ପ୍ରଣୀତ 'ପ୍ରେମତରୀ' (୧୮୭୮ରେ ଉତ୍କଳ ମଧୁପରେ ପ୍ରକାଶିତ)ରେ କବିଙ୍କର ଅପରିପକ୍ୱ ହସ୍ତର ମୁଦ୍ରା ଚିହ୍ନିତ। କବିତ୍ୱ କଳା ସମ୍ବନ୍ଧରେ କବିଙ୍କର କୌଣସି ବୈଶିଷ୍ଟ୍ୟ ଏଥିରୁ ମିଳେ ନାହିଁ କିମ୍ବା ସୌନ୍ଦର୍ଯ୍ୟ ସୃଷ୍ଟିରେ ମଧ୍ୟ ନୂତନତ୍ୱ ନାହିଁ। ପ୍ରାକୃତିକ ଦୃଶ୍ୟର ଦୀର୍ଘ ବର୍ଣ୍ଣନା ଓ ଭାବର ତରଳତା ଏହି କାବ୍ୟର ଅସଫଳତା ହିଁ ପ୍ରମାଣିତ କରେ। ରାଜକବି ବାସୁଦେବ ସୁଢଳ ଦେବଙ୍କ 'ଚିତ୍ରୋତ୍ପଳା' ଏକ ପ୍ରକୃତି ବର୍ଣ୍ଣନାତ୍ମକ କାବ୍ୟ; ମାତ୍ର ଏଥିରେ ମଧ୍ୟ କାବ୍ୟ-କଳାର ଆତ୍ମା ସଙ୍କୁଚିତ ଓ କବିର ସୌନ୍ଦର୍ଯ୍ୟବୋଧର ପ୍ରମାଣ ବିରଳ। ଏଣୁ ସନ୍ଦର୍ଭର ଉଦ୍ଦେଶ୍ୟ ଦୃଷ୍ଟିରୁ ଗୌଣ କବିମାନଙ୍କୁ ଅତି ସାବଧାନତା ସହକାରେ ଆଲୋଚନାଭୁକ୍ତ କରାଯାଇନାହିଁ। ଅନ୍ୟଥା ଆଲୋଚନାଟି ନାମମାଳା ଓ ଗ୍ରନ୍ଥ ତାଲିକା ହୋଇଉଠିବ। ଏହା ସତ୍ତ୍ୱେ ରାଧାନାଥଙ୍କ ସମକାଳୀନ କବିମାନଙ୍କ ମଧ୍ୟରେ ଚିନ୍ତାମଣିଙ୍କୁ ଅନ୍ତର୍ଭୁକ୍ତ କରିବାକୁ ପଡିଛି, ଯଦିଓ ବହୁ ପରବର୍ତ୍ତୀ ସମୟ ପର୍ଯ୍ୟନ୍ତ ସେ କାବ୍ୟ-ରଚନାରେ ବ୍ୟାପୃତ ଥିଲେ। ମାତ୍ର ଶେଷ ଅବଧି ସେ ରାଧାନାଥୀ କାବ୍ୟ-ସ୍ୱରକୁ ବିସ୍ମୃତ ହୋଇ ନ ଥିଲେ। ରାଧାନାଥଙ୍କ ଭାବ-ମଣ୍ଡଳରେ ତାଙ୍କର କବିତ୍ୱର ବିକାଶ ହୋଇଥିଲା ଓ ସେ ରାଧାନାଥୀ କାବ୍ୟକଳାର ଜଣେ ନିପୁଣ ଅନୁକାରୀ।

ଚତୁର୍ଥ ଅଧ୍ୟାୟରେ ରୀତଯୁଗର ସର୍ବଶ୍ରେଷ୍ଠକବି ଓ ବହୁ କାବ୍ୟର ପ୍ରଣେତା ଉପେନ୍ଦ୍ରଭଞ୍ଜଙ୍କ ସୌନ୍ଦର୍ଯ୍ୟ-ଚେତନା ସମ୍ପର୍କରେ ଏକ ସ୍ୱତନ୍ତ୍ର ଅଧ୍ୟାୟରେ ବିସ୍ତୃତ ଆଲୋଚନା କରାଯାଇଛି। ଏହି ଆଲୋଚନା ପୂର୍ବରୁ ଉପେନ୍ଦ୍ରଙ୍କ ସମକାଳୀନ ଆଉ ଜଣେ ରୀତିକବି ଦୀନକୃଷ୍ଣଙ୍କ ସୌନ୍ଦର୍ଯ୍ୟ-ଚେତନା ପ୍ରସଙ୍ଗାନୁକୂଳ ଭାବେ ଉପସ୍ଥାପିତ ହୋଇଛି।

ପଞ୍ଚମ ଅଧ୍ୟାୟରେ ଭଞ୍ଜ ପରବର୍ତ୍ତୀ ପ୍ରାଚୀନ କବିମାନଙ୍କର ସୌନ୍ଦର୍ଯ୍ୟ-ଚେତନା ବିଚାର କରାଯାଇଛି। ଏହି ଅଧ୍ୟାୟରେ ମଧ୍ୟ କେବଳ ବିଶିଷ୍ଟ କବି, ଯଥା-ଅଭିମନ୍ୟୁ, ଭକ୍ତଚରଣ, ବ୍ରଜନାଥ, ଯଦୁମଣି, କବିସୂର୍ଯ୍ୟ ଓ ଗୋପାଳକୃଷ୍ଣ-ଆଲୋଚିତ ହୋଇଛନ୍ତି।

ଷଷ୍ଠ ଅଧ୍ୟାୟରେ ଆଧୁନିକ ଯୁଗର ବିଶିଷ୍ଟ କବି-ତ୍ରୟୀ ରାଧାନାଥ, ମଧୁସୂଦନ ଓ ଫକୀରମୋହନ ସୌନ୍ଦର୍ଯ୍ୟ ଚେତନା ଆଲୋଚିତ।

ସପ୍ତମ ଅଧ୍ୟାୟରେ "ରାଧାନାଥଙ୍କ ସମକାଳୀନ କବିବୃନ୍ଦ"-ନନ୍ଦକିଶୋର ଗଙ୍ଗାଧର ଓ ଚିନ୍ତାମଣିଙ୍କ କାବ୍ୟରେ ସୌନ୍ଦର୍ଯ୍ୟ-ଚେତନା ବିଚାର କରାଯାଇଛି।

ଅଷ୍ଟମ ଅଧ୍ୟାୟରେ ଓଡ଼ିଆ କାବ୍ୟରେ କଳ୍ପନା-ଚିତ୍ରର ସୂଚନାତ୍ମକ ଆଲୋଚନା ଅନ୍ତର୍ଗତ। କଳ୍ପନାର ପ୍ରସାର, ଚିତ୍ରବିଧାନର ଉତ୍କର୍ଷ ଓ ଘଟଣାକୁ ଦେଶକାଳର ବନ୍ଧନରୁ ମୁକ୍ତିଦେବା ଆଦି ଦୃଷ୍ଟିରୁ କବିର କଳ୍ପନା-ଚିତ୍ର ଅଧ୍ୟୟନ କରାଯାଇଛି। ଏଣୁ ଯେଉଁ କବିମାନଙ୍କ ରଚନାରେ ଏଗୁଡିକର ଅଭାବ ହେତୁ କାବ୍ୟର ଚିତ୍ରୋପମତା ବ୍ୟାହତ, ସେମାନଙ୍କ ରଚନା ସମ୍ବନ୍ଧରେ ବିଶେଷ ଆଲୋଚନାରୁ ନିବୃତ୍ତ ରହିବାକୁ ପଡିଛି।

ପରିଶେଷରେ କୁହାଯାଇପାରେ ଯେ, ସାହିତ୍ୟ ସମାଲୋଚନାରେ ଯେତେ ମତ, ସେତେ ପଥ। କେଉଁ ପଥଟି ଗ୍ରହଣୀୟ, ତାହା ନିରୂପଣ କରିବା କଠିନ; ମାତ୍ର ମୋର ବିନମ୍ର ମତ ଓ ବିଶ୍ୱାସ ଯେ, ସୌନ୍ଦର୍ଯ୍ୟତାତ୍ତ୍ୱିକ ଆଲୋଚନା ଏକ ନିରପେକ୍ଷ ମାର୍ଗ ରୂପେ ବିବେଚିତ ହୋଇପାରେ।

ପ୍ରଥମ ଭାଗ

ସୌନ୍ଦର୍ଯ୍ୟ-ତତ୍ତ୍ୱ

ପ୍ରଥମ ଅଧ୍ୟାୟ

ପାଶ୍ଚାତ୍ୟ ସୌନ୍ଦର୍ଯ୍ୟ-ଦର୍ଶନ

ସୌନ୍ଦର୍ଯ୍ୟର ପ୍ରକୃତି ଓ ପ୍ରକାଶ ସମ୍ବନ୍ଧରେ ବହୁ ଦାର୍ଶନିକ, କବି, ଶିଳ୍ପୀ ଓ ସମାଲୋଚକ ତାତ୍ତ୍ୱିକ ଦୃଷ୍ଟିରୁ ବିଚାର କରିଆସିଛନ୍ତି। ସେମାନଙ୍କର ସେହି ବିଚାର ଓ ଗବେଷଣା ଘେନି ଏକ ସ୍ୱତନ୍ତ୍ର ଶାସ୍ତ୍ର ସୃଷ୍ଟି ହୋଇଛି। ସେମାନଙ୍କର ବିଚାରବିମର୍ଶର ସମଷ୍ଟିକୁ ସୌନ୍ଦର୍ଯ୍ୟ-ଦର୍ଶନ କୁହାଯାଏ ଓ ଏହି ଶାସ୍ତ୍ର ଦର୍ଶନ-ଶାସ୍ତ୍ରର ଏକ ଶାଖା ରୂପେ ସ୍ୱୀକୃତି। ମନୁଷ୍ୟର ସୌନ୍ଦର୍ଯ୍ୟଧାରଣା ଦେଶ-କାଳ-ଜାତି ଅନୁସାରେ ପରିବର୍ତ୍ତିତ ହେବାରେ ଲାଗିଛି। କାବ୍ୟ, ସଙ୍ଗୀତ, ଚିତ୍ର, ସ୍ଥାପତ୍ୟ ପ୍ରଭୃତି ଲଳିତକଳାରେ ଏହି ପରିବର୍ତ୍ତନର ଚିହ୍ନ ଅଙ୍କିତ। ଆଲୋଚ୍ୟ ଅଧ୍ୟାୟରେ ସୌନ୍ଦର୍ଯ୍ୟ-ବିଚାରର ପାଶ୍ଚାତ୍ୟ ପରମ୍ପରା ଐତିହାସିକ କ୍ରମରେ ଉପସ୍ଥାପନ କରି କଳା ଓ ସୌନ୍ଦର୍ଯ୍ୟ ସମ୍ପର୍କିତ ବିଚାରର ରୂପରେଖ ପ୍ରଦାନ କରାଯାଇଛି।

ସୌନ୍ଦର୍ଯ୍ୟ-ଦର୍ଶନ ସମ୍ପର୍କରେ ଗ୍ରୀକ୍ ଦାର୍ଶନିକ ସକ୍ରେଟିସ୍‌ଙ୍କ ଅଭିମତ ଜେନୋଫନ-ରଚିତ 'ମେମୋରବେଲିୟା' ଗ୍ରନ୍ଥରେ ସ୍ଥାନ ପାଇଛି। ତହିଁରୁ ଜଣାଯାଏ, ସେ ସୌନ୍ଦର୍ଯ୍ୟ ଓ ନ୍ୟାୟ ଆଦିର ସଂଜ୍ଞା ଦେବା କାଳରେ ସେ ସବୁକୁ ପ୍ରମାଣ ବଳରେ ପରୀକ୍ଷା କରି ସିଦ୍ଧାନ୍ତରେ ଉପନୀତ ହୋଇଛନ୍ତି । ତାଙ୍କ ମତରେ, ସୁନ୍ଦର ବସ୍ତୁ ସକଳ ଏକାଭଳି ନୁହନ୍ତି। ଗୋଟିଏ ସୁନ୍ଦର ବସ୍ତୁଠାରୁ ଅନ୍ୟ ଗୋଟିଏ ସୁନ୍ଦର ବସ୍ତୁ ଭିନ୍ନ। ଜଣେ ଭଲ ଦୌଡ଼ି ପାରୁଥିବା ଲୋକଠାରୁ ଜଣେ ଭଲ ମଲ୍ଲଯୁଦ୍ଧ କରୁଥିବା ଲୋକ ପୃଥକ୍। ଆତ୍ମରକ୍ଷା ପାଇଁ ଯେଉଁ ଢାଲ ସୁନ୍ଦର ତାହା ଗତି ଓ ଶକ୍ତିର ପ୍ରତୀକ ରୂପେ

ବ୍ୟବହାର କରାଯାଉଥିବା ବର୍ଚ୍ଛାର ସୌନ୍ଦର୍ଯ୍ୟଠାରୁ ସ୍ୱତନ୍ତ୍ର। ମଙ୍ଗଳ ଓ ସୁନ୍ଦର ଦୁଇଟି ସ୍ୱତନ୍ତ୍ର ପଦାର୍ଥ ନୁହନ୍ତି। ଯାହା ସୁନ୍ଦର, ତାହା ସେହି ଏକ ଦୃଷ୍ଟିରୁ ମଧ୍ୟ ମଙ୍ଗଳ। ସୁନ୍ଦର ବସ୍ତୁ ବା ବ୍ୟକ୍ତି ସୁନ୍ଦର କାମ କରେ। ଉପଯୋଗ ଦୃଷ୍ଟିରୁ ସୁନ୍ଦର ଓ ମଙ୍ଗଳ ଏକ ବୋଲି ବିଚାର୍ଯ୍ୟ। ଏକ ସ୍ୱର୍ଣ-ନିର୍ମିତ ଢାଲ ମଧ୍ୟ ତାହାର ଉଦ୍ଦେଶ୍ୟ ପୂରଣ କରୁ ନ ଥିଲେ ଅସୁନ୍ଦର ବିବେଚିତ ହୋଇପାରେ। ସେହି ଏକ ପଦାର୍ଥ ସୁନ୍ଦର, କୁତ୍ସିତ ଓ ଭଲମନ୍ଦ-ଉଭୟ ହୋଇପାରେ। ସବୁ କିଛି ଭଲ ଓ ସୁନ୍ଦର ଯଦି ଉତ୍ତମ ରୂପେ ନିଜ ନିଜର ଉଦ୍ଦେଶ୍ୟ ପୂରଣରେ ସେଗୁଡିକ ବ୍ୟବହୃତ ହୋଇପାରୁଥିବେ। ସେହିଭଳି ସେଗୁଡିକ ମନ୍ଦ ଓ କୁତ୍ସିତ ହୋଇପାରନ୍ତି, ଯଦି ସେଗୁଡିକ ଉଦ୍ଦେଶ୍ୟ ପୂରଣରେ ଅସମର୍ଥ। ସକ୍ରେଟିସ୍ ଯାହା ଉପକାରକ ତାହାକୁ ସୁନ୍ଦର ବୋଲି ସ୍ୱୀକାର କରିବା ସଙ୍ଗେ ସୁନ୍ଦରକୁ ଜୀବନ-ସାପେକ୍ଷ କହନ୍ତି।[୧]

ବିଶ୍ୱମନୀଷାର ଗୁରୁସ୍ଥାନୀୟ ସକ୍ରେଟିସ୍-ଶିଷ୍ୟ ପ୍ଲେଟୋ ପ୍ରାଚୀନ ଗ୍ରୀକ୍ ଆଚାର୍ଯ୍ୟମାନଙ୍କ ମଧ୍ୟରେ ସର୍ବଶ୍ରେଷ୍ଠ ସୌନ୍ଦର୍ଯ୍ୟତତ୍ତ୍ୱବିତ୍। ତାଙ୍କ ମତରେ, ସୁନ୍ଦର ଶିବ ଓ ସତ୍ୟ ଏକ ଓ ଅଭିନ୍ନ। ସୌନ୍ଦର୍ଯ୍ୟ, ତତ୍ତ୍ୱଜ୍ଞାନର ସାଧନ ଓ ଏହା ମଙ୍ଗଳ ବିଧାୟକ। ସୌନ୍ଦର୍ଯ୍ୟ ଗମ୍ଭୀର ପ୍ରେମାନୁଭୂତି ସହିତ ଚିତ୍ତର ବିଶୁଦ୍ଧି ସମ୍ପାଦନ କରିଥାଏ। ସୌନ୍ଦର୍ଯ୍ୟାରାଧନାର ପରିଣାମସ୍ୱରୂପ ମନୁଷ୍ୟ ଦିବ୍ୟଦୃଷ୍ଟିର ଅଧିକାରୀ ହୁଏ।

ପ୍ଲେଟୋ ଏହି ସୃଷ୍ଟିକୁ ଦୁଇ ରୂପରେ ଦେଖିଛନ୍ତି-ଚେତନ (Ideal) ଓ ପ୍ରତୀୟମାନ (Phenomenal)। ଚେତନ ଜଗତ୍ ନିତ୍ୟ, ଚିନ୍ମୟ ତଥା ଆଦି ଅନ୍ତର ଊର୍ଦ୍ଧ୍ୱରେ। ଏଥିରେ କୌଣସି ପରିବର୍ତ୍ତନ ହୁଏ ନାହିଁ। ପ୍ରତୀୟମାନ ଜଗତରେ ଯେଉଁ ସୌନ୍ଦର୍ଯ୍ୟ ଦେଖାଯାଏ, ତାହାର ମୂଳ ଉତ୍ସ ଏହି ଚେତନ ଜଗତରେ। ଚେତନର ସୌନ୍ଦର୍ଯ୍ୟତରଙ୍ଗ-ଚିଦ୍‌ବିଳାସ ସର୍ବତ୍ର ପରିବ୍ୟାପ୍ତ। ଚେତନର ଏକତ୍ୱ ପ୍ରକାଶକୁ ଅଭିବ୍ୟକ୍ତ କରେ, ତାହା ସୌନ୍ଦର୍ଯ୍ୟ। ସୌନ୍ଦର୍ଯ୍ୟାନୁଭୂତି ଦ୍ୱାରା ବ୍ୟକ୍ତିର ଦୃଷ୍ଟି ନୈତିକ, ହୃଦୟ ପବିତ୍ର ଓ ଚରିତ୍ର ଦିବ୍ୟ ହୋଇଥାଏ। ସୁନ୍ଦର 'ପରମ' ଓ ପୂର୍ଣ୍ଣ ତଥା ସୁନ୍ଦର ପାଇଁ ନୈତିକ ହେବା ଆବଶ୍ୟକ।

ପ୍ଲେଟୋଙ୍କ ମତରେ ସୁନ୍ଦର ବସ୍ତୁ 'ସୌନ୍ଦର୍ଯ୍ୟ' ନୁହେଁ; ଅର୍ଥାତ୍, ବସ୍ତୁର ନିଜର ସ୍ୱତନ୍ତ୍ର ସୌନ୍ଦର୍ଯ୍ୟ ନାହିଁ। ସୌନ୍ଦର୍ଯ୍ୟ ଏକ ପ୍ରତ୍ୟୟ; ସୁନ୍ଦର ବସ୍ତୁ ତାହାକୁ ହିଁ ପ୍ରତିବିମ୍ବିତ କରେ। ସୁତରାଂ ବସ୍ତୁମାନେ ଦର୍ପଣ ସଦୃଶ। ସୁନ୍ଦର ବସ୍ତୁ ଅନେକ ହୋଇପାରେ; ମାତ୍ର ସୌନ୍ଦର୍ଯ୍ୟ ଏକ। ଏକଇ ସୌନ୍ଦର୍ଯ୍ୟ ଅଶ୍ୱ, ହସ୍ତୀ, ବୀଣା ପ୍ରଭୃତିରେ ପରିବ୍ୟାପ୍ତ। କିନ୍ତୁ ସକଳ ବସ୍ତୁରେ ସୌନ୍ଦର୍ଯ୍ୟର ପ୍ରକାଶ ସମାନ ନୁହେଁ। ମାନବେତର ପ୍ରାଣୀ, ମାନବ, ଦେବତା-କ୍ରମାନୁସାରେ ସୌନ୍ଦର୍ଯ୍ୟର ବିକାଶ ସୋପାନବତ୍ ହୋଇଥାଏ।

ବସ୍ତୁ କୌଣସି ଏକ ବିଶେଷ ପ୍ରସଙ୍ଗରେ ସୁନ୍ଦର। ଯେଉଁ ବସ୍ତୁ କୌଣସି ଉପଯୋଗରେ ଆସୁନାହିଁ ତାହା କୁରୂପ। ଅନ୍ଧର ଆଖି ତା'ର ଦେଖିବା କ୍ରିୟାରେ ସାହାଯ୍ୟ କରୁ ନ ଥିବାରୁ ତାହା ଅନୁପଯୋଗୀ। ବସ୍ତୁରେ ପ୍ରଭାବିତ କରିବାରେ କ୍ଷମତା ନାହିଁ ତ ତାହା ଅନୁପଯୋଗୀ ଓ ସେଇଥିପାଇଁ କୁରୂପ। ଯୋଗ୍ୟତା ହିଁ ସୌନ୍ଦର୍ଯ୍ୟ। 'ଅଜ୍ଞାନ' କୁଶ୍ରୀ ବା କୁରୂପ ଏଇଥିପାଇଁ। କେବଳ ଉପଯୋଗିତାକୁ ପ୍ଲେଟୋ ସୌନ୍ଦର୍ଯ୍ୟର ମାନଦଣ୍ଡ କହିନାହାନ୍ତି। ଯେଉଁ ବସ୍ତୁର ଉପଯୋଗ ଅଶୁଭ ଉଦ୍ଦେଶ୍ୟରେ କରାଯାଏ, ତାହାକୁ ସୁନ୍ଦର କୁହାଯିବ ନାହିଁ। ଶୁଭ ଉଦ୍ଦେଶ୍ୟ ସିଦ୍ଧି ନିମନ୍ତେ ପ୍ରୟୋଜନରେ ଆସୁଥିବା ବସ୍ତୁକୁ ସୁନ୍ଦର କୁହାଯିବ। କେବଳ ଉପଯୋଗିତା ସୁନ୍ଦର ହେବାର କଷଟି ନୁହେଁ, ଏହାର ପ୍ରଭାବ ମଧ୍ୟ ଶୁଭ ଓ ଲାଭପ୍ରଦ ହେଲେ ତେବେ ଯାଇ ସୁନ୍ଦର କୁହାଯିବ। ସୌନ୍ଦର୍ଯ୍ୟ ଓ ଉପଯୋଗିତା ଉଭୟେ ତାଦାତ୍ମ୍ୟ ସ୍ଥାପନ କରିନିଅନ୍ତି।

ପ୍ଲେଟୋ ଶ୍ରବଣ ଓ ନେତ୍ର ମାଧ୍ୟମରେ ପ୍ରାପ୍ତ ଆନନ୍ଦକୁ ପ୍ରକୃଷ୍ଟ ଆନନ୍ଦ କହନ୍ତି। କାମେନ୍ଦ୍ରିୟ, ସ୍ୱାଦେନ୍ଦ୍ରିୟ ଓ ସ୍ପର୍ଶେନ୍ଦ୍ରିୟର ଆନନ୍ଦକୁ ଆମେ ସୁନ୍ଦର କହି ନ ପାରୁ। ଭୋଜନକୁ କେହି ସୁନ୍ଦର କହନ୍ତି ନାହିଁ। ସୁନ୍ଦର ବସ୍ତୁ ଶିବତ୍ୱର ଜନନୀ। ଏଥିପାଇଁ ଦୃଷ୍ଟି ଓ ଶ୍ରବଣର ଆନନ୍ଦ ହିଁ ସୁନ୍ଦର ହୋଇପାରେ; କାରଣ ଲାଭପ୍ରଦ ହେବାର ବିଶେଷତ୍ୱ ହେତୁ ଏହା ଅନ୍ୟ ଇନ୍ଦ୍ରିୟମାନଙ୍କଠାରୁ ଭିନ୍ନ। ଏଣୁ ସେହି ବସ୍ତୁ ସୁନ୍ଦର ଯାହା ଆନ୍ତରିକ ରୂପରେ ଉଭୟ ଲାଭଦାୟକ ଓ ଆନନ୍ଦପ୍ରଦ। 'ଲାଭପ୍ରଦ' ଆନନ୍ଦ ହିଁ ସୁନ୍ଦରର ସଂଜ୍ଞା। ଏଥିପାଇଁ ତାହା ସର୍ବୋତ୍ତମ ଆନନ୍ଦ। ତେଣୁ ଆନନ୍ଦକୁ ସୁନ୍ଦର କୁହାଯିବ।

ବସ୍ତୁ ଦେଶକାଳର ସୀମାରେ ବନ୍ଦୀ। ତାହା ନଶ୍ୱର ଓ କ୍ଷଣିକ। ଏହି ମୁହୂର୍ତ୍ତରେ ସୁନ୍ଦର, ଏହି ମୁହୂର୍ତ୍ତରେ ଅସୁନ୍ଦର। ଏହିପରି ତାହା 'ପରମ ସୌନ୍ଦର୍ଯ୍ୟ' ଦିଗରେ ଇଙ୍ଗିତ ପ୍ରଦାନ କରେ। ସୁନ୍ଦର ବସ୍ତୁ ସୋପାନ ସଦୃଶ। ତାହାକୁ ପାର ହୋଇ ଆମେ ପରମ ସୌନ୍ଦର୍ଯ୍ୟର ଉପଲବ୍ଧି କରିପାରୁ। ବ୍ୟକ୍ତି ପ୍ରେମ ସାହାଯ୍ୟରେ ପରମ ସୌନ୍ଦର୍ଯ୍ୟ ଦିଗରେ ଯାଇପାରେ। ସୁନ୍ଦର ଜୀବରୁ ସୁନ୍ଦର ଜୀବନକୁ, ସୁନ୍ଦର ଜୀବନରୁ ସୁନ୍ଦର ସତ୍ୟକୁ ଓ ସୁନ୍ଦର ସତ୍ୟ ପରେ ସେ ପରମ ସୌନ୍ଦର୍ଯ୍ୟର ଜ୍ଞାନ ଲାଭ କରିଥାଏ। ସେହି କାଳରେ ସେ ସୁନ୍ଦରମ୍‌ର ସମ୍ୟକ୍ ବୋଧ ଲାଭ କରେ। ସୌନ୍ଦର୍ଯ୍ୟ ମାନବର ଆଦି-ନିକେତନ। ମାନବାତ୍ମାର ପ୍ରକୃତି ନିବାସ ଏହି ସୌନ୍ଦର୍ଯ୍ୟ।

ସାମଞ୍ଜସ୍ୟ, ପ୍ରସାଦ, ଲୟ ଓ ସୁନ୍ଦର ଶୈଳୀ-ଏ ସମସ୍ତ ମସ୍ତିଷ୍କର ଶୁଭ ଓ ସୁନ୍ଦର ବିଶେଷତ୍ୱ ହେତୁ ପ୍ରକାଶ ପାଇଥାଏ। ସୁନ୍ଦର କଳା ମସ୍ତିଷ୍କର ସୁନ୍ଦର ଗୁଣର ଅଭିବ୍ୟକ୍ତି। ବସ୍ତୁ ଦିବ୍ୟ ଓ କୁରୂପ ଉଭୟ ହୋଇଥାଏ। ଶୈଳୀରେ ଅସ୍ୱଚ୍ଛତା, ବେସୁରାଭାବ ଅସ୍ୱଚ୍ଛ ମନୋବୃତ୍ତିର ପରିଚାୟକ।

ଆଦର୍ଶ ରାଜ୍ୟରେ କବି ପ୍ରତି ସାବଧାନ ରହିବା ଉଚିତ। କାବ୍ୟରଚନା କରିବାକୁ ହେଲେ କବିଙ୍କୁ ସତର୍କ କରିଦେବାକୁ ପଡିବ ଯେ, ସେ ଯେପରି ତାଙ୍କ କାବ୍ୟରେ 'ଶୁଭ' ଓ 'ଲାଭ-ପ୍ରଦ' ଚରିତ୍ରର ଚିତ୍ରଣ କରନ୍ତି। ଅଶୁଭ, ବିଳାସ, ନୀଚତା, ତୁଚ୍ଛତାର ଅନୁକୃତି ପାଇଁ କବିଙ୍କୁ ସ୍ୱାଧୀନତା ନ ଦେବା ଉଚିତ। ଏପରି କଲେ ନାଗରିକମାନଙ୍କ ଉପରେ ମନ୍ଦ ପ୍ରଭାବ ପଡିବ। କବିଙ୍କୁ କେବଳ ଶୁଭ ପ୍ରକୃତି, ଶୁଭ ସମ୍ବେଗ ଓ ଗୁଣର ଅନୁକୃତି ପାଇଁ ଅନୁମତି ଦିଆଯିବା ଉଚିତ।

କଳାକାର 'ଏହି' ବା 'ସେହି' ବସ୍ତୁର ଅନୁକରଣ କରିଥାଏ; ଅର୍ଥାତ୍, ସେ ବିଶେଷ ବସ୍ତୁର ହିଁ ଅନୁକରଣ କରିପାରେ। ଏଥିପାଇଁ କଳା ମାତ୍ରେ ଅନୁକୃତି।

ପ୍ଲେଟୋ କଳାକୁ ତିନି ଶ୍ରେଣୀରେ ବିଭକ୍ତ କରିଛନ୍ତି। -ଉପଯୋଗ ସମ୍ବନ୍ଧୀ କଳା, ନିର୍ମାଣ ସମ୍ବନ୍ଧୀ କଳା ଓ ପ୍ରତିରୂପଣ ସମ୍ବନ୍ଧୀ କଳା। ଏହି ତିନି ଶ୍ରେଣୀର କଳା ମଧ୍ୟରୁ ସେ କାବ୍ୟକଳାକୁ ପ୍ରତିରୂପଣ କଳା ଭାବେ ଗ୍ରହଣ କରିଛନ୍ତି। ଅନ୍ୟ କଳା ଅପେକ୍ଷା ପ୍ରତିରୂପଣାତ୍ମକ କଳା ନିକୃଷ୍ଟ। ପଦାର୍ଥର ଉପଯୋଗ କରୁଥିବା ବ୍ୟକ୍ତି ବସ୍ତୁର ଭଲ ମନ୍ଦ ସମ୍ବନ୍ଧରେ ଅବଗତ ଥାଏ, ନିର୍ମାତା ଉପଯୋଗକର୍ତ୍ତାଙ୍କ ଅନୁସାରେ ବସ୍ତୁର ନିର୍ମାଣ କରେ; ମାତ୍ର ଅନୁକରଣକାରୀର ଜ୍ଞାନ କି ବିଶ୍ୱାସ କିଛି ନ ଥାଏ। ଯେଉଁ କଳା ସତ୍ୟଠାରୁ ତ୍ରିବାର ଦୂରରେ; ଏଣୁ ଏହା ସତ୍ୟର ଅନୁକରଣର ଅନୁକରଣ। ସେ କବିକୁ ବଢେଇ ଓ ମୋଚିଠାରୁ ବି ନିମ୍ନସ୍ଥାନ ଦିଅନ୍ତି। କାବ୍ୟ ଏକ କଳା ଓ ଏହା ଆତ୍ମାର ଅସାଧୁ ଅଂଶର ପୋଷଣ କରେ। କାବ୍ୟର ପ୍ରଭାବ ଆତ୍ମାର ଘାତ। କାରଣ ମାନବୀୟ ସମ୍ବେଦନାର ଉଦ୍‌ବେଳନ ଘଟାଇ ଏହା ଆମର ଭାବନା ନିମନ୍ତେ ହାନିକାରକ ଉତ୍ତେଜନା ସୃଷ୍ଟି କରେ।

ଶିଳ୍ପୀ ପ୍ରକୃତି ସମ୍ମୁଖରେ ଦର୍ପଣ ରଖିବା ଛଡା ଅଧିକ ସିଦ୍ଧିର ଅଧିକାରୀ ନୁହେଁ। ଦର୍ପଣରେ ପ୍ରକୃତିର ବାହ୍ୟ ବା ଦୃଶ୍ୟମାନ ରୂପଠାରୁ ଅଧିକ କିଛି ପ୍ରତିବିମ୍ବିତ ହୋଇ ନ ପାରେ। ହୋମର ପ୍ରଭୃତି କବି କେବଳ ଛାୟାନୁକରଣକାରୀ। ସେମାନେ ସତ୍ୟର ଆଭାସ ମାତ୍ର ଦିଅନ୍ତି। ଏହା ଶିଶୁଙ୍କୁ ଭୁଲାଇବା ପାଇଁ ଯଥେଷ୍ଟ ହେଲେ ହେଁ ବୁଦ୍ଧିମାନ୍ ବା ଜ୍ଞାନୀଙ୍କ ପାଇଁ କେବଳ ଭ୍ରମ। ଲୋକେ ଭ୍ରମର ସାଦୃଶ୍ୟ ଧାରଣ କରୁଥିବା ବସ୍ତୁକୁ ସତ୍ୟ ବୋଲି ଗ୍ରହଣ କରନ୍ତି। ଶିଳ୍ପୀ ଏହି ସାଦୃଶ୍ୟ-ବିଧାନ ଦ୍ୱାରା ଲୋକଙ୍କୁ ଭ୍ରମରେ ପକାନ୍ତି; କିନ୍ତୁ ସାଦୃଶ୍ୟ ସତ୍ୟ ନୁହେଁ। କଳାତ୍ମକ ପ୍ରତିମାର ସୃଷ୍ଟିକର୍ତ୍ତା ସତ୍ୟର ଛାୟା ଓ ଆଭାସ ମାତ୍ରକୁ ସତ୍ୟ ବୋଲି ଗ୍ରହଣ କରୁଥିବାରୁ ପ୍ଲେଟୋ ସେମାନଙ୍କୁ ଅନୁକର୍ତ୍ତା କହନ୍ତି।

ବାସ୍ତବିକ ଆନନ୍ଦ ସେହି ସବୁ ବସ୍ତୁରୁ ଉତ୍ପନ୍ନ ହୋଇଥାଏ, ଯାହାର ପ୍ରୟୋଜନ

ପୀଡ଼ାଜନକ ନ ହୋଇ ଆନନ୍ଦପ୍ରଦ; ଅର୍ଥାତ୍, ସୌନ୍ଦର୍ଯ୍ୟ ଆନନ୍ଦପ୍ରଦ, ପୀଡାଜନକ ନୁହେଁ।

ପ୍ଲେଟୋ ସର୍ବପ୍ରଥମେ ସତ୍ୟ-ଶିବ-ସୁନ୍ଦରର ଐକ୍ୟ ପ୍ରତିଷ୍ଠା ପାଇଁ ଚେଷ୍ଟା କରିଛନ୍ତି।

ସୌନ୍ଦର୍ଯ୍ୟରେ ଏପରି ଏକ ଅଲୌକିକ ଶକ୍ତି ରହିଛି, ଯାହାଦ୍ୱାରା ହୃଦୟର କଲୁଷ ଦୂର ହୋଇ ଚରମ ଦିବ୍ୟ ଦୃଷ୍ଟିରୁ ପ୍ରତିଷ୍ଠା ହୋଇପାରେ। କାବ୍ୟରେ ଏକ ଉନ୍ମାଦକ ପ୍ରେରଣା ରହିଥାଏ। ଏହି ଉନ୍ମାଦନା ହିଁ କାବ୍ୟର ପ୍ରାଣ ଓ ସୌନ୍ଦର୍ଯ୍ୟର ପବିତ୍ରତାର କାରଣ। ଏହି ଅନୁପ୍ରେରଣା ଓ ଉନ୍ମାଦନା ବିନା କେହି କବି ବା କୌଣସି କଳା ସରସ୍ୱତୀଙ୍କର ମନ୍ଦିର ମଧ୍ୟରେ ପ୍ରବେଶାଧିକାର ପାଇ ନ ପାରେ।

ପ୍ଲେଟୋଙ୍କ ମତରେ ସୌନ୍ଦର୍ଯ୍ୟ ଓ ପ୍ରେମର ସମ୍ପର୍କ ନିବିଡ଼।

ପରିମାଣ ଓ ସାମଞ୍ଜସ୍ୟ ଦ୍ୱାରା ସୌନ୍ଦର୍ଯ୍ୟ ସୃଷ୍ଟି ହୋଇଥାଏ। ସୌନ୍ଦର୍ଯ୍ୟ ଶ୍ରେୟ ବିଧାୟକ, ନୈତିକ ଉତ୍କର୍ଷକାରକ ଓ ମଙ୍ଗଳଦାୟକ। ଏଗୁଡିକୁ ସୌନ୍ଦର୍ଯ୍ୟର କାରଣ ବୋଲି ପ୍ଲେଟୋ କହନ୍ତି। ଯେଉଁଥିରେ ଉପରୋକ୍ତ ତିନିଗୋଟି ବିଦ୍ୟମାନ, ତାହା ସୁନ୍ଦର।

ସୌନ୍ଦର୍ଯ୍ୟ ସହିତ ଆନନ୍ଦ ନିତ୍ୟବିଦ୍ୟମାନ। ଏହି ଆନନ୍ଦ ଇନ୍ଦ୍ରିୟଗ୍ରାହ୍ୟ ଓ ଇନ୍ଦ୍ରିୟଗ୍ରାହ୍ୟ ଉପର ଉପଭୋଗରୁ ଜାତ ହୋଇଥାଏ।

ସଙ୍ଗୀତର ସ୍ୱର-ମୂର୍ଚ୍ଛନାରେ ମାନବୀୟ ସୁଖ ଦୁଃଖର ଅଭିବ୍ୟକ୍ତି ଘଟିଥାଏ। କଳା-କୃତି କେବଳ ପ୍ରତିକୃତି ନୁହେଁ; ଏହା ମଧ୍ୟ ପ୍ରତୀକ-ବ୍ୟଞ୍ଜନା।

ସୌନ୍ଦର୍ଯ୍ୟକୁ ବିଶୁଦ୍ଧ ସୁଖ ମିଳେ। ଏଥିରେ ଇନ୍ଦ୍ରିୟଜନିତ ଅଶୁଦ୍ଧ ସୁଖ ଭଳି ସ୍ୱାର୍ଥମୂଳକ ପ୍ରୟୋଜନ ନ ଥାଏ। ପ୍ରାକୃତ ପ୍ରୟୋଜନ ଓ ସୌନ୍ଦର୍ଯ୍ୟସମ୍ବଳୀ ପ୍ରୟୋଜନ ମଧ୍ୟରେ ପାର୍ଥକ୍ୟ ହେଲା, ପ୍ରଥମଟିରୁ ଇନ୍ଦ୍ରିୟଜନିତ ସୁଖ-ଯାହା ସ୍ୱାର୍ଥମୂଳକ ହୋଇଥିବାରୁ ଅଶୁଦ୍ଧ ଓ ଦ୍ୱିତୀୟଟିକୁ ରୂପାତ୍ମକ ସୌନ୍ଦର୍ଯ୍ୟ ହେତୁ ଶୁଦ୍ଧ ସୁଖ ମିଳେ।[୨]

କବି ଦିବ୍ୟବାଣୀର ମାଧ୍ୟମ। ଦିବ୍ୟ ଶକ୍ତି ଦ୍ୱାରା ଅଭିଭୂତ ହୋଇ କବି ଆତ୍ମବିସ୍ମୃତି କ୍ଷଣରେ କାବ୍ୟ ରଚନା କରେ। ଏହା ଏକ ଅଲୌକିକ ପ୍ରେରଣାର ପରିଣାମ। ସେ କୌଣସି କଳାତ୍ମକ ପ୍ରେରଣା ଦ୍ୱାରା କାବ୍ୟ ରଚନା କରେ ନାହିଁ; ବରଂ ଦୈବୀଶକ୍ତି ଦ୍ୱାରା ପ୍ରେରିତ ଓ ଆତ୍ମବିସ୍ମୃତ ହୋଇ କରିଥାଏ। ଯେ ପର୍ଯ୍ୟନ୍ତ କବି ପୂର୍ଣ୍ଣପ୍ରେରିତ ଓ ଆବିଷ୍ଟ ହୋଇ ବିକ୍ଷିପ୍ତ ଓ ବୋଧଶୂନ୍ୟ ନ ହୋଇଛି ସେ ପର୍ଯ୍ୟନ୍ତ ସେ ମୌଳିକ ସୃଷ୍ଟିରେ ସମର୍ଥ ହେବ ନାହିଁ। କବିଠାରେ ଏହି ଯେ ବିକ୍ଷେପ ବା ବିବେକଶୂନ୍ୟତା, ଏହା କୌଣସି ମାନସିକ ବିକୃତି ନୁହେଁ; ଆତ୍ମବିସ୍ମୃତି ମାତ୍ର। ସେତେବେଳେ ସେ

ଏକ ଆରୋପିତ ବ୍ୟକ୍ତିତ୍ୱ ରୂପେ କାର୍ଯ୍ୟ କରନ୍ତି। ତାଙ୍କ ମାଧ୍ୟମରେ ଈଶ୍ୱର ସ୍ୱୟଂ କଥା କହନ୍ତି। କାବ୍ୟ ଦେବୀ (muse) ସକଳ ସୁନ୍ଦର କବିତାର ପ୍ରେରଣାଦାୟିନୀ। ଏହି ସୁନ୍ଦର ରଚନାବଳୀ ଐଶୀ କୃତିତ୍ୱ, ଏହା ମାନବକୃତ ନୁହେଁ। କବି ଏହି ଅଲୌକିକ ଶକ୍ତି ଦ୍ୱାରା ଅଧିକୃତ ଈଶ୍ୱରଙ୍କ ବ୍ୟାଖ୍ୟାକାରୀ ମାତ୍ର।

କାବ୍ୟ ଉପଯୋଗୀ ହେବା ସଙ୍ଗେ ଆନନ୍ଦ ବା ଆହ୍ଲାଦ ଦାନ କରୁଥିଲେ ପାଠକ ଲାଭାନ୍ୱିତ ହେବ। ଲୋକମଙ୍ଗଳ କଳାର ମୁଖ୍ୟ ଉଦ୍ଦେଶ୍ୟ।

ଔଚିତ୍ୟାଶ୍ରୟୀ କ୍ରମ-ବିନ୍ୟାସ ହିଁ କୌଣସି ବସ୍ତୁର ସଦ୍-ରୂପର ନିର୍ମାଣକାରୀ। ବ୍ୟବସ୍ଥିତ ଆତ୍ମା ନିଶ୍ଚିତ ରୂପେ ଅବ୍ୟବସ୍ଥିତ ଆତ୍ମାଠାରୁ ଶ୍ରେଷ୍ଠ। ବ୍ୟବସ୍ଥିତ ଆତ୍ମା ହିଁ ସଂଯମିତ ଓ ଆତ୍ମାର ଏହି ସଂଯମିତ ରୂପ ହିଁ ଶ୍ରେଷ୍ଠ ରୂପ। ଆତ୍ମାର ସଦ୍ ନିର୍ମାଣ କଳାକାରର କର୍ତ୍ତବ୍ୟ। କଳାକୁ ଏକ ଆଚରଣ-ଶାସ୍ତ୍ର ରୂପେ ପ୍ରତିଷ୍ଠା କରିବା ପ୍ଲେଟୋଙ୍କର ଉଦ୍ଦେଶ୍ୟ। ଆନନ୍ଦ ଓ ଜନ-କଲ୍ୟାଣର ମଣିକାଞ୍ଚନ ସଂଯୋଗରୁ ଆଦର୍ଶ କାବ୍ୟ ସୃଷ୍ଟି ହୋଇଥାଏ।

ସୌନ୍ଦର୍ଯ୍ୟ ସୃଷ୍ଟି ଦ୍ୱାରା ମନଃପ୍ରସାଦ ସମ୍ପାଦନ କରିବା କାବ୍ୟର ସିଦ୍ଧି ବୋଲି ପ୍ଲେଟୋ ସ୍ୱୀକାର କରନ୍ତି ନାହିଁ। କାବ୍ୟର ଏକମାତ୍ର ପ୍ରୟୋଜନ ଶୁଭଙ୍କର ବା ମାଙ୍ଗଳିକ ମୂଲ୍ୟର ପ୍ରତିଷ୍ଠା; ଆନୁଷଙ୍ଗିକ ରୂପେ ଆନନ୍ଦ ମିଳୁଥିଲେ ତାହା କାମ୍ୟ ହୋଇପାରେ। ଯେଉଁ କବିମାନଙ୍କୁ ସେ ତାଙ୍କ ଗଣତନ୍ତ୍ର ରାଷ୍ଟ୍ରରୁ ନିର୍ବାଚିତ କରିଥିଲେ, ତେବେ ସେ ସେହି କବିମାନଙ୍କୁ ରାଜ୍ୟରେ ପୁନଃ ପ୍ରବେଶ ପାଇଁ ଅନୁମତି ଦେଇପାରନ୍ତି। ଯହିଁରେ ନୈତିକ ଉଦ୍ଦେଶ୍ୟ ସାଧନ ମାଧ୍ୟମରେ ସମ୍ପନ୍ନ ହୁଏ ତାହା ହିଁ କାବ୍ୟର ଶ୍ରେଷ୍ଠ ରୂପ।

ଚରମ ନୀତିବାଣୀ ପ୍ଲେଟୋଙ୍କର କଳା ଓ କବିତା ପ୍ରତି ମନୋଭାବ ନିୟନ୍ତ୍ରିତ ହୋଇଥିଲା ତାଙ୍କର କଳ୍ପିତ ଗଣତନ୍ତ୍ର ରାଷ୍ଟ୍ରରେ ନାଗରିକମାନଙ୍କୁ ଉନ୍ନତି କରିବା ଭାବଧାରା ଘେନି। ସୌନ୍ଦର୍ଯ୍ୟକୁ ମଙ୍ଗଳଠାରୁ ସ୍ୱତନ୍ତ୍ର ଭାବେ ଅବସ୍ଥାନ କରୁଥିବା ଏକ ମୂଲ୍ୟ ରୂପେ ସେ ଗ୍ରହଣ କରିନାହାନ୍ତି। ମଙ୍ଗଳ ଓ ସୌନ୍ଦର୍ଯ୍ୟକୁ କେବଳ ପରସ୍ପର ଅର୍ଥରେ ଧାରଣା କରାଯାଇପାରେ। ପୁନଶ୍ଚ ସେ ସକଳ ପ୍ରକାର କବିତାକୁ ନିନ୍ଦା କରିନାହାନ୍ତି। ସେ ପ୍ରକୃତ କଳା ଓ ଛଳନାତ୍ମକ କଳା ମଧ୍ୟରେ ପାର୍ଥକ୍ୟ ଦେଖାଇଛନ୍ତି। ପ୍ରକୃତ କଳା ସାମାନ୍ୟର ଅନୁକରଣ କରୁଥିବାବେଳେ ମିଥ୍ୟା କଳା ବିଶେଷର ଅନୁକରଣ କରେ।

ନାଗରିକର ଭୌତିକ ଓ ନୈତିକ ମଙ୍ଗଳ ବିଧାନ ପାଇଁ ଯେଉଁ ମାନବୀୟ କ୍ରିୟା ଯେତେ ମୂଲ୍ୟବାନ୍ ପ୍ଲେଟୋ ତାହାକୁ ସେହି ଦୃଷ୍ଟିରୁ ବିଚାର କରିଛନ୍ତି। ଜଣେ ଦାର୍ଶନିକ ଭାବେ ସେ ଯୁକ୍ତି ବା ବିଚାରକୁ ଉଚ୍ଚ ସ୍ଥାନ ଦେଉଥିଲେ। ତେଣୁ ତାଙ୍କ ବିଚାରରେ, ମଣିଷଠାରେ ସମ୍ବେଗର ଦିଗଟି ଅତି ନିକୃଷ୍ଟ ଓ କବିତା ଏହି ସମ୍ବେଗର

ଅଧମ ଅଂଶକୁ ସ୍ପର୍ଶ କରୁଥିବାରୁ ମଣିଷକୁ ଅଧିକ ସମ୍ବେଗଶୀଳ ଓ ସେହି ହେତୁ କମ୍ ବିବେକସଂପନ୍ନ କରାଏ। ସେଇ ଏକା ପଦାର୍ଥକୁ କବି ଏଇ ମୁହୂର୍ତ୍ତରେ ଏକ ପ୍ରକାର ଓ ପର ମୁହୂର୍ତ୍ତରେ ଆଉ ଏକ ପ୍ରକାର ଭାବେ ଦେଖାଏ। ସେ ଜଣେ ଚିତ୍ର ନିର୍ମାଣ, ଯାହାଙ୍କର ମୂର୍ତ୍ତିଗୁଡ଼ିକ ବାସ୍ତବତାଠାରୁ ବହୁ ଦୂରବର୍ତ୍ତୀ ଅସ୍ୱଚ୍ଛ-ପ୍ରତିମା (Phantoms) ମାତ୍ର।

ପ୍ଲେଟୋ ସେହିସବୁ କବିତାକୁ ନିନ୍ଦା କରିଛନ୍ତି, ଯେଉଁଥିରେ ଦେବଦେବୀମାନଙ୍କୁ ସମାଧାନ ମୁହୂର୍ତ୍ତରେ ଭୂତଳରେ ଅବତୀର୍ଣ୍ଣ କରାଇ ବର୍ଣ୍ଣନା କରାଯାଇଥାଏ। ଦେବତାମାନଙ୍କୁ ପରସ୍ପର ମଧ୍ୟରେ ବାଦବିବାଦରତ ଓ ଇନ୍ଦ୍ରିୟ ପରତନ୍ତ୍ରତାରେ ନିମଜ୍ଜିତ ଥିବା ଅବସ୍ଥାରେ ଚିତ୍ରଣ କରିବା ଉଚିତ ନୁହେଁ। ଏପରି କବିତାକୁ ସେ ରୂପକାତ୍ମକ ବୋଲି ମଧ୍ୟ ସ୍ୱୀକାର କରନ୍ତି ନାହିଁ। ଜଣେ ତରୁଣ ଯେ କି ସୁସ୍ଥ ନାଗରିକ ରୂପେ ବଢ଼ିଉଠୁଛି, ସେ ସତ କ'ଣ ଓ ରୂପକାତ୍ମକ କ'ଣ ବାଛବିଚାର କରି ନ ପାରେ।

ପ୍ଲେଟୋ ଦେବତାମାନଙ୍କ ଉଦ୍ଦେଶ୍ୟରେ ଉଚିତ ସ୍ତୋତ୍ର ଓ ବୀରମାନଙ୍କ ପ୍ରଶଂସା ଗାନ କରାଯାଇଥିବା କବିତା ବିରୁଦ୍ଧରେ କିଛି କହିନାହାନ୍ତି। କବିତାର ବିଷୟ ନୈତିକ କି ଅନୈତିକ ତାହାରି ଉପରେ ସେ କବିତାର ବିଚାର କରିଛନ୍ତି-ସେଗୁଡ଼ିକର ସାମଗ୍ରିକ ମାନବୀୟ ବୈଶିଷ୍ଟ୍ୟ ଦୃଷ୍ଟିରୁ ନୁହେଁ। ଯଦି ଏକ କବିତାରେ ମନ୍ଦର ଚିତ୍ରଣ କରାଯାଇଥାଏ, ପାଠକେ ତହିଁରୁ ମନ୍ଦ ଗ୍ରହଣ କରିବାକୁ ଉତ୍ସାହିତ ହେବେ। ଜଣେ ଆତତାୟୀ ସମ୍ବନ୍ଧରେ ରଚିତ କବିତା ମନ୍ଦ; ସାଧୁ ସନ୍ଥମାନଙ୍କ ସମ୍ବନ୍ଧରେ ରଚିତ କବିତା ଉତ୍ତମ। କବିତାର ବିଷୟବସ୍ତୁ କବିତାର କେବଳ କଞ୍ଚାମାଲ। କବିତାର ବିଷୟବସ୍ତୁ ସହିତ ନୈତିକ ମୂଲ୍ୟର ସମ୍ପର୍କ ନାହିଁ। ପ୍ଲେଟୋ କବିତାର ବିଚାର କରିଛନ୍ତି ସତେ ଯେପରି ଏହା ପାଠକର ବ୍ୟକ୍ତିଗତ ଆବେଗକୁ ଉତ୍ତେଜିତ କରେ ଓ ସେଥିପାଇଁ ପରବର୍ତ୍ତୀ ଆଲୋଚକମାନେ ତାଙ୍କ ବିଚାରରେ ତ୍ରୁଟି ପ୍ରଦର୍ଶନ କରିଛନ୍ତି।

ପ୍ଲେଟୋଙ୍କ ଶିଷ୍ୟ ଆରିଷ୍ଟୋଟଲଙ୍କ ସିଦ୍ଧାନ୍ତ ହେଲା-କଳାର ଉତ୍ପତ୍ତି ମନୁଷ୍ୟର ଦୁଇଟି ସହଜାତ ପ୍ରବୃତ୍ତି ହେତୁ ସମ୍ଭବ ହୋଇଥାଏ। ଅନୁକରଣ କ୍ରିୟାରେ ଆନନ୍ଦ ମିଳେ ଓ ଏହା ସାର୍ବଭୌମ ଆନନ୍ଦଠାରୁ କମ୍ ନୁହେଁ। ଅନୁକୃତିରୁ ଲାଭ କରାଯାଉଥିବା ଆନନ୍ଦ ସହଜାତ। ଘୃଣ୍ୟବସ୍ତୁର ଅନୁକୃତି କରି ମଧ୍ୟ ଆନନ୍ଦାନୁଭୂତି ଲାଭ ହୁଏ। ବାସ୍ତବ ଜୀବନରେ ଯାହା ଘୃଣ୍ୟ ବା ଭୟପ୍ରଦ, ଅନୁକରଣରେ ତାହା ଆନନ୍ଦପ୍ରଦ ହୋଇଥାଏ। ଏହି ଆନନ୍ଦର କାରଣ ହେଲା ପରିଚୟ। ଚିତ୍ର ଦେଖି ଆମକୁ ଯେଉଁ ଆନନ୍ଦ ମିଳେ, ତାହାର ଏକମାତ୍ର କାରଣ ହେଲା, ଚିତ୍ର ଦେଖିବା ସମୟରେ ଆମେ ବସ୍ତୁମାନଙ୍କୁ ଚିହ୍ନୁ, ଏହି ପରିଚୟ ଫଳରେ ଆମର ଜ୍ଞାନର କ୍ଷେତ୍ର ପ୍ରଶସ୍ତ ହୁଏ। ବସ୍ତୁ ଓ ଚିତ୍ରର

ସାମ୍ୟ ନେତ୍ର-ସୁଖ ଜାତ କରେ। ଅନୁକରଣ ଭଳି ସାମଞ୍ଜସ୍ୟ ଓ ଲୟ ମଧ୍ୟ ସହଜାତ ପ୍ରବୃତ୍ତି। ମନୁଷ୍ୟ ଏହି ପ୍ରବୃତ୍ତିର କର୍ଷଣ ଫଳରେ କ୍ରମେ କାବ୍ୟ ସୃଷ୍ଟି କରେ।

କଳା ମାଧ୍ୟମରେ କଳାକାର ପ୍ରକୃତିର ଅନୁକରଣ କରେ।(୩) ପ୍ରକୃତି ନିୟତ ପରିବର୍ତ୍ତନଶୀଳା। ନିଜର ଏହି ଗତ୍ୟାତ୍ମକତା ହେତୁ ଏହା ପୂର୍ଣ୍ଣ ନୁହେଁ। କଳା ଏହି ପ୍ରକୃତିର ଅନୁକରଣ। ଅପୂର୍ଣ୍ଣ ପ୍ରକୃତିକୁ କଳା ପୂର୍ଣ୍ଣ କରେ। ଏକ ଦିଗରୁ ପ୍ରକୃତି ମଧ୍ୟ କଳା; ମାତ୍ର ଅପୂର୍ଣ୍ଣ କଳା। କାରଣ ଏହା ଅଚେତନ। କଳା କେବଳ ବାସ୍ତବିକତାରୁ ମୁକ୍ତି ଦିଏ ନାହିଁ, ତାହାକୁ ପୂର୍ଣ୍ଣ ମଧ୍ୟ କରିଥାଏ। ଦତ୍ତ ବସ୍ତୁ କେବଳ ମାନଚିତ୍ର-ତାହାକୁ ଆଦର୍ଶ ରୂପ ଦେବା କଳାର ଧର୍ମ।

ଆରିଷ୍ଟୋଟଲଙ୍କ ଟୀକାକାର ବୁଚରଙ୍କ ଅନୁସାରେ ଅନୁକୃତିର ଅର୍ଥ ହେଲା-ସାଙ୍କେତିକ ଉଲ୍ଲେଖ ନୁହେଁ, ବରଂ ସାଦୃଶ୍ୟବିଧାନ ବା ମୂଳର ପୁନରୁତ୍ପାଦନ ହିଁ ଅନୁକୃତିର ପ୍ରକୃତି ବ୍ୟାଖ୍ୟା। କଳା ମୂଳବସ୍ତୁର ପ୍ରତିକୃତି ଅଙ୍କନ କରେ ନାହିଁ; ଅର୍ଥାତ୍, ଫଟୋ ଉଠାଏ ନାହିଁ, ବରଂ ଇନ୍ଦ୍ରିୟକୁ ଯେଉଁ ରୂପରେ ପ୍ରତୀତ ହୁଏ, ସେହି ରୂପରେ ତାହାକୁ ପ୍ରସ୍ତୁତ କରେ। କଳାତ୍ମକ ସୌନ୍ଦର୍ଯ୍ୟର ଅନୁଭୂତି ତତ୍ତ୍ୱ-ଗ୍ରାହିଣୀ ବୁଦ୍ଧିକୁ ନୁହେଁ, ଭାବୁକତା ଓ ମନର ମୂର୍ତ୍ତି-ବିଧାୟିନୀ ଶକ୍ତିକୁ ମିଳିଥାଏ।(୪)

କୌଣସି ଜୀବ ବା ବସ୍ତୁର ନିର୍ମାଣ ଅଙ୍ଗ ଦ୍ୱାରା କରାଗଲେ ତାହା ସୁନ୍ଦର ହୁଏ। ଏହି ଅଙ୍ଗରେ ବ୍ୟବସ୍ଥା ଓ ସାମଞ୍ଜସ୍ୟ ରହିବା ସଙ୍ଗେ ଏହାର ନିଶ୍ଚିତ ବିସ୍ତାର ମଧ୍ୟ ରହିବା ଉଚିତ। କାରଣ ସୌନ୍ଦର୍ଯ୍ୟ ଉଚିତ ବିସ୍ତାର ଓ ବ୍ୟବସ୍ଥା ଦ୍ୱାରା ପ୍ରକାଶ ପାଇଥାଏ। ନିଶ୍ଚିତ ବିସ୍ତାରର ଅର୍ଥ, ବସ୍ତୁ ଏତେ ଛୋଟ ହେବ ନାହିଁ, ଯାହା ଦୃଷ୍ଟିରେ ଆସିବ ନାହିଁ ଓ ଏତେ ବଡ ହେବ ନାହିଁ, ଯାହା ଦୃଷ୍ଟି ସୀମାରେ ଧରା ଦେବ ନାହିଁ। ଲଘୁତମ ଜୀବ ସୁନ୍ଦର ନୁହେଁ କି ବୃହତ୍ତମ ଜୀବ ମଧ୍ୟ ସୁନ୍ଦର ନୁହେଁ। କାରଣ ଦୁହିଁଙ୍କ ରୂପ ସ୍ୱଷ୍ଟ ନୁହେଁ। ଏକ ଶରୀର ବା ଜୀବନ୍ତ ବସ୍ତୁ ସୁନ୍ଦର ହେବାକୁ ହେଲେ ଏକ ନିର୍ଦ୍ଦିଷ୍ଟ ଆକାର ବିଶିଷ୍ଟ ହେବା ଉଚିତ, ଯାହା ଦୃଷ୍ଟିସୀମା ମଧ୍ୟରେ ରହିପାରିବ। ସହଜରେ ମନେରଖି ପାରିଲା ଭଳି ବିଷୟବସ୍ତୁ ମଧ୍ୟ ନିର୍ଦ୍ଦିଷ୍ଟ ଦୈର୍ଘ୍ୟ ବିଶିଷ୍ଟ ହେବା ଉଚିତ।

ଏଣୁ ସୌନ୍ଦର୍ଯ୍ୟର ଏହି ତିନିଗୋଟି ବୈଶିଷ୍ଟ୍ୟ-ନିଶ୍ଚିତ ବିସ୍ତାର, ବ୍ୟବସ୍ଥା ବା ସୁଢଳପଣ ଓ ସାମଞ୍ଜସ୍ୟ ଉପରେ ନିର୍ଭର କରେ। ସୌନ୍ଦର୍ଯ୍ୟର ଉଦ୍‌ଭବ ଏଇସବୁ ହେତୁ ସମ୍ଭବ ହୋଇଥାଏ। ଯାହା ଯଥାର୍ଥରେ ସୁନ୍ଦର, ତାହାର କୌଣସି ଅଂଶ ଅପସାରିତ ହେଲେ ତାହାର ସୌନ୍ଦର୍ଯ୍ୟ ବ୍ୟାହତ ହେବ। ସମଗ୍ର ସହିତ ଅଂଶର ସାମଞ୍ଜସ୍ୟରୁ ସୌନ୍ଦର୍ଯ୍ୟ ଜନ୍ମଲାଭ କରେ ଓ ଏହା ହିଁ ସୌନ୍ଦର୍ଯ୍ୟର ଧର୍ମ। ଯେଉଁ ବସ୍ତୁର ବର୍ତ୍ତମାନତା

ଓ ଅବର୍ତ୍ତମାନତାରେ କୌଣସି ଲକ୍ଷଣୀୟ ପାର୍ଥକ୍ୟ ନ ଥାଏ, ତାହା ସମଗ୍ର ଏକ ଆବୟବିକ (organic) ଅଂଶ ନୁହେଁ।[୫]

ଆରିଷ୍ଟୋଟଲ ସୌନ୍ଦର୍ଯ୍ୟ ଓ ମଙ୍ଗଳକୁ ମଧ୍ୟ ଭିନ୍ନ ଲାଭ ଦୃଷ୍ଟିରେ ଦେଖିଛନ୍ତି। ମଙ୍ଗଳର ଅନୁଭବ ଆଚରଣରୁ ଲାଭ ହୁଏ; ମାତ୍ର ସୌନ୍ଦର୍ଯ୍ୟ ସ୍ଥିର ବା ଜଡ ପଦାର୍ଥରେ ମଧ୍ୟ ଦେଖିବାକୁ ମିଳେ।[୬] ପୁନଶ୍ଚ ସୌନ୍ଦର୍ଯ୍ୟ ଓ ମଙ୍ଗଳର ଏକରୂପତାକୁ ସ୍ୱୀକାର କରି ସେ କହନ୍ତି-"ସୌନ୍ଦର୍ଯ୍ୟ ସେହି ମଙ୍ଗଳ, ଯାହା ଆନନ୍ଦପ୍ରଦ, କାରଣ ତାହା ମଙ୍ଗଳ।"[୭]

କବି ସହୃଦୟ ବା ଅନୁପ୍ରେରଣାବିଶିଷ୍ଟ ବ୍ୟକ୍ତି ହେବା ଉଚିତ। ପ୍ରଥମୋକ୍ତ, ଶ୍ରେଣୀର କବି ସହାନୁଭୂତିଶୀଳ ଓ ଦ୍ୱିତୀୟ ଶ୍ରେଣୀର କବି ଆବିଷ୍ଟ।

ଆରିଷ୍ଟୋଟଲ କଳାର ପକ୍ଷପାତୀ। ତାଙ୍କର ଦୃଢ ମତ ଯେ, କଳା ଆମର ଅହିତ କରେ ନାହିଁ। ଏହା ସତ୍ୟଠାରୁ ତ୍ରିଧା ଦୂର ନୁହେଁ, ବରଂ ଏହା ଆମର ଅଶୁଦ୍ଧ ମନୋଭାବର ବିରେଚନ ସାଧନ କରେ।

କଳା ପ୍ରକୃତିର ପ୍ରତିକୃତି ନୁହେଁ, ଅନୁକୃତି। ପ୍ଲେଟୋଙ୍କ ସ୍ଥୁଳ ଅର୍ଥରେ ଅନୁକୃତିକୁ ଆରିଷ୍ଟୋଟଲ ସୂକ୍ଷ୍ମ ଅର୍ଥରେ ଗ୍ରହଣ କରିଛନ୍ତି। ମାନବୀୟ କ୍ରିୟା ଓ ମନୋଭାବର ଅନୁକୃତିକୁ ସେ ପ୍ରକୃତ ଅନୁକୃତି ବୋଲି ସ୍ୱୀକାର କରନ୍ତି।

ପ୍ଲେଟୋ କହିଥିଲେ, କବି 'ବିଶେଷ'ର ଅନୁକୃତି କରେ, ଆରିଷ୍ଟୋଟଲ ଏହା ବିପରୀତରେ 'ସାମାନ୍ୟ'ର ଅନୁକୃତିକୁ ସ୍ୱୀକାର କରିଛନ୍ତି। ପ୍ଲେଟୋ କବିକୁ ଅଜ୍ଞାନ ଘୋଷିତ କରି ତାହାକୁ ବୌଦ୍ଧିକ ସମାଜରେ ଷଷ୍ଠ ସ୍ଥାନ କହିଥିଲେ। ଆରିଷ୍ଟୋଟଲ କବିକୁ ସମାଜର ମହତ୍ତ୍ୱପୂର୍ଣ୍ଣ ନାଗରିକ ରୂପେ ଗ୍ରହଣ କରିଥିଲେ। କାରଣ ସେ ସୌନ୍ଦର୍ଯ୍ୟ ଓ କଳାର ଜନ୍ମଦାତା।

ଆରିଷ୍ଟୋଟଲଙ୍କ କାବ୍ୟ-ସିଦ୍ଧାନ୍ତରେ ବିରେଚନ (Catharsis) ତତ୍ତ୍ୱ ସବୁଠାରୁ ମହତ୍ତ୍ୱପୂର୍ଣ୍ଣ। ଟ୍ରାଜେଡିର ଫଳଶ୍ରୁତି ବର୍ଣ୍ଣନା ପ୍ରସଙ୍ଗରେ ସେ ଏହି ଶବ୍ଦଟି ପ୍ରୟୋଗ କରିଛନ୍ତି। ଏହାର ଇଂରାଜୀ ପ୍ରତିଶବ୍ଦ ହେଲା Purgation ଓ ଏହା ରୋଗନିଦାନ ଶାସ୍ତ୍ରରୁ ଗୃହୀତ। ଟ୍ରାଜେଡିର ସଂଜ୍ଞା ଦେବାକୁ ଯାଇ ସେ କହିଥିଲେ ଯେ, ଟ୍ରାଜେଡି ଦର୍ଶନରେ ଆମ ହୃଦୟରେ କରୁଣା ଓ ଭୀତି ଜାଗ୍ରତ ହୋଇ ସମତା ଲାଭ କରେ। ରୋଗୀର ମୁଣ୍ଡରେ ରକ୍ତ ଚଢିଗଲେ ଚିକିତ୍ସକ ଯେପରି ରକ୍ତମୋକ୍ଷଣ କରି ରୋଗୀକୁ ସୁସ୍ଥ କରନ୍ତି, ଟ୍ରାଜେଡି ସେହିପରି ଆମର ମନୋବିକାର ହ୍ରାସ କରେ। ଆରିଷ୍ଟୋଟଲ ଏହାର ପ୍ରୟୋଗ ମନୋବୈଜ୍ଞାନିକ ଅର୍ଥରେ କରିଛନ୍ତି। କରୁଣା ଓ ଭୟ ମାଧ୍ୟମରେ ସମ୍ବେଗର ବିରେଚନ ଏହି ମନୋବୈଜ୍ଞାନିକ ସତ୍ୟର ସୂଚନା କରେ। ପ୍ଲେଟୋ

କହିଥିଲେ-ସାହିତ୍ୟ ଓ ଶିଳ୍ପ ମଣିଷକୁ ଦୂଷିତ କରେ। ଆରିଷ୍ଟୋଟଲ ବୋଧହୁଏ ତାଙ୍କ କଥାର ପ୍ରତିବାଦରେ ଏହି Catharsis ଶବ୍ଦ ପ୍ରୟୋଗ କରି ଦେଖାଇବାକୁ ଚାହିଁଥିଲେ ଯେ, ସତ୍ ସାହିତ୍ୟ ମଣିଷକୁ କଳୁଷିତ କରେ ନାହିଁ; ଟ୍ରାଜେଡି ଦେଖି ଆମର ଚିତ୍ତ ମଳିନତା ମୁକ୍ତ ହୁଏ। ସହଜ କଥାରେ କହିଲେ-ଟ୍ରାଜେଡି ପାଠ ଓ ଅଭିନୟ ଦର୍ଶନରେ ଏକ ପ୍ରକାର ବିଶିଷ୍ଟ ସାହିତ୍ୟକୃତି ବା ଶିଳ୍ପ ସଙ୍ଗେ ପରିଚୟ ଘଟେ ଓ ଯେଉଁସବୁ ଉପଦ୍ରବକାରୀ ଅନୁଭୂତି ଆମର ଚିତ୍ତକୁ ଉତ୍ପୀଡିତ ଓ ଅଶାନ୍ତ କରିଥାନ୍ତି, ସେଗୁଡିକୁ ଆମ ମନରୁ ବହିଷ୍କାର କରେ। ଆମେ ତା'ପରେ ନୂତନ ଜ୍ଞାନ ଓ ସୌନ୍ଦର୍ଯ୍ୟ ଲାଭକରୁ, ମନର ପ୍ରଶାନ୍ତି ଫେରିପାଉ। ଟ୍ରାଜେଡି ମନକୁ ଉଚ୍ଚତର ମାର୍ଗରେ ଘେନିଯାଏ; ମନର ଦୂଷିତାଂଶ ବାହାର କରିଦିଏ।[୮]

ସଙ୍ଗୀତ କଳାର ବୈଶିଷ୍ଟ୍ୟ ଦର୍ଶାଇ ଆରିଷ୍ଟୋଟଲ କହନ୍ତି ଯେ, ଏହା ଅନ୍ୟ କଳାଠାରୁ ଅଧିକ ବ୍ୟଞ୍ଜନାଧର୍ମୀ ଓ ରୂପାତ୍ମକ। ସ୍ୱର କେବଳ ଆନନ୍ଦ ଓ ବିନୋଦ ଦାନ କରେ ନାହିଁ, ଏହା ମାନସିକ ଅବସ୍ଥାର ଅଭିବ୍ୟକ୍ତି ଦେବା ସଙ୍ଗେ ମନକୁ ମଧ୍ୟ ପ୍ରଭାବିତ କରିପାରେ। ସଙ୍ଗୀତ ଦ୍ରବିତ କରେ, ଭକ୍ତିମୟ ଅନୁଭୂତି ଜାଗ୍ରତ କରେ। ଆମର ହୃଦୟ ସହିତ ଲୟ ଓ ଛନ୍ଦର (harmony and rhythm) ଏକପ୍ରକାର ଆତ୍ମିକ ଯୋଗଅଛି। ସେ ଯେତେ ପରିମାଣରେ ପ୍ରଭାବିତ ହେବେ, ସେ ସେତେ ଦ୍ରବିତ ଓ ସୁଖାତ୍ମକ ଆଶ୍ୱସ୍ତି ଅନୁଭବ କରିବେ। କେଉଁ ରାଗିଣୀରେ ଏହିପରି ପ୍ରଭାବ ଥାଏ, ତାହା ଶ୍ରୋତାକୁ ଏକ ନିଷ୍କଳୁଷ ଆନନ୍ଦ ଦାନ କରେ। ମନୋବେଗକୁ ପ୍ରକାଶ କରିବାର ଶକ୍ତି ବଂଶୀର ଅଧିକ। ତେଣୁ ଏହି ଯନ୍ତ୍ରକୁ ଶିକ୍ଷା ଉଦ୍ଦେଶ୍ୟରେ ବ୍ୟବହାର ନ କରି ବିରେଚନ-ସାଧନ କରୁଥିବା ଅନୁଷ୍ଠାମାନଙ୍କରେ ବ୍ୟବହାର କରିବା ଉଚିତ।[୯]

ଆରିଷ୍ଟୋଟଲ ସହୃଦୟ ବା କାବ୍ୟାମୋଦୀଙ୍କ ସମ୍ବନ୍ଧରେ ଖୁବ୍ ଉଚ୍ଚ ମତ ପୋଷଣ କରୁଥିଲେ। ସେ ଜଣେ ବିଶେଷ ନାନ୍ଦନିକ ବୃତ୍ତିସମ୍ପନ୍ନ ରୁଚିବନ୍ତ ବ୍ୟକ୍ତି। ତାଙ୍କରି ଉଦ୍ଦେଶ୍ୟରେ ଲଳିତକଳା (କାବ୍ୟକଳା ସହିତ)ର ଆବେଦନ ଉଦ୍ଦିଷ୍ଟ। ସେ ମାର୍ଜିତ ରୁଚିସମ୍ପନ୍ନ ସଂସ୍କୃତିବନ୍ତ ଜନତାର ମୁଖପାତ୍ର ଓ ତାଙ୍କର ବିଚାର ବା ମୀମାଂସା ମଧ୍ୟ ତଦନୁରୂପ।[୧୧]

ସିସେରୋ ଅବୟବର ନିର୍ଦ୍ଦିଷ୍ଟ ବିନ୍ୟାସ ସହିତ ରଙ୍ଗର ଏକ ନିର୍ଦ୍ଦିଷ୍ଟ ଅନୁକୂଳ ବେଦନୀୟ ମିଳନକୁ ସୌନ୍ଦର୍ଯ୍ୟ କହୁଥିଲେ। ପୁରୁଷ ସୌନ୍ଦର୍ଯ୍ୟରେ ଆଭିଜାତ୍ୟ ଓ ନାରୀ ସୌନ୍ଦର୍ଯ୍ୟରେ ମାଧୁରୀ ପ୍ରକଟିତ ହୁଏ। ସୌନ୍ଦର୍ଯ୍ୟର ଏହି ଦୁଇ ରୂପ କଳା-ସୌନ୍ଦର୍ଯ୍ୟ କ୍ଷେତ୍ରରେ ମଧ୍ୟ ପ୍ରଯୁଜ୍ୟ! ଶିଳ୍ପୀର ରଚନା ସମ୍ବନ୍ଧରେ ମତବ୍ୟକ୍ତ କରିବାକୁ ଯାଇ ସେ କହନ୍ତି ଯେ, ଶିଳ୍ପୀ କୌଣସି ନମୁନାର ଅଧ୍ୟୟନ କରି ତାହାର ଅନୁକରଣରେ

ଶିଳ୍ପ ସୃଷ୍ଟି କରନ୍ତି ନାହିଁ। ଶିଳ୍ପୀର ମାନସରେ ଅବସ୍ଥାନ କରୁଥିବା ସୌନ୍ଦର୍ଯ୍ୟର ଏକ ଉନ୍ନତ ରୂପ ଉପରେ ଧ୍ୟାନ ନିବଦ୍ଧ ରଖି ସେ ସେହି ରୂପରେ ପୁନରୁତ୍ପାଦନ କରନ୍ତି।[୧୨]

ପ୍ଲୁଟାର୍କ ସୌନ୍ଦର୍ଯ୍ୟକୁ ଏକପ୍ରକାର କଳାତ୍ମକ କୁଶଳତା କହିଛନ୍ତି। ଆରିଷ୍ଟୋଟଲ କହିଥିଲେ, କୁରୂପର ଅଙ୍କନ ମଧ୍ୟ ଆନନ୍ଦପ୍ରଦ ହୁଏ। ଏହାର ବିରୋଧରେ ପ୍ଲୁଟାର୍କ କହିଲେ, କୁରୂପତାର ପ୍ରତିକୃତି କେବେହେଲେ ସୁନ୍ଦର ହୋଇ ନ ପାରେ। କଳାକୃତି କେବଳ ପ୍ରକୃତିର ଅନୁକୃତି ଓ ସେଥିପାଇଁ ଯଦି କୁରୂପତାର ସୌନ୍ଦର୍ଯ୍ୟପୂର୍ଣ୍ଣ ଚିତ୍ରଣ କରାଯାଏ, ତେବେ ତାହା ପ୍ରକୃତ କଳାକୃତି ନୁହେଁ। ଏଥିରୁ କଳାକାରର ହସ୍ତଲଘୁତାର ପ୍ରମାଣ ମିଳିପାରେ। ସୌନ୍ଦର୍ଯ୍ୟ ଓ ସୁନ୍ଦର ଅନୁକରଣ ଦୁଇଟି ଭିନ୍ନ ପଦାର୍ଥ (ପ୍ରଥମରେ ବସ୍ତୁ ସ୍ୱତଃ ସୁନ୍ଦର ଓ ଅନ୍ୟଟିରେ ତାହାର ଅଭିବ୍ୟଞ୍ଜନା)। ଆମେ ଚିତ୍ରଣରୁ ଏଇଥିପାଇଁ ସୁଖ ପାଉଁ ଯେ, ଚିତ୍ରରେ ଚିତ୍ରତର ସାମ୍ୟ ସ୍ଥାପନରେ ବୁଦ୍ଧିର କୌଶଳ ନିହିତ ଥାଏ।

ଲଞ୍ଜାଇନସ ଆନନ୍ଦ, ଶିଳ୍ପ ସୌନ୍ଦର୍ଯ୍ୟ ଓ ମହତ୍ତ୍ୱ-ଏଇଗୁଡ଼ିକୁ ଶିଳ୍ପର ଫଳଶ୍ରୁତି ବୋଲି ସ୍ୱୀକାର କରନ୍ତି। ସାହିତ୍ୟ ଓ ଶିଳ୍ପ ଆମକୁ ମହତ୍ ଲୋକକୁ ଘେନିଯାଏ, ନୂତନ ଆନନ୍ଦଧାମରେ ଉପନୀତ କରାଏ। ସେ ଶିକ୍ଷାଦାନକୁ ସାହିତ୍ୟ ବିଚାରଠାରୁ ଦୂରରେ ରଖିଛନ୍ତି। ସାହିତ୍ୟ ଆମକୁ ବିଶୁଦ୍ଧ ଆନନ୍ଦ ଦିଏ ଏବଂ ମହତ୍ତର ସୌନ୍ଦର୍ଯ୍ୟ ଲୋକକୁ ଘେନିଯାଏ-ଏହାଛଡ଼ା ସାହିତ୍ୟର ଆଉ କୌଣସି କାମ ନାହିଁ। ସାହିତ୍ୟର ଏହି ବୈଶିଷ୍ଟ୍ୟକୁ ସେ ଅପାର୍ଥିବ ଆନନ୍ଦ କହିଛନ୍ତି। ତାଙ୍କ ମତରେ, ଉଦାର ହେଉଛି ଭାଷାର ଏଭଳି ଏକ ମହତ୍ତ୍ୱବ୍ୟଞ୍ଜନ ଚରମ ବିକାଶ, ଯାହାଦ୍ୱାରା କବି ଓ ଗଦ୍ୟଶିଳ୍ପୀମାନେ ବିଖ୍ୟାତ ହୋଇଛନ୍ତି। ଉଦାତ୍ତ କେବଳ ମହତ୍ ନୁହେଁ, ସାହିତ୍ୟରେ ସୁନ୍ଦର ଓ ମହତ୍ ଦୁହିଁଙ୍କର ପ୍ରୟୋଜନ। ପ୍ରଥମ ଗୁଣରେ ତାହା ଆମର ଚିତ୍ତାକର୍ଷୀ ହୁଏ ଓ ପରେ ଗୁଣରେ ତାହା ଆମକୁ କ୍ଷୁଦ୍ର ପରିସରରୁ ବୃହତ୍ ପରିସରକୁ-ଆନନ୍ଦଲୋକକୁ ଘେନିଯାଏ।

ସାହିତ୍ୟର ସ୍ୱରୂପ ସମ୍ବନ୍ଧରେ ଲଞ୍ଜାଇନସ୍ ପାଞ୍ଚଗୋଟି ସିଦ୍ଧାନ୍ତରେ ପହଞ୍ଚିଛନ୍ତି-(୧) ମହତ୍ ବିଷୟବସ୍ତୁ, (୨) ଆବେଗ ଓ ଅନୁପ୍ରେରଣା, (୩) ଅଳଙ୍କାର ସନ୍ନିବେଶ, (୪) ଉପଯୁକ୍ତ ଛନ୍ଦ ଓ (୫) ମହତ୍ତ୍ୱ ବ୍ୟଞ୍ଜକ ରଚନା ରୀତି। ତାଙ୍କ ମତରେ, ସାହିତ୍ୟରେ ତିନୋଟି ବୈଶିଷ୍ଟ୍ୟ ରହିବା କଥା-(୧) ଉପଭୋଗ (Appreciation), (୨) ମହତ୍ତର ଜୀବନବୋଧ (Sublime) ଏବଂ (୩) ଆନନ୍ଦଲୋକରେ ଅଭିସାର (Transport)। ସାହିତ୍ୟ ପାଠ ଶିକ୍ଷା ପାଇଁ ନୁହେଁ-ଉପଭୋଗ ବା ଆନନ୍ଦ ପାଇଁ। ସେହି ଆନନ୍ଦ ହେଲା ମହତ୍ ଶିଳ୍ପ ଓ ନୈତିକ ଆନନ୍ଦ। ମହତ୍ ଆନନ୍ଦ ଉପଭୋଗ ପାଇଁ ମନୁଷ୍ୟର ଊର୍ଦ୍ଧ୍ୱତର ଚିତ୍‌ସତ୍ତାରେ ବିଳାସ । ସାହିତ୍ୟ ପାଠକ ମନରେ ଆନନ୍ଦ ସଞ୍ଚାର କରିପାରୁଛି କି ନାହିଁ, ତା'ର ସୀମାବଦ୍ଧ ମନକୁ ବୃହତ୍ ସତ୍ତାରେ ଘେନିଯିବାକୁ ସମର୍ଥ ହେଉଛି କି

ନାହିଁ, ଏକ କଥାରେ, ସେଥିରେ ଉଦାତ୍ତର ଲକ୍ଷଣ ଅଛି କି ନାହିଁ ତାହା ହିଁ ଏକମାତ୍ର ପ୍ରଣିଧାନଯୋଗ୍ୟ । ସାହିତ୍ୟ ଲେଖକ ମନରେ ମହତ୍ ଚିନ୍ତା ଓ ବିଶୁଦ୍ଧ ଆବେଗ ସୃଷ୍ଟି କରିବ । ଆବେଗ ମୁଗ୍ଧ ସାହିତ୍ୟକର ମନରୁ ଯେଉଁ ସାହିତ୍ୟ ସୃଷ୍ଟି ହେବ, ସେଥିରେ ମହତ୍ ଶିଳ୍ପ ଲକ୍ଷଣ ପ୍ରକଟିତ ହେବ ଓ ଏହି ମହତ୍ ସାହିତ୍ୟ ପାଠକ ମନରେ ଏପରି ଏକ ଆବେଗ ଓ ଉତ୍ତେଜନା ସୃଷ୍ଟି କରିବ ଯାହା ତାହାକୁ ସଙ୍କୁଚିତ ସୀମାବଦ୍ଧ ଚେତନାରୁ ସୌନ୍ଦର୍ଯ୍ୟ ଓ ଆନନ୍ଦର ଉର୍ଦ୍ଧ୍ୱତର ସତ୍ତାରେ ଉନ୍ନୀତ କରାଇବ । ସାହିତ୍ୟର ଆଦର୍ଶ ସମ୍ବନ୍ଧରେ ତାଙ୍କର ଧାରଣା ହେଲା- ଶ୍ରେଷ୍ଠ ସାହିତ୍ୟ ଆମ ମନକୁ ଆଲୋଡ଼ିତ କରିବ, ଉତ୍ତେଜିତ କରିବ, ମହତ୍ତର କରିବ, ଉର୍ଦ୍ଧ୍ୱତର ସତ୍ତାରେ ଘେନିଯିବ, ଭାଗବତ ଉନ୍‌ମତ୍ତତାରେ ଆବିଷ୍ଟ କରିବ । ସମାଲୋଚକର କାମ ଶ୍ରେଷ୍ଠ ସାହିତ୍ୟ ମଧ୍ୟରେ ଏହି ଗୁଣଗୁଡ଼ିକୁ ଆବିଷ୍କାର କରିବା ।

ପ୍ଲୋଟିନସ୍ ପ୍ଲେଟୋଙ୍କର ଉକ୍ତି 'କଳା ପ୍ରକୃତିର ଅନୁକରଣ'- ଏହି ମତର ଖଣ୍ଡନ କରି ପ୍ରତୀକବାଦର ମହତ୍ତ୍ୱ ପ୍ରତିପାଦନ କଲେ। ତାଙ୍କ ମତରେ, ଶରୀର ଓ ସୌନ୍ଦର୍ଯ୍ୟ ଏକ ବସ୍ତୁ ନୁହେଁ। କାରଣ ସେହି ଏକ ଦେହ କ୍ଷଣେ ସୁନ୍ଦର, କ୍ଷଣେ ଅସୁନ୍ଦର। ତେବେ ତାହା କ'ଣ, ଯାହା ଶରୀରରେ ପ୍ରବେଶ କରି ଦର୍ଶକର ଚକ୍ଷୁରୁନ୍ମୀଳନ କରେ, ତାହାକୁ ଆକର୍ଷଣ କରି ଦର୍ଶନଜନିତ ସୁଖ ଦିଏ ? ଏହାର ଉତ୍ତରରେ ଏକସ୍ୱରରେ ସମସ୍ତେ କହିବେ, ଅଙ୍ଗ-ପ୍ରତ୍ୟଙ୍ଗମାନଙ୍କର ସମଗ୍ର ସହିତ ପାରସ୍ପରିକ ଏକ ନିଶ୍ଚିତ ସମ୍ମାତୀ ଓ ତା'ସହିତ ଉପଯୁକ୍ତ ରଙ୍ଗର ସମ୍ମିଶ୍ରଣ ଦୃଶ୍ୟ-ସୌନ୍ଦର୍ଯ୍ୟ ଉତ୍ପନ୍ନ କରେ। ସୁନ୍ଦର ହେବାକୁ ହେଲେ ଦୃଶ୍ୟମାନ୍ ବସ୍ତୁକୁ ସମ୍ମାତ୍ରା ଓ ସାମଞ୍ଜସ୍ୟଯୁକ୍ତ ହେବାକୁ ପଡିବ। ଏଇ ଦୃଷ୍ଟିରୁ ଗୋଟିଏ ଅଂଶ ନୁହେଁ, ସମଗ୍ର ହିଁ ସୁନ୍ଦର। ସମଗ୍ରର ସୌନ୍ଦର୍ଯ୍ୟ ପାଇଁ ଅଂଶମାନଙ୍କର ଅବଦାନ ରହିବ। ତେବେ ସମଗ୍ର ସୁନ୍ଦର ହେଲେ ଅଂଶମାନେ ବି ସୁନ୍ଦର ହେବେ। ମାତ୍ର ପ୍ଲୋଟିନସ୍ ଉପଯୁକ୍ତ ମତକୁ ଅସ୍ୱୀକାର କରି କହନ୍ତି, ସୌନ୍ଦର୍ଯ୍ୟ ରୂପଗତ ସମ୍ମାତ୍ରା ମାତ୍ର ନୁହେଁ। ସୌନ୍ଦର୍ଯ୍ୟ ଏହାଠାରୁ ଉଚ୍ଚସ୍ତରର ବିଷୟ। କୌଣସି ବସ୍ତୁର ସାଧାରଣ ପ୍ରତ୍ୟକ୍ଷୀକରଣରେ ସୌନ୍ଦର୍ଯ୍ୟର ମୂଳତତ୍ତ୍ୱ ଜଣାଯାଇ ନ ପାରେ। ପ୍ରତ୍ୟେକ ଦୃଶ୍ୟମାନ ପଦାର୍ଥ କୌଣସି ମହତ୍ ବା ଋତର ଅଭିବ୍ୟଞ୍ଜନା କରେ। କୌଣସି ବସ୍ତୁ ଏଇଥିପାଇଁ ସୁନ୍ଦର ପ୍ରତୀତ ହୁଏ ଯେ, ଏହା ମାଧ୍ୟମରେ ସାର୍ବଭୌମ ଚେତନାର ପ୍ରକାଶ ଘଟୁଥାଏ। ଏଥିପାଇଁ କୌଣସି ବସ୍ତୁର ସୌନ୍ଦର୍ଯ୍ୟ ଚିତ୍ ଶକ୍ତିର ଛାୟା ମାତ୍ର ଅଟେ। ସୌନ୍ଦର୍ଯ୍ୟ ସାମଞ୍ଜସ୍ୟ ଉପରେ ଲୀଳାୟିତ ଏକ ଆଲୋକ, ଯାହା ଦିବ୍ୟ ଓ ଐଶ୍ୱରିକ। ସୁନ୍ଦର ବସ୍ତୁ ମହତ୍ ସତ୍ୟ ବା ଚିତ୍ତର ପ୍ରତିବିମ୍ବନ କରେ। ଏଣୁ କଳା ପ୍ଲୋଟିନସ୍‌ଙ୍କ ଦୃଷ୍ଟିରେ ଅନୁକରଣ ନୁହେଁ, ବରଂ ପ୍ରତୀକୀକରଣ। ଏହା ଇନ୍ଦ୍ରିୟଗ୍ରାହ୍ୟ

ରୂପରେ ସତ୍ୟର ପ୍ରତୀକାତ୍ମକ ପ୍ରକାଶ। ପ୍ଲୋଟିନସ୍ ଚିତ୍‌ପ୍ରାଣକୁ କଳାର ପ୍ରଧାନ ଲକ୍ଷଣ କହିବାରେ ପ୍ରଥମ ବ୍ୟକ୍ତି। ବସ୍ତୁରେ ସୌନ୍ଦର୍ଯ୍ୟର ପ୍ରକାଶ ଦେଖି ଆତ୍ମା ସେହି ବସ୍ତୁ ପ୍ରତି ସହାନୁଭୂତି ଦେଖାଏ, ସମ୍ଭାଷଣ ଜଣାଏ। ଅସୁନ୍ଦର ବା କୁତ୍ସିତ ପ୍ରତି ଆତ୍ମାର ବିକର୍ଷଣ ଭାବ ଆସେ, ତାହାଠାରୁ ଦୂରେଇଯାଏ, ପ୍ରତ୍ୟାଖ୍ୟାନ କରେ। କିନ୍ତୁ ଆତ୍ମା ବସ୍ତୁରେ ସନ୍ତୁଷ୍ଟ ନ ହୋଇ ଅଦ୍ୱୟ ସୌନ୍ଦର୍ଯ୍ୟ ସହିତ ଐକ୍ୟ ସ୍ଥାପନ କରିବାକୁ ଚାହେଁ। ଆତ୍ମା ଆଧ୍ୟାତ୍ମିକ ଜଗତର ଅଧିବାସୀ, ତାହା ସାକ୍ଷାତ୍ ସୌନ୍ଦର୍ଯ୍ୟ ସହିତ ଅବସ୍ଥାନ କରେ। ସୌନ୍ଦର୍ଯ୍ୟ-ପ୍ରେମ ଏକ ପ୍ରକାର ଗୃହ ବିଯୋଗ। ଆତ୍ମା ଯେଉଁଥିରେ ରମଣ କରେ, ତହିଁରେ ସ୍ୱଜାତୀୟତା ଲକ୍ଷ୍ୟ କରି ତାହାରି ଅଭିସାରରେ ବାହାରିପଡେ। ସେତେବେଳେ ସେ ନିଜକୁ ସ୍ମରଣ କରିବା ସଙ୍ଗେ ନିଜର ବସ୍ତୁମାନଙ୍କୁ ମଧ୍ୟ ସ୍ମୃତିପଥରେ ଆଣେ। ବ୍ୟାବହାରିକ ଜଗତରେ ବସ୍ତୁ, ରଙ୍ଗ, ରୂପ ଓ କଳା ସେହି ସୌନ୍ଦର୍ଯ୍ୟର ଅଭିବ୍ୟକ୍ତି, ଏଣୁ ଏଗୁଡିକ ସୁନ୍ଦର ପ୍ରତୀତ ହୁଅନ୍ତି। ସୌନ୍ଦର୍ଯ୍ୟ ବସ୍ତୁରେ ଦିବ୍ୟ ବିଚାରର ଅଭିବ୍ୟଞ୍ଜନା।

ସୌନ୍ଦର୍ଯ୍ୟ ଇନ୍ଦ୍ରିୟର ବିଷୟ ନୁହେଁ, ପ୍ରଜ୍ଞାର ବିଷୟ। କାରଣ ସୌନ୍ଦର୍ଯ୍ୟ ଅଶରୀରୀ; କିନ୍ତୁ ଏହା ଶରୀରୀ ବସ୍ତୁରେ ପ୍ରକଟ ହୋଇପାରେ। ଦୈହିକ ସୌନ୍ଦର୍ଯ୍ୟ ଆଧ୍ୟାତ୍ମିକ ମନୋବସ୍ଥାମାନଙ୍କର ଅଭିବ୍ୟଞ୍ଜନ। ଆକୃତି, ରଙ୍ଗ, ଗଠନ ଆଦି ପ୍ରେମିକଠାରେ ଆବେଗମୟ ସମ୍ବେଗ ଜାଗ୍ରତ କରେ ନାହିଁ। ଆତ୍ମା ହିଁ ଏଥିପାଇଁ ସମର୍ଥ। ମହତ୍ ହୃଦୟ, ମନର ଅନାବିଳତା, ସ୍ୱଚ୍ଛ ସାହସ ଓ ଗାମ୍ଭୀର୍ଯ୍ୟବ୍ୟଞ୍ଜନ ମୁଖ, ସ୍ୱାଧୀନ ପ୍ରଶାନ୍ତ ହୃଦୟ, ଯହିଁରେ ଦିବ୍ୟ ବିଚାରର ଆଭା ଝଲମଲ, ଯହିଁରେ ସ୍ଥୈର୍ଯ୍ୟ ଓ ଶାଳୀନତାର ଝଲକ ବିଦ୍ୟମାନ, ଯହିଁରେ ଦିବ୍ୟ ବିଚାରର ଆଭାଦ୍ୟୋତିତ ସେଇ ସବୁ ପ୍ରତି ଆମର ପ୍ରେମଜାତ ହୁଏ ଓ ଆମେ ଆନନ୍ଦିତ ହେଉ। ଆତ୍ମା ପ୍ରଜ୍ଞାର ଦାନରେ ସୁନ୍ଦର। ଅନ୍ୟ ସକଳ ବସ୍ତୁ, ଯେଉଁଗୁଡିକ କର୍ମ ଓ ଜୀବନାୟନରେ ସୁନ୍ଦର ବୋଲି ପରିଚିତ-ସେ ସକଳ ଆତ୍ମାଦତ୍ତ ଆକୃତି ଅନୁସାରେ ସୁନ୍ଦର। ଆତ୍ମା ଶରୀରକୁ ସୁନ୍ଦର ବୋଲାଇବାର ଅଧିକାର ଦିଏ।[୧୩] ସୌନ୍ଦର୍ଯ୍ୟ ଇନ୍ଦ୍ରିୟ ନିରପେକ୍ଷ ଜ୍ଞାନର ମନନାତ୍ମକ ସ୍ଥିତି। ରୂପଯୁକ୍ତ ଓ ଶରୀରୀଂ ବସ୍ତୁରେ ଏହି ଅଦ୍ୱୟ ସୌନ୍ଦର୍ଯ୍ୟର ଝଲକ ମିଳେ, ଏଣୁ ପଦାର୍ଥ କୁରୂପ ନୁହେଁ। କୁରୂପ ତାହା ହିଁ, ଯାହା ସୌନ୍ଦର୍ଯ୍ୟର ଦର୍ପଣ ହୋଇପାରେ ନାହିଁ; ଅର୍ଥାତ୍, ରୂପ ଗ୍ରହଣ କରିବାରେ ଅସମର୍ଥ ପଦାର୍ଥକୁ କୁରୂପ କୁହାଯାଇପାରେ। ସୌନ୍ଦର୍ଯ୍ୟ ଭୌତିକ ପଦାର୍ଥରେ ନ ଥାଇ ରୂପରେ ଥାଏ। ରୂପ ଇନ୍ଦ୍ରିୟବୋଧର ବିଷୟ ନୁହେଁ; ବରଂ ପ୍ରଜ୍ଞାର ବୋଧ-ସୀମାରେ ଅବସ୍ଥିତ। ପ୍ରଜ୍ଞା ଓ ସୌନ୍ଦର୍ଯ୍ୟ ମଧ୍ୟରେ ସାଦୃଶ୍ୟ ବିଦ୍ୟମାନ ଓ ଇନ୍ଦ୍ରିୟମାନଙ୍କରେ ଏହାରି ସୌନ୍ଦର୍ଯ୍ୟ ବ୍ୟକ୍ତ ହୋଇଥାଏ। ଏଣୁ ସୌନ୍ଦର୍ଯ୍ୟ

ନୈତିକତାର ଅଧୀନ ନ ହୋଇ ଏହାର ସମକକ୍ଷ ହୋଇଥାଏ। ଯେଉଁ ବସ୍ତୁ ପ୍ରଜ୍ଞା ଓ ପ୍ରଜ୍ଞାର ନିୟମକୁ ଅଭିବ୍ୟକ୍ତି ଦିଏ, ତାହା ସୁନ୍ଦର। ସୌନ୍ଦର୍ଯ୍ୟ ଏକ ରହସ୍ୟାତ୍ମକ ଅନ୍ତରାନୁଭୂତି ବା ପ୍ରତିଭାନ।

କଳାଶକ୍ତିରେ ପଥର ଖଣ୍ଡ ମଧ୍ୟ ଅପୂର୍ବ ଓ ଚିନ୍ମୟ ହୋଇଉଠେ। ବସ୍ତୁରେ ବୈଶିଷ୍ଟ୍ୟ ନାହିଁ। ଯେଉଁ ମନ କଳା ସୃଷ୍ଟି କଲା, ସୃଷ୍ଟି ପୂର୍ବରୁ ମଧ୍ୟ ତାହା ସେଠାରେ ବିଦ୍ୟମାନ ଥିଲା। ଶିଳ୍ପୀର ହାତ ଓ ଆଖି ନିର୍ମାଣ କରେ ନାହିଁ, ତାହା କଳ୍ପନାର ଦାନ। କଳ୍ପନାରେ ବିଧୃତ ଏହି ସୌନ୍ଦର୍ଯ୍ୟ ଅତି ମହନୀୟ। କଳାରେ ଯାହା ରୂପ ପାଇଲା, ତାହା ମାନସ-ସୌନ୍ଦର୍ଯ୍ୟର ଏକ ଅଂଶ ମାତ୍ର। ପ୍ଲୋଟିନସ୍ କଳ୍ପନାକୁ ମୂର୍ତ୍ତିବିଧାୟିନୀ ଶକ୍ତି କହନ୍ତି। କବିର ମୂଳ-କଳ୍ପନା ବାହ୍ୟ କଳାକୃତିଠାରୁ ଉଚ୍ଚକୋଟିର।

ପ୍ଲେଟୋଙ୍କ 'କଳା ଅନୁକୃତି'-ଏହି ଉକ୍ତିର ସମାଲୋଚନା କରି ପ୍ଲୋଟିନସ୍ କହନ୍ତି ଯେ, ପ୍ରକୃତି ମଧ୍ୟ ମୂଳ ଜଗତର ଅନୁକୃତି। କଳା ଦୃଶ୍ୟମାନ୍ ଜଗତର ଅନୁକରଣ କରେ ନାହିଁ। ପ୍ରକୃତି ଯେଉଁ ନିୟମର ଅଧୀନା, ସେହି ନିୟମରେ ସୃଷ୍ଟି କରେ। ଆହୁରି ମଧ୍ୟ କଳାକୃତି ବହୁଳାଂଶରେ ମୌଳିକ। କଳା ବସ୍ତୁର ଦୋଷ ମୋଚନ କରି ତାହାକୁ ସୌନ୍ଦର୍ଯ୍ୟ-ଉତ୍ସରେ ପରିଣତ କରିଦିଏ। ଗ୍ରହଣ, ବର୍ଜନ ଓ ଯୋଗ-କଳାକାରର ଧର୍ମ। କଳାକାର ବସ୍ତୁକୁ ମନରେ ଦେଖେ, ଏଥିପାଇଁ ତା'ର ନମୁନାର ପ୍ରୟୋଜନ ମଧ୍ୟ ନାହିଁ।

ଆଧ୍ୟାତ୍ମିକ ବସ୍ତୁ ସମ୍ବନ୍ଧରେ ଆମର ଜ୍ଞାନ ନ ଥିବାରୁ ଆମେ ପାର୍ଥିବ ପଦାର୍ଥର ଅନୁସରଣ କରୁ। ଆମେ ଜାଣିପାରୁ ନାହିଁ ଯେ, ଆଧ୍ୟାତ୍ମିକ ହିଁ ଆମକୁ ଚଞ୍ଚଳ କରୁଛି।

କ୍ଷୟଶୀଳ ପିଣ୍ଡ ପ୍ରତି ଯେଉଁ ପ୍ରେମ ତାହା ଭୌତିକ ବସ୍ତୁ ପାଇଁ ନୁହେଁ, ସେଥିରେ ଯେଉଁ ସୌନ୍ଦର୍ଯ୍ୟ ମୂର୍ତ୍ତିମନ୍ତ, ତାହାରି ପାଇଁ। ଜୀବନ୍ତ ବସ୍ତୁ ସୁନ୍ଦର। କମନୀୟ ହେବାକୁ ହେଲେ ଜୀବନ୍ତ ହେବା ଉଚିତ।

ପ୍ଲୋଟିନସ୍ ଚିତ୍ରକାରକୁ ଆଖିର ଭାବ ଉପରେ ଅଧିକ ଧ୍ୟାନ ଦେବାକୁ କହିଛନ୍ତି। କାରଣ ଆଖି ଦ୍ୱାରା ମନର ଭାବ ଅଧିକ ବ୍ୟକ୍ତ ହୋଇଥାଏ। ଅଙ୍ଗର ସୁଷମ ସଂସ୍ଥାନରେ ଚିତ୍ରର ଅନ୍ତରସ୍ଥ ଭାବବ୍ୟଞ୍ଜନା ସେତେ ସ୍ପଷ୍ଟ ହୋଇପାରେ ନାହିଁ। କୌଣସି ମୂର୍ତ୍ତି ଯେତେ ସୁନ୍ଦର ହେଲେ ମଧ୍ୟ ଏକ କୁରୂପ ଲୋକ ତା'ଠାରୁ ଅଧିକ ସୁନ୍ଦର। କାରଣ ତା'ଠାରେ ଜୀବନର ପ୍ରାଚୁର୍ଯ୍ୟ ରହିଛି। ସୌନ୍ଦର୍ଯ୍ୟ ହେଲା ଆଲୋକ-ଏହାର ଆଭାରେ ବସ୍ତୁ ଝଲସୁଥାଏ। ଚିଦାଭିବ୍ୟକ୍ତି କଳାର ସାରକଥା।

ସେଣ୍ଟ ଅଗଷ୍ଟାଇନ୍ ଆକୃତିମୂଳକ ବାହ୍ୟ ସୌନ୍ଦର୍ଯ୍ୟକୁ ଗୌଣ ସ୍ଥାନ ଦିଅନ୍ତି। ଆଧ୍ୟାତ୍ମିକ ସୌନ୍ଦର୍ଯ୍ୟକୁ ମୁଖ୍ୟ ସ୍ଥାନ ଦେଇ ସେ ସ୍ୱୀକାର କରିଛନ୍ତି ଯେ, କୌଣସି

ଭୌତିକ ପଦାର୍ଥର ସୌନ୍ଦର୍ଯ୍ୟର ତା'ର ଅଙ୍ଗର ସାମଞ୍ଜସ୍ୟ ସହିତ ତା'ର ବର୍ଣ୍ଣ-ମାଧୁର୍ଯ୍ୟ ଉପରେ ଆଶ୍ରିତ; କିନ୍ତୁ ଏହାର ବର୍ଣ୍ଣ ମାଧୁର୍ଯ୍ୟ କେତେ ମହାନ୍ ହୋଇଉଠିବ ଯେତେବେଳେ ପରମ ପିତାଙ୍କ ରାଜ୍ୟରେ ଆଧ୍ୟାତ୍ମଜ୍ୟୋତି ସୂର୍ଯ୍ୟ ସଦୃଶ ଉଦ୍‌ଭାସିତ ହୋଇଉଠିବେ।

କଳା ଅସତ୍ୟ ହେଲେ ହେଁ ସତ୍ୟ ହେବାର ପ୍ରଯତ୍ନ କରୁଥାଏ। କଳାର ଏହି ପ୍ରଯତ୍ନ ତାକୁ ସତ୍ୟ ପ୍ରାପ୍ତି ଦିଗରେ ଅଗ୍ରସର କରାଏ। ଯେଉଁ ରୂପକ ତାହା ପାଇପାରି ନାହିଁ, ତାହାକୁ ପାଇବା ପାଇଁ ଅଧିକ ପ୍ରଯତ୍ନ କରେ। ସେ ସମରୂପତାଠାରୁ ରଙ୍ଗକୁ ଅଧିକ ମହତ୍ତ୍ୱ ଦେଇଛନ୍ତି। ଦୈହିକ ରୂପରେ ରଙ୍ଗର ବିଦ୍ୟମାନତା ଆନନ୍ଦର ହେତୁ। ଆଲୋକ ଓ ରଙ୍ଗରେ ଏପରି କିଛି ଥାଏ, ଯହିଁରେ ଚକ୍ଷୁ ସଙ୍ଗତି ଖୋଜୁଥାଏ। ତୀବ୍ର ଆଲୋକ ଆଡୁ ଆମେ ଚକ୍ଷୁ ଫେରାଇନେଉ ଓ ଅନ୍ଧକାରକୁ ମଧ୍ୟ ଚାହୁଁନାହିଁ। ସକଳ ପ୍ରତ୍ୟକ୍ଷ ବସ୍ତୁ ସାମ୍ୟ ବା ସାଦୃଶ୍ୟ ହେତୁ ଆନନ୍ଦ ଦିଅନ୍ତି। ଯେଉଁଠି ସାମ୍ୟ ସେଠାରେ ଛନ୍ଦ ବିଦ୍ୟମାନ।[୧୪]

କୁରୂପତା ସୌନ୍ଦର୍ଯ୍ୟର ଅନ୍ତର୍ଗତ ଏକ ନିମ୍ନକୋଟିର ତତ୍ତ୍ୱ। ସେ କୁରୂପତାକୁ ସୌନ୍ଦର୍ଯ୍ୟର ପାର୍ଶ୍ୱରେ ସ୍ଥାନ ଦେଇଛନ୍ତି। ଚିତ୍ରରେ ପ୍ରକାଶ ଓ ଛାୟା ଉଭୟର ମହତ୍ତ୍ୱ ସ୍ୱୀକୃତ; ମାତ୍ର ଏହାକୁ ଉଚିତ ସ୍ଥାନରେ ଦେଖିବା କଥା। କୁରୂପତାକୁ ଉଚିତ ସ୍ଥାନରେ ଚିତ୍ରଣ କରାଗଲେ ତା'ଦ୍ୱାରା ସୌନ୍ଦର୍ଯ୍ୟର ହାନି ଘଟେ ନାହିଁ; ବରଂ ଅଧିକ ବୃଦ୍ଧି ପାଏ। କୁରୂପତା ସାପେକ୍ଷ ରୂପରେ ସୌନ୍ଦର୍ଯ୍ୟର ପାର୍ଶ୍ୱରେ ଉପସ୍ଥିତ ରହିଲେ ସୌନ୍ଦର୍ଯ୍ୟର ଅନିଷ୍ଟ ଆଶଙ୍କା ନାହିଁ।

ଟମାସ୍ ଏକ୍ୟୁନସ୍ ସୁନ୍ଦର ଓ ମଙ୍ଗଳ ମଧ୍ୟରେ ପାର୍ଥକ୍ୟ ଦେଖିନାହାନ୍ତି। ରୂପ ଉପରେ ଆଧାରିତ ଏ ଦୁଇଟି ଏକଇ ଜିନିଷ। ସେଇଥିପାଇଁ ମଙ୍ଗଳକୁ ପ୍ରଶଂସା ମୁଖରେ ସୁନ୍ଦର କୁହାଯାଇଥାଏ। ମାତ୍ର ସେ ଦୁହିଁଙ୍କୁ ଯୁକ୍ତି ଦୃଷ୍ଟିରୁ ପୃଥକ୍ କରିହେବ। ମଙ୍ଗଳର କାମନା ସବୁ ଲୋକେ କରିଥାନ୍ତି ଓ ମଙ୍ଗଳର ଏକ ଉଦ୍ଦେଶ୍ୟ ରହିଛି; ମାତ୍ର ସୌନ୍ଦର୍ଯ୍ୟ ଅମର ଜ୍ଞାନାତ୍ମକ ବିଭାଗ ସହିତ ସମ୍ବନ୍ଧିତ। ଯାହାର ଦର୍ଶନରେ ଆନନ୍ଦ ମିଳେ, ତାହା ସୁନ୍ଦର। ସୌନ୍ଦର୍ଯ୍ୟ ଏକ ବିଶିଷ୍ଟ ଅନୁପାତ ସହିତ ଯୁକ୍ତ। ସୁନ୍ଦର ବସ୍ତୁ ନିଜର ସାନୁପାତିକତା ଯୋଗୁ ଇନ୍ଦ୍ରିୟକୁ ସୁନ୍ଦର ଲାଗେ, କାରଣ ଇନ୍ଦ୍ରିୟଗଣ ସ୍ୱୟଂ ଏକ ଅନୁପାତରେ ଯୁକ୍ତ ଓ ସାମଞ୍ଜସ୍ୟ ପ୍ରତି ଉନ୍ମୁଖ। ସାଦୃଶ୍ୟ ଦୁଇ ରୂପ ମଧ୍ୟରେ ଏକ ସମ୍ବନ୍ଧ; ଅର୍ଥାତ୍, ସାଦୃଶ୍ୟ ରୂପାଶ୍ରୟୀ। ଏଣୁ ସୌନ୍ଦର୍ଯ୍ୟ ଅନିବାର୍ଯ୍ୟ ରୂପରେ ଅନୁପାତଯୁକ୍ତ ରୂପରୁ ଉଦ୍‌ଭୂତ।

ଏକ୍ୟୁନସ୍‌ଙ୍କ ମତରେ, ସୌନ୍ଦର୍ଯ୍ୟର ମୂଳତତ୍ତ୍ୱ ତିନୋଟି-(୧) ସଂହତି ବା

ପୂର୍ଣ୍ଣତା କାରଣ ଯାହା ଅପୂର୍ଣ୍ଣ, ତାହା କୁରୂପ, (୨) ଅନୁପାତ ବା ସାମଞ୍ଜସ୍ୟ (୩) ବିଶଦତା ବା ପ୍ରୋଜ୍ଜ୍ୱଳତା-ଉଜ୍ଜ୍ୱଳ ରଙ୍ଗଯୁକ୍ତ ବସ୍ତୁମାନଙ୍କୁ ସୁନ୍ଦର କୁହାଯାଏ। ଅଙ୍ଗପ୍ରତ୍ୟଙ୍ଗମାନଙ୍କର ସୁଷମ, ସାମଞ୍ଜସ୍ୟ ସହିତ ରଙ୍ଗର ଏକ ପ୍ରଯୋଜ୍ୟ ସ୍ୱଚ୍ଛତାଯୁକ୍ତ ମାନବ ଦେହକୁ ସୁନ୍ଦର କୁହାଯିବ।

ସତ୍ୟ, ଶିବ ଓ ସୁନ୍ଦରର ସମ୍ବନ୍ଧ ନିର୍ଣ୍ଣୟ କରି ସେ କହନ୍ତି ଯେ, ସୌନ୍ଦର୍ଯ୍ୟ ମୂଳ ରୂପରେ କାମ୍ୟ ନୁହେଁ; ତାହା ସେହି ପର୍ଯ୍ୟନ୍ତ ବାଞ୍ଛନୀୟ ଯେଉଁ ପର୍ଯ୍ୟନ୍ତ ତାହା ଶିବ ସହିତ ନିଜର ସମ୍ପର୍କ ଅକ୍ଷୁଣ୍ଣ ରଖିପାରେ ଓ ସତ୍ୟ ମଧ୍ୟ ଏହି ସୀମା ଯାଏ ବାଞ୍ଛନୀୟ।

ସୁନ୍ଦର ହେବାକୁ ହେଲେ ଦୀର୍ଘାକୃତିବିଶିଷ୍ଟ ହେବାକୁ ପଡିବ। କ୍ଷୁଦ୍ର ବସ୍ତୁ ବା ବ୍ୟକ୍ତି ଲଳିତ ହୋଇପାରେ (ଅବୟବର ଯଥୋପଯୁକ୍ତ ସାମଞ୍ଜସ୍ୟ ଓ ଉପଯୁକ୍ତ ରଙ୍ଗର ସମାବେଶ ଦ୍ୱାରା); ମାତ୍ର ତହିଁରେ ମହତ୍ତ୍ୱର ଅଭାବ ଥିବାରୁ ତାହା ସୁନ୍ଦର ହୋଇ ନ ପାରେ।[୧୫]

ଏକ୍ୟୁନସ୍ ଶ୍ରବଣ ଓ ଦୃଷ୍ଟି-ଇନ୍ଦ୍ରିୟର ଆଧାର ଉପରେ ସୌନ୍ଦର୍ଯ୍ୟବୋଧକୁ ଅବସ୍ଥାପିତ କରି ଜ୍ଞାନକ୍ରିୟା ମାଧ୍ୟମରେ ଆନନ୍ଦିତ କରୁଥିବା ବସ୍ତୁକୁ ସୁନ୍ଦର କହିଛନ୍ତି। ସୌନ୍ଦର୍ଯ୍ୟ ଦର୍ଶନ ବା ମନନରେ କାମନାର ପୂର୍ତ୍ତି ଘଟୁଥିବ; ଅର୍ଥାତ୍, ସୌନ୍ଦର୍ଯ୍ୟାନୁଭୂତି ଏକପ୍ରକାର ବିଶ୍ରାନ୍ତିପୂର୍ଣ୍ଣ ଭାବନା।[୧୬]

ବେକନ୍ ଇତିହାସକୁ ସ୍ମୃତିର ବିଷୟ, କାବ୍ୟକୁ କଳ୍ପନାର ବିଷୟ ଓ ଦର୍ଶନଶାସ୍ତ୍ରକୁ ତର୍କ ବା ବିବେକର ବିଷୟ କହନ୍ତି। କଳାର ସମ୍ପର୍କ କଳ୍ପନା ସହିତ। ସୌନ୍ଦର୍ଯ୍ୟ ସମ୍ପର୍କରେ ନିଜ ମତବ୍ୟକ୍ତ କରି ସେ କହନ୍ତି ଯେ, ସୌନ୍ଦର୍ଯ୍ୟ ଅନୁପାତ ସହିତ ଯୁକ୍ତ ହେଲେ ମଧ୍ୟ ଅନୁପାତ ନୁହେଁ-ଏହି ଅନୁପାତ ଏକ ବୈଚିତ୍ର୍ୟମଣ୍ଡିତ। ମହାନ୍ ସୌନ୍ଦର୍ଯ୍ୟ ନିଜର ଅନୁପାତ ଯୋଗୁ ହିଁ ବୈଚିତ୍ର୍ୟ ଧାରଣ କରେ। ସୌନ୍ଦର୍ଯ୍ୟର ସର୍ବୋତ୍ତମ ଅଭିବ୍ୟକ୍ତି କୌଣସି ଚିତ୍ରରେ ପୂର୍ଣ୍ଣ ରୂପରେ ଘଟିପାରେ ନାହିଁ।[୧୭]

ଫିଲିପ୍ ସିଡନି କବି ଓ କାବ୍ୟ ସମ୍ବନ୍ଧରେ ଯୁକ୍ତି ବାଢି କହନ୍ତି ଯେ, କବିର ସୃଷ୍ଟି ପ୍ରକୃତିଠାରୁ ସ୍ୱତନ୍ତ୍ର। ଉଦ୍ଭାବନୀ ଶକ୍ତି ବଳରେ ବଳିୟାନ୍ ହୋଇ କବି ଏକ ନୂଆ ପ୍ରକୃତି ସୃଷ୍ଟି କରେ। ପ୍ରକୃତରେ ଯାହା ମିଳେ, ତାହାଠାରୁ ଭଲ ଅଥବା ପ୍ରକୃତିରେ ଅସୁଲଭ ସମ୍ପୂର୍ଣ୍ଣ ନୂତନ ଓ ଲୋକୋତ୍ତର ଜଗତ ସୃଷ୍ଟି କରେ। ପ୍ରକୃତି-ଜଗତ ନାନା ଦୋଷରେ ପରିପୂର୍ଣ୍ଣ। କବି ହିଁ ପ୍ରକୃତିଠାରୁ ସ୍ୱତନ୍ତ୍ର ଏକ ସ୍ୱର୍ଣ୍ଣମୟୀ ଜଗତ ସୃଷ୍ଟି କରେ। ସେ ଆରିଷ୍ଟୋଟଲଙ୍କ ଭଳି କବିତାକୁ ଅନୁକରଣ କହନ୍ତି। ତାଙ୍କ ମତରେ, କବିତା ପ୍ରତିଚିତ୍ରଣ, ରୂପାୟନ ବା ଏକ କଥାକୁହା ଛବି-ଲକ୍ଷ୍ୟ ଏହାର ଶିକ୍ଷା ଓ ଆନନ୍ଦ ଦାନ। କବିର ସୃଷ୍ଟି ଆନନ୍ଦମୟ। ତାହା ଶିକ୍ଷା ଦେଲେ ମଧ୍ୟ ଆନନ୍ଦ ଦେଉଥିବାରୁ ପାଠକ

ତହିଁରେ ପ୍ରଭାବିତ ହୁଏ।[୧୮] କବିର ଜଗତରେ ପ୍ରବେଶ କରିବା ପାଇଁ ଯେକୌଣସି ବ୍ୟକ୍ତି ପ୍ରଲୁବ୍ଧ ହେବେ। କବିତା ପଦ୍ୟାୟିତ ହେବାକୁ ବାଧ ନୁହେଁ। ପଦ ନ ପକାଇ ମଧ ବହୁ କବିତା ଲେଖାଯାଇଛି। ସେହିପରି ମିତ୍ରାକ୍ଷରରେ ଲେଖାଯାଇଥିବା ପଦ୍ୟ ମଧ କବିତା ହୋଇ ନ ପାରେ। ପଦ୍ୟ ଏକପ୍ରକାର ଅଳଙ୍କରଣ ଓ ତାହା କବିତା ପାଇଁ ଆଦୌ ସହାୟକ ନୁହେଁ।[୧୯]

ଦେକାର୍ତ୍ତ କାବ୍ୟର ଚମତ୍କାରପୂର୍ଣ୍ଣ କୋମଳତା, ବାଣୀ-ସୁଷମା, କଳ୍ପନା-ଶକ୍ତି ଓ ଆନନ୍ଦାନୁଭୂତିକୁ ପ୍ରାଧାନ୍ୟ ଦିଅନ୍ତି। ତାଙ୍କ ମତରେ, ସୌନ୍ଦର୍ଯ୍ୟର ଅନୁଭୂତି ମହତ୍ତ୍ୱପୂର୍ଣ୍ଣ ଓ ମନୋବିଜ୍ଞାନ ସହିତ ସୌନ୍ଦର୍ଯ୍ୟାନୁଭୂତି ସମ୍ବନ୍ଧାନ୍ୱିତ। ପ୍ରତିକ୍ରିୟାର ଅନୁରୂପ ସମ୍ବେଦନା ବା ଉତ୍ତେଜନାର ଅନୁଭୂତିରେ ସୌନ୍ଦର୍ଯ୍ୟ ନିହିତ। ସଂକ୍ଷେପରେ ତାଙ୍କ ମତର ସାରକଥା ହେଲା, ସୌନ୍ଦର୍ଯ୍ୟାନୁଭୂତି ସମ୍ବେଦନାରୁ ଆରମ୍ଭ ହୁଏ। ସମ୍ବେଦନା ନାଡୀ-ତନ୍ତ୍ରୀରେ ଉତ୍ତେଜନା ଜାତ କରେ ଓ ଏହି ଉତ୍ତେଜନା ଏକ ନିଶ୍ଚିତ ଅନୁପାତ ସହିତ ଯୁକ୍ତ ହୋଇ ସମ୍ପୂର୍ଣ୍ଣ ରୂପରେ ଲାଭଦାୟକ ଓ ଆନନ୍ଦପ୍ରଦ ହୋଇଥାଏ।

ଲାଇବ୍ ନିଜ ଅନୁପାତ, ବ୍ୟବସ୍ଥା ଓ ସାମଞ୍ଜସ୍ୟକୁ ହିଁ ସୌନ୍ଦର୍ଯ୍ୟର ବୈଶିଷ୍ଟ୍ୟ କହନ୍ତି। ସୁନ୍ଦର ବସ୍ତୁର ମନନ ସ୍ୱତଃ ରୁଚିକର ଓ ଶିଳ୍ପକୁ ପ୍ରବୁଦ୍ଧ ଦୃଷ୍ଟିରେ ଦେଖିଲେ ତାହା ନିଶ୍ଚୟ ପ୍ରଭାବିତ କରିବ। ସୁନ୍ଦର ବସ୍ତୁ କୌଣସି ସାମଞ୍ଜସ୍ୟର ଅଭିବ୍ୟକ୍ତି। ବିଶ୍ୱବ୍ୟବସ୍ଥାରେ ପୂର୍ଣ୍ଣତା ବିଦ୍ୟମାନ। କଳା ପୂର୍ଣ୍ଣତା ପାଇଁ ଏହି ବିଶ୍ୱ-ଶୃଙ୍ଖଳାର ଅନୁକରଣ କରେ। ସୌନ୍ଦର୍ଯ୍ୟ ଈଶ୍ୱରଙ୍କ ପ୍ରକାଶ ଓ ସେ ହିଁ ସୌନ୍ଦର୍ଯ୍ୟର ଆଦି-ଉତ୍ସ। କବିକୃତ ଜଗତ ଈଶ୍ୱର-କୃତ ଜଗତର ସାମଞ୍ଜସ୍ୟର ଅନୁକୃତି। କଳାଜଗତ ବସ୍ତୁଜଗତର ଛାୟା ନୁହେଁ; ଉଭୟେ ପୂର୍ଣ୍ଣତାର ଅଭିବ୍ୟକ୍ତି କରନ୍ତି। ବିଶ୍ୱ-ବ୍ୟବସ୍ଥାରେ ଅଭିବ୍ୟକ୍ତ ହେଉଥିବା ପୂର୍ଣ୍ଣତାର ଅଭିବ୍ୟକ୍ତି କଳା-ଜଗତରେ ଦେଖିବାକୁ ମିଳେ। ସଙ୍ଗୀତ ସମ୍ବନ୍ଧରେ ତାଙ୍କର ବକ୍ତବ୍ୟ ହେଲା, "ସଙ୍ଗୀତ ଅଚେତନ ମନ ଦ୍ୱାରା ସମ୍ପନ୍ନ ଗଣନା।[୨୦] ଉଦାହରଣ ଦ୍ୱାରା ସଦ୍ ଓ ନୈତିକ ଶିକ୍ଷା ପ୍ରଦାନ କରିବା କବିତାର ମୁଖ୍ୟ ଲକ୍ଷ୍ୟ।

ମୁରାଟରୀ ସୌନ୍ଦର୍ଯ୍ୟର ସ୍ୱରୂପ ବୁଝାଇବାକୁ ଯାଇ କହନ୍ତି ଯେ, ଯାହାର ଶ୍ରବଣ, ଦର୍ଶନ ଓ ମନନରେ ଆମେ ଆହ୍ଲାଦ, ଆନନ୍ଦ ଓ ଚମତ୍କୃତି ଲାଭ କରୁ, ଯାହା ଆମ ଭିତରେ ଅନୁକୂଳ ବେଦନୀୟ ସମ୍ବେଦନ ଓ ପ୍ରେମ ଜାତ କରେ, ତାହା ସୁନ୍ଦର। ଈଶ୍ୱର ସବୁ ବସ୍ତୁଠାରୁ ସୁନ୍ଦର। ଯେଉଁ ସୌନ୍ଦର୍ଯ୍ୟ ତାହାର ମାଧୁର୍ଯ୍ୟରେ ମାନବୀୟ ପ୍ରଜ୍ଞାକୁ ନନ୍ଦିତ ଓ ଚଞ୍ଚଳ କରେ, ତାହା ସତ୍ୟର ଏକ ଆଭାୟମ ଦିଗ। ଏହି ଆଲୋକରେ ଆମର ଅନ୍ତର ଯେତେବେଳେ ଆଲୋକିତ ହୁଏ ଓ ଏହାର ମାଧୁର୍ଯ୍ୟରେ ଯେତେବେଳେ ଅଜ୍ଞତା ବିଦୂରିତ ହୁଏ, ସେତେବେଳେ ଆମ ଭିତରେ ଏକ ରୁଚିକର ଆନନ୍ଦ ଉତ୍ପନ୍ନ

ହୁଏ। ଏହି ଆଭା ବା ଆଲୋକ ପରିମିତତା ବା ସ୍ୱଚ୍ଛତା, ପ୍ରମାଣ ବା ଶକ୍ତି ବା ନବୀନତା, ଉଚ୍ଚତା, ଉପଯୋଗିତା, ମହାନତା, ସମତୁଲତା, ବ୍ୟବସ୍ଥା, ସମ୍ଭାବ୍ୟତା ଓ ଅନ୍ୟ ସୁଗୁଣାବଳୀ ଉପରେ ନିର୍ଭର କରେ-ଏଗୁଡିକ ପୁଣି ସତ୍ୟର ସହଚର ହୋଇପାରୁଥିବେ।[୨୧]

ସେଫ୍‌ଟ୍‌ସବରୀ ସୌନ୍ଦର୍ଯ୍ୟକୁ ଦିବ୍ୟଶକ୍ତିର ଅଭିବ୍ୟକ୍ତି ରୂପେ ଗ୍ରହଣ କରିଛନ୍ତି। ସୌନ୍ଦର୍ଯ୍ୟ ଓ ଈଶ୍ୱର ଏକ ଓ ଅଭିନ୍ନ। ତାଙ୍କ ମତରେ, ସାମଞ୍ଜସ୍ୟର ସୌନ୍ଦର୍ଯ୍ୟ ଈଶ୍ୱର-ସୃଷ୍ଟ ଜଗତର ସାମଞ୍ଜସ୍ୟ ପ୍ରତିବିମ୍ବ। ଈଶ୍ୱରଙ୍କ ଅନୁପାତଯୁକ୍ତ, ସାମଞ୍ଜସ୍ୟଯୁକ୍ତ ଓ ଏକତାଯୁକ୍ତ ପ୍ରକୃତିର ଅନୁକୃତି କରିବା ହିଁ କଳାତ୍ମକ ସୌନ୍ଦର୍ଯ୍ୟ। ଈଶ୍ୱର ମହାନ୍ କଳାକାର ଓ ସମସ୍ତ ପ୍ରକୃତି ତାଙ୍କର ବିଧାନ ବା ସୃଷ୍ଟି। ସେ ଏହାକୁ ଚିତ୍ର କରୁଛନ୍ତି। ତେଣୁ ଏହି ବିଶ୍ୱ ଜଗତର ଅଧ୍ୟୟନ କରିବାକୁ ସେ ଶିଳ୍ପୀ-କବିମାନଙ୍କୁ ଉପଦେଶ ଦେଇଛନ୍ତି। ପ୍ରକୃତିକୁ ନିଜ କଳା ନିମନ୍ତେ ଆଦର୍ଶ ରୂପେ ଗ୍ରହଣ କଲେ ପ୍ରକୃତ କଳାକାର ହେବା ସମ୍ଭବ ହେବ।

ଯାହା ସୁନ୍ଦର ତାହା ସାମଞ୍ଜସ୍ୟ ଓ ଅନୁପାତଯୁକ୍ତ, ତାହା ମଧ୍ୟ ସତ୍ୟ, ଯାହା ଏକକାଳରେ ଉଭୟ ସତ୍ୟ ଓ ସୁନ୍ଦର ତାହା ପରିଣାମତଃ ଅନୁକୂଳ ଓ ମଙ୍ଗଳ।[୨୨] ସୁନ୍ଦର, କୋମଳ ଓ ନୟନାଭିରାମ-ଏ ସକଳ ବସ୍ତୁରେ ନ ଥାଏ; କଳା ଓ ପରିକଳ୍ପନାରେ ଥାଏ। ଦେହରେ ମଧ୍ୟ ନ ଥାଏ, ରୂପରେ ବା ରୂପ-ରଚନା ଶକ୍ତିରେ ଏହାର ଅବସ୍ଥିତି। ବାହ୍ୟାକୃତିରେ ଆମେ ଯାହାର ପ୍ରଶଂସା କରୁ ତାହା ଅନ୍ତର ମନର ରହସ୍ୟାତ୍ମକ ଅଭିବ୍ୟକ୍ତି ବା ପ୍ରତିଭାଶ୍। ମନ ହିଁ ସୌନ୍ଦର୍ଯ୍ୟର ଆଦି-ନିବାସ।[୨୩]

ରୂପର ଧ୍ୟାନ, ବିଚାର ଓ ପରୀକ୍ଷା ନ କଲେ ତାହା କେବଳ ଉତ୍ତେଜିତ ଇନ୍ଦ୍ରିୟର ବିଷୟ ହୋଇପଡିବ, କେବଳ ପାଶବ ପ୍ରବୃତ୍ତିକୁ ତୃପ୍ତି ଦେବ। ମଣିଷ ଏକ ମହତ୍ ଉପାୟରେ ସୌନ୍ଦର୍ଯ୍ୟ ଓ ମଙ୍ଗଳର ଉପଭୋଗ କରେ-ତାହା ହେଉଛି ମନ ଓ ବିଚାର। ସେ ପ୍ରତ୍ୟେକଙ୍କୁ ରୁଚିର ବିକାଶ ଓ କର୍ଷଣ ପାଇଁ ଉପଦେଶ ଦେଇଛନ୍ତି। ତା'ସହିତ ରୁଚିର ମାର୍ଜନା ପାଇଁ ମଧ୍ୟ ଗୁରୁତ୍ୱ ଆରୋପ କରିଛନ୍ତି। ଶେଷରେ କବି ଓ ଚିତ୍ରକରଙ୍କୁ ସେ ଏକ ଦ୍ୱିତୀୟ-ନିର୍ମାତା ବୋଲି ସ୍ୱୀକାର କରନ୍ତି।

ଏଡିସନ୍ ସୌନ୍ଦର୍ଯ୍ୟାନୁଭୂତିକୁ ଏକ ସାମାଜିକ ପ୍ରବୃତ୍ତି କହନ୍ତି। ତା'ସହିତ ବୈୟକ୍ତିକ ରୁଚିକୁ ମଧ୍ୟ ସ୍ୱୀକାର କରନ୍ତି। ତେଣୁ ସୌନ୍ଦର୍ଯ୍ୟ ବାହ୍ୟ ସମ୍ବନ୍ଧ ଉପରେ ନିର୍ଭର କରେ ନାହିଁ। ଏହା ଅନ୍ତର୍ମନର ଅନୁଭୂତି। ଦୃଶ୍ୟମାନ୍ ବସ୍ତୁମାନଙ୍କୁ ଦେଖି ଅଥବା ସେଗୁଡିକର ଅନୁପସ୍ଥିତିରେ ଚିତ୍ର, ମୂର୍ତ୍ତି ବା ବର୍ଣ୍ଣନାକୁ ସେଗୁଡିକୁ ସ୍ମୃତିପଥରେ ଆଣିବା ଫଳରେ କଳ୍ପନାର ଆନନ୍ଦ ଜାତ ହୋଇଥାଏ। ବସ୍ତୁର ହେତୁ ସମ୍ବନ୍ଧରେ

କୌଣସି କୌତୂହଳ ନ ରଖି ଆମେ ତାହାର ସୌନ୍ଦର୍ଯ୍ୟକୁ ସହସା ସ୍ୱୀକାର କରିନେଉ। ବିରାଟ, ଅପୂର୍ବ ବା ସୁନ୍ଦର ବସ୍ତୁ ଦର୍ଶନରେ ଆନନ୍ଦ ମିଳେ। ସମଗ୍ର ଦୃଶ୍ୟର ବିସ୍ତାରକୁ ସେ ବିରାଟ କହିଛନ୍ତି; ଯଥା-ମରୁଭୂମି, ପର୍ବତମାଳା, ଉଚ୍ଚଶୃଙ୍ଗ ଓ ବିସ୍ତୃତ ଜଳରାଶି। ଏହି ମହୀୟାନ୍ ଦୃଶ୍ୟବସ୍ତୁ ସହିତ ସୌନ୍ଦର୍ଯ୍ୟ ଓ ଅପୂର୍ବତାର ମିଳନ ଘଟିଲେ ସେଗୁଡିକ ଆନନ୍ଦପ୍ରଦ ହୁଅନ୍ତି। ନୂତନ ବା ଅପୂର୍ବ ବସ୍ତୁଭାବେ ସେ ଅସୁର ଓ ଅପୂର୍ଣ୍ଣା ପ୍ରକୃତିକୁ ଉଦାହରଣ ଦେଇଛନ୍ତି।

ସୌନ୍ଦର୍ଯ୍ୟ ଆତ୍ମାରେ ସହଜରେ ପ୍ରବେଶ କରେ। ଏହା କଳ୍ପନା ଜରିଆରେ ଏକପ୍ରକାର ସଂଗୁପ୍ତ ସନ୍ତୋଷ ଭରିଦିଏ। ମଣିଷର ମନ ସୁନ୍ଦରକୁ ପ୍ରଥମ ଦର୍ଶନରେ ଚିହ୍ନିପାରେ। ପ୍ରତ୍ୟେକ ଜୀବର ସୌନ୍ଦର୍ଯ୍ୟ ଧାରଣା ଭିନ୍ନ, ପ୍ରତ୍ୟେକେ ନିଜ ନିଜ ଜାତିର ସୌନ୍ଦର୍ଯ୍ୟରେ ବିଶେଷ ଭାବେ ପ୍ରଭାବିତ ହୁଅନ୍ତି। ରଙ୍ଗର ବୈଭିନ୍ନ୍ୟ, ଅଂଶର ସମ୍ମାତ୍ରା ଓ ସାମ୍ୟ, ଦୈହିକ ବିଧାନ ଓ ସଂଘଟନ ବା ଏ ସମସ୍ତର ମିଶ୍ରଣ ଓ ଏକତ୍ରୀକରଣ-ଯେଉଁ ଯେଉଁ ବସ୍ତୁ ବା ସ୍ଥାନମାନଙ୍କରେ ଏଗୁଡିକ ଦେଖିବାକୁ ମିଳନ୍ତି, ସେଗୁଡିକ ଏକପ୍ରକାର ସଂଗୁପ୍ତ ଆନନ୍ଦ ଓ ପ୍ରିୟଭାବ ଜାଗ୍ରତ କରନ୍ତି।

ଜଗତରେ ଯାହା କିଛି ସୁନ୍ଦର, ଅପୂର୍ବ ଓ ବିଶାଳ ସେ ସକଳର ଅନୁଭୂତି ଆନନ୍ଦ ଦାନ କରିଥାଏ। ଆମର ଜୀବନଦେବତା ଆମ ଆତ୍ମାର ନିର୍ମାଣ ଏପରି କରିଛନ୍ତି ଯେ, ତାଙ୍କ ବିନା ଅନ୍ୟ କୌଣସିଥିରେ ତାହାର ଅନ୍ତିମ ଓ ପ୍ରକୃତ ସୁଖ ନାହିଁ। ତେଣୁ ତାଙ୍କ ସୃଷ୍ଟ ଭବ୍ୟ ଓ ସୁନ୍ଦର ବସ୍ତୁମାନଙ୍କରୁ ଆମେ ଆନନ୍ଦ ପାଉ।

ଏଡିସନ୍ କଳାଠାରୁ ପ୍ରାକୃତିକ ସୌନ୍ଦର୍ଯ୍ୟକୁ ଉଚ୍ଚ ସ୍ଥାନ ଦେଇଛନ୍ତି। କଳାରେ ପ୍ରକୃତି ଭଳି ଦର୍ଶକର ମନରେ ବିସ୍ତାର ଦାନ କରିବାର କ୍ଷମତା ନାହିଁ।[୨୪]

ଫ୍ରାନ୍ସିସ୍ ହଚେସନ ବସ୍ତୁମାନଙ୍କର ସମ୍ପୂର୍ଣ୍ଣ ସୌନ୍ଦର୍ଯ୍ୟର ଅନୁଭବ ପାଇଁ ଅନ୍ତରେନ୍ଦ୍ରିୟର ପ୍ରୟୋଜନୀୟତା ସ୍ୱୀକାର କରନ୍ତି। ଇନ୍ଦ୍ରିୟ ଦ୍ୱାରା ଯେଉଁ ସମ୍ବେଦନାପ୍ରାପ୍ତ ହେଉ, ତହିଁରୁ ସମସ୍ତେ ଆନନ୍ଦ ପାଇପାରନ୍ତି; ମାତ୍ର ବସ୍ତୁମାନଙ୍କର ଯୌଗିକ ଭାବମାନଙ୍କରୁ ଯେଉଁ ଆନନ୍ଦ ମିଳେ, ତାହା ପାଇଁ ଅନ୍ତରେନ୍ଦ୍ରିୟ ହିଁ ସମର୍ଥ ହୋଇଥାଏ। ଆନନ୍ଦ ବସ୍ତୁର କୌଣସି ନିୟମ, ଅନୁପାତ, ହେତୁ ଅଥବା ଉପଯୋଗିତାରୁ ମିଳେ ନାହିଁ। ସୌନ୍ଦର୍ଯ୍ୟାନୁଭୂତି ହିଁ ଆନନ୍ଦ ପ୍ରଦାନ କରେ। ଏହା ନିଃସ୍ୱାର୍ଥ ଆନନ୍ଦ କୌଣସି ବସ୍ତୁର ଦର୍ଶନମାତ୍ରେ ଯେଉଁ ଆନନ୍ଦ ମିଳେ, ତାହା ସୌନ୍ଦର୍ଯ୍ୟ ପରିଣାମ।

ହଚେସନଙ୍କ ମତରେ, ସୌନ୍ଦର୍ଯ୍ୟ ଦୁଇପ୍ରକାର-ମୌଳିକ ଓ ତୁଳନାତ୍ମକ ଅଥବା ନିରପେକ୍ଷ ବା ସାପେକ୍ଷ। ମୌଳିକ ବା ନିରପେକ୍ଷ ସୌନ୍ଦର୍ଯ୍ୟର ଅର୍ଥ ଏହା ନୁହେଁ ଯେ, ଏଥିପାଇଁ କୌଣସି ଦର୍ଶନକାରୀ ମନର ପ୍ରୟୋଜନ ନାହିଁ। ସୌନ୍ଦର୍ଯ୍ୟ ପାଇଁ

ଏକ ମନ ପ୍ରୟୋଜନ। ଭାବନ କରିବା ପାଇଁ ସୌନ୍ଦର୍ଯ୍ୟବୋଧ ସମ୍ପନ୍ନ ମନ ବିନା ବସ୍ତୁ ସୁନ୍ଦର ହୋଇ ନ ପାରେ। ପ୍ରକୃତି ଜଗତରେ ମିଳୁଥିବା ବସ୍ତୁମାନେ ଏହି ଶ୍ରେଣୀର ଅନ୍ତର୍ଗତ। ତୁଳନାତ୍ମକ ବା ସାପେକ୍ଷ ସୌନ୍ଦର୍ଯ୍ୟ ବସ୍ତୁର ଅନୁକୃତି ବା ତାହାର ସାଦୃଶ୍ୟ ରକ୍ଷା କରୁଥିବା ଚିତ୍ରରୁ ମିଳେ।[୨୫]

ଅନ୍ତରେନ୍ଦ୍ରିୟର ସୌନ୍ଦର୍ଯ୍ୟବୋଧ ନୈସର୍ଗିକ। ରୀତିନୀତି ଓ ଶିକ୍ଷା ଦ୍ୱାରା ମନର ଶକ୍ତି ପ୍ରସାରିତ ହୋଇଥାଏ ମାତ୍ର।

ମୌଳିକ ବସ୍ତୁ ସୌନ୍ଦର୍ଯ୍ୟବିହୀନ ହେଲେ ମଧ୍ୟ ତାହାର ଅନୁକୃତି ସୁନ୍ଦର ହେବ। ମୌଳିକ ବସ୍ତୁ ଓ ତାହାର ଚିତ୍ରଣ ମଧ୍ୟରେ ଯେଉଁ ସାଦୃଶ୍ୟ-ତାହା ହିଁ ଆମର ସୌନ୍ଦର୍ଯ୍ୟାନୁଭୂତିର କାରଣ।

ବର୍କଲେ ସୌନ୍ଦର୍ଯ୍ୟ ଓ ଶିବର ସମ୍ବନ୍ଧ ସତ୍ୟ ସହିତ ସ୍ଥାପିତ କରିଛନ୍ତି। ଅନୁପାତ ଓ ସମାନରୂପତା ସୌନ୍ଦର୍ଯ୍ୟର ଗୁଣ ଓ ଏହା ନୟନାନନ୍ଦକାରକ। ବିଭିନ୍ନ ବସ୍ତୁ ବିଭିନ୍ନ ସମାନରୂପତା ବିଶିଷ୍ଟ। ବସ୍ତୁ ପୂର୍ଣ୍ଣତା ହେତୁ ପ୍ରିୟ ହୋଇଥାଏ। ପୂର୍ଣ୍ଣତାର କଷଟି ହେଲା, କୌଣସି ଉଦ୍ଦେଶ୍ୟର ପୂର୍ତ୍ତିସାଧନ କରିବା। ବସ୍ତୁ ନିଜର ଉଦ୍ଦେଶ୍ୟ ପୂର୍ଣ୍ଣ ନ କଲେ ସୁନ୍ଦର ବୋଲାଇବ ନାହିଁ। କେବଳ ଇନ୍ଦ୍ରିୟମାନଙ୍କ ପାଇଁ ନୁହେଁ, ସୌନ୍ଦର୍ଯ୍ୟ ବିବେକର ମଧ୍ୟ ଏକ ଆକର୍ଷଣ। ତେଣୁ ସୌନ୍ଦର୍ଯ୍ୟ ନେତ୍ରର ନୁହେଁ, ମନର ସାମଗ୍ରୀ। କାରଣ ସମତାକୁ ନେତ୍ରେନ୍ଦ୍ରିୟ ମାଧ୍ୟମରେ ବିବେକ ଦ୍ୱାରା ହିଁ ପ୍ରତ୍ୟକ୍ଷ କରାଯାଇପାରେ। ବସ୍ତୁର ଉପଯୋଗିତା ନ ଜାଣିଲେ ଓ ତା'ର ଆକୃତି ସହିତ ତା'ର ଉପଯୋଗିତାର ତୁଳନା ନ କଲେ ସୌନ୍ଦର୍ଯ୍ୟ ବା ସମତାର ଉପଲବ୍ଧ ହେବ ନାହିଁ। ଏହା ଚକ୍ଷୁ ଦ୍ୱାରା ସମ୍ଭବ ନୁହେଁ; ଏଥିପାଇଁ ବିଚାର ପ୍ରୟୋଜନ। ବସ୍ତୁର ଦର୍ଶନ ଏକ କଥା ଓ ତା'ର ସୌନ୍ଦର୍ଯ୍ୟ ନିର୍ଣ୍ଣୟ ଆଉ ଏକ କଥା।[୨୬] ବର୍କଲେ ଇନ୍ଦ୍ରିୟଗ୍ରାହ୍ୟ ସୌନ୍ଦର୍ଯ୍ୟରୁ ବୌଦ୍ଧିକ ବା ନୈତିକ ସୌନ୍ଦର୍ଯ୍ୟ ଦିଗରେ ଗତି କରିଛନ୍ତି। ଇନ୍ଦ୍ରିୟଗ୍ରାହ୍ୟ ବସ୍ତୁ ସୋପାନ ବା ମାନଦଣ୍ଡ ସ୍ୱରୂପ।

ବମ୍‌ଗାର୍ଟନଙ୍କ ନାମ ସୌନ୍ଦର୍ଯ୍ୟ ଶାସ୍ତ୍ର ସହିତ ଜଡିତ। ତାଙ୍କ ମତାନୁସାରେ, ସୌନ୍ଦର୍ଯ୍ୟ ଇନ୍ଦ୍ରିୟଜ୍ଞାନର ବସ୍ତୁ। ପୂର୍ଣ୍ଣତାର ଆଭାସ ହିଁ ସୌନ୍ଦର୍ଯ୍ୟ। ସୌନ୍ଦର୍ଯ୍ୟ ଇନ୍ଦ୍ରିୟ ନିରପେକ୍ଷ ରୂପେ ଅନୁଭବନୀୟ ନୁହେଁ। ସୌନ୍ଦର୍ଯ୍ୟ ଦର୍ଶନକୁ ଆନନ୍ଦ ଦିଏ। ଯାହା ଅପୂର୍ଣ୍ଣ, ତାହା କୁରୂପ, ତେଣୁ ବିକାର ଜାତ କରେ। ପ୍ରକୃତିରେ ସୌନ୍ଦର୍ଯ୍ୟର ପୂର୍ଣ୍ଣ ଅଭିବ୍ୟକ୍ତି ଘଟେ। ପ୍ରକୃତିର ସୃଷ୍ଟି ଓ କବିର ସୃଷ୍ଟି ମଧ୍ୟରେ ସାମ୍ୟ ଦେଖାଯାଏ। କବିତା ତେଣୁ ପ୍ରକୃତିର ଅନୁକରଣ ବା ପ୍ରାକୃତିକ କ୍ରିୟାର ଅନୁକରଣ। କବିତାକୁ ପ୍ରକୃତିର ଅନୁକରଣ କହିଲେ ବୁଝାଏ ଯେ, ତାହାର ପ୍ରଭାବ ପ୍ରକୃତି ସହିତ ସାଦୃଶ୍ୟ ରକ୍ଷା କରେ।

ସୌନ୍ଦର୍ଯ୍ୟତତ୍ତ୍ୱ ବମ୍‌ଗାର୍ଟନ ଲଳିତ କଳାତତ୍ତ୍ୱ, ସୁନ୍ଦର-ଭାବନା-କଳା ଓ ଐନ୍ଦ୍ରିୟଜ୍ଞାନର ବିଜ୍ଞାନ କହନ୍ତି। ସୌନ୍ଦର୍ଯ୍ୟତତ୍ତ୍ୱର ଲକ୍ଷ୍ୟ ଏହି ଜ୍ଞାନର ପୂର୍ଣ୍ଣତା ସାଧନ। ଏହି ଜ୍ଞାନର ତ୍ରୁଟି ହିଁ କୁରୂପତା। ସୌନ୍ଦର୍ଯ୍ୟ-ତାତ୍ତ୍ୱିକ ସତ୍ୟକୁ ସମ୍ଭାବିତ କୁହାଯିବା ଉଚିତ। ଏହା ସତ୍ୟର ସେହି ସ୍ତରର ଅନ୍ତର୍ଗତ, ଯାହା ପୂର୍ଣ୍ଣ ନିର୍ଦ୍ଦିଷ୍ଟ ନ ହେଲେ ବି କୌଣସି ମିଥ୍ୟାଚାର ନୁହେଁ। ଯାହା ଆମ ଇନ୍ଦ୍ରିୟ ଦ୍ୱାରା ପରିତ୍ୟଜ୍ୟ ନୁହେଁ, ଯାହା ସମ୍ଭାବ୍ୟ, ତାହା ସତ୍ୟ ହେଉ କି ମିଥ୍ୟା ହେଉ, କଳାତ୍ମକ ମନ ତାହାର ଅନୁସରଣ କରିବା ଉଚିତ।[୨୭]

ହ୍ୟୁମ୍ ସୌନ୍ଦର୍ଯ୍ୟକୁ ଏକପ୍ରକାର ବ୍ୟବସ୍ଥା ଓ ଅଂଶର ଗଠନ କହନ୍ତି, ଯାହା ଆମ ପ୍ରକୃତିର ମୌଳିକ ଗଠନ, ସାମାଜିକ ଚଳଣି ତା ମନର ଅହେତୁକ ପରିବର୍ତ୍ତନ ଯୋଗୁ ଆନନ୍ଦଦାନ କରିବା ସଙ୍ଗେ ଆତ୍ମାର ସନ୍ତୋଷ ବିଧାନ କରେ। ଏହା ହିଁ ସୌନ୍ଦର୍ଯ୍ୟର ବୈଶିଷ୍ଟ୍ୟ। ବୈକଲ୍ୟ ଓ ସୌନ୍ଦର୍ଯ୍ୟ ମଧ୍ୟରେ ଏହା ହିଁ ପାର୍ଥକ୍ୟ ସୃଷ୍ଟି କରେ। ବୈକଲ୍ୟର ସ୍ୱଭାବ ହେଉଛି ତାହା ଅସ୍ୱସ୍ତି ଜାତ କରେ। ଆନନ୍ଦ ଓ ପୀଡା ତେଣୁ ସୌନ୍ଦର୍ଯ୍ୟ ଓ ବୈକଲ୍ୟର ସହଚର-ସେ ଦୁଇଟିର ସାରକଥା।[୨୮]

ବିଶିଷ୍ଟ ବ୍ରିଟିଶ ଚିତ୍ରଶିଳ୍ପୀ ହୋଗାର୍ଥ ପ୍ରବହମାନ ରେଖାରେ ସୌନ୍ଦର୍ଯ୍ୟ ଦେଖାଇଛନ୍ତି। ଯେଉଁ ରେଖା ସର୍ପିଳ, ତରଙ୍ଗିତ ଓ ବର୍ତ୍ତୁଳିତ ତାହା ସୌନ୍ଦର୍ଯ୍ୟ-ବିଧାୟିନୀ ହେବ। ସେ ଔଚିତ୍ୟ, ବିବିଧତା ଓ ନିୟମିତତା ଉପରେ ଅଧିକ ଜୋର୍ ଦେଇ ଉତ୍କୃଷ୍ଟ କଳା ସୃଷ୍ଟି ପାଇଁ ଏଗୁଡିକର ପ୍ରୟୋଜନୀୟତାକୁ ପ୍ରମାଣିତ କରିଛନ୍ତି। ନିୟମିତତା ସେତିକି ପରିମାଣରେ ପ୍ରୟୋଜନ, ସେତିକି ଔଚିତ୍ୟ ପାଇଁ ଲୋଡା।[୨୯]

ଏଡମଣ୍ଡ ବର୍କ ସୌନ୍ଦର୍ଯ୍ୟ ଓ ସୌନ୍ଦର୍ଯ୍ୟାନୁଭୂତିକୁ ଭୌତିକ ସ୍ତରକୁ ଓହ୍ଲାଇ ଆଣିଛନ୍ତି। ସୌନ୍ଦର୍ଯ୍ୟ ମନରେ ପ୍ରେମ ଉତ୍ପନ୍ନ କରେ। ତେଣୁ ସୌନ୍ଦର୍ଯ୍ୟରୁ ଜାତ ଆବେଗର ନାମ ପ୍ରେମ। ଏହି ଆବେଗ କାମନା ବା ଇଚ୍ଛାଠାରୁ ଭିନ୍ନ, ଯଦିଓ କାମନା ଏହା ସହିତ କଦବା ଜାଗ୍ରତ ହୋଇପାରେ। ସୌନ୍ଦର୍ଯ୍ୟ ଇନ୍ଦ୍ରିୟଗ୍ରାହ୍ୟ ଗୁଣ। ସୌନ୍ଦର୍ଯ୍ୟର ଗୁଣ ସମ୍ବନ୍ଧରେ ସେ କେତୋଟି ବିଶିଷ୍ଟତା ସ୍ୱୀକାର କରିଛନ୍ତି। ସୌନ୍ଦର୍ଯ୍ୟ ତୁଳନାତ୍ମକ ରୂପରେ ଲଘୁ ହେବ, କୋମଳ ହେବ, ଅଙ୍ଗମାନଙ୍କରେ ବୈବିଧ୍ୟ ଓ ସେମାନଙ୍କର ପରସ୍ପର ସହିତ ଅବିଚ୍ଛିନ୍ନ ସ୍ଥିତି, ଶକ୍ତିର ଆଭାସ ଦେଉ ନ ଥିବା ଆଙ୍ଗିକ କୋମଳତା, ବର୍ଣ୍ଣଗତ ଚାରୁତା (ସ୍ୱଚ୍ଛ ଓ ଉଜ୍ଜ୍ୱଳ ରଙ୍ଗଯୁକ୍ତ; ମାତ୍ର ଗାଢ ଓ ଝଲମଲ ନୁହେଁ), ଯଦି ଝଲମଲିଆ ହୋଇଥିବ ତାହାକୁ ଅନ୍ୟ ରଙ୍ଗ ସହିତ ପରିବର୍ତ୍ତିତ କରିଦେବାକୁ ପଡିବ।

ସୌନ୍ଦର୍ଯ୍ୟାନୁଭୂତି କାଳରେ ଦର୍ଶକ ବା ସହୃଦୟର ଯେଉଁ ଅବସ୍ଥା ହୁଏ, ସେ ସମ୍ବନ୍ଧରେ ବର୍କ କହନ୍ତି ଯେ, ଏକ ପ୍ରକାର ଅବସନ୍ନ, ଶ୍ଳଥ ଅନୁଭୂତି, ମଜ୍ଜନର ଭାବ

ସୁନ୍ଦର ବସ୍ତୁମାନଙ୍କର ପ୍ରଭାବର ବୈଶିଷ୍ଟ୍ୟ। ସୌନ୍ଦର୍ଯ୍ୟ ଦ୍ୱାରା ଉତ୍ତେଜିତ ଆବେଗମତ୍ତତା ଓ ହର୍ଷୋତ୍‌ଫୁଲ୍ଲତାଠାରୁ ଉଦାସୀନତା ବା ବିଷାଦର ଅଧିକ ନିକଟବର୍ତ୍ତୀ। ପ୍ରେମ ଓ କରୁଣାଜାତ କରୁଥିବା ବସ୍ତୁ ସମ୍ମୁଖରେ ଥିଲେ ଶାରୀରିକ ବିକ୍ରିୟା କିପରି ହୁଏ ତାହାର ଲକ୍ଷଣମାନ ବର୍କ ନିରୂପଣ କରିଛନ୍ତି। ସେତେବେଳେ ଶିର ଗୋଟିଏ ପାଖକୁ ଢଳିଯାଏ। ଚକ୍ଷୁପତା ସ୍ୱାଭାବିକତାଠାରୁ ଅଧିକ ବୁଜି ହୋଇଯାଏ, ବସ୍ତୁ ପ୍ରତି ସାଗ୍ରହରେ ଚକ୍ଷୁ ମନ୍ଦ ମନ୍ଦ ଚାଳିତ ହୁଏ, ମୁଖ ଈଷତ୍ ଖୋଲିଯାଏ ନିଃଶ୍ୱାସ ଧୀରେ ଧୀରେ ଚାଲିବା ସଙ୍ଗେ ମଝିରେ ମଝିରେ ଶ୍ୱାସ ଛାଡ଼େ, ସମଗ୍ର ଶରୀର ଅଚଞ୍ଚଳ ରହିଯାଏ ଓ ହାତ ଅଳସ ଭାବେ ଦୁଇ ପାଖକୁ ଝୁଲିପଡ଼େ। ଏ ସମସ୍ତ ଏକ ଆଭ୍ୟନ୍ତରୀଣ ଦ୍ରବଣ ଓ ତନ୍ଦ୍ରିଳ ଭାବ ସହିତ ମିଶି କରି ଆସେ। ତେଣୁ ସୌନ୍ଦର୍ଯ୍ୟ ସମଗ୍ର ଶାରୀରିକ କଠିନ ଉପାଦାନକୁ ଶିଥିଳ କରି କ୍ରିୟାନ୍ୱିତ ହୁଏ।[୩୦] ସୌନ୍ଦର୍ଯ୍ୟ ଓ ସୌନ୍ଦର୍ଯ୍ୟାନୁଭୂତିର ଉପରୋକ୍ତ ଲକ୍ଷଣରୁ ଜଣାଯାଏ, ବର୍କ ସୌନ୍ଦର୍ଯ୍ୟକୁ ନିତାନ୍ତ ଭୌତିକ ଓ ଇନ୍ଦ୍ରିୟଗ୍ରାହ୍ୟ ସାମଗ୍ରୀ ରୂପେ ଗ୍ରହଣ କରିଛନ୍ତି।

ଲର୍ଡ କେମସ୍ ସୌନ୍ଦର୍ଯ୍ୟାନୁଭୂତିକୁ ବ୍ୟକ୍ତିଗତ ଅନୁଭୂତି କହନ୍ତି। ତାଙ୍କ ମତରେ, ସୌନ୍ଦର୍ଯ୍ୟ ସର୍ବଦା ଦ୍ରଷ୍ଟା ଉପରେ ନିର୍ଭର କରେ। ନିୟମିତତା, ଏକରୂପତା, ବ୍ୟବସ୍ଥା ଓ ସାରଲ୍ୟ ଅବଧାରଣାର ତତ୍କାଳିକତା ସହିତ ସହଯୋଗ କରିବା ସଙ୍ଗେ ବସ୍ତୁର ସ୍ୱଚ୍ଛ ଚିତ୍ର ନିର୍ମାଣ କରିବାରେ ମନକୁ ସମର୍ଥ କରନ୍ତି। ଏକ ଦୀର୍ଘ ବସ୍ତୁ ହୃଦୟକୁ ବିସ୍ତାରିତ କରେ। ସମୁନ୍ନତ ବସ୍ତୁ ଦର୍ଶନରେ ଦର୍ଶକ ଦଣ୍ଡାୟମାନ ଅବସ୍ଥାରେ ରହିଯାଏ। ଧ୍ୱନି ନିଜ ଅନୁରୂପ ସମ୍ବେଗ ବା ଅନୁଭୂତି ସୃଷ୍ଟି କରେ।

ଦୃଶ୍ୟମାନ୍ ବସ୍ତୁର ସୌନ୍ଦର୍ଯ୍ୟ ବିଚାର କରି ସେ ତାହାର ଦୁଇଟି ଶ୍ରେଣୀ ଦେଖାଇଛନ୍ତି। ପ୍ରଥମଟିକୁ ଆନ୍ତରିକ ସୌନ୍ଦର୍ଯ୍ୟ ଓ ଦ୍ୱିତୀୟଟିକୁ ସାପେକ୍ଷ ବା ସମ୍ପର୍କିତ ସୌନ୍ଦର୍ଯ୍ୟ କହନ୍ତି। ଆନ୍ତରିକ ସୌନ୍ଦର୍ଯ୍ୟ ଏକମାତ୍ର ବସ୍ତୁରୁ ମିଳେ, ଏଥିପାଇଁ ଅନ୍ୟ କୌଣସି ସହିତ ସମ୍ପର୍କ ରକ୍ଷା କରିବାକୁ ପଡ଼େ ନାହିଁ। ଆନ୍ତରିକ ସୌନ୍ଦର୍ଯ୍ୟ ଇନ୍ଦ୍ରିୟ-ପ୍ରତ୍ୟକ୍ଷ ମାତ୍ର। ଏକ ଓକ୍ ବୃକ୍ଷ ବା ଏକ ପ୍ରବହମାନ ନଦୀର ସୌନ୍ଦର୍ଯ୍ୟ ଦେଖିବା ପାଇଁ ଦୃଷ୍ଟି ବିନା ଆଉ କୌଣସି କ୍ରିୟାର ପ୍ରୟୋଜନ ନାହିଁ। ସମ୍ପର୍କିତ ସୌନ୍ଦର୍ଯ୍ୟ ବସ୍ତୁର ସମ୍ପର୍କରେ ନିହିତ। ଏହା ବୁଦ୍ଧି ବା ଭାବନା କ୍ରିୟାଯୁକ୍ତ। ଉତ୍ତମ ଯନ୍ତ୍ରଟିଏ ଦେଖି ତାହାର ପ୍ରୟୋଗ ଓ ଲକ୍ଷ୍ୟ ସହିତ ପରିଚିତ ନ ହେଲାଯାଏ ତାହାର ସମ୍ପର୍କ-ସୌନ୍ଦର୍ଯ୍ୟ ପ୍ରତ୍ୟକ୍ଷ କରିହୁଏ ନାହିଁ। ପ୍ରାଚୀନ ଗଥିକ ସ୍ତମ୍ଭଟିରେ ସୌନ୍ଦର୍ଯ୍ୟ ନ ଥିଲେ ହେଁ ତାହାକୁ ଯେତେବେଳେ ଶତ୍ରୁ ଆକ୍ରମଣରୁ ସୁରକ୍ଷା ପାଇଁ ବିଚାର କରାଯାଏ, ତାହା ସୁନ୍ଦର ପ୍ରତୀତ ହୁଏ।

ରୋମ୍‌ର ସେଣ୍ଟ ପିଟର୍ସ ଗିର୍ଜା, ଇଜିପ୍‌ଟର ବୃହତ୍ ପିରାମିଡ୍, ଅମ୍ବୁଦସ୍ପର୍ଶୀ ଆରିପ୍‌ସ୍ ପର୍ବତମାଳା, ନିର୍ମଳ ଓ ପ୍ରଶାନ୍ତ ଆକାଶ-ଏଗୁଡ଼ିକ ମହୀୟାନ୍। କେବଳ ଆକାର ପାଇଁ ନୁହେଁ, ସେମାନେ ବିଶିଷ୍ଟମାତ୍ରାରେ ସୁନ୍ଦର ମଧ୍ୟ।(୩୧)

କେମସ୍ ଇନ୍ଦ୍ରିୟଗ୍ରାହ୍ୟ ଆନନ୍ଦକୁ ନିମ୍ନ ସ୍ଥାନ ଦେଇ ଅନ୍ତରେନ୍ଦ୍ରିୟ ଦ୍ୱାରା ପ୍ରାପ୍ତ ଆନନ୍ଦକୁ ଦ୍ୱିତୀୟ ସ୍ତର ଓ ବୁଦ୍ଧି ଦ୍ୱାରା ପ୍ରାପ୍ତ ଆନନ୍ଦକୁ ସର୍ବୋତ୍ତମ ସ୍ତରର ଆନନ୍ଦ କହିଛନ୍ତି।

ରେନୋଲଡ୍‌ସ୍‌ଙ୍କ କଳା-ବିଷୟକ ଅଭିମତାବଳୀ ଉଚ୍ଚକୋଟୀର ଚିନ୍ତା ଓ ଚେତନତାରେ ସମୃଦ୍ଧ। ସେ କହନ୍ତି, କଳା ସକଳ ନିର୍ଦ୍ଦିଷ୍ଟ ରୂପ, ସ୍ଥାନୀୟ ରୀତି, ବିଶେଷତ୍ୱ ଓ ସବୁ ପ୍ରକାର ତୁଚ୍ଛାତିତୁଚ୍ଛତାର ଊର୍ଦ୍ଧ୍ୱକୁ ଉଠିଲେ ସୁନ୍ଦର ଓ ମହତ୍ ହୁଏ। (୩୨) କଳ୍ପନା ଓ ଅନୁଭୂତିକୁ ଉଦ୍‌ବୋଧିତ କରିବା କଳାର ସର୍ବୋଚ୍ଚ ଲକ୍ଷ୍ୟ। କାରଣ ସକଳ କଳାର ଭିତ୍ତି ସମାନ-କଳ୍ପନା ଓ ସମ୍ବେଦନ ପ୍ରତି ସେମାନଙ୍କର ଆବେଦନ ଅର୍ପିତ। ଯାହା ଆନନ୍ଦ ଦିଏ, ସେଥିରେ ଏମିତି କିଛି ଅଛି ଯାହା ମନ ସହିତ ସାମ୍ୟ ରକ୍ଷା କରେ ଓ ସେଥିପାଇଁ ଯଥାର୍ଥରେ ସ୍ୱାଭାବିକ। କଳାର ଲକ୍ଷ୍ୟ ସୌନ୍ଦର୍ଯ୍ୟ। ଏହାର ଆବିଷ୍କାର ଓ ଅଭିବ୍ୟକ୍ତି ଦାନ କଳାକାରର କର୍ମ। କଳାକାର ଯେଉଁ ସୌନ୍ଦର୍ଯ୍ୟର ଅନ୍ୱେଷଣ କରେ, ତାହା ବିଶେଷ ଓ ବୌଦ୍ଧିକ। ଏହା ଏକ ପ୍ରତ୍ୟୟ ରୂପରେ ଶିଳ୍ପୀର ମନରେ ଅବସ୍ଥାନ କରେ, ଯାହାକୁ ପ୍ରକାଶ କରିବା ପାଇଁ ସେ ନିୟତ ପ୍ରଯତ୍ନଶୀଳ ଓ ଯାହାର ପ୍ରକାଶନରେ ଅସଫଳ ହୋଇ ଶେଷରେ ସେ ବିଦାୟ ନିଏ।

ରେନୋଲଡ୍‌ସଙ୍କ ମତରେ ଅନୁକରଣ କଳାର ସାଧାନ, ସାଧ୍ୟ ନୁହେଁ। କଳାରେ ରୂପର ମହତ୍ତ୍ୱକୁ ସ୍ୱୀକାର କରି ସେ କହନ୍ତି ଯେ, ଅନୁଭୂତିରୁ ଜଣାଯାଏ, ରୂପର ସୌନ୍ଦର୍ଯ୍ୟ ଅନ୍ୟ କୌଣସି ଗୁଣର ସାହାଯ୍ୟ ବିନା ଏକ ସାର୍ଥକ କୃତି ରୂପେ ନିଜକୁ ପ୍ରତିଷ୍ଠିତ କରିପାରେ। ସ୍ଥାପତ୍ୟ, କବିତା ଓ ଚିତ୍ରକଳାର ଅନ୍ତଃସମ୍ବନ୍ଧ ନିରୂପଣ କରି କହନ୍ତି ଯେ, ଏହି ସକଳ କଳା ଭାବାନୁଷଙ୍ଗ ଜରିଆରେ କଳ୍ପନାକୁ ପ୍ରଭାବିତ କରନ୍ତି। ପ୍ରାଚୀନତା ପ୍ରତି ଆମର ଏକ ସ୍ୱାଭାବିକ ଶ୍ରଦ୍ଧା ଥିବାରୁ ଯେଉଁ ପ୍ରାସାଦ ଆମ ସ୍ମୃତି ପଥରେ ପ୍ରାଚୀନ ରୀତିନୀତି ବହନ କରିଆଣେ ତାହା ନିଶ୍ଚୟ ଆନନ୍ଦ ଦେବ।

ଟମାସ୍‌ରିଡ ସୌନ୍ଦର୍ଯ୍ୟକୁ ଆଧ୍ୟାତ୍ମିକ ଚୈତନ୍ୟ ରୂପରେ ଉଦ୍‌ଘୋଷିତ କରିଛନ୍ତି। ଆମେ ବସ୍ତୁରେ ଯେଉଁ ଐଶ୍ୱର୍ଯ୍ୟ ଆରୋପ କରୁଁ, ତାହା ଏକ ଆଧ୍ୟାତ୍ମିକତା ବା ବୌଦ୍ଧିକତାର ସଙ୍କେତ ଅଥବା ତହିଁର ଫଳ। ସେଥିରେ ମନର ସାଦୃଶ୍ୟ ବିଦ୍ୟମାନ। ମନର ଗୁଣମାନଙ୍କରେ ଉଚିତ ରୂପେ ଐଶ୍ୱର୍ଯ୍ୟ ବିଦ୍ୟମାନ। ଏହା କେବଳ ଇନ୍ଦ୍ରିୟଗ୍ରାହ୍ୟ ବସ୍ତୁମାନଙ୍କରେ ଭାବନ ବ୍ୟାପାର ଦ୍ୱାରା ଅନ୍ୱେଷଣ କରାଯାଇପାରେ। କେବଳ ବସ୍ତୁରେ

ଐଶ୍ୱର୍ଯ୍ୟ ଖୋଜିବା ନିରର୍ଥକ। ମନର ନୈତିକ ଓ ଆଧ୍ୟାତ୍ମିକ ପୂର୍ଣ୍ଣତାରେ ତଥା ତାହାର କାର୍ଯ୍ୟକାରିଣୀ ଶକ୍ତିରେ ସୌନ୍ଦର୍ଯ୍ୟମୂଳତଃ ଅବସ୍ଥାନ କରେ ଓ ଏହି ନିର୍ଝରିଣୀରୁ ଦୃଶ୍ୟମାନ ଜଗତରେ ପ୍ରତ୍ୟକ୍ଷ କରୁଥିବା ସୌନ୍ଦର୍ଯ୍ୟ ବିନିର୍ଗତ ହେଉଛି। ପ୍ରତିଟି ଇନ୍ଦ୍ରିୟଗ୍ରାହ୍ୟ ବସ୍ତୁ ମନର ଗୁଣରୁ ପରିଚ୍ଛଦ ଗ୍ରହଣ କରି ସୁନ୍ଦର ହୋଇଥାନ୍ତି। ସବୁଠାରୁ ସୁନ୍ଦର ବସ୍ତୁରେ ମନର ସାମ୍ୟ ଅଧିକ ମିଳିଥାଏ।

ଅଭିବ୍ୟକ୍ତିର ସୌନ୍ଦର୍ଯ୍ୟ ଅଭିବ୍ୟକ୍ତ ବସ୍ତୁର ସୌନ୍ଦର୍ଯ୍ୟରୁ ଅଥବା ଏହାକୁ ନିଶ୍ଚିତ ରୂପେ ଅଭିବ୍ୟକ୍ତ କରିଥିବା କଳା-କୌଶଳ ବା ପ୍ରୟୋଗରୁ ନିସୃତ ହେବା ଉଚିତ।[୩୦]

ଏଲିସନ ଆମ ମନ ଉପରେ ପଡୁଥିବା ସୌନ୍ଦର୍ଯ୍ୟ ଓ ଉଦାତ୍ତର ସମ୍ବେଗର ପ୍ରଭାବକୁ ଏକ ଜଟିଳ ସମ୍ବେଗ କହନ୍ତି। ବସ୍ତୁର ଗୁଣ ସ୍ୱୟଂ ସୁନ୍ଦର ବା ଉଦାତ୍ତ ନୁହେଁ। ସେଗୁଡିକ ବହୁ ଲୋକ ସମ୍ବେଗ ଉତ୍ପନ୍ନକାରୀ ଗୁଣାବଳୀର ଅଭିବ୍ୟକ୍ତି ବା ସଙ୍କେତ। ତେଣୁ ସମ୍ବେଗ ଉତ୍ପନ୍ନକାରୀ ବସ୍ତୁ ହିଁ ଆମର ପ୍ରିୟ ହୋଇଥାଏ।

ଆନନ୍ଦମଗ୍ନ ବ୍ୟକ୍ତିକୁ ବିଷାଦ ବା କରୁଣ ରଚନାର ସୌନ୍ଦର୍ଯ୍ୟ ଅନୁଭୂତ ହୋଇ ନ ପାରେ। ସେହିପରି ଦୁଃଖରେ ଘାରି ହେଉଥିବା ବ୍ୟକ୍ତି ମଧ୍ୟ ଆନନ୍ଦମୟ ରଚନାର ସୌନ୍ଦର୍ଯ୍ୟ ଉପଭୋଗ କରିପାରିବ ନାହିଁ। ଆମର ସମବେଦନା ଜାଗ୍ରତ କରୁଥିବା ମଣିଷର ସ୍ୱର ସୁନ୍ଦର ବା ଉଦାତ୍ତ ହେବ ଯଦି ତାହା ଆବେଗ ବା ଅନୁରାଗ ପ୍ରକାଶ କରୁଥାଏ।[୩୪]

ପ୍ରସିଦ୍ଧ ଜର୍ମାନ ଦାର୍ଶନିକ କାଣ୍ଟଙ୍କର ସୌନ୍ଦର୍ଯ୍ୟ-ମୀମାଂସାର ସଂକ୍ଷିପ୍ତ ସାର ହେଲା-ସୌନ୍ଦର୍ଯ୍ୟମୂଳକ ଆନନ୍ଦ ବ୍ୟକ୍ତିନିଷ୍ଠ ହେବା ସଙ୍ଗେ ସାର୍ବଭୌମିକ ମଧ୍ୟ ହୋଇଥାଏ। ତାଙ୍କ ମତରେ, ସାମଞ୍ଜସ୍ୟବୋଧର ଆନନ୍ଦ ସୌନ୍ଦର୍ଯ୍ୟ-ବୋଧଜନିତ ଆନନ୍ଦ। ଇନ୍ଦ୍ରିୟ ଓ ଅତୀନ୍ଦ୍ରିୟର ମିଳନଭୂମି ହିଁ ସୌନ୍ଦର୍ଯ୍ୟ। ସୌନ୍ଦର୍ଯ୍ୟ ନିଷ୍ପ୍ରୟୋଜନ ହେବା ହେତୁ ବ୍ୟକ୍ତିନିଷ୍ଠ ହୋଇ ମଧ୍ୟ ସାର୍ବଜନୀନ ସୁଖର ବସ୍ତୁ ହୋଇଉଠେ। ସୌନ୍ଦର୍ଯ୍ୟ, ରୁଚି ଓ ଆନନ୍ଦ-ଏ ସମସ୍ତ ବୈୟକ୍ତିକ ଅନୁଭୂତି। ବସ୍ତୁ ଓ ମନନର ତାଦାତ୍ମ୍ୟରୁ ଲବ୍ଧ ଆନନ୍ଦ ବୈୟକ୍ତିକ। ଏହା ସାମଞ୍ଜସ୍ୟରୁ ଉଦ୍‌ଭୂତ। ମନନାତ୍ମକ ଅନୁଭୂତିକୁ ଆମେ ଭ୍ରମରେ ବସ୍ତୁ ବା ପ୍ରକୃତି ଉପରେ ଆରୋପ କରିଥାଉ। ନଚେତ ବାହାରେ ଏହାର ଅସ୍ତିତ୍ୱ ନାହିଁ। ମନନର ଆନନ୍ଦ ସ୍ୱତନ୍ତ୍ର ଓ ନିଃସ୍ୱାର୍ଥ।[୩୫] ସ୍ୱାର୍ଥରହିତ ହେଲେ ହେଁ ଏହି ଆନନ୍ଦ ରୁଚିକର ଓ ପ୍ରୟୋଜନରହିତ ହେଲେ ମଧ୍ୟ ରୁଚି ଉତ୍ପନ୍ନ କରିଥାଏ। ଏହା ହିଁ ସୌନ୍ଦର୍ଯ୍ୟାନୁଭୂତିର ବିଶିଷ୍ଟ ଲକ୍ଷଣ। ବସ୍ତୁକୁ ଅବଲମ୍ବନ କରି ଯେଉଁ ଆନନ୍ଦ ଜାତ ହୋଇଥାଏ ଓ ବ୍ୟକ୍ତିନିଷ୍ଠ ହୋଇଥାଏ, ତାହା ପୁଣି ସାର୍ବଜନୀନ ଓ ସର୍ବଜନଗ୍ରାହ୍ୟ ହୋଇଉଠେ। ଦ୍ରଷ୍ଟା ଓ ଦୃଶ୍ୟ ମଧ୍ୟରେ ଅଜ୍ଞେୟ ସାର୍ବଜନୀନ କହିବାର ଉଦ୍ଦେଶ୍ୟ ହେଲା, ଯେଉଁ ବସ୍ତୁରୁ ସମସ୍ତଙ୍କୁ ଆନନ୍ଦ ମିଳେ ନାହିଁ ତାହା ସୁନ୍ଦର ହୋଇ ନ ପାରେ।

ଏଣୁ ସୁନ୍ଦର ତାହା ହିଁ ଯାହା ବ୍ୟକ୍ତିନିଷ୍ଠ ହେବା ସଙ୍ଗେ ସର୍ବଜନଗ୍ରାହ୍ୟ।[୩୬] ଶେଷରେ ସେ ସୁନ୍ଦରକୁ ନୈତିକ ମଙ୍ଗଳର ପ୍ରତୀକ କହିଛନ୍ତି ଓ ଏହା ବ୍ୟକ୍ତିନିଷ୍ଠ ହୋଇ ମଧ୍ୟ ସାର୍ବଭୌମ ଆନନ୍ଦର କାରଣ ହୋଇଥାଏ।[୩୭]

କବି ଶିଲର ଜଡ, ନୀତି ଓ କ୍ରୀଡା ନାମକ ତିନୋଟି ଜଗତର କଳ୍ପନା କରି କ୍ରୀଡା ଜଗତକୁ ମାନବାତ୍ମାର ସ୍ୱତନ୍ତ୍ର ବିହାର-ଭୂମି କହିଲେ। ଏହା ସୌନ୍ଦର୍ଯ୍ୟ ଓ ଆନନ୍ଦର ସ୍ଥଳ। କ୍ରୀଡାପ୍ରବୃତ୍ତି ମାନବୀୟ ସଂସ୍କୃତିକୁ ସଭ୍ୟ କରିବାର ହେତୁ। ରୂପ ଓ ବସ୍ତୁ ମଧ୍ୟରେ ସମନ୍ୱୟ ସାଧନ କରିବା ପାଇଁ ମନୁଷ୍ୟ ମନର କ୍ରୀଡାପ୍ରବୃତ୍ତି ସହାୟକ ହୁଏ। ଏହି ପ୍ରବୃତ୍ତି ସୌନ୍ଦର୍ଯ୍ୟ ସୃଷ୍ଟି କରେ। ତେଣୁ ସୌନ୍ଦର୍ଯ୍ୟ ଏହି କ୍ରୀଡା-ପ୍ରବୃତ୍ତିର ବସ୍ତୁ ଓ ସୃଜନ। ପୂର୍ଣ୍ଣାଙ୍ଗ ମଣିଷ କ୍ରୀଡାରତ ହୁଏ।[୩୮] ସୌନ୍ଦର୍ଯ୍ୟ ଜୀବନର ଯଥାର୍ଥ ଅଭିବ୍ୟକ୍ତି। କାରଣ ବଞ୍ଚିବା ଏକ କଳା ଓ କଳା ହିଁ ଜୀବନ। ଏହିପରି ସେ କ୍ରୀଡା-ଭାବନା ଓ କଳାନୁଭୂତିକୁ ଅଭିନ୍ନ କହିଛନ୍ତି। ସୌନ୍ଦର୍ଯ୍ୟ ହିଁ ଜଗତକୁ ସୁଖ ଦେଇପାରେ ଓ ସୌନ୍ଦର୍ଯ୍ୟରେ ସକଳ ପ୍ରାଣୀ ମୋହିତ ହୋଇ ବନ୍ଧନ ବିସ୍ମୃତ ହୁଅନ୍ତି ।[୩୯]

ଶ୍ଲେଗେଲଙ୍କ ମତାନୁସାରେ ସୌନ୍ଦର୍ଯ୍ୟ ମଙ୍ଗଳର ସୁଖଦ ପ୍ରକାଶ ଓ କୁରୂପତା ଅମଙ୍ଗଳର ଅସୁଖମୟ ପ୍ରକାଶ।

ଶେଲିଙ୍ଗ ପ୍ରକୃତିକୁ ଅଚେତନ ଓ ଆତ୍ମାକୁ ଚେତନ କହନ୍ତି। ଏ ଦୁହେଁ ପରମାତ୍ମାଙ୍କର ଦୁଇଟି ରୂପ। କଳା ବ୍ୟକ୍ତି ଓ ବସ୍ତୁ ମଧ୍ୟରେ ଐକ୍ୟ ସ୍ଥାପନ କରେ। ସୌନ୍ଦର୍ଯ୍ୟ ପ୍ରତ୍ୟେକ କଳାର ବିଶେଷତ୍ୱ। ସୌନ୍ଦର୍ଯ୍ୟ ବିନା କଳା ସୃଷ୍ଟି ଅସମ୍ଭବ। ପ୍ରକୃତି ଓ କଳା-ସୌନ୍ଦର୍ଯ୍ୟର ସସୀମରେ ଅସୀମ କ୍ରୀଡା କରନ୍ତି। କାରଣ ସୀମା ବିନା ଅସୀମ ବ୍ୟକ୍ତ ହୋଇପାରନ୍ତି ନାହିଁ। ଅସୀମର ସସୀମରେ ଅଭିବ୍ୟକ୍ତି ହେବା ହିଁ ସୌନ୍ଦର୍ଯ୍ୟର ନିରୂପଣ କରିବାର ବିଶେଷତ୍ୱ ଧାରଣ କରେ। କବିତା ଆମକୁ ଏକ ଆଦର୍ଶ ରାଜ୍ୟକୁ ଘେନିଯାଏ।

ଜର୍ମାନ ମହାକବି ଗେଟେଙ୍କର ବୈଶିଷ୍ଟ୍ୟବାଦ ସିଦ୍ଧାନ୍ତ କଳା-ଦର୍ଶନରେ ଏକ ବିଶିଷ୍ଟ ତତ୍ତ୍ୱ। ଆତ୍ମପ୍ରକାଶ ହିଁ କଳାର ପ୍ରାଣ। ଏହାର ଉଦ୍ଦେଶ୍ୟ କଳାକୃତିରେ କଳାକାରର ବ୍ୟକ୍ତିଗତ ବୈଶିଷ୍ଟ୍ୟର ଅଭିବ୍ୟକ୍ତ। ବୈଶିଷ୍ଟ୍ୟମୂଳକ କଳା ଶିଳ୍ପୀର ଆତ୍ମାରୁ ପ୍ରେରିତ ହୋଇ ବାହ୍ୟ ବସ୍ତୁକୁ ମନୋରମ କରେ। କବି ଦ୍ୱାରା ସୃଷ୍ଟ ହେଲେ ଯେ କୌଣସି ଘଟଣା ସାର୍ବଭୌମ ଓ କାବ୍ୟିକ ହୋଇଉଠେ। କବିର ଅନ୍ତର ଅନୁଭୂତି ଯେ କୌଣସି ବସ୍ତୁକୁ ସୁନ୍ଦର, ପୂର୍ଣ୍ଣ ଓ ଜୀବନ୍ତ କରିବାକୁ କ୍ଷମ।[୪୧] କବିର ରଚନା ଶୈଳୀ ତା'ର ମନର ବିଶ୍ୱସ୍ତ ପ୍ରତିରୂପଣ। ଯେଉଁ କବିର ଭାବନା ସ୍ୱଚ୍ଛ ଓ ଆତ୍ମା ମହତ୍, ସେ ହିଁ ମହତ୍ ଶୈଳୀ ସୃଷ୍ଟି କରିବାକୁ ସମର୍ଥ ହେବେ।[୪୨]

ମାନୁଷୀ ସୌନ୍ଦର୍ଯ୍ୟ ସମ୍ପର୍କରେ ସେ ଉଚ୍ଚଧାରଣା ପୋଷଣ କରୁଥିଲେ। ଏପରି ସୌନ୍ଦର୍ଯ୍ୟଗ୍ରାହୀଙ୍କୁ କୌଣସି ଅନିଷ୍ଟ ବା ଅମଙ୍ଗଳ ସ୍ପର୍ଶ କରିପାରେ ନାହିଁ। ସେ ନିଜକୁ ଓ ବିଶ୍ୱକୁ ଏକ ବୋଲି ମନେ କରିଥାନ୍ତି।[୪୩] ସୌନ୍ଦର୍ଯ୍ୟ, ପ୍ରେମରୁ ଜନ୍ମଲାଭ କରେ। ତେଣୁ ଯେଉଁଠାରେ ପ୍ରେମ ସେଠାରେ ସୌନ୍ଦର୍ଯ୍ୟ ବିରାଜିତ।

ସଂସାରର ଜଞ୍ଜାଳରୁ ମୁକ୍ତି ପାଇବା ପାଇଁ କଳା ହିଁ ଏକମାତ୍ର ମାଧ୍ୟମ।[୪୪]

"ସୌନ୍ଦର୍ଯ୍ୟର ସ୍ୱରୂପ ଅବଧାରଣା କରିବା ଓ ବିଶ୍ଳେଷଣ କରିବା ଅସମ୍ଭବ। ଏହା ଏପରି ଏକ ଶୂନ୍ୟଲମ୍ବୀ, ଭାସମାନ ଓ ଭାତିଯୁକ୍ତ ଆଭାସ ଯେ, ଏହାର ସ୍ୱରୂପକୁ ସଂଜ୍ଞାରେ ଧରିବାକୁ ଚେଷ୍ଟା କରିବା ବ୍ୟର୍ଥ।"[୪୫]

ଶୋପେନହାଓ୍ୱାର ଶିଳ୍ପୀର ପ୍ରତିଭାକୁ ଅଧିକ ମହତ୍ତ୍ୱ ଦିଅନ୍ତି। କଳାକାର ନିଃସ୍ୱାର୍ଥପର ଭାବେ ବନ୍ଧନମୁକ୍ତ ହୋଇ କଳ୍ପନାରେ ନିଜର ଏକ ଜଗତ ସୃଷ୍ଟି କରନ୍ତି। ସେ ପ୍ରତ୍ୟୟର ମନନ କରନ୍ତି ଓ ତା'ଫଳରେ କେବଳ ବସ୍ତୁ ନିଚୟକୁ ନୁହେଁ, ସେଗୁଡିକର ପ୍ରତ୍ୟୟକୁ ମଧ୍ୟ ଜ୍ଞାନ ବଳରେ ଦେଖି ପାରନ୍ତି। ପ୍ରତ୍ୟୟର ସୌନ୍ଦର୍ଯ୍ୟାତ୍ମକ ମନନ ଜ୍ଞାନର ସର୍ବଶ୍ରେଷ୍ଠ ଲକ୍ଷଣ। କଳା ପ୍ରତ୍ୟୟର ଜ୍ଞାନ ପ୍ରଦାନ କରେ ଓ ଏହାକୁ ପ୍ରେକ୍ଷଣୀୟ ବା ସଞ୍ଚାରିତ କରିବାର କ୍ଷମତା ମଧ୍ୟ କଳାର ରହିଛି। ଏହି ପରିଦୃଶ୍ୟମାନ୍ ଜଗତ ଆମର ଇଚ୍ଛାଶକ୍ତି ଉପରେ ଆଧାରିତ। ତେଣୁ ଇଚ୍ଛାର ସମ୍ମୂର୍ତ୍ତନ ହିଁ ସୌନ୍ଦର୍ଯ୍ୟ। ବସ୍ତୁରେ ଇଚ୍ଛାର ପ୍ରସାରଣ ଓ ପ୍ରକ୍ଷେପଣ ଫଳରେ ତାହା ବୈଶିଷ୍ଟ୍ୟମଣ୍ଡିତ ହୋଇ ସୁନ୍ଦର ପ୍ରତୀତ ହୁଏ। ମନୁଷ୍ୟର ରୂପ ଓ ଅଭିବ୍ୟକ୍ତି ଶିଳ୍ପକଳାର ଓ ମନୁଷ୍ୟର କ୍ରିୟାସମୂହ କାବ୍ୟକଳାର ବିଷୟବସ୍ତୁ ରୂପେ ଗୃହୀତ ହୁଏ। ତାଙ୍କର ମହତ୍ତ୍ୱପୂର୍ଣ୍ଣ ଅଭିମତ ହେଲା, ବସ୍ତୁକୁ ପ୍ରତ୍ୟୟ ରୂପରେ ସନ୍ଦର୍ଶନ କରିବା। ଯେଉଁ ବସ୍ତୁ ଉପରେ ଇଚ୍ଛା ଯେତେ ନିବିଡ ଭାବେ ଅଭିବ୍ୟକ୍ତ ହୁଏ, ସେହି ବସ୍ତୁ ସେତେ ଅଧିକ ସୁନ୍ଦର ହୋଇଉଠେ। ଏହାଫଳରେ ବସ୍ତୁର ଅଭିବ୍ୟଞ୍ଜକତା ବୃଦ୍ଧି ପାଏ।

କଳା ଓ ସୌନ୍ଦର୍ଯ୍ୟର ଆସ୍ୱାଦନରେ ଭୋକ୍ତା ମୁକ୍ତି ଲାଭ କରେ। ସୌନ୍ଦର୍ଯ୍ୟ ମନର ହିତସାଧିନୀ-ମୁହୂର୍ତ୍ତକ ପାଇଁ ହେଲେ ମଧ୍ୟ ଏହା କାମନାର ବିକ୍ଷୁବ୍ଧତାକୁ ଊର୍ଦ୍ଧ୍ୱକୁ ଘେନିଯାଏ। କଳା ମାନବର ଅଶାନ୍ତ କାମନାକୁ କ୍ଷଣକ ପାଇଁ ପ୍ରଶମିତ କରେ। କଳା ମାନବଚେତନାର ସର୍ବୋତ୍ତମ କୃତି। ସଂସାର-ବିରାଗୀ ଦାର୍ଶନିକଙ୍କର କଳା ସମ୍ବନ୍ଧରେ ଏତାଦୃଶ ଅଭିମତ ବାସ୍ତବିକ ଆଶାର କଥା। ପୁନଶ୍ଚ ସେ ରହସ୍ୟମୟୀ ପ୍ରକୃତିକୁ ବୁଝିବା ପାଇଁ କଳାର ସହାୟତାକୁ ସ୍ୱୀକାର କରନ୍ତି। ସୌନ୍ଦର୍ଯ୍ୟର ଆନନ୍ଦ ନିଷ୍କାମ ଓ ସୌନ୍ଦର୍ଯ୍ୟାନୁଭୂତି ତାଦାତ୍ମ୍ୟର ଅନୁଭୂତି।[୪୬]

ହେଗେଲଙ୍କ ମତରେ, କଳା, ଧର୍ମ ଓ ଦର୍ଶନ ଆତ୍ମମୁକ୍ତିର କ୍ରମିକ ସୋପାନ।

ବାଦ, ପ୍ରତିବାଦ ଓ ସମ୍ବାଦ ବା ସମନ୍ୱୟ ଏକ ନିତ୍ୟ କ୍ରିୟା। ଏଥିରୁ ପ୍ରଥମଟି କଳାକୁ, ଦ୍ୱିତୀୟଟି ଧର୍ମକୁ ଓ ତୃତୀୟଟି ଦର୍ଶନକୁ ଜନ୍ମ ଦିଏ। କଳା, ଧର୍ମ ଓ ଦର୍ଶନର ଏହି ତ୍ରିପଦୀ ଗତି ହେତୁ ଆତ୍ମାର ବନ୍ଧନମୁକ୍ତ ଘଟେ। ବସ୍ତୁ ମାଧ୍ୟମରେ ସୁନ୍ଦରର ପ୍ରତ୍ୟୟର ଔଜ୍ଜ୍ୱଲ୍ୟ ପ୍ରକାଶ ପାଏ। ସୁନ୍ଦରର ଲୀଳାରେ ହେଗେଲୀୟ ବ୍ରହ୍ମ ବା ନିର୍ବିକଳ୍ପ (Absolute) ଲୀଳାବିଧୃତ କଳେବର ହୋଇ ଇନ୍ଦ୍ରିୟଗ୍ରାହ୍ୟ ହୁଅନ୍ତି। ଶିଳ୍ପରେ ଏହି ମହାଭାବର ପ୍ରକାଶ ଘଟେ ଓ ଏହାର ପ୍ରକାଶରେ ନ୍ୟୂନାଧିକ୍ୟ ହେତୁ ନୂତନ କଳାସୃଷ୍ଟିର ବିବର୍ତ୍ତନ ଯୁଗେ ଯୁଗେ ଚାଲିଛି। କଳାରେ ଇନ୍ଦ୍ରିୟଗ୍ରାହ୍ୟ ରୂପ ଆଧ୍ୟାତ୍ମିକ ହୋଇଉଠେ; ଅର୍ଥାତ୍, ଆତ୍ମକଳାରେ ଇନ୍ଦ୍ରିୟଗ୍ରାହ୍ୟ ରୂପରେ ଅବସ୍ଥାନ କରେ।[୪୭]

ହେଗେଲ କଳାକୁ ଆତ୍ମାର ଚିତ୍‌ବିଳାସ ବା ଚୈତନ୍ୟ ଧର୍ମ କହନ୍ତି। ପ୍ଲେଟୋଙ୍କ ପରି ସେ କଳାକୁ ଅନୁକରଣ କରିନାହାନ୍ତି। କଳାରେ ଯେଉଁ ପ୍ରାଣମୟତା ବିଦ୍ୟମାନ, ତାହା ଅନ୍ୟତ୍ର ଦୁର୍ଲ୍ଲଭ। କଳା-ସୃଷ୍ଟି କାଳରେ ମନ ପ୍ରୟୋଜନ-ରହିତ ରହିବା ସଙ୍ଗେ ବୈଶିଷ୍ଟ୍ୟସମ୍ପନ୍ନ ରହେ। ଏଥିପାଇଁ କଳା ସୃଷ୍ଟିକୁ ଏକ ନୂତନ ସର୍ଜନ କୁହାଯାଏ।

ହେଗେଲ ପ୍ରକୃତିକୁ ଆତ୍ମପ୍ରସାରହୀନ ଓ ସ୍ୱାତନ୍ତ୍ର୍ୟହୀନ କହନ୍ତି। ପ୍ରକୃତି ଜଡ ନ ହେଲେ ବି ଚିତ୍ତର ସସୀମ ପ୍ରକାଶ ମାତ୍ର। ପ୍ରକୃତି ସ୍ୱଷ୍ଟ ଓ ଜୀବନ୍ତ ନୁହେଁ। ଏଥିଲାଗି ପ୍ରାକୃତିକ-ସୌନ୍ଦର୍ଯ୍ୟ ହେଗେଲଙ୍କ ଦୃଷ୍ଟିରେ କଳା-ସୌନ୍ଦର୍ଯ୍ୟଠାରୁ ଅବର।[୪୮] ପୂର୍ଣ୍ଣତାପ୍ରାପ୍ତି ପାଇଁ କ୍ଷୁଦ୍ର ବସ୍ତୁ ଚିତ୍‌ବସ୍ତୁର ମିଳନ ଚାହେଁ ଓ ଏହି ପୂର୍ଣ୍ଣ ସ୍ୱରୂପ ଲାଭ ହିଁ ସୌନ୍ଦର୍ଯ୍ୟ। କାଣ୍ଟ ମଧ୍ୟ ଅନ୍ତର୍ବାହ୍ୟ ମିଳନର ପରିଣାମକୁ ସୌନ୍ଦର୍ଯ୍ୟ କହିଥିଲେ। ନିର୍ବିକଳ୍ପ ପରମସୁନ୍ଦରଙ୍କର ସମ୍ବେଦନୀୟ ପ୍ରକାଶନ ହିଁ ସୌନ୍ଦର୍ଯ୍ୟ।

ହେଗେଲଙ୍କ ମତରେ, ଇନ୍ଦ୍ରିୟଗ୍ରାହ୍ୟ ସମ୍ମୂର୍ତ୍ତନ ମାଧ୍ୟମରେ ସତ୍ୟର ପ୍ରକାଶ କରିବା କଳାର ଧର୍ମ। ଏହି ଆତ୍ମ-ଅଭିବ୍ୟକ୍ତିରେ କଳାର ଚରମ ଲକ୍ଷ୍ୟ ନିହିତ। ଶିକ୍ଷାଦାନ, ବିଶୁଦ୍ଧୀକରଣ, ଉନ୍ନତି, ଅର୍ଥଲାଭ, ଯଶଃପ୍ରାପ୍ତି ପ୍ରଭୃତି ସହିତ କଳାର ସମ୍ବନ୍ଧ ନାହିଁ କି ଏଗୁଡିକ କଳାର ମୂଳ ଧାରଣାର ନିର୍ଣ୍ଣୟ ଦେଇ ନ ପାରନ୍ତି।[୪୯]

ହେଗେଲ ଲଳିତକଳାର ନାନା ଶ୍ରେଣୀ ବିଭାଗ କରିଛନ୍ତି ଓ କାବ୍ୟକଳାକୁ ସର୍ବୋଚ୍ଚ ସ୍ଥାନ ଦେଇଛନ୍ତି। ମହାଭାବର ପ୍ରକାଶ ଏଥିରେ ସୁନ୍ଦର ଭାବେ ଘଟୁଥିବାରୁ ତାଙ୍କର ଶିଳ୍ପ-ଦର୍ଶନରେ ଏହି କଳାର ମହତ୍ତ୍ୱ ଉଦ୍‌ଘୋଷିତ ହୋଇଛି।

ରସ୍କିନ କଳାର ଉଦ୍ଦେଶ୍ୟ ସ୍ୱରୂପ ବିଶୁଦ୍ଧୀକରଣ, ନୈତିକତା ତଥା ଧର୍ମଭାବର ପ୍ରଭାବକୁ ପ୍ରାଧାନ୍ୟ ଦେଇଛନ୍ତି। ବିଷୟବସ୍ତୁ ଓ ତାହାର ଶୁଚିତା ଉପରେ କଳାର ଗୌରବ ନିର୍ଭର କରେ।[୫୦] ବିଷୟର ଅବଲମ୍ବନରେ ମନରେ ଯେଉଁ ଆହ୍ଲାଦ ଜାତ

ହୁଏ ତା'ଫଳରେ ଆମେ ଈଶ୍ୱରଙ୍କର ଉପସ୍ଥିତି ଅନୁଭବ କରୁଁ। ଏଥିରୁ ପୂର୍ଣ୍ଣତା ଆସେ ଓ ଏହି ପୂର୍ଣ୍ଣତା ହିଁ ସୌନ୍ଦର୍ଯ୍ୟ। ତେଣୁ ସେ ସୌନ୍ଦର୍ଯ୍ୟକୁ ଈଶ୍ୱରଙ୍କର ବିଭୂତି କହିଛନ୍ତି।[(୪୧)]

ରସ୍କିନ ସୌନ୍ଦର୍ଯ୍ୟର ଦୁଇଟି ଶ୍ରେଣୀ ସ୍ୱୀକାର କରନ୍ତି-ବାହ୍ୟ ଓ ଆଭ୍ୟନ୍ତର ବା ମାନସ। ବ୍ୟକ୍ତି ବା ବସ୍ତୁର ବାହ୍ୟଗୁଣକୁ ବାହ୍ୟ ସୌନ୍ଦର୍ଯ୍ୟ ଓ ନ୍ୟାୟସଙ୍ଗତ ଜୀବନଯାପନ ସହିତ ଜାତ ହେଉଥିବା ସୁଖବୋଧକୁ ଆନ୍ତରିକ ସୌନ୍ଦର୍ଯ୍ୟ କହନ୍ତି। ବ୍ୟକ୍ତିଚିତ୍ତରେ ଇଷ୍ଟସିଦ୍ଧିଜନିତ ନୈତିକ ଆନନ୍ଦପ୍ରାପ୍ତି ସହିତ ଦୃଷ୍ଟ ବସ୍ତୁମାନେ ଆନନ୍ଦପ୍ରାପ୍ତିର ଆଲମ୍ବନ ହେଲେ, ସେହି ବସ୍ତୁକୁ ସୁନ୍ଦର କୁହାଯାଏ। ସୌନ୍ଦର୍ଯ୍ୟ ଆନ୍ତଃଧର୍ମ ତଥା ନୈତିକ ଧର୍ମର ସମ୍ମିଳନୀ ଦ୍ୱାରା ସୃଷ୍ଟି ହୁଏ। ରସ୍କିନ୍‌ଙ୍କ ମତରେ, ସାଂସାରିକ ସୌନ୍ଦର୍ଯ୍ୟର ଅନ୍ୱେଷଣ ପୂର୍ଣ୍ଣତାରେ କରାଯିବା ଉଚିତ। କାରଣ ପରମ ସୁନ୍ଦର ଈଶ୍ୱର ସ୍ୱୟଂ ପୂର୍ଣ୍ଣ। ସକଳ ସୌନ୍ଦର୍ଯ୍ୟ ତାଙ୍କରି ପ୍ରକାଶ। ଏହିପରି ସେ ଅଧ୍ୟାତ୍ମ-ସୌନ୍ଦର୍ଯ୍ୟର ଗୌରବ ଗାନ କରିଛନ୍ତି। ପ୍ରକାଶ ହିଁ ସୌନ୍ଦର୍ଯ୍ୟ। ଏହି ପ୍ରକାଶ ପବିତ୍ରତା ଓ ଆନ୍ତରିକ ଶୁଦ୍ଧତାର ଦ୍ୟୋତନା କରେ।

ନୀତ୍‌ଶେ ଏହି ଜଗତର ଅସ୍ତିତ୍ୱ ସୌନ୍ଦର୍ଯ୍ୟ-ବିଷୟକ ଆଭାସ ରୂପରେ ନିର୍ଦ୍ଧାରିତ ହୋଇପାରେ ବୋଲି କହିଛନ୍ତି। କଳାର ଶ୍ରେଣୀବିଭାଗ ଦୁଇ ଗ୍ରୀସୀୟ ଦେବତାଙ୍କ ନାମରେ କରି ସେ ପ୍ରଥମଟିକୁ ଆପଲୋନୀୟ କଳା ଓ ଦ୍ୱିତୀୟଟିକୁ ଡାଇନୋସୀୟ କଳା କହିଛନ୍ତି। ଏହା ଦୁଇଟି କଳା-ପ୍ରବୃତ୍ତି। ଆପଲୋନୀୟ କଳାକାର ସ୍ୱପ୍ନବିଳାସୀ, ଆତ୍ମସଚେତନ; ମାତ୍ର ପରିଣତିରେ ଏପରି କଳା ଧ୍ୱଂସକାରୀ। ଡାଇନୋସୀୟ କଳା ଆଦିମ ଓ ମଦିରାସିକ୍ତ ପ୍ରବୃତ୍ତି ବିଶିଷ୍ଟ; ହେଲେ ହେଁ ପରିଣତିରେ ସ୍ୱାସ୍ଥ୍ୟ ପ୍ରଦାନ କରେ। ଏହି ପ୍ରବୃତ୍ତି ବିଶିଷ୍ଟ କଳାକାର ପ୍ରେମ ଘୃଣା, ଯନ୍ତ୍ରଣା ପ୍ରଭୃତିର ଅଭିବ୍ୟକ୍ତି ଦିଅନ୍ତି।[(୪୨)] ପ୍ରଥମ ଶ୍ରେଣୀର କଳାକାର ବାସ୍ତବିକ ଅନୁଭବଠାରୁ ଦୂରରେ ଥା'ନ୍ତି ଓ ଦ୍ୱିତୀୟ ଶ୍ରେଣୀର କଳାକାର ଜୀବନର ବାସ୍ତବିକ ଅନୁଭବକୁ ଅଭିବ୍ୟକ୍ତି ଦାନ କରନ୍ତି। ଶେଷୋକ୍ତ ଶ୍ରେଣୀୟ କଳାରେ ପ୍ରକୃତିର ପ୍ରତ୍ୟକ୍ଷ ଅନୁକୃତି ରଚନା କରାଯାଏ।[(୪୩)]

ବୋସାଙ୍କେ ଇନ୍ଦ୍ରିୟ-ପ୍ରତ୍ୟକ୍ଷ ବା କଳ୍ପନା ନିମନ୍ତେ ଅଭିବ୍ୟଂଜିତ ବସ୍ତୁ-ଧର୍ମକୁ ସୌନ୍ଦର୍ଯ୍ୟ କହନ୍ତି। ଏଥିରେ ଚାରିତ୍ର୍ୟ ବା ବୈଶିଷ୍ଟ୍ୟମୂଳକ ବ୍ୟଞ୍ଜନା ବିଦ୍ୟମାନ ଥାଏ ଓ ଏହାର ପ୍ରକାଶ ପାଇଁ ମାଧ୍ୟମ ଆବଶ୍ୟକ। ପ୍ରକାଶିତ ସୌନ୍ଦର୍ଯ୍ୟରେ ସାଧାରଣ ବା ଅମୂର୍ତ୍ତ ଅଭିବ୍ୟଞ୍ଜନା ରହେ।

କଳ୍ପନା-ଦୃଷ୍ଟିରେ ବସ୍ତୁର ଯେଉଁ ଆଭାସ ତାହା ସୁଖାତ୍ମକ ଅନୁଭୂତି ଆଣି ଦିଏ ଓ ଏହା ହିଁ ସୌନ୍ଦର୍ଯ୍ୟାନୁଭୂତି। ପ୍ରାକୃତିକ ବସ୍ତୁ ସୁନ୍ଦର ନୁହେଁ। ବସ୍ତୁ ବୈଶିଷ୍ଟ୍ୟ କୌଣସି ମାଧ୍ୟମରେ ଅଭିବ୍ୟକ୍ତ ହେବା ପରେ ସାର୍ବଜନୀନ ପ୍ରତୀତ ହୁଏ। କଳ୍ପନା ପ୍ରଭାବରେ

ଯେକୌଣସି ବର୍ଣ୍ଣ ବା ରେଖାରେ ସୌନ୍ଦର୍ଯ୍ୟ ଫୁଟିଉଠେ। ବୋସାଙ୍କେ ବସ୍ତୁ ଓ ଆତ୍ମିକ ବ୍ୟାପାର-ଉଭୟକୁ ମହତ୍ତ୍ୱ ଦେଇଛନ୍ତି। ସାମାନ୍ୟ ଜ୍ଞାନ ଦ୍ୱାରା ବସ୍ତୁର ସୌନ୍ଦର୍ଯ୍ୟାନୁଭୂତି ଅସମ୍ଭବ, ଏଣୁ ସହୃଦୟର କଳ୍ପନାରେ ବସ୍ତୁର ବିଶେଷ ରୂପ, ଗୁଣ ବା ଚାରିତ୍ର୍ୟର ଭାବନା ସମାବିଷ୍ଟ ହେଲେ ସୌନ୍ଦର୍ଯ୍ୟାନୁଭୂତି ଲାଭ ହୁଏ।[୫୪]

ଅତ୍ୟଧିକ ନୈତିକ ଆଗ୍ରହବଶତଃ ଟଲଷ୍ଟୟ ସୌନ୍ଦର୍ଯ୍ୟ ଓ ଆନନ୍ଦକୁ କଳାନୁଭୂତି କ୍ଷେତ୍ରରୁ ବିଦାୟ ଦେଇଛନ୍ତି। ଏପରି କଳାକୁ ସେ ଅନୈତିକ ଓ ଘୃଣ୍ୟ କହିଛନ୍ତି। ସେ କଳାର ତିନୋଟି ମହତ୍ତ୍ୱ ସ୍ୱୀକାର କରନ୍ତି-ସ୍ଫୂର୍ତ୍ତିମୟ ସହଜ ସଂକ୍ରମଣ, ଅଧିକାଧିକ ବ୍ୟକ୍ତିମାନଙ୍କ ମଧ୍ୟରେ ଭାବର ସଂକ୍ରମଣ; ଅର୍ଥାତ୍, ବ୍ୟାପକତା ଓ ସହାନୁଭୂତି ବା ପ୍ରେମ ବନ୍ଧନରେ ମାନବ ସମ୍ପ୍ରଦାୟକୁ ବାନ୍ଧି ପାରିବାର କ୍ଷମତା। ଧର୍ମ ଓ ନୈତିକ ଭାବ ଜାଗ୍ରତ କରୁଥିବା କଳା ହିଁ ପ୍ରକୃଷ୍ଟ କଳା ଓ ତାହା ହିଁ ସୁନ୍ଦର କୁହାଯିବା ଉଚିତ। ତାଙ୍କ ମତରେ କଳା ସୌନ୍ଦର୍ଯ୍ୟର ବା ଈଶ୍ୱରଙ୍କର ରହସ୍ୟମୟ ପ୍ରତ୍ୟୟର ପ୍ରକାଶ ମାତ୍ର ନୁହେଁ, ସଞ୍ଚିତ ଶକ୍ତିର ଆଧିକ୍ୟଜନିତ ଅଭିବ୍ୟକ୍ତିର କ୍ରୀଡ଼ା ନୁହେଁ କିମ୍ବା ବାହ୍ୟ-ସଙ୍କେତ ଦ୍ୱାରା ଭାବର ଅଭିବ୍ୟକ୍ତି ନୁହେଁ; ଏହା ସୁନ୍ଦର ବସ୍ତୁର ସୃଷ୍ଟି କରେ ନାହିଁ କି ଆନନ୍ଦ ମଧ୍ୟ ନୁହେଁ। ମଣିଷ ମଣିଷ ମଧ୍ୟରେ ଭାବର ସଂଯୋଗସୂତ୍ର ରୂପେ ଏହା ସେମାନଙ୍କୁ ମଙ୍ଗଳ-ମାର୍ଗରେ ଘେନିଚାଲେ। କଳାର ଉଦ୍ଦେଶ୍ୟ ଜନସମୁଦାୟ ମଧ୍ୟରେ ଭାବର ବନ୍ଧନ ପ୍ରତିଷ୍ଠା କରିବା ଓ ସେମାନଙ୍କୁ ନୀତିମୟ ମଙ୍ଗଳ-ପଥର ପଥିକ କରାଇବା।[୫୫]

ଟଲଷ୍ଟୟ ମଙ୍ଗଳ ଓ ସୌନ୍ଦର୍ଯ୍ୟକୁ ସମ୍ପୂର୍ଣ୍ଣ ପୃଥକ୍ ରୂପେ ଦେଖିଛନ୍ତି। ତାଙ୍କ ମତରେ, ଆମକୁ ଆନନ୍ଦ ଦେବା ବ୍ୟତୀତ ସୌନ୍ଦର୍ଯ୍ୟ ଆଉ କିଛି ନୁହେଁ। ସୌନ୍ଦର୍ଯ୍ୟର ଧାରଣା ଶିବର ବିପରୀତ। ଶିବ ସର୍ବଦା ଆବେଗ ଉପରେ ଜୟ ଘୋଷଣା କରେ; ମାତ୍ର ସୌନ୍ଦର୍ଯ୍ୟଠାରେ ଆତ୍ମ-ସମର୍ପଣ କରିବା, ଶିବତ୍ୱଠାରୁ ସେତେ ଅପସୃତ ହେବା।[୫୬]

ପ୍ଲେଟୋଙ୍କ ପରି ସେ ମଧ୍ୟ କାବ୍ୟାନୁଭୂତିକୁ ବ୍ୟକ୍ତିଗତ ଆବେଗର ଉଦ୍ଦୀପନାରେ ନିହିତ ବୋଲି ବିଚାର କରୁଥିଲେ। ଧର୍ମଭାବନା ଦ୍ୱାରା ଯେଉଁ କଳା ପାଠକକୁ ସଂକ୍ରମିତ କରେ, ସେ ସେହି କଳାକୁ ହିଁ ଉତ୍ତମ କହୁଥିଲେ। ତାଙ୍କ ସମୟର ବ୍ୟସନୀ ବୁର୍ଜୁୟା ଶ୍ରେଣୀର ଇନ୍ଦ୍ରିୟପରତନ୍ତ୍ରତାକୁ ପ୍ରଲୁବ୍ଧ କରୁଥିବା କଳାକୁ ସେ ନିନ୍ଦା କରିଛନ୍ତି ଓ ଏପରି କଳାକୁ ମୋହମୟୀ ବେଶ୍ୟା-ସୌନ୍ଦର୍ଯ୍ୟ ସହିତ ତୁଳନା କରିଛନ୍ତି। ପ୍ରକୃତ କଳା ସ୍ୱାମୀସୋହାଗିନୀ ପତ୍ନୀ ଭଳି ଅମଣ୍ଡନା; ମାତ୍ର ଛଳନା କଳା ରୂପାଜୀବା ଭଳି ଅଳଙ୍କାରମଣ୍ଡିତା।[୫୭]

ଟଲଷ୍ଟୟଙ୍କ ଦୃଢ଼ ମତ ହେଲା, କଳା ସଂକ୍ରମଣ ବା ପ୍ରେଷଣ-ଲେଖକର

ଅନୁଭୂତିର ସ୍ମୃତି ସଞ୍ଚୟନ। ଲେଖକ ନିଜର ଅନୁଭୂତିକୁ ଅନ୍ୟ ନିକଟକୁ ଗତି, ରେଖା, ରଙ୍ଗ, ଶବ୍ଦ ବା ଶବ୍ଦନିବନ୍ଧ ରୂପ ଜରିଆରେ ପ୍ରେଷଣ କରେ-ଏହା ହିଁ କଳାର କ୍ରିୟାବ୍ୟାପାର। ପ୍ରେଷିତ ଅନୁଭୂତିର ନୈତିକତା ବା ଅନୈତିକତା ଉପରେ କଳାର ମହତ୍ତ୍ୱ ନିର୍ଭର କରେ ବୋଲି ସେ ବାରମ୍ବାର ଉଲ୍ଲେଖ କରିଛନ୍ତି। ଅନୁଭୂତି ଧାର୍ମିକ ହେଲେ ସୃଷ୍ଟି ହେବ ନୈତିକ, ନଚେତ ଅନୈତିକ। ଶୁଭଙ୍କର କଳା ମାନବସମୁଦାୟକୁ ଏକତ୍ର କରେ, ଅସାଧୁ କଳା ବିଚ୍ଛିନ୍ନ କରେ। ତାଙ୍କର ଆଦର୍ଶ ପାଠକ ଜଣେ ଅବିକୃତ ରୁଚିର ସାଧାରଣ କୃଷାଣ।

ଜର୍ଜ ସାନ୍ତାୟାନାଙ୍କ ମତରେ, ସୁଖର ମୂର୍ତ୍ତରୂପ ହିଁ ସୌନ୍ଦର୍ଯ୍ୟ। ମୂର୍ତ୍ତ ରୂପରେ ନିଜ ମନର ଆନନ୍ଦକୁ ପ୍ରକ୍ଷେପ କରି ଆମେ ସୌନ୍ଦର୍ଯ୍ୟ ଉପଲବ୍ଧି କରୁ। ବାହ୍ୟବସ୍ତୁ ଉଦ୍ଦୀପନ ସ୍ୱରୂପ ଅନ୍ତର ଆନନ୍ଦକୁ ଜାଗ୍ରତ କରେ। ବ୍ୟକ୍ତି ନିଜ ଅନ୍ତରର ଆନନ୍ଦକୁ ବସ୍ତୁରେ ନ୍ୟସ୍ତ ବା ପ୍ରକ୍ଷେପ କରି ବସ୍ତୁକୁ ସୁନ୍ଦର କହେ। ତେଣୁ ବିଷୟ ଓ ବିଷୟୀର ସହଯୋଗରେ ସୌନ୍ଦର୍ଯ୍ୟର ସୃଷ୍ଟି। ବସ୍ତୁର ଗୁଣ ଭାବେ ଗ୍ରହଣ କଲେ ସୌନ୍ଦର୍ଯ୍ୟ ହେଉଛି ସୁଖ। ଆସ୍ୱାଦନ ବିନା ମୂଲ୍ୟ କିଛି ନୁହେଁ। ସାନ୍ତାୟାନା ସୌନ୍ଦର୍ଯ୍ୟକୁ ମୂଲ୍ୟ କହନ୍ତି।

ସାନ୍ତାୟାନା ଦୃଷ୍ଟି-ପ୍ରତ୍ୟକ୍ଷକୁ ସର୍ବୋତ୍ତମ କହନ୍ତି। ଆମେ ପ୍ରତ୍ୟକ୍ଷଣ ଜରିଆରେ ବସ୍ତୁ ସମ୍ବନ୍ଧରେ ଅତି ଶୀଘ୍ର ସଚେତ ହୋଇଉଠୁ। ରୂପ, ଯାହା ସୌନ୍ଦର୍ଯ୍ୟର ସମାର୍ଥକ, ତାହା ସାଧାରଣତଃ ଦୃଷ୍ଟିଗମ୍ୟ। ରୂପ ହେଉଛି ଦୃଷ୍ଟର ସମନ୍ୱୟ। ମାତ୍ର ରୂପ ପୂର୍ବରୁ କଳ୍ପନାରେ ଯାହା ଆବିର୍ଭାବ ହୁଏ, ତାହା ହେଲା ରଙ୍ଗ ଓ ଏହା ବିଶୁଦ୍ଧ ଇନ୍ଦ୍ରିୟଗ୍ରାହ୍ୟ। ବସ୍ତୁ-ପ୍ରତ୍ୟକ୍ଷରେ ଅନ୍ୟ ସବୁଠାରୁ ଏହାର ଭୂମିକା ଅଧିକ। ତେଣୁ ରଙ୍ଗ ସୌନ୍ଦର୍ଯ୍ୟର ଉପାଦାନ ହୋଇଥାଏ।

ରୂପର ଆବେଦନ ଅମନୋଯୋଗୀ ପ୍ରତି ନୁହେଁ। ସୁନ୍ଦର ଉପଯୋଗୀ ଉପରେ ନିର୍ଭର କରେ ନାହିଁ। ଏହା ବ୍ୟାବହାରିକ ସୁବିଧାକୁ ଉପେକ୍ଷା କରି କଳ୍ପନା ଦ୍ୱାରା ଗଠିତ ହୁଏ। ଆବେଗ ବା ଯନ୍ତ୍ରଣାର ଅଭିବ୍ୟକ୍ତି ମଧ୍ୟ ସୌନ୍ଦର୍ଯ୍ୟ ରଚନା କରିପାରେ।

ସୌନ୍ଦର୍ଯ୍ୟାନୁଭୂତି, ସାନ୍ତାୟାନାଙ୍କ ମତରେ, ଆନନ୍ଦର ବସ୍ତୁନିଷ୍ଠତା। ସୌନ୍ଦର୍ଯ୍ୟାନୁଭୂତି ପାଇଁ ଦ୍ରଷ୍ଟାକୁ ଅନାସକ୍ତ ରହିବାକୁ ପଡେ। କାରଣ ପ୍ରତ୍ୟେକ ପ୍ରକୃତି ଆନନ୍ଦ ଏକ ପ୍ରକାର ଅନାସକ୍ତି ବା ନିର୍ଲିପ୍ତତା।[୫୮]

ବେନେଡେଟୋ କ୍ରୋଚେ ଅଭିବ୍ୟଞ୍ଜନାବାଦର ପ୍ରଖ୍ୟାପକ। ତାଙ୍କ ମତରେ, କଳା ଏକ ଆଧ୍ୟାତ୍ମିକ ବ୍ୟାପାର। ଜଗତର ନାନା ରୂପ, ବ୍ୟାପାର ଆଦିର ପ୍ରଭାବ ବା ସଂସ୍କାର ମନ ଉପରେ ପଡେ। କଳ୍ପନା ତାହାକୁ ଉପାଦାନ ରୂପେ ଗ୍ରହଣ କରି ନିଜ

ଛାଞ୍ଚରେ ଢାଳେ। ପ୍ରାତିଭାନିକ ଜ୍ଞାନର ଛାଞ୍ଚରେ ଢଳା ହୋଇ ଅଭିବ୍ୟଞ୍ଜିତ ହେବା ହିଁ କଳ୍ପନା ଓ ଏହା ହିଁ ଅଭିବ୍ୟଞ୍ଜନା। ତେଣୁ କ୍ରୋଚେଙ୍କ ଅନୁସାରେ, କଳା ସମ୍ବନ୍ଧୀୟ ଜ୍ଞାନ ହିଁ ପ୍ରାତିଭାନିକ ଜ୍ଞାନ।[୫୯] ଏହି ପ୍ରାତିଭାନିକ ଜ୍ଞାନର ଅଭିବ୍ୟଞ୍ଜନା ଘଟିଥାଏ। ତେଣୁ ପ୍ରାତିଭାନିକ ଜ୍ଞାନ ହିଁ ଅଭିବ୍ୟଞ୍ଜନା। ଅଭିବ୍ୟଞ୍ଜନାରେ ସୌନ୍ଦର୍ଯ୍ୟ ନିହିତ। କ୍ରୋଚେ ଅଭିବ୍ୟଞ୍ଜନା ଓ ସୌନ୍ଦର୍ଯ୍ୟକୁ ଏକାର୍ଥରେ ଗ୍ରହଣ କରିଛନ୍ତି।[୬୦] ସୌନ୍ଦର୍ଯ୍ୟ ରୂପରେ ନିହିତ, ବସ୍ତୁରେ ସୌନ୍ଦର୍ଯ୍ୟ ନାହିଁ। ବସ୍ତୁ ପରିବର୍ତ୍ତନଶୀଳ; ମାତ୍ର ରୂପ ଶାଶ୍ୱତ। ରୂପ ସର୍ବଦା ଅଭିବ୍ୟଞ୍ଜକ, ତଥାପି ଅଭିବ୍ୟଞ୍ଜନା ସର୍ବଦା ଶୁଦ୍ଧରୂପ ହିଁ ହୋଇଥାଏ। କଳାତ୍ମକ କର୍ମ ଆବେଗକୁ ମନନ ବା ଧ୍ୟାନରେ ପରିବର୍ତ୍ତନ କରେ ଓ ତଦ୍ୱାରା ଏହାକୁ ସୌନ୍ଦର୍ଯ୍ୟର ବସ୍ତୁ ରୂପେ ନିର୍ମାଣ କରେ। ଅଭିବ୍ୟଞ୍ଜନା ଆନ୍ତରିକ ବ୍ୟାପାର। ଅନ୍ତରରେ ଅଭିବ୍ୟଞ୍ଜନା ନ ଘଟିଲେ ବାହାରେ ମଧ୍ୟ ଘଟିବ ନାହିଁ। ଏଣୁ ଅଭିବ୍ୟଞ୍ଜନାମୂଳତଃ ଏକ ଆନ୍ତରିକ ପ୍ରକ୍ରିୟା।

କ୍ରୋଚେନଙ୍କ ମତରେ, ସୌନ୍ଦର୍ଯ୍ୟ କୌଣସି ବସ୍ତୁଗତ ତଥ୍ୟ ନୁହେଁ। ଏହା ବସ୍ତୁରେ ନୁହେଁ, ବ୍ୟକ୍ତିର କ୍ରିୟା ବ୍ୟାପାରରେ ବା ଆତ୍ମଶକ୍ତିରେ ବିଦ୍ୟମାନ। ପୂର୍ଣ୍ଣ ଅଭିବ୍ୟକ୍ତି ପୂର୍ଣ୍ଣ ସୌନ୍ଦର୍ଯ୍ୟ ଓ ଅପୂର୍ଣ୍ଣ ଅଭିବ୍ୟକ୍ତି କୁରୂପ। ପ୍ରାକୃତିକ ବସ୍ତୁରୁ ସୌନ୍ଦର୍ଯ୍ୟ ଉପଭୋଗ କରିବାକୁ ହେଲେ ତାହାକୁ କଳାକାରର କଳ୍ପନା ଦୃଷ୍ଟିରେ ଦେଖିବା ଉଚିତ। ସୁନ୍ଦର ଦ୍ରଷ୍ଟାର ନେତ୍ରରେ ଓ ତାହା ଦ୍ରଷ୍ଟାର ମନୋବସ୍ଥା ଅନୁରୂପ ହୋଇଥାଏ। କଳ୍ପନା ଦୃଷ୍ଟିରେ ନ ଦେଖିଲେ ପ୍ରକୃତି ସୁନ୍ଦର ପ୍ରତୀତ ହେବ ନାହିଁ।

କ୍ରୋଚେ କଳାର ବାହ୍ୟ ରୂପକୁ ଯାନ୍ତ୍ରିକ-କୌଶଳ କହନ୍ତି। କାରଣ ପ୍ରକୃତ ଅଭିବ୍ୟଞ୍ଜନା କଳାକାରର ଅନ୍ତର୍ମାନସରେ ଘଟିଥାଏ। କବିର ଅନ୍ତର୍ଲୋକରେ ଯେଉଁ ସୌନ୍ଦର୍ଯ୍ୟ ଓ ଅଭିବ୍ୟଞ୍ଜନା ରୂପ ପରିଗ୍ରହ କରିଥାଏ, କାଳି କଲମରେ ତା'ର ପୂର୍ଣ୍ଣ ପ୍ରକାଶ ଘଟେ ନାହିଁ।[୬୧] ଆମେ ଭ୍ରମବଶତଃ କଳାର ବାହ୍ୟକାରଣକୁ କଳା ବୋଲି ଧରିନେଉ।

କଳାରେ ଅଭିବ୍ୟଞ୍ଜନାର ସୌନ୍ଦର୍ଯ୍ୟର ଅନ୍ୱେଷଣ ଓ ମନନ କରାଯାଇଥାଏ। କଳାରେ ଆମର ଅନ୍ୱେଷଣ ଓ ଉପଭୋଗ ପାଇଁ ଉପସ୍ଥାପିତ ସାମଗ୍ରୀ ହେଲା ଜୀବନ, ଗତି, ଆବେଗ, ଉତ୍ତାପ ତଥା କବିର ଅନୁଭୂତି। ଏଗୁଡିକ ଆମ ହୃଦୟକୁ ନଚାନ୍ତି, ଆମର ପ୍ରଶଂସା ଦୂର କରନ୍ତି। ସତ୍ୟ ଓ ମିଥ୍ୟା କଳା ମଧ୍ୟରେ ପ୍ରଭେଦ ନିରୂପଣ ପାଇଁ ଏଗୁଡିକ ସର୍ବଶ୍ରେଷ୍ଠ ମାନଦଣ୍ଡ ପ୍ରଦାନ କରନ୍ତି। ଆବେଗ ଓ ଅନୁଭୂତି ବହୁ ଦୋଷତ୍ରୁଟିକୁ ଢାଙ୍କି ଦିଏ। ଯେଉଁ କଳାରେ ଏହାର ଅଭାବ ଅନ୍ୟ କୌଣସି ଦ୍ୱାରା ତାହାର ସ୍ଥାନ ପୂରଣ କରାଯାଇପାରେ ନାହିଁ।[୬୨]

କ୍ରୋଚେ କଳାକୁ ଦିବ୍ୟଦର୍ଶନ ବା ପ୍ରତିଭାନ କହନ୍ତି। କଳାକାର ଏକ ଚିତ୍ର ବା ସ୍ୱପ୍ନ ରଚନା କରନ୍ତି। ସେ ଜଣେ ଆଳସ୍ୟପରାୟଣ ସ୍ୱପ୍ନଚାରୀ ନୁହନ୍ତି। ତାଙ୍କ ଚିତ୍ର ରଚନାରେ ଏକ ଆବୟବିକ ପୂର୍ଣ୍ଣତା ଦେଖିବାକୁ ମିଳେ। ଅନୁଭୂତି ପ୍ରତିଭାନକୁ ଐକ୍ୟ ଓ ସଂହତି ପ୍ରଦାନ କରେ। ପ୍ରତିଭାନ ଅନୁଭୂତିର ଚିତ୍ରଣ କରିଥାଏ।[୬୩]

ସଂକ୍ଷେପରେ, କ୍ରୋଚେ ପ୍ରତିଭାନ, ଅଭିବ୍ୟଞ୍ଜନା, ସୌନ୍ଦର୍ଯ୍ୟ ଓ ଶିଳ୍ପ ବା କଳାକୁ ଅଭିନ୍ନ ବୋଲି କହନ୍ତି।

ଥିଓଡର ଲିପ୍‌ସ ସହ ସମ୍ବେଦନ ବା ସମାନୁଭୂତି (Empathy) ସିଦ୍ଧାନ୍ତ ଉପସ୍ଥାପନ କରି କହନ୍ତି ଯେ, ଏହି କ୍ରିୟାରେ ଆମେ ନିଜର ବ୍ୟକ୍ତିଗତ ମନୋଭାବକୁ ବସ୍ତୁ ଉପରେ ଆରୋପ କରି ସୌନ୍ଦର୍ଯ୍ୟାନୁଭୂତି ଲାଭ କରୁଁ। ଯେଉଁ ବସ୍ତୁରେ ଆମେ ଯେତେ କ୍ରିୟାଶୀଳଭାବେ ମନୋନିବେଶ କରି ଆସ୍ୱାଦନ କରୁଁ, ତାହା ସେତେ ସୁନ୍ଦର ରୂପେ ଆସ୍ୱାଦିତ ହୁଏ। ସୌନ୍ଦର୍ଯ୍ୟାନୁଭୂତିର ଆନନ୍ଦ ବସ୍ତୁ ଉପରେ ଆରୋପିତ ଆମର କ୍ରିୟାବଳୀର ପରିଣାମ ସ୍ୱରୂପ ଲାଭ କରାଯାଏ। ନିଜକୁ ବସ୍ତୁରେ ସ୍ଥାପନ କରିବା ଫଳରେ ବସ୍ତୁ ଓ ଆମ ଭିତରେ ଥିବା ବିରୋଧ ଲୋପ ପାଇ ତାଦାତ୍ମ୍ୟ ସ୍ଥାପିତ ହୁଏ। ଏହା ହିଁ ସମାନୁଭୂତି ଲାଭ କରିବାର ପ୍ରକୃଷ୍ଟ ମୁହୂର୍ତ୍ତ। ମାତ୍ର ଏହା ବ୍ୟାବହାରିକ ଆତ୍ମାର କ୍ରିୟା ନୁହେଁ; ବସ୍ତୁର ଅଖଣ୍ଡ ଭାବନାରେ ବିଦ୍ୟମାନ ମନନଶୀଳ ଆତ୍ମାର କ୍ରିୟା। ଏହାଫଳରେ ଆତ୍ମ-ପ୍ରକ୍ଷେପଣ ଘଟି ନିଜ ମନକୁ ଅନ୍ୟ ମନ ସହିତ ମିଳାଇଦେଇ ଆମେ ନିଜକୁ ଭୁଲିଯାଉ ଓ ଆନନ୍ଦ ଅନୁଭବ କରୁଁ। ଏତେବେଳେ ଆମର ବାହାରେ ଓ ଭିତରେ ଏକଇ କ୍ରିୟା ଘଟୁଥିବା ଭଳି ପ୍ରତୀତ ହୁଏ। ସୁନ୍ଦର ବସ୍ତୁର ଇନ୍ଦ୍ରିୟଗ୍ରାହ୍ୟ ଆଭାସ ସୌନ୍ଦର୍ଯ୍ୟାନନ୍ଦର ବସ୍ତୁ ହେଲେ ହେଁ ତୃପ୍ତିର କାରଣ ବସ୍ତୁରେ ନ ଥାଏ; ତାହା ଆମ ଅନ୍ତରରେ ସଂଗୁପ୍ତ ଭାବରେ ଥାଏ। ଭ୍ରମବଶତଃ ଆମେ ତାହାକୁ ବସ୍ତୁରେ ଆରୋପ କରିଦେଉଁ। ସମାନୁଭୂତି ଦ୍ୱାରା ଆମେ କେବଳ ଆନନ୍ଦିତ ହେଉନାହିଁ, ପ୍ରଭାବିତ ମଧ୍ୟ ହେଉଁ। ମନୋଭାବ ଅନୁରୂପ ବସ୍ତୁ କେତେବେଳେ ଚିତ୍ତ-ଉଲ୍ଲାସକ, କେତେବେଳେ ଉଦାସ ପ୍ରତୀତ ହୁଏ। ଏହିପରି ସମାନୁଭୂତି ହିଁ ସୌନ୍ଦର୍ଯ୍ୟ ଓ ତହିଁରୁ ମିଳୁଥିବା ଆନନ୍ଦ ସୌନ୍ଦର୍ଯ୍ୟର ଆନନ୍ଦ। ସେ ସ୍ୱାନୁଭୂତିକୁ ସୌନ୍ଦର୍ଯ୍ୟ ତୃପ୍ତିର ଭିତ୍ତିଭୂମି କହନ୍ତି।[୬୪]

ବୁଲୋଙ୍କର ତଟସ୍ଥ ଭାବନା ସିଦ୍ଧାନ୍ତ (Pshysic Distance) ଅନୁସାରେ କଳା-ସୌନ୍ଦର୍ଯ୍ୟର ଆସ୍ୱାଦନ କାଳରେ ଆମେ ତଟସ୍ଥ ଭାବରେ ରହିଲେ ପ୍ରକୃତ କଳାର ଆନନ୍ଦ ପାଇପାରୁଁ। ଏହାକୁ ଚେତନାର ନୈର୍ବ୍ୟକ୍ତିକ ଅବସ୍ଥା କୁହାଯାଇପାରେ। ମାନସିକ ଦୂରତା ଏକ ପ୍ରକାର ମାନସିକ ପ୍ରକ୍ରିୟା। କଳାବସ୍ତୁର ମନନ ଓ ରସାସ୍ୱାଦନ

କାଳରେ ଏହି ଦୂରତା ରକ୍ଷା କରିବା ନିତାନ୍ତ ଆବଶ୍ୟକ । ଆମର ବ୍ୟକ୍ତିଗତ ବ୍ୟାବହାରିକ ଆତ୍ମାର କାର୍ଯ୍ୟକାରିତା ଓ ଆମର ବ୍ୟକ୍ତିଗତ ଲକ୍ଷ୍ୟ ତଥା ପ୍ରୟୋଜନଠାରୁ କଳାକୃତିକୁ ଦୂରରେ ଅବସ୍ଥାପିତ କରି ଅନୁଭବ କରିବା କଥା । ବୁଲୋ 'ନୈର୍ବ୍ୟକ୍ତିକତା' ଭଳି ଶବ୍ଦ ବ୍ୟବହାର କରିବାକୁ ଚାହାଁନ୍ତି ନାହିଁ । ଏହା ଅତିମାତ୍ରାରେ ଶୀତଳତା ସୂଚକ । ଏହା ସମ୍ବେଗର ଅଭାବ ଓ ବୌଦ୍ଧିକ ସାବଧାନତାକୁ ବୁଝାଏ । ମାତ୍ରା ଅନୁସାରେ ଦୂରତା ବା ତଟସ୍ଥତା ବସ୍ତୁର ସ୍ୱଭାବ ଅନୁସାରେ କମ୍ ବେଶି ହୁଏ । ବ୍ୟକ୍ତିର ବସ୍ତୁ ଓ କଳାଦର୍ଶନ କାଳରେ ବ୍ୟକ୍ତିଗତ ଦୂରତା ରକ୍ଷା କରିବା କ୍ଷମତାର ମାତ୍ରା ଉପରେ ମଧ୍ୟ ନିର୍ଭର କରେ ।[୬୫] ବୁଲୋ ଦୂରତାର ବିଲୋପ ନ କରି ଏହାର ଯଥାସମ୍ଭବ ହ୍ରାସ କରିବାକୁ ଚାହାଁନ୍ତି । କଳାବସ୍ତୁର ଦର୍ଶନ କାଳରେ ଆନନ୍ଦ ପାଇବାକୁ ହେଲେ ତୁଚ୍ଛାତିତୁଚ୍ଛ ଘଟଣାରେ ଭଳିଯିବାକୁ ବା ବିଚାରରେ ବୁଡିଯିବାକୁ ସେ ପସନ୍ଦ କରନ୍ତି ନାହିଁ । ଦର୍ଶକଠାରେ କଳାକୃତିର ପ୍ରଭାବ ସୃଷ୍ଟି ପାଇଁ ପ୍ରତ୍ୟକ୍ଷଣସ୍ତରରେ କଳାର ରୂପନିଷ୍ଠ ଅବାସ୍ତବତା ସମ୍ବନ୍ଧନରେ ଏକ ପ୍ରକାର ସତର୍କତା ରହିବା ଉଚିତ । କଳାର ସୌନ୍ଦର୍ଯ୍ୟାତ୍ମକ ଗୁଣଗୁଡିକୁ ଉପଭୋଗ କରୁଥିବା ଦର୍ଶକ କଳାକୃତିଠାରୁ ଦୂରରେ ରହେ । ଏହାକୁ ବାସ୍ତବିକତା ସହିତ ଭ୍ରମ କରି ବସେ ନାହିଁ । ଦର୍ଶକ ଖଳନାୟକର କାର୍ଯ୍ୟରେ ଉତ୍‌କ୍ଷିପ୍ତ ହୋଇ ନାୟିକାର ଉଦ୍ଧାର ପାଇଁ ମଞ୍ଚ ଉପରକୁ ଧାଇଁଯାଏ ନାହିଁ । ଏପରି କଲେ ସେ ପ୍ରକୃତ ଦୂରତା ରକ୍ଷା କରିପାରନ୍ତି ନାହିଁ । ଦର୍ଶକ ଓ ସୃଷ୍ଟି ମଧ୍ୟରେ ଏହି ପ୍ରୟୋଜନୀୟ ବିଚ୍ଛିନ୍ନତାକୁ ମାନସିକ ଦୂରତା କୁହାଯାଏ । ନବ୍ୟ-ସମାଲୋଚକମାନେ ଏହାକୁ ସୌନ୍ଦର୍ଯ୍ୟାତ୍ମକ ଦୂରତା କହନ୍ତି ।[୬୬] ବିଷୟାସକ୍ତ ମନ ସୌନ୍ଦର୍ଯ୍ୟ ସୃଷ୍ଟି କରିପାରେ ନାହିଁ କି ଉପଭୋଗ ମଧ୍ୟ କରିପାରେ ନାହିଁ । କଳାକୃତି ଓ ସହୃଦୟ ମଧ୍ୟରେ ଏକପ୍ରକାର ଦୂରତା ରହିବା ଆବଶ୍ୟକ । ଅନାସକ୍ତ ଭାବରେ ଭାବନା ନ କଲେ ସୌନ୍ଦର୍ଯ୍ୟ ସୃଷ୍ଟି ଓ ସୌନ୍ଦର୍ଯ୍ୟର ମନନ କରାଯାଇ ନ ପାରେ । ଆନନ୍ଦାନୁଭୂତି ପାଇଁ ଆଂଶିକ ବିଷୟାନ୍ତରମନା ହୋଇ ରସୋପଲବ୍ଧି କରିବା ଉଚିତ ।

ଫ୍ରୟେଡ ଯୌନ-ଚେତନାକୁ ସୌନ୍ଦର୍ଯ୍ୟ କାହିଁକି ପ୍ରତ୍ୟେକ କ୍ରିୟାର ଉତ୍ତେଜକ କହନ୍ତି । ଶୈଶବରୁ ମାନସିକ ବିକାଶର ପ୍ରତ୍ୟେକ ସ୍ତରରେ ଯୌନ-ବ୍ୟାପାର କାର୍ଯ୍ୟ କରିଥାଏ । ଏହି ଚେତନା ସୌନ୍ଦର୍ଯ୍ୟ ସୃଷ୍ଟି କରେ । କଳାକାରର କାମବୃତ୍ତିର ଉନ୍ନୟନ **(Sublimated)** ରୂପ ତା'ର କଳାସୃଷ୍ଟିରେ ପରିଦୃଷ୍ଟ ହୁଏ । କଳା ସୃଷ୍ଟି କଳାକାରର ଅତୃପ୍ତ କାମବାସନାର ମାନସିକ ପରିତୃପ୍ତି । କବି ଏକ ଦିବା ସ୍ୱପ୍ନ ଦେଖୁଥିବା ବ୍ୟକ୍ତି ଭଳି ଓ ତାଙ୍କର କାବ୍ୟ ଏକ ଦିବା ସ୍ୱପ୍ନ । କାଳ୍ପନିକ-ସୃଜନରୁ ଲାଭ କରୁଥିବା ଆନନ୍ଦ ଆମ ମନର ଉତ୍ତେଜନାର ମୋକ୍ଷଣରୁ ବିନିର୍ଗତ ହୁଏ । ଯେଉଁ ବସ୍ତୁ କାମୋତ୍ତେଜନା

ପ୍ରଦାନ କରୁଥିବ ବା କାମବାସନାର ଉଦ୍ରେକ କରୁଥିବ ତାହା ଦ୍ରଷ୍ଟା ନେତ୍ରରେ ସୁନ୍ଦର। ସୌନ୍ଦର୍ଯ୍ୟ ତାଙ୍କ ଦୃଷ୍ଟିରେ ଏକ ଯୌନ ଆବେଦନ।[୬୭]

ମାର୍କସ୍ ସାମାଜିକ ଜୀବନକୁ ପ୍ରାଧାନ୍ୟ ଦେଇ ଏହା ଚେତନାକୁ ନିର୍ଦ୍ଧାରିତ କରେ ବୋଲି କହନ୍ତି। ମଣିଷର ଚେତନା ତାହାର ସାମାଜିକ ଅବସ୍ଥାକୁ ସ୍ଥିର କରେ ନାହିଁ, ବରଂ ତାହା ସାମାଜିକ ଅବସ୍ଥା ଚେତନାର ନିର୍ଦ୍ଧାରଣ କରେ। ସେହିପରି ଜୀବନ ମଧ୍ୟ ଚେତନା ଦ୍ୱାରା ନୁହେଁ, ଚେତନା ଜୀବନ ଦ୍ୱାରା ନିୟନ୍ତ୍ରିତ।[୬୮] ମନୁଷ୍ୟର ସାମାଜିକ ଜୀବନକଳାର ବିଷୟ-ବସ୍ତୁ। ତେଣୁ ମାର୍କସ୍‌ବାଦୀ ସୌନ୍ଦର୍ଯ୍ୟକୁ ସାମାଜିକ ବା ବସ୍ତୁଗତ କହନ୍ତି। ମନୁଷ୍ୟର ଆର୍ଥିକ ଜୀବନ ତାହାର ସୌନ୍ଦର୍ଯ୍ୟବୋଧକୁ କେବଳ ପ୍ରଭାବିତ କରେ ନାହିଁ; ବରଂ ସୌନ୍ଦର୍ଯ୍ୟ ଆର୍ଥିକ ଜୀବନର ପ୍ରତିବିମ୍ବ। କଳା ବା ସୌନ୍ଦର୍ଯ୍ୟ ଶ୍ରମ-ପ୍ରସୂତ ଓ ଏକ ସାମାଜିକ-ଉତ୍ପାଦନ। ମାର୍କସ୍ ଓ ଏଙ୍ଗେଲ୍‌ସଙ୍କ କଳା ସମ୍ପର୍କୀୟ ଧାରଣାକୁ ସେମାନଙ୍କର ଭାବଶିଷ୍ୟ କାଡୱେଲ ବିସ୍ତାର ଦାନ କରିଛନ୍ତି। ତାଙ୍କ ମତରେ, ସୌନ୍ଦର୍ଯ୍ୟ ଏକ ସାମାଜିକ ଉତ୍ପାଦନ ଓ ବସ୍ତୁନିଷ୍ଠ। ଗରମ ଓ ଥଣ୍ଡା ବାତାବରଣ ଉପରେ ନିର୍ଭର କଳାପରି ସୌନ୍ଦର୍ଯ୍ୟ ସମାଜରେ ଅବସ୍ଥାନ କରେ। ଗରମ ପଦାର୍ଥଠାରୁ ଅପସରି ଗଲେ ଯେପରି ଗରମ ଲାଗେ ନାହିଁ, ସୁନ୍ଦର ପଦାର୍ଥଠାରୁ ଦୂରେଇ ଗଲେ ସେହିପରି ସୌନ୍ଦର୍ଯ୍ୟବୋଧ ଜାଗ୍ରତ ହୁଏ ନାହିଁ। ଏଣୁ ସୌନ୍ଦର୍ଯ୍ୟ ସମାଜରେ ଓ ବସ୍ତୁରେ ରହିଛି।[୬୯] ସୌନ୍ଦର୍ଯ୍ୟ ଏକ ସାମାଜିକ ଉତ୍ପାଦିତ ମୂଲ୍ୟ। ଆମର ଦୃଷ୍ଟି ବସ୍ତୁକୁ ସୌନ୍ଦର୍ଯ୍ୟ ଦାନ କରି ନ ଥାଏ; ସୁନ୍ଦର ବସ୍ତୁର ସ୍ୱତନ୍ତ୍ର ଅସ୍ତିତ୍ୱ ବିଦ୍ୟମାନ। କାଡୱେଲ ଚେତନାକୁ ବ୍ୟକ୍ତି ଓ ବାତାବରଣ ଭିତରେ କ୍ରିୟା-ପ୍ରତିକ୍ରିୟାର ପରିଣାମ କହନ୍ତି। ସାମାଜିକ ପ୍ରକ୍ରିୟା ହେତୁ ଚେତନା ଓ ସୌନ୍ଦର୍ଯ୍ୟ ଜନ୍ମଲାଭ କରେ। ବ୍ୟକ୍ତି ଓ ସମାଜ ପରସ୍ପର ସମ୍ବନ୍ଧିତ-ସେହିପରି ସୌନ୍ଦର୍ଯ୍ୟ ମଧ୍ୟ ସମାଜ ବ୍ୟବସ୍ଥାରେ ବ୍ୟକ୍ତି ସହିତ ସମ୍ବନ୍ଧାନ୍ୱିତ। ବ୍ୟକ୍ତିର ସୌନ୍ଦର୍ଯ୍ୟ-ଦୃଷ୍ଟିକୁ ସମାଜ ନିୟନ୍ତ୍ରିତ କରେ। କାଡୱେଲ ଶ୍ରମକୁ ସୁନ୍ଦର ଓ ଶ୍ରମ-ଉତ୍ପାଦନକୁ ମଧ୍ୟ ସୁନ୍ଦର କହନ୍ତି।[୭୦]

ଋଷୀୟ କଳା ସମୀକ୍ଷକ ବେଲିନ୍‌ସ୍କି ସୌନ୍ଦର୍ଯ୍ୟକୁ ସମାଜ ଜୀବନର ବାସ୍ତବ ପ୍ରତିବିମ୍ବ କହନ୍ତି । ଏଥିରେ ସମଗ୍ର ମାନବଜାତିର ରୁଚି ପ୍ରତିଫଳିତ ହୁଏ । ଚର୍ଣିଶେଭସ୍କି ଭୌତିକବାଦୀ ସିଦ୍ଧାନ୍ତକୁ ଆହୁରି ଗଭୀର ଭାବରେ ବ୍ୟାଖ୍ୟା କଲେ । ସେ କଳାର ବସ୍ତୁନିଷ୍ଠତାକୁ ପ୍ରାଧାନ୍ୟ ଦେଇ କହନ୍ତି ଯେ, ବାସ୍ତବ ଜୀବନରେ କଳା ଅପେକ୍ଷା ଅଧିକ ଜୀବନ୍ତତା ଦେଖିବାକୁ ମିଳେ । ପ୍ରାକୃତିକ ସୌନ୍ଦର୍ଯ୍ୟ କଳାଗତ ସୌନ୍ଦର୍ଯ୍ୟଠାରୁ ଉଚ୍ଚକୋଟୀର । ସୌନ୍ଦର୍ଯ୍ୟ ହିଁ ଜୀବନ ଓ ତାହା ହେଉଛି ସାମାଜିକ ଜୀବନ । କଳ୍ପନାର ସୌନ୍ଦର୍ଯ୍ୟ ବାସ୍ତବ ସୌନ୍ଦର୍ଯ୍ୟଠାରୁ ନିଷ୍ପ୍ରଭ ଓ ଅପୂର୍ଣ୍ଣ । ବସ୍ତୁନିଷ୍ଠ ସୌନ୍ଦର୍ଯ୍ୟ ହିଁ ପ୍ରକୃତରେ ସୁନ୍ଦର ।

କ୍ଲାଇଭ ବେଲ କଳା ସୌନ୍ଦର୍ଯ୍ୟର ବ୍ୟଞ୍ଜକ ରୂପ ଉପରେ ଗୁରୁତ୍ୱ ଦେଇ କହନ୍ତି ଯେ, ବ୍ୟଞ୍ଜକ ରୂପ ବ୍ୟବସ୍ଥା ଓ ସମାବେଶ ବା ମିଳନକୁ ବୁଝାଏ । ଯାହା ଏକ ବିଶେଷ ଉପାୟରେ ଆମକୁ ଚଞ୍ଚଳ କରିଦିଏ । କଳା ଏକ ପ୍ରକାର ଅପୂର୍ବ ସମ୍ବେଗର ବ୍ୟକ୍ତିଗତ ଅନୁଭୂତିକୁ ଜାଗ୍ରତ କରେ ଓ ଏହା କେବଳ କଳାର ବ୍ୟଞ୍ଜକ ବା ଅର୍ଥବନ୍ତ ରୂପ ଯୋଗୁ ଘଟିଥାଏ । ଏହି ବ୍ୟଞ୍ଜକ ରୂପ ସକଳ କଳାର ସାଧାରଣ ଗୁଣ । ରେଖା, ରଙ୍ଗ, ଧ୍ୱନି ଇତ୍ୟାଦିର ଏକପ୍ରକାର ବିଶେଷ ମିଳନ ଦ୍ୱାରା ଅର୍ଥବନ୍ତ ରୂପ ସୃଷ୍ଟି ହୁଏ । ଏକ ଅସାଧାରଣ କଳାତ୍ମକ ସମ୍ବେଗକୁ ଜାତ କରୁଥିବା ରୂପ ହିଁ ଅର୍ଥବନ୍ତ ରୂପ । ଅସାଧାରଣ କଳାତ୍ମକ ସେହିଭଳି ଅର୍ଥବନ୍ତ ରୂପ ଦ୍ୱାରା ଉଦ୍‌ବୋଧିତ ହୋଇଥାଏ ।

ବେଲ କଳାରେ ପ୍ରତିରୂପିତ ହେଉଥିବା ଉପାଦାନର ଗୁଣାଗୁଣ ସମ୍ବନ୍ଧରେ ନିସ୍ପୃହ । ଏହା ହାନିକାରକ ହୋଇପାରେ, ନ ହୋଇ ମଧ୍ୟ ପାରେ । ମାତ୍ର କଳାର ଉପଭୋଗ ପାଇଁ ଏହା ଅବାନ୍ତର । କଳା ଆସ୍ୱାଦନ କାଳରେ ଜୀବନ ସମ୍ବନ୍ଧରେ ଆମେ କୌଣସି ଜ୍ଞାନ ଘେନିଯାଇ ନ ଥାଉଁ । ଆମେ କେବଳ ରୂପ ଓ ରଙ୍ଗର ବୋଧକୁ ସମ୍ବଳ କରି କଳା ଉପଭୋଗ କରିବାକୁ ଯାଇଥାଉଁ । ମହତ୍ କଳାର ଲକ୍ଷଣ ହେଲା ଏହାର ଆବେଦନ ସାର୍ବଭୌମ ଓ ଚିରନ୍ତନ ।

ପ୍ରକୃତି ସୌନ୍ଦର୍ଯ୍ୟ ଓ କଳା ସୌନ୍ଦର୍ଯ୍ୟର ପାର୍ଥକ୍ୟ ନିରୂପଣ କରି ବେଲ କହନ୍ତି ଯେ, ପ୍ରକୃତିର ସୌନ୍ଦର୍ଯ୍ୟ ଭୌତିକ ସୌନ୍ଦର୍ଯ୍ୟ, କଳା ସୌନ୍ଦର୍ଯ୍ୟ ଭଳି ଏହା ଆମକୁ ବିଚଳିତ ବା ଦ୍ରବିତ କରେନାହିଁ । ପ୍ରକୃତିରେ ସୁନ୍ଦର ରୂପ ଦେଖିବାକୁ ମିଳୁଥିଲେ ହେଁ ତହିଁରେ ବ୍ୟଞ୍ଜକ ରୂପ ନାହିଁ । ଏହା ଆମକୁ ବିଚଳିତ କଲେ ମଧ୍ୟ କଳାତ୍ମକ ବା ନାନ୍ଦନିକ ନୁହେଁ । କଳା ଭାବନାର ଜଗତ ମାନବୀୟ ଆବେଗ ଓ ବ୍ୟବହାରକୁ ଘେନି ନୁହେଁ । ଭୌତିକ ଜଗତର ଜଞ୍ଜାଳ ଓ କୋଳାହଳ କଳାଜଗତରେ ଅଶ୍ରୁତ । ଶ୍ରୁତ ହେଉଥିଲେ ତାହା ଚରମ ସଙ୍ଗତିର ପ୍ରତିଧ୍ୱନି ମାତ୍ର । ବେଲ କଳାବସ୍ତୁକୁ ଜାଗତିକ ପରିବେଶରୁ ଊର୍ଦ୍ଧ୍ୱରେ ରଖି ବିଚାର କରିଛନ୍ତି ।[୭୧]

ରୋଜର ଫ୍ରାଏ ରୂପକୁ କଳାର ସର୍ବସ୍ୱ ସ୍ୱୀକାର କରନ୍ତି । ଭାବ ପ୍ରକାଶ ପାଇଁ ରୂପର ମାଧ୍ୟମ ଅନସ୍ୱୀକାର୍ଯ୍ୟ । ସୌନ୍ଦର୍ଯ୍ୟ ଆସ୍ୱାଦନ କାଳରେ ରୂପ ହିଁ ଆମର ଧ୍ୟେୟ; ବସ୍ତୁ ନୁହେଁ । କଳା କାଳ୍ପନିକ ଜୀବନର ଅଭିବ୍ୟକ୍ତି ତଥା ଉଦ୍ରେକକାରୀ । କଳାର କୌଣସି ନୈତିକ ଦାୟିତ୍ୱ ନାହିଁ । ବାସ୍ତବ ସ୍ଥିତିର ବାଧ୍ୟବାଧକତାରୁ ମୁକ୍ତ ଜୀବନ ପ୍ରଦାନ କରିବା କଳାର କାର୍ଯ୍ୟ । ନୈତିକତା ସମ୍ବେଗରୁ ଜାତ ପ୍ରକ୍ରିୟାର ମାନଦଣ୍ଡରେ ସମ୍ବେଗର ବିଚାର କରେ; ମାତ୍ର କଳା ସମ୍ବେଗର ଆସ୍ୱାଦନ ସମ୍ବେଗ ମଧ୍ୟରେ ଓ

ସମ୍ବେଗ ନିମନ୍ତେ କରାଯାଇଥାଏ । ଜୀବନ ଉପରେ କଳାକୃତିର କ୍ରିୟା ଉପରେ ତାହାର ବିଚାର ନ କରି ଏହାକୁ ସମ୍ବେଗର ସାଧ ସ୍ୱରୂପ ସମ୍ବେଗର ଅଭିବ୍ୟକ୍ତି ରୂପେ ଗ୍ରହଣ କରିବା ଉଚିତ ।(୭୨)

କଳାକୃତିରେ ସମ୍ବେଗାତ୍ମକ ସ୍ଥିତିର ସକଳ ଲକ୍ଷ୍ୟ ଓ ଉଦ୍ଦେଶ୍ୟ ଦେଖିବାକୁ ମିଳେ । କଳା ପ୍ରତି ଆମର ପ୍ରତିକ୍ରିୟା କୌଣସି ସମ୍ବେଦନା, ବସ୍ତୁ, ବ୍ୟକ୍ତି ବା ଘଟଣା ପ୍ରତି ନୁହେଁ- ଏହା ସମ୍ପର୍କର ପ୍ରତିକ୍ରିୟା । ରୂପ ଆମ ଭିତରେ ସମ୍ବେଗାତ୍ମକ ଦଶା ସୃଷ୍ଟି କରେ ।(୭୩)

ଦୁକାସେ ସୌନ୍ଦର୍ଯ୍ୟକୁ ବସ୍ତୁର ଗୁଣ ରୂପେ ସ୍ୱୀକାର କରି ଭାବନ କରୁଥିବା ବ୍ୟକ୍ତିଠାରେ ଆନନ୍ଦଜାତ କରିବାରେ ତାହାର ସାର୍ଥକତା ବୋଲି କହନ୍ତି । ତାଙ୍କର ପ୍ରତିପାଦନ ହେଲା, ମନନାତ୍ମକ ଅନୁଭୂତି ସୌନ୍ଦର୍ଯ୍ୟାତ୍ମକ ହୋଇଥାଏ । ବସ୍ତୁକୁ ସୁନ୍ଦର କୁହାଯିବ, ଯେତେବେଳେ ବ୍ୟକ୍ତି ତାହାର ସୌନ୍ଦର୍ଯ୍ୟାତ୍ମକ ମନନରୁ ଆନନ୍ଦପ୍ରଦ ଅନୁଭୂତି ଲାଭ କରିବ । ସୌନ୍ଦର୍ଯ୍ୟମୂଳକ କଳା ଅନୁଭୂତିର ସଚେତନଲବ୍ଧ ମୂର୍ତ୍ତିଦାନ । ତେଣୁ ତହିଁରେ ମୂର୍ତ୍ତିମନ୍ତ ହୋଇଥିବା ଅନୁଭୂତି ଓ ତାହାର ମନନଲବ୍ଧ ଅନୁଭୂତି ଆନନ୍ଦାତ୍ମକ ହେବା ଉଚିତ । ଅନୁଭୂତିକୁ ସୌନ୍ଦର୍ଯ୍ୟାତ୍ମକ କୁହାଯିବ ସେତିକିବେଳେ, ଯେତେବେଳେ ଏହା ବ୍ୟାବହାରିକ କ୍ରିୟାବଳୀର ଉଦ୍ରେକକାରୀ, ସହଚର ବା ପରିଣତି ରୂପେ ଗୃହୀତ ନ ହୋଇ କେବଳ ଅନୁଭୂତି ରୂପରେ ଏହାର ଅନ୍ୱେଷଣ ଉପଭୋଗ ଓ ଆସ୍ୱାଦନ କରାଯିବ । ଏପରି କୌଣସି ଅନୁଭୂତି ନାହିଁ ଯାହା ସୌନ୍ଦର୍ଯ୍ୟାନୁଭୂତିର ପର୍ଯ୍ୟାୟକୁ ଉନ୍ନୀତ ହୋଇ ନ ପାରେ କିମ୍ବା କଳା ଯାହାକୁ ମୂର୍ତ୍ତିଦାନ କରିବାକୁ ପ୍ରଯତ୍ନ ନ କରେ ।(୭୪)

'କଳା ପାଇଁ କଳା'- ଏହି ମତବାଦୀମାନେ କଳାରେ ରୂପ ପ୍ରତି ଅଧିକ ସଚେତନ ଥିଲେ । କଳାରେ ରୂପର ମହତ୍ତ୍ୱକୁ ସ୍ୱୀକାର କରି ସେମାନେ ବସ୍ତୁକୁ ତୁଚ୍ଛ ମନେ କରୁଥିଲେ । ରୂପର ପୂର୍ଣ୍ଣତା, ସ୍ପଷ୍ଟତା ଓ ଇନ୍ଦ୍ରିୟଗ୍ରାହ୍ୟତା ସୌନ୍ଦର୍ଯ୍ୟର ବୃଦ୍ଧି କରିଥାଏ । ରୂପର ଇନ୍ଦ୍ରିୟଗ୍ରାହ୍ୟତା ସୌନ୍ଦର୍ଯ୍ୟକୁ ବୈଶିଷ୍ଟ୍ୟ ପ୍ରଦାନ କରେ । ପେଟର ରୂପ ଓ ବସ୍ତୁର ତାଦାତ୍ମ୍ୟକୁ ସୌନ୍ଦର୍ଯ୍ୟ ସୃଜନର ଅନିବାର୍ଯ୍ୟ ଲକ୍ଷଣ ସ୍ୱୀକାର କରନ୍ତି । ତାଙ୍କ ମତରେ, ପ୍ରତ୍ୟେକ ମହାନ୍ କଳା ତା'ର ଚରମ ବିକାଶ ମୁହୂର୍ତ୍ତରେ ଗୀତିଧର୍ମୀ ହୋଇଉଠେ । ଏତେବେଳେ ରୂପ ଓ ବସ୍ତୁକୁ ପରସ୍ପରଠାରୁ ବିଚ୍ଛିନ୍ନ କରିହୁଏ ନାହିଁ ।(୭୫)

ପେଟର ସୌନ୍ଦର୍ଯ୍ୟକୁ ଅଶରୀରୀ ସୂକ୍ଷ୍ମ ଅର୍ଥରେ ଗ୍ରହଣ କରୁ ନ ଥିଲେ । ଯାହା ସତ୍ୱର ଅନୁଭୂତିରେ ଆସେ, ରକ୍ତ ଚଳାଚଳ ପରି ଯାହାକୁ ଜାଣିହୁଏ, ତାହା ହିଁ

ସୌନ୍ଦର୍ଯ୍ୟ । ସେ ସୌନ୍ଦର୍ଯ୍ୟର ସଂଜ୍ଞା ନିରୂପଣ କରିବାକୁ ନାସ୍ତି କରୁଥିଲେ । ସୌନ୍ଦର୍ଯ୍ୟର ଯଥୋପଯୁକ୍ତ ମୂର୍ତ୍ତନ ବା ରୂପଦାନର ଅଭିବ୍ୟକ୍ତିକୁ ସେ ସୌନ୍ଦର୍ଯ୍ୟ କହୁଥିଲେ ।(୭୬)

ମାନବ ସମ୍ପ୍ରଦାୟ ମୃତ୍ୟୁର ଅଧୀନ । ତେଣୁ ବଞ୍ଚିଥିବା ଯାଏ ଜୀବନର ଉପଭୋଗ କରାଯିବା ଉଚିତ । କଳା ହିଁ ଜୀବନର ଅନୁଭୂତିକୁ ସୁବିକଶିତ କରିପାରେ । କାବ୍ୟ ଆବେଗ, ସୌନ୍ଦର୍ଯ୍ୟ-ଅଭିଳାଷ, କଳା ପାଇଁ କଳାପ୍ରେମ- ଏଇ ସମସ୍ତ ଜୀବନର ସାରକଥା । ଜୀବନର ଅପସୃୟମାନ ମୁହୂର୍ତ୍ତର ସର୍ବଶ୍ରେଷ୍ଠ ଗୁଣ ଭୁଞ୍ଜାଇବା ବ୍ୟତୀତ କଳାର ଅନ୍ୟ କୌଣସି ଉଦ୍ଦେଶ୍ୟ ନାହିଁ । କଳା ଯେଉଁ ପ୍ରଭାବ ପକାଏ ତାହାରି ଉପରେ କଳାର ବିଚାର ବା ମୂଲ୍ୟାଙ୍କନ କରାଯିବା ଉଚିତ । ଉପଭୋଗ କାଳରେ ଯାହା ମିଳୁଛି ତାହା ହିଁ ସର୍ବସ୍ୱ । ତା'ପରେ ପରିଣାମସ୍ୱରୂପ ଯେଉଁ ଫଳ ମିଳେ ତା' ସହିତ କଳା ଉପଭୋଗର କୌଣସି ସମ୍ବନ୍ଧ ନାହିଁ । ଅନୁଭୂତିର ଫଳ ନୁହେଁ, ଅନୁଭୂତି ନିଜେ ନିଜର ଲକ୍ଷ୍ୟ । ରୂପ, ରଙ୍ଗ, ବାକ୍ୟର ମନୋରମ ଗୁମ୍ଫନର ଅଭିବ୍ୟକ୍ତି ହିଁ ସୌନ୍ଦର୍ଯ୍ୟ ଓ ତାହା ଅନ୍ତର୍ଦୃଷ୍ଟି ଓ ଆତ୍ମାର ଇଚ୍ଛା ନିମନ୍ତେ ଅଭିପ୍ରେତ ।(୭୭)

କଳାବାଦୀମାନେ ଜୀବନକୁ ଏକ କଳା କହୁଥିଲେ । ଜୀବନରେ ସୌନ୍ଦର୍ଯ୍ୟର ଉପାସନା ସର୍ବଶ୍ରେଷ୍ଠ ସାଧନା । ଓସ୍କାର ୱାଇଲ୍ଡ କଳାରୁ ଜୀବନର ଶିକ୍ଷା ମିଳିଥାଏ ଓ ଜୀବନ କଳାର ଅନୁକରଣ କରେ ବୋଲି କହିଛନ୍ତି । ସେହିପରି ପ୍ରକୃତି ମଧ୍ୟ କଳାର ଅନୁକରଣ କରିଥାଏ ବୋଲି ତାଙ୍କର ବିଶ୍ୱାସ ।(୭୮)

ୱାଇଲଡ୍ କହନ୍ତି, କଳାକାର ସୁନ୍ଦର ବସ୍ତୁର ସ୍ରଷ୍ଟା । ସୁନ୍ଦର ବସ୍ତୁରେ ମୋହିତ ନ ହୋଇ ଯେଉଁମାନେ ଅସୁନ୍ଦର ଅର୍ଥ ଖୋଜନ୍ତି, ସେମାନେ ରୁଚିଭ୍ରଷ୍ଟ । ସୁନ୍ଦର ବସ୍ତୁରେ ସୁନ୍ଦର ଅର୍ଥ ଖୋଜିପାଉଥିବା ଲୋକ ମାର୍ଜିତ ରୁଚିସମ୍ପନ୍ନ ଓ ସେମାନେ ହିଁ କବି ଶିଳ୍ପୀଙ୍କର ଆଶାର ସ୍ଥଳ । ସୁନ୍ଦର ବସ୍ତୁକୁ କେବଳ ସୌନ୍ଦର୍ଯ୍ୟ ଅର୍ଥରେ ଗ୍ରହଣ କରୁଥିବା ବ୍ୟକ୍ତି ୱାଇଲଡ୍‌ଙ୍କ ମତରେ ଉପଯୁକ୍ତ ଗ୍ରାହକ ।(୭୯)

ୱାଇଲଡ୍ କଳାରେ କଳାର ପୂର୍ଣ୍ଣତା ହିଁ ଖୋଜିଛନ୍ତି । ତେଣୁ କଳାକୁ କୌଣସି ଉପଯୋଗ ବା ନୈତିକ ଉଦ୍ଦେଶ୍ୟରେ ବ୍ୟବହାର କରିବାକୁ ସେ ନାସ୍ତି କରିଛନ୍ତି । ସୁନ୍ଦର ଜିନିଷରେ ଆମର କୌଣସି ପ୍ରୟୋଜନ ନାହିଁ । ସକଳ କଳା ସମ୍ପୂର୍ଣ୍ଣ ଅଦରକାରୀ ।(୮୦)

କଳାକାରର କୌଣସି ନୀତିଗତ ସହାନୁଭୂତି ନ ଥାଏ । ନୀତିଗତ ସହାନୁଭୂତି କଳାକାରଠାରେ ଏକ ଅକ୍ଷମଣୀୟ ଶୈଳୀଗତ ଆସକ୍ତି ।(୮୧)

ଊନବିଂଶ ଶତାବ୍ଦୀର ଶେଷ ପାଦରେ ଏହି ନୀତିହୀନ ସୌନ୍ଦର୍ଯ୍ୟବାଦୀମାନଙ୍କର ଦୃଢ଼ବିଶ୍ୱାସ ଥିଲା ଯେ, କଳା ସହିତ ନୈତିକତାର କୌଣସି ସମ୍ପର୍କ ନାହିଁ । ସେମାନଙ୍କ

ପାଇଁ ସୌନ୍ଦର୍ଯ୍ୟ ଏକ ଧର୍ମ ଓ ଜୀବନ ଉପଭୋଗର ଏକ ମାର୍ଗ । ୱାଇଲଡ୍ ଜୀବନର ବିପରୀତରେ କଳାକୁ ସ୍ଥାପନ କରିଥିଲେ । ତାଙ୍କ ମତରେ, ଜୀବନର ଉଦ୍ଦେଶ୍ୟ ହେଉଛି କ୍ରିୟା ପାଇଁ ସମ୍ବେଗ; ମାତ୍ର କଳା ସମ୍ବେଗ ପାଇଁ ସମ୍ବେଗ ସୃଷ୍ଟି କରେ ।

ହ୍ୱିଷ୍ଲର ଓ ଗୋତିୟର କଳାବାଦୀମାନଙ୍କର ମୁଖପାତ୍ର । ହ୍ୱିଷ୍ଲରଙ୍କ ମତରେ, କଳାଦେବୀ ସ୍ୱାର୍ଥପର ଭାବେ ନିଜର ପୂର୍ଣ୍ଣତା ପାଇଁ ବ୍ୟସ୍ତ- ତାଙ୍କର ଶିକ୍ଷାଦାନ ପାଇଁ କାମନା ନାହିଁ । ସର୍ବାବସ୍ଥାରେ ଓ ସର୍ବକାଳରେ ସୌନ୍ଦର୍ଯ୍ୟର ଅନ୍ୱେଷଣ ଓ ପ୍ରାପ୍ତିରେ ତାଙ୍କର ଅଭିଳାଷ ।[୮୨]

ରୂପାରାଧନାକୁ ସୌନ୍ଦର୍ଯ୍ୟ ଉପାସକମାନେ ଯନ୍ତ୍ରଣାପ୍ରଦ ପ୍ରକ୍ରିୟା କହୁଥିଲେ । ସୌନ୍ଦର୍ଯ୍ୟ ଲକ୍ଷ୍ମୀଙ୍କ ପାଦତଳେ କବି କଳାକାରମାନେ ନିଜର ରକ୍ତକୁ ଅଞ୍ଜଳି ସ୍ୱରୂପ ଅର୍ପଣ କରି ରୂପ ରଚନାରେ ସିଦ୍ଧି ଅର୍ଜନ କରିଥାନ୍ତି । କଳା ସୃଷ୍ଟି ପାଇଁ ଏମାନେ କୌଣସି ପ୍ରେରଣାକୁ ମଧ୍ୟ ଅସ୍ୱୀକାର କରୁଥିଲେ । କଳା ସେମାନଙ୍କ ମତରେ ଏକ ସଚେତନ ପୀଡ଼ାପ୍ରଦ ସାଧନା । ଜୀବନଠାରୁ ସମ୍ପୂର୍ଣ୍ଣ ଦୂରେଇଯାଇ ମେଘମଳୟ-କୋକିଳର ରାଜ୍ୟରେ ବିଚରଣ କରି କୃତ୍ରିମ ଜୀବନ ଅତିବାହିତ କରିବା ପାଇଁ କଳାବାଦୀମାନେ ଆହ୍ୱାନ କରୁଥିଲେ । ୱାଇଲଡ୍ ନୈତିକତା ଭଳି ବାସ୍ତବତାକୁ ମଧ୍ୟ କଳାର ଶତ୍ରୁ ବୋଲି ଘୋଷଣା କରିଛନ୍ତି । ଜୀବନର ଯନ୍ତ୍ରଣା ଓ ଜଞ୍ଜାଳରୁ ମୁକ୍ତି ପାଇବାକୁ ହେଲେ ଏକ କୃତ୍ରିମ ମୁଖୋସ୍‌ପରିହିତ ଜୀବନ ବିତାଇବାକୁ ପଡ଼ିବ ।[୮୩]

ପ୍ରକୃତି ଓ କଳାରେ ସୌନ୍ଦର୍ଯ୍ୟ ଆଲୋଚନା କାଳରେ ଉଦାତ୍ତ ବା ମହାନ୍ ସୌନ୍ଦର୍ଯ୍ୟ ସମ୍ପର୍କରେ ଆଲୋଚନା କରାଯିବା ଉଚିତ୍ । କେତେକ ଆଲୋଚକ ସୌନ୍ଦର୍ଯ୍ୟ ଓ ଉଦାତ୍ତକୁ ଦୁଇଟି ଭିନ୍ନ ତତ୍ତ୍ୱ କହନ୍ତି । ମାତ୍ର ଏହା ମଧ୍ୟରେ ପରିମାଣଗତ ପ୍ରଭେଦ ଥିଲେ ହେଁ ଗୁଣଗତ ପ୍ରଭେଦ ନାହିଁ । ଏଠାରେ ପାଶ୍ଚାତ୍ୟର କେତେଜଣ ବିଶିଷ୍ଟ ସୌନ୍ଦର୍ଯ୍ୟଶାସ୍ତ୍ରୀଙ୍କର ଉଦାତ୍ତ ସମ୍ପର୍କୀୟ ଧାରଣାକୁ କ୍ରମାନ୍ୱୟରେ ଉପସ୍ଥାପନ କରାଯାଉଛି ।

ଲଞ୍ଜାଇନସ୍ ଶୈଳୀରେ ଉଦାତ୍ତ ନିର୍ଦ୍ଦେଶ କରି ଏହାକୁ ମହାନ୍ ଆତ୍ମାର ପ୍ରତିଧ୍ୱନି କହନ୍ତି । ଏହି ଶୈଳୀର ଲେଖକଙ୍କ ରଚନା ଆତ୍ମାର ଉନ୍ନତି ବିଧାନ କରେ । ସେ ଉଦାତ୍ତର ଅର୍ଥ ମନର ଉଚ୍ଚତା ବା ସମୁନ୍ନତି ଅର୍ଥରେ ଗ୍ରହଣ କରିଛନ୍ତି । ପାଠକ ଅନ୍ତରରେ ଝଟତି ଏକ ନବୀନ ଉଚ୍ଚ ଆବେଗମୟ ଅନୁଭୂତିବୋଧ ସୃଷ୍ଟି କରୁଥିବା ଗୁଣକୁ ଉଦାତ୍ତ କୁହାଯାଏ । ସକଳ ସାହିତ୍ୟିକ ମୂଲ୍ୟ ଏହା ଉପରେ ନିର୍ଭର କରେ । କୃତିରେ ଦୋଷତ୍ରୁଟି ଥିଲେ ବି ପ୍ରଭାବୋତ୍ପାଦକ ଉଦାତ୍ତତ୍ୱର ବର୍ତ୍ତମାନତାରେ ତାହା ଉପେକ୍ଷଣୀୟ ବିଚାର କରାଯାଏ । ଉଲ୍ଲାସ ଓ ସମୁନ୍ନତି ଭାବ ସୃଷ୍ଟି କରିବା ଉଦାତ୍ତର ଚରମ ଲକ୍ଷ୍ୟ ଓ ସାର୍ଥକତା ।

ଉଦାତ୍ତ ପ୍ରଭାବ ସୃଷ୍ଟି କରିବା ପାଇଁ ଲେଖକଠାରେ କେତୋଟି ଗୁଣ ଥିବା ଉଚିତ୍ । ପ୍ରଥମେ ସେ ମନୁଷ୍ୟ ହିସାବରେ ମହତ୍ ହୃଦୟର ଅଧିକାରୀ ହୋଇଥିବେ, ଅର୍ଥାତ୍ ତାଙ୍କର ଚିନ୍ତା ପ୍ରଭାବଶାଳିନୀ ହେବା ସଙ୍ଗେ ପ୍ରବଳ ସମ୍ବେଗ ଧାରଣ କରୁଥିବ । ଲେଖକ ହିସାବରେ ମଧ୍ୟ ତାଙ୍କର କେତୋଟି ବୈଶିଷ୍ଟ୍ୟ, ଯଥା-ଅଳଙ୍କାର ପ୍ରୟୋଗରେ ଦକ୍ଷତା, ଛନ୍ଦ ବିଧାନରେ ମହତ୍ତ୍ୱ ଓ ସମଗ୍ର ରଚନାର ସଂସ୍ଥାପନ କରିବାରେ ଦକ୍ଷତା ଥିବା ପ୍ରୟୋଜନ । ଏହା ଫଳରେ ପାଠକ ଗୌରବ ଓ ସମୁନ୍ନତି ଅନୁଭବ କରିବ । ପାଠକ ଉପରେ ଆବେଗମୟ ଉତ୍ତେଜନାର ପ୍ରଭାବ ପକାଇ ତାହାକୁ ବିଚଳିତ କରୁଥିଲେ ସୃଷ୍ଟି ନିଶ୍ଚୟ ମହାନ୍ ହେବ ।[୮୪]

ଉଦାତ୍ତ ଅନୁଭୂତିର ଲକ୍ଷଣ ନିର୍ଦ୍ଦେଶ କରି ଲଞ୍ଜାଇନ୍ସ କହନ୍ତି ଯେ, ଏତେବେଳେ ଆତ୍ମା ସ୍ୱାଭାବିକ ଭାବେ ଉଦାର ପକ୍ଷ ବିସ୍ତାର କରି ଯାହା ଶ୍ରବଣ କରିଛି, ସତେ ଯେପରି ତାହାକୁ ବହନ କରି ଗର୍ବ ଓ ଆନନ୍ଦରେ ପରିପୂର୍ଣ୍ଣ ହୋଇ ଊର୍ଦ୍ଧ୍ୱଲୋକରେ ବିଚରଣ କରେ ।[୮୫]

ପ୍ରକୃତି ଆମ ଆତ୍ମାରେ, ଆମ ତୁଳନାରେ ଯାହା କିଛି ଦିବ୍ୟ ଓ ବିରାଟ ତାହା ପାଇଁ ଏକ ଅତୃପ୍ତ ପ୍ରେମ ଭରିଦେଇଛି । ତେଣୁ ମନୁଷ୍ୟର ଚିନ୍ତା ଓ ଭାବନା ବିଶ୍ୱ ଅତିକ୍ରମ କରି କଳ୍ପନାରେ ସୀମା ବାହାରକୁ ମଧ୍ୟ ଚାଲିଯାଏ । ଆମେ କ୍ଷୁଦ୍ରଠାରୁ ମହତ୍ ଓ ବିରାଟର ପ୍ରଶଂସା ଅଧିକ କରିଥାଉଁ । ପରିଚିତ ଓ ପ୍ରୟୋଜନରେ ଲାଗୁଥିବା କ୍ଷୁଦ୍ର ଜଳଧାରାଠାରୁ ନୀଳନଦୀ, ଦାନ୍ୟୁବ୍ ବା ସମୁଦ୍ରର ପ୍ରଶଂସା କରିବା ଆମ ପକ୍ଷରେ ସ୍ୱାଭାବିକ । ସେହିପରି ଗୃହର କ୍ଷୁଦ୍ର ଅଗ୍ନିଶିଖାଠାରୁ ଦିବ୍ୟ ଅଗ୍ନିକୁ ଅଧିକ ସମ୍ଭ୍ରମ ଦୃଷ୍ଟିରେ ଦେଖୁଁ । ତେଣୁ ଆମେ ଯାହା କିଛି ପ୍ରୟୋଜନୀୟ ବା ଉପଯୋଗୀ ତାହାକୁ ଘରୋଇ ଓ ଅତି ସାଧାରଣ ବୋଲି ବିଚାର କରୁଁ । ମାତ୍ର ଯାହା ଅଦ୍ଭୁତ, ତାହା ବିସ୍ମୟଜନକ । ଉପରୋକ୍ତ ଉଦାହରଣରୁ ଜଣାଗଲା, ଲଞ୍ଜାଇନ୍ସ ଆକାର ଓ ଅପୂର୍ବତାକୁ ସୌନ୍ଦର୍ଯ୍ୟମୂଳକ ପ୍ରଭାବ ଉତ୍ପାଦନ ପାଇଁ ଅପରିହାର୍ଯ୍ୟ ସ୍ୱୀକାର କରିଛନ୍ତି । ସଂକ୍ଷେପରେ, ଉଦାତ୍ତ ଅନୁଭୂତି ମନ ଉପରେ ଅପ୍ରତିରୋଧ ପ୍ରଭାବ ପକାଏ । ଆତ୍ମାର ଉନ୍ନୟନ ଓ ଉତ୍ତୋଳନ ଘଟାଇ ତାହାକୁ ଊର୍ଦ୍ଧ୍ୱାକାଶରେ ବିଚରଣ କରାଏ । ସଂଭ୍ରମ ଓ ବିସ୍ମୟରେ ମନ ଭରିଯାଏ । ଏହା ଫଳରେ ବ୍ୟକ୍ତି ଚେତନା ସମ୍ପୂର୍ଣ୍ଣ ଅଭିଭୂତ ହୋଇପଡ଼େ । ତେଣୁ ଆତ୍ମାର ଉତ୍କର୍ଷ ସାଧନ କରୁଥିବା ପ୍ରବଳ ଅନୁଭୂତିକୁ ଉଦାତ୍ତ କୁହାଯାଏ ।

ଲଞ୍ଜାଇନ୍ସ ଉଦାତ୍ତ ଶୈଳୀର ପାଞ୍ଚୋଟି ଲକ୍ଷଣ ନିର୍ଦ୍ଦେଶ କରିଛନ୍ତି- (୧) ବିରାଟ ଧାରଣାର ଗ୍ରାହିକାଶକ୍ତି, (୨) ସ୍ଫୁର୍ତ୍ତିମୟ ଆବେଗର ଅଭିବ୍ୟକ୍ତି, (୩) ଯଥୋଚିତ ଅଳଙ୍କାର ପ୍ରୟୋଗ, (୪)ଉତ୍କୃଷ୍ଟ ଭାଷା ଓ (୫) ମହିମାମଣ୍ଡିତ ରଚନା ସୌଷ୍ଠବ ।

ଏହି ପାଞ୍ଚୋଟି ଲକ୍ଷଣରୁ ପ୍ରଥମ ଦୁଇଟି ଅନ୍ତରଙ୍ଗ ଓ ଶେଷ ତିନୋଟି ବହିରଙ୍ଗତତ୍ତ୍ୱ । ଉଦାତ୍ତ ଅନୁଭୂତିର ବିରୋଧୀ ତତ୍ତ୍ୱ ସ୍ୱରୂପ ସେ ଚାପଲ୍ୟ, ସଂଯମର ଅଭାବ, ବାଗାଡ଼ମ୍ବର, ଶବ୍ଦାଡ଼ମ୍ବର ଓ ଭାବାଡ଼ମ୍ବର ପ୍ରଭୃତି ଉଲ୍ଲେଖ କରିଛନ୍ତି ।

ଏଡ୍‌ମଣ୍ଡ ବର୍କଙ୍କର ଉଦାତ୍ତ ଧାରଣା ହେଲା- ପୀଡ଼ା ଓ ଭୟ ଜାତ କରୁଥିବା ବସ୍ତୁ ନିଜ ଆକାରର ବିଶାଳତା ଓ ଶକ୍ତିର ପ୍ରାବଲ୍ୟ ହେତୁ ଉଦାତ୍ତ ପ୍ରତୀତ ହୋଇଥାଏ । ଏହି ବସ୍ତୁମାନେ ଶକ୍ତିଶାଳୀ ସମ୍ବେଗର ଜନ୍ମଦାତା । ଏହାକୁ ଶକ୍ତିଶାଳୀ ସମ୍ବେଗ ଏଇଥିପାଇଁ କୁହାଯାଇଛି ଯେ, ଯନ୍ତ୍ରଣା ବା ପୀଡ଼ା ଆନନ୍ଦଠାରୁ ଅଧିକ ଶକ୍ତିଶାଳୀ । ଏଥିରେ ଅବସାଦ ଥିଲେ ହେଁ ପରିଣାମରେ ଏକ ପ୍ରକାର ତ୍ରାସମିଶ୍ରିତ ଆନନ୍ଦ ଜାତ ହୁଏ ।

ବର୍କଙ୍କ ମତାନୁସାରେ, ଭୟ ଓ ଯନ୍ତ୍ରଣା ପ୍ରବଳ ହୋଇଉଠିଲେ ତାହା ଆନନ୍ଦ ଦିଏ ନାହିଁ, କେବଳ ଭୟପ୍ରଦ ହୁଏ;ମାତ୍ର ନିର୍ଦ୍ଦିଷ୍ଟ ଦୂରତ୍ୱ ଓ ପରିବର୍ତ୍ତନ ସହ ତାହା ଆନନ୍ଦଦାୟକ ହୁଏ । କରୁଣା ସହିତ ମଧ୍ୟ ଆନନ୍ଦ ଜଡ଼ିତ, କାରଣ ଏହା ପ୍ରେମ ଓ ସାମାଜିକ ଅନୁରାଗରୁ ଉଦ୍‌ଭୂତ ।[୮୬]

ଉଦାତ୍ତ ଭାବନାର ଚରମ ଅବସ୍ଥାରେ ମନର ଗତି ଅବରୁଦ୍ଧ ହୋଇପଡ଼େ । ପ୍ରାକୃତିକ ବିଭାବ, ଯଥା- ପାହାଡ଼, ସମୁଦ୍ର, ମରୁଭୂମି, ବାତ୍ୟା ଇତ୍ୟାଦିର ଦର୍ଶନରେ ମନ ଆତଙ୍କିତ ହୋଇଉଠେ; ଚିନ୍ତାଶକ୍ତି ଲୋପ ପାଏ । ଆଶ୍ଚର୍ଯ୍ୟ ଚକିତ, ଭୟଭୀତ ଓ ଅସହାୟ ଭଳି ଦର୍ଶକ ନିଜକୁ ସଂକୁଚିତ ମନେକରେ । ବସ୍ତୁ ପ୍ରଭାବ ମନ ଉପରେ ଏତେ ପ୍ରବଳ ହୋଇଉଠେ ଯେ, ତାହା ଅନ୍ୟ କିଛି ଚିନ୍ତା କରିବାକୁ ସମର୍ଥ ହୁଏ ନାହିଁ । ଏତିକିବେଳେ ଉଦାତ୍ତର ଦୁର୍ନିବାର ଶକ୍ତି ପ୍ରକାଶ ପାଏ । ବର୍କ କହନ୍ତି, ଭୟ ଭଳି ଅନ୍ୟ କୌଣସି ଆବେଗ ମନକୁ ନିଷ୍କ୍ରିୟ ଓ ବିଚାର ରହିତ କରାଏ ନାହିଁ ।

ବର୍କ ଆଶ୍ଚର୍ଯ୍ୟକୁ ଉଦାତ୍ତ ଅନୁଭୂତିର ପ୍ରମୁଖ ଲକ୍ଷଣ କହିଛନ୍ତି । ପ୍ରଶଂସା, ଆଦର ଓ ସମ୍ମାନ ଏହାର ଗୌଣ ପ୍ରଭାବ । ତେଣୁ ଦୃଷ୍ଟି ନିମନ୍ତେ ଯାହା ଭୟାନକ, ତାହା ଉଦାତ୍ତ ।[୮୭] ସେହିପରି ବସ୍ତୁ ଅସ୍ପଷ୍ଟ ବା ଦୁର୍ବୋଧ ହେଲେ ଉଦାତ୍ତ ହୋଇଉଠେ । ଅସୀମ ଓ ଅନନ୍ତ ଭାବ ଦ୍ୱାରା ଆମେ ଅଧିକ ପ୍ରଭାବିତ ହେଉଁ । କାରଣ ଅସୀମ ଓ ଅନନ୍ତଭାବ ସମ୍ବନ୍ଧରେ ଆମର ଧାରଣା ଅପ୍ରତୁଳ ଓ ସୀମିତ । ବିରାଟ ବସ୍ତୁ ମନକୁ ପ୍ରଭାବିତ କରିବାକୁ ହେଲେ ଅସୀମ ହେବା ଦରକାର । ବସ୍ତୁ ଅଜ୍ଞେୟ ରହିଗଲେ ଉଦାତ୍ତ ହୋଇଉଠେ । ସ୍ୱଚ୍ଛଭାବ ତେଣୁ କ୍ଷୁଦ୍ରଭାବ । ବର୍ଣ୍ଣିତ ବସ୍ତୁର ଭୟଙ୍କର ଅନିର୍ଦ୍ଦିଷ୍ଟତା ବା ଅନିଶ୍ଚିତତା ଉଦାତ୍ତର କାରଣ । ଏକ ପରେ ଏକ ଭାବ ବିସ୍ଫୋଟର ଆବିର୍ଭାବରେ ଭୟଙ୍କରତା ସହିତ ଅନିର୍ଦ୍ଦିଷ୍ଟତା ଦର୍ଶକ ଓ ପାଠକର ଅବଧାରଣାର ଅତୀତ ହୋଇଉଠେ ଓ ବର୍ଣ୍ଣନୀୟ ଘଟଣା ବା ବସ୍ତୁକୁ ଉଦାତ୍ତ କରି ତୋଳେ ।

ଭୟ ବ୍ୟତୀତ ଶକ୍ତିର ଅଧିକାରୀ ମଧ୍ୟ ଉଦାତ୍ତର କାରଣ ହୋଇଥାଏ । ଏତଦ୍‌ବ୍ୟତୀତ ବର୍କ ଉଦାତ୍ତ ଭାବନାର ଉଦ୍‌ବୋଧନ ପାଇଁ ଶୂନ୍ୟତା, ଅନ୍ଧକାର, ବିଜନତା ଓ ନୀରବତା ପ୍ରଭୃତି ସକଳ ସ୍ୱାଚ୍ଛନ୍ଦ୍ୟର ଅଭାବଗୁଡ଼ିକୁ ଉଲ୍ଲେଖ କରିଛନ୍ତି । ଏପରି ପରିସ୍ଥିତି ଭୟଙ୍କର ହୋଇଥିବାରୁ ବିରାଟ ଓ ତେଣୁ ଉଦାତ୍ତ ଉପଲବ୍ଧି ନିମନ୍ତେ ଆଲମ୍ବନ ହୋଇଥାନ୍ତି ।

କ୍ଷେତ୍ରର ବିଶାଳତା ବା ବିସ୍ତୃତି ମଧ୍ୟ ଉଦାତ୍ତର ଏକ ବଳିଷ୍ଠ କାରଣ । ବିସ୍ତୃତିର ଲମ୍ବ, ଉଚ୍ଚତା ଓ ଗଭୀରତା ମଧ୍ୟରୁ ଲମ୍ବ କମ୍ ପ୍ରଭାବ ପକାଏ- ଶହେ ମାଇଲ ଲମ୍ବ ସମତଳ ଭୂମିଠାରୁ ଶହେ ଫୁଟ ଉଚ୍ଚ ସ୍ତମ୍ଭ ବା ପର୍ବତ ଅଧିକ ପ୍ରଭାବଶାଳୀ । ସେହିପରି ଉଚ୍ଚତାଠାରୁ ଗଭୀରତା ଆହୁରି ପ୍ରଭାବୋତ୍ପାଦକ । ପରିଧିର ସର୍ବଶେଷ ପ୍ରାନ୍ତ ଭଳି ସୂକ୍ଷ୍ମର ଚରମ ପ୍ରାନ୍ତ କେତେକାଂଶରେ ଉଦାତ୍ତ ଉଦ୍‌ବୋଧକ । ବସ୍ତୁର ସୂକ୍ଷ୍ମାତିସୂକ୍ଷ୍ମ ପ୍ରାନ୍ତ ଯେତେବେଳେ ଆମର ବୋଧଶକ୍ତିର ସୀମା ବାହାରକୁ ଚାଲିଯାଏ, ଯେତେବେଳେ ଆଉ ଅଧିକ ସୂକ୍ଷ୍ମ ସମ୍ବନ୍ଧରେ କଳ୍ପନା କରିହୁଏ ନାହିଁ, ସେତେବେଳେ ତାହା ଉଦାତ୍ତ ସ୍ତରକୁ ଉଠିଯାଏ । ସଂଯୋଗ ଭଳି ବିଯୋଗ ମଧ୍ୟ ଅସୀମ ।[୮୮]

ଅସୀମର ଲକ୍ଷଣ ହେଲା, ତାହା ମନରେ ଆନନ୍ଦାତ୍ମକ ତ୍ରାସ ଉପୁଜାଏ । ଏହାହିଁ ଉଦାତ୍ତର ପ୍ରକୃତ ପ୍ରଭାବ ଓ ସର୍ବୋତ୍ତମ ପ୍ରମାଣ । ଯାହା ସ୍ୱଭାବତଃ ଅସୀମ ତାହା ଇନ୍ଦ୍ରିୟ-ଗୋଚର ହୋଇ ନ ପାରେ ।

ବୈଭବ ମଧ୍ୟ ଉଦାତ୍ତର ଉତ୍ସ । ବସ୍ତୁ ବାହୁଲ୍ୟ ହେତୁ ଯାହା ବିଭୂଷିତ ହୋଇଥାଏ, ତାହା ବୈଭବ । ତାରକିତ ଆକାଶ ଆମ ଭିତରେ ମହାନ୍ ଭାବ ଉଦୟ କରେ । ଶେଷରେ ବର୍କ ଉଦାତ୍ତ ଭାବନାକୁ ଭୟ, ବିପତ୍ତି ଆଦିରୁ ଜନ୍ମଲାଭ କରୁଥିବା ଆତ୍ମ ସଂରକ୍ଷଣ ପ୍ରବୃତ୍ତିର ଅନ୍ତର୍ଗତ କରିଛନ୍ତି । ଉଦାତ୍ତ ସମ୍ବେଗ ଏକ ପୀଡ଼ାଜନକ ସମ୍ବେଗ ଓ କୌଣସି ନିରପେକ୍ଷ କାରଣରୁ ଆନନ୍ଦ ଏହାର ଅନ୍ତର୍ଗତ ନୁହେଁ ।

ଉଦାତ୍ତ ଓ ସୌନ୍ଦର୍ଯ୍ୟର ତୁଳନାତ୍ମକ ଆଲୋଚନା କରି ବର୍କ କହନ୍ତି ଯେ, ଏ ଦୁଇଟି ମଧ୍ୟରେ ଲକ୍ଷଣୀୟ ପାର୍ଥକ୍ୟ ରହିଛି । ଉଦାତ୍ତ ବସ୍ତୁ ଦୀର୍ଘାକାର; ସୁନ୍ଦର ତୁଳନାତ୍ମକ ରୂପେ କ୍ଷୁଦ୍ର । ସୁନ୍ଦର ଚିକ୍‌କଣ ଓ ମସୃଣ; ବିରାଟ କର୍କଶ ବା ଅମସୃଣ ଓ ଅନିର୍ଦ୍ଦିଷ୍ଟ; ସୁନ୍ଦର ଦୁର୍ବୋଧ ବା ଜଟିଳ ନୁହେଁ, ଉଦାତ୍ତ ତମସା ଓ ବିଷାଦମୁଖା; ସୁନ୍ଦର ଉଜ୍ଜ୍ୱଳ ଓ କୋମଳ, ବିଶାଳ ନିଶ୍ଚିତରୂପେ କଠିନ ଓ ଭାରଯୁକ୍ତ । ବର୍କ ସୁନ୍ଦର ଓ ଉଦାତ୍ତକୁ ଦୁଇ ଭିନ୍ନ ପ୍ରକୃତିର ଭାବ କହନ୍ତି । ଗୋଟିକର ମୂଳରେ ସୁଖ, ଅନ୍ୟଟି ଯନ୍ତ୍ରଣା ବା ପୀଡ଼ା ଉପରେ ପ୍ରତିଷ୍ଠିତ ।[୮୯]

ବର୍କଙ୍କ ପରି କାଣ୍ଟ ମଧ୍ୟ ଉଦାତ୍ତ ସମ୍ବନ୍ଧରେ ବିସ୍ତୃତ ଆଲୋଚନା କରିଛନ୍ତି ।

ସୁନ୍ଦର ଓ ଉଦାତ୍ତ ନିଜ ନିଜ ଦିଗରୁ ଆନନ୍ଦ ଦେଉଥିଲେ ହେଁ ସେ ଦୁଇଟି ମଧ୍ୟରେ ବିଶେଷ ମହତ୍ତ୍ୱପୂର୍ଣ୍ଣ ଓ ପ୍ରଭାବଶାଳୀ ପାର୍ଥକ୍ୟ ରହିଛି । ପ୍ରକୃତିରେ ଯେଉଁ ସୌନ୍ଦର୍ଯ୍ୟ ତାହା ବସ୍ତୁର ସ୍ୱରୂପରେ ନିହିତ ଓ ସସୀମ; ଅର୍ଥାତ୍, ଏହା ଆମର ପୁରତ ଦୃଷ୍ଟିସୀମା ଭିତରେ ପୂର୍ଣ୍ଣ ରୂପେ ଆସିପାରେ; ଅନ୍ୟ ପକ୍ଷରେ, ଉଦାତ୍ତ ସ୍ୱରୂପ ରହିତ ଓ ଅସୀମ । ତେଣୁ ସୁନ୍ଦର ବୁଦ୍ଧିର ଅନିଶ୍ଚିତ ସଂକଳ୍ପନାର ଉପସ୍ଥାପନ କଲାବେଳେ ଉଦାତ୍ତ ତର୍କବୁଦ୍ଧିର ଅନିଶ୍ଚିତ ଅବଧାରଣା ଉପସ୍ଥାପନ କରେ । ସୌନ୍ଦର୍ଯ୍ୟରେ ଆମର ଆନନ୍ଦ ଗୁଣ ସହିତ ଜଡ଼ିତ, ଉଦାତ୍ତରେ ପରିମାଣ ସହିତ । ଏ ଦୁଇ ଆନନ୍ଦର ପ୍ରକାର ପରସ୍ପରଠାରୁ ଭିନ୍ନ । ସୌନ୍ଦର୍ଯ୍ୟ ଜୀବନୋତ୍କର୍ଷ ବା ଜୀବନଧାରଣକ୍ଷମ କାର୍ଯ୍ୟଶକ୍ତିର ଅନୁଭୂତି ଦ୍ୱାରା ସିଧାସଳଖ ଉପଲବ୍ଧ ହୁଏ ଓ ତେଣୁ ଚମତ୍କାର ତଥା ସଲୀଳ କଳ୍ପନା ସହିତ ଯୁକ୍ତ ହୋଇପାରେ । ମାତ୍ର ଉଦାତ୍ତ ଅନୁଭୂତି ଏକ ପରୋକ୍ଷ ଆନନ୍ଦ; ଏହା ଆମ ଜୀବନୀଶକ୍ତିର ସାମୟିକ ରୋଧର ଅନୁଭୂତିରୁ ଘଟିଥାଏ । ଫଳତଃ ଏହା ଏପରି ଏକ ଭାବସମ୍ବେଗ, ଯାହା କଳ୍ପନାର ଲୀଳାରୂପେ ପ୍ରତୀତ ନ ହୋଇ ତାହାର ଗୁରୁତର ବ୍ୟାପାର ରୂପେ ପ୍ରତୀତ ହୁଏ । ତେଣୁ ଏହାକୁ ଚମତ୍କାର କୁହାଯିବ ନାହିଁ । ଏତେବେଳେ ମନ ଯେଣୁ ଆକର୍ଷିତ ହେଉ ନ ଥାଏ, ବରଂ ବିକର୍ଷିତ ହେଉଥାଏ, ସେଥିଲାଗି ଉଦାତ୍ତଲବ୍ଧ ଆନନ୍ଦ ଏକ ନିଶ୍ଚୟାର୍ଥକ ଆନନ୍ଦ ନୁହେଁ । ଏଥିରୁ ପ୍ରଶଂସା ବା ସମ୍ମାନ ଦ୍ୟୋତିତ ହୁଏ । ଏହାକୁ ନିଷେଧାତ୍ମକ ଆନନ୍ଦ କୁହାଯିବା ଉଚିତ ।

ଉଦାତ୍ତ ଓ ସୌନ୍ଦର୍ଯ୍ୟ ମଧ୍ୟରେ ପ୍ରମୁଖ ଓ ମୌଳିକ ପାର୍ଥକ୍ୟ ପ୍ରଦର୍ଶନ କରି କାଣ୍ଟ କହନ୍ତି ଯେ, ପ୍ରକୃତିର ସ୍ୱାଧୀନ ସୌନ୍ଦର୍ଯ୍ୟରେ ରୂପର ଏକ ଯଥାସ୍ଥାପନ ହେତୁ ବସ୍ତୁ ଆମର ନିର୍ଣ୍ଣୟ ନିମନ୍ତେ ପୂର୍ବାନୁକୂଳିତ ବା ଉଦ୍ଦିଷ୍ଟ ଥିଲା ପରି ଜଣାପଡ଼େ ଓ ତେଣୁ ଆମର ଆନନ୍ଦର ସାମଗ୍ରୀ ହୁଏ । ଅନ୍ୟପକ୍ଷରେ, ପ୍ରତ୍ୟକ୍ଷ ମାତ୍ରେ ଓ ବିଚାରବିହୀନ ଭାବେ ଯାହା ଉଦାତ୍ତ ଅନୁଭୂତି ଉଦ୍ଦୀପ୍ତ କରେ ସେହି ରୂପ ଆମର ନିର୍ଣ୍ଣୟ ଶକ୍ତି ନିମନ୍ତେ ପ୍ରତ୍ୟବାୟ ସୃଷ୍ଟି କରିବା ସଙ୍ଗେ ପ୍ରତ୍ୟକ୍ଷ ଶକ୍ତି ନିମନ୍ତେ ଅନନୁକୂଳ ହୁଏ ଓ କଳ୍ପନାକୁ ପ୍ରତିହତ କରେ । ଏଥିପାଇଁ ଏହା ସର୍ବାଧିକ ଉଦାତ୍ତ ରୂପେ ବିଚାର୍ଯ୍ୟ ।

ଉପରୋକ୍ତ ଦୃଷ୍ଟିରୁ କାଣ୍ଟ ପ୍ରାକୃତିକ ବସ୍ତୁକୁ ଉଦାତ୍ତ କହିବା ପାଇଁ ଅସମ୍ମତ । ପ୍ରକୃତିକୁ ଉଦାତ୍ତ କହିବା ସମୟରେ ଆମେ ନିଜକୁ ଅଯଥାର୍ଥ ରୂପେ ପ୍ରକାଶ କରିଥାଉଁ । ପ୍ରକୃତ ଉଦାତ୍ତର ଅବସ୍ଥିତି ମନରେ ଅନ୍ୱେଷଣ କରାଯାଇପାରେ । କାରଣ ପ୍ରକୃତ ଅର୍ଥରେ ଉଦାତ୍ତ କୌଣସି ଇନ୍ଦ୍ରିୟ ଗୋଚର ରୂପରେ ମୂର୍ତ୍ତିମନ୍ତ ହୋଇ ନ ପାରେ ।

କାଣ୍ଟ ଉଦାତ୍ତର ଦୁଇଟି ଶ୍ରେଣୀ ଦେଖାଇଛନ୍ତି- ଗାଣିତିକ ଉଦାତ୍ତ ଓ ଗତିମୂଳକ

ଉଦାତ୍ତ । ଆକାରର ଅସୀମତା ଗାଣିତିକ ଉଦାତ୍ତର ଆଲମ୍ବନ । ଆକାଶ, ସମୁଦ୍ର, ପର୍ବତ ଆଦି ଏହାର ଉଦାହରଣ । ଏଗୁଡ଼ିକ ତୁଳନାରେ ଅନ୍ୟ ସମସ୍ତ କ୍ଷୁଦ୍ର ବା ସ୍ୱଳ୍ପ । ଯେଉଁ ବସ୍ତୁ ଇନ୍ଦ୍ରିୟ ବିଷୟ ତାହା ଉଦାତ୍ତ ହୋଇ ନ ପାରେ । ଗତିମୂଳକ ଉଦାତ୍ତ ପ୍ରକୃତିର ଦୁର୍ନିବାର ବା ଅରୋଧ ଗତି, ଶକ୍ତି ଓ ବ୍ୟାପାରର ବୋଧ ଜାତ କରାଏ।[୯୦] ପ୍ରକୃତିର ଉଦାମ ଶକ୍ତି ସନ୍ଦର୍ଶନରେ ଦ୍ରଷ୍ଟା ନିଜ ଶକ୍ତିର ଅସାରତା ଅନୁଭବ କରିବା ସଙ୍ଗେ ଆତ୍ମସମର୍ପଣ କରିବସେ । ଏପରି ଭାବନା ଭୟସଙ୍କୁଳ ହେବାକୁ ବାଧ୍ୟ । କାଣ୍ଟ ମଧ୍ୟ ବର୍କଙ୍କ ପରି ଉଦାତ୍ତକୁ ଭୟଜନିତ କହନ୍ତି । ମହାକାୟ ଭୟଙ୍କର ଉପରିଲମ୍ବିତ ପର୍ବତ, ଆକାଶରେ ସଞ୍ଚୀଭୂତ ବଜ୍ର ବିଦ୍ୟୁତ୍ ସହ ଇତସ୍ତତଃ ଧାବିତ ବାତ୍ୟାକାଳୀନ ମେଘମାଳା, ଧ୍ୱଂସଶକ୍ତି ଘେନି ଉଭା ରହିଥିବା ଆଗ୍ନେୟଗିରି, ଧ୍ୱଂସାବଶେଷ ଛାଡ଼ିଯାଇଥିବା ପ୍ରଚଣ୍ଡ ବାତ୍ୟା, କ୍ରୋଧୋନ୍ମତ୍ତ ମହାସିନ୍ଧୁ ଇତ୍ୟାଦି ଦୃଶ୍ୟ ନିଜର କ୍ଷମତା ତୁଳନାରେ ଆମର ପ୍ରତିରୋଧ ଶକ୍ତିକୁ ନିର୍ବୀର୍ଯତାରେ ପର୍ଯ୍ୟବେସିତ କରାନ୍ତି । ହେଲେ ହେଁ ଆମେ ନିଜକୁ ନିରାପଦ ମଣିଲେ ଭୟଙ୍କରତା ତୁଳନାରେ ସେହି ଦୃଶ୍ୟାବଳୀ ଆକର୍ଷଣୀୟ ହୁଅନ୍ତି । ସେ ସବୁକୁ ଉଦାତ୍ତ ଘୋଷଣା କରିବାର କାରଣ ହେଲା, ସେ ସବୁ କଳ୍ପନାକୁ ଉଦ୍ଦୀପ୍ତ କରନ୍ତି, ଆତ୍ମଶକ୍ତିକୁ ଉନ୍ନତ କରି ପ୍ରକୃତିର ଆପାତଃ ସର୍ବଶକ୍ତିମାନତ୍ୱ ବିରୁଦ୍ଧରେ ଆମ ନିଜକୁ ମାପିବା ପାଇଁ ପ୍ରୋତ୍ସାହିତ କରନ୍ତି ।

କାଣ୍ଟଙ୍କ ଉଦାତ୍ତ ବିଶ୍ଳେଷଣର ସାରକଥା ହେଲା, ଉଦାତ୍ତ ଭାବନା ସେତିକିବେଳେ ଉଦୟ ହୁଏ, ଯେତେବେଳେ ପ୍ରକୃତିର ବିଶାଳାକୃତି ବା ଅପ୍ରମେୟ ଶକ୍ତିର ସମ୍ମୁଖୀନ ହୋଇ ବ୍ୟକ୍ତିର ସମ୍ବେଦନା ଓ ବୋଧବୃତ୍ତି ଅବରୁଦ୍ଧ ହୋଇପଡ଼େ, ଦ୍ରଷ୍ଟା ନିଜକୁ ସସୀମ ଉପଲବ୍ଧି କରେ । ଦୃଶ୍ୟ ବସ୍ତୁର ଆକାରର କଳ୍ପନା କରି ନ ପାରି ତା'ର ବୁଦ୍ଧି ଓ ସମ୍ବେଦନା ହାର ମାନେ । ଅସୀମ ଓ ଅନନ୍ତ ହୋଇଥିବାରୁ ବସ୍ତୁ ଉଦାତ୍ତ ହୋଇଉଠେ । ଏହିପରି ଉଦାତ୍ତ ଭାବନା କାଳରେ ଦ୍ରଷ୍ଟାର ମନରେ ପ୍ରତିଘାତ ହେତୁ ତା'ର ନିର୍ଣ୍ଣୟଶକ୍ତି ଲୋପପାଏ, ଜୀବନୀଶକ୍ତି ସୀମିତ ହୋଇପଡ଼େ । ବୋଧଶକ୍ତିକୁ ଅଭିଭୂତ ବା ହତପ୍ରଭ କରିଦେଲେ ମଧ୍ୟ ପରକ୍ଷଣରେ କଳ୍ପନାର କ୍ରିୟା ସକ୍ରିୟ ହୋଇଉଠେ; ଅର୍ଥାତ୍ ପ୍ରଥମେ ପରାଭୂତ ହେଲେ ହେଁ ପରକ୍ଷଣରେ ଆତ୍ମାର ବ୍ୟାପକତା ବା ପ୍ରସାର ଘଟିଥାଏ । କାଣ୍ଟଙ୍କ ମତରେ, ବସ୍ତୁ ଉଦାତ୍ତ ନୁହେଁ; ପ୍ରତ୍ୟୟ ଦ୍ୱାରା ଘଟିତ ମନୋବସ୍ଥା, ଯାହା ଆମର ବିଚାରର ଭାବନାତ୍ମକ ମନଃ ଶକ୍ତିକୁ ଉତ୍ତେଜିତ କରେ ତହିଁରେ ଉଦାତ୍ତ ନିହିତ । ଏଣୁ ବସ୍ତୁ ଭାବନା ଇନ୍ଦ୍ରିୟର ସକଳ ମାନ ଅତିକ୍ରମ କରି ମାନସଶକ୍ତିର ପ୍ରମାଣ ହେଲେ ଉଦାତ୍ତ ହୁଏ ।

ଶେଷରେ କାଣ୍ଟ ପ୍ରାକୃତିକ ଉଦାତ୍ତ ବିଚାର ପାଇଁ ଭୟମୁକ୍ତ ହେବାକୁ କହିଛନ୍ତି ।

କାରଣ କାମନା ବା କ୍ଷୁଧାଗ୍ରସ୍ତ ବ୍ୟକ୍ତି ଯେଉଁପରି ସୌନ୍ଦର୍ଯ୍ୟର ବିଚାର କରିପାରେ ନାହିଁ, ଭୟଗ୍ରସ୍ତ ବ୍ୟକ୍ତି ସେହିପରି ଉଦାତ୍ତ ବିଚାର ପାଇଁ ଅସମର୍ଥ ।[୯୧]

ଅଧ୍ୟାପକ ବ୍ରାଡ଼ଲେ ପୂର୍ବବର୍ତ୍ତୀ ବିଚାରକମାନଙ୍କ ଉଦାତ୍ତ ସମ୍ବନ୍ଧୀୟ ମତାବଳୀର ସରଳୀକରଣ କରିଛନ୍ତି । ସେ ଉଦାତ୍ତକୁ ସୌନ୍ଦର୍ଯ୍ୟତତ୍ତ୍ୱ ଅନ୍ତର୍ଗତ ଏକ ଶବ୍ଦରୂପେ ଗ୍ରହଣ କରିଛନ୍ତି । ତାଙ୍କ ମତରେ, ଉଦାତ୍ତ ବ୍ୟାପକ ଅର୍ଥରେ ସୌନ୍ଦର୍ଯ୍ୟର ଏକ ରୂପ । ଉଦାତ୍ତର ପ୍ରଭାବ ଏତେ ପ୍ରବଳ ଯେ, ଏହାକୁ ଗ୍ରହଣ କରିବାରେ ଆମର ସକଳ ଚେଷ୍ଟା ପରାଭୂତ ହୁଏ । ବିସ୍ମୟ, ହର୍ଷୋତ୍‌ଫୁଲ୍ଲତା, ସମ୍ଭ୍ରମ ପ୍ରଭୃତି ସମ୍ବେଗ ଉଦାତ୍ତତ୍ୱ ଦ୍ୱାରା ଉଦ୍‌ବୁଦ୍ଧ ହୁଏ ।[୯୨]

ବ୍ରାଡ଼ଲେ ସୌନ୍ଦର୍ଯ୍ୟର ପାଞ୍ଚଗୋଟି ସ୍ତର ଦେଖାଇଛନ୍ତି । ଏମାନେ ସେହି ଏକ ସୌନ୍ଦର୍ଯ୍ୟର ବହୁବିଧ ରୂପ ମଧ୍ୟରୁ ପାଞ୍ଚଗୋଟିର ପ୍ରତିନିଧିତ୍ୱ କରନ୍ତି ଯଥା- ଉଦାତ୍ତ, ଭବ୍ୟ, ସୁନ୍ଦର, ଲାବଣ୍ୟମୟ ଓ ଲଳିତ ।[୯୩] ଏଠାରେ 'ସୁନ୍ଦର' ଶବ୍ଦ ମଧ୍ୟବର୍ତ୍ତୀ ସ୍ଥାନରେ ରହିଛି । ଏଥରୁ ପ୍ରଥମ ଦୁଇଟି ଶବ୍ଦରେ ବିରାଟତାର ଆଭାସ ରହିଛି, ପରବର୍ତ୍ତୀ ତିନୋଟି ଶବ୍ଦରେ ନାହିଁ । ସୁନ୍ଦର, ଲାବଣ୍ୟମୟ ଓ ଲଳିତ ବସ୍ତୁ ଅନେକ ଥାଇପାରେ; ମାତ୍ର ସେମାନେ ବିରାଟତ୍ୱର ପ୍ରଭାବ ସୃଷ୍ଟି କରିପାରନ୍ତି ନାହିଁ । ଯାହା କିଛି ଉଦାତ୍ତ ପ୍ରତୀତ ହୁଏ, ତହିଁରେ ବିରାଟତ୍ୱର ବ୍ୟଞ୍ଜନା ନିହିତ । ଉଦାତ୍ତ ପାଇଁ ମହାନତା ସର୍ବାଦୌ ପ୍ରୟୋଜନ । ମହାନତାରୂପୀ ଭାବଟିକୁ କଳ୍ପନାରୁ କାଢ଼ିନେଲେ ଉଦାତ୍ତତ୍ୱ ଉଭେଇ ଯିବ ।[୯୪] ଏହି ମହାନ୍‌ତାର ପ୍ରକାରଭେଦ ଅନେକ ହୋଇପାରେ- ବିରାଟ ବିସ୍ତାର, ଆକାର, ସଂଖ୍ୟା ଓ କାଳ ଇତ୍ୟାଦି । ଏ ଦୃଷ୍ଟିରୁ ଉଦାତ୍ତର ଆଲମ୍ବନ ଆଧିକ୍ୟ ଅର୍ଥରେ ବିରାଟ । ବ୍ରାଡ଼ଲେ କହନ୍ତି, ନୀଳିମାର ବିସ୍ତାର, କୃଷ୍ଣବର୍ଣ୍ଣ, ଦୂରବର୍ତ୍ତୀ ମହୋଜ୍ଜ୍ୱଳ ତାରକା ଖଚିତ ଗମ୍ବୁଜାକୃତି ନଭୋମଣ୍ଡଳ, ଦର୍ପଣ ପରି ମସୃଣ ଉପରିଭାଗ ବା ଅସଂଖ୍ୟ ତରଙ୍ଗଭଙ୍ଗ ସଂକୁଳ ଆଦିଗନ୍ତ ଓ ତଦତିରିକ୍ତ ସୀମାଯାଏ ବିସ୍ତୃତ ମହାସିନ୍ଧୁ, କାଳ- ଯାହାର ଆରମ୍ଭ ଓ ଶେଷ ଆମେ କଳ୍ପନା କରିପାରିବା ନାହିଁ-ସକଳ ଉଦାତ୍ତତ୍ୱର ସମୁଚିତ ଉଦାହରଣ । ଏ ସବୁକୁ ବିରାଟ ନ କହି ଅପରିମିତ ଆକାରର ପ୍ରତିବିମ୍ବ ରୂପେ ଗ୍ରହଣ କରିବା ଉଚିତ । ବିରାଟତ୍ୱ ବସ୍ତୁର ଆକାର ଯୋଗୁଁ ନୁହେଁ, କାରଣ ବୃହତ୍ ବସ୍ତୁ ସୁନ୍ଦର ନ ହୋଇପାରେ; ମାତ୍ର ଉଦାତ୍ତ ସୁନ୍ଦରର ଏକ ରୂପ ଓ ଏହା ବିସ୍ତୃତିର ଅତ୍ୟଧିକ ବିରାଟତା ଉପରେ ନିର୍ଭର କରେ ।

ବ୍ରାଡ଼ଲେ ବୃହତ୍ ଆକୃତିକୁ ଉଦାତ୍ତର ବିଭାବ ସ୍ୱୀକାର କରନ୍ତି ନାହିଁ । ଅତି କ୍ଷୁଦ୍ର ବିଭାବ ଦ୍ୱାରା ମଧ୍ୟ ଉଦାତ୍ତ ଅନୁଭୂତି ମିଳିପାରେ। ୱାର୍ଡସୱାର୍ଥଙ୍କ କବି ଦୃଷ୍ଟିରେ ଶିଶୁ ମହାନ୍ ଦିବ୍ୟ ବାଣୀର ପ୍ରଚାରକ ରୂପେ ପ୍ରତୀତ ହୋଇଛି।[୯୫] ତୁର୍ଗେନିଭଙ୍କ

ଡାଇରୀରେ ବର୍ଣ୍ଣିତ ଏକ ଘଟଣା ଉଲ୍ଲେଖ କରି ବ୍ରାଡ୍‌ଲେ ପ୍ରେମ ଓ ସାହସକୁ ଉଦାତ୍ତ କହିଛନ୍ତି। କାରଣ ଏହି ଘଟଣାରେ କ୍ଷୁଦ୍ର ଜୀବଟିଏ ଆତ୍ମବଳି ଦେଇ ନିଜର ସନ୍ତାନର ଜୀବନ ରକ୍ଷା କରିଛି। ଏହାହିଁ ତାହାର ଅସାଧାରଣ ବିରାଟତା। ଉଦାତ୍ତ କେବଳ ଗୁଣରେ ନୁହେଁ, ଗୁଣର ପରିମାଣ ଉପରେ ନିର୍ଭର କରେ। ଉଲ୍ଲିଖିତ ଘଟଣାରେ ପକ୍ଷୀଠାରେ ଉଦାତ୍ତତ୍ୱ ଆକାରର ବିଶାଳତା ପାଇଁ ନୁହେଁ, ତାହାର ଅସୀମ ଶକ୍ତି ବା ଆଧାତ୍ମିକ କ୍ଷମତା ଉପରେ ନିର୍ଭର କରୁଛୁ। ତ୍ୟାଗ ପ୍ରେମ ଓ ସାହସର ଜ୍ୱଳନ୍ତ ପ୍ରତିମୂର୍ତ୍ତି ଏହି କ୍ଷୁଦ୍ର ଜୀବଟିର ମହତୀ ଶକ୍ତି ଦୁର୍ଗେନିଭଙ୍କୁ ଅଭିଭୂତ କରିଛି। ତେଣୁ ବ୍ରାଡଲେ କହନ୍ତି ଯେ, ଆକୃତିର ବିଶାଳତା ବ୍ୟତୀତ ଆଉ ଏକ ପ୍ରକାର ବିଶାଳତା ରହିଛି, ଯାହାକୁ ଶକ୍ତିର ବିଶାଳତା କୁହାଯିବ। ବିପୁଳ ବିସ୍ତାର ପାଇଁ ବୃକ୍ଷ ଉଦାତ୍ତ ନୁହେଁ। ବୃକ୍ଷ ଉଦାତ୍ତ ପ୍ରତୀତ ହେବ ଯଦି ତାହା ମହାକାଳ ସ୍ରୋତରେ ସଂଗ୍ରାମ କରି ଶାଖା-ପ୍ରଶାଖା-ଓହଳପତ୍ର ବିସ୍ତାର କରି ଦଣ୍ଡାୟମାନ ରହିଥାଏ। ସେହିପରି ସିଂହ ଓ ଇଗଲ ବିଶାଳ ଆକୃତି ନିମନ୍ତେ ପଶୁରାଜ କିମ୍ବା ପକ୍ଷୀରାଜ ନାମ ପାଇ ନ ଥାନ୍ତି; ସେମାନଙ୍କର ଭୀଷଣାକାର ମସ୍ତକ, ବାହୁ, ପକ୍ଷର ବିସ୍ତାର ଓ ମର୍ମଭେଦୀ ଚକ୍ଷୁ ନିମନ୍ତେ ଉଦାତ୍ତବୋଧ ହୁଅନ୍ତି।[୯୬]

ବ୍ରାଡଲେ ଅସୀମ ଶକ୍ତି ମଧ୍ୟରେ ଉଦାତ୍ତ ଆଲମ୍ବନର ବିରାଟ ଆକାର, ଅସୀମ ବିସ୍ତାର ଓ ଅତୁଳନୀୟ ଗତିର ଅନ୍ତର୍ଭାବ ସଂଘଟିତ କରାଇଛନ୍ତି। କାରଣ ଏଗୁଡ଼ିକ ଶକ୍ତିର ବ୍ୟଞ୍ଜନା ଦିଅନ୍ତି।

ଆଲମ୍ବନର ଉଦାତ୍ତତ୍ୱ ବିଚାର ପରେ ବ୍ୟକ୍ତିର ଚିତ୍ତଦଶା ଦୃଷ୍ଟିରୁ ବ୍ରାଡଲେ ଉଦାତ୍ତ ଅନୁଭୂତିର ବିଚାର କରିବାକୁ ଯାଇଛନ୍ତି। ସୌନ୍ଦର୍ଯ୍ୟାନୁଭୂତି କାଳରେ ଆମ ଭିତରେ ସହସା ଏକ ଆନନ୍ଦ ପ୍ରବାହ ଖେଳିଯାଏ, ଏକ ଅବାରିତ ବିସ୍ତାର ଘଟେ। ବସ୍ତୁ ଓ ପ୍ରମାଣ ମଧ୍ୟରେ ଆନନ୍ଦାତ୍ମକ ସାମଞ୍ଜସ୍ୟ ସ୍ଥାପିତ ହୁଏ। ବସ୍ତୁ ବାଧା ନ ଦେଇ ନିଜ ପ୍ରତି ଆକର୍ଷଣ କରେ। ପ୍ରେମ ଓ ସହାନୁଭୂତିରେ ଆମ ଚଞ୍ଚଳିଉଠୁ ବସ୍ତୁ ସହ ମିଳିତ ହେବା ପାଇଁ। ଏତେବେଳେ ଆମର ଅନୁଭୂତି ଏକ ପ୍ରକାର ସ୍ୱୀକାରାତ୍ମକ। ଉଦାତ୍ତ ଅନୁଭୂତି କାଳରେ ଆମେ ବସ୍ତୁକୁ ସହସା ଗ୍ରହଣ କରିପାରୁ ନାହିଁ। କ୍ଷଣକ ପାଇଁ ହେଲେ ମଧ୍ୟ ଏହା ଆମକୁ ରୁଦ୍ଧ, ହତପ୍ରଭ, ବିମୂଢ଼, ଦୁର୍ବଳ ଓ ଭୟଭୀତ କରିଦିଏ, ସତେ ଯେପରି କିଛି ଆମକୁ ଆକ୍ରାନ୍ତ କରୁଛି, ସେଥିପାଇଁ ଆମେ ଏହାକୁ ଗ୍ରହଣ କରିପାରୁନାହୁଁ-ସ୍ୱାୟତ୍ତ ବା ସମ୍ମୁଖୀନ ହୋଇପାରୁ ନାହୁଁ। ମାତ୍ର ସଙ୍ଗେ ସଙ୍ଗେ, ପର ମୁହୂର୍ତ୍ତରେ ଚିତ୍ତରେ ଏକ ପ୍ରବଳ ପ୍ରତିକ୍ରିୟା ଏହାର ସ୍ଥାନ ଗ୍ରହଣ କରେ। ଏତେବେଳେ ଆତ୍ମ-ବିସ୍ତାର ବା ଆତ୍ମୋନ୍ନତି ଘଟେ। ଅବରୁଦ୍ଧ ଆତ୍ମା ବନ୍ଧନ ଓ ସୀମା

ଅତିକ୍ରମି ଊର୍ଦ୍ଧ୍ୱକୁ ଉଠିଯାଏ ଏପରି ଅନୁଭୂତି ବସ୍ତୁ ସହିତ ଏକାତ୍ମ ହେବାର ଅନୁଭୂତି। ଏହି ମିଳନରେ ଆତ୍ମ-ସମର୍ପଣ ଭାବ ରହିଥାଏ। ସମ୍ଭ୍ରମ ସହିତ ହର୍ଷୋତ୍‌ଫୁଲ୍ଲତା ବା ସମ୍ମାନ ଅତ୍ୟଧିକ ଜଡିତ। ଉଦାତ୍ତ ଅନୁଭୂତିର ଏହି ଦୁଇଟି ଅବସ୍ଥାରେ ବସ୍ତୁର ବିଶାଳତା ଆମକୁ ଅବରୁଦ୍ଧ, ହତପ୍ରଭ ଓ ଲଘୁତାବୋଧ କରାଇଲେ ମଧ୍ୟ ପର ମୁହୂର୍ତ୍ତରେ କଳ୍ପନା ବା ସମ୍ବେଗର ପ୍ରବେଶ କରି ଲଘୁତାକୁ ସ୍ୱ-ପରିଧିରେ ଉନ୍ନୀତ କରେ। ସୀମାର ବନ୍ଧନ ଭାଙ୍ଗି ଆମେ ଉଦାତ୍ତ ବସ୍ତୁ ସହିତ ମିଶି ତଦାକାର ଓ ତାହାର ବ୍ୟାପକ ମହାନତାରେ ଭାଗୀ ହେବାକୁ ଚାହୁଁଥାଉ।[୯୭]

ଇନ୍ଦ୍ରିୟଗ୍ରାହ୍ୟ ରୂପରେ ସୌନ୍ଦର୍ଯ୍ୟର ଆବିର୍ଭାବ ଘଟେ ଓ ଜଣାଯାଏ ରୂପରେ ହିଁ ତାହାର ଅଧିନ। ରୂପକୁ ଛାଡି ରୂପାତୀତ ହେବାକୁ, ସୀମା ବହିର୍ଭୂତ ହେବାକୁ ତାହାର ପ୍ରୟାସ ନଥାଏ। ସୌନ୍ଦର୍ଯ୍ୟ ରୂପକୁ ଭାଙ୍ଗିବା ବା ବିକଳାଙ୍ଗ କରିବାର ଶକ୍ତି ମଧ୍ୟ ପ୍ରଦର୍ଶନ କରେ ନାହିଁ। ସୁନ୍ଦର ଏକ ସ୍ୱୟଂସମ୍ପୂର୍ଣ୍ଣ ସମଗ୍ର ବସ୍ତୁ। ତେଣୁ ସୌନ୍ଦର୍ଯ୍ୟ ଅସୀମର ସମ୍ପୂର୍ଣ୍ଣ ବିରାଜମାନତାର ପ୍ରତିରୂପ ବା ପ୍ରତିବିମ୍ବ ଓ ସ୍ୱଭାବ ଅନୁକୂଳ ସୀମା ଭିତରେ ଆବଦ୍ଧ; ଉଦାତ୍ତ ଏହାର ଅସୀମତା ବା ନିର୍ବନ୍ଧତାର ପ୍ରତିବିମ୍ବ । ସୁନ୍ଦର ଚିରନ୍ତନତା ଓ ଉଦାତ୍ତ ଲୋକୋତ୍ତରତାର ପ୍ରତିବିମ୍ବ ।[୯୮]

ଲଞ୍ଜାଇନସ୍, ବର୍କ, କାଣ୍ଟ ଓ ବ୍ରାଡ୍‌ଲେଙ୍କ ଉଦାତ୍ତ ବିଚାରର ନିଷ୍କର୍ଷ ଉପସ୍ଥାପନ କରି କୁହାଯାଇପାରେ ଯେ, ଉଦାତ୍ତ ସୁନ୍ଦରର ଏକ ଜାତି । ଏହା ଏକ ସଙ୍ଗେ ସୁନ୍ଦର ଓ ବ୍ୟାପକ ଭାବେ ବିରାଟର ଦ୍ୟୋତନା କରେ । କେବଳ ବିରାଟ ହେଲେ ଉଦାତ୍ତ ହେବ ନାହିଁ, ବିରାଟରେ ସୌନ୍ଦର୍ଯ୍ୟ ନଥାଇପାରେ । ପୁନଶ୍ଚ ଯାହା କିଛି ସୁନ୍ଦର ତାହା ଉଦାତ୍ତ ହୋଇପାରେ, ନ ହୋଇପାରେ ମଧ୍ୟ । କାରଣ ଉଦାତ୍ତତ୍ୱ ସୌନ୍ଦର୍ଯ୍ୟର ଏକ ଦିଗ ମାତ୍ର ଓ ଯାହା ସୁନ୍ଦର ତାହା ବିରାଟତ୍ୱର ପ୍ରଭାବ ସୃଷ୍ଟି କରିପାରେ, ପୁଣି କରି ନପାରେ । ସୁନ୍ଦର ହେବା ସଙ୍ଗେ ମନ ଉପରେ ବିରାଟର ପ୍ରଭାବ ପକାଉଥିଲେ, ଉଦାତ୍ତ ହେବ । ସୌନ୍ଦର୍ଯ୍ୟ ଓ ମହାନତ୍ୱ ତେଣୁ ଉଦାତ୍ତର ଜନ୍ମଦାତା ।

ବିସ୍ମୟ, ହର୍ଷୋତ୍‌ଫୁଲ୍ଲତା, ଭୟ ଇତ୍ୟାଦି ସମ୍ବେଗ ଉଦାତ୍ତ ଦ୍ୱାରା ଉଦ୍‌ବୋଧିତ ହୁଏ । ବସ୍ତୁର ଅପରିମେୟ ଓ ଅତ୍ୟଧିକ ଅଲୌକିକ ବିରାଟତ୍ୱରେ ବିସ୍ମୟ ଓ ଭୟ ନିହିତ । ତଥାପି ଉଲ୍ଲାସ ଏହାର ସୌନ୍ଦର୍ଯ୍ୟ ମୂଳରେ ବିଦ୍ୟମାନ । ଅନ୍ୟ କଥାରେ, ଅଲୌକିକ ବିରାଟ ଓ ଅସାଧାରଣ ସୁନ୍ଦର ବସ୍ତୁର ଉପସ୍ଥିତିରେ ସମ୍ଭ୍ରମ ଓ ବିସ୍ମୟଭାବ ଜଣାଉଥିବା ବିଭାବ ହିଁ ଉଦାତ୍ତ । ଯାହାର ସମ୍ମୁଖରେ ଆମେ କ୍ଷୁଦ୍ର ଓ ତୁଚ୍ଛ ହୋଇଯାଉ ଓ ତା'ସତ୍ତ୍ୱେ ଯାହା ଆମକୁ ଆକର୍ଷଣ କରି ମୁଗ୍ଧତାର ପରିବେଶରେ ରଖେ ତାହା ଉଦାତ୍ତ । ଏହା ଆଶ୍ରୟ ଦିଏ ଉନ୍ନତ କରେ, ତଥାପି ତାହାର ଅତୁଳ ବିରାଟତ୍ୱରେ

ଆମକୁ ବିନମ୍ର କରାଏ । ନାଇଟ୍ କହନ୍ତି ଯେ, ସୁନ୍ଦର ବସ୍ତୁଗୁଣ; ମାତ୍ର ଉଦାତ୍ତ ଆମର ଭାବନାରେ ପ୍ରକଟିତ ହୁଏ ।[୯୯] ତାଙ୍କ ମତରେ, ବସ୍ତୁର ସୌନ୍ଦର୍ଯ୍ୟ ପ୍ରତ୍ୟକ୍ଷ ଭାବେ ନିଜ ସ୍ୱଭାବ ଅନୁସାରେ ଆମ ପ୍ରତି ନିବେଦିତ; ମାତ୍ର ଉଦାତ୍ତ ପରୋକ୍ଷରେ ନିଜର ଧ୍ୱନି ବା ସଙ୍କେତ ଦ୍ୱାରା ଅଭିବ୍ୟକ୍ତି ହୁଏ ।[୧୦୦] ସୌନ୍ଦର୍ଯ୍ୟ ନିଜ ଦିଗରୁ ଆସ୍ୱାଦିତ ବା ଉପଭୋଗ୍ୟ ହୁଏ ଓ ଆମକୁ ଅକ୍ଷତ ଅବସ୍ଥାରେ ଛାଡ଼ି ଦେଇଯାଏ । ମାତ୍ର ଉଦାତ୍ତର ସମ୍ମୁଖୀନ ହେଲେ ଆମର ବ୍ୟକ୍ତିତ୍ୱ ବଦଳିଯାଏ । ଏହା ଆମର ନିଜ ବିଷୟରେ ଧାରଣା ଓ ବାସ୍ତବତା ସମ୍ବନ୍ଧରେ ମନୋଭାବକୁ ପରିବର୍ତ୍ତିତ କରିଦିଏ ।

ଉପସଂହାର:

ପାଶ୍ଚାତ୍ୟ ଜଗତର ଦାର୍ଶନିକ, ସନ୍ଥ, କବି-ଶିଳ୍ପୀ, ଶିଳ୍ପ ସମାଲୋଚକ, ସମାଜତତ୍ତ୍ୱ ଓ ମନସ୍ତତ୍ତ୍ୱବିତ୍‌ମାନଙ୍କର ସୌନ୍ଦର୍ଯ୍ୟ ଓ ସୌନ୍ଦର୍ଯ୍ୟାନୁଭୂତି ସମ୍ବନ୍ଧୀୟ ଏହି ଦୀର୍ଘ ପରମ୍ପରାରୁ ଜଣାଗଲା, ସୌନ୍ଦର୍ଯ୍ୟ କେତେ ବିଚିତ୍ର ରୂପିଣୀ ଓ ଏହାର ଅନୁଭୂତି କେତେ ଗହନ, ବ୍ୟାପକ ଓ ଚମତ୍କାର । ଏମାନଙ୍କ ମଧ୍ୟରୁ କେତେକ ସୌନ୍ଦର୍ଯ୍ୟର ଅସ୍ତିତ୍ୱ ବିଷୟ ନିବଦ୍ଧ କହୁଥିବାବେଳେ ଅନ୍ୟ କେତେକ ବିଷୟୀଠାରେ ସୌନ୍ଦର୍ଯ୍ୟର ଅନ୍ୱେଷଣ କରିଛନ୍ତି । ସୌନ୍ଦର୍ଯ୍ୟକୁ ବସ୍ତୁଗତ କୁହାଯାଇଛି ଏଇଥିପାଇଁ ଯେ, ଦ୍ରବ୍ୟଗୁଣରେ ଅନୁପାତ ଅନୁଯାୟୀ କୌଣସି ପଦାର୍ଥ ସୁନ୍ଦର ବା ଅସୁନ୍ଦର ପ୍ରତୀତ ହୋଇଥାଏ ଓ ଏହା ବ୍ୟକ୍ତି ନିରପେକ୍ଷ । ବିଷୟୀଗତ ସୌନ୍ଦର୍ଯ୍ୟ ବିଚାରକମାନଙ୍କ ଅନୁସାରେ ସୌନ୍ଦର୍ଯ୍ୟ ଦୃଷ୍ଟିକୋଣ, ଭାବ, ଚିତ୍ତଦିଶା ବା ମନ ଉପରେ ନିର୍ଭର କରେ । ତୃତୀୟ ଶ୍ରେଣୀର ଆଲୋଚକ ସୌନ୍ଦର୍ଯ୍ୟକୁ ବିଷୟ ଓ ବିଷୟୀନିଷ୍ଠ କହନ୍ତି । ଏମାନେ ସମନ୍ୱୟବାଦୀ; ସାମଞ୍ଜସ୍ୟ ଉପରେ ସୌନ୍ଦର୍ଯ୍ୟର ଅସ୍ତିତ୍ୱ ନିର୍ଭର କରେ ବୋଲି ଏମାନଙ୍କର ମତ । ଭୌତିକବାଦୀମାନେ ସୌନ୍ଦର୍ଯ୍ୟ ଓ ସୌନ୍ଦର୍ଯ୍ୟାନୁଭୂତିକୁ ସମାଜ ଜୀବନ ସହିତ ଯୋଡ଼ି ଦେଇଛନ୍ତି ।

ସୌନ୍ଦର୍ଯ୍ୟର ରୂପାତ୍ମକ ବୈଶିଷ୍ଟ୍ୟ ସ୍ୱରୂପ ସମାନରୂପତା, ଐକ୍ୟ, ବୈବିଧ୍ୟ, ସଙ୍ଗତି, ଅନୁପାତ, ପୂର୍ଣ୍ଣତା ପ୍ରଭୃତି ଗୃହୀତ ହୋଇଛି । ସୌନ୍ଦର୍ଯ୍ୟକୁ ଆତ୍ମାଭିବ୍ୟକ୍ତି, ସହଜାନୁଭୂତି ରୂପେ ପ୍ରତିପାଦନ କରିବାର ପକ୍ଷପାତୀ ମଧ୍ୟ କମ୍ ନାହାନ୍ତି । ସୌନ୍ଦର୍ଯ୍ୟରେ ନିଜ ଆତ୍ମାର ପ୍ରତିବିମ୍ବ ଲକ୍ଷ୍ୟ କରି ଆମେ ପରମ ସୁନ୍ଦରଙ୍କ ଉଦ୍ଦେଶ୍ୟରେ ଧାବିତ ହେଉଁ-ଏପରି ମତବାଦୀ ମଧ୍ୟ ରହିଛନ୍ତି । ସତ୍ୟ ଓ ଶିବ ସହିତ ସୌନ୍ଦର୍ଯ୍ୟର ସ୍ଥାନ ନିର୍ଣ୍ଣୟ କରାଯାଇଛି । କେହି କେହି ଈଶ୍ୱରଙ୍କୁ ପରମ ସୁନ୍ଦର ଓ ଜାଗତିକ ସକଳ ପଦାର୍ଥ ତାଙ୍କରି ସୌନ୍ଦର୍ଯ୍ୟ ରଶ୍ମିରେ ବିଚ୍ଛୁରଣରେ ସୁନ୍ଦର ହୋଇଉଠିଛନ୍ତି ବୋଲି ଘୋଷଣା କରିଛନ୍ତି । କେହି ନୈତିକତା ସହିତ ସୌନ୍ଦର୍ଯ୍ୟର ସହାବସ୍ଥାନକୁ ଅଗ୍ରାଧିକାର

ଦେଲାବେଳେ ଅନ୍ୟମାନେ ନୈତିକତାକୁ ସୌନ୍ଦର୍ଯ୍ୟଜଗତରୁ ବହିଷ୍କାର କରିଛନ୍ତି । କଳା ଓ ପ୍ରକୃତିର ସୌନ୍ଦର୍ଯ୍ୟ ସମ୍ବନ୍ଧରେ ମଧ୍ୟ ମତଭେଦର ସୀମା ନାହିଁ । ଏକ ପକ୍ଷରେ, କଳା ସୌନ୍ଦର୍ଯ୍ୟକୁ ପ୍ରକୃତିଠାରୁ ମହତ୍ତର ଓ ରମଣୀୟ ପ୍ରତିପାଦନ କରାଯାଇଛି । ଅନ୍ୟପକ୍ଷରେ, ନିସର୍ଗ-ସୌନ୍ଦର୍ଯ୍ୟଠାରୁ କଳାସୌନ୍ଦର୍ଯ୍ୟକୁ ଅବର ବା ନିକୃଷ୍ଟ ଘୋଷଣା କରାଯାଇଛି ।

ସୌନ୍ଦର୍ଯ୍ୟାନୁଭୂତିରେ ଆନନ୍ଦର ସ୍ଥାନକୁ ସ୍ୱଳ୍ପ କେତେଜଣ ପ୍ରମୁଖତା ନଦେଲେ ମଧ୍ୟ ପ୍ରାୟ ପ୍ରତ୍ୟେକ ଆଲୋଚକ ସୌନ୍ଦର୍ଯ୍ୟ ସହିତ ଏହାର ଅନିବାର୍ଯ୍ୟ ବିଦ୍ୟମାନତାକୁ ସ୍ୱୀକାର କରିଛନ୍ତି । ସେହିପରି ସୌନ୍ଦର୍ଯ୍ୟକୁ ଭ୍ରମରୂପରେ ମଧ୍ୟ ଗ୍ରହଣ କରାଯାଇଛି । ସୌନ୍ଦର୍ଯ୍ୟର ଆନନ୍ଦ ନିରୁଦ୍ଦେଶ୍ୟ ଓ ସୁନ୍ଦର ଉପଯୋଗିତାର ପୂର୍ତ୍ତି ସାଧନ କରେନାହିଁ ବୋଲି ବହୁ ଆଚାର୍ଯ୍ୟ ଦୃଢ଼ ଭାବରେ ଘୋଷଣା କରିଛନ୍ତି । ସୌନ୍ଦର୍ଯ୍ୟ ଓ ସୌନ୍ଦର୍ଯ୍ୟାନୁଭୂତି ବ୍ୟକ୍ତିନିଷ୍ଠ ହେବା ସଙ୍ଗେ ନିଖିଳତ୍ୱ ପ୍ରତି ମଧ୍ୟ ଉନ୍ମୁଖ । ସୌନ୍ଦର୍ଯ୍ୟ ଆମର କ୍ରୀଡ଼ା ପ୍ରବୃତ୍ତିର ଉତ୍‌ପ୍ରେରଣା, ସୌନ୍ଦର୍ଯ୍ୟ ଏକ ପ୍ରତ୍ୟୟ ଓ ପ୍ରତ୍ୟୟର ଇନ୍ଦ୍ରିୟଗ୍ରାହ୍ୟ ରୂପ, ସୌନ୍ଦର୍ଯ୍ୟ ଅବଦମିତ କାମନାବାସନାର କଳାତ୍ମକ ଅଭିବ୍ୟକ୍ତି, ସୌନ୍ଦର୍ଯ୍ୟ ଇଚ୍ଛାର ସମ୍ପୂର୍ତ୍ତନ, ସୌନ୍ଦର୍ଯ୍ୟ ତାଦାତ୍ମ୍ୟଅନୁଭୂତିର ଫଳଶ୍ରୁତି-ଇତ୍ୟାଦି ବହୁ ସିଦ୍ଧାନ୍ତ ଓ ମତବାଦ ସୃଷ୍ଟି ହୋଇଛି । ପୁନଶ୍ଚ ରୁଚି ଉପରେ ସୌନ୍ଦର୍ଯ୍ୟର ପ୍ରତିଷ୍ଠା ଓ ଏହି ରୁଚିବୋଧ ସାର୍ବଜନୀନ ହୋଇଥାଏ-ଏହା ମଧ୍ୟ ସ୍ୱୀକୃତ ହୋଇଛି । ସୌନ୍ଦର୍ଯ୍ୟକୁ ବସ୍ତୁଗଣ ରୂପେ ସ୍ୱୀକାର କରି ଏହି ଗୁଣର ନ୍ୟୂନାଧିକ୍ୟ ହେତୁ ସୌନ୍ଦର୍ଯ୍ୟର ମାତ୍ରାଭେଦ ଘଟିଥାଏ ବୋଲି କୁହାଯାଇଛି ।

ସୌନ୍ଦର୍ଯ୍ୟାନୁଭୂତି ସମ୍ବନ୍ଧରେ ମଧ୍ୟ ବହୁ ବିଚିତ୍ର ମତ ଉପସ୍ଥାପିତ ହୋଇଛି । ସୌନ୍ଦର୍ଯ୍ୟାନୁଭୂତି ତାଦାତ୍ମ୍ୟ, ସମାନୁଭୂତି, ତଟସ୍ଥ ଇତ୍ୟାଦି ନାମରେ ନାମିତ କରାଯାଇ ଏହାର ରହସ୍ୟମୟୀ ସ୍ୱରୂପକୁ ଉଦ୍‌ଘାଟନ କରିବା ପାଇଁ ଚେଷ୍ଟା କରାଯାଇଛି । ସୌନ୍ଦର୍ଯ୍ୟାନୁଭୂତିର ଆନନ୍ଦକୁ ଅପ୍ରୟୋଜନର ଆନନ୍ଦ ଓ ସୌନ୍ଦର୍ଯ୍ୟାନୁଭୂତି ପାଇଁ ନିରାସକ୍ତ ଦୃଷ୍ଟି ପ୍ରୟୋଜନ ବୋଲି କୁହାଯାଇଛି । ସୌନ୍ଦର୍ଯାନୁଭୂତିକୁ ଏକ ଶକ୍ତିଶାଳୀ ସମ୍ବେଗରୂପେ ଶିଳ୍ପୀ-କବି ଓ ଦାର୍ଶନିକମାନେ ଗ୍ରହଣ କରିଛନ୍ତି । ସହଜାନୁଭୂତିକୁ ସୌନ୍ଦର୍ଯ୍ୟାନୁଭୂତି କହିବା ଫଳରେ ସୌନ୍ଦର୍ଯ୍ୟର ଅବସ୍ଥିତି କେବଳ କଳାକାରର ମାନସ ସ୍ତରରେ ଗ୍ରହଣ କରାଯାଇଛି ।

କଳା-ସୌନ୍ଦର୍ଯ୍ୟ କ୍ଷେତ୍ରରେ କଳାକାରର ବ୍ୟକ୍ତିଗତ ବୈଶିଷ୍ଟ୍ୟ, ଅଭିବ୍ୟକ୍ତିର ବଳିଷ୍ଠତା, ସମ୍ବେଗର ତୀବ୍ରତା, ଚିତ୍ରକଳ୍ପ ବିଧାନର ସଜୀବତା ଓ କଳ୍ପନା-ସୌନ୍ଦର୍ଯ୍ୟକୁ ପ୍ରମୁଖ ସ୍ଥାନ ଦିଆଯାଇଛି । କବି ଓ କଳାକାରମାନଙ୍କର ସୃଜନ ଲୀଳା ସମ୍ବନ୍ଧରେ

ଗଭୀର ଓ ଗହନ ତଥ୍ୟମାନ ଉଦ୍‌ଘାଟିତ ହୋଇଛି । କେହି ଏହାକୁ ସଚେତନ ଓ କେହି ଅଚେତନ କ୍ରିୟା ବ୍ୟାପାର କହିଛନ୍ତି । ପ୍ରତିଭା ଓ ଦୈବୀପ୍ରେରଣା ମଧ୍ୟ କମ୍ ବେଶି ସ୍ୱୀକୃତ ହୋଇଛି । କବି-ଶିଳ୍ପୀଙ୍କୁ ଅନୁକରଣକାରୀ, ମିଥ୍ୟାବାଦୀ ପ୍ରଭୃତି ଆଖ୍ୟା ଦିଆଯାଇଛି ଓ ପୁଣି ତାଙ୍କୁ ଦିବ୍ୟବାଣୀର ପ୍ରଚାରକ, ନୂତନ ସ୍ରଷ୍ଟା, ବିଶ୍ୱର ଅସ୍ୱୀକୃତ ବିଧାନଦାତା ରୂପେ ମଧ୍ୟ ପ୍ରଶଂସା କରାଯାଇଛି । ରାଷ୍ଟ୍ରଚ୍ୟୁତ ହେବା ସଙ୍ଗେ ରାଷ୍ଟ୍ରର ସର୍ବଶ୍ରେଷ୍ଠ ନାଗରିକର ସମ୍ମାନ ଓ ଗୌରବ ତାଙ୍କୁ ଅର୍ପଣ କରାଯାଇଛି ।

ଲଳିତକଳାରେ ସୌନ୍ଦର୍ଯ୍ୟ ଓ ସୌନ୍ଦର୍ଯ୍ୟ ଚେତନାର ପ୍ରତିଫଳନ ସର୍ବାଧିକ ମାତ୍ରାରେ ଘଟିଥାଏ । ସୌନ୍ଦର୍ଯ୍ୟ-ସାଧନା ଲଳିତକଳାର ଚରମ ସାଧ୍ୟ । ପୁନଶ୍ଚ ସକଳ ଲଳିତକଳାର ଅନ୍ତଃସମ୍ବନ୍ଧ ପ୍ରାୟ ଏକ ରୂପ ।

ସାଧାରଣ ସୌନ୍ଦର୍ଯ୍ୟବୋଧ ଓ କଳା ସୌନ୍ଦର୍ଯ୍ୟବୋଧ ମଧ୍ୟରେ ପ୍ରଭେଦ ପ୍ରଦର୍ଶନ କରି କୁହାଯାଇଛି ଯେ, ପ୍ରଥମଟିରେ ସୃଜନ କ୍ଷମତାର ଅଭାବ ଓ ଦ୍ୱିତୀୟଟିରେ ସୃଜନଧର୍ମିତା ବିଦ୍ୟମାନ ।

ଶେଷରେ ଏତିକି କୁହାଯାଇପାରେ ଯେ, ସୌନ୍ଦର୍ଯ୍ୟର ଆକଳନରେ ସୌନ୍ଦର୍ଯ୍ୟର କ୍ଷୟବୃଦ୍ଧି ନାହିଁ । ବିଚାରକମାନଙ୍କର ମତାମତ କେବଳ ସୌନ୍ଦର୍ଯ୍ୟର ରହସ୍ୟୋଦ୍‌ଘାଟନ କରିଛି ଓ ଜଣାଇ ଦେଇଛି ସୌନ୍ଦର୍ଯ୍ୟ ସମ୍ପର୍କୀୟ ବିଚାରବିମର୍ଶ କେତେ ବ୍ୟାପକ ଅର୍ଥରେ କରାଯାଇପାରେ ତଥା ସୌନ୍ଦର୍ଯ୍ୟ ଆମର ଜୀବନ ସହିତ କେତେ ନିବିଡ଼ ଭାବେ ଜଡ଼ିତ ।

ଦ୍ୱିତୀୟ ଅଧ୍ୟାୟ

ଭାରତୀୟ ସୌନ୍ଦର୍ଯ୍ୟ-ଦର୍ଶନ

ସୌନ୍ଦର୍ଯ୍ୟ ଓ ରସରଭୂମି ଭାରତବର୍ଷରେ ବୈଦିକ କାଳରୁ ଏତଦ୍ ସମ୍ପର୍କରେ ବିଚାର ଆଲୋଚନା, ତତ୍ତ୍ୱ ନିରୂପଣ ଓ କଳା ପ୍ରସଙ୍ଗରେ ଏହାର ଉପଯୋଗିତାର ମୂଲ୍ୟାଙ୍କନ ହୋଇ ଚାଲିଥିବା ଲକ୍ଷ୍ୟ କରାଯାଏ । ପାଶ୍ଚାତ୍ୟ ସୌନ୍ଦର୍ଯ୍ୟ ଶାସ୍ତ୍ରର ଯେଉଁପରି ଧାରାବାହିକ ଓ ଶାସ୍ତ୍ରସମ୍ମତ ଆଲୋଚନା ଦେଖିବାକୁ ମିଳେ, ଭାରତବର୍ଷରେ ସେପରି ବିଧିବଦ୍ଧ ଆଲୋଚନାର ଧାରା ମିଳୁନଥିଲେ ହେଁ ବେଦ, ଉପନିଷଦ, ଶିଳ୍ପଶାସ୍ତ୍ର, କାବ୍ୟଶାସ୍ତ୍ର ତଥା ସଂସ୍କୃତ ମହାକବିମାନଙ୍କ ରଚନା ଉପରେ ନିର୍ଭର କରି ସୌନ୍ଦର୍ଯ୍ୟ, କଳା,ସୌନ୍ଦର୍ଯ୍ୟାନୁଭୂତି, ସୌନ୍ଦର୍ଯ୍ୟସୃଷ୍ଟି ପ୍ରଭୃତି ବିଭିନ୍ନ ପ୍ରସଙ୍ଗ ଭିତ୍ତିରେ 'ଭାରତୀୟ ସୌନ୍ଦର୍ଯ୍ୟ ଦର୍ଶନ'ର ରୂପରେଖ ସ୍ଥିର କରାଯାଇପାରେ ।

ଭାରତୀୟ ସୌନ୍ଦର୍ଯ୍ୟ ଦର୍ଶନ ସମ୍ପର୍କରେ ପାଶ୍ଚାତ୍ୟ ବିଦ୍ୱାନମାନେ ସେତେ ଉଚ୍ଚ ମତ ପୋଷଣ କରନ୍ତି ନାହିଁ । ପ୍ରାଚ୍ୟ ବିଦ୍ୟାବିଶାରଦ ମାକ୍ସମୁଲରଙ୍କ ଭଳି ପାଶ୍ଚାତ୍ୟ ମନୀଷୀ 'ହିନ୍ଦୁ ଭାବନାରେ ପ୍ରକୃତି ସୌନ୍ଦର୍ଯ୍ୟ ସମ୍ବନ୍ଧରେ କୌଣସି ଧାରଣା ନଥିଲା' ବୋଲି କହନ୍ତି ।[୧] "ସେମାନେ ମାନବୀୟ ସୌନ୍ଦର୍ଯ୍ୟ ବର୍ଣ୍ଣନା ଭଳି ପ୍ରକୃତିର ବର୍ଣ୍ଣନା କରିଥାନ୍ତି । ନିର୍ଦ୍ଦିଷ୍ଟ ଅଙ୍ଗମାନଙ୍କୁ ପ୍ରଶଂସାପୂର୍ବକ ପ୍ରକୃତିର ଅଙ୍ଗମାନଙ୍କ ସହିତ ତୁଳନା କରିଥାନ୍ତି । ମାତ୍ର ସୁନ୍ଦର କହିଲେ ଯାହା ବୁଝାଏ, ତାହା ଭାରତୀୟଙ୍କୁ ଅଜ୍ଞାତ ଥିଲା ।" ଶୋଭନ, ପେଶଳ, ରମଣୀୟ ପ୍ରଭୃତି କେତୋଟି ଶବ୍ଦ ଉଲ୍ଲେଖ କରି ସେ କହନ୍ତି ଯେ ଏଇ ଶବ୍ଦାବଳୀ ଦ୍ୱାରା ଭାରତୀୟମାନେ ସୁନ୍ଦରକୁ ବୁଝୁଥିଲେ । କବିତାର ସୌନ୍ଦର୍ଯ୍ୟ ଅର୍ଥରେ ମଧୂନି, ପ୍ରାକୃତିକ ସୌନ୍ଦର୍ଯ୍ୟ ଅର୍ଥରେ ଶୋଭା ଶବ୍ଦ ବ୍ୟବହାର

କରାଯାଉଥିଲା । ସୌନ୍ଦର୍ଯ୍ୟର ଅଧିଦେବତା ରୂପେ ଶ୍ରୀ ବା ଲକ୍ଷ୍ମୀ କଳ୍ପିତ ହୋଇଥିଲେ ହେଁ ସେ ନାମ ଦୁଇଟି ପରବର୍ତ୍ତୀ କାଳର ଓ ଶବ୍ଦଦ୍ୱୟ ସୌନ୍ଦର୍ଯ୍ୟକୁ ଯେତେ ବୁଝାନ୍ତି ନାହିଁ, ତା'ଠାରୁ ସୁଖର ଅଧିକ ପ୍ରତିନିଧିତ୍ୱ କରନ୍ତି । ମାକ୍ସମୁଲାରଙ୍କ ଏହି ମତର ସହାୟତାରେ ଉଇଲିୟମ ନାଇଟ୍ କହନ୍ତି ଯେ, ବ୍ରାହ୍ମଣ୍ୟ ଓ ବୌଦ୍ଧଶାସ୍ତ୍ରମାନଙ୍କରେ ସୁନ୍ଦର ସମ୍ପର୍କରେ ଭାବନାର ଲେଶମାତ୍ର ମିଳେ ନାହିଁ ।(୨) ସେହି ଲେଖକଙ୍କ ମତରେ ପ୍ରାଚୀନ ଭାରତରେ ସୌନ୍ଦର୍ଯ୍ୟବୋଧ ସୁଷୁପ୍ତିମଗ୍ନ ଥିଲା । ସ୍ମିଥ୍ ନାମକ ବିଦ୍ୱାନଙ୍କର ମଧ୍ୟ ଧାରଣା ଯେ ଭାରତୀୟମାନେ ସୌନ୍ଦର୍ଯ୍ୟାଶ୍ରୟୀ ଗୁଣମାନଙ୍କ ପ୍ରତି ନିସ୍ପୃହ ଥିଲେ ଓ ଉତ୍ତମାଧମ କଳାର ନିର୍ଣ୍ଣୟ ପାଇଁ ସେମାନଙ୍କର ଶିକ୍ଷାର ଅଭାବ ଥିଲା ।(୩)

ଏ ତ ଗଲା ପାଶ୍ଚାତ୍ୟ ବିଦ୍ୱାନ୍‌ମାନଙ୍କର ମତ । ଭାରତୀୟ କଳା-ସମୀକ୍ଷକ ଆନନ୍ଦକୁମାର ସ୍ୱାମୀ ଏସିଆ ଭୂଖଣ୍ଡରେ କଳାତତ୍ତ୍ୱର ଆଲୋଚନା କରି କହନ୍ତି ଯେ, ଭାରତୀୟ ସୌନ୍ଦର୍ଯ୍ୟ ତତ୍ତ୍ୱର ଏକ ପୂର୍ଣ୍ଣ ରୂପ ଦଶମ-ଏକାଦଶ ଶତାବ୍ଦୀ ପୂର୍ବରୁ ନିର୍ଦ୍ଧାରଣ କରାଯାଇ ନପାରେ । ଭରତଙ୍କ ରସତତ୍ତ୍ୱର ସମୟ ଉପରୋକ୍ତ ନିର୍ଦ୍ଧାରଣଠାରୁ ପୂର୍ବବର୍ତ୍ତୀ ହେଲେ ହେଁ ପ୍ରାଚୀନ ଗ୍ରନ୍ଥମାନଙ୍କରେ ଏହାର ମୂଳ ଖୋଜାଯାଇପାରେ । ସେହିପରି ଉପନିଷଦରେ ଯଦିଓ କୌଣସି କଳାତତ୍ତ୍ୱର ବିଧିବଦ୍ଧ ଉପସ୍ଥାପନା ନାହିଁ, ତଥାପି ପରବର୍ତ୍ତୀ ସୌନ୍ଦର୍ଯ୍ୟ-ତତ୍ତ୍ୱ ସମ୍ପର୍କରେ ବହୁ ଭାବ ଓ ଶବ୍ଦାବଳୀ ଏଥିରେ ମିଳିଥାଏ ।(୪)

ଉପଯୁକ୍ତ ମତାବଳୀରୁ ପ୍ରାଚୀନ ଭାରତୀୟ ଦାର୍ଶନିକ ଚିନ୍ତନରେ ସୌନ୍ଦର୍ଯ୍ୟ ଓ କଳାର ଏକ ନିର୍ଦ୍ଦିଷ୍ଟ ତତ୍ତ୍ୱର ଅଭାବ ଥିବା ଜଣାଗଲା । ମାତ୍ର ଏଥିରୁ ଏକଥା ଅସ୍ୱୀକାର କରାଯାଇନପାରେ ଯେ, ଭାରତରେ ସୌନ୍ଦର୍ଯ୍ୟ ସମ୍ପର୍କରେ କୌଣସି ଚିନ୍ତା, ଆଲୋଚନା ଓ ସ୍ୱରୂପ ବ୍ୟାଖ୍ୟାନର ପ୍ରଚେଷ୍ଟା ପ୍ରକାଶ ପାଇନାହିଁ । ପାଶ୍ଚାତ୍ୟ ସୌନ୍ଦର୍ଯ୍ୟଶାସ୍ତ୍ର ଓ ଭାରତୀୟ ସୌନ୍ଦର୍ଯ୍ୟଶାସ୍ତ୍ର ମଧ୍ୟରେ ପାର୍ଥକ୍ୟ ହେଲା ଭାରତରେ ସୌନ୍ଦର୍ଯ୍ୟଶାସ୍ତ୍ର ନାମରେ କୌଣସି ସ୍ୱତନ୍ତ୍ର ଶାସ୍ତ୍ର ରଚିତ ହୋଇନାହିଁ । ବିକ୍ଷିପ୍ତ ଓ ବିଧିବଦ୍ଧ ଭାବରେ ରହିଥିବା ମତାବଳୀକୁ ସଂଗ୍ରହ କରି 'ଭାରତୀୟ ସୌନ୍ଦର୍ଯ୍ୟ ଶାସ୍ତ୍ର ନାମ ଦେଇହେବ । ଏପରି ପ୍ରୟାସ ମଧ୍ୟ କେତେକ ଆଲୋଚକ କରିଛନ୍ତି । ଇଉରୋପୀୟମାନଙ୍କ ଦୃଷ୍ଟିରେ ସୌନ୍ଦର୍ଯ୍ୟର ଯେଉଁ ଯେଉଁ ଦିଗଗୁଡ଼ିକ ଆଲୋଚିତ ଓ ଆଲୋକିତ ହୋଇଛି, ଭାରତୀୟ ସୌନ୍ଦର୍ଯ୍ୟ ଶାସ୍ତ୍ରର ଏହି ସଂଗୃହୀତ ଉପାଦାନମାନଙ୍କ ସହାୟତାରେ ସେ ସବୁର ସାଙ୍ଗୋପାଙ୍ଗ ଆଲୋଚନାରୁ ତାହାର ପ୍ରମାଣ ମିଳିପାରେ । ଏହି ପରିଚ୍ଛେଦରେ ନାନା ସୂତ୍ରରୁ ସଂଗ୍ରହ କରି ଭାରତୀୟ ସୌନ୍ଦର୍ଯ୍ୟତତ୍ତ୍ୱ ଉପସ୍ଥାପନ କରିବାର ପ୍ରୟାସ କରାଯାଇଛି ।

ପେଶେଲ ଓ ଓଲଡ଼େନବର୍ଗ ନାମକ ଜର୍ମାନ୍ ପଣ୍ଡିତ ଦ୍ୱୟ ଋକ୍‌ବେଦରେ

ପ୍ରଯୁକ୍ତ ସୁନ୍ଦରର ପର୍ଯ୍ୟାୟବାଚୀ ଶବ୍ଦାବଳୀର ଏକ ସଂକଳନ କରିଛନ୍ତି । ଅର୍ଥ-ଭେଦ ଅନୁସାରେ ସେହି ଶବ୍ଦାବଳୀ ଭାରତୀୟ ସୌନ୍ଦର୍ଯ୍ୟ ଧାରଣା ସମ୍ପର୍କରେ ଏକ ବ୍ୟାପକ ଜ୍ଞାନ ପ୍ରଦାନ କରନ୍ତି । ଶବ୍ଦଗୁଡ଼ିକ ହେଲା- ପେଶସ୍, ଅପ୍ସସ୍, ଦୃଶ, ଶ୍ରୀ, ବପୁଃ, ବଲ୍‌ଗୁ, ଶ୍ରିୟଃ, ଭଦ୍ର, ଭଣ୍ଡ, ଚାରୁ, ପ୍ରିୟ, ରୂପ, କଲ୍ୟାଣ, ଶୁଭ, ଚିତ୍ର, ସ୍ୱାଦୁ, ରଣ୍ୱ, ଯକ୍ଷ, ଅଦ୍‌ଭୂତ, ହିରଣ୍ୟ, ପେଶସ୍, ବିଶ୍ୱପେଶସ୍, ସହସ୍ର-ପେଶସ୍, ରୁଚି ତଥା ଲାବଣ୍ୟ ଇତ୍ୟାଦି ।[୫]

ସୌନ୍ଦର୍ଯ୍ୟ ନିମନ୍ତେ ଅଳଙ୍କାରର ପ୍ରୟୋଗ ସମ୍ବନ୍ଧରେ ମତବ୍ୟକ୍ତ କରି ଋକ୍‌ବେଦୀୟ ଋଷି କବି କହନ୍ତି ଯେ, 'ଅଶରୀର' ବା ରୂପରହିତକୁ ମଧ୍ୟ ପ୍ରଭାକିରଣ 'ସୁପ୍ରତୀକ' ବା ସୁନ୍ଦର କରିଦିଏ । 'ଗାବଃ' ଶବ୍ଦକୁ ରଶ୍ମି, ପ୍ରଭା ବା କିରଣ ଅର୍ଥରେ ନିମ୍ନୋକ୍ତ ଶ୍ଳୋକରେ ବ୍ୟବହାର କରାଯାଇଛି-

ଯୂୟମ୍ ଗାବୋ ମେଦୟଥା କୃଷଂଚିଦ୍
ଅଶରୀରଂ ଚିତ୍ କୃଣୁଧା ସୁପ୍ରତୀକମ୍ ।[୬]

ବୈଦିକ ଗୋତତ୍ତ୍ୱର ବିଶ୍ଳେଷଣ କଲେ ସୌନ୍ଦର୍ଯ୍ୟତତ୍ତ୍ୱର ନାନା ଦିଗ ଉଦ୍‌ଘାଟିତ ହୁଏ । ଅରବିନ୍ଦ କହନ୍ତି, ବେଦରେ ଗୋ ର ସମ୍ବନ୍ଧ ଉଷା ବା ସୂର୍ଯ୍ୟ ସହିତ । ଇନ୍ଦ୍ର ଅଙ୍ଗିରସଙ୍କ ସହାୟତାରେ ଅପହୃତ ଗୋଙ୍କୁ ପଣି (ବୃତ୍ତ)ର ଗୁମ୍ଫାରୁ ମୁକ୍ତ କରନ୍ତି । ଉଷା ସୂକ୍ତରୁ ଜଣାଯାଏ, ଉଷା ଓ ସୂର୍ଯ୍ୟଙ୍କ ଗୋ ପ୍ରକାଶର ପ୍ରତୀକ । ସାୟଣ ମଧ୍ୟ ଗୋ ଶବ୍ଦର ଅର୍ଥ 'ରଶ୍ମି' ଅର୍ଥରେ କରିଛନ୍ତି (ଗବାଂ ରଶ୍ମୀନାମ୍)[୭] । ତେଣୁ ବୈଦିକ ଗାବଃ ପ୍ରକାଶ- ରଶ୍ମି ଅର୍ଥରେ ଗ୍ରହଣୀୟ । ବେଦରେ ମଧ୍ୟ ଉଷାଙ୍କୁ 'ଗୋମତୀ' ଓ ତାଙ୍କର ରଥକୁ 'ଗୋମତ୍‌ହିରଣ୍ୟବତ୍' କୁହାଯାଇଛି । ଚିତ୍‌ରୂପିଣୀ ଗୌରୀ ଗାବଃଙ୍କୁ 'ବସୁ' ବନ୍ଧନମୁକ୍ତ କରନ୍ତି । ଚିତ୍ ଶକ୍ତିକୁ 'ଗୋ' କୁହାଯାଏ ଓ ଏହା ଇନ୍ଦ୍ରଙ୍କର ଶକ୍ତି ହୋଇଥିବାରୁ ଇନ୍ଦ୍ରିୟ ବୋଲାଏ ।[୮] ଏହି ଇନ୍ଦ୍ରିୟ ବିଭିନ୍ନ ଅଙ୍ଗମାନଙ୍କରେ କାର୍ଯ୍ୟ କରୁଥିବାରୁ ଏହାକୁ ମଧ୍ୟ 'ଗୋ' ସଂଜ୍ଞା ଦିଆଯାଇଛି । ତେଣୁ 'ଗୋଚର' ଶବ୍ଦର ଅର୍ଥ ହେଲା ଚକ୍ଷୁ, ଶ୍ରୋତ୍ର ଆଦି ଦ୍ୱାରା କୌଣସି ବସ୍ତୁ ସନ୍ନିକର୍ଷ ଲାଭ କରିବା । ଚିତ୍‌ଶକ୍ତି ଦ୍ୱାରା କୌଣସି ବସ୍ତୁର ସମ୍ପର୍କରେ ଆସିଲେ 'ଗୋଚରତା' ବୁଝାଏ । ସୌନ୍ଦର୍ଯ୍ୟାନୁଭୂତିରେ ଏହି ଗୋଚରଣର ମହତ୍ତ୍ୱ ଅଧିକ ।

ଋକ୍ ବେଦରେ ଓଁ, ସୁ, ସୋମ, ସ୍ୱସ୍ତି ଆଦି ପ୍ରତୀକ ଗୁଡ଼ିକର ମୂଳରେ ସୌନ୍ଦର୍ଯ୍ୟ ମୀମାଂସାର ଗହନ ତଥ୍ୟ ଭରି ରହିଛି । ସ୍ୱସ୍ତି ଶବ୍ଦ 'ସୁ' ଓ 'ଅସ୍ତି'ସମନ୍ୱୟରେ ଗଠିତ । 'ସୁ'ର ଅର୍ଥ ସୁନ୍ଦର ଓ 'ଅସ୍ତି' ସତ୍ତାର ଦ୍ୟୋତକ । ସ୍ୱସ୍ତି ଅଭୟପ୍ରଦ ଓ ଅଦ୍‌ଭୂତ ଜ୍ୟୋତି ବିଶିଷ୍ଟ । ପୁନଶ୍ଚ ସ୍ୱସ୍ତିଦା ପୂଷା (ଇନ୍ଦ୍ର)ନିଜେ ଅଭୟଙ୍କର ଓ ଆମକୁ

ଅଭୟତମ ମାର୍ଗରେ ଘେନି ଚାଲନ୍ତି । ସ୍ୱସ୍ତିଗା ରଥର ବିଶେଷତ୍ୱ ହେଲା ଏହା ଦେବୀପ୍ୟମାନ, ହିରଣ୍ୟୟ, ଦ୍ୟୁତିନିଷ୍ଠ, ସହସ୍ର କିରଣ ଓ ଅନେହସ । ସ୍ୱସ୍ତିଗାମାର୍ଗ ସେହିପରି ଅନେହସ ପଥ ଯହିଁରେ ପଥିକ ହେଲେ କୌଣସି ବାଧା ବିପଦ ପଡ଼େ ନାହିଁ ଓ ଆନନ୍ଦରୂପୀ ମହାଧନ ବା ବସ୍ତୁ ଲାଭ ହୁଏ । 'ସ୍ୱସ୍ତି' ଶବ୍ଦରୁ ଅଭୟ, ଅନୀହା ଓ ଜ୍ୟୋତି ପ୍ରଭୃତି ତିନୋଟି ଲକ୍ଷଣ ମିଳୁଛି ଯାହା ସୌନ୍ଦର୍ଯ୍ୟାନୁଭୂତିର ବିଶିଷ୍ଟ ଲକ୍ଷଣ ।[୯] ସୌନ୍ଦର୍ଯ୍ୟାନୁଭୂତି ବା ଆନନ୍ଦାଭୂତିର ଏହି ଚରମ ସୀମାକୁ 'ସ୍ୱସ୍ତି' କୁହାଯାଏ ।[୧୦]

ସେହିପରି ବୈଦିକ 'ସୋମ' ଶବ୍ଦ ମଧ୍ୟ ସୌନ୍ଦର୍ଯ୍ୟ ତତ୍ତ୍ୱ ଦୃଷ୍ଟିରୁ ମହତ୍ତ୍ୱପୂର୍ଣ୍ଣ । ସୋମ ଆନନ୍ଦାନୁଭୂତି ଓ ସୌନ୍ଦର୍ଯ୍ୟାନୁଭୂତିର ପ୍ରତୀକ । ଅରବିନ୍ଦ 'ସୋମ'କୁ 'ଅମୃତ ଓ ଆନନ୍ଦ' ରୂପୀ ମଦିରାର ସ୍ୱାମୀ କହିଛନ୍ତି । ଏହି ପୂତ ସୋମରସ ମନ ଓ ଦେହକୁ କ୍ଷୁବ୍ଧ କରେନାହିଁ; ଏହା ମନ ଓ ଶରୀରକୁ ରକ୍ଷା କରେ । ଆନନ୍ଦ ଓ ସୋମର ସମ୍ବନ୍ଧ ଘନିଷ୍ଠ । କାରଣ ଏ ଦୁହିଁଙ୍କ ସମ୍ବନ୍ଧରେ ବେଦରେ 'ପ୍ରାୟ ଏକ ପ୍ରକାର କ୍ରିୟା ବର୍ଣ୍ଣନା କରାଯାଇଛି । ସୋମକୁ ଭ୍ରାଜମାନଂ ହିରଣ୍ୟୟଂ କୁହାଯାଇଛି ଓ ହିରଣ୍ୟମୟ କୋଷର ପରମାନନ୍ଦ ମଧ୍ୟ ଏହି ଭାବେ ବର୍ଣ୍ଣିତ । ସୋମ ନିମନ୍ତେ ବ୍ୟବହୃତ ମଧୁ, ମଧୁମତ୍ତମ, ମଧୁପୃଷ୍ଠ, ମଧୁପେୟ ଆଦି ଶବ୍ଦ ଆନନ୍ଦ ନିମନ୍ତେ ମଧ୍ୟ ପ୍ରଯୁକ୍ତ ହୋଇପାରେ । ସେଥିପାଇଁ ଆଧ୍ୟାତ୍ମିକ ଆନନ୍ଦର ବିଦ୍ୟାକୁ ମଧୁବିଦ୍ୟା କୁହାଯାଇଛି ।[୧୧] ସୋମ ଓ ମଧୁ ଶବ୍ଦ ପ୍ରାୟ ସମାନ ଅର୍ଥରେ ବ୍ୟବହୃତ । ପୁନଶ୍ଚ ସୋମ ଶବ୍ଦ ସ୍ୱାଦୁ ଅର୍ଥରେ ମଧ୍ୟ ଗ୍ରହଣ କରାଯାଇଛି । ଏକମାତ୍ର ସୁମେଧା ଓ ସ୍ୱାଧ୍ୟ ବ୍ୟକ୍ତି ହିଁ ଏହି ସ୍ୱାଦୁଭୂତ ସୋମ ଭକ୍ଷଣ କରିପାରେ । ସୋମପାନ ଦ୍ୱାରା ଅମୃତତ୍ତ୍ୱ, ଜ୍ୟୋତି ଓ ଦେବ ପ୍ରାପ୍ତି ହୁଏ । ଏହାକୁ ପାନ କଲେ ଶତ୍ରୁଭୟ ରହେ ନାହିଁ । ସୋମପାନ ଦ୍ୱାରା ମର୍ତ୍ତ୍ୟ ଅମୃତରେ ପରିଣତ ହୁଏ; ତେଣୁ ସୋମକୁ ଆନନ୍ଦ କୁହାଯାଇଛି । ଏହି ସୋମ ମୁଖ ଦ୍ୱାରା ନୁହେଁ, ହୃଦୟ ଦ୍ୱାରା ପାନ କରାଯାଏ ଓ ଏହା ଆମର ଅନ୍ତଃପ୍ରଦେଶରେ ନିହିତ ତଥା ଶରୀର ରକ୍ଷକ । ଆଧ୍ୟାତ୍ମିକ ଜଗତର ସୋମ ଭଳି ବାହ୍ୟ ଜଗତର ପ୍ରକାଶ ଶକ୍ତିମାନେ ମଧ୍ୟ ଜ୍ୟୋତିଧାରୀ । ସୂର୍ଯ୍ୟ, ଚନ୍ଦ୍ର, ପର୍ଜନ୍ୟ, ବିଦ୍ୟୁତ୍ ପ୍ରଭୃତି ଅନ୍ତର୍ଜଗତର ପ୍ରତୀକ ରୂପେ ଗୃହୀତ । ଚନ୍ଦ୍ର ସୋମର ପର୍ଯ୍ୟାୟବାଚୀ, କାରଣ ଚନ୍ଦ୍ରମାକୁ ଦେବସୋମ କୁହାଯାଇଛି । ସୋମଙ୍କୁ ଦ୍ୟୁଲୋକରୁ ପୃଥିବୀ ପୃଷ୍ଠରେ ଦୀପ୍ତିମୟ ବୃଷ୍ଟିପାଇଁ ପ୍ରାର୍ଥନା କରାଯାଏ । ଆନ୍ତରିକ ଓ ବାହ୍ୟ ପ୍ରକାଶ ଉଭୟଙ୍କୁ 'ସୋମ' ନାମ ଦିଆଯାଇଛି । କାରଣ ଉଭୟେ 'ସୁମ୍' ନାମକ ସୌନ୍ଦର୍ଯ୍ୟାନୁଭୂତିକୁ ବିଭାବିତ କରିବା ନିମନ୍ତେ କ୍ଷମତା ଧାରଣ କରନ୍ତି ।[୧୨] ସୋମ ଆନନ୍ଦର ପ୍ରତୀକ ଓ ରଶ୍ମି (ଗୋ) ଆଲୋକର ପ୍ରତିନିଧିତ୍ୱ କରେ । ସୋମ ସହିତ ଜ୍ୟୋତିର ମିଶ୍ରଣ ହେଲେ ଏହାର ମାଦକ ଶକ୍ତି ବୃଦ୍ଧିପାଏ । ଆନନ୍ଦ ଓ ଆଲୋକର

ମିଶ୍ରଣ ଫଳରେ ସୋମ ଅଧିକ ଘନ ହୋଇଉଠେ ।[୧୩] ଉତ୍ତମ ଜ୍ୟୋତି ଦର୍ଶନ ନିମନ୍ତେ ଆର୍ଯ୍ୟପ୍ରାଣର ବ୍ୟାକୁଳତା ବୈଦିକ କବି ବୁଝିଥିଲେ । "ଅନ୍ଧକାର ଉପରେ 'ଉତ୍ତର ଜ୍ୟୋତିକୁ ସମ୍ପୂର୍ଣ୍ଣ ଦର୍ଶନ ଦ୍ୱାରା ଦେବତାଙ୍କ ମଧ୍ୟରେ 'ଜ୍ୟୋତିରୁତ୍ତମ' ସୂର୍ଯ୍ୟଦେବଙ୍କୁ ଲାଭ କରିଅଛୁଁ"- ଏହା ହେଲା ଶାଶ୍ୱତ ସୂର୍ଯ୍ୟ ଦର୍ଶନର ବାଣୀ । ଏହି ଉତ୍ତମ ଜ୍ୟୋତିଙ୍କୁ ପୁନଶ୍ଚ 'ଆର୍ଯ୍ୟଜ୍ୟୋତି' କୁହାଯାଇଛି । କାରଣ ଏହି ଜ୍ୟୋତିକୁ କେବଳ ଆର୍ଯ୍ୟ ହିଁ ଦେଖିପାରେ । ଆର୍ଯ୍ୟ ତାହାଙ୍କୁ କୁହାଯାଇଛି ଯେ ମାନବ ଦେହ ରୂପୀ ବେଦୀକୁ ଅରଂକରଣ ଦ୍ୱାରା 'ଅମୃତ ଚେତନଯଜ୍ଞ' କରନ୍ତି । 'ଅରଂ' ହେଉଛି 'ମହଃ ସୁ' -ମହାନ୍ ସୌନ୍ଦର୍ଯ୍ୟ । ଏହି ଅରଂକରଣ ବା ଅଳଂକରଣର ଅର୍ଥ ହେଉଛି ଇଚ୍ଛା, କ୍ରିୟା, ଜ୍ଞାନକୁ ମନ ବାକ୍ୟକାର୍ଯ୍ୟରେ ଶୁଦ୍ଧ କରିବା । ଏହା ନହେଲେ ସ୍ୱସ୍ତିର ସୌନ୍ଦର୍ଯ୍ୟ ସୂର୍ଯ୍ୟ ମିଳିପାରିବେ ନାହିଁ । ଯେ ଏହି ଅରଂ ପ୍ରାପ୍ତି ନିମନ୍ତେ ପ୍ରଯତ୍ନଶୀଳ ସେ ହିଁ ଆର୍ଯ୍ୟ । ହେବା ଓ ଆର୍ଯ୍ୟ ନାମକ ସୌନ୍ଦର୍ଯ୍ୟ ଜ୍ୟୋତିକୁ ଲାଭ କରିବା ତଥା ବିଶ୍ୱକୁ ଆର୍ଯ୍ୟ କରିବା । (କୃଣ୍ୱନ୍ତୋ ବିଶ୍ୱମାର୍ଯ୍ୟମ୍)- ଏହା ହିଁ ଆର୍ଯ୍ୟ ଜୀବନର ଲକ୍ଷ୍ୟ ଓ ମହଦାଭିଳାଷ ।[୧୪] 'ଉରୁଜ୍ୟୋତିର୍ଜନୟନ୍ନାର୍ଯାୟ,' ଅର୍ଥାତ୍ ଅଗ୍ନି ଆର୍ଯ୍ୟମାନଙ୍କ ପାଇଁ ଉରୁ ଜ୍ୟୋତିକୁ ଜନ୍ମ ଦିଅନ୍ତି ଓ ଆର୍ଯ୍ୟ ଜାତି ସମ୍ମୁଖରେ ଏହି ଜ୍ୟୋତି ବିରାଜିତ 'ପ୍ରଜା ଆର୍ଯ୍ୟ ଜ୍ୟୋତିରଗ୍ରା' ।[୧୫] ତେଣୁ ଆର୍ଯ୍ୟ ଆଲୋକର ପ୍ରୟାସୀ, ଉରୁଜ୍ୟୋତି ଲାଭ ପାଇଁ ତାହାର ପ୍ରାର୍ଥନା ।

ବେଦରେ ସୁନ୍ଦର ତଥା ସୌନ୍ଦର୍ଯ୍ୟ ଶବ୍ଦର ବ୍ୟବହାର ନଥିଲେ ହେଁ ଆନନ୍ଦ, ନନ୍ଦ, ମୋଦ, ଆମୋଦ, ମୁଦ, ପ୍ରମୁଦ, ପ୍ରିୟ ଆଦି ଅନେକ ଶବ୍ଦ ମିଳେ, ଯାହା ଦ୍ୱାରା ଆନନ୍ଦାନୁଭୂତି ବା ସୌନ୍ଦର୍ଯ୍ୟାନୁଭୂତିର ଧାରଣା କରାଯାଇପାରେ । ମାନବ ଶରୀରରେ ଅଯୋଧ୍ୟାରୂପୀ ଦେବପୁରର ସ୍ଥିତି ସ୍ୱୀକାର କରି ଅଥର୍ବ ବେଦରେ କୁହାଯାଇଛି ଯେ, ଏହି ପୁରରେ ବାସ କରୁଥିବା ଆତ୍ମା ପୁରୁଷ ବୋଲାଏ । ଏହି ପୁର ମଧ୍ୟରେ, ହିରଣ୍ୟୟକୋଷ, ସ୍ୱର୍ଗ, ବ୍ରହ୍ମପୁରୀ ଇତ୍ୟାଦି ବିରାଜମାନ । ଏହି ସ୍ୱର୍ଗରୁ ଆନନ୍ଦର ସ୍ରୋତ ବହିଆସୁଛି । ତେଣୁ ଅଥର୍ବ ବେଦରେ ପ୍ରଶ୍ନ କରାଯାଇଛି, "ପୁରୁଷ ଆନନ୍ଦ ଓ ନନ୍ଦକୁ କେଉଁଠାରୁ ବହନ କରିଆଣେ ?" (ଆନନ୍ଦାନୁଗ୍ରୋ ନନ୍ଦାଂଶ୍ଚ କସ୍ମାତ୍ ବହତି ପୁରୁଷଃ) । ଏହି ହିରଣ୍ୟୟ କୋଷ ହିଁ ଆନନ୍ଦର ଉତ୍ସ ।

ବେଦରେ 'ଉର୍ବଶୀ' ଅଭୟ ଜ୍ୟୋତି ରୂପରେ ବର୍ଣ୍ଣିତ । ବୈଦିକ ଦ୍ରଷ୍ଟା ତାଙ୍କୁ 'ଅଭୟମ୍ ଜ୍ୟୋତି' ବୋଲି ପ୍ରାର୍ଥନା କରିଛନ୍ତି । ଅଭୟ ଜ୍ୟୋତି ଲାଭ କରିଥିବା ବ୍ୟକ୍ତି ଉର୍ବଶୀଙ୍କୁ ପାଇପାରେ । 'ଉର୍ବଶୀ' ବ୍ୟାପକ ସୁଖ ବା ଅସୀମ ଆନନ୍ଦର ସଙ୍କେତ ଦିଏ । ବ୍ୟାପକ ସୁଖରେ ଅବସ୍ଥାନ କରୁଥିବା ବ୍ୟକ୍ତି ଅଭୟଜ୍ୟୋତି ଅନୁଭବ

କରିପାରେ । ବୃହତ୍ ଦିବା (ବୃହତ୍ ସ୍ୱର୍ଗ)ରେ ହିଁ ବ୍ୟାପକ ସୁଖ ବା ଉପଭୋଗରୂପିଣୀ ଉର୍ବଶୀ ବିଚରଣ କରନ୍ତି । ମହତ୍ ଆନନ୍ଦ ଓ ଦସ୍ୟୁମାନଙ୍କୁ ମାରିବା ପାଇଁ (ମହେରଣାୟ ଓ ଦସ୍ୟୁହତ୍ୟାୟ) ଦେବତାମାନେ ଯେଉଁ ପୁରୂରବାଙ୍କୁ ସୃଷ୍ଟି କରିଥିଲେ ଓ ଯେଉଁ ଉର୍ବଶୀ ତାଙ୍କ ନିକଟକୁ ଆସିଥିଲେ, ସେହି ପୁରୂରବା ଦେବତାମାନଙ୍କର ଇଚ୍ଛାପୂରଣ ନ କରିବାରୁ ଉର୍ବଶୀ ତାଙ୍କଠାରୁ ବିଦାୟ ନେଇ ଚାଲିଯାଇଛନ୍ତି । ମାନବୀୟ ଉପଭୋଗର ସାମଗ୍ରୀ ହେବା ତଥା ମାନବୀୟ ଦାୟିତ୍ୱ ବହନ କରିବା ପାଇଁ ଉର୍ବଶୀ ଚାହିଁ ନାହାନ୍ତି । ପୁରୂରବା ସନ୍ତାନ ପାଇଛନ୍ତି; ମାତ୍ର ଉର୍ବଶୀଙ୍କୁ ଧରି ରଖିପାରି ନାହାନ୍ତି । ଚେତନ ସ୍ତରରେ ଉର୍ବଶୀଙ୍କୁ ଲାଭ କରିବା ପାଇଁ ପୁରୂରବା ଚାହିଁଛନ୍ତି ଓ ଉର୍ବଶୀ ନରହି ଚାଲିଗଲେ ନିଜ ଜୀବନ ପ୍ରତି ବିପଦ ବରଣ ସ୍ୱରୂପ ଭୟଙ୍କର ବୃକମାନେ ତାଙ୍କୁ ଭକ୍ଷଣ କରିବେ ବୋଲି କହିଛନ୍ତି । ଉର୍ବଶୀ ପ୍ରତ୍ୟୁତ୍ତରରେ ତାଙ୍କୁ ବୁଝାଇଛନ୍ତି ଯେ, ସେମାନଙ୍କର ଏହି ସମ୍ପର୍କ ମାନବୀୟ ସମ୍ପର୍କ ମାତ୍ର; ଏହା ପାର୍ଥିବ ସ୍ତରର; ଏହା ଦିବ୍ୟ ସତ୍ତା ସହ ବିବାହ ବନ୍ଧନ ନୁହେଁ ବୋଲି ଗ୍ରହଣ କରିବା ଉଚିତ ନୁହେଁ । ଦିବ୍ୟସତ୍ତା ସହିତ ମହତ ସମ୍ପର୍କ ରଖିପାରି ନଥିବାରୁ ଏହି ପାର୍ଥିବ ସମ୍ପର୍କକୁ ଅଚିରସ୍ଥାୟୀ ଓ ଛଳନାପୂର୍ଣ୍ଣ ବୋଲି ଜାଣନ୍ତୁ । ଉର୍ବଶୀ ତାଙ୍କର ପାର୍ଥିବ ଅବସ୍ଥାନ କାଳକୁ କ୍ଷଣସ୍ଥାୟୀ ହେଲେ ମଧ୍ୟ ସୁଖକର ବୋଲି କହିଛନ୍ତି । ତା'ପରେ ପୁରୂରବା ଉର୍ବଶୀଙ୍କୁ ଅନ୍ତରୀକ୍ଷରେ ବିଚରଣ କରି ଆୟତ୍ତ କରିବା ପାଇଁ ସଙ୍କଳ୍ପବଦ୍ଧ ହୋଇଛନ୍ତି । ତାଙ୍କର ତପ୍ତ ହୃଦୟ ପାଇଁ ଉର୍ବଶୀଙ୍କର ପୁନରାଗମନ ନିତାନ୍ତ ପ୍ରୟୋଜନ । ଉର୍ବଶୀ ପ୍ରାପ୍ତି ପାଇଁ ମାନବୀୟ ସଂକଳ୍ପ ସହିତ ମାନବର ଦାବି ମିଶ୍ରିତ ହୋଇ ପୁରୂରବାଙ୍କ ବିକଳ ନିବେଦନରେ କାରୁଣ୍ୟମୟ ହୋଇଉଠିଛି ।

ଏଥିରୁ ସ୍ପଷ୍ଟ ହେଲା, ଉର୍ବଶୀ ବ୍ୟାପକ ଆଲୋକ ଓ ଆନନ୍ଦ ସ୍ୱରୂପିଣୀ । ପୁରୂରବା ମାନବ ସନ୍ତାନ । ବହୁରବ ବିଶିଷ୍ଟ ମାନବୀୟ ସତ୍ତା ଯେ କି ନିଜର କାମନାର ସନ୍ତୋଷ ବିଧାନ ପାଇଁ କ୍ରନ୍ଦନ କରୁଛି । ଆଭାମୟୀ ଦିବ୍ୟ ସତ୍ତା ଉର୍ବଶୀଙ୍କୁ ପାଇବା ପାଇଁ ତାହାର ବିଶ୍ୱବ୍ୟାପୀ କ୍ରନ୍ଦନ । ମାନବୀୟ ଓ ଦିବ୍ୟ ଚେତନା ମଧ୍ୟରେ ପାରସ୍ପରିକ ବିନିମୟ ହିଁ ଉର୍ବଶୀ-ପୁରୂରବା ଆଖ୍ୟାନର ମର୍ମ । ମାତ୍ର ପୁରୂରବା ଉର୍ବଶୀଙ୍କର ପ୍ରକୃତ ପରିଚୟ ପାଇ ନଥିବାରୁ ତାଙ୍କୁ ହରାଇ ବସିଛନ୍ତି । ମଣିଷର ଇତର ସୁଖର ପ୍ରୟୋଜନରେ ଆସିବା ପାଇଁ ଏହି ଦିବ୍ୟଶକ୍ତି ତାଙ୍କୁ ପ୍ରାପ୍ତ ହୋଇନଥିଲେ । ମଣିଷର ସାଧାରଣ ଚେତନାରେ ରୂପ ପରିଗ୍ରହ କରିବା ଦୈବତ ଶକ୍ତି ପକ୍ଷେ ଅସମ୍ଭବ । ଉର୍ବଶୀଙ୍କୁ ଧରି ରଖିବା ପାଇଁ ଯେଉଁ ଉପାୟ ପ୍ରୟୋଜନ, ତାହା ପୁରୂରବାଙ୍କୁ ଜଣା ନଥିଲା । କ୍ଷୟଶୀଳ ଚେତନାର ବିନାଶକରି ମୃତ୍ୟୁବନ୍ଧୁମାନଙ୍କର ସଙ୍ଗ ତ୍ୟାଗ କଲେ ଉର୍ବଶୀଙ୍କୁ ଧରି ରଖାଯାଇପାରେ । କାରଣ ଉର୍ବଶୀ ବ୍ୟାପକ ଅକ୍ଷୟ ଆନନ୍ଦ ହୋଇଥିବାରୁ

କ୍ଷୟଶୀଳ ଚେତନାର ସମ୍ପର୍କ କ୍ଷଣସ୍ଥାୟୀ ମାତ୍ର । ସ୍ୱର୍ଗୀୟ ଆନନ୍ଦ କେବେହେଲେ ମାନବୀୟ ପ୍ରକୃତିର ଇତର ବା ତୁଚ୍ଛ ଉପାଦାନ ସହିତ ସହାବସ୍ଥାନ କରିନପାରେ । ସ୍ୱଭାବର ଶୁଦ୍ଧତା ସମ୍ପାଦନ କରି ମାନବକୁ ଉଚ୍ଚତର ଦିବ୍ୟ ଆନନ୍ଦର ଶୀର୍ଷ ଦେଶକୁ ଉଠିବାକୁ ପଡ଼ିବ, ତେବେ ଯାଇ ସେ ଦିବ୍ୟ ଆନନ୍ଦ, ଅସୀମ ଆଲୋକ, ଉର୍ବଶୀଙ୍କୁ ମାନବ ସହିତ ସହାବସ୍ଥାନ କରିବା ପାଇଁ ଅଭିଳାଷ ପୋଷଣ କରିପାରେ ।[୧୬]

ଉପନିଷଦରେ ସୌନ୍ଦର୍ଯ୍ୟତତ୍ତ୍ୱ ଦୃଷ୍ଟିରୁ ଆନନ୍ଦ ପ୍ରମୁଖ ସ୍ଥାନ ଅଧିକାର କରିଛି । ଆନନ୍ଦତତ୍ତ୍ୱ ଉପରେ ଭାରତୀୟ ଦର୍ଶନ ଭଳି ଭାରତୀୟ ସୌନ୍ଦର୍ଯ୍ୟତତ୍ତ୍ୱ ଅଧିକ ଗୁରୁତ୍ୱ ଦେଇଛି । ଏହାକୁ କେବଳ ଆଧ୍ୟାତ୍ମିକ ଦୃଷ୍ଟିରୁ ନୁହେଁ, କଳାର ସୌନ୍ଦର୍ଯ୍ୟତତ୍ତ୍ୱ ଦୃଷ୍ଟିରୁ ମଧ୍ୟ ବିଚାର କରାଯାଇପାରେ ।ତୈତ୍ତିରୀୟୋପନିଷ୍‌ଦର ବ୍ରହ୍ମାନନ୍ଦ ବଲ୍ଲୀରେ ମାନବ ଶରୀରରେ ପଞ୍ଚକୋଷର ନିରୂପଣ କରାଯାଇଛି- ଅନ୍ନ ରସମୟ କୋଷ, ପ୍ରାଣମୟ କୋଷ, ମନୋମୟ କୋଷ, ବିଜ୍ଞାନମୟ କୋଷ ଓ ଆନନ୍ଦମୟ କୋଷ । ଏହି ପଞ୍ଚକୋଷକୁ ପଞ୍ଚ ପୁରୁଷ ରୂପରେ ଗ୍ରହଣ କରାଯାଇଛି; ମାତ୍ର ଏହା ଏକ ଓ ଅଭିନ୍ନ । କାରଣ ଅନ୍ନ ରସମୟ କୋଷଠାରୁ ଆନନ୍ଦମୟ କୋଷ ପର୍ଯ୍ୟନ୍ତ ପ୍ରତ୍ୟେକ ପରବର୍ତ୍ତୀ ପୁରୁଷକୁ ପୂର୍ବବର୍ତ୍ତୀର ଆତ୍ମା ସ୍ୱୀକାର କରାଯାଇଛି । ଅନ୍ନମୟ ପୁରୁଷ ପ୍ରାଣମୟ ପୁରୁଷ ଦ୍ୱାରା ପୂର୍ଣ୍ଣ, ପ୍ରାଣମୟ ପୁରୁଷ ମନୋମୟ ଦ୍ୱାରା ପୂର୍ଣ୍ଣ, ମନୋମୟ ପୁରୁଷ ବିଜ୍ଞାନମୟ ପୁରୁଷ ଦ୍ୱାରା ପୂର୍ଣ୍ଣ ଓ ପରିଚାଳିତ ତଥା ବିଜ୍ଞାନମୟ ପୁରୁଷ ମଧ୍ୟରେ ଆନନ୍ଦମୟ ପୁରୁଷ ଅବସ୍ଥାନ କରେ । ପଞ୍ଚକୋଷରେ ରମଣ କରୁଥିବା ପୁରୁଷ ବସ୍ତୁତଃ ଏକ ମାନବୀୟ ବ୍ୟକ୍ତିତ୍ୱର ପାଞ୍ଚଗୋଟି ସ୍ତର । ପଞ୍ଚପୁରୁଷ ଏକ ଆତ୍ମାର ବିଭିନ୍ନ କୋଷରେ ରମଣ କରୁଥିବା ପାଞ୍ଚଗୋଟି ନାମ ଓ ସ୍ୱରୂପ ବୋଲି ଧରିବାକୁ ପଡ଼ିବ । ଆତ୍ମାର ଆନନ୍ଦମୟ କୋଷର ସ୍ୱରୂପ ନିରୂପଣ ନିମ୍ନରୂପେ କରାଯାଇଛି-

ତସ୍ମାଦ୍ୱା ଏତସ୍ମାଦ୍ୱିଜ୍ଞାନମୟାତ୍ ଅନ୍ୟୋଽନ୍ତର ଆତ୍ମାନନ୍ଦମୟଃ । ପ୍ରିୟମସ୍ୟ ଶିରଃ । ଆମୋଦୋ ଦକ୍ଷିଣଃ ପକ୍ଷଃ । ପ୍ରମୋଦା ଉତ୍ତରଃ ପକ୍ଷଃ । ଆନନ୍ଦ ଆତ୍ମା । ବ୍ରହ୍ମ ପୁଚ୍ଛ ପ୍ରତିଷ୍ଠା[୧୭]

ଅର୍ଥାତ୍, ବିଜ୍ଞାନମୟଠାରୁ ଆନନ୍ଦମୟ ସୂକ୍ଷ୍ମତର । ଏଥିରୁ ମିଳୁଥିବା ପ୍ରିୟ (ଆନନ୍ଦ) ଏହାର ଶିର । ଆନନ୍ଦମୟ ପୁରୁଷର ଦକ୍ଷିଣ ଉତ୍ତର ପକ୍ଷ ଆମୋଦ ପ୍ରମୋଦ । ଆନନ୍ଦ ଏହାର ଆତ୍ମା । ବ୍ରହ୍ମ ଏହାର ପୁଚ୍ଛ ପ୍ରତିଷ୍ଠା ବା ଶାଶ୍ୱତଭିତ୍ତି, ଆଧାର ।

ଏଥିରୁ ଜଣାଗଲା, ପ୍ରିୟ ଆମୋଦ ଓ ପ୍ରମୋଦ- ଏ ତିନୋଟିରେ ଆନନ୍ଦ ବିଦ୍ୟମାନ । ପ୍ରିୟରେ ଆନନ୍ଦର ଅନୁଭୂତି ହେଉଥିବାରୁ ଆନନ୍ଦମୟ ପୁରୁଷର ଉଭୟ ପକ୍ଷ ଆମୋଦ ପ୍ରମୋଦ ମଧ୍ୟ ଆନନ୍ଦବାଚୀ ତଥା ଏଥିରେ ରମଣ କରୁଥିବା ଆତ୍ମାକୁ

ମଧ୍ୟ ଆନନ୍ଦ କୁହାଯାଇଛି । ଆନନ୍ଦମୟ ପୁରୁଷ ହିଁ ଆନନ୍ଦ ସ୍ୱରୂପ । ଆନନ୍ଦମୟ ପୁରୁଷର ଏହି ଯେଉଁ ବିଗ୍ରହ ଉପନିଷଦରେ କଳ୍ପନା କରାଯାଇଛି, ତାହିଁରେ ସୁନ୍ଦର ଅନୁଭୂତିରୁ ଲାଭ ହେଉଥିବା ପ୍ରିୟ ଭାବନା ଶିରସ୍ଥାନୀୟ । ସୁନ୍ଦର ଉପଭୋଗରୁ ଲବ୍ଧ ଆମୋଦ ଓ ସୁନ୍ଦର ଅଭିବ୍ୟକ୍ତିରୁ ଲବ୍ଧ ପ୍ରମୋଦ ଯଥାକ୍ରମେ ଦକ୍ଷିଣ ଓ ଉତ୍ତର ପକ୍ଷ । ପ୍ରିୟ ଆମୋଦ ପ୍ରମୋଦ- ଏହି ତିନି ସ୍ତରରେ ଆନନ୍ଦ ମାତ୍ରା ଅନୁସାରେ ବିଦ୍ୟମାନ ଥିଲେ ହେଁ ଶେଷରେ ଆନନ୍ଦ ଆତ୍ମା ଭାବେ ସ୍ୱୀକୃତ ହୋଇଛି ।

ମୁଣ୍ଡକ ଉପନିଷଦ୍‌ରେ ଏହି ଆତ୍ମାକୁ ଆନନ୍ଦରୂପ, ଅମୃତ କୁହାଯାଇଛି ଯାହାକୁ ଧୀରମାନେ ବିଜ୍ଞାନମୟ କୋଷର ସହାୟତାରେ ଦେଖିପାରନ୍ତି (ତଦ୍‌ବିଜ୍ଞାନେନ ପରିପଶ୍ୟନ୍ତି ଧୀରା ଆନନ୍ଦରୂପମମୃତଂ ଯଦ୍‌ବିଭାତି) ।[୧୮] ଆନନ୍ଦ ହିଁ ସ୍ଥିତିର ନିର୍ଯାସ, ଏକଥା ତୈତ୍ତିରୀୟ ଉପନିଷଦ୍ ବାରମ୍ବାର ଘୋଷଣା କରିଛି- ସେ ବ୍ରହ୍ମ ଓ ଆନନ୍ଦକୁ ଜାଣିଛନ୍ତି । ସକଳ ଭୂତଗୋଷ୍ଠୀ ଏହି ଆନନ୍ଦରୁ ଜାତ ଓ ଜାତ ହୋଇ ଆନନ୍ଦରେ ବଞ୍ଚୁଛନ୍ତି । ଆନନ୍ଦ ପ୍ରତି ଚାଳିତ ଓ ଆନନ୍ଦରେ ପ୍ରବେଶ କରୁଛନ୍ତି ।[୧୯] ପୁନଶ୍ଚ ବ୍ରହ୍ମକୁ ଆନନ୍ଦ ବୋଲି ଜାଣି ସେ ଭୟ ପରିହାର କରେ ।[୨୦] ଆନନ୍ଦ ମୀମାଂସାର ସ୍ତରଭେଦ ଉକ୍ତ ଉପନିଷଦ୍‌ରେ ବିଶଦ ରୂପେ ବର୍ଣ୍ଣିତ । ମାନବ ଲୋକର ଆନନ୍ଦ, ମାନବ ଗନ୍ଧର୍ବର ଆନନ୍ଦ, ଦେବଗନ୍ଧର୍ବର ଆନନ୍ଦ, ପିତୃଲୋକର ଆନନ୍ଦ, ଆଜାନଜ ଦେବଙ୍କ ଆନନ୍ଦ, କର୍ମଦେବଙ୍କ ଆନନ୍ଦ, ସ୍ଥାୟୀଦେବଙ୍କ ଆନନ୍ଦ, ଇନ୍ଦ୍ରଙ୍କ ଆନନ୍ଦ, ବୃହସ୍ପତିଙ୍କ ଆନନ୍ଦ, ପ୍ରଜାପତିଙ୍କ ଆନନ୍ଦ ଓ ବ୍ରହ୍ମ ଆନନ୍ଦ । ଏହି ସମସ୍ତ ସ୍ତରର ଆନନ୍ଦ ସୋପାନବତ୍ ଓ ଏହା ବ୍ରହ୍ମଲୋକ ଭୋଗନିର୍ଲିପ୍ତ ଶ୍ରୋତ୍ରିୟଙ୍କୁ ସହଜରେ ମିଳିଥାଏ ।[୨୧] ଶିଳ୍ପୀର ଆନନ୍ଦ ଭୌତିକ ଉପଭୋଗର ଊର୍ଦ୍ଧ୍ୱସ୍ତରର ଏକ ମାନବୀୟ ଆନନ୍ଦ । ତେଣୁ ଶିଳ୍ପାନନ୍ଦ ଏହିପରି ନିଷ୍କଲୁଷ ଓ ସାଧୁଭାବାପନ୍ନ ହେଲେ ଶିଳ୍ପରେ ନୈତିକତା ଓ ନୀତିବିମୁଖତା ଭଳି ପାଶ୍ଚାତ୍ୟ କଳା ଦର୍ଶନରେ ଉଠୁଥିବା ବାଦ-ବିସମ୍ବାଦର ଅବସାନ ଘଟିବ । ସେହି ତେତ୍ତିରୀୟୋପନିଷଦ୍‌ରେ ଉଦ୍‌ଘୋଷିତ ହୋଇଛି- "ରସୋ ବୈ ସଃ ରସଂ ହ୍ୟେବାୟଂ ଲବ୍ଧ୍ୱାଽନନ୍ଦୀ ଭବତି"- ଅର୍ଥାତ୍ ସେ ହିଁ ରସ । ତାଙ୍କୁ ଲାଭ କରି ଆତ୍ମା ଆନନ୍ଦରେ ପରିପୂର୍ଣ୍ଣ ହୋଇଉଠେ । [୨୨] ଭାରତୀୟ ଅଧ୍ୟାତ୍ମତତ୍ତ୍ୱ ଓ ସୌନ୍ଦର୍ଯ୍ୟତତ୍ତ୍ୱରେ ଆନନ୍ଦ ଓ ରସଚେତନା ମୁଖ୍ୟସ୍ଥାନ ଅଧିକାର କରିଛି ।

ବୃହଦାରଣ୍ୟକ ଉପନିଷଦ୍‌ରେ ଏକ ଉପମା ଛଳରେ ଆତ୍ମୋପଲବ୍ଧି ବା ଆତ୍ମପ୍ରତିଭାନର ଲକ୍ଷଣ ନିର୍ଦ୍ଦେଶ କରି କୁହାଯାଇଛି- "ପ୍ରେମିକାର ଦୃଢ଼ ଆଲିଙ୍ଗନାବଦ୍ଧ ବ୍ୟକ୍ତିର ଯେଉଁପରି ବାହ୍ୟ ତଥା ଅଭ୍ୟନ୍ତର ଜ୍ଞାନ ନଥାଏ ଓ ସେ ଆତ୍ମବିସ୍ମୃତ ହୋଇ ଆନନ୍ଦରେ ମଜ୍ଜି ରହିଥାଏ, ସେହିପରି ଆତ୍ମାର ପରମାତ୍ମା ସହ ମିଳନ କାଳରେ ପୁରୁଷର

ବାହ୍ୟାଭ୍ୟନ୍ତର ବୋଧ ରହେ ନାହିଁ ।" ଏହି ଉପଲବ୍ଧି ଆନନ୍ଦର ପୂର୍ଣ୍ଣତାରୁ ଆସେ । ଏହା ଆତ୍ମାର ଆନନ୍ଦ, ନିଷ୍କାମ ଆନନ୍ଦ । ଏଥିରେ ଦୁଃଖ ଶୋକ, ପୀଡ଼ା, ଅସୁଖର ଲେଶ ମାତ୍ର ନଥାଏ ।' ଭାରତୀୟ କବିତା ଓ କାବ୍ୟ ତତ୍ତ୍ୱରେ ରସ ଓ ଆନନ୍ଦର ପ୍ରଭାବ ଉପରୋକ୍ତ ଉଲ୍ଲେଖରୁ ସହଜରେ ଅନୁମେୟ । ରସ ଓ ଆନନ୍ଦକୁ ଭାରତୀୟ ଅଧ୍ୟାତ୍ମତତ୍ତ୍ୱ ଓ ସୌନ୍ଦର୍ଯ୍ୟତତ୍ତ୍ୱରେ ଭଗବାନ ଓ କଳା- ଉଭୟ ପ୍ରତି ସମାନ ଭାବରେ ପ୍ରୟୋଗ କରାଯାଇଛି । ଭଗବାନ ସ୍ୱୟଂ ଅସୀମ ଆନନ୍ଦ ଓ କଳା ସେହି ଆନନ୍ଦର ଚିନ୍ମୟ ଉଜ୍ଜ୍ୱଳ ପ୍ରକାଶ । ତେଣୁ ଉପନିଷଦର ସୌନ୍ଦର୍ଯ୍ୟତତ୍ତ୍ୱକୁ ଆନନ୍ଦର ସୌନ୍ଦର୍ଯ୍ୟତତ୍ତ୍ୱ କୁହାଯାଇପାରେ ।

ଉପନିଷଦ୍ ଯୁଗରେ ସୌନ୍ଦର୍ଯ୍ୟତତ୍ତ୍ୱର ନିର୍ଦ୍ଦିଷ୍ଟ ରୂପ ମିଳେ ନାହିଁ ।[୨୩] କାରଣ ଏଥିରେ ଅପାର୍ଥିବ ଜଗତର କଥା କୁହାଯାଇଛି । ଆଧ୍ୟାତ୍ମିକ ତତ୍ତ୍ୱ ଚିନ୍ତନରେ ବ୍ୟାପୃତ ରହିଥିବାରୁ ପରମାତ୍ମା, ଅବ୍ୟକ୍ତ ପୁରୁଷଙ୍କର ପ୍ରକାଶର ଅଙ୍କନ କରିବା ଏହାର ମୁଖ୍ୟ ଉଦ୍ଦେଶ୍ୟ ହୋଇପଡ଼ିଛି । ସେହି ପରମ ପୁରୁଷଙ୍କ ରୂପର ପ୍ରକାଶ ଓ ପ୍ରକାଶର ଧର୍ମ ସ୍ୱରୂପ ଆନନ୍ଦର କଥା ବାରମ୍ବାର ଘୋଷଣା କରାଯାଇଛି । ତେଣୁ ଆନନ୍ଦକୁ ସୁନ୍ଦରର ପ୍ରକାଶ ବୋଲି ଗ୍ରହଣ କରିବାକୁ ପଡ଼ିବ । କଳାରେ ଏହି ଚିଦାନନ୍ଦର ଉପାସନା ଓ ଏହା ହିଁ ସକଳ ଲଳିତ କଳା କ୍ଷେତ୍ରରେ 'ସୁନ୍ଦର' ରୂପେ ଗୃହୀତ । ସୁନ୍ଦରର ମୂଳରେ ଆନନ୍ଦ ଓ ସୁନ୍ଦର ପ୍ରାପ୍ତିରେ ଆନନ୍ଦୋପଲବ୍ଧି ଏହା ହିଁ ଉପନିଷଦର ସୌନ୍ଦର୍ଯ୍ୟତତ୍ତ୍ୱ ।

ଭାରତୀୟ ସୌନ୍ଦର୍ଯ୍ୟତତ୍ତ୍ୱର ଉପାଦାନ ସଂଗ୍ରହ ପାଇଁ ଶିଳ୍ପଶାସ୍ତ୍ର (ସ୍ଥାପତ୍ୟ, ମୂର୍ତ୍ତି ଓ ଚିତ୍ରକଳା)ମାନଙ୍କର ସାହାଯ୍ୟ ନିଆଯାଇପାରେ । ମାନସର ଶିଳ୍ପରତ୍ନ, ବିଷ୍ଣୁଧର୍ମୋତ୍ତର ପୁରାଣ (ଚିତ୍ର ସୂତ୍ର), ଶୁକ୍ରନୀତି, ଅଭିଳଷିତାର୍ଥ- ଚିନ୍ତାମଣି, (ମାନସୋଲ୍ଲାସ) ପ୍ରଭୃତି ଗ୍ରନ୍ଥମାନଙ୍କରୁ ଭାରତୀୟ ଶିଳ୍ପତତ୍ତ୍ୱର ବିସ୍ତୃତ ବିବରଣୀ ମିଳେ । ସକଳ ଲଳିତକଳା ମଧ୍ୟରେ ଅନ୍ତଃସମ୍ବନ୍ଧ ବିଦ୍ୟମାନ-ବିଷ୍ଣୁଧର୍ମୋତ୍ତର ପୁରାଣରେ ଏହି ତତ୍ତ୍ୱର ଉଲ୍ଲେଖ ରହିଛି । ରାଜା ବଜ୍ର ମାର୍କଣ୍ଡେୟ ଋଷିଙ୍କଠାରୁ ପ୍ରତିମା-ନିର୍ମାତା-ବିଷୟକ ଜ୍ଞାନ ଲାଭ ପାଇଁ ପ୍ରାର୍ଥନା କରିବାରୁ ଋଷି ତାହାଙ୍କୁ ପ୍ରଥମେ ଚିତ୍ର ସୂତ୍ରରେ ବ୍ୟୁତ୍ପତ୍ତି ଲାଭ ପାଇଁ ଉପଦେଶ ଦେଲେ । କାରଣ ଚିତ୍ର ସୂତ୍ରରେ ପ୍ରବେଶ ନଥିଲେ ପ୍ରତିମା ନିର୍ମାଣର ବୈଶିଷ୍ଟ୍ୟ ଜାଣି ହେବ ନାହିଁ । ଏଥିରୁ ଜଣାଗଲା ଭାସ୍କର୍ଯ୍ୟ ଚିତ୍ରକଳାରୁ ପ୍ରେରଣା ଗ୍ରହଣ କରେ । ରାଜା ଚିତ୍ର ସୂତ୍ରରେ ଜ୍ଞାନ ଲାଭ ପାଇଁ ଚାହିଁବାରୁ ଋଷି ତାହାଙ୍କୁ ନୃତ୍ୟକଳାରେ ଦକ୍ଷତା ଅର୍ଜନ ପାଇଁ କହିଲେ । ପୁନଶ୍ଚ ନୃତ୍ୟକଳା ନିମନ୍ତେ ଯନ୍ତ୍ର ସଙ୍ଗୀତ(ଅତୋଦ୍ୟ)ରେ ଜ୍ଞାନ ଥିବା ପ୍ରୟୋଜନ ଓ ଯନ୍ତ୍ର ସଙ୍ଗୀତ ସ୍ୱର ସଙ୍ଗୀତ ଦ୍ୱାରା ନିୟନ୍ତ୍ରିତ । ଏଣୁ ଋଷି ରାଜାଙ୍କୁ ସ୍ୱର ସଙ୍ଗୀତରୁ ଆରମ୍ଭ କରି ଚିତ୍ରକଳା ପର୍ଯ୍ୟନ୍ତ ଶିକ୍ଷା

ଦେଲେ । [୨୪]ଏଥିରୁ ଏକଥା କୁହାଯାଇପାରେ ଯେ, କୌଣସି ଗୋଟିଏ ବିଶେଷ ଶିଳ୍ପରେ ଦକ୍ଷତା ଅର୍ଜନ ନିମନ୍ତେ ଅନ୍ୟ ଭଗିନୀକଳା ମାନଙ୍କରେ ମଧ୍ୟ ବ୍ୟୁତ୍ପତ୍ତି ଲାଭ କରିବାକୁ ପଡ଼ିବ । ସେହିପରି ଯେଉଁ ବ୍ୟକ୍ତି ଚିତ୍ରକଳାର ସୌନ୍ଦର୍ଯ୍ୟ ଆସ୍ୱାଦନ ବା ଆଲୋଚନା କରନ୍ତି, ସେ ଅନ୍ୟ କଳାମାନଙ୍କର ସାଧାରଣ ନିୟମ ଜାଣିବା ନିହାତି ପ୍ରୟୋଜନ । ନୃତ୍ୟବାଦ୍ୟ ଗୀତ ପ୍ରଭୃତି ବିଭିନ୍ନ କଳାର ସାଧାରଣ ପଦ୍ଧତି ଓ ନିୟମ ଜଣାନଥିଲେ ପ୍ରକୃତ କଳା-ସମୀକ୍ଷକ ହେବା ଅସମ୍ଭବ ।

ଚିତ୍ର ଭାସ୍କର୍ଯ୍ୟ ନୃତ୍ୟ ଓ ନାଟ୍ୟକଳା ମଧ୍ୟରେ ନିବିଡ଼ତମ ଅନ୍ତଃସମ୍ବନ୍ଧ ଲକ୍ଷ୍ୟ କରାଯାଏ । ଏହି କଳାମାନଙ୍କର ମୂଳରେ ବିଦ୍ୟମାନ ତତ୍ତ୍ୱ ଯେ ଏକ- ଏକଥାରେ ଆଚାର୍ଯ୍ୟମାନେ ଏକମତ । ଯଥାନୃତ୍ତେ ତଥା ଚିତ୍ରେ- ବିଷ୍ଣୁଧର୍ମୋତ୍ତର ପୁରାଣ ମୁକ୍ତ କଣ୍ଠରେ ଘୋଷଣା କରେ । ଚିତ୍ରକଳା ଅଧ୍ୟାୟ ଶେଷରେ କୁହାଯାଇଛି ଯେ, ଏହି ଅଧ୍ୟାୟରେ ଯାହା କୁହାଯାଇନାହିଁ, ତାହା ନୃତ୍ତ ଅଧ୍ୟାୟରେ ବର୍ଣ୍ଣିତ ତତ୍ତ୍ୱର ଆଲୋକରେ ବୁଝିବାକୁ ପଡ଼ିବ । ମାର୍କଣ୍ଡେୟ ସେଥିଲାଗି କହନ୍ତି ଯେ, ଚିତ୍ର ସମ୍ପର୍କୀୟ ଅଧ୍ୟାୟକୁ ନୃତ୍ତ ବିଷୟକ ଜ୍ଞାନର ଅଭାବରେ ବୁଝିବା ନିତାନ୍ତ ଦୁଷ୍କର ।[୨୫] (ବିନାତୁ ନୃତ୍ୟଶାସ୍ତ୍ରେଣ ଚିତ୍ରସୂତ୍ରଂ ସୁଦୁର୍ବିଦମ୍) । ଚିତ୍ର ତାହାର ଚରମ ବିକାଶ କ୍ଷଣରେ ନାଟ୍ୟଧର୍ମୀ ହୋଇଉଠେ- ନୃତ୍ତଂଚିତ୍ରଂ ପରଂ ସ୍ମୃତମ୍ ।

ଲୋକରୁଚିର ଭିନ୍ନତା ହେତୁ ଶିଳ୍ପବସ୍ତୁ ଆସ୍ୱାଦନରେ ମଧ୍ୟ ଭିନ୍ନତା ଦୃଷ୍ଟ ହୁଏ । ବିଷ୍ଣୁ ଧର୍ମୋତ୍ତରରେ କୁହାଯାଇଛି, ଶିଳ୍ପାଚାର୍ଯ୍ୟମାନେ ରେଖାର ପ୍ରଶଂସା କରନ୍ତି, ସମୀକ୍ଷକ ସ୍ଥିତି ବା ସ୍ଥାପନ, ସ୍ତ୍ରୀମାନେ ଭୂଷଣର ଆଦର ଓ ଇତରଲୋକେ ବର୍ଣ୍ଣ ସମାବେଶ ଦେଖି ମୁଗ୍ଧ ହୁଅନ୍ତି ।(ରେଖାଂ ପ୍ରଶଂସନ୍ତି ଆଚାର୍ଯ୍ୟାଃ ବର୍ତ୍ତନଂ ଚ ବିଚକ୍ଷଣାଃ, ସ୍ତ୍ରୀୟାଃ ଭୂଷଣ-ମିଚ୍ଛନ୍ତି ବର୍ଣ୍ଣାଢ୍ୟମିତରେ ଜନାଃ) ।[୨୬] ଏମାନେ ପ୍ରତ୍ୟେକେ ନିଜ ନିଜ ରୁଚି ଅନୁକୂଳ ବିଭାବଗୁଡିକୁ ପ୍ରଶଂସା କରନ୍ତି । ରୁଚିର ତାରତମ୍ୟ ହେତୁ ଏପରି ହୋଇଥାଏ ।

ଦକ୍ଷ ଚିତ୍ରକର ଦ୍ୱାରା ଅଙ୍କିତ ଚିତ୍ର କେଉଁ କେଉଁ ଲକ୍ଷଣ ଓ ବୈଶିଷ୍ଟ୍ୟଯୁକ୍ତ ହେବ ବିଷ୍ଣୁଧର୍ମୋତ୍ତର ପୁରାଣରେ ତାହା ବିଶଦ ରୂପେ ବର୍ଣ୍ଣିତ । ତରଙ୍ଗ, ଅଗ୍ନିଶିଖା, ଉତ୍‌ଥିତ ଧୂମରାଶି, ପତାକା ଓ ମେଘପଂକ୍ତି- ଏ ସମସ୍ତ ଦୃଶ୍ୟକୁ ବାୟୁଗତିରେ ଚାଳିତ ହେବା ପରି ଯେ ଚିତ୍ରରେ ଫୁଟାଇପାରନ୍ତି, ତାହାଙ୍କୁ ଚିତ୍ରବିତ୍ କୁହାଯାଏ । ସୁପ୍ତବ୍ୟକ୍ତିକୁ ଚେତନାଯୁକ୍ତ ଓ ମୃତ ବ୍ୟକ୍ତିକୁ ଚେତନା ବର୍ଜିତ ତଥା ଚିତ୍ରର ଅଙ୍ଗମାନଙ୍କର ନିମ୍ନୋନ୍ନତ- ଯେ ଏହି ପାର୍ଥକ୍ୟ ପ୍ରଦର୍ଶନ କରିପାରନ୍ତି, ସେ ହି ଚିତ୍ରବିତ୍ । ଦର୍ଶକ ଦୃଷ୍ଟିରେ ଯେଉଁ ଚିତ୍ର ଭୟ, ହାସ୍ୟ, ମାଧୁର୍ଯ୍ୟର ସଙ୍କେତ କଲାଭଳି ପ୍ରତୀତ ହୁଏ ବା ଚିତ୍ରଭଙ୍ଗୀରୁ ଯେଉଁ ରୂପର ମାଧୁର୍ଯ୍ୟ ପ୍ରକଟିତ ହୁଏ, ଯହିଁରେ ମାଧୁର୍ଯ୍ୟ ସତେ କି ହସି ଉଠୁଥାଏ ଓ ରୂପମାନେ

ଜୀବନ୍ତ ଭଳି ପ୍ରତୀୟମାନ ହେଉଥାନ୍ତି, ଯେଉଁ ଚିତ୍ର ମୂର୍ତ୍ତିରେ ଶ୍ୱାସକ୍ରିୟା ଚାଲିବା ଭଳି ପ୍ରତୀତ ହେଉଥାଏ-ସେହି ଚିତ୍ରକୁ ଶୁଭଲକ୍ଷଣ ଚିତ୍ର ବୋଲି ଗ୍ରହଣ କରାଯାଏ-

ତରଙ୍ଗାଗ୍ନି ଶିଖାଧୂମ ବୈଜୟନ୍ତ୍ୟମ୍ବରାଦିକମ୍।
ବାୟୁଗତ୍ୟା ଲିଖେଦ୍ୟସ୍ତୁ ବିଜ୍ଞେୟଃ ସ ତୁ ଚିତ୍ରବିତ୍।
ସୁପ୍ତଂ ଚ ଚେତନାଯୁକ୍ତଂ ମୃତଂ ଚୈତନ୍ୟବର୍ଜିତମ୍।
ନିମ୍ନୋନ୍ନତି ବିଭାଗଂ ଚ ଯଃ କରୋତି ସ ଚିତ୍ରବିତ୍ ॥
ଲସତୀବ ଚ ଭୂଲମ୍ବୋ ବିଭ୍ୟତୀବ ତଥା ନୃପ।
ହସତୀବ ଚ ମାଧୁର୍ଯ୍ୟଂ ସଜୀବ ଇବ ଦୃଶ୍ୟତେ।
ସଶ୍ୱାସ ଇବ ଯଚ୍ଚିତ୍ରଂ ତଚ୍ଚିତ୍ରଂ ଶୁଭଲକ୍ଷଣମ୍ ॥[୨୭]

ସୋମେଶ୍ୱରଙ୍କ ମାନସୋଲ୍ଲାସ (ଅଭିଳଷିତାର୍ଥ ଚିନ୍ତାମଣି) ଓ ଶ୍ରୀକୁମାର ରଚିତ ଶିଳ୍ପରତ୍ନ ଗ୍ରନ୍ଥରେ ଚିତ୍ରକଳାର ଆଉ କେତୋଟି ବୈଶିଷ୍ଟ୍ୟ ଓ ଲକ୍ଷଣ ନିର୍ଦ୍ଦେଶ କରାଯାଇଛି । ବିଦ୍ଧ, ଅବିଦ୍ଧ ଓ ରସଚିତ୍ର ନାମରେ ଚିତ୍ରର ଶ୍ରେଣୀବିଭାଗ କରି ପ୍ରତ୍ୟେକ ଚିତ୍ରର ବିଶେଷତ୍ୱ ଦର୍ଶାଇ ଦିଆଯାଇଛି । ଦର୍ପଣରେ ପ୍ରତିବିମ୍ବ ଭଳି ପ୍ରକୃତିର ନିଛକ ଅନୁକରଣର ସାଦୃଶ୍ୟ ଚିତ୍ରମୂର୍ତ୍ତିରେ ଦେଖିବାକୁ ମିଳୁଥିଲେ ତାହାକୁ ବିଦ୍ଧଚିତ୍ର କୁହାଯାଏ- ସାଦୃଶ୍ୟଂ ଲିଖ୍ୟତେ ଯତ୍ତୁ ଦର୍ପଣେ ପ୍ରତିବିମ୍ବବତ୍ । ଅନ୍ୟପକ୍ଷରେ କାଳ୍ପନିକ ଓ ଆକସ୍ମିକ ରୂପେ ଅଙ୍କିତ ତଥା କୌଣସି ନିର୍ଦ୍ଦିଷ୍ଟ ଉଦ୍ଦେଶ୍ୟ ନଥାଇ କେବଳ ରୂପରେ ସାଦୃଶ୍ୟ ଦେଖିବାକୁ ମିଳୁଥିଲେ ସେଭଳି ଚିତ୍ରକୁ ଅବିଦ୍ଧ ଚିତ୍ର କୁହାଯାଏ-

ଆକସ୍ମିକଂ ଲେଖାମିତି ଯଦନୁଦ୍ଦିଶ୍ୟ ଲିଖ୍ୟତେ।
ଆକାର ମାତ୍ର ସଂପନ୍ନେ ତଦବିଦ୍ଧମିତି ସ୍ମୃତମ୍।

ମାତ୍ର ରସଚିତ୍ରରେ ଦର୍ଶନ ମାତ୍ରେ ଶୃଙ୍ଗାର ପ୍ରଭୃତି ରସର ଅନୁଭୂତି ଲାଭ ହୁଏ- ଶୃଙ୍ଗାରାଦିରସା ଯତ୍ର ଦର୍ଶନାଦେବ ଗମ୍ୟତେ । ଏହି ଶ୍ରେଣୀ ବିଭାଗରେ ଚିତ୍ର ସୌନ୍ଦର୍ଯ୍ୟ ସମ୍ବନ୍ଧରେ ଯେଉଁ ଲକ୍ଷଣ ଉଲ୍ଲେଖ କରାଯାଇଛି, ତହିଁରୁ ଜଣାଯାଏ, ଭାରତୀୟ ଚିତ୍ରକଳାରେ ରସଚିତ୍ର ବା ଭାବଚିତ୍ରର ମହତ୍ତ୍ୱ ସର୍ବାଧିକ । ରୂପର ଅଙ୍କନ ମାତ୍ରକୁ ପ୍ରକୃତ ଚିତ୍ର କୁହାଯାଏ ନାହିଁ । ଯେଉଁ ଚିତ୍ରରୁ ଶୃଙ୍ଗାରାଦିରସ ଦର୍ଶନ ମାତ୍ରେ ସ୍ୱତଃ ଅନୁଭୂତ ହୁଏ, ତାହାକୁ ସହୃଦୟଚିତ୍ତ ପ୍ରକୃତ ରସ ବା ଭାବଚିତ୍ର ବୋଲି ଗ୍ରହଣ କରେ । ଏହିଭଳି 'ସର୍ବଦୃଷ୍ଟି-ମନୋହର', ଚିତ୍ତକୌତୁକ କାରକ' ତଥା ଲୋଚନ ହାରକ ଚିତ୍ର ଭିତ୍ତି ଓ ହର୍ମ୍ୟାଦିରେ ଅଙ୍କନ କରାଯିବା ଉଚିତ ।[୨୮] ଏଠାରେ ଲକ୍ଷ୍ୟ କରିବାର କଥା, ଚିତ୍ରରେ ଦର୍ପଣ-ପ୍ରତିବିମ୍ବ ଭଳି ଯେଉଁ ସାଦୃଶ୍ୟ ବିଧାନର କଥା କୁହାଯାଇଛି, ତାହା ତତ୍ତ୍ୱମାତ୍ର । କାରଣ ଆଦର୍ଶ-ପ୍ରତିବିମ୍ବ ନିୟମ ମାନି ଚଳିଲେ

କଳାତ୍ମକ ରୂପରେ ଗତାନୁଗତିକତା ଦେଖାଦେବ । ପ୍ରାଚୀନ ଭାରତୀୟ କଳା ଏହି ତତ୍ତ୍ୱର ଅନୁସରଣ କରିଥିବା ଜଣାଯାଏ ନାହିଁ । ନୀରସ ବାସ୍ତବତା କଳା କ୍ଷେତ୍ରରେ ସ୍ୱୀକୃତ ହୋଇନାହିଁ । ଯେଉଁ ଆଦର୍ଶର ଅନୁବର୍ତ୍ତୀ ହୋଇ ଶିଳ୍ପୀ ସୃଷ୍ଟି କରନ୍ତି ତାହା ତାଙ୍କର ଶିଳ୍ପରୁ ପ୍ରମାଣିତ ହୁଏ । ସ୍ୱକୀୟ ଆଦର୍ଶ ସୃଷ୍ଟି ପାଇଁ ସେ ଏକ ମନସ୍ତାତ୍ତ୍ୱିକ ପ୍ରକ୍ରିୟାର ସାହାଯ୍ୟ ନିଅନ୍ତି । ତେଣୁ ଉପରେ ଯେଉଁ ସାଦୃଶ୍ୟର କଥା କୁହାଯାଇଛି, ତାହା ଏକ ପ୍ରକାର ବିଶେଷ ସାଦୃଶ୍ୟ- ଏପରି ସାଦୃଶ୍ୟ ଶିଳ୍ପୀଙ୍କର ସ୍ୱକୀୟ ସୃଷ୍ଟି ବା ପରମ୍ପରାଲବ୍ଧ ଓ ଏହା ରୂପଭେଦ, ପ୍ରମାଣ, ଭାବ, ଲାବଣ୍ୟ ପ୍ରଭୃତି ବହୁବିଧ କାରଣ ଦ୍ୱାରା ନିୟନ୍ତ୍ରିତ । ସାଦୃଶ୍ୟର ପ୍ରକୃତ ଅର୍ଥ ଏକ ପ୍ରକାର ଅନୁକୃତି ଯାହା ମନୋରଞ୍ଜନ ହେବା ସଙ୍ଗେ ଶୁଭଙ୍କର ହୁଏ ।

ଚିତ୍ରଦୋଷ ଓ ଚିତ୍ରଗୁଣ ସମ୍ପର୍କରେ 'ଚିତ୍ର ସୂତ୍ର'ରେ କୁହାଯାଇଛି- ଦୁର୍ବଳତା, ସ୍ଥୁଳରେଖତ୍ୱ, ବିଭକ୍ତତ୍ୱର ଅଭାବ, ରଙ୍ଗର ଅନୁଚିତ ମିଶ୍ରଣ- ଏଇସବୁ ଚିତ୍ରରେ ଦୋଷ । ସ୍ଥାନ, ପ୍ରମାଣ, ଭୂମିଉପରେ ଭଙ୍ଗୀ, ମଧୁରତା, ବିଭକ୍ତତା, ବସ୍ତୁ-ସାଦୃଶ୍ୟ ତଥା କ୍ଷୟବୃଦ୍ଧି ଚିତ୍ରର ଅଷ୍ଟବିଧ ଗୁଣ-

ଦୌର୍ବଲ୍ୟଂ ସ୍ଥୁଳରେଖତ୍ୱର୍ମ ବିଭକ୍ତମେବ ଚ ।
ବର୍ଣ୍ଣାନାଂ ସଙ୍କରଶ୍ଚାତ୍ର ଚିତ୍ରଦୋଷାଃ ପ୍ରକୀର୍ତ୍ତିତାଃ ।।
ସ୍ଥାନପ୍ରମାଣଂ ଭୂଲମ୍ଭୋ ମଧୁରତ୍ୱଂ ବିଭକ୍ତତା ।
ସାଦୃଶ୍ୟଂ କ୍ଷୟବୃଦ୍ଧୋ ଚ ଗୁଣାଷ୍ଟକମିଦଂ ସ୍ମୃତମ୍ ।।[୨୯]

ଚିତ୍ରର ମୁଖ୍ୟ ଉଦ୍ଦେଶ୍ୟ ସାଦୃଶ୍ୟକରଣ, ଅର୍ଥାତ୍, ଯେଉଁ ବସ୍ତୁଗୁଡିକ ଦୃଷ୍ଟ ହୋଇଛନ୍ତି, ଚିତ୍ର ତତ୍ ସଦୃଶ ବସ୍ତୁ ସହିତ ତିଳେ ହେଲେ ଅମେଳ ନ ହେଲା ପରି ଦେଖାଯାଉଥିବ-

ଦୃଷ୍ଟଃ ସୁସଦୃଶଂ କାର୍ଯ୍ୟଃ ସର୍ବେଷାମବିଶେଷତଃ ।
ଚିତ୍ରେ ସାଦୃଶ୍ୟକରଣଂ ପ୍ରଧାନ ପରିକୀର୍ତ୍ତିତମ୍ ।।

ବିଭିନ୍ନ ଦେଶର ଲୋକମାନଙ୍କର ଅଙ୍ଗପ୍ରତ୍ୟଙ୍ଗର ବିଶ୍ୱସ୍ତ ଅଙ୍କନ ପାଇଁ ଶିଳ୍ପୀଙ୍କୁ ନିର୍ଦ୍ଦେଶ ଦିଆଯାଇଛି । ଲୋକଙ୍କର ଆକୃତି, ବେଶଭୂଷା, ରଙ୍ଗ ଦେଶ ଅନୁସାରେ ଜାଣି ଶିଳ୍ପୀ ସେମାନଙ୍କୁ ତତ୍‌ଦେଶୀୟ ପରିବେଶରେ ସ୍ଥାପନ କରି ସେମାନଙ୍କ ଦେଶ, ସ୍ଥାନ, ପଦବୀ, ପ୍ରତିଷ୍ଠା, ଚଳଣି ଓ ବେଶଭୂଷା ବିଚାରକୁ ନେଇ ବିଶ୍ୱସ୍ତ ଭାବେ ଚିତ୍ରଣ କରିବେ । ଏହିପରି ଦେଶାନୁରୂପ ଭୂଷଣ ଓ ବେଶାଳଙ୍କାର ମୂର୍ତ୍ତିଗୁଡିକରେ ଫୁଟାଇଲେ ତଥା ପ୍ରତିମା ଲକ୍ଷଣଯୁକ୍ତା ହେଲେ ମହନୀୟ ଓ ସ୍ଥାୟୀ ହୁଏ । ଯେଉଁ ଚିତ୍ର ଉପଯୁକ୍ତ ପରିବେଶରେ ଅଙ୍କନ କରାଯାଇନାହିଁ, ଯହିଁରେ ଉଚିତ ରସର ଅଭାବ, ଯାହା ଏକ

ଶୂନ୍ୟ ଦୃଷ୍ଟି ବା ଅସ୍ପଷ୍ଟତାର ସଙ୍କେତ ଦିଏ ଓ ଚେତନା ବିରହିତ ପ୍ରତୀତ ହୁଏ, ସେଭଳି ଚିତ୍ର ଅପ୍ରଶସ୍ତ ଲକ୍ଷଣାକ୍ରାନ୍ତ ।

ଗ୍ରହଣୀୟ ଆକୃତି ବା ରୂପବିଶିଷ୍ଟ ଚିତ୍ର ଦେଶ-କାଳ-ଯୁଗାନୁଯାୟୀ ଅଙ୍କନ କରାଯାଇଥିଲେ ଅମର ହୁଏ । ଅନ୍ୟ ପକ୍ଷରେ, ଏହାର ବ୍ୟତିକ୍ରମ ହେଲେ ସେପରି ଦୃଷ୍ଟି ଅନାଦୃତ ଓ ନଶ୍ୱର ହେବାକୁ ବାଧ୍ୟ । ଯେଉଁ ଚିତ୍ର ନୟନ ବିଷୟ ଅର୍ଥାତ୍ ନେତ୍ରୋତ୍ସବ ସମ୍ପାଦନ କରେ ଓ ଯଥାର୍ଥ କୌଶଳ, ସୌନ୍ଦର୍ଯ୍ୟ, ମନୋହାରିତ୍ୱ ଓ ରସ ବିଶିଷ୍ଟ ତାହା ଅଭିଳଷିତ ଫଳ ପ୍ରଦାନ କରେ । ଚିତ୍ରରେ ବାସ୍ତବ ଓ କାଳ୍ପନିକ, ଉଭୟ ବିଷୟ ସ୍ଥାନ ପାଇପାରେ; ମାତ୍ର କେବେହେଲେ ଅପ୍ରାସଙ୍ଗିକ ବା ଉଦ୍‌ଭଟ ବିଷୟ ଚିତ୍ରଣ କରିବା ଉଚିତ ନୁହେଁ । ତେଣୁ ଚତୁର ଶିଳ୍ପୀ କେବଳ ବିଶ୍ୱସନୀୟ ବିଷୟରେ ଅଙ୍କନ କରିବା ଉଚିତ ।

କବିତା ଭଳି ଚିତ୍ରରେ ମଧ୍ୟ ରସ ଓ ଭାବର ଉପଯୁକ୍ତ ସମାବେଶ ପାଇଁ ଶିଳ୍ପୀଙ୍କର ଧ୍ୟାନ ଆକୃଷ୍ଟ କରାଯାଇଛି । ପ୍ରାକୃତିକ ବସ୍ତୁ ସକଳର ଉପଯୁକ୍ତ ପର୍ଯ୍ୟବେକ୍ଷଣ ତଥା ବିଭିନ୍ନ ଭାବାବସ୍ଥାରେ ଲୋକମାନଙ୍କର ଗତିଭଙ୍ଗୀ ଅଧ୍ୟୟନ କରି ଶିଳ୍ପୀ ନିଜର ପ୍ରଜ୍ଞାବଳରେ ସେଗୁଡ଼ିକୁ ଅଙ୍କନ କରିବେ ଯେପରି ତାଙ୍କର ଚିତ୍ର ଯଥାସମ୍ଭବ ସତ୍ୟ-ସାଦୃଶ୍ୟ ପ୍ରଦାନ କରିବ । ଚିତ୍ରିତ ମୂର୍ତ୍ତି ଜୀବନ୍ତ ଭଳି ପ୍ରତୀତ ହେଲେ ଓ ହୃଦୟସ୍ଥଭାବ ଅଙ୍ଗମାନଙ୍କରେ ତଥା ମୁଖଭଙ୍ଗୀରେ ସମ୍ପୂର୍ଣ୍ଣ ଅଭିବ୍ୟଞ୍ଜିତ ହେଲେ ଉତ୍ତମ ଚିତ୍ର ରୂପେ ଗୃହୀତ ହେବ । ରସ ଓ ଅଭିବ୍ୟକ୍ତି ପ୍ରତି ଚିତ୍ରରେ ବିଶେଷ ଧ୍ୟାନ ଦେବାକୁ ଶିଳ୍ପୀଙ୍କୁ ସାବଧାନ କରି ଦିଆଯାଇଛି । ଚିତ୍ର ରସ ମଧ୍ୟ ନଅ ପ୍ରକାର-

ଶୃଙ୍ଗାରହାସ୍ୟ କରୁଣାବୀରରୌଦ୍ରଭୟାନକାଃ ।
ବୀଭତ୍ସାଦ୍‌ଭୁତଶାନ୍ତାଶ୍ଚ ନବ ଚିତ୍ରରସାଃ ସ୍ମୃତାଃ ।

କେଉଁ ରସର ଚିତ୍ର କେଉଁ ସ୍ଥାନରେ ଅଙ୍କନ କରାଯିବ, ତାହାର ଉଲ୍ଲେଖ ମଧ୍ୟ ବିଷ୍ଣୁଧର୍ମୋତ୍ତର ପୁରାଣରେ ରହିଛି ।

ସମରାଙ୍ଗନ-ସୂତ୍ରଧର ଗ୍ରନ୍ଥରେ ଉତ୍ତମ ଶିଳ୍ପୀର ଅପରିହାର୍ଯ୍ୟ ଗୁଣ ସମ୍ବନ୍ଧରେ କୁହାଯାଇଛି- ପ୍ରଜ୍ଞାଶକ୍ତି, ପର୍ଯ୍ୟବେକ୍ଷଣ ଶକ୍ତି, ଦୀର୍ଘ ଅଭ୍ୟାସ ଫଳରେ ହସ୍ତପଟୁତା, ଛନ୍ଦଜ୍ଞାନ, ଗତିଶୀଳ ତଥା ସ୍ଥିର ଅବସ୍ଥାରେ ଓ ବିଭିନ୍ନ ଆବେଗର ଅଧୀନ ମାନବ ଓ ପ୍ରାଣୀମାନଙ୍କ ଶରୀର ଗଠନ ସମ୍ବନ୍ଧରେ ଜ୍ଞାନ, ପ୍ରତ୍ୟୁତ୍ପନ୍ନମତିତ୍ୱ, ଆତ୍ମସଂଯମ ଓ ଚରିତ୍ର- ଏତେ ଗୁଣର ଅଧିକାରୀ ହେଲେ ସେ ମହତ ଶିଳ୍ପ ରଚନା ପାଇଁ ସମର୍ଥ ହେବେ । ବିସ୍ତୃତ ଅଧ୍ୟୟନ ଓ ସଂସ୍କୃତିସଂପନ୍ନ ବ୍ୟକ୍ତି ହିଁ ଶିଳ୍ପ ସୃଷ୍ଟି ପାଇଁ ଭାଜନ ।[୩୦]

ଭାରତୀୟ ସୌନ୍ଦର୍ଯ୍ୟତତ୍ତ୍ୱର ଦୁଇଟି ପ୍ରମୁଖ ଶବ୍ଦ 'ରସ' ଓ 'ଭାବ' ସ୍ଥାପତ୍ୟ

ତଥା ଚିତ୍ରପ୍ରତି ମଧ୍ୟ ପ୍ରଯୁଜ୍ୟ । ସୋମେଶ୍ୱରଙ୍କ 'ମାନସୋଲ୍ଲାସ' ଗ୍ରନ୍ଥରେ ଏହାର ଉଲ୍ଲେଖ ମିଳେ । ଶିଳ୍ପୀଚିତ୍ରକୁ ସୁନ୍ଦର ରେଖା, ଔଚିତ୍ରପୂର୍ଣ୍ଣ ବର୍ଣ୍ଣ ଯୋଜନା ଓ ନାନା ରସଭାବ ଯୁକ୍ତକରି ଭିତ୍ତି ଗାତ୍ରରେ ଅଙ୍କନ କରିବେ-

ପଶ୍ଚାଚ୍ଚିତ୍ରଂ ବିଚିତ୍ରଂ ଚ ତସ୍ୟାଂ ଭିତ୍ତୌ ଲିଖେଦ୍ ବୁଧଃ
ନାନାଭାବ ରସୈର୍ଯୁକ୍ତଂ ସୁରେଖଂ ବର୍ଣ୍ଣକୋଚିତମ୍ ।

ଶୁକ୍ରନୀତି ଧ୍ୟାନ ଓ ଯୋଗ ଉପରେ ବିଶେଷ ଗୁରୁତ୍ୱ ଦେଇଛି । ପ୍ରତିମାର ପ୍ରୟୋଜନ ହୁଏ ଅବ୍ୟବସ୍ଥିତ ମନକୁ ବ୍ୟବସ୍ଥିତ କରିବା ପାଇଁ । ପ୍ରତିମା ଉପରେ ଧ୍ୟାନ ନିବଦ୍ଧ ଦୃଷ୍ଟି ରଖି ବ୍ୟକ୍ତି ଯୋଗାଭିଭୂତ ହୁଏ । ସେଥିଲାଗି ମାନବଶିଳ୍ପୀଙ୍କୁ ଧ୍ୟାନଶୀଳ ହେବାକୁ କୁହାଯାଇଛି । ଧ୍ୟାନ ବିନା ପ୍ରତିମା ଲକ୍ଷଣ ଜାଣିବାର ଅନ୍ୟ କୌଣସି ଉପାୟ ନାହିଁ । ଏପରିକି ପ୍ରତ୍ୟକ୍ଷ ଦର୍ଶନ ମଧ୍ୟ କୌଣସି କାମରେ ଆସେ ନାହିଁ ।

ଶିଳ୍ପଶାସ୍ତ୍ରମାନଙ୍କରେ ପ୍ରତିମା ଓ ଚିତ୍ର ରଚନା ନିମନ୍ତେ ବିଭିନ୍ନ ମାନ ସମ୍ବନ୍ଧରେ ବିଶଦ ଜ୍ଞାନ ଥିବା ଅପରିହାର୍ଯ୍ୟ ବୋଲି ନିର୍ଦ୍ଦେଶ ଦିଆଯାଇଛି । ରେଖାଙ୍କନ ପାଇଁ ଛଅ ପ୍ରକାର ମାନ ବିଧାନ କରାଯାଇଛି, ଯଥା- ମାନ, ପ୍ରମାଣ, ପରିମାଣ, ଉପମାନ, ଉନ୍‌ମାନ ଓ ଲମ୍ବମାନ । ଭିନ୍ନ ଭିନ୍ନ ପ୍ରତିମା ଭିନ୍ନ ଭିନ୍ନ ପ୍ରମାଣ ବିଶିଷ୍ଟ ହେବ । ଅଙ୍ଗମାନଙ୍କର ପାରସ୍ପରିକ ଅନୁପାତ ଏକ ନିର୍ଦ୍ଦିଷ୍ଟ ପ୍ରମାଣ ଅନୁସାରେ କରିବାକୁ ପଡ଼େ । ଏହାକୁ 'ତାଳ' କୁହାଯାଏ । ଭାରତୀୟ କଳାକାର ମସ୍ତକର ମାପ ଅନୁସାରେ ଅନ୍ୟ ଅଙ୍ଗମାନଙ୍କର ସଂସ୍ଥାନ କରେ । ସର୍ବୋଚ୍ଚ ମାନ ରୂପେ ତାଳ ଓ ସର୍ବନିମ୍ନ ମାନ ଅଙ୍ଗୁଳ ଶିଳ୍ପୀମାନଙ୍କ ଦ୍ୱାରା ଅନୁସୃତ ହେଉଥିଲା । ଦେବଦେବୀମାନଙ୍କର ପ୍ରତିମାଗୁଡିକୁ ତିନି ଶ୍ରେଣୀରେ ବିଭକ୍ତ କରାଯାଏ- ସାତ୍ତ୍ୱିକ, ରାଜସିକ ଓ ତାମସିକ । ଶାନ୍ତ, ଉଗ୍ର ବା କ୍ରୋଧ ନାମରେ ପୁନଶ୍ଚ ସେଗୁଡିକର ଶ୍ରେଣୀବିଭାଗ କରାଯାଏ । ପ୍ରତିମାଗୁଡିକର ସ୍ଥିତି ଅନୁସାରେ ସେଗୁଡିକ ନିଷନ୍ନ, ସ୍ଥିତି ଓ ଶୟିତ ଭେଦରେ ମଧ୍ୟ ବିଭାଗୀକୃତ । ପୁନଶ୍ଚ ସ୍ଥାନକ, ଆସନ ଓ ଶୟାନ- ଏହି ତିନି ଶ୍ରେଣୀ ପ୍ରତିମାମାନଙ୍କର ଭଙ୍ଗୀ ଅନୁସାରେ କରିବା ପାଇଁ ନିର୍ଦ୍ଦେଶ ମିଳେ । ସମଭଙ୍ଗ, ଆଭଙ୍ଗ ଓ ଅତିଭଙ୍ଗ ଭେଦରେ ପ୍ରତିମାମାନଙ୍କର ନିର୍ମାଣ କରାଯାଏ । ଶୁକ୍ର ନୀତିରେ ଉଲ୍ଲେଖ ରହିଛି ଯେ, ପ୍ରତିମା ଶାସ୍ତ୍ରୋକ୍ତ ନିୟମରେ ନିର୍ମିତ ଓ ସୁନ୍ଦର ହୋଇଥିଲେ ଉପାସକ ନିମନ୍ତେ ଶୁଭଫଳ ପ୍ରଦାନ କରେ । ଶାସ୍ତ୍ର ବହିର୍ଭୂତ ପ୍ରମାଣାନୁଯାୟୀ ନିର୍ମିତ ପ୍ରତିମାର ଉପାସନା ଫଳରେ ଜୀବନ ଓ ସୌଭାଗ୍ୟ ପ୍ରତି ହାନି ଘଟେ । ଦେବତା ମୂର୍ତ୍ତି ସୁନ୍ଦର ନହୋଇ ମଧ୍ୟ ଯଦି ନିର୍ଦ୍ଦିଷ୍ଟ ପ୍ରମାଣର ପରିଚୟ ଦେଉଥାଏ, ତେବେ ଲୋକଙ୍କର ମଙ୍ଗଳଦାୟକ ହୁଏ । ମାତ୍ର ମଣିଷର ମୂର୍ତ୍ତି ଯେତେ ସୁନ୍ଦର ହେଲେ ମଧ୍ୟ ଭକ୍ତର ଯଶୋବର୍ଦ୍ଧନ କରେନାହିଁ ।[୩୧]

ଶାସ୍ତ୍ରୋଲିଖିତ ଶାସନ ମାନି ଯେଉଁ କଳା ସୃଷ୍ଟି କରାଯାଏ ଓ ସୁନ୍ଦର ହୋଇଥାଏ ତାହାକୁ ବିଜ୍ଞମାନେ ସୁନ୍ଦର ବୋଲି ଗ୍ରହଣ କରିଥାନ୍ତି (ଶାସ୍ତ୍ରମାନେନ ଯୋ ରମ୍ୟଃ ସ ରମ୍ୟୋ ନାନ୍ୟ ଏବ ହି)

'ବୃହତ୍‌ସଂହିତାରେ' ଶିଳ୍ପୀଙ୍କୁ ପ୍ରତିମା ନିର୍ମାଣ ନିମନ୍ତେ ଯଥାଯଥ ଦୈହିକ ପ୍ରମାଣ, ଅଳଙ୍କାର, ବେଶ ଓ ପ୍ରସାଧନ ବିଧାନ ସେଗୁଡିକର ଉଦ୍‌ଭବ ସ୍ଥାନ ଉପରେ ଦୃଷ୍ଟି ରଖି ନିର୍ମାଣ କରିବା ପାଇଁ ନିର୍ଦ୍ଦେଶ ଦିଆଯାଇଛି । ଯେଉଁ ପ୍ରତିମା ଏହି ଶୁଭଲକ୍ଷଣଯୁକ୍ତା ତାହା ଭକ୍ତର ସୌଭାଗ୍ୟ ବର୍ଦ୍ଧନ କରେ ।[୩୨]

ବାତ୍ସ୍ୟାୟନଙ୍କ କାମସୂତ୍ରର ଜୟମଙ୍ଗଳାଟୀକାରେ ଯଶୋଧର ପଣ୍ଡିତ ଚିତ୍ରର ତତ୍ତ୍ୱ ଓ କୌଶଳ ସଂକ୍ଷେପରେ ଉଲ୍ଲେଖ କରିଛନ୍ତି-

ରୂପଭେଦାଃ ପ୍ରମାଣାନି ଭାବଲାବଣ୍ୟଯୋଜନମ୍ ।
ସାଦୃଶ୍ୟଂ ବର୍ଣ୍ଣିକାଭଂଗଃ ଇତି ଚିତ୍ରଂ ଷଡ଼ଙ୍ଗକମ୍ ।।

ଚିତ୍ରର ଏହି ଷଡ଼ଙ୍ଗତତ୍ତ୍ୱ ଅଳ୍ପାଧିକ ଭାବେ ସକଳ ଲଳିତକଳା ପ୍ରତି ପ୍ରଯୁଜ୍ୟ । ଅବନୀନ୍ଦ୍ରନାଥଙ୍କ ମତରେ ଏହା ଶିଳ୍ପର ମନ୍ତ୍ର ସ୍ୱରୂପ । କାରଣ ଚିତ୍ରକର ଏଥିମଧ୍ୟରୁ ଏକ ବା ଏକାଧିକର ସହାୟତାରେ ଚିତ୍ର ରଚନା କରନ୍ତି । ଏଣୁ ଆମେ ରୂପ ପ୍ରଧାନ, ପ୍ରମାଣ ସର୍ବସ୍ୱ, ଭାବ ଲାବଣ୍ୟଯୁକ୍ତ ଓ ବର୍ଣ୍ଣିକାଭଙ୍ଗରେ ମନୋହର ଚିତ୍ର ପାଉଁ ।[୩୩] କବିତାରେ ଭାବ, ଲାବଣ୍ୟ ଯୋଜନା ଓ ସାଦୃଶ୍ୟବିଧାନ- ଚିତ୍ରକଳାର ଏହି ତିନି ଅଙ୍ଗର ମହତ୍ତ୍ୱ ମୁଖ୍ୟତଃ ସ୍ୱୀକୃତ । ଷଡ଼ଙ୍ଗର ପ୍ରଥମ ଦୁଇ ଅଙ୍ଗ (ରୂପଭେଦାଃ ପ୍ରମାଣାନି) ଚିତ୍ରର ତତ୍ତ୍ୱ କହିଲେ ଚଳେ । ଏହି ଚିତ୍ର ରେଖାଗୁଡିକର ସୁନ୍ଦର ବିଭାବମାନଙ୍କର ମୌଳିକ ବିଶେଷତ୍ୱ ଓ ସେମାନଙ୍କର ସଙ୍ଗତି ରକ୍ଷାକରୁଥିବା ପ୍ରମାଣାବଳୀ ସମ୍ବନ୍ଧରେ ଧାରଣା ଦିଏ । ରୂପ ହେଲା ଆକୃତିମୟତ୍ୱ । ରୂପର ଭେଦ ଜାଣି ଶିଳ୍ପୀ ରୂପାତ୍ମକ ଓ ରମଣୀୟାତ୍ମକ ଚିତ୍ର ଅଙ୍କନ କରିବେ । ପରବର୍ତ୍ତୀ ତିନି ଅଙ୍ଗ- ଭାବ, ଲାବଣ୍ୟ ଓ ସାଦୃଶ୍ୟ- ଅଳଂକରଣ କୌଶଳ ରୂପେ ଗ୍ରହଣ କରାଯାଏ ଓ ଏଗୁଡିକ ଚିତ୍ରକୁ ଜୀବନ୍ତତା ପ୍ରଦାନ କରନ୍ତି । କେବଳ ରୂପ ନୁହେଁ, ରୂପକୁ ପ୍ରମାଣବଦ୍ଧ ଓ ଭାବଯୁକ୍ତ କରିବାକୁ ପଡ଼େ । ରୂପ, ପ୍ରମାଣ ଓ ଭାବ ମଧ୍ୟରେ ଲାବଣ୍ୟ ଆତ୍ମଗୋପନ କରିଥାଏ । ଶିଳ୍ପୀ ସେହି ଲାବଣ୍ୟକୁ ନିଜର ରଚନା କୌଶଳରେ ଫୁଟାନ୍ତି । ଲାବଣ୍ୟ-ଯୋଜନା ସୌନ୍ଦର୍ଯ୍ୟ ଓ ଚମତ୍କାରଠାରୁ ଅଧିକ କିଛି ବ୍ୟଞ୍ଜନା କରେ । ଏହା ଅଙ୍ଗମାନଙ୍କ ଉପରେ ସୌନ୍ଦର୍ଯ୍ୟର ତରଙ୍ଗ ପରି ବିଳସୁଥାଏ । ଏହି ଉପାୟରେ ଶିଳ୍ପୀ ଜୀବନ୍ତ ହୋଇଉଠେ । ଲାବଣ୍ୟର ଅଭାବ ଘଟିଲେ ଶିଳ୍ପରେ ଦୁର୍ବଳତା ପ୍ରକାଶ ପାଏ । ଶିଳ୍ପରେ ଲାବଣ୍ୟ ଫୁଟେ ଶିଳ୍ପୀର ସ୍ପର୍ଶରେ । ସେହିଭଳି ସାଦୃଶ୍ୟ-ପ୍ରତୀତି ଜନ୍ମାଇବା ଶିଳ୍ପର ଅନ୍ୟ ଏକ

ବିଶେଷତ୍ୱ । ସାଦୃଶ୍ୟ ହେଲା ଯାହା ଦୃଷ୍ଟ, ତାହା ସହିତ ସାମ୍ୟରକ୍ଷା କରିବା । ତଦ୍‌ଭିନ୍ନତ୍ୱେ ସତି ତଦ୍‌ଗତଭୂୟୋଧର୍ମବତ୍ତ୍ୱମ୍-ତେଣୁ ଶିଳ୍ପରେ ଯେଉଁ ସାଦୃଶ୍ୟ ତାହା ଏକ ବିଶେଷ ଅର୍ଥରେ ସାଦୃଶ୍ୟ । ରୂପର ପୁନରୁପସ୍ଥାନ କରିବା ଶିଳ୍ପର ଲକ୍ଷ୍ୟ ନୁହେଁ । ବାସ୍ତବ ଓ କାଳ୍ପନିକ ଭେଦରେ ବସ୍ତୁର ଦୁଇଟି ବିଭାଗ- ଦୃଷ୍ଟ, ଅର୍ଥାତ୍ ଯାହା ପରିଚିତ ଓ ଅଦୃଷ୍ଟ, ଅର୍ଥାତ୍ ନୂତନ ବା ଅପରିଚିତ । କିନ୍ତୁ ବାସ୍ତବ ରୂପ ଭିତରେ ଏପରି ଏକ ସାଦୃଶ୍ୟ ଛପି ରହିଥାଏ, ଯାହାକୁ ଶିଳ୍ପୀ ହିଁ ଚିହ୍ନିବାକୁ କ୍ଷମ । ବାସ୍ତବ ରୂପଠାରୁ ଦୃଶ୍ୟରୂପ ଭିନ୍ନ । ରୂପ ଭିତରେ ଥିବା ସାମ୍ୟ, ସୌନ୍ଦର୍ଯ୍ୟ ଓ ରସ ଶିଳ୍ପୀଙ୍କର ଅନୁସନ୍ଧେୟ;ରୂପ ମାତ୍ର ନୁହେଁ । ବସ୍ତୁର ସାଧାରଣ ଧର୍ମ ତାଙ୍କର ପ୍ରୟୋଜନ, ତା' ସହିତ ମିଳିଯାଉଥିବ ବୋଲି କୁହାଯାଇନାହିଁ କିମ୍ବା ଭାରତୀୟ ଶିଳ୍ପରେ ଏପରି ସାଦୃଶ୍ୟର ମହତ୍ତ୍ୱ ନାହିଁ । ଦୁଇ ବିଭିନ୍ନ ରୂପ ମିଳି ଯେଉଁ ସାଦୃଶ୍ୟ-ପ୍ରତୀତି ଜନ୍ମାନ୍ତି, ତାହାହିଁ ଶିଳ୍ପରେ ସାଦୃଶ୍ୟ । ଶିଳ୍ପୀର ଭାବ ଉଦୟ ହେଲେ ସାଦୃଶ୍ୟ ସ୍ୱତଃ ତାଙ୍କର ମାନସ ନେତ୍ରରେ ଭାସିଉଠେ । ବର୍ଣ୍ଣିକା-ଭଙ୍ଗର ଅର୍ଥ ହେଲା ଯଥା ସ୍ଥାନରେ ଯଥା ରଙ୍ଗର ଯୋଜନା । ଚିତ୍ରରେ ରଙ୍ଗର ସୁସଙ୍ଗତ ଓ ଯଥୋଚିତ ସମାବେଶ ଘଟିଲେ ବର୍ଣ୍ଣିକା ଭଙ୍ଗ ସାର୍ଥକ ବୋଲି କୁହାଯାଏ । ରୂପ ପାଇଁ ରଙ୍ଗ ଅପରିହାର୍ଯ୍ୟ । ରୂପ ଓ ରଙ୍ଗର ସହାବସ୍ଥାନ ନିତ୍ୟ । ଚିତ୍ରରେ ଏହି ରଙ୍ଗ ଯୋଜନାର ବ୍ୟତିକ୍ରମ ଘଟିଲେ ବୈଷମ୍ୟ ଓ ବୈଗୁଣ୍ୟ ଦେଖାଦିଏ । ଚିତ୍ରକଳାର ଷଡ଼ଙ୍ଗ ତତ୍ତ୍ୱରେ ଭାରତୀୟ କଳାତତ୍ତ୍ୱର ବହୁ ଗହନ ରହସ୍ୟ ଆଜି ମଧ୍ୟ ଶିଳ୍ପ ସମାଲୋଚକର ଆଲୋଚନାର ଅପେକ୍ଷା ରଖେ ।

କାମ ସୂତ୍ରର ଟୀକାରେ ଶିଳ୍ପ ସୃଷ୍ଟିର ଦୁଇଟି ମୁଖ୍ୟ କାରଣ ବା ଉଦ୍ଦେଶ୍ୟ ସମ୍ବନ୍ଧରେ କୁହାଯାଇଛି । ଗୋଟିଏ ହେଲା ଶିଳ୍ପୀ ତାଙ୍କର ବ୍ୟକ୍ତିଗତ ଆନନ୍ଦ ବା ଆତ୍ମ ବିନୋଦନ ନିମନ୍ତେ ଶିଳ୍ପ ସୃଷ୍ଟି କରନ୍ତି, ଅନ୍ୟଟି ହେଲା ଦ୍ରଷ୍ଟାର ଅନୁରାଗ ଆକର୍ଷଣ ବା ପ୍ରଶଂସାଗର୍ଭ ଅଭିମତ ଲାଭପାଇଁ ଶିଳ୍ପୀ ଯତ୍ନ କରନ୍ତି-ଏତାନି ପରାନୁରାଗଜନନ୍ୟାତ୍ମ ବିନୋଦାର୍ଥାନି ଚ। ଶିଳ୍ପୀ ପ୍ରଥମେ ଆତ୍ମତୃପ୍ତି ପାଇଁ ଶିଳ୍ପ ସୃଷ୍ଟି କଲେ ହେଁ ତାଙ୍କର ମୁଖ୍ୟ ଲକ୍ଷ୍ୟ ସୃଷ୍ଟି ପ୍ରତି ଅନ୍ୟର ପ୍ରୀତି ବା ଅନୁରାଗ ଜାତ କରିବା। ନିଜର ସୃଷ୍ଟିକୁ ସୁନ୍ଦର କରି ଉପସ୍ଥାପନ କରୁଥିବାରୁ ହିଁ ସେ ଏପରି ଆଶାପୋଷଣ କରିଥାନ୍ତି।

ଆନନ୍ଦକୁମାର ସ୍ୱାମୀ ବୌଦ୍ଧଗ୍ରନ୍ଥ ଅଥଶାଳିନୀକୁ ଶିଳ୍ପର ଧ୍ୟାନାବସ୍ଥାରେ ପ୍ରାପ୍ତ ହେଉଥିବା ରୂପର ଗଠନ-ପ୍ରକ୍ରିୟା ସମ୍ବନ୍ଧରେ ଉଦ୍ଧାର କରି କହନ୍ତି-"ଶିଳ୍ପୀର ମନରେ ଏକ ଚିତ୍ତ ସଂଜ୍ଞା ଉଦୟ ହୁଏ। କେଉଁ ରୂପ କେଉଁ ଉପାୟରେ ସୃଷ୍ଟି କରାଯିବ, ତାହା ସେହି ଚିତ୍ତ-ସଂଜ୍ଞା ଅନୁସାରେ ନିରୂପିତ ହୁଏ।....ମନ ହିଁ ବିଭିନ୍ନ କଳା ସୃଷ୍ଟି କରିଚାଲିଛି।"[୩୪] ଏହିଭଳି ସଂଜ୍ଞା ଋଷି ବା ଯୋଗୀର ନୁହେଁ, ଶିଳ୍ପୀର ମନରେ ହିଁ

ଉଦୟ ହୁଏ ଓ ଶିଳ୍ପୀ ହିଁ ଏକ ବିଶେଷ ରୂପ କେଉଁ ଉପାୟରେ ସୃଷ୍ଟି କରାଯିବ ତାହା ସ୍ଥିର କରିଥାନ୍ତି। ଚିତ୍ତ-ସଂଜ୍ଞା ବା ଚିତ୍ତ ପ୍ରତିଭାନ ହିଁ ସୌନ୍ଦର୍ଯ୍ୟ ସୃଷ୍ଟି କରେ ଓ କଳାରେ ଅଭିବ୍ୟକ୍ତ ହୁଏ। ଏହି ମନୋବସ୍ଥାକୁ ନାନ୍ଦନିକ କୁହାଯାଏ ଏଇଥିପାଇଁ ଯେ, ଏହି ଅବସ୍ଥାରେ କେବଳ କଳା ସୃଷ୍ଟି ସମ୍ଭବ ହୁଏ। ଏଥିପାଇଁ ମାନସିକ ଚିତ୍ରକୁ ପ୍ରକୃତ କଳା କୁହାଯିବ। କାରଣ ବାହ୍ୟ ଅଭିବ୍ୟକ୍ତି ଆନ୍ତରିକ ସ୍ଥିତିର ଅନୁକୃତି ମାତ୍ର। କଳାର ବହିଃ-ପ୍ରକ୍ଷେପଣ ମାନସଦତ୍ତ ଓ କାଳ୍ପନିକ। ତେଣୁ ଆନ୍ତରିକ ସ୍ଥିତିକୁ ହିଁ ପ୍ରକୃତ ଅର୍ଥରେ ସୌନ୍ଦର୍ଯ୍ୟବୋଧ ଓ ଆନ୍ତରିକ ସୃଷ୍ଟିକୁ ମୂଳତଃ ସୁନ୍ଦର କୁହାଯିବା ଉଚିତ୍।

ବୁଦ୍ଧଘୋଷ ଧମ୍ମସଙ୍ଗିନୀର ଟୀକା ଅଥ୍‌ଥଶାଳିନୀରେ ଶିଳ୍ପୀର ସୃଜନ-ଲୀଳା ସମ୍ବନ୍ଧରେ ଅଳ୍ପ କେତୋଟି ଧାଡିରେ ଯେଉଁ କଥା କହିଲେ ତାହା କ୍ରୋଚେଙ୍କର ବହୁପ୍ରଚାରିତ ଅଭିବ୍ୟଞ୍ଜନାବାଦ ସହିତ ସାମ୍ୟ ରକ୍ଷା କରେ। ପାର୍ଥକ୍ୟ ଏତିକି ଯେ, କ୍ରୋଚେ କେବଳ ଆନ୍ତରିକ ମୂର୍ତ୍ତିକୁ କଳାର ଶେଷ କଥା ବୋଲି କହନ୍ତି ଓ କଳା ସୃଷ୍ଟି ସେହି ଆନ୍ତରିକ ମୂର୍ତ୍ତିର ବାହ୍ୟ ପ୍ରତିବିମ୍ବ ମାତ୍ର ବୋଲି ଘୋଷଣା କରନ୍ତି। ଅନ୍ୟ ପକ୍ଷରେ, ବୁଦ୍ଧଘୋଷ କଳାକାରର ଧ୍ୟାନଲବ୍ଧ ରୂପ-ରହସ୍ୟର ବାହ୍ୟ ଅଭିବ୍ୟକ୍ତି ପାଇଁ କଳାକାରର ପ୍ରଯତ୍ନ ଉପରେ ଗୁରୁତ୍ୱ ଦିଅନ୍ତି। ଧ୍ୟାନ ବଳରେ ମାନସିକ ମୂର୍ତ୍ତିର ପରିଷ୍କରଣ କରି କଳାକାର ରେଖା ଓ ରଙ୍ଗ ସାହାଯ୍ୟରେ ଯେଉଁ ମୂର୍ତ୍ତି ନିର୍ମାଣ କରନ୍ତି ତାହା ତାଙ୍କୁ ଅଧିକ ଧ୍ୟାନସ୍ଥ ତଥା ନବୀନ ରୂପ ସୃଷ୍ଟି ନିମନ୍ତେ ଉଦ୍‌ବୁଦ୍ଧ କରେ। କ୍ରୋଚେ ଶିଳ୍ପୀର ଏହି ସୃଷ୍ଟି ଦିଗଟିକୁ ବସ୍ତୁତଃ ଅବହେଳା କରିଛନ୍ତି। ତାଙ୍କ ପାଇଁ ଚେତନ ମନର କୌଣସି ମୂଲ୍ୟ ନାହିଁ। ବୁଦ୍ଧଘୋଷ ଆନ୍ତରିକ ଓ ବାହ୍ୟ ଉଭୟର ମହତ୍ତ୍ୱ ସ୍ୱୀକାର କରନ୍ତି।[୩୫] କଳାସୃଷ୍ଟିରେ କଳାକାରର ଆତ୍ମସାକ୍ଷାତ୍‌କାର ଘଟେ- ଏହା ମଧ୍ୟ ଏଥିରୁ ପ୍ରମାଣିତ ହୁଏ।

କୁମାର ସ୍ୱାମୀ ଭାରତୀୟ ଶିଳ୍ପୀର କଳା ସୃଷ୍ଟି ସମ୍ବନ୍ଧରେ ଏକ ରହସ୍ୟମୟ ବିଧି ବୌଦ୍ଧ ଗ୍ରନ୍ଥରୁ ସଂଗ୍ରହ କରି ଉଲ୍ଲେଖ କରିଛନ୍ତି-ଶିଳ୍ପୀ ଏକ ନିର୍ଜନ ସ୍ଥାନରେ ବୁଦ୍ଧ ଓ ବୋଧିସତ୍ତ୍ୱମାନଙ୍କ ଉଦ୍ଦେଶ୍ୟରେ ବନ୍ଦନା ଗାନ କରି ଭକ୍ତିପୂତ ପୁଷ୍ପାଞ୍ଜଳି ପ୍ରଦାନ କରିବେ। ମନର ବିଶୁଦ୍ଧି ସମ୍ପାଦନ କରି ନିଜର ସୃଷ୍ଟି ବିଷୟରେ ଯୋଗୀ ଭଳି ଧ୍ୟାନରତ ହେବେ। ସକଳ ବସ୍ତୁର ଶୂନ୍ୟତା ସମ୍ବନ୍ଧରେ ଧ୍ୟାନ କରି ସେ ତାଙ୍କର ଅଭିଭାଷିତ ଦେବତାଙ୍କୁ ବୀଜମନ୍ତ୍ର ଉଚ୍ଚାରଣ ପୂର୍ବକ ଆହ୍ୱାନ କରିବେ ଓ ଦେବତାଙ୍କ ସହିତ ନିଜକୁ ସମ୍ପୂର୍ଣ୍ଣ ଏକୀଭୂତ କରିଦେବେ। ଶେଷରେ ଧ୍ୟାନମନ୍ତ୍ର ଉଚ୍ଚାରଣ କରିବା ଦ୍ୱାରା ଦୈବତ ରୂପ ପ୍ରତିବିମ୍ବ ବା ସ୍ୱପ୍ନାଭାସ ଭଳି ତାଙ୍କର ଦୃଷ୍ଟି ଆବିର୍ଭାବ ଘଟିବ। ଏହି ମହୋଜ୍ଜ୍ୱଳ ମୂର୍ତ୍ତି ହିଁ ଶିଳ୍ପୀଙ୍କର ଆଦର୍ଶ।[୩୬] ଶିଳ୍ପୀଙ୍କର ପରବର୍ତ୍ତୀ କାମ ହେଲା ମନଃପଟର ଏହି

ମୂର୍ତ୍ତିକୁ ବସ୍ତୁର ବାହ୍ୟପଟରେ ରୂପାନ୍ତରିତ କରିବା।[୩୭] କଳ୍ପନାର ମନସ୍ତାତ୍ତ୍ୱିକ ବ୍ୟାପାର ସମ୍ବନ୍ଧରେ ଏହା ଏକ ଅଭ୍ରାନ୍ତ ଧାରଣା ପ୍ରଦାନ କରେ। ଶିଳ୍ପୀର ଭାବନା ଓ ଶିଳ୍ପବସ୍ତୁ ସହିତ ତାଦାତ୍ମ୍ୟ ସ୍ଥାପନ ଏଥିରୁ ପ୍ରମାଣିତ ହୁଏ।

ଅଗ୍ନିପୁରାଣରେ ମୂର୍ତ୍ତିକାରଙ୍କୁ ଉପଦେଶ ଦିଆଯାଇଛି ଯେ, ସେ ମୂର୍ତ୍ତି ନିର୍ମାଣର ପୂର୍ବରାତ୍ରିରେ ଯଥୋଚିତ ପୂଜାବିଧି ସମ୍ପାଦନପୂର୍ବକ ବିଶୁଦ୍ଧ ଚିତ୍ତରେ ନିଜର ଇଷ୍ଟଦେବଙ୍କୁ ପ୍ରାର୍ଥନା କରିବେ। ଦେବତା ତାଙ୍କୁ ସ୍ୱପ୍ନରେ ଦର୍ଶନଦେଇ ଯେଉଁ ମୂର୍ତ୍ତି ଗଢିବା ପାଇଁ ସେ ପରିକଳ୍ପନା କରିଛନ୍ତି, ତତ୍‌ସମ୍ବନ୍ଧରେ ଶିକ୍ଷାଦେବେ। ଶିଳ୍ପୀ ତା'ପରେ ସ୍ୱପ୍ନରେ ଦେଖିଥିବା ଦେବତା ମୂର୍ତ୍ତିର ଅନୁରୂପ ଶିଳ୍ପସୃଷ୍ଟି କରିବେ। କଳାସୃଷ୍ଟି ସହିତ ସ୍ୱପ୍ନର ସମ୍ପର୍କ ଏଥିରୁ ସୂଚିତ ହୁଏ।[୩୮]

ସୌନ୍ଦର୍ଯ୍ୟର ଦାର୍ଶନିକ ବିଚାର ଆଲୋଚନା ଫଳରେ ଯେଉଁପରି ସୌନ୍ଦର୍ଯ୍ୟଶାସ୍ତ୍ର ନାମକ ଏକ ସ୍ୱତନ୍ତ୍ର ଶାସ୍ତ୍ର ଗଢିଉଠିଛି, ସୌନ୍ଦର୍ଯ୍ୟ ଲକ୍ଷ୍ମୀଙ୍କ ପଟ୍ଟପୁରୋହିତ କବିକୁଳ ମଧ୍ୟ ସ୍ୱ-କୃତିମାନଙ୍କରେ ସୌନ୍ଦର୍ଯ୍ୟ ସମ୍ପର୍କିତ ନାନା ତତ୍ତ୍ୱଗତ ଧାରଣା ଉପସ୍ଥାପନ କରିଯାଇଛନ୍ତି। ଦାର୍ଶନିକମାନଙ୍କ ସୂକ୍ଷ୍ମ ତାତ୍ତ୍ୱିକ ବିଶ୍ଳେଷଣଠାରୁ କବିମାନଙ୍କର ଧ୍ୱନ୍ୟାତ୍ମକ ସୂଚନା ସୌନ୍ଦର୍ଯ୍ୟର ରହସ୍ୟ ଅଧିକ ସଫଳ ଭାବେ ଫେଡିପାରେ। ଦାର୍ଶନିକର ଆଲୋଚନା ବିଧିବଦ୍ଧ ଓ ତର୍କମୂଳକ; ମାତ୍ର କବିର ମନ୍ତବ୍ୟ ସଂକ୍ଷିପ୍ତ ଓ ଧ୍ୱନ୍ୟାତ୍ମକ। ତଥାପି ସେହି ବିକ୍ଷିପ୍ତ ଓ ସୂଚନାତ୍ମକ ଅଭିମତାବଳୀର ବିଶ୍ଳେଷଣ ଫଳରେ ସୌନ୍ଦର୍ଯ୍ୟତତ୍ତ୍ୱର ରହସ୍ୟ ବୁଝାଯାଇପାରେ। ବାଲ୍ମୀକି, ବ୍ୟାସ, କାଳିଦାସ, ଭାରବି, ଭବଭୂତି ଓ ମାଘ ଆଦି ସଂସ୍କୃତ ମହାକବିମାନଙ୍କ ରଚନାରୁ ସ୍ଥଳ ବିଶେଷରେ ଉଦ୍ଧାର କରି ଏଠାରେ କବିମାନଙ୍କର ସୌନ୍ଦର୍ଯ୍ୟ-ଭାବନାର ଏକ ପରିଣତ ଓ ପୂର୍ଣ୍ଣ ପରିଚୟ ଦେବା ପାଇଁ ଚେଷ୍ଟା କରାଯାଇଛି। ଏଥିରୁ ଜଣାଯିବ ଭାରତର ସୌନ୍ଦର୍ଯ୍ୟଶାସ୍ତ୍ର ଭଳି ସ୍ୱତନ୍ତ୍ର ଶାସ୍ତ୍ରର ଉଦ୍‌ଭବ ହୋଇନଥିଲେ ମଧ୍ୟ ସୌନ୍ଦର୍ଯ୍ୟତତ୍ତ୍ୱର ବହୁଦିଗ କବିମାନଙ୍କର ସ୍ୱଳ୍ପ-ଭାଷଣରେ ଆଲୋକିତ ହୋଇଉଠିଛି।

ବାଲ୍ମୀକି ରାମଙ୍କର ରୂପ-ସୌନ୍ଦର୍ଯ୍ୟର ଅତୁଳ ଚିତ୍ର ଅଙ୍କନ କରି ଯେଉଁ ଆଦର୍ଶ ଉପସ୍ଥାପନ କରିଛନ୍ତି, ତାହା ଭାରତୀୟ ଆର୍ଯ୍ୟ-ପୁରୁଷର ଆଙ୍ଗିକ ଗଠନ-ସୌଷ୍ଠବର ଯଥାର୍ଥ ଧାରଣା ପ୍ରଦାନ କରେ। ଦ୍ୟୁତିମାନ, ସମବିଭକ୍ତାଙ୍ଗ, ସ୍ନିଗ୍ଧବର୍ଣ୍ଣ, ସୁଲକ୍ଷଣ ଓ ସମାଶ୍ରିତ ଅଙ୍ଗ ରାମଚନ୍ଦ୍ରଙ୍କର ଦୈହିକ ବର୍ଣ୍ଣନାରୁ ଜଣାଯାଏ ଆଦିକବି ଅଙ୍ଗସଂସ୍ଥାନ, ବର୍ଣ୍ଣପ୍ରଦୀପ୍ତି, ସାମଞ୍ଜସ୍ୟ, କୋମଳତା, ବିଭିନ୍ନତା ମଧ୍ୟରେ ଏକତା, ପ୍ରମାଣ, ଲାବଣ୍ୟ, ଉଜ୍ଜ୍ୱଳତା ପ୍ରଭୃତି ରୂପଗତ ସୌନ୍ଦର୍ଯ୍ୟର ବିଧାୟକ ଗୁଣମାନଙ୍କ ସମ୍ବନ୍ଧରେ ସଚେତନ ଥିଲେ ଓ ଏଗୁଡିକୁ ଅପରିହାର୍ଯ୍ୟ ସ୍ୱୀକାର କରୁଥିଲେ।

ଅଶୋକବନରେ ହନୁମାନ୍ ଶୋକସନ୍ତପ୍ତା ସୀତାଙ୍କର ରୂପ ନିମ୍ନୋକ୍ତ ପ୍ରକାରେ ଲକ୍ଷ୍ୟ କରିଛନ୍ତି-

ମଳପଙ୍କ ଧରାଂ ଦୀନାଂ ମଣ୍ଡନାର୍ହାମମଣ୍ଡିତାମ୍।
ପ୍ରଭାଂ ନକ୍ଷତ୍ର ରାଜସ୍ୟ କାଳମେଘୈରିବାବୃତାମ୍।।
ତସ୍ୟ ସଂଦିଦିହେ ବୁଦ୍ଧି ସ୍ତଥା ସୀତାଂ ନିରୀକ୍ଷ୍ୟ ଚ।
ଅମ୍ନାୟାନାମ ଯୋଗେନ ବିଦ୍ୟାଂ ପ୍ରଶିଥିଳାମିବ।।
ଦୁଃଖେନ ବୁବୁଧେ ସୀତାଂ ହନୁମାନନଳଂକୃତାମ୍।
ସଂସ୍କାରେଣ ତଥାହୀନାଂ ବାଚମର୍ଥାନ୍ତରଂ ଗତାମ୍।। (୩୯)

ସୀତାଙ୍କ ଶରୀର ମଳିନ ହେବା ହେତୁ ସେ ଦୀନତାର ପ୍ରତିମୂର୍ତ୍ତି ପରି ଦେଖାଯାଉଛନ୍ତି। ତାଙ୍କର ଶରୀର ମଣ୍ଡନାର୍ହ ହେଲେ ହେଁ ବର୍ତ୍ତମାନ ଅଳଙ୍କାର ବିହୀନା- କୃଷ୍ଣମେଘରେ ଆବୃତ୍ତ ଚନ୍ଦ୍ର-ପ୍ରଭା ପରି। ସୀତାଙ୍କୁ ଦେଖି ହନୁମାନଙ୍କର ବୁଦ୍ଧି ସନ୍ଦେହଗ୍ରସ୍ତ, କାରଣ ଅଭ୍ୟାସ ନକରିବା ଫଳରେ ବିସ୍ମୃତ ହୋଇଥିବା ବିଦ୍ୟାଭଳି ଏବେ ତାଙ୍କର ସୌନ୍ଦର୍ଯ୍ୟ ସହଜରେ ଚିହ୍ନି ହେଉ ନାହିଁ। ବ୍ୟାକରଣଜନିତ ସଂସ୍କାର ବିନା ବାଣୀ ଯେଉଁପରି ଅର୍ଥାନ୍ତର ଲାଭକରେ ଅନଳଂକୃତା ସୀତାଙ୍କୁ ହନୁମାନ ସେହିପରି ଚିହ୍ନି ପାରୁନାହାନ୍ତି ବା ଅତିକଷ୍ଟରେ ଚିହ୍ନୁଛନ୍ତି। ମଣ୍ଡନଯୋଗ୍ୟ ରୂପ ଅମଣ୍ଡନା ହେଲେ ଓ ପ୍ରତିକୂଳ ପରିବେଶରେ ସ୍ଥାନ ପାଇଥିଲେ ଦ୍ରଷ୍ଟାର ସହଜ ଅବଧାରଣାରେ ଆସେ ନାହିଁ। ସୌନ୍ଦର୍ଯ୍ୟ ଅଭ୍ୟାସ ବା ପ୍ରସାଧନ ଉପରେ ନିର୍ଭର କରେ। ସ୍ୱାଭାବିକ ସୌନ୍ଦର୍ଯ୍ୟ ଅସ୍ୱାଭାବିକ ପରିସ୍ଥିତିରେ ମଳିନ ପଡିଯାଏ। ସଂସ୍କାର ସୌନ୍ଦର୍ଯ୍ୟ ବିକାଶର ଅପରିହାର୍ଯ୍ୟ ହେତୁ। ସଂସ୍କୃତ ରୂପ ଓ ସହଜ ପ୍ରତୀତ ସୌନ୍ଦର୍ଯ୍ୟର ଦୁଇଟି ବିଶିଷ୍ଟ ଲକ୍ଷଣ।

ପ୍ରାକୃତିକ ସୌନ୍ଦର୍ଯ୍ୟ ଦ୍ରଷ୍ଟାର ମନୋଦଶା ଓ ଅନୁଷଙ୍ଗ ହେତୁ ଭିନ୍ନ ଭିନ୍ନ ପ୍ରତୀତ ହୋଇଥାଏ। ପରିବେଶ ଅପରିବର୍ତ୍ତନୀୟ; ମାତ୍ର ବ୍ୟକ୍ତିର ଚିତ୍ତଦଶା ଅନୁସାରେ ସେହି ଏକ ପ୍ରାକୃତିକ ପରିବେଶ ଭିନ୍ନ ରୂପେ ଅନୁଭୂତ ହୁଏ। ସୀତାସହ ବର୍ତ୍ତମାନ ରାମ ଯେଉଁ ବସ୍ତୁ ଓ ଦୃଶ୍ୟକୁ ସୁନ୍ଦର ମନେ କରୁଥିଲେ ବିରହାବସ୍ଥାରେ ସେହି ସବୁକୁ ଅରମଣୀୟ ରୂପେ ସନ୍ଦର୍ଶନ କରୁଛନ୍ତି-

ଯାନି ସ୍ମରମନୀୟାନି ତୟା ସହ ଭବନ୍ତି ମେ।
ତାନ୍ୟେବାରମଣୀୟାନି ଜାୟନ୍ତେ ମ ତୟା ବିନା।।

(ଯେ ପାଖରେ ଥିବାବେଳେ ଯାହାକି ମୋର ପ୍ରିୟ ଥିଲା, ତା'ର ବିରହରେ ସେ ସକଳ ବର୍ତ୍ତମାନ ଅରମଣୀୟ ମନେ ହେଉଛନ୍ତି)।

ନିଜର ପରିଚିତ ସ୍ଥାନ, ଦେଶ ଓ ମଣିଷ ବ୍ୟକ୍ତିର ପ୍ରିୟ ହୋଇଥାନ୍ତି। ଅତୁଳ

ଭୋଗ-ବୈଭବପୂର୍ଣ୍ଣ ସ୍ୱର୍ଣ୍ଣପୁରୀ ଲଙ୍କା ମଧ୍ୟ ସୁନ୍ଦର ଓ ସୁଖକର ଲାଗେ ନାହିଁ ନିଜର ଜନ୍ମଭୂମି ତୁଳନାରେ-

ନେୟଂ ସ୍ୱର୍ଣ୍ଣପୁରୀ ଲଙ୍କା ରୋଚତେ ମମ ଲକ୍ଷ୍ମଣ।
ଜନନୀ ଜନ୍ମଭୂମିଶ୍ଚ ସ୍ୱର୍ଗାଦପି ଗରୀୟସୀ।।

ଭାଗବତରେ ଶ୍ରୀକୃଷ୍ଣ ରୂପ, ରସ, ଐଶ୍ୱର୍ଯ୍ୟ, ମାଧୁର୍ଯ୍ୟ, ପ୍ରେମ ଓ ଆନନ୍ଦର ଜୀବନ୍ତ ବିଗ୍ରହ ରୂପେ ବର୍ଣ୍ଣିତ। ବ୍ୟାସଙ୍କ କଳ୍ପନାରେ ଶ୍ରୀକୃଷ୍ଣ ସକଳ ସୌନ୍ଦର୍ଯ୍ୟର ନିଧି (ଲାବଣ୍ୟ ଧାମ୍ନଃ)। ତାଙ୍କର ସୌନ୍ଦର୍ଯ୍ୟ-ସୁଧା ପିପାସୁ ଏହି ସମଗ୍ର ବିଶ୍ୱ। ସୌନ୍ଦର୍ଯ୍ୟର ମୂର୍ତ୍ତିମନ୍ତ ବିଗ୍ରହ ଶ୍ରୀକୃଷ୍ଣଙ୍କ ପଦତଳେ ଜୀବନ, ଯୌବନ, ପ୍ରଣୟ ଓ ରୂପ ଅର୍ପଣ ପାଇଁ ଗୋପାଙ୍ଗନାକୁଳ ଲୋକାପବାଦ ଓ ପାରିବାରିକ ବନ୍ଧନକୁ ମଧ୍ୟ ତୁଚ୍ଛଜ୍ଞାନ କରନ୍ତି। ଶ୍ରୀକୃଷ୍ଣଙ୍କର ଶରୀର 'ଶ୍ରୀ ନିକେତଂ ବପୁଃ', ପ୍ରତ୍ୟେକ ଅଙ୍ଗଶୋଭାର ଧାମ- 'ଶ୍ରିୟୋଧାମାଙ୍ଗ-ମଚ୍ୟୁତମ୍', ବକ୍ଷସ୍ଥଳ ସୌନ୍ଦର୍ଯ୍ୟ-ଲକ୍ଷ୍ମୀଙ୍କର ନିବାସସ୍ଥଳ-'ଶ୍ରିୟୋ ନିବାସୋ ଯସ୍ୟୋରଃ'। ସମଗ୍ର ବିଶ୍ୱ ଆତୁର ଚିତ୍ତରେ ଏହି ପରମ ସୁନ୍ଦରଙ୍କ ସହିତ ମିଳିତ ହେବା ପାଇଁ ଧାବିତ।

ନେତ୍ରଦ୍ୱାରା ଶ୍ରୀକୃଷ୍ଣଙ୍କ ମୁଖ-ସୁଧା ପାନ କରି ମଥୁରାର ବୃଦ୍ଧଲୋକେ ଯୁବକ ଭଳି ଅତି ବଳବାନ୍ ଓ ଉତ୍ସାହଦୀପ୍ତ ହୋଇଉଠିବା କଥା ଭାଗବତରେ ବର୍ଣ୍ଣିତ ହୋଇଛି।

ସୌନ୍ଦର୍ଯ୍ୟ ପ୍ରଭାବରେ ବୃଦ୍ଧ ମଧ୍ୟ ତାରୁଣ୍ୟ ଲାଭକରେ ତଥା ସୌନ୍ଦର୍ଯ୍ୟ ନେତ୍ରପେୟ ଏହା ବ୍ୟାସଙ୍କର ସୌନ୍ଦର୍ଯ୍ୟ ଦୃଷ୍ଟିର ପରିଚାୟକ-

ତତ୍ର ପ୍ରବୟସୋଽକ୍ଷୈର୍ମୁକୁନ୍ଦସ୍ୟ ମୁଖାମ୍ବୁଜ ସୁଧାଂ ମୁହୁଃ। [୪୦]

ବଳରାମ ଓ କୃଷ୍ଣଙ୍କୁ ଦେଖି ସକଳ ସଭାସଦଙ୍କର ନେତ୍ର ଓ ମୁଖ ପ୍ରହର୍ଷିତ ହୋଇଉଠିଲା। ସେ ଦୁହିଁଙ୍କର ମୁଖସୁଧା ନେତ୍ରଦ୍ୱୟରେ ପାନକରି ସେମାନେ ତୃପ୍ତ ହୋଇ ନ ପାରି ସତେ ଯେପରି ଜିହ୍ୱାରେ ଲେହନ, ନାସିକାରେ ଆଘ୍ରାଣ ଓ ବାହୁରେ ଆଲିଙ୍ଗନ କରିବାକୁ ଲାଗିଲେ-

ପ୍ରହର୍ଷ ବେଗୋତ୍କଳିତେ କ୍ଷଣୀନନାଃ।
ପପୁର୍ନ ତୃପ୍ତା ନୟନୈସ୍ତଦାନନମ୍।"
ପିବନ୍ତ ଇବ ଚକ୍ଷୁର୍ଭ୍ୟାଂ ଲିହନ୍ତ ଇବ ଜିହୟା।
ଜିଘ୍ରନ୍ତ ଇବ ନାସାଭ୍ୟାଂ ଶ୍ଳିଷ୍ୟନ୍ତଇବ ବାହୁଭିଃ।। [୪୧]

ସୌନ୍ଦର୍ଯ୍ୟୋପଭୋଗ ନିମନ୍ତେ ଏକ କାଳରେ ଏତେଗୁଡିଏ ଇନ୍ଦ୍ରିୟ ସକ୍ରିୟ ଓ ସସ୍ପୃହ ହୋଇଉଠିବା ସୌନ୍ଦର୍ଯ୍ୟର ଅପରିମେୟ ପ୍ରଭାବର ପ୍ରମାଣଦିଏ। ଆହୁରି ମଧ୍ୟ ଏହି ଇନ୍ଦ୍ରିୟ ସକଳ ରୂପାସ୍ୱାଦନ ଦ୍ୱାରା ତୃପ୍ତ ହୋଇଉଠିଛନ୍ତି। ଗୋଟିଏ ଇନ୍ଦ୍ରିୟରେ

ରୂପ-ସୁଧା ପାନ କରିବାକୁ ଅସମର୍ଥ ହେବାରୁ ଦ୍ରଷ୍ଟାର ଅନ୍ୟ ଇନ୍ଦ୍ରିୟଗଣ ତହିଁରେ ଭାଗୀ ହୋଇପଡ଼ିଛନ୍ତି। ଦର୍ଶକର ରୂପତୃଷ୍ଣା ଯେଉଁପରି ପ୍ରବଳ, ରୂପର ଆକର୍ଷଣୀୟତା, ଆନନ୍ଦମୟତା ଓ ପ୍ରାଣୋତ୍‌ଫୁଲ୍ଲତା ସେହିପରି ଅବଶ୍ୟମ୍ଭାବୀ ଫଳଶ୍ରୁତି।

ନିର୍ବିକଳ୍ପ ପରମ ସୁନ୍ଦରଙ୍କର ଅସୀମ ସୌନ୍ଦର୍ଯ୍ୟର ବିଭାରେ ଜାଗତିକ ବସ୍ତୁ ସମୁଦାୟ ସୌନ୍ଦର୍ଯ୍ୟ ମଣ୍ଡିତ। ଏହାକୁ ଲାଭ କରିବା ଓ ଏହା ସହିତ ଆତ୍ମୀୟତା ସ୍ଥାପନ ନିମନ୍ତେ ମାନବାତ୍ମା ଚରି ପିପାସିତ। ଶ୍ରୀମଦ୍ ଭାଗବତ ଏହି ଐଶ୍ୱରିକ ସୌନ୍ଦର୍ଯ୍ୟର ମହିମାଗାନ କରିଛନ୍ତି-

ତଦେବ ରମ୍ୟଂ ରୁଚିରଂ ନବଂ ନବଂ
ତଦେବ ଶଶ୍ୱନ୍‌ମନସୋ ମହୋତ୍ସବମ୍।
ତଦେବ ଶୋକାର୍ଣ୍ଣବଶୋଷଣଂ ନୃଣାଂ
ଯଦୁତ୍ତମ ଶ୍ଲୋକଯଶୋଽନୁଗୀୟତେ। (୪୨)

ହୃଦୟରେ ଶାଶ୍ୱତ ଆନନ୍ଦ ଉଦ୍ରେକକାରୀ ଈଶ୍ୱରଙ୍କର ସୌନ୍ଦର୍ଯ୍ୟ ମାନବୀୟ ଦୁଃଖ ଯନ୍ତ୍ରଣାର ବିନାଶକାରୀ। ତେଣୁ ତାଙ୍କର ରମ୍ୟ ରୁଚିର ଓ ନବ ନବ ସୌନ୍ଦର୍ଯ୍ୟର ଯଶୋଗୀତ ଗାନ କରିବାକୁ କବି ପ୍ରୟାସୀ ହୋଇଛନ୍ତି।

ପ୍ରାକୃତିକ ବସ୍ତୁମାନଙ୍କରେ ଯେଉଁ ସୌନ୍ଦର୍ଯ୍ୟ ବିଳସିତ ତାହା ବିଭୁସୌନ୍ଦର୍ଯ୍ୟର ଝଲକ ମାତ୍ର। ଗୀତାରେ ଏହି ବିଶ୍ୱବ୍ୟାପୀ ସୌନ୍ଦର୍ଯ୍ୟର ସ୍ପର୍ଶଧନ୍ୟ ବସ୍ତୁମାନଙ୍କ ସମ୍ବନ୍ଧରେ ଶ୍ରୀକୃଷ୍ଣ ଅର୍ଜୁନଙ୍କୁ କହିଛନ୍ତି-ଯାହାକିଛି ବିଭୂତିମତ୍, ମଙ୍ଗଳ, ସୁନ୍ଦର ଓ ଶକ୍ତିଶାଳୀ ସେ ସମସ୍ତ ମୋର ତେଜୋଽଂଶରୁ ସମ୍ଭବ ହୋଇଥିବା ଜାଣ-

ଯଦ୍ ଯଦ୍‌ବିଭୂତିମତ୍ ସତ୍ତ୍ୱଂ ଶ୍ରୀମଦୂର୍ଜିତ ମେବ ବା।
ତତ୍ତଦେବାବଗଚ୍ଛ ତ୍ୱଂ ମମ ତେଜୋଽଂଶସମ୍ଭବମ୍। (୪୩)

ଗୀତାକାର ଭାଗବାନଙ୍କୁ ହିଁ ପରମ ସୁନ୍ଦର କହିଛନ୍ତି। ତାଙ୍କରିଠାରେ କେବଳ ସୁନ୍ଦରର ଅନୁଭବ ହୋଇପାରେ। ସୌନ୍ଦର୍ଯ୍ୟ ଈଶ୍ୱରଙ୍କର ବିଭୂତି ବୋଲି ବହୁ ପାଶ୍ଚାତ୍ୟ ସୌନ୍ଦର୍ଯ୍ୟଶାସ୍ତ୍ରୀଙ୍କର ମତ। ମଧୁସୂଦନ ସରସ୍ୱତୀ ମଧ୍ୟ ଈଶ୍ୱରଙ୍କୁ 'ସୌନ୍ଦର୍ଯ୍ୟସାର ସର୍ବସ୍ୱ' କହିଛନ୍ତି।

ସ୍ୱଭାବ-ସୁନ୍ଦର ଶରୀର ଯେ କୌଣସି ବସ୍ତ୍ରଭୂଷଣରେ ଭୂଷିତ ହେଲେ ମଧ୍ୟ ଶୋଭାଧାୟକ ହୁଏ। ଅଭିଜ୍ଞାନ ଶାକୁନ୍ତଳମ୍‌ରେ କାଳିଦାସ 'କିମିବ ହି ମଧୁରାଣାଂ ମଣ୍ଡନଂ ନାକୃତୀନାମ୍' ପଦରେ ସୌନ୍ଦର୍ଯ୍ୟ ସ୍ୱୟଂସମ୍ପୂର୍ଣ୍ଣତା ସମ୍ବନ୍ଧରେ ଯେଉଁ ମତବ୍ୟକ୍ତ କରିଥିଲେ, ତାହା ଭାସକୃତ 'ପ୍ରତିମାନାଟକମ୍'ରେ ବହୁ ପୂର୍ବରୁ କୁହାଯାଇଥିଲା। ପରିଚାରିକା ଅବଦାତିକାଠାରୁ ବଲ୍‌କଳ ମାଗି ନେଇ ସୀତା ପରିଧାନ କରିବାକୁ ଆଗ୍ରହ

ପ୍ରକାଶ କଲେ ଓ ଅବଦାତିକାକୁ ପ୍ରଶ୍ନ କଲେ-କିନ୍ତୁ ଖଲୁ ମମାପି ତାବତ୍ ଶୋଭତେ (ମୋତେ ଏହା ଭଲ ଦେଖାଯିବ ?) ଉତ୍ତରରେ ଅବଦାତିକା କହିଛି ସର୍ବଶୋଭନୀୟଂ ସ୍ୱରୂପଂ ନାମ-ସୁନ୍ଦର ରୂପକୁ ସବୁକିଛି ଶୋଭା ଦେଖାଯାଏ। ବଲ୍‌କଲ ପରିଧାନ କରି ସୀତା ପୁନଶ୍ଚ ଅବଦାତିକାର ମତାମତ ପଚାରିଛନ୍ତି ଓ ଉତ୍ତର ପାଇଛନ୍ତି-ତବ ଖଲୁ ଶୋଭତେ ନାମ। ସୌବର୍ଣ୍ଣିକମିବ ବଲ୍‌କଲମ୍ ସବୃତ୍ତମ୍-ଆପଣଙ୍କୁ କି ସୁନ୍ଦର ମାନୁଚି ! ଏ ବଲ୍‌କଲ ସୁବର୍ଣ୍ଣ ନିର୍ମିତ ଭଳି ପ୍ରତୀତ ହେଉଛି।[୪୪] ସୁନ୍ଦରର ସୌନ୍ଦର୍ଯ୍ୟ ବୃଦ୍ଧି ନିମନ୍ତେ ଅଳଙ୍କାର ପ୍ରୟୋଜନ ହୁଏ ନାହିଁ। ତୁଚ୍ଛ ବଲ୍‌କଲ ମଧ୍ୟ ସୁନ୍ଦର ଦେହରେ ସ୍ଥାନ ପାଇ ସୁନ୍ଦର ପ୍ରତୀତ ହୁଏ। ସ୍ୱଭାବ ସୁନ୍ଦର ଅଙ୍ଗର ଏହାହିଁ ବିଶେଷତ୍ୱ। ମହାର୍ହ ଭୂଷଣ ସୌନ୍ଦର୍ଯ୍ୟ ବୃଦ୍ଧି ନିମନ୍ତେ ଅପରିହାର୍ଯ୍ୟ ନୁହେଁ। ବଲ୍‌କଲ ପରିହିତା ସୀତାଙ୍କର ସୌନ୍ଦର୍ଯ୍ୟ ମଧ୍ୟ ଏଥିରେ ନ୍ୟୁନ ହୋଇଯାଇନାହିଁ। ବରଂ ବଲ୍‌କଲ ତାଙ୍କ ଦେହରେ ସବୁର୍ଣ୍ଣ ଭଳି ଶୋଭା ପାଇଛି। ସୌନ୍ଦର୍ଯ୍ୟର ସ୍ୱୟଂସମ୍ପୂର୍ଣ୍ଣତା ଓ ଭୂଷା ନିରପେକ୍ଷତା ମଧ୍ୟ ଏଥିରୁ ଧ୍ୱନିତ ହେଉଛି। ସୁନ୍ଦର ସବୁ କିଛିକୁ ସୁନ୍ଦର କରାଏ ଓ ସୁନ୍ଦରର ସାନ୍ନିଧ ଲାଭ କରି ତୁଚ୍ଛ ମଧ୍ୟ ମହାର୍ହ ହୋଇଉଠେ।

ସଂସ୍କୃତ ସାହିତ୍ୟରେ ସୌନ୍ଦର୍ଯ୍ୟ-ଚେତନାର ଭୂୟୋବିକାଶ କାଳିଦାସଙ୍କ ରଚନାରେ ଦେଖିବାକୁ ମିଳେ। ତାଙ୍କ ସୃଷ୍ଟିର ଆଦର୍ଶ ତାଙ୍କର ସୌନ୍ଦର୍ଯ୍ୟ ଦର୍ଶନରେ ଖୋଜାଯାଇପାରେ। ସେ ଜଣେ ବିଚକ୍ଷଣ ସୌନ୍ଦର୍ଯ୍ୟଶାସ୍ତ୍ରୀ ଭଳି ସୌନ୍ଦର୍ଯ୍ୟତତ୍ତ୍ୱ ସମ୍ବନ୍ଧରେ ନିଜର ମତ ଯତ୍ରତତ୍ର ତାଙ୍କ କାବ୍ୟନାଟକାଦିରେ ଦେଇଯାଇଛନ୍ତି। ସେ ସମସ୍ତର ସଙ୍କଳନ କଲେ କାଳିଦାସଙ୍କର ସୌନ୍ଦର୍ଯ୍ୟବୋଧ ଓ ସୌନ୍ଦର୍ଯ୍ୟ-ମୀମାଂସା (ତତ୍କାଳୀନ ଭାରତୀୟ ସୌନ୍ଦର୍ଯ୍ୟ-ଚିନ୍ତନର ପୃଷ୍ଠଭୂମିରେ) କେତେ ଉଚ୍ଚକୋଟିର ଥିଲା ତଥା ପାଶ୍ଚାତ୍ୟ ସୌନ୍ଦର୍ଯ୍ୟଶାସ୍ତ୍ରର ପ୍ରାଚୀନ ଓ ଆଧୁନିକ ମତାବଳୀ ସହିତ ସେଗୁଡ଼ିକ କିପରି ସାମ୍ୟ ରକ୍ଷା କରନ୍ତି ସେ ସମ୍ବନ୍ଧରେ ସ୍ପଷ୍ଟ ଧାରଣା ହୁଏ। ପ୍ରତ୍ୟେକ ପଦ ଗଭୀର ବିଶ୍ଳେଷଣର ଅପେକ୍ଷା ରଖୁଥିଲେ ମଧ୍ୟ ଏଠାରେ କେବଳ ସୂଚନାରେ ତାଙ୍କର ସୌନ୍ଦର୍ଯ୍ୟଧାରଣା ଉପସ୍ଥାପନ କରାଯାଉଛି।

ବ୍ୟକ୍ତିର ରୁଚି ତାହାର ସୌନ୍ଦର୍ଯ୍ୟ-ଦୃଷ୍ଟିକୁ ନିୟନ୍ତ୍ରିତ କରେ। ବସ୍ତୁ ସୁନ୍ଦର ହେଲେ ହେଁ ସବୁ ଲୋକେ ତାହାକୁ ଗ୍ରହଣ କରିବେ ଏପରି କୌଣସି କଥା ନାହିଁ। ବ୍ୟକ୍ତିର ମନୋଦଶା, ସଂସ୍କାର ଓ ରୁଚିର ଅନୁକୂଳତା ଓ ଭିନ୍ନତା ଉପରେ ସୌନ୍ଦର୍ଯ୍ୟ ଦୃଷ୍ଟି ନିର୍ଭର କରେ। ଇନ୍ଦୁମତୀ ସୁନନ୍ଦାଠାରୁ ଅଙ୍ଗଦେଶର ରାଜାଙ୍କ ରୂପଗୁଣର ପ୍ରଶଂସା ଶୁଣିସାରି ଆଗକୁ ଯିବା ପାଇଁ କହିଲେ। ଅଙ୍ଗରାଜାଙ୍କ ପ୍ରତି ଇନ୍ଦୁମତୀଙ୍କର ଉଦାସୀନତା ସମ୍ବନ୍ଧରେ ମନ୍ତବ୍ୟ ଦେଇ କାଳିଦାସ ସୌନ୍ଦର୍ଯ୍ୟାନୁଭୂତିରେ ରୁଚିର ଭୂମିକା ଘୋଷଣା କରିଛନ୍ତି-

ନାସୌ ନା କାମ୍ୟୌ ନ ଚ ବେଦ ସମ୍ୟଗ୍

ଦ୍ରଷ୍ଟୁଂ ନ ସା ଭିନ୍ନରୁଚିର୍ହି ଲୋକଃ । (୪୫)

ରାଜା ସୁନ୍ଦର, ଇନ୍ଦୁମତୀଙ୍କର ମଧ୍ୟ ସୌନ୍ଦର୍ଯ୍ୟ-ନିର୍ଣ୍ଣୟଶକ୍ତି ରହିଛି । ତଥାପି ସେ ରାଜାଙ୍କୁ ଅପସନ୍ଦ କଲେ । ଏହାର ଏକମାତ୍ର କାରଣ ପ୍ରତ୍ୟେକ ଲୋକର ରୁଚି ଭିନ୍ନ। ସୌନ୍ଦର୍ଯ୍ୟ ନିଷ୍ପତ୍ତି ନିମନ୍ତେ ଦ୍ରଷ୍ଟା ଓ ଦୃଶ୍ୟର ଅନୁକୂଳ ସଂଯୋଗ ନିତାନ୍ତ ପ୍ରୟୋଜନ । ମନକୁ ନ ରୁଚିବାରୁ ଇନ୍ଦୁମତୀ ରାଜାଙ୍କଠାରୁ ଦୃଷ୍ଟି ଫେରାଇ ଆଣିଛନ୍ତି । ଏଥିରେ ରାଜାଙ୍କର ସୌନ୍ଦର୍ଯ୍ୟରେ ହାନି ଘଟିନାହିଁ । ସୌନ୍ଦର୍ଯ୍ୟ କେବଳ ବସ୍ତୁନିଷ୍ଠ ନୁହେଁ କି ଆତ୍ମନିଷ୍ଠ ନୁହେଁ- ଏହା ଆତ୍ମବସ୍ତୁନିଷ୍ଠ । ଏଥିପାଇଁ ରୁଚିର ଭୂମିକା ଗୁରୁତ୍ୱପୂର୍ଣ୍ଣ ।

ଅଭିଜ୍ଞାନ ଶାକୁନ୍ତଳମ୍‌ରେ ଦୁଷ୍ୟନ୍ତ ଅନ୍ତଃପୁରରୁ ଭାସି ଆସୁଥିବା ମଧୁର ପ୍ରେମସଙ୍ଗୀତ ଶ୍ରବଣ କରି ବିଚଳିତ ହୋଇପଡ଼ିଛନ୍ତି । ତାଙ୍କର ବ୍ୟକ୍ତିତ୍ୱ ଚଞ୍ଚଳି ଉଠିଛି ଓ ତାଙ୍କ ମନରେ ଜନ୍ମାନ୍ତରୀଣ ସ୍ମୃତିର ଉଦ୍‌ବୋଧନ ଘଟିଛି-

ରମ୍ୟାଣି ବୀକ୍ଷ୍ୟ ମଧୁରାଂଶ୍ଚ ନିଶମ୍ୟ ଶବ୍ଦାନ୍

ପର୍ଯ୍ୟୁତ୍ସୁକୀଭବତି ଯତ୍‌ସୁଖିତୋଽପି ଜନ୍ତୁଃ ।

ତଚ୍ଚେତସା ସ୍ମରତି ନୂନମବୋଧ ପୂର୍ବଂ

ଭାବସ୍ଥି ରାଣି ଜନନାନ୍ତର ସୌହୃଦାନି । (୪୬)

ରମଣୀୟ ବସ୍ତୁ ଦେଖି ଓ ମଧୁର ଶବ୍ଦ ଶୁଣି ସୁଖୀଜୀବ ମଧ୍ୟ ବ୍ୟାକୁଳ ବା ପର୍ଯ୍ୟୁତ୍ସୁକ ହୋଇଉଠେ । ଏହି ଉତ୍ସୁକତାରେ ଏକ ପ୍ରକାର କୋମଳ-ବିଷାଦ ବା ଉଦାସୀନ ଭାବ ମିଶ୍ରିତ ହୋଇ ରହିଥାଏ । ରାଜା ଦୁଷ୍ୟନ୍ତ ମଧୁର ସଙ୍ଗୀତ ଶ୍ରବଣ କରି ରସାବେଶରେ ସେହି ଅବୋଧପୂର୍ବା ସ୍ମୃତି, ଯାହାକି ସ୍ଥିର ଭାବ ରୂପରେ ପୂର୍ବଜନ୍ମରୁ ସୌନ୍ଦର୍ଯ୍ୟାନୁଭୂତିକୁ ଧରି ରଖିଥିଲା, ମନକୁ ଆଣିଛନ୍ତି । ପୂର୍ବ ଜନ୍ମରେ ଯେଉଁ ବସ୍ତୁ ସହିତ ମଣିଷର ଆତ୍ମୀୟତା ଥାଏ ଓ ଯାହାକୁ ସେ ଉପଭୋଗ କରିଥାଏ ତାହାକୁ ଏ ଜନ୍ମରେ ନବୁଝି ମଧ୍ୟ ସ୍ମରଣ କରେ, ତା ସହିତ ଘେନାଘେନି ସ୍ଥାପନ କରେ । ଦୁଷ୍ୟନ୍ତଙ୍କ ମନରେ ବାସନା ରୂପରେ ବିଦ୍ୟମାନଥିବା ସ୍ଥାୟୀଭାବ ବର୍ତ୍ତମାନ ସୌନ୍ଦର୍ଯ୍ୟାନନ୍ଦରେ ପରିଣତ ହୋଇଛି ଓ ସେ ସୌନ୍ଦର୍ଯ୍ୟାନୁଭୂତି ଲାଭ କରିଛନ୍ତି । ସାର କଥା ହେଲା, ବହିର୍ଜଗତର ରମ୍ୟ ବସ୍ତୁ ଓ ମଧୁର ବାଣୀ ଦର୍ଶନ ଓ ଶ୍ରବଣରେ ଦ୍ରଷ୍ଟା ଓ ଶ୍ରୋତା ମନରେ ସ୍ମୃତିର ଉଦ୍‌ବୋଧନ ହୁଏ ଓ ଏକପ୍ରକାର ପର୍ଯ୍ୟୁତ୍ସୁକୀ ଭାବ ତାଙ୍କଠାରେ ଜାଗେ । ଏହି ସ୍ମୃତିକୁ କାଳିଦାସ ଅବୋଧପୂର୍ବା କହିଛନ୍ତି । ସୁନ୍ଦର ବସ୍ତୁ ସହିତ ସାକ୍ଷାତ୍‌କାର ଘଟିଲେ ଏହି ସ୍ମୃତି ଜାଗ୍ରତ ହୁଏ ଓ ହୃଦୟକୁ ଚଞ୍ଚଳ କରେ । (୪୭) ଜନ୍ମାନ୍ତରରେ ବିଶ୍ୱାସୀ କାଳିଦାସଙ୍କର ପ୍ରତିପାଦ୍ୟ ଯେ, ମନୁଷ୍ୟ ତାହାର ସୌନ୍ଦର୍ଯ୍ୟ ବୋଧ ଜନ୍ମାନ୍ତର ସୂତ୍ରରେ ସଙ୍ଗରେ ଘେନିଆସେ ।

ସୌନ୍ଦର୍ଯ୍ୟତତ୍ତ୍ୱର ଅନ୍ୱେଷଣକାରୀ ଓ ସୌନ୍ଦର୍ଯ୍ୟ ଉପଭୋକ୍ତା ମଧ୍ୟରେ ପାର୍ଥକ୍ୟ ଦେଖାଇ କାଳିଦାସ ଦୁଷ୍ୟନ୍ତଙ୍କ ମୁଖରେ କୁହାଇଛନ୍ତି-

ଚଳାପାଙ୍ଗାଂ ଦୃଷ୍ଟିଂ ସ୍ପୃଶସି ବହୁଶୋ ବେପଥୁମତୀଂ
ରହସ୍ୟାଖ୍ୟାୟୀବ ସ୍ୱନସି ମୃଦୁ କର୍ଣ୍ଣାନ୍ତିକଚରଃ ।
କରୌ ବ୍ୟାଧୁନ୍ୱଂତଃ ପିବସି ରତି ସର୍ବସ୍ୱମଧରଂ
ବୟଂ ତତ୍ତ୍ୱାନ୍ୱେଷାନ୍ମଧୁକର ହତାସ୍ତ୍ୱଂ ଖଳୁ କୃତୀ ।

ତତ୍ତ୍ୱାନ୍ୱେଷୀ ଦ୍ରଷ୍ଟା ବା ପାଠକ ତତ୍ତ୍ୱଜାଲରେ ଛନ୍ଦିହୋଇ ସୌନ୍ଦର୍ଯ୍ୟର ମାନଦଣ୍ଡ, ଗୁଣ, ଧର୍ମ, ସଂଜ୍ଞାନିରୂପଣ, ଉପାଦାନ ନିର୍ଣ୍ଣୟ ପ୍ରଭୃତିର ବିଶ୍ଳେଷଣରେ ବ୍ୟସ୍ତ ରହେ । ସେ ପ୍ରକୃତ ରସ ବା ସୌନ୍ଦର୍ଯ୍ୟ ଉପଭୋଗ କରିପାରେ ନାହିଁ । ଦୁଷ୍ୟନ୍ତ ଶକୁନ୍ତଳାଙ୍କର ଜନ୍ମ ଓ ନିଜର କର୍ତ୍ତବ୍ୟ ଅକର୍ତ୍ତବ୍ୟ ସମ୍ୱନ୍ଧରେ ଯେତେବେଳେ ଦ୍ୱନ୍ଦ୍ୱରେ ପଡ଼ିଛନ୍ତି, ସେହି ସମୟରେ ଏକ କୃତୀ ଭ୍ରମର ଉଡ଼ିଆସି ଶକୁନ୍ତଳାଙ୍କର ବେପଥୁମତୀ ଚଳାପାଙ୍ଗ ଦୃଷ୍ଟିକୁ ସ୍ପର୍ଶ କଲା, କାନ ପାଖରେ ମୃଦୁ ପ୍ରେମରହସ୍ୟ ଗୁଞ୍ଜନ କଲା ପରି ଲାଗିଲା ଓ ତାଙ୍କର ରତି ସର୍ବସ୍ୱଅଧର ପାନ କଲା । ଦୁଷ୍ୟନ୍ତ ଭ୍ରମରକୁ ସମ୍ୱୋଧନ କରି କହିଛନ୍ତି- ମଧୁକର, ତୁ ହିଁ ପ୍ରକୃତରେ କୃତୀ, କାରଣ ଜ୍ଞାନ ବା ତତ୍ତ୍ୱ ପରିବର୍ତ୍ତେ ତୁ ଆନନ୍ଦ ବା ସୌନ୍ଦର୍ଯ୍ୟର ଆସ୍ୱାଦନ କରିଜାଣୁ । ଭ୍ରମରକୁ 'କୃତୀ' ଓ ନିଜକୁ 'ତତ୍ତ୍ୱାନ୍ୱେଷୀ' କହି ରାଜା ନିଜର ତତ୍ତ୍ୱାନ୍ୱେଷିଣୀ ବୁଦ୍ଧିକୁ ଧିକ୍‌କାର କରିଛନ୍ତି । ସୌନ୍ଦର୍ଯ୍ୟ ଉପଭୋଗ କାଳରେ ତତ୍ତ୍ୱଗ୍ରାହିଣୀ ବୁଦ୍ଧିଠାରୁ ସର୍ବଦା ଦୂରରେ ରହିବାକୁ ପଡ଼ିବ । କାରଣ ଏହା ବାଧାସ୍ୱରୂପ ।

ସୁନ୍ଦର ଯଦି ଶିବ (ମଙ୍ଗଳ)କୁ ନିଜ ପ୍ରତି ଅନୁରାଗୀ କରାଇ ନପାରେ, ତେବେ ସେପରି ସୌନ୍ଦର୍ଯ୍ୟ ଅଫଳପ୍ରସୂ । ରୂପଦ୍ୱାରା ଶିବଙ୍କୁ ଲାଭ କରିବା ପାଇଁ ପାର୍ବତୀ ପ୍ରଥମେ ଚେଷ୍ଟା କରିଥିଲେ; ମାତ୍ର ଦେଖିଲେ ଶିବଙ୍କୁ ତାଙ୍କର ସେହି ରୂପ ଅନୁରଞ୍ଜିତ ବା ଆକୃଷ୍ଟ କରିପାରିଲା ନାହିଁ । ତେଣୁ ପାର୍ବତୀ ନିଜର ସେହି ରୂପକୁ ନିନ୍ଦା କଲେ-

ନିନିନ୍ଦ ରୂପଂ ହୃଦୟେନ ପାର୍ବତୀ
ପ୍ରିୟେଷୁ ସୌଭାଗ୍ୟଫଳା ହି ଚାରୁତା ।[୪୮]

ରୂପ ସୌନ୍ଦର୍ଯ୍ୟର ପ୍ରକୃତ ଲକ୍ଷ୍ୟ ହେଉଛି ପ୍ରେମିକଠାରେ ସୌଭାଗ୍ୟ ଉତ୍ପନ୍ନ କରିବା ଅର୍ଥାତ୍, ପ୍ରେମିକକୁ ନିଜର ବଶୀଭୂତ କରିବା । ଏହି ବଶୀକରଣ ରୂପର ଆନ୍ତରିକ ଧର୍ମ । ପାର୍ବତୀ ନିଜ ରୂପରେ ସେହି ବଶୀକରଣ ଓ ଅନୁରଞ୍ଜନର ଅଭାବ ଉପଲବ୍ଧି କଲେ ଯାହା ଶିବଙ୍କୁ ଆକୃଷ୍ଟ କରିପାରିଲା ନାହିଁ । ରୂପକୁ ସଫଳ କରିବା ପାଇଁ ସେ ତପସ୍ୟା କରିବାକୁ ସ୍ଥିର କଲେ । ନହେଲେ ଏପରି ପତି ଓ ଏପରି ପ୍ରେମ

ଅନ୍ୟ କି ରୂପେ ଲାଭ କରାଯାଇପାରେ ! ପାର୍ବତୀଙ୍କର ତପୋଃପୂତ ସୌନ୍ଦର୍ଯ୍ୟ ନିକଟରେ ନିଜେ ଶିବ ମଧ୍ୟ ଦାସତ୍ୱ ସ୍ୱୀକାର କରନ୍ତି-

ଅଦ୍ୟପ୍ରଭୃତ୍ୟବନତାଙ୍ଗି ତବାସ୍ମି ଦାସଃ
କ୍ରିତ ସ୍ତପୋଭିରିତି ବାଦିନି ଚନ୍ଦ୍ରମୌଳୌ ।(୪୯)

ସୌନ୍ଦର୍ଯ୍ୟର ଶୀଳତା ଓ ପବିତ୍ରତା ଉପରେ କାଳିଦାସଙ୍କର ଏତେ ବିଶ୍ୱାସ ଥିଲା ଯେ, ସେ ବ୍ରହ୍ମଚାରୀ ଶିବଙ୍କ ମୁଖରେ କୁହାଇଛନ୍ତି-

ଯଦୁଚ୍ୟତେ ପାର୍ବତୀ ପାପବୃତ୍ତୟେ
ନ ରୂପମିତ୍ୟ ବ୍ୟଭିଚାରି ତଦ୍‌ବଚଃ ।
ତିଥାହି ତେ ଶୀଳମୁଦାର ଦର୍ଶନେ
ତପସ୍ୱି ନାମପ୍ୟୁପଦେଶତାଂ ଗତମ୍ ।(୫୦)

ସୁନ୍ଦର ରୂପ କେବେହେଲେ ପାପ ପ୍ରତି ଉନ୍ମୁଖ ହୁଏ ନାହିଁ ଓ ତପସ୍ୱୀମାନେ ମଧ୍ୟ ଶୀଳସୌନ୍ଦର୍ଯ୍ୟ ନିକଟରୁ ଉପଦେଶ ଗ୍ରହଣ କରନ୍ତି । ପାପ ପ୍ରତି ଆକୃଷ୍ଟ ହେବା ରୂପର ଧର୍ମ ନୁହେଁ, ହେଉଥିଲେ ତାହା ପ୍ରକୃତ ରୂପ କୁହାଯିବ ନାହିଁ ।

କଳା ସୃଷ୍ଟି କାଳରେ ଶିଳ୍ପୀଙ୍କର କର୍ତ୍ତବ୍ୟ କ'ଣ ତାହା କାଳିଦାସଙ୍କର ନିମ୍ନୋକ୍ତ ଶ୍ଳୋକରୁ ସ୍ପଷ୍ଟ ଜଣାଯାଏ-

ସର୍ବୋପମାଦ୍ରବ୍ୟସମୁଚ୍ଚୟେନ ଯଥାପ୍ରଦେଶଂ ବିନିବେଶିତେନ
ସା ନିର୍ମିତା ବିଶ୍ୱସୃଜା ପ୍ରଯତ୍ନାଦେକସ୍ଥ ସୌନ୍ଦର୍ଯ୍ୟଦିଦୃକ୍ଷୟେବ ।(୫୧)

ଏଠାରେ ବିଶ୍ୱସୃଜା ଜଣେ କଳାକାର ଭଳି ସମସ୍ତ ଉପମାଯୋଗ୍ୟ ବସ୍ତୁ ଯଥା ପ୍ରଦେଶରେ ଯତ୍ନପୂର୍ବକ ବିନିବେଶିତ କରି ସକଳ ସୌନ୍ଦର୍ଯ୍ୟକୁ ଗୋଟିଏ ସ୍ଥାନରେ ଦେଖିବା ଇଚ୍ଛାରୁ ପାର୍ବତୀଙ୍କର ନିର୍ମାଣ କରିଛନ୍ତି । ଦ୍ରବ୍ୟ ସଂଗ୍ରହ, ଯଥାସ୍ଥାନରେ ବିନିବେଶନ, ପ୍ରଯତ୍ନ ଓ ବିଶ୍ୱର ସମସ୍ତ ସୌନ୍ଦର୍ଯ୍ୟକୁ ଏକତ୍ର ଦେଖିବା ଅଭିଳାଷରୁ ନିର୍ମିତ ପାର୍ବତୀ ଶିବଙ୍କ ଦୃଷ୍ଟିରେ 'ତ୍ରିଲୋକ ସୌନ୍ଦର୍ଯ୍ୟ ମିବୋଦିତଂ ବପୁଃ' ରୂପେ ଦୃଶ୍ୟ ହୋଇଛନ୍ତି । ସାମଗ୍ରୀ ସଂଗ୍ରହ କରିବା, ସାମଗ୍ରୀର ପ୍ରକୃତି ଅନୁସାରେ ତାହାକୁ ଔଚିତ୍ୟପୂର୍ଣ୍ଣ ସ୍ଥାନରେ ରଖିବା, ପ୍ରଯତ୍ନ ଦ୍ୱାରା ସୃଷ୍ଟିକୁ ସର୍ବାଙ୍ଗ ସୁନ୍ଦର କରିବା- ଏହା ହିଁ ଶ୍ରେଷ୍ଠ କଳାକାରର ଧର୍ମ ।

ବିଭିନ୍ନତା ମଧ୍ୟରେ ଏକତା ବା ସାମଞ୍ଜସ୍ୟ ପ୍ରତି କାଳିଦାସ ଅଧିକ ଗୁରୁତ୍ୱ ଦେଇଛନ୍ତି । ସାମଞ୍ଜସ୍ୟ ସୌନ୍ଦର୍ଯ୍ୟର ମୂଳୀଭୂତ ଉପାଦାନ । ପାର୍ବତୀଙ୍କର 'ଚତୁରସ୍ରେ ବପୁଃ' ନବ ଯୌବନରେ ଶୋଭା ପାଇଲା ସତେ ଯେପରି ଚିତ୍ରକରର ତୂଳୀରେ ରୂପ ପାଇଥିବା ଚିତ୍ର ଅଥବା ସୂର୍ଯ୍ୟକିରଣ ସଂପାତରେ ଉଦ୍‌ଭିନ୍ନ ପଦ୍ମ-

ଉନ୍ମୀଳିତଂ ତୂଳିକୟେବ ଚିତ୍ରଂ
ସୂର୍ଯ୍ୟାଂଶୁଭିର୍ଭିନ୍ନମିବାରବିନ୍ଦମ୍ ।
ବଭୂବ ତସ୍ୟାଶ୍ଚତୁରସ୍ରଶୋଭି ବପୁର୍ବିଭକ୍ତଂ ନବଯୌବନେନ । (୫୨)

ଏଠାରେ 'ଚତୁରସ୍ର' ଶବ୍ଦ ସାମଞ୍ଜସ୍ୟ ପୂର୍ଣ୍ଣ ଶରୀର ନିମନ୍ତେ ପ୍ରଯୁକ୍ତ ।

ସୁନ୍ଦର ବସ୍ତୁ ସବୁ ଅବସ୍ଥାରେ ସୁନ୍ଦର । ତପସ୍ୟାନିରତା ପାର୍ବତୀ ଜଟା ଧାରଣ କରିଥିଲେ ହେଁ ତାଙ୍କର ମୁଖ ପୂର୍ବଭଳି ଲାବଣ୍ୟମଣ୍ଡିତ । ସ୍ୱଭାବ-ସୌନ୍ଦର୍ଯ୍ୟ ଅକ୍ଷୟ ଓ ଅବିକାରୀ । ଶୈବାଳାବୃତ ପଙ୍କଜ ମଧ୍ୟ ସୁନ୍ଦର ଦେଖାଯାଏ । ସହଜ ସୌନ୍ଦର୍ଯ୍ୟର ସଂସ୍ପର୍ଶରେ ଆସିଲେ ଅସୁନ୍ଦର ମଧ୍ୟ ସୁନ୍ଦର ହୋଇଉଠେ-

ଯଥା ପ୍ରସିଦ୍ଧୈର୍ମଧୁରଂ ଶିରରୂହୈର୍ଜଟାଭିରପ୍ୟେବମଭୂତ୍ତଦାନନମ ।
ନ ଷଟ୍ ପଦଶ୍ରେଣିଭିରେବ ପଙ୍କଜଂ ସଶୈବଳାସଙ୍ଗମପି ପ୍ରକାଶତେ ।(୫୩)

ଶକୁନ୍ତଳାଙ୍କର ଅବ୍ୟାଜମନୋହର ରୂପକୁ ଦେଖି ଦୁଷ୍ୟନ୍ତ କହିଉଠିଛନ୍ତି-

ଇୟମଧିକମନୋଜ୍ଞା ବଲ୍‌କଲେନାପି ତନ୍ୱୀ
କିମିବ ହି ମଧୁରାଣାଂ ମଣ୍ଡନଂ ନାକୃତୀନାମ୍ ।(୫୪)

ଶକୁନ୍ତଳା ବଲ୍‌କଳ ପରିଧାନ କରିଥିଲେ ମଧ୍ୟ ମନୋଜ୍ଞ ଦେଖାଯାଉଛନ୍ତି । ସ୍ୱଭାବ ସୁନ୍ଦର ଅଙ୍ଗକୁ ସବୁ ସୁନ୍ଦର ଦେଖାଯାଏ । ମଧୁର ଆକୃତି ନିମନ୍ତେ ମଣ୍ଡନର ପ୍ରୟୋଜନ ନାହିଁ । ମଣ୍ଡନ ସୁନ୍ଦର ଅଙ୍ଗରେ ବାହ୍ୟ ଅଳଙ୍କାର ପ୍ରୟୋଗ ଭଳି । ଭୂଷା-ନିରପେକ୍ଷ ରୂପ ହିଁ ଶ୍ରେଷ୍ଠ ରୂପ । ସୁନ୍ଦର ଆକୃତି ଯେ କୌଣସି ଅବସ୍ଥାରେ ମଧ୍ୟ ରମଣୀୟ । କାରଣ ତାହା ସ୍ୱୟଂସମ୍ପୂର୍ଣ୍ଣ ଓ ନିତ୍ୟ ନୂତନ । ଦୁଷ୍ୟନ୍ତ ବିଷାଦ ମଗ୍ନ ଅବସ୍ଥାରେ ମଧ୍ୟ ରମଣୀୟତା ହରାଇ ନାହାନ୍ତି ।-ସର୍ବାସ୍ୱବସ୍ଥାସୁ ରମଣୀୟତ୍ୱମାକୃତି ବିଶେଷଣାମ୍ ।(୫୫) ସୌନ୍ଦର୍ଯ୍ୟର ପୂର୍ଣ୍ଣତା ଯେ କୌଣସି ପରିସ୍ଥିତିରେ ଦେଖିବାକୁ ମିଳେ ।-ସର୍ବାସ୍ୱବସ୍ଥାସ୍ୱନବଦ୍ୟତା ରୂପସ୍ୟ ।(୫୬) ସୌନ୍ଦର୍ଯ୍ୟର ସ୍ୱୟଂସମ୍ପୂର୍ଣ୍ଣତା ଅନ୍ୟ କୌଣସି ଉପାୟରେ ବୃଦ୍ଧି କରାଯାଇ ନପାରେ । ପ୍ରସାଧନ ସୌନ୍ଦର୍ଯ୍ୟ ପାଇଁ ଏକ ବାହ୍ୟ ଉପଚାର । ପାର୍ବତୀଙ୍କର ସଖୀମାନେ ତାଙ୍କୁ ଭୂଷିତ କରିସାରି ଚକ୍ଷୁରେ କାଳାଞ୍ଜନ ପିନ୍ଧାଇବାକୁ ବସିଲେ-

ତସ୍ୟାଃ ସୁଜାତୋତ୍ପଳପତ୍ରକାନ୍ତେ ପ୍ରସାଧିକାଭିର୍ନୟନେ ନିରୀକ୍ଷା
ନ ଚକ୍ଷୁଷୋଃ କାନ୍ତିବିଶେଷବୁଦ୍ଧ୍ୟା କାଳାଂଜନଂ ମଙ୍ଗଳ ମିତ୍ୟୁପାତ୍ତମ୍ । (୫୭)

ପାର୍ବତୀଙ୍କର ଚକ୍ଷୁ ସ୍ୱତଃ ସୁନ୍ଦର । ପଦ୍ମ ପାଖୁଡ଼ା ଭଳି ଚକ୍ଷୁରେ କାଳାଂଜନ ପ୍ରୟୋଗ କରି କାନ୍ତି ବଢ଼ାଇବା ଅନାବଶ୍ୟକ ହେଲେ ମଧ୍ୟ ମାଙ୍ଗଲ୍ୟସୂଚକ ପ୍ରସାଧନ ରୂପେ ବ୍ୟବହାର କରାଯାଇଛି ।

କାଳିଦାସଙ୍କ ପରି ଭାରବି ଦୁଇଟି ପଦରେ ସୌନ୍ଦର୍ଯ୍ୟର ପରାଶ୍ରୟ-ନିରପେକ୍ଷତା ଓ ବିକୃତିରେ ମଧ୍ୟ ଶୋଭାଧିକ୍ୟ ଲାଭ ସମ୍ବନ୍ଧରେ କହିଛନ୍ତି । ଘର୍ମଜାତ ହୋଇ ଅପ୍‌ସରାମାନଙ୍କ କୃତ୍ରିମ ଅଙ୍ଗରାଗ ଲୋପ ପାଇଲେ ମଧ୍ୟ ସେମାନଙ୍କ ମୁଖ ମଣ୍ଡଳରେ ଶ୍ରମବାରି ବିନ୍ଦୁ ମୁକ୍ତା ଭଳି ଶୋଭା ପାଉଥିଲା । ରମ୍ୟ ବସ୍ତୁରେ ପରିବର୍ତ୍ତନ ଆସିଲେ ମଧ୍ୟ ତାହାର ଶୋଭା ବୃଦ୍ଧି ପାଇଥାଏ-ରମ୍ୟାଣାଂ ବିକୃତିରପି ଶ୍ରିୟଂ ତନୋତି । (୫୮)ଆକାଶରେ ରମଣୀୟ ପକ୍ଷୀମାନେ ଉଡୁନାହାନ୍ତି, ମେଘମାଳା ଇନ୍ଦ୍ରଧନୁ ସହ ଭାସି ବୁଲୁ ନାହାନ୍ତି- ତଥାପି ଆକାଶ ଅତ୍ୟନ୍ତ ସୁନ୍ଦର ଦେଖାଯାଉଛି । ଏହାର ଏକମାତ୍ର କାରଣ ସ୍ୱଭାବ ସୁନ୍ଦର ବସ୍ତୁ ବାହ୍ୟ ସାହାଯ୍ୟ ଦ୍ୱାରା ସୌନ୍ଦର୍ଯ୍ୟ ବୃଦ୍ଧି କରେନାହିଁ-

ପତନ୍ତି ନାସ୍ମିନ୍‌ବିଶଦାଃ ପତତ୍ରିଣୋ
ଧୃତେନ୍ଦ୍ରଚାପା ନ ପୟୋଦପଂକ୍ତୟଃ ।
ତଥାପି ପୁଷ୍ଣାତି ନଭଃ ଶ୍ରିୟଂ ପରାଂ
ନ ରମ୍ୟମାହାର୍ଯ୍ୟମପେକ୍ଷତେ ଗୁଣମ୍ । (୫୯)

ଭବଭୂତିଙ୍କ ମତରେ ବସ୍ତୁର ସୌନ୍ଦର୍ଯ୍ୟ ନିର୍ଦ୍ଦିଷ୍ଟ ଗୁଣାବଳୀରେ ଅନୁସନ୍ଧେୟ ଯାହାକି ଦିବ୍ୟଉପାଦାନରେ ଥିବା ଗୁଣର ସଙ୍କେତ ଦିଏ । ଚନ୍ଦ୍ର, ସୁଧା, ମୃଣାଳ ଓ ଜ୍ୟୋତ୍ସ୍ନା ଆଦି ଦିବ୍ୟ ଉପାଦାନରେ ନିର୍ମିତ ମାଳତୀର ମୋହନ ରୂପ ଯଥାକ୍ରମେ ସେହି ଉପାଦାନ ଗୁଣର ବ୍ୟଞ୍ଜନା କରେ-

ସା ରମଣୀୟକନିଧେରଧିଦେବତା ବା
ସୌନ୍ଦର୍ଯ୍ୟସାର ସମୁଦାୟ ନିକେତନଂ ବା
ତସ୍ୟାଃ ସଖେ ନିୟତମିନ୍ଦୁ ସୁଧା ମୃଣାଳା-
ଜ୍ୟୋତ୍ସ୍ନାଦିକାରଣମଭୂନ୍‌ମଦନଶ୍ଚ ବେଧାଃ । (୬୦)

ଏଠାରେ ମଦନ ବିଧାତା ଶିଳ୍ପୀର ଭୂମିକାରେ ଅବତୀର୍ଣ୍ଣ ହୋଇ ରମଣୀୟ ନିଧି ଅଧିଦେବତା ବା ସକଳ ସାର ସୌନ୍ଦର୍ଯ୍ୟର ନିକେତନ ସ୍ୱରୂପା ମାଳତୀ ଅଙ୍ଗରେ ଦିବ୍ୟ ଗୁଣାବଳୀ ଭରି ଦେଇଛନ୍ତି । ଏହି ସକଳ ଦିବ୍ୟ ଉପାଦାନ ଯେଉଁ ଯେଉଁ ଗୁଣର ସୂଚନା ଦିଅନ୍ତି ତାହା ସବୁ ମାଳତୀଠାରେ ଅନୁଭୂତ ହୁଏ । ଦିବ୍ୟ ଉପାଦାନମାନଙ୍କର ଗୁଣ ପାର୍ଥିବ ଉପାଦାନରେ ଦୁର୍ଲଭ । ସୌନ୍ଦର୍ଯ୍ୟର ଔଜ୍ଜଲ୍ୟ ଦିବ୍ୟ ହୋଇଥିବାରୁ କୌଣସି ପାର୍ଥିବ ବସ୍ତୁ ସହିତ ତାହାର ତୁଳନାର ପ୍ରଶ୍ନ ଉଠେ ନାହିଁ । ତେଣୁ ମାଳତୀର ଅତୁଳ ସୌନ୍ଦର୍ଯ୍ୟକୁ ରୂପରେ ଢ଼ାଳିବା ପାଇଁ ଶିଳ୍ପୀ ମଦନ ସ୍ରଷ୍ଟା ଦିବ୍ୟ ଉପାଦାନର ସାହାଯ୍ୟ ନେଇଛନ୍ତି । ମାଳତୀର ରୂପ, ରଙ୍ଗ, ଅଙ୍ଗଚାଞ୍ଚଲ୍ୟ, ଆକର୍ଷଣୀୟତା ସବୁକିଛି ଏହି ଉପାଦାନଗୁଡିକରୁ ସଂଗୃହୀତ ଓ ଧ୍ୱନିତ ।

ମାଘ ସଂକ୍ଷେପରେ ସୌନ୍ଦର୍ଯ୍ୟର ଯେଉଁ ସଂଜ୍ଞା ନିର୍ଣ୍ଣୟ କରିଛନ୍ତି; ତାହା ଭାରତୀୟ ସୌନ୍ଦର୍ଯ୍ୟ ଚେତନାର ସର୍ବୋତ୍ତମ ପରିଚାୟକ । ସୌନ୍ଦର୍ଯ୍ୟର ନିତ୍ୟନୂତନତା ପ୍ରତିପାଦନ କରିବାକୁ ଯାଇ ସେ ରୈବତକ ଦର୍ଶନରେ ସୌନ୍ଦର୍ଯ୍ୟାନୁଭୂତି ଓ ସୌନ୍ଦର୍ଯ୍ୟର ବୈଶିଷ୍ଟ୍ୟ ସମ୍ବନ୍ଧରେ ଶାଶ୍ୱତ ମାନଦଣ୍ଡ ସ୍ଥିର କରିଛନ୍ତି-

ଦୃଷ୍ଟୋଽପି ଶୈଳଃ ସ ମୂହୁର୍ମୁରାରେରପୂର୍ବବ ଦ୍‌ବିସ୍ମୟମାତତାନ୍ ।
କ୍ଷଣେ କ୍ଷଣେ ଯନ୍ନବତାମୁପୈତି ତଦେବ ରୂପଂ ରମଣୀୟ ତାୟାଃ । (୬୧)

କୃଷ୍ଣ ବହୁବାର ରୈବତକର ଶୋଭା ଦେଖିଛନ୍ତି; ମାତ୍ର ସେହି ପରିଚିତ ପ୍ରାଚୀନ ଶୈଳ ଦର୍ଶନରେ ଆଜି ତାଙ୍କ ମନରେ ଅପୂର୍ବବତ୍ ବିସ୍ମୟ ଜାତ ହେବା ସୌନ୍ଦର୍ଯ୍ୟର ନିତ୍ୟ ନୂତନତାର ପ୍ରମାଣ ଦିଏ । ପ୍ରତି ମୁହୂର୍ତ୍ତରେ ଯାହା ନୂଆ ନୂଆ ରୂପଧରେ ତାହା ହିଁ ସୁନ୍ଦର । ପରିଚିତ ପ୍ରାଚୀନ ବସ୍ତୁରେ ନୂତନତାର ସ୍ୱାଦ ଖୋଜିପାଇବା ମାନବ-ସୌନ୍ଦର୍ଯ୍ୟବୋଧର ଏକ ବିଶେଷ ଧର୍ମ । ସୁନ୍ଦରର ରୂପ ପରିବର୍ତ୍ତନ ହେତୁ ତାହା ନିତ୍ୟନୂତନ ପ୍ରତୀତ ହୁଏ । ନବୀନ ବସ୍ତୁରୁ ଯେଉଁ ଆନନ୍ଦ ମିଳେ, ତାହା ଅପ୍ରତ୍ୟାଶିତ । ସୁନ୍ଦର ସହିତ ନବୀନର ସମନ୍ୱୟ ଘଟିଥିବାରୁ ରୈବତକ କୃଷ୍ଣଙ୍କ ନେତ୍ରରେ ସୁନ୍ଦର ପ୍ରତୀତ ହେବା ସଙ୍ଗେ ମନରେ ଅପୂର୍ବ ବିସ୍ମୟ ସୃଷ୍ଟି କରିଛି । ଆନନ୍ଦ ଓ ବିସ୍ମୟ ସୌନ୍ଦର୍ଯ୍ୟର ଚିର ସହଚର ।

ଭାରତୀୟ ସାହିତ୍ୟଶାସ୍ତ୍ରରେ କାବ୍ୟାତ୍ମାର ଅନୁସନ୍ଧାନ କ୍ରମେ ଯେଉଁ କାବ୍ୟ ସିଦ୍ଧାନ୍ତମାନ ବିକଶିତ ହୋଇଉଠିଲେ ସେଗୁଡ଼ିକରେ ସୌନ୍ଦର୍ଯ୍ୟର ନିରୂପଣ ଓ ବିବେଚନ ବିଶଦରୂପେ କରାଯାଇଛି । କାବ୍ୟତତ୍ତ୍ୱଜ୍ଞମାନଙ୍କ ଦୃଷ୍ଟିରେ ସୌନ୍ଦର୍ଯ୍ୟର ମୂଲ୍ୟାଙ୍କନ ଯେପରି କରାଯାଇଛି, ଏଠାରେ ତାହାର ସଂକ୍ଷିପ୍ତ ସାର ଉପସ୍ଥାପନ କରାଯାଉଛି ।

ଭାରତୀୟ କାବ୍ୟତତ୍ତ୍ୱର ଅନ୍ୟନାମ ହେଲା ଅଳଙ୍କାରଶାସ୍ତ୍ର । ଅଳଙ୍କାର, ରୀତି, ଗୁଣ, ବକ୍ରୋକ୍ତି, ରସ, ଧ୍ୱନି ଓ ଔଚିତ୍ୟ ଆଦି ସଂପ୍ରଦାୟ ଓ ସିଦ୍ଧାନ୍ତମାନ ମୁଖ୍ୟତଃ ଗୁରୁତ୍ୱ, ରମଣୀୟତା, ବୈଚିତ୍ର୍ୟ, ବିଚ୍ଛିତି, ବକ୍ରତା, ଲାବଣ୍ୟ, ଚମତ୍କାର, ଆହ୍ଲାଦ ପ୍ରଭୃତି କାବ୍ୟ-ସୌନ୍ଦର୍ଯ୍ୟର ମାର୍ମିକ ବିଶ୍ଳେଷଣ ପ୍ରଦାନ କରନ୍ତି । ଭଗ୍ନାବରଣଚିତ୍, ସମ୍ବିତ୍ ବିଶ୍ରାନ୍ତି, ବୀତବିଘ୍ନପ୍ରତୀତି, ଲୋକୋତ୍ତରାହ୍ଲାଦଜ୍ଞାନଗୋଚରତା, ବ୍ରହ୍ମାନନ୍ଦ ସହୋଦର ଆଦି ରସାନୁଭୂତି ବା ସୌନ୍ଦର୍ଯ୍ୟାନୁଭୂତି କାଳର ଅବସ୍ଥା ସମ୍ବନ୍ଧରେ ଗଭୀର ଆଧ୍ୟାତ୍ମିକ ଓ ମନୋ ବୈଜ୍ଞାନିକ ରହସ୍ୟ ଉଦ୍‌ଘାଟିତ ହୋଇଛି । ସୁମନସ୍, ରସିକ, ସହୃଦୟ ଓ ବିଦୁଷ ଆଦି ରସଗ୍ରାହୀମାନଙ୍କର ଯେଉଁ ଲକ୍ଷଣ ନିର୍ଦ୍ଦେଶ କରାଯାଇଛି ତହିଁରୁ ଉପଯୁକ୍ତ ସୌନ୍ଦର୍ଯ୍ୟପ୍ରେମୀଙ୍କର ପରିଚୟ ମିଳେ ।

କାବ୍ୟରେ ଅଳଙ୍କାରର ମହତ୍ତ୍ୱ ପ୍ରଥମେ ସ୍ୱୀକାର କରାଯାଉଥିଲା

'ଅଳଙ୍କାର'ର ପ୍ରକୃତ ଅର୍ଥ ସୌନ୍ଦର୍ଯ୍ୟ । ବାମନ ସୌନ୍ଦର୍ଯ୍ୟମଳଙ୍କାର [୬୨]କହି କାବ୍ୟରେ ଏହାର ଉପଯୋଗିତା ସ୍ୱୀକାର କରିଛନ୍ତି । ସୌନ୍ଦର୍ଯ୍ୟ ନିମନ୍ତେ ଗୁରୁତ୍ୱ ଶବ୍ଦର ପ୍ରୟୋଗରୁ ଜଣାଯାଏ ଯେ, କାବ୍ୟରେ ଅଳଙ୍କାର ମହତ୍ତ୍ୱପୂର୍ଣ୍ଣ ନୁହେଁ, ଅଳଙ୍କାର ଗୁରୁତ୍ୱ ମଣ୍ଡିତ ହେଲେ କାବ୍ୟ ଶୋଭାଧାୟକ ହୁଏ । ପ୍ରାଚୀନ ଆଚାର୍ଯ୍ୟମାନେ କାବ୍ୟରେ ସୌନ୍ଦର୍ଯ୍ୟର ସ୍ଥିତି ଅପରିହାର୍ଯ୍ୟ ବୋଲି ବିଚାର କରୁଥିଲେ । ସୌନ୍ଦର୍ଯ୍ୟର ଅଭାବରେ କାବ୍ୟରେ ଅଳଙ୍କାର, ବକ୍ରୋକ୍ତି ଓ ଧ୍ୱନିର ସମାବେଶ ବୈଶିଷ୍ଟ୍ୟହୀନ ଓ ନୀରସ ପ୍ରତୀତ ହୁଏ । ଆନନ୍ଦବର୍ଦ୍ଧନ 'ଅଳଙ୍କାରୋହି ଗୁରୁତ୍ୱହେତୁଃ ପ୍ରସିଦ୍ଧଃ'-ନିର୍ଣ୍ଣୟ ଦେଇ ଅଳଙ୍କାରକୁ 'ଗୁରୁତ୍ୱ ହେତୁ' ବୋଲି ଘୋଷଣା କରିଛନ୍ତି ।[୬୩] ଦଣ୍ଡୀକାବ୍ୟର ଶୋଭାକାରକ ଧର୍ମରୂପେ ଅଳଙ୍କାରକୁ ଗ୍ରହଣ କରିଛନ୍ତି ।[୬୪] ଯେଉଁ ଅଳଙ୍କାର କାବ୍ୟରେ ଶୋଭା ସମ୍ପାଦନ କରେନାହିଁ, ଅର୍ଥାତ୍ ଯହିଁରେ ସୌନ୍ଦର୍ଯ୍ୟ ନାହିଁ ତାହା କାବ୍ୟର ଭୂଷଣ ନହୋଇ ଗୁରୁଭାର ହୋଇଉଠେ । ଅଭିନବଗୁପ୍ତ ଅଳଙ୍କାରର 'ଗୁରୁତ୍ୱ ଅତିଶୟ' ଉପରେ ଗୁରୁତ୍ୱ ଦିଅନ୍ତି । ଗୁରୁତ୍ୱ ବିହୀନ ଅଳଙ୍କାର କାବ୍ୟରେ ସମାଦର ପାଏ ନାହିଁ ।[୬୫] ଅପ୍ୟୟଦୀକ୍ଷିତ ଗୋ ସଦୃଶଃ ଗବୟଃ ଇତି ନୋପମା- କହିଛନ୍ତି ଏଇଥିପାଇଁ ଯେ, ଏହି ବାକ୍ୟରେ ସୌନ୍ଦର୍ଯ୍ୟ ନାହିଁ । ଗୋରୁର ସାଦୃଶ୍ୟ ଉପମାରେ କୁହାଯାଇଥିଲେ ମଧ୍ୟ ଏହା ହୃଦ୍ୟ ନୁହେଁ ଚାରୁତ୍ୱର ଅଭାବ ହେତୁ ।[୬୬] କେବଳ ଅଳଙ୍କାର ନିମନ୍ତେ ନୁହେଁ ଅଭିନବଗୁପ୍ତଙ୍କ ମତରେ ଚାରୁତ୍ୱ ପ୍ରତୀତି ହିଁ କାବ୍ୟର ଆତ୍ମା ।[୬୭] ଧ୍ୱନି କାବ୍ୟରେ ପ୍ରତୀୟମାନ ଅର୍ଥକୁ ମଧ୍ୟ ସୁନ୍ଦର ହେବାକୁ ପଡ଼ିବ । କାରଣ ପ୍ରତୀୟମାନ ଅର୍ଥ ଅସୁନ୍ଦର ହେଲେ ଧ୍ୱନିର ଉଦ୍‌ଭବ ଅସମ୍ଭବ ।

ମମ୍ମଟ 'ଅନଳଂକୃତୀ ପୁନଃ କ୍ୱାପି'[୬୮] ପଦରେ କାବ୍ୟରେ ଅଳଙ୍କାରର ପ୍ରୟୋଜନୀୟତାକୁ ଅସ୍ୱୀକାର କରିଛନ୍ତି ଓ ଆନନ୍ଦବର୍ଦ୍ଧନ, ବିଶ୍ୱନାଥ ପ୍ରଭୃତି ଏହାକୁ କାବ୍ୟ ଶରୀରରେ କଟକକୁଣ୍ଡଳବତ୍ ଅସ୍ଥିର ଅନିତ୍ୟ ଧର୍ମ କହନ୍ତି । ତଥାପି ଏହା କାବ୍ୟଶୋଭାର ଅତିଶୟକାରକ ଧର୍ମ (ତଦତିଶୟହେତବସ୍ତ୍ୱଳଙ୍କାରାଃ-ବାମନ) ଓ ଅସ୍ଥିର ହେଲେ ମଧ୍ୟ ଶୋଭାତିଶାୟୀ (ଶବ୍ଦାର୍ଥୟୋରସ୍ଥିରା ଯେ ଧର୍ମାଃ ଶୋଭାତି ଶାୟିନଃ-ବିଶ୍ୱନାଥ) । ଅଳଙ୍କାରର ସମ୍ବନ୍ଧ କଟକାଦି ଆଭୂଷଣ ଭଳି କାବ୍ୟ-ଦେହ ସହିତ । ଅଳଙ୍କାରଭୂଷିତା ରମଣୀର ଶୋଭାବୃଦ୍ଧି ପାଇଲା ପରି ଉପମାଦି ଅଳଙ୍କାର କାବ୍ୟର ଶୋଭାବର୍ଦ୍ଧନ କରନ୍ତି । କାବ୍ୟସୃଷ୍ଟି ସଙ୍ଗେ ଅଳଙ୍କାର ସୃଷ୍ଟି ସ୍ୱତଃ ହୋଇଥାଏ । ଏଥିପାଇଁ କବିଙ୍କୁ ସ୍ୱତନ୍ତ୍ର ପ୍ରୟାସ କରିବାକୁ ପଡ଼େନାହିଁ । କାବ୍ୟରେ ଏହିପରି ଅଳଙ୍କାରର ସମାବେଶକୁ ଆନନ୍ଦବର୍ଦ୍ଧନ ଗୁରୁତ୍ୱ ଦିଅନ୍ତି-

ରସାକ୍ଷିପ୍ତତୟା ଯସ୍ୟ ବନ୍ଧଃ ଶକ୍ୟକ୍ରିୟୋ ଭବେତ୍ ।
ଅପୃଥଗ୍‌ଯତ୍ନନିର୍ବର୍ତ୍ତ୍ୟଃ ସୋଽଳଂକାରୋ ଧ୍ୱନୌ ମତଃ । (୬୯)

କବିଙ୍କର ମୂଳଲକ୍ଷ୍ୟ ରସାଭିବ୍ୟକ୍ତି । ସେହି ପ୍ରଯତ୍ନ କାଳରେ ଯେଉଁ ଅଳଙ୍କାର ସ୍ୱତଃ କାବ୍ୟ ମଧ୍ୟରେ ସ୍ଥାନ ଗ୍ରହଣ କରେ, ତାହା ଅପୃଥକ୍ ଯତ୍ନ ସମ୍ପାଦିତ ଅର୍ଥାତ୍ କବିର ପୃଥକ୍ ପ୍ରଯତ୍ନରେ ନିବେଶିତ ହୋଇନଥାଏ କିମ୍ବା ରସ ପ୍ରତୀତିରେ ବାଧକ ହୋଇନଥାଏ । ଏହିଭଳି ଅଳଙ୍କାର ରସାଙ୍ଗ ରୂପରେ ଗ୍ରହଣୀୟ । କାବ୍ୟପାଠ କାଳରେ ସହୃଦୟ ଅଳଙ୍କାର ସମ୍ବନ୍ଧରେ ସଚେତନ ନଥାଇ ମଧ୍ୟ କାବ୍ୟରସ ଆସ୍ୱାଦନ କରିପାରେ । ଆନନ୍ଦବର୍ଦ୍ଧନଙ୍କ କଥନରୁ ସ୍ପଷ୍ଟ ଜଣାଯାଏ ଯେ, ପୃଥକ୍ ଯତ୍ନରେ ଅଳଙ୍କାର ଯୋଜନା କରାଗଲେ ସେଗୁଡ଼ିକ ରସବାଧକ ହେବା ସଙ୍ଗେ ରସାଙ୍ଗର ଅନ୍ତର୍ଗତ ହୋଇପାରନ୍ତି ନାହିଁ । ଯେଉଁ ଅଳଙ୍କାର ନିବେଶ ପାଇଁ ବୁଦ୍ଧିପୂର୍ବକ ଯତ୍ନ ଆବଶ୍ୟକ ହୁଏନାହିଁ ଓ ଯାହାର ନିଷ୍ପତ୍ତି ପରେ କିପରି ହେଲା ବୋଲି କବି ନିଜେ ବିସ୍ମିତ ହୁଅନ୍ତି, ସେପରି ଅଳଙ୍କାର ରସସମାହିତ ଚେତା ପ୍ରତିଭାଶାଳୀ କବିର କଳ୍ପଜଗତରୁ ସ୍ୱତଃ ଉତ୍ସାରିତ ହୁଅନ୍ତି (ରସସମାହିତଚେତସଃ ପ୍ରତିଭାନବତଃ କବେରହଂପୂର୍ବିକୟା ପରାପତନ୍ତି) । (୭୦) ଏଣୁ ଅଳଙ୍କାର କବିର ପ୍ରାତିଭ ଦୃଷ୍ଟିର ଅବଦାନ । ଏହାର ଚରମ ପରାକାଷ୍ଠା ଓ ସର୍ବମାନ୍ୟ ଗୁଣ ଗୁରୁତ୍ୱ ବା ସୌନ୍ଦର୍ଯ୍ୟ ।

ରୀତି ସମ୍ପ୍ରଦାୟର ସଂସ୍ଥାପକ ବାମନଙ୍କ ମତରେ ରୀତିରାତ୍ମାକାବ୍ୟସ୍ୟ; ମାତ୍ର ବିଶ୍ୱନାଥଙ୍କ ସମୟକୁ ଏହା ପଦସଂଘଟନା 'ରୀତିରଙ୍ଗସଂସ୍ଥାବିଶେଷବତ୍' ଓ ଉପକର୍ତ୍ତୀରସାଦୀନାମ୍' ଭାବେ ଗୃହୀତ ହେଲା । ଆତ୍ମା ସ୍ଥାନରୁ ଭ୍ରଷ୍ଟ ହୋଇ ଅଙ୍ଗ ସଂସ୍ଥାନ ମାତ୍ରକରେ ପର୍ଯ୍ୟବସିତ ହେଲେ ମଧ୍ୟ ବାମନଙ୍କ 'ବିଶିଷ୍ଟ-ପଦ-ରଚନା' ଶବ୍ଦ ଚମତ୍କାର ଓ ଅର୍ଥ ଚମତ୍କାର କାବ୍ୟର ଆତ୍ମଭୂତ ରସାଦିର ଉତ୍କର୍ଷ ସାଧନ କରେ । ଶବ୍ଦାର୍ଥ ସୌନ୍ଦର୍ଯ୍ୟଯୁକ୍ତ ବିଶିଷ୍ଟ ପଦ-ରଚନା ହିଁ ରୀତି । ବିଶିଷ୍ଟର ଅର୍ଥ-ଗୁଣସମ୍ପନ୍ନ (ବିଶେଷୋ ଗୁଣାତ୍ମ୍ୟ); ଅର୍ଥାତ୍ ଗୁଣର ଆଶ୍ରୟରେ ରୀତିର ସ୍ଥିତି । ଗୁଣର ତାତ୍ପର୍ଯ୍ୟ କାବ୍ୟ-ଶୋଭା-କାରକ (ଶବ୍ଦ ଓ ଅର୍ଥର) ଧର୍ମ । (୭୧) ଗୁଣ ବିବେଚନରେ କାବ୍ୟ-ସୌନ୍ଦର୍ଯ୍ୟର ଉପକାରକ ରୂପେ ନିରୂପିତ ହୋଇଥିବା ଶ୍ଲେଷଗୁଣରେ ମସୃଣତା, ସମତାଗୁଣରେ ସମ୍ମାତ୍ରା ବା ଅବୈଷମ୍ୟ, ମାଧୁର୍ଯ୍ୟ ଗୁଣରେ ବୈଚିତ୍ର୍ୟ, ପ୍ରସାଦଗୁଣରେ ଚିତ୍ତର ନିର୍ମଳତା ଓ କାନ୍ତିଗୁଣରେ ଦୀପ୍ତରସତ୍ୱ ବା ବର୍ଣ୍ଣପ୍ରକର୍ଷର ସୂଚନା ମିଳେ। କୁନ୍ତକ ଔଚିତ୍ୟ ଓ ସୌଭାଗ୍ୟ ନାମକ ଯେଉଁ ଦୁଇଟି ସାମାନ୍ୟ ଗୁଣ ନିରୂପଣ କରିଛନ୍ତି, ତହିଁରେ ଯଥୋଚିତ ବିଧାନ (ଔଚିତ୍ୟ) ଓ ଚେତନାକୁ ଚମତ୍କୃତ କରୁଥିବା (ସୌଭାଗ୍ୟ) ଗୁଣ ଉଲ୍ଲେଖଯୋଗ୍ୟ। ଏହାଛଡ଼ା ଚାରୋଟି ବିଶିଷ୍ଟ ଗୁଣ ସେ ନିର୍ଦ୍ଧାରଣ କରିଛନ୍ତି-

ମାଧୁର୍ଯ୍ୟ, ପ୍ରସାଦ, ଲାବଣ୍ୟ ଓ ଆଭିଜାତ୍ୟ। ଲାବଣ୍ୟ ଗୁଣ ମଧ୍ୟ ସୌନ୍ଦର୍ଯ୍ୟ ଦୃଷ୍ଟିରୁ ବିଶେଷ ମହତ୍ତ୍ୱପୂର୍ଣ୍ଣ। ଧ୍ୱନିବାଦୀମାନେ ଗୁଣକୁ ରସ-ଧର୍ମ ରୂପେ ଗ୍ରହଣ କଲେ। ସେମାନଙ୍କ ମତରେ ରସାସ୍ୱାଦନ କାଳରେ ଚିତ୍ତର ତିନୋଟି ଅବସ୍ଥା; ଯଥା, ଦ୍ରୁତି, ଦୀପ୍ତି ଓ ବ୍ୟାପକତ୍ୱ। ତେଣୁ ସେମାନେ ଚିତ୍ତବୃତ୍ତିର ଅନୁରୂପ ମାଧୁର୍ଯ୍ୟ, ଓଜ ଓ ପ୍ରସାଦ ନାମକ ତିନୋଟି ଗୁଣ ସ୍ୱୀକାର କଲେ। ଶୃଙ୍ଗାର କରୁଣାଦି ରସାସ୍ୱାଦନ କାଳରେ ଚିତ୍ତ ଦ୍ରବୀଭୂତ ତଥା ବୀର ରୌଦ୍ରାଦି ରସାନୁଭୂତିରେ ଦୀପ୍ତାବସ୍ଥା ପ୍ରାପ୍ତ ହୁଏ। ସକଳ ରସର ଅନୁଭୂତିରେ ଚିତ୍ତର ବ୍ୟାପକତ୍ୱ ସଂଶୋଧିତ ହୁଏ। ସୌନ୍ଦର୍ଯ୍ୟ ବା ରସପ୍ରତୀତିର ଏହାହିଁ ପ୍ରଭାବିତ ପରିଣତି। ମାଧୁର୍ଯ୍ୟ ଗୁଣରେ ଚିତ୍ତର ଦ୍ରୁତି, ଓଜ ଗୁଣରେ ଦୀପ୍ତି ଓ ପ୍ରସାଦ ଗୁଣରେ ବ୍ୟାପକତା ଆସେ। ପ୍ରସାଦ ସର୍ବ-ରସ-ସାଧାରଣ, କାରଣ ସକଳ ରସସ୍ୱାଦନ ନିମନ୍ତେ ଏହାର ପ୍ରୟୋଜନିୟତା ରହିଛି। ପ୍ରସାଦ ହେଉଛି ଚିତ୍ତର ନିର୍ମଳତା ବା ଆନନ୍ଦବର୍ଦ୍ଧନ କଥିତ ସମର୍ପକତ୍ୱ ବା ବ୍ୟାପକତ୍ୱ ଓ ଶବ୍ଦାର୍ଥର ସ୍ୱଚ୍ଛତା (ପ୍ରସାଦସ୍ତୁ ସ୍ୱଚ୍ଛତା ଶବ୍ଦାର୍ଥୟୋ)। ରୀତି ଗୁଣର ଆଶ୍ରୟ ବିନା ରସାଭିବ୍ୟକ୍ତି କରିପାରେ ନାହିଁ। ଏହା ମାଧୁର୍ଯ୍ୟ, ଓଜ ଓ ପ୍ରସାଦ ଗୁଣର ଆଶ୍ରୟରେ ଚିତ୍ତକୁ ଦ୍ରବିତ, ଦୀପ୍ତ ଓ ପରିବ୍ୟାପ୍ତ କରି ରସାବସ୍ଥାରେ ଉପନୀତ କରାଏ। ଅଳଙ୍କାର କାବ୍ୟଶୋଭା-ନୁପପତ୍ତେଃ)। ଅଳଙ୍କାରଭୂଷିତା ରମଣୀ ଯୌବନହୀନା ହେଲେ ସୁନ୍ଦର ଦେଖାଯାଏ ନାହିଁ। ସେହିପରି କାବ୍ୟଅଳଙ୍କାରରେ ପରିପୂର୍ଣ୍ଣ ହୋଇ ମଧ୍ୟ ଗୁଣରହିତ ହେଲେ ଅସୁନ୍ଦର ହୁଏ। କାବ୍ୟରେ ଗୁଣର ସ୍ଥାନ ଶରୀରରେ ଯୌବନ ଭଳି

ବକ୍ରୋକ୍ତି-ସମ୍ପ୍ରଦାୟର ପ୍ରଧାନ ଆଚାର୍ଯ୍ୟ ହେଉଛନ୍ତି ରାଜନକ କୁନ୍ତକ। ସେ 'ବକ୍ରୋକ୍ତି କାବ୍ୟଜୀବିତମ୍' ଘୋଷଣା କରି ଏହାର ବିଶିଷ୍ଟ ଲକ୍ଷଣ ନିର୍ଦ୍ଦେଶ କଲେ- ବକ୍ରୋକ୍ତିରେବ ବୈଦଗ୍ଧ୍ୟଭଙ୍ଗୀଭଣିତ, ଅର୍ଥାତ୍ କବି-କର୍ମ ବା ବ୍ୟାପାର ଦ୍ୱାରା (ବୈଦଗ୍ଧ୍ୟ) ବିଚ୍ଛିତି ବା ଚମତ୍କାର କଥନକୁ ବକ୍ରୋକ୍ତି କୁହାଯାଏ। ସହୃଦୟମାନଙ୍କୁ ଆହ୍ଲାଦ ଦେଉଥିବା ଶବ୍ଦ ଓ ଅର୍ଥ କବିର ବକ୍ର ବ୍ୟାପାର ଦ୍ୱାରା ସୁଶୋଭିତ ହୋଇ ବନ୍ଧରେ ବ୍ୟବସ୍ଥା କରାଯାଇଥିଲେ କାବ୍ୟ ହୁଏ-

ଶବ୍ଦାର୍ଥୌ ସହିତୌ ବକ୍ରକବିବ୍ୟାପାରଶାଳିନି।
ବନ୍ଧେ ବ୍ୟବସ୍ଥିତୌ କାବ୍ୟଂ ତଦ୍‌ବିଦହ୍ଲାଦାକାରିଣି।। (୭୨)

ଶବ୍ଦ ଓ ଅର୍ଥର ମିଳନ ହିଁ କାବ୍ୟ। ଏ ଦୁଇଟିରେ ତଦ୍‌ବିଦ୍-ଆହ୍ଲାଦକାରିତ୍ୱ (କାବ୍ୟ ମର୍ମଜ୍ଞ, ଅର୍ଥାତ୍, ସହୃଦୟ ଆହ୍ଲାଦକାରିତ୍ୱ) ରହେ। ସହୃଦୟ-ଆହ୍ଲାଦ ନିମନ୍ତେ ବିଶିଷ୍ଟ ଶବ୍ଦାର୍ଥରେ ଅପୂର୍ବତା, ବୈଚିତ୍ର୍ୟ ବା ଅସାଧାରଣତ୍ୱ ରହିବା କଥା। ଅଭିନବଗୁପ୍ତ ଶବ୍ଦାର୍ଥର ବକ୍ରତା ନିମନ୍ତେ ଏହାର ଲୋକୋତ୍ତର ଅବସ୍ଥିତି ଉପରେ ଗୁରୁତ୍ୱ

ଦେଇଥିଲେ।[୭୩] କୁନ୍ତକ ଶବ୍ଦ ଓ ଅର୍ଥକୁ ଅଳଂକାର୍ଯ୍ୟ କାବ୍ୟଶରୀର ଓ ବକ୍ରୋକ୍ତିକୁ ଏହାର ଅଳଙ୍କାର ଭାବେ ଗ୍ରହଣ କରିଛନ୍ତି। ତାଙ୍କ ମତରେ ସମସ୍ତ ଅଳଙ୍କାର ମୂଳରେ ବକ୍ରୋକ୍ତିର ସତ୍ତା ବିଦ୍ୟମାନ। ବକ୍ରୋକ୍ତି ହେଉଛି କବି କଥନର ବିଶେଷ ଭଙ୍ଗୀ ବା ଅଳଙ୍କୃତି। ଏହି ଭଙ୍ଗୀଦ୍ୱାରା କାବ୍ୟୋକ୍ତିରେ ଚମତ୍କାର, ଚାରୁତା ଓ ଶୋଭା ସମ୍ପାଦିତ ହୁଏ। କବି-ପ୍ରତିଭା ବଳରେ ଉକ୍ତିରେ ଏହି ଚମତ୍କାରିତ୍ୱ ଆସେ। କୁନ୍ତକ କଳ୍ପନାର ପର୍ଯ୍ୟାୟବାଚୀ ‘ବକ୍ରତା’, ‘କବି-ବ୍ୟାପାର’, ବୈଦଗ୍ଧ୍ୟ’ ଓ ‘ଉତ୍ପାଦ୍ୟ-ଲାବଣ୍ୟ’ ପ୍ରଭୃତି ଶବ୍ଦ ବ୍ୟବହାର କରିଛନ୍ତି। ଅଭିବ୍ୟକ୍ତିର ଅନନ୍ୟତା ଓ ତାହାର ଅର୍ଥରେ କଳାର ଜୀବନ ନିହିତ। ସୁନ୍ଦର ବିଷୟବସ୍ତୁର ନିର୍ବାଚନ ଓ ଅଭିବ୍ୟକ୍ତିର ସଙ୍ଗତିପୂର୍ଣ୍ଣ ବ୍ୟବସ୍ଥାରୁ କବିର କଳାକର୍ମ ଆରମ୍ଭ ହୁଏ। ତେଣୁ ଅତ୍ୟନ୍ତ ରମଣୀୟ ସ୍ୱଭାବ ଧର୍ମଯୁକ୍ତ ବର୍ଣ୍ଣନୀୟ ବସ୍ତୁ କାବ୍ୟରେ ଗ୍ରହଣୀୟ। ସୁନ୍ଦର ଅର୍ଥ କିମ୍ବା ଶବ୍ଦରେ ନଥାଏ। କାବ୍ୟଉପାଦାନଠାରୁ ସମ୍ପୂର୍ଣ୍ଣ ଭିନ୍ନ ଗୁଣ ହେଉଛି ସୌନ୍ଦର୍ଯ୍ୟ। କାବ୍ୟରେ ଅର୍ଥ-ସୌନ୍ଦର୍ଯ୍ୟର ଧର୍ମ ହେଲା-‘ଅର୍ଥଃ ସହୃଦୟାହ୍ଲାଦକାରି ସ୍ୱସ୍ପନ୍ଦସୁନ୍ଦରଃ; [୭୪] ଅର୍ଥାତ୍, ଅର୍ଥର ରମଣୀୟତା ତାହାର ସହୃଦୟ-ଆହ୍ଲାଦ-କାରିତ୍ୱରେ ନିହିତ। କୁନ୍ତଙ୍କର ଦୃଢ଼ ଅଭିମତ ଯେ ଉତ୍ତମ କାବ୍ୟ ଶବ୍ଦ-ସଂଯୋଜନା ହେତୁ ସଙ୍ଗୀତଭଳି ପାଠକ ଚିତ୍ତରେ ଆନନ୍ଦ ଜାତକରେ, ଅର୍ଥ ବୁଝିହେଉ ବା ନହେଉ।

ଅର୍ଥ ବୁଝିବା ପରେ ପାନକ ଆସ୍ୱାଦ ଭଳି (ଯାହା ଶବ୍ଦ କିମ୍ବା ଅର୍ଥରେ ନାହିଁ) ସୌନ୍ଦର୍ଯ୍ୟାନୁଭୂତି ଜାତ ହୁଏ। ଏହା ଶରୀରରେ ପ୍ରାଣ ଭଳି କବିତାର ସର୍ବାଙ୍ଗକୁ ଜୀବନ୍ତ କରିଦିଏ । ଏହି ସୌନ୍ଦର୍ଯ୍ୟାତ୍ମକ ଗୁଣର ଅଭାବରେ କାବ୍ୟ ନିରସ ହୋଇପଡ଼େ । କୁନ୍ତକ ଏହିପରି ସୌନ୍ଦର୍ଯ୍ୟାନନ୍ଦକୁ ବ୍ୟକ୍ତିନିଷ୍ଠ କହନ୍ତି ଓ ଏହା କେବଳ କାବ୍ୟ-ରସିକମାନଙ୍କ ଦ୍ୱାରା ଉପଲବ୍ଧ ହୁଏ--

ଅପର୍ଯ୍ୟାଲୋଚିତେଽପ୍ୟର୍ଥେ ବନ୍ଧସୌନ୍ଦର୍ଯସଂପଦା ।
ଗୀତବଦ୍ ହୃଦୟାହ୍ଲାଦଂ ତଦବିଦାଂ ବିଦଧାତି ଯତ୍ ।।
ବାଚ୍ୟାବବୋଧନିଷ୍ପତ୍ତୌ ପଦବାକ୍ୟାର୍ଥବର୍ଜିତମ୍ ।
ଯତ୍ କିମପ୍ୟର୍ପୟତ୍ୟନ୍ତଃ ପାନକା ସ୍ୱାଦବତ୍ ସତାମ୍ ।।
ଶରୀରଂ ଜୀବିତେନେବ ସ୍ଫୁରିତେନେବ ଜୀବିତମ୍ ।
ବିନା ନିର୍ଜୀବଣଂ ଯେନ ବାକ୍ୟଂ ଯାତି ବିପଶ୍ଚିତାମ୍ ।
ଯସ୍ମାତ୍ କିମପି ସୌଭାଗ୍ୟଂ ତଦ୍‌ବିଦାମେଦ ଗୋଚରମ୍ ।। [୭୫]

କୁନ୍ତକଙ୍କ ମଧ୍ୟରେ ସୌନ୍ଦର୍ଯ୍ୟ ବ୍ୟକ୍ତିନିଷ୍ଠ । ଏହା ବସ୍ତୁର ଅନ୍ତର୍ଗତ ନୁହେଁ; ସହୃଦୟର ସମ୍ବେଗରେ ନିହିତ । ସୌନ୍ଦର୍ଯ୍ୟାନୁଭୂତିରେ ବିଷୟ (ଶବ୍ଦ ଓ ଅର୍ଥ)ର ମହତ୍ତ୍ୱ

ଥିଲେ ମଧ୍ୟ ଏହା କଳ୍ପନା ବା ସୌନ୍ଦର୍ଯ୍ୟାଶ୍ରୟୀ ଧାରଣାକୁ ସମୁତ୍ତେଜିତ କରନ୍ତି ମାତ୍ର । ପ୍ରକୃତ ସୌନ୍ଦର୍ଯ୍ୟ-ଭାବନା ସହୃଦୟନିଷ୍ଠ ।

କୁନ୍ତକ 'ସୌଭାଗ୍ୟ' ଓ 'ଲାବଣ୍ୟ' ଶବ୍ଦଯୁଗଳ ଦ୍ୱାରା କାବ୍ୟ ସୌନ୍ଦର୍ଯ୍ୟକୁ ବୁଝାଇବାକୁ ଚେଷ୍ଟା କରିଛନ୍ତି । ସୌଭାଗ୍ୟ ଛନ୍ଦମୟୀ ରଚନାର ଅନ୍ତରଙ୍ଗ ରମଣୀୟତାର ଦ୍ୟୋତକ ଓ ଲାବଣ୍ୟବାହୀ-ସୌନ୍ଦର୍ଯ୍ୟ ବା ଅଭିବ୍ୟକ୍ତିର ଅସାଧାରଣ ସହଭାବର ପ୍ରତିନିଧି । ସେ ସୌଭାଗ୍ୟଗୁଣକୁ 'ଅଲୌକିକ ଚମତ୍କାରକାରି କାବ୍ୟୈକଜୀବିତମ୍' କହନ୍ତି । (୭୬) ଲାବଣ୍ୟ ହେଉଛି ବନ୍ଧ ସୌନ୍ଦର୍ଯ୍ୟ, (୭୭) ଅର୍ଥାତ୍ ଗଠନ ବା ରଚନା ସୌନ୍ଦର୍ଯ୍ୟ । ତେଣୁ କୁହାଯାଇପାରେ, ଲାବଣ୍ୟ ସହ ସୌଭାଗ୍ୟର ସଂଯୋଗ ହେଲେ ସୌନ୍ଦର୍ଯ୍ୟର ମହନୀୟ ରୂପ ଫୁଟିଉଠେ ।

କ୍ଷେମେନ୍ଦ୍ରଙ୍କ ଔଚିତ୍ୟ- ବିଚାର ଓ କାବ୍ୟେତର ଲଳିତକଳା ପ୍ରତି ସମାନ ଭାବେ ପ୍ରଯୁଜ୍ୟ ଏକ ବ୍ୟାପକ ସିଦ୍ଧାନ୍ତ । ଔଚିତ୍ୟକୁ ସେ ସୌନ୍ଦର୍ଯ୍ୟର ନିୟାମକ କହନ୍ତି । ଯେ ଯାହାର ସଦୃଶ ତାହାକୁ ଉଚିତ କୁହାଯାଏ ଓ ଉଚିତର ଭାବ ହିଁ ଔଚିତ୍ୟ । ଶକୁନ୍ତଳା ଓ ତାଙ୍କର ସଖୀଦ୍ୱୟଙ୍କୁ କାଳିଦାସ ଉଦ୍ୟାନରେ 'ବୟୋଽନୁରୂପୈଃ ସେଚନ ଘଟୈଃ' ରୂପରେ ଚିତ୍ରଣ କରିଛନ୍ତି । ଔଚିତ୍ୟ ହେତୁ ରସରେ ସୌନ୍ଦର୍ଯ୍ୟ ଫୁଟେ । ଏଣୁ କ୍ଷେମେନ୍ଦ୍ର ଔଚିତ୍ୟକୁ ରସର ଜୀବନ ରୂପେ ଗ୍ରହଣ କରିଛନ୍ତି -

ଔଚିତ୍ୟସ୍ୟ ଚମତ୍କାରକାରିଣଶ୍ଚାରୁ ଚର୍ବଣେ ।
ସରଜୀବିତଭୂତସ୍ୟ ବିଚାରଂ କୁରୁତେଽଧୁନା ।।(୭୮)

ରସ କାବ୍ୟର ଆତ୍ମା ହେଲେ ଔଚିତ୍ୟ ତାହାର ଜୀବନ । ଏହା କାବ୍ୟ ସୌନ୍ଦର୍ଯ୍ୟର ମୂଳତତ୍ତ୍ୱ । ଅଳଙ୍କାର, ଗୁଣ, ରସ, ଧ୍ୱନି ଇତ୍ୟାଦି ସକଳ କାବ୍ୟତତ୍ତ୍ୱରେ ଔଚିତ୍ୟ ହିଁ ଚାରୁତା ସମ୍ପାଦନ କରେ । କାବ୍ୟ ପ୍ରତି ସହୃଦୟର ଚିତ୍ତ ଆକୃଷ୍ଟ ହେବାର ଏକମାତ୍ର କାରଣ ଔଚିତ୍ୟର ଚମତ୍କାରିତା । ଔଚିତ୍ୟର ବିଧାନ ହେତୁ କଳା ସୁନ୍ଦର ହୁଏ । ଆନନ୍ଦ ବର୍ଦ୍ଧନ ମଧ୍ୟ ରସର ଔଚିତ୍ୟ ନିବନ୍ଧନକୁ ଏହାର ପରା ଉପନିଷଦ କହନ୍ତି । (୭୯) ଅନୌଚିତ୍ୟ ବ୍ୟତୀତ ରସଭଙ୍ଗର ଅନ୍ୟ କୌଣସି କାରଣ ନାହିଁ ।

ଆନନ୍ଦବର୍ଦ୍ଧନ ଧ୍ୱନିକୁ କାବ୍ୟର ଆତ୍ମା କହନ୍ତି । ଭାରତୀୟ ସୌନ୍ଦର୍ଯ୍ୟତତ୍ତ୍ୱର ସମ୍ପୂର୍ଣ୍ଣ ଅଭିନବ ଦୃଷ୍ଟିକୋଣ ଏହି ଧ୍ୱନି ସିଦ୍ଧାନ୍ତ । ପୂର୍ବବର୍ତ୍ତୀ ଆଚାର୍ଯ୍ୟମାନଙ୍କ ଦ୍ୱାରା ଅନ୍ୱିଷ୍ଟ କାବ୍ୟାତ୍ମା ସମ୍ବନ୍ଧରେ ଭ୍ରାନ୍ତ ଧାରଣାକୁ ଦୂର କରି ଏହା ସେଗୁଡିକର ସମନ୍ୱୟ ସାଧନ କଲା । ତାଙ୍କ ମତରେ, ଶ୍ରେଷ୍ଠ କାବ୍ୟ କେବଳ ବାଚ୍ୟାର୍ଥରେ ପରିସମାପ୍ତ ନହୋଇ ବିଷୟାନ୍ତରର ବ୍ୟଞ୍ଜନା କରେ । କବିର ପ୍ରତିଭା ବଳରେ ଶବ୍ଦ ଓ ଅର୍ଥ ସ୍ୱ ସ୍ୱ ପ୍ରାଧାନ୍ୟ ପରିତ୍ୟାଗ କରି ଅନ୍ୟ ଗୋଟିଏ ଅର୍ଥର ଆଭାସ ବା ବ୍ୟଞ୍ଜନା କରୁଥିଲେ

ଧ୍ୱନି ହୁଏ । ଏହାହିଁ ଅର୍ଥର ବ୍ୟଞ୍ଜନା ଶକ୍ତି । ଏହାକୁ ଧ୍ୱନିବାଦୀମାନେ 'ବ୍ୟଙ୍ଗାର୍ଥ' କହନ୍ତି ଓ ଏହାହିଁ କାବ୍ୟର ଆତ୍ମାଭାବେ ସ୍ୱୀକୃତ ଅଭିଧା ଓ ଲକ୍ଷଣା ଅର୍ଥର ବିରତି ପରେ କାବ୍ୟର ମନୋହର ଅର୍ଥ ବ୍ୟଞ୍ଜିତ ହୁଏ । ଘଣ୍ଟା ବଜାଇଲେ ତହିଁରୁ ନିନାଦ ଜାତ ହୁଏ, ତହିଁରୁ କିଛି କାଳ ଯାଏ ଯେଉଁ ଝଙ୍କାର ଓ ସ୍ପନ୍ଦନ ତରଙ୍ଗାକାରରେ ଖେଳିଯାଏ, ତାହାକୁ ଅନୁରଣନ ଧ୍ୱନି କୁହାଯାଏ । କାବ୍ୟର ବ୍ୟଙ୍ଗାର୍ଥ ଏହି ଅନୁରଣନ ଧ୍ୱନି ଭଳି । ବାଚ୍ୟାର୍ଥଠାରୁ ଏହା ଅଧିକ ଚମତ୍କାରୀ । ଆନନ୍ଦ ବର୍ଦ୍ଧନ ନିମ୍ନୋକ୍ତ ଶ୍ଳୋକରେ ପ୍ରତୀୟମାନ ଅର୍ଥର ସୌନ୍ଦର୍ଯ୍ୟ ବୁଝାଇଛନ୍ତି-

ପ୍ରତୀୟମାନଂ ପୁନରନ୍ୟଦେବ ବସ୍ତୁସ୍ତି ବାଣୀଷୁ ମହାକବୀନାମ୍ ।
ଯତ୍ତତ୍ ପ୍ରସିଦ୍ଧାବୟବାତିରିକ୍ତଂ ବିଭାତି ଲାବଣ୍ୟମିବାଙ୍ଗନାସୁ ।। (୮୦)

ବାଚ୍ୟ ଅର୍ଥ ପ୍ରସିଦ୍ଧ ହେଲେ ହେଁ ପ୍ରତୀୟମାନ ଅର୍ଥ ପ୍ରସିଦ୍ଧ ଅବୟବର ଅତିରିକ୍ତ ବସ୍ତୁ, ରମଣୀ ଦେହର ଲାବଣ୍ୟ ତାହାର ଅବୟବ ସଂସ୍ଥାନର ଅତୀତ ଆଉ କିଛି ପଦାର୍ଥ । ସେହିଭଳି ମହାକବିମାନଙ୍କ ବାଣୀ ବା ପ୍ରତୀୟମାନ ଅର୍ଥରେ ପ୍ରସିଦ୍ଧ ବାଚ୍ୟ ଅର୍ଥର ଅତିରିକ୍ତ ଏପରି କିଛି ବସ୍ତୁ ଅଛି ଯାହା କାବ୍ୟର ଶବ୍ଦ, ଅର୍ଥ, ରଚନାଭଙ୍ଗୀ ପ୍ରଭୃତି ଅଙ୍ଗଠାରୁ ସମ୍ପୂର୍ଣ୍ଣ ପୃଥକ ବସ୍ତୁ । ଏହି 'ଅତିରିକ୍ତ ବସ୍ତୁ' କାବ୍ୟର ଆତ୍ମା । ଉତ୍କୃଷ୍ଟ ଶବ୍ଦ ଯୋଜନା, ବର୍ଣ୍ଣାଢ଼୍ୟ ଓ ସୁଗଠିତ ପଦାବଳୀ, ମନୋରମ ଉପମା ରୂପକାଦି ଅଳଙ୍କାରର ଝଟକ କାବ୍ୟର ରମଣୀୟତା ପ୍ରତିପାଦନ କରି ପାଠକଙ୍କୁ ଆକୃଷ୍ଟ କରୁଥିଲେ ମଧ୍ୟ ଏଗୁଡିକ ବାହ୍ୟ ଚାକଚକ୍ୟ । ଏ ସବୁର ଆନ୍ତରିକ ସୂକ୍ଷ୍ମ ମାଧୁର୍ଯ୍ୟ କିନ୍ତୁ ସେହିଥିରେ ନିହିତ, ଯାହା ଅତିଶୀଘ୍ର ଆସ୍ୱାଦ୍ୟ ହୁଏ; ମାତ୍ର ତାହାକୁ ବ୍ୟାଖ୍ୟା କରିବା କଷ୍ଟକର । ରମଣୀୟ ଲାବଣ୍ୟ ଅଙ୍ଗସୌଷ୍ଠବର ଅତିରିକ୍ତ । ବସ୍ତୁର ବାହ୍ୟ ସୌନ୍ଦର୍ଯ୍ୟ ଭବ୍ୟ ଓ ଦିବ୍ୟ ସୌନ୍ଦର୍ଯ୍ୟ ପ୍ରତି ଗତି କରିବା ପାଇଁ ସୋପାନ ସଦୃଶ । ବସ୍ତୁରେ ଲାବଣ୍ୟ ଏକ ଆଭ୍ୟନ୍ତରୀଣ ଗୁଣ ବା ଛଟା । ଏହାକୁ ଅନୁଭବ କରିହୁଏ; ମାତ୍ର ସ୍ପର୍ଶ କରିହୁଏ ନାହିଁ କି ବୁଝାଇ କହିହୁଏ ନାହିଁ । ବାହ୍ୟାଙ୍ଗର ସଂଯୋଜନରେ ଲାବଣ୍ୟ ଫୁଟେ ନାହିଁ । ଆନ୍ତରଦ୍ୟୁତିରେ ବାହ୍ୟାଙ୍ଗ ଯେତେବେଳେ ଦ୍ୟୁତିମାନ ହୋଇଉଠେ, ସେତେବେଳେ ପ୍ରକୃତ ସୌନ୍ଦର୍ଯ୍ୟର ଉଦୟ ଘଟେ ।

ସୌନ୍ଦର୍ଯ୍ୟ ତତ୍ତ୍ୱର ପୃଷ୍ଠଭୂମିରୁ ବିଚାର କଲେ ଭାରତୀୟ ରସ ନିରୂପଣ ଏହାର ସମକକ୍ଷ ହୋଇଉଠେ । ପ୍ରାଚ୍ୟ ରସସିଦ୍ଧାନ୍ତ ଓ ପାଶ୍ଚାତ୍ୟ ସୌନ୍ଦର୍ଯ୍ୟତତ୍ତ୍ୱ ଉଭୟେ ରସ ଓ ସୌନ୍ଦର୍ଯ୍ୟ ମୂଳରେ ବସ୍ତୁ ବା ମାନସିକ ଅବସ୍ଥାକୁ ସ୍ୱୀକାର କରନ୍ତି । ଚେତନାର ପୂର୍ଣ୍ଣତାରୁ ଯେଉଁ ଅନୁଭୂତି ମିଳେ, ତାହା ଆତ୍ମାର ଆନନ୍ଦ । ଉପନିଷଦୀୟ ଋଷି ବ୍ରହ୍ମକୁ ରସ କହିଛନ୍ତି- ରସୋ ବୈ ସଃ । ବ୍ରହ୍ମ ଓ ବ୍ରହ୍ମାସ୍ୱାଦ ସହିତ ରସର ସମ୍ବନ୍ଧ ଥିବାରୁ

ଏହାକୁ ପରବ୍ରହ୍ମାସ୍ୱାଦ ସଚିବ,[୮୧] ବ୍ରହ୍ମାନନ୍ଦସହୋଦର[୮୨] କୁହାଯାଏ । 'ଆନନ୍ଦୋ ବ୍ରହ୍ମେତି' କହିବା ଦ୍ୱାରା ବ୍ରହ୍ମାସ୍ୱାଦ ସଚିବ ରସ ମଧ୍ୟ ଆନନ୍ଦ ସ୍ଥାନୀୟ । ଆନନ୍ଦର ବ୍ୟାଖ୍ୟା କରି ହେମଚନ୍ଦ୍ର କହନ୍ତି ଯେ, ଆନନ୍ଦ ରସାନୁଭୂତିରୁ ସଦ୍ୟଜାତ ହୁଏ ଓ ଏହି ଅନୁଭୂତି ବ୍ରହ୍ମାସ୍ୱାଦ ସଦୃଶ । ଏଥିରେ ଅନ୍ୟ କୌଣସି ବେଦ୍ୟ ବିଷୟ ରହେ ନାହିଁ- ସଦ୍ୟୋ ରସାସ୍ୱାଦ ଜନ୍ମା ନିରସ୍ତ ବେଦ୍ୟାନ୍ତରା ବ୍ରହ୍ମାସ୍ୱାଦ ସଦୃଶୀ ପ୍ରୀତିରାନନ୍ଦଃ ।[୮୩]

ରସ ହେଉଛି ଯାହା ଆସ୍ୱାଦ୍ୟ । ଅଭିନବ ଗୁପ୍ତ ଏହାକୁ ଆତ୍ମାର ନିଜ ଆନନ୍ଦମୟ ଚେତନାର ଚର୍ବଣା ବା ଉପଭୋଗ କହିଛନ୍ତି- ସ୍ୱ ସମ୍ବିଦାନନ୍ଦଚର୍ବଣବ୍ୟାପାରରସନୀୟ- ରୂପୋ ରସଃ ।[୮୪] ରସ ଆନନ୍ଦର ଅନ୍ୟନାମ । ବିଶ୍ୱନାଥଙ୍କ ରସ-ସୌନ୍ଦର୍ଯ୍ୟର ସ୍ୱରୂପ ଓ ଲକ୍ଷଣ ନିର୍ଦ୍ଦେଶ ଅତୀବ ମାର୍ମିକ-

ସାତ୍ତ୍ୱୋଦ୍ରେକାଦଖଣ୍ଡସ୍ୱପ୍ରକାଶାନନ୍ଦଚିନ୍ମୟଃ ।
ବେଦ୍ୟାନ୍ତରସ୍ପର୍ଶଶୂନ୍ୟୋ ବ୍ରହ୍ମାସ୍ୱାଦସହୋଦରଃ ।।
ଲୋକୋତ୍ତରଚମତ୍କାର ପ୍ରାଣଃ କୈଶ୍ଚିତ୍ ପ୍ରମାତୃଭିଃ ।
ସ୍ୱାକାରବଦଭିନ୍ନତ୍ୱେନାୟମାସ୍ୱାଦ୍ୟତେ ରସଃ ।।[୮୫]

ରସ ସତ୍ତ୍ୱଗୁଣରୁ ଉଦ୍ରିକ୍ତ ହୁଏ; ଏହା ଅଖଣ୍ଡ, ସ୍ୱପ୍ରକାଶ, ଆନନ୍ଦ ଓ ଚିନ୍ମୟ ବେଦ୍ୟାନ୍ତର ସ୍ପର୍ଶଶୂନ୍ୟ, ଅର୍ଥାତ୍, ମନର ଅନ୍ୟବିଧ କ୍ରିୟାଶୂନ୍ୟତା ବା ଏତେବେଳେ ମନରେ ଅନ୍ୟକୌଣସି ବହିଃକ୍ରିୟାର ସ୍ପର୍ଶ ଲାଗେ ନାହିଁ, ବ୍ରହ୍ମାସ୍ୱାଦର ସମକକ୍ଷ, ଏହା ଲୋକୋତ୍ତର ଚମତ୍କାର ପ୍ରାଣ- ଏହିଭଳି ରସ କେବଳ କେତେକ ଭାଗ୍ୟବାନ ଅନୁଭବୀଙ୍କ ଦ୍ୱାରା ଆସ୍ୱାଦ୍ୟ ହୁଏ । ଏତେବେଳେ ଉପଭୋଗ୍ୟ, ଉପଭୋଗ ଓ ଉପଭୋକ୍ତା ଏକ ହୋଇଉଠନ୍ତି । ବିଶ୍ୱନାଥ ରସାନୁଭୂତି ପାଇଁ ହୃଦୟରେ ସତ୍ତ୍ୱଗୁଣର ପ୍ରାଧାନ୍ୟ ସ୍ୱୀକାର କରନ୍ତି । ରଜଃ, ତମଃ ଦ୍ୱାରା ଅସ୍ପୃଷ୍ଟ ମନକୁ ସତ୍ତ୍ୱ କୁହାଯାଏ- ରଜସ୍ତମୋଭ୍ୟାମସ୍ପୃଷ୍ଟଂ ମନଃ ସତ୍ତ୍ୱମିହୋଚ୍ୟତେ ।[୮୬] ସୌନ୍ଦର୍ଯ୍ୟ ଆସ୍ୱାଦନ ବା ଆତ୍ମାର ଅଲୌକିକ ଆନନ୍ଦ ପ୍ରାପ୍ତି ସ୍ୱଚ୍ଛ ଓ ବିଶୁଦ୍ଧ ମନ ଉପରେ ନିର୍ଭର କରେ । କବିର ରସସୃଷ୍ଟି ନିମନ୍ତେ ମଧ୍ୟ ଏହି ମାନସିକ ଶୁଦ୍ଧତା ପ୍ରୟୋଜନ ।

ରସ ଅଲୌକିକ । କାରଣ ରସ-ପ୍ରତୀତି ଭଳି ସଂସାରରେ ଅନ୍ୟ କୌଣସି ପ୍ରତୀତି ଆମର ହୁଏ ନାହିଁ । ଏହାଛଡ଼ା ଲୌକିକ ଉପାଦାନ ଜନିତ ରସଠାରୁ ଏହା ବିଲକ୍ଷଣ । ରସ ନିଷ୍କାମ । କାରଣ କାମନା ଓ ଆନନ୍ଦ ଏକା ସଙ୍ଗେ ରହିପାରନ୍ତି ନାହିଁ । ତେଣୁ ରସାନୁଭୂତି କାଳରେ କାମନାର ସାମୟିକ ବିଲୋପ ଘଟେ । ଏହିପରି ନିଃସ୍ୱାର୍ଥପର ମଗ୍ନତା ରସାବେଶ କାଳରେ ଆତ୍ମାର ଆନନ୍ଦଜାତ କରେ । ଆତ୍ମାର ଆବରଣ-ଭଙ୍ଗ ଘଟିବା ଫଳରେ ଅନ୍ୟର ସୁଖ ଦୁଃଖ ସହିତ ମନ ନିଜକୁ ମିଶାଇଦିଏ ।

ରସାନନ୍ଦ ଇନ୍ଦ୍ରିୟାନନ୍ଦ ଭଳି ସ୍ଥୂଳ ନୁହେଁ । କାରଣ ଇନ୍ଦ୍ରିୟ ଆନନ୍ଦ ସ୍ୱାର୍ଥଯୁକ୍ତ ଓ ପ୍ରତ୍ୟକ୍ଷ ହେବା ସଙ୍ଗେ ବ୍ୟକ୍ତିଗତ ହୋଇଥାଏ; ମାତ୍ର ରସାନନ୍ଦ ନିଃସ୍ୱାର୍ଥ, ଅପ୍ରତ୍ୟକ୍ଷ ତଥା ନୈର୍ବ୍ୟକ୍ତିକ । ସାଂସାରିକ ଯନ୍ତ୍ରଣା ଅରୁଚିକର; ମାତ୍ର ରସପୀଡ଼ା କାବ୍ୟର କରୁଣ ରସ । ଏଣୁ ଏହା ଆନନ୍ଦର ଉତ୍ସ । ଭବ ଜଗତରେ ଦୁଃଖ ଯନ୍ତ୍ରଣା ନିଜତ୍ୱ ହରାଇ ସୌନ୍ଦର୍ଯ୍ୟାନନ୍ଦ ଜାତ କରନ୍ତି ।

ଧନଞ୍ଜୟଙ୍କ ମତରେ ରସାନୁଭୂତ ଆତ୍ମାନନ୍ଦସମୁଦ୍ଭବଃ ।[୮୭] ଏହା ବିଳାସ, ବିସ୍ତାର, କ୍ଷୋଭ ଓ ବିକ୍ଷେପ ନାମକ ଚାରିଗୋଟି ମୂଳ ମାନସିକ ଅବସ୍ଥା । ବିଶ୍ୱନାଥ ନାରାୟଣଙ୍କୁ ଉଦ୍ଧାର କରି କହନ୍ତି-

ରସେ ସାରଶ୍ଚମତ୍କାରଃ ସର୍ବତ୍ରାପ୍ୟନୁଭୂୟତେ ।
ତଚ୍ଚମତ୍କାରସାରତ୍ୱେ ସର୍ବତ୍ରାପ୍ୟଦ୍ଭୂତୋ ରସଃ ।।[୮୮]

ରସାବସ୍ଥାରେ ଚମତ୍କାର ଏହାର ସାର ରୂପେ ଅନୁଭୂତ ହୁଏ । ଚମତ୍କାର ଏହାର ସାର ହୋଇଥିବାରୁ ରସ ପ୍ରତ୍ୟେକ ଅବସ୍ଥାରେ ଅଦ୍ଭୁତ । 'ଚମତ୍କାର'ର ଅର୍ଥ ବିଶ୍ୱନାଥ ଦେଇଛନ୍ତି-ଚମତ୍କାରଶ୍ଚିତ ବିସ୍ତାର ରୂପୋ ବିସ୍ମୟାପର-ପର୍ଯ୍ୟାୟଃ, ଅର୍ଥାତ୍, ଚମତ୍କାର ଚିତ୍ତର ଏକ ପ୍ରକାର ବିସ୍ତାର, ସେହି ଅର୍ଥରେ ଅନ୍ୟ ପର୍ଯ୍ୟାୟ ହେଲା ବିସ୍ମୟ । ଅଲୌକିକ ବିରାଟତ୍ୱ ଓ ଅସାଧାରଣ ସୌନ୍ଦର୍ଯ୍ୟ ବା ଉଦାତ୍ତର ଉପସ୍ଥିତିରେ ବିସ୍ମୟାନୁଭୂତି ଆସେ । ଏଣୁ ରସ ସୌନ୍ଦର୍ଯ୍ୟାନନ୍ଦର ମହତୀ ଶକ୍ତିର ପ୍ରକାଶକ । ଆତ୍ମ ପ୍ରକାଶ ଏହାର ଧର୍ମ । ଚିତ୍ତ ବିସ୍ତାର ବା ବିସ୍ଫାର ହିଁ ରସର ସୌନ୍ଦର୍ଯ୍ୟତାତ୍ତ୍ୱିକ ବୈଶିଷ୍ଟ୍ୟ । ତେଣୁ ବିଶ୍ୱନାଥ ଯଥାର୍ଥରେ ରସକୁ 'ଲୋକୋତ୍ତର ଚମତ୍କାର ପ୍ରାଣ', 'ବେଦ୍ୟାନ୍ତର ସ୍ପର୍ଶଶୂନ୍ୟ' ଓ 'ବ୍ରହ୍ମାନନ୍ଦ ସହୋଦର' କହିଥିଲେ ।

ରସାନୁଭୂତିରେ ସାଂସାରିକ ବା ଚୈତ୍ତିକ ଚାଞ୍ଚଲ୍ୟ ନଥାଏ । ସଂସାରର ବିଘ୍ନବହୁଳା-ପ୍ରତୀତି ରସାନୁଭୂତିକୁ ଅବରୁଦ୍ଧ କରିଦିଏ । ଅଭିନବ ଗୁପ୍ତଙ୍କ 'ବୀତବିଘ୍ନପ୍ରତୀତି' [୮୯] ସାଧାରଣୀକରଣ ଦ୍ୱାରା ରସଚର୍ବଣା ପାଇଁ ସହୃଦୟକୁ ସମର୍ଥ କରେ । ଏଥିରୁ ଯେଉଁ ବିଶ୍ରାନ୍ତି ଜାତ ହୁଏ, ତାହା ଚମତ୍କାରପୂର୍ଣ୍ଣ ଓ ସୌନ୍ଦର୍ଯ୍ୟାନୁଭୂତିର ସର୍ବଶ୍ରେଷ୍ଠ ଅବସ୍ଥା । ସହୃଦୟର ହୃଦୟରେ ସଂସ୍କାର ରୂପରେ ସ୍ଥିତ ବାସନାରୂପ ସ୍ଥାୟୀଭାବ ସମ୍ବିତ୍ ବିଶ୍ରାନ୍ତି ଅବସ୍ଥାରେ ରସରୂପକ ଅଭିବ୍ୟକ୍ତ ହୁଏ । ଏଣୁ ସମ୍ବିତ୍ ବିଶ୍ରାନ୍ତି ହିଁ ଆନନ୍ଦ ପ୍ରାପ୍ତିର ମୂଳକାରଣ । ସ୍ଥାୟୀଭାବ ସକଳ ବାସନା ଓ ସଂସ୍କାର ରୂପରେ ମନରେ ରହିଥାନ୍ତି । ପ୍ରତ୍ୟେକ ମଣିଷ ପୂର୍ବବର୍ତ୍ତୀ ଜନ୍ମରୁ କେତେଗୁଡ଼ିଏ ମାନସିକ ବୃତ୍ତି ଉତ୍ତରାଧିକାର ସୂତ୍ରରେ ସଙ୍ଗରେ ଘେନି ଜନ୍ମ ହୋଇଥାଏ ଓ ନିଜର ଚେତନା ସ୍ତରରେ ସେଗୁଡ଼ିକୁ ଜମା ରଖିଥାଏ । ବାସନା ଓ ସଂସ୍କାର ମଧ୍ୟରେ

ପାର୍ଥକ୍ୟ ରହିଛି। ସଂସ୍କାର ପ୍ରଭାବ ରୂପରେ ଅବଚେତନରେ ରହିଥାଏ। ଉପଯୁକ୍ତ ପରିବେଶରେ ଏହା ସ୍ମୃତି ରୂପରେ ଜାଗିଉଠେ। ବାସନା ପୂର୍ବଜନ୍ମର ଲକ୍ଷଣ ରୂପରେ ମନରେ ଗୁପ୍ତ ଥାଏ। ଏ ଜନ୍ମରେ ସୁଯୋଗ ପାଇଲେ ତହୁଁ କିଛି ପ୍ରକାଶ ପାଏ। ସଂସ୍କାର ନିରବଚ୍ଛିନ୍ନ ଭାବେ ଅନୁଭୂତି ଦ୍ୱାରା ଉତ୍ପାଦିତ ହେଉଥାଏ; ମାତ୍ର ବାସନା ପୂର୍ବଜନ୍ମାର୍ଜିତ। (୯୦) ସ୍ଥାୟୀଭାବ ହେଉଛି ଭାବାୟିତ ବାସନା ଓ ସ୍ଥାୟୀଭାବ-ପ୍ରତୀତ ହିଁ ରସ। (୯୧) ସୁନ୍ଦର ବସ୍ତୁଦର୍ଶନ କାଳରେ ଏହି ବାସନାର ଉଦ୍‌ବୋଧ ଘଟେ। ସହୃଦୟର ହୃଦୟରେ ଅନୁଭୂତି ଜାଗ୍ରତ କରିବା ସୌନ୍ଦର୍ଯ୍ୟର ବିଶେଷତ୍ୱ। କାଳିଦାସଙ୍କର ଏହି "ଜନ୍ମାନ୍ତରୀଣ ବାସନା" ଉଦ୍‌ବୋଧ କରୁନଥିବା ସୌନ୍ଦର୍ଯ୍ୟର ମୂଲ୍ୟ କିଛି ନାହିଁ। ସୁନ୍ଦର ବସ୍ତୁ ମାଧ୍ୟମରେ ବାସନାରୂପ ସଂସ୍କାରୋଦ୍‌ବୋଧନକୁ କାଳିଦାସ 'ପର୍ଯ୍ୟୁତ୍ସୁକୀ ଭାବ' ଓ ଅପୂର୍ବ ଅନୁଭୂତିମୟୀ ସ୍ମୃତିକୁ 'ଅବୋଧପୂର୍ବା' କହିଥିଲେ।

କବିର ରସ କବିତାର ମୂଳ ବୀଜ। ଏହି ବୀଜାନୁଭୂତି କବିତା ରୂପରେ ପ୍ରକାଶ ପାଏ। ଏହା କବିର ବ୍ୟକ୍ତିଗତ ସମ୍ବେଗ ନୁହେଁ, ଏକ ସାଧାରଣୀକୃତ ମନର ଭାବନା ବିଶେଷଃ। କବି ଓ ପାଠକ ସେମାନଙ୍କର ହୃଦୟ-ପ୍ରବଣତାରେ ଏକ ଭଳି। ପାଠକର ରସାନୁଭୂତି ହେଲା ଫଳ-ସ୍ଥାନୀୟ। ଅଭିନବଗୁପ୍ତ ଭରତଙ୍କ (୯୨) ରସ-ପ୍ରକ୍ରିୟାର ଭାଷ୍ୟ ଦେଇଛନ୍ତି-

ମୂଳଂ ବୀଜସ୍ଥାନୀୟଃ କବିଗତୋ ରସଃ।
କବିର୍ ହି ସାମାଜିକତୁଲ୍ୟ ଏବ।

XXX

ତତୋ ବୃକ୍ଷସ୍ଥାନୀୟଂ କାବ୍ୟମ୍।
ତତ୍ର ପୁଷ୍ପାଦି ସ୍ଥାନୀୟୋଽଭିନୟାଦି-ନଟବ୍ୟାପାରଃ।
ତତ୍ର ଫଳସ୍ଥାନୀୟଃ ସାମାଜିକରସାସ୍ୱାଦଃ।
ତେନ ରସମୟଂ ଏକ ବିଶ୍ୱମ୍। (୯୩)

ଏହି କବିଗତ ରସ ସହୃଦୟର ହୃଦୟ-ସମ୍ବାଦ ଫଳରେ ରସନୀୟ ହୁଏ। ରସନା, ଚର୍ବଣା ପ୍ରଭୃତି ଶବ୍ଦରେ ରସାନୁଭୂତିର ନିଗୂଢ଼ ତତ୍ତ୍ୱ ରହିଛି। ରସନା ଚ ବୋଧ-ରୂପା ଏବ (୯୪)-ରସନା ବା ଆସ୍ୱାଦନବୋଧ ସଦୃଶ। ଆସ୍ୱାଦନ କରିବା ସଙ୍ଗେ ଉପଲବ୍ଧି ବା ବୋଧକ୍ରିୟା ମଧ୍ୟ ଚଳେ। ଚର୍ବଣା ହେଉଛି ରସର ଆସ୍ୱାଦନ। କବି ସୃଷ୍ଟି କରନ୍ତି ରସ ଓ ପାଠକ ନିଜର କଳ୍ପନାରେ ସେହି ସୃଜନଶୀଳ ଅନୁଭୂତିର ଆସ୍ୱାଦନ କରନ୍ତି। ତେଣୁ ରସ ହେଉଛି ସୌନ୍ଦର୍ଯ୍ୟାନୁଭୂତିର ପରିଣାମ। କୌଣସି ସ୍ୱାର୍ଥ

ନଥାଇ ଯାହା ସୌନ୍ଦର୍ଯ୍ୟାନନ୍ଦ ଜାତ କରେ ତାହା ରସ। ରସାସ୍ୱାଦନ ସଙ୍ଗେ ସୌନ୍ଦର୍ଯ୍ୟ ପ୍ରତୀତ ଗୋଚର ହୁଏ। ରସାନୁଭୂତିକୁ ଅଭିନବଗୁପ୍ତ ସାର୍ବଜନୀନ କହନ୍ତି। ଏତେବେଳେ ବ୍ୟକ୍ତି ମୁହୂର୍ତ୍ତକ ପାଇଁ ହେଲେ ମଧ୍ୟ ଦେଶ-କାଳ-କାରଣ-କାର୍ଯ୍ୟର ଊର୍ଦ୍ଧ୍ୱକୁ ଉଠିଯାନ୍ତି। ତାଙ୍କର ନିଜ ପର ଜ୍ଞାନ ରହେ ନାହିଁ। ଏହା ଏକ ନିଷ୍ପ୍ରୟୋଜନ ଅବସ୍ଥା।

ରସ ଏକ ସର୍ବବ୍ୟାପୀ ଶବ୍ଦ। ଏଥିରେ କବିର ସୃଜନାନୁଭୂତି, କାବ୍ୟର ପ୍ରୟୋଜନୀୟ ସମଗ୍ରତା ଓ କାବ୍ୟାସ୍ୱାଦନ କାଳରେ ପାଠକର ରସାନୁଭୂତି-ଏ ସକଳ ବିଷୟ ଅନ୍ତର୍ଗତ। ଭାବ ଓ ବିଭାବ-ଉଭୟକୁ ରସତତ୍ତ୍ୱରେ ସ୍ୱୀକାର କରାଯାଇଛି। ଭାବ ହେଉଛି ଚିତ୍ତବୃତ୍ତି-ବିଶେଷ ଓ ବିଭାବ ହେଉଛି-ନିମିତ୍ତ, କାରଣ ଓ ହେତୁ ଇତ୍ୟାଦି। ଦ୍ରଷ୍ଟାର ଭାବରେ ବସ୍ତୁର ରମଣକ୍ରିୟା ଚଳିଲେ ରସାନୁଭୂତି ଲାଭ ହୁଏ। ରସ ଏକ କାଳରେ ବ୍ୟକ୍ତିନିଷ୍ଠ ଓ ବସ୍ତୁନିଷ୍ଠ।

ଅଭିନବ ଗୁପ୍ତଙ୍କ 'ବୀତବିଘ୍ନ ପ୍ରତୀତି' ପଣ୍ଡିତ ରାଜ ଜଗନ୍ନାଥଙ୍କ 'ଭଗ୍ନାବରଣଚିତ୍'ରେ ରୂପାନ୍ତରିତ ହେଲା। ସେ 'ଭଗ୍ନାବରଣଚିତ୍' ଦ୍ୱାରା ରସାଭିବ୍ୟକ୍ତିର ବ୍ୟାଖ୍ୟା କରିଛନ୍ତି-ସାଧାରଣୀକରଣର ଅଲୌକିକ ବ୍ୟାପାର ଦ୍ୱାରା ସହୃଦୟର ଅଜ୍ଞାନ-ରୂପ ଆବରଣ ଭଙ୍ଗ ଘଟିଲେ ବାସନା ରୂପରେ ପୂର୍ବରୁ ହୃଦୟରେ ସ୍ଥିତି ରତି ପ୍ରଭୃତି ସ୍ଥାୟୀ ଭାବ ପ୍ରମାଣର ପରିମିତ ନିଜ ଧର୍ମ ଲୋପପାଇ ସ୍ୱପ୍ରକାଶ ଓ ବାସ୍ତବ ନିଜ ସ୍ୱରୂପାନନ୍ଦ ସହ ଗୋଚରାତ୍ରିୟମାଣ ହୋଇ ରସ ହୁଏ [୯୫] ଚୈତନ୍ୟର ଆବରଣ ଭଙ୍ଗ ଘଟିଲେ ଇତ୍ୟାଦି ଚିଦ୍‌ବିଶିଷ୍ଟ ସ୍ଥାୟୀଭାବ ରସରେ ପରିଣତ ହୁଏ। ଜଗନ୍ନାଥ ଚିତ୍-ସ୍ୱରୂପ ରସ ରୂପରେ ପ୍ରକାଶ ପାଏ ବୋଲି କହନ୍ତି। ଆହ୍ଲାଦ, ରତି ଓ ଅନ୍ୟ ଭାବାତ୍ମକ ଅବସ୍ଥା ମାଧ୍ୟମରେ ପ୍ରକାଶ ପାଉଥିବାରୁ ରସ ହେଉଛି ସ୍ୱରୂପାନନ୍ଦର ସେହି ପ୍ରକାଶ, ଯେତେବେଳେ ଏହାର ସ୍ୱପ୍ରକାଶ ନିମନ୍ତେ ବାଧାସକଳ ଅପସାରିତ ହୋଇଯାଏ। ତେଣୁ ତାଙ୍କ ମତରେ ଏହି ଆବରଣ ମୁକ୍ତ ଶୁଦ୍ଧ ଚୈତନ୍ୟ ହିଁ ରସ; ଚୈତନ୍ୟବିଷୟୀଭୂତ ଇତ୍ୟାଦି ନୁହେଁ। [୯୬] ସହୃଦୟର ଦୀପରୂପୀ ଚୈତନ୍ୟ ସଂସ୍କାର ତଥା ମାୟାରେ କଞ୍ଚୁକିତ। ଏହି ଅବିଦ୍ୟାଆବରଣ ଅପସାରିତ ହେଲେ ଚୈତନ୍ୟର ପ୍ରକୃତରୂପ ଅଭିବ୍ୟକ୍ତ ହୁଏ। ଏହାହିଁ ଜଗନ୍ନାଥଙ୍କ ମତରେ ଭଗ୍ନାବରଣଚିତ୍। ରସାନୁଭୂତିରେ ଆତ୍ମାର ଆନନ୍ଦାଂଶ ଆବରଣ ଭଙ୍ଗ କରି ପ୍ରକାଶ ପାଏ।

ପଣ୍ଡିତରାଜ 'ରମଣୀୟତା' ଶବ୍ଦ ସୌନ୍ଦର୍ଯ୍ୟ ଅର୍ଥରେ ବ୍ୟବହାର କରିଛନ୍ତି। ସେ ବିଶ୍ୱନାଥଙ୍କ 'ରସାତ୍ମକଂ ବାକ୍ୟଂ କାବ୍ୟମ୍' ପରିବର୍ତ୍ତେ 'ରମଣୀୟାର୍ଥପ୍ରତିପାଦକଃ ଶବ୍ଦଃ କାବ୍ୟମ୍' କହିଲେ। ଜଗନ୍ନାଥ ବୃତ୍ତିରେ 'ରମଣୀୟତାର' ବ୍ୟାଖ୍ୟା କରି କହିଛନ୍ତି-

ରମଣୀୟତା ଚ ଲୋକୋତ୍ତରାହ୍ଲାଦଜ୍ଞାନଗୋଚରତା। [୯୭]

ଅର୍ଥାତ୍, ଅଲୌକିକ ଆନନ୍ଦର ଜ୍ଞାନ-ଗୋଚରତା ହିଁ ରମଣୀୟତା। ଚମତ୍କାରତ୍ୱ ଏହାର ଅପରପର୍ଯ୍ୟାୟ। ସେ ରସ ସ୍ଥାନରେ ରମଣୀୟତା, ଆନନ୍ଦ ସ୍ଥାନରେ ଆହ୍ଲାଦ ଓ ସମ୍ବିତ୍ ବିଶ୍ରାନ୍ତି ସ୍ଥାନରେ ଚମତ୍କାରତ୍ୱର ସଂଯୋଜନା କରି ସୌନ୍ଦର୍ଯ୍ୟର ନୂତନ ଭାଷ୍ୟ ରଚନା କଲେ। ଲୋକୋତ୍ତର କହିବାର ଆଶ୍ରୟ ହେଲା ଏହା ଜାତିବିଶେଷ; କାରଣ ଏହା ସାମାନ୍ୟ ଆନନ୍ଦ ନୁହେଁ। ତାଙ୍କର ଆହ୍ଲାଦଗତ ଚମତ୍କାର ପୁନଃ ପୁନରନୁସନ୍ଧାନାତ୍ମା ଭାବନାବିଶେଷ; ଅର୍ଥାତ୍, ସହୃଦୟ ଯେଉଁ ରମଣୀୟତାକୁ ଜାଣିବା ପାଇଁ ଭୂୟୋଭୂୟଃ ଅନୁସନ୍ଧାନରେ ପ୍ରବୃତ୍ତ ହୁଏ। ଏହା ଅନୁଭବ ସାକ୍ଷିକ; ଅର୍ଥାତ୍, ସହୃଦୟର ଅନୁଭବ ହିଁ ଏହାର ସାକ୍ଷୀ। ଏପରି ଅନୁଭବରେ ସହୃଦୟ ଲୋକୋତ୍ତର ଆହ୍ଲାଦ ଅନୁଭବ କରନ୍ତି। ବିଶ୍ୱନାଥ ଏହାକୁ 'ସଚେତସାମନୁଭବଃ ପ୍ରମାଣଂ ତତ୍ର କେବଳମ୍'- ସଚେତସମାନଙ୍କର ଅନୁଭବ ଏହାର ପ୍ରମାଣ ବୋଲି କହିଥିଲେ। ପଣ୍ଡିତରାଜାଙ୍କର 'ରମଣୀୟତା'ରେ ଜ୍ଞାନ-ଗୋଚରତା ଲୋକୋତ୍ତର ଆହ୍ଲାଦର ଜନକ। ସେହିପରି ଆହ୍ଲାଦାନୁଭୂତି ବା ଭାବନା-ବିଶେଷ ମଧ୍ୟ ଚମତ୍କାରଜନକ। ତେଣୁ ରମଣୀୟତାର ମୂଳରେ ଦୁଇଟି ବିଶେଷତ୍ୱ ଆହ୍ଲାଦ ତଥା ଚମତ୍କାର। ଆହ୍ଲାଦ ଲାଭ ହୁଏ ଜ୍ଞାନଗୋଚରତାରୁ ଓ ଚମତ୍କାର ଅନୁସନ୍ଧାନାତ୍ମକ ଭାବନାବିଶେଷର ଦାନ। ତେଣୁ ରମଣୀୟାନୁଭୂତିର ଦୁଇପକ୍ଷ ଜ୍ଞାନାତ୍ମକ ଓ ଅନୁଭୂତ୍ୟାତ୍ମକ; ଅର୍ଥାତ୍, ଏକ କାଳରେ ବୌଦ୍ଧିକ ଓ ସମ୍ବେଗାତ୍ମକ। ଆହ୍ଲାଦ, ଜ୍ଞାନ ଓ କ୍ରିୟା (ଗୋଚରତା)-ରମଣୀୟାନୁଭୂତିରେ ଏ ତିନୋଟିର ସମାବେଶ କରି ପଣ୍ଡିତରାଜ ଭାରତୀୟ ସୌନ୍ଦର୍ଯ୍ୟତତ୍ତ୍ୱରେ ବ୍ୟାପକ ପରିବର୍ତ୍ତନ ଆନୟନ କଲେ। ରମଣୀୟତା ଅନୁସନ୍ଧାନାତ୍ମକ ହେବା ହେତୁ ଚିର ନୂତନ ଓ ସଂସ୍କାରୋଦ୍‌ବୋଧକ। ଶେଷରେ ପଣ୍ଡିତରାଜ 'ରସୋରମଣୀୟତାମାବହତୀତ ନିର୍ବିବାଦମ୍' [୯୮] କହି ରସ ଓ ରମଣୀୟତା ମଧ୍ୟରେ ବିବାଦର ସମାଧାନ କରିଦେଇଛନ୍ତି। ରସ ଅଲୌକିକ ଆନନ୍ଦ ଓ ସଂସାରରେ ଏକ ସୌନ୍ଦର୍ଯ୍ୟମୟ ବସ୍ତୁ। ଚମତ୍କାରକୁ ବିଶ୍ୱନାଥ ଚିତ୍ତବିସ୍ତାର ଓ ବିସ୍ମୟ କହିଥିଲେ। ଜଗନ୍ନାଥଙ୍କ 'ପୁନଃପୁନରନୁସନ୍ଧାନାତ୍ମା' ତାହାର ବ୍ୟାପକତା ପ୍ରତିପାଦନ କଲା।

ଭୋଜ 'ଅହଂକାର'କୁ ମୂଳ ପ୍ରବୃତ୍ତି ସ୍ୱୀକାର କରନ୍ତି। ମାନବ ଆତ୍ମସ୍ଥିତ ଅହଂକାରର ଅନୁଭବ କରେ । ଏହି ଅହଂକାର ବା ଅଭିମାନବୃତ୍ତି ହିଁ ଶୃଙ୍ଗାରରସ ଓ ଏହାହିଁ ରସରୂପରେ ପ୍ରକାଶିତ ହୁଏ । ଅହଂକାର ଆନନ୍ଦମୟ ହୋଇଥିବାରୁ ତାହାର ଅନୁଭବ ମଧ୍ୟ ଆନନ୍ଦମୟ । ତେଣୁ ଭୋଜ ଶୃଙ୍ଗାରରସକୁ ମହାରସ କହନ୍ତି । ଅହଂକାରରୁ ଅନ୍ୟ ସ୍ଥାୟୀ ଭାବସକଳ ବିକଶିତ ହୁଅନ୍ତି । ଭୋଜଙ୍କ ଅହଂକାର-ଶୃଙ୍ଗାର ରତିଭାବ ନୁହେଁ । ରତି ପ୍ରଭୃତି ଭାବ ଏହି ଅହଂକାର ଶୃଙ୍ଗାରରୁ ଉତ୍ପନ୍ନ ହୁଅନ୍ତି ।

ସଂସ୍କୃତିର ସର୍ବୋଚ୍ଚ ଶିଖରରେ ଉପନୀତ ହୋଇଥିବା ବ୍ୟକ୍ତିର ଅହଂକାର ଏଠାରେ ଭୋଜଙ୍କର ଲକ୍ଷ୍ୟ । [୯୯]

ଆଦର୍ଶ ରସଗ୍ରାହୀ ଭାରତୀୟ କାବ୍ୟତତ୍ତ୍ୱରେ ସୁମନସଃ, ରସିକ ଓ ସହୃଦୟ ନାମରେ ଅଭିହିତ । ସହୃଦୟର ଅର୍ଥ ହେଲା ଯାହାଙ୍କର ହୃଦୟବୃତ୍ତି କବି ଭଳି । ସେ କବିଙ୍କର ସମାନଧର୍ମୀ, ସମସ୍ଥାନୀୟ । କବି ନିଜ ହୃଦୟର ଯେଉଁ କରୁଣ କୋମଳ ଅନୁଭୂତିକୁ କବିତାରେ ରୂପ ଦେଇଥାନ୍ତି, ସହୃଦୟ ପାଠକ ପ୍ରାଣରେ ତାହା ସ୍ପନ୍ଦନ ସୃଷ୍ଟି କରେ । କବିଙ୍କର ହୃଦୟାନୁଭୂତିର ଯଥାର୍ଥ ପ୍ରତିବିମ୍ବ ତାଙ୍କ ହୃଦୟରେ ପଡ଼େ । ଅଭିନବଗୁପ୍ତ କହନ୍ତି, ସହୃଦୟହିଁ କବିତାର ପ୍ରାଣ ନିକଟରେ ପହଞ୍ଚିବା ପାଇଁ କ୍ଷମ । କାରଣ ତାଙ୍କର ହୃଦୟ ବିମଳ-ପ୍ରତିଭାନଶାଳୀ । [୧୦୦] ବସ୍ତୁର ପ୍ରତିଭାନ ବା ସାକ୍ଷାତ୍କାର ପାଇଁ ଯାହାଙ୍କର ହୃଦୟ ବିମଳ ସେ ହିଁ ପ୍ରକୃତ କାବ୍ୟାସ୍ୱାଦନର ଅଧିକାରୀ । ଅଭିନବଙ୍କ ସହୃଦୟର ସଂଜ୍ଞା-

ଯେଷାଂ କାବ୍ୟାନୁଶୀଳନାଭ୍ୟାସବଶାଦ୍ ବିଶଦୀଭୂତେ ମନୋମୁକୁରେ
ବର୍ଣ୍ଣନୀୟତନ୍ମୟୀଭବନ ଯୋଗ୍ୟତା ତେ ସ୍ୱହୃଦୟସମ୍ବାଦଭାଜାଃ ସହୃଦୟାଃ । [୧୦୧]

କାବ୍ୟାନୁଶୀଳନ ଅଭ୍ୟାସବଶତଃ ଯାହାଙ୍କର ମନୋମୁକୁର ନିର୍ମଳ, ଯେଉଁମାନେ ବର୍ଣ୍ଣନୀୟ ବସ୍ତୁ ସହିତ ତନ୍ମୟ ହୋଇପାରନ୍ତି, ସେହିମାନେ ହୃଦୟ-ସମ୍ବାଦଶାଳୀ, ସେହିମାନେ ହିଁ ସହୃଦୟ । ହୃଦୟ-ସମ୍ବାଦ ଅର୍ଥ ଅନ୍ୟ ହୃଦୟ ସହିତ ସାଦୃଶ୍ୟ (ସମ୍ବାଦୋହ୍ୟନ୍ୟ-ସାଦୃଶ୍ୟମ), ଅର୍ଥାତ୍, ବର୍ଣ୍ଣିତ ବିଭାବମାନଙ୍କ ସହିତ ଏକରୂପତା । ପାଠକର ମନ ଓ ହୃଦୟ ଦର୍ପଣ ଭଳି ବିଶଦ ହେବା ପ୍ରୟୋଜନ, ଯାହାଫଳରେ ତହିଁରେ ପ୍ରତିବିମ୍ବିତ ହେଉଥିବା ଚିତ୍ରାବଳୀକୁ ଗ୍ରହଣ କରିବା ପାଇଁ ପ୍ରସ୍ତୁତ ରହିଥିବ । ଏହି 'ବିମଳମୁକୁର କଳ୍ପୀଭୂତ ନିଜହୃଦୟ' ସହୃଦୟ ଅଭିନବଗୁପ୍ତଙ୍କର ଆଦର୍ଶ ରସଗ୍ରାହୀ ବା କାବ୍ୟପାଠକ । ସେ କେବଳ କାବ୍ୟରସର ଉପଭୋଗ କରନ୍ତି ନାହିଁ; କାବ୍ୟର ଦୋଷଗୁଣ ଆଲୋଚନା କରି କାବ୍ୟ ସୃଷ୍ଟି ଓ ଆସ୍ୱାଦନର ଗୂଢ଼ରହସ୍ୟକୁ ଫେଇଦିଅନ୍ତି । ପାଠକ, ସମୀକ୍ଷକ ଓ ସୌନ୍ଦର୍ଯ୍ୟଗ୍ରାହୀ- ଏ ସକଳ ଗୁଣ ସମବାୟରେ ତାଙ୍କର ଅଖଣ୍ଡ ବ୍ୟକ୍ତିତ୍ୱ ଗଠିତ ।

ଅଭିନବ ରୂପସୌନ୍ଦର୍ଯ୍ୟ ଓ ସହୃଦୟତାର ଆଉ ଏକ ମାନଦଣ୍ଡ ସ୍ଥିର କରିଛନ୍ତି- ରୂପର ବୀର୍ଯ୍ୟବିକ୍ଷୋଭନ ଶକ୍ତି ଓ ସହୃଦୟର ବୀର୍ଯ୍ୟବିକ୍ଷୋଭାତ୍ମା । ତାଙ୍କ ମତରେ, ଚକ୍ଷୁକୁ ରମଣୀୟ ଦୃଶ୍ୟ ହେଉଥିବା ରୂପ ବୀର୍ଯ୍ୟବିକ୍ଷୋଭ ହେତୁ ବ୍ୟକ୍ତିକୁ ସୁଖ ଦିଏ । ସଂଗୀତରୁ ଯେଉଁ ସୁଖ ମିଳେ ତାହା ମଧ୍ୟ ଏହିଭଳି । ସୁନ୍ଦର ରୂପ ଦେଖି ଯାହାର ମନ ଚମତ୍କୃତ ନହୁଏ, ସେ ମଣିଷ ରୂପରେ ଜଡ଼ । ରୂପର ବୀର୍ଯ୍ୟବିକ୍ଷୋଭନ ଶକ୍ତିର ନ୍ୟୂନତାରୁ ତାହାର

ଅପୂର୍ଣ୍ଣତା ପ୍ରମାଣିତ ହୁଏ । ତେଣୁ ଯେଉଁ ରୂପ ଯେତେ ଅଧିକ ଆକର୍ଷଣୀୟ, ଅର୍ଥାତ୍ ଦର୍ଶକର ବୀର୍ଯ୍ୟୋଦ୍‌ବୋଧନକାରୀ ତାହା ସେତେ ସୁନ୍ଦର ଓ ପୂର୍ଣ୍ଣ । ସହୃଦୟ ପକ୍ଷରେ ମଧ୍ୟ ସେହିଭଳି । ରୂପ ଦେଖି ଯାହାଙ୍କର ବୀର୍ଯ୍ୟ ଚଞ୍ଚଳି ନଉଠେ ତାହାଙ୍କୁ ପ୍ରକୃତ ସହୃଦୟ କୁହାଯିବ ନାହିଁ । କାରଣ ତାଙ୍କର ବୀର୍ଯ୍ୟବିକ୍ଷୋଭ ଶକ୍ତି ଦୁର୍ବଳ । ଅଧିକ ଚମତ୍କାର ଆବେଶରେ ନିମଜ୍ଜିତ ହେଉଥିବା ବୀର୍ଯ୍ୟବିକ୍ଷୋଭାତ୍ମା ହିଁ ପ୍ରକୃତ ସହୃଦୟ-

ନୟନୟୋରପି ହି ରୂପଂ ତଦ୍ ବୀର୍ଯ୍ୟବିକ୍ଷୋଭାତ୍ମକ ମହାବିସର୍ଗ-ବିଶେଷଣଯୁକ୍ତ୍ୟା ଏବ ସୁଖଦାପି ଭବତି । ଶ୍ରବଣୟୋଷ୍ଟ ମଧୁର ଗୀତାଦି-ସର୍ବତୋହି ଅଚମତ୍କାରୋ ଜଡ଼ତୈ ବା ଅଧିକ ଚମତ୍କାରାବେଶ ଏବ ବୀର୍ଯ୍ୟବିକ୍ଷୋଭାତ୍ମା ସହୃଦୟତା ଉଚ୍ୟତେ । (୧୦୨)

ଏଠାରେ ଅଭିନବ ବିଷୟ-ସୌନ୍ଦର୍ଯ୍ୟ ଓ ବିଷୟୀ-ହୃଦୟର ଯୋଗ୍ୟତା-ଉଭୟଙ୍କୁ ମହତ୍ତ୍ୱ ଦେଇଛନ୍ତି ।

ବୈଷ୍ଣବ ରସଶାସ୍ତ୍ରୀ ରୂପଗୋସ୍ୱାମୀ ସୌନ୍ଦର୍ଯ୍ୟ, ରୂପ ଓ ଲାବଣ୍ୟର ଯେଉଁ ଲକ୍ଷଣ ନିରୂପଣ କରିଛନ୍ତି ତହିଁରୁ ସୌନ୍ଦର୍ଯ୍ୟ ସମ୍ବନ୍ଧରେ ଭାରତୀୟ ଧାରଣାର ବିଶଦ ପରିଚୟ ମିଳେ । ଅଙ୍ଗପ୍ରତ୍ୟଙ୍ଗମାନଙ୍କର ଯଥୋଚିତ ସନ୍ନିବେଶ, ସୁଶ୍ଲିଷ୍ଟତା ଓ ସିନ୍ଧମାନଙ୍କର ମାଂସଳତାକୁ ସୌନ୍ଦର୍ଯ୍ୟ କୁହାଯାଏ-

ଅଙ୍ଗପ୍ରତ୍ୟଙ୍ଗକାନାଂ ଯଃ ସନ୍ନିବେଶୋ ଯଥୋଚିତମ୍।
ସୁଶ୍ଲିଷ୍ଟଃ ସନ୍ଧିବନ୍ଧଃ ସ୍ୟାତ୍ତତ୍ ସୌନ୍ଦର୍ଯ୍ୟମିତୀର୍ଯ୍ୟତେ।। (୧୦୩)

ରୂପ ସମ୍ବନ୍ଧରେ ତାଙ୍କର ଧାରଣା-

ଅଙ୍ଗାନ୍ୟଭୂଷିତାନ୍ୟେବ କେନଚିଦ୍‌ଭୂଷଣାଦିନା।
ଯେନ ଭୂଷିତଜଭାତି ତତ୍ ରୂପମିତ କଥ୍ୟତେ।। (୧୦୪)

ଅଳଙ୍କାରେ ଭୂଷିତ ନହୋଇ ମଧ୍ୟ ଅଙ୍ଗମାନଙ୍କର ଭୂଷିତବତ୍ ପ୍ରତୀତ ହେବାକୁ ରୂପ କୁହାଯାଏ। ରୂପ-ସୌନ୍ଦର୍ଯ୍ୟର ଏହି ବିଶେଷତ୍ୱ ହେତୁ ଅଙ୍ଗମାନେ ଭୂଷାପରିହିତ ନହୋଇ ମଧ୍ୟ ଭୂଷିତ ଭଳି ଆଭାସୁଥାନ୍ତି।

ରୂପଗୋସ୍ୱାମୀଙ୍କ 'ଲାବଣ୍ୟ' ଏକ ଅନ୍ତର୍ନିହିତ ଗୁଣ। ମୁକ୍ତାଫଳର ଅନ୍ତରରୁ ଯେଉଁ ଛଟା ବହିର୍ଗତ ହୁଏ, ତାହା ସଦୃଶ ସ୍ୱଚ୍ଛତା ପ୍ରଯୁକ୍ତ ଅଙ୍ଗମାନଙ୍କରେ ଯେଉଁ ଚାକଚକ୍ୟ ପ୍ରତୀୟମାନ ହୋଇଥାଏ, ତାହାକୁ ଲାବଣ୍ୟ କୁହାଯାଏ। ରୂପଗୋସ୍ୱାମୀଙ୍କ ମତରେ ଲାବଣ୍ୟ ଏକ ଅନ୍ତରୀଣ ଦୀପ୍ତି-ଅଙ୍ଗମାନଙ୍କର ସ୍ୱଚ୍ଛତା ହେତୁ ତହିଁରେ ଲାବଣ୍ୟ ଖେଳୁଥାଏ। ଅଙ୍ଗ ଉପରେ ତରଳ ଅବସ୍ଥାରେ ଲାବଣ୍ୟ ତରଙ୍ଗାୟମାନ ହେଉଥାଏ। ଏହାର ଅଭାବରେ ରୂପ ଓ ରୂପକର୍ମାଦି ଦୁର୍ବଳ ଓ ଅସୁନ୍ଦର ହୁଏ।

ଆଲୋଚ୍ୟ ଅଧ୍ୟାୟରେ ଭାରତୀୟ ସୌନ୍ଦର୍ଯ୍ୟ-ଚେତନାର ଉପସ୍ଥାପନାରୁ ଜଣାଗଲା ଯେ, ଭାରତୀୟମାନେ ସୌନ୍ଦର୍ଯ୍ୟ ପ୍ରତି ଉଦାସୀନ ନଥିଲେ। ସୌନ୍ଦର୍ଯ୍ୟ ଓ ସୌନ୍ଦର୍ଯ୍ୟତତ୍ତ୍ୱର ନାନା ଦିଗ ସେମାନଙ୍କ ଅନୁସନ୍ଧାନର ବିଷୟ ଥିଲା। ସେମାନେ ସୌନ୍ଦର୍ଯ୍ୟର ଆଦର୍ଶ ରୂପ ଦେଖିପାରିଥିଲେ। ଭୌତିକ ସୌନ୍ଦର୍ଯ୍ୟକୁ ପାର ହୋଇ ସେମାନଙ୍କର କଳ୍ପନା ଆତ୍ମାର ମହନୀୟ ସୌନ୍ଦର୍ଯ୍ୟର ଅନ୍ୱେଷଣ କରୁଥିଲା। ସୌନ୍ଦର୍ଯ୍ୟର ଅନ୍ତଃବାହ୍ୟ ସମ୍ବନ୍ଧ ନିରୂପଣଠାରୁ ଆରମ୍ଭ କରି ସୌନ୍ଦର୍ଯ୍ୟର ଅଖଣ୍ଡତା, ପରାଶ୍ରୟ ନିରପେକ୍ଷତା, ସ୍ୱୟଂସମ୍ପୂର୍ଣ୍ଣତା, ଆକର୍ଷଣୀୟତା ଓ ଆଧ୍ୟାତ୍ମିକତାର ରହସ୍ୟକୁ ମଧ୍ୟ ଜାଣିବା ପାଇଁ ପ୍ରଯତ୍ନ କରାଯାଇଥିଲା। ବାହ୍ୟ ଅଳଙ୍କାରର ଚାକଚକ୍ୟରେ ନଭୁଲି ଅନ୍ତଃ-ସୌନ୍ଦର୍ଯ୍ୟର ମହନୀୟତାକୁ ଉପଲବ୍ଧି କରିବା ପାଇଁ ସାଧନା କରାଯାଉଥିଲା।

ପାଶ୍ଚାତ୍ୟ ସୌନ୍ଦର୍ଯ୍ୟ-ଦର୍ଶନ ଏକ ବିଧିବଦ୍ଧ ଶାସ୍ତ୍ରୀୟ ଗୌରବଲାଭ କରିଛି। ମାତ୍ର ଭାରତରେ ସୌନ୍ଦର୍ଯ୍ୟ-ଶାସ୍ତ୍ର ନାମରେ କୌଣସି ସ୍ୱତନ୍ତ୍ର ଶାସ୍ତ୍ର ଲେଖାଯାଇନାହିଁ। ଭାରତୀୟ କାବ୍ୟଶାସ୍ତ୍ର ଓ ପାଶ୍ଚାତ୍ୟ ସୌନ୍ଦର୍ଯ୍ୟଶାସ୍ତ୍ର ମଧ୍ୟରେ ପାର୍ଥକ୍ୟ ରହିଛି। ସୌନ୍ଦର୍ଯ୍ୟ-ଶାସ୍ତ୍ରରେ ଭାସ୍କର୍ଯ୍ୟ, ଚିତ୍ର, ସଙ୍ଗୀତ, କବିତାଦି ସକଳ ଲଳିତକଳାର ସୌନ୍ଦର୍ଯ୍ୟ ସମ୍ବନ୍ଧରେ ଆଲୋଚନା ହୋଇଥାଏ; ମାତ୍ର କାବ୍ୟଶାସ୍ତ୍ର କେବଳ କାବ୍ୟ-ସୌନ୍ଦର୍ଯ୍ୟର ଆଲୋଚନାରେ ନିବଦ୍ଧ।

ତୃତୀୟ ଅଧ୍ୟାୟ

କଳ୍ପନା-ସୌନ୍ଦର୍ଯ୍ୟ

ଲଳିତକଳାରେ ମାନବର ସୌନ୍ଦର୍ଯ୍ୟ-ଚେତନାର ଅଭିବ୍ୟକ୍ତ ଘଟେ। କବି ବା କଳାକାର ଏହି ସୌନ୍ଦର୍ଯ୍ୟର ସ୍ରଷ୍ଟା। ପଥର କାଟି, ନୃତ୍ୟ କରି, ଗୀତ ଗାଇ, ଚିତ୍ର କରି ମାନବ-ଶିଳ୍ପୀ ସୌନ୍ଦର୍ଯ୍ୟକୁ ଧରି ରଖିବାକୁ ଚାହେଁ। ପ୍ରକୃତିରେ ସୌନ୍ଦର୍ଯ୍ୟର ପ୍ରକାଶ ଓ ଲୀଳା ଅବାରିତ ହେଲେ ହେଁ ତାହା ଅମର ମନକୁ ଅଧିକ ସମୟ ଧରି ରଖିପାରେ ନାହିଁ। ପ୍ରାକୃତିକ ବସ୍ତୁ ଦର୍ଶନ କାଳରେ ଆମର ସାଂସାରିକ ବୁଦ୍ଧି ଲୋପ ପାଇନଥାଏ। ରୂପ ଦକ୍ଷର ଦୃଷ୍ଟି ଓ ରସଗ୍ରାହୀ ମନ ନେଇ ତାହାକୁ ଅଧିକ ସମୟ ଦେଖି ହୁଏ ନାହିଁ। ଅନ୍ୟପକ୍ଷରେ କଳା-ସୌନ୍ଦର୍ଯ୍ୟର ଆସ୍ୱାଦନ କାଳରେ ଆମର ବିଷୟୀମନ ନିରସ୍ତ ହୋଇପଡେ ଓ ରସପିପାସା ବଳବତୀ ହୋଇଉଠେ। ପ୍ରକୃତି ଦେବ-ଶିଳ୍ପ ଓ କଳା ମାନବ-ଶିଳ୍ପ। ମାନବ-ଶିଳ୍ପୀର ସୌନ୍ଦର୍ଯ୍ୟ-ଚେତନାର ଦାନରେ କଳାର ବିଗ୍ରହ ରସସ୍ନିଗ୍ଧ ହୋଇଉଠେ। ଦେବ-କାବ୍ୟ ପ୍ରକୃତିଠାରୁ ମାନବ-କାବ୍ୟ କଳାର ସୌନ୍ଦର୍ଯ୍ୟ ଅଧିକ ଉନ୍ନତ, ରୁଚିକର, ରମଣୀୟ ଓ ବୈଭବଶାଳୀ। ଶିଳ୍ପ ମଧ୍ୟରେ ଶିଳ୍ପୀ ତାଙ୍କର ଅଖଣ୍ଡ ସୌନ୍ଦର୍ଯ୍ୟୋପଲବ୍ଧ ନିବଦ୍ଧ କରିଯା'ନ୍ତି। ଏଣୁ ସୌନ୍ଦର୍ଯ୍ୟ-ଦର୍ଶନରେ ଶିଳ୍ପ-ଦର୍ଶନ ବିଶେଷ ଭାବେ ଆଲୋଚିତ ହୋଇଆସିଛି।

ଲଳିତକଳା ମଧ୍ୟରେ କାବ୍ୟକଳା ପ୍ରମୁଖ ସ୍ଥାନ ଅଧିକାର କରିଛି। କବି-ପ୍ରତିଭାର ଆଲୋକ ସଂପାତରେ ଜାଗତିକ ବସ୍ତୁ ନବୀନ ରୂପାଲୋକରେ ମଣ୍ଡିତ ହୁଏ। ଏପରି କୌଣସି ଶବ୍ଦ ନାହିଁ, ବାଚ୍ୟ ନାହିଁ, ନ୍ୟାୟ ନାହିଁ କି କଳା ନାହିଁ ଯାହା କବିତାର ଉପାଦାନ ହୋଇନପାରେ। ଭାମହ ସେଥିପାଇଁ କହନ୍ତି-

ନ ସ ଶବ୍ଦୋ ନ ତଦ୍ ବାଚ୍ୟ ନ ସା ନ୍ୟାୟୋ ନ ସା କଳା
ଜାୟତେ ଯନ୍ନ କାବ୍ୟାଙ୍ଗମହୋଭାରୋ ମହାନ୍ କବେଃ। (୧)

କବିର ମହାନ୍ ଦାୟିତ୍ୱ ଏଇଥିପାଇଁ ଯେ, ସେ ସକଳ ବିଷୟରେ ଅବତାରଣା ଓ ଉପଯୋଗ କାବ୍ୟରେ କରିପାରନ୍ତି। କାବ୍ୟରେ କେବଳ ଶୋଭନ, ମନୋଜ୍ଞ ଓ ରୁଚିକର ବସ୍ତୁ ବା ବିଷୟର ବର୍ଣ୍ଣନା ରହେ ନାହିଁ। ଜୀବନ ଓ ଜଗତ୍‌ର ସୁଖ ଦୁଃଖ, ସୁନ୍ଦର କୁରୂପ-ସବୁ କିଛି କାବ୍ୟର ଅନ୍ତର୍ଗତ ହୋଇପାରେ। ଧନଞ୍ଜୟ କାବ୍ୟ-ବିଷୟର ଅନନ୍ତତା ସମ୍ବନ୍ଧରେ ନିଜର ଉଦାର ଦୃଷ୍ଟିକୋଣର ପରିଚୟ ଦେଇଛନ୍ତି-

ରମ୍ୟଂ ଜୁଗୁପ୍‌ସିତ ମୁଦାରମଥାପି ନୀଚମ୍
ଉଗ୍ରଂ ପ୍ରସାଦି ଗହନଂ ବିକୃତଂ ଚ ବସ୍ତୁ
ଯଦ୍ ବାପ୍ୟବସ୍ତୁ, କବିଭାବକଭାବନୀୟଂ
ତନ୍ନାସ୍ତି ଯନ୍ନ ରସଭାବମୁପୈତି ଲୋକେ। (୨)

କବି-କଳ୍ପନାରେ ଭାବିତ ବା ଉତ୍ପାଦିତ ହେବାପରେ ପ୍ରତ୍ୟେକ ବସ୍ତୁ-ତାହା ରମ୍ୟ ବା ଜୁଗୁପ୍‌ସିତ ହେଉ, ଉଦାର, କ୍ଷୁଦ୍ର ବା ମହତ୍ ହେଉ। ଅନୁକୂଳବେଦନୀୟ ବା ପ୍ରତିକୂଳବେଦନୀୟ ହେଉ, ଗହନ ବା ବିକୃତ ହେଉ-ରସତ୍ୱ ଲାଭ କରେ। କଳାତ୍ମକ ଉପଭୋଗର ସାମଗ୍ରୀ ହେବା ପାଇଁ କେବଳ ବସ୍ତୁ ନୁହେଁ, କାଳ୍ପନିକ ବସ୍ତୁ (ଅବସ୍ତୁ) ମଧ୍ୟ କାବ୍ୟର ବିଷୟ ହେଲେ ରମଣୀୟ ହୋଇଉଠେ। ସେଥିଲାଗି କବି ଶେଲୀଙ୍କର ଘୋଷଣା-କବିତା ସବୁକିଛିକୁ ରମଣୀୟ କରିଦିଏ। (Poetry turns everything to loveliness)ö ନୀରସ ବିଜ୍ଞାନ, ନ୍ୟାୟ, ତତ୍ତ୍ୱ ଆଦିକୁ ମଧ୍ୟ କବିତା ସରସ ସୁନ୍ଦର କରି ପରିବେଷଣ କରେ।

ଆନନ୍ଦବର୍ଦ୍ଧନଙ୍କ ମତରେ ଯେକୌଣସି ବସ୍ତୁ କାବ୍ୟ-ବିଷୟ ରୂପେ ଅବଲମ୍ବିତ ହୋଇପାରେ। ବସ୍ତୁ-ସଂସ୍ପର୍ଶଶୂନ୍ୟ କାବ୍ୟ ସମ୍ଭବ ହୁଏ ନାହିଁ। ଜଗତର ସକଳ ବସ୍ତୁ କୌଣସି ନା କୌଣସି ରସର ଅଙ୍ଗ ହୋଇପାରନ୍ତି। ଏଭଳି କୌଣସି ବସ୍ତୁ ଜଗତରେ ନାହିଁ ଯାହା କବି ଚିତ୍ତରେ ବୃତ୍ତିବିଶେଷ ଉତ୍ପନ୍ନ କରେ ନାହିଁ। ଚିତ୍ତବୃତ୍ତି-ବିଶେଷକୁ ଉତ୍ପାଦନ କରୁନଥିବା ବସ୍ତୁ ଗ୍ରହଣ କରି କବି କାବ୍ୟ ରଚନା କରିବା ଉଚିତ୍ ନୁହେଁ କିମ୍ବା ସେପରି ବସ୍ତୁକୁ କାବ୍ୟ-ବିଷୟ ରୂପେ ନିର୍ବାଚିତ କରିବା ମଧ୍ୟ ଅନୁଚିତ। (୩) ରସୋପଯୋଗୀ ବସ୍ତୁ ନିଚୟର ସଞ୍ଚୟନ କରିବା କବିର କର୍ତ୍ତବ୍ୟ। ଆନନ୍ଦବର୍ଦ୍ଧନ ଆହୁରି ମଧ୍ୟ ସ୍ୱୀକାର କରନ୍ତି ଯେ, ରସ ନିମନ୍ତେ ଯେ କୌଣସି ବସ୍ତୁ ଗ୍ରହଣୀୟ-ଏପରିକି ଅଚେତନ ବସ୍ତୁ ମଧ୍ୟ ଅବଲମ୍ବିତ ହୋଇପାରେ। କବି ବସ୍ତୁରେ ଅଭିଳଷିତ ରସର ସ୍ପର୍ଶ ଦେଲେ, ଅର୍ଥାତ୍, ବସ୍ତୁକୁ ନିଜ ଅଭିଳାଷ ଅନୁରୂପ ରସାଙ୍ଗ ରୂପେ ଗ୍ରହଣ

କଲେ ତାହା ଶୋଭାଧାୟକ ହୁଏ । ଅଚେତନ ବସ୍ତୁମାନେ ମଧ୍ୟ ଯଥାରୀତିରେ ସମୁଚିତ ରସଭାବ ଦ୍ୱାରା ଶୋଭିତ ହେଲେ କିମ୍ବା ତହିଁରେ ଚେତନବସ୍ତୁ ବୃତ୍ତାନ୍ତ ଯୋଜନା କରାଗଲେ ରସାଙ୍ଗରା ପ୍ରାପ୍ତ ହୁଅନ୍ତି । ଆନନ୍ଦବର୍ଦ୍ଧନ କାବ୍ୟବସ୍ତୁର ରସାଦି ତାତ୍ପର୍ଯ୍ୟ ସମ୍ବନ୍ଧରେ ଅଧିକ ସଚେତନ । ବସ୍ତୁ ଯାହାହେଉ, କବି ତାହାକୁ ରସ-ଭାବ ଦ୍ୱାରା ମଣ୍ଡିତ କଲେ ରମଣୀୟ ହୋଇଉଠେ । [୪]କବି ସ୍ୱକୀୟ ପ୍ରତିଭାର ବୈଶିଷ୍ଟ୍ୟ ହେତୁ ବସ୍ତୁକୁ ନୂତନ କରି ସୃଷ୍ଟି କରନ୍ତି । ଅତି ପରିଚିତ ଓ ସାଧାରଣ ଅଭିବ୍ୟକ୍ତ ମଧ୍ୟ ସୁନ୍ଦର ଓ କଳାତ୍ମକ ହୋଇଉଠେ, ଯେତେବେଳେ ତହିଁରେ ରସ ସଂଯୋଗ କରାଯାଏ । ଏହା ଉପପାଦନ ନିମନ୍ତେ ଆନନ୍ଦବର୍ଦ୍ଧନଙ୍କର ଉକ୍ତି ଉଲ୍ଲେଖ କରାଯାଉଛି-

ଦୃଷ୍ଟପୂର୍ବା ଅପି ହ୍ୟର୍ଥାଃ କାବ୍ୟେ ରସପରିଗ୍ରହାତ୍
ସର୍ବେ ନବା ଇବା-ଭାନ୍ତି ମଧୁମାସ ଇବ ଦ୍ରୁମାଃ । [୫]

ଅର୍ଥ ପୂର୍ବରୁ ଦୃଷ୍ଟ ହୋଇଥିଲେ ମଧ୍ୟ କାବ୍ୟରେ ରସ ପରିଗ୍ରହ ହେତୁ ବସନ୍ତକାଳରେ ପୂର୍ବରୁ ମୃତବତ୍ ଦେଖାଯାଉଥିବା ବୃକ୍ଷମାନଙ୍କ ପରି ନୂତନ ରୂପ ଲାଭ କରନ୍ତି । ପୁରୁଣା ବିଷୟବସ୍ତୁ ଓ ଜଣାଥିବା ଅର୍ଥ ଗ୍ରହଣ କରି କବି ରସସଂଯୋଗ ଦ୍ୱାରା ତାହାକୁ ନୂତନ ଭଳି ପ୍ରତୀତ କରାନ୍ତି । ବସ୍ତୁ ଓ ଅର୍ଥର ନୂତନତା କବି ସଂଯୋଜିତ ରସ ଦ୍ୱାରା ହିଁ ସମ୍ପାଦିତ ହୁଏ ।

କାବ୍ୟ କବି-କର୍ମ । ଭାରତରେ କବିର ଗୌରବ ଗାନ କରି କୁହାଯାଇଛି- କବି ର୍ମନୀଷୀ ପରିଭୂଃ ସ୍ୱୟମ୍ଭୁ, ଅର୍ଥାତ୍, କବି ନିଜର ଅନୁଭୂତି ଓ ଦୃଷ୍ଟିରେ ସବୁ କିଛି ଗ୍ରହଣ କରନ୍ତି (ପରିଭୂଃ) ଓ ନିଜର ଅନୁଭୂତି ନିମନ୍ତେ କାହାରି ନିକଟରେ ଋଣୀ ନୁହନ୍ତି (ସ୍ୱୟମ୍ଭୁ) । କାବ୍ୟ ଏହିପରି ସ୍ୱୟଂସମ୍ପୂର୍ଣ୍ଣ ଓ ସର୍ବଜ୍ଞ ମନୀଷୀଙ୍କର ସୃଷ୍ଟି । କବି କ୍ରାନ୍ତଦର୍ଶୀ, ଅର୍ଥାତ୍, ତାଙ୍କର ଦୃଷ୍ଟି ସୁଦୂରପ୍ରସାରୀ । ସେ ଭୂତ-ଭବିଷ୍ୟତ ବର୍ତ୍ତମାନର ଦ୍ରଷ୍ଟା । ରାଜଶେଖର କବି-ଦୃଷ୍ଟିର ମହିମାକୁ ଅଧିକ ବ୍ୟାପକ କରିଦେଇଛନ୍ତି-

ନ ତତ୍ ତ୍ର୍ୟକ୍ଷଃ ସହସ୍ରାକ୍ଷୋ ବା
ଯତ୍ ଚର୍ମଚକ୍ଷୁଷୋଽପି କବୟଃ ପଶ୍ୟନ୍ତି । [୬]

କବି ତାଙ୍କର ଚର୍ମଚକ୍ଷୁରେ ଯାହା ଦେଖିପାରନ୍ତି ତ୍ରିନେତ୍ରଧାରୀ ଶିବ ଓ ସହସ୍ରାକ୍ଷ ଇନ୍ଦ୍ର ମଧ୍ୟ ସେଥିପାଇଁ ଅସମର୍ଥ ।

ଆନନ୍ଦବର୍ଦ୍ଧନ ଓ ଅଗ୍ନିପୁରାଣ କବିଙ୍କୁ ଜଗତ୍ ସ୍ରଷ୍ଟା ପ୍ରଜାପତିଙ୍କ ସହିତ ତୁଳନା କରି ତାଙ୍କୁ ମହତ୍ତମ ପଦବୀରେ ଆରୂଢ଼ କରାଇଛନ୍ତି [୭] ଅପାର କାବ୍ୟ-ସଂସାର ମଧ୍ୟରେ କବି ଏକ ପ୍ରଜାପତି । ତାହାଙ୍କୁ ଏହା ଯେଉଁପରି ରୁଚେ ସେ ସେହିପରି ଏହି କାବ୍ୟ-ବିଶ୍ୱକୁ ପରିବର୍ତ୍ତନ କରିପାରିବେ । କବି ଶୃଙ୍ଗାରୀ ପ୍ରକୃତିର, ଅର୍ଥାତ୍, ସହୃଦୟ

ହେଲେ ତାଙ୍କର ରଚନା ରସମୟ ହୁଏ । କବି ଅନୁରାଗହୀନ ହେଲେ ତାଙ୍କର କାବ୍ୟ-ଜଗତ୍ ମଧ୍ୟ ଅରମଣୀୟ ହୋଇଉଠେ । କାବ୍ୟ ରଚନାରେ କବି ପ୍ରଜାପତିଙ୍କର ସ୍ୱାତନ୍ତ୍ର୍ୟ ଏଇଥିପାଇଁ ଯେ, ସେ ଇଚ୍ଛା ଅନୁସାରେ ବସ୍ତୁମାନଙ୍କୁ ବର୍ଣ୍ଣନା କରନ୍ତି । ପ୍ରକୃତିର ନିୟମମାନି ଚଳିବାକୁ ସେ ବାଧ୍ୟ ନୁହନ୍ତି । ଜଗତ୍‌ସ୍ରଷ୍ଟାଙ୍କ ସୃଷ୍ଟିରେ ମିଳୁନଥିବା ବସ୍ତୁସକଳ ତାଙ୍କ ସୃଷ୍ଟିରେ ଦେଖିବାକୁ ମିଳନ୍ତି । ମମ୍ମଟ କବି-ଭାରତୀର ଜଗତକୁ ନିୟତିକୃତ-ନିୟମରହିତ ଅନନ୍ୟ ପରତନ୍ତ୍ର ଓ ନିର୍ମିତ ରୂପେ ଘୋଷଣା କରିଛନ୍ତି । (୮) କବିର ପ୍ରଜାପତିତ୍ୱ ପ୍ରତିପାଦନ ନିମନ୍ତେ ଆନନ୍ଦବର୍ଦ୍ଧନ କହନ୍ତି ଯେ, ଅସମ୍ଭବକୁ ସମ୍ଭବ ଓ ସମ୍ଭବକୁ ଅସମ୍ଭବ କରାଇବା ଶକ୍ତି ତାଙ୍କଠାରେ ରହିଛି । ସୁକବି ଅଚେତନ ବସ୍ତୁମାନଙ୍କୁ ଚେତନ ବସ୍ତୁ ପରି ଓ ଚେତନବସ୍ତୁମାନଙ୍କୁ ଅଚେତନ ବସ୍ତୁପରି ଇଚ୍ଛା ଅନୁସାରେ ବର୍ଣ୍ଣନା କରିପାରେ ।(୯) ମହାକବି ହାଲଙ୍କର ଶ୍ଳୋକ ଉଦ୍ଧାର କରି ଆନନ୍ଦବର୍ଦ୍ଧନ କବି-ଭାରତୀର ମହତୀ ଶକ୍ତି ପ୍ରତିପାଦନ କରିଛନ୍ତି । ସହୃଦୟମାନଙ୍କ ହୃଦୟରେ ଅସଦୃଶ ବସ୍ତୁକୁ ସଦୃଶ ଭାବେ ପ୍ରତୀତ କରାଇ ଦେଉଥିବା ଶକ୍ତି କବି-ଭାରତୀୟ ରହିଛି । ବହିର୍ବିଶ୍ୱର ଅସଦୃଶ, ଅସଙ୍ଗତ ପଦାର୍ଥକୁ ସଦୃଶ ଓ ସଙ୍ଗତ ରୂପେ ପାଠକ ହୃଦୟରେ ପ୍ରତୀତ ଜନ୍ମାଇବା ମୂଳରେ କବିର ସେହି ଅନନ୍ୟା ଦୃଷ୍ଟି ବିଦ୍ୟମାନ ଯାହା ସମ୍ବନ୍ଧରେ ଏଠାରେ ବିସ୍ତୃତ ଆଲୋଚନା କରାଯାଉଛି ।

ଦର୍ଶନ ଓ ବର୍ଣ୍ଣନ କବିର ଦୁଇଟି ମୁଖ୍ୟ କର୍ମ ହେଲେ ହେଁ ଶବ୍ଦ ମାଧ୍ୟମରେ ବର୍ଣ୍ଣନା ନକଲା ପର୍ଯ୍ୟନ୍ତ କେହି କବି ପଦବାଚ୍ୟ ହୋଇପାରନ୍ତି ନାହିଁ । ଭଟ୍ଟତୋତଙ୍କ ମତରେ ବାଲ୍ମୀକି ସ୍ୱଚ୍ଛ ଦୃଷ୍ଟିସମ୍ପନ୍ନ ଋଷି ଥିଲେ ହେଁ ସେହି ଦର୍ଶନକୁ ବର୍ଣ୍ଣନାରେ ପ୍ରକାଶ ଦାନ ନକଲା ଯାଏଁ ସେ ଲୋକରେ କବି ଭାବେ ବିଶ୍ରୁତ ହୋଇନଥିଲେ । (୧୦) ଏଥିରୁ ଜଣାଯାଏ, କବି ପ୍ରଥମେ ଦର୍ଶନ କରନ୍ତି, ତା'ପରେ ବର୍ଣ୍ଣନା କରନ୍ତି (ଦର୍ଶନାତ୍ ବର୍ଣ୍ଣନାତ) । ପ୍ରତ୍ୟେକ ମନୁଷ୍ୟଠାରେ କବିତ୍ୱ ଶକ୍ତି ଥିଲେ ହେଁ ତାହାକୁ ପ୍ରକାଶୋପଯୋଗୀ କରାଇବା ଶକ୍ତି କେବଳ କବିଠାରେ ନିହିତ । ଯେଉଁମାନେ ହୃଦୟରେ କବିତା କରନ୍ତି, ସେମାନଙ୍କୁ ରାଜଶେଖର 'ହୃଦୟ କବି' କହିଛନ୍ତି । ଏପରି ବ୍ୟକ୍ତି କବିଭାବାପନ୍ନ; ମାତ୍ର କବି ନୁହନ୍ତି । ଅନ୍ୟପକ୍ଷରେ, କବିର କବିତ୍ୱ ସର୍ବଦା ପ୍ରକାଶ ପାଇଁ ବ୍ୟାକୁଳ । ତାହାକୁ ପ୍ରକାଶ ନକଲା ଯାଏଁ ତାଙ୍କର ମୁକ୍ତି ନାହିଁ । ଯେ ପର୍ଯ୍ୟନ୍ତ ସେ ନିଜ ଅନ୍ତରସ୍ଥ ଭାବକୁ କବିତା ଆକାରରେ ବ୍ୟକ୍ତ କରିନାହାନ୍ତି, ସେ ପର୍ଯ୍ୟନ୍ତ ତାହା ପ୍ରକାଶ-ବେଦନା ଭୋଗୁଥାଏ । ଶେଷରେ ତାହା ଶୁଦ୍ଧ ରସ-ମୂର୍ତ୍ତିରେ ପରିଣତ ହୋଇ କବି-ଚେତନାର ବାହକ ହୁଏ । କ୍ରୋଚେ କୁହନ୍ତି, ଭାବର ରସତା-ପ୍ରାପ୍ତି କୌଣସି ତୁଚ୍ଛ ଅଳଙ୍କରଣ ନୁହେଁ, ତାହା ଏକ ସୁଗଭୀର ଅନ୍ତର୍ଦୃଷ୍ଟି ବା ଅନ୍ତ-

ବିଦାରଣ ।[୧୧] କବି ଲୌକିକଭାବକୁ ଆସ୍ୱାଦ୍ୟମାନ ରସ ରୂପେ ରୂପାନ୍ତର କରିବା ଯୋଗୁଁ ପାଠକ ଅଶାନ୍ତ ସମ୍ବେଗାବସ୍ଥା ପାର ହୋଇ ପ୍ରଶାନ୍ତ ଧ୍ୟାନାବସ୍ଥାରେ ଉପନୀତ ହୁଏ ଓ ରସଚର୍ବଣା କରିବାକୁ ସମର୍ଥ ହୁଏ । କବି ତାଙ୍କ ହୃଦୟର ରସହ୍ୟମୟ ଏକ ତାଡନାକୁ କବିତାରେ ପ୍ରକାଶ କରିଦିଅନ୍ତି । ତେଣୁ କବିର ସୃଷ୍ଟି ଏକ ଅନ୍ତର୍ମୁଖୀ ବ୍ୟାକୁଳତାର ପ୍ରକାଶ ।

କବିତା କବିର ଉପାର୍ଜନ ନୁହେଁ, ତାହା ଉପଲବ୍ଧି । ଉପଲବ୍ଧିକୁ ଅଭିବ୍ୟକ୍ତି ଦାନ କରିବା କବିର କର୍ମ । କବିର ଉପଲବ୍ଧି ବା ଅନୁଭୂତି, ଯାହା କାବ୍ୟରେ ଅଭିବ୍ୟକ୍ତି ଲାଭ କରେ, ସେଥି ସମ୍ବନ୍ଧରେ ପ୍ରଥମେ ଆଲୋଚନା କରାଯାଉଛି ।

କବି ରମଣୀୟ-ରଚନାର ସ୍ରଷ୍ଟା । ମାତ୍ର ଏଥିପାଇଁ କବିଙ୍କୁ ବହୁସ୍ତର ଦେଇ ଗତି କରିବାକୁ ପଡିଥାଏ । କାବ୍ୟାନୁଭୂତି ଲାଭ ନକଲା ଯାଏଁ ତାଙ୍କର ରଚନାରେ ରମଣୀୟତାର ଆବିର୍ଭାବ ଘଟେନାହିଁ । ଅନୁଭୂତି ବିନା କାବ୍ୟ-ରଚନା ଅସମ୍ଭବ । କାବ୍ୟାନୁଭୂତିର ଏକମାତ୍ର ଆଧାର କବିର ହୃଦୟ । କବି-ହୃଦୟର ଲୌକିକ ଜଗତର ପ୍ରେମ, କରୁଣା, କ୍ରୋଧ, ଘୃଣା ଆଦି ସୁଖ-ଦୁଃଖାତ୍ମକ ଭାବର ଉଦ୍‌ବେଳନ ଘଟେ । କାବ୍ୟାନୁଭୂତି ନିମନ୍ତେ ପ୍ରତ୍ୟକ୍ଷ ଜଗତର ଉପାଦାନ ଆଲମ୍ବନ ସ୍ୱରୂପ । ଏହା କବିର ଅନୁଭୂତିକୁ ଜାଗ୍ରତ କରେ । ଶରୀର ଉପରେ ବାହ୍ୟ ପଦାର୍ଥର ଯାହା କିଛି ପ୍ରଭାବ ପଡେ, ମନ ତାହାକୁ ସହଜରେ ଗ୍ରହଣ କରିନିଏ । ଶରୀର ସ୍ଥୂଳ ଓ ମନ ସୂକ୍ଷ୍ମ ହେଲେ ହେଁ ଏ ଦୁହିଁଙ୍କ ମଧ୍ୟରେ ଅନ୍ୟୋନ୍ୟାଶ୍ରିତ ସମ୍ବନ୍ଧ ରହିଛି । ଶରୀର ଓ ମନ ମଧ୍ୟରେ ଯେଉଁ ସ୍ନାୟବିକ ବ୍ୟାପାର ସଂଘଟିତ ହୁଏ, ତାହା ହେଲା, ବିଭିନ୍ନ ପଦାର୍ଥ ସ୍ୱକୀୟ ଗୁଣ ଓ ରୂପରଙ୍ଗାଦି ସହ ଯେତେବେଳେ ଇନ୍ଦ୍ରିୟ-ସନ୍ନିକର୍ଷ ଲାଭ କରନ୍ତି, ସେତେବେଳେ ସ୍ନାୟୁମଣ୍ଡଳରେ ତଦନୁରୂପ ସମ୍ବେଦନ ଜାତ ହୁଏ । ଏମାନେ ଶେଷରେ ମନ ଉପରେ ଏପରି ବିଶିଷ୍ଟ ପ୍ରଭାବ ପକାଇଯାନ୍ତି ଯେ, ଅଚଳ ସ୍ଥିତି ଲାଭକରେ । ସେତେବେଳେ ବ୍ୟକ୍ତି ସେହି ପଦାର୍ଥ ବିଶେଷର ନାମ ଶ୍ରବଣ ବା କଳ୍ପନା ମାତ୍ରକେ ତାହାର ରୂପ,ଗୁଣ, ରଙ୍ଗାଦିକୁ ଅନୁଭବ କରିବାକୁ ଲାଗେ । ପ୍ରଭାବ ଜନିତ ଏହି ଯେ ଅନୁଭବ ତାହା ସୁଖ-ଦୁଃଖାତ୍ମକ ଓ ମନୋବୈଜ୍ଞାନିକମାନଙ୍କ ଦ୍ୱାରା ଅନୁଭୂତି ନାମରେ ଅଭିହିତ ।[୧୨] ପ୍ରଭାବ ଓ ଅନୁଭୂତି ମନରେ ସଞ୍ଚିତ ହୋଇ ରହିଥାଏ ଓ କାଳକ୍ରମେ ସଂଶ୍ଳିଷ୍ଟ ହୋଇ ବିଶିଷ୍ଟ ଛବି ବା ଅନୁଭୂତିରେ ପରିଣତ ହୁଏ । ପ୍ରାଥମିକ ଅବସ୍ଥାରେ ଅନୁଭୂତି ସୁଖ-ଦୁଃଖାତ୍ମକ ଥିଲେ ହେଁ ଯେତେବେଳେ ରସାନୁଭୂତି କୋଟିକୁ ଉନ୍ନୀତ ହୁଏ, ସେତେବେଳେ ଦୁଃଖର ଲୌକିକ ପ୍ରଭାବ ଅପସରିଯାଇ ଆନନ୍ଦାନୁଭୂତିରେ ପର୍ଯ୍ୟବସିତ ହୁଏ । ଲୌକିକ ଅନୁଭୂତିଠାରୁ କାବ୍ୟାନୁଭୂତିର ପାର୍ଥକ୍ୟ ହେଲା, ଏହା ସୁଖ ଓ ଆନନ୍ଦାତ୍ମକ ।

କବିର ଅନୁଭୂତି ସର୍ବଦା ବାହ୍ୟଜଗତର ଆଲମ୍ବନ ଉପରେ ନିର୍ଭର କରେ ନାହିଁ । ଏହା ବହୁ ସମୟରେ ବିନା କାରଣରେ ମଧ୍ୟ ଲାଭ କରାଯାଏ । ଏହିପରି ସୂକ୍ଷ୍ମ ଅନୁଭୂତିର ଅଭିବ୍ୟକ୍ତି ହିଁ କାବ୍ୟାନୁଭୂତି । ସାଧାରଣଜନର ଅନୁଭୂତିଠାରୁ କବିର ଅନୁଭୂତି ବିଲକ୍ଷଣ । ସାଧାରଣ ଅନୁଭୂତି ଅନୁଭବ ମାତ୍ର, ତାହା ଯେ କେହି ଲାଭ କରିପାରନ୍ତି । କାବ୍ୟାନୁଭୂତି ସୃଜନଶୀଳ ଅନୁଭୂତି; ଏହାର ପ୍ରକାଶ ସାମର୍ଥ୍ୟ ଓ ସୃଷ୍ଟିଧର୍ମିତା ରହିଛି ଯାହା ସାଧାରଣ ଅନୁଭବ କ୍ଷେତ୍ରରେ ସମ୍ଭବ ନୁହେଁ । ସାଧାରଣ ଅନୁଭୂତି ଅସ୍ପଷ୍ଟ ଓ ଅଚିରସ୍ଥାୟୀ ହେବା ସଙ୍ଗେ ଅରମଣୀୟ ଓ ବୈଚିତ୍ର୍ୟହୀନ; ମାତ୍ର କାବ୍ୟାନୁଭୂତି ବୈଚିତ୍ର୍ୟ ଓ ରମଣୀୟତାରେ ହୃଦୟାବର୍ଜକ ହୁଏ ।

ଅଭିଜ୍ଞତାଠାରୁ ଅନୁଭୂତି ଭିନ୍ନ । କବିର ଅଭିଜ୍ଞତା ବିସ୍ମୟକର ହୋଇପାରେ । ସେ ଜୀବନରେ ବହୁ ଘଟଣା ଓ ବହୁ ଚରିତ୍ର ସମ୍ପର୍କରେ ଆସିପାରିଥାନ୍ତି । ଏକ କଥାରେ, ତାଙ୍କର ଜୀବନ ଅଭିଜ୍ଞତାରେ ଭରପୂର ହୋଇପାରିଥାଏ; ମାତ୍ର ସେହି ଅଭିଜ୍ଞତା ଘେନି ସେ କାବ୍ୟ ରଚନା କରି ନ ପାରନ୍ତି । କାରଣ ଅଭିଜ୍ଞତା ଜଣେ ବ୍ୟକ୍ତିକୁ ଜୀବନମାର୍ଗରେ ଦକ୍ଷ ପଥିକ କରାଇପାରେ, ତା'ଦ୍ୱାରା ତାଙ୍କର ସଂସାର ଯାତ୍ରା ସୁଖକର ହୋଇପାରେ । କାବ୍ୟ-ରଚନା ନିମନ୍ତେ ଯାହା ପ୍ରୟୋଜନ ତାହା ହେଲା ସହାନୁଭୂତି ବା ଯାହାକୁ ପୂର୍ବରୁ କାବ୍ୟୋଚିତ ଅନୁଭୂତି କୁହାଯାଇଛି । ସହାନୁଭୂତି ଭିନ୍ନ ସୃଷ୍ଟି ନାହିଁ । ପ୍ରଗାଢ଼ ସହାନୁଭୂତିରେ ଧନୀ ଶିଳ୍ପୀ ହିଁ ଉଚ୍ଚ ଶ୍ରେଣୀର ଶିଳ୍ପ ସୃଷ୍ଟି କରିପାରନ୍ତି । ନିଜକୁ କଳ୍ପନା ସାହାଯ୍ୟରେ ଅନ୍ୟ ସ୍ଥାନରେ ବସାଇ ପାରିଲେ ବା ଅନ୍ୟର ସୁଖ ଦୁଃଖରେ ଭାଗୀ ହୋଇପାରିଲେ ତା'ସହିତ ସହାନୁଭୂତି ଜନ୍ମେ । ସହାନୁଭୂତି ଏକ ପ୍ରକାର ହୃଦୟର ଭାବ-ତାଦାତ୍ମ୍ୟ । ବସ୍ତୁ, ବ୍ୟକ୍ତି, ଘଟଣା, କ୍ରିୟାଦି ସହିତ କବି ଯେତେବେଳେ ତାଙ୍କ ହୃଦୟର ସଂଯୋଗ ସ୍ଥାପନ କରନ୍ତି, ସେତେବେଳେ ପ୍ରକୃତ ସହାନୁଭୂତି ଲାଭ କରନ୍ତି । ସହାନୁଭୂତି ଦୁଇ ପ୍ରକାର- ଏକରେ ଏହା ନୈସର୍ଗିକ, ଅର୍ଥାତ୍, ବ୍ୟକ୍ତିର ସ୍ୱଭାବଧର୍ମ ତାହାଙ୍କୁ ସହାନୁଭୂତିଶୀଳ କରାଇଥାଏ, ଏଥିପାଇଁ ସେ କଳ୍ପନାର ସାହାଯ୍ୟକୁ ଅପେକ୍ଷା ରଖନ୍ତି ନାହିଁ; ଦୁଇରେ କାଳ୍ପନିକ ସହାନୁଭୂତି, ଯେଉଁଥିରେ କବି କଳ୍ପନା ଶକ୍ତି ବଳରେ କାବ୍ୟ-ରଚନା କାଳରେ ବସ୍ତୁ ବା ବ୍ୟକ୍ତି ସହିତ ନିବିଡ଼ ସହାନୁଭୂତି ବା ଆନ୍ତରିକ ଯୋଗ ସ୍ଥାପନ କରନ୍ତି । ଯେଉଁ କବିଙ୍କଠାରେ ଏହି ଦୁଇ ପ୍ରକାର ସହାନୁଭୂତି ପ୍ରବଳ ଯେ ମହାକବିର ଗୌରବ ଲାଭ କରନ୍ତି ।

ପୂର୍ବରୁ କୁହାଯାଇଛି, କବି ଦୁର୍ନିରୀକ୍ଷ୍ୟ ଏକ ତାଡ଼ନାକୁ କବିତାରେ ପ୍ରକାଶ କରନ୍ତି । ତାହା ହେଉଛି ଅନୁଭୂତିର ତାଡ଼ନା । ଏହି ତାଡ଼ନାରେ ଯାହା ଆତ୍ମ-ପ୍ରକାଶ କରେ, ତାହା କବିତା । ତେଣୁ କବିତାକୁ ଅନୁଭୂତିର ଶବ୍ଦ-ତରଙ୍ଗ କୁହାଯାଇପାରେ ।

ଅନୁଭୂତିର ରଙ୍ଗ ଲାଗିଲେ ବସ୍ତୁ ସତ୍ତା ଅପରିଚିତ ଓ ନୂତନ ପ୍ରତୀତ ହୁଏ । କବିତା ସ୍ୱଚ୍ଛନ୍ଦ ସତ୍ୟାନୁଭୂତିର ପ୍ରକାଶ । ଅନୁଭୂତିବିହୀନ ବସ୍ତୁ ବର୍ଣ୍ଣନା ପାଇଁ କାବ୍ୟରେ ସ୍ଥାନ ନାହିଁ, ଥିଲେ ତାହା ବିବର୍ଣ୍ଣ ଓ ନୀରସ ହୁଏ । ଅନୁଭୂତିର ସ୍ପର୍ଶ ଲାଗିଲେ ବସ୍ତୁ ସତ୍ତା ରସୋଦ୍ରେକର କାରଣ ହୁଏ । କବି ଯେଉଁ ଜଗତ୍ ସୃଷ୍ଟି କରନ୍ତି, ତହିଁରୁ କେବଳ ସୌନ୍ଦର୍ଯ୍ୟାତ୍ମକ ଆନନ୍ଦ ଲାଭ ହୁଏ । ଏହି ଆନନ୍ଦ କବିର ଅନୁଭୂତିର ଆନନ୍ଦ, ଯାହାର ସମ୍ବାଦଶାଳିତା ପ୍ରବଳ । ପ୍ରକୃତ କାବ୍ୟାତ୍ମକ ଗୁଣ ନଥିଲେ କୌଣସି ଉଚ୍ଚଭାବ ବା ଦାର୍ଶନିକ ତତ୍ତ୍ୱ ବ୍ୟାଖ୍ୟାନ କବିତାର ପ୍ରଭାବବାଦିତାକୁ ବୃଦ୍ଧି କରେନାହିଁ କି ସେଥିପାଇଁ କବିତା ମହତ୍ ଓ ଚିରନ୍ତନ ହୁଏ ନାହିଁ । ୱାର୍ଡସ୍‌ୱାର୍ଥଙ୍କ ପ୍ରସିଦ୍ଧ କାବ୍ୟ-ସଂଜ୍ଞା ଅନୁସାରେ କବିତା ଏକ ଶକ୍ତିଶାଳୀ ଭାବନାର ସ୍ୱଚ୍ଛନ୍ଦ ପ୍ରବାହ ଯାହାର ସୃଷ୍ଟି ଅନୁଦ୍‌ବେଗ ଅବସ୍ଥାରେ ସ୍ମୃତ ଅନୁଭୂତିରୁ ହୋଇଥାଏ ।[୧୩] ତେଣୁ କୁହାଯାଇପାରେ, କବିର ଅନୁଭୂତି ଜୀବନର ଦୈନନ୍ଦିନ ଅନୁଭବଠାରୁ ବିଲକ୍ଷଣ । ମନରେ ଯାହା ଗଭୀର ରେଖାପାତ କରିଛି, ସେହି ଉପଲବ୍ଧି ବା ଅନୁଭୂତିକୁ କାବ୍ୟରେ ପ୍ରକାଶ କରିବା ପାଇଁ କବି ଯତ୍ନ କରନ୍ତି ।

ପ୍ରଭାବକୁ ଅଭିବ୍ୟକ୍ତିରେ ରୂପାନ୍ତରୀକରଣ ହିଁ କଳା । କଳାକାର ବାହ୍ୟଜଗତ ବା କଳ୍ପନାର ଅନ୍ତର୍ଜଗତରୁ ପ୍ରଭାବ ଗ୍ରହଣ କରନ୍ତି । ଏହି ଦୁଇ ଜଗତରୁ ଗ୍ରହଣ କରିଥିବା ଅରୂପ ପ୍ରଭାବକୁ ସେ ସରୂପ ଅଭିବ୍ୟକ୍ତିରେ ରୂପାନ୍ତରିତ କରନ୍ତି । ପ୍ରଭାବ ଯେତେବେଳେ ଅଭିବ୍ୟକ୍ତି ଲାଭ କରେ, ସେତେବେଳେ ତାହାକୁ କଳା କୁହାଯାଏ । କବି ମନରେ ସମ୍ବେଦନ-ଜନିତ ପ୍ରଭାବ ଓ ଅନୁଭୂତିର ଯେଉଁ ସଂଶ୍ଳିଷ୍ଟ ରୂପ ସୃଷ୍ଟି ହୋଇଥିଲା, ତାହାକୁ ଅଭିବ୍ୟକ୍ତି ଦାନ କରିବା ପାଇଁ ତାଙ୍କ ଭିତରେ ବଳବତୀ ଇଚ୍ଛା ଜାଗେ। କାରଣ ହେଲା, କବି ନିଜର ଅନୁଭୂତିକୁ ମାନବ ସମୁଦାୟ ନିମନ୍ତେ ପ୍ରକାଶ କରିଦେବା ପାଇଁ ଚାହାନ୍ତି ଓ ତା'ଫଳରେ ନିଜ ଆତ୍ମାର ବିସ୍ତାର ସାଧନ କରନ୍ତି। ଏଥିରେ ବାଧବାଧକତା ନ ଥାଏ। ଆତ୍ମାର ସ୍ୱାଭାବିକ ପ୍ରବୃତ୍ତିର ପରିଣାମ ସ୍ୱରୂପ ଏହି ପ୍ରକାଶ କ୍ରିୟା ସଂଘଟିତ ହୋଇଥାଏ। ଅନ୍ୟ କାରଣ ହେଲା, କବି ମନରେ ଯେଉଁ ପ୍ରଭାବ ଓ ଅନୁଭୂତି ବିଶିଷ୍ଟ ଆକାର ଧରି ଆସନ ଗ୍ରହଣ କରିସାରିଛି, ତାହାକୁ ଅଭିବ୍ୟକ୍ତି ଦାନ କରି ସେ ନିଜର ମୁକ୍ତ କରିବାକୁ ଚାହାନ୍ତି।[୧୪] ଏହାହିଁ କବିର ବନ୍ଧନ-ମୁକ୍ତି। କବି ଯେଉଁ ଉପାୟରେ ଅନୁଭୂତି ଲାଭ କରିଥିଲେ, ସେହି ଉପାୟରେ ଅଭିବ୍ୟକ୍ତିକୁ ମୂର୍ତ୍ତତା ପ୍ରଦାନ କରନ୍ତି ଓ ତାହା ସମ୍ବେଦନର ବିଷୟ ହୋଇ ସହୃଦୟ ହୃଦୟରେ ସେହି ଅନୁଭୂତି ଓ ପ୍ରଭାବ ଜାତ କରେ। ପ୍ରଭାବ ଓ ଅନୁଭୂତିର ସଂଶ୍ଳିଷ୍ଟ ରୂପ ହିଁ ଅଭିବ୍ୟକ୍ତି।

କବିର ଅନୁଭୂତି ଅଭିବ୍ୟକ୍ତି ମାଧ୍ୟମରେ ପାଠକର ଅନୁଭୂତିରେ ରୂପାନ୍ତରିତ ହୁଏ। କବି ମନରେ ପ୍ରଭାବ ଗ୍ରହଣ ଶକ୍ତି ଉପରେ ତାଙ୍କ ଅନୁଭୂତିର ତୀବ୍ରତା ନିର୍ଭର

କରେ। କବିର ଭାବନା ବା ଅନୁଭୂତି ଯେତେ ଶକ୍ତିଶାଳୀ ହେବ, ତାଙ୍କର ଅଭିବ୍ୟକ୍ତି ସେତେ ପ୍ରଭାବୋତ୍ପାଦକ ହେବ। ଅଭିବ୍ୟକ୍ତିର ସ୍ୱଚ୍ଛତା ଓ ତାହାକୁ ଗ୍ରହଣ କରିବା ପାଇଁ ପାଠକର ବିଭାବନ ଶକ୍ତି-କାବ୍ୟ ନିମନ୍ତେ ଏ ଦୁଇଟିର ପ୍ରୟୋଜନ ରହିଛି। ପାଠକ କବିର ଅଭିବ୍ୟକ୍ତି ମାଧ୍ୟମରେ ତାଙ୍କର ଅନୁଭୂତିକୁ ଆସ୍ୱାଦନ କରି କାବ୍ୟାନୁଭୂତି ଲାଭ କରେ। ସାରକଥା ହେଲା, କବି ନିଜର ଅନୁଭୂତିକୁ ଅଭିବ୍ୟକ୍ତି ମାଧ୍ୟମରେ ପାଠକ ନିକଟକୁ ପ୍ରେରଣ କରନ୍ତି ଓ ପାଠକ ସେହି ଅଭିବ୍ୟକ୍ତିରୁ କବିର ଅନୁଭୂତି ନିକଟରେ ପହଞ୍ଚନ୍ତି। ଏହା ଏକପ୍ରକାର ଭାବର ଗୀତାଗତ ଓ ଆଦାନପ୍ରଦାନ। ପାଶ୍ଚାତ୍ୟ କାବ୍ୟଶାସ୍ତ୍ରରେ ଏହାକୁ ସଂପ୍ରେଷଣ (Communication) ଓ ପ୍ରାଚ୍ୟ କାବ୍ୟତତ୍ତ୍ୱରେ ଏହାକୁ ହୃଦୟ-ସମ୍ବାଦ କୁହାଯାଇଛି। ଏହିପରି କବିର ଅନୁଭୂତି ଅଭିବ୍ୟକ୍ତି ଲାଭ କରିବା ଫଳରେ ସର୍ବସାଧାରଣଙ୍କର ସାମଗ୍ରୀ ହୋଇଯାଏ। ଅନୁଭୂତିର ସ୍ୱଭାବ ହେଲା ବିସ୍ତାର ଲାଭ କରିବା। କାରଣ ଏହା 'ସନ୍ତାନବୃତ୍ତି' ବିଶିଷ୍ଟ।[୧୫] ଅନୁଭୂତି ବିସ୍ତାରଲାଭ ଫଳରେ ରସତ୍ୱ ପ୍ରାପ୍ତ ହୁଏ। ଅଭିନବଗୁପ୍ତ ବାଲ୍ମୀକିଙ୍କ କବିତ୍ୱ-ଲାଭ ଘଟଣାକୁ ବିଶଦ ରୂପେ ବୁଝାଇଛନ୍ତି-କବି ବାଲ୍ମୀକିଙ୍କ ହୃଦୟରେ ଶୋକଭାବ ବୀଜ ରୂପରେ ନିହିତ ଥିଲା। ଉପସ୍ଥିତ ଘଟଣାରେ କ୍ରୌଞ୍ଚର ଆକ୍ରନ୍ଦ ମଧ୍ୟରେ ହୃଦୟସ୍ଥିତ ଶୋକ ଜାଗିଉଠି ଶ୍ଳୋକତ୍ୱ ପ୍ରାପ୍ତ ହେଲା। ଏହା ସାଧାରଣୀଭାବାପନ୍ନ ହୋଇଥିବାରୁ ମୁନିଙ୍କର ବ୍ୟକ୍ତିଗତ ଶୋକ (ନ ତୁ ମୁନେଃ ଶୋକ ଇତି ମନ୍ତବ୍ୟମ୍) ନହୋଇ ସର୍ବସାଧାରଣଙ୍କର କରୁଣ ଉପରେ ପରିଣତ ହେଲା। ଯେଉଁ ପ୍ରକ୍ରିୟାରେ ମୁନିଙ୍କର ଶୋକର ଅଭିବ୍ୟକ୍ତି ଶ୍ଳୋକ ରୂପରେ ଘଟିଲା ତାହା "ପରିପୂର୍ଣ୍ଣକୁମ୍ଭୋଚ୍ଛଳନବତ୍", ଅର୍ଥାତ୍, ପରିପୂର୍ଣ୍ଣ କୁମ୍ଭରୁ ଯେଉଁପରି ଜଳ ଉଚ୍ଛଳିତ ହୋଇପଡେ, ସେହିପରି ସମୁଚିତ ଛନ୍ଦ ଓ ବୃତ୍ତି ଆଦି ଦ୍ୱାରା ନିୟନ୍ତ୍ରିତ ହୋଇ ଏହି କରୁଣରସ ଶ୍ଳୋକ ରୂପେ ସ୍ୱତଃସ୍ଫୁର୍ତ୍ତ ହୋଇଉଠିଲା।[୧୬]ପୂର୍ବରୁ କୁହାଯାଇଛି, କବିତା ଅନୁଭୂତିର ଶବ୍ଦ-ତରଙ୍ଗ। କବିର ହୃଦୟସାଗରରେ ଏକ ପରେ ଏକ ଭାବବୀଚିର ଉଦୟ ଘଟେ ଓ ସେ ତାହାକୁ ଶବ୍ଦ-ମାଧ୍ୟମରେ ରୂପ ରସମୟ କରି ପ୍ରକାଶ କରିଦିଅନ୍ତି। ଏ ଦୃଷ୍ଟିରୁ ଅନ୍ୟ ଶିଳ୍ପକଳାଠାରୁ କବିତାର ମାଧ୍ୟମ ନିତାନ୍ତ ସୂକ୍ଷ୍ମ। କାବ୍ୟ ଶବ୍ଦାର୍ଥ-ଶରୀର। ଏହି ଶରୀର ମଧ୍ୟରେ ରସ-ସଞ୍ଚାର କରି ତାହାକୁ ରସ-ମୂର୍ତ୍ତିରେ ପରିଣତି ଦାନ କରୁଥିବାରୁ କବିର ଦାୟିତ୍ୱ ଓ କର୍ମ ସୁକଠିନ।

କବି ବିଶିଷ୍ଟ ରମଣୀୟ ରଚନାର ସ୍ରଷ୍ଟା। କବିର ଦୃଷ୍ଟି ସର୍ବଦା ସୌନ୍ଦର୍ଯ୍ୟ ପ୍ରତି ଗତି କରେ। ନିକୃଷ୍ଟ ଉପାଦାନ ଦ୍ୱାରା ଉତ୍କୃଷ୍ଟ ଭାବ ସୃଷ୍ଟି କରାଯାଇନପାରେ। ତେଣୁ କବି କାବ୍ୟବସ୍ତୁ ନିରୂପଣରେ ତାଙ୍କର ଅନ୍ତର୍ଦୃଷ୍ଟିର ସାହାଯ୍ୟ ନେଇ ଶୋଭନ ଉପକରଣର ଚୟନ କରି କାବ୍ୟରେ ତାହାର ଉପଯୋଗ କରିଥାନ୍ତି। ବସ୍ତୁର ରୂପ, ରଙ୍ଗ ତଥା

ମନୁଷ୍ୟର ମନ, ବାଣୀ ଓ କ୍ରିୟା-ଯେଉଁଠାରେ ସୌନ୍ଦର୍ଯ୍ୟ ରହିଛି କବି ତାହା ନିରୀକ୍ଷଣ କରନ୍ତି ଓ ଶବ୍ଦାର୍ଥମୟ କାବ୍ୟ-ବାଣୀରେ ଅଭିବ୍ୟକ୍ତି ଦାନ କରନ୍ତି। ଫଳରେ କାବ୍ୟ ହୁଏ 'ଅମ୍ଳାନ ପ୍ରତିଭୋଦ୍‌ଭିନ୍ନ ନବ ଶବ୍ଦାର୍ଥବନ୍ଧୁର।' ବସ୍ତୁ ଉତ୍କୃଷ୍ଟ ଧର୍ମଯୁକ୍ତ ନହେଲେ 'ସହୃଦୟାହ୍ଲାଦକାରି ସ୍ୱସ୍ପନ୍ଦସୁନ୍ଦର' ଅର୍ଥ ପ୍ରକାଶ କରେ ନାହିଁ, କିମ୍ବା ତାହାର ପ୍ରଭାବ ପାଠକ ଚିତ୍ତରେ ସ୍ଥାୟୀ ହୁଏ ନାହିଁ। କୁନ୍ତକଙ୍କ ମତରେ, ଅତ୍ୟନ୍ତ ରମଣୀୟ ସ୍ୱାଭାବିକ ଧର୍ମଯୁକ୍ତ ବର୍ଣ୍ଣନୀୟ ବସ୍ତୁ ପରିଗ୍ରହଣ କରି ସେଥିରେ ଯଥାଯୋଗ୍ୟ ଔଚିତ୍ୟ ଅନୁକୂଳ ରୂପକାଦି ଅଳଙ୍କାର ଯୋଜନା କରିବା ଉଚିତ୍।[୧୭] ଔଚିତ୍ୟର ବିଧି କବି-ବୋଧର ଗୋଚର। ବସ୍ତୁର ହେୟ ଦିଗଟିକୁ ପରିହାର କରି କବି ଗ୍ରାହ୍ୟ ଦିଗ ପ୍ରତି ଦୃଷ୍ଟି ରଖନ୍ତି। ଯଥାର୍ଥ ବା ବାସ୍ତବ ପ୍ରତି ଅତ୍ୟନ୍ତ ଅନୁରାଗବଶତଃ କାବ୍ୟ ହୁଏ ନୀରସ ଓ ନିଷ୍ପ୍ରାଣ। କବି ତାଙ୍କର ଶିଳ୍ପ-ରଚନାକୁ ବସ୍ତୁର ଗୁରୁଭାରରେ ଭାରାକ୍ରାନ୍ତ କରନ୍ତି ନାହିଁ। କୁନ୍ତକଙ୍କର ବକ୍ତବ୍ୟ ହେଲା ଯେ, ନିରନ୍ତର ରସୋଦ୍‌ଗାରକୁ ଧାରଣ କରୁଥିବା ସନ୍ଦର୍ଭରେ ପୂର୍ଣ୍ଣ କବିବାଣୀରେ ଜୀବନସ୍ପନ୍ଦନ ଅନୁଭୂତ ହୁଏ, କେବଳ କଥା ମାତ୍ରାର ଆଶ୍ରୟ କରି ନୁହେଁ-

ନିରନ୍ତରରସୋଦ୍‌ଗାର ଗର୍ଭସନ୍ଦର୍ଭ ନିର୍ଭରା।
ଗିରଃ କବୀନାଂ ଜୀବନ୍ତି ନ କଥାମାତ୍ରମାଶ୍ରିତା।।[୧୮]

କଥା ମାତ୍ର କବିତା ନୁହେଁ। ସମ୍ବାଦପତ୍ରର ଶୁଷ୍କସମ୍ବାଦକୁ ଘେନି କେହି କବିତା ଲେଖନ୍ତି ନାହିଁ ବା ବସ୍ତୁ ଓ ଘଟଣାର ଯଥାତଥା ବର୍ଣ୍ଣନା କରିଦେଲେ କବିତା ହୁଏ ନାହିଁ। ରସଗର୍ଭବାଣୀ, ଚିତ୍ରମୟ ବାକ୍ୟ ରଚନା ହିଁ କବିତା। ନିଛକ ବସ୍ତୁ ବର୍ଣ୍ଣନା କାବ୍ୟର ଲକ୍ଷ୍ୟ ନୁହେଁ। ବସ୍ତୁର ଛାୟା କବିର ଭାବ-ରାଜ୍ୟରେ ଯେଉଁ ରୂପରେ ପଡେ, ତାହାର ପ୍ରକାଶ ନିମନ୍ତେ ସେ ତତ୍ପର ହୁଅନ୍ତି। ଭାବ-ପ୍ରକାଶ ନିମନ୍ତେ ରାଗାତ୍ମିକ ଓ ଚିତ୍ରମୟ ଭାଷା ପ୍ରୟୋଜନ। କବିତା ଏକ ମନ୍ତ୍ରଶକ୍ତି ବା ଯାଦୁକରୀ-କ୍ରିୟାରେ ଉତ୍ପାଦନ।

କାବ୍ୟରେ ଯେଉଁ ଶକ୍ତି ଦ୍ୱାରା କବି ସୌନ୍ଦର୍ଯ୍ୟ ସୃଷ୍ଟି କରନ୍ତି, ତାହା ହେଉଛି କଳ୍ପନା। କବି ନିଜର କଳ୍ପନା-ସୌନ୍ଦର୍ଯ୍ୟକୁ ହିଁ କାବ୍ୟରେ ପ୍ରତିରୂପିତ କରିଥାନ୍ତି। ପୂର୍ବରୁ କୁହାଯାଇଛି କବି ସହାନୁଭୂତିଶୀଳ ହେଲେ କାବ୍ୟ ମହାନ୍ ହୁଏ। ସହାନୁଭୂତି ମୁଖ୍ୟତଃ କଳ୍ପନାଶକ୍ତିର ଫଳ। ଏହି ଶକ୍ତି ବଳରେ କାବ୍ୟରେ ରମଣୀୟତା, ଅଭିନବ ସୌନ୍ଦର୍ଯ୍ୟ ଓ ମାଧୁର୍ଯ୍ୟ ଫୁଟିଉଠେ। କଳ୍ପନାରୁ କବି ମନର ଐଶ୍ୱର୍ଯ୍ୟ ତଥା ଜୀବନ ଓ ଜଗତ୍ ପ୍ରତି ଦୃଷ୍ଟିଭଙ୍ଗୀ ଜଣାଯାଏ। ଚେତନାର ଚିତ୍ର ପାଇବାକୁ ହେଲେ କବିର କଳ୍ପ-ଦୃଷ୍ଟିର ବିଶ୍ଳେଷଣ ଅପରିହାର୍ଯ୍ୟ। ବସ୍ତୁଲୋକରୁ ଅନୁଭୂତିଲୋକକୁ ଗତାଗତ କରିବା କବିର କର୍ତ୍ତବ୍ୟ, କବିତାର ଲକ୍ଷ୍ୟ ମଧ୍ୟ ତାହା, ମାତ୍ର ଯଥାର୍ଥ କବିକଳ୍ପନା ବିନା ଏହା ସମ୍ଭବ ନୁହେଁ।

କାବ୍ୟରେ କଳ୍ପନାତତ୍ତ୍ୱର ପ୍ରମୁଖତା ଦୃଷ୍ଟିରୁ ପ୍ରଥମେ ଭାରତୀୟ କାବ୍ୟଶାସ୍ତ୍ରରେ କଳ୍ପନା ସମ୍ବନ୍ଧୀୟ ଧାରଣା ଉପସ୍ଥାପନ କରାଯାଉଛି। ପାଶ୍ଚାତ୍ୟ କାବ୍ୟଶାସ୍ତ୍ରରେ ଯାହାକୁ କଳ୍ପନା କୁହାଯାଇଛି ଭାରତୀୟ କାବ୍ୟଶାସ୍ତ୍ରରେ ତାହା 'ପ୍ରତିଭା' ରୂପେ ଗୃହୀତ। ଅବଶ୍ୟ ନୈୟାୟିକ 'କଳ୍ପନା' ସମ୍ବନ୍ଧରେ ବିଚାର କରିଥିଲେ-'କଳ୍ପନା ଅପ୍ରକୃତି ବିଷୟୋଦ୍-ଭାବନମ୍', ଅର୍ଥାତ୍, କଳ୍ପନା ଅପ୍ରକୃତ ବା ନୂତନ ବିଷୟ ଉଦ୍‌ଭାବନୀ ଶକ୍ତି।[୧୯] ବୌଦ୍ଧ ଧର୍ମକୀର୍ତ୍ତିଙ୍କ ମତରେ-'କଳ୍ପନାପୋଢମ୍ ଭ୍ରାନ୍ତ' ପ୍ରତ୍ୟକ୍ଷମ୍,' ଅର୍ଥାତ୍, କଳ୍ପନା ମିଥ୍ୟାଜ୍ଞାନ।[୨୦] ଏହା ଏକପ୍ରକାର ମାନସ-ପ୍ରତ୍ୟକ୍ଷ। ଭାରତୀୟ ଆଚାର୍ଯ୍ୟମାନଙ୍କ 'ପ୍ରତିଭା'-ବିବେଚନ ସୌନ୍ଦର୍ଯ୍ୟତତ୍ତ୍ୱର ନିକଟବର୍ତ୍ତୀ ଓ 'କଳ୍ପନା'ର ପର୍ଯ୍ୟାୟବାଚୀ ଶବ୍ଦ। କାବ୍ୟ-ହେତୁମାନଙ୍କ ମଧ୍ୟରେ ଭାମହ ପ୍ରତିଭାକୁ ସର୍ବୋଚ୍ଚ ସ୍ଥାନ ଦେଇଛନ୍ତି। ତାଙ୍କ ମତରେ, ଗୁରୁ ଉପଦେଶ ପ୍ରାପ୍ତି ସତ୍ତ୍ୱେ ପ୍ରତିଭାହୀନ ହୋଇଥିଲେ କାବ୍ୟାସ୍ୱାଦନ ମଧ୍ୟ କରାଯାଇନପାରେ। କାବ୍ୟ ସୃଷ୍ଟି ନିମନ୍ତେ ପ୍ରତିଭା ଏକମାତ୍ର ହେତୁ।[୨୧] ଭାମହଙ୍କ ପରବର୍ତ୍ତୀ ଆଚାର୍ଯ୍ୟ ଦଣ୍ଡୀ ପ୍ରତିଭା ସହିତ ଶାସ୍ତ୍ରଜ୍ଞାନ ଓ ଅଭ୍ୟାସ-ଏହି ତିନିଗୋଟି କାବ୍ୟହେତୁର ଉଲ୍ଲେଖ କରିଛନ୍ତି।[୨୨] ବାମନଙ୍କ ମତରେ, କବିତ୍ୱର ବୀଜ ହେଉଛି ପ୍ରତିଭା ବା ପ୍ରତିଭାନ। ମାତ୍ର ଦଣ୍ଡୀଙ୍କ ପରି ସେ ମଧ୍ୟ ପ୍ରତିଭା ସହିତ ଗୁରୁ-ସେବା, ଶାସ୍ତ୍ରଜ୍ଞାନ ଓ ଚିତ୍ତର ଏକାଗ୍ରତା ପ୍ରଭୃତି ପ୍ରୟୋଜନ ବୋଲି କହନ୍ତି। ରୁଦ୍ରଟ 'ପ୍ରତିଭା' ବଦଳରେ 'ଶକ୍ତି'କୁ କାବ୍ୟର ହେତୁ ରୂପେ ସ୍ୱୀକାର କରିଛନ୍ତି। ସେ ସହଜା ଓ ଉତ୍ପାଦ୍ୟା ନାମରେ ଶକ୍ତିର ଦୁଇଟି ପ୍ରକାର ଦେଖାଇଛନ୍ତି। ସହଜାଶକ୍ତି ଜନ୍ମଜାତ ଓ ଉତ୍ପାଦ୍ୟା ଶକ୍ତି ବ୍ୟୁତ୍ପତ୍ତିଲଭ୍ୟ। ସମାହିତ ଚିତ୍ତରେ ଏହି ଶକ୍ତି ଉଦୟ ହୁଏ ଓ ଚିତ୍ତର ସେହି ଅବସ୍ଥାରେ କେବଳ ଅଭିଧେୟ ଅର୍ଥ ବହୁଧା ବିସ୍ଫୁରିତ ହୋଇ ରମଣୀୟ ପଦ ରୂପେ ଅଭିବ୍ୟକ୍ତି ଲାଭ କରେ-

ମନସି ସଦା ସୁସମାଧିନି ବିସ୍ଫୁରଣମନେକଧାଽଭିଧେୟସ୍ୟ
ଅକ୍ଲିଷ୍ଟାନି ପଦାନି ଚ ବିଭାନ୍ତି ଯସ୍ୟାମସୌ ଶକ୍ତି।[୨୩]

ରାଜଶେଖରଙ୍କ ପ୍ରତିଭା ନିରୂପଣ ଆଧୁନିକ ସୌନ୍ଦର୍ଯ୍ୟଶାସ୍ତ୍ରରେ ନିରୂପିତ କଳ୍ପନା ସହିତ ପ୍ରଭୃତ ସାମ୍ୟ ରକ୍ଷା କରେ। ସେ ପ୍ରତିଭାର ଦୁଇଟି ଶ୍ରେଣୀ ବିଭାଗ କରିଛନ୍ତି-କାରୟିତ୍ରୀ ପ୍ରତିଭା ଓ ଭାବୟିତ୍ରୀ ପ୍ରତିଭା। ପ୍ରଥମଟିର ଅଧିକାରୀ କବି ଓ ଦ୍ୱିତୀୟଟିର ପାଠକ ଅଥବା ଭାବକ। ଭାବୟିତ୍ରୀ ପ୍ରତିଭା ବା ବିଭାଜନ-ବ୍ୟାପାର ଯୋଗୁଁ ପାଠକ ଓ ଭାବକ କାବ୍ୟର ରସ-ସୌନ୍ଦର୍ଯ୍ୟ ଉପଭୋଗ କରିପାରନ୍ତି। କାବ୍ୟ ସାମଗ୍ରୀ (ଶବ୍ଦଗ୍ରାମ, ଅର୍ଥସମୂହ, ଅଳଙ୍କାର, ଭକ୍ତିମାର୍ଗ ଇତ୍ୟାଦି)କୁ କବି ହୃଦୟରେ ଯାହା ପ୍ରତିଭାସିତ କରିଦିଏ, ତାହା ପ୍ରତିଭା। ଏହି ଶକ୍ତି ବଳରେ କବି ନିଜର ମାନସନେତ୍ର ସମକ୍ଷରେ

ସମସ୍ତ କିଛି ଦେଖିପାରନ୍ତି। ପ୍ରତିଭାର ଯେଉଁ ବିଶେଷ ଶକ୍ତି ବଳରେ କବି ନେତ୍ରରେ ବସ୍ତୁପୁଞ୍ଜ ଝଟିତ ପ୍ରତିଭାସିତ ହୋଇଉଠନ୍ତି, ତାହା ହେଲା ମୂର୍ତ୍ତିବିଧାୟିନୀ ଶକ୍ତି-

ଅପ୍ରତିଭସ୍ୟ ପଦାର୍ଥସାର୍ଥ ପରୋକ୍ଷ ଏବ

ପ୍ରତିଭାବତଃ ପୁନଃ ଅପଶ୍ୟତୋଽପି ପ୍ରତ୍ୟକ୍ଷ ଏବ।[୨୪]

ପ୍ରତିଭାହୀନ ବ୍ୟକ୍ତି ପ୍ରତ୍ୟକ୍ଷ କରି ମଧ୍ୟ ବସ୍ତୁସମୂହକୁ ପରୋକ୍ଷ ଭଳି ମନେକରେ ଓ ପ୍ରତିଭାବନ୍ତ ବ୍ୟକ୍ତି ନଦେଖି ମଧ୍ୟ ସକଳ ପଦାର୍ଥ ପ୍ରତ୍ୟକ୍ଷ ଭଳି ପ୍ରତୀତ କରିପାରେ। ରାଜଶେଖର ପ୍ରତିଭାର ମୂର୍ତ୍ତିବିଧାୟିନୀ ଶକ୍ତି ଓ ଅଦୃଶ୍ୟ ଗୋଚରକାରିଣୀତ୍ୱ-ଏ ଦୁଇଟି ବିଶେଷତ୍ୱ ସ୍ୱୀକାର କରି ପାଶ୍ଚାତ୍ୟ କଳ୍ପନା-ସିଦ୍ଧାନ୍ତର ନିକଟବର୍ତ୍ତୀ ହୋଇଛନ୍ତି।

ଆନନ୍ଦବର୍ଦ୍ଧନ କାବ୍ୟ ରଚନା ନିମନ୍ତେ ବ୍ୟୁତ୍ପତ୍ତି ଓ ଅଭ୍ୟାସ ଅପେକ୍ଷା ପ୍ରତିଭାକୁ ବିଶେଷ ମହତ୍ତ୍ୱ ଦେଇଛନ୍ତି। ମହାକବିମାନଙ୍କର ସରସ୍ୱତୀ (ବାଣୀ)ରୁ ସହୃଦୟହୃଦୟାହ୍ଲାଦକ (ମଧୁର) ଅର୍ଥକ୍ଷରିତ ହୁଏ। ଏହାଦ୍ୱାରା ସେମାନଙ୍କର ଆଲୋକ ସାମାନ୍ୟ, ଅର୍ଥାତ୍, ଅଲୌକିକ ଓ ପରିସ୍ଫୁରଣଶୀଳ ପ୍ରତିଭା ବିଶେଷ ଅଭିବ୍ୟକ୍ତି ଲାଭ କରେ।[୨୫] ପ୍ରତିଭା ନିମନ୍ତେ ସେ 'ଦୃଷ୍ଟି' ଶବ୍ଦ ବ୍ୟବହାର କରିଛନ୍ତି। କବିର ନବଦୃଷ୍ଟି ରୂପା ଲୋକୋତ୍ତରା ପ୍ରତିଭା ବ୍ୟାପାରବତୀ, ଅର୍ଥାତ୍, କ୍ରିୟାଶୀଳା (ଯା ବ୍ୟାପାରବତୀ ରସାନ୍ ରସୟିତୁଂ କାଚିତ୍ କବିନାଂ ନବା ଦୃଷ୍ଟିଃ)। କ୍ରିୟାଶୀଳା ଏଇଥିପାଇଁ ଯେ, ରସକୁ ଆସ୍ୱାଦନମାନ କରାଇବା ଏହାର ଲକ୍ଷ୍ୟ। ଏହାଛଡ଼ା ସେ ଆଉ ଏକ ଦୃଷ୍ଟିର ଉଲ୍ଲେଖ କରିଛନ୍ତି-ବୈପଶ୍ଚିତୀ ଦୃଷ୍ଟି, ଅର୍ଥାତ୍, ପଣ୍ଡିତମାନଙ୍କର ପ୍ରଜ୍ଞା ଦୃଷ୍ଟି। କବି ଦୃଷ୍ଟି ଅଭିନବ, ପ୍ରଜ୍ଞା ଦୃଷ୍ଟି ପରିନିଷ୍ଠିତ (ବ୍ୟବସ୍ଥିତ ବା ପ୍ରାମାଣିକ)-ଯା ପରିନିଷ୍ଠିତାର୍ଥ ବିଷୟୋନ୍ମେଷା ଚ ବୈପଶ୍ଚିତୀ। ଏହି ଦୁଇ ଦୃଷ୍ଟି ଅବଲମ୍ବନରେ କବିମାନେ ପ୍ରତି ମୁହୂର୍ତ୍ତରେ ବିଶ୍ୱର ବର୍ଣ୍ଣନା କରିଥାନ୍ତି। ଆନନ୍ଦବର୍ଦ୍ଧନଙ୍କ ବିଚାର ନିତାନ୍ତ ସୂକ୍ଷ୍ମ ଓ ବୈଜ୍ଞାନିକ। ପ୍ରାତିଭ-ଦୃଷ୍ଟି ଅଭିନବ ଉପାଦାନ ସାହାଯ୍ୟରେ ନବୀନ ଜଗତ୍ ସୃଷ୍ଟି କରେ ଓ ପ୍ରଜ୍ଞାଦୃଷ୍ଟି ପରିନିଷ୍ଠିତ ବା ଲୋକପ୍ରସିଦ୍ଧ ଅର୍ଥର ଉନ୍ମେଷ କରେ। କବି ନିମନ୍ତେ ଉଭୟ ଦୃଷ୍ଟିପ୍ରୟୋଜନ।[୨୬]

ଭଟ୍ଟତୋତ ଓ ତଦୀୟ ଶିଷ୍ୟ ଅଭିନବଗୁପ୍ତ ପ୍ରତିଭା ବିଶ୍ଳେଷଣରେ ଅପୂର୍ବ ଦୂରଦୃଷ୍ଟିର ପରିଚୟ ଦେଇଛନ୍ତି। ଭଟ୍ଟତୋତଙ୍କ ପ୍ରତିଭା-ପ୍ରଜ୍ଞା ନବନବୋନ୍ମେଷଶାଳିନୀ ପ୍ରତିଭାମତା, ନୂଆ ନୂଆ ଅର୍ଥର ଉନ୍ମୀଳନ କରୁଥିବା ପ୍ରଜ୍ଞା ହିଁ ପ୍ରତିଭା। ଭଟ୍ଟତୋତଙ୍କ 'ନବୋନ୍ମେଷଶାଳିନୀ ପ୍ରଜ୍ଞା ଅଭିନବଗୁପ୍ତଙ୍କ ଦ୍ୱାରା ଅପୂର୍ବବସ୍ତୁ ନିର୍ମାଣକ୍ଷମା' ପ୍ରଜ୍ଞା ରୂପେ ସ୍ୱୀକୃତ। ପ୍ରତିଭା ହେଉଛି ପ୍ରଜ୍ଞା, ଭାସ୍ୱତୀ ବୋଧ ଶକ୍ତି। କବି-ପ୍ରତିଭା ଏହାର ବିଶେଷ ରୂପ। ବିଶଦତା ଓ ସୌନ୍ଦର୍ଯ୍ୟର ରସାବେଶରେ କବି କାବ୍ୟ ନିର୍ମାଣ କ୍ଷମତା

ଲାଭ କରନ୍ତି । ତସ୍ୟା ବିଶେଷୋ ରସାବେଶବୈଶଦ୍ୟ ସୌନ୍ଦର୍ଯ୍ୟକାବ୍ୟ ନିର୍ମାଣକ୍ଷମତ୍ୱମ୍)[୨୭] ତେଣୁ ପ୍ରତିଭା ନବ ନବ ରୂପ ବିଧାୟିନୀ ମାନସିକ ଶକ୍ତିରୂପେ ଅଭିନବଗୁପ୍ତଙ୍କ ଦ୍ୱାରା ସ୍ୱୀକୃତ । ପ୍ରତିଭାର ଏହି ଶକ୍ତି ସମ୍ବନ୍ଧରେ ଲୋଚନର ମଙ୍ଗଳ ଶ୍ଳୋକରେ ଆହୁରି ବିଶଦ କରି ସେ କହନ୍ତି-

ଅପୂର୍ବ ଯଦ୍ ବସ୍ତୁ ପ୍ରଥୟତି ବିନା କାରଣକଳାମ୍
ଜଗଦ୍ ଗ୍ରାବପ୍ରଖ୍ୟଂ ନିଜରସଭରାତ୍ ସାରୟତି ଚ ।
କ୍ରମାତ୍ ପ୍ରଖ୍ୟୋପାଖ୍ୟାପ୍ରସର ସୁଭଗଂ ଭାସୟତି ତତ୍
ସରସ୍ୱତ୍ୟାସ୍ତତ୍ତ୍ୱଂ କବି ସହୃଦୟାଖ୍ୟଂ ବିଜୟତେ ।[୨୮]

ପ୍ରତିଭା କାରଣକଳାପ ବିନା ଅପୂର୍ବ ନିର୍ମାଣ କରୁଥିବା ସାରସ୍ୱତୀ ଶକ୍ତି । ଅପୂର୍ବ ଏଇଥିପାଇଁ ଯେ, ବିନା ଉପାଦାନରେ ତାହାର ନିର୍ମାଣ କାର୍ଯ୍ୟ ଚାଲେ । ବସ୍ତୁ ଜଗତ୍ ସ୍ୱଭାବନୀରସ ଓ ସ୍ଥୂଳ ପଞ୍ଚଭୂତରେ ନିର୍ମିତ (ଗ୍ରାବପ୍ରଖ୍ୟ-ପାଷାଣଭଳି); ମାତ୍ର ସରସ୍ୱତୀଙ୍କ ନିର୍ମିତ ଜଗତ୍ ଆନନ୍ଦଚିନ୍ମୟ । ଏହି ସରସସୁନ୍ଦର ନବୀନ ଜଗତ୍ର ଆତ୍ମପ୍ରସାର, କ୍ରମେ ପ୍ରଖ୍ୟାରୁ ଉପାଖ୍ୟା (ଅନ୍ତରରୁ ବାହାରେ)ରେ ପହଞ୍ଚିଯାଏ । କଳ୍ପଜଗତରୁ କାବ୍ୟଜଗତ ଅବତରି ଆସିବାର ଯେଉଁ କ୍ରମ ତାହା କବି-ମାନସର ବିଭାବଗ୍ରହଣ ଓ ପ୍ରସରସୌଭାଗ୍ୟ ଘେନି କାବ୍ୟଜଗତରେ ସାକାର ରୂପ ଧାରଣ କରି ଭାସିତ ହେବା ସୂଚିତ କରେ ।

ମହିମଭଟ୍ଟଙ୍କ ବିଶ୍ଳେଷଣରୁ ଜଣାଯାଏ, ଧ୍ୟାନବସ୍ଥାରେ କବି ପ୍ରତିଭା କିପରି ବସ୍ତୁର ସୌନ୍ଦର୍ଯ୍ୟ ଉପଲବ୍ଧି କରେ ଓ ତା'ପରେ ପୂର୍ଣ୍ଣାଙ୍ଗ ଅଭିବ୍ୟକ୍ତିରେ ରୂପ ପାଏ-

ରସାନୁଗୁଣଶବ୍ଦାର୍ଥ-ଚିନ୍ତାସ୍ତିମିତଚେତସଃ ।
କ୍ଷଣଂ ସ୍ୱରୂପସ୍ପର୍ଶୋତ୍ଥା ପ୍ରଜ୍ଞୈବ ପ୍ରତିଭା କବେଃ ।।
ସା ହି ଚକ୍ଷୁର୍ଭଗବତସ୍ତୃତୀୟମିତି ଗୀୟତେ ।
ଯେନ ସାକ୍ଷାତ୍କରୋତ୍ୟେଷ ଭାବାଁସ୍ତ୍ରୈ ଲୋକ୍ୟବର୍ତିନଃ ।[୨୯]

ରସାନୁକୂଳ ଶବ୍ଦାର୍ଥର ଚିନ୍ତନରେ ସମାହିତ କବିଚିତ୍ତ ପଦାର୍ଥର ବାସ୍ତବିକ ସ୍ୱରୂପର ସାକ୍ଷାତ୍କାର ଲାଭ କରେ । ସେହି ଅବସ୍ଥାରେ ପଦାର୍ଥର ଯେଉଁ ବିଶେଷରୂପ କବି ଦେଖିପାରନ୍ତି, ତାହା ପ୍ରତିଭା ଯୋଗୁଁ ସମ୍ଭବ ହୋଇଥାଏ । ବସ୍ତୁସ୍ୱରୂପର ସାକ୍ଷାତ୍କାର ଓ ଉନ୍ମେଷ ଚିତ୍ତର ଏକାଗ୍ର ଅବସ୍ଥାରେ ଘଟିଥାଏ । ଏହା ଶିବଙ୍କର ତୃତୀୟ ନେତ୍ର ଭଳି, ଯାହାଦ୍ୱାରା କବି ତିନିଲୋକର ଘଟଣା ଓ ପଦାର୍ଥମାନଙ୍କୁ ସାକ୍ଷାତ୍ ଦେଖିପାରନ୍ତି । ଓ୍ୱାର୍ଡସ୍‌ଓ୍ୱାର୍ଥଙ୍କ ନିରୁଦ୍‌ବେଗ ଅବସ୍ଥାରେ ସମ୍ବେଗର ଅନୁଚିନ୍ତନ (emotion recollected in tranquility) ଓ ରୁଦ୍ରଟଙ୍କର ମନର ସମାଧି ଅବସ୍ଥାରେ

ଅଭିଧେୟ ଅର୍ଥର ବିସ୍ଫୁରଣ (ମନସି ସଦା ସୁସମାଧିନି) ସହିତ ମହିମଭଟ୍ଟଙ୍କର ସମାହିତ ଚିତ୍ତରେ ଶବ୍ଦ ଅର୍ଥର ପ୍ରକୃତ ସ୍ୱରୂପ ସ୍ପର୍ଶ କରି ପ୍ରଜ୍ଞାର ଜାଗରଣ (ସ୍ତିମିତ-ଚେତସଃ)- ଏ ସକଳ ଅଭିମତ ପ୍ରାତିଭ-ଚକ୍ଷୁର ଅନନ୍ୟତାର ମହତ୍ତ୍ୱବ୍ୟଂଜକ ।

ଆଚାର୍ଯ୍ୟ କୁନ୍ତକ, ମମ୍ମଟ, ହେମଚନ୍ଦ୍ର ଓ ଜଗନ୍ନାଥ ପ୍ରଭୃତି ପ୍ରତିଭା ସମ୍ବନ୍ଧରେ ମତବ୍ୟକ୍ତ କରିଥିଲେ ହେଁ ଯେଉଁ ମୂର୍ତ୍ତିବିଧାୟିନୀ ଶକ୍ତି ଓ ଅପୂର୍ବ ବସ୍ତୁ ନିର୍ମାଣ କ୍ଷମା ପ୍ରଜ୍ଞା ଦୃଷ୍ଟିରୁ ତାହାର ମହତ୍ତ୍ୱ-ସେଥି ସମ୍ବନ୍ଧରେ ଉଲ୍ଲେଖ କରିନାହାନ୍ତି । କୁନ୍ତକ କାବ୍ୟରେ ବୈଚିତ୍ର୍ୟ ସୃଷ୍ଟି ନିମନ୍ତେ ପ୍ରତିଭାକୁ ଅନିବାର୍ଯ୍ୟ କହିଛନ୍ତି-ଯତ୍ କିଞ୍ଚନାପି ବୈଚିତ୍ର୍ୟଂ ତତ୍ ସର୍ବଂ ପ୍ରତିଭୋଦ୍‌ଭବମେବ ।[୩୦] ତାଙ୍କ ମତରେ, ଅମ୍ଳାନ ପ୍ରତିଭା ଦ୍ୱାରା ଶବ୍ଦ-ଅର୍ଥରେ ରମଣୀୟତା ଫୁଟିଉଠେ । ମମ୍ମଟ 'ଶକ୍ତି' (ପ୍ରତିଭା), ନିପୁଣତା (ବ୍ୟୁତ୍ପତ୍ତି) ଓ ଅଭ୍ୟାସ-ଏ ତିନୋଟିକୁ ସମାନ ଭାବେ କାବ୍ୟ ହେତୁ ସ୍ୱୀକାର କରନ୍ତି । ହେମଚନ୍ଦ୍ର ଜନ୍ମଜାତ ଓ କାରଣଜାତ ଭେଦରେ (ସହଜା ଓ ଔପାଧିକୀ) ପ୍ରତିଭାର ଦୁଇଟି ଦିଗ ଦେଖାଇଛନ୍ତି ।

ଉପରୋକ୍ତ ଆଲୋଚନାରୁ ଜଣାଗଲା, ଭାରତୀୟ ଆଚାର୍ଯ୍ୟମାନେ ପ୍ରତିଭାକୁ କାବ୍ୟ ରଚନା ନିମନ୍ତେ ଅପରିହାର୍ଯ୍ୟ ସ୍ୱୀକାର କରିଛନ୍ତି । ସୌନ୍ଦର୍ଯ୍ୟ-ଶାସ୍ତ୍ରରେ 'କଳ୍ପନା'ର ଯେଉଁ ମୂର୍ତ୍ତିବିଧାୟିନୀ ଶକ୍ତି, ଅଦୃଶ୍ୟ ଗୋଚରକାରିଣୀତ୍ୱ ଓ ଅପୂର୍ବ ବସ୍ତୁ ନିର୍ମାଣ କ୍ଷମତା ଆଦି ବହୁ ମତରେ ସ୍ୱୀକୃତ, ତାହା ଭାରତୀୟ କାବ୍ୟାଚାର୍ଯ୍ୟମାନଙ୍କ ପ୍ରତିଭା-ବିଶ୍ଳେଷଣରେ ମଧ୍ୟ ବିଶେଷ ରୂପେ ଆଲୋଚିତ ହୋଇଛି ।

ମାନସିକ ରୂପ-ବିଧାନ ଶକ୍ତି ଦୃଷ୍ଟିରୁ ପାଶ୍ଚାତ୍ୟ କଳା-ଚିନ୍ତନରେ କଳ୍ପନାର ଯେଉଁ ଦୀର୍ଘ ପରମ୍ପରା ଦେଖିବାକୁ ମିଳେ, ତାହାର ଧାରାବାହିକ ବିବରଣୀ ପ୍ରଦାନ କରିବା ଦୃଷ୍ଟିରୁ ନୁହେଁ, ତାତ୍ତ୍ୱିକ ଆଲୋଚନା ନିମନ୍ତେ ଏହାର ସ୍ୱରୂପ ଲକ୍ଷଣ ନିର୍ଦ୍ଦେଶକ କରାଯାଉଛି ।

ପ୍ଲେଟୋ କବିଙ୍କୁ ଐଶ୍ୱରିକ ପ୍ରତିଭାନ୍ୱିତ ଦିବ୍ୟୋନ୍ମାଦ ଓ କାବ୍ୟ-ରଚନା ନିମନ୍ତେ ଐଶୀ ପ୍ରେରଣାର କଥା କହିଥିଲେ ହେଁ କବିକୁ ମିଥ୍ୟାଚାରୀ ଓ ଅଳୀକ ସ୍ରଷ୍ଟା କହନ୍ତି । କବି ସତ୍ୟର ଛାୟା ଓ ଆଭାସକୁ ସତ୍ୟ ବୋଲି ଗ୍ରହଣ କରନ୍ତି । ସେ ଅସୁସ୍ଥମନା ଓ ପାଗଳ । ଉନ୍ମତ୍ତତାର ଆବେଶରେ ସେ କ'ଣ କହନ୍ତି ତାହା ନିଜେ ଜାଣନ୍ତି ନାହିଁ । କବିମାନେ କେବଳ ମିଥ୍ୟା କହନ୍ତି ନାହିଁ, ମିଥ୍ୟାକୁ ସୁନ୍ଦର କରି କହନ୍ତି । ଅସତ୍ୟକୁ ଜନ୍ମଦାତା କବି-କଳ୍ପନା ପ୍ଲେଟୋଙ୍କ ଦୃଷ୍ଟିରେ ଅଳୀକ-ସୃଜନ (Fantasia) ।[୩୧]

ସେକ୍ସପିୟର କବି-କଳ୍ପନାର ନିର୍ମାଣକ୍ଷମତା ସମ୍ବନ୍ଧରେ ତାଙ୍କର ଏକ ନାଟକରେ କହିଛନ୍ତି-"କବିର ଚକ୍ଷୁ ସୁନ୍ଦର ଉନ୍ମାଦନାରେ ଘୂର୍ଣ୍ଣିତ ହୋଇ କଟାକ୍ଷ ମାତ୍ରେ ସ୍ୱର୍ଗରୁ

ମର୍ତ୍ତ୍ୟ ଓ ମର୍ତ୍ତ୍ୟରୁ ସ୍ୱର୍ଗ ଯାଏଁ ଦେଖିନିଏ । ଅଜ୍ଞାତ ବସ୍ତୁରାଶିର ରୂପକଳ୍ପନାରେ ଯେପରି ସ୍ଫୁରିତ ହୁଏ, କବିର ଲେଖନୀ ସେଗୁଡ଼ିକର ମୂର୍ତ୍ତି ଗଢେ ଓ ବାୟବୀୟ ତୁଚ୍ଛ ବସ୍ତୁକୁ ନାମଧାମ ପ୍ରଦାନ କରେ ।"[୩୨]

ଜଡବାଦୀ ହାବ୍‌ସ କଳ୍ପନାକୁ ମାନସିକପ୍ରତିମାମାନଙ୍କର ଜନନୀ କହନ୍ତି । ଶକ୍ତିଶାଳୀ କଳ୍ପନା-ଶକ୍ତିର ଅଧିକାରୀ ବସ୍ତୁମାନଙ୍କର ଆକୃତିକୁ ମନରେ ଦେଖିପାରେ । କବିତାରେ ଚମତ୍କାରପୂର୍ଣ୍ଣ ଉପମାଦି ଅଳଙ୍କାର ସଜ୍ଜା ଏହି କଳ୍ପନାଶକ୍ତିର ଦାନ । ସେ କଳ୍ପନା ଓ ସ୍ମୃତିକୁ ଅଭିନ୍ନ ରୂପେ ଗ୍ରହଣ କରିଛନ୍ତି । କଳ୍ପନା ଚିତ୍ରାତ୍ମକ ଓ ଏହି ଚିତ୍ରାତ୍ମକ କାରଣରୁ ପାଠକ କବି-କଳ୍ପନାର ବୈଚିତ୍ର୍ୟରେ ମୁଗ୍ଧ ହୋଇଥାନ୍ତି । ମାତ୍ର ସେ କଳ୍ପନା ନିମନ୍ତେ ବିବେକର ପ୍ରୟୋଜନୀୟତା ଉପରେ ଗୁରୁତ୍ୱ ଦେଇଛନ୍ତି । କାରଣ ବିବେକହୀନ କଳ୍ପନା ଏକପ୍ରକାର ମତ୍ତତା । ତେଣୁ କଳ୍ପନାର ପକ୍ଷବିସ୍ତାରକୁ ବିବେକ ଦ୍ୱାରା ପ୍ରତିହତ କରିବାକୁ ପଡିବ । ବିବେକ ଦ୍ୱାରା ନିୟନ୍ତ୍ରିତ ହେଲେ କଳ୍ପନା ମନୋହର ଫଳ ପ୍ରସବ କରେ ।[୩୩]

ଡ୍ରାଇଡେନ୍ ଲେଖକର କଳ୍ପନା-ଶକ୍ତି ସ୍ମୃତି-ପ୍ରଦେଶରେ ବିଚରଣ କରି ଅଭୀପ୍‌ସିତ ବସ୍ତୁ ପ୍ରାପ୍ତିର ପ୍ରୟାସ କରେ ବୋଲି କହନ୍ତି । ସେ କବି-କଳ୍ପନାର ସୁଖ ସ୍ୱରୂପ ଯେଉଁ କେତୋଟି ବୈଶିଷ୍ଟ୍ୟ ଦେଖାଇଛନ୍ତି ସେଥିମଧ୍ୟରୁ ପ୍ରଥମଟି ହେଲା, ଔଚିତ୍ୟପୂର୍ଣ୍ଣ ଉଦ୍‌ଭାବନା ବା ଭାବନାପ୍ରାପ୍ତି; ଦ୍ୱିତୀୟଟି ହେଲା, ସେହି ଭାବନାକୁ ଆକୃତି ଦାନ । ଉଦ୍‌ଭାବନାରେ କଳ୍ପନାର କ୍ଷିପ୍ରତା ଓ ଭାବନାକୁ ଛାଞ୍ଚରେ ପକାଇବାର ଉର୍ବରତା ଦେଖିବାକୁ ମିଳେ ।[୩୪]

ବର୍କଙ୍କ ମତରେ, ମନୁଷ୍ୟ ମନ ଏକ ସୃଜନଶୀଳ ଶକ୍ତି ଧାରଣ କରେ । ଇନ୍ଦ୍ରିୟମାନଙ୍କ ଦ୍ୱାରା ଗୃହୀତ ବସ୍ତୁମାନଙ୍କର ରୂପର କ୍ରମ ଅନୁଯାୟୀ ଅଥବା ସେହି ରୂପଗୁଡ଼ିକୁ ଏକ ନୂଆ ଉପାୟରେ ମିଶ୍ରିତ କରି ମନ ପ୍ରତିରୂପଣ କରେ । ଏହାହିଁ କଳ୍ପନାଶକ୍ତି, ଚାତୁରୀ, ବୈଚିତ୍ର୍ୟକଳ୍ପନା (Fancy), ଉଦ୍‌ଭାବନା ଆଦି ସମସ୍ତ ଏହାର ଅନ୍ତର୍ଗତ ।[୩୫]

ବ୍ଲେକ୍, ୱାର୍ଡସୱାର୍ଥ, ଶେଲି ଓ କୀଟସ୍ ପ୍ରଭୃତି ରୋମାଣ୍ଟିକ କବିଗଣ କଳ୍ପନାର ମହତ୍ତ୍ୱକୁ ସର୍ବୋପରି ସ୍ଥାନ ଦେଇଛନ୍ତି । ବ୍ଲେକ୍ ଇନ୍ଦ୍ରିୟ-ପ୍ରତ୍ୟକ୍ଷଠାରୁ ପ୍ରାତିଭ-ଦୃଷ୍ଟିକୁ ଗୌରବ ଦେଇ କହନ୍ତି ଯେ, ମନୁଷ୍ୟ ତା'ର ଇନ୍ଦ୍ରିୟଠାରୁ ଅନ୍ତରଦୃଷ୍ଟି ବଳରେ ଅଧିକ ଦେଖିପାରେ । ମନଃଶକ୍ତି ଇନ୍ଦ୍ରିୟାନୁଭୂତିକୁ ପାର ହୋଇଗଲେ ଆଧ୍ୟାତ୍ମିକ ସମ୍ପଦର ପ୍ରତ୍ୟୟ ଓ ମୂଲ୍ୟ ଅବଧାରଣା କରିପାରେ । ବ୍ଲେକ୍ ଜଗତରେ ପ୍ରତ୍ୟେକ ବସ୍ତୁର ଏକ ଆଧ୍ୟାତ୍ମିକ ତାତ୍ପର୍ଯ୍ୟ ଦେଖୁଥିଲେ । ସେହି ତାତ୍ପର୍ଯ୍ୟକୁ ଧରିପାରିବାର ସାମର୍ଥ୍ୟ ଓ କାବ୍ୟିକ ଦୃଷ୍ଟିରେ

ତାହାର ମୂର୍ତ୍ତାଭିଧାନ କଳ୍ପନାଶକ୍ତିର ଅନ୍ତର୍ଗତ।[୩୬] କଳ୍ପନା ତାଙ୍କ ମତରେ, ଏକ ଦିବ୍ୟ-ଦୃଷ୍ଟି ଓ ତାହା କବିକୁ କାବ୍ୟନିର୍ମାଣକ୍ଷମ କରାଏ। ୱାର୍ଡସୱାର୍ଥ କବିର ପର୍ଯ୍ୟବେକ୍ଷଣ ଓ ବର୍ଣ୍ଣନ ଉପରେ ଗୁରୁତ୍ୱ ଦେଉଥିଲେ। ଅତି ସାଧାରଣ ବସ୍ତୁକୁ ଅସାଧାରଣ କରି ପ୍ରକାଶ କରିବା ଶକ୍ତି ତାଙ୍କର ଥିଲା। ଯେଉଁ ଆଲୋକ ଜଳେ ସ୍ଥଳେ କେଉଁଠି ନାହିଁ, କଳ୍ପନାର ସେହି ସ୍ୱର୍ଣ୍ଣ-କିରଣରେ ସକଳ ବସ୍ତୁ ଓ ଭାବନାକୁ ରଞ୍ଜିତ କରି କବି ସୃଷ୍ଟି କରିଥାନ୍ତି।[୩୭] ଶେଲୀ କାବ୍ୟକୁ କଳ୍ପନାର ଅଭିବ୍ୟଞ୍ଜନା କହନ୍ତି। କବିତା ସହିତ ଆନନ୍ଦ ସର୍ବଦା ବିଦ୍ୟମାନ ମନୁଷ୍ୟର କଳ୍ପନା ସଂହତି ଓ ଶୃଙ୍ଖଳାର ଆଦର୍ଶ ଜଗତର ସମ୍ପର୍କରେ ଆସିବାକୁ ଲୋଡୁଥାଏ। ତାଙ୍କର ସର୍ବାପେକ୍ଷା ଇଙ୍ଗିତପୂର୍ଣ୍ଣ ମନ୍ତବ୍ୟ ହେଲା, କଳ୍ପନାହିଁ ନୈତିକ ମଙ୍ଗଳର ଅସ୍ତ୍ର ସ୍ୱରୂପ। ମନୁଷ୍ୟର ମନ-ବୀଣାରେ ପ୍ରତି ମୁହୂର୍ତ୍ତରେ ବାହ୍ୟ ପ୍ରଭାବର ତରଙ୍ଗ ବାଜୁଥାଏ। ମାତ୍ର ତା'ଭିତରେ ଏପରି ଏକ ଶକ୍ତି ରହିଛି ଯାହା ଏକ ବାହ୍ୟ ତରଙ୍ଗର ସାମଞ୍ଜସ୍ୟ ବିଧାନ କରି ତାହାକୁ ମୂର୍ତ୍ତିଦାନ କରେ। କବିତାଜଗତର ସୌନ୍ଦର୍ଯ୍ୟ ଉପରେ ପଡିଥିବା ଆବରଣକୁ ଅପସାରିତ କରି ପରିଚିତ ବସ୍ତୁମାନଙ୍କୁ ଅପରିଚିତ ରୂପରେ ସୃଷ୍ଟି କରେ।[୩୮] ଅଜ୍ଞାତ ରୂପରେ ମଣିଷର ମନ ବାହ୍ୟଜଗତରୁ ଯେଉଁ ସାମଞ୍ଜସ୍ୟ ପାଏ ଓ ଯେଉଁ ଛାୟା ତାହାର ଚିତ୍ତ-ଫଳକରେ ଅଙ୍କିତ ହୋଇ ରହିଥାଏ, କବି-ପୁରୁଷ ତାହାକୁ କାବ୍ୟରେ ଅଭିବ୍ୟକ୍ତ କରନ୍ତି। ମନୁଷ୍ୟର ଅଦୃଶ୍ୟ ସ୍ୱଭାବ ମଧ୍ୟରେ ଯେଉଁ ସିଂହାସନ ଆବୃତ୍ତ, କବିତା ସେହି ମନଃଶକ୍ତିର ସୃଷ୍ଟି। କୀଟ୍ସ୍ କଳ୍ପନାର ସତ୍ୟକୁ ଉଚ୍ଚସ୍ଥାନ ଦେଇ ସତ୍ୟ ଓ ସୌନ୍ଦର୍ଯ୍ୟର ଅଭିନ୍ନତା ଘୋଷଣା କରିଛନ୍ତି। ପବିତ୍ର ହୃଦୟଜନିତ ସହାନୁଭୂତି ଓ କଳ୍ପନାର ସତ୍ୟରେ ତାଙ୍କର ପ୍ରଗାଢ ବିଶ୍ୱାସ ଥିଲା। କଳ୍ପନାଧୃତ ସୌନ୍ଦର୍ଯ୍ୟହିଁ ସତ୍ୟ; ଏହାର ବିଦ୍ୟମାନତା ଆବିଦ୍ୟମାନତା କଳ୍ପନା ନିମନ୍ତେ ନିଷ୍ପ୍ରୟୋଜନ। କଳ୍ପନାର କାମ ସତ୍ୟର ଉଦ୍‌ଘାଟନ। ଏହାକୁ ସେ ଆଦାମର ସ୍ୱପ୍ନ ସହିତ ତୁଳନା କରିଛନ୍ତି। ଜାଗ୍ରତ ହୋଇ ଆଦାମ ସ୍ୱପ୍ନକୁ ସତ୍ୟ ରୂପେ ଗ୍ରହଣ କରିଥିଲା।[୩୯]

ପାଶ୍ଚାତ୍ୟ କାବ୍ୟ-ବିଚାର କ୍ଷେତ୍ରରେ କୋଲରିଜଙ୍କର କଳ୍ପନାସିଦ୍ଧାନ୍ତ ମହତ୍ତ୍ୱପୂର୍ଣ୍ଣ ସ୍ଥାନ ଅଧିକାର କରିଛି। କଳ୍ପନାର ବିଧାୟକ ଶକ୍ତି ସମ୍ବନ୍ଧୀୟ ଧାରଣାକୁ ସେ ତାଙ୍କର ପତ୍ରାବଳୀ, କବିତା ଓ ଆଲୋଚନା ଗ୍ରନ୍ଥରେ ବ୍ୟକ୍ତ କରିଛନ୍ତି। ମୁଖ୍ୟତଃ ୱାର୍ଡସୱାର୍ଥଙ୍କ କାବ୍ୟବିଚାର ନିମନ୍ତେ କଳ୍ପନା ଓ ବୈଚିତ୍ର୍ୟ-କଳ୍ପନା (Fancy) ର ପ୍ରୟୋଗ କରି ସେ କଳ୍ପନା-ତତ୍ତ୍ୱ ଗଢିତୋଳିଛନ୍ତି। ଏଠାରେ ତାଙ୍କର କଳ୍ପନାତତ୍ତ୍ୱର ସାରକଥା ଉପସ୍ଥାପନ କରାଯାଉଛି। କାରଣ କଳ୍ପନା ସମ୍ବନ୍ଧରେ ତାଙ୍କର ଅଭିମତ କାବ୍ୟ-ବିଚାର ନିମନ୍ତେ ନିତାନ୍ତ ଉପଯୋଗୀ ସିଦ୍ଧ ହୋଇଛି। ସେ କଳ୍ପନାର ମୂର୍ତ୍ତିବିଧାୟିନୀ ବା ରୂପନିର୍ମାଣ

ଶକ୍ତି (Esemplastic power) ତଥା କଳ୍ପନାର ନବୀନ ସୃଜନୀଶକ୍ତି ପ୍ରଭୃତି ବୈଶିଷ୍ଟ୍ୟ ଦେଖାଇ ଏହାର କାବ୍ୟୋପଯୋଗିତାକୁ ପ୍ରମାଣିତ କରିଛନ୍ତି।

କୋଲରିଜ କଳ୍ପନାର ଦୁଇଟି ଶ୍ରେଣୀ ଦେଖାଇଛନ୍ତି-ମୌଳିକ କଳ୍ପନା (Primary imagination) ଓ ଗୌଣ କଳ୍ପନା (Secondary imagination)। ମୁଖ୍ୟ କଳ୍ପନା ସକଳ ମାନବୀୟ ଜ୍ଞାନର ଜୀବନ୍ତ ଶକ୍ତି ଓ ମାନବୀୟ ପ୍ରତ୍ୟକ୍ଷର ମୁଖ୍ୟ ମାଧ୍ୟମ। ଗୌଣ କଳ୍ପନା ଏହି ମୁଖ୍ୟ କଳ୍ପନାର ପ୍ରତିଧ୍ୱନି ବା ଛାୟା। ଏହା ସଚେତନ ସଙ୍କଳ୍ପଶକ୍ତି ବା ଇଚ୍ଛା ସହିତ ବିଦ୍ୟମାନ ରହେ। ଏହି ଗୌଣ କଳ୍ପନା ହିଁ କୋଲରିଜଙ୍କ ମତରେ କାବ୍ୟ ସୃଷ୍ଟି ନିମନ୍ତେ ପ୍ରୟୋଜନ। ପୁନଃ ସୃଜନ ନିମନ୍ତେ ଏହା ତିରୋଧାନ, ବିକୀରଣ ଓ ବିଘଟନ ଘଟାଏ। ଯେଉଁଠାରେ ଏହି ପ୍ରକ୍ରିୟା ସମ୍ଭବ ହୁଏ ନାହିଁ, ସେଠାରେ ଆଦର୍ଶୀକରଣ ଓ ଏକୀକରଣ ନିମନ୍ତେ କବି ପ୍ରଯତ୍ନ କରେ। ଏହା ସଜୀବ, ଯେଉଁପରି ବସ୍ତୁରୂପରେ ସକଳ ବସ୍ତୁମୂଳତଃ ନିଶ୍ଚିତ ଓ ନିଷ୍ପ୍ରାଣ।[୪୦]

କୋଲରିଜ କଳ୍ପନାର ଯେଉଁ ଦୁଇଟି ଶ୍ରେଣୀ ଦେଖାଇଛନ୍ତି, ତାହା ନିତାନ୍ତ ପ୍ରାମାଣିକ। କାଣ୍ଟଙ୍କ ଉତ୍ପାଦକ କଳ୍ପନା (Productive imagination), କୋଲରିକଙ୍କ ମୌଳିକ କଳ୍ପନା ତଥା କାଣ୍ଟଙ୍କ ସୌନ୍ଦର୍ଯ୍ୟ-କଳ୍ପନା (Aesthetic imagination) କୋଲରିଜଙ୍କ ଗୌଣକଳ୍ପନା। ଗୌଣ କଳ୍ପନା ବା କାବ୍ୟୋଚିତ କଳ୍ପନାରେ ଏକ ଧ୍ୱଂସାତ୍ମକ ଶକ୍ତି ରହିଛି। ଏହା ପଦାର୍ଥର ବିଘଟନ, ବିଲୟନ ଓ ନବ-ନିର୍ମାଣ କରେ। ଏଶକ୍ତି ମୌଳିକ କଳ୍ପନାରେ ନାହିଁ। ମୌଳିକ କଳ୍ପନା ସୃଜନ କରିପାରେ; ମାତ୍ର ଗୌଣ କଳ୍ପନାରେ ମନ ଓ ବାହ୍ୟଜଗତର ସମନ୍ୱୟ ସାଧିତ ହେବା ସଙ୍ଗେ ନବୀନ ସୃଷ୍ଟିର ସମ୍ଭାବନା ଦେଖାଯାଏ ତଥା ପ୍ରାତ୍ୟହିକ ପ୍ରତ୍ୟକ୍ଷର ଭିତ୍ତି ଉପରେ ନିଜର ଧ୍ୱଂସାତ୍ମକ କ୍ରିୟା ଚଳାଇ ଏହା ଚେତନାଇଚ୍ଛା ବଳରେ ନବ-ସୃଜନରେ ପ୍ରବୃତ୍ତ ହୁଏ। ଏହାର ସୃଷ୍ଟି ହୁଏ ନବୀନ ଓ ରମଣୀୟ। ପୁନଃ-ନିର୍ମାଣ କରିବା ଲକ୍ଷ୍ୟ ହୋଇଥିବାରୁ ଏହା ଦତ୍ତ ବସ୍ତୁକୁ ଭାଙ୍ଗି ପୁଣି ଗଢେ, ଯାହାଫଳରେ ଦତ୍ତ ବସ୍ତୁ (ପ୍ରତ୍ୟକ୍ଷ) ଆଉ ନିଜର ପୂର୍ବ ରୂପ ରକ୍ଷା କରିପାରେ ନାହିଁ।

କୋଲରିଜ କଳ୍ପନାକୁ ଏକ ସମନ୍ୱୟକାରିଣୀ ଶକ୍ତି ରୂପେ ଗ୍ରହଣ କରିଛନ୍ତି। ବହୁ ବିରୋଧୀଗୁଣ ମଧ୍ୟରେ ଐକ୍ୟ ଓ ସମନ୍ୱୟ ଆନୟନ କରିବାରେ କଳ୍ପନାର ମହତ୍ତ୍ୱ ସ୍ୱୀକାର କରି ସେ କହନ୍ତି ଯେ, ଏହା ପ୍ରତ୍ୟୟ ସହିତ ପ୍ରତିମାର, ସାଧାରଣ ସହିତ ମୂର୍ତ୍ତର, ସାମ୍ୟସହିତ ବୈଷମ୍ୟର, ପରିଚିତ ସହିତ ନୂତନ, ଶୃଙ୍ଖଳା ସହିତ ସମ୍ବେଗର, କୃତ୍ରିମ ସହିତ ସ୍ୱଭାବର ସମୀକରଣ ବା ସମନ୍ୱୟ ବିଧାନ କରେ।[୪୧] କୋଲରିଜଙ୍କ ବକ୍ତବ୍ୟ ହେଲା, କଳ୍ପନା କେବଳ ସମ୍ବେଦନ ଓ ପ୍ରତ୍ୟକ୍ଷ ମଧ୍ୟରେ ଦୌତ୍ୟ କରେ

ନାହିଁ, ଏହା ପ୍ରତ୍ୟକ୍ଷ ଓ ଭାବନା ମଧ୍ୟରେ ଯୋଗସୂତ୍ର ସ୍ଥାପନ କରେ। ଏଣୁ କଳ୍ପନା ବସ୍ତୁଜଗତ ଓ ଭାବ ବା ଆତ୍ମ-ଜଗତ୍ ମଧ୍ୟରେ ଦୂତୀଭଳି କାର୍ଯ୍ୟ କରେ। କବି ବାହ୍ୟଜଗତକୁ ନିଜ ଚେତନାରେ ନିମଜ୍ଜିତ କରି ପୁନଶ୍ଚ ଏହାକୁ ନିଜ ମନର ପ୍ରତୀକ ସ୍ୱରୂପ ପ୍ରତିରୂପଣ କରନ୍ତି। ବସ୍ତୁ-ଜଗତ୍‌ରୁ ଗ୍ରହଣ କରିଥିବା ପ୍ରତ୍ୟକ୍ଷ, ପ୍ରଭାବ ଓ ସମ୍ବେଦନକୁ ମାନସସ୍ତରରେ କଳ୍ପନା ଦ୍ୱାରା ବିଶ୍ଳିଷ୍ଟ ଓ ସଂଶ୍ଳିଷ୍ଟ କରି ଏକ ନୂଆ ରୂପ ଦାନ କରିବା କୋଲରିଜଙ୍କ କଳ୍ପନାର ବୈଶିଷ୍ଟ୍ୟ।

ପାଣ୍ଡିତ୍ୟପ୍ରସୂତ କବିତା ଓ ପ୍ରତିଭାପ୍ରସୂତ କବିତା ମଧ୍ୟରେ ପ୍ରଭେଦ ଦେଖାଇବା ପାଇଁ କୋଲରିଜ ବୈଚିତ୍ର୍ୟ-କଳ୍ପନା (Fancy) ଓ କଳ୍ପନାର ସ୍ୱରୂପ ନିର୍ଦ୍ଧାରଣ କରିଛନ୍ତି। ତାଙ୍କ ମତରେ ଏହି ଦୁଇ ପ୍ରକ୍ରିୟା ମଧ୍ୟରେ ପ୍ରଭୂତ ବୈଷମ୍ୟ ରହିଛି। କଳ୍ପନା ସୃଜନଶୀଳା; ମାତ୍ର ବୈଚିତ୍ର୍ୟ-କଳ୍ପନା ଏକ ସଂଗ୍ରହାତ୍ମିକା ପ୍ରକ୍ରିୟା। କଳ୍ପନା ସଦାକ୍ରିୟାଶୀଳା, ଅନ୍ୟପକ୍ଷରେ, ବୈଚିତ୍ର୍ୟ-କଳ୍ପନା ନିଷ୍କ୍ରିୟା। ଯାହା ନିଶ୍ଚିତ ଓ ନିରୂପିତ ବୈଚିତ୍ର୍ୟ-କଳ୍ପନା ସେହି ସବୁକୁ ଘେନି ଚଳେ। ଏହା ଐଶିକତା ଓ କାଳିକତାରୁ ମୁକ୍ତ ସ୍ମୃତି ମାତ୍ର। ସାଧାରଣ ସ୍ମୃତିରୁ ଆସଙ୍ଗ ନିୟମ କ୍ରମେ ଏହାର ସକଳ ଉପାଦାନ ସଦ୍ୟ ଗୃହୀତ ହୁଏ। ମାତ୍ର ଏହି ପ୍ରକାର କଳ୍ପନାର ସାହାଯ୍ୟ ନେଉଥିବା କଳାକାର ଆସଙ୍ଗ-ନିର୍ଭର ସ୍ମୃତିରୁ ଯାହା ଗ୍ରହଣ କରନ୍ତି ତାହାକୁ ନିଜର ଇଚ୍ଛା ଓ ପସନ୍ଦ ଦ୍ୱାରା ସଂଶୋଧିତ କରନ୍ତି। ତେଣୁ କୋଲରିଜ ବୈଚିତ୍ର୍ୟ-କଳ୍ପନାକୁ ପ୍ରକୃତ କଳ୍ପନାଠାରୁ ନିମ୍ନସ୍ତରରେ ଅବସ୍ଥାପିତ କରିଛନ୍ତି।[୪୨]

ବୈଚିତ୍ର୍ୟ-କଳ୍ପନାରେ ସମାହାର ପ୍ରବୃତ୍ତି ପ୍ରାଧାନ୍ୟ ଲାଭ କରୁଥିବାରୁ ଏହାର ସୃଷ୍ଟି ବହୁ ସମୟରେ ନିତାନ୍ତ ତଥ୍ୟ-ବର୍ଣ୍ଣନା ଭଳି ବୋଧହୁଏ। ଏଥିରେ ସ୍ଥୂଳତାର ମାତ୍ରା ଅଧିକ। ଏହା କଳ୍ପନାର ସ୍ୱତଃସ୍ଫୂର୍ତ୍ତ ଅବଦାନ ନୁହେଁ; ପୂର୍ବନିର୍ଦ୍ଧାରିତ ଗବେଷଣାର ଫଳ। ଅନ୍ତର୍ଦୃଷ୍ଟି ଦ୍ୱାରା ସଂଶୋଧିତ ହୋଇନଥିବାରୁ ଚକ୍ଷୁ ଓ କର୍ଣ୍ଣଦ୍ୱାରା ଗୃହୀତ ଉପାଦାନକୁ ଏକ ଅଦ୍ଭୁତ ଖିଆଲରେ ଯୋଡି ନବଗୁଞ୍ଜର ସୃଷ୍ଟି କରିବା ପ୍ରବୃତ୍ତି ଏହି କଳ୍ପନାରେ ଦେଖାଯାଏ। ବୈଚିତ୍ର୍ୟ-କଳ୍ପନାରେ ଭାବ ମନରେ ରୂପଧାରଣ କରେ ନାହିଁ। ବାହ୍ୟ ନିୟମ ଉପରେ ନିର୍ଭର କରି ବସ୍ତୁ ନିର୍ବାଚନ ଓ ଉପାଦାନର ସମାହାର କରିବାରେ ଏ ପ୍ରକାର କଳ୍ପନା ସନ୍ତୁଷ୍ଟ ରହେ। ବ୍ୟକ୍ତିଗତ ରୁଚି ଅନୁସାରେ ଗଠିତ ହୋଇଥିବାରୁ ଏହି କଳ୍ପନାର ରୂପ ସୃଷ୍ଟିମାନଙ୍କ ମଧ୍ୟରେ କୌଣସି ସମ୍ବନ୍ଧ ସୂତ୍ର ମିଳେ ନାହିଁ।

ପ୍ରକୃତ କାବ୍ୟ-କଳ୍ପନାଠାରୁ ବୈଚିତ୍ର୍ୟ-କଳ୍ପନାର ପାର୍ଥକ୍ୟ ହେଲା, ଏହା କବିର ଅନୁଭୂତି ସ୍ନିଗ୍ଧ ନୁହେଁ। ଏଥିରେ କବି ହୃଦୟର ଆବେଗ ଓ ଉତ୍ତାପ ଅନୁଭୂତ ହୁଏ ନାହିଁ। ବାସ୍ତବବୋଧ ଓ ଜୀବନାନୁଭୂତିଶୂନ୍ୟ ଏହି କଳ୍ପନାରେ କବିର ସ୍ୱେଚ୍ଛାବିହାରୀ

ମନ ଅବାସ୍ତବ ଓ ଅସମ୍ଭବ ବିଷୟର ଯୋଜନା ଓ ସଂଗ୍ରହରେ ବ୍ୟସ୍ତ ରହେ। ଏହି କଳ୍ପନା ଦ୍ୱାରା ସୃଷ୍ଟ ରୂପକଳ୍ପ ବିଷୟବସ୍ତୁ ସହିତ ସମରସ ନୁହେଁ। ବୈଚିତ୍ର୍ୟ-କଳ୍ପନା କବିର ଖଣ୍ଡଦୃଷ୍ଟିରୁ ପରିଣାମ। ନାନା ବିଚ୍ଛିନ୍ନ, ବିସଦୃଶ ଓ ଦୂରବର୍ତ୍ତୀ ବସ୍ତୁର ସଂଗ୍ରହରେ ଏହାର ତତ୍ପରତା ଲକ୍ଷ୍ୟ କରାଯାଏ। କବିର ସତ୍ୟାନୁଭୂତି ଓ ରୂପୋଲ୍ଲାସ ଏଥିରୁ ଅନୁଭୂତ ହୁଏ ନାହିଁ। ଏହାକୁ ଅତିକଳ୍ପନା ବା ଖିଆଲି କଳ୍ପନା କୁହାଯାଇପାରେ। ସତ୍ୟ କଳ୍ପନାଠାରୁ ଏହାର ବିଶେଷତ୍ୱ ହେଲା, ଏହାଦ୍ୱାରା କବି ଚମତ୍କାରିତା, ବାକ୍-ବୈଦଗ୍ଧ ବା ଚାତୁର୍ଯ୍ୟୋକ୍ତି ଓ ଆଳଙ୍କାରିକ ନୈପୁଣ୍ୟ ପ୍ରଦର୍ଶନ କରନ୍ତି। ଅନ୍ୟପକ୍ଷରେ, ସତ୍ୟ କଳ୍ପନାରେ ସୌନ୍ଦର୍ଯ୍ୟ-ଚେତନା, ଅନୁଭବ-ଜଗତର ମାର୍ମିକ ଚିତ୍ର, ଜୀବନ ଓ ଜଗତର ଯଥାର୍ଥ ପ୍ରତିଛବି ଅଭିବ୍ୟକ୍ତି ଲାଭ କରେ। ବୈଚିତ୍ର୍ୟ-କଳ୍ପନା ଓ ପ୍ରକୃତ କଳ୍ପନା ମଧ୍ୟରେ ଅନ୍ୟ ଏକ ପାର୍ଥକ୍ୟ ହେଲା, କାବ୍ୟ ପାଠ କରି ଆମେ ଯେତେବେଳେ କବି-କଳ୍ପନାର ପରାକାଷ୍ଠାରେ ଚମତ୍କୃତ ଓ ଉଚ୍ଛ୍ୱସିତ ହୋଇଉଠୁ, ସେତେବେଳେ କବି ବୈଚିତ୍ର୍ୟ କଳ୍ପନା କରିଛନ୍ତି ବୋଲି ଜାଣିବାକୁ ହେବ। ମାତ୍ର ସତ୍ୟ-କଳ୍ପନାର ଚିତ୍ର ଦେଖି ବା ଶୁଣି ଆମ ଆଖିରେ ଭାବ-ପୁଲକ ଖେଳିଯାଏ ବା ବାଣୀମୂକ ହୋଇଯାଏ। ତେଣୁ କୁହାଯାଇପାରେ, ପ୍ରଭାବ ଦୃଷ୍ଟିରୁ ବୈଚିତ୍ର୍ୟ-କଳ୍ପନା ମୁଖର ଓ ସତ୍ୟ-କଳ୍ପନା ମୂକ। ବୈଚିତ୍ର୍ୟ-କଳ୍ପନାରେ ଗାମ୍ଭୀର୍ଯ୍ୟବୋଧର ଅଭାବ; ଅର୍ଥାତ୍, ଏହାର ସୃଷ୍ଟିରୁ ମହିମାବୋଧ ବା ଉଦାତ୍ତ ଅନୁଭୂତି ମିଳେ ନାହିଁ। କବିର ଚାପଲ୍ୟ ବା ଶିଶୁସୁଲଭ କ୍ରୀଡ଼ାପ୍ରିୟତାର ପରିଚୟ ବୈଚିତ୍ର୍ୟ-କଳ୍ପନାରୁ ମିଳେ। ଅବ୍ୟବସ୍ଥିତ କଳ୍ପନାର ସୃଷ୍ଟି ଅନାସୃଷ୍ଟି।

ବୈଚିତ୍ର୍ୟ କଳ୍ପନା ଦ୍ୱାରା ମଧ୍ୟ କାବ୍ୟରେ ରୂପକଳ୍ପ ସୃଷ୍ଟି ହୁଏ; ମାତ୍ର ଏ ପ୍ରକାର ରୂପକଳ୍ପ ସର୍ବୋତ୍ତମ କବି-କଳ୍ପନାର ନିଦର୍ଶନ ନୁହେଁ। ପ୍ରକୃତ କଳ୍ପନାରେ କବି ବାସ୍ତବର ଯେଉଁ ନବ-ଜନ୍ମ ଘଟାନ୍ତି ତାହା ଏଥିରେ ସମ୍ଭବ ହୁଏ ନାହିଁ। କୌତୁକାବହ ପରିବେଶ ସୃଷ୍ଟି ନିମନ୍ତେ କବି ଏହାର ଆଶ୍ରୟ ନିଅନ୍ତି। ସୂକ୍ଷ୍ମ ପର୍ଯ୍ୟବେକ୍ଷଣର ଅଭାବରୁ କବି ଜୀବନ ଓ ଜଗତ୍‌ର ପ୍ରକୃତ ଚିତ୍ର ଦେଇପାରନ୍ତି ନାହିଁ। ପୌରାଣିକ-ଜ୍ଞାନର ଆଶ୍ରୟରେ କବି ଏହି କଳ୍ପନାରେ ସାମୟିକ ଚମତ୍କାର ସୃଷ୍ଟି କରନ୍ତି; ମାତ୍ର ତାହା କ୍ଷଣସ୍ଥାୟୀ ଓ ବହୁ କ୍ଷେତ୍ରରେ ନିତାନ୍ତ ଅରମ୍ୟ। ସତ୍ୟ-କଳ୍ପନା ମାନବୀୟ ଅନୁଭୂତିପ୍ରସୂତ।[୪୩] କବି-କଳ୍ପନାରେ ବିଶ୍ୱାସ ଅବିଶ୍ୱାସ, ବାସ୍ତବ ଅବାସ୍ତବର ପ୍ରଶ୍ନ ଉଠେ ନାହିଁ। କଳ୍ପ-ସତ୍ୟ, ବସ୍ତୁ-ସତ୍ୟର ଊର୍ଦ୍ଧ୍ୱରେ; ତେଣୁ ରବୀନ୍ଦ୍ରନାଥ କହନ୍ତି-

"କବି, ତବ ମନୋଭୂମି,
ରାମେର ଜନମ ସ୍ଥାନ ଅଯୋଧ୍ୟାର ଚେୟେ ସତ୍ୟ ଜେନୋ।"

କବି ବାଲ୍ମୀକିଙ୍କ କଳ୍ପନାପ୍ରସୂତ ରାମ ସତ୍ୟ; ବାସ୍ତବରେ ରାମ ଜନ୍ମ ହୋଇଥିଲେ କି ନାହିଁ ତାହା ଐତିହାସିକ ଗବେଷଣାର ବିଷୟ। ତେଣୁ କାବ୍ୟ ଓ କଳାରେ ତଥ୍ୟର ସତ୍ୟ ନୁହେଁ, ରୂପର ସତ୍ୟ ହିଁ ମୁଖ୍ୟ। କଳ୍ପ-ସତ୍ୟ ରୂପକୁ ଆଶ୍ରୟ କରି ପ୍ରକାଶ ପାଇଲେ ସୁନ୍ଦର ଓ ସତ୍ୟ ପ୍ରତୀତ ହୁଏ।

ଭାରତୀୟ ପ୍ରତିଭାତତ୍ତ୍ୱ ଓ ପାଶ୍ଚାତ୍ୟ ସୌନ୍ଦର୍ଯ୍ୟ-ଶାସ୍ତ୍ରରେ କଳ୍ପନାର କ୍ରିୟା-ବ୍ୟାପାର ସମ୍ବନ୍ଧୀୟ ଆଲୋଚନାର ସାରକଥା ହେଲା, ଏହା ଏକ ଅଘଟନ ଘଟନ ପଟିୟସୀ ଶକ୍ତି। ମାନସିକ ରୂପ-ବିଧାନ କ୍ଷମତା ଦୃଷ୍ଟିରୁ କାବ୍ୟସମେତ ଲଳିତକଳା କ୍ଷେତ୍ରରେ ଏହି ସୃଜନୀ-କଳ୍ପନାର ଭୂମିକା ଗୁରୁତ୍ୱପୂର୍ଣ୍ଣ। ନବୀନ ସୃଜନ ନିମନ୍ତେ ଏହା ବିଲୟ, ବିକୀର୍ଣ୍ଣ ଓ ବିନଷ୍ଟ ଦ୍ୱାରା ବସ୍ତୁର ନବନ୍ୟାସ କରେ। ଏହା ହିରଣ୍ୟଗର୍ଭା। କଳ୍ପନାର ସ୍ୱର୍ଣ୍ଣ-ଜଳ ସିଞ୍ଚନ କରି କବି ନୀରସ ବସ୍ତୁ ଜଗତକୁ ସରସ ରୂପ-ଜଗତରେ ପରିଣତ କରିଦିଅନ୍ତି। ତେଣୁ କବିର କଳ୍ପଲୋକର ତିଲୋତ୍ତମା ହେଲା କବିତା। ବ୍ୟବହାର ଫଳରେ ଜୀର୍ଣ୍ଣ ଓ ନୀରସ ହୋଇପଡିଥିବା ଅଳଙ୍କାରକୁ ସଜୀବ ଚିତ୍ରକଳ୍ପ ରୂପେ ଉପସ୍ଥାପନ କରିବାର କ୍ଷମତା କଳ୍ପନାରେ ରହିଛି।

କାବ୍ୟରେ ଉପମା-ପ୍ରୟୋଗ କ୍ଷେତ୍ରରେ କବି-କଳ୍ପନାର ନବୀନତା, ରମଣୀୟତା ତଥା ଜୀବନ୍ତତା ଅନୁସନ୍ଧେୟ। କାରଣ କାବ୍ୟ-କଳ୍ପନାରେ ଜୀବନ ପାଏ। ଯେଉଁ ଜଗତରେ ଏହାର ଅବସ୍ଥିତି ତାହା ହେଲା କବି-କଳ୍ପନାର ବ୍ୟକ୍ତିନିଷ୍ଠ ଜଗତ୍; ବସ୍ତୁନିଷ୍ଠ ଜଗତ୍ ନୁହେଁ। କଳ୍ପନାର ଗତି କନ୍ଦର୍ପ ଭଳି ଅପ୍ରତିହତ। ସୂର୍ଯ୍ୟକିରଣ ଅଗମ୍ୟ ସ୍ଥାନରେ ମଧ୍ୟ ଏହା ପ୍ରବେଶ କରିପାରେ। ଏଣୁ କଳ୍ପନାକୁ ଅଦୃଶ୍ୟ ଗୋଚରକାରିଣୀ କୁହାଯାଇଛି। କାବ୍ୟରେ କେବଳ ଚିତ୍ର-ବିଧାୟିନୀ କଳ୍ପନାର ମହତ୍ତ୍ୱ। କାରଣ ଯେଉଁ କଳ୍ପନାରେ ମୂର୍ତ୍ତିବିଧାୟିନୀ ଶକ୍ତି ନାହିଁ ବା ଯେଉଁଥିରେ ଭାବ ରୂପ ଧାରଣ କରୁନାହିଁ, ତାହା ବିନ୍ଧ୍ୟା।

କବିର ସୌନ୍ଦର୍ଯ୍ୟ-ଦୃଷ୍ଟି କଳ୍ପନା ଦ୍ୱାରା ନିୟନ୍ତ୍ରିତ ହୁଏ ଓ କାବ୍ୟରେ ଚିତ୍ରକଳ୍ପ ମାଧ୍ୟମରେ ପ୍ରକାଶ ପାଏ। କଳ୍ପନାକୁ ମାନସିକ ରୂପ-ସୃଷ୍ଟିର ଶକ୍ତି ରୂପେ ଗ୍ରହଣ କରାଗଲେ ଏହାଦ୍ୱାରା ଯାହା ସୃଷ୍ଟି ହୁଏ ତାହା ହେଲା ଚିତ୍ରକଳ୍ପ। ଚିତ୍ରକଳ୍ପ ସୃଷ୍ଟିରୁ କବିର ସୌନ୍ଦର୍ଯ୍ୟଚେତନା ପ୍ରମାଣିତ ହୁଏ ତଥା କାବ୍ୟ-ବିଚାର କ୍ଷେତ୍ରରେ ସମାଲୋଚକ ମୁଖ୍ୟତଃ ଚିତ୍ରକଳ୍ପର ହିଁ ବିଶ୍ଳେଷଣ କରି କବି-କଳ୍ପନାର ରମଣୀୟତା ଦେଖାଇଥାନ୍ତି। କାବ୍ୟରେ ଚିତ୍ରକଳ୍ପର ଭୂମିକା ହେଲା, ଏହା କବିର ଅନ୍ତରାନୁଭୂତିର ପ୍ରକାଶ-ମାଧ୍ୟମ ରୂପେ କାର୍ଯ୍ୟ କରେ। କବିର ଅନ୍ତଶ୍ଚେତନା ସହିତ ସୌନ୍ଦର୍ଯ୍ୟ ପ୍ରତି ଦୃଷ୍ଟିକୋଣ ମଧ୍ୟ ଏଥିରୁ ପରୀକ୍ଷା କରାଯାଏ। ଚିତ୍ରକଳ୍ପ କବିର ଚିତ୍ରାନୁଭୂତିର ପ୍ରକାଶ-ସରଣୀ। କବିର

ପ୍ରତିଭାନ ବା ଅନ୍ତରାନୁଭୂତି କେତେ ସଫଳ ଭାବରେ ଅଭିବ୍ୟକ୍ତି ଲାଭ କରିଛି ଓ କେଉଁ ସୌନ୍ଦର୍ଯ୍ୟ ଦୃଷ୍ଟିକୁ ସେ ଏଥିରେ ରୂପ ଦେଇଛନ୍ତି, ତାହା ଜାଣିବା ପାଇଁ ଚିତ୍ରକଳ୍ପ ଏକମାତ୍ର ଅବଲମ୍ବନ। କାରଣ କବିର ନିବିଡ ଅନୁଭୂତି କେବଳ ଚିତ୍ର ବା ରୂପ ମାଧ୍ୟମରେ ପ୍ରକାଶ ପାଏ। କଳ୍ପନା ଯେତେବେଳେ ମୂର୍ତ୍ତି ହୋଇଉଠେ, ସେତେବେଳେ କାବ୍ୟରେ ଚିତ୍ରର ଉଦୟ ଘଟେ। ଚିତ୍ରକଳ୍ପର ମାର୍ଗ ଅବଲମ୍ବନ କରି କଳ୍ପନା ବିକାଶ ଲାଭ କରେ। କଳ୍ପନାହିଁ ଚିତ୍ରର ଜନୟିତ୍ରୀ। କବି କଳ୍ପନାକୁ ରୂପ ଦେବା କାଳରେ ତାହା ଅନାୟାସରେ ଚିତ୍ରରେ ପରିଣତ ହୋଇଯାଏ।

ଚିତ୍ରବିଧାୟିନୀ ଶକ୍ତି ମାନବର ସହଜାତ। ଏପରିକି ଶିଶୁ ମଧ୍ୟ ନିଜର ବକ୍ତବ୍ୟକୁ ସ୍ପଷ୍ଟ କରିବା ପାଇଁ ରୂପ-କଳ୍ପନାର ସାହାଯ୍ୟ ନିଏ। ମାନସିକ ମୂର୍ତ୍ତି-ବିଧାନର ସ୍ୱାଭାବିକ ପ୍ରବୃତ୍ତିର ପ୍ରାବଲ୍ୟ ହେତୁ ଶିଳ୍ପୀମାନେ ସେମାନଙ୍କର ଭାବ ଭାବନାକୁ ଶିଳ୍ପ-ରଚନା କାଳରେ ମୂର୍ତ୍ତତା ପ୍ରଦାନ କରି ଅଭିବ୍ୟକ୍ତି ଦିଅନ୍ତି। କ୍ରୋଚେଙ୍କ ମତରେ, କାବ୍ୟାତ୍ମକ ଉପାଦାନ ସମସ୍ତଙ୍କ ଚେତନାରେ ସ୍ଥାନ ପାଏ; ମାତ୍ର କବି କେବଳ ଅଭିବ୍ୟଞ୍ଜନା ବା ରୂପ ସୃଷ୍ଟି କରନ୍ତି।[୪୪] କବି ହେବାକୁ ହେଲେ ଏହି ରୂପ-ରଚନା ହିଁ ତାଙ୍କର ଲକ୍ଷ୍ୟ ହେବା ଉଚିତ୍। ଚିତ୍ରକଳ୍ପ ଅଭିବ୍ୟଞ୍ଜନାଠାରୁ ଭିନ୍ନ ନୁହେଁ-ଏ ଦୁଇଟି ଏକାତ୍ମ ଓ ଅଭିନ୍ନ ରୂପେ ପ୍ରକଟ ହୋଇଥାନ୍ତି।

କ୍ରୋଚେ ଦ୍ରବ୍ୟ **(Matter)** କୁ ନିର୍ଜୀବ ଓ ରୂପ ରହିତ କହନ୍ତି। ମାତ୍ର ମନ, ତାଙ୍କ ମତରେ, ସରୂପ ଓ ସଜୀବ। ସରୂପ ମନ ରୂପରହିତ ଦ୍ରବ୍ୟକୁ ନିଜ ଛାଞ୍ଚରେ ଢାଳେ। ମନ ସମକ୍ଷରେ ରୂପହୀନ ଦ୍ରବ୍ୟର ଉପସ୍ଥିତିରେ ମାନସ-ବ୍ୟାପାର ସଙ୍ଘଟିତ ହୁଏ ଓ ଦ୍ରବ୍ୟର ରୂପହୀନତାକୁ ଛାଞ୍ଚଯୁକ୍ତ ମନ ନିଜ ଅନୁରୂପ ଗଢିନିଏ। ତେଣୁ ଏକଦା ଯାହା ରୂପହୀନ ଥିଲା, ତାହା ରୂପବାନ୍ ହୋଇ ଉପଲବ୍ଧିର ବିଷୟ ହୁଏ।[୪୫] ଅମୂର୍ତ୍ତକୁ ମୂର୍ତ୍ତ ରୂପ ଦେବାକୁ ମନ ହିଁ ସମର୍ଥ। ବୃହଦାରଣ୍ୟକ ଉପନିଷଦରେ ରୂପର ଅବସ୍ଥିତି ସମ୍ବନ୍ଧରେ କୁହାଯାଇଛି-

"ସ ଆଦିତ୍ୟଃ କସ୍ମିନ୍ ପ୍ରତିଷ୍ଠିତ ଇତି ଚକ୍ଷୁଷୀତି କସ୍ମିନ୍ନୁ ଚକ୍ଷୁଃ ପ୍ରତିଷ୍ଠିତମିତ ରୂପେଷ୍ୱିତ ଚକ୍ଷୁଷା ହି ରୂପାଣି ପଶ୍ୟତି କସ୍ମିନ୍ନୁ ରୂପାଣି ପ୍ରତିଷ୍ଠିତାନି ହୃଦୟ ଇତି ହୋବାଚ ହୃଦୟେନ ହି ରୂପାଣି ଜାନାତି ହୃଦୟେ ହ୍ୟେବ ରୂପାଣି ପ୍ରତିଷ୍ଠିତାନି।"[୪୬]

ଅର୍ଥାତ୍, ସେହି ଆଦିତ୍ୟ କେଉଁଠାରେ ପ୍ରତିଷ୍ଠିତ? ନେତ୍ରଦ୍ୱୟରେ। ନେତ୍ର କେଉଁଠାରେ ପ୍ରତିଷ୍ଠିତ? ରୂପରେ। ଚକ୍ଷୁରେ ହିଁ ରୂପକୁ ଦେଖାଯାଏ। ରୂପର ଅବସ୍ଥିତି କେଉଁଠାରେ? ହୃଦୟରେ। ହୃଦୟ ଦ୍ୱାରା ହିଁ ରୂପର ଜ୍ଞାନ ହୁଏ। ହୃଦୟରେ ହିଁ ରୂପ ପ୍ରତିଷ୍ଠିତ।

ହୃଦୟ ବା ମନ ହିଁ ରୂପର ଉଦ୍ଭବ ସ୍ଥଳ। ହୃଦୟରେ ଯେଉଁ ରୂପର ଦର୍ଶନ ମିଳେ, ତାହା କବିର ଚିତ୍ର ବିଧାୟିନୀ କଳ୍ପନାର ସାହାଯ୍ୟରେ ଚିତ୍ରକଳ୍ପ ରୂପେ ଅଭିବ୍ୟକ୍ତି ଲାଭ କରେ। କବିର କଳ୍ପନାଶକ୍ତିର ସୂକ୍ଷ୍ମତା ଓ ସ୍ୱାଭାବିକତା ଅନୁସାରେ କାବ୍ୟର ଚିତ୍ର-ବିଧାନ ଆକର୍ଷଣୀୟ ଓ ପ୍ରଭାବଶାଳୀ ହୁଏ। କବି କ୍ଲିଷ୍ଟ କଳ୍ପନା କରିଥିଲେ ଚିତ୍ରକଳ୍ପ ମଧ୍ୟ କ୍ଲିଷ୍ଟ ଓ ଅସ୍ୱଚ୍ଛ ହୋଇପଡେ। ତାହା ପାଠକର ଚିତ୍ରାନୁଭୂତିକୁ ସହଜରେ ଜାଗ୍ରତ କରେ ନାହିଁ।

କବି ଓ ଶିଳ୍ପୀର ସାଧନା ରୂପମୁକ୍ତିର ସାଧନା। ଜଡତାରୁ ମୁକ୍ତି ଦେଇ ପାଷାଣୀକୁ ଅହଲ୍ୟା କରିବା ଶିଳ୍ପୀର କର୍ମ। ଏହାହିଁ ତାହାର ଚେତନାର ବ୍ୟାପାର ଓ ଦାନ। କବି କାବ୍ୟରେ ସମ୍ବାଦ ପରିବେଷଣ କରନ୍ତି ନାହିଁ। ଗତି, ଧ୍ୱନି ଓ କ୍ରିୟା ଦ୍ୱାରା ତାଙ୍କର ମାନସ-ସୌନ୍ଦର୍ଯ୍ୟକୁ ପ୍ରକାଶ କରନ୍ତି। ଅରୂପ ଭାବର ସମ୍ମୂର୍ତ୍ତନ ତାଙ୍କ କଳ୍ପନା ଦ୍ୱାରା ସାଧିତ ହୁଏ। ଶରୀରକୁ ଆଶ୍ରୟ କରି ଆତ୍ମା ଯେପରି ନିଜର ଶକ୍ତି ପ୍ରକଟ କରେ କବିର ଭାବ ସେହିପରି ରୂପ ମାଧ୍ୟମରେ ଫିଟିପଡେ। ରୂପ ଘେନି ଶିଳ୍ପୀର ଶିଳ୍ପ ରଚନା। ନିଜର ଅନୁଭୂତିର ସୌନ୍ଦର୍ଯ୍ୟକୁ ଆତ୍ମସ୍ୱତନ୍ତ୍ର ରୂପେ ପ୍ରତ୍ୟକ୍ଷ କରି ଶିଳ୍ପୀ ଅନ୍ତରର ରୂପକୁ ବାହାରେ ପ୍ରକାଶ କଲେ ସହୃଦୟର ଚେତନାରେ ତାହାର ରସ-ରୂପ ଆସ୍ୱାଦନୀୟ ହୁଏ।

ଭାବ ହିଁ କବିତାର ପ୍ରାଣ। ଭାବ ଯେତେବେଳେ ରୂପ ଧାରଣ କରେ ସେତେବେଳେ କବିତାରେ ଚିତ୍ରକଳ୍ପର ଉଦୟ ଘଟେ। କାରଣ କାବ୍ୟିକ ସମ୍ବେଗାବଳୀ ମୂର୍ତ୍ତ ହେବା ସଙ୍ଗେ ନିର୍ବିଶେଷ। ନିରାକାର ସମ୍ବେଗ ନିମନ୍ତେ କାବ୍ୟରେ ସ୍ଥାନ ନାହିଁ। କବିତା କେବଳ ମୂର୍ତ୍ତି ସମ୍ବେଗର ଚିତ୍ର ଦିଏ। ରୂପକୁ ଆଶ୍ରୟ କରି କାବ୍ୟ ସତ୍ୟ ହୋଇଉଠେ। ତେଣୁ କାବ୍ୟ ସତ୍ୟ କହିଲେ ଯାହା ବୁଝାଯାଏ, ତାହା ହେଲା-ରୂପର ସତ୍ୟ। ସମ୍ବାଦ ବା ବାର୍ତ୍ତା ଦ୍ୱାରା ସମ୍ବେଗ ପ୍ରେକ୍ଷଣୀୟ ହୋଇନପାରେ। ମାଲାର୍ମେ କହନ୍ତି, ବସ୍ତୁ ବର୍ଣ୍ଣନା ନକରି ବସ୍ତୁ ଯେଉଁ ପ୍ରଭାବ ଉତ୍ପନ୍ନ କରେ, କବି ତାହାହିଁ ଦେବା ଉଚିତ।(୪୭) କବି ବା କଳାକାର ବସ୍ତୁ ସୃଷ୍ଟି କରନ୍ତି ନାହିଁ। ସେ ବସ୍ତୁର ରୂପ ହିଁ ସୃଷ୍ଟି କରନ୍ତି। ବସ୍ତୁଠାରୁ ବସ୍ତୁର ରୂପ ଅଧିକ ଆକର୍ଷଣୀୟ। ବସ୍ତୁ ପୁଞ୍ଜର ନାମୋଲ୍ଲେଖ କାବ୍ୟ ନୁହେଁ, ବସ୍ତୁ ରୂପର ଚମତ୍କାରିତା ଓ ମନୋଜ୍ଞତା ପାଠକର କାମ୍ୟ। ବସ୍ତୁ ବାହ୍ୟଜଗତର ଅନ୍ତର୍ଗତ; ମାତ୍ର ବସ୍ତୁର ରୂପ ରମ୍ୟାନୁଭୂତିର ବିଷୟ। ବସ୍ତୁଠାରୁ ବସ୍ତୁର ରୂପକୁ ଅଲଗା କରିବା ଶକ୍ତି ପ୍ରତ୍ୟେକ ବ୍ୟକ୍ତିଠାରେ ନଥାଏ। ଶିଳ୍ପୀ ହିଁ ଏଥିପାଇଁ କ୍ଷମ। ବସ୍ତୁ ବାସ୍ତବ ଓ ଚମତ୍କାରୀ। ବସ୍ତୁଠାରୁ ବସ୍ତୁର ଛାୟା ଅଧିକ ସୁନ୍ଦର। କବି କଳ୍ପନା ବଳରେ ପାତ୍ର ଓ ପରିସ୍ଥିତିରେ ପ୍ରବେଶ କରି ସେଗୁଡିକର ବିଶିଷ୍ଟ ରୂପକୁ ଦେଖିପାରନ୍ତି।

ତରଙ୍ଗ, ନଗ ନଦୀ, ପ୍ରେମିକ ପ୍ରେମିକା, ଶିଶୁ ଆଦି ଅନାଦି, ସରୂପ ଅରୂପ, ଅନ୍ତର ବାହାର-କବି ସକଳର ରୂପ-କଳ୍ପନା କରନ୍ତି। ଯେଉଁ କବି ବସ୍ତୁର ରୂପ ଦେଖିନାହାନ୍ତି ସେ ବସ୍ତୁକୁ ମଧ୍ୟ ଦେଖିନାହାନ୍ତି ବୋଲି କହିବାକୁ ହେବ। କବି-ପ୍ରତିଭାର ବିଶେଷତ୍ୱ ହେଲା ଏହା ସହାନୁଭୂତିମୂଳକ। ବସ୍ତୁ, ବ୍ୟକ୍ତି, ଘଟଣା ଓ ପରିବେଶ ପ୍ରତି ସହାନୁଭୂତି ବିନା କବି ସେଗୁଡିକର ସୁନ୍ଦର ବର୍ଣ୍ଣନା ବା ଚିତ୍ର ଦେଇନପାରନ୍ତି। ଏଗୁଡିକ ପ୍ରତି ଯେଉଁ କବି ହୃଦୟରେ ଯେତେ ସହାନୁଭୂତି ରଖିଥାନ୍ତି-ସେ ସେତେ ସୁନ୍ଦର ରଚନାର ଅଧିକାରୀ। ସହାନୁଭୂତି ଫଳରେ ବସ୍ତୁର ଯେଉଁ ଚିତ୍ର ତାଙ୍କ ହୃଦୟରେ ପ୍ରତିଷ୍ଠା ପାଇଥାଏ, ତାହାହିଁ ଚିତ୍ରକଳ୍ପରେ ଅଭିବ୍ୟକ୍ତି ଲାଭ କରେ। ଏଣୁ ଚିତ୍ରାନୁଭୂତି ହିଁ ପ୍ରକୃତ କାବ୍ୟାନୁଭୂତି-ଏହା କବି ଓ ପାଠକ ଉଭୟଙ୍କ ପ୍ରତି ପ୍ରଯୁଜ୍ୟ।

କବିତା ରହସ୍ୟାତ୍ମକ ବା ଅବୋଧ ଭାବକୁ ସାକାର ଓ ବାସ୍ତବ ରୂପ ଦେଇପାରେ। ଏଲିୟଟଙ୍କ ଭାଷାରେ କହିଲେ, କବିତା "ଅବ୍ୟକ୍ତ ଉପରେ ଏକ ଆକ୍ରମଣ" (a raid upon the inarticulate-Four quartets। ଭାବର ବାଙ୍‌ମୟ ପ୍ରକାଶ ହିଁ ରୂପ। କାରଣ ଭାବ ରୂପାୟନ ଲାଭ ନ କଲାଯାଏଁ କାହାରି ମନରେ ସ୍ଥାନ ପାଏ ନାହିଁ। ପ୍ରଥମ ଚୌଧୁରୀ ତାଙ୍କର ଏକ ସନେଟରେ କହିଛନ୍ତି-

ବାଣୀ ଯାର ମନଶ୍ଚକ୍ଷେ ନ ଧରେ ଆକାର
ତାହାର କବିତ୍ୱ ଶୁଧୁ ମନେର ବିକାର।[୪୮]

ତେଣୁ ଭାବକୁ ରୂପ ଧାରଣ କରି ପାଠକର ମନଶ୍ଚକ୍ଷୁରେ ନୃତ୍ୟ କରିବାକୁ ପଡିବ। ଭାବ ଯେ ରୂପକୁ ପାଇବା ପାଇଁ ବ୍ୟାକୁଳ ଓ ପୁଣି ରୂପର ଭାବ ନ ହେଲେ ଅଚଳ-ରବୀନ୍ଦ୍ର ନାଥଙ୍କ ନିମ୍ନୋକ୍ତ ପଦାବଳୀରେ ତାହାର ଏକ ମାର୍ମିକ ବିଶ୍ଳେଷଣ ମିଳେ-

ଭାବ ପେତେ ଚାୟ ରୂପେର ମାଝାରେ ଅଙ୍ଗ
ରୂପ ପେତେ ଚାୟ ଭାବେର ମାଝାରେ ଛଡା।
ଅସୀମ ସେ ଚାହେ ସୀମାର ନିବିଡ ସଙ୍ଗ,
ସୀମା ଚାୟ ହତେ ଅସୀମେର ମାଝେ ହାରା।
ପ୍ରଳୟେ ସୃଜନେ ନା ଜାନି ଏ କାର ଯୁକ୍ତି,
ଭାବ ହତେ ରୂପେ ଅବିରାମ ଯାଓୟା-ଆସା,
ବନ୍ଧ ଫିରିଛେ ଖୁଁଜିୟା ଆପନ ମୁକ୍ତି
ମୁକ୍ତି ମାଗିଛେ ବାଁଧନେର ମାଝେ ବାସା।[୪୯]

ତେଣୁ କୁହାଯାଇପାରେ, କବିତାରେ ଭାବ ଓ ରୂପ ଉଭୟର ପ୍ରୟୋଜନ।

କେବଳ ଭାବ ନୁହେଁ କି ରୂପ ନୁହେଁ-ଭାବଗର୍ଭିତ ରୂପର ମହତ୍ତ୍ୱ କାବ୍ୟରେ ସ୍ୱୀକୃତ। ଦେବତାଶୂନ୍ୟ ମନ୍ଦିର ଓ ଭାବଶୂନ୍ୟ ରୂପ କଳ୍ପନା କରାଯାଇନପାରେ। ଅରୂପ ଭାବ କବିତାରେ ଚିତ୍ରକଳ୍ପ ମାଧ୍ୟମରେ ସରୂପ ହୁଏ। କବି ତାଙ୍କ ହୃଦୟର ଅଗୋଚର ଭାବକୁ ମୂର୍ତ୍ତତା ପ୍ରଦାନ କରନ୍ତି ଚିତ୍ର-ବିଧାନ ମାଧ୍ୟମରେ। ନିରାକାର ଭାବ ସାକାର ପ୍ରତିମା ରୂପେ ଅଭିବ୍ୟକ୍ତି ଲାଭ କରେ। ଚିତ୍ର ପ୍ରକାଶିତ ଅଭିବ୍ୟଞ୍ଜନା ହେଲେ ଭାବ ସଂଗୁପ୍ତ ଅଭିବ୍ୟଞ୍ଜନା। ରୂପର ଅନ୍ତରାଳରେ ଭାବ ପ୍ରକାଶ ପାଇଲେ କଳାର ଉତ୍କର୍ଷ ପ୍ରମାଣିତ ହୁଏ। ରୂପ ଦେହ ହେଲେ ଭାବ ତହିଁରେ ଆତ୍ମା। ଭାବ ରୂପକୁ ଆଶ୍ରୟ କରି ରସ-ମୂର୍ତ୍ତିରେ ପରିଣତ ହୁଏ। ପରମ ସୁନ୍ଦର (Absolute) ଙ୍କୁ ରୂପାୟନ କରିବାର ଦାୟିତ୍ୱ କବି ଓ ଶିଳ୍ପୀ ବହନ କରିଥାନ୍ତି। ହେଗେଲ ତେଣୁ କାବ୍ୟିକ ପ୍ରତ୍ୟୟ (poetical ideas) ବା ଚିତ୍ରାବଳୀକୁ କବିତାର ଉପାଦାନ ରୂପେ ସ୍ୱୀକାର କରିଛନ୍ତି।[୫୦] ନିଜେ ନିର୍ବିକଳ୍ପ ପରମ ସୁନ୍ଦର ଇନ୍ଦ୍ରିୟଗ୍ରାହ୍ୟ ରୂପରେ ଅଭିବ୍ୟକ୍ତି ଲାଭ କରିବା ପାଇଁ ବ୍ୟାକୁଳ।

କବି ତାଙ୍କର ଛବିଳ ଅଭିବ୍ୟକ୍ତି ଶକ୍ତି ନିମନ୍ତେ ପ୍ରତିଷ୍ଠା ପାଆନ୍ତି। ବିଜ୍ଞାନର ଘଟଣା-ସର୍ବସ୍ୱ ସତ୍ୟ କବି-କଳ୍ପନାର ସୁବର୍ଣ୍ଣବନ୍ଧନୀ ମଧ୍ୟରେ ପଡି ଛବି ଭଳି ଜାଜ୍ଜ୍ୱଲ୍ୟମାନ ହୁଏ। କବିତାରେ ଅଭିବ୍ୟକ୍ତିର ଔଜ୍ଜ୍ୱଲ୍ୟ ଅଂଶତଃ କବିର ଛବିଳ ଶକ୍ତି ହେତୁ ଓ ଅଂଶତଃ ଅପରିହାର୍ଯ୍ୟ ଓ ପରିମିତ ଶବ୍ଦର ସୁଚାରୁ ବ୍ୟବସ୍ଥା ହେତୁ ଫୁଟିଥାଏ। କବିତାରେ ଚିତ୍ରବିଧାନ ସମ୍ବେଗର ଆଲୋକସ୍ନାନ ସୌନ୍ଦର୍ଯ୍ୟ ରୂପେ ପ୍ରତୀତ ହେଲେ ସାର୍ଥକ ହୁଏ।

ରୂପ ରସର ଆଶ୍ରୟ ବା ଆଲମ୍ବନ। ଏଣୁ ରୂପକଥା ଆଲୋଚନା କଲାବେଳେ ରସ-ପ୍ରସଙ୍ଗ ସ୍ୱତଃ ଆସିଯାଏ। ରୂପରସର ବାହାରେ କାବ୍ୟର ଅସ୍ତିତ୍ୱ ନାହିଁ। ରସାଣିତ ରୂପବିଶିଷ୍ଟ ଚିତ୍ରକଳ୍ପ ସୃଷ୍ଟି କରିବା କବିର ଲକ୍ଷ୍ୟ। କାବ୍ୟରେ ରୂପ ଓ ରସ ସ୍ୱତନ୍ତ୍ର ନୁହନ୍ତି। ବସ୍ତୁର ରୂପାୟନ ଓ ରସାୟନ ତଥା କବିର ରୂପୋଲ୍ଲାସ ଓ ରସୋଲ୍ଲାସ-ଏକ କାଳରେ ସଂଘଟିତ ହୁଏ। ଶ୍ରେଷ୍ଠ କାବ୍ୟ ରୂପ ଓ ରସକୁ ପୃଥକ୍ କରି ପରିବେଷଣ କରେ ନାହିଁ। ରୂପ ତାହାର ଚରମ ବିକାଶ କାଳରେ ରସ-ମୂର୍ତ୍ତିରେ ଅଭିବ୍ୟକ୍ତି ଲାଭ କରେ। କବି ସମ୍ବେଗ-ସଞ୍ଚର କଳ୍ପନା ଦ୍ୱାରା ଭାବକୁ ମୂର୍ତ୍ତତା ପ୍ରଦାନ କରୁଥିବାରୁ ସେହି କଳ୍ପନାରୁ ଉଦ୍ଭୁତ ଚିତ୍ରକଳ୍ପ ମଧ୍ୟ ସମ୍ବେଗଗର୍ଭ ହୋଇଥାଏ। ଶ୍ରେଷ୍ଠ ଚିତ୍ରକଳ୍ପ ସମ୍ବେଗ ସହିତ ଜନ୍ମଲାଭ କରେ। ଅନ୍ୟ କଥାରେ, ସମ୍ବେଗ ହିଁ ଚିତ୍ରଧର୍ମୀ ହୋଇ କବି ଚେତନାର ଚିତ୍ର ରୂପେ ପ୍ରକାଶ ପାଏ।

ରୂପ ସହିତ ରଙ୍ଗର ସହାବସ୍ଥାନ ନିତ୍ୟ ଓ ଏ ଦୁହେଁ ପରସ୍ପର ନିର୍ଭରଶୀଳ। ରଙ୍ଗ ଓ ରୂପ ସ୍ୱତନ୍ତ୍ର ହେଲେ ହେଁ ଏକ ବିନା ଆରେକର ସ୍ଥିତି ଅସମ୍ଭବ ହୋଇପଡେ।

ରଙ୍ଗ ରୂପ ଉପରେ ଆଶ୍ରୟ ନକଲେ ଦୃଶ୍ୟ ହୁଏ ନାହିଁ କି ରୂପ ମଧ୍ୟ ରଙ୍ଗକୁ ଛାଡି ବକ୍ତ ହୋଇପାରେ ନାହିଁ। ପ୍ରତୀୟମାନ ଜଗତରେ କୌଣସି ରୂପ ରଙ୍ଗ ବିନା ଦୃଶ୍ୟ ହୁଏ ନାହିଁ। ତେଣୁ ରଙ୍ଗ ସର୍ବଦା ରୂପଧର୍ମୀ ଓ ରୂପ, ରଙ୍ଗମୟ। ସଂସ୍କୃତ ସାହିତ୍ୟରେ ବାଣଙ୍କର ରଙ୍ଗ-ଯୋଜନା ଫଳରେ ବର୍ଣ୍ଣନୀୟ ରୂପ ଅସାଧାରଣ ସୌନ୍ଦର୍ଯ୍ୟମଣ୍ଡିତ ହୋଇଛି।

କବିତାର ଭାଷା ରୂପର ଭାଷା। ଚିତ୍ରକଳ୍ପ କବିର ଅକୃତ୍ରିମ ଆନନ୍ଦର ବାର୍ତ୍ତାବହ। ପାଠକର ମନଶ୍ଚକ୍ଷୁରେ ସେ ଚିତ୍ର ପ୍ରତ୍ୟକ୍ଷୀକୃତ ହୁଏ। କବିର କଳ୍ପଲୋକର ଦାନ ଚିତ୍ର ବା ଉପମାର ଲକ୍ଷଣ ହେଲା, ଏହା ମାନସୀ ପ୍ରତୀତ। ଏହା ଚାକ୍ଷୁସ-ପ୍ରତ୍ୟକ୍ଷର ଅନୁରୂପ ହେଲେ ହେଁ ଅଲୌକିକ ଅଭିନବଗୁପ୍ତ ରସକୁ ପ୍ରତ୍ୟକ୍ଷ ସଦୃଶ କହନ୍ତି। ବାକ୍ୟାର୍ଥର ପ୍ରତୀତ ପରେ ଆଉ ଯେଉଁ ପ୍ରତୀତି ହୁଏ, ତାହା ମାନସୀସାକ୍ଷାତ୍‌କାରାତ୍ମିକା। ଏହା ହୃଦୟରେ ପ୍ରବେଶ କରି ଚକ୍ଷୁ ଅଗ୍ରତରେ ନୃତ୍ୟ କଲା ପରି ବୋଧହୁଏ। (ସାକ୍ଷାଦିବ ହୃଦୟେ ନିବିଶମାନଂ ଚକ୍ଷୁଷୋରିବ ବିପରିବର୍ତ୍ତମାନମ୍)।[୪୧] ଏହି ପ୍ରତୀତି ସମ୍ପୂର୍ଣ୍ଣ ନିର୍ବିଘ୍ନ । କାରଣ ଦୁଃଖ ସୁଖ ପ୍ରଭୃତି ବୃଦ୍ଧି ଏହି ପ୍ରତୀତି କାଳରେ ଆସି ବାଧା ସୃଷ୍ଟି କରେ ନାହିଁ । ଚକ୍ଷୁ ପୁରତରେ ବିପରିବର୍ତ୍ତିତ ହେଲା ପରି ବର୍ଣ୍ଣିତ ଚିତ୍ରଟି ପ୍ରତିଭାତ ହୁଏ । ଅଭିନବଗୁପ୍ତ ଏହି ପ୍ରତୀତିକୁ ଚାକ୍ଷୁଷ ପ୍ରତ୍ୟକ୍ଷର ଅନୁରୂପ ମାତ୍ର ସମ୍ପୂର୍ଣ୍ଣ ମାନସୀ-ପ୍ରତୀତି କହିଛନ୍ତି । ଚିତ୍ରଟିର ରୂପ ମାନସ ନେତ୍ରର ଗୋଚରୀଭୂତ ହୁଏ । ମମ୍ମଟ ସ୍ଥାୟୀଭାବର ରସ ରୂପେ ଗୋଚରୀକୃତ ଓ ଆସ୍ୱାଦ୍ୟମାନତାକୁ ତାହାର ଏକମାତ୍ର ପ୍ରାଣ ରୂପେ ସ୍ୱୀକାର କରି କହନ୍ତି ଯେ, ତାହା ପାନକରସ ଭଳି ଚର୍ବ୍ୟମାଣ । ରସର ଏହି ଚର୍ବ୍ୟମାନତା କାଳରେ ମନେହୁଏ, ତାହା ଯେପରି ପୁରୋଭାଗରେ ପରିସ୍ଫୁରିତ ହେଉଛି, ସତେ କି ହୃଦୟରେ ପ୍ରବେଶ କରୁଛି, ସକଳ ଅଙ୍ଗକୁ ଯେପରି ଆଲିଙ୍ଗନ କରୁଛି, ଅନ୍ୟ ସବୁକୁ ତିରୋହିତ କରିଦେଉଛି, ବ୍ରହ୍ମାନନ୍ଦ ଭଳି ଆସ୍ୱାଦର ଅନୁଭବ ଆଣି ଦେଉଛି; ଅଲୌକିକ ଚମତ୍କାରକାରୀ ଶୃଙ୍ଗାର ପ୍ରଭୃତି ରସ ଏହି ଲକ୍ଷଣାକ୍ରାନ୍ତ-

"ଗୋଚରୀକୃତ ଚର୍ବ୍ୟମାଣତୈକପ୍ରାଣୋ ବିଭାବାଦି ଜୀବିତାବଧିଃ ପାନକରସ-ନ୍ୟାୟେନ ଚର୍ବ୍ୟମାଣଃ ପୁର ଇବ ପରିସ୍ଫୁରନ୍ ହୃଦୟମିବ ପ୍ରବିଶନ୍ ସର୍ବାଙ୍ଗୀନମିବ ଆଲିଙ୍ଗନ୍ ଅନ୍ୟତ୍ ସର୍ବମିବ ତିରୋଦଧତ୍ ବ୍ରହ୍ମାନନ୍ଦ ସ୍ୱାଦମିବ ଅନୁଭାବୟନ୍ ଅଲୌକିକ ଚମତ୍କାରକାରୀ ଶୃଙ୍ଗାରାଦିକୋ ରସଃ ।"[୪୨]

ଚିତ୍ରକଳ୍ପ ପାଠକଠାରେ ଏହିପରି ପ୍ରଭାବ ପକାଇଲେ ଓ ଶୁଦ୍ଧ ରସ-ମୂର୍ତ୍ତିରେ ପରିଣତ ହେଲେ ସାର୍ଥକ ଓ ସୁନ୍ଦର ହୁଏ ।

କବିତାରେ ଚିତ୍ରକଳ୍ପର ସ୍ଥିତି ଏପରି ହେବ ଯେ, ଚିତ୍ରର ସୌନ୍ଦର୍ଯ୍ୟକୁ ପ୍ରତ୍ୟକ୍ଷ କରିସାରିଲା ପରେ ପାଠକ ଏକ ଅପୂର୍ବ ଆନନ୍ଦ ଲାଭ କରିବ । ଏହା ରମଣୀୟ

ଅନୁଭୂତି ସହ ଯେତେବେଳେ ବହୁ ଭାବାନୁଷଙ୍ଗ ଜାତ କରାଏ ଓ କୌଣସି ବିରୋଧୀ ସମାଗମକୁ ପ୍ରଶ୍ରୟ ନଦେଇ ଏକ ଚିତ୍ରମୂର୍ତ୍ତି ସୃଷ୍ଟି କରେ, ସେତେବେଳେ ତାହା ସାର୍ଥକ ଚିତ୍ର-ବିଧାନର ଗୌରବ ପାଏ । ଏହା ଯେଉଁ ସାହଚର୍ଯ୍ୟ-ଭାବନା ଜାଗ୍ରତ କରେ, ତାହା ଯେପରି ବିରୋଧୀ ଗୁଣଯୁକ୍ତ ନହୁଏ ତଥା ଯେଉଁ ଅନୁଭୂତିକୁ ପ୍ରକୃତରୁ ଆବାହନ କରାଯାଉଛି, ତାହା ଯେପରି ହୃଦ୍ୟ ଓ ସୁନ୍ଦର ହୁଏ । ଚିତ୍ର ବିଧାନରେ ଅନୁଚିତ ଉପାଦାନକୁ ସର୍ବଥା ବର୍ଜନ କରିବାକୁ ପଡ଼ିବ । ଅସଂହତ ଚିତ୍ରକଳ୍ପ ଉପଲବ୍ଧିର ବିଷୟ ହୁଏ ନାହିଁ । ପାଠକର ରମଣଶୀଳ ବୃତ୍ତିକୁ ସର୍ବଦା ଉଦ୍‌ବୁଦ୍ଧ କରୁଥିବା ଚିତ୍ରକଳ୍ପ ଚିର ନବୀନ । କବିତାର ବାଣୀ ପାଠକର ହୃଦୟ ଓ କଳ୍ପନାକୁ ନନ୍ଦିତ କରେ । ଏହାର ମୁଖ୍ୟ ଆବେଦନ ହୃଦୟ ଦ୍ୱାରରେ, ବୁଦ୍ଧି କିମ୍ବା ଇଚ୍ଛା ପ୍ରତି ନୁହେଁ । ଚିତ୍ରକଳ୍ପ ତେଣୁ ହୃଦ୍ୟ ହେଲେ ଜୀବନ୍ତ ହୁଏ । କାବ୍ୟ-ସମ୍ବେଗବିହୀନ ଚିତ୍ରକଳ୍ପ ବାଗ୍‌ବିକଳ୍ପ ମାତ୍ର । ପ୍ରକୃତ କବି ସରଳ ଓ ପ୍ରାଚୀନ ଶବ୍ଦାବଳୀର ନୂତନ ଓ ସକଳ ବ୍ୟବହାର କରନ୍ତି । ସେ ଶବ୍ଦାବଳୀରେ ଜୀବନ ଭରି ଦିଅନ୍ତି, ଯାହା ଫଳରେ ଶବ୍ଦମାନେ କଥା କହିବାକୁ , ନାଚିବାକୁ ଓ ଉଡିବାକୁ ଲାଗନ୍ତି । କଳ୍ପନାର ଉଜ୍ଜ୍ୱଳ ହେମ-କିରଣ ଅଭିବ୍ୟକ୍ତିର ରଙ୍ଗ ସହିତ ଐକ୍ୟ ସ୍ଥାପନ କରି ପାଠକର ପର୍ଯ୍ୟୁତ୍ସୁକତା ସମ୍ପାଦନ କରେ । ଏକ କାଳରେ ବହୁ ଚିତ୍ରକଳ୍ପର ଆବିର୍ଭାବ କେବଳ କବିତା କ୍ଷେତ୍ରରେ ସମ୍ଭବ । ମାତ୍ର କବି ସେଗୁଡିକ ମଧ୍ୟରେ ପାରସ୍ପରିକ ସଙ୍ଗତି ପ୍ରତି ମଧ୍ୟ ଦୃଷ୍ଟି ରଖି ବ୍ୟବସ୍ଥା କରିବା ଉଚିତ । ପାଠକର ପ୍ରଭାବ ବା ଧାରଣାକୁ ସେଗୁଡିକ କି ଉପାୟରେ ସାହାଯ୍ୟ କରୁଛନ୍ତି, ସେଥିପ୍ରତି ସଚେତନ ନରହିଲେ ବାହ୍ୟ ଉପଚାର ଭଳି ଜଣାପଡିବା ସଙ୍ଗେ କାବ୍ୟ ପକ୍ଷରେ ଦୁର୍ବହ ହୋଇଉଠନ୍ତି । ରମଣୀୟ ସାହଚର୍ଯ୍ୟଭାବନାକୁ ଉଦ୍‌ବୋଧିତ କରୁଥିବା ସଂହତି, ସମ୍ପୂର୍ଣ୍ଣ ଓ ମନୋଜ୍ଞ ଚିତ୍ରକଳ୍ପ ପାଠକର ଆନନ୍ଦ ଓ ସୌନ୍ଦର୍ଯ୍ୟୋପଲବ୍ଧିରେ ସହାୟକ ହୁଏ । କୋଲରିଜ ଚିତ୍ରକଳ୍ପକୁ କବିର ମୌଳିକ ପ୍ରତିଭାର ପ୍ରମାଣ କହିଛନ୍ତି । ମାତ୍ର ତାହା ଏକ ପ୍ରମୁଖ ଆବେଗ ଦ୍ୱାରା ସଂଶୋଧିତ ହୋଇ ପ୍ରକାଶ ପାଇବା ଉଚିତ ।[୫୩] କବିର ଭାବନା, ଅନୁଭୂତି ଓ କଳ୍ପନା ମୂର୍ତ୍ତି ରୂପ ଧାରଣ କରି ଚିତ୍ରକଳ୍ପ ମାଧ୍ୟମରେ ପ୍ରକାଶ ପାଉଥିବାରୁ ସେ ତହିଁରେ ଐକ୍ୟ, ସମ୍ବନ୍ଧ, ସଂଶୋଧିତ ରୂପ, ସାର ସଞ୍ଚୟନ, ସଂଯୁକ୍ତୀକରଣ ଓ ପ୍ରେରଣା ପ୍ରତି ସର୍ବାଦୌ ସଚେତନ ରହିବା ଉଚିତ । କବି ଆତ୍ମାରୁ ଏକ ମାନବୀୟ ଓ ବୌଦ୍ଧିକ ଜୀବନ ତହିଁରେ ପ୍ରବେଶ କରେ । ଏହିପରି ଚିତ୍ରକଳ୍ପ ସ୍ୱତଃସମ୍ଭବୀ । ଏହା କାବ୍ୟ-ସମ୍ବେଗ ସହିତ ସୃଷ୍ଟି ହୋଇଥାଏ । ସେତେବେଳେ ଏହା କବିତାର ଅବିଚ୍ଛିନ୍ନ ଅଙ୍ଗ ରୂପେ ଗୃହୀତ ହୁଏ ।[୫୪] ଏଥିପାଇଁ କବିକୁ ସ୍ୱତନ୍ତ୍ର ପ୍ରଯତ୍ନ କରିବାକୁ ପଡେ ନାହିଁ । ଆନନ୍ଦବର୍ଦ୍ଧନ ଅଳଙ୍କାରକୁ 'ଅପୃଥଗ୍‌ଯତ୍ନନିର୍ବର୍ତ୍ତ୍ୟଃ' କହିବାବେଳେ କାବ୍ୟାଳଙ୍କାରର ଏହି ସ୍ୱତୋଦ୍‌ଭବ ବ୍ୟାପାର

ପ୍ରତି ଦୃଷ୍ଟି ରଖି କହିଥିଲେ। ଚିତ୍ରକଳ୍ପ ବା ଅଳଙ୍କାର-ଯୋଜନା ଏହିପରି ସମ୍ବେଗ-ସନାଥ ହୋଇ କାବ୍ୟ-ବିଷୟକୁ ଅଗ୍ରଗତିରେ ସାହାଯ୍ୟ କରୁଥିଲେ ତାହାକୁ ଆଉ ଅଳଙ୍କାର କୁହାଯାଏ ନାହିଁ। ତାହା କାବ୍ୟର ଅନ୍ତସ୍ତତ୍ତ୍ୱ ରୂପେ ମର୍ଯ୍ୟାଦା ପାଏ। ସାର୍ଥକ ଚିତ୍ରକଳ୍ପର ତିନୋଟି ଗୁଣ ସ୍ୱୀକାର କରାଯାଇଛି। ସଜୀବତା, ତୀବ୍ର ଘନତା ଓ ଉଦ୍‌ବୋଧାତ୍ମିକା ଶକ୍ତି।[୫୫] ଚିତ୍ରରେ ନବୀନ ଜୀବନ-ସ୍ପନ୍ଦନର ଅନୁଭୂତି, ସ୍ୱଳ୍ପ ପରିସର ମଧ୍ୟରେ ବହୁ ତାତ୍ପର୍ଯ୍ୟପୂର୍ଣ୍ଣ ବକ୍ତବ୍ୟର ପ୍ରକାଶ ଓ ପାଠକଠାରେ କାବ୍ୟ ଆବେଗର ପ୍ରତ୍ୟର୍ଥତାର ଉଦ୍‌ବୋଧନ ଏହାହିଁ ସଫଳ ଚିତ୍ରକଳ୍ପର ଲକ୍ଷ୍ୟ।

ବାମନ ସମଗ୍ର ଅର୍ଥାଳଙ୍କାରକୁ ଉପମା-ପ୍ରପଞ୍ଚ କହନ୍ତି। ତାଙ୍କ ମତରେ, କାବ୍ୟ ଅଳଙ୍କାର ହେତୁ ଗ୍ରାହ୍ୟ ହୁଏ ଓ ଅଳଙ୍କାର ହିଁ ସୌନ୍ଦର୍ଯ୍ୟ। ବାମନଙ୍କ ମତର ଯଥାର୍ଥ୍ୟ ସେତିକିବେଳେ ଉପଲବ୍ଧ ହୁଏ, ଯେତେବେଳେ ଅଳଙ୍କାର ବାହ୍ୟ-ଉପଚାର ରୂପେ ଯୋଜନା କରାନଯାଇ ରସାକ୍ଷିପ୍ତ ହେତୁ କାବ୍ୟର ଅନ୍ତରଙ୍ଗ ତତ୍ତ୍ୱ ରୂପେ ଗୃହୀତ ହୁଏ। ବିଭିନ୍ନ ଅଳଙ୍କାର ସୃଷ୍ଟି ମୂଳରେ କବିର ଅଭିପ୍ରାୟ ହେଲା, ନିଜର ସୌନ୍ଦର୍ଯ୍ୟ ଦୃଷ୍ଟିର ଅଭିବ୍ୟକ୍ତି ପାଇଁ ମାଧ୍ୟମ ବାଛିନେବା। ଅଳଙ୍କାର ଭାବର ବାହନ ଓ ପ୍ରକାଶ-ପ୍ରଣାଳୀ ରୂପେ କାର୍ଯ୍ୟ କରେ। ଅଳଙ୍କାର ଭୂଷଣ ହେଲେ ଏହାଦ୍ୱାରା ଯାହା ଭୂଷିତ ହୁଏ ତାହା ହେଲା କାବ୍ୟ-ସମ୍ବେଗ। ଅର୍ଥାଳଙ୍କାର ସୃଷ୍ଟି ମୂଳରେ କବି-କଳ୍ପନା ମୁଖ୍ୟତଃ କ୍ରିୟାଶୀଳ। ଏଣୁ ଏଗୁଡ଼ିକୁ କଳ୍ପନା-ମୂଳକ ଅଳଙ୍କାର କୁହାଯାଇପାରେ। ଉପମା ହିଁ ଅଳଙ୍କାରର ମୂଳ। 'ଚିତ୍ର ମୀମାଂସା'ରେ ସାଦୃଶ୍ୟମୂଳକ ଅଳଙ୍କାର ସମ୍ବନ୍ଧରେ କୁହାଯାଇଛି-

ଉପମୈକା ଶୈଳୂଷୀ ସଂପ୍ରାପ୍ତା ଚିତ୍ରଭୂମିକାଭେଦାତ୍
ରଂଜୟତି କାବ୍ୟରଙ୍ଗେ ନୃତ୍ୟନ୍ତୀ ତଦ୍‌ବିଦାଂ ଚେତଃ।[୫୬]

ଉପମା ନଟୀ ଭଳି। ତାହା କାବ୍ୟର ରଙ୍ଗମଞ୍ଚ ଉପରେ ବେଶ ବଦଳ କରି ରଙ୍ଗ ଦେଖାଏ ଓ ସହୃଦୟ ଅନୁରଞ୍ଜନ କରେ।

ସୁନ୍ଦର ସାଦୃଶ୍ୟ ଯୋଜନା କରିବା କବିର ଲକ୍ଷ୍ୟ। କାବ୍ୟରେ ଅପ୍ରସ୍ତୁତ ଯୋଜନା କରାଯାଏ ପ୍ରସ୍ତୁତ ରୂପକୁ ମଧୁରତର କରିବା ପାଇଁ। ମାତ୍ର ରୂପକୁ ଫୁଟାଇବାକୁ ଯାଇ ଅଳଙ୍କାର ନିଜେ ପ୍ରାଧାନ୍ୟ ବିସ୍ତାର କରିବସିଲେ ରୂପ ଲୁଚିଯାଏ। ଏଣୁ କାବ୍ୟ ପାଠ କାଳରେ ଅଳଙ୍କାରର ପ୍ରାଦୁର୍ଭାବ ଅନୁଭୂତ ନହେବା ଉଚିତ। ରୂପ ଭିତରେ ଅଳଙ୍କାର ଥିଲେ ମଧ୍ୟ ଚରମ ପରିଣତିରେ ରୂପ ବା ରସ ହିଁ ପ୍ରାଧାନ୍ୟ ଲାଭ କରେ, ଅଳଙ୍କାର ରସମୂର୍ତ୍ତିରେ ନିମଜ୍ଜିତ ହୋଇଯାଏ। ପାଠକ ରସ-ରୂପରେ ମଜ୍ଜି କେଉଁଠି କେଉଁ ଅଳଙ୍କାର ରହିଲା ତାହାର ଅନୁସନ୍ଧାନ କରେ ନାହିଁ। ଉପମା ମଧ୍ୟ ତାହାର ଚିତ୍ରଧର୍ମିତା ହେତୁ ଚିତ୍ରକଳ୍ପରେ ପରିଣତ ହୁଏ।

ଅଳଙ୍କାରଠାରୁ ଚିତ୍ରକଳ୍ପର ବିଶେଷତ୍ୱ ହେଲା, ଅଳଙ୍କାର ବିନା ଚିତ୍ରକଳ୍ପ ସୃଷ୍ଟି କରାଯାଇପାରେ। ପ୍ରତ୍ୟେକ ଚିତ୍ରକଳ୍ପରେ ଅଳଙ୍କାରର ଉପସ୍ଥିତ ଅନିବାର୍ଯ୍ୟ ନୁହେଁ। ଅଳଙ୍କାର ସ୍ୱକୀୟ ଅଭିନବତା ଓ ମୂର୍ତ୍ତିମତା ହେତୁ ଚିତ୍ରକଳ୍ପ ପଦବୀ ପ୍ରାପ୍ତ ହୁଏ। ଚିତ୍ରକଳ୍ପ ସୃଷ୍ଟି ନିମନ୍ତେ ଗୋଟିଏ ଦୁଇଟି ଶବ୍ଦ ମଧ୍ୟ ଯଥେଷ୍ଟ। ସମଗ୍ର କାବ୍ୟ ମଧ୍ୟ ଏକ ଚିତ୍ରକଳ୍ପ ରୂପେ ପରିକଳ୍ପିତ ହୋଇପାରେ। କାଳିଦାସଙ୍କ ସମଗ୍ର 'ମେଘଦୂତ' ଏକ ଚିତ୍ରକଳ୍ପ କହିଲେ ଭୁଲ୍ ହେବ ନାହିଁ। ଏଥିରେ ବହୁ ବିଚିତ୍ର ଚିତ୍ରମୂର୍ତ୍ତି ଏକ ଶୁଦ୍ଧ ରସମୂର୍ତ୍ତିରେ ପରିଣତ ହୋଇ ସହୃଦୟରେ ଛବି ଭଳି ଅଙ୍କିତ ହୋଇଯାଏ ଓ ତାହାର କଳ୍ପନାକୁ ଉଦ୍‌ବୋଧିତ କରେ। କାବ୍ୟ-ସମ୍ବେଗର ଚିତ୍ରମୟତା, ନବୀନତା, ସଜୀବତା ଓ ପ୍ରଭାବଶାଳୀତା ହେତୁ ଚିତ୍ରକଳ୍ପ କବିତାର ସ୍ମରଣ ଯୋଗ୍ୟତା ବର୍ଦ୍ଧନ କରେ। ସହୃଦୟର ଅନ୍ତଶ୍ଚକ୍ଷୁରେ ରୂପ ଫୁଟିଉଠିବା ସଙ୍ଗେ ତା'ର ସମଗ୍ର ଚେତନା ରସାପ୍ଲୁତ ହୁଏ। ଜୀର୍ଣ୍ଣ ଚିତ୍ରକଳ୍ପରେ ଏହି କ୍ଷମତା ନ ଥାଏ। ରମ୍ୟାନୁଭୂତି ଆଣି ଦେଉନଥିବା ଚିତ୍ରକଳ୍ପ ନୀରସ ଓ କାବ୍ୟ ସୌନ୍ଦର୍ଯ୍ୟର ପ୍ରତିବନ୍ଧକ। କବି ସୌନ୍ଦର୍ଯ୍ୟକୁ ନିୟତ ସଜୀବ ଓ ସରସ ରୂପେ ଉପଲବ୍ଧି କରନ୍ତି। ବସ୍ତୁର ସେହି ସଜୀବତା ମାନସ-ଚିତ୍ର ନିର୍ମାଣ ନିମନ୍ତେ ତାହାକୁ ପ୍ରଲୁବ୍ଧ ଓ ପ୍ରଭାବିତ କରେ। କବିର ଭାବ-ଲୋକ ବସ୍ତୁ ଲୋକଠାରୁ ପୃଥକ୍। ଚିତ୍ରକଳ୍ପ ଏହି ଦୁଇ ଜଗତର ସେତୁ ସ୍ୱରୂପ। କବିର ଚିତ୍ର-ଚେତନା ଚିର ନବୀନ ଓ ରସାଳ। ଏଣୁ କୁହାଯାଇପାରେ, ରସବ୍ୟଞ୍ଜନାମୟ ରୂପ ହିଁ କାବ୍ୟ।

ସଫଳ ଚିତ୍ରକଳ୍ପ ମୂର୍ତ୍ତିକୁ ଭାବରୂପ ଓ ଭାବକୁ ମୂର୍ତ୍ତରୂପ ପ୍ରଦାନ କରେ ଚିତ୍ରକଳ୍ପର ମୂର୍ତ୍ତତା, ସାଦୃଶ୍ୟ ଓ ଇନ୍ଦ୍ରିୟଗୋଚରତା ପ୍ରତି ଦୃଷ୍ଟି ରଖି ଏହାକୁ ଚାକ୍ଷୁଷ, ଶ୍ରାବ୍ୟ ଓ ସ୍ପାର୍ଶିକ ଇତ୍ୟାଦି ଶ୍ରେଣୀରେ ବିଭାଜିତ କରି ବିଚାର କରାଯାଏ। ରୂପକ, ଉପମା, ସ୍ୱଭାବୋକ୍ତ ଓ ବକ୍ରୋକ୍ତି ପ୍ରଭୃତି ଅଳଙ୍କାରରେ କବି କଳ୍ପନା ନିମନ୍ତେ ଅବକାଶ ଥିବାରୁ ସେଗୁଡିକ ମଧ୍ୟ ଚିତ୍ରଧର୍ମିତା ବଳରେ ଚିତ୍ରକଳ୍ପ ସୃଷ୍ଟି କରିପାରନ୍ତି। ଚିତ୍ରକଳ୍ପ କାବ୍ୟର ରମଣୀୟତାକୁ ଅବହେଳା କରେ ନାହିଁ କି ଜୀବନ ଓ ଜଗତ୍‌ର ଯଥାର୍ଥଠାରୁ ଦୂରେଇ ଯାଏ ନାହିଁ। ରମ୍ୟାନୁଭୂତି ଆଣି ଦେବା ସଙ୍ଗେ ସଙ୍ଗେ ମାନସଚକ୍ଷୁ ସମକ୍ଷରେ ଚିତ୍ର ପରି ପ୍ରତିଭାତ ହେଉଥିଲେ କାବ୍ୟ-ଚିତ୍ର କବିର ଅକୃତ୍ରିମ ସୌନ୍ଦର୍ଯ୍ୟ-ଚେତନାର ବାହକ ହୁଏ।

କବିତାରେ କବି ତାଙ୍କର ଅସାଧାରଣ ଅନୁଭୂତିକୁ ଭାଷା ମାଧ୍ୟମରେ ଅଭିବ୍ୟକ୍ତି ଦାନ କରନ୍ତି। ଅନୁଭୂତି-ଉପାଦାନ ହିଁ ଚିତ୍ରକଳ୍ପର ନିୟନ୍ତ୍ରଣକାରୀ। କାବ୍ୟର ଗଭୀର ଉଦ୍ଦେଶ୍ୟ ସାଧନ ନିମନ୍ତେ କେତେବେଳେ ଓ କିପରି ଏକ କାଳ୍ପନିକ ସ୍ଥିତି ଯୋଗ କରିବାକୁ ହେବ ତାହା ଏହି ଅନୁଭୂତି-ଉପାଦାନ ଦ୍ୱାରା ସ୍ଥିରୀକୃତ ହୁଏ। ଚିତ୍ରକଳ୍ପରେ

ଅନୁଭୂତି ସାଧାରଣୀକୃତ ହୋଇ ପରିବେଷିତ ହୁଏ; ଫଳରେ ସାଧାରଣୀ ପାଠକ ଓ ଜୀବନ୍ତ ଚିତ୍ରକଳ୍ପ ପରସ୍ପରର ସମ୍ମୁଖୀନ ହେବା ସଙ୍ଗେ କବିର ଅନୁଭୂତି ପ୍ରତୀକିତ ହୋଇଉଠେ। କବି-କଳ୍ପନା ବସ୍ତୁ ସହିତ ସହାନୁଭୂତି ସ୍ଥାପନ କରେ ଓ ତାହା ବିଶ୍ୱପରିବାର ସହିତ ଲୁପ୍ତ ଯୋଗସୂତ୍ର ଖୋଜି ପାଇବାରେ କବିକୁ ପ୍ରୋତ୍ସାହିତ କରେ। ଚିତ୍ରକଳ୍ପର ଜଗତ କୃତ୍ରିମ ହେଲେ ହେଁ ଅର୍ଥଯୁକ୍ତ ଓ ମନୋହର। ଏହା ପାଠକକୁ କାବ୍ୟ ଜଗତକୁ ଘେନିଯିବା ନିମନ୍ତେ ସମର୍ଥ। କବି ଯେ କୌଣସି ଦତ୍ତ ବସ୍ତୁରୁ କାବ୍ୟ ଚିତ୍ର ସୃଷ୍ଟି କରିପାରନ୍ତି; ମାତ୍ର ତାହା କବିର ସାଧାରଣୀ ଚେତନାରେ ଗୃହୀତ ହୋଇଆସିବା ଉଚିତ ଓ ତା'ପ୍ରତି କବିର କାଳ୍ପନିକ ସହାନୁଭୂତି ଅତ୍ୟନ୍ତ ଶକ୍ତିଶାଳୀ ହୋଇଥିବା ଆବଶ୍ୟକ। ପରିଚିତ ବସ୍ତୁ କବି-ଚେତନାରେ ନିମଜ୍ଜିତ ହୋଇ କାଳ୍ପନିକ ଜାଗରୂକତା ବଳରେ ଚିତ୍ରରେ ପରିଣତ ହୁଏ। କବି ମନରୁ ପାଠକ ମନରେ ସଞ୍ଚାରିତ ହେଉଥିବା ହେତୁ ଅନୁଭୂତିପିହିତ ଜୀବନ୍ତ ଚିତ୍ରକଳ୍ପର ସ୍ଥାନ ଶୁଷ୍କ ସମ୍ବାଦଠାରୁ ଊର୍ଦ୍ଧ୍ୱରେ। ଚିତ୍ରକଳ୍ପ ରଚନାରେ କବିର ଔଚିତ୍ୟ ଦୃଷ୍ଟି ଚରିତ୍ର, ଘଟଣା ଓ ବସ୍ତୁମାନଙ୍କୁ ବ୍ୟକ୍ତିତ୍ୱ ଦାନ କରେ। ଚରିତ୍ରର ମାନସିକ ଭାବ ଓ ଅନୁରାଗ ଆଦି ସହିତ ପାଠକକୁ ପରିଚିତ କରାଇ ଦେବା କବିର ଲକ୍ଷ୍ୟ। ପ୍ରତ୍ୟେକ କାବ୍ୟାନୁଭୂତି ଏକ ମୋକ୍ଷ। ଏହା ପାଠକକୁ ଜାଗତିକ ଜଞ୍ଜାଳଗ୍ରସ୍ତତାରୁ ଘେନିଯାଇ ଏକ ନୂତନ ଜଗତରେ ପ୍ରବେଶ କରାଇଦିଏ। ଗୋଟିଏ ଗୋଟିଏ ବିଶେଷ ମୁହୂର୍ତ୍ତକୁ ଚିରନ୍ତନତା ଦାନ କରିବା ଚିତ୍ରକଳ୍ପର ଧର୍ମ। ତହିଁରେ କବିର ଏକ ବିଶେଷ ଅନୁଭୂତି ବିଧୃତ। ଜୀବନ୍ତ ଚିତ୍ରକଳ୍ପ କବିର କାଳ୍ପନିକ ମନୋବୃତ୍ତିର ଦାନ। ଏହା କବିକୁ ପରିଚିତ ବସ୍ତୁର ଅନ୍ତଃସ୍ୱରୂପ ପ୍ରକାଶ କରିବା ନିମନ୍ତେ ସାହାଯ୍ୟ କରେ। କଳ୍ପନାହିଁ ଅଭିବ୍ୟକ୍ତି, ବିଷୟ ଓ ଚିତ୍ରକଳ୍ପ ଉପସ୍ଥାପନ କରିବା ନିମନ୍ତେ ସମର୍ଥ। ଏହା ବିନା କବିତା ଜନ୍ମଲାଭ କରିନପାରେ ଓ କରୁଥିଲେ ଅସଫଳ ରହିଯାଏ।

କବିତାରେ ଚିତ୍ରକଳ୍ପର ସ୍ଥିତି ପୁଷ୍କରିଣୀରେ ହଂସ ତରଙ୍ଗରେ ଗୋଟିଏ ପଦ୍ମ ନିକଟରୁ ଆଉ ଗୋଟିଏ ପଦ୍ମନିକଟକୁ ଗତି କଲା ପରି ହେବା ଉଚିତ। ପ୍ରତ୍ୟେକ ଚିତ୍ର ପରସ୍ପର ସହିତ ଏପରି ମିଳିକରି ଥିବେ, ଯେପରି ଗୋଟିକରୁ ଆଉ ଗୋଟିଏ ଚିତ୍ରକୁ ଯାଇ ହେଉଥିବ। ପାଠକ କେଉଁଠି ଅଟକି ରହୁନଥିବେ। ଏହା ଚିତ୍ରର ଏକ ପ୍ରକାର ଅନୁଧାବନ କ୍ରିୟା। ସେହିପରି ଚିତ୍ରକଳ୍ପ ସୃଷ୍ଟିରେ ସଂଯୋଜନ ସୂତ୍ରତା ରହିବା ସର୍ବାଦୌ ପ୍ରୟୋଜନ। ଏହି ନିୟମର ଲଙ୍ଘଂନ କରାଗଲେ କବିର ଚିତ୍ରକଳ୍ପ ସୃଷ୍ଟିରେ ପରିପାକ ଆସେ ନାହିଁ ଓ ତାହା ଚିତ୍ରକୁ ରସାନୁଭୂତି ସ୍ତରରେ ପହଞ୍ଚାଇ ଦେବାରେ ଅସମର୍ଥ ହୁଏ। ଜୀବନ୍ତ, ଚିତ୍ରକଳ୍ପ ଔଚିତ୍ୟାନୁମୋଦିତ ପନ୍ଥାରେ ଗତି କରେ। ତାହା କବିର ଅନୁଭୂତିର ପ୍ରତୀକ ସ୍ୱରୂପ କାର୍ଯ୍ୟ କରେ। ଚିତ୍ରକଳ୍ପ କେବଳ ଅନୁଭୂତିକୁ ଚିତ୍ରରୂପ ଦିଏ

ନାହିଁ, ବିଷୟବସ୍ତୁ, ଚରିତ୍ର, ପରିବେଶ ସହିତ ସାମ୍ୟ ରକ୍ଷା କରେ। ଅଖଣ୍ଡ କାବ୍ୟାନୁଭୂତି ପ୍ରଦାନ କରିବା ଏହାର ଲକ୍ଷ୍ୟ। ସାଧାରଣ ସଙ୍ଗତି ବା ଅସଙ୍ଗତି ଉପରେ ଏପରି ଚିତ୍ରକଳ୍ପର ପରୀକ୍ଷା ନିର୍ଭର କରେ ନାହିଁ। କବିପ୍ରଯୁକ୍ତ ବିଷୟ ଓ ପରିସ୍ଥିତି, ଅବସ୍ଥା ଓ ଅନୁଭୂତି ସହ ଯଥାର୍ଥ୍ୟ ଉପରେ ଏହାର ସଫଳତା ନିର୍ଭର କରେ। କବିର ନିଷ୍ଠା ଓ ଐକାନ୍ତିକତା ବଳରେ ଚିତ୍ରକଳ୍ପର ନିତ୍ୟ ନୂତନତା ଆନୀତ ହୁଏ ଓ ଭବିଷ୍ୟତ କାଳରେ ମଧ୍ୟ ଏହାକୁ ଆସ୍ୱାଦନୀୟ କରେ। କବି ନିଜ ଅନୁଭୂତି ପ୍ରତି ନିଷ୍ଠାପର ହେଲେ ଚିତ୍ରକଳ୍ପ କବିର ଅନୁଭୂତିର ଗଭୀରତା ବହନ କରେ ଓ ପାଠକ ନିକଟରେ ସମ୍ପୂର୍ଣ୍ଣ ପରିଚିତ ବୋଧହୁଏ। ସ୍ରଷ୍ଟାର ସାଧାରଣୀ ଚେତନାରେ ବିଶ୍ୱର ସକଳ ବିଷୟ ଗୃହୀତ ହେଲେ ମଧ୍ୟ ସେ ତାହାକୁ ଏକ ନୂଆ ରୂପରେ ପ୍ରକାଶ ଦାନ କରନ୍ତି। ଏହି କ୍ରିୟା ଫଳରେ ଚିତ୍ରକଳ୍ପରେ ଆସେ ସତେଜତା ଓ ନବୀନତା। ଏହା ଚିରକାଳ ପାଇଁ ସତେଜ ଓ ନବୀନ ରହେ। ରମଣୀୟ ବସ୍ତୁ ସହିତ ଭାବର ଦ୍ୟୋତନା କରିବା କାବ୍ୟ ଚିତ୍ରର କାର୍ଯ୍ୟ। ଚିତ୍ରକଳ୍ପର ଆସ୍ୱାଦନ କାଳରେ ପାଠକ କବିର ରମଣୀୟ ବସ୍ତୁ ନିର୍ବାଚନ ଓ ଯେଉଁ ଉପାୟରେ ସେ ଭାବର ସତ୍ୟତା ଫୁଟାଇଛନ୍ତି, ତହିଁରେ ମୁଗ୍ଧ ହୁଏ। ପାଠକର କଳ୍ପନାକୁ ଉଦ୍‌ବୁଦ୍ଧ କରିବା ଲକ୍ଷ୍ୟରେ କବି ନିଜ କଳ୍ପନାରୁ ସୃଷ୍ଟ ଚିତ୍ରକୁ ଭାବର ବାହନ କରିଥାନ୍ତି। ଏଣୁ କୁହାଯାଇପାରେ, ଚିତ୍ରକଳ୍ପ କବିର ଅସାଧାରଣ ଅନୁଭୂତିର ପ୍ରକାଶ ମାଧ୍ୟମ। ଅମୂର୍ତ୍ତ ଭାବ ଓ ସୂକ୍ଷ୍ମ ଅନୁଭୂତିକୁ ଚିତ୍ରୋପମ, ମୂର୍ତ୍ତି ଓ ଇନ୍ଦ୍ରିୟଗମ୍ୟ କବି ପ୍ରକାଶ କରିଦେବା କ୍ଷମତା କବିର ରହିଛି।

ସଫଳ ଚିତ୍ରକଳ୍ପ ରଚନା କବିର ଘନୀଭୂତ ସମ୍ବେଗ ଉପରେ ନିର୍ଭର କରେ। ଶଶିଭୂଷଣ କହିଛନ୍ତି, "ଆର୍ଟ କିମ୍ବା କଳାକୁ ବିଚାର କରିବାକୁ ହେଲେ ତାହା ମଧ୍ୟରେ ତିନୋଟି ମୂଳ ଉପାଦାନ ମିଳେ। ଗୋଟିଏ ଭାବ, ଗୋଟିଏ ଭାବର ପ୍ରତିମା ଏବଂ ଆଉ ଗୋଟିଏ ପ୍ରତିମା ଉପରେ ଭାବର ପ୍ରଭାବ।"[୫୭] କୋଲରିଜ ସେଥିପାଇଁ କହିଥିଲେ, ଚିତ୍ରକଳ୍ପ ଯେତେ ସୁନ୍ଦର ହେଲେ ମଧ୍ୟ ସେଥିରେ ଯଦି କବିର ଶକ୍ତିଶାଳୀ ଆବେଗ କ୍ରିୟା କରୁନଥାଏ, ତେବେ ତାହା ପ୍ରଭାବଶାଳୀ ହୁଏ ନାହିଁ। ଶିଥିଳ ସମ୍ବେଗରୁ ସୃଷ୍ଟ ଚିତ୍ରକଳ୍ପ ଅସ୍ପଷ୍ଟ ଓ ଅସଂଲଗ୍ନ। କବିତା କେବଳ ଚିତ୍ରାତ୍ମକ ହେଲେ ଚଳିବ ନାହିଁ, ତହିଁରେ ଅଭିବ୍ୟକ୍ତି ଥିବା ଦରକାର। ଅନୁଭୂତି ଚିତ୍ରଧର୍ମୀ ହୋଇ ପ୍ରକାଶ ପାଇଲେ କବିତା ରସୋତ୍ତୀର୍ଣ୍ଣ ଓ ରମଣୀୟ ହୁଏ। ବହୁ କବିଙ୍କ ବର୍ଣ୍ଣନାରେ ଚିତ୍ରକଳ୍ପ ଥାଏ; ମାତ୍ର ଅଭିବ୍ୟକ୍ତି ବିନା ତାହା ମୂକ ଭଳି ରହିଥାଏ। ସେ ଚିତ୍ର କଥା କହେ ନାହିଁ କି ତାହାର ଗତି ମଧ୍ୟ ନାହିଁ। କବିତାର ଚିତ୍ର ସଂଗ୍ରହଶାଳାର ମମି ଭଳି ନୁହେଁ। କବି ତାଙ୍କର ଛବିଳ ଭାବନାକୁ ଶବ୍ଦ ମାଧ୍ୟମରେ ପ୍ରକାଶ କରନ୍ତି ଓ ସେ ଯେଉଁ ସମ୍ବେଗକୁ ଅଭିବ୍ୟକ୍ତି

ଦିଅନ୍ତି, ତାହା ସେହି ଚିତ୍ର ମଧ୍ୟରେ ଭାସିତ ହେଉଥାଏ। ଇନ୍ଦ୍ରିୟଗୋଚରକୁ ବାକ୍ୟବଦ୍ଧ କରିବା ବଡ କଥା ନୁହେଁ, ତା'ର ମାନସ-ପ୍ରତୀତ ଆଣି ଦେବା କବିର ଲକ୍ଷ୍ୟ। ବହୁ କବି କେବଳ ବସ୍ତୁର ନାମୋଲ୍ଲେଖ କରି କର୍ତ୍ତବ୍ୟ ଶେଷ କରିଥାନ୍ତି; ମାତ୍ର ତହିଁରୁ ବସ୍ତୁର କୌଣସି ପ୍ରତୀତି ଆସେ ନାହିଁ। ବସ୍ତୁ ବର୍ଣ୍ଣନାସର୍ବସ୍ୱ କାବ୍ୟ ନିମ୍ନକୋଟିର କଳା।

ଚିତ୍ରକଳ୍ପର ରମଣୀୟତା ଓ ସନ୍ଧିବଦ୍ଧତା ଯୋଜନା କରାଯାଇଥିବା ବସ୍ତୁବିଶେଷର ସମ୍ବନ୍ଧ ଓ ତଦ୍‌ପ୍ରସୂତ ଭାବ-ସମ୍ବେଗର ଅଭିବ୍ୟକ୍ତି ଉପରେ ନିର୍ଭର କରେ। ସଫଳ ଚିତ୍ରକଳ୍ପ ରଚନା ନିମନ୍ତେ ଉଚ୍ଚକୋଟୀର ଉପମା ଯୋଜନାକାରିଣୀ କଳ୍ପନାର ମହତ୍ତ୍ୱ ଅନସ୍ୱୀକାର୍ଯ୍ୟ। କବି ଚିତ୍ରକଳ୍ପକୁ ଗଭୀର ଅନୁଭୂତିର ପରିପ୍ରେକ୍ଷୀରେ ଉପସ୍ଥାପିତ କରି ମନୋଜ୍ଞ କରିବାକୁ ଚେଷ୍ଟା କରନ୍ତି। ପ୍ରସଙ୍ଗାନୁକୂଳ କରିବା ଚିତ୍ରକଳ୍ପ-ବିଧାନର ମୁଖ୍ୟ କଥା। ଉପମା କ୍ଷେତ୍ରରେ ସାଦୃଶ୍ୟ ବା ସାଧର୍ମ୍ୟ ନିର୍ଣ୍ଣୟ କବିର କଳ୍ପନାଶକ୍ତିର ଫଳ। ତୁଳନାଟି ଏତେ ଯଥୋଚିତ ହୋଇଥିବ ଯେ, ପାଠକର କଳ୍ପନା ତାହାକୁ ଅବାଧରେ ଆୟତ୍ତ କରିପାରୁଥିବ; ଅର୍ଥାତ୍, ପାଠକକୁ କିଛି ଶ୍ରମ କରିବାକୁ ପଡୁନଥିବ। ଗୋଟିକ ପରେ ଗୋଟିଏ ତୁଳନା ଚିତ୍ର ପରି ତା'କଳ୍ପନାରେ ଭାସିବୁଲୁଥିବ। କବିତାରେ ସାଦୃଶ୍ୟଯୋଜନାର ଚମତ୍କାରିତା ଫଳରେ ପ୍ରଣୟିନୀର ପ୍ରଥମ ଚୁମ୍ବନ ଭଳି ଭାବ ଜାଗିଉଠେ। ମନେହୁଏ, ତାହାହିଁ ସେହିଭାବ ପାଇଁ ଉପଯୁକ୍ତ ଓ ଅପରିହାର୍ଯ୍ୟ ସାଦୃଶ୍ୟ। ତୁଳନାର ଯଥୋପଯୋଗିତା କବିତାକୁ ସୁନ୍ଦର କରେ। ଉପମାରେ କାଳ, ସ୍ଥାନ, ବକ୍ତା ଓ ପ୍ରସଙ୍ଗ ସହିତ ଏପରି ସୌହାର୍ଦ୍ଦ୍ୟ ଥିବ ଯାହା ଉପମା ପ୍ରୟୋଗର ଉଦ୍ଦେଶ୍ୟ ସଫଳ କରୁଥିବ। ଏହା ନଥିଲେ ରାଶି ରାଶି ଉପମା ପ୍ରୟୋଗରେ କିଛି ମୂଲ୍ୟ ନାହିଁ। ସେଥିଲାଗି ପାଉଣ୍ଡ କହିଥିଲେ, ବହୁ କବିତା ରଚନା ଅପେକ୍ଷା ଗୋଟିଏ ସୁନ୍ଦର ସାର୍ଥକ ଚିତ୍ରକଳ୍ପ ସୃଷ୍ଟି କରିବା ଭଲ। ସୂକ୍ଷ୍ମ ଓ ଗମ୍ଭୀର ଭାବ ଜାଗ୍ରତ କରୁଥିବା ଉପମାନ ବା ଅପ୍ରସ୍ତୁତ ଚୟନ କରିବା ଶ୍ରେଷ୍ଠ କବିର ଧର୍ମ। କାରଣ ଉପମାର ସ୍ଥୁଳତା ଅପେକ୍ଷା ସୂକ୍ଷ୍ମତା ଅଧିକ ହୃଦୟଗ୍ରାହୀ।

କବିତାର ରସାସ୍ୱାଦନ ଏକ ବୌଦ୍ଧିକ ବିଳାସ ନୁହେଁ। ଜଟିଳ, ଦୁରୂହ ଅଳଂକରଣ କବିତାର ଅଙ୍ଗ ଓ ଆତ୍ମା ସହିତ ଅସଂପୃକ୍ତ ରହିଯାଏ। ମହାକବିମାନେ ସେପରି ଅଳଙ୍କାରମାନଙ୍କୁ କାବ୍ୟର ଶୋଭାବୃଦ୍ଧି ନିମନ୍ତେ ପ୍ରୟୋଗ କରନ୍ତି ନାହିଁ। ଦୁର୍ବଳ କଳ୍ପନା ଶକ୍ତିର ଅଧିକାରୀ କବିମାନେ ଏହି କୌଶଳ ଅବଲମ୍ବନ କରି ଅଳଙ୍କାର ସୃଷ୍ଟି ଦ୍ୱାରା ପାଠକକୁ ପ୍ରଭାବିତ କରିବାକୁ ଚେଷ୍ଟା କରିଥାନ୍ତି। ଏପରି ଅଳଙ୍କାର କବିର ସାମଗ୍ରିକ ସଂହତି ଅନୁଭୂତିକୁ ପ୍ରତୀକିତ କରିବାରେ ଅସମର୍ଥ। କାରଣ କବିର ଅନୁଭୂତି

ବିଶୃଙ୍ଖଳିତ ରହିଥିବାରୁ ସେଥିରେ କୌଣସି ଅନୁଭବ-ଉପାଦାନ ବିଭିନ୍ନ ଉପାଦାନକୁ ସମଗ୍ର ରୂପେ ଉପସ୍ଥାପିତ କରିପାରେ ନାହିଁ। ଏଗୁଡିକୁ ଘରୋଇ ବ୍ୟକ୍ତିଗତ ଚିତ୍ରକଳ୍ପ କୁହାଯାଇପାରେ। ପାଠକର ବୋଧଶକ୍ତିକୁ ଏଗୁଡିକର ଅବବୋଧ ନିମନ୍ତେ ଅତିରିକ୍ତ ଶୁଳ୍କ ଦେବାକୁ ପଡେ। ରସାସ୍ୱାଦନ ତ ଦୂରର କଥା, ପାଠକର ଅକ୍ଳାନ୍ତ ପରିଶ୍ରମ ପରେ ସାମାନ୍ୟ ମାତ୍ର ଅର୍ଥ ପ୍ରକାଶ ପାଏ। କବିତା ଉପରେ ଏହା ଏକପ୍ରକାର ଅତ୍ୟାଚାର ଓ ଏପରି ଅଳଙ୍କାର କବିତାର ଭୂଷଣ ନହୋଇ ଦୂଷଣ ରୂପେ ଉପସ୍ଥିତ ହୁଏ। କାବ୍ୟର ବିଷୟ ଓ ପାଠକ ସହିତ ଏପରି ବ୍ୟକ୍ତିଗତ ଅଳଙ୍କାରର ସମ୍ପର୍କ ଅତି ଦୂରବର୍ତ୍ତୀ। ସଂସ୍କୃତ କାବ୍ୟଶାସ୍ତ୍ରରେ ଏହି ଅଳଙ୍କାର ପରିପୂର୍ଣ୍ଣ କାବ୍ୟକୁ ଚିତ୍ରକାବ୍ୟ ରୂପେ ନାମିତ କରାଯାଇଛି। ଏହା କଳାର ପ୍ରୟୋଗ ନୁହେଁ; କାବ୍ୟକଳାର ଏକ ଅନୁକୃତି ମାତ୍ର। କବିର କୌଣସି ଅନୁଭୂତି-ଉପାଦାନ ଏହାର ସୃଷ୍ଟି ମୂଳରେ ନଥାଏ କି ପ୍ରସଙ୍ଗ ଓ ବିଷୟର ପ୍ରକାଶକ ହୋଇନଥାଏ।

ଚିତ୍ରକଳ୍ପରେ ଯେଉଁ ଗୁଣଗୁଡିକ ରହିଲେ କବି ପାଠକର ମନ ସହିତ ପ୍ରତ୍ୟକ୍ଷ ସମ୍ବନ୍ଧ ସ୍ଥାପନ କରି ଚିତ୍ରକଳ୍ପକୁ ତାହାର ହୃଦୟଗ୍ରାହୀ କରିପାରେ। ସେଗୁଡିକ ହେଲେ- ସ୍ପଷ୍ଟତା, ସ୍ୱଚ୍ଛତା, ସ୍ୱାଭାବିକତା, ଆକର୍ଷଣୀୟତା ଓ ଚମତ୍କାରିତା। ଚିତ୍ରକଳ୍ପ ସ୍ୱଚ୍ଛ ହେଲେ ଓ ତହିଁରୁ ବର୍ଣ୍ଣିତ ବିଷୟର ଅର୍ଥ ଗ୍ରହଣ କରାଗଲେ ମଧ୍ୟ ତାହା ପ୍ରଭାବଶାଳୀ ହୋଇନଥିଲେ ପାଠକର ମନ ଆହ୍ଲାଦିତ ବା ଚମତ୍କୃତ ହୁଏ ନାହିଁ। ପ୍ରଭାବକ୍ଷମତା ଓ ହୃଦୟଗ୍ରାହୀ ହେବା ଚିତ୍ରକଳ୍ପର ଧର୍ମ। ପ୍ରତିଭାର ଚମତ୍କାରିତା ଓ ନବୀନତାଜନିତ ବୈଶିଷ୍ଟ୍ୟ ନଫୁଟିଲେ ଚିତ୍ରକଳ୍ପରେ ଆହ୍ଲାଦକତାର ଅଭାବ ଦେଖାଯାଏ। ସ୍ପଷ୍ଟତା ଆନୟନ ନିମନ୍ତେ କବି ସାଧାରଣଗ୍ରାହ୍ୟ ପଦାର୍ଥର ରୂପ ସହିତ ସାଦୃଶ୍ୟ ସ୍ଥାପିତ କରି ତାହାର ସ୍ୱରୂପକୁ ସର୍ବସାଧାରଣଙ୍କର ପ୍ରତୀତିଗୋଚର କରାଇଦିଅନ୍ତି। ଉପମା, ରୂପକ, ଦୃଷ୍ଟାନ୍ତ ଓ ଅର୍ଥାନ୍ତରନ୍ୟାସ ଆଦି ସକଳ ଅଳଙ୍କାର ଦ୍ୱାରା ଏହି ବୈଶିଷ୍ଟ୍ୟ ଆନୀତ ହୋଇପାରେ। ଉପରୋକ୍ତ ଅଳଙ୍କାରଗୁଡିକ ସାଦୃଶ୍ୟ ବା ସାମ୍ୟ ଉପରେ ଆଧାରିତ ଚିତ୍ରକଳ୍ପ ଓ ତାହାର ଅଭିବ୍ୟକ୍ତିର ସହଜ ସୌନ୍ଦର୍ଯ୍ୟ ନିମନ୍ତେ ଅଳଙ୍କାରର ମହତ୍ତ୍ୱ ଅସ୍ୱୀକାର କରାଯାଇନପାରେ। ମାତ୍ର ତାହାକୁ ଯୋଜନା କରିବା କବିର ଏକମାତ୍ର ଲକ୍ଷ୍ୟ ହେଲେ ତାହା ଚିତ୍ରକଳ୍ପ ସୃଷ୍ଟି ନିମନ୍ତେ ଓ ଅଭିବ୍ୟକ୍ତିର ସ୍ୱଚ୍ଛତା ନିମନ୍ତେ ସାହାଯ୍ୟ ତ କରେ ନାହିଁ; ବରଂ ବାହ୍ୟ ସଂଯୋଜନ ଓ ବଳାତ୍କାର ପ୍ରୟୋଗ ରୂପେ ଦେଖାଦିଏ। ବାହ୍ୟ ପ୍ରୟୋଜନା ନହୋଇ ଅଭିବ୍ୟକ୍ତିର ଅବିଭାଜ୍ୟ ଅଙ୍ଗ ହେବା ଅଳଙ୍କାରର ଧର୍ମ।[୪୮] ସୌନ୍ଦର୍ଯ୍ୟ ସ୍ୱୟଂ ଆଲୋକିତ ଓ ତାହାର ଔଜ୍ଜ୍ୱଲ୍ୟ ସ୍ୱତଃ ଚକ୍ଷୁର ଗୋଚରୀଭୂତ ହୁଏ। ସେହିପରି ଚିତ୍ରକଳ୍ପର ସୌନ୍ଦର୍ଯ୍ୟ ଅନୁଭବ ନିମନ୍ତେ ସହୃଦୟର ଶ୍ରମ ଲୋଡା ହୁଏନାହିଁ।

କବିତା ରଚନା କାଳରେ କବି ବିଷୟର ଭାବ କଳ୍ପନା କରିଥାନ୍ତି ଓ ପ୍ରତ୍ୟେକ ପଦରେ ସେହି ଭାବ ମୂର୍ତ୍ତିମତୀ ହୋଇଉଠେ। ଭାବମୟୀ କବିତା ହୃଦୟକୁ ଇନ୍ଦ୍ରିୟଜଗତରୁ ଅତୀନ୍ଦ୍ରିୟ ଜଗତକୁ ଘେନିଯାଏ। ପାଠକ ବସ୍ତୁର ଦେହ ନୁହେଁ, ତାହାର ଭାବରୂପ ଲୋଡ଼େ। ଶରୀର ବା ଶରୀର ଗଠନ ନୁହେଁ, ତହିଁରୁ ଯେଉଁ ଭାବଟି ଅଭିବ୍ୟଞ୍ଜିତ ହେଉଛି ତାହାକୁ ଆସ୍ୱାଦନ କରି ସେ ଆନନ୍ଦବିଭୋର ହୁଏ। କବିର ସୃଜନୀକଳ୍ପନା ଜୀବନର ପ୍ରତ୍ୟକ୍ଷ ବାସ୍ତବତା ଓ କାବ୍ୟଗତ ସତ୍ୟ ମଧ୍ୟରେ ସାଦୃଶ୍ୟାଭାସ ସୃଷ୍ଟି କରେ। କାବ୍ୟ ଓ ଜୀବନ ମଧ୍ୟରେ ଅଭିନ୍ନତାର ଭ୍ରମ ଜାତ କରିବା ଦ୍ୱାରା କବି-କଳ୍ପନାର ଚମତ୍କାରିତା ପ୍ରତିପାଦିତ ହୁଏ। କଳ୍ପନା ନିଜର ପୃଷ୍ଠଭୂମିରେ ଅନୁଭୂତିକୁ ଘେନି ଚଳିଲେ ପାଠକ ମନରେ କାବ୍ୟ-ସତ୍ୟ ସମ୍ବନ୍ଧରେ ଅବିଶ୍ୱାସ ଆସେ ନାହିଁ। ଅନୁଭୂତିବିହୀନ କଳ୍ପନା କେବଳ ମିଥ୍ୟାଚାତୁରୀ ଓ ପାଠକକୁ ସାମୟିକ ଆନନ୍ଦ ଦେଇପାରେ; ତାହା ପ୍ରଭାବ ଶୂନ୍ୟ ଓ ଆବେଗରହିତ ଅତି କଳ୍ପନା ମାତ୍ର। କଳ୍ପନା ବହୁବିଧ ଉପାୟରେ ନୂତନତା ସୃଷ୍ଟି କରେ। ତାହା ଚିରାଚରିତ ରୀତିରେ ପରିଚାଳିତ ହେଲେ ବର୍ଣ୍ଣନା ରୂପରେ ନବୀନତା ଫୁଟେ ନାହିଁ। ତେଣୁ କବିଶିଳ୍ପୀମାନେ କଳ୍ପନାଶକ୍ତିର ମାତ୍ରା ଅନୁସାରେ ଚିହ୍ନିତ ହୁଅନ୍ତି।

କଳ୍ପନାର ମାନସିକ ଚିତ୍ର-ବିଧାନ ଶକ୍ତି ଦୃଷ୍ଟିରୁ ଏହି ଅଧ୍ୟାୟରେ ମୁଖ୍ୟତଃ ଆଲୋଚନା କରାଯାଇଛି। କାବ୍ୟ-ବିଚାର ନିମନ୍ତେ କବିର ରୂପ-ଚେତନାକୁ ଦୃଷ୍ଟିରେ ରଖି କଳ୍ପନା ଓ ଚିତ୍ରକଳ୍ପର ରମଣୀୟତା ଉପରେ ଗୁରୁତ୍ୱ ଦେବାକୁ ପଡ଼ିଛି। ପ୍ରତିଭା ଓ କଳ୍ପନା ବିବେଚନାରୁ ଜଣାଯାଇଛି, ଏହା ନବୋନ୍ମେଷଶାଳିନୀ ତଥା ନବୀନ ନିର୍ମାଣକ୍ଷମା ଶକ୍ତି। ଚିତ୍ର-ବିଧାନ (Imagery) ଏହାର ମୁଖ୍ୟ କର୍ମ। ସୃଜନୀ-କଳ୍ପନା ଦୃଶ୍ୟ ବା ଗୋଚର ଚିତ୍ରକଳ୍ପ ସୃଷ୍ଟି ନିମନ୍ତେ କବିକୁ ପ୍ରେରିତ କରେ ତଥା ପରିଚିତ ଓ ପ୍ରାଚୀନ ବସ୍ତୁମାନଙ୍କୁ ଅସାଧାରଣ ଭାବୈଶ୍ୱର୍ଯ୍ୟମଣ୍ଡିତ କରି ସରସ ସୁନ୍ଦର ଚିତ୍ରକଳ୍ପରେ ପରିଣତ କରିଦିଏ। ନାନ୍ଦନିକତା ଚିତ୍ରକଳ୍ପର ପ୍ରାଣଧର୍ମ। ଯେଉଁ କବିଙ୍କଠାରେ ଚିତ୍ର ବିଧାନ ଶକ୍ତି ଯେତେ ପ୍ରବଳ ତାଙ୍କର କାବ୍ୟ ସେତେ ଆକର୍ଷଣୀୟ ଓ ପ୍ରଭାବଶାଳୀ। କାବ୍ୟର ଏହି ଚିତ୍ର କେବଳ ମନଶ୍ଚକ୍ଷୁରେ ଦର୍ଶନ କରାଯାଏ। ଇନ୍ଦ୍ରିୟଗ୍ରାହ୍ୟତା ଏହାର ଅନ୍ୟ ଏକ ବୈଶିଷ୍ଟ୍ୟ। କବିର ରୂପ ସମ୍ଭୋଗସ୍ପୃହା ଓ ରୂପ-ବ୍ୟାକୁଳତା ଚିତ୍ରକଳ୍ପ ମାଧ୍ୟମରେ ପ୍ରକାଶ ପାଏ। କବିର ସେହି ରୂପ-ଦୃଷ୍ଟି ଓ ରୂପର ନିର୍ମାଣିକା ଶକ୍ତି କଳ୍ପନାର ବିଶ୍ଲେଷଣ ଦ୍ୱାରା ସୌନ୍ଦର୍ଯ୍ୟ-ଚେତନା ନିର୍ଣ୍ଣୟ କରିବା ସମାଲୋଚକର ମୁଖ୍ୟ କର୍ତ୍ତବ୍ୟ।

■

ଦ୍ୱିତୀୟ ଭାଗ

ଓଡ଼ିଆ କାବ୍ୟରେ ସୌନ୍ଦର୍ଯ୍ୟ ଚେତନା

ଚତୁର୍ଥ ଅଧ୍ୟାୟ

ଉପେନ୍ଦ୍ର ଭଞ୍ଜଙ୍କ କାବ୍ୟରେ ସୌନ୍ଦର୍ଯ୍ୟ-ଚେତନା

ସୌନ୍ଦର୍ଯ୍ୟ-ସାଧନା କାବ୍ୟ-କଳାର ଚରମ ଲକ୍ଷ୍ୟ। ସାମାଜିକ, ରାଜନୈତିକ ଓ ଅନ୍ୟାନ୍ୟ କାରଣ ଯୋଗୁ କବିମାନଙ୍କର ସୌନ୍ଦର୍ଯ୍ୟ ଚେତନା ପରିବର୍ତ୍ତିତ ହୋଇଥାଏ, ତହିଁ ସଙ୍ଗେ ଲୋକରୁଚିରେ ମଧ୍ୟ ପରିବର୍ତ୍ତନ ଆସେ। ମାତ୍ର ସୌନ୍ଦର୍ଯ୍ୟର ମୂଳଧାରଣା ଅପରିବର୍ତ୍ତିତ ରହେ। କବିର ସୌନ୍ଦର୍ଯ୍ୟୋପଲବ୍ଧି ହିଁ ତାଙ୍କର କାବ୍ୟକୃତିକୁ ଅମର କରେ। ଏହି ଉପଲବ୍ଧିର ଗଭୀରତା ଓ ନିବିଡତା ଉପରେ କବି ଓ କଳାକାରର ସୃଷ୍ଟି ମହୀୟାନ୍ ହୁଏ।

ରୀତିଯୁଗୀୟ କବିମାନେ ଅଧିକ ମାତ୍ରାରେ ସୌନ୍ଦର୍ଯ୍ୟ ସଚେତନ। ଉପେନ୍ଦ୍ର ପ୍ରମୁଖ କବିମାନେ ସ୍ୱକୀୟ କାବ୍ୟନିର୍ମାଣ ରୀତି ଓ ସୌନ୍ଦର୍ଯ୍ୟ ଧାରଣା ତଥା ସୌନ୍ଦର୍ଯ୍ୟାନୁଭୂତି ସମ୍ବନ୍ଧରେ ବହୁ ସ୍ଥଳରେ ସଚେତନ ମନ୍ତବ୍ୟ ପ୍ରକାଶ କରିଛନ୍ତି। ସେମାନଙ୍କର ସଚେତନ ଅବଧାନତା ଓ ମୀମାଂସାତ୍ମକ ଦୃଷ୍ଟିକୋଣ ଉପରେ ନିର୍ଭର କରି ସମାଲୋଚକ ସେମାନଙ୍କର ସୌନ୍ଦର୍ଯ୍ୟ ଚେତନାର ସ୍ୱରୂପ ଉଦ୍‌ଘାଟନ କରିବାକୁ ସମର୍ଥ ହୁଏ।

ସପ୍ତଦଶ ଶତାବ୍ଦୀର ଶେଷଭାଗ ଓ ଅଷ୍ଟାଦଶ ଶତାବ୍ଦୀରୁ ଓଡ଼ିଆ ସାହିତ୍ୟ ଇତିହାସରେ ମଧ୍ୟଯୁଗ କୁହାଯାଇପାରେ। କାରଣ ଏହି ସମୟ ସୀମା ମଧ୍ୟରେ ହିଁ ଓଡ଼ିଆ ରୀତି-କାବ୍ୟ ଚରମ ପରିଣତିରେ ଉପନୀତ ହୋଇଥିଲା। ଏହି ଯୁଗର ସାହିତ୍ୟରେ ଧର୍ମ ଓ ପ୍ରେମ ପୌରାଣିକ ଓ କାଳ୍ପନିକ ନରନାରୀମାନେ ଏହି ସାହିତ୍ୟରେ ବିଚରଣ କରୁଥିଲେ। କୋଣାର୍କର ଶିଳ୍ପ-ଚାତୁରୀ ଭଳି କାବ୍ୟ-କଳାର ଅଳଙ୍କରଣ ପାଟବ ଏହି ଯୁଗର କାବ୍ୟ ସାହିତ୍ୟରେ ପରିଲକ୍ଷିତ। ଉପେନ୍ଦ୍ର ଏ କାବ୍ୟ-କଳାର ଅଳଙ୍କରଣ ପାଟବ

ଏହି ଯୁଗର କାବ୍ୟ ସାହିତ୍ୟରେ ପରିଲକ୍ଷିତ। ଉପେନ୍ଦ୍ର ଏ କାବ୍ୟ-କଳା-ବିଳାସର ସର୍ବଶ୍ରେଷ୍ଠ ପ୍ରତିନିଧି ହେଲେ ହେଁ ତାଙ୍କ ପୂର୍ବରୁ ଏ ସାହିତ୍ୟର ଏକ ଦୀର୍ଘ ପରମ୍ପରା ଚାଲିଆସିଥିଲା। ରୀତିଯୁଗର ଆଦ୍ୟ ମାଙ୍ଗଳିକ ଶଙ୍ଖ ଯେଉଁ କବିମାନେ ବାଦନ କରିଥିଲେ, ସାହିତ୍ୟର ଇତିହାସରେ ସେମାନଙ୍କର ସ୍ଥାନ ଓ କୃତିତ୍ୱର ମୂଲ୍ୟାଙ୍କନ ଏବେ ମଧ୍ୟ ଅସଂପୂର୍ଣ୍ଣ। ବହୁ କବି ଓ କାବ୍ୟ ଏବେ ମଧ୍ୟ କାଳର ସ୍ଥୂଳ ହସ୍ତାବଲୋପରେ ବିସ୍ମୃତ। ତଥାପି ଯେଉଁ କବିମାନଙ୍କର ରଚନା ଲୋକଲୋଚନ-ଗୋଚରକୁ ଆସିପାରିଛି, ତହିଁରୁ ଓଡ଼ିଆ କାବ୍ୟ-ସାହିତ୍ୟର ବୈଚିତ୍ର୍ୟ ଓ ବୈଭବର ପ୍ରମାଣ ମିଳେ।

ଅର୍ଜୁନ ଦାସଙ୍କ ରାମବିଭା, ଦେବଦୁର୍ଲ୍ଲଭ ଦାସଙ୍କ ରହସ୍ୟମଞ୍ଜରୀ, କାର୍ତ୍ତିକ ଦାସଙ୍କ ରୁକ୍ମିଣୀ ବିଭା, ଶିଶୁଶଙ୍କର ଦାସଙ୍କ ଉଷାଭିଳାଷ ପ୍ରଭୃତି କାବ୍ୟ ଷୋଡ଼ଶ ଶତାବ୍ଦୀ ମଧ୍ୟରେ ରଚିତ ହୋଇଥିଲା। ଆଦ୍ୟ ରୀତିଯୁଗ କାବ୍ୟରେ ମଣ୍ଡନର ଚାରୁତା ପଦର ସରଳତା ତଥା ଅଳଙ୍କାର, ବିଶେଷତଃ ଶବ୍ଦାଳଙ୍କାରର ବିରଳ ପ୍ରୟୋଗ ଲକ୍ଷ୍ୟ କରାଯାଏ। ଏଥିରେ ରସ ଓ ରସିକତା ନିମନ୍ତେ ଅବକାଶ ଥିଲେ ହେଁ ବିଷୟ-ପ୍ରାଧାନ୍ୟ ସୁରକ୍ଷିତ। ମାତ୍ର ସପ୍ତଦଶ ଶତାବ୍ଦୀରେ ରଚିତ କାବ୍ୟ, ଯଥା-ପ୍ରତାପ ରାୟଙ୍କ ଶଶୀଣା, ବିଷ୍ଣୁ ଦାସଙ୍କ ପ୍ରେମଲୋଚନା, ରଘୁନାଥ ହରିଚନ୍ଦନଙ୍କ ଲୀଳାବତୀ, ଧନଞ୍ଜୟ ଭଞ୍ଜଙ୍କ ରଘୁନାଥ ବିଳାସ, ତ୍ରିପୁର ସୁନ୍ଦରୀ, ଅନଙ୍ଗରେଖା, ମଦନ ମଞ୍ଜରୀ ପ୍ରଭୃତି କାବ୍ୟରେ ଅଳଙ୍କରଣ ମୋହ ଓ ଶୃଙ୍ଗାରିକତା କବିତ୍ୱ-କଳାର ପରାକାଷ୍ଠା ରୂପେ ସ୍ୱୀକୃତ ହୋଇଥିଲା। କଳ୍ପନା-ବିଳାସ, ଦୁରୂହ ଅଳଙ୍କାର ପ୍ରୟୋଗର ଆତିଶଯ୍ୟ, ଶୃଙ୍ଗାର-ପ୍ରମୋଦ, ଶବ୍ଦ-କାଠିନ୍ୟ ଓ ସାଙ୍ଗୀତିକତା କ୍ରମେ କାବ୍ୟସାହିତ୍ୟର ସର୍ବାଙ୍ଗରେ ପ୍ରାଧାନ୍ୟ ବିସ୍ତାର କରି କାବ୍ୟ-କଳାର ସୂକ୍ଷ୍ମ-ମାଧୁରୀକୁ ଅବଲୁପ୍ତ କରିଦେଇଥିଲା। ଦୀନକୃଷ୍ଣ-ଉପେନ୍ଦ୍ର-ଅଭିମନ୍ୟୁ ପ୍ରଭୃତି ରୀତିଯୁଗର ତୁଙ୍ଗ କବିମାନଙ୍କ ନିମନ୍ତେ ଏହି କାବ୍ୟାବଳୀ ପ୍ରେରଣା ଯୋଗାଇଥିଲେ। ଉପେନ୍ଦ୍ରଙ୍କ ଆବିର୍ଭାବ ପୂର୍ବରୁ ଓଡ଼ିଆ କାବ୍ୟ-ସାହିତ୍ୟରେ ପୃଷ୍ଠଭୂମି ଓ ପ୍ରେରଣାର ଉତ୍ସ ସ୍ୱରୂପ ରୀତିକାବ୍ୟର ଏହି ପରମ୍ପରାକୁ ସ୍ମରଣରେ ରଖିଲେ ପରବର୍ତ୍ତୀ କାବ୍ୟ-ଧାରାର ଗତି ପ୍ରକୃତି ନିର୍ଦ୍ଧାରଣ ସହଜସାଧ୍ୟ ହେବ। କାରଣ ଉପେନ୍ଦ୍ର ରୀତି ପରମ୍ପରାର ସର୍ବଶ୍ରେଷ୍ଠ ସୃଷ୍ଟି ଓ ଉତ୍ତରସାଧକ।

ପ୍ରାକ୍ ଭଞ୍ଜ ଓ ଭଞ୍ଜ-ସମସାମୟିକ କାଳରେ ଦେଶର ସାମାଜିକ ଓ ରାଜନୈତିକ ଅବସ୍ଥା ଅନୁଧ୍ୟାନ କଲେ ଜଣାଯାଏ ଦେଶରେ ଯୁଦ୍ଧ ବିଗ୍ରହାଦି ଘଟୁନଥିବାରୁ ଲୋକେ ଶାନ୍ତି ସୁଖରେ କାଳାତିପାତ କରୁଥିଲେ। ରାଜଦରବାର ଥିଲା କବି ପଣ୍ଡିତମାନଙ୍କର ଆଶ୍ରୟସ୍ଥଳ। ବିଳାସବ୍ୟସନରେ ମତ୍ତ ଥିବା ରାଜନ୍ୟବୃନ୍ଦ ତଥା ଧନବାନ ନାଗରିକମାନେ ସଂସ୍କୃତ ଷଟ୍‌କାବ୍ୟାଦିର ଆଲୋଚନାରେ ପରମ ଆନନ୍ଦ ଅନୁଭବ

କରୁଥିଲେ ତଥା ଦେଶୀୟ କବିମାନଙ୍କୁ ସେହି ରୀତିରେ କାବ୍ୟ-ରଚନା କରିବାକୁ ପ୍ରଚୋଦିତ କରୁଥିଲେ। ଗଙ୍ଗ ଓ ସୂର୍ଯ୍ୟବଂଶୀ ରାଜାମାନଙ୍କ ଶାସନକାଳରେ ଓଡ଼ିଶାର ସ୍ଥାପତ୍ୟ ଓ ଭାସ୍କର୍ଯ୍ୟ ଶିଳ୍ପ ଚରମ ବିକାଶଲାଭ କରିଥିଲା। ପ୍ରସ୍ତର-ଶିଳ୍ପର ସେହି ଅଳଙ୍କରଣ ଚାତୁରୀ ଯେପରିକି କାବ୍ୟ-ଶିଳ୍ପକୁ ସଞ୍ଚାରିତ ହୋଇଥିଲା।

ସଂସ୍କୃତ ଅଳଙ୍କାର ଶାସ୍ତ୍ର ଓ କାବ୍ୟ ସାହିତ୍ୟରୁ ପ୍ରେରଣା ପାଇ ତଦାନୀନ୍ତନ କବିମାନେ ଅଳଙ୍କାର ପରିପୂର୍ଣ୍ଣ ଶୃଙ୍ଗାର-ରସାତ୍ମକ କାବ୍ୟ ରଚନା କରି ରାଜପୁରୁଷମାନଙ୍କର ମନସ୍ତୁଷ୍ଟି ବିଧାନ କରୁଥିଲେ। ସଂସ୍କୃତ କାବ୍ୟମାନଙ୍କରେ ଯେଉଁପରି ନାୟକନାୟିକା ବର୍ଣ୍ଣନା, ନଗର ବର୍ଣ୍ଣନା, ବେଶ ରୂପ ବର୍ଣ୍ଣନା ତଥା ଷଡଋତୁ ପ୍ରଭୃତି ପ୍ରାକୃତିକ ବର୍ଣ୍ଣନା ସ୍ଥାନ ପାଇଥିଲା ଓଡ଼ିଆ କାବ୍ୟରେ, ସେହିପରି ବର୍ଣ୍ଣନା ଦେବାକୁ କବିମାନେ ପ୍ରୟାସ କରୁଥିଲେ। ଫଳସ୍ୱରୂପ ଓଡ଼ିଆ କାବ୍ୟ ସଂସ୍କୃତ କାବ୍ୟର ପ୍ରତିଧ୍ୱନି ରୂପେ ପ୍ରତିଷ୍ଠା ପାଇଲେ ହେଁ ରୀତିର ଦାସ ହୋଇ କବିମାନେ ସ୍ୱକୀୟ ମୌଳିକ ପ୍ରତିଭାର ବିକାଶ ସାଧନ କରିପାରିଲେ ନାହିଁ। ଗତାନୁଗତିକ ବର୍ଣ୍ଣନା, ବିଷୟ-ବୈଚିତ୍ର୍ୟର ଅଭାବ ତଥା ଜୀବନ ପ୍ରତି ସ୍ଥୂଳ ଦୃଷ୍ଟିକୋଣ ଏହି କାବ୍ୟମାନଙ୍କରେ ସ୍ପଷ୍ଟ। ଅକ୍ଷରାଡମ୍ବର, ଅଳଙ୍କରଣ ଶୈଳୀ, ସାଙ୍ଗୀତିକତା, ବୈଚିତ୍ର୍ୟ-କଳ୍ପନା ଓ ଶୃଙ୍ଗାରଭାବନା ନିମନ୍ତେ ଏହି କବିମାନେ ତତ୍କାଳୀନ ସମାଜରେ ଜନସମାଜର ଲାଭ କରିଥିଲେ; ମାତ୍ର କାବ୍ୟ-କଳାର ଶାଶ୍ୱତ ମୂଲ୍ୟବୋଧ ଦୃଷ୍ଟିରୁ ଏ ସାହିତ୍ୟର ପ୍ରଭାବ ଓ ପ୍ରତିଷ୍ଠା ଦେଶ-କାଳର ସୀମା-ବନ୍ଧନରେ ଆବଦ୍ଧ। ଓଡ଼ିଆ ମଧ୍ୟଯୁଗୀୟ କାବ୍ୟର ଏକ ଜୈତ୍ର-ଯାତ୍ରାର ଅଗ୍ର-ପତାକାଧାରୀ ଉପେନ୍ଦ୍ର ତଥା ତାଙ୍କର ଅନୁଯାୟୀ କବିମାନେ ଯେଉଁ କାବ୍ୟଧାରା ପ୍ରବାହିତ କରିଥିଲେ ତାହାର ଗତି-ଧାରା ରୋଧ କରିଥିଲେ ଆଧୁନିକ କାବ୍ୟର ଯୁଗ ପ୍ରବର୍ତ୍ତକ ରାଧାନାଥ। ତଥାପି ଭଞ୍ଜୀୟ କାବ୍ୟ-କଳାର ମୁଗ୍ଧ ଉପାସକ ଓ ଗ୍ରାହକ କବି ଓଡ଼ିଶାରେ ଏବେ ମଧ୍ୟ ସେହି ରୀତିରେ କାବ୍ୟ ରଚନା କରୁଛନ୍ତି। ଉପେନ୍ଦ୍ରଙ୍କ ଅନୁକାରୀମାନଙ୍କ ସଂଖ୍ୟା ବିଚାର କଲେ ତାଙ୍କ କାବ୍ୟ-କଳାର ଯାଦୁକରୀ ପ୍ରଭାବ ସମ୍ବନ୍ଧରେ ଧାରଣା କରିହୁଏ। ଏକ ନିର୍ଦ୍ଦିଷ୍ଟ କାବ୍ୟରୀତି କିପରି ଦୀର୍ଘ ଦୁଇଶହ ବର୍ଷରୁ ଊର୍ଦ୍ଧ୍ୱକାଳ ଅଖଣ୍ଡ ପ୍ରଭାବ ବିସ୍ତାର କରି ରହିଥିଲା, ତାହା ଭାବିଲେ ଆଶ୍ଚର୍ଯ୍ୟ ହେବାକୁ ପଡେ।

ଦୀନକୃଷ୍ଣ ଦାସ

ଓଡ଼ିଆ କାବ୍ୟର ମଧ୍ୟଯୁଗ ବା ରୀତିଯୁଗର ସନ୍ଧିସ୍ଥଳରେ ଏହି ଯୁଗର ବିରାଟ କାବ୍ୟ-ପୁରୁଷ ଉପେନ୍ଦ୍ରଙ୍କ ସହିତ ଆମେ ଆଉ ଜଣେ ତୁଙ୍ଗ-କାବ୍ୟ-ଗୌରବର ଅଧିକାରୀ କବିଙ୍କୁ ଭେଟୁ ଯେ ନିଜର କାନ୍ତକୋମଳ ପଦାବଳୀ ଓ ଶୃଙ୍ଗାର-ଭାବନା ନିମନ୍ତେ

ଓଡ଼ିଆ କାବ୍ୟ ସାହିତ୍ୟରେ ଜୟଦେବ ନାମରେ ନାମିତ ହୋଇପାରନ୍ତି। ସେ ହେଲେ ରସକଲ୍ଲୋଳକାର ଦୀନକୃଷ୍ଣ ଦାସ। ରୀତିଯୁଗର ଚରମ କାବ୍ୟ-ଲକ୍ଷଣ ଏହାଙ୍କ କାବ୍ୟରେ ପରିଲକ୍ଷିତ ନହେଲେ ହେଁ ସେହି ଆଦର୍ଶ ପ୍ରତି ଆସକ୍ତି ଓ ଅନୁରାଗ ବିରଳ ନୁହେଁ। ମାତ୍ର ଉପେନ୍ଦ୍ର-ଅଭିମନ୍ୟୁଙ୍କ ଭଳି ସେ ଦୁର୍ଲଭ ଅଳଙ୍କାର ରାଜିରେ କବିତାସୁନ୍ଦରୀଙ୍କୁ ମଣ୍ଡନ କରିନାହାନ୍ତି। ପଦଲାଳିତ୍ୟ ଓ ଭାବର ମନୋହାରିତା ସହିତ ରମଣୀୟ ଉକ୍ତି-ଗର୍ଭ କାବ୍ୟରୂପେ 'ରସକଲ୍ଲୋଳ' ତାଙ୍କର ଅକ୍ଷୟ କୀର୍ତ୍ତି ବହନ କରିଛି। ଲତାର ଜନ୍ମବର୍ଦ୍ଧନ ଭଳି କାବ୍ୟକାରର କଷ୍ଟାର୍ଜିତ ବା ଶ୍ରମପ୍ରସୂତ କାବ୍ୟ-କଳ୍ପଲତାର ସୃଷ୍ଟି[୧] ଯେଉଁ ସମୟରେ କାବ୍ୟ ରଚନାର ଏହି ପରମ୍ପରା ଦୃଢ ଭାବେ କାବ୍ୟାଦର୍ଶ ରୂପେ ଗୃହୀତ ହୋଇଥିଲା, ଦୀନକୃଷ୍ଣ ସେହି ପରମ୍ପରାର ଉତ୍ତରସାଧକ ରୂପେ ଦେଖାଦେଇଥିଲେ। ପୁନଶ୍ଚ "କାବ୍ୟରେ ନାୟିକା ସିନା ପ୍ରଧାନ" ଓ ତାକୁ ଘେନି ଅନ୍ୟ ଆନୁଷଙ୍ଗିକ ବିଷୟ-ଯୋଜନା କରାଯିବା ଭଳି ପରମ୍ପରା ମଧ୍ୟ ପ୍ରତିଷ୍ଠିତ ଥିଲା। ସେହିପରି କାବ୍ୟରେ ଅଶ୍ଳୀଳତାର ପ୍ରୟୋଗ ବିଷୟରେ 'ଲୀଳାବତୀ' କାବ୍ୟକାର ରଘୁନାଥ ହରିଚନ୍ଦନ ତାଙ୍କ କାବ୍ୟର ଉପସଂହାରରେ ଅକୁଣ୍ଠ ଚିତ୍ତରେ ସ୍ୱୀକାର କରିଥିଲେ, ପରମ୍ପରାର ଅନୁରୋଧରେ ବାଧ୍ୟ ହୋଇ ସେ କାବ୍ୟରେ ଅଶ୍ଳୀଳତାକୁ ସ୍ଥାନ ଦେଇଥିଲେ।[୨] ଏ ପରିସ୍ଥିତିରେ, ଦୀନକୃଷ୍ଣ କାବ୍ୟର ପରିକଳ୍ପନାରେ ପରମ୍ପରାରୁ ବିଚ୍ୟୁତ ହୋଇ ସ୍ୱକୀୟ କାବ୍ୟ-ସରଣୀ ନିର୍ମାଣର ପ୍ରୟାସ କରିନାହାନ୍ତି।

ସଂସ୍କୃତ କାବ୍ୟାଦର୍ଶର ଅନୁସରଣରେ ପରମ୍ପରା ରକ୍ଷା ପାଇଁ ପ୍ରାୟ ସକଳ ରୀତିଯୁଗୀୟ କବି ଉଦ୍ୟାନ, ସଲିଳକ୍ରୀଡ଼ା, ଚନ୍ଦ୍ର-ସୂର୍ଯ୍ୟୋଦୟ ଓ ଷଡ଼ଋତୁ ବର୍ଣ୍ଣନାକୁ କାବ୍ୟରେ ପ୍ରାଧାନ୍ୟ ଦେଉଥିଲେ। ମାତ୍ର ଶୃଙ୍ଗାର-ପ୍ରମୋଦ ବା ରହଃକେଳି ହିଁ ଥିଲା କାବ୍ୟର ମୁଖ୍ୟ ବିଷୟ। ଚନ୍ଦ୍ର, ଚନ୍ଦନ, ମଳୟ, କୋକିଳ ଓ ନିର୍ଦ୍ଦିଷ୍ଟ କେତୋଟି ପ୍ରାକୃତିକ ବିଭାବ ଏ ସମସ୍ତ ପ୍ରାଚୀନ କାବ୍ୟର ବିଭାଜନ ବ୍ୟାପାର ରୂପେ ଗୃହୀତ ହୋଇଥିଲେ। ପ୍ରଣୟର ଶାନ୍ତ ସଂଯତ ମାଧୁରୀ ଗୃହ-ଧର୍ମ ମଧ୍ୟରେ ଫୁଟାଇବା ଉପେନ୍ଦ୍ରଙ୍କ କାବ୍ୟର ଲକ୍ଷ୍ୟ ଥିଲା ବୋଲି କେତେକ ସମାଲୋଚକ ଯାହା କହିଥାନ୍ତି, ତାହା କାବ୍ୟର ରସଧର୍ମ ଦୃଷ୍ଟିରୁ ସତ୍ୟ ନୁହେଁ। ରସ ନାମରେ ରସିକତା ଓ ଶୃଙ୍ଗାର ରସର ପ୍ଳାବନ ରୀତି-କାବ୍ୟର ଶିଳ୍ପବୈଭବକୁ ନିଷ୍କ୍ରିୟ ଭୋଗାସକ୍ତି ଦ୍ୱାରା କରିଥିଲେ ବିମର୍ଦ୍ଦିତ; ଉପରୁ ସଜ୍ଜିତ ହେଲେ ମଧ୍ୟ ଏହା ଭିତରେ ଥିଲା ଶିଥିଳ ଓ ପ୍ରାଣହୀନ। କାବ୍ୟର ଶିଳ୍ପଗତ ଚାରୁତା ଶୃଙ୍ଗାରର ଅତିବାଦ ମଧ୍ୟରେ ଫୁଟିପାରିନଥିଲା।

ମଣ୍ଡନ କଳାର ସ୍ୱଚ୍ଛ ନିଦର୍ଶନ ସ୍ଥାନେ ସ୍ଥାନେ ଦେଖିବାକୁ ମିଳୁଥିଲେ ହେଁ ଦୀନକୃଷ୍ଣ ଭକ୍ତି ଓ ରସ (ଶୃଙ୍ଗାର)ର ସମାହାରରେ ତଥା ଦିବ୍ୟ ଅଦିବ୍ୟ ଭାଷା ପ୍ରୟୋଗରେ

ଯେଉଁ ନୂତନ ଗୀତଗୋବିନ୍ଦ ରଚନା କଲେ ତାହା କୃଷ୍ଣ ଓ ଗୋପାଙ୍ଗନାଙ୍କ ପ୍ରେମର ଅଲୌକିକତା ପରିବର୍ତ୍ତେ ପାର୍ଥିବ କାମଜ ପ୍ରେମର ପରିବାହକ ହୋଇଉଠିଛି। କବିଙ୍କର ସକଳ ଭକ୍ତିମତ୍ତା ସତ୍ତ୍ୱେ ତାହା ମାଂସଳତା ସମ୍ପୃକ୍ତ ଓ ଅତିମାତ୍ରାରେ ମାର୍ତ୍ତିକ। ଗୋପୀଭକ୍ତି ପ୍ରକାଶ କରିବାକୁ ଯାଇ ଦୀନକୃଷ୍ଣ ଶୃଙ୍ଗାରବର୍ଣ୍ଣନାରେ ଔଚିତ୍ୟର ସୀମା ବହୁ ସମୟରେ ଲଘଂନ କରିଯାଇଛନ୍ତି। ସାଧାରଣ ମାନବ ମାନବୀ ଭଳି ଆରାଧ୍ୟ ଦେବଦେବୀଙ୍କର କ୍ରିୟାକଳାପ ଚିତ୍ରଣ କରିବା ରସ ପରିପାକରେ ବାଧକ। ନିତାନ୍ତ ସହୃଦୟ ପାଠକ ମଧ୍ୟ ଏଥିରେ ସଙ୍କୁଚିତ ହେବେ ଓ ତାଙ୍କର ରସାସ୍ୱାଦନରେ ବାଧା ଉପୁଜିବ।(୩) କାମବ୍ରହ୍ମର ଅପ୍ରତିହତ ଶକ୍ତିର ବନ୍ଦନା ଗାନ କରି "କୌତୁକ କଥାମାନଙ୍କରେ ରସିକ" କୃଷ୍ଣଙ୍କର ଓ "କନ୍ଦର୍ପ-କଳାକୁଶଳା" ଗୋପାଙ୍ଗନାମାନଙ୍କର ଦୈବତ-ମହିମାକୁ ସେ ମ୍ଳାନ କରିଛନ୍ତି। ଦୈହିକସ୍ତରରୁ ଊର୍ଦ୍ଧ୍ୱକୁ ନ ଉଠିବା ଫଳରେ ସେ ନିଜର ଆରାଧ୍ୟ ଦେବଦେବୀଙ୍କର ଅଧ୍ୟାତ୍ମ-ସୌନ୍ଦର୍ଯ୍ୟ ଅଙ୍କନ କରିପାରିନାହାନ୍ତି। ସେ ଜଗନ୍ନାଥଙ୍କୁ ମଧ୍ୟ "କମ୍ବୁକଟକ ମଧ୍ୟରେ ନାଗର ଏକ/କଉତୁକ କଥାମାନଙ୍କରେ ରସିକ" ରୂପେ ବର୍ଣ୍ଣନା କରିଛନ୍ତି। ଏକ କଥାରେ, 'କନ୍ଦର୍ପର ଦର୍ପ ଅତିଶୟ'-ଏହା ଯେପରି ଦୀନକୃଷ୍ଣଙ୍କ କାବ୍ୟମନ୍ଦିରରୁ ନିୟତ ଶ୍ରୁତ ହୁଏ।

ଦୀନକୃଷ୍ଣଙ୍କ କାବ୍ୟାଦର୍ଶ ସମକାଳୀନତାର ଊର୍ଦ୍ଧ୍ୱକୁ ଉଠିପାରିନଥିଲା। "ଅକ୍ଷର ଗଣିବ ହାତରେ। ତେବେ ସେ ଲେଖିବ ପତରେ" କିମ୍ବା ବର୍ଣ୍ଣବିନ୍ୟାସ କୌଣସି କାଳର କବିତ୍ୱକଳାର ଉଚ୍ଚମାନ ପ୍ରକାଶ କରେ ନାହିଁ। ରସକଲ୍ଲୋଳର କାବ୍ୟ ଉପାଦାନ, ଭାଷା ଓ ରଚନା ରୀତି ପ୍ରତି କବିଙ୍କର ଦୃଷ୍ଟିକୋଣ ଏହି କାବ୍ୟର ବହୁ ସ୍ଥଳରେ ପ୍ରକାଶ ପାଇଛି-

କବି ହୋଇ କରୁଥିବା ନିର୍ମଳ କବିତ୍ୱ
କର୍ଣ୍ଣ ଦେଇ ଶୁଣୁଥିବ ରସିକ ପଣ୍ଡିତ।
କିଞ୍ଚିତ କରି ଆସ୍ୱାଦ କରୁଥିବ ତାହା
କହେ କୃଷ୍ଣ କି ମଧୁରେ ଲେଖିବି ମୁଁ ଏହା।(୪)

ଏଠାରେ କବି ପଦ-କଦମ୍ବର ଶୁଦ୍ଧ ଭାବାପନ୍ନ କବିତ୍ୱ ଓ ସୁବୋଧତା ପ୍ରତି ନିର୍ଦ୍ଦେଶ କରିଛନ୍ତି। କାରଣ 'ନିର୍ମଳ'ର ଅନ୍ୟ ଅର୍ଥ ଏଠାରେ ସୂଚିତ ନୁହେଁ। ଏହା ରସକଲ୍ଲୋଳର କାବ୍ୟାଦର୍ଶ ଓ କବିଧର୍ମ ପ୍ରତି ଅଙ୍ଗୁଳି ନିର୍ଦ୍ଦେଶ। ମାତ୍ର ସଗୋତ୍ରୀୟ କବିମାନଙ୍କୁ "ନିର୍ମଳ କବିତ୍ୱ" ଅନୁରୋଧ କରିଥିଲେ ହେଁ ସେ ନିଜେ ଦେହର ଓ ବିକୃତ ମାନବପ୍ରୀତିର ସୀମାରେ ବାନ୍ଧି ହୋଇପଡିଥିଲେ। ନିର୍ମଳ କବିତ୍ୱ କରିବାକୁ କହିଥିଲେ ମଧ୍ୟ କୃଷ୍ଣ-ଗୋପୀଙ୍କ ଗ୍ରାମ୍ୟ-ପ୍ରଣୟ ଚିତ୍ରଣ କରି ସେ ରୀତିଯୁଗର ପ୍ରଥାସିଦ୍ଧ

କାବ୍ୟାଦର୍ଶର ବନ୍ଧନରୁ ମୁକ୍ତି ପାଇନାହାନ୍ତି। ସମାଲୋଚକମାନେ ଭାରତୀୟ ଅଳଙ୍କାର ଶାସ୍ତ୍ରୋକ୍ତ ନାନାବାଦର ସମନ୍ୱୟ ତାଙ୍କର ନିମ୍ନୋକ୍ତ ପଦାବଳୀରେ କିପରି ଘଟିଛି ଚିହ୍ନାଇ ଦେଇଛନ୍ତି-

କନ୍ଦର୍ପ-କଳା-କୁଶଳା ହୋଇଥିବ ବାଳା
କରୁଥିବ ଗତି ଭ୍ରୂଭଙ୍ଗ କଟାକ୍ଷ ଲୀଳା।
କର୍ଣ୍ଣରେ କୁଣ୍ଡଳ ହେଉଥିବ ଦୋଳାୟିତ,
କଲେ ତା ଦର୍ଶନ ନୋହେ କେଉଁ ସୁଖ ଜାତ।
କଣିଆଇ ଚାହୁଁଥିବ ନାସିକା ଫୁଲାଇ
କହୁଥିବ ବକ୍ରବାଣୀ ଅଳପ ଗେଲାଇ।
କର୍ଣ୍ଣ ତାହା ଶୁଣୁଥିବ ଦେଖୁଥିବ ନେତ୍ର
କଲେ ତାରତମ ସ୍ୱର୍ଗସୁଖ କେତେ ମାତ୍ର।
କେବଳ ହିଁ ନୋହିଥିବ ଅତ୍ୟନ୍ତ ଉଦ୍ଧତ
କେତେବେଳେ ନୋହିଥିବ ଅତି ଲଜ୍ଜାବନ୍ତ।
କହିବାକୁ କହୁଥିବ ସ୍ନେହଗର୍ଭ ବାଣୀ
କି କରିବ ଇନ୍ଦ୍ରସୁଖ କର୍ଣ୍ଣେ ତାହା ଶୁଣି।[୫]

ଏହା ଦୀନକୃଷ୍ଣଙ୍କ କାବ୍ୟନାୟିକା ଓ କାବ୍ୟାଦର୍ଶନର ଆଦର୍ଶ ପ୍ରତିମାନ। 'କନ୍ଦର୍ପ-କଳା-କୁଶଳୀ' ଭକ୍ତିରେ ରସବାଦ; 'କର୍ଣ୍ଣରେ କୁଣ୍ଡଳ ହେଉଥିବ ଦୋଳାୟିତ'-ଅଳଙ୍କାରବାଦ;'କଣିଆଇ ଚାହୁଁଥିବ' ଓ କହୁଥିବ ବକ୍ରବାଣୀ ଅଳପ ଗେଲାଇ-ବକ୍ରୋକ୍ତିବାଦ; 'କରୁଥିବ ଗତି ଭ୍ରୂଭଙ୍ଗ କଟାକ୍ଷ ଲୀଳା'-ଔଚିତ୍ୟବାଦ; 'କେବଳ ହିଁ ନୋହିଥିବ ଅତ୍ୟନ୍ତ ଉଦ୍ଧତ' ଓ କେତେବେଳେ ନୋହିଥିବ ଅତି ଲଜ୍ଜାବନ୍ତ'-ରୀତିବାଦ (ଭାଷା ପ୍ରୟୋଗରେ ଉଦ୍ଧତ କିମ୍ବା ଅନୁଦ୍ଧତ ହୋଇନଥିବ); 'କହୁଥିବ ସ୍ନେହଗର୍ଭବାଣୀ'-ଧ୍ୱନିବାଦ ।[୬] ନାୟିକାର ଏହି ରୂପ ରସିକ ପାଠକର କେବଳ ଅନୁଭବଭେଦ୍ୟ। ମାତ୍ର ଏହା ସତ୍ତ୍ୱେ କୁହାଯାଇପାରେ ଯେ, ଦୀନକୃଷ୍ଣଙ୍କ କାବ୍ୟରେ ଚାତୁର୍ଯ୍ୟୋକ୍ତି ହିଁ ମୁଖ୍ୟ। ବକ୍ରୋକ୍ତିପୂରିତ ମନୋହର ଉକ୍ତି-ପ୍ରଧାନ କାବ୍ୟ ରୂପେ ରସକଲ୍ଲୋଳ କବିର କୌତୁକ-ଦୃଷ୍ଟିର ଅକ୍ଷୟ ଭଣ୍ଡାର ହୋଇଛି।[୭] ଏହାହିଁ ସେ ଯୁଗରେ କବିର ଦକ୍ଷତା ରୂପେ ଗୃହୀତ ହେଉଥିଲା। ଯିଏ ଯେତେ 'କୁଟିଳ' ବା ବକ୍ରବାଣୀ' ପ୍ରୟୋଗରେ ଧୁରନ୍ଧର, ସେ ସେତେ ବଡ଼ କବି ବୋଲି ପରିଚିତ ହେଉଥିଲେ-

କବି ବଚନ କରେ ତାରତମ
କୁବେରଙ୍କୁ ବୋଲନ୍ତି କୋଟି କାମ।

କିମ୍ବା

କବି ଯେ ସତ ମିଛ କରି କହନ୍ତି
କବିତ୍ୱ ଚାତୁରୀରେ ମନ ମୋହନ୍ତି।

ପ୍ରଭୃତି ପଦରେ କବିତ୍ୱ ଚାତୁରୀରେ ପାଠକର ମନୋରଞ୍ଜନ କରିବା ଓ କବି ବଚନରେ ସତ ମିଛ କରି କହିବା ପ୍ରୟାସ କବିତ୍ୱ କର୍ମର ଧର୍ମ ରୂପେ ଅକୁଣ୍ଠିତ ସ୍ୱୀକାରୋକ୍ତି ଲାଭ କରିଥିଲା। ଅସୁନ୍ଦରକୁ ସୁନ୍ଦର ରୂପେ ଦେଖାଇବା କବିତ୍ୱ କଳାର ଏକ ବିଶେଷତ୍ୱ-ଏହାହିଁ ଏଠାରେ ସୂଚିତ।

ରସିକ ପାଠକ ସେ ଯୁଗରେ କାବ୍ୟ ପାଠର ଉପଯୁକ୍ତ ଅଧିକାରୀ ରୂପେ କବିର ସକଳ ସ୍ନେହ ଆଶୀର୍ବାଦ ଓ ଆଶା ଭରସାର ପାତ୍ର ରୂପେ ବହୁମାନ ଲାଭ କରୁଥିଲେ। ପାଠକ ଯଦି ରସିକ ନହୁଏ, ତେବେ କାବ୍ୟନାୟିକାର ବକ୍ରବାଣୀ ଓ ଭ୍ରୂଭଙ୍ଗ-ଲୀଳାର ମାଧୁରୀ ଅନୁଭବ କରିପାରେ ନାହିଁ। ଅଜ୍ଞାନ ଓ କାଷ୍ଠରସିକ ବ୍ୟକ୍ତିମାନେ କାବ୍ୟର ରସାସ୍ୱାଦନ କରିବାରେ ଅସମର୍ଥ ହୋଇ ତହିଁରୁ ଦୋଷ ବାଛିବସନ୍ତି। ସେହିଭଳି ବ୍ୟକ୍ତିମାନଙ୍କୁ ଦୀନକୃଷ୍ଣ ଆକ୍ଷେପ କରି କହିଛନ୍ତି-

କଠୋର ରସିକେ ଏଥି ଭାବ ନଜାଣନ୍ତି
କମଳ-ମଣ୍ଡୁକ ପ୍ରାୟେ ତାହାଙ୍କର ରୀତି।[୮]

ବେଙ୍ଗ ଯେପରି ପଦ୍ମବନରେ ବାସ କରି ମଧ୍ୟ ପଦ୍ମର ସୌରଭ ଓ ରୂପ-ମାଧୁରୀର ମହତ୍ତ୍ୱ ଅବଧାରଣା କରିପାରେ ନାହିଁ, ସେହିପରି କଠିନମନା ଅରସିକ ବ୍ୟକ୍ତି କୃଷ୍ଣ-ଗୋପୀଙ୍କର ମଧୁର ପ୍ରୀତିଭାବକୁ ବୁଝିପାରନ୍ତି ନାହିଁ। କାରଣ ରସକଲ୍ଲୋଳ କୃଷ୍ଣ-ଗୋପୀଙ୍କର 'ନାନା ମତେ ଘେନାଘେନି ବାଣୀ'ରେ ପୂର୍ଣ୍ଣ। ଏଥିପାଇଁ ରସବନ୍ତ ହୃଦୟର ପ୍ରୟୋଜନ ରହିଛି। ନିର୍ମଳ କବିତ୍ୱ କରୁଥିବା ଦୀନକୃଷ୍ଣ କୃଷ୍ଣକଥା ରଚନା କରି ରସିକ ପଣ୍ଡିତମାନଙ୍କୁ କର୍ଣ୍ଣ ଦେଇ ଶୁଣି ଆସ୍ୱାଦନ ସୁଖ ଲାଭ କରିବାକୁ ଅନୁରୋଧ କରିଛନ୍ତି। ସେହିମାନଙ୍କର ରସଗ୍ରାହିଣୀ ବୁଦ୍ଧିର ସାହଚର୍ଯ୍ୟରେ କାବ୍ୟ-ସମୁଦ୍ରରୁ ଇଚ୍ଛାମତେ ରସଜାତ କରିବାକୁ କୃଷ୍ଣଦାସ କବିଙ୍କର କବି-ଧର୍ମର ପରମ ଅଭିଳାଷ । ତେଣୁ କବିତ୍ୱ-କୋଷରେ ନାନା ଦ୍ରବ୍ୟ ଥିଲେ ମଧ୍ୟ ରସିକ ପାଠକ କେବଳ ରସ ବାଛି ନେଇ ଦୋଷଗୁଡିକୁ ପରିହାର କରିବା ଉଚିତ । କବିତ୍ୱ ଓ ଗ୍ରାହକର ରସିକତ୍ୱର ପ୍ରଶଂସା ରସକଲ୍ଲୋଳର ବହୁସ୍ଥାନ ଅଧିକାର କରିଛି । ସେ 'କୁମତି ଗୁଆଁର' ଓ କଠୋର କୁଟିଳ ଲୋକମାନଙ୍କୁ-କୁତ୍ସିତ ବୁଦ୍ଧିସମ୍ପନ୍ନ କହିଛନ୍ତି । ମାତ୍ର ରସିକନେତାମାନଙ୍କୁ କାବ୍ୟର ଉପଯୁକ୍ତ ଗ୍ରାହକ ରୂପେ ନିର୍ଦ୍ଦେଶ କରିଛନ୍ତି । କାବ୍ୟ ବିଷୟର ଅଗ୍ରଗତି ପ୍ରତି ମନ ନଦେଇ କାବ୍ୟର କୌତୁକପୂର୍ଣ୍ଣ ବର୍ଣ୍ଣନା ଚାତୁରୀ ପ୍ରତି ଦୃଷ୍ଟି ଦେବା ପାଇଁ ସେ ରସିକ

ସିହାଣମାନଙ୍କୁ ଅନୁରୋଧ କରିଯାଇଛନ୍ତି । ବିଷୟ ବର୍ଣ୍ଣନା କରିବା କବିଙ୍କର ଗୌଣ ଲକ୍ଷ୍ୟ ଥିଲା । ରାଧାକୃଷ୍ଣଙ୍କର କନ୍ଦର୍ପବିଳାସକୁ ମନୋହର ଗୀତରେ ପ୍ରକାଶ କରିବା କବିଙ୍କର କର୍ତ୍ତବ୍ୟ ହୋଇପଡ଼ିଥିଲା ।

ଦୀନକୃଷ୍ଣଙ୍କ ପ୍ରକୃତି ପରମ୍ପରାର ଅନୁସରଣ କରିଥିଲେ ମଧ୍ୟ ତହିଁରେ କବିଙ୍କର ପର୍ଯ୍ୟବେକ୍ଷଣ ଓ ବାସ୍ତବଜ୍ଞାନର ପରିଚୟ ମିଳେ । ନାୟକ ନାୟିକାଙ୍କର ପ୍ରେମ ମିଳନକୁ ବ୍ୟଞ୍ଜିତ କରିବା ପାଇଁ ପ୍ରକୃତିକୁ ଭୋଗର ଭୂମିକା ରୂପେ ଉପସ୍ଥାପନ କରାଯାଇଛି । ବହୁ ପଦରେ ସହଜ ପ୍ରକୃତିର ରୂପାଲେଖ୍ୟ ଅଙ୍କିତ । ଋତୁ ଓ ପ୍ରଭାତ ସନ୍ଧ୍ୟା ବର୍ଣ୍ଣନାରେ ଦୈନନ୍ଦିନ ଘଟଣା ଓ ଦୃଶ୍ୟ ସ୍ଥାନ ପାଇଛି । ଏହା ସ୍ୱଭାବ ଚିତ୍ର ପର୍ଯ୍ୟାୟକୁ ଉନ୍ନୀତ ହୋଇପାରିନଥିବାରୁ ବାର୍ତ୍ତା ସ୍ତରରେ ରହିଯାଇଛି । ଦୀନକୃଷ୍ଣଙ୍କ ପ୍ରକୃତିର ମୁଖ୍ୟ ବିଭାବ ହେଲା ଶୃଙ୍ଗାରିକତା । ଶରତ୍‌ରାସକାଳୀନ ଚାନ୍ଦ୍ରରଜନୀ, ବୃନ୍ଦାବନର କୁସୁମିତା ପ୍ରକୃତି ଓ ବସନ୍ତର ମହା ସୁଖମୟ ଉଦ୍ଦୀପିତା ବାସନ୍ତୀ ପ୍ରକୃତି ପ୍ରଣୟର ପଟ୍ଟଭୂମି ରୂପେ ପରିକଳ୍ପିତ । ପ୍ରକୃତିରେ ନାରୀରୂପ ଓ ଚେଷ୍ଟାଦି ଆରୋପ କରିବା ମଧ୍ୟ ଦୀନକୃଷ୍ଣଙ୍କ ପ୍ରକୃତି ବର୍ଣ୍ଣନାର ଅନ୍ୟ ଏକ ବୈଶିଷ୍ଟ୍ୟ । ଯମୁନାର ଜଳ ଗୋପୀମାନଙ୍କର ନେତ୍ରର କଜ୍ଜଳ ପରି କଳା । ତାହା କୂଳକୁ ଉଜ୍ଜ୍ୱଳ କରୁଛି, ତେଣୁ କୁଳବତୀ ନାରୀ ସହ ତାହାର ତୁଳନା କରାଯାଇଛି । ଯମୁନା କେତେବେଳେ ପ୍ରେମଶୀଳା ନାୟିକାର ରୂପ ଧାରଣ କରିଛି । ଗ୍ରୀଷ୍ମରେ କୃଶକଳେବରା ନଦୀମାନଙ୍କର ରୂପ କବି ଦୃଷ୍ଟିରେ ପ୍ରତୀତ ହୋଇଛି-

ସୃଜନେ, କୃଶ ହୋଇଲା ନଦୀଜଳ
କାନ୍ତ ଘନରସ ବିହୁନେ ଯେମନ୍ତ
ଦିଶନ୍ତି ବିରହିଣୀ କୁଳ ।[୯]

ସେହିପରି ବର୍ଷା-ପ୍ରକୃତି ନାରୀ ଭୂମିକାରେ ଅଭିନୟ କରିଛି-

କେତେ ଶୁଭଇ ଚାତକରବ
ପରାୟେ ମନ ମନ ବିରବ ।
କଟିକିଙ୍କିଣୀ ଘୋଷ ନିର୍ଘୋଷ-
ସମ ପ୍ରଚଣ୍ଡ ଯେ ।[୧୦]

ବସନ୍ତର ପ୍ରକୃତିରେ କବିଙ୍କର ଶୃଙ୍ଗାର-କଳ୍ପନା ଚରମସୀମାରେ ପହଞ୍ଚିଛି-

କଳ କୂଜିତ କଲେ କପୋତ
ରତି କୂଜିତ ପ୍ରାୟେ-[୧୧]

ସନ୍ଧ୍ୟା ମଧ୍ୟ ରତିକ୍ରୀଡ଼ାର ସୂଚକ-

କିବା ବାରବଧୂ ନିଧୁବନ ଆଶେ

ହୋଇ ଅନୁରାଗବତୀ
କରି ଅଙ୍ଗଶୋଭା ଉଭାହେଲା ପ୍ରାୟ
ଦିଶେ ନିଶାମୁଖ ଜ୍ୟୋତି । [୧୨]

ଉପରୋକ୍ତ ଉଦାହରଣଗୁଡିକରେ କବିଙ୍କର ଶୃଙ୍ଗାରଚେତନା ପ୍ରକୃତିର ପଟ୍ଟଭୂମିରେ ପ୍ରକାଶ ପାଇଛି । ବିରହ କାଳରେ ସେହି ପ୍ରାକୃତିକ ବିଭାବ ବିରହୀ-ବିରହିଣୀଙ୍କୁ ଆଘାତ କରେ । କୋକିଳର କଣ୍ଠସ୍ୱର 'କାମକୁଳିଶଘାତ' ପ୍ରାୟ ପ୍ରତୀୟମାନ ହୁଏ । ମିଳନରେ କୋକିଳର ମଧୁର କୂଜନ କାନ୍ତାର ମୃଦୁବାଣୀ ଭଳି ପ୍ରତୀୟମାନ ହୋଇ କୃଷ୍ଣଙ୍କର ଉତ୍ସୁକତା ବୃଦ୍ଧି କରେ । କାଳିନ୍ଦୀବକ୍ଷରୁ ଶୀତଳ ସମୀରଣ ପୁଷ୍ପ-ସୌରଭ ଘେନି ବହିଆସିଲେ ଗୋପୀମାନଙ୍କଠାରେ କନ୍ଦର୍ପ ଉଦ୍ଦୀପନ ବୃଦ୍ଧି ପାଏ । ପୁଷ୍ପ ଚୁମ୍ବନ କରି ଭ୍ରମରର ଝଙ୍କାର ଗୋପୀମାନଙ୍କୁ କନ୍ଦର୍ପର ଧନୁ-ଟଙ୍କାର ପରି ବୋଧହୁଏ । ବୃନ୍ଦାବନ-ପ୍ରକୃତି କନ୍ଦର୍ପର ସଙ୍ଗୀତ ମନ୍ଦିର ପରି ସଜ୍ଜିତା । ବସନ୍ତର ମାଦକୀୟ ଉନ୍ମାଦନାରେ ମାନବତୀ ନାରୀମାନେ ପରିହାର କରି ପ୍ରିୟ ମିଳନ ନିମନ୍ତେ ଉତ୍‌କଣ୍ଠିତା । ପ୍ରକୃତିର ଏହିପରି ନାନା ବିଭାବ ଓ ବ୍ୟାପାରକୁ ଧରି କବିଙ୍କର ଚାତୁର୍ଯ୍ୟୋକ୍ତି ମଧ୍ୟ ପ୍ରକାଶ ପାଇଛି । ତେଣୁ କୁହାଯାଇପାରେ ଦୀନକୃଷ୍ଣଙ୍କର ପ୍ରକୃତି-ଦୃଷ୍ଟି ଏକ ସୀମିତ ପରିଧିରେ ବିଚରଣ କରୁଥିଲା । ପ୍ରକୃତିର ନାନା ରୂପ ରଙ୍ଗ ଓ କ୍ରିୟା ବ୍ୟାପାର ରୀତିଯୁଗୀୟ କାବ୍ୟଭାବନାରେ ରୂପ ପାଇ ନଥିଲା । ପ୍ରକୃତିରେ ନାରୀ-ଭାବ ଓ ଉଦ୍ଦୀପନ ଧର୍ମ ବ୍ୟତୀତ ଅନ୍ୟ କୌଣସି ବିଶିଷ୍ଟ ଦିଗ ଲକ୍ଷ୍ୟ କରାଯାଏ ନାହିଁ ।

ଦୀନକୃଷ୍ଣଙ୍କର ରୂପ-ଦୃଷ୍ଟି କୃଷ୍ଣଙ୍କର ନାଗର ସ୍ୱଭାବ ଓ ଗୋପୀମାନଙ୍କର 'କାମକେଳିକଳାକୁଶଳା' ରୂପ ଭିତରେ ସ୍ପଷ୍ଟ ପ୍ରକାଶ ପାଇନାହିଁ । ପାରମ୍ପରିକ ଉପମାନ ପ୍ରୟୋଗ ପରି ନାୟକ ନାୟିକାଙ୍କର ଅଙ୍ଗସୌଷ୍ଠବ ପ୍ରକାଶ କରିବାର ପ୍ରୟାସ ଲକ୍ଷ୍ୟ କରାଯାଏ । ରସିକ ପାଠକ ତା'ର ଅନୁଭବ ନେତ୍ରରେ କବିଙ୍କର କାବ୍ୟ-ନାୟିକାର ମାନସବେଦ୍ୟ ରୂପ ସନ୍ଦର୍ଶନ କରିପାରେ । ନାୟିକାର ଭ୍ରୂଭଙ୍ଗ, କଟାକ୍ଷ-ଲୀଳା, କର୍ଣ୍ଣଦେଶରେ ଆନ୍ଦୋଳିତ କୁଣ୍ଡଳ, ନାସିକା ଫୁଲାଇ ଆଡ଼ନୟନରେ ଦୃଷ୍ଟିପାତ ଓ ସ୍ନେହସୂଚକ ବକ୍ରବାଣୀ ଭାଷଣ-ଏ ସମସ୍ତ କେବଳ ରସିକ ତା'ର ପ୍ରାଣ ନୟନରେ ଦେଖିପାରେ । ମନ୍ଦହାସସୂଚକ ନୟନ ପ୍ରକାଶ କରି ମୁହୂର୍ତ୍ତକରେ ଅନ୍ତର କରିନେଉଥିବା ନାୟିକାର ଲୋକଦୃଷ୍ଟି କାମୁକ ଅଙ୍ଗରେ ଅନଙ୍ଗଭୂତର ମନ୍ତ୍ର ଜଗାଏ । କବି ଏହାକୁ ଅନୁଭବର ବିଷୟ ବୋଲି ଉଲ୍ଲେଖ କରିଛନ୍ତି ।[୧୩]

କବିଙ୍କର କୃଷ୍ଣ ସର୍ବ ରସାଶ୍ରୟ । ସେ କାମରୂପୀ ଯଦୁପତି; କନ୍ଦର୍ପକୌତୁକରେ ତାଙ୍କର ସମୟ ଅତିବାହିତ ହୁଏ । ଗୋପୀମାନଙ୍କ ନିକଟରେ ରତିଦାନ ଭିକ୍ଷା କରିବା

ଛଡ଼ା ତାଙ୍କର ଅନ୍ୟକିଛି ପ୍ରାପ୍ତି ଆଶା ନଥାଏ । କଟାକ୍ଷରେ ତାଙ୍କର ଘେନାଘେନି ଭାବ; ବଚନରେ ବକ୍ରୋକ୍ତି ପ୍ରଲେପ । ତାଙ୍କର ରୂପଦୃଷ୍ଟିରେ ଗୋପୀମାନଙ୍କର ରୂପ ବକ୍ରୋକ୍ତି-ସମ୍ଭବ ହୋଇଉଠିଛି । ସହଜ ରୂପରେ ଅକୈତବ-ମାଧୁରୀ ପରିବର୍ତ୍ତେ, କବିଙ୍କ ନିଜ ଭାଷାରେ, ତାହା ହୋଇଉଠିଛି 'କୁଟିଳ ବର୍ଣ୍ଣାବଳୀରେ ଅଦ୍ଭୁତ ।'

କୃଷ୍ଣଙ୍କ ମନରେ କାମ ଭାବ ଜନ୍ମାଇବା ପାଇଁ ଗୋପୀମାନଙ୍କ ସୌନ୍ଦର୍ଯ୍ୟ ଯେପରି ଅଭିପ୍ରେତ । ସେମାନେ କୃଷ୍ଣଙ୍କର କାମ ସିନ୍ଧୁ ପାର ନିମନ୍ତେ ଭେଳା ସ୍ୱରୂପିଣୀ । କାମ ଦୁହା ବା କାମଧେନୁ କଳାନିଧାନୀ ଗୋପିକାଙ୍କର ଅଙ୍ଗ କୃଷ୍ଣ ରୂପଦୃଷ୍ଟିରେ କାମ ସରୋବର । ସେମାନେ ମଧ୍ୟ ତୃଷିତ ଚକୋରୀ ଭଳି କୃଷ୍ଣଙ୍କ ରୂପ-ପୀୟୂଷ ପାନ କରନ୍ତି । ରୂପ ଓ ନେପଥ୍ୟ ପରିପାଟୀରେ ଶୃଙ୍ଗାର ଚାଞ୍ଚଲ୍ୟ ସୃଷ୍ଟି କରିବା ସେମାନଙ୍କ ସୌନ୍ଦର୍ଯ୍ୟର ବିଶେଷତ୍ୱ ।

ନାରୀ ଅଙ୍ଗ ବର୍ଣ୍ଣନାରେ ନାନା ସମ୍ଭାବନା ଆରୋପ କରିବା ପ୍ରାୟ ସମସ୍ତ ରୀତିଯୁଗୀୟ କବିଙ୍କ ରଚନାରେ ପରିଦୃଷ୍ଟ ହୁଏ ।[୧୪] ଦୀନକୃଷ୍ଣ ରୂପ ବର୍ଣ୍ଣନାରେ ସମ୍ଭୋଗ ଶୃଙ୍ଗାରକାଳୀନ ରୂପଠାରୁ ବିରହକାଳୀନ ରୂପର ମାଧୁରୀ ଅତ୍ୟନ୍ତ ହୃଦୟଗ୍ରାହୀ ରୂପେ ଚିତ୍ରଣ କରିଛନ୍ତି ।

ଦୀନକୃଷ୍ଣଙ୍କର ପଦକଦମ୍ବ ଶ୍ରୁତିମୁଖଜାତକାରୀ-ଏହା ଅବିସମ୍ବାଦିତ । ମାତ୍ର ରୂପଦୃଷ୍ଟିରେ ଚାତୁର୍ଯ୍ୟ ଓ ବକ୍ରବାଣୀବିଳାସ ରୂପର ମାଧୁରୀକୁ ଆଚ୍ଛାଦିତ କରିଦେଇଛି । କବି କମନୀୟ, କୌତୁକ ଓ ସୁନ୍ଦର ଆଦି ପଦ ଏତେ ମାତ୍ରାରେ ବ୍ୟବହାର କରିଛନ୍ତି ଯେ, ଅତି ବ୍ୟବହାରରେ ଘଷରା ହୋଇ ସେହି ଶବ୍ଦଗୁଡ଼ିକ ସ୍ୱକୀୟ ଅର୍ଥର ଚମତ୍କାରିତା ହରାଇଛନ୍ତି । କଳାବତୀ ଗୋପୀ ଓ କଳାବନ୍ତ କୃଷ୍ଣ ମର୍ତ୍ତ୍ୟ-ମାଧୁରୀ ଧରି ପାଠକ ଆଗରେ ଉଭା ହୋଇଛନ୍ତି । କବିଙ୍କର ଭକ୍ତିରସ କୃଷ୍ଣ-ଗୋପୀଙ୍କର ପ୍ରେମରସରେ ଆପ୍ଳୁତ ହୋଇଯାଇଛି ।

ଉପେନ୍ଦ୍ର ଭଞ୍ଜ

ଉପେନ୍ଦ୍ର ଭଞ୍ଜଙ୍କ କାବ୍ୟ ସୌନ୍ଦର୍ଯ୍ୟର ସ୍ୱରୂପ ଓ ଲକ୍ଷଣ ତାଙ୍କର କାବ୍ୟାବଳୀରେ ନିହିତ । ବୈଦେହୀଶ ବିଳାସରେ ସେ ଯେଉଁ କବି ମାର୍ଗର ପଥିକ ତାହାର ସୂଚନା ମିଳେ-

ବିଚିତ୍ର କବିତ୍ୱ ମାର୍ଗେ ପ୍ରସରିଲା ବୁଦ୍ଧି
ବିରଚିଲି ରାମାୟଣ ଏ ମୋ ବଡ଼ ସିଦ୍ଧି ।[୧]

ବିଚିତ୍ର ମାର୍ଗର କବି ଅଳଙ୍କାର ପ୍ରୟୋଗ ନିମନ୍ତେ ଅଧିକ ପ୍ରଯତ୍ନ କରନ୍ତି । ଅଳଙ୍କାରର ବୈଶିଷ୍ଟ୍ୟ ଓ କାବ୍ୟ ରଚନାରେ ପ୍ରଯତ୍ନ ପ୍ରଦର୍ଶନ କରି ଏହି ମାର୍ଗର କବି

ପାଠକର ପ୍ରଶଂସା ଓ ଗ୍ରାହକତା ଆଶା କରନ୍ତି । ଉପେନ୍ଦ୍ରଙ୍କ କାବ୍ୟାଦର୍ଶ ଦୃଷ୍ଟିରୁ ବିଚାରକଲେ ଜଣାଯାଏ ଯେ, ସେ କାବ୍ୟ ସୌନ୍ଦର୍ଯ୍ୟକୁ ସାଧନାର ଫଳରୂପେ ଗ୍ରହଣ କରିଥିଲେ । ଶବ୍ଦାଳଙ୍କାର ଓ ଅର୍ଥାଳଙ୍କାର ପ୍ରୟୋଗରେ ସେ ଯେଉଁ ଶ୍ରମ କରିଛନ୍ତି, ତହିଁରୁ ତାଙ୍କର ପାଣ୍ଡିତ୍ୟ ଓ ବହୁଶାସ୍ତ୍ରଦର୍ଶିତାର ପ୍ରମାଣ ମିଳେ । ଅଳଙ୍କାର ମଣ୍ଡନ ହେଲେ ହେଁ ସେ ଏହାକୁ ଅପରିହାର୍ଯ୍ୟ ମନେକରନ୍ତି । ଅଳଙ୍କାର ବିଧାନର ପ୍ରୟୋଜନୀୟତା ପ୍ରମାଣ କରିବା ପାଇଁ ସେ କହନ୍ତି-

ମୂର୍ତ୍ତିବନ୍ତ କରି ମୃଦୁ ଗୀତ ବିଚାରଇ
ଏଣୁକରି ଥିବ ଅଳଙ୍କାର ଯୁକ୍ତହୋଇ ।[୨]

କୋମଳ ପଦାବଳୀଯୁକ୍ତ କାବ୍ୟ ମୂର୍ତ୍ତିମନ୍ତ ବା ବିଗ୍ରହଧାରଣ କରିଥିବାରୁ ଓ ବିଗ୍ରହରେ ଅଳଙ୍କାର ଧାରଣ ଯେଉଁପରି ଶୋଭାଦାୟକ ହୁଏ, ସେହିପରି କାବ୍ୟଶରୀର ନିମନ୍ତେ ଅଳଙ୍କାର-ପ୍ରୟୋଗ କରିବାକୁ ପଡୁଛି ।

ନୈଷଧ କାବ୍ୟ ଉପେନ୍ଦ୍ରଙ୍କର ପ୍ରାକୃତ କାବ୍ୟ 'କୋଟି ବ୍ରହ୍ମାଣ୍ଡ ସୁନ୍ଦରୀ'ର ଆଦର୍ଶ । ତାଙ୍କର କାବ୍ୟ ରଚନାର କ୍ରମ ଲକ୍ଷ୍ୟକଲେ ଜଣାଯାଏ, ତାହା ଯେପରି କ୍ରମଶଃ ଜଟିଳ ହେବାକୁ ଲାଗିଛି ଓ କୋଟିବ୍ରହ୍ମାଣ୍ଡସୁନ୍ଦରୀରେ ଚରମ ସୀମାରେ ପହଞ୍ଚିଛି । ପ୍ରାକୃତ ଭାଷାରେ କାବ୍ୟ ରଚନା କଲେ ମଧ୍ୟ ଶ୍ରୀହର୍ଷଙ୍କର ପ୍ରତିସ୍ପର୍ଦ୍ଧୀ ହେବାକୁ ତାଙ୍କର ଅଭିଳାଷ । ସଂସ୍କୃତ ସାହିତ୍ୟରେ ଶ୍ରୀହର୍ଷ ପଣ୍ଡିତ-କବି ରୂପେ ପରିଚିତ । ଉପେନ୍ଦ୍ରଙ୍କର ଏତାଦୃଶ ପ୍ରଯତ୍ନର ଫଳସ୍ୱରୂପ କୋଟିବ୍ରହ୍ମାଣ୍ଡସୁନ୍ଦରୀ ନୈଷଧର ଗୌରବ ଅର୍ଜନ କଲେ ମଧ୍ୟ ଏଥିରେ କବିତ୍ୱ ଅପେକ୍ଷା ପାଣ୍ଡିତ୍ୟ ପ୍ରତି ସମଧିକ ଆଗ୍ରହ ପ୍ରକାଶ ପାଇଛି । ପାଣ୍ଡିତ୍ୟ ଓ ଅଳଙ୍କରଣମୋହ ତାଙ୍କର ଅନ୍ୟ କାବ୍ୟମାନଙ୍କରେ ପରିଦୃଷ୍ଟ ହେଲେ ହେଁ ଉକ୍ତ କାବ୍ୟରେ ତାହା ଚେଷ୍ଟାକୃତ ଓ ଅତି ସଜ୍ଞାନ ଚିତ୍ତରେ ପ୍ରଦର୍ଶିତ । ଏ କାବ୍ୟକୁ 'ଘେନ ନୈଷଧ ପରାୟେ'- ଏହାହିଁ ତାଙ୍କର ପ୍ରାଣର ପିପାସା ଓ ବୁଧ ରସିକମାନଙ୍କ ନିକଟରେ ନିବେଦନ । କବି ନିଜର କାବ୍ୟ ଅର୍ଥରେ ସରସ ଓ ଦୋଷଶୂନ୍ୟ ହେଉ ବୋଲି କାମନା କରିଛନ୍ତି -

ହୋଇବ ଅର୍ଥେ ସରସ । ନୋହିବ ଦୋଷ ଯେ ।[୩]

ବ-ଆଦ୍ୟକାବ୍ୟ ବୈଦେହୀଶ ବିଳାସ ଭାଷା କାଠିନ୍ୟ ସତ୍ତ୍ୱେ ରସାଳ ହୋଇଛି ବୋଲି ତାଙ୍କର ମତ-

ବୁଧେ ସରସ କର୍କଶେ ରସାଳ ଏ ସତ ଯେ ।[୪]

ସରସ ଓ କର୍କଶ ଭାଷାର ମିଶ୍ରଣରେ କାବ୍ୟକୁ ରସାଳ କରିବା ଅଭିପ୍ରାୟ

'କଳା କଉତକ' ଓ 'ସୁଭଦ୍ରା ପରିଣୟ' କାବ୍ୟରେ ମଧ୍ୟ ପରିଦୃଷ୍ଟ । ସ୍ଫୁରଣ ନୁହେଁ, ଶ୍ରମ ଦେଖାଇ ସେ ସୁଧୀସମାଜର ହୃଦୟରଞ୍ଜନ କରିବାକୁ ଚାହାନ୍ତି-

ସେହିରୂପ ଏ ଗୀତ ସବର୍ଣ୍ଣ ଶ୍ରମ ଦେଖି
ସୁଧୀ ସୁରସିକମାନେ ଚିତ୍ତେ ହେବେ ସୁଖୀ ଯେ ।[୫]

କବି ସରଳ ପଦରଚନା ଦ୍ୱାରା ସୁଜ୍ଞଜନ ଓ ଅର୍ଥୀଜନମାନଙ୍କର ଶ୍ରବଣ ସୁଖବିଧାନ କରିବା ପାଇଁ ବହୁସ୍ଥଳରେ କହିଛନ୍ତି-

ପଦ ସରଳ ଧ୍ୱନିରେ ଶ୍ରବଣ ମୋହିବ
ଅର୍ଥୀଜନ ପ୍ରକରକୁ ଆନନ୍ଦ କରିବ ।[୬]
ଏବଂ 'ସୁଜ୍ଞଜନେ ଶୁଣ ଏ ଗୀତରେ ଦେଇ ମତି
ସରଳ ପଦମାନଙ୍କେ ମୋହିବ ଏ ଶ୍ରୁତି ।[୭]

ଏଠାରେ ଲକ୍ଷ୍ୟ କରିବା କଥା କବି ସର୍ବଦା ଶ୍ରବଣସୁଖଦାୟୀ ଗୀତ ରଚନା ପାଇଁ ଯତ୍ନ କରିଛନ୍ତି । ସୁମଧୁର ପଦାବଳୀ ଚିତ୍ତରୁଚିତ ହେବ ଏଇଥିପାଇଁ ଯେ, ତାହାକୁ ବୁଧମାନେ ଶ୍ରୁତିମୁଖରେ ପାନ କରିବେ-

ଏବେ ଚିତ୍ତରୁଚିତ ରଚିତ ସୁମଧୁର
ଶ୍ରୁତି-ବଦନରେ ପାନକର ବୁଧନର ।[୮]

କବି-ଚାତୁରୀ ବା କାବ୍ୟ-କୌଶଳ ପ୍ରଦର୍ଶନ ଦ୍ୱାରା ତଦ୍‌ବିଦ୍‌ମାନଙ୍କର ମନକୁ ସନ୍ତୋଷ କରିବା ପାଇଁ ଉପେନ୍ଦ୍ରଙ୍କ କାବ୍ୟ ଅଭିପ୍ରେତ । ପ୍ରେମମୂଳକ କାବ୍ୟ ଲାବଣ୍ୟବତୀ 'ଯୁବାଜନ କର୍ଣ୍ଣ ଉତ୍ସବ', ଅର୍ଥାତ୍ ଯୁବା ଯଉବନୀମାନଙ୍କର କର୍ଣ୍ଣରସାୟନ ହେଉ- ଏପରି ଅଭିଳାଷ ବ୍ୟକ୍ତ କରିବା ଫଳରେ ତାଙ୍କର କାବ୍ୟାବଳୀ ଯେ କେବଳ ତରୁଣ-ବୟସର ପାଠକମାନଙ୍କ ନିମନ୍ତେ ଉଦ୍ଦିଷ୍ଟ ଓ ସଙ୍ଗୀତଧର୍ମ ଯୋଗୁ ଶ୍ରବଣେନ୍ଦ୍ରିୟର ତୃପ୍ତି ବିଧାନ କରିବା ଲକ୍ଷ୍ୟରେ ରଚିତ ତାହା ସ୍ପଷ୍ଟ ହୋଇଉଠେ-

କର୍ଣ୍ଣ ମନ ମହୋତ୍ସବ ରସ ସାବଧାନ
ହୋଇ ଶୁଣ ସୁରସିକ ତରୁଣ ସୁଜନ ।[୯]

ସୁରସିକ, ତରୁଣ, ସୁଜନମାନଙ୍କ ପ୍ରତି ତାଙ୍କର କାବ୍ୟ ନିବେଦିତ । ରସସାରଶୃଙ୍ଗାର କାବ୍ୟର ପ୍ରଧାନ ଉପପାଦ୍ୟ । ଏହାକୁ ଛାନ୍ଦଗୀତରେ ପ୍ରକାଶ କରି ସୁରସିକମାନଙ୍କର 'କର୍ଣ୍ଣମନ ମହୋତ୍ସବ' ସମ୍ପାଦନ କରିବା ଲକ୍ଷ୍ୟ ରଖି ଉପେନ୍ଦ୍ର କାବ୍ୟ ରଚନା କରିଛନ୍ତି । ରସିକ ହାରାବଳୀରେ ତାଙ୍କର କାବ୍ୟାଦର୍ଶ ଉପସ୍ଥାପନ କରି କବି କହିଛନ୍ତି-

ବିଚାରଇ କରିବି ଉତ୍ତମ ଛାନ୍ଦ ଗୀତ
ରସସାର ଶୃଙ୍ଗାର ତହିଁରେ ହେବ ବ୍ୟକ୍ତ
ଅନୁଭବରୁ ପ୍ରଖ୍ୟାତ ମାନସରଚନା
ଶୁଣ ସୁରସିକମାନେ ହୋଇଣ ସୁମନା । (୧୦)

ଉପେନ୍ଦ୍ର ସ୍ୱକୃତ କାବ୍ୟକୁ 'ସାହିତ୍ୟ ଏହି ଚିତ୍ତ ମୋହିତ' କହିଛନ୍ତି । ସାହିତ୍ୟର ଲକ୍ଷ୍ୟ ଯେ ଚିତ୍ତ ମୋହିତ କରିବା ଏହା ସେ ବହୁଥର ପ୍ରକାଶ କରିଛନ୍ତି-

ରସିକ ପୁରନ୍ଦର ଚିତ୍ତ ମୋହିବ ସୁନ୍ଦର ପଦର ଛାନ୍ଦ ଏ
ମୁକର ଶ୍ରୁତିକନ୍ଦରକୁ ହୋଇବ ସମସ୍ତ ପ୍ରକାର ମନ୍ତ୍ର ଏ ।(୧୧)

'କୋଟିବ୍ରହ୍ମାଣ୍ଡ ସୁନ୍ଦରୀ' ପରି କଠିନ କାବ୍ୟକୁ ମଧ୍ୟ କବି 'ସୁଜାତି ସୁମନା ପରି' ଗୀତ ଆକାରରେ ରଚନା କରି ତାହାର ସୁରଭିରେ ରସିକମାନଙ୍କର ମାନସ ମୋହିତ କରିବେ ଓ ଗୁଣବନ୍ତ ଜନ ତାହାକୁ ହୃଦୟରେ ମାଳା ରୂପେ ଧାରଣ କରିବେ ବୋଲି ଅଭିଳାଷ ରଖିଛନ୍ତି । 'ସୁଜନ ରଞ୍ଜନ' ପଦାବଳୀ ପ୍ରଦାନ କରି କବି ବିଜ୍ଞମାନଙ୍କୁ ମାନସରେ ବିଚାର କରିବା ପାଇଁ ଅନୁରୋଧ ଜଣାଇଛନ୍ତି । ଅଳ୍ପବ୍ୟୁତ୍ପତ୍ତି ଲାଭ କରିଥିବା ବ୍ୟକ୍ତି ତାଙ୍କ କାବ୍ୟର ବିଚାର କରିନପାରନ୍ତି । ସେଥିଲାଗି ବିଜ୍ଞମାନେ ଏକା ଭାଜନ । ତଥାପି 'ବାନର ମୁଷ୍ଟି' ପରି ଗର୍ବ ଛାଡୁନଥିବା ସ୍ୱଳ୍ପଜ୍ଞାନସମ୍ପନ୍ନ ଲୋକମାନଙ୍କର ତମୋଗୁଣ ରୂପ ଅନ୍ଧକାରକୁ ତାଙ୍କର ଗୀତ ରୂପ ସବିତା ପଦ-କିରଣ ପ୍ରଭାବରେ ନାଶ କରିପାରେ-

ବିଜ୍ଞେ ସୁଜନରଞ୍ଜନ ପଦମାନ ମାନସେ କରିବ ବିଚାର
ଅଳ୍ପ ବ୍ୟୁତ୍ପତ୍ତି-ଉତ୍ପତ୍ତି ନରପନ୍ତି ବାନର ମୁଷ୍ଟି ପରକାର
ଛାଡ଼ନ୍ତି ନାହିଁ, ଆମ୍ଭେ ବଡ଼ ଏ ଗର୍ବ
ଏ ଗୀତ ସବିତା ପଦ ପ୍ରଭାବରେ ତାମସ ତମସ ନାଶିବ ।(୧୨)

ସ୍ୱଳ୍ପ ଜ୍ଞାନ ଲାଭ କରିଥିବା ବ୍ୟକ୍ତିଙ୍କୁ 'ବାନରମୁଷ୍ଟି' ପ୍ରକାର ଗର୍ବୀ ସ୍ୱଭାବ କହିଲା ପରି କବି ମୂର୍ଖ ସ୍ୱଭାବ ବ୍ୟକ୍ତିମାନଙ୍କୁ 'ଅଦୃଷ୍ଟ-ରଜା' ବାଳିକା ରୂପେ ବିଚାର କରିଛନ୍ତି । କାରଣ ସେମାନଙ୍କର ମନ ତାଙ୍କର କାବ୍ୟ ପ୍ରତି ରତି ପ୍ରକାଶ କରିବ ନାହିଁ । ଏକମାତ୍ର 'ଜାଣିଲା ଜନମନକୁ ଏ ତୋଷିବ' । ସ୍ୱ କାବ୍ୟରେ ସେ ଯେତେ ଚାତୁରୀ ବା ଛଟା ଫୁଟାଇଛନ୍ତି ତାହାକୁ ଗ୍ରହଣ କରୁଥିବା ଓ ସେ ବିଷୟରେ ଅଭିଜ୍ଞତା ଅର୍ଜନ କରିଥିବା ମନ ହିଁ ଆନନ୍ଦ ପାଇପାରେ-

କବି ଚାତୁରୀ ଅନେକ ଅଛି ପୂରି ଘେନିଲେ ଜନ୍ମିବ ଆନନ୍ଦ
ଜାଣିଲା ଜନ ମନକୁ ଏ ତୋଷିବ
ମୂର୍ଖ ସ୍ୱଭାବ ଅଦୃଷ୍ଟ-ରଜା ପରି ସେ କାହୁଁ ରତି ପ୍ରକାଶିବ ।(୧୩)

ଉପେନ୍ଦ୍ରଙ୍କର ବିଶ୍ୱାସ ଥିଲା କବିମାନେ ଚାତୁରୀ ବଳରେ କାବ୍ୟ ରଚନା କରନ୍ତି । କେବଳ ସ୍ୱ କାବ୍ୟରେ ଯେ ଅନେକ କାବ୍ୟ ଛଟା ଭରି ରହିଛି ତାହା ନୁହେଁ, ସବୁ କବି ଏହିପରି ଚାତୁରୀ ପ୍ରୟୋଗ କରନ୍ତି ଓ ତାଙ୍କ କାବ୍ୟରେ ଯେତେ ପ୍ରକାର ଚାତୁରୀର ଅବତାରଣା କରାଯାଇଛି, ସେ ସବୁକୁ କବି ମାତ୍ରେ ଉପଲବ୍ଧ କରିପାରିବେ -

ଏ ଛାନ୍ଦେ ଯେତେ ଚାତୁରୀ କବିଙ୍କ ଗୋଚର
ରସେ କହେ ଉପଇନ୍ଦ୍ର ଭଞ୍ଜ ବୀରବର ।[୧୪]

କଠିନ ଶବ୍ଦାବଳୀରେ ରସାଳଭାବ ପ୍ରକାଶ କରିବାକୁ ପଡ଼ିଥିବାରୁ କବି କେବଳ ଜ୍ଞାନରୂପ ଦନ୍ତ ଥିବା ବ୍ୟକ୍ତିମାନଙ୍କୁ ତାଙ୍କ କାବ୍ୟରୁ ଅର୍ଥଗ୍ରହଣ କରିବାକୁ ସାବଧାନ କରି ଦେଇଛନ୍ତି । ତାଙ୍କର ଛାନ୍ଦଗୁଡିକ ଇକ୍ଷୁଲତା ସଦୃଶ । ଦନ୍ତ ଥିବା ଲୋକ ଇକ୍ଷୁଲତାରୁ ରସ ଆସ୍ୱାଦନ କରିପାରିଲା ଭଳି ଜ୍ଞାନଦନ୍ତ ଥିବା ଲୋକେ ଛାନ୍ଦ-ଇକ୍ଷୁ-ଲତାରୁ ରସାସ୍ୱାଦନ କରିବା ପାଇଁ ଅର୍ଥୀ ହେବେ-

ଏ ଛାନ୍ଦ ଇକ୍ଷୁଲତିକା ରସ ଆସ୍ୱାଦନେ
ଅର୍ଥୀ ହେବେ ଏଥି ଜ୍ଞାନରଦ ଥିଲା ଜନେ ।[୧୫]

କାବ୍ୟରୁ ଉତ୍ତମ ରୂପେ ରସ ଗ୍ରହଣ କରିବା ପାଇଁ ସିଦ୍ଧି ପ୍ରାପ୍ତ ବ୍ୟକ୍ତି ହିଁ ଭାଜନ । ଅଜ୍ଞ ଲୋକେ କାବ୍ୟ ଅର୍ଥ ଯୋଡ଼ିବସିଲେ ଉପହାସର ପାତ୍ର ହୁଅନ୍ତି, କାରଣ ସେମାନଙ୍କର ଶିକ୍ଷା ପୂର୍ଣ୍ଣ ହୋଇନଥାଏ । ବିଜ୍ଞଲୋକେ ବିଦ୍ୟା ସିଦ୍ଧି କରି କାବ୍ୟ ଅର୍ଥ କଲେ ଉତ୍ତମ-ରୂପେ ଭାବଗ୍ରହଣ କରିପାରନ୍ତି । ଉପେନ୍ଦ୍ର ବିଜ୍ଞମାନଙ୍କୁ ଗଙ୍ଗାଯମୁନା ସଙ୍ଗମ ପରି ତାଙ୍କର ଏକ ଛାନ୍ଦକୁ ବର୍ଣ୍ଣ ଭଙ୍ଗୀରୁ ବୁଝି, ଅର୍ଥାତ୍ ଅକ୍ଷର ପ୍ରୟୋଗରେ ଯେଉଁ ଭଙ୍ଗୀ ଅବଲମ୍ବିତ ହୋଇଛି, ଅର୍ଥ କରିବା ନିମନ୍ତେ ଅନୁରୋଧ କରିଛନ୍ତି-

ସିଦ୍ଧି କରି ଯେ କାବ୍ୟ ଅର୍ଥ ସେ ଯୋଡ଼ି
ଅଛିଦ୍ର ହାସେ ଆଦ୍ୟରସରେ ଜଡ଼ି ଯେ ।
କହେ ଉପଇନ୍ଦ୍ର ବର୍ଣ୍ଣ ଭଙ୍ଗୀରୁ ବାରି
ଛାନ୍ଦ ଗଙ୍ଗାଯମୁନା ସଙ୍ଗମ ପରି ଯେ ।[୧୬]

ଉପେନ୍ଦ୍ର ନିଜକୁ ଓ ପାଠକମାନଙ୍କୁ ସଂଖ୍ୟାବାନ କହିଛନ୍ତି-

ସଂଖ୍ୟାବାନ ଭଞ୍ଜ ବୀରବର ରସେ ଭାଷି ।[୧୭]
ବୁଝ ସଂଖ୍ୟାବାନ ଆୟତ୍ତ ନାହିଁ ।[୧୮]

ବିବେକୀ ବିଚାରବନ୍ତ ପାଠକ ତାଙ୍କର ବୁଦ୍ଧି-ପ୍ରସୂତ ରଚନାମାନଙ୍କରୁ ରସ ଗ୍ରହଣ କରିପାରିବେ । ସେହିପରି ଅନ୍ୟ ଏକ ସ୍ଥାନରେ ସେ ନିଜର ପାଠକମାନଙ୍କୁ 'କଳ୍ପକଜନ'[୧୯] (କଳ୍ପନା କରି ଜାଣିଥିବା ଲୋକ) ରୂପେ ସମ୍ବୋଧନ କରିଛନ୍ତି ।

କଳ୍ପନାବନ୍ତ ଲୋକେ ତାଙ୍କ ବର୍ଣ୍ଣନାରେ ମନୋନିବେଶ କରିବେ । ନିଜକୁ ଜଣେ 'ଉପମାକାରକ' ଭାବି ସେ ଗୌରବାନ୍ୱିତ ମନେକରନ୍ତି । ଉପମା ପ୍ରୟୋଗ ଉପେନ୍ଦ୍ରଙ୍କର ଏକ ସଚେତନ କ୍ରିୟା । ଉପମାମାନେ ତାଙ୍କର କର-ସାରଣୀ ଭଳି । ସ୍ଥାନ ଅସ୍ଥାନରେ ଇଚ୍ଛା କଲାମାତ୍ରେ ସେଗୁଡ଼ିକୁ ପ୍ରୟୋଗ କରି ତହିଁରେ ସେ ନିଜର କବିକର୍ମର ସ୍ଫୂର୍ତ୍ତି ଓ ବିଳାସ ଅନୁଭବ କରନ୍ତି । କାବ୍ୟ ତାଙ୍କର ବହୁ ଶ୍ରମସାଧ୍ୟ କଳ୍ପନାର କଳ୍ପଲତା । ବହୁ ଯତ୍ନ ଓ ଆୟାସରେ ସେ ତହିଁରେ ଫୁଲ ଫୁଟାନ୍ତି । 'କବିପଣରେ ଅତି ପରିନିଷ୍ଠ' ଉପେନ୍ଦ୍ର କବିତ୍ୱ ଛାନ୍ଦବନ୍ଧରେ ତାଙ୍କ ଭଳି ଆଉ କେହି ନାହାନ୍ତି ବୋଲି ଗର୍ବରେ ଘୋଷଣା କରିଛନ୍ତି । ତାଙ୍କର ଗୀତରେ 'କାଳିଦାସ ବାଣୀ ପରାୟସ୍ଫୂର୍ତ୍ତି ।[୨୦] ଦେଖା ଦେଇଥିବା ସେ ନିଜେ ବ୍ୟକ୍ତ କରିଛନ୍ତି । ସ୍ୱ କବିପଣର ଏପରି ଆତ୍ମ ପ୍ରଶଂସା ଉପେନ୍ଦ୍ରଙ୍କର ପ୍ରାପ୍ୟ କି ନା, ବିଚାରଯୋଗ୍ୟ । କାଳିଦାସୀ ବାଣୀର ସ୍ଫୂର୍ତ୍ତି ଯେ ତାଙ୍କ କାବ୍ୟରେ ପ୍ରତି ପଦେ ପଦେ ବ୍ୟାହତ ଏହା ଯେ କେହି ପାଠକ ଅନୁଭବ କରିବେ । କବିଙ୍କ କଥନ ଅନୁସାରେ ଅର୍ଥୀ, ପଣ୍ଡିତ ଓ ଅଭିଧାନାଦିରେ ବ୍ୟୁତ୍ପନ୍ନ ବ୍ୟକ୍ତିମାନେ ହିଁ ତାଙ୍କ କାବ୍ୟର ଉପଯୁକ୍ତ ଅର୍ଥ ବୁଝିବାକୁ ସମର୍ଥ । ରସ ପରିବେଷଣ କଥା ନାନା ସ୍ଥାନରେ କହିଥିଲେ ମଧ୍ୟ ଯଥାର୍ଥ ଅର୍ଥଗ୍ରହଣ ପାଇଁ ସେ ପାଠକମାନଙ୍କୁ ବାରମ୍ବାର ଅନୁରୋଧ ଜଣାଇଛନ୍ତି । ଶବ୍ଦ-ସମୁଦ୍ର ପାର ହୋଇଥିବା କବି ଶବ୍ଦାର୍ଥରେ ନିପୁଣ ପାଠକ ଲୋଡ଼ିବା ଯୁକ୍ତିଯୁକ୍ତ ହେଲେ ହେଁ ପାଠକ କାବ୍ୟର ଶବ୍ଦାର୍ଥ ଗ୍ରହଣ ମାତ୍ରକେ ସନ୍ତୁଷ୍ଟ ରହେନାହିଁ ।

କବି ସରଳ ପଦ ରଚନା କରିବା ଲକ୍ଷ୍ୟ ରଖି ତା' ସହିତ ଶ୍ଳେଷ, ରୂପକ, ଯମକ, ସିଂହାବଲୋକନ, ଛଳ, ବିରୋଧାଭାଷ ଆଦିର ଅନିବାର୍ଯ୍ୟ ଉପସ୍ଥିତି ସ୍ୱୀକାର କରିଛନ୍ତି । ଛାନ୍ଦଗୁଡ଼ିକୁ ଅନୁପ୍ରାସ ଦ୍ୱାରା ଉତ୍ତମ ଚିତ୍ର ରୂପେ ଉପସ୍ଥାପିତ କରିବା ତାଙ୍କର ଅଭିପ୍ରାୟ[୨୧] ଉପରୋକ୍ତ ଲକ୍ଷଣାବଳୀ ଉପରେ ଉପେନ୍ଦ୍ରଙ୍କ ବାକ୍ୟ-ସୌନ୍ଦର୍ଯ୍ୟ ଆଧାରିତ । ଶ୍ଳେଷ, ରୂପକ, ଯମକ, ବର୍ଣ୍ଣ, ସଲକ୍ଷଣା ଅଳଙ୍କାର, ବନ୍ଧ ଇତ୍ୟାଦି କାବ୍ୟର ଚାରୁତ୍ୱ ହେତୁ । ସେଗୁଡ଼ିକର ଉପସ୍ଥିତିରେ କାବ୍ୟ ଗୁରୁତ୍ୱ ଧାରଣ କରେ । ରତିକ୍ରୀଡ଼ାକୁ ମଧ୍ୟ କାବ୍ୟ ରୂପରେ କଳ୍ପନା କରି ସେ ନିଜର କାବ୍ୟାଦର୍ଶ ବ୍ୟକ୍ତ କରିଛନ୍ତି ।

ବିଶୋଇ ଲବକ ପୁଣି ରତି ଆରମ୍ଭରୁ
ମହୋଜ୍ଜ୍ୱଳ ହୋଇଲା ଧଇଲା କାବ୍ୟ ଚାରୁ ଯେ ।
ଆଶ୍ଳେଷ ଶ୍ଳେଷ ସ୍ୱରୂପ ରୂପକ ବ୍ୟାପିତ
ଚୁମ୍ବନ ଯମକ ଆଶା ଆଶୟ ଉଦିତ ଯେ ।
ଦିବ୍ୟ ବର୍ଣ୍ଣ ଦର୍ଶନ ପ୍ରସ୍ତାର ହୋଇଗଲା

ଲକ୍ଷଣ ସହିତ ହୋଇ ଅଳଙ୍କାର ମେଳା ଯେ ।
ନାନାବନ୍ଧ ବିଖ୍ୟାତ ଶୃଙ୍ଖଳା ଧ୍ୱନି ଘେନି
ବକ୍ରୋକ୍ତି ଜନ୍ମିବ ମେଳ ହୋଇଲେ ସଜନୀ ଯେ ।
ଛଳ ବ୍ୟକତ ତହିଁରେ ମଦନ ଜୟରେ
ବିରୋଧା ପ୍ରକାଶି ବାଳା ଚୁମ୍ବନ ଦେବାରେ ଯେ ।
ପୁନରୁକ୍ତି ପଦାଭାଷ ଆଶ୍ୱାସ ବଚନ
ରସପଣ୍ଡିତରେ ଯାହା ହୁଅଇ ରଚନ ଯେ ।[୨୨]

ଉପରୋକ୍ତ ଉଦ୍ଧୃତିରୁ ଜଣାଯାଏ, ରସ ପଣ୍ଡିତମାନେ କାବ୍ୟର ସ୍ୱରୂପରେ ଶ୍ଳେଷ ଓ ରୂପକ ଅଳଙ୍କାର ବ୍ୟାପିତ କରି ରଚନା କରନ୍ତି ଓ ଏହାକୁ ଆଶ୍ରୟ କରି ଯମକ ଉଦିତ ହୁଏ । ବର୍ଣ୍ଣମାନଙ୍କର ବିସ୍ତାର, ଲକ୍ଷଣ ସହିତ ଅଳଙ୍କାର ସଂଯୋଗ ଓ ତହିଁରେ ଧ୍ୱନିକୁ ଘେନି ବନ୍ଧ ଶୃଙ୍ଖଳାଦି ବିଖ୍ୟାତ ହୁଏ । ବକ୍ରୋକ୍ତି, ଛଳ, ବିରୋଧା ଓ ପୁନରୁକ୍ତି ପଦାଭାଷ କାବ୍ୟ ଉପଭୋଗର ଫଳଶ୍ରୁତି । କାବ୍ୟର ସୌନ୍ଦର୍ଯ୍ୟ ଦୃଷ୍ଟିରୁ କେବଳ ନୁହେଁ, ନାୟିକା କୋଟିବ୍ରହ୍ମାଣ୍ଡସୁନ୍ଦରୀର ସ୍ୱରୂପ ମଧ୍ୟ ଏହି ଅଳଙ୍କାର, ବନ୍ଧ, ବିରୋଧା, ବର୍ଣ୍ଣ ପ୍ରଭୃତିର ସମାହାର ଯୋଗୁ ମନୋଜ୍ଞ ରସାଳ; କାବ୍ୟ ତଥା କାବ୍ୟନାୟିକାର ରୂପର ମହୋଜ୍ଜ୍ୱଳ ଚାରୁତା ପାଇଁ ଏଗୁଡିକ ସତେ ଯେପରି ଅପରିହାର୍ଯ୍ୟ ବୋଲି ଉପେନ୍ଦ୍ର ମନେକରନ୍ତି । ରତିକ୍ରୀଡ଼ା ସମୟରେ ମଧ୍ୟ ଦୁର୍ବହ ଅଳଙ୍କାର ଓ ବନ୍ଧ ସୌନ୍ଦର୍ଯ୍ୟର ମୋହ କବି ଛାଡ଼ି ପାରିନାହାନ୍ତି ଏବଂ କାବ୍ୟ ନାୟିକାକୁ ସେହି ଭୂଷଣରେ ଭୂଷିତ କରି ପରମ ସନ୍ତୋଷ ଲାଭ କରିଛନ୍ତି । ରୂପକ, ଯମକ, ଆଶ୍ରୟ, ବିରୋଧ, ଶ୍ଳେଷ ଓ ଛଳରେ ପରିପୂର୍ଣ୍ଣ [୨୩]ଗୀତଗୁଡିକୁ ଉପେନ୍ଦ୍ର ତେଣୁ କେବଳ ବିଜ୍ଞ, ସୁହୃଦମାନଙ୍କ ଅର୍ଥଗ୍ରହଣ ଶକ୍ତି ଉପରେ ଛାଡ଼ିଦେବାକୁ ବାଧ୍ୟ ହୋଇଛନ୍ତି । ପଣ୍ଡିତ-କୁମୁଦ-ମୁଦ ବର୍ଦ୍ଧନକାରୀ ଓ ରସିକଜନ ହୃଦୟ-ରତ୍ନାକର-ଉଲ୍ଲାସକ କାବ୍ୟପୂର୍ଣ୍ଣଚନ୍ଦ୍ର ଯେ କାହିଁକି ନାରିକେଳ ଫଳ ଭଳି ହେବ ଏହାର ଉତ୍ତର ତାଙ୍କର ନିରୂପିତ ପାଠକ ସଂପ୍ରଦାୟର କାବ୍ୟ-ପଠନ-ରୁଚି ଉପରେ ନିର୍ଭର କରେ ।

ଏକ ସୀମିତ ପାଠକଗୋଷ୍ଠୀଙ୍କ ଉଦ୍ଦେଶ୍ୟରେ ଉପେନ୍ଦ୍ରଙ୍କର କାବ୍ୟ ନିବେଦିତ । ସେମାନେ ହେଲେ ବିଦୁଷ, ବିବୁଧ, ବିଜ୍ଞ, ସୁରସିକ, ସୁଜନ, ସୁଜାଣ, କବି, ସୁହୃଦ, ପଣ୍ଡିତ, ଜାଣିଲାଜନ, ଅର୍ଥୀଜନ, ରସିକ, କଳ୍ପକଜନ, ଗୁଣବନ୍ତ, ରସିକ-ଭ୍ରମର, ଦିବ୍ୟ, ପୁରାଣ ଅଭିଧାନ ଜାଣିବା ସଙ୍ଗେ ସୁହୃଦ, କୋବିଦ, ନାନାଶାସ୍ତ୍ରରେ ବିଚକ୍ଷଣ, ଅଳଙ୍କାର-ଲକ୍ଷଣଜ୍ଞାତା, ଚାତୁରୀ ଗ୍ରହଣକାରୀ, ଜ୍ଞାନରଦ ଥିବାଜନ, ଯୁବାଜନ, ପ୍ରୀତି ଅନୁଭବୀ, ଅର୍ଥ ଯୋଡ଼ିବାରେ ଧୂରୀଣ, ଶୃଙ୍ଗାର ରସଜ୍ଞ ତଥା ଛାନ୍ଦ ଓ ସଙ୍ଗୀତ କଳାରେ

ପାରଦର୍ଶୀ ବିଦ୍ୱାନ ବର୍ଗ । ଏକ ନିର୍ଦ୍ଦିଷ୍ଟ ବର୍ଗାନ୍ତର୍ଗତ ପାଠକମାନଙ୍କୁ ସମକ୍ଷରେ ରଖିଥିବାରୁ ଉପେନ୍ଦ୍ର ମୂର୍ଖ, ଅଜ୍ଞାନ, ଖଳ ଓ ସ୍ୱଳ୍ପ ଜ୍ଞାନପ୍ରାପ୍ତ ଲୋକଙ୍କ ଉଦ୍ଦେଶ୍ୟରେ ବାରମ୍ବାର ଆକ୍ଷେପ, ବ୍ୟଙ୍ଗୋକ୍ତି ଓ ନିନ୍ଦା ବର୍ଷଣ କରିଛନ୍ତି । ଛାନ୍ଦାର୍ଥୀ, ବୁଧ, ପଣ୍ଡିତ, ତରୁଣ-ଏହିମାନଙ୍କ ପାଇଁ ପୁରାଣ ତଥା କାଳ୍ପନିକ ପ୍ରେମମୂଳକ ଅଳଙ୍କାରାଶ୍ରୟୀ ଛାନ୍ଦବନ୍ଧ ସମନ୍ୱିତ ଓ ଶବ୍ଦାର୍ଥମୟ ଗୀତ ରଚନା କରିବା ତାଙ୍କର ଏକମାତ୍ର ଅଭିପ୍ରାୟ; ସବୁ ଶ୍ରେଣୀର ପାଠକମାନଙ୍କ ପାଇଁ ନୁହେଁ । ତେଣୁ ଅନ୍ୟମାନଙ୍କୁ ଆକ୍ଷେପ କରି ସେମାନଙ୍କର ଅସାମର୍ଥ୍ୟ ନିମନ୍ତେ ନିନ୍ଦା କରିବା ନିରର୍ଥକ । ଏକ ମୁଷ୍ଟିମେୟ ନିରୂପିତ କାବ୍ୟରସଜ୍ଞ, ଯେଉଁମାନେ କି ଛାନ୍ଦ, ଚାତୁର୍ଯ୍ୟୋକ୍ତି, ଶବ୍ଦାର୍ଥ ଓ ସଙ୍ଗୀତାଦିରେ ରୁଚି ରଖନ୍ତି, ସେହିମାନେ କେବଳ ତାଙ୍କ କାବ୍ୟର ସମାଦର କରିବେ । ନିଜର କାବ୍ୟାଦର୍ଶ ଦୃଷ୍ଟିରୁ କବିଙ୍କର ଆଶଙ୍କା ଯେ ନିରୂପିତ ପାଠକ ଗୋଷ୍ଠୀ ଭିନ୍ନ ଅନ୍ୟ କେହି କାବ୍ୟାବଳୀରୁ ରସ ଓ ଆନନ୍ଦ ଗ୍ରହଣ କରିପାରିବେ ନାହିଁ । ତେଣୁ ସେ ବାରମ୍ବାର ପ୍ରାର୍ଥନା ଓ ମିନତି କରିଛନ୍ତି-

"କର ଏ କରୁଣା ବିଜ୍ଞ ହସ୍ତଗତ ଏ ପୁସ୍ତକ ମୋର ହୋଇବ।"

ଉପେନ୍ଦ୍ରଙ୍କ କାବ୍ୟତତ୍ତ୍ୱର ଦୀର୍ଘ ଆଲୋଚନାର ଉଦ୍ଦେଶ୍ୟ ହେଲା, ସେ କେଉଁ କାବ୍ୟାଦର୍ଶ ଘେନି କାବ୍ୟରଚନା କରିଛନ୍ତି ତାହାର ରୂପରେଖ ପ୍ରଦାନ କରିବା ଓ ସେହି ଦୃଷ୍ଟିରୁ ତାଙ୍କର କାବ୍ୟସୌନ୍ଦର୍ଯ୍ୟର ମୂଲ୍ୟାଙ୍କନ କରିବା। କାବ୍ୟ ନିମନ୍ତେ ସେ ଯେଉଁ ଲକ୍ଷଣାବଳୀ ନିର୍ଦ୍ଦେଶ କରିଛନ୍ତି, ତାହା କୌଣସି ଉଚ୍ଚାଙ୍ଗ କାବ୍ୟକଳାର ଅପରିହାର୍ଯ୍ୟ ଗୁଣଧର୍ମ ନୁହେଁ। ଯେଉଁ ପାଠକବର୍ଗ ତାଙ୍କ ଦୃଷ୍ଟିରେ ଅଛନ୍ତି, ସେମାନେ ପ୍ରକୃତ କାବ୍ୟରସଜ୍ଞ ନୁହନ୍ତି। ଅର୍ଥୀ, ବିଜ୍ଞ, ଅଭିଧାନନିପୁଣ, ସଙ୍ଗୀତ, ଛାନ୍ଦବନ୍ଧରେ ପାରଦର୍ଶୀ ପାଠକ ନିତାନ୍ତ ନିମ୍ନରୁଚିସମ୍ପନ୍ନ ପାଠକଗୋଷ୍ଠୀର ପ୍ରତିନିଧି। ସଂସ୍କୃତ କାବ୍ୟଶାସ୍ତ୍ର ଓ ସୌନ୍ଦର୍ଯ୍ୟ ଶାସ୍ତ୍ରରେ ନିରୂପିତ ସହୃଦୟର କୌଣସି ଲକ୍ଷଣ ସେମାନଙ୍କଠାରେ ନାହିଁ। ପାଠକ ପୁଣି ଯୁବାଜନ, ଯେଉଁମାନେ ବୟସରେ ତରୁଣ ହେବା ସଙ୍ଗେ ପ୍ରେମ-ସମ୍ପର୍କୀୟ ବ୍ୟାପାରରେ ଅଭିଜ୍ଞ। କାବ୍ୟ ଓ ପଦ୍ୟାବଳୀର ଧ୍ୱନିରେ ଯେଉଁ ସରଳତା କଥା ଉପେନ୍ଦ୍ର ବହୁବାର ଉଲ୍ଲେଖ କରିଛନ୍ତି ତାହା ପ୍ରସାଦଗୁଣର ସ୍ୱଚ୍ଛତା ନୁହେଁ। ତାହା ଅନୁପ୍ରାସ-ଯମକାଦିରୁ ଉତ୍‌ଥିତ ଶ୍ରୁତିସୁଖଦାୟୀ ପଦମାଧୁରୀ ମାତ୍ର। ଉତ୍ତମ କାବ୍ୟପାଠରୁ ଯେଉଁ ଆସ୍ୱାଦନ ମିଳେ, ତାହା କେବଳ ସାଙ୍ଗୀତିକ ଶ୍ରୁତିସୁଖ ଫଳରେ ନୁହେଁ। ତାହା ଯେପରି କାନ ଭିତର ଦେଇ ମର୍ମରେ ପ୍ରବେଶ କରି ପ୍ରାଣକୁ ଆକୁଳ କରେ; କେବଳ କାନରେ ଅନୁରଣନ ସୃଷ୍ଟି କରି ନିଜର ସତ୍ତା ହରାଏ ନାହିଁ। ସ୍ୱଚ୍ଛ ମୁକ୍ତାଫଳର ଅନ୍ତରରୁ ନିର୍ଗତ ହେଉଥିବା ଛଟା ପ୍ରାୟ ତା'ର ଅଭିବ୍ୟକ୍ତି ଓ ଆବେଦନ। ଶୁଷ୍କେନ୍ଧନରେ ଅଗ୍ନିଭଳି କିମ୍ବା ଆର୍ଦ୍ର ବସ୍ତ୍ରରେ ଜଳ ଭଳି ତାହା ସହସା ଓ ସହଜରେ ହୃଦୟରେ ସଞ୍ଚରିଯାଏ।

ଉପେନ୍ଦ୍ରଙ୍କର ଦୁରୂହ ଶବ୍ଦ-ଆବରଣ ଭେଦ କରି କାବ୍ୟ-ନାରିକେଳର ରସ ନିକଟରେ ପହଞ୍ଚି ବହୁ ସମୟରେ ଦେଖାଯାଏ ନିହାତି କେଇବିନ୍ଦୁ ରସ ମାତ୍ର ଅବଶିଷ୍ଟ। କାରଣ ପଥଶ୍ରମ ହେତୁ ପାଠକର ରସଗ୍ରାହିଣୀ ଶକ୍ତି ନିସ୍ତେଜ ହୋଇପଡିଥାଏ। କଳା-ସରସ୍ୱତୀ ଅତି ସୁକୁମାରୀ। ସେ ଦୁର୍ଭର ଅଳଙ୍କାର ଓ ଉପାଦାନର ପ୍ରାଚୁର୍ଯ୍ୟ ଆଦୌ ସହ୍ୟ କରିପାରନ୍ତି ନାହିଁ। ପାଠକର ରସ-ପ୍ରତୀତ ମଧ୍ୟ ସେହିଭଳି ସୂକ୍ଷ୍ମ। କୌଣସି ପ୍ରତ୍ୟବାୟ ବା ବିଘ୍ନ ସେ ପଥରେ ଆସିଲେ ଆସ୍ୱାଦନ ବାଧାପ୍ରାପ୍ତ ହୁଏ। ଉପେନ୍ଦ୍ର କାବ୍ୟକୁ ସଙ୍ଗୀତର ନିକଟବର୍ତ୍ତୀ ବା ସଙ୍ଗୀତାତ୍ମକ କରିବାକୁ ଯାଇଛନ୍ତି। ଉତ୍ତମ ଛାନ୍ଦ ବା ଗୀତ କରିବା ପାଇଁ ତାଙ୍କର ନିୟତ ପ୍ରଚେଷ୍ଟା। ତାଙ୍କର ବିଶ୍ୱାସ ସେ ଛାନ୍ଦବନ୍ଧ ଓ ସଙ୍ଗୀତାକାରରେ ରଚିତ ରଚନା ହିଁ କାବ୍ୟ। କାବ୍ୟ ଗୀତିଧର୍ମୀ ହେବ; ମାତ୍ର ସଙ୍ଗୀତ ନୁହେଁ। ସମ୍ବେଗର ଗୀତିଧର୍ମିତା କାବ୍ୟର ଗୌରବ ବୃଦ୍ଧି କରେ; ଶବ୍ଦ-ସଙ୍ଗୀତର ବାହୁଲ୍ୟ ନୁହେଁ। ଉପେନ୍ଦ୍ରଙ୍କର ପଦ ସାରଲ୍ୟ ଶବ୍ଦାବଳୀର ଧ୍ୱନ୍ୟାତ୍ମକ ଗୀତମାଧୁରୀ ଯୋଗୁ କେବଳ ସମ୍ଭବ ହୋଇଛି। କବିଙ୍କର କାବ୍ୟ-ଧାରଣା ସ୍ୱସମୟାନୁରୂପ। ଦେଶକାଳର ଊର୍ଦ୍ଧ୍ୱକୁ ଉଠି ସେ କବିତ୍ୱ ପ୍ରକାଶ କରିନାହାନ୍ତି। ଏହା ମଧ୍ୟ କୁହାଯାଇପାରେ ଯେ, ଉପେନ୍ଦ୍ର ସ୍ୱଭାବ-କବିତ୍ୱର ଅଧିକାରୀ ଥିଲେ ହେଁ ଏକ ଭ୍ରାନ୍ତ କାବ୍ୟାଦର୍ଶ ଦ୍ୱାରା ଚାଳିତ ହୋଇ ସ୍ୱପ୍ରତିଭାର ଅପବ୍ୟୟ କରିଛନ୍ତି।

ସୌନ୍ଦର୍ଯ୍ୟର ଉତ୍କର୍ଷ ସାଧନ ନିମନ୍ତେ ଅଳଙ୍କାର ଓ ମଣ୍ଡନବିଧିର ଦାନ କେତେ, ସେ ସମ୍ବନ୍ଧରେ ଉପେନ୍ଦ୍ର ନିଜର ଯୁକ୍ତି ବାଢି ତାହାର ଉପଯୋଗିତା ସିଦ୍ଧ କରିଛନ୍ତି। ଅଳଙ୍କାର କ'ଣ, ଏହା କାହିଁକି ପ୍ରୟୋଜନ ତଥା ଅଙ୍ଗ-ସୌନ୍ଦର୍ଯ୍ୟ ସହିତ ଏହାର ସମ୍ପର୍କ କ'ଣ-ଏତଦ୍‌ବିଷୟକ ବିଚାର ତାଙ୍କର କାବ୍ୟ-ନାୟିକାର ବେଶ ବିଧାନ ଓ ଅଳଙ୍କାର ପରିଧାନ କାଳରେ ପ୍ରକାଶିତ। ଅନଳଙ୍କୃତ ଦେହ-ଶୋଭା ଉପେନ୍ଦ୍ରଙ୍କର ସ୍ପୃହଣୀୟ ନୁହେଁ। ନାୟିକା ସର୍ବାଙ୍ଗରମଣୀୟ, ଭୂଷଣକୁ ଭୂଷଣ ସ୍ୱରୂପା; (୨୪) ମାତ୍ର ତା'ସତ୍ତ୍ୱେ ସର୍ବାଳଙ୍କାରଯୁକ୍ତା। ଅଳଙ୍କାରର ପ୍ରୟୋଜନ ଦେହ ପାଇଁ ଓ ଦେହର ସ୍ଥିତି ଅଳଙ୍କାର ଧାରଣ କରିବା ପାଇଁ। ସେ ଅଙ୍ଗ ଓ ଅଳଙ୍କାର ମଧ୍ୟରେ ଅବିନାଭାବ ସମ୍ପର୍କ ଦେଖିଛନ୍ତି। ତେଣୁ ଅଳଙ୍କାର ଉପରେ ଅଳଙ୍କାର ପିନ୍ଧାଇ ସେ କାବ୍ୟ ଓ କାବ୍ୟ-ନାୟିକାକୁ ଅଳଙ୍କାରର ଏକ ଦୁର୍ଭେଦ୍ୟ ଦୁର୍ଗ ମଧ୍ୟରେ ଅବରୁଦ୍ଧ କରି ରଖିଛନ୍ତି। ବନ୍ଦିନୀ ଅବସ୍ଥାରେ ଉଭୟେ ମୁକ୍ତି ପାଇବାକୁ ଅର୍ଥୀ, ପଣ୍ଡିତ, ସୁହୃଦ ଓ ଯୁବାଜନମାନଙ୍କୁ କାତର ହୋଇ ନିବେଦନ କରୁଛନ୍ତି। ମଣ୍ଡନକଳା ଉପେନ୍ଦ୍ରଙ୍କୁ ଭଲ ଜଣାଥିଲା। କାବ୍ୟରେ ବର୍ଣ୍ଣିତ ପରିହାସୀ, ସହଚରୀ ଓ ବେଶକାରିଣୀମାନେ ମଧ୍ୟ ମଣ୍ଡନଶିଳ୍ପ ଓ ତାହାର ପ୍ରଶଂସା କରିବାରେ ଶତମୁଖ।

ଉପେନ୍ଦ୍ରଙ୍କ ନାରୀ ପ୍ରସାଧନ ଓ ବସନ ଭୂଷଣସର୍ବସ୍ୱ। ସ୍ୱଭାବ-ଲାବଣ୍ୟ ପ୍ରଦର୍ଶନ

ପାଇଁ ସେମାନଙ୍କର ଚେଷ୍ଟା କ୍ୱଚିତ୍ ପରିଦୃଷ୍ଟ। ଏତେ ଅଳଙ୍କାରରେ ସେମାନଙ୍କର ସ୍ୱଭାବ-ସୌନ୍ଦର୍ଯ୍ୟ ଲୁଚିଯାଇଛି। ଯାହାର ଶୋଭା ସୁବେଶକୁ ସୁବେଶ, [୨୫] ଅଳଙ୍କାରର ଶୋଭାକୁ ଯାହାର ଶୋଭା ବୃଦ୍ଧି କରୁଛି, ତାହାକୁ ଗୁରୁ ଅଳଙ୍କାରମଣ୍ଡିତା କରିବା ନିଷ୍ପ୍ରୟୋଜନ। ମର୍ତ୍ତ୍ୟପୁରର ଲକ୍ଷ୍ମୀ ସ୍ୱରୂପିଣୀ ନାୟିକାକୁ କି ଅନୁମାନ କରି ଶିଳ୍ପକାରୀମାନେ ବେଶ କଲେ ବୋଲି କବିଙ୍କର ଏକ ଚରିତ୍ର ବିସ୍ମିତ ହେଉଛି-

ଜବାଧାରୀ ଧରିତ୍ରୀ-ଶିରୀ
ଧନ୍ୟ ଏହାର ଶିଳ୍ପକାରୀ
ସୁବେଶକୁ ସୁବେଶ ଯେହ୍ନୁ, ତାକୁ ସୁବେଶ କଲେ କି ଅନୁମାନ କରି। [୨୬]

ବିଭୂଷଣ ମଣ୍ଡନ ମାତ୍ର; ରୂପଜ୍ୟୋତି ସ୍ୱାଭାବିକ। ତାହାକୁ ବିଭୂଷଣ କରିବା ମାତ୍ର ସାର ହୁଏ। ଯୁବାକାଳରେ ସୀତାଙ୍କୁ ସହଚରୀମାନେ ନିତି ନାନା ବିଭୂଷଣ କଲେ ମଧ୍ୟ ତାଙ୍କର ସହଜ ରୂପଜ୍ୟୋତି ତା'ଦ୍ୱାରା ମଣ୍ଡନ କଲାପରି ଦିଶେ-

ବିଭୂଷଣ ନାନା ପ୍ରକାରେ ଯେତେ କରନ୍ତି ନିତି
ବିଭୂଷଣ ପରା ତହିଁକି ଦିଶେ ସୁନ୍ଦରୀ ଜ୍ୟୋତି। [୨୭]

ସୁନ୍ଦର ଅଙ୍ଗରେ ସ୍ଥାନ ପାଇ ଅଳଙ୍କାରମାନେ ସୁନ୍ଦର ହେଲେ। ରୂପ-ସଂସ୍ପର୍ଶରେ ଆସିଲେ ଅଳଙ୍କାରମାନେ ଦ୍ୟୁତିମତ୍ ହୋଇ ଶୋଭାପାନ୍ତି। ଅଙ୍ଗ-ସାନ୍ନିଧ ବିନା ସେମାନଙ୍କର ସ୍ୱତନ୍ତ୍ର ସ୍ଥିତି ଅସମ୍ଭବ। ମୂଲ୍ୟବାନ୍ ଭୂଷଣାବଳୀ ସୀତାଙ୍କ ଅଙ୍ଗରେ ସ୍ଥାନ ପାଇ ଉଜ୍ଜ୍ୱଳ ଦିଶିଲେ, ଅର୍ଥାତ୍, ରୂପର ରସାଣ ପଥର ଯୋଗୁ ରସାଣିତ ହେଲେ-

ବିଭୂଷଣ ହେମ ରତ୍ନ ଯେତେ କହି
ବାଳାମଣି ଶାଣ ରସାଣ ତହିଁ
ବିଦଳୀ ଅଞ୍ଜନ କସ୍ତୁରୀ ନିଶି
ବଧୂ ବିଧୂ ବଶୁଁ ଉଜ୍ଜ୍ୱଳ ଦିଶି....। [୨୮]

ଚନ୍ଦ୍ରକିରଣରେ ରାତ୍ରି ଉଜ୍ଜ୍ୱଳ ଦିଶିଲା ପରି ସୀତାଙ୍କ ଜ୍ୟୋତି ବଶରୁ କଜ୍ଜ୍ୱଳ ଓ କସ୍ତୁରୀ ପ୍ରଭୃତି ପ୍ରସାଧନ ସାମଗ୍ରୀ ମଧ୍ୟ ଆଭାମୟ ହେଲେ। କବି ଅଳଙ୍କାର ଓ ସୁବେଶକୁ ସ୍ୱଭାବ ସୌନ୍ଦର୍ଯ୍ୟଠାରୁ ହୀନ ମନେ କରିଥିବା ଜଣାଯାଏ। ମାତ୍ର ଏହା ଜାଣି ମଧ୍ୟ ନାୟିକାଠାରେ ପାର୍ଥିବ ଅଳଙ୍କାର ସମାବେଶର ବାହୁଲ୍ୟ ନିମନ୍ତେ ପ୍ରୟାସୀ।

ଉପେନ୍ଦ୍ର ନାୟିକାଠାରେ ତିନିପ୍ରକାର ସୌନ୍ଦର୍ଯ୍ୟର ସମାବେଶ ଘଟାଇଛନ୍ତି। ଏକେ ତ ସେମାନେ ଆଜନ୍ମ-ସୁନ୍ଦରୀ, ଦ୍ୱିତୀୟରେ ଯୌବନାଗମରେ ସେହି ସୌନ୍ଦର୍ଯ୍ୟ ଦ୍ୱିଗୁଣିତ ଏବଂ ତୃତୀୟରେ ବୟଃ ଅନୁରୂପ ବେଶାଳଙ୍କାରରେ ଅଧିକ ସୌନ୍ଦର୍ଯ୍ୟଶାଳିନୀ ଓ ମନୋଜ୍ଞ। ଏହି ଆଧିକ୍ୟ ପ୍ରତି ଆସକ୍ତି ଉପେନ୍ଦ୍ର କୁତ୍ରାପି ଛାଡିନାହାନ୍ତି। ଯୌବନ

ମଧ୍ୟ ନାରୀଠାରେ ଏକ ଅଳଙ୍କାର। ଯୁବାକାଳକୁ କବି ସୁନ୍ଦର ଅର୍ଥରେ ଗ୍ରହଣ କରିଛନ୍ତି-

ସୁଜନେ ଶୁଣ ଲଭି ନବ ଯୌବନ ଅଧିକ ରାମା ସୁଷମା
ସୁନ୍ଦରେ ସୁନ୍ଦର ମିଶିଲା ଉତ୍ତାରୁ ତହିଁ ଆଉ କି ଉପମା।(୨୯)
ପନ୍ଦର ବୟସୀ ଅଙ୍ଗ ଛୁଇଁଲେ। ସୁନ୍ଦରମାନେ ସୁନ୍ଦର ହୋଇଲେ।(୩୦)

ସହଜ-ସୌନ୍ଦର୍ଯ୍ୟ ସହିତ ଯୌବନ ସୌନ୍ଦର୍ଯ୍ୟର ମିଶ୍ରଣ-ଦୁଇଟି ସୌନ୍ଦର୍ଯ୍ୟର ଏକତ୍ର ଅବସ୍ଥାନରେ ସୁଭଦ୍ରା ଅତୁଳନୀୟା ସୁନ୍ଦରୀ। ନବଯୌବନ ରୂପକ ମଥାମଣି ମିଳିଯିବାରୁ ସେ ରମଣୀ-ଲଲାମଭୂତା। ବୟଃ ସନ୍ଧିକାଳର ଉପସ୍ଥିତି ତାଙ୍କର ଅଙ୍ଗକୁ ସୁନା ଟାଙ୍ଗଣା ପ୍ରୟୋଗ ଫଳରେ ଉଜ୍ଜ୍ୱଳ ହେଲାପରି, ଅଧିକରୁ ଅଧିକ କାନ୍ତିମତୀ ହେଲା-

ସୁବର୍ଣ୍ଣ ପାଚକ ବୟଃ ସନ୍ଧିକାଳ ବିଧିବଶେ ହେଉଁ ମେଳ
ସୁତନୁ ହେମତନୁକୁ ଦିନୁ ଦିନୁ ବିଶେଷେ କଲା ଉଜ୍ଜ୍ୱଳ।(୩୧)

ଅନ୍ୟତ୍ର କବି ଯୌବନାବସ୍ଥାକୁ ଶାଣ ଓ ନାୟିକାକୁ ମଣି ସହିତ ତୁଳନା କରି କହିଛନ୍ତି-ଶାଣରେ ବସାଇଲେ ମଣିର ଦୀପ୍ତି ବଢିଲା ପରି ଯୁବାବସ୍ଥା ନାୟିକାର କାନ୍ତିକୁ ବିଶେଷ ରୂପେ ବୃଦ୍ଧି କଲା-

ମଣି ରମଣୀ ମଣିକି ଶାଣ ଯଉବନ
ବହୁମୂଲ୍ୟ ପ୍ରଭାକୁ ବଢାଇ ଦିନୁଦିନ।
ଉପମା ଆଣିବ କାହୁଁ ମହାକବି ହେଲେ
ସୁନ୍ଦରେ ଯାହା ଅଙ୍ଗରେ ସୁନ୍ଦର ହୋଇଲେ।(୩୨)

ଏହିପରି ଅପୂର୍ବ ସୁନ୍ଦରୀ ନାୟିକାମାନଙ୍କ ଅଙ୍ଗ ସ୍ପର୍ଶକରି ଅଳଙ୍କାରମାନେ ଅଧିକ ସୁନ୍ଦର ହେବା ଆଶାରେ ଆସି ମିଳନ୍ତି। ଯୌବନାରୂଢ ଅଙ୍ଗରେ ଅଳଙ୍କାର ସମାବେଶ ବିନା ନିମନ୍ତ୍ରଣରେ ଘଟିଥାଏ। ଅଙ୍ଗକାନ୍ତିର ଆକର୍ଷଣରେ ଆକୃଷ୍ଟ ହୋଇ ସେଗୁଡ଼ିକ ଯଥା ପ୍ରଦେଶରେ ନିଜ ନିଜ ସ୍ଥାନ ବାଛି ନେଇ ଅବସ୍ଥାନ କରନ୍ତି। ଉପେନ୍ଦ୍ର ଋତୁର୍ଯ୍ୟୋକ୍ତିରେ ଅଳଙ୍କାରର ଅନିବାର୍ଯ୍ୟ ଉପସ୍ଥିତିକୁ ସ୍ୱୀକାର କହିଛନ୍ତି-

ସମ୍ଭାଳିଛି ପୁଣି କେଶ ହାସ ଗତି କଟୀ ମଧ୍ୟେ ନିରନ୍ତର
ଶୁଣି ଏ ଶବ୍ଦ ତାହା ଅଙ୍ଗେ ମିଳିଲେ ଆସି ସର୍ବ ଅଳଙ୍କାର
ସଂହନନ ଛୁଇଁ ବାଳାର, ଅଧିକ ସୁନ୍ଦର ହୋଇବା ପାଞ୍ଚେ
ସ୍ୱଚ୍ଛ ଭୂଷଣ ଭୂଷଣ ବୋଲାଇଲେ ବଳି ସ୍ୱର୍ଗେତଳେ ମଞ୍ଚେ।(୩୩)

ଯୌବନଗର୍ବୀ ସୁଭଦ୍ରାଙ୍କୁ ଦେଖି ଅଳଙ୍କାରମାନେ ମନରେ ପାଞ୍ଚିଲେ ଏ ତ ଏତେ ଗୁରୁଭାର ସମ୍ଭାଳିଛି, ଆମ୍ଭକୁ ମଧ୍ୟ ଧାରଣ କରିପାରେ। ଉପେନ୍ଦ୍ରଙ୍କର ଯୁକ୍ତି ଅତି

କୌତୁକପୂର୍ଣ୍ଣ। ଯୌବନଭରା ଓ ଅଳଙ୍କାରଭରା ଉଭୟ ବହନ କରିବାକୁ ତାଙ୍କର ନାୟିକା ସମର୍ଥା। ଅଙ୍ଗ ସଙ୍ଗ ଲାଭ କରି ଅଳଙ୍କାର ସୁନ୍ଦର ହେବା ଓ ତ୍ରିଭୁବନରେ ଶୁଦ୍ଧ ଭୂଷଣ ବୋଲାଇବା-ଏ ଦୁଇଟି ସୁଭଦ୍ରାଙ୍କର ଅସାଧାରଣ ରୂପର ମହତ୍ତ୍ୱସୂଚକ। ନାୟିକା କେବଳ ସୁନ୍ଦର ଦିଶିବା ନିମିତ୍ତ ନିତି ତିନି ପ୍ରକାର କେଶଚର୍ଯ୍ୟା ଓ ନାସାମଣ୍ଡନ କରେ-

ସୁବେଣୀ ଜୂଡ଼ା ଖୋଷା ତିନିବିଧାନ ଦିନେ ଦିନେ କରେ କେଶେ
ସଯତ୍ନେ ବେଶର ଗୁଣାବସଣୀକି ସେ ଛବିରେ ମଣ୍ଡେ ନାସେ।(୩୪)

ଶିଳ୍ପକାରିକା ବା ବେଶକାରିଣୀମାନଙ୍କୁ ଉପେନ୍ଦ୍ର ଶିଳ୍ପୀ ଭାବେ ଗ୍ରହଣ କରିଛନ୍ତି। ସେମାନେ ରୂପର ଯଥାର୍ଥ ମୂଲ୍ୟ ଦେଇଜାଣନ୍ତି। କେଉଁ ଅଙ୍ଗରେ କେଉଁ ଅଳଙ୍କାର ଓ ବେଶ ରହିଲେ ଶୋଭା ଦିଶିବ ତାହା ସେମାନଙ୍କ ଶିଳ୍ପ-ଦୃଷ୍ଟିରେ ସହଜରେ ଧରାଦିଏ। ସେମାନଙ୍କର ଅକ୍ଳାନ୍ତ ପରିଶ୍ରମ ଓ ସଶ୍ରଦ୍ଧ ଅନୁରୋଧରୁ ମନେହୁଏ ସେମାନେ ହିଁ ରୂପର ପ୍ରକୃତ ପୂଜା ଜାଣନ୍ତି। ବେଶ-ବିନ୍ୟାସର ଔଚିତ୍ୟଜ୍ଞାନର ପରିଚୟରୁ ଉପେନ୍ଦ୍ର ସେମାନଙ୍କୁ ଶିଳ୍ପୀ କହନ୍ତି। ଯୌବନରୂପକ ଅଳଙ୍କାର ଲଭି ଧନ୍ୟ ହୋଇଥିବା ରାଜକୁମାରୀକୁ ବେଶକାରିଣୀ ଅଳଙ୍କାରଶୂନ୍ୟ ଦେଖି ତାହା ନିନ୍ଦାର କଥା ବୋଲି କହିଛି। ଅଳକାବାସିନୀ ସୁନ୍ଦରୀମାନଙ୍କ ମଧ୍ୟରେ ଯାହାକୁ ସେ ଅଳଙ୍କାର ବା ଶ୍ରେଷ୍ଠ ବୋଲି ଗଣନା କରେ, ସେ ଅମଣ୍ଡନା ହେବା ତା'ପକ୍ଷରେ ଅସହ୍ୟ। ଅଳଙ୍କାର ସପକ୍ଷରେ ତା'ର ଯୁକ୍ତି ହେଲା-

ତଥାପି ଭୂଷଣ ନୋହେ ଦୂଷଣ। ତୁହି ଚନ୍ଦ୍ରମା ସେ ରଜନୀ ଜାଣ
ପରସ୍ପରେ କରେ ଶୋଭା ଅଧିକା। ସୁକୁମାରୀ ବୋଲି ନକର ଶଙ୍କା
ଏଥୁଁ ହେବ ଭାରା। ପୟୋଧର ତୋ ଧରାଧର ପରା।(୩୫)

ଅଳଙ୍କାରଧାରଣ ଦୋଷାବହ ନୁହେଁ। ନାୟିକା ଚନ୍ଦ୍ରମା ହେଲେ ଅଳଙ୍କାର ରାତ୍ରି ସଦୃଶା। ଚନ୍ଦ୍ର ଓ ରାତ୍ରି ପରସ୍ପର ଶୋଭାକୁ ବଢାନ୍ତି। ଯୌବନ ସବୁ ସହିପାରେ।

ସୁନ୍ଦର ବସ୍ତୁକୁ ସଜାଇ ଲୋଚନ-ସାର୍ଥକ କରିବା ଏକ ସହଜାତ ଅଭିଳାଷ। ଅସୁନ୍ଦର ଅଙ୍ଗ ବା ପଦାର୍ଥକୁ କେହି ମଣ୍ଡିବାକୁ ଚାହାନ୍ତି ନାହିଁ। ସୁନ୍ଦରକୁ ମଣ୍ଡିବାକୁ ସମସ୍ତଙ୍କର ଲୋଭ। ଲାବଣ୍ୟବତୀର ସଖୀମାନଙ୍କର ଅଭିଳାଷ ସେମାନଙ୍କ ସୌନ୍ଦର୍ଯ୍ୟ ପୂଜାର ପରିଚାୟକ-

ଦିନେ ବିଚାର କଲେ ସଖୀମାନେ
ଆମ୍ଭ ସଜନୀ ସେ ସୁନ୍ଦରୀସାର। ନାହିଁ ନଥିଲା ନୋହିବ ସଂସାର
ପୁଣି ତ ଶୋଭା ବୟସେ ଯେ
ଆମ୍ଭଲୋଚନକୁ କବିବଚନକୁ ପବିତ୍ର କରିବା ବେଶେ ଯେ। (୩୬)

ଉତ୍ତମ ବେଶ ରଚନା ଓ ଅଳଙ୍କାର ଧାରଣର ଉପଯୋଗିତା ଉପେନ୍ଦ୍ରଙ୍କ ବିଚାରରେ ସୁନ୍ଦରୀ ନାରୀମାନଙ୍କର ଅପରିହାର୍ଯ୍ୟ ବୟଃଧର୍ମ। ଲକ୍ଷଣ ଓ ଅଳଙ୍କାରଯୁକ୍ତା ରୂପଯୁବା ପୁରୁଷର ଦୃଷ୍ଟି ଆକର୍ଷଣ ଓ ଅନୁରାଗ ଜାତ କରେ। ଏ ଦୃଷ୍ଟିରୁ ଲାବଣ୍ୟବତୀ-ଜନନୀଙ୍କର ଯୁକ୍ତି ନିତାନ୍ତ ସବଳ। କନ୍ୟାର ବେଶଭୂଷଣରେ ଅଭିରୁଚି ନଦେଖି ସେ ସଖୀମାନଙ୍କୁ ତିରସ୍କାର କରି ବେଶ କରିବାକୁ ଆଦେଶ ଦେଲେ। ତାଙ୍କର ଯୁକ୍ତି ହେଲା, ନାରୀ ଯେତେ ସୁନ୍ଦର ହେଲେ ମଧ୍ୟ ଯୁବାମାନଙ୍କ ଚକ୍ଷୁରେ ସୁନ୍ଦର ଦେଖାଯିବା ପାଇଁ ବେଶଭୂଷଣର ପ୍ରୟୋଜନ ଅଛି। ମଣ୍ଡନବିହୀନା ହୋଇ କେହି ପୁରୁଷକୁ ବଶ କରିନପାରେ।

ତୋ ମନେ କରିଛୁ ଭୂଷଣଭୂଷା ମୁଁ କାହିଁକି ହୋଇବି ବେଶ।
ରସ ବିଷୟ ଶ୍ରବଣ କରିବା। ବନ୍ଧ ପଟଳ ପଟକୁ ଚାହିଁବା
ଦିବ୍ୟ ଅଳଙ୍କାରେ ମଣ୍ଡନ ହେବା। ଏତେ କଥାରେ ବଶ ହୋନ୍ତିଯୁବା। (୩୭)

ପୁରୁଷ ଆଖିରେ ସୁନ୍ଦର ଦେଖାଯିବା ଓ ତାହାକୁ ବଶରେ ଆଣିବା ଉଦ୍ଦେଶ୍ୟରେ କନ୍ୟାର ବେଶାଳଙ୍କାର ଧାରଣ ସପକ୍ଷରେ ଲାବଲ୍ୟବତୀଜନନୀଙ୍କର ଯୁକ୍ତି ଯେତେ ଅକାଟ୍ୟ ହେଲେ ମଧ୍ୟ ରୂପର ପୂର୍ଣ୍ଣତା ଓ ସାର୍ଥକତା ଯେ କେବଳ ସେତିକିରେ, ଏହା କୁହାଯାଇନପାରେ। ଉପେନ୍ଦ୍ରଙ୍କ ସମୟରେ ଜନନୀମାନଙ୍କର ଏକମାତ୍ର ଲକ୍ଷ୍ୟ ଥିଲା କନ୍ୟାକୁ ରତି-ପ୍ରତିମା ରୂପେ ସଜାଇ ପୁରୁଷ ଦୃଷ୍ଟିରେ ଲୋଭନୀୟ କରି ଦେଖାଇବା। ନାରୀ ସପକ୍ଷରେ ମଣ୍ଡନ ବିଧେୟ; ମାତ୍ର ତାହା କୌଣସି ମହତ୍ ଉଦ୍ଦେଶ୍ୟ ସିଦ୍ଧି ନିମନ୍ତେ ହେବା ଉଚିତ। ଲାବଣ୍ୟବତୀ ଭଳି ସମସ୍ତ ନାୟିକାମାନଙ୍କର ଏତେ ମଣ୍ଡନର ଏକମାତ୍ର ଉଦ୍ଦେଶ୍ୟ, ପୁରୁଷ ଆଖିରେ ସୁନ୍ଦର ଦେଖାଯିବା ଓ ତାହାକୁ ବଶ କରିବା। ସ୍ଥୁଳକାମୋତ୍ତେଜନା ନିମନ୍ତେ ଯେଉଁ ବେଶ ଓ ଅଳଙ୍କାରଧାରଣ ତାହା ବେଶ୍ୟା ସୌନ୍ଦର୍ଯ୍ୟର ଲକ୍ଷଣ। ମାଙ୍ଗଲ୍ୟସୂଚକ ବେଶାଳଙ୍କାର ସ୍ୱାର୍ଥ ଉଦ୍ଦେଶ୍ୟରେ ନୁହେଁ, ବିଶ୍ୱକଲ୍ୟାଣ ତାହାର ଲକ୍ଷ୍ୟ।

ମାନବୀୟ ରୂପ-ସୌନ୍ଦର୍ଯ୍ୟ, ବିଶେଷତଃ ତରୁଣତନୁର ତନିମାକୁ ଅଧିକ ଲୋଭନୀୟ ଓ ରସାଳ କରି ବର୍ଣ୍ଣନା କରିବାରେ ଉପେନ୍ଦ୍ର ଶତମୁଖ। ସ୍ଥୁଳ ମାଂସଳ ଇନ୍ଦ୍ରିୟଗ୍ରାହ୍ୟ ରୂପ ପ୍ରତି କବି ଓ ତାଙ୍କର ନାୟକନାୟିକାମାନଙ୍କର ନିବିଡ ଉଷ୍ମତା ପ୍ରକାଶ ପାଇଥିବା ଲକ୍ଷ୍ୟ କରାଯାଏ। କବି ପୁରୁଷ ରୂପଠାରୁ ନାରୀ ରୂପ ପ୍ରତି ସମଧିକ ସ୍ନେହ ଓ ଲୋଭାତୁରତା ପ୍ରଦର୍ଶନ କରିଛନ୍ତି। ପ୍ରତ୍ୟେକ କାବ୍ୟରେ ନାରୀ-ରୂପ-ସୌନ୍ଦର୍ଯ୍ୟର ବର୍ଣ୍ଣନାରେ ତାଙ୍କର ଅକ୍ଲାନ୍ତ ସାଧନା ଓ ଆସକ୍ତି ଦେଖି ମନେହୁଏ, କବିଦୃଷ୍ଟିରେ ନାରୀ ଅଙ୍ଗ, ସୌନ୍ଦର୍ଯ୍ୟର ଜୀବନ୍ତ ଆଗାର। ମାତ୍ର ରୂପ-ସୌନ୍ଦର୍ଯ୍ୟର

ବୈବିଧ୍ୟଶୂନ୍ୟତା ହେତୁ ସେହି ଏକ ରୀତିରେ ବର୍ଣ୍ଣନା ନିତାନ୍ତ ନୀରସ ଓ ଅରୁଚିକର ବୋଧହୁଏ।

ଉପେନ୍ଦ୍ରଙ୍କ କାବ୍ୟ-ସଂସାରର ନରନାରୀମାନେ ତରୁଣତରୁଣୀ। ଭୋଗୋନ୍ମୁଖୀ ପ୍ରଣୟାତୁର ଜୀବନଯାପନରେ ସେମାନେ ଜୀବନକୁ ଚରିତାର୍ଥ ମନେକରନ୍ତି। ନାୟକ ନାୟିକା ପରସ୍ପର ରୂପ-ସୌନ୍ଦର୍ଯ୍ୟ ଦର୍ଶନ ଓ ବର୍ଣ୍ଣନ କରି ପ୍ରାପ୍ତି ନିମନ୍ତେ ବ୍ୟାକୁଳ। ତାହା କେବଳ ବାସନାର କ୍ରନ୍ଦନ। ସୌନ୍ଦର୍ଯ୍ୟ ପ୍ରତି ବାସନା ବା ଭୋଗ-ଦୃଷ୍ଟି ରଖିଥିବାରୁ ପରସ୍ପର ପ୍ରାପ୍ତିରେ ସେହି କ୍ରନ୍ଦନର ଅବସାନ। ନାରୀ ପ୍ରତି ପୁରୁଷର ରସ-ଲୋଲୁପ ଦୃଷ୍ଟି ତାହାକୁ ଏକ ଭୋଗର ସାମଗ୍ରୀ ରୂପେ ଗ୍ରହଣ କରିଛି। ଉପେନ୍ଦ୍ରଙ୍କ ନାରୀ ପୁରୁଷର ପ୍ରିୟା; ମାତ୍ର ଦେବୀ ନୁହେଁ। କର୍ମ-ସଙ୍ଗିନୀ ନୁହେଁ, ଦେହ-ସଙ୍ଗିନୀ, ଶଯ୍ୟାରଙ୍ଗିଣୀ ଓ ମନୋମୋହିନୀ ରୂପେ କବିଙ୍କ କାବ୍ୟରେ ତାହାର ଭୂମିକା। ପୁରୁଷ ଦୃଷ୍ଟିରେ ସେ 'ମୋହିନୀ କି ସୁଧାକୁମ୍ଭ ଘେନି ଉଭା'। ସ୍ଥୂଳ ଇନ୍ଦ୍ରିୟଗ୍ରାହ୍ୟ ରୂପ ଧରି ନାୟକ ଓ ପାଠକର ସମ୍ମୁଖରେ ଉପସ୍ଥିତା ରତିପ୍ରତିମା, ପୁରୁଷର କଣ୍ଠାଲିଙ୍ଗନପ୍ରାର୍ଥିନୀ ନାରୀ। ତାହାର ଭାବନା ନାୟକଠାରେ କେନ୍ଦ୍ରିତ; ନାୟକ ମଧ୍ୟ ତା'ଛଡ଼ା ଜଗତର ଅନ୍ୟ କୌଣସି କଥା ଭାବିବାକୁ ଅବସର ପାଇନାହିଁ। ରୂପ ଓ ଅଙ୍ଗର ଚାକଚକ୍ୟ ବ୍ୟତୀତ ନାୟିକାର ଆଉ କିଛି ନାହିଁ। କବି ତା'ମନରେ ସୌନ୍ଦର୍ଯ୍ୟ ଆଡକୁ ଦୃଷ୍ଟି ଦେଇନାହାନ୍ତି। ନାରୀ ରୂପର ମାଂସଳ ସୌନ୍ଦର୍ଯ୍ୟକୁ ରସଲବ୍ଧ ଦୃଷ୍ଟିରେ ଅଙ୍କନ କରିବାର ମାଦକ ପ୍ରୟାସ ଦେଖି ବହୁ ସମୟରେ ମନେହୁଏ, ସେ ମାଂସ ପିଣ୍ଡୁଳାଏ ମାତ୍ର। ଦେହ ହିଁ ତା'ର ସମ୍ପଦ; ଅନ୍ତତଃ କବି ଓ ନାୟକ ଏହାଛଡା ଆଉ କିଛି ଦେଖିନାହାନ୍ତି। ଶାରୀରିକ ସୌନ୍ଦର୍ଯ୍ୟାଙ୍କନ ଫଳରେ ଉପେନ୍ଦ୍ରଙ୍କର କୌଣସି ନାୟିକା ଦିବ୍ୟ ସୌନ୍ଦର୍ଯ୍ୟର ପ୍ରତିମୂର୍ତ୍ତି ହୋଇପାରିନାହାନ୍ତି। ଏପରିକି ସୀତା ମଧ୍ୟ ପ୍ରାର୍ଥିବ ସୌନ୍ଦର୍ଯ୍ୟର ପ୍ରତୀକ। କାମ-ଲୋକ ଦେହ ସୌନ୍ଦର୍ଯ୍ୟ ସହିତ ପ୍ରସାଧନ ଓ ବସନଭୂଷଣରେ ସଜ୍ଜିତା ରୂପଗରବିଣୀ ନାରୀ ଦଳ ଯୌବନୋଦ୍ଦୀପ୍ତ ଚଟୁଳ ଅଙ୍ଗଭଙ୍ଗୀଯୁକ୍ତା ହୋଇ ଶୃଙ୍ଗାରର ଉନ୍ମତ୍ତ ଭାବାବେଶ ସୃଷ୍ଟି କରୁଛନ୍ତି।

ଉପେନ୍ଦ୍ରଙ୍କ କାବ୍ୟ ନାରୀ-ରୂପାଶ୍ରୟୀ। କବି ନାୟିକାର ନାମାନୁସାରେ କାବ୍ୟର ନାମକରଣ କରିଛନ୍ତି। କିଏ ଲାବଣ୍ୟବତୀ, କିଏ ରସିକହାରାବଳୀ, କିଏ କୋଟିବ୍ରହ୍ମାଣ୍ଡ ସୁନ୍ଦରୀ ତ କିଏ ପ୍ରେମସୁଧାନିଧି। ସମସ୍ତେ ଗୋଟିଏ ଛାଞ୍ଚରେ ଗଢା, ସମସ୍ତଙ୍କର ଗୋଟିଏ ମନ; ସମସ୍ତଙ୍କର ଗୋଟିଏ ଲକ୍ଷ୍ୟ। କବିଙ୍କର ନାରୀ ସୃଷ୍ଟିରେ ବୈଚିତ୍ର୍ୟ ନାହିଁ। ସେମାନଙ୍କର କ୍ରିୟା ଓ ଭାବନାରେ ପ୍ରଭୂତ ସାମ୍ୟ। ଜୀବନ କହିଲେ ପ୍ରେମ ଓ ପ୍ରେମ ହିଁ ଜୀବନ। ସେମାନଙ୍କର ସଂସାର ସ୍ୱତନ୍ତ୍ର। କାହାରି ସନ୍ତାନ କାମନା ନାହିଁ।

ନିତ୍ୟ ବସନ୍ତର ରାଜ୍ୟରେ ବାସ କରୁଥିବା ଉପେନ୍ଦ୍ରଙ୍କ ନରନାରୀମାନେ ଜଗତର କାହାରି ଉପକାର ଚିନ୍ତା କରନ୍ତି ନାହିଁ, କି ବହିର୍ବିଶ୍ୱର ପ୍ରବହମାନ ଜୀବନଧାରା ସହିତ ସଂପର୍କ ରଖନ୍ତି ନାହିଁ । ଜଗତ ନାୟିକାର ରୂପର ଖବର ରଖେ, ପାଖ ପ୍ରିୟଜନ ଓ ପରିଚାରୀମାନେ ତା'ର ପ୍ରସାଧନ ବିଳାସ ଓ ପ୍ରିୟ ସମାଗମ ନିମନ୍ତେ ବ୍ୟସ୍ତ । ଏକ କଥାରେ ତା'ପାଇଁ ଦୁନିଆ ବ୍ୟସ୍ତ; ମାତ୍ର ଦୁନିଆ ପାଇଁ ସେ ବ୍ୟସ୍ତ ନୁହେଁ । ଜଣକ ଉଦ୍ଦେଶ୍ୟରେ ତା'ର ଜୀବନ ଉତ୍ସର୍ଗୀତ । ସେ ଏକ ଉତ୍ସର୍ଗୀକୃତା ଦୀପଶିଖା । ଜଣକ ପଥାଲୋକିତ କରି, ତାହାରି ପୁରୀ ଆଲୋକିତ ଓ ପ୍ରାଣ ପୁଲକିତ କରି ସେ ଆସେ । ସେ ଅନୁରାଗିଣୀ ବ୍ରୀଡ଼ାବତୀ, କାମଜ୍ୱର ସଂତପ୍ତା ଓ ନିରନ୍ତର ପୁରୁଷର ମିଳନ ପ୍ରତ୍ୟାଶିନୀ । ବେତସଲତା ଭଳି ତା'ର ଜୀବନ । ପୁରୁଷର ବିନାଶ୍ରୟରେ ତା'ର ସ୍ଥିତି ଅସମ୍ଭବ । ପୁରୁଷ ମଧ୍ୟ ତା' ଜୀବନର ସାର୍ଥକତା ନାରୀ ପାଦତଳେ ନିଜକୁ ସମର୍ପଣ କରିଦେବାରେ ଦେଖୁଛି । ନାରୀ ମନ ଓ ପ୍ରେମର କଷଟିରେ ତା'ର ପୁରୁଷକାରର ପରୀକ୍ଷା । ଅଙ୍ଗସଙ୍ଗ ଲାଗି ନାରୀ ପୁରୁଷଙ୍କର ଉନ୍ମଦ ବ୍ୟାକୁଳତା ସେମାନଙ୍କର ଜୀବନ ପ୍ରତି ସଂକୀର୍ଣ୍ଣ ଦୃଷ୍ଟିକୋଣର ପ୍ରମାଣ । କାମ-ଲୋଳ ଦୃଷ୍ଟିରେ ପ୍ରେମିକ ପ୍ରେମିକାକୁ ଦେଖିବାରେ ସତତ ଅଭ୍ୟସ୍ତ । ତେଣୁ ସୌନ୍ଦର୍ଯ୍ୟର କୌଣସି ଦିବ୍ୟଗୁଣ ପ୍ରତି ତା'ର ଦୃଷ୍ଟି ଯାଇନାହିଁ । ଉପଭୋଗ୍ୟା ଓ କାମ କାରାରେ ବନ୍ଦିନୀ ନାରୀ ପୁରୁଷର କାମ ଦୃଷ୍ଟିରେ ହିଁ ରୂପସୀ। ନାରୀର ଅଦେହ ଅରୂପ ଶୋଭା ପୁରୁଷର ଯେଉଁ ମନୋମୟ ଜଗତରେ ରୂପ, ରସ, ଗନ୍ଧ, ସ୍ପର୍ଶ ପ୍ରଭୃତି ନିର୍ବିକାର ହୋଇ ସ୍ୱର୍ଗୀୟ ସୁଷମାବୋଧରେ ପରିଣତ ହୁଅନ୍ତା, ଯେଉଁଠି ଆଉ ଭୋଗଲାଳସା ଅନୁଭୂତ ହୁଅନ୍ତା ନାହିଁ, ତାହା ଉପେନ୍ଦ୍ର କାବ୍ୟରେ ବିରଳ। କାମନା-ପୀଡିତ ଭୋଗ-ଦୃଷ୍ଟି ସୌନ୍ଦର୍ଯ୍ୟର ପ୍ରକୃତ ମୂଲ୍ୟାଙ୍କନ କରିପାରେ ନାହିଁ। କାମନା ବାସନାର ଊର୍ଦ୍ଧ୍ୱକୁ ଉଠି ବିଚାର ନକଲେ ରୂପ-ସୌନ୍ଦର୍ଯ୍ୟ ଭୋଗ୍ୟ ମାତ୍ର। ଉପେନ୍ଦ୍ରଙ୍କର ନାୟକ ନାୟିକା ବିରହାବସ୍ଥାରେ ମଧ୍ୟ ପରସ୍ପର ପ୍ରାପ୍ତିରେ ଭୋଗ ଓ ସଂଯୋଗର ଅଭିଳାଷ ପୋଷଣ କରିଥାନ୍ତି। ଦିନ ଦିନକର ଭୋଗସର୍ବସ୍ୱ ମୁହୂର୍ତ୍ତଗୁଡିକୁ ସ୍ମରଣ କରି ଆକୁଳରେ କାଳ କାଟନ୍ତି।

ନାରୀରୂପର ନଖଶିଖ ବର୍ଣ୍ଣନା ଉପେନ୍ଦ୍ର-କାବ୍ୟର ଏକ ସାଧାରଣ ମର୍ମ। ତାଙ୍କର ନାରୀ କୋମଳାଙ୍ଗୀ, ଷୋଡ଼ଶୀ ବା ସପ୍ତଦର୍ଶୀ । ସେ ରାମା, ଅଶେଷ ରୂପର ଧାମା । ବସନ୍ତରେ ଓ ଯୌବନରେ ପ୍ରକୃତି ତଥା ପ୍ରାଣୀ ମାତ୍ରେ ସୁନ୍ଦର । ଉପେନ୍ଦ୍ରଙ୍କର ନରନାରୀ ଯୌବନ ପାର ହୋଇନାହାନ୍ତି । ତାଙ୍କ ନାୟିକାର ରୂପ ବ୍ରହ୍ମା ସ୍ୱପ୍ନରେ ସୁଦ୍ଧା ଦେଖି ନଥିବେ । କଳ୍ପ କଳ୍ପ କଳ୍ପନା କରି ତାହାକୁ ନିର୍ମାଣ କରିଥିବେ ବୋଲି କବିଙ୍କର ଧାରଣା । ବହୁ କଳ୍ପନା ଓ ସାଧନାର ଫଳ ସ୍ୱରୂପା ନାୟିକାର ରୂପଶୋଭା ବର୍ଣ୍ଣିବାକୁ

ଉପେନ୍ଦ୍ର ଶତଜିହ୍ୱ । ମିତବ୍ୟୟିତାରେ ଯେ ସୌନ୍ଦର୍ଯ୍ୟ ଫୁଟେ, ତାହା ସ୍ୱୀକାର କରିବାକୁ କବି ନାରାଜ । ସ୍ୱର୍ଣ୍ଣାଙ୍ଗୀ ବରବର୍ଣ୍ଣିନୀ ନାରୀର ରୂପ ଚାକ୍ଷୁଷ ଓ ଲୋଭନୀୟ, ତାହାର ରୂପକୁ ଛୁଇଁ ହେବ । ଅସାମାନ୍ୟ ରୂପ, ବେଶାଲଂକାର ଭୂଷିତା ହେବା ସଙ୍ଗେ ଚତୁରୀ ଓ ସିହାଣୀ ନାୟିକା ଭ୍ରୂବିଳାସ, ଅଙ୍ଗଭଙ୍ଗୀ, ହାବଭାବଲୀଳା, ପରିହାସ ଓ ବକ୍ରୋକ୍ତିନିପୁଣା । ନାରୀ ସୌନ୍ଦର୍ଯ୍ୟରେ ଦୁର୍ନିବାର ଆକର୍ଷଣ ଓ ଜ୍ୱଳନ ଦେଇ ଉପେନ୍ଦ୍ର ତାହାକୁ କେବଳ କାମୀ ଜନର କାମନାର ପୂରଣ ସ୍ଥୂଳ ରୂପେ ଦେଖିଛନ୍ତି । ତା' ରୂପର ଆକର୍ଷଣ ଏତେ ପ୍ରବଳ ଯେ, ତହିଁରେ ପୁରୁଷ ଅଗ୍ନିରେ ପତଙ୍ଗ ଭଳି ଓ ଅଠାକାଠିରେ ପକ୍ଷୀଭଳି ପଡ଼ିଯାଏ । ନାୟିକାର କର-ସାରଣୀ ହେବା ପାଇଁ ନାୟକର ଅଭିଳାଷ । ନାୟିକା ତାହାକୁ ଯେମିତି ନଚାଇବ, ସେ ସେମିତି ନାଚିବ ।

କବିଙ୍କର ସୌନ୍ଦର୍ଯ୍ୟ ଚେତନା ଦେହର ସୀମା ଡେଇଁ ଊର୍ଦ୍ଧ୍ୱକୁ ଯାଇନାହିଁ । ସ୍ଥୂଳ ଇନ୍ଦ୍ରିୟଗ୍ରାହ୍ୟ ସୌନ୍ଦର୍ଯ୍ୟ ପ୍ରତି ନିବିଡ଼ ଆକର୍ଷଣ ଓ ପ୍ରତ୍ୟେକ କାବ୍ୟରେ ତାହାର ପୁନଃ ପୁନଃ ବର୍ଣ୍ଣନା ଫଳରେ କବିଙ୍କର ସୌନ୍ଦର୍ଯ୍ୟ ଦୃଷ୍ଟିରେ ବୈବିଧ ପରିଦୃଷ୍ଟ ହୁଏ ନାହିଁ । ଯେଉଁ ରୂପ ସୌନ୍ଦର୍ଯ୍ୟକୁ ଏତେ ଚାକ୍ଷୁଷ କରି ସେ ଫୁଟାଇଛନ୍ତି, ତାହାକୁ ସ୍ପର୍ଶକରି ହେବ । ରୂପର ଉନ୍ନୟନ ତଥା ଶାରୀରିକ ଓ ଆଳଂକାରିକ ସୌନ୍ଦର୍ଯ୍ୟର ପ୍ରାଥମିକ ସ୍ତର ପାର ହୋଇ ମନୋମୟ ସୌନ୍ଦର୍ଯ୍ୟର ଚରମଲୋକରେ ପ୍ରବେଶ କରିବାକୁ ଉପେନ୍ଦ୍ର ଚେଷ୍ଟା କରିନାହାନ୍ତି । ଇନ୍ଦ୍ରିୟଗ୍ରାହ୍ୟ ସୌନ୍ଦର୍ଯ୍ୟ ସସୀମ ଓ କ୍ଷଣଭଙ୍ଗୁର । ଏହାକୁ ଅତିକ୍ରମ କରି ଶାଶ୍ୱତ, ଭବ୍ୟ ଓ ଦିବ୍ୟ ସୌନ୍ଦର୍ଯ୍ୟ ଦର୍ଶନ କଲେ ଇନ୍ଦ୍ରିୟ ସର୍ବସ୍ୱ ସୌନ୍ଦର୍ଯ୍ୟ ତୁଚ୍ଛ ପ୍ରତୀତ ହୁଏ । ରୂପର ଅବଲମ୍ବନରେ ରୂପାତୀତକୁ ଗତି କଲେ ଭୋଗଦୃଷ୍ଟି ତିରୋହିତ ହୁଏ । ଉପେନ୍ଦ୍ରଙ୍କ ସୌନ୍ଦର୍ଯ୍ୟ ଦୃଷ୍ଟିରେ ଇନ୍ଦ୍ରିୟ ପରତନ୍ତ୍ରତା ଓ ଭୋଗୋନ୍-ମୁଖତା ପରିଦୃଷ୍ଟ । ବାସନା ପୀଡ଼ିତ ଦୃଷ୍ଟିରେ କମନୀୟ ଓ ରମଣୀୟ ରୂପର ସ୍ଥୂଳଚିତ୍ର ଦେଇଥିବାରୁ ଉପେନ୍ଦ୍ରଙ୍କୁ ଦେହବାଦୀ ସୌନ୍ଦର୍ଯ୍ୟସ୍ରଷ୍ଟା କୁହାଯାଇପାରେ । ବାହ୍ୟରୂପ ଚିତ୍ରଣ ପ୍ରତି ଆସକ୍ତି ହେତୁ ଅଶରୀରୀ, ଅତିନ୍ଦ୍ରିୟ ତଥା ମାନସ ବା ଆଧ୍ୟାତ୍ମିକ ସୌନ୍ଦର୍ଯ୍ୟ ତାଙ୍କ କଳ୍ପନାରେ ଆସିନାହିଁ । ଶାରୀରିକ ଓ ଆନ୍ତରିକ ସୌନ୍ଦର୍ଯ୍ୟର ମିଶ୍ରଣରେ ପ୍ରକୃତ ସୌନ୍ଦର୍ଯ୍ୟ ଫୁଟେ । ପ୍ରକୃତ କଳାକାର ସୌନ୍ଦର୍ଯ୍ୟାଙ୍କନରେ ଇନ୍ଦ୍ରିୟପରତା ଓ ଆଧ୍ୟାତ୍ମିକତା-ଉଭୟ ପ୍ରତି ସମାନ ଗୁରୁତ୍ୱ ଦେଇଥାନ୍ତି । ଅତି ମାତ୍ରାରେ ଇନ୍ଦ୍ରିୟପରତା ଯେଉଁପରି ଦୋଷାବହ, ଆଧ୍ୟାତ୍ମିକତାର ପ୍ରାବଲ୍ୟ ସେହିପରି ରୂପର ଅଭିବ୍ୟକ୍ତିର ପରିପନ୍ଥୀ । ଇନ୍ଦ୍ରିୟ ବିଷୟରେ ଅନୁରକ୍ତିକୁ ଏଠାରେ ଇନ୍ଦ୍ରିୟପରତା କୁହାଯାଇଛି ।

ଉପେନ୍ଦ୍ରଙ୍କର ନାୟକ ନାୟିକାମାନଙ୍କ ପ୍ରାଣରେ ସୌନ୍ଦର୍ଯ୍ୟ ପାଇଁ ଅତୃପ୍ତ ହାହାକାର ନାହିଁ । କାରଣ ପ୍ରାପ୍ତି ବା ମିଳନରେ ଦେହ ଭୋଗ ହିଁ ମୁଖ୍ୟ ହୋଇଉଠିଛି ।

ପ୍ରେମ- ସୌନ୍ଦର୍ଯ୍ୟରେ ତପଃପୂତ ସାଧନା ଓ ସଂଯମର ସଂହତ ଚିତ୍ରର ଅଭାବ । ଶିବ-ପାର୍ବତୀ, ନଳ-ଦମୟନ୍ତୀ, ଅର୍ଜୁନ-ସୁଭଦ୍ରା ଓ ରୋମିଓ-ଜୁଲିଏଟ ପରି ପ୍ରେମ ସାଧନା ଉପେନ୍ଦ୍ରଙ୍କ ନାୟକ ନାୟିକାମାନେ କରିନାହାନ୍ତି । ମାଲୁଣୀ, ଦୂତୀ, ଭାଟ, ପତ୍ରଲିଖନ, ଚିତ୍ରପଟ ଦର୍ଶନ ଓ ଦୈବନିବନ୍ଧନରେ ଭେଟ ସମ୍ଭାଷଣ ଇତ୍ୟାଦି ଜରିଆରେ ପ୍ରକୃତ ପ୍ରଣୟ ସମ୍ପର୍କ ପ୍ରତିଷ୍ଠା ହୋଇନପାରେ । ସାଧକୋଚିତ ଆତ୍ମୋତ୍ସର୍ଗ ଓ ନିଷ୍ଠା ନଥିଲେ ପ୍ରେମାସ୍ପଦର ଅପାର୍ଥିବ ସୌନ୍ଦର୍ଯ୍ୟ ସହଜରେ ଦୃଷ୍ଟିଗୋଚର ହୁଏନାହିଁ । ଉପେନ୍ଦ୍ରଙ୍କର ନାୟକ ନାୟିକାମାନେ ସୁନ୍ଦର ଓ ସୁନ୍ଦରୀ ଲାଭ ପାଇଁ ସୌନ୍ଦର୍ଯ୍ୟ କାମନା କରିଛନ୍ତି । ତାହା ଯଥାର୍ଥ ସୌନ୍ଦର୍ଯ୍ୟ ଓ ପ୍ରଣୟ ସାଧନା ନୁହେଁ । ରୂପ-ଲୋଲୁପ ପୁରୁଷ ନାରୀକୁ ଶୃଙ୍ଗାର-ସମ୍ଭୋଗର ବସ୍ତୁରୂପେ ଦେଖିଛି ଓ ନାରୀ ରୂପର ଜ୍ୱାଳା ଓ ପ୍ରଖରତା ସତ୍ତ୍ୱେ ଲଭ୍ୟା ହୋଇ ପୁରୁଷ ପ୍ରାଣରେ ଶୀତଳ ବାରି ସିଞ୍ଚନ କରିଛି ।

ଉପେନ୍ଦ୍ରଙ୍କ ପ୍ରାକୃତିକ ଓ ମାନବୀୟ ସୌନ୍ଦର୍ଯ୍ୟବୋଧ ଉଚ୍ଚବର୍ଗ ବା ସମ୍ଭ୍ରାନ୍ତ ଶ୍ରେଣୀୟ ଜନତାର ରୁଚି ଅନୁକୂଳ । କାମିନୀବିଳାସ ଓ ଯୌନଚର୍ଯ୍ୟାରେ ସେମାନଙ୍କର ଜୀବନଚର୍ଯ୍ୟା ସମାହିତ ହେଉଥିଲା । ଉପଲବ୍ଧି ବା ଅନୁଭୂତିଠାରୁ ଉପଭୋଗ ଓ ରସିକତାରେ ଜୀବନର ପରିପୂର୍ତ୍ତି ବୋଲି ସେମାନେ ଧରିନେଇଥିଲେ । ଅନୁଭବୀ ଦୃଷ୍ଟିରେ ଜୀବନ ଓ ଜଗତକୁ ନ ଦେଖି ସହଜ ସୁଖପୂର୍ଣ୍ଣ ରସିକ ଦୃଷ୍ଟିରେ ଦେଖିଥିବାରୁ ଉପଭୋଗ ବା ସମ୍ଭୋଗ ହିଁ ସେମାନଙ୍କର ଜୀବନର ସାଧରୂପେ ପରିଗଣିତ ହେଉଥିଲା । ରସିକତା ଜୀବନର ଗଭୀରତାରେ ପ୍ରବେଶ କରେ ନାହିଁ । ନିତାନ୍ତ ତରଳ ଓ ସ୍ଥୂଳ ଦୃଷ୍ଟିରେ ଜୀବନକୁ ଉପଭୋଗମୁଖୀ କରାଏ । ବାହ୍ୟ ଲାବଣ୍ୟ ଓ ଅଙ୍ଗ ଛଟାରେ ଭୁଲି ଅନ୍ତଃ-ସୌନ୍ଦର୍ଯ୍ୟର ଔଜ୍ଜ୍ୱଲ୍ୟ ପ୍ରତି ଆଖି ବୁଜିଦେବା କୌଣସି କାଳର ରୁଚିର ପବିତ୍ରତା ଓ ଉତ୍କର୍ଷର ଚିହ୍ନ ନୁହେଁ । ସୌନ୍ଦର୍ଯ୍ୟ-ସଂଦର୍ଶନ ସ୍ୱାସ୍ଥ୍ୟକର ବିମଳାନନ୍ଦ ଦାନ କରେ । ପାପ ପ୍ରଲୋଭନ ଆସି ସୌନ୍ଦର୍ଯ୍ୟ-ଆସ୍ୱାଦନ କାଳରେ ବାଧା ସୃଷ୍ଟି କରେ ନାହିଁ । ବ୍ୟକ୍ତିର ଭୋଗବୃତ୍ତି ଓ ଲାଳସା ପ୍ରବଳ ହୋଇଉଠିଲେ ସୁନ୍ଦର ବସ୍ତୁର ରମଣୀୟତା ଓ ଆସ୍ୱାଦନମାଧୁରୀ ଦୂଷିତ ହୁଏ । ସଂଯମ ହିଁ ସୁନ୍ଦର, ମତ୍ତତା ନୁହେଁ । ପବିତ୍ର, ନିର୍ମଳ, ପାପ-ସଂସ୍ପର୍ଶଶୂନ୍ୟ ସୌନ୍ଦର୍ଯ୍ୟସ୍ପୃହା ମନୁଷ୍ୟକୁ ଅନ୍ୟପ୍ରାଣୀଠାରୁ ଶ୍ରେଷ୍ଠ କରିଛି । ତୁଚ୍ଛ ଇନ୍ଦ୍ରିୟ ତୃପ୍ତି ବିଧାନ କରିବା ସୌନ୍ଦର୍ଯ୍ୟାନନ୍ଦର ଲକ୍ଷ୍ୟ ନୁହେଁ ।

ଉପେନ୍ଦ୍ରଙ୍କ ସୌନ୍ଦର୍ଯ୍ୟ ଚେତନାରେ ଅଶରୀରୀ ଭାବନା ପାଇଁ ସ୍ୱଳ୍ପ ଅବକାଶ ଥିଲା । ଏଣୁ ବିରହ ଓ ମିଳନକାଳୀନ ଚିତ୍ରରେ ଶାରୀରିକ ଉଷ୍ମତା ଅଧିକ ପ୍ରକାଶ ପାଇଛି । ଏଥିରେ ଉପଭୋଗ ପ୍ରଧାନ ରସିକତା ଓ ଇନ୍ଦ୍ରିୟଗ୍ରାହ୍ୟ- ସୌନ୍ଦର୍ଯ୍ୟର ଆକର୍ଷଣ ଏତେ ବେଶି ଯେ ଅପାର୍ଥିବ ଅଥବା ଅତୀନ୍ଦ୍ରିୟ ସୌନ୍ଦର୍ଯ୍ୟର ରହସ୍ୟ ଫେଡ଼ିବାକୁ

କବିମନ ଆଗ୍ରହ ପ୍ରକାଶ କରିନାହିଁ । ପାର୍ଥିବ ସୌନ୍ଦର୍ଯ୍ୟର ଲୋକୋତ୍ତର ଉନ୍ନୟନ ବିନା ସୌନ୍ଦର୍ଯ୍ୟର ମହତ୍ତର ଦିଗ, ଯଥା-ମୁକ୍ତି, ବିଶ୍ୱକଲ୍ୟାଣ ବା ଲୋକମଙ୍ଗଳ ଫୁଟି ନପାରେ । ସୌନ୍ଦର୍ଯ୍ୟ ଅଭିବ୍ୟକ୍ତିରେ ଜିଜ୍ଞାସା, ବିସ୍ମୟ, କୌତୂହଳାଦି ଉପେନ୍ଦ୍ର କାବ୍ୟରେ ନାହିଁ । କାହିଁକି ଗୋଟିଏ ବସ୍ତୁ ସୁନ୍ଦର, ତା'ର ସ୍ୱରୂପ, ଉଦ୍ଦେଶ୍ୟ, ମହାସୌନ୍ଦର୍ଯ୍ୟର ଯେଉଁ ସ୍ରୋତ ବିଶ୍ୱ ମଧ୍ୟରେ ପ୍ରବାହିତ ତା'ସହିତ ସମ୍ପର୍କ ଓ ସୌନ୍ଦର୍ଯ୍ୟର ଆବିର୍ଭାବ ସମ୍ବନ୍ଧରେ ତଥା ରହସ୍ୟ ଓ ଆଧ୍ୟାତ୍ମିକତା ପ୍ରତି କୌଣସି ପ୍ରଶ୍ନ କବି ମନରେ ଉଠିନାହିଁ । ଉପେନ୍ଦ୍ର ସୌନ୍ଦର୍ଯ୍ୟ-ସମ୍ଭୋଗର କବି । ସୌନ୍ଦର୍ଯ୍ୟଚାଞ୍ଚଲ୍ୟ ମଧ୍ୟରେ କବି ଯଦି ଭୋଗବୈରାଗ୍ୟ ଦେଖାଇଥିଲେ ଆମର କହିବାର କିଛି ନଥିଲା । ତାଙ୍କର ନାୟକ ନାୟିକାଙ୍କର ସୌନ୍ଦର୍ଯ୍ୟ-ପିପାସା ଭୋଗ-କେନ୍ଦ୍ରିକ । ଲଳିତ ଅଙ୍ଗର ସୌନ୍ଦର୍ଯ୍ୟ ନାରୀର ପରମ ଗୌରବ ହୋଇପାରେ, ଚରମ ସୌନ୍ଦର୍ଯ୍ୟ ନୁହେଁ । କବି ବାହ୍ୟ ଜଗତର ଦର୍ଶନ ଓ ସ୍ପର୍ଶନଜନିତ ପ୍ରେମରେ ବିଶ୍ୱାସୀ । ତରୁଣ ତରୁଣୀଙ୍କର ମୋହମୁଗ୍ଧ ପ୍ରେମରେ ଶକ୍ତି ନାହିଁ । ତେଣୁ ଆତ୍ମୋତ୍ସର୍ଗ, ତ୍ୟାଗ, କ୍ଷମା ଆଦି ମହତ୍ ଗୁଣର ପରିଚୟ ସେ ପ୍ରେମରୁ ମିଳେ ନାହିଁ ।

ଉପେନ୍ଦ୍ରଙ୍କର ପ୍ରକୃତି ଚିତ୍ରଣ ଅଳଂକୃତ । ପ୍ରକୃତିର ମୋହନମାଧୁରୀରେ ତାଙ୍କର ମନ ରମଣ କରିନାହିଁ । ସ୍ୱଭାବବତୀ, ଉତ୍‌ଫୁଲ୍ଲିତା ଓ ନୟନାଭିରାମା ପ୍ରକୃତିର ଚିତ୍ରଣ ତାଙ୍କ କାବ୍ୟରେ ବିରଳ । ନାୟିକା ସୌନ୍ଦର୍ଯ୍ୟକୁ ବୃଦ୍ଧି କରିବା ପାଇଁ ପ୍ରକୃତିକୁ ବାରମ୍ବାର ହୀନ ପ୍ରତିପାଦନ କରାଯାଇଛି। ପ୍ରକୃତି ସେଠାରେ ଥାଇ ନଥିଲା ପରି। ପ୍ରକୃତି-ସୌନ୍ଦର୍ଯ୍ୟ ପାଇଁ ପ୍ରକୃତିର ଦର୍ଶନ ଓ ବର୍ଣ୍ଣନା କେବଳ ଉପେନ୍ଦ୍ର କାହିଁକି, ରୀତିଯୁଗୀୟ କାବ୍ୟ-ପରିକଳ୍ପନାରେ କ୍ୱଚିତ୍ ଦୃଷ୍ଟ ହୁଏ। କାମାର୍ତ୍ତ ବ୍ୟକ୍ତି କେବେହେଲେ ଯଥାର୍ଥ ସୌନ୍ଦର୍ଯ୍ୟ ଉପଭୋଗ କରିପାରେ ନାହିଁ। ପ୍ରକୃତିର ମୋହନମାଧୁରୀ ପାନ କରିବା ପାଇଁ, ପ୍ରକୃତିର ଋତୁ-ଉତ୍ସବ ସଂଦର୍ଶନ କରିବା ପାଇଁ ଉପେନ୍ଦ୍ରଙ୍କ ନାୟକ-ନାୟିକାମାନଙ୍କର ଅବସର ନାହିଁ। ମିଳନ ଓ ବିରହ ଅବକାଶରେ ପ୍ରକୃତିକୁ କାମଦୂତୀର ଭୂମିକାରେ ଅବତୀର୍ଣ୍ଣ କରାଯାଇଛି। ସର୍ବତ୍ର ପ୍ରକୃତିର କାମଲୋଳ ଉଦ୍ଦୀପନ ରୂପ ଦେଖିବାକୁ ମିଳେ। ବର୍ଷାରେ ଶାମୁକାର ମକମକ ଓ ଭେକଡାକ କାମିଜନର କର୍ଣ୍ଣଜ୍ୱର ଉତ୍ପନ୍ନ କରେ। ପ୍ରକୃତିର ଋତୁରଙ୍ଗ ଚିତ୍ରଣ କେବଳ ଉଦ୍ଦୀପନ ଦୃଷ୍ଟିରୁ ନିର୍ବାହ କରାଯାଇଛି। ରୀତିଯୁଗର କାବ୍ୟରେ ପ୍ରକୃତି ମୋହମୟୀ, ଉଚ୍ଚାଟନପରା; ମାତ୍ର ଭାବମୟୀ ନୁହେଁ। କାରଣ କବି ସ୍ୱତନ୍ତ୍ର ଦୃଷ୍ଟି ରଖି ପ୍ରକୃତି ବର୍ଣ୍ଣନା କରିନାହାନ୍ତି। ପ୍ରକୃତି ପର୍ଯ୍ୟବେକ୍ଷଣରେ ମଧ୍ୟ ସେପରି ସୂକ୍ଷ୍ମ ଦୃଷ୍ଟିର ପରିଚୟ ନାହିଁ। ଉପେନ୍ଦ୍ରଙ୍କର ପ୍ରକୃତି ସୌନ୍ଦର୍ଯ୍ୟ ପ୍ରତି ଦୃଷ୍ଟିଭଙ୍ଗୀର ଅବବୋଧ ନିମନ୍ତେ ପ୍ରକୃତିର ଗୃହୀତ ଉପମାନଗୁଡ଼ିକୁ ଉଲ୍ଲେଖ କରାଯାଇପାରେ।

ଉପେନ୍ଦ୍ର ନିଜର ଚତୁଃପାର୍ଶ୍ୱରେ ରାଶିରାଶି ସାଦୃଶ୍ୟହିଁ ଦେଖୁଥିଲେ। ନାୟକ-ନାୟିକାମାନଙ୍କ ପାଇଁ ସେ ସାଦୃଶ୍ୟ ଜଗତକୁ ଉଜାଡ଼ି କରିଦେଇଛନ୍ତି କହିଲେ ଚଳେ। ତାଙ୍କର ମନ ସାଦୃଶ୍ୟ ସୌନ୍ଦର୍ଯ୍ୟ-ସ୍ୱପ୍ନରେ ବିଭୋର ଥିଲା। ଅଙ୍ଗ ସାଦୃଶ୍ୟ ନିମନ୍ତେ ପ୍ରାକୃତିକବିଭାବମାନଙ୍କ ପ୍ରତି କବି ଦୃଷ୍ଟି ଦେଇଛନ୍ତି, ନହେଲେ ସେଥିପ୍ରତି ତାଙ୍କର ସ୍ୱତନ୍ତ୍ର ଦୃଷ୍ଟି ନଥିଲା। ସେସବୁ କେବଳ ତୁଳନାର ବସ୍ତୁ; ନିନ୍ଦା, ଅପମାନ ପାଇଁ ଯେପରି ସେମାନଙ୍କର ସୃଷ୍ଟି। ନାୟିକା ଅଙ୍ଗ ସହିତ ତୁଳନାରେ ହୀନ ପ୍ରତିପନ୍ନ ହେବା ହିଁ ସେମାନଙ୍କର ଭାଗ୍ୟଲିପି। ପ୍ରକୃତିର ଉପମାନମାନଙ୍କୁ ନାରୀ ଅଙ୍ଗ ନିକଟରେ ତୁଳନାରେ ପରାଜିତ କରିବା ଉପେନ୍ଦ୍ରଙ୍କର ଏକ ପ୍ରଧାନ କାବ୍ୟକୌଶଳ ଓ ଏହା ସମସ୍ତ ରୀତିଯୁଗୀୟ କାବ୍ୟବର୍ଣ୍ଣନାରେ ସୁଲଭ। ଏଥିରୁ ଉପେନ୍ଦ୍ର ପ୍ରମୁଖ କବିମାନେ ପ୍ରକୃତି ପ୍ରତି, ସୁନ୍ଦର ସାଦୃଶ୍ୟମାନଙ୍କ ପ୍ରତି କି ଦୃଷ୍ଟି ରଖିଥିଲେ ସହଜରେ ଅନୁମେୟ। ଉଦ୍ଦୀପନମୟୀ ପ୍ରକୃତିର ମନୋହର ରୂପ ପ୍ରଦାନ କରୁଥିବା ପଦାବଳୀରେ ଶୃଙ୍ଗାର ଉଦ୍‌ବୋଧକ ମାଦକୀୟ ବାତାବରଣ ସୃଷ୍ଟି କରାଯାଇଥିବା ଲକ୍ଷ୍ୟ କରାଯାଏ। ରୀତିକବି ଶୃଙ୍ଗାର-ବର୍ଣ୍ଣନାର ସାମଗ୍ରୀ ଅଥବା ଅପ୍ରସ୍ତୁତ ଯୋଜନା ରୂପେ ହିଁ ପ୍ରକୃତିକୁ ଗ୍ରହଣ କରୁଥିଲେ। ପ୍ରକୃତିର ଅନ୍ୟ ରୂପ ପ୍ରତି ଏମାନେ ସେତେ ଆକୃଷ୍ଟ ହେଉନଥିଲେ। ପ୍ରକୃତିର ଗମ୍ଭୀର, ମହୀୟାନ, ପ୍ରଶାନ୍ତ ସୌନ୍ଦର୍ଯ୍ୟ ତଥା ବିସ୍ମୟୋଦ୍‌ବୋଧକ ଚିତ୍ର ଲଳିତକଳ୍ପନାର କବି ଉପେନ୍ଦ୍ରଙ୍କ କାବ୍ୟରେ ଦୁର୍ଲ୍ଲଭ। କବି ଭୋଗବିଳାସରେ ଅକଣ୍ଠମଗ୍ନ ଅଭିଜାତ ଗୋଷ୍ଠୀର ପ୍ରକୃତି ଚିତ୍ର ଅଙ୍କନ କରିଛନ୍ତି। ତାହାର ଆବେଦନ କେବଳ ସେହି ଶ୍ରେଣୀ ନିମନ୍ତେ ଯେଉଁମାନେ ଜୀବନରେ ଦୁଃଖ କ'ଣ ଜାଣନ୍ତି ନାହିଁ। ସମଗ୍ର ମାନବ-ସମ୍ପ୍ରଦାୟ ମଧ୍ୟରେ ସେମାନେ ମୁଷ୍ଟିମେୟ। ରାଜାନ୍ତପୁରର ବହିବାଟିକାର ସଯତ୍ନଲାଳିତ ପ୍ରକୃତି ବିରାଟ ବିଶ୍ୱପ୍ରକୃତି ତୁଳନାରେ ସାମାନ୍ୟ। ସୁକବି ଉଦ୍ୟାନଲତା ଓ ବନଲତା ଉଭୟ ପ୍ରତି ସମାନ ଦୃଷ୍ଟି ଦିଅନ୍ତି। 'ବୈଦେହୀଶ ବିଳାସ'ରେ ବର୍ଣ୍ଣିତ ଚିତ୍ରକୂଟ ବନର ପ୍ରାକୃତିକ ଦୃଶ୍ୟ ମଧ୍ୟ ରାଜୋଦ୍ୟାନର ସ୍ମୃତି ଜାଗ୍ରତ କରେ। ରାମଚନ୍ଦ୍ର ବନଶୋଭା ପ୍ରତି ସୀତାଙ୍କ ଦୃଷ୍ଟି ଆକର୍ଷଣ କରି କହିଛନ୍ତି-

ବନ୍ଧୁର ପଥଟି ହେଜି ହେଜି ପଦ ବଳା
ବଳାଧ୍ୱନି ପ୍ରାୟେ ଝିଲ୍ଲୀ ଶବଦ ପ୍ରବଳା ଯେ।
ବଳାପନ୍ତି ଫଳବତୀ ପ୍ରଫୁଲ୍ଲ ସେବତୀ
ବତିଶଲକ୍ଷଣା ଦେଖ ବିହରେ ପାର୍ବତୀ ଯେ।
ବତୀର୍ଣ୍ଣ ଅପୂର୍ବ ହୋଇ କେତେ ନାଗବଲ୍ଲୀ
ବଲ୍ଲିକା ତଳେ ଶୟନ ଚାମରୀ ଆବଳୀ ଯେ।

ଚଳିବ ଚଇତ୍ରରଥୁଁ ଏମନ୍ତ ଭାବନା
ବନାଳୀ ପ୍ରଭୁ କରିଣ କରି ସମ୍ଭାବନା ଯେ।

XXX

ବଚ ସହିତରେ ସହି ପ୍ରକାଶେ ବିଭୂତି
ବିଭୂଷଣ ଚମ୍ପା ଷଣପୁଷ୍ପ ଅବିରତି ଯେ।
ବିରଳଭାରତୀ କବି ଭାରତୀ ବିହାରେ
ବିହାୟସେ ଲାସ୍ୟ ଉଲ୍ଲାସକୁ ନ ବିସରେ ଯେ।

XXX

ବସନ୍ତବସନ ବଣ ମହାଯମକରେ
ବସନ୍ତ ବସନ୍ତ ପକ୍ଷୀ ବସନ୍ତ ଦ୍ରୁମରେ ଯେ।
ବିଥୀ ବିଥୀ ଶୋଭା ଦିଶି କୁମୁଦ କୁମୁଦ
ବିଲୋକ ହାସ ପ୍ରକାଶି କୁମୁଦକୁ ମୋଦ ଯେ। (୩୮)

ସେହିପରି କୁମାର ଚନ୍ଦ୍ରଭାନୁ ପାରିଧି ନିମନ୍ତେ ଯାଇଥିବା ବନ ବର୍ଣ୍ଣନା ପ୍ରକୃତିର ଭୀମରୂପ ପରିବର୍ତ୍ତେ ରମଣୀୟ ରୂପ ଧରି ଉଭା ହୁଏ। ପାରିଧି କରୁଥିବା ବନ ଏକ ଉଦ୍ୟାନ ଭଳି ଲାଗେ। ଭୟଙ୍କରତା, ଶୂନ୍ୟତା, ଶ୍ୱାପଦସଙ୍କୁଳତା ଆଦି ବିଶେଷତ୍ୱ ନଥିବାରୁ ମହାବନର ଚିତ୍ର ଫୁଟିପାରି ନାହିଁ। (୩୯) ରସିକ ହାରାବଳୀର ଇଳାବୃତ୍ତ ଖଣ୍ଡର ବର୍ଣ୍ଣନାରେ କବି ପ୍ରକୃତିର ସ୍ଥାନୀୟ ବିଶେଷତ୍ୱ ସମ୍ବନ୍ଧରେ ଯେ ସମ୍ପୂର୍ଣ୍ଣ ଅନଭିଜ୍ଞ, ପ୍ରମାଣିତ ହୋଇଯାଏ। ମେରୁ ପ୍ରଦେଶର ପ୍ରକୃତି ବର୍ଣ୍ଣନା କରିବାକୁ ହେଲେ ଯେଉଁ ଚାକ୍ଷୁଷ ଅନୁଭୂତି ପ୍ରୟୋଜନ ତାହା ରାଜପ୍ରାସାଦ, ରାଜୋଦ୍ୟାନ ଓ ରାଜଧାନୀରେ ବସି ସମ୍ଭବ ହୁଏ ନାହିଁ। ବହୁ ଭ୍ରମଣଲବ୍ଧ ଅଭିଜ୍ଞତା ଫଳରେ କବି ଗିରି, ବନ, ସମୁଦ୍ର ପ୍ରଭୃତିର ଜୀବନ୍ତ ବର୍ଣ୍ଣନା ଦେବାକୁ ସମର୍ଥ ହୁଅନ୍ତି। ଉପେନ୍ଦ୍ର ଯେଉଁ ସ୍ଥାନମାନଙ୍କର ପ୍ରାକୃତିକ ସୌନ୍ଦର୍ଯ୍ୟ ବର୍ଣ୍ଣନା କରିଛନ୍ତି, ସେ ସବୁରେ ପ୍ରତ୍ୟକ୍ଷଦର୍ଶନଜନିତ କୌଣସି ଚିହ୍ନ ନାହିଁ। କବି ସେ ସ୍ଥାନକୁ ଆଖିରେ ନଦେଖି ଗ୍ରନ୍ଥରେ ନପଢି କିମ୍ବା ଭ୍ରମଣକାରୀ ମୁଖରୁ ନଶୁଣି ନିଜ ବୈଚିତ୍ର୍ୟ-କଳ୍ପନାରେ ଚିତ୍ର କରିଛନ୍ତି। ଆଞ୍ଚଳିକରଙ୍ଗ ଓ ପରିବେଶ ଦୃଷ୍ଟିରୁ ମଧ୍ୟ ତହିଁରେ କୌଣସି ସ୍ୱାତନ୍ତ୍ର୍ୟ ନାହିଁ। ରାଜଧାନୀର କବି ମେରୁ ପ୍ରକୃତିକୁ କିପରି ଅନୁଭୂତିହୀନ ସହଜ ଦୃଷ୍ଟିରେ ଦେଖିଛନ୍ତି, ନିମ୍ନୋକ୍ତ ପଂକ୍ତିରୁ ବୁଝାଯାଇପାରେ-

ରିପୁଭଗ୍ନ ମାର୍ଗେ ଯାଉଁ ଯାଉଁ କୁମର
ପ୍ରବେଶ ହୋଇଲା ଇଳାବୃତ୍ତ ଖଣ୍ଡର।
ଅତି ମନୋହର ଭୂମି ରତନମୟ

ମଧ୍ୟେ ହେମ ମହୀଧର କି କମନୀୟ।
ଅବନୀ-ଅଙ୍ଗନା ଏକ ସ୍ତନ ପରାଏ
ବିପୁଳ ଭାବରୁ କରି ସେ ଶୋଭାପାଏ।

xxx

ସୁମନା ବହୁଳେ ଯହିଁ ଲତିକାମାନ
ରାଜସଭା, ସ୍ୱର୍ଗ ଘନକାଳ ସମାନ
ସୁରଭି ସ୍ଥାନରୁ ଭାବି ଏତେ ପ୍ରକାର
ଚୈତ୍ର ହରି ଲଙ୍କା ମାର ମଳୟଧର।

xxx

ତହିଁ ମରକତମଣି ପ୍ରତିଭା ଚାହିଁ
ଦୁର୍ବାମଣି ମୃଗ କରେ କବଳ ଧାଇଁ
ସପ୍ତହୟ-ହୟ-ଚୟ ତୋଷ ଉଦୟ
ଭାଳେ ଆମ୍ଭ ଶ୍ରମକୁ ବିଧାତା ସଦୟ।

xxx

ମାଣିକ୍ୟ ପ୍ରଭାରେ ଭାବେ ଏମନ୍ତ ମନ
ମହୀ କି କେତେ ଯୋଜନ ହେବ ଗଗନ।
ଜାଣିବାକୁ କି ଅବା ସୁଜାଣ ବିଧାତା
ପାଟ ଭଳି ଯୁଆଉଛି ପ୍ରମାଣ ସୂତା।
ନୀଳମଣି ପ୍ରଭା କି ଧରଣୀରମଣୀ
କୁଟିଳକୁନ୍ତଳ କରି ଅଛି ସୁବେଣୀ।
କେବଣ ପ୍ରଦେଶ ମୁକୁତାରେ ଭୂଷିତ
ଆକାଶେ ପ୍ରକାଶମାନ କି ତାରାବ୍ରତ।
ମରକତ ଗଜମୋତି ଅଛି ବହୁଳ
ଗୁଞ୍ଜା-ଫୁଜ ଭ୍ରମ ତହିଁ ହୁଅଇ ଜାତ। (୪୦)

ବିଶ୍ୱପ୍ରକୃତିରେ ଭୂମା ବା ସର୍ବସୌନ୍ଦର୍ଯ୍ୟର ବିଭୁ-ସୌନ୍ଦର୍ଯ୍ୟର ପ୍ରକାଶ ଉପେନ୍ଦ୍ର ଦେଖିନାହାନ୍ତି। ଯାହା ଦେଖିଛନ୍ତି ତାହା କେବଳ କେତେକ ବୃକ୍ଷ-ଲତା-ପଶୁ-ପକ୍ଷୀଙ୍କର ଆନ୍ତରିକତା ଓ ଆବେଗଶୂନ୍ୟ ବାହ୍ୟରୂପ। ପ୍ରଭାତ, ସନ୍ଧ୍ୟା, ଚନ୍ଦ୍ର-ରଜନୀ ତଥା ଷଡରତୁର ପୁନଃପୌନିକ ବର୍ଣ୍ଣନା ଦ୍ୱାରା ପ୍ରକୃତିକୁ ଉଦ୍ଦୀପନ-ବିଭାବ ରୂପେ ଚିତ୍ରଣ କରି ପ୍ରକୃତି ପ୍ରତି ନିଜର କର୍ତ୍ତବ୍ୟ ସାଙ୍ଗ କରିଛନ୍ତି। ନାୟକନାୟିକାମାନଙ୍କର ରତୁ ଅନୁକ୍ରମେ

ରତିକ୍ରୀଡା ବା ବିରହାନୁଭୂତିକୁ ଉଦ୍ଦୀପିତ କରିବା ପାଇଁ ପ୍ରକୃତିର ଅବତାରଣା କରି ତାହାର ଉଚ୍ଚାଟନ ସ୍ୱଭାବକୁ ପ୍ରକଟ କରାଯାଇଛି ମାତ୍ର। ଏହି ଉଚ୍ଚାଟନପରା ପ୍ରକୃତି ନିତାନ୍ତ କର୍ତ୍ତବ୍ୟତତ୍ପରା। ରତିଭାବର ଉଦ୍‌ବୋଧିକା ଚନ୍ଦ୍ର-ରଜନୀର ଉଚ୍ଚାଟନମୟୀ ରୂପ-

ସମ୍ଭବ ମନେ ରତି କରିବାକୁ ପ୍ରକାଶ ଚାନ୍ଦିନୀ ଯାମିନୀ
ସେନେହବଶେ କି ଭିଡାଭିଡି ହେଲେ ଗୋରା ପୁଂସ କଳାକାମିନୀ
ସେଚକ, ଅଙ୍ଗେ, ସଝଳିତ କିବା ଦାମିନୀ
ସେ ଶୋଭାକୁ ଚାହିଁ ରୋଷ ଛାଡି ପଉରସ କାନ୍ତେକଲେ କାମିନୀ। (୪୧)

ପ୍ରକୃତିର ଶୃଙ୍ଗାରିକ ଚିତ୍ର ଦେବାରେ ଉପେନ୍ଦ୍ର କ୍ଳାନ୍ତି ଅନୁଭବ କରିନାହାନ୍ତି। ବିବାହ ପରେ ମିଳନ ରାତ୍ରିର ଚିତ୍ର ଦେବା ପୂର୍ବରୁ କବି ନାୟକନାୟିକାଙ୍କର ରତିରସର ଉଦ୍‌ବୋଧିକା ରୂପେ ସନ୍ଧ୍ୟାର କାମୋତ୍ତେଜକ ଛବି ଅଙ୍କନ କରିଛନ୍ତି। ଏହା ବର୍ଣ୍ଣିତ ଘଟଣାର ଯୋଗ୍ୟ ପଟ୍ଟଭୂମି ରଚନା କରିଛି-

ସ୍ତିରୀ ପୁରୁଷ ଅନୁରାଗୁଁ ଅଧିକ କେ ହେବ ମନରେ ଭାଳି
ଦ୍ୟୁମଣି ବିଶାରେ କି ନଗ ଗୁଣିକ ଆଗ ପୁଂସରାଗ ତୁଳି
ସେ ଢାଳି। ଦେଲା ତେଣୁ ରଙ୍ଗ ଦିଗ ଆଳି
ପୁଣି ବାଳୀ ଅନୁରାଗ ତୁଳି
ସେ ତ ମଞ୍ଜିଷ୍ଠାରାଗରୁ ଝଳି। (୪୨)

ପ୍ରକୃତିର ଏହି କ୍ରିୟା ବ୍ୟାପାରରେ ପ୍ରେମିକ-ପ୍ରେମିକାଙ୍କର ସମାଗତପ୍ରାୟ ଉପଭୋଗ ମୁହୂର୍ତ୍ତଟି ସୂଚୀତ ହେଉଛି। ରତିମନ୍ଦିରକୁ ଯାତ୍ରା ପୂର୍ବରୁ ସନ୍ଧ୍ୟା ବର୍ଣ୍ଣନା ଯେଉଁପରି ଉଦ୍ଦୀପନମୁଖ, ପ୍ରଭାତ ବର୍ଣ୍ଣନାରେ ସେହିପରି ରତି-ଅବସନ୍ନ ପ୍ରାଭାତିକ ରୂପ-

ରତି ରସେ ନୃପତି ଦମ୍ପତ୍ତି ରାତିଶେଷ
ଦେବତାଙ୍କ ମନ୍ଦିରେ ଶୁଭିଲା କମ୍ବୁଘୋଷ
ମଳିନ ଦିଶିଲେ ତାରା ନିସ୍ତେଜ ପ୍ରଦୀପ
କୁଳଟାଙ୍କ ପାଶୁ ଗଲେ ବିଟପକଳାପ
ବେଶ୍ୟାଏ ନିଶ୍ୱାସ ବାରି ଧନଦପୁରୁଷ
ମୁଖ ଚୁମ୍ବି କହିଣ ଚଳିଲେ ନିଜ ବାସ,
ତାମ୍ବୁଳ ତିକ୍ତ ଲାଗନ୍ତେ କୁଳବଧୂମାନ
ଦଶନମାର୍ଜ୍ଜନ ପାଇଁ ଛାଡିଲେ ଶୟନ। (୪୩)

ଉପେନ୍ଦ୍ର ଉଲ୍ଲାସମୟୀ ପ୍ରକୃତିର ସ୍ୱଚ୍ଛନ୍ଦ ବାତାବରଣ ଅପେକ୍ଷା ପ୍ରକୃତି ବର୍ଣ୍ଣନାରେ

କବିତ୍ୱ ପ୍ରଦର୍ଶନ ନିମନ୍ତେ ଆଗ୍ରହୀ। ତାହା ପରମ୍ପରାପାଳନ ଦୃଷ୍ଟିରୁ ସଂଯୋଜିତ ହୋଇଛି। ପ୍ରକୃତି ବର୍ଣ୍ଣନା ବ୍ୟପଦେଶରେ କବି ଚଟୁଳ କଳ୍ପନାର ପୁଟ ଚଢ଼ାଇ ଚାତୁର୍ଯ୍ୟୋକ୍ତିରେ ସ୍ୱକର୍ତ୍ତବ୍ୟ ନିର୍ବାହ କରିଛନ୍ତି। ଏହି ବର୍ଣ୍ଣନାରେ କୌଣସି ଅନୁଭୂତି ନାହିଁ। ଋତୁ-ବର୍ଣ୍ଣନ ଓ ପ୍ରକୃତି-ବର୍ଣ୍ଣନ ପ୍ରସଙ୍ଗ ମାତ୍ର; ରତିସ୍ଥାୟୀର ଉଦ୍ଦୀପନ କବିଙ୍କର ଉଦ୍ଦେଶ୍ୟ ହୋଇପଡ଼ିଛି। ପୁନଶ୍ଚ ଏହି ବର୍ଣ୍ଣନାମାନଙ୍କରେ ପ୍ରକୃତିର ବିଳାସ ବୈଭବପୂର୍ଣ୍ଣ ରୂପ ପ୍ରତି କବିଙ୍କର ଦୃଷ୍ଟି ମୂଳତଃ ପ୍ରଧାବିତ। ବୈଚିତ୍ର୍ୟ-ଭଙ୍ଗୀ-ମନୋହର କବିଙ୍କର ପ୍ରଭାତ ବର୍ଣ୍ଣନାରେ ପ୍ରକୃତିର ଆକର୍ଷଣୀୟ ରୂପ ଉଦ୍ଦୀପନ ଭୂମିକା ଗ୍ରହଣ କରିଛି-

ଅରୁଣମଣ୍ଡଳ ଉଦେ ତ୍ରୁଟି ନାହିଁ କିଛି
କାଲି ବାରୁଣୀ ସେବିବା ରଙ୍ଗ ଆଜି ଅଛି ଯେ
କକୁଭ ପ୍ରାଙ୍ଗଣେ ନିଜ ପତି ବିଜେ ଚାହିଁ
ପଦ୍ମିନୀ ହସିଲା ଦରମୁକୁଳିତ ହୋଇ ଯେ।
ଗର୍ଜି ଭୃଙ୍ଗରାଜି କୁମୁଦିନୀ ପାଶୁଁ ଗଲେ
କୁଳଟା ହଟାକୁ ତାର ପରକାଶ କଲେ ଯେ।
ବିଟପିଙ୍କି ଛାଡ଼ି ଅଛି ନିର୍ଲଜ୍ଜ ସ୍ୱଭାବ
ପରେ ପ୍ରକଟ କଲେ ଆପଣା କଳା ଭାବ। (୪୪)

ପ୍ରକୃତିରୁ ଭୂରି ଭୂରି ଉପମାନ ସଂଗ୍ରହ କରିଥିଲେ ହେଁ, ପ୍ରକୃତି ରୂପାୟନରେ ସ୍ୱତନ୍ତ୍ର ପ୍ରୟାସ ପରିଲକ୍ଷିତ ହୁଏ ନାହିଁ। ପ୍ରକୃତିରେ ଯାହା ସୁନ୍ଦର, ସେଗୁଡ଼ିକୁ ଉପମାନ ରୂପରେ ଚୟନ କରି ସେ ନିଜର ସୌନ୍ଦର୍ଯ୍ୟବୋଧର ଓ ସୌନ୍ଦର୍ଯ୍ୟସମ୍ଭୋଗର ପରିପୂର୍ତ୍ତି ମଣିଛନ୍ତି। ଶୃଙ୍ଗାରୀ ପ୍ରକୃତିର ପ୍ରୟୋଜନ ସାଧିନୀ ରୂପ ଅଙ୍କନରେ ଉପେନ୍ଦ୍ର ମୌଳିକତା ଦେଖାଇଛନ୍ତି। ବସନ୍ତର ଫଗୁଖେଳରେ ପ୍ରମତ୍ତା କୁମାରୀମାନଙ୍କର, ବିଶେଷତଃ ରାଜପୁତ୍ରୀର ବିବାହଯୋଗ୍ୟ ବୟସ। ଫଗୁଖେଳରୁ ଉଡୁଥିବା ଅବିର ରଜରେ ପୃଥିବୀ ଋତୁକାଳ ଲାଭ କଲା। ସେ ଧୂଳି ପବନ ବେଗରେ ଉଡ଼ିଯାଉଥିବାରୁ ଜ୍ୟୋତିଷ ଶୁଭ ସୂଚନା କରି ଶିରରେ ରକ୍ତବର୍ଣ୍ଣ ଶାଢ଼ୀ ପ୍ରାପ୍ୟ ଘେନି ଫେରିଗଲା ଭଳି ପ୍ରତୀତ ହେଉଛି-

ରମଣୀ ରମଣୀୟ କଲେ ଅବିର ଗୁଣ୍ଡିରେ ସେ ବନ ସରଣୀ
ମହୀ ମହିଳା ଋତୁକାଳ ଲଭିଲା ଏସନ ମାନସକୁ ଆଣି
ସେ ଧୂଳି। କାହିଁ ପବନ ଯୋଗେ ଉଡ଼ି
ଶୁଭ୍ରସୂଚକ କହି ଜଉତିଷ କି ଯାଇଛି ଶିରେ ବାନ୍ଧଶାଢ଼ୀ। (୪୫)

ସେହିପରି କୁମାରୀମାନଙ୍କର ଉପବନରେ ରଙ୍ଗଖେଳ କାଳରେ ଉଲ୍ଲସିତା ପ୍ରକୃତି ରାଜପୁତ୍ରୀର ଅଙ୍ଗସାନ୍ନିଧ ନିମନ୍ତେ ପ୍ରଯତ୍ନଶୀଳା-

କଉଁ କଉଁ ତରୁ ତରୁଣୀମାନଙ୍କୁ ପକ୍ଷୀ ନିନାଦତରେ କହନ୍ତି
ଏପରି ଉତ୍ସବ କେବେ ନୋହିଥିଲା ଦେଖିନଥିବ ସୁରପତି
କେ ତରୁ ଶାଖା ଲୋଟନ୍ତି ଫଳ ଭରେ
କି ପରିରମ୍ଭ ଆରମ୍ଭ କରୁଛନ୍ତି ରମ୍ଭୋରୁ ପାଦ ଲାଗି ଶିରୋ। (୪୬)

ଆଉ ଦୁଇଟି ବିଶିଷ୍ଟ ଉପାୟରେ କବି ପ୍ରକୃତି-ସୌନ୍ଦର୍ଯ୍ୟ ପ୍ରତି ତାଙ୍କର ସ୍ୱାଭାବିକ ଅନୁରାଗ ପ୍ରକଟ କରିଛନ୍ତି-ନାରୀ ଅଙ୍ଗରେ ପ୍ରକୃତିର ସାଦୃଶ୍ୟ, କ୍ରିୟା-ବ୍ୟାପାର ଓ ମନୋଧର୍ମ-ପ୍ରଦର୍ଶନ ଏବଂ ପ୍ରକୃତିରେ ନାରୀ-ଭାବନାର ଆରୋପଣ। ଉଭୟ କ୍ଷେତ୍ରରେ ପ୍ରକୃତି ସହ ନାରୀକୁ ମିଳାଇ ଦିଆଯାଇଛି। କବିଙ୍କର ପ୍ରକୃତି ଓ ନାରୀ-ଏ ଦୁହେଁ ଅଭିନ୍ନ, ବାରି ହୁଅନ୍ତି ନାହିଁ। ଯୌବନରେ ଉପଗତା ନାୟିକାର ଅଙ୍ଗକୁ ପୁଷ୍କରିଣୀ ସହ ତୁଳନା କରାଯାଇଛି-

ଲାବଣ୍ୟସରସୀ ଶୋଭା ବହିଲାଣି ରସପୂର୍ଣ୍ଣ ଗୁଣ ଗଭୀରେ
ଲପନ ନଳିନ ସୁଉରୁ ପୁଳିନ ସଲିଳଭଉଁରୀ ନାଭିରେ
ରସିକ, ହାସ କୁମୁଦ ନେତ୍ର ମୀନ
ଚକ୍ରବାଳ ସ୍ତନ ମରାଳଗମନ ଦର୍ଶନେ ତାର କରେ ମନ। (୪୭)

ନାରୀ ଅଙ୍ଗକୁ ଏକ ସ୍ୱର୍ଣ୍ଣଲତା ରୂପେ କଳ୍ପନା କରି ତହିଁରେ ସାତଜାତି ଫୁଲ, ସାତଜାତି ଫଳ ଓ ସାତଜାତିପକ୍ଷୀ ସମ୍ବଳିଥିବା ଅଦ୍ଭୁତ ରୂପକ ଛଳରେ ଆରୋପିତ ହୋଇଛି-

ସର୍ପପୁରେ ଯାଇଁ ପର୍ବତ କହିଲା ମହୀଜାତ ହେମମଞ୍ଜରୀ
ସୁଗନ୍ଧବତୀ ସ୍ୱଇଚ୍ଛାରେ ଚଳିତ ପତ୍ରାବଳୀରେ କି ମାଧୁରୀ
ସଂଫୁଲ, ତହିଁ ପୁଣି ଫୁଲ ଏତେକ
ସରୋରୁହ ଚମ୍ପା କୁମୁଦ, ପାଟଳୀ ନିଆଳୀ ଶିରିଷ ଅଶୋକ।
ସଫଳ ଆମ୍ବଡାଳିମ୍ବ ବିମ୍ବ ଦ୍ରାକ୍ଷା ତୁମ୍ବୀ ନାରଙ୍ଗ ମାତୁଙ୍ଗ
ସାରଙ୍ଗ ଖଞ୍ଜନ ଚକୋର ମୟୂର ଶୁକକପୋତ ହଂସ ସଙ୍ଗ
ସ୍ୱରୂପେ, ମହା ଅଦ୍ଭୁତ କଥା ଏହି
ସପତ ଜାତି ଫଳଫୁଲ ବିହଙ୍ଗ ଲତାକେ ଥିବା ଶୁଣା ନାହିଁ। (୪୮)

ସୀତାଙ୍କର ଗତି, ବେଣୀ, ନାସା ଓ ବକ୍ଷୋଜ ନିମ୍ନସ୍ଥ ରେମାଳୀ ମଧ୍ୟ କବିଙ୍କୁ ପ୍ରକୃତିର କେତେକ ସ୍ୱାଭାବିକ କ୍ରିୟା ସ୍ମରଣ କରାଇଦେଇଛି-

ବିଶେଷିତ ଗର୍ଭାଳସୀ ହଂସୀ। ବନଜିନୀ ଦଳେ କି ବିଳସି
ବାହୁଲମ୍ବିତ କୁଚଚକ୍ର ଚୁମ୍ବିତ ମୃଣାଳକୁ ଏହି ଲକ୍ଷ୍ୟ ଆସି ସେ ବୈଦେହୀ।
ବେଣୀ ଅଳପ ଚରମେ ଚଳେ। ବସି ମୟୂର ପୁଚ୍ଛ କି ଟାଳେ

ବେନି ଡୋଳା ହିଁ ନଚାହିଁଲା କି ଶୋଇଲା ହୋଇ ଭୃଙ୍ଗ ଖେଳେ ସେ ବାରିଜେ।

x x x

ବକ୍ଷୋଜ ତଳେ ରେମାଳୀ ସାଧୁ। ବିଜନ ସ୍ଥାନ ହୃଦ ବିଶୁଦ୍ଧ

ବାହୁଡେ ସରଘା ଶରଧାରେ ଉରେ ସଞ୍ଚି ଥିବା ରାମ-ପ୍ରେମ ମଧୁ ସେ। (୪୯)

ଗର୍ଭାଳସୀ ହଂସୀର ପଦ୍ମପତ୍ରରେ ବିହାର, ମୃଣାଳ ଦଣ୍ଡକୁ ଚକ୍ରବାକଙ୍କର ଚୁମ୍ବନ, ମୟୂରର ପୁଚ୍ଛ ବିସ୍ତାର, ପଦ୍ମରେ ଭୃଙ୍ଗର ଖେଳା, ନିର୍ଜନ ସ୍ଥାନରେ ମଧୁମଣିକାଗଣଙ୍କର ମଧୁ ସଞ୍ଚୟ କରି ପ୍ରତ୍ୟାବର୍ତ୍ତନ ପ୍ରଭୃତି ପ୍ରାକୃତିକ କ୍ରିୟାବଳୀ ସୀତାଙ୍କ ଅଙ୍ଗରେ ସଂଘଟିତ କରାଯାଇଛି। କବି ଯେ କେବଳ ଅଙ୍ଗରେ ପ୍ରକୃତିର ଆରୋପ କରିଛନ୍ତି ତାହା ନୁହେଁ, ଅଙ୍ଗଭୂଷଣ ମଧ୍ୟ ପ୍ରକୃତି-ସୌନ୍ଦର୍ଯ୍ୟକୁ ସ୍ମରଣ କରାଇ ଦେଇଛି-

ନବଘନ ଦେଲା ପ୍ରାୟ ଗିରିଶୃଙ୍ଗ ଗିଳି

ଉଚ୍ଚକୁଚେ ରାଜିତ ହୋଇଛି ନୀଳଚେଳୀ

କକ୍ଷଭୁଜ ଅର୍ଦ୍ଧକୁ ବୋଲି ସେ ଅଛି ଗ୍ରାସି

କାଳିନ୍ଦୀରୁ ମୃଣାଳ ବାହାର ପରା ଦିଶି ଯେ। (୫୦)

ନାରୀ ରୂପ ଗଠନରେ ପ୍ରାକୃତିକ ଉପାଦାନର ବିନିଯୋଗ କରିବା ଉପେନ୍ଦ୍ରଙ୍କର ଏକ ଅଭ୍ୟାସଗତ କାବ୍ୟ-କୌଶଳ। ପ୍ରକୃତିର ଯେଉଁ ଉପାଦାନ ଅଙ୍ଗର ଯେଉଁ ବିଶେଷତ୍ୱ ସୂଚନା କରେ, କବି ତାହାହିଁ ଗ୍ରହଣ କରିଛନ୍ତି। ଲାବଣ୍ୟବତୀର ଅଙ୍ଗ ନିର୍ମାଣ ପାଇଁ ପ୍ରକୃତିରୁ ଯେଉଁ ଉପାଦାନାବଳୀ ଆଦୃତ ସେଗୁଡିକ ହେଲେ-

ମୁଖ ହେବ ଏମନ୍ତ ବିଚାରି ପଦ୍ମ ମଧୁ

ହସ୍ତବଳା କରି ଆଗ ଗଢିଥିଲା ସାଧୁ।

ତହୁଁ ବାସ ଆହାଲାଦ ଦର୍ପଣରୁ ଝଳି

ଲହରୀରୁ କୁଟିଳ ଅଞ୍ଜନପୁଞ୍ଜୁ କାଳି

କୁରଙ୍ଗରୁ ତରଙ୍ଗ ବିଦ୍ରୁମୁଁ ରଙ୍ଗ ହରି

ଲବଣୀ ଶିରୀଷରୁ କୋମଳ ବଳେ ଜୁରି ଯେ।

ସୁବର୍ଣ୍ଣରୁ ବର୍ଣ୍ଣ ରାଜହଂସଠାରୁ ଗତି.... (୫୧)

କବିର ପ୍ରତିଭା ଓ ରୁଚି ଅନୁସାରେ ପ୍ରକୃତିରେ ପରିସ୍ଥିତି ଅନୁକୂଳ ଭାବ ଆରୋପ କରାଯାଏ। ଅଚେତନ ପଦାର୍ଥ ବିଭାବର ଅଙ୍ଗ ରୂପେ ରସୋଦୟ କରାଏ। ତହିଁରେ ଚେତନ ବ୍ୟାପାର ଯୋଜନା କଲେ ତାହା ରସର ଅଙ୍ଗ ହୋଇଯାଏ। ଉପେନ୍ଦ୍ର ପ୍ରକୃତି ସୌନ୍ଦର୍ଯ୍ୟରେ ନାରୀ-ରୂପ ଓ ଅନୁଭାବ ଆରୋପ କରି ପ୍ରକୃତିର ନାରୀଭାବ ବ୍ୟକ୍ତ କରିଛନ୍ତି। ଗୋଦାବରୀ ନଦୀ କବି ଦୃଷ୍ଟିରେ ଶୁକ୍ଳାଭିସାରୀ ନାୟିକା ଭଳି ଭୂଷିତା ହୋଇ

ଅଙ୍ଗଭଙ୍ଗୀ ଓ ଆକାର ଇଙ୍ଗିତ ପ୍ରଦର୍ଶନ ପୂର୍ବକ ବହିଚାଲିଛି। ଅଭିସାର ରଚନା କରୁଥିବା ନାୟିକା ଲକ୍ଷଣ ଆରୋପ ଦ୍ୱାରା ଗୋଦାବରୀର ଅଭିସାରିକାତ୍ୱ ପ୍ରଦର୍ଶିତ-

ବିଲୋକି ନଦୀ ଗୋଦାବରୀ
ବାମା କି ଶୁକ୍ଳ ଅଭିସାରୀ।
ବିଶଦ ଫେନ ପାଟଶାଢୀ
ବାନ୍ଧି ହୋଇଛି ଫୁଲପଡି।
ବିଶୁଦ୍ଧ ଦଶାସ୍ଥିତ ହୋଇ
ବୀଚି କରକୁ ଟେକି ଦେଇ।
ବିଶେଷ କୁମୁଦ ଛଟକ
ବିରାଜେ ରଜତ କଟକ।
ବୁଡି ଉଠଇ ଚକ୍ରରାଶି
ବାସ ଖସି କି ସ୍ତନ ଦିଶି।
ବିଥିର ପବନେ ପୁଳିନ
ବିପୁଳ ଉରୁ ଦରଶନ।
ବିଶ୍ୱରେ କ୍ରୀଡେ ହଂସଶ୍ରେଣୀ
ବାନ୍ଧିଛି ନିସ୍ୱନ କିଙ୍କିଣୀ।
ବାରିଜନେତ୍ରେ ଭୃଙ୍ଗମେଳା
ବିଳସେ କି ଚଞ୍ଚଳେ ଡୋଳା। (୫୨)

ଉପବନସ୍ଥ ପୁଷ୍କରିଣୀ ରସିକରସିକାଙ୍କର ନବସଙ୍ଗମକାଳୀନ ରତିଭାବର ଦ୍ୟୋତନା କରୁଛି। ପୁଷ୍କରିଣୀରେ କମ୍ପିତ ନୀଳୋତ୍ପଳ ଦଳ ରସିକରସିକାଙ୍କର ଚଞ୍ଚଳ କଟାକ୍ଷ, ମୀନଲୀଳା ନେତ୍ରର ଚାଞ୍ଚଲ୍ୟ, କାମ-ଶରାଳୀ ପକ୍ଷୀରେ ଆଚ୍ଛନ୍ନ, ଶୈବାଳ କେଶ ଓ ଅଳିଶ୍ରେଣୀ କମ୍ପିତ ଶିରରେ ବେଣୀ ରଚନା ପରି ହୋଇଛି। ତରଙ୍ଗରୂପକ ହାତ ବଢାଇ ପଦ୍ମକଳିକା ରୂପକ ଉରଜ ସ୍ପର୍ଶ ନିମନ୍ତେ ଚେଷ୍ଟା କରିବାରୁ ରସିକା ହଂସଗତି ଛଳରେ ଘୁଞ୍ଚିଯାଇ ନୂପୁର ଶବ୍ଦ ପ୍ରକଟ କରୁଛି। ଅର୍ଦ୍ଧ ବିକଶିତ ରକ୍ତପଦ୍ମ ମୁଖରେ ଚାଟୁ ଆରମ୍ଭ କରିବା ମାତ୍ରେ ପ୍ରଚଳିତ ଫେନରୂପ ବସନକୁ ଆଡ କରିଦେଉଛି।

ମଧ୍ୟେ ସରସୀ ନୂତନ ରସାରସି ରସିକରସିକା ଯେମନ୍ତ
ନୀଳୋତ୍ପଳ ଦଳ ଚଳଦ୍ଧୃତଞ୍ଚଳ ମୀନ ଚଞ୍ଚଳ ଢାଳେ ନେତ୍ର
ଆଚ୍ଛନ୍ନ। ସେ କାମ-ଶରାଳୀ ବଶରେ
ଠୁଳ ଶୈବାଳ ଚଳ ଅଳି ଆବଳୀ ବେଣୀ ଚଳିତ କମ୍ପଶିରେ।

ତରଙ୍ଗତର କର ଦେଉଁ ବଢାଇ ନୀରଜକୋରକ-ଉରଜେ
ହଂସଗତିରେ ଘୁଞ୍ଚୁନାଦ ହଂସକ ଶବଦ ପ୍ରକଟ ସହଜେ
ପ୍ରଚଳ। ଫେନବସନ ଆଡ ତେଣୁ
ଦରବିକାଶ କୋକନଦ-ମୁଖରେ ଚାଟୁ ଆରମ୍ଭି ଆଣୁ ଆଣୁ। (୫୩)

ଏହି ଚିତ୍ରରେ ନୂତନ ସଂଭୋଗକାଳୀନ ନାୟକ-ନାୟିକାଙ୍କର ହାବଭାବଲୀଳା ଆଦି ପ୍ରକୃତିରେ ଆରୋପ କରାଯାଇଛି। ପ୍ରକୃତିର କ୍ରିୟାବଳୀରେ ଏହିପରି ଶୃଙ୍ଗାରିକତା ଆରୋପକରି କବି ନିଜର ଶୃଙ୍ଗାର-ଭାବନାର ପରିଚୟ ଦେଇଛନ୍ତି। ସ୍ଥାନେସ୍ଥାନେ ପ୍ରକୃତିର ନାରୀ ରୂପରେ କବି ଶାଳୀନତା ଭୁଲି ନିତାନ୍ତ ଜୁଗୁପ୍‌ସିତ ବ୍ୟାପାର କଳ୍ପନା କରିଛନ୍ତି-

ସ୍ରବନ୍ତି ଜରତୀ ପରାୟେ ଦିଶିଲେ ହୀନ ହୋଇ ଘନରସରେ
ଶୃଗାଳ ଆଦି ରସନା ପ୍ରକାଶିଲେ ବିପରୀତ ନାରୀ ପ୍ରକାରେ
ସ୍ଫୁଟରେ, ସନ୍ତୋଷବିହୀନ ମଲ୍ଲିକା
ସ୍ଫୁଟରେ ହରଷ ହୋଇଲେ ମଲ୍ଲିକା ଗଲେ ଭୋଗୀ କଣ୍ଠେ ମାଳିକା।
ସିନ୍ଧୁବାର ଫୁଲ ଧୀବରୀ ଶରୀର ପରାୟେ ଗନ୍ଧ କଲେ ଖ୍ୟାତ
ସରୋଜିନୀ ସ୍ନେହୀ, ପୁରୁଷ ଭ୍ରମର ପାଶେ ଯାଇ ନୋହେ ରସିତ
ସେ ପୁଣି, ସବଶ ଶାଲ୍ମଳୀ ପ୍ରଫୁଲ୍ଲେ
ସାମନ୍ତ ଯେମନ୍ତ ହୋଇ ଚେଟୀ ସଙ୍ଗେ ରମେ ନୂତନ ଋତୁକାଳେ। (୫୪)

ଏହି ପଦମାନଙ୍କରେ କବିଙ୍କର ରୁଚିହୀନତା ଓ କୁଶ୍ରୀ ମନୋଭାବର ପରିଚୟ ପାଇ ପାଠକର ମନ ଘୃଣାରେ ଭରିଯାଏ। ଗ୍ରୀଷ୍ମର ପ୍ରଖରତାକୁ ଯେଉଁ ବୀଭତ୍ସ ଶୃଙ୍ଗାରିକତାରେ ପର୍ଯ୍ୟବସିତ କରାଯାଇଛି, ତାହା କୌଣସି କାଳର ରୁଚି ଅନୁକୂଳ ନୁହେଁ। ଶୃଙ୍ଗାରୀ କବି ପ୍ରକୃତିରେ ଆକର୍ଷଣୀୟତା, ରମଣୀୟତା, ନବୀନତା ଓ ଲାବଣ୍ୟ ପରିବର୍ତ୍ତେ ଉଲଙ୍ଗ ଯୌନ ଆବେଦନ ହିଁ ଭରିଦେଇଛନ୍ତି।

ବିରହ କାଳରେ ପ୍ରାକୃତିକ ବସ୍ତୁରେ ପ୍ରିୟାର ରୂପସାମ୍ୟ ଦର୍ଶନ କରିବା ଉପେନ୍ଦ୍ରଙ୍କ ନାୟକମାନଙ୍କ ପକ୍ଷରେ ସ୍ୱାଭାବିକ ପ୍ରତୀତ ହୋଇଛି। ବିରହୀର କାମଦଶା ହିଁ ଏଥିପାଇଁ ଦାୟୀ। ବିରହ ବ୍ୟାକୁଳ ରାମ ବନରେ କଦମ୍ବ ପୁଷ୍ପ ଚୟନ କରି ପ୍ରିୟା ଜାନକୀଙ୍କର ରୋମାଞ୍ଚିତ ଗଣ୍ଡସ୍ଥଳ ସ୍ମରଣ କରିଛନ୍ତି। ତାଙ୍କର ପ୍ରେମିକ ଦୃଷ୍ଟି ପ୍ରାକୃତିକ ବିଭାବରେ ପ୍ରିୟା କପୋଳର ଉପସ୍ଥିତ ଅବସ୍ଥା ଅନୁରୂପ ସାଦୃଶ୍ୟ ସନ୍ଦର୍ଶନ କରିଛି-

ବିଜୟୀ ଯେ ଜଗତରେ କାତରେ ବିମନେ
ବିଜୟିପଥେ ତୋଳିଲେ କଦମ୍ବ ସୁମନେ

ବୀର ହେଜେ କେଉଁଦିନ କରିବି ଦର୍ଶନ
ବିରହେ ଯେ ହୋଇଥିବ କପୋଳ ଏସନ।[୫୫]

ବିରହରେ ପ୍ରକୃତିରେ ନାରୀରୂପରେ ସାମ୍ୟ ଦେଖିବା କାମୀଜନସୁଲଭ ହୋଇଥିବାରୁ ସର୍ବତ୍ର ପ୍ରେମିକାର ଉପସ୍ଥିତି ଓ ସାଦୃଶ୍ୟ-ପ୍ରତୀତି ଘଟିଛି। ପ୍ରେମଦୃଷ୍ଟିରେ ନାୟିକାର ଅବର୍ତ୍ତମାନରେ ସୁଦ୍ଧା ତାହାର ଉପସ୍ଥିତି ଓ ପ୍ରକୃତିରେ ତାହାର ସଞ୍ଚାର ଉପଲବ୍ଧି କରି ପତ୍ରର ମର୍ମର ଧ୍ୱନିରେ, ଝିଙ୍କାରୀ ଝଙ୍କାରରେ ପ୍ରିୟାର ପଦପାତ ଶୁଣି ପ୍ରେମିକ ଉତ୍କର୍ଣ୍ଣ ହୋଇରହିଛି। ପିକବାଣୀ ତାହାକୁ ପ୍ରିୟାର ସମ୍ଭାଷଣ ପରି ଶୁଭୁଛି ଓ ଲତାକୁ ଆଲିଙ୍ଗନ କରି ପୁଷ୍ପ ପଲ୍ଲବକୁ ହସ୍ତ ଓ ଓଷ୍ଠ ଭାବି ଚୁମ୍ବନ କରୁଛି-

ପୁଣି ଭ୍ରମେ ଭ୍ରମେ ବିପିନ ସ୍ଥଳେ। ଯେଉଁ ପାଦପରେ ପଲ୍ଲବ ଚଳେ
ଝିଙ୍କାରୀ ଝଙ୍କାର ଶୁଣଇ ଯହିଁ। ମନେ କରେ ବାଳାମଣି ଆସଇ
ଲୁଚି ଥିଲା କାହିଁ। ମୋହର ମାନସ ବୁଝିବା ପାଇଁ
ଯେଉଁ ଲତାପରେ ଭାଷନ୍ତି ପିକେ। ପ୍ରତେ ପରାଣବନ୍ଧୁ ପରା ଡାକେ
ନିକଟକୁ ଯାଇ ରମଣୀ ମଣି। ଲତା କୋଳ କରି ଧରଇ ପୁଣି
ପୁନଃ ପୁନଃ ଚୁମ୍ବେ। ହସ୍ତ ଓଷ୍ଠ ଛବି ପୁଷ୍ପ ପଲ୍ଲବେ।[୫୬]

ସ୍ଥୂଳତଃ କୁହାଯାଇପାରେ, ଉପେନ୍ଦ୍ର ପ୍ରକୃତିର ଉଦ୍ଦୀପନ ରୂପ ହିଁ ସନ୍ଦର୍ଶନ କରି କାବ୍ୟରେ ତାହାର ଉପଯୋଗ କରିଛନ୍ତି। ସାଦୃଶ୍ୟ-ସଂଗ୍ରହ ପାଇଁ ପ୍ରକୃତିର ଗନ୍ତାଘରେ ପ୍ରବେଶ ତାଙ୍କର ଅନ୍ୟ ଏକ ବିଶେଷତ୍ୱ।

ପୂର୍ବରୁ ଉପେନ୍ଦ୍ରଙ୍କ କାବ୍ୟତତ୍ତ୍ୱ ଓ ସୌନ୍ଦର୍ଯ୍ୟର ଉତ୍କର୍ଷାପକର୍ଷ କ୍ଷେତ୍ରରେ ବେଶାଳଙ୍କାରର ଦାନ ସମ୍ବନ୍ଧରେ ଆଲୋଚନା କରାଯାଇଛି। ସୌନ୍ଦର୍ଯ୍ୟତତ୍ତ୍ୱ ନିରୂପଣରେ କାବ୍ୟର ବିଭିନ୍ନ ସ୍ଥଳରେ ତାଙ୍କର ଯେଉଁ ସହଜ ଓ ସଚେଷ୍ଟ ଅବଧାନତା ତଥା ବିଚାର ପ୍ରକାଶ ପାଇଛି ତହିଁରୁ ଜଣାଯାଏ, କବି-ଚେତନାରେ ସୌନ୍ଦର୍ଯ୍ୟ ସମ୍ବନ୍ଧରେ ଏକ ନିଜସ୍ୱ ଧାରଣା ବଦ୍ଧମୂଳ ହୋଇଥିଲା। ସୌନ୍ଦର୍ଯ୍ୟ ଚର୍ଚ୍ଚା କାଳରେ ନିଜର ସେହି ବିଶ୍ୱାସକୁ ବାରମ୍ବାର ପ୍ରକଟ କରିବା ଫଳରେ ଏହା କୁହାଯାଇପାରେ ଯେ, କବିଙ୍କର ସୌନ୍ଦର୍ଯ୍ୟ-ଦୃଷ୍ଟି ସେହି ପ୍ରତ୍ୟୟ ଦ୍ୱାରା, ନିୟନ୍ତ୍ରିତ ହୋଇଥିଲା। ରୂପର ପ୍ରଭାବ, ସୌନ୍ଦର୍ଯ୍ୟର ଧର୍ମ, ରୂପାନୁଭୂତିର ପରିଣାମ, ଅଙ୍ଗ ଗଠନ, ରୂପର ପୂର୍ଣ୍ଣତା ନିମନ୍ତେ ଆନୁଷଙ୍ଗିକ ଗୁଣଧର୍ମ ଓ ବୈଶିଷ୍ଟ୍ୟ, ଅନ୍ୟୋଽନ୍ୟାଶ୍ରୟତା, ଆଲେଖ୍ୟ-ଦର୍ଶନ ତଥା ଶିଳ୍ପତତ୍ତ୍ୱ ପ୍ରସଙ୍ଗରେ କବି ସ୍ୱକୀୟ ଧାରଣା ଉପରେ ସମ୍ପୂର୍ଣ୍ଣ ଆସ୍ଥାଶୀଳ ଥିଲେ। ସୌନ୍ଦର୍ଯ୍ୟର ଶାସ୍ତ୍ରୀୟତା ଦୃଷ୍ଟିରୁ ଏଠାରେ ସଂକ୍ଷେପରେ ଆଲୋଚନା କରାଯାଉଛି।

ସୌନ୍ଦର୍ଯ୍ୟ ଅନନ୍ୟ। ସୁନ୍ଦର ବସ୍ତୁରେ ତୁଳନା କରାଯାଏ ନାହିଁ। କାରଣ କେହି

କାହାରି ତୁଲ୍ୟ ନୁହେଁ। ପ୍ରତ୍ୟେକଟି ସୁନ୍ଦର ବସ୍ତୁ କେବଳ ନିଜ ସହିତ ତୁଳିତ ହୋଇପାରେ। ସୁନ୍ଦର ବସ୍ତୁର ଦ୍ରଷ୍ଟା ମନରେ ଏହି ଧାରଣା ଦୃଢମୂଳ ହୋଇଥାଏ। ସେ ଦର୍ଶନୀୟ ବସ୍ତୁକୁ ଅନ୍ୟ କୌଣସି ସୁନ୍ଦର ବସ୍ତୁ ସହିତ ତୁଳନା କରିବାକୁ ଇଚ୍ଛା କରେ ନାହିଁ-"ତାହା ପ୍ରତିବିମ୍ବ ସୁନ୍ଦରପଣକୁ ତାକୁ ପ୍ରତି ତୁଲ ଅଛି" (୫୭) ଉପେନ୍ଦ୍ରଙ୍କର ଏହା ଦୃଢ ଧାରଣା।

ଅସୁନ୍ଦର ସୁନ୍ଦର ଅଙ୍ଗରେ ବା ପାର୍ଶ୍ୱରେ ସ୍ଥାନ ପାଇଲେ ସୁନ୍ଦର ହୁଏ, ଦୋଷ ଗୁଣ ହୋଇଯାଏ। ଲାବଣ୍ୟବତୀଠାରେ କୃଶ, କଳା ଓ ମନ୍ଦ ଆଦି ଅଶୋଭକର ପଦାର୍ଥ ମଧ୍ୟ ଶୋଭା ପାଇ ଦ୍ରଷ୍ଟାର ଦର୍ଶନାକାଂକ୍ଷା ବୃଦ୍ଧି କଲେ। ବିଚ୍ଛିନ୍ନ ଅବସ୍ଥାରେ ସେହି ପଦାର୍ଥମାନେ ଅସୁନ୍ଦର ହେଲେ ହେଁ ଏହା ସୌନ୍ଦର୍ଯ୍ୟର ଏକ ବିଶେଷ ଗୁଣ ଯେ ତା'ର ସାନ୍ନିଧ୍ୟ ଲାଭ କରି ଅସୁନ୍ଦର ବସ୍ତୁମାନେ ମଧ୍ୟ ସୁନ୍ଦର ପ୍ରତୀତ ହୁଅନ୍ତି-

ଯହିଁ କୃଶ କଳା ମନ୍ଦ ଶୋଭିତ
ତାହି ଚାହିଁ ହୋଉଥାଇ ଲୋଭିତ
ତହିଁ ସୁନ୍ଦରେ ସୁନ୍ଦର ହୋଇଲେ
କିସ ଅଧିକ ହୋଇବ ବୋଇଲେ।(୫୮)

ସୁନ୍ଦର ବସ୍ତୁରେ ଏପରି ଏକ ବିଶେଷତ୍ୱ ରହିଛି ଯେ, ତାହାର ଅଦର୍ଶନରେ ମଧ୍ୟ ମନ ତାହାକୁ ଗ୍ରହଣ କରେ। ସୁନ୍ଦରର ନାମ ଶ୍ରବଣରେ ତାହା ଅସ୍ତିତ୍ୱ ସମ୍ବନ୍ଧରେ ବ୍ୟକ୍ତି ସନ୍ଦୀହାନ ହୁଏ ନାହିଁ। ସୁନ୍ଦର ବସ୍ତୁରେ ସନ୍ଦେହ, ସଂଶୟ ନାହିଁ। ମନ ତାହାକୁ ଅକ୍ଳେଶରେ ଗ୍ରହଣ କରେ-

ଯଥା ନଦେଖି ନ ଖାଇ ସୁଧା ନାମ
ସର୍ବମତେ କହି ସ୍ୱାଦୁ ମନୋରମ(୫୯)

ସୁନ୍ଦର ବସ୍ତୁ ପ୍ରତିକୂଳ ପରିସ୍ଥିତିରେ ଶୋଭାହୀନ ନହୋଇ ଶୋଭାଧିକ୍ୟରେ ଝଲମଲ ହେଉଥାଏ। ରାକ୍ଷସ ବିନାଶ ପରେ ରାମ ପତ୍ରକୁଡିଆକୁ ଫେରିଆସିବାବେଳେ ଶ୍ରମବଶତଃ ତାଙ୍କ ମୁଖରେ ସ୍ୱେଦବିନ୍ଦୁ ଜାତ ହୋଇଛି। ମାତ୍ର ତାହା ତାଙ୍କର ସ୍ୱଭାବ ସୌନ୍ଦର୍ଯ୍ୟକୁ ହୀନ ନକରି ଅଧିକରୁ ଅଧିକ ରୁଚିର କରିଛି-

ବାହୁଡା ବିଜେ ରାଘବ ପତ୍ର-ସଦନେ
ବିନ୍ଦୁ ବିନ୍ଦୁ ଜନମ ରହିଅଛି ବଦନେ
ବନରୁହରୁ ଜନମ ହୋଇ ତୁଷାର
ବିରୋଧୀ ନାହିଁ ଅଧିକେ ବୃଦ୍ଧି ରୁଚିର।(୬୦)

କାରଣ ସୁନ୍ଦର ରୂପ ସବୁ ଅବସ୍ଥାରେ ସୁନ୍ଦର। ବିରହକାଳରେ ଲାବଣ୍ୟବତୀର

ଦୈହିକ ଲାବଣ୍ୟ ପରିବର୍ତ୍ତିତ ହୋଇ ଭିନ୍ନ ଏକ ରୂପରଙ୍ଗରେ ରୂପାନ୍ତରିତ ହୋଇଛି ସିନା, ହେଲେ ଅଶୋଭାକର ହୋଇନାହିଁ। ବିଷାଦ ଅବସ୍ଥାରେ ବସ୍ତୁର ମୂଳ ସୌନ୍ଦର୍ଯ୍ୟର ପରିବର୍ତ୍ତନ ଘଟି ତାହାକୁ ସମ୍ପୂର୍ଣ୍ଣ ଭିନ୍ନ ସୌନ୍ଦର୍ଯ୍ୟଦାନ କରିଛି-

ରତ୍ନ ଶାଣେ ବସିଲେ ନ ତୁଟେ ଶୋଭା ଯଥା
ତଥା କ୍ଷୀଣ ହେଲେ ଲଭି ମନମଥ ବ୍ୟଥା
ଶୋଭା ହୋଇନାହିଁ ହତ
ରତି ଭାତିକି ସମାନ ନୋହିବ ଏମନ୍ତ।
ଦନ୍ତି-ଦନ୍ତପିତୁଳା କି ରଜତପିତୁଳା
ତୁଳା କୋମଳାଙ୍ଗୀ ବହିଅଛି ଏହି ତୁଳା
ଗଣ୍ଡେ ବହେ ଲୁହ ଧାରା
ପୋଛିବାରୁ କେବଳ ଦିଶୁଛି ତେତେ ତୋରା। (୬୧)

ଦେହର ସ୍ୱଭାବ ରଙ୍ଗ ସୁବର୍ଣ୍ଣ ପରି ଥିଲା। ବିରହସନ୍ତାପରେ ତାହା ହାତୀଦାନ୍ତ ବା ରୁପା ନିର୍ମିତ ପିତୁଳା ଭଳି ଦିଶୁଛି। ଗଣ୍ଡଦେଶରୁ ଲୁହଧାରା ପୋଛିଦେବା ଫଳରେ ତାହା ଅଧିକ ଉଜ୍ଜ୍ୱଳ ହୋଇଉଠୁଛି।

ସୁନ୍ଦର ସ୍ଥାନରେ ସୁନ୍ଦର ହିଁ ନିବାସ କରେ। ସେ ସ୍ଥାନରେ ଅନ୍ୟ କେହି ବିହାର କଲେ ତା ଘେନି ସ୍ଥାନ ଶୋଭା ପାଏ ନାହିଁ କି ସେ ବସ୍ତୁ ମଧ୍ୟ ଶୋଭା ପାଏ ନାହିଁ। ମାନସରେ ହଂସ ବିହାର କଲେ ସୁନ୍ଦର ଦିଶେ; ମାତ୍ର ହଂସ ପରିବର୍ତ୍ତେ ଅନ୍ୟ କୌଣସି ପକ୍ଷୀ ସେପରି ଶୋଭାପା'ନ୍ତି ନାହିଁ। ଉପେନ୍ଦ୍ର ଭରତଙ୍କ ଶୀଳ-ସୌନ୍ଦର୍ଯ୍ୟ ପ୍ରକଟ କରିବା ପାଇଁ ଏହି ମର୍ମରେ ତାଙ୍କ ମୁଖରେ କୁହାଇଛନ୍ତି-

ବିହରିବା ମାନସର ମଧ୍ୟେ ହଂସକୁ ସୁନ୍ଦର
ଆନ ପକ୍ଷୀରେ କି ସେ ବାଞ୍ଛିତ। (୬୨)

ଭରତଙ୍କର ଆଶୟ ହେଲା, ଅଯୋଧ୍ୟାର ରାଜଲକ୍ଷ୍ମୀ ରାମଙ୍କୁ ବରଣ କରି ଗୌରବାନ୍ୱିତା ହେବେ। ଅନ୍ୟ କେହି ସେଥିପାଇଁ ଭାଜନ ନୁହନ୍ତି।

ଦୁଇଟି ସୁନ୍ଦର ବସ୍ତୁର ଏକତ୍ର ଅବସ୍ଥାନରେ ଯେଉଁ ଅନ୍ୟୋଽନ୍ୟାଶ୍ରିତ ସୌନ୍ଦର୍ଯ୍ୟ ସୃଷ୍ଟି ହୁଏ, ତାହା ସଂଶୟ ଜାତ କଲେ ମଧ୍ୟ କାହା ଦ୍ୱାରା କିଏ ଶୋଭା ପାଉଛି ଏକଥା କୁହାଯାଇନପାରେ। ସେଠାରେ ଗୋଟିଏ ବସ୍ତୁ ଅନ୍ୟଟିର ଶୋଭାବର୍ଦ୍ଧନ କରୁଛି ବୋଲି କହିବା ନିରର୍ଥକ। କାରଣ ହେଲା, ଅନ୍ୟୋଽନ୍ୟାଶ୍ରୟତା ଫଳରେ ବସ୍ତୁଦ୍ୱୟ ଏପରି ଶୋଭା ଧାରଣ କରନ୍ତି ଯେ, ଦର୍ଶକ ମନରେ ଏକ ଅମୀମାଂସିତ ପ୍ରଭାବ ଛାଡିଯା'ନ୍ତି-

(କ) ହାସ ଅଧର ଚାହିଁଲେ ଏ ସଂଶୟ
କରିଅଛି କାହା ଶୋଭା କେ ଉଦୟ।
(ଖ) ସେ ଅଧରରେ ଶୋଭା ତାମ୍ବୁଳ ବୋଳ
କେ କାହାକୁ ରଙ୍ଗ କଲା ହୋଏ ଗୋଳ। (୬୩)
(ଗ) ବଧୂବର ଯଶ ଅନୁରାଗ ଏ ବେନି
ଶୋଭେ ବିଦ୍ରୁମ କି ସିତାଭ୍ରେ
ସନ୍ଦେହ ନଭାଜେ କାହା ଘେନି କେ ଶୋଭେ। (୬୪)
(ଘ) ଜବା ଅବା ପାଦତଳ
ଅଳତା ଚିତ୍ରେ ମଞ୍ଜୁଳ
କାହାକୁ କେ ଶୋଭା କରାଉଛି ବୋଲି
ଲୋକନେ ହୁଏ ଏ ଗୋଳା (୬୫)

ଏଠାରେ କିଏ କାହା ଦ୍ୱାରା ଭୂଷିତ ହେଉଛି ବା କିଏ କାହାର ସାନ୍ନିଧ ଲାଭ କରି ଔଜ୍ଜ୍ୱଲ୍ୟ ବୃଦ୍ଧି କରୁଛି ତାହା ଦର୍ଶକ ପକ୍ଷରେ ସନ୍ଦେହର ବିଷୟ। ଏହାକୁ ଅନ୍ୟୋଽନ୍ୟ ଶୋଭା-ସମ୍ପାଦନ କୁହାଯାଇପାରେ। ନାୟିକାର ହାସ ଓ ଅଧର ତଥା ଅଧର ଓ ତହିଁରେ ତାମ୍ବୁଳବୋଳ ଓ ଧଳା ମେଘରେ ପୋହଳା ମିଶି ରହିବା ଏହିପରି ଅନ୍ୟୋଽନ୍ୟ ଶୋଭାଜନକ ହୋଇଥିବାରୁ ସନ୍ଦେହ କରାଯାଇଛି।

ସୌନ୍ଦର୍ଯ୍ୟ ସମ୍ପର୍କରେ କବିଙ୍କର ସୂଚନାତ୍ମକ ମତାବଳୀ ବିଶ୍ଳେଷଣ କଲେ ଜଣାଯାଏ, ସେ ଅତି ସଜ୍ଞାନ ଚିତ୍ତରେ ସୌନ୍ଦର୍ଯ୍ୟତାତ୍ତ୍ୱିକ ଟିପ୍ପଣୀ ଦେଇଯାଇଛନ୍ତି। ମଣିଷ କେବଳ ସଜାତୀୟ ରୂପରେ ମୁଗ୍ଧ ହୁଏ। କାରଣ ଦୁଇଟି ମନର ସାମ୍ୟ ହେତୁ ଅନୁରାଗ ଜାତ ହେବା ପଥରେ କୌଣସି ପ୍ରତିବନ୍ଧକ ଦେଖାଦିଏ ନାହିଁ। ସତ୍ୟଭାମା ସୁଭଦ୍ରାଙ୍କୁ ଲକ୍ଷ୍ୟ କରି କହିଛନ୍ତି-

ସ୍ୱରୂପେ ମାର ସେ ନରେନ୍ଦ୍ର କୁମାର ତୁହି ଜଗତ ପାରୁ ରଞ୍ଜି
ସମଦ୍ରବ୍ୟେ ଅନୁରାଗ ଉପୁଜି। (୬୬)

ଅତୁଳ ରୂପ-ବିଭବ ଓ ରାଜକୁଳୋଦ୍ଭବ ଦୁଇ ତରୁଣ-ତରୁଣୀଙ୍କ ମଧ୍ୟରେ ସ୍ନେହ ଜନ୍ମିବା ସ୍ୱାଭାବିକ କଥା।

ଦୁଇଟି ପରସ୍ପର ବିଷମ ବସ୍ତୁ ମଧ୍ୟ ଏକତ୍ର ଅବସ୍ଥାନ ହେତୁ ଶୋଭା ପାଇଥାନ୍ତି। ଚନ୍ଦ୍ର ହେତୁ ରାତ୍ରି ଓ ରାତ୍ରି ହେତୁ ଚନ୍ଦ୍ର ସୁନ୍ଦର ଦିଶନ୍ତି।(୬୭) ଏ ଦୁହେଁ ସ୍ୱତନ୍ତ୍ର ରୂପେ ସୁନ୍ଦର ନୁହନ୍ତି। କଳା ଶାଢୀରେ ଗୌରାଙ୍ଗୀ ରମଣୀ-ଏହା ପରସ୍ପର ବିରୋଧୀ ହେଲେ ହେଁ ସଙ୍ଗୀତ ହେତୁ ସୁନ୍ଦର। ବିରୋଧର ଅଭାବକୁ ସଙ୍ଗତ କୁହାଯାଏ। ଏହାକୁ ମଧ୍ୟ

ସାମଞ୍ଜସ୍ୟ ବା ସମନ୍ୱୟ କୁହାଯାଏ। ପରସ୍ପର ବିରୋଧୀ ଅଙ୍ଗ ମଧ୍ୟରେ ଏହିପରି ସଙ୍ଗତ ଦେଖାଗଲେ ସୁନ୍ଦର ହୁଏ।

ସୀତାଙ୍କ ସୌନ୍ଦର୍ଯ୍ୟ ରାମଙ୍କର ନେତ୍ରରୋଗରେ ଅଞ୍ଜନ ସ୍ୱରୂପ। "ବରତି ବାଳାମୂରତି ନେତ୍ରରୋଗେ ଜୀବନ ସେ ମୋ ଜୀବର" (୬୮)-ଏହି ଉକ୍ତିରେ ପ୍ରେମିକ ରାମଙ୍କର ସୀତାଙ୍କ ସୌନ୍ଦର୍ଯ୍ୟ ପ୍ରତି ମହତ୍ ଧାରଣା ବ୍ୟକ୍ତ ହୋଇଛି। ସୌନ୍ଦର୍ଯ୍ୟ କେବଳ ନେତ୍ରରଞ୍ଜକ ନୁହେଁ, ନେତ୍ରର କଳୁଷାପହାରକ ମଧ୍ୟ। ରୂପକୁ ଏହିପରି ସମୂଳ ଦୃଷ୍ଟିରେ ଦେଖି ତାହାର ଉନ୍ନୟନ ବିଧାନ କଲେ ତାହା ଆଉ ଭୋଗ୍ୟ ହୋଇ ରହେ ନାହିଁ।

ବସ୍ତୁ ସୁନ୍ଦର ପ୍ରତୀତ ହେବା ମୂଳରେ ଆଉ ଯାହା କାରଣ ଥାଉ ପଛେ ବ୍ୟକ୍ତିର କାମନା ଅନୁସାରେ ବସ୍ତୁ କମନୀୟ ଦିଶେ। ସୁନ୍ଦର ବସ୍ତୁକୁ ବ୍ୟକ୍ତିର ମନ ଅଭିଳାଷ କରେ। ତେଣୁ ତାହା ସୁନ୍ଦର ହେବା ସଙ୍ଗେ ଗତି ମୁକ୍ତିର କାରଣ ବୋଲି ବ୍ୟକ୍ତିର ଧାରଣା ହୁଏ। ଅନଭିଳଷିତ ବସ୍ତୁ ଅସୁନ୍ଦର। ଉପେନ୍ଦ୍ରଙ୍କ ନାୟକର ଯୁକ୍ତି ହେଲା-

ଯାହାଠାରେ ଅଭିଳାଷ କରେ ଯାହା ମନ
ସେହି ତାର ସକଳ ସୁଗତି ବୋଲି ଘେନ।
ଯୁବତୀରୁ ଜାତ ଲୋଭ ଲୋଭୁଁ ପ୍ରୀତି ଲେଖ
ପ୍ରୀତିରୁ ସୁରତି ଜାତ ସୁରତିରୁ ସୁଖ। (୬୯)

ଯୁବତୀ ପୁରୁଷ ଦୃଷ୍ଟିରେ ଲୋଭନୀୟ ବସ୍ତୁ। ଲୋଭନୀୟ ବସ୍ତୁରୁ ପ୍ରୀତି ଜନ୍ମେ। ପ୍ରୀତିରୁ ସୁରତି ଓ ତାହାର ଫଳ ସ୍ୱରୂପ ସୁଖ ଜାତ ହୁଏ। ଏହି ଇନ୍ଦ୍ରିୟ ସୁଖକୁ କବି ପୁରୁଷ ପକ୍ଷରେ ପରମାନନ୍ଦ ପ୍ରାପ୍ତି ବୋଲି ଅନ୍ୟତ୍ର କହିଥିଲେ। (୭୦) ଏହାକୁ ସୁରତି ସୁଖରୁ ଜାତ କାମାନନ୍ଦରୂପୀ ପରମାନନ୍ଦ ବୋଲି ବୁଝିବାକୁ ହେବ। ନାରୀ ପରମାନନ୍ଦ ସୁଖ ଦେଇପାରେ-ଏହା ଭୋଗାସକ୍ତ ବ୍ୟକ୍ତି ଭିନ୍ନ ଆଉ କେହି କହିନପାରେ। କିଞ୍ଚିତ୍ ନିରାସକ୍ତ ନହେଲେ ପ୍ରକୃତ ସୌନ୍ଦର୍ଯ୍ୟ ଆସ୍ୱାଦନ ସମ୍ଭବ ହୁଏ ନାହିଁ। ମାତ୍ର ଉପେନ୍ଦ୍ରଙ୍କ ଚରିତ୍ରମାନେ ସମ୍ପୂର୍ଣ୍ଣ ଆସକ୍ତ। ଦୃଷ୍ଟି ସେମାନଙ୍କର ଆସକ୍ତ ଓ ସକାମ। ଯୁବତୀ କାମନାର ଧନ। ତାହାକୁ ପାଇବା ଓ ଭୋଗ କରିବା ରସିକପୁରୁଷର ପୁରୁଷାର୍ଥ। କବିଙ୍କ ମତରେ କନ୍ଦର୍ପ, ବିଷ୍ଣୁ ଓ ଶିବ ଆଦି ଦେବତାମାନେ ପ୍ରକୃତ ପ୍ରେମିକ। କବି ଦୃଷ୍ଟିରେ ନାରୀ ଅମୂଲ୍ୟ-

ହୀରା ନୀଳା ମାଣିକ୍ୟ ମୁକୁତା ବିଦ୍ରୁମର
ମୂଲ୍ୟ ଅଛି, ମୂଲ୍ୟ ନାହିଁ ସ୍ତିରୀ ରତନର। (୭୧)

ନାରୀ ରୂପ ପ୍ରତି ଉପେନ୍ଦ୍ରଙ୍କର ଅପାର ସ୍ନେହ ଓ ପ୍ରଲୋଭନ। ନାରୀର ଶୈଶବ ରୂପରେ ମଧ୍ୟ ତାର ଭବିଷ୍ୟତର ମୋହମୟୀ ରୂପର ସମ୍ଭାବନା କରାଯାଇଛି। କବିଙ୍କର

ନାୟକ ଯୁକ୍ତ ବାଢ଼ିଛି, ଦେବତାମାନେ ନାରୀଠାରେ ଏତେ ସୌନ୍ଦର୍ଯ୍ୟ ଓ ଆନନ୍ଦ-ସୁଧା ଥିବା ସତ୍ତ୍ୱେ ସିନ୍ଧୁ ମନ୍ଥନରେ ରତ ହେବା ବୃଥା। ଇନ୍ଦ୍ରିୟ ଅରଣ୍ୟଚାରୀ କବିଙ୍କର ନାୟକମାନେ ନାରୀର ଦେହକୁ ଯୁବା ବୈକୁଣ୍ଠପୁର ରୂପେ ଦେଖିଛନ୍ତି। ପୁରୁଷ ଦୃଷ୍ଟିରେ ନାରୀ ଭୋଗ୍ୟ ସାମଗ୍ରୀ-'ମୋହିନୀ କି ସୁଧାକୁମ୍ଭ ଘେନି ଉଭା।' ଇନ୍ଦ୍ରିୟାସକ୍ତି ଓ ଆସଙ୍ଗ ଲିପ୍‌ସାର ପ୍ରାବଲ୍ୟ ହେତୁ ଦୃଷ୍ଟି ସେମାନଙ୍କର ଅନ୍ଧୀଭୂତ; ସେମାନଙ୍କର ସୌନ୍ଦର୍ଯ୍ୟ-ଭାବନା ଓ ଦର୍ଶନ ପୀଡିତ। ଯୌବନୋଚ୍ଛଳ ଦେହସର୍ବସ୍ୱ ପ୍ରେମ ପ୍ରତି ନିବିଡ ଆକର୍ଷଣ ପ୍ରଦର୍ଶନ କରିବା ସେମାନଙ୍କର ରୁଚିର ଧର୍ମ ହୋଇପଡିଛି। କବିଙ୍କର ବିଶ୍ୱାସ ଥିଲା ରୂପ ଯୌବନ ଭୋଗ ନିମନ୍ତେ।[୭୨] ଯେଉଁ ସୌନ୍ଦର୍ଯ୍ୟ କାହାରି ଭୋଗରେ ଆସେ ନାହିଁ, ତାହା ବି-ଅର୍ଥ। କିନ୍ତୁ ଭୋଗ-ସର୍ବସ୍ୱ ରୂପ-ଦୃଷ୍ଟି ମନୁଷ୍ୟକୁ ରୂପର ପ୍ରକୃତ ଅବଧାରକ କରେ ନାହିଁ।

ନାରୀର ଉଲଙ୍ଗ ଦେହ ଶୋଭା ଦର୍ଶନ ହିଁ ଚକ୍ଷୁର ସାର୍ଥକତା। ଶୃଙ୍ଗାର-ସାର୍ଥକତା ଘୋଷଣା କରି କବି ଜଗତର ପୁରୁଷ ସମାଜକୁ କେବଳ ସେହି ରୂପ ଧ୍ୟାନ କରିବା ପାଇଁ ଆହ୍ୱାନ କରିଛନ୍ତି-

କରିନାହିଁ ଯେ ଦର୍ଶନ ବାଳା ବିବସନ
ଅନ୍ଧ ସେହୁ ଜନ ଥାଉ ନିର୍ମଳ ନୟନ ହେ
ଯୋଷା ପରିହାସ ଭାଷା ଯେହୁ ନଶୁଣିଛି
କର୍ଣ୍ଣ ନୋହେ କୁହର ଯୁଗଳ ସେ ବହିଛି। [୭୩]

ନାରୀର ଶୃଙ୍ଗାରକାଳୀନ ଶୋଭା ପୁରୁଷର ଧ୍ୟାନ ଧାରଣାର ପରମ ବିଷୟ ରୂପେ ପରିକଳ୍ପିତ। ନାରୀର ନିରାବରଣ ଅଙ୍ଗ-ଶୋଭା ଦର୍ଶନରେ ପୁରୁଷର ପିପାସା ଏତେ ବଳବତୀ ଯେ, ତାହାର ମନ ସର୍ବଦା କେବଳ ବାହ୍ୟାବରଣ ଫେଡିବାରେ ବ୍ୟସ୍ତ। ନାରୀର ମର୍ମ ସ୍ଥଳରେ ପ୍ରବେଶ କରି ତା'ର ଅନ୍ତର ମଧୁ ଆସ୍ୱାଦନ ପାଇଁ ପୁରୁଷର ପ୍ରୟାସ ନାହିଁ। ଯେଉଁ ରସିକ ଭୋଗସର୍ବସ୍ୱ ସମାଜରେ ପୁରୁଷର ଏକମାତ୍ର ଲକ୍ଷ୍ୟ ଥିଲା।

ଯେ ରସାଇ ରାମା ବିପରୀତେ। ବେଣୀ ନାସାମଣି ଦ୍ୱାରା ନୃତ୍ୟେ
ଦୃଷ୍ଟି ଦେଇଥିବ ସୃଷ୍ଟିରେ କାହିଁ ଏ ଉତ୍ସବୁଁ ଉତ୍ସବତାକୁପ୍ରତେ। [୭୪]

କିମ୍ବା 'ସ୍ୱର୍ଗେ ଯାଇ କେଉଁ ଭୋଗ ହେବ। ନୀବୀରେ ମୋକ୍ଷଣ ଅଛି ଭାବ' (୭୫) ସେ ସମାଜର ରୂପ ଦୃଷ୍ଟି ଓ ଜୀବନଚର୍ଯ୍ୟ ଯେ କେତେ ସ୍ଥୁଳ ଓ ସଂକୀର୍ଣ୍ଣ ତାହା ସହଜରେ ଅନୁମେୟ। ନାରୀ ସ୍ନେହର ବଶ ନୁହେଁ, ରୂପର ବଶ। ଏହା କିନ୍ନର ଯୁବତୀମାନଙ୍କର ପୁରୁଷ ରୂପ-ବୁଭୁକ୍ଷାର ପ୍ରମାଣ। ଏପରିକି ସେମାନଙ୍କର ପୁରୁଷମାନେ ମଧ୍ୟ ସେମାନଙ୍କର ଚରିତ୍ରରେ ସନ୍ଦେହ ପ୍ରକାଶ କରିଛନ୍ତି। [୭୬]

ସୁନ୍ଦର ସହିତ ଗୁଣ ଓ ଗୁଣ ସହିତ ସୁନ୍ଦର ଯଦିଓ ପୃଥିବୀରେ ଦୁର୍ଲ୍ଲଭ, ତଥାପି ଏ ଦୁଇଟିର ସମବାୟରେ ସୌନ୍ଦର୍ଯ୍ୟର ଉତ୍କର୍ଷ ସାଧିତ ହୁଏ ବୋଲି ଉପେନ୍ଦ୍ର ବିଶ୍ୱାସ କରନ୍ତି-

ପ୍ରୀତିବତ୍ସଳା ହୋଇ ନବ ଅବଳା ମିଳଇ ପରମ ଭାଗ୍ୟରେ
ସୁନା ବଡ ଦ୍ରବ୍ୟ ହେଲେ ସେ ଉଜ୍ଜ୍ୱଳ ଯେମନ୍ତ ରସାଣ ଯୋଗରେ
ଆହେ ସଙ୍ଗାତ। ଲଭିବାର କେଡେ ସୁଲଭ
ସୁନ୍ଦରେ ଗୁଣ ଗୁଣବନ୍ତେ ସୁନ୍ଦରପଣ ଥିବା ଅତି ଦୁର୍ଲ୍ଲଭ। (୭୭)

ଜଗତରେ ବହୁ ସୁନ୍ଦର ବସ୍ତୁ ଅଛି; ମାତ୍ର ତହିଁରେ ଗୁଣ ନଥିଲେ ସେପରି ସୌନ୍ଦର୍ଯ୍ୟରେ ମୂଲ୍ୟ କିଛି ନାହିଁ। ପୁନଶ୍ଚ ଗୁଣବନ୍ତ ହୋଇ ସୌନ୍ଦର୍ଯ୍ୟବିରହିତ ହୋଇଥିଲେ ମଧ୍ୟ ତାହାର ଆଦର ନଥାଏ। ରୂପଯୌବନସମ୍ପନ୍ନା ନାରୀ ଅନୁରାଗବତୀ ନହେଲେ ରମଣୀ ସୌନ୍ଦର୍ଯ୍ୟର ପୂର୍ଣ୍ଣତା ସାଧିତ ହୁଏ ନାହିଁ। ନାୟିକା ନବବୟାଃ ଓ ପ୍ରୀତିବତ୍ସଳା ଉଭୟ ଗୁଣାନ୍ୱିତା ହେଲେ ରମଣୀ-ସୌନ୍ଦର୍ଯ୍ୟର ଆଦର୍ଶ ସ୍ୱରୂପା ହୋଇ ପୂର୍ଣ୍ଣତା ପ୍ରାପ୍ତ ହୁଏ। ଏଥିରୁ ଗୋଟିକର ଅଭାବ ହେଲେ ସେ ନାରୀକୁ ସୁନ୍ଦର କୁହାଯିବ ନାହିଁ। ମାତ୍ର ସଂସାରରେ ଏ ଦୁଇଟିର ମିଳନ କ୍ୱଚିତ୍ ଦେଖାଯାଏ। ସୌନ୍ଦର୍ଯ୍ୟର ପୂର୍ଣ୍ଣତା ପ୍ରାପ୍ତି ସମ୍ବନ୍ଧରେ ଆଉ ଏକ ଧାରଣା ହେଲା, ନାୟିକା ପରିପୂର୍ଣ୍ଣ ଯୌବନ ଶୋଭା ସହିତ ନାନା ଭାବରେ ପଣ୍ଡିତା; ଅର୍ଥାତ୍, ଭାବବତୀ ହେଲେ ଶ୍ରେଷ୍ଠ ସୌନ୍ଦର୍ଯ୍ୟର ଅଧିକାରିଣୀ ହୁଏ। ସୌନ୍ଦର୍ଯ୍ୟ ସହିତ ଭାବ ଏକତ୍ର ହେବାଦ୍ୱାରା ଅପୂର୍ବ ରୂପ ଲାବଣ୍ୟ ଉତ୍ପନ୍ନ ହୁଏ। ସେପରି ନାୟିକାଙ୍କୁ କବି 'ଭାବବତିଶଲକ୍ଷଣା' କହିଛନ୍ତି-

ଏକେ ଶୋଭା ଯୁବତୀ ସେ
ପୁଣି ତ ଭାବବତୀ ସେ
କହେ ଉପଇନ୍ଦ୍ର ଭଞ୍ଜ ବୀରବର ପୂର୍ଣ୍ଣ ଲକ୍ଷଣ ବତିଶେ। (୭୮)

କବି ରୂପ ସହିତ ଭାବର ଅନିବାର୍ଯ୍ୟ ଉପସ୍ଥିତ ସ୍ୱୀକାର କରନ୍ତି।

ପ୍ରେମ ଦୃଷ୍ଟି ହିଁ ବସ୍ତୁକୁ ସୁନ୍ଦର କରେ। ପ୍ରେମିକ-ପ୍ରେମିକାଙ୍କ ଦୃଷ୍ଟିରେ ଜଗତର ସବୁ କିଛି ସୁନ୍ଦର ପ୍ରତୀତ ହୁଏ। ତେଣୁ ସୌନ୍ଦର୍ଯ୍ୟ ନିର୍ଣ୍ଣୟ କ୍ଷେତ୍ରରେ ଅନୁରାଗ ହିଁ ପ୍ରକୃତ ବିଚାରକ। ନାରୀ ଦୃଷ୍ଟିରେ ପୁରୁଷ ଓ ପୁରୁଷ ଦୃଷ୍ଟିରେ ନାରୀ ସୁନ୍ଦର। ନାରୀ ଦୃଷ୍ଟିରେ ନାରୀର ସୌନ୍ଦର୍ଯ୍ୟ ଉତ୍ତେଜନା ସୃଷ୍ଟି କରେ ନାହିଁ। ପୁରୁଷ ତେଣୁ ତା'ର ସୌନ୍ଦର୍ଯ୍ୟର ଆଦର୍ଶ। ପରିପୂର୍ଣ୍ଣ ସ୍ୱାସ୍ଥ୍ୟ ଓ ଯୌବନରେ ଭରପୁର ନାରୀ-ରୂପ ପୁରୁଷ ନେତ୍ରରେ ସୁନ୍ଦର। ଅନୁରାଗୀ ହୃଦୟ ଯୁକ୍ତିତର୍କରୁ ଊର୍ଦ୍ଧ୍ୱରେ ରହେ। ଯେ ଯାହା ପ୍ରତି ଅନୁରାଗୀ ବା ଅନୁରାଗିଣୀ ତା' ମନ ତା'ପରେ ବିନା ଦ୍ୱିଧାରେ ଆସକ୍ତ ହୁଏ। ଅନ୍ୟର ଶତ ନିରୁତ୍ସାହ ତା'ର ମନକୁ

ଅନୁରାଗଜନକ ବସ୍ତୁରୁ ବିମୁଖ କରିପାରେ ନାହିଁ। କପଟ ସନ୍ନ୍ୟାସୀଙ୍କ ଉଦ୍ଦେଶ୍ୟରେ କାଳିଦାସ ପାର୍ବତୀଙ୍କ ମୁଖରେ ଯାହା କୁହାଇଥିଲେ ତାହା ଏକାନ୍ତ ସତ୍ୟ। ବିରହରେ ଉପେନ୍ଦ୍ରଙ୍କ ନାୟକ ନାୟିକାର ରୂପ ଗୁଣ ସ୍ମରଣ କରି କହିଛି-

ବନ୍ଧୁ ଶ୍ରୀମୁଖକୁ ଚାହିଁ। ଦୁଃଖେ ହେଉଥାଇ ଦହି
ମନେ ଘେନୁଥାଇ ଆନ ନାହିଁ ଆଉ ଆନନ୍ଦ ସ୍ୱରୂପ ଏହି। (୭୯)

ଏହା ଅନୁରାଗୀ ହୃଦୟର ଯଥାର୍ଥ ଅଭିବ୍ୟକ୍ତି। ଦର୍ଶକ ଦୃଶ୍ୟ ସୌନ୍ଦର୍ଯ୍ୟକୁ ଏକମାତ୍ର ସାର ପଦାର୍ଥ ବୋଲି ମଣେ। ତାହାର ମନ ବସ୍ତୁକୁ ଆନନ୍ଦର ସ୍ୱରୂପ ବୋଲି ଗ୍ରହଣ କରେ। ମନ ହିଁ ଏହି ଆନନ୍ଦର ଅବଧାରକ। ମନର ନିଶ୍ଚିତାତ୍ମକ ଭାବ ପଦାର୍ଥକୁ ରସାନନ୍ଦର ହେତୁ ରୂପେ ଗ୍ରହଣ କରି ତାହାକୁ ଏକମାତ୍ର ଆନନ୍ଦର ସ୍ଥଳ ବୋଲି ବିଚାର କରେ। ସେତେବେଳେ ମନେ ହୁଏ, ଦୁଃଖପାଶୋରା ଏ ରୂପ ଭିନ୍ନ ଗତରେ ଅନ୍ୟ ଆନନ୍ଦ କିଛି ନାହିଁ। ଅନୁରାଗବଶତଃ ରୂପର ଆଦର୍ଶନରେ ମଧ୍ୟ ବ୍ୟକ୍ତିର ମନ ତାହାକୁ ନିକଟରେ ଥିବା ପରି ଗ୍ରହଣ କରୁଥାଏ। ଏକଦା ଯେଉଁ ରୂପରେ ସେ ତାହାକୁ ଦେଖିଥିଲା ସେହି ଭଙ୍ଗୀ, ହାସ, ଭାଷ ଆଦିକୁ ନିଜର ଅନୁଭବରେ ଆଣି ସର୍ବତ୍ର ତାହାର ଉପସ୍ଥିତି ସ୍ୱୀକାର କରୁଥାଏ-

ଯଉଁ ରୂପେ ହସେ ମୁଖୁଁ ସୁଧା ଖସେ ଦିଶେ ସେ ଦିଶୁଛି
ଯଉଁ ରୂପେ ଆସେ ପୁରତେ ମୋ ବସେ ମନେ ମୋ ପଶୁଛି
ଯଉଁ ରୂପେ ଭାଷେ ବଚନ କର୍ଣ୍ଣେ ସେ ଏକ୍ଷଣି କହୁଛି
ତେବେ ଅତ୍ୟନ୍ତ ଶୀତଳ କରୁଥିଲା ଏବେ ତ ଦହୁଛି (୮୦)

ମିଳନ ଓ ବିରହର ରୂପାନୁଭୂତି ମଧ୍ୟରେ ଏତିକି ପାର୍ଥକ୍ୟ ଯେ, ମିଳନରେ ଯେଉଁ ରୂପ ଶୀତଳଦାୟୀ ଥିଲା ବିରହରେ ତାହା ଦାହକ ହୋଇଛି।

ଅନୁରାଗର ବସ୍ତୁ ଅବର୍ତ୍ତମାନରେ ସୁଦ୍ଧା ତା'ଠାରୁ ସ୍ନେହ ତୁଟଇ ନାହିଁ। ମନନେତ୍ର ପ୍ରାଣ ତା'ର ନିକଟରେ ସମର୍ପି ଦେଇ ବ୍ୟକ୍ତି ଅନୁଭବକୁ ସମ୍ବଳ କରି କାଳ ବଞ୍ଚେ-

ଥାଉ ଆୟଉ କେହି ବଳନ୍ତା ଚିତ୍ତ
ଭିନ୍ନ ହେବାକୁ ସହିରେ
ତେବେ ଦୂରେ ରହିଣ ମନନୟନ ପ୍ରାଣ
ତୋହୋର ପାଶେ ଥାଇରେ
ପ୍ରାଣବନ୍ଧୁ । ଏବେ ସେ ଅନୁଭବରେ
ବିପତ୍ତି ବିଚ୍ଛେଦରୁ ବଡ଼ ହୋଇ ରହ୍ମୋରୁ
ଧାତା ବିହି ନଥିବରେ । (୮୧)

ଦୈବବଶତଃ ପ୍ରିୟବସ୍ତୁଠାରୁ ବିଚ୍ଛିନ୍ନ ହୋଇ କର୍ମ ଆଦରି ଦୂରରେ ପଡ଼ି ରହିଥିଲେ ମଧ୍ୟ ପ୍ରଣୟୀ ହୃଦୟର ଧ୍ୟାନଧାରଣା ତାହାରିଠାରେ ନିବନ୍ଧ ଥାଏ ।

ଯୌବନରେ ନାରୀ ଅଙ୍ଗରେ ସ୍ୱଭାବ ସୌନ୍ଦର୍ଯ୍ୟ ସହିତ ଅନ୍ୟ ଯେଉଁ ଆନୁଷଙ୍ଗିକ ଗୁଣଗୁଡିକ ସମ୍ମିଳିତ ହେଲେ ତାହାର ରୂପ ଅସାମାନ୍ୟ ହୋଇଉଠେ ସେଗୁଡିକ ହେଲେ କାନ୍ତି, ଦୀପ୍ତି, ମାଧୁର୍ଯ୍ୟ, ପ୍ରଗଲ୍‌ଭତା ଓ ରାଗ । ସେମାନେ ବିନା ନିମନ୍ତ୍ରଣରେ ଆସି ଅଙ୍ଗ ଦେଶରେ ସଞ୍ଚରି ଯାଆନ୍ତି-

ଅଙ୍ଗଦେଶରେ ଶୋଭା ଅନୁଚରେ । ବୃଦ୍ଧି ଅକଥିତ ହୋଇ ସଞ୍ଚରେ
କାନ୍ତି କରଣ ପ୍ରକଟ ଛଟକେ । ଅଧିକାର କଲା ହେମ କଟକେ
ଦୀପ୍ତି ପ୍ରଧାନ ପ୍ରକାଶ ବିହନେ । ନିଶ୍ଚେ ମଣିତ ସେ ସର୍ବ ମୋହନେ
ମାଧୁର୍ଯ୍ୟତା ଦୂତ ପୁଣି ଉପୁଜେ । ଚିତ୍ରଲେଖନ ବିନା ଅନ୍ୟ ପୂଜେ ।
ପ୍ରଗଲ୍‌ଭତା ବିଦୂଷକ ସଙ୍ଗତି । ଜାତ ପରିହାସ ସୁବକ୍ର ଭକ୍ତି
ରାଗ ବ୍ୟକ୍ତ ଅତିଶୟ ଅଧରେ । ସାର କରି ମଞ୍ଜିଷ୍ଠାକୁ ଉଦ୍ଧରେ । (୮୨)

ନାୟିକା ଏକାଧାରରେ ହର୍ଷ ଓ ସରସର ମୂର୍ତ୍ତିମତୀ ଅବତାର । ତହିଁରେ ପୁଣି ଶୋଭାବିଶେଷ ଦୀପ୍ତି ଘେନି ମିଳିତ ହୋଇଥିବାରୁ ତାହାକୁ ଅସାଧାରଣ ସୌନ୍ଦର୍ଯ୍ୟବତୀ କରାଇଛି-

ଏକା ଏ ନୋହେ ହରଷ ପୁଣି ମିଶିଛି ସରସ
ମିଳିଛି ଶୋଭା ବିଶେଷ ଦୀପ୍ତି କି ଘେନି । (୮୩)
ଲାବଣ୍ୟ ସମାନ ପରିମାଣରେ ତା'ର ସର୍ବାଙ୍ଗରେ ବିଳସିତ-
ସମେ ଅଛି ଯହିଁ ଲାବଣ୍ୟ ରସ
ହରଷରେ ମିଶିଅଛି ସରସ । (୮୪)

ଉପେନ୍ଦ୍ର ନାରୀ ସୌନ୍ଦର୍ଯ୍ୟର ପ୍ରଲୁବ୍ଧ ରୂପକାର । ସୌନ୍ଦର୍ଯ୍ୟର ପ୍ରଶଂସାରେ ସେ ଯେଉଁପରି ଅନର୍ଗଳ, ରୂପର ପ୍ରଭାବ ବନ୍ଦନାଗାନରେ ସେହିପରି ମୁକ୍ତକଣ୍ଠ । ରାଜପୁତ୍ର ଓ ରାଜକନ୍ୟା ପରସ୍ପର ଦର୍ଶନରେ ରୂପର ପ୍ରଭାବ ସ୍ୱୀକାର କରିଛନ୍ତି ତଥା କବି ନିଜେ ପ୍ରଶଂସା ମୁଖରେ ଦେଖଣାହାରୀ, ସଖୀ, ଭାଟ ଓ ବିରୋଧୀ ପକ୍ଷୀୟ (ସୁପର୍ଣଖା)ମାନଙ୍କ ଦ୍ୱାରା ରୂପର ଅପ୍ରତିହତ ପ୍ରଭାବକୁ ସ୍ୱୀକୃତି ଦାନ କରିଛନ୍ତି । ନାରୀ-ରୂପ-ସୌନ୍ଦର୍ଯ୍ୟରେ କବି ଏକ ଦୁର୍ନିବାର ଆକର୍ଷଣୀ ଶକ୍ତି ଥିବା କଥା ବହୁ ସ୍ଥାନରେ କହିଛନ୍ତି । ତାହାର ପ୍ରଭାବକୁ ଅସ୍ୱୀକାର କରିବା ସହଜ ନୁହେଁ। ସେଥିରେ ଲାବଣ୍ୟ ଥାଇପାରେ; ମାତ୍ର ପ୍ରଭାବ ଦିଗରୁ ତାହା ମାରାତ୍ମକ। ରୂପର ଜ୍ୱାଳା ଓ ପ୍ରଖରତାରେ ନାୟିକା ଯୁବା ସମ୍ପ୍ରଦାୟକୁ ଉଚ୍ଛନ୍ନ କରାଏ। ସେ ସ୍ୱାଭାବିକ ରୂପରେ ଯେତିକି ମୋହମୟୀ, ବେଶ୍ୟାଳଙ୍କାର

ପରିପାଟୀ ହେତୁ ମଧ୍ୟ ସେତିକି ଚାରୁତରା ଓ ଉଚ୍ଚାଟନପରା । ତାହାର ରଙ୍ଗଜୁଡ଼ା ପୁରୁଷର ଜ୍ଞାନ ବୁଡ଼ାଏ, ଅଳତାବୋଳା ପାଦ ଅଗ୍ନି ଦୁର୍ଗପ୍ରାୟ ପୁରୁଷରୂପୀ ପତଙ୍ଗର ବିନାଶ ସାଧନ କରେ, କଜ୍ଜ୍ୱଳାକ୍ତ ନେତ୍ରଭଙ୍ଗୀ ଧୈର୍ଯ୍ୟ ଟଳାଏ, ଆବୃତ କୁଚ ସଂଯମର ବନ୍ଧ ଭାଙ୍ଗିଦିଏ ଓ ରସନାବେଷ୍ଟିତ ନିତମ୍ବ ଯୋଗୀର ଯୋଗଭଙ୍ଗ କରେ । ତଥାପି ଉପେନ୍ଦ୍ରଙ୍କ ନାୟକ ଅଭିଳାଷ କରେ-

କେବେ ନ ଛାଡ଼ିବି ଆଶ
ଅନଳେ ପତଙ୍ଗ ପ୍ରାୟେ
ହେଲେ ହେବି ନାଶ (୮୫)

କବିଙ୍କର ନାୟିକା କେବଳ ସୁନ୍ଦରୀ ନୁହେଁ, ଚତୁରୀ ମଧ୍ୟ । ତାଙ୍କର କାବ୍ୟ ପରି କାବ୍ୟ-ନାୟିକା ମଧ୍ୟ ରସ, ହାସ, ଚାତୁର୍ଯ୍ୟୋକ୍ତି ଓ ବକ୍ରୋକ୍ତିନିପୁଣା । ଏପରି ରୂପ ପୁରୁଷକୁ ମୋହିତ କରିବା ସଙ୍ଗେ ମନ୍ମଥ-ବିଳାସ ନିମନ୍ତେ ଉଚ୍ଛନ୍ନ କରାଏ-

ସୁନ୍ଦରୀ ଯେଡ଼େ ସେ ତେଡେ ଚତୁରୀ
ଚତୁରୀ ଯେଡେ ତେଡେ ତା ଚାତୁରୀ
ଚାତୁରୀ ନୋହେ ସେ କାମକତୁରୀ
ବ୍ରହ୍ମଚାରୀ ଧୈର୍ଯ୍ୟ ପାରେ କତୁରି
ଯିବ କେ ଉତୁରି । ମନମଥ ଶରେ ନୋହି ଆତୁରି । (୮୬)

ନୟନ ରୂପ ଦର୍ଶନ କରେ; କିନ୍ତୁ ମନ ବନ୍ଦୀ ହୁଏ-ଏହାହିଁ ରୂପଦର୍ଶନର ମୂଳକଥା । ଉପେନ୍ଦ୍ର ରୂପର ପ୍ରଭାବ ସମ୍ପର୍କରେ ଆଉ ଯେଉଁ କେତୋଟି କଥା କହିଛନ୍ତି, ତାହା ହେଲା, ରୂପ ଦର୍ଶନରେ ଦର୍ଶକ ଅମର ସମ୍ପତ୍ତି ଲାଭ କଲା ପରି ମନେ କରେ । ଯୁବାକୁଳ ନାୟିକାର ରୂପଯଜ୍ଞରେ ବଳିପଶୁ ସଦୃଶ-

ନିଃସଂଶୟରେ ଏକଥା ଉଦୟ
ପଶୁ ହୋଇବେ ଯୁବା ସମୁଦାୟ । (୮୭)

ରୂପ ଚୁମ୍ବକ ଭଳି ହୃଦୟରୁ ମନରୂପୀ ଲୋହକୁ କାଢିନିଏ-

ରୂପ ଚୁମ୍ବକଶିଳର ମିତ୍ର କିଏ
ହୃଦୁ କାଢି ନେବ ମନ ଲୋହ ପ୍ରାୟେ । (୮୮)

ନାରୀର ସେହି ଲାବଣ୍ୟମୟୀ ମୂର୍ତ୍ତି ଦେଖି ପଶୁ ଓ ପାଷାଣ ଯଥାକ୍ରମେ ବଶୀଭୂତ ଓ ତରଳିତ ହୋଇଯିବେ । (୮୯) ସୀତାଙ୍କ ଚାରୁତାରେ ମଧ୍ୟ କବି ମୁନି ବିଶ୍ୱାମିତ୍ରଙ୍କ ମୁଖରେ ଉଚ୍ଚାଟନର କଥା କହିଛନ୍ତି-

ବଶୀକରଣ ମୂର୍ତ୍ତିଧାରଣ ଉଚ୍ଚାଟନ ତା'ଚାରୁ । (୯୦)

ଅର୍ଥାତ୍, ସୀତାଙ୍କ ସୌନ୍ଦର୍ଯ୍ୟ ବଶୀକରଣ ରୂପମନ୍ତ୍ରୀକୁ ମୂର୍ତ୍ତିମନ୍ତ କରି ଧାରଣ କରିଛି । ତାଙ୍କର ଚାରୁ ରୂପ ଦେଖିଲେ ସମସ୍ତେ ଉଚ୍ଚାଟିତ ହୋଇ ବଶୀଭୂତ ହେଉଛନ୍ତି । ଶୋଭାରେ ଜନନୟନ ବଶୀଭୂତ କରିବା ଉପେନ୍ଦ୍ରଙ୍କ ନାୟିକା ସୌନ୍ଦର୍ଯ୍ୟର ବିଶେଷତ୍ୱ । ସୁନ୍ଦର ବସ୍ତୁରେ ନେତ୍ର ମନ ନିବାସ କରେ । ନାୟିକାର ରୂପଜ୍ୟୋତି ମନ ନେତ୍ରକୁ ବନ୍ଦୀ କରି ରଖେ । ଇଚ୍ଛା କଲେ ମଧ୍ୟ ମନ ଓ ନେତ୍ର ତହିଁରୁ ଫେରାଇ ହୁଏ ନାହିଁ । ଦର୍ଶକର ମନରେ ଓ ଆଖିରେ ସେ ଜ୍ୟୋତି ବସା କରି ରହେ-

ସେ ଯେଉଁ ଛଟକ ତାହାର
ସଦନ ନେତ୍ର ମନ ତହିଁ କରଇ ସେ କରେ ଏଥିରେ ମନ୍ଦିର (୯୧)

ସମସ୍ତଙ୍କ ଚକ୍ଷୁକୁ ସୁଖଦାୟକ ନାୟିକାର ରୂପରେ ଚକ୍ଷୁ ବନ୍ଦୀ ହୋଇ ରହେ- "ସୁଖଦାୟକ ନୟନକୁ ହୁଅଇ ବନ୍ଦୀ କରିବାକୁ ନାୟିକା" (୯୨) ଜଗତର ଯୁବାଜନଙ୍କ ଦୃଷ୍ଟିରେ ସେ ରୂପ ବୈକୁଣ୍ଠ ସମାନ । ବୈକୁଣ୍ଠ ପ୍ରାପ୍ତିରେ ନର ଗତି ଓ ମୁକ୍ତି ପାଏ ତଥା ପରମାନନ୍ଦ ଲାଭ କରେ । ନାୟିକାର ସୌନ୍ଦର୍ଯ୍ୟ ସେହିପରି ପରମାନନ୍ଦ ଦାନ କରିବା ସଙ୍ଗେ କନ୍ଦର୍ପ-ଭୟ ଦୂର କରେ-

ଯୁବାଜନ ଗତି ଦାତା ବୈକୁଣ୍ଠ ପ୍ରକାର
ବାଟ ଦେଖାଇବା କଥା ବଡ ଚମତ୍କାର
ସ୍ଥାନ ପରମାନନ୍ଦର । ଦୂର କରିପାରଇ ମାନସ-ଭବ ଦର । (୯୩)

ନାରୀ ସୌନ୍ଦର୍ଯ୍ୟରେ ଏହି ମୋହକ ପ୍ରଭାବ ଭରି ଦେଇ କବି ତାହାକୁ ଉତ୍କଟ ସୌନ୍ଦର୍ଯ୍ୟର ଅଧିକାରିଣୀ କରାଇଛନ୍ତି । ଶିବଙ୍କ ଭଳି ସଂଯମୀ ଦେବତା ମଧ୍ୟ ପଥର ହୋଇଗଲେ ତାର ରୂପ ଶୋଭା ଦେଖି । ସେ ବାଳାର ରୂପ କାମକାଣ୍ଡ । ତାହାର ରୂପ ମୋହନାସ୍ତ୍ର ହୋଇଥିବାରୁ ମଦନ ତା'ରୂପକୁ ଅସ୍ତ୍ର କରି ଘେନି ରୂପାସ୍ତ୍ର ବୋଲାଏ-

ତା'ରୂପ ଅସ୍ତ୍ର କରି ଘେନ
ରୂପାସ୍ତ୍ର ବୋଲାଇ ମଦନ । (୯୪)

ତାହାର ସୁଷମାର ପ୍ରଭାବ ଏପରି ଯେ ସୂର୍ଯ୍ୟ ଆକାଶ ପଥରେ ଗତି କଲାବେଳେ ତା'ର ରୂପର ଆକର୍ଷଣୀୟତାରେ ବଶ ହୋଇ ରଥ ଅଟକାଇ ଦିଅନ୍ତି ।

ଉପେନ୍ଦ୍ରଙ୍କ ନାରୀ ରୂପରେ ସ୍ନିଗ୍ଧତା, ମୃଦୁତା, କୋମଳତା, ଆକର୍ଷଣୀୟତା, ଆନନ୍ଦାତ୍ମକତା, ଉଚ୍ଚାଟନ, ବଶୀକରଣ, ଚିତ୍ତଦ୍ରବଣ ଓ ମୋହନକାରୀ ଶକ୍ତି ରହିଛି; ମାତ୍ର ତାହା କୌଣସି ଲୋକୋତ୍ତର ପ୍ରଭାବ ସୃଷ୍ଟି କରେ ନାହିଁ ।

ରୂପକଳାବତୀ ଲାବଣ୍ୟବତୀକୁ ନୀଳକଣ୍ଠ "ବ୍ରୀଡାବତୀ ପ୍ରାଚ୍ୟ ଯୁବତୀ" କହିଛନ୍ତି । (୯୫) ତା'ର ଏହି ରୂପ ପ୍ରାଚ୍ୟ ନାରୀସୁଲଭ । ଲାବଣ୍ୟବତୀର ହାସ; ଭ୍ରୂବିଳାସ,

ଗତି, ରସଗର୍ଭବାଣୀ, ଛଳପରିହାସ-ସବୁ କିଛି ସୁନ୍ଦର । ତାହାର ଯେଉଁ ରସଲାବଣ୍ୟମୟୀ ମୂର୍ତ୍ତି ରସିକ ପାଠକ ଚିତ୍ତରେ ପ୍ରତିଷ୍ଠିତ ତାହା ଆଜି ମଧ୍ୟ ରସ ଓ ରୁଚିକୁ ଐକ୍ୟ ଦାନକରେ । ଲାବଣ୍ୟବତୀର ଚିକୁରଚର୍ଚ୍ଚା କି ମନୋହର-

ମାଙ୍ଗ ଭାଙ୍ଗ ରଖି ଉତ୍ତମାଙ୍ଗରେ
ଆୟତ୍ତ କରି ସାମଳିଲା ଧୀରେ
କରେ ଧରି ମୂଳେ ଭିଡା ଭିଡନ୍ତେ
ଅଦ୍ଭୁତ ଉପମା ଜନ୍ମିଲା ଚିତ୍ତେ
କି କୋକନଦ ମଧ୍ୟରୁ ଯେ
ସ୍ରବୁଛି କାଳିନ୍ଦୀ ଦ୍ରବୁଛି ଶୃଙ୍ଗାର
ହାହା ସେ ଅତ୍ୟନ୍ତ ଚାରୁ ଯେ । (୯୬)

ରୂପ ସୌନ୍ଦର୍ଯ୍ୟ ଭଳି କବି ବେଶ-ସୌନ୍ଦର୍ଯ୍ୟରେ ମଧ୍ୟ ମନ ସ୍ୱତଃ ବନ୍ଦୀ ହେବାକଥା କହିଛନ୍ତି-

ଇଚ୍ଛାରେ ନେତ୍ର ବନ୍ଦୀ ହେବ
ମଣ୍ଡିଲା ଅନଙ୍ଗ ବିଚିତ୍ର କାରା । (୯୭)

କବି ଅଳଙ୍କାର ଓ ଦେହ-ଲାବଣ୍ୟ ଉଭୟର ବିସ୍ତୃତ ଚର୍ଚ୍ଚା କରିଥିଲେ ହେଁ, ତାଙ୍କର 'ବେଶ-ପେଶଳ ଛାନ୍ଦ' ମାନଙ୍କରୁ ନାୟିକାର ବେଶାଳଙ୍କାର ଦେଖି ପାଠକ ତାହାର ମୁଖଶ୍ରୀ ଓ ଦୈହିକ ଲାବଣ୍ୟ ସନ୍ଦର୍ଶନ ନିମନ୍ତେ ଅବସର ପାଏ ନାହିଁ । ସୁବେଶ ଦ୍ରଷ୍ଟା ନେତ୍ରର ନର୍ତ୍ତନ-ଗୃହ ସଦୃଶ । ଦୃଶ୍ୟ ସୌନ୍ଦର୍ଯ୍ୟ ତହିଁରେ ନୃତ୍ୟ ପ୍ରଦର୍ଶନ କରୁଥାଏ-

ବୋଇଲେ ଦେଖିଲା ଜନନୟନ
ହେବ ତ ନରତନ ନିକେତନ
ଛଳିଲା କେ ଭାବେ, ଲସିକା ରସିକା ହୋଇଲା ତେବେ । (୯୮)

ଜଗତରେ ଦେଖାଯାଏ, ନାମ ଓ ରୂପ ମଧ୍ୟରେ ପାର୍ଥକ୍ୟ ରହିଛି । ଯାହାର ନାମ ପଦ୍ମଲୋଚନ ସେ ହୁଏତ ଚକ୍ଷୁରେ କଣା ହୋଇପାରିଥାଏ । ସେହିପରି ରୂପବାନ୍ ହୋଇଥିଲେ ମଧ୍ୟ ନାମଟି ସୁନ୍ଦର ନହୋଇପାରେ । ମାତ୍ର କବିଙ୍କର ନାୟିକା ଲାବଣ୍ୟବତୀଠାରେ ନାମ ଓ ରୂପ ଅନ୍ୟୋଽନ୍ୟ ସାମ୍ୟ ରକ୍ଷା କରି ମିଳିତ ହୋଇଛନ୍ତି । (୯୯)

ଯାହା ହୃଦୟକୁ ଓ ଚକ୍ଷୁକୁ ଦୁଃଖ କଥା ପୀଡା ଦିଏ ତାହା ଅସୁନ୍ଦର ଓ କୁରୂପ । ରାକ୍ଷସମାନେ ଭୟଦ ଓ କ୍ଷତିକାରକ ବୋଲି ପୁରାଣରେ ଅସୁନ୍ଦର ଓ ବିକୃତ ରୂପେ ଚିତ୍ରିତ । ଅନ୍ଧକାର ସୁନ୍ଦର ନୁହେଁ, କାରଣ ଚକ୍ଷୁର ଗତି ତହିଁରେ ବାଧାପ୍ରାପ୍ତ ହୁଏ । ସେଥିଲାଗି ଆଲୋକ ନେତ୍ରରୋଚକ ଓ ଅନ୍ଧକାର ନେତ୍ର-ପୀଡକ-

ବିଶ୍ୱଲୋଚକ ରୋଚନ ଘେନ ତମସ ନୋହେ କଦା । (୧୦୦)

ଅନ୍ଧକାର ବିଶ୍ୱଲୋଚନ-ରୋଚକ ହୋଇନଥିବାରୁ ତାହାକୁ ସୁନ୍ଦର କୁହାଯିବ ନାହିଁ ।

ଉପେନ୍ଦ୍ର ସୁସ୍ଥ ଯୌବନର ମାଂସଳ ଚିତ୍ରଣ କରିବାରେ ଦୋଷ ଦେଖିନାହାନ୍ତି । ଅପରୂପ ଏହି ମାନବ ଦେହ ଗ୍ଲାନିର ଓ ଅବହେଳାର ସାମଗ୍ରୀ ନୁହେଁ । କବିଙ୍କ ନାୟକର ଜୀବନ-ଦର୍ଶନ ହେଲା ସ୍ୱର୍ଗକାମନା ନାରୀର ତରୁଣତନୁ ନିକଟରେ ତୁଚ୍ଛ ।

ଅଙ୍ଗ-ଗଠନରେ କବିଙ୍କର ଦୃଷ୍ଟି ଅନୁପାତ, ସମତୁଲତା, ସ୍ୱଚ୍ଛତା, ବର୍ତ୍ତୁଳତା, ଅସ୍ଫୁଟତା ବା ନିଟୋଳତା ପ୍ରତି ଗତି କରିଛି । ଶାରୀରିକ ଗଠନର ନମୁନା ସ୍ୱରୂପ ତାଙ୍କ ନାୟିକାର ଅଙ୍ଗ-ସୌଷ୍ଠବ ନିମ୍ନୋକ୍ତ ପଦମାନଙ୍କରୁ ଜଣାଯାଏ-

(କ) ଗଣ୍ଠି ଶିରା ବିବର୍ଜିତ । ତନୁରେ ମାପ ଆୟତ୍ତ
ପକ୍ୱରସାଳକୁ କୃତାର୍ଥ କରିବା କିଞ୍ଚିତ କରି ଲକ୍ଷିତ ।(୧୦୧)

(ଖ) କଉଶଳ ଦ୍ୱୀପ ନୃପତି ଦୁହିତୀ ସୁଲୋଚନା ନାମ ଧୃକ
କରେ ଯେଣେ ଦୃଷ୍ଟି ନିତି ପଦ୍ମ ବୃଷ୍ଟି କାନ୍ତି କି ଚମ୍ପାଶମ୍ପାକ
କନ୍ଦର୍ପ, କୁନ୍ଦେ କୁନ୍ଦିଅଛି କି ଉରୁ-ସ୍ତମ୍ଭ ସ୍ରକ ସଂପୂଟକ
କଳେବର ଯାକ ମାପର ଆୟତ୍ତ ଗଣ୍ଠିଶିରା ଅସ୍ଫୁଟକ ।(୧୦୨)

'ତନୁ ତାର ମାପ ପ୍ରମାଣ' ଓ 'ଆଗ ପଛକୁ ସମ ଶୋଭା' ନାୟିକାର ଅଙ୍ଗ ସୌଷ୍ଠବ ନିମନ୍ତେ କବି ପ୍ରାମାଣିକ ମାପ, ଅର୍ଥାତ୍, ଯେଉଁ ଅଙ୍ଗ ଯେତିକି ହେବା ଉଚିତ ତଦନୁରୂପ ଓ ଶୋଭାର ସମାନ ବ୍ୟାପ୍ତି ଉପରେ ଗୁରୁତ୍ୱ ଦେଇଛନ୍ତି । ଅଙ୍ଗ ପ୍ରତ୍ୟଙ୍ଗର ନିଟୋଳତା ଉପରେ ମଧ୍ୟ କବିଙ୍କର ଶ୍ରଦ୍ଧା ରହିଛି-

ନୋହେ ଉଚ୍ଚ ଖର୍ବ ଅତି କଥାଏ ନୋହେ ଯୁବତୀ
ପୀନ ନୋହି କ୍ଷୀଣ ନୋହି । ଏମନ୍ତ ଦେହୀ
ବିବର୍ଜିତ ଗଣ୍ଠିଶିରା ପାଚିଲା ରସାଳ ପରା
ବୟସ ଷୋଳ ସତର । ଏଥି ଭିତର ।(୧୦୩)

ନାରୀର ସଂହତ ସ୍ତନମଣ୍ଡଳ, ପରିପୁଷ୍ଟ ନିତମ୍ବ, କୁଙ୍କୁମଲେପିତ ଉରୁ, କଚ୍ଛପାକୃତି ପାଦ, ଚିକ୍‌କଣ ଦର୍ପଣ ପରି ଗଣ୍ଡ ଦେଶ, ସେହି ସେହି ଅଙ୍ଗର ନିଟୋଳତା, ମସୃଣତା ଓ ଆକର୍ଷଣୀୟତା ସୂଚାଏ । ସୁଗଠିତ ଓ ପରିପୁଷ୍ଟ ଅଙ୍ଗ ଉପେନ୍ଦ୍ରଙ୍କ ନାରୀ ସୌନ୍ଦର୍ଯ୍ୟର ଆଦର୍ଶ ପ୍ରତିମାନ । ଅଙ୍ଗର ସ୍ନିଗ୍ଧତା, ଉଜ୍ଜ୍ୱଳତା, ମସୃଣତା ଓ ସ୍ୱଚ୍ଛତା ମଧ୍ୟ ଶୋଭା ସମ୍ପାଦନରେ ସହଯୋଗ କରନ୍ତି । କବିଙ୍କର ନାୟିକା ପିକ ଢୋକିବାବେଳେ ତାର ଅଙ୍ଗର ସ୍ୱଚ୍ଛତା ପ୍ରକଟିତ ହୁଏ-

ପିକ ଡ଼ାକିବାର ବେଳେ
ବୋଲ ଫୁଟି ଦିଶେ ଗଳେ
କି କାଞ୍ଚନ ଆଭା କାଚନଳେ ଫଗୁ
ପୂରାଇ ପିଚିକା ଚାଳେ ।(୧୦୪)
ଅଥବା,
ପାନକଳ ପୂରି ତୁଣ୍ଡେ । ଫୁଟି ଦିଶୁଅଛି ଗଣ୍ଡେ
ଜବାକୁସୁମ ପ୍ରତିବିମ୍ବି ଅଛିକି ନିର୍ମଳ ମୁକୁର ଖଣ୍ଡେ ।(୧୦୫)

ସୌନ୍ଦର୍ଯ୍ୟ ଚୟନରେ ଉପେନ୍ଦ୍ରଙ୍କର ଏକ ଆହରଣୀ ବୃତ୍ତି ପରିଲକ୍ଷିତ ହୁଏ । ସୌନ୍ଦର୍ଯ୍ୟର ସାର ସଞ୍ଚୟନ କରି ନାୟିକାର ଅଙ୍ଗ ଗଠନ କରିବା, ଅର୍ଥାତ୍ ସବୁ ଭଲ ଦ୍ରବ୍ୟରୁ ସାର ଭାଗ ଆଣି ନାୟିକାଠାରେ ଆରୋପ କରିବା ଓ ଉପମା-ନିନ୍ଦା ରଟାଇବା କଳ୍ପନାର କ୍ରୀଡ଼ା ନୁହେଁ, କବିଙ୍କର ଉତ୍‌ପ୍ରେକ୍ଷା ଓ ଅତିଶୟୋକ୍ତିର ଚାତୁରୀ । କାଳିଦାସ ପାର୍ବତୀଙ୍କର ଅଙ୍ଗ ନିର୍ମାଣ ନିମନ୍ତେ ଏହି ଉପାୟ ଅବଲମ୍ବନ କରିଥିଲେ । ଉପେନ୍ଦ୍ର ମଧ୍ୟ ସେହି ପନ୍ଥା ଅବଲମ୍ବନ କରିଛନ୍ତି-

ଯେଉଁ ଅଙ୍ଗକୁ ଉପମା ଯେଉଁ ଦ୍ରବ୍ୟ ହୋଇ
ତହୁଁ ସାର ନେଇଟି ସେ ତନୁ କଲା ବିହି ।(୧୦୬)

ନାୟିକାର ଅଙ୍ଗ ସାରତତ୍ତ୍ୱରେ ଗଢ଼ା- 'ସାର ଭାଗ କଲା ନୃପ ଜେମାକୁ । ଅସାର ଭାଗ କଲା ଉପମାକୁ'(୧୦୭) ଓ 'ସବୁଠାରୁ ସାର ସାର ଭାଗ ଭାଗ ଆଣି, ପୁରଟ ପ୍ରତିମା ପରି ରଚିଲା ରମଣୀ'(୧୦୮) ଏଥିରୁ ଶିଳ୍ପୀର ଆହରଣୀ ବୃତ୍ତି ତଥା ସେହି ଉପାଦାନ ଯେଉଁ ଅଙ୍ଗ ନିମନ୍ତେ ପ୍ରଯୁକ୍ତ ତାହାର ମୃଦୁତା, କୋମଳତା, ଔଜ୍ୱଲ୍ୟ ଓ ଆହ୍ଲାଦତ୍ୱ ସୂଚିତ ହୁଏ । ସର୍ବମତରେ ସକଳ ସୌନ୍ଦର୍ଯ୍ୟର ଆଗାର, ଅପରୂପା ନାୟିକାକୁ କନ୍ଦର୍ପ ଜଗଜ୍ଜୟ ଜଙ୍ଗମ ମୂର୍ତ୍ତି ରୂପେ ଗଢ଼ିଛି-

ଭିଆଇଛି ଛାଣି ଆଣି ଶୋଭା ସାର
ଜଗଜ୍ଜୟ ଜଙ୍ଗମ ମୂରତି ମାର ।(୧୦୯)

ତା ରୂପର ବିଶେଷତ୍ୱ ହେଲା, ଯୌବନ କୁନ୍ଦରେ କୁନ୍ଦି ହୋଇ ସେ ସାକ୍ଷାତ୍ କାମଦେବଙ୍କର ସୁବର୍ଣ୍ଣ ଯନ୍ତ୍ରରେ ନିର୍ମିତ ପିତୁଳା ସଦୃଶ ଦିଶୁଛି ।

ଶିଳ୍ପ ରଚନାକୁ ଉପେନ୍ଦ୍ର ସ୍ୱତଃ ନିର୍ମାଣ ବା ସ୍ୱତଃ ସମ୍ଭବୀ ରୂପେ ବିଶ୍ୱାସ କରନ୍ତି । ନିଜର କବିବୃତ୍ତିରେ ସେ ଶ୍ରମ ସାଧ୍ୟ ନିର୍ମାଣ ଉପରେ ଗୁରୁତ୍ୱ ଦେଇଥିଲେ ହେଁ ଶିଳ୍ପତତ୍ତ୍ୱ ବା ରୂପ-ରଚନାରେ ଅଯତ୍ନଜ ନିର୍ମାଣରେ ବିଶ୍ୱାସୀ ଥିଲେ । ଏ ବିଶ୍ୱାସକୁ ସେ ଏକାଧିକ ସ୍ଥଳରେ ପ୍ରକଟ କରିଛନ୍ତି-

ବନାଇବାରେ ପୁଣି ଯେ ପ୍ରତିମାଏ

ବପୁମନ୍ତ ହେଲା ଘୁଣାକ୍ଷର ପ୍ରାୟେ ।(୧୧୦)

କିମ୍ବା

ତାକୁ ଏ ରୂପେ ନିର୍ମାଣ କଲା ବିହି

କୀଟ କାଟୁ ଯେମନ୍ତ ଅକ୍ଷର ହୋଇ ।(୧୧୧)

ଚିତ୍ର ପ୍ରତିମା ପରି ଦେଖାଯାଉଥିବା ନାରୀ ରୂପ ଶିଳ୍ପୀର ଅନାୟାସ ପ୍ରସୂତ ରଚନା । ବହୁ ଶ୍ରମ ଓ କଳ୍ପନାରେ ନିର୍ମାଣ କରାଯାଇଥିବା ମୂର୍ତ୍ତିରେ ଶିଳ୍ପୀର ହସ୍ତ ପାଟବ ପରିଲକ୍ଷିତ ହେଲେ ହେଁ ସ୍ୱତଃସମ୍ଭବୀ ଶିଳ୍ପ ଶିଳ୍ପୀ ମାନସର ସ୍ୱଚ୍ଛନ୍ଦତାର ପ୍ରମାଣ ଦିଏ । ଏପରି ଶିଳ୍ପରେ ଯେଉଁ ସାରଲ୍ୟ ଓ ସୁଢ଼ଲତା ଆସେ ତାହା ଯନ୍ତ୍ରନିର୍ମିତ ରଚନାରେ ସମ୍ଭବ ନୁହେଁ ।

ଉପେନ୍ଦ୍ର 'ସୁନ୍ଦରମାନେ' 'ସୁନ୍ଦରେ' ପ୍ରଭୃତିକୁ ଅଳଙ୍କାର ଅର୍ଥରେ ଗ୍ରହଣ କରିଛନ୍ତି । ଉପମା ଅର୍ଥ ସୁନ୍ଦର । କାଳିଦାସ (ସର୍ବୋପମା ଦ୍ରବ୍ୟ-ସମୁଚ୍ଚୟ) ଉପମାକୁ ସୁନ୍ଦର ଅର୍ଥରେ ଗ୍ରହଣ କରିଥିଲେ । ଉପେନ୍ଦ୍ର ମଧ୍ୟ ଉପମାକୁ ସେହି ଅର୍ଥରେ ଗ୍ରହଣ କରିଛନ୍ତି । ଯେଉଁଠାରେ ବର୍ଣ୍ଣିତ ବସ୍ତୁରେ ତୁଳନା ଲୋଡ଼ା ହୋଇଛି ସେଠାରେ ସେ ଉପମା ବା ସୁନ୍ଦର ବସ୍ତୁମାନଙ୍କୁ ମାନସ-ନେତ୍ରରେ ଆଣିଛନ୍ତି ଓ ସେଗୁଡିକର ବୈଶିଷ୍ଟ୍ୟ ବା ନିକୃଷ୍ଟତା ଦେଖାଇଛନ୍ତି । ମାତ୍ର ପ୍ରାୟତଃ ସେମାନଙ୍କର ନ୍ୟୂନତା ପ୍ରତିପାଦନ ନିମନ୍ତେ କବି 'ଉପମା' ବା ସୁନ୍ଦର ବସ୍ତୁମାନଙ୍କୁ ଦୃଷ୍ଟିରେ ରଖିଛନ୍ତି-

କବିଙ୍କର ରୂପ-ଦର୍ଶନକାଳୀନ ମୁହୂର୍ତ୍ତ ବା ପରିବେଶ ଅଙ୍କନରୁ ସୌନ୍ଦର୍ଯ୍ୟାନୁଭୂତି କାଳରେ ଦ୍ରଷ୍ଟା ବା ବ୍ୟକ୍ତିର ଦେହମନରେ ସଞ୍ଚାରୀ ଭାବ ରୂପରେ କି ପ୍ରଭାବ ପଡ଼େ ଓ ତାହାଠାରେ କି ପ୍ରତିକ୍ରିୟା ଘଟେ ଜଣାଯାଏ । ଏହି ରୂପ ଦର୍ଶନର ଅବସ୍ଥାକୁ କବି ନିବିଡ଼ ଇନ୍ଦ୍ରିୟଗ୍ରାହ୍ୟ ଅନୁଭୂତି ମୁହୂର୍ତ୍ତରୂପେ ଚିତ୍ର କରିଛନ୍ତି । ଅର୍ଜୁନଙ୍କୁ ଦେଖି ସୁଭଦ୍ରା-

ସାର୍ଦ୍ରଚିତ୍ତ ତାଙ୍କୁ ସୁଭଦ୍ରା ଚାହିଁ । ସୂକ୍ଷ୍ମ ପଲକ ତା ପଡ଼ିଲା ନାହିଁ ।

ସ୍ମିତହାସିନୀ ଲବଣୀ ପିତୁଳୀ । ସମୀପରେ ଧନଞ୍ଜୟ ମିଳି ସେ

ସର୍ବରୂପେ ତରଳିଲା ଯେ । ସକଳେ ଚପଳେ ଅର୍ଘ୍ୟ ଦେଲେ

ଶିରେ, ସେ କରେ ଧରି ରହିଲା ଯେ ।(୧୧୨)

ଦ୍ରଷ୍ଟାର ସାଗ୍ରହ ଦୃଷ୍ଟି ଦୃଶ୍ୟ ବସ୍ତୁରେ ନିମଜ୍ଜିତ ରହିବା ଫଳରେ ବାହ୍ୟ ପରିବେଶ ଭୁଲି ହୋଇଯାଏ । ବ୍ୟକ୍ତି କ'ଣ କରିବାକୁ ଯାଇ କ'ଣ କରିବ ସେ ନିଜେ ଜାଣିପାରେ ନାହିଁ । ସୌନ୍ଦର୍ଯ୍ୟ ଉପଭୋଗର ଏହି ସାନ୍ଦ୍ର ପରିବେଶରେ ବସ୍ତୁ ଓ ବ୍ୟକ୍ତିର ମୁଖାପେକ୍ଷିତତା ହେତୁ ଜଗତର ବେଦ୍ୟ ବିଷୟ ପ୍ରତି ଉଦାସୀନତା ପ୍ରକାଶପାଏ । ଦ୍ରଷ୍ଟା

ନିଜ ମନର ମାଧୁରୀ ମିଶାଇ ସୁନ୍ଦର ବସ୍ତୁରେ ତାହାକୁ ଢାଳି ଆସ୍ୱାଦନଯୋଗ୍ୟ କରି ତୋଳେ। ଉପଭୋଗ୍ୟ ଓ ଉପଭୋକ୍ତା ଛଡା ସେଠାରେ ଆଉ କୌଣସି କଥା ଉଠେ ନାହିଁ। ଅର୍ଜୁନଙ୍କୁ ଦେଖି ସୁଭଦ୍ରା ମାର୍ଦ୍ରଚିତ୍ତରେ ତରଳିବାକୁ ଲାଗିଲେ । ଏକ ଦୃଷ୍ଟିରେ ତାଙ୍କୁ ସମସ୍ତେ ଅର୍ଜୁନଙ୍କୁ ଅର୍ଘ୍ୟ ଦେବା କାଳରେ ସେ ନିଜେ ଅର୍ଘ୍ୟଥାଳିକୁ ଧରି ଉଭା ହୋଇ ରହିଲେ। ଏଥିରୁ ତାଙ୍କର ଆସକ୍ତ ଓ ସ୍ନେହବିଚଳିତ ହୃଦୟର ପରିଚୟ ମିଳେ।

ରୂପର ପ୍ରଭାବରେ ତାଙ୍କଠାରେ ଯେଉଁ ବିକାର ଆସିଲା ତାହା ମଧ୍ୟ ତାଙ୍କର ଅନୁରାଗିଣୀ ମନର ପରିଚାୟକ-

ସଭଳିତ ଚରଣ ହେଲା। ସର୍ବାଙ୍ଗେ ପୁଲକ ପୂରିଲା
ସ୍ୱପ୍ରିୟ ଦରଶନୁ ପ୍ରିୟକତୁଲତନୁ ପ୍ରିୟକ ଫୁଲ ପ୍ରାୟ ହେଲା।(୧୧୩)

ଅନୁରାଗର ବସ୍ତୁ ସମ୍ମୁଖରେ ଦେଖି ପାଦ ଆଗକୁ ନଯାଇ ଥରିବାକୁ ଲାଗିଲା। ସର୍ବାଙ୍ଗରେ ପୁଲକ ପୂରିଗଲା। ନାୟକ ନାୟିକା ପରସ୍ପର ଦର୍ଶନରେ ମଧ୍ୟ ଏହିପରି ଇନ୍ଦ୍ରିୟଗ୍ରାହ୍ୟ ଅନୁଭୂତି ଲାଭ କରିଛନ୍ତି-

ଚାହୁଁ ଦୁହେଁ ଦୁହିଁଙ୍କି ମନନେତ୍ର କାହିଁକି ନଯାଇ ଉପୁଜାଇ ସ୍ନେହ।
ଆଲୋକିତ ଲୋକିତ ବଶୁଁ ଭଜି ଚକିତ ସ୍ଥକିତ ହୋଇଗଲା ଦେହ ସେ।

XXX

ଶୁଣିଥିଲା ସଦୃଶ ପରି ହେଉଛି ଦୃଶଇଦୃଶ ନାହିଁ ସଂସାରେ ତ
ମୁହୂର୍ମୁହୁ ଲୋଚନ ଦିଶେ ଦିଶେ ମୋଚନ କରଇ ସନ୍ତାପ ବହୁତ ସେ
ଯୁବାରାମା। ଭାବନ୍ତି ଆଗ ଇନ୍ଦ୍ରଜାଲ
କ୍ଷଣଣେ ହୁଏ ଚିତ୍ରମେଳ
ସ୍ୱପନ ନ ବିଚାରେ ସାକ୍ଷାତ ପରଚାରେ ଈଶ୍ୱର ହେବେ ଅନୁକୂଳ।(୧୧୪)

ଦୁହେଁ ଦୁହିଁକି ଚାହିଁରହିଲେ। ମନ ଓ ନେତ୍ର ଅନ୍ୟତ୍ର ନଯାଇ ପରସ୍ପର ଉପରେ ନିବଦ୍ଧ ରହି କେବଳ ପରସ୍ପର ପ୍ରତି ସ୍ନେହ ଉପୁଜାଇଲା। ଅନ୍ୟୋଽନ୍ୟ ଶୋଭା ସନ୍ଦର୍ଶନ ହେତୁ ଉଭୟେ ଚକିତ ଭଜିଲେ। ଶରୀରରେ ସ୍ଥୈର୍ଯ୍ୟ ଦେଖାଦେଲା। ପୂର୍ବରୁ ଶୁଣିଥିବା ଅନୁରୂପ ମୂର୍ତ୍ତିପରି ପରସ୍ପରକୁ ମଣିଲେ। ମାତ୍ର ସେପରି ମୂର୍ତ୍ତି ସଂସାରରେ ନଥିବାରୁ ମନରେ ବିଶ୍ୱାସ ଆସୁ ନାହିଁ। ପ୍ରଥମେ ଇନ୍ଦ୍ରଜାଲ ମାୟାର ପ୍ରଭାବ ବୋଲି ମନେ କଲେ ହେଁ ପରମୁହୂର୍ତ୍ତରେ ଚିତ୍ରପ୍ରତିମା ବୋଲି ବିଚାର କରିବାକୁ ଲାଗିଲେ। ପ୍ରତ୍ୟକ୍ଷ ଦର୍ଶନ ଫଳରେ ଆଉ ସ୍ୱପ୍ନ ବୋଲି ବିଚାର କଲେ ନାହିଁ। ପରସ୍ପର ଦର୍ଶନରେ ଏହି ଯେ ଅବସ୍ଥା ଓ ଭାବନା ଆସିଲା ତାହା ରୂପାକର୍ଷଣ ଓ ରୂପର ସାକ୍ଷାତ୍ ସମ୍ବନ୍ଧର ଫଳଶ୍ରୁତି।

ରୂପ-ଦର୍ଶନ ଫଳରେ ଦ୍ରଷ୍ଟା ମନର ଆନନ୍ଦ ଓ ଉଲ୍ଲାସକୁ ଉପେନ୍ଦ୍ର ଜୀବନ୍ତ ଚିତ୍ରରେ ପରିଣତ କରିଛନ୍ତି-

ସୁରେନ୍ଦ୍ର ଦିଗ ରଙ୍ଗ କି ରଥାଙ୍ଗ ଚାହିଁଲା
ସୁତହୀନ ଦେଖିଲା କି ଚୂତ ବକୁଳିଲା
ସୁମନା ବିକାଶ କିବା ମଧୁକର ଚାହିଁ
ଶାଳିଅନ୍ନ ମାସୋପବାସୀକି ଦେଲା ବିହି।[୧୧୫]

ଅରୁଣ ଉଦୟରେ ଚକୋରର ଯେଉଁ ଆନନ୍ଦ, ଚୂତ ବକୁଳରେ କୋକିଳର ଯେଉଁ ଆନନ୍ଦ, ପୁଷ୍ପର ବିକାଶରେ ମଧୁକରର ଯେଉଁ ଉଲ୍ଲାସ ଓ ଦୀର୍ଘ ଏକମାସ ଉପବାସରେ ରହିଥିବା କ୍ଷୁଧାର୍ତ୍ତର ଶାଳିଅନ୍ନ ଖାଦ୍ୟରୂପେ ପାଇ ଯେଉଁ ତୃପ୍ତି-ସେହିଭଳି ଆନନ୍ଦ ରୂପ-ସୌନ୍ଦର୍ଯ୍ୟର ଅନୁଭୂତି କାଳରେ ଲାଭ କରାଯାଏ।

ଉପେନ୍ଦ୍ର ନେତ୍ର ବର୍ଣ୍ଣନାରେ ସ୍ୱକୀୟ ବର୍ଣ୍ଣୋଜ୍ଜ୍ୱଳ କଳ୍ପନା-ଶକ୍ତିର ପରିଚୟ ଦେଇଛନ୍ତି। ନାୟିକାର ନେତ୍ରରେ ପ୍ରାୟତଃ ତିନିରଙ୍ଗର ସମାହାର କରାଇଛନ୍ତି-ଧବଳ, ରକ୍ତ ଓ କୃଷ୍ଣବର୍ଣ୍ଣ ଯଥାକ୍ରମେ ସତ୍ତ୍ୱ, ରଜ ଓ ତମ ଗୁଣର ସୂଚକ। ସୁଭଦ୍ରାଙ୍କ ଚକ୍ଷୁରେ କର୍ଣ୍ଣସାମ୍ୟ ହେତୁ ତ୍ରିଗୁଣାତ୍ମକ ସନ୍ନିପାତ ଘଟିଛି-

ସତ୍ତ୍ୱ ରଜ ତମ ନେତ୍ର ନିର୍ମିତ ଅତି ବିଚିତ୍ର
ଶ୍ୱେତ ରଙ୍ଗ କଳା ତିନିବର୍ଣ୍ଣ ସେ ଏଣୁ
ସମାଧାନ କଲା ବିଧି ମଣିମନ୍ତ୍ର ମହୌଷଧି
ତ୍ରିବିଧ ବଶୀକରଣ ଜଗତେ ଯେଣୁ।[୧୧୬]

ଏପରି ଚକ୍ଷୁ ଧୈର୍ଯ୍ୟହରଣ, ବଶୀକରଣ ଓ ମନ ଛନ କରିବାର ଶକ୍ତି ଧାରଣ କରେ। ନାୟିକାର ନେତ୍ର ଆନନ୍ଦ ଦେବା ସଙ୍ଗେ ତ୍ରାସପ୍ରଦ ମଧ୍ୟ। କାରଣ ସବୁଲୋକେ ସେ ନେତ୍ରରୁ ଆନନ୍ଦ ପାଉନଥିଲେ। ଅସତ୍ ଓ ବିହୃଦୟ ଲୋକେ ସେ ନେତ୍ରରୁ ଭୟ ପାଉଥିଲେ। ତା'ର ଦୃଷ୍ଟି-ସୁଷମାରେ ଏପରି କୋମଳତା ଓ ଲାବଣ୍ୟ ରହିଛି ଯେ, ଦୃଷ୍ଟିପାତରେ ଚତୁର୍ଦ୍ଦିଗ ସୁନ୍ଦର ହୋଇଉଠେ।[୧୧୭] କବି ନେତ୍ରବର୍ଣ୍ଣନାରେ ଗତିଶୀଳତା, ସ୍ନିଗ୍ଧତା, ମାଧୁର୍ଯ୍ୟ, କୋମଳତା, ଲାବଣ୍ୟ, ତରଳତା ଓ ମାଦକତା ଆଦି ଗୁଣର ସଂଯୋଜନା କରିଛନ୍ତି। ନେତ୍ର ଗତିର ଚଞ୍ଚଳତା, ମାଧୁର୍ଯ୍ୟ ଓ ଭାବ-ବିଳାସ ହେତୁ ନାୟକ ଉପରେ ନାୟିକାର ଦୃଷ୍ଟି ପତନ ନିତାନ୍ତ ଆକର୍ଷଣୀୟ ଓ ରମଣୀୟ ହୋଇଉଠିଛି। ନେତ୍ରରେ ହୀରା (ହର୍ଷ-ଧବଳ), ନୀଳା (ଶୃଙ୍ଗାର-ନୀଳବର୍ଣ୍ଣ) ଓ ମାଣିକ୍ୟ (ଅନୁରାଗ-ରକ୍ତବର୍ଣ୍ଣ) ଆଦି ତିନିବର୍ଣ୍ଣର ସମାହାର କରି ନାୟିକାର ଚାହାଣିକୁ ମନୋଜ୍ଞ ଓ ମାଦକୀୟ କରିଦେଇଛନ୍ତି।

ଚିତ୍ରପଟ ଦର୍ଶନ କାଳରେ ଦର୍ଶକର ମନନୟନ ପ୍ରାଣ ଚିତ୍ର ଶୋଭାରେ ସମର୍ପିତ ହୁଏ। ଚିତ୍ରର ଜୀବନ୍ତତା ଦ୍ରଷ୍ଟା ମନରେ ଅନୁରାଗବଶତଃ ଭ୍ରମ ସୃଷ୍ଟି କରେ। ସେ ଚିତ୍ରୋଲ୍ଲିଖିତ ଛବିକୁ ସାକ୍ଷାତ୍ ଦେହଧାରୀ କିମ୍ବା ପ୍ରତିମା ବୋଲି ସ୍ଥିର କରିପାରେ ନାହିଁ। ଆଲେଖ୍ୟ ଦର୍ଶନ-ଫଳରେ ତା'ମନରେ ଆଶ୍ଚର୍ଯ୍ୟ ଓ ସ୍ତମ୍ଭିତ ଭାବ ଉଦୟ ହୁଏ-

ଆଗ ଅନୁରାଗ ଭ୍ରମ ଉପୁଜି। ରାମା କି ପ୍ରତିମା ନପାରେ ହେଜି
ଚକିତ ସ୍ତମ୍ଭିତ ଦଣ୍ଡେ ହୋଇଲା। ମନେ ମନେ ଲକ୍ଷ ଚୁମ୍ବନ ଦେଲା
କି ସୁନ୍ଦର ମନନୟନ ପ୍ରାଣ। ସେହି ଶୋଭାରେ କଲା ସମର୍ପଣ।[୧୧୮]

ଚିତ୍ରପଟରେ ଏପରି ଦୃଷ୍ଟିଭ୍ରମ ଜାତ କରିବା ଶିଳ୍ପୀର ହସ୍ତପାଟବ, ରଙ୍ଗଜ୍ଞାନ ଓ ରେଖାର ବର୍ଣ୍ଣୋଜ୍ଜ୍ୱଳ ବିନ୍ୟାସ ଉପରେ ନିର୍ଭର କରେ। କୁଶଳୀ ଶିଳ୍ପୀର ତୂଳିକୋଦ୍ଭିନ୍ନ ଚିତ୍ରମୂର୍ତ୍ତିର, ପକ୍ଷ୍ମଚାତୁରୀ, ଦେହ ରଙ୍ଗ, ଅଧରରେ ଲାଖି ରହିଥିବା ହସର ଝଲକ ଆଦି ଦ୍ରଷ୍ଟାର ମନୋହରଣ କରିବାକୁ ସମର୍ଥ। ଏଥିରୁ କବିଙ୍କ ସମୟରେ ଓଡ଼ିଶୀ ଚିତ୍ର-ରଚନା କେତେ ଉନ୍ନତ ଥିଲା, ଜଣାଯାଏ।

ଯେଉଁ ଲୋକର ବସ୍ତୁଜ୍ଞାନ ପ୍ରବଳ ସେ ଚିତ୍ରମୂର୍ତ୍ତିରେ ଭୁଲିବାକୁ ଚାହେଁ ନାହିଁ। ଶିଳ୍ପକଳାର ଗ୍ରାହକ ଅନୁରାଗୀ ଓ ସଂଶ୍ରୟହୀନ ଚିତ୍ତରେ ଶିଳ୍ପ-ସୌନ୍ଦର୍ଯ୍ୟର ଉପଭୋଗ କରନ୍ତି। ବସ୍ତୁ ସଚେତନ ବ୍ୟକ୍ତି ଚିତ୍ରର ଯଥାର୍ଥ ସମ୍ଭାବ୍ୟ, ଅସମ୍ଭାବ୍ୟ ତଥା ସାରାସାର ସମ୍ବନ୍ଧରେ ମନରେ ତର୍କ କରେ। ଫଳରେ ଚିତ୍ରାନୁଭୂତିରେ ଯେଉଁ ନିମଗ୍ନତା ଆସିବା କଥା ତାହା ଆସେ ନାହିଁ। ମନ ଝଗଡ଼ିଉଠିବା ଫଳରେ ଶିଳ୍ପର ସକଳ ସୌନ୍ଦର୍ଯ୍ୟ ସତ୍ତ୍ୱେ ତହିଁରେ ତା'ର ମନ ରମଣ କରେ ନାହିଁ। ସୀତାଙ୍କୁ ଫେରାଇଦେଇ ଶିଳ୍ପୀ ଦ୍ୱାରା ଆଉ ଏକ ମାୟା ସୀତାମୂର୍ତ୍ତି ଗଢ଼ାଇବା ପାଇଁ ରାଣୀମାନେ ପ୍ରସ୍ତାବ କରିବାରୁ ରାବଣ ଉତ୍ତର ଦେଇଛି-

ବିଂଶଲୋଚନ ବଚନ ଦେହୁଁ ଜାତ ଛାଇ ଯେ
ବର୍ଣ୍ଣ ସୁବର୍ଣ୍ଣ ହୋଇଲେ କଳାକାନ୍ତି ହୋଇ ଯେ।[୧୧୯]

ରାବଣର ଯୁକ୍ତି ହେଲା ମୂର୍ତ୍ତି କେବେ ବାସ୍ତବ ନୁହେଁ। ତେଣୁ ମୂର୍ତ୍ତିରେ ଭୁଲି ମନୋବେଦନା ଦୂର କରିବା ତା'ପକ୍ଷରେ ଅସମ୍ଭବ। ସ୍ୱର୍ଣ୍ଣବର୍ଣ୍ଣ ଦେହରୁ ଜାତ ଛାଇ ଯେତେବେଳେ କଳା ହେଉଛି, ସେତେବେଳେ ସୁନ୍ଦରୀ ସୀତାଙ୍କ ଅନୁରୂପ ମୂର୍ତ୍ତିରେ ପ୍ରକୃତ ସୀତାଙ୍କ ସୌନ୍ଦର୍ଯ୍ୟ ଫୁଟିବା ରାବଣର ବିଶ୍ୱାସରେ ଆସି ନାହିଁ।

ନାରୀ ରୂପ ତୁଳନାରେ ଉପେନ୍ଦ୍ର ପୁରୁଷରୂପ ଚିତ୍ରଣରେ ଅଧିକ ମନୋଯୋଗୀ ହୋଇନାହାନ୍ତି। ପୁରୁଷର ରମଣୀ ମୋହନରୂପ ଅଙ୍କ କେତୋଟି ସ୍ଥାନରେ ଦେଖିବାକୁ ମିଳେ-

ବିସ୍ତାରଭର କି ଦ୍ୱିପୁଟ କପାଟ ରାମା-ଚିତ୍ତ-ବନ୍ଦୀ ଦୁର୍ଗ।[୧୨୦]

ପ୍ରଶସ୍ତ ବକ୍ଷଦେଶକୁ କାରାଗାରର ଯାଉଁଳି କବାଟ ପରି କଳ୍ପନା କରିବା ପୁରୁଷ ଅଙ୍ଗର ବଳିଷ୍ଠତା ଓ ନାରୀ-ହୃଦ ଜୟ କରିବାର ଆକର୍ଷଣ-କ୍ଷମତା ସୂଚନା କରେ। ପୁରୁଷ ରୂପର ପ୍ରଶଂସାରେ କବି ସୂକ୍ଷ୍ମ-ଭାବନା ବଳରେ ଅମୂର୍ତ୍ତ ସୌନ୍ଦର୍ଯ୍ୟ କଳ୍ପନା କରିଛନ୍ତି-

ସଦା ଆରଦ୍ରଚନ୍ଦନ ନାଗରୀହୃଦର
ଅମଳିନ ପୁଷ୍ପଗଭା ରସିକାବୃନ୍ଦର।[୧୨୧]

ସ୍ଥୂଳରୂପଠାରୁ ଏକ ରୂପ କେତେ ଚମତ୍କାର! ଆର୍ଦ୍ରଚନ୍ଦନପରି ସର୍ବଦା ନାରୀ ହୃଦ ଶୀତଳକାରୀ ଓ ରସିକାମାନଙ୍କର ଅମଳିନ ପୁଷ୍ପଗଭା ପରି ଆଦରଣୀୟ ପୁରୁଷର ଏହି ସୂକ୍ଷ୍ମ ରୂପ ଉପେନ୍ଦ୍ରଙ୍କ ସୌନ୍ଦର୍ଯ୍ୟ ଚେତନାର ଉଜ୍ଜ୍ୱଳ ଅବଦାନ।

ନରନାରୀଙ୍କର ବିଭିନ୍ନ ବୟସର ଦୈହିକ ସୌନ୍ଦର୍ଯ୍ୟ ଉପେନ୍ଦ୍ରଙ୍କ କାବ୍ୟରେ ବର୍ଣ୍ଣିତ ହୋଇନାହିଁ। ତରୁଣତନୁ ତାଙ୍କର ପ୍ରଧାନ ଆଲମ୍ବନ। ଅଳ୍ପ କେତୋଟି ସ୍ଥାନରେ ଶିଶୁରୂପ (କନ୍ୟା)ର ମନୋଜ୍ଞ ଜୀବନ୍ତ ଚିତ୍ର ଦେଇଛନ୍ତି। ମାତ୍ର ସେଥିରେ ଶିଶୁର ସୁକୁମାର ଅଙ୍ଗ ଓ ଶୈଶବୀୟ ଲୀଳା ଅପେକ୍ଷା ତା'ର ଯୌବନର ଅନିନ୍ଦ୍ୟ ସୁନ୍ଦରୀତ୍ୱ ପ୍ରତି ଇଙ୍ଗିତ ରହିଛି।[୧୨୨] ଯୌବନ ବ୍ୟତୀତ ବାର୍ଦ୍ଧକ୍ୟ କିମ୍ବା ବୟଃବୃଦ୍ଧିର ଅନ୍ୟ କୌଣସି ପର୍ଯ୍ୟାୟରେ ଶରୀରର ବାସ୍ତବ ଅଙ୍କନ ପ୍ରାୟ ନାହିଁ କହିଲେ ଚଳେ।

■

ପଞ୍ଚମ ଅଧ୍ୟାୟ

ଅଭିମନ୍ୟୁ ସାମନ୍ତସିଂହାର

ଅଭିମନ୍ୟୁ ଉପେନ୍ଦ୍ରଙ୍କ କାବ୍ୟାଦର୍ଶର ଛାତ୍ର। ପଣ୍ଡିତମଣ୍ଡଳୀର ସୁଖ ବୃଦ୍ଧି କରିବା ନିମନ୍ତେ ସେ କାବ୍ୟ-ମଧୁକୋଷ ନିର୍ମାଣ କରିଛନ୍ତି। ନାନା ଶାସ୍ତ୍ର, ପୁରାଣ, ବେଦାଗମ, କାବ୍ୟ ଆଦି ଆୟତ୍ତ କରିଥିବା ବିଦ୍ୱାନ୍ ବ୍ୟକ୍ତି ତାଙ୍କ କାବ୍ୟରୁ ରସ ଆହରଣ କରିପାରିବେ। କାବ୍ୟରେ ନାନା ପାକ ଓ ଦିବ୍ୟ ଅଦିବ୍ୟ ଭାଷା ପ୍ରୟୋଗ କରି ରୀତିଯୁଗ କାବ୍ୟ ପରମ୍ପରାକୁ ସୁଦୃଢ଼ କରିବା ପାଇଁ ତାଙ୍କର ଉଦ୍ୟମ ଯଥାର୍ଥରେ ପ୍ରଶଂସନୀୟ। ଅଭିମନ୍ୟୁଙ୍କର କାବ୍ୟ 'ଛଇଳଲୋକର ନବ ଗୁଣବତୀ ଛବି' ପ୍ରଦାନ କରେ। ଏ ଛଇଳ ଲୋକ ତାଙ୍କର ଛଇଳ କୃଷ୍ଣଙ୍କ ପରି ଭଙ୍ଗୀ-ମନୋହର। ନବଗୁଣବତୀ ରାସ-ରସିକା ଶ୍ରୀରାଧାଙ୍କର ରୂପ। ପାଠକର ଗ୍ରାହକତ୍ୱ ଉପରେ କବିଙ୍କର ଅଟଳ ବିଶ୍ୱାସ ଥିଲା-'ଗ୍ରାହକ ବିନା କି ଗମ୍ୟ ରସ ଅବିବେକେ।' କବି ରସିକଗ୍ରାହକର ରସଗ୍ରାହିଣୀ ଶକ୍ତି ଉପରେ ଆସ୍ଥାଶୀଳ ଥିଲେ। ଜଣେ ମାତ୍ର ବିବେକ ଗ୍ରାହକ ପୃଥିବୀପୃଷ୍ଠରେ ଥିଲାଯାଏ କବି କବିତ୍ୱର ଆଦର ଥିବ।-

> ବିବେକଗ୍ରାହକ କୋଟି କବି ଆୟୁ ଘେନି
> ବର୍ତ୍ତିଥିଲେ କବି କବିତ୍ୱ କି ହେବ ମ୍ଳାନି।[୧]

କଳାକାରର ବୃତ୍ତି ବଣିକ୍ ବୃତ୍ତି। ନିଜର କଳାର ପସରା ଘେନି ଗ୍ରାହକ ଅପେକ୍ଷାରେ ସେ ବସିରହିଥାଏ। କେହି ଜଣେ 'ଚିହ୍ନରାଗ୍ରାହକ' ତା'ପସରାରୁ ଶିଳ୍ପ ସାମଗ୍ରୀକୁ ଆଦରରେ ତୋଳିନେଲେ ସେ ନିଜର କଳାକାର ଜୀବନକୁ ଧନ୍ୟ ମନେ

କରେ । ତେଣୁ ସବୁ ଯୁଗର ଶିଳ୍ପୀକୁଳ ସେହି ସମଧର୍ମୀ ସହୃଦୟମାନଙ୍କ ରସଗ୍ରହଣ କ୍ଷମତା ଉପରେ ନିର୍ଭର କରି ଶିଳ୍ପସୃଷ୍ଟିରେ ନିରତ ରହନ୍ତି-

ରସିକ ଗ୍ରାହକ ବିନା ଜଗତେ
କବି ଶ୍ରମ କେ ଜାଣିବ ଯୁଗତେ
କୋଟି କବି ଆୟୁ ଘେନି ପ୍ରଶସ୍ତେ
ଗୋଟିଏ ଗ୍ରାହକ ଥିବ କି ସୁସ୍ଥେ
କବିତ୍ୱ ରତ୍ନବାଣିଜ୍ୟମାନ
କଦାଚିତେ ହେବ ନାହିଁ ମ୍ଳାନ ।[୨]

ଅଭିମନ୍ୟୁ ରାଗମାର୍ଗର ପଥିକ ଭକ୍ତଜନମାନଙ୍କ ହାତରେ 'ସନ୍ଦର୍ଭଗର୍ଭ ଛଳ ପରିହାସ ଶ୍ଳେଷ' ପୂର୍ଣ୍ଣ ମାନସୋଲ୍ଲାସୀ ସରସ ରଚନା ଟେକି ଦେଇଥିଲେ । ତାଙ୍କର କାବ୍ୟ-

ରସିକଜନର । ରସ ସୁଖାନନ୍ଦ ସାର ମନ୍ଦିର ।[୩]

କାବ୍ୟର ପଦମାନ ଢଗଢମାଳି ଭଳି ଜଣାଗଲେ ମଧ୍ୟ ତାହା ସାକ୍ଷାତ୍ ଅମୃତ । ସଂସ୍କୃତ ଓ ଦେଶ ଭାଷାର ମିଶ୍ରଣରେ କୃଷ୍ଣ ବିଷୟକ କାବ୍ୟ ରଚନା କରିଥିବାରୁ ତାହା ସକଳ ଶ୍ରେଣୀର ପାଠକ ନିକଟରେ ଗ୍ରାହ୍ୟ ଓ ପ୍ରିୟ ହେବ । କବିଙ୍କର ଭାଷା ବିଷୟରେ ଏହି ଉଦାରତା ଓଡ଼ିଆ ଭାଷାର ମର୍ଯ୍ୟାଦା ବଢାଇଛି । ଯେ କୌଣସି ସ୍ଥାନରୁ ଆନୀତ ଜଳରେ ଶାଳଗ୍ରାମ ଶିଳା ସ୍ନାନ କରାଇଲେ ତାହା ଯେପରି କାହାରି ଦ୍ୱାରା ଅଗ୍ରାହ୍ୟ ହୁଏ ନାହିଁ, ସେହିପରି ଯେ କୌଣସି ଭାଷାରେ କୃଷ୍ଣଚରିତ ବର୍ଣ୍ଣନା କଲେ ମଧ୍ୟ ସମାଦର ଲାଭ କରିବ । ରାଗାତ୍ମିକ ଅନୁଭବୀମାନେ ରାଧାକୃଷ୍ଣ ପ୍ରେମଲୀଳାର ପ୍ରକୃତ ଅବଧାରକ । ଅଭିଳଷିତ ବସ୍ତୁରେ ଯେଉଁ ସ୍ୱାଭାବିକ ପରମ ଆବିଷ୍ଟତା, ଅର୍ଥାତ୍, ପ୍ରେମମୟ ତୃଷ୍ଣା, ତାହାକୁ ରାଗ କୁହାଯାଏ । ସେହି ରାଗାତ୍ମିକା ଅନୁଭବ ଯାହାର ଅଛି, ସେହିମାନେ ହିଁ ରାଧାକୃଷ୍ଣ ପ୍ରେମ-ଲୀଳାମୃତ ଆସ୍ୱାଦନ କରିପାରିବେ ।

ଉପେନ୍ଦ୍ର-କାବ୍ୟାଦର୍ଶର ଯଥାର୍ଥ ଅନୁକାରୀ ଅଭିମନ୍ୟୁଙ୍କଠାରୁ କାବ୍ୟାଦର୍ଶ ଓ ପ୍ରକୃତି ବର୍ଣ୍ଣନାରେ ନୂତନତା ଆଶା କରାଯାଇ ନପାରେ । ରୀତିଯୁଗ କାବ୍ୟ-ଚେତନାରେ ପ୍ରକୃତିର ଯେଉଁ ଶୃଙ୍ଗାରିକ ଚିତ୍ର ଉଜ୍ଜୀବିତ ରହିଥିଲା ଅଭିମନ୍ୟୁ ତାହାକୁ ଜୀବନ୍ତ କରି ତୋଳିଛନ୍ତି । ଉତ୍କଣ୍ଠାପୂର୍ଣ୍ଣ ହୃଦୟରେ କୃଷ୍ଣଙ୍କର ବନ-ଭ୍ରମଣ କାଳରେ କବି ଗ୍ରୀଷ୍ମ ପ୍ରକୃତିର ଚିତ୍ର ଦେଇଛନ୍ତି-

କରିଛି ରତାନ୍ତ ନାୟିକା ରୀତି
କଳେବର ସ୍ୱେଦ-ରଞ୍ଜନ ଅତି

କଲା ବ୍ୟଜନ ଭଞ୍ଜନ ମନକୁ
କଟୁ ମଣେ ଚିତ୍ତ ମିତ୍ର-କରକୁ
କିଞ୍ଚିତ ବାସେ ସ୍ନେହ ନୁହଁଇ
କଳେବର ଖର କରେ ଜଳଇ
କମନୀୟ ପୟୋଧରୁ ଖଣ୍ଡଇ।(୪)

ପ୍ରକୃତିରେ ନାରୀ ଅଙ୍ଗ ଓ କ୍ରିୟା ବ୍ୟାପାର ଆରୋପ କଳ୍ପନା ଭଞ୍ଜୀୟ ପ୍ରକୃତିକୁ ସ୍ମରଣ କରାଇଦିଏ-

କମଳେ ସ୍ୱାଧୀନ ଭର୍ତ୍ତୃକା ଶିରି
କୁମୁଦିନୀ ଦ୍ରୋହୀ ନାୟିକା ସରି।।
କାନ୍ତାର୍ଥିନୀ ପରି ବିଟପୀବାର।
କାନ୍ତିବନ୍ତକାଳ ସୁନାରୀଙ୍କର।।
କାନନହୃଦୟ ବିଯୋଗୀ ପରି।
କୃଶାନୁଜାତ ହୋଇବାରୁ କରି।।(୫)

ଅଭିସାର ରଚନା କାଳରେ ପ୍ରଣୟ-ପ୍ରଦୀପିତ ପ୍ରକୃତିର ଫୁଲ୍ଲରୂପ ଅଙ୍କନରେ ଅଭିମନ୍ୟୁ ଅସାଧାରଣ ନୈପୁଣ୍ୟ ଦେଖାଇଛନ୍ତି। ଶୁଭ୍ର ଜ୍ୟୋତ୍ସ୍ନାର ପ୍ରଚାର ଏପରି ଘଟିଛି ଯେ, 'ବନଭୂମି ସୁଦ୍ଧା ହୋଇଅଛି ସୁଧା ଲିପିତ ହେଲା ପ୍ରକାର।' ପ୍ରକୃତିର ଯେଉଁ ପରିବେଶରେ ଶୁକ୍ଲାଭିସାରିକା ରାଧାଙ୍କ ସହିତ କୃଷ୍ଣଙ୍କର ରାସ-ନୃତ୍ୟ ଅନୁଷ୍ଠିତ ହେବ ତାହାର ଚିତ୍ର-

ଚନ୍ଦ୍ରମା କିରଣ ଘେନି ରଣରଣ କୋଟିଗୁଣେ ପ୍ରଭାବନ୍ତ
ସପଲ୍ଲବ ବନ ବସନ୍ତ ପବନ ଫୁଲକାଣ୍ଡେ ଦହେ ଚିତ୍ତ
ଅଳି ଝଙ୍କାର ଯେ। କଞ୍ଚୁଣୀ ଟଙ୍କାର ପ୍ରତେ
କୋକିଳ ପଞ୍ଚମ ସୁସ୍ୱରେ ପଞ୍ଚମ ଭାବନା ଉଦୟ ଚିତ୍ତେ।(୬)

ସାରା ବାତାବରଣ ମଦନର ସମ୍ମୋହନରେ ବିମୂର୍ଚ୍ଛିତ। ପ୍ରକୃତିର ଉଚ୍ଚାଟନ ଓ ଉଦ୍ଦୀପନ ଶୋଭା ରାଧାକୃଷ୍ଣଙ୍କର ମିଳନ ନିମନ୍ତେ ଯୋଗ୍ୟ ପଟ୍ଟଭୂମିକା ରଚନା କରିଛି। ପ୍ରକୃତି ସୌନ୍ଦର୍ଯ୍ୟର ପ୍ରଭାବରେ ପ୍ରଣୟୀ ପ୍ରଣୟିନୀଙ୍କ ହୃଦୟରେ ଶୃଙ୍ଗାର ଭାବନା ଜାଗ୍ରତ କରିବା ଅଭିମନ୍ୟୁଙ୍କର ଲକ୍ଷ୍ୟ।

ପ୍ରକୃତିରେ ନାରୀରୂପ ଭିନ୍ନ ପୁରୁଷ ରୂପ କଳ୍ପନା ଅଭିମନ୍ୟୁଙ୍କର ନୂତନ ଦୃଷ୍ଟିକୋଣର ପରିଚୟ ଦିଏ। ଗୋପୀମାନଙ୍କର ଜଳକ୍ରୀଡା କାଳରେ ଯମୁନାର ନୀଳଜଳରେ କୃଷ୍ଣରୂପ ସାମ୍ୟ ଦର୍ଶନ କରି ପରସ୍ପର କଥନରେ ଏହି ଭାବ ଫୁଟିଛି-

ନିରେଖି ଜଳକୁ କେ ବୋଲେ କାଳିମା କୃଷ୍ଣଅଙ୍ଗ ପରି ଦିଶଇ
ନଳିନରେ ହୃଦଦେଶ ଶୋହଇ
ନେତ୍ର ଇନ୍ଦୀବର, କୋକନଦ, ପଦ, ନଖ କହ୍ଲାର ଅଟଇ। ଗୋ ନୂତନା।
ନୀଳ-ଭ୍ରୂଭଙ୍ଗୀ-ଭଙ୍ଗ ଶୋଭା ଦିଶେ
ନ ପୁଣି ଗୋ ହୋଇଥାଇ ଏହି ସେ
ନୟନ ଠାରିଲା ପରାୟେ ଶଫରୀ-ଛଟକ ମନକୁ ଆସେ।[୭]

ଏହାଛଡା ଅଭିମନ୍ୟୁ ଉପେନ୍ଦ୍ର ରୀତିରେ ପ୍ରକୃତିରେ ପ୍ରିୟା ରୂପ ଓ ଅଙ୍ଗ-ସାଦୃଶ୍ୟ ଦୃଷ୍ଟିରୁ ପ୍ରକୃତିରୁ ଭୂରି ଭୂରି ଉପମାନ ସଂଗ୍ରହ କରିଛନ୍ତି।[୮]

ଅଭିମନ୍ୟୁଙ୍କର ସୌନ୍ଦର୍ଯ୍ୟ-ଚେତନା ଉଚ୍ଚକୋଟିର ଥିଲା। ବୈଷ୍ଣବ ରସଶାସ୍ତ୍ର ଅନୁସରଣରେ ସେ ରସ-ସୌନ୍ଦର୍ଯ୍ୟର ଯେଉଁ ତାତ୍ତ୍ୱିକ ଲକ୍ଷଣ ନିର୍ଦ୍ଧାରଣ କରିଛନ୍ତି, ସୌନ୍ଦର୍ଯ୍ୟ ତତ୍ତ୍ୱ ସହିତ ତାହା ପ୍ରଭୂତ ସାମ୍ୟ ରକ୍ଷା କରେ।

ସାର୍ଥକ ସୌନ୍ଦର୍ଯ୍ୟାନୁଭୂତି ଓ ପ୍ରେମାନୁଭୂତି ମଧ୍ୟରେ ସୀମାରେଖା ପ୍ରାୟ ଅସ୍ପଷ୍ଟ ହୋଇଯାଏ। ଅଭିମନ୍ୟୁ ପ୍ରେମତତ୍ତ୍ୱ ନିରୂପଣରେ ଯେପରି ସୌନ୍ଦର୍ଯ୍ୟତତ୍ତ୍ୱର ରହସ୍ୟ ବ୍ୟାଖ୍ୟା କରିବାକୁ ଯାଇଛନ୍ତି। ସୌନ୍ଦର୍ଯ୍ୟର ସ୍ୱରୂପ ଅନୁଭବ ବେଦ୍ୟ। ଅନୁଭବଶକ୍ତିର ଅସ୍ତିତ୍ୱ, ଉପଯୁକ୍ତତା, ତୀକ୍ଷ୍ଣତା ଓ ନିୟତ ଅଭ୍ୟାସ ଫଳରେ ସୌନ୍ଦର୍ଯ୍ୟତରଙ୍ଗର ଆଘାତ ହୃଦ-ବେଳାରେ ବାଜେ। ହୃଦୟବୃତ୍ତିର ଉପଯୁକ୍ତ ପରିଚାଳନା ଫଳରେ ସୌନ୍ଦର୍ଯ୍ୟାନୁଭୂତି ଲାଭ କରାଯାଏ। ଅଭିମନ୍ୟୁ ଏଥିପାଇଁ 'ସଂଯୋଗ' ଓ 'ସମ୍ବନ୍ଧ' କଥା କହୁଛନ୍ତି। ପ୍ରେମ ଓ ସୌନ୍ଦର୍ଯ୍ୟ ଉଭୟ କ୍ଷେତ୍ରରେ ଏହି ସଂଯୋଗ ଓ ସମ୍ବନ୍ଧ ହିଁ ମୂଳକଥା। ସଂଯୋଗ, ଭାବତାଦାତ୍ମ୍ୟ, ହୃଦୟ-ବିନିମୟ ଓ ଶୁଦ୍ଧ ସତ୍ତ୍ୱମୟ ହୃଦୟ ହିଁ (ଗର୍ବ ଗୌରବ, ପଦପଦବୀ, ଅଭିମାନ ଛାଡି) ସୌନ୍ଦର୍ଯ୍ୟୋପଲବ୍ଧି ନିମନ୍ତେ ପ୍ରଶସ୍ତ କ୍ଷେତ୍ର-

ସମାନ ବୁଦ୍ଧିବୟ ଶୋଭାଗୁଣ। ସ୍ୱଚ୍ଛ ଆରଦ୍ର ସ୍ୱଭାବ ଲକ୍ଷଣ
ରସରତ୍ନ-ଚିହ୍ନା ଗ୍ରାହିକା ଶକ୍ତି। ଏତେ ଲକ୍ଷଣେ ଯୁକ୍ତ ଯେଉଁ ବ୍ୟକ୍ତି
ସଂଯୋଗ ସମ୍ବନ୍ଧୁ ଗୋ। ହୃଦେ ଉଦେ ହୋଏ ପ୍ରଣୟ ବିଧୁ।[୯]

ଅଭିମନ୍ୟୁ ଏଠାରେ ପ୍ରଣୟ କଥା କହିଥିଲେ ମଧ୍ୟ ସୌନ୍ଦର୍ଯ୍ୟଗ୍ରାହୀର ପ୍ରକୃତ ଲକ୍ଷଣଗୁଡିକ ଉଲ୍ଲେଖ କରିଛନ୍ତି। ପ୍ରକୃତ ପ୍ରେମ ସମ୍ପର୍କ ସ୍ଥାପନ ନିମନ୍ତେ ଯେପରି ଦୁଇଟି ହୃଦୟ ମଧ୍ୟରେ ରୂପଗତ, ଗୁଣଗତ, ଗ୍ରାହକଗତ, ବୟସ ଓ ପରିବେଶଗତ ସାଧର୍ମ୍ୟ ରହିବା କଥା ସୌନ୍ଦର୍ଯ୍ୟାନୁଭୂତି କାଳରେ ମଧ୍ୟ ତାହାର ପ୍ରୟୋଜନୀୟତା ରହିଛି। ଅଭିମନ୍ୟୁ 'ଗ୍ରାହିକା ଶକ୍ତି' କଥା ସ୍ପଷ୍ଟତଃ କହିଛନ୍ତି। ଏହାର ଅଭାବରେ ପ୍ରକୃତ ସୌନ୍ଦର୍ଯ୍ୟାନୁଭୂତି ମିଳିନପାରେ। ବ୍ୟକ୍ତିର ବିଷୟାସକ୍ତ-ମନ ବସ୍ତୁର ସୌନ୍ଦର୍ଯ୍ୟରେ

ଅଧିକ ସମୟ ନିମଜ୍ଜିତ ରହିପାରେ ନାହିଁ। ତା'ର ମନ ରସ-ବସ୍ତୁରେ ଏକାନ୍ତ ରମଣ ନକରି ବାରମ୍ବାର ସାଂସାରିକତା ଆଡକୁ ପ୍ରଧାବିତ ହୁଏ। ସୌନ୍ଦର୍ଯ୍ୟାନୁଭୂତିରେ ଚିତ୍ତ-ଚାଞ୍ଚଲ୍ୟ, ସ୍ୱାର୍ଥ, ହୃଦୟ-ବୈକଲ୍ୟର ସ୍ଥାନ ନାହିଁ। ମଗ୍ନତା ହିଁ ଆନନ୍ଦ। ରସାସ୍ୱାଦନରେ ମଗ୍ନତା ହିଁ ସାରକଥା।

ପାତ୍ରର ଗୁଣାଗୁଣ ଅନୁସାରେ ତାହାର ଗ୍ରାହିକାଶକ୍ତି ନିରୂପଣ କରାଯାଏ। ସବୁଲୋକେ ସମାନ ଅନୁଭୂତି ଲାଭ କରିପାରନ୍ତି ନାହିଁ। ନିକୃଷ୍ଟ ଗ୍ରାହକ ଛାୟାବିମ୍ବ ଓ ମଧ୍ୟମ ପ୍ରକାର ଲୋକ ପ୍ରତିବିମ୍ବ ମାତ୍ର ଗ୍ରହଣ କରେ। ଉତ୍ତମ ଜନ ଅକ୍ଷୟ ଅବିନଶ୍ୱର ଅଖଣ୍ଡ ତଥା କଳଙ୍କଶୂନ୍ୟ ସୌନ୍ଦର୍ଯ୍ୟାନନ୍ଦ ଲାଭ କରିଥାଏ। ସୌନ୍ଦର୍ଯ୍ୟରେ ଆନନ୍ଦମୟତା ବିଦ୍ୟମାନ। ସେହି ଆନନ୍ଦରୁ ଅମୃତ ସଦୃଶ ଆସ୍ୱାଦନ ମିଳେ-

ନିକୃଷ୍ଟଠାରେ ଛାୟାବିମ୍ବବତ। ମଧ୍ୟ ଭଳିରେ ପ୍ରତିବିମ୍ବ ଖ୍ୟାତ
ଅକ୍ଷୟ ଅକ୍ଷୁଣ୍ଣ ଅଙ୍କରହିତ। ଉତ୍ତମ ଜନ ମନରେ ଉଦିତ
ଅମୃତ ଆହ୍ଲାଦ ଗୋ। ଲଭିବାରୁ ହୃଦେ ପୂର୍ଣ୍ଣ ଆନନ୍ଦ।[୧୦]

ପ୍ରେମ ଓ ସୌନ୍ଦର୍ଯ୍ୟର ଅଭିନ୍ନତା ଅଭିମନ୍ୟୁଙ୍କର ନିମ୍ନୋକ୍ତ ପଦରୁ ବୁଝାଯାଇପାରେ-

ପାତ୍ରଶୁଦ୍ଧିରେ ଶକ୍ତି ଭିନ୍ନ ଧରେ
କାନ୍ତ ଭାବ ଆବିର୍ଭୂତ ହେବାରେ
ମିତ୍ରକାନ୍ତ ହୃଦେ ଅନଳଜାତ
ଚନ୍ଦ୍ରକାନ୍ତ ହୃଦ ହୋଏ ଦ୍ରବିତ
ନିର୍ମଳ କଳଙ୍କୀ ଯେ
ଦର୍ପଣେ ପ୍ରତିବିମ୍ବ ଦୃଶ୍ୟ ତର୍କ।[୧୧]

ଶୁଦ୍ଧତାର ତାରତମ୍ୟ ଅନୁସାରେ ପାତ୍ର ପ୍ରିୟବସ୍ତୁର ଭାବ ଗ୍ରହଣରେ ଅଳ୍ପ ବହୁତ ଶକ୍ତି ଧାରଣ କରେ। ସୂର୍ଯ୍ୟକାନ୍ତ ମଣି ସୂର୍ଯ୍ୟୋଦୟରେ ଜଳିଉଠେ; ମାତ୍ର ଚନ୍ଦ୍ରକାନ୍ତ ମଣି ତରଳିଯାଏ। ସ୍ୱଚ୍ଛ ଦର୍ପଣରେ ଓ ମଳିନ ଦର୍ପଣରେ ରୂପର ପ୍ରତିଫଳନ ତାରତମ୍ୟ ଅନୁସାରେ ଘଟେ।

ସୌନ୍ଦର୍ଯ୍ୟ ମଧ୍ୟ ପ୍ରେମ ଭଳି ସ୍ୱସମ୍ବେଦ୍ୟ। ଏହାକୁ ଅନୁଭବ କରିହୁଏ; ମାତ୍ର କହି ହୁଏ ନାହିଁ। ଅନୁଭବୀ ତା'ର ଅନୁଭବକୁ ପ୍ରକାଶ କରିବାକୁ ଅସମର୍ଥ ହୁଏ।

ପ୍ରଣୟ ପରିପାଟୀ ଅକଥନ। ମନ ଜାଣିଲେ ନ ଜାଣେ ବଚନ
ଜନ୍ମାନ୍ଧ କଡ ବଧିର ଯେମନ୍ତ। ସୁଖୀ ହୋଏ ସ୍ୱପ୍ନେ ଦେଖି ସଙ୍ଗୀତ।
ଭାବି ଭାବି ମନେ। କି କହିବ ସେ ବିବେକାନୁମାନେ।[୧୨]

ସୌନ୍ଦର୍ଯ୍ୟ ଏପରି ପଦାର୍ଥ ଯେ, ତାହାକୁ ମନ ଗ୍ରହଣ କଲେ ମଧ୍ୟ ବଚନରେ ପ୍ରକାଶ କରାଯାଇପାରେ ନାହିଁ। ଜନ୍ମାନ୍ଧ, ଜଡ ଓ ବଧିର ଯେଉଁପରି ସ୍ୱପ୍ନରେ ସଙ୍ଗୀତ ଶ୍ରବଣ କରି ମନେ ମନେ କେବଳ ଭାବିହୁଅନ୍ତି, ସଙ୍ଗୀତର ରସାସ୍ୱାଦନ କଲେ ମଧ୍ୟ ପ୍ରକାଶ ଶକ୍ତି ଅଭାବରୁ ଅଭିବ୍ୟକ୍ତି ଦେଇପାରନ୍ତି ନାହିଁ, ସୌନ୍ଦର୍ଯ୍ୟାନୁଭୂତି ସେହିପରି ସ୍ୱସମ୍ବିଦାନନ୍ଦ ଚର୍ବଣ ବ୍ୟାପାର।

ପ୍ରକୃତ ପ୍ରେମ ଓ ପ୍ରକୃତ ସୌନ୍ଦର୍ଯ୍ୟାନୁଭୂତି ନିଷ୍ପ୍ରୟୋଜନ ଆନନ୍ଦ ପ୍ରଦାନ କରନ୍ତି। ସ୍ୱାର୍ଥ, ଉପଯୋଗିତା, ପ୍ରୟୋଜନ ଓ ବିଚାର ବୁଦ୍ଧି ପ୍ରୟୋଗ କରି ତାହାର ମୂଲ୍ୟାଙ୍କନ କରାଯାଏ ନାହିଁ। ଯେଉଁ ପ୍ରେମରେ ଓ ଯେଉଁ ସୌନ୍ଦର୍ଯ୍ୟରେ ପ୍ରୟୋଜନ ଅଛି, ତାହା ନିକୃଷ୍ଟ।[୧୩] ସୁନ୍ଦର ନିମିତ୍ତ ବେଶ ହେବା ଓ ପ୍ରୟୋଜନ ଦୃଷ୍ଟିରୁ ପ୍ରୀତି ପାଳିବାରେ ଅଭିମନ୍ୟୁ ପାରସ୍ପରିକ ପ୍ରୟୋଜନର ସ୍ଥିତି ଲକ୍ଷ୍ୟ କରିଛନ୍ତି। ମାତ୍ର ଏପରି ପ୍ରେମ ଓ ସୌନ୍ଦର୍ଯ୍ୟରେ ସର୍ବୋତ୍କୃଷ୍ଟ ଆନନ୍ଦ ମିଳେ ନାହିଁ।

ବସ୍ତୁ ଓ ବ୍ୟକ୍ତିର ସମହୃଦୟ ଓ ସମସ୍ୱଭାବ ଫଳରେ ଦର୍ପଣରେ ମୁଖର ପ୍ରତିବିମ୍ବ ପଡିଲା ପରି ସୌନ୍ଦର୍ଯ୍ୟାନନ୍ଦ ଜାତ ହୁଏ-

ଏ ଯାହା କରଇ ସେ ତାହା କରେ
ସମସ୍ୱଭାବ ମନ ହୋଇବାରେ
ତାହା ଦୁଃଖରେ ଏହା ଦୁଃଖ ଜାତ
ଏହା ସୁଖରେ ତାହା ସୁଖ ଖ୍ୟାତ
ଶ୍ରୀମୁଖ ଚିନ୍ତିତ। ଦର୍ପଣ ପ୍ରତିବିମ୍ବ କୃତ ଖ୍ୟାତ।[୧୪]

ଏହି ମୁଖାପେକ୍ଷିତା ଫଳରେ ଦୁହେଁ ଅଭିନ୍ନ ହୃଦୟ ହୋଇ ରସୋପଭୋଗ କରନ୍ତି। ବ୍ୟକ୍ତି ଓ ବସ୍ତୁର ତାଦାତ୍ମ୍ୟ ସ୍ଥାପିତ ହେବା ଦ୍ୱାରା ଦୂରତ୍ୱବୋଧ ଘୁଞ୍ଚିଯାଏ। ଜଗତରେ କେବଳ ସେ ଦୁହେଁ ଥିବା ପରି ମନେ କରି ପରସ୍ପରର ସୁଖ ଦୁଃଖରେ ସମଭାଗୀ ହୋଇ ହୃଦୟ ବିନିମୟ କରିଚାଲନ୍ତି।

ସତ୍ୟ ପ୍ରୀତି ଓ ବିଶୁଦ୍ଧ ସୌନ୍ଦର୍ଯ୍ୟ ଉପଭୋଗରେ ଅବିଶ୍ୱାସ ନଥାଏ। ତୁଚ୍ଛ ମହତ୍ ଦିଶେ; ଅବିଶ୍ୱାସଯୋଗ୍ୟ ବସ୍ତୁ ବିଶ୍ୱାସଭାଜନ ହୁଏ। ମିଥ୍ୟା ପ୍ରୀତି ଓ ଅଳୀକ ସୌନ୍ଦର୍ଯ୍ୟ ଆଭାସ ମାତ୍ର। ଦୃଷ୍ଟି ବିଭ୍ରମ ସୃଷ୍ଟି କରି ମୁହୂର୍ତ୍ତକ ପାଇଁ ତାହା ମନୋହରଣ କରେ। ବିଚାର କରି ବସିଲେ ତାହାର ମୂଲ୍ୟ ଯୋଗାଏ ନାହିଁ। ଛାୟା ବା ସାଦୃଶ୍ୟରେ ଭୁଲିଥିବା ବ୍ୟକ୍ତି ଭ୍ରମ ହୁଏ। ଚିତ୍ର ପ୍ରତିମାର ଉପରିଭାଗ ନେତ୍ରରଞ୍ଜକ ହୋଇଥିଲେ ହେଁ ଭିତରେ କୁଟା ମାଟି ପ୍ରଭୃତି ତୁଚ୍ଛ ଉପାଦାନ ରହିଥାଏ। ଏପରି ଅସାର ସୌନ୍ଦର୍ଯ୍ୟ କ୍ଷଣସ୍ଥାୟୀ ଓ ମିଥ୍ୟା। ବାହ୍ୟ ତୋରା ଦିଶୁଥିବା କର୍କଟୀ ଫଳ ଭିତରେ କେବଳ ମଞ୍ଜି ଓ

ପାଣି ଥାଏ। ଅଳୀକ ସୌନ୍ଦର୍ଯ୍ୟରେ ମଜ୍ଜିବା ଭୂତର ଆଲିଙ୍ଗନ ପରି ଅମଙ୍ଗଳପ୍ରଦ।[୧୫] ଏପରି ସୌନ୍ଦର୍ଯ୍ୟ ମାୟା, ଭ୍ରମ, ସ୍ୱପ୍ନ ଓ ମିଥ୍ୟା ଉପରେ ଆଧାରିତ। ତାହା ସୁଖ ଦେଲେ ମଧ୍ୟ ସେ ସୁଖ ସ୍ୱଳ୍ପକ୍ଷଣସ୍ଥାୟୀ। ଅଭିମନ୍ୟୁ ପ୍ରେମ ଓ ସୌନ୍ଦର୍ଯ୍ୟକୁ ସ୍ୱପ୍ନଠାରୁ ପୃଥକ୍ ଜ୍ଞାନ କରନ୍ତି।

ସ୍ୱପ୍ନକେଳି କି ସୁଖ ନ ଦିଅଇ,
ନିଦ୍ରାଭଙ୍ଗ ବୋଧେ ମିଥ୍ୟା ଅଟଇ
ଅନୁଭବ କରେ ଦୁଃଖ ତେମନ୍ତ
ସ୍ୱଭାବଜନ୍ୟରେ ଭେଦ ଏମନ୍ତ
ଅଳି ଚିତ୍ରକଞ୍ଜେ ଯେ
ଦେଖି ସୁଖୀ ହେଲେ ବି ସୁଖ ଭୁଞ୍ଜେ।[୧୬]

ମିଥ୍ୟା ସୌନ୍ଦର୍ଯ୍ୟ ଦର୍ଶନ କରି ପ୍ରଥମେ ସୁଖ ଲାଭ କଲେ ମଧ୍ୟ ପରମୁହୂର୍ତ୍ତରେ ମୋହାବରଣ ଭଙ୍ଗ ଘଟି ବ୍ୟକ୍ତିର ହୃଦୟ ହା ହୁତାଶରେ ଭରିଯାଏ। ଭ୍ରମର ଚିତ୍ରାଙ୍କିତ ପଦ୍ମ ଦେଖି ସୁଖ ପାଇଲେ ମଧ୍ୟ ତାହା ଭ୍ରମସଂଜାତ ଓ ପରମୁହୂର୍ତ୍ତରେ ବିମନା ଭ୍ରମର ନିରାଶ ହୃଦୟରେ ସେଠାରୁ ଫେରେ।

ଅଭିମନ୍ୟୁ ସୌନ୍ଦର୍ଯ୍ୟ-ଚେତନାର ବାସନା-ଲୋକ ସମ୍ବନ୍ଧରେ ଅବହିତ ଥିଲେ। ଏ ଜନ୍ମର କୌଣସି ବିଶେଷ ପରିସ୍ଥିତିରେ ସୁନ୍ଦର ବସ୍ତୁର ଦର୍ଶନ, ମନନ, ଆସ୍ୱାଦନ ଓ ନାମଶ୍ରବଣ ମାତ୍ରେ ବ୍ୟକ୍ତିର ବାସନାଲୋକରେ ସଞ୍ଚିତ ହୋଇ ରହିଥିବା ସୌନ୍ଦର୍ଯ୍ୟ ସମ୍ପର୍କିତ ଧାରଣା ସ୍ଫୁର୍ତ୍ତି ଲାଭ କରେ। ସଂସାରର କୋଳାହଳ ମଧ୍ୟରେ ପୂର୍ବଜନ୍ମର ସେହି ଭାବ-ସମ୍ପର୍କ ଅବଦମିତ ହୋଇଥାଏ। କୌଣସି ସଂଯୋଗରେ ତାହା ବୋଧ ଜାତ ହେଲେ ସବୁ କିଛି ସ୍ପଷ୍ଟ ଓ ଉଜ୍ଜ୍ୱଳ ରୂପେ ପ୍ରତିଭାତ ହୁଏ। ଶ୍ରୀକୃଷ୍ଣ ଦୂତୀ ନିକଟରେ ପୂର୍ବଜନ୍ମର ବିଷୟ ସ୍ମରଣ କରି କହିଛନ୍ତି-

ଜନ୍ମାନ୍ତର କଥା ପରି ନଥିଲା ମନରେ
ଯେଉଁ ଦିନୁ ନାମ ପୁଣି ପଡିଲା କର୍ଣ୍ଣରେ, ଦୂତି ଗୋ,
କହିବୁଟି ବାରେ। ଜାତିସ୍ମର ସ୍ଫୂର୍ତ୍ତି ଏବେ ହେଲା ଚେତିବାରେ।[୧୭]

ଏହାକୁ ସୌନ୍ଦର୍ଯ୍ୟଶାସ୍ତ୍ରରେ ସ୍ଫୁରଣା କହନ୍ତି। ସ୍ମରଣ, ସ୍ଫୁରଣ ଓ ବୋଧକ୍ରିୟା ଏହିପରି ଅବୋଧପୂର୍ବା ସ୍ମୃତିର ଉଦ୍‌ବୋଧନ।

ପ୍ରେମର ସୌନ୍ଦର୍ଯ୍ୟତାତ୍ତ୍ୱିକ କ୍ରିୟା ଅଭିମନ୍ୟୁଙ୍କ ଅନୁଭୂତିର ପ୍ରଗାଢତା ସୂଚିତ କରେ। ଅଭିଳଷିତ ବସ୍ତୁ ବ୍ୟକ୍ତିର ମନକୁ ଏପରି ଆବୋରିବସେ ଯେ, ସେ ତା' ଭିନ୍ନ ଅନ୍ୟ କୌଣସିଥିରେ ମନ ସ୍ଥିର କରିପାରେ ନାହିଁ। ସର୍ବତ୍ର କେବଳ ତାହାରି ରୂପ

ଦେଖେ। ଚକ୍ଷୁ ସମକ୍ଷରୁ ଅନ୍ତର ହେଲେ କିମ୍ବା ଚକ୍ଷୁମୁଦ୍ରିତ କଲେ ବସ୍ତୁର ପ୍ରଭାବ ହୃଦୟରେ କ୍ରିୟା କରେ। ନିଦ୍ରା ଘୋରରେ ସ୍ୱପ୍ନରେ ତାହାର ପ୍ରକାଶ ଘଟେ। ଜାଗରଣରେ ଥାଇ ମଧ୍ୟ ଜ୍ଞାନ ହଜାଇଦିଏ। କାୟମନୋବାକ୍ୟରେ ତାହାରି ରୂପ ହିଁ ତା'ର ସମ୍ବଳ। ସେତେବେଳେ-

ଯାହି ବୋଇଲେ ତାହା ନାମ ସ୍ଥୁରେ
ନାନା କର୍ମ କରେ ସେହି ହେତୁରେ
ପାଦ ପାଣି ମୁଖ ହାସ ନୟନ
ଉଦର ଉରଜ ବାହୁ ପ୍ରସନ୍ନ
ପଦ୍ମ ବିଲୋକନେ ଗୋ। ତଦାଭାସ ଜ୍ଞାନଜନିତ ମନେ।(୧୮)

ଏ ସକଳ ପ୍ରତିକ୍ରିୟା କେବଳ ପ୍ରୀତି-ସୌନ୍ଦର୍ଯ୍ୟ ଗୁଣରୁ ଦେଖାଦିଏ। ପ୍ରୀତିରେ ମଜ୍ଜିଲେ ପ୍ରୀତିଆ ଭିନ୍ନ ଆଉ କିଛି ଦୃଶ୍ୟ ହୁଏ ନାହିଁ। ସବୁ କିଛି ତା'ର ରୂପ ମନେପକାଇଦିଏ। ସେ ଉଦାସୀନ ରୀତିରେ ସକଳ କର୍ମ କରିଯାଏ।

ସୁନ୍ଦର ଓ ଗୁଣବନ୍ତ ସହିତ ପ୍ରୀତି ସମ୍ପର୍କ ସ୍ଥାପନ କଲେ ବା ସୁନ୍ଦରରେ ଆସକ୍ତ ହେଲେ ତାହା ପ୍ରମାଦର କାରଣ ହୁଏ। ଅସୁନ୍ଦର ପ୍ରୀତିରେ ଲୋକାପବାଦ, ନିନ୍ଦା, ଈର୍ଷା ମିଳେ ନାହିଁ-ଅଭିମନ୍ୟୁ ସମ୍ଭବ ଏହା ଅନୁମାନ କରିଛନ୍ତି। ଅନୁଭବୀ ହିଁ ଜାଣେ ସୌନ୍ଦର୍ଯ୍ୟ-ପ୍ରେମରେ କେତେ ବାଧା ବିପଦ ଓ ଲୋକାପବାଦ ସହ୍ୟ କରିବାକୁ ପଡେ।

ଅଭିମନ୍ୟୁଙ୍କ ପ୍ରେମତତ୍ତ୍ୱରେ ବ୍ୟାଖ୍ୟାତ ରାଗାନୁଗାରତି ହିଁ ପ୍ରକୃତ ସୌନ୍ଦର୍ଯ୍ୟ-ପ୍ରେମ। ଏହା ସ୍ୱଚ୍ଛ, ଅଚ୍ଛିଦ୍ର ବା ପୂର୍ଣ୍ଣ ଓ ପ୍ରୟୋଜନରହିତ। ପ୍ରିୟ ବସ୍ତୁ ବା ବ୍ୟକ୍ତି ଲାଗି ଏଥିରେ ପ୍ରାଣ ମୂର୍ଚ୍ଛିଦେବାକୁ ପଡେ। ରାଗାନୁଗା ରତି କୌଣସି ଉଦ୍ଦେଶ୍ୟ ସାଧନ ନିମନ୍ତେ ଅଭିପ୍ରେତ ନୁହେଁ-

ଶୁଦ୍ଧ ରାଗାନୁଗ ହେ। ସ୍ୱଚ୍ଛ ଅଚ୍ଛିଦ୍ର ପ୍ରୟୋଜନ ତ୍ୟାଗ।(୧୯)

ସୌନ୍ଦର୍ଯ୍ୟ ଅନୁରୂପ ମନର ଲୋଭ ବଢେ। ନାମମାତ୍ର ଶ୍ରବଣରେ ସେହି ନାମର ଅର୍ଥ ଘେନି ଶୋଭା, ବୟସ, ଭଙ୍ଗୀ ଓ ଗୁଣ ଗାରିମା ଆଦି ବଡ ହୋଇ ଦେଖାଦିଏ। ରୂପ ନଦେଖି ମଧ୍ୟ ମନ ତନ୍ମୟ ହୋଇ ସେହି ବସ୍ତୁରେ ଜଡିତ ହୋଇ ରହେ। ଦେହ, କର୍ତ୍ତବ୍ୟ ବା ଚକ୍ଷୁକର୍ଣ୍ଣାଦି ଜ୍ଞାନେନ୍ଦ୍ରିୟମାନେ ଉଚିତ ଅନୁଚିତ ବିଚାର ନକରି ବାତୁଳ ଭଳି ତାହାର ଅନୁଗତ ହୋଇଯା'ନ୍ତି। ସେ ଶତ୍ରୁ କି ମିତ୍ର, ନିଜ କି ପର, କୁଳୀନ କି ଅକୁଳୀନ, ବିଦ୍ୟାବନ୍ତ କି ମୂର୍ଖ, ସୁନ୍ଦର କି ଅସୁନ୍ଦର-ଏ ସମସ୍ତର ବିଚାର ଘଟେ ନାହିଁ। ବିନା ପ୍ରୟୋଜନରେ ଦର୍ଶନଉତ୍କଣ୍ଠା ବଢି ବଢି ଚାଲେ। ଦେହ ଓ ସଂସାର ଜ୍ଞାନ ପାଶୋରଯାଏ। ଯେଉଁ ସ୍ଥାନରେ ଦୃଷ୍ଟି ପତନ ଘଟେ, ସେଠାରୁ

ବଳାତ୍କାରରେ ମଧ୍ୟ ନେତ୍ର ଫେରାଇ ଆଣି ହୁଏ ନାହିଁ। ଆଖି ଲାଖି ରହିବା ଫଳରେ ବସ୍ତୁରେ ମନ ମଜ୍ଜି ରହେ। ବିଚାର ବୁଦ୍ଧି ବା ବିବେକ ଖଟାଇ ଶୋଭାଭଙ୍ଗୀ ଆଦିର ଗୁଣାଗୁଣ ନିର୍ଦ୍ଧାରଣ ଚଳେ ନାହିଁ। ଭଲ ମନ୍ଦ ବିଚାର ମନର ଆନନ୍ଦ ନିକଟରେ ଅସାର ପ୍ରତୀତ ହୁଏ।[୨୦]

ସୌନ୍ଦର୍ଯ୍ୟାନୁଭୂତି ଓ ପ୍ରେମାନୁଭୂତିର ସାମ୍ୟ ଦୃଷ୍ଟିରୁ ଅଭିମନ୍ୟୁଙ୍କର ନିମ୍ନୋକ୍ତ ପଦ ଶକ୍ତିଶାଳୀ ପ୍ରମାଣ-

ତଦାତ୍ମିକ ଭାବେ ମଗ୍ନ ମାନସ
ଆପେ ତା ହୃଦେ କି ହୃଦ ତା ବାସ
ତା ଦେହେ ନେତ୍ର କି ନେତ୍ରେ ସେ ଅଛି
କି ଶ୍ରୁତି ବଚନ ମିଶି ରହିଛି
ସବୁ ଏହିପରି ହେ
ବିଶ୍ୱେ ଅଛିଦ୍ରଭାବେ ଅଛି ପୂରି।[୨୧]

ଭାବନାର ତଲ୍ଲୀନତା ହେତୁ ପ୍ରିୟବସ୍ତୁ ଓ ପ୍ରେମିକ-ଦ୍ରଷ୍ଟା ମଧ୍ୟରେ ଯେଉଁ ଭାବ-ତାଦାତ୍ମ୍ୟ ସଙ୍ଘଟିତ ହୁଏ, ତାହାର ପ୍ରକୃତି ଏଠାରେ ବ୍ୟାଖ୍ୟା କରାଯାଇଛି। ସେତେବେଳେ ମାନସିକ ମଗ୍ନତା ହେତୁ ସୁନ୍ଦର ବସ୍ତୁ ବ୍ୟକ୍ତିର ହୃଦୟରେ ଅଛି ଅବା ବ୍ୟକ୍ତି ନିଜେ ଅଭିଳଷିତ ବସ୍ତୁରେ ପ୍ରବେଶ କରିଛି, ଅଥବା, ପ୍ରିୟବସ୍ତୁରେ ନିଜର ଆଖି ଲାଖି ରହିଛି କି ପ୍ରିୟବସ୍ତୁ ଆସି ଆଖିରେ ବସା ବାନ୍ଧିଛି ତାହା ଜାଣିବା ସମ୍ଭବ ହୁଏ ନାହିଁ। ଉଭୟେ ଉଭୟଠାରେ ବିରାଜମାନ ଥିବା ପରି ଅନୁଭବ କରନ୍ତି। କାନରେ ଆସି ସତେ ଯେପରି ପ୍ରିୟତମର କଥା ବାଜୁଛି-ଏହିପରି ବୋଧହୁଏ। ଇନ୍ଦ୍ରିୟମାନଙ୍କୁ ଉଭୟେ ଏପରି ଆବୋରି ରହିଥାନ୍ତି ଯେ, ବିଶ୍ୱମୟ କେବଳ ପୂର୍ଣ୍ଣତା ଓ ଅଖଣ୍ଡତା ରାଜୁତି କରୁଥିବା ପରି ମନେହୁଏ।

ନାମଶ୍ରବଣରେ ମଧ୍ୟ ରୂପ ଆସ୍ୱାଦନଜନିତ ଆନନ୍ଦ ମିଳିପାରେ। ନାମ ମଧ୍ୟ ରୂପ ଭଳି ଆନନ୍ଦାତ୍ମକ। ସେଥିରୁ ମିଳୁଥିବା ବିଚିତ୍ର ସୁଖ ପ୍ରେମିକ-ପ୍ରେମିକା ଅନ୍ୟ କେଉଁଥିରୁ ପାଇପାରନ୍ତି ନାହିଁ। ନାମ ମୂର୍ତ୍ତି ଓ ତାହାର ଦର୍ଶନ ବାଢି ଅଭିମନ୍ୟୁ କହନ୍ତି-

ଯା ନାମ ସ୍ୱାଦୁ ଲୋଭେ ମାନସ ରତ
ତା ରୂପ ହୋଇଥିବ ସୁଧାସାର ତ
ନାମ ଅର୍ଥରୁ ତା ବର୍ଣ୍ଣ ଆଭାସଇ
ତଥାପି ସଂଶୟତାରୁ ନ ଭାଷଇ ଯେ।[୨୨]

ରାଧା ନାମରୁ ରୂପ କଳ୍ପନା କରି କୃଷ୍ଣଙ୍କର ସୌନ୍ଦର୍ଯ୍ୟ କଳ୍ପନା କରିଛନ୍ତି। ପୁଣି

ନାମ ଅର୍ଥରୁ ତାଙ୍କର ବର୍ଣ୍ଣ-ସାମ୍ୟ ମଧ୍ୟ ଧ୍ୱନିତ ବା ଆଭାସୁଥିବା ଅନୁମାନ କରିଛନ୍ତି। ଏହା ସତ୍ୟ ଯେ ରାଧାଙ୍କ ପରି ସମସ୍ତେ ନାମରୁ ରୂପ ବା ବର୍ଣ୍ଣ ଅନୁମାନାଶ୍ରିତ କଳ୍ପନା ବଳରେ ଅବରୋଧରେ ଆଣିଲେ ହେଁ ସଂଶୟରୁ ନିଶ୍ଚିତାତ୍ମକ ଭାବେ କହିପାରନ୍ତି ନାହିଁ। ଅବଶ୍ୟ ମାନସ-ପ୍ରତୀତସ୍ତରରେ ବ୍ୟକ୍ତି ସ୍ୱଅନୁଭବରେ ତାହା ଆଣିପାରେ।

ରାଧାଙ୍କର ବିଶ୍ୱାସ ଯେ, ସୃଷ୍ଟି ନଥିଲେ ତାହା ଦୃଷ୍ଟିଗୋଚର ହୁଅନ୍ତା ନାହିଁ କି ପ୍ରତିରୂପିତ ହୁଅନ୍ତା ନାହିଁ। ମୂର୍ତ୍ତି ଲାଭ କରିଥିବା ରୂପ ନିଶ୍ଚୟ ପୂର୍ବରୁ ସୃଷ୍ଟି ହୋଇସାରିଛି ଓ ଚିତ୍ରପଟରେ ତା'ର ପ୍ରତିରୂପ ଚିତ୍ରିତ ହୋଇଛି-ସରଜନା ନଥିଲେ ଦେଖାନଥାଏ[୨୩] -ଏହା ରାଧାଙ୍କର ପ୍ରଗାଢ଼ ପ୍ରେମ-ବିଶ୍ୱାସର ଅଭିବ୍ୟକ୍ତି। ଶିଳ୍ପ-ବିଶ୍ୱାସରେ ସୃଷ୍ଟି ନଥାଇ ମଧ୍ୟ ପ୍ରତିରୂପଣ ହୋଇପାରେ।

ଶିଳ୍ପ ରଚନା ସ୍ରଷ୍ଟାର ହସ୍ତକୃତାର୍ଥ। ସୁନ୍ଦର ରୂପ ସୃଷ୍ଟି କରି ଶିଳ୍ପୀ ନିଜର ହସ୍ତପଟୁତାରେ ଆତ୍ମସନ୍ତୋଷ ଲାଭ କରେ। ସୃଷ୍ଟି କରିବାକୁ ବସି ସେ ପ୍ରଥମେ ଚିତ୍ର କରିବାକୁ ଯାଉଥିବା ବସ୍ତୁର ମୂର୍ତ୍ତିକୁ ବିକଳ୍ପିତ କରି ହାତବଳା ସ୍ୱରୂପ କେତେଗୁଡ଼ିଏ ନମୁନା ପ୍ରସ୍ତୁତ କରେ; ମାତ୍ର ତାହାର ମନଃ କଳ୍ପିତ ସାଦୃଶ୍ୟ ତହିଁରେ ନ ଦେଖି ଫିଙ୍ଗି ଦିଏ। ଶିଳ୍ପ ରଚନାରେ ପ୍ରାରମ୍ଭିକ କାର୍ଯ୍ୟସ୍ୱରୂପ ସେ କେତେଗୁଡ଼ିଏ ଭାବମୂର୍ତ୍ତି ନିର୍ମାଣ କରେ। ସେଗୁଡ଼ିକ ଶ୍ରେଷ୍ଠଶିଳ୍ପ ନହେଲେ ହେଁ ତାହାର ଶିଳ୍ପକର୍ମର ଆଦ୍ୟସୂଚନା ସ୍ୱରୂପ ସେଥିରେ ରମଣୀୟତା ଆସିଥାଏ। ପରିଣତ ଶିଳ୍ପ ସୃଷ୍ଟିରେ ସ୍ରଷ୍ଟା ମନର ସକଳ ସୌନ୍ଦର୍ଯ୍ୟ ଢାଳି ହୋଇଯାଏ। ଅଭିମନ୍ୟୁ ରଚନା ଓ କଳ୍ପନା ମଧ୍ୟରେ ପାର୍ଥକ୍ୟ ଦେଖାଇଛନ୍ତି-

ବିଧି ରଚନା କଳ୍ପନା ଆନ ନୋହେ
ଏଣୁ କରି ମନେ କଳି ଯେ।[୨୪]

କାରଣ ଶିଳ୍ପୀ ଯାହା କଳ୍ପନା କରିଥାନ୍ତି, ତାହା ରଚନାରେ ପୂର୍ଣ୍ଣତା ପ୍ରକାଶ କରିପାରନ୍ତି ନାହିଁ। ତେଣୁ ସ୍ରଷ୍ଟାର ଅସନ୍ତୋଷ ରହିଯାଏ। ଏ ଅସନ୍ତୋଷ ସବୁ ଯୁଗର ଶିଳ୍ପୀ-କବିଙ୍କର ଭାଗ୍ୟରେ ଘଟେ। ଶିଳ୍ପୀ ନିଜ କଳ୍ପ-ରୂପ ଓ ଚିତ୍ର-ମୂର୍ତ୍ତିରେ ସାମ୍ୟ ନଦେଖିଲା ଯାଏ ତାହାକୁ ଅଭିବ୍ୟକ୍ତି ଦିଅନ୍ତି ନାହିଁ। ଦେଲେ ସେଥିରେ ତାଙ୍କର ମନୋପୂତ ହୁଏ ନାହିଁ।

ସୌନ୍ଦର୍ଯ୍ୟ ଓ ରସୋପଭୋଗରେ ଦ୍ରଷ୍ଟାର ଯେଉଁ ଅବସ୍ଥା ହୁଏ, ଅଭିମନ୍ୟୁ ତାହାର ଜୀବନ୍ତ ଅନୁଭବସିଦ୍ଧ ଲକ୍ଷଣ ପ୍ରଦାନ କରିଛନ୍ତି-

ମନମୀନ ମଗ୍ନ ଶୋଭାମୃତେ
ନେତ୍ରମୁଦେ ଆସ୍ୱାଦନହିତେ
ଆନନ୍ଦ ବିହ୍ୱଳ ସ୍ତମ୍ଭ କରାଇଲା ଦେହ ବୁଦ୍ଧି ନାହିଁ ପ୍ରେମାୟତ୍ତେ।[୨୫]

ରସାସ୍ୱାଦନରେ ଦେହଜ୍ଞାନ ରହେ ନାହିଁ। ବାହ୍ୟାଭ୍ୟନ୍ତର ସମାନ ପ୍ରତୀତ ହୁଏ। ମନ ଶୋଭାମୃତ ପାନ କରି ମଜ୍ଜିରହେ। ଏକାନ୍ତରେ ଆସ୍ୱାଦନ ନିମନ୍ତେ ନେତ୍ର ବୁଜି ହୋଇଯାଏ। ଏପରି ଅବସ୍ଥାରେ ବେଦ୍ୟାନ୍ତର-ସ୍ପର୍ଶଶୂନ୍ୟ ହୋଇ ବ୍ୟକ୍ତି ଆନନ୍ଦ, ବିହ୍ୱଳ ଓ ସ୍ତମ୍ଭ ଭଜେ। ରୂପ-ଦର୍ଶନରେ ଦ୍ରଷ୍ଟାର ଆନନ୍ଦାଶ୍ରୁ ବହିବାକୁ ଲାଗେ। ଗାତ୍ର ନେତ୍ର ସ୍ତମ୍ଭୀଭୂତ ପ୍ରାୟ ହୋଇ ଚିତ୍ର ପ୍ରତିମା ପରି ରହିଯାଏ। ଭୂତାବିଷ୍ଟ ପରି ଚେଷ୍ଟାଦି ପ୍ରକାଶ ପାଏ-

> କୃଷ୍ଣମୁଖ ପରସନ କରିବାରେ ଦରଶନ
> ଯାଉଛି ଆନନ୍ଦ ଅଶ୍ରୁବହି
> ଗାତ୍ର ନେତ୍ର ସ୍ତମ୍ଭୀଭୂତ ଚିତ୍ରନାରୀ କି ସଂଭୂତ
> ଭୂତଗ୍ରସ୍ତବତ ଚେଷ୍ଟା ତହିଁ ହେ।[୨୬]

ରସାନୁଭୂତିର ଏହି ନିବିଡ ମୁହୂର୍ତ୍ତରେ ବ୍ୟକ୍ତି ଯେଉଁ ଆନନ୍ଦ ଲାଭ କରେ, ତାହା ବ୍ରହ୍ମାନୁଭୂତି ସଦୃଶ।

ରସ ଓ ସୌନ୍ଦର୍ଯ୍ୟ ଆସ୍ୱାଦନକାଳରେ ଇନ୍ଦ୍ରିୟମାନଙ୍କ ମଧ୍ୟରେ ଏକମାତ୍ର ଭାବକ୍ରିୟା କରୁଥାଏ। ଶ୍ରବଣ ନେତ୍ରସୁଖ ପାଇବା ପାଇଁ ଅଭିଳାଷ କରେ। ନେତ୍ର ସୌନ୍ଦର୍ଯ୍ୟ ଦେଖିଲେ ହେଁ ରସନା ପରି ସ୍ୱାଦ ଗ୍ରହଣ କରିନପାରି ଦୁଃଖପାଏ। ରସନା ମଧ୍ୟ ନାସାର ବାସନା ପ୍ରାପ୍ତି ଆଶାରେ ସନ୍ତପ୍ତ ହୁଏ। ଏକ କାଳରେ ଏତେଗୁଡିଏ ଇନ୍ଦ୍ରିୟ ଶ୍ରବଣ, ଦର୍ଶନ, ସ୍ୱାଦଗ୍ରହଣ ପାରସ୍ପରିକ ଭାବୈକ୍ୟ ପ୍ରତିପାଦନ କରେ। ଏତେବେଳେ ଗୋଟିଏ ଇନ୍ଦ୍ରିୟ ମାତ୍ର କ୍ରିୟାଶୀଳ ନଥାଏ। ଚକ୍ଷୁ, ଜିହ୍ୱା, କର୍ଣ୍ଣ ଓ ମନ ମିଳି ଏକାସଙ୍ଗେ ବହୁ କ୍ରିୟା ଅନ୍ତରରେ ସଂଘଟିତ କରାଉଥାନ୍ତି।[୨୭] ପ୍ରେମପତ୍ର ପାଠକରି ରାଧାଙ୍କ ଇନ୍ଦ୍ରିୟମାନେ ଏହିପରି ବହୁ କ୍ରିୟାରେ ନିରତ ଅଛନ୍ତି-

> ଏହା ପଢୁ ପଢୁ ଗରଗର ପ୍ରେମେ ହୃଦ ଜରଜର ରସେ
> ଥରଥର ତନୁ ଝରଝର ଲୁହ ବହିଲା ସ୍ନେହ-ଆବେଶେ
> ଆଖି ଦେଖିଲା ଯେ। ପିଇଲା ରସରସନା
> ଜଣାଇଲା କର୍ଣ୍ଣ ଜାଣି ଆସ୍ୱାଦନ ମନ ନ ଛାଡ଼େ ଭାବନା।[୨୮]

ଚକ୍ଷୁ ପତ୍ରୋଲ୍ଲିଖିତ ଲିପି ଓ ଭାଷା ଦେଖିଲା। ରସନା ଅର୍ଥରସ ଆସ୍ୱାଦନ କଲା। ଆସ୍ୱାଦନ ଫଳରେ କର୍ଣ୍ଣ ଜଣାଇଲା ଓ ମନ ଭାବନାରେ ପୂରି ରହିଲା। ଭାବରସରେ ମଜ୍ଜି ଏହିପରି ଇନ୍ଦ୍ରିୟସକଳ ଭିନ୍ନ ଭିନ୍ନ କାର୍ଯ୍ୟ କରିଥାନ୍ତି।

ରସାସ୍ୱାଦନ ସୁଖାତ୍ମିକା କି ଦୁଃଖାତ୍ମିକା, ଏ ବିଷୟରେ ଯେଉଁ ବିବାଦ, ଅଭିମନ୍ୟୁଙ୍କର ନିମ୍ନୋକ୍ତ ପଦରୁ ତାହା ସମାହିତ ହୋଇପାରେ-

ବଂଶୀଗୀତ ଶୁଣିବାରୁ କରି
ସୁଖଦୁଃଖ ଜାତ ତତ୍ପ୍ରେଷୁ ଚର୍ବିତ
ହେଲାବେଳେ ହୋଏ ଯେଉଁପରି, ଆଗୋ ପ୍ରିୟଆଳି
ନାସାଗନ୍ଧ ଆଶା ନ ପାରିଲା ବଳି
ହେଲି କେତକୀ ପତନ ଅଳି ଭଳି।[୨୯]

ରୂପଶୋଭାରେ ଯେଉଁ ପ୍ରମତ୍ତତା ଓ ଅପ୍ରତିହତ ପ୍ରଭାବ ତାହା ତୀବ୍ର ଆସ୍ୱାଦନଯୁକ୍ତ। ରସୋପଭୋଗ କାଳରେ ସୁଖଦୁଃଖ ଉଭୟ ସଞ୍ଜାତ ହୋଇ ପୁନଃ ପୁନଃ ଆସ୍ୱାଦନ ନିମନ୍ତେ ମନରେ ଏକ ମାଦକୀୟଭାବ ସୃଷ୍ଟି କରେ। ବଂଶୀସ୍ୱନ ଶ୍ରବଣରେ ସୁଖ ଦୁଃଖାତ୍ମିକା ଅନୁଭବ ଆସିଥିଲେ ହେଁ ତାହା ଆନନ୍ଦପ୍ରଦ। କାରଣ ରସର ଚରମ ଅବସ୍ଥା କେବଳ ସୁଖାତ୍ମକ। ଉପରୋକ୍ତ ପଦରେ ରସାନୁଭୂତିର ତତ୍ତ୍ୱ ସୂଚିତ।

ସନ୍ତାନ ସ୍ନେହରେ ସନ୍ତାନ ଅଙ୍ଗର ଭୂଷଣାବଳୀ ମଧ୍ୟ ଜନନୀ ନେତ୍ରରେ ରମଣୀୟ। "ସ୍ନେହେର ଚକ୍ଷେ କୋନ ବସ୍ତୁଇ ସୌନ୍ଦର୍ଯ୍ୟବିହୀନ ଦେଖାୟ ନା।"[୩୦] ସନ୍ତାନ ସ୍ନେହ-ବିଗଳିତ ମାତୃହୃଦୟରେ ସ୍ନେହଧାରା କ୍ଷରିତ ହେଲେ ତା'ର ଅଙ୍ଗଶୋଭା କଥନରେ ଜନନୀର କ୍ଳାନ୍ତି ନଥାଏ। ତାହାର ପ୍ରତ୍ୟେକ ଅଙ୍ଗ ଓ ଭଙ୍ଗୀ ସୁନ୍ଦର ଦେଖାଯାଏ। ତା'ଦେହର ଧୂଳି ସୁନ୍ଦର, ମୁଣ୍ଡରେ ଖୋସିଥିବା ଜାମୁଡାଳ ସୁନ୍ଦର, କାଛେଣି ସୁନ୍ଦର, ଗତି ସୁନ୍ଦର, ହାସ ସୁନ୍ଦର, ତ୍ରିଭଙ୍ଗଠାଣି ସୁନ୍ଦର ଓ ବାଙ୍କ ମୟୂରଚୂଳ ମଧ୍ୟ ମାତା-ନେତ୍ରର ପ୍ରୀତିବର୍ଦ୍ଧନ କରେ। ପୁତ୍ରର ଦେହରଙ୍ଗ କୃଷ୍ଣବର୍ଣ୍ଣ ହେଲେ ହେଁ ଜନନୀର ସ୍ନେହଚକ୍ଷୁରେ ତା'ର ଅଙ୍ଗ କଷିତ କାଞ୍ଚନ। ଅଭିମନ୍ୟୁ ମାତୃ-ହୃଦୟର ସେହି ରସୋଜ୍ଜ୍ୱଳ ସନ୍ତାନମୂର୍ତ୍ତି ଅଙ୍କନରେ ଅସାମାନ୍ୟ ଦକ୍ଷତା ଦେଖାଇଛନ୍ତି-

ନୟନହୁନ୍ଦରମାନେ ଭ୍ରୂଲତା ନାଟକୁ
ଅଳକା ଆବୃତ ଶୋଭା ଲଲାଟ ପଟକୁ। କଳା ମାଣିକରେ
ନାକେ କାବ୍ୟ-ତାରା ମୋତି ବସୁଣୀ କି ଶୋଭା
ମୋ ଆକ୍ଷି ଦେଖିବା ପାଇଁ ନିରବଧି ଲୋଭା
ମକରକୁଣ୍ଡଳ ଯୁଗ ଆନ୍ଦୋଳେ ଗଣ୍ଡରେ
ଦେଖି ଆନନ୍ଦରେ ଭାଷା ନ ଆସେ ତୁଣ୍ଡରେ।[୩୧]

ଭାବନାର ତଲ୍ଲୀନତା ହେତୁ ପ୍ରେମିକଠାରୁ ପ୍ରେମିକ ବକ୍ଷର ବନମାଳା ଅଧିକ ସୁନ୍ଦର ପ୍ରତୀତ ହୁଏ। କୃଷ୍ଣଙ୍କ ରୂପ ରାଧାଙ୍କୁ ଯେତିକି ପ୍ରଲୁବ୍ଧ କରିଛି, ତାଙ୍କର ବେଶ-ସୌନ୍ଦର୍ଯ୍ୟ ଓ ଭଙ୍ଗୀ ମାଧୁରୀ ତା'ଠାରୁ କମ୍ ଆକୃଷ୍ଟ କରିନାହିଁ-

କେତକୀ ପାଖୁଡା ଗୋଟି ମଲ୍ଲୀ-ବେଢ଼ା ଚୂଡା ବୁଡ଼ାଉଛି ଘର
ଅର୍ଦ୍ଧଚନ୍ଦ୍ରଙ୍କ ପରେ କେକି ଚନ୍ଦ୍ରକ ସାରି ଦେଉଛି ସଂସାର
ନବଜାମୁଡାଳ ଖୋସା କେହି ଗୋ
ଖଞ୍ଜା ଗୁଞ୍ଜା ଗୁଞ୍ଜରା ମୁଣ୍ଡ ହିଁ ଗୋ।
ପୁଷ୍ପଝରା ତୋରା ଲକ୍ଷ୍ୟ କାହିଁ।(୩୨)

ଅଭିମନ୍ୟୁଙ୍କ ରାଧାକୃଷ୍ଣ ଅପ୍ରାକୃତ ପ୍ରେମମୂର୍ତ୍ତି। ସେହି ପ୍ରେମମୂର୍ତ୍ତିଯୁଗଳ ନିଜେ ଅବ୍ୟକ୍ତ ହେଲେ ହେଁ ବ୍ୟକ୍ତ ହୋଇ ଲୀଳା କରୁଛନ୍ତି। ଏଣୁ ଅଭିମନ୍ୟୁଙ୍କ କାବ୍ୟରେ ଅବ୍ୟକ୍ତ ଲୀଳାର ବ୍ୟକ୍ତରୂପ ଅଭିବ୍ୟକ୍ତି ଲାଭ କରିଛି। ସେ ଦୁହେଁ ଦୁଇଟି ରଶ୍ମିରେଖା ବନଭୂମି ଯାହାଙ୍କର ଅଙ୍ଗଦ୍ୟୁତିରେ ପୀତଶ୍ୟାମ ହୋଇଉଠେ। ରାଧାକୃଷ୍ଣଙ୍କୁ ଦୁଇଟି ରଶ୍ମିରେଖା ରୂପେ କଳ୍ପନା କରି ସେହି ରଶ୍ମିଦ୍ୱୟର ମିଳନ ପାଇଁ (ଆଧ୍ୟାତ୍ମିକ ଅର୍ଥରେ) କବି ଉତ୍‌କଣ୍ଠିତ। ରାଧାକୃଷ୍ଣଙ୍କର ମିଳନ ସମ୍ପାଦନ ନକଲାଯାଏଁ କବିଙ୍କର ତୃପ୍ତି ନାହିଁ। ଏହା ଅପ୍ରାକୃତ ପ୍ରେମମୂର୍ତ୍ତିଙ୍କର ଦିବ୍ୟଜ୍ୟୋତି। ସାଧାରଣ ପ୍ରେମିକ ପ୍ରେମିକାଙ୍କଠାରେ ସେ ଜ୍ୟୋତି ସୁଲଭ ନୁହେଁ।

ରୂପ ଚିତ୍ରଣରେ ଅଭିମନ୍ୟୁ କିଞ୍ଚିତ୍ ଇନ୍ଦ୍ରିୟଘନତା ଓ ଅଧିକ ଆଧ୍ୟାତ୍ମିକତାର ମିଶ୍ରଣ କରିଛନ୍ତି। ରାଧା ଇନ୍ଦ୍ରଗୋପଜିତ ରଙ୍ଗଚରଣୀ। କୃଷ୍ଣ, ଅଖିଳ ରସାମୃତସିନ୍ଧୁ। ତାଙ୍କର ନାମ 'କାମାନ୍ଧିନୀଙ୍କ କନୀନିକା ଅକ୍ଷର।' ଭକ୍ତଙ୍କର ଆନନ୍ଦଦାୟକ ଶ୍ରୀକୃଷ୍ଣଙ୍କର 'ମାନସରସକୂପ ଉଛୁଳା ରୂପ' ଦେଖି ଚରାଚର ତ୍ରିଭୁବନ ବିମୋହିତ ଓ ଆନନ୍ଦବିଭୋର। ରାଧାଙ୍କ ଦୃଷ୍ଟିରେ ତାଙ୍କ ରୂପ ରସାମୃତ ମୂର୍ତ୍ତି ପରି ପ୍ରତୀତ ହୋଇଛି।

ପୁରୁଷ ରୂପ ଚିତ୍ରଣରେ ଅଭିମନ୍ୟୁ ଉପେନ୍ଦ୍ରଙ୍କଠାରୁ ଅଧିକ ମୌଳିକତା ଓ ଦକ୍ଷତା ଦେଖାଇଛନ୍ତି। ଉପେନ୍ଦ୍ର ନାରୀରୂପ ପ୍ରତି ଯେତେ ଲୋଲୁପ ଦୃଷ୍ଟି ନିକ୍ଷେପ କରିଛନ୍ତି, ପୁରୁଷ ରୂପ ପ୍ରତି ସେତେ ନୁହେଁ। ତାଙ୍କର ପୁରୁଷମାନେ ସୁନ୍ଦର, ଶକ୍ତିଶାଳୀ; ମାତ୍ର ତାହା କେବଳ ଉଲ୍ଲେଖରେ ରୂପ-କଥନ। କାହାରି ସ୍ୱଷ୍ଟ ଚିତ୍ର ଫୁଟି ନାହିଁ। ଅଭିମନ୍ୟୁ କୃଷ୍ଣଙ୍କର ରୂପଗୁଣ ବର୍ଣ୍ଣନାରେ ଇନ୍ଦ୍ରିୟାତୀତ ସୁଷମାର ସମାବେଶ କରାଇଛନ୍ତି। କୃଷ୍ଣ 'ରସରାଜ ଅଙ୍ଗହୀନ ସେ ନାଗର ସୁଷମା-ସ୍ୱର୍ଗ-ପୁରନ୍ଦର।' ନାନା ଅମୂର୍ତ୍ତ ଭାବଦ୍ୱାରା କୃଷ୍ଣଙ୍କ ସୌନ୍ଦର୍ଯ୍ୟ ବିଶେଷିତ-ସେ 'ଚେତନା ଚନ୍ଦ୍ରମାକୁ ସିଂହିକା ସୁତ'।

ମନନାନନ୍ଦ ତାଇବାର ଯନ୍ତର,
ବିବେକ ମହାବନ ପୋଡା ଅନଳ,
ନୟନଭୃଙ୍ଗ ରଙ୍ଗ ସ୍ଥଳ କମଳ,
ଆଶା ବିଟପୀ ପଲ୍ଲବିତ ବସନ୍ତ,

ଭାବରାଜ୍ୟ ପୀରତି-ପ୍ରଜା ସାମନ୍ତ,
ମଦନଶାସ୍ତ୍ରକୃତ ନିପୁଣ ବ୍ୟାସ,

'କାମାନ୍ଧିନୀମାନଙ୍କ ଡୋଳା ପିତୁଳା' ଓ 'ମଦନ ଦ୍ୱିଜ ଇଷ୍ଟପୂଜା ପିତୁଳି'।[୩୩] ଏ ରୂପ ଇନ୍ଦ୍ରିୟସଂସ୍ପର୍ଶଶୂନ୍ୟ ଓ ଏହାର ଆସ୍ୱାଦନ କେବଳ ଭାବନଶୀଳ ଆତ୍ମା ପକ୍ଷରେ ସମ୍ଭବ। ଏ ରୂପର ଧ୍ୟାନରେ ମନ ଇନ୍ଦ୍ରିୟକୁ ଛାଡି କେଉଁ ଏକ ଅଲୌକିକ ଇନ୍ଦ୍ରିୟାତୀତ ଜଗତରେ ବିଚରଣ କରେ। ଦେହ-ଚେତନା ବିସ୍ମୃତ ହୋଇ ପ୍ରାଣ ଲୋକୋତ୍ତର ଅରୂପ ସୌନ୍ଦର୍ଯ୍ୟ ସମ୍ଭୋଗ କରେ।

କୃଷ୍ଣଙ୍କର ସୌନ୍ଦର୍ଯ୍ୟ-ମହିମା ଆଧ୍ୟାତ୍ମିକ ରୂପ ହେତୁ ଅଚିନ୍ତନୀୟ ଓ ଅକଳ୍ପନୀୟ-

ଗତପ୍ରାଣତରୁ ପଲ୍ଲବିତକର
ଗିରି ଗ୍ରାବ ଦ୍ରବକାରୀ ବଂଶୀଧର

x x x

ଗତାଗତ ହେଲେ ହେଁ ଅକ୍ଷୟ ରୂପ
ଗମ୍ୟ ତ୍ରିକାଳ ସର୍ବଜ୍ଞଙ୍କର ରୂପ
ଗତି ନୁହଇ ବହଇ ନିତ୍ୟ ନୂତନ
ଚାରୁ ସଚ୍ଚିଦାନନ୍ଦ ସାନ୍ଦ୍ରାପଘନ।[୩୪]

ଆଧ୍ୟାତ୍ମିକ ସୌନ୍ଦର୍ଯ୍ୟାଙ୍କନରେ ଅଭିମନ୍ୟୁଙ୍କର ପାରଦର୍ଶିତା ଦେଖିଲେ ବିସ୍ମିତ ହେବାକୁ ପଡେ। କୃଷ୍ଣଙ୍କୁ 'ପ୍ରୀତି ନାରୀର ଭାଲ ସିନ୍ଦୂର ରୂପେ କଳ୍ପନା କରିବା କେତେ ସ୍ୱାଭାବିକ ଓ ରମଣୀୟ। ରତିରମଣୀର କର୍ଣ୍ଣରେ ତାଟଙ୍କ ସ୍ୱରୂପ ଗ୍ରହଣୀୟ ସେ କୃଷ୍ଣ। କୁଚମଳୟଗିରିରେ ବିଚରଣ କରୁଥିବା ମଳୟାନିଳ ଓ ଆନନ୍ଦ ତରୁବର ଲାବଣ୍ୟ-ଫଳ'[୩୫]-ତାଙ୍କର ରସିକତ୍ୱ ଓ ଆନନ୍ଦଚିଦ୍‌ଘନ ରୂପ ଦ୍ୟୋତିତ କରେ। 'ଇନ୍ଦ୍ରନୀଳମଣି ମଜା ଦର୍ପଣ' ପରି ତାଙ୍କର କାନ୍ତି। ତାଙ୍କର 'ମାନସରସକୂପ ଉଛୁଳା ରୂପ'କୁ ଭାଷାଶିଳ୍ପୀ ବିନା ଆଉ କେଉଁ ଶିଳ୍ପୀ ଫୁଟାଇ ପାରିବେ ନାହିଁ। ସେ ଶୋଭା ସୃଷ୍ଟିର ସାମନ୍ତ। ଅମୃତ ଓ ଆନନ୍ଦର ମୂର୍ତ୍ତି କୃଷ୍ଣ ରାଧାଙ୍କ ଦୃଷ୍ଟିରେ-

କଳାକୁଞ୍ଜି ଦଳା ଅଞ୍ଜନ ମର୍କତ ଇନ୍ଦ୍ରନୀଳମଣି ଘନ
ସୁଧା ଆନନ୍ଦ ଆହାଲାଦ ମାଦକ ଶୃଙ୍ଗାର ପ୍ରେମମିଳନ ଗୋ ପୁଣି,
ଶୋଭା ସମୁଦ୍ର-ମନ୍ଥା ଲବଣୀ।[୩୬]

ରାଧାଙ୍କ ଦୃଷ୍ଟିରେ କୃଷ୍ଣଙ୍କ ବିଗ୍ରହ ତମାଳତରୁ-'ଏ କି ସେ ତମାଳ ତରୁ ଯହିଁ ମୋହ'[୩୭]-କୃଷ୍ଣଙ୍କୁ ତମାଳତରୁ ସହିତ ତୁଳନା କରିବା ରାଧାଙ୍କର ଶ୍ୟାମରଙ୍ଗ ପ୍ରତି ଅନୁରାଗ ପ୍ରକାଶ କରେ। କୃଷ୍ଣଙ୍କର ଅଧରର ସୁନ୍ଦର ସ୍ମିତ 'ରାଗ ଅନୁରାଗ ଅମୃତ

ମାଧୁର୍ଯ୍ୟ ଶ୍ରୀ ସରଘର ଅଧର' କବି ଦୃଷ୍ଟିରେ ଦୁଗ୍ଧରେ ମାଣିକ୍ୟ ଧୋଇଦେବା ଶୋଭାଧାରଣ କରେ।[୩୮] ବିଦେହ କନ୍ଦର୍ପ ପରି ସୁଷମା-ସ୍ୱର୍ଗ-ପୁରନ୍ଦର 'ଆହ୍ଲାଦ ମନ୍ଦ ସୁନ୍ଦର ମଧୁର ସ୍ୱଚ୍ଛ ମହୋତ୍ସବ ପ୍ରଦ' କୃଷ୍ଣଙ୍କର ଗୁଣ ଓ ଶକ୍ତି ଅବିଚିନ୍ତ୍ୟ ଓ ସେ ନିଜ ଗୁଣରେ ଆତ୍ମାରାମ ପଣରେ ସମସ୍ତଙ୍କୁ ଆକର୍ଷଣ କରନ୍ତି। ଜଗତର ଜ୍ଞାନମତ ଚମତ୍କାରୀ ଶ୍ରୀକୃଷ୍ଣଙ୍କର ଗୁଣର ସାର ସାର କଥା କବି ଗୋଟିଏ ଛାନ୍ଦରେ କହିଯାଇଛନ୍ତି-

ଗର୍ବ ଓଜ ଶୌର୍ଯ୍ୟ ଧୈର୍ଯ୍ୟ ତେଜବନ୍ତ
ଗାଢ଼ ଶୂର ସମର୍ଥ ସବଳଯୁକ୍ତ
ଗ୍ରାହକ ସେ ଅନୁରାଗ ରତନର
ଗାମ୍ଭୀର୍ଯ୍ୟତା ତାର୍କିକ ଚତୁରବର। [୩୯]

କୃଷ୍ଣଙ୍କର ବକ୍ଷ- 'ବର ମରକତ ଯାଉଁଳି କପାଟ ମୁଦା ଉରତଟ ଭାତି' ତଥା

ଉର ମର୍କତ ଅରରବତ ଅଲକ୍ଷ୍ୟ ତ ଲକ୍ଷଣ
ଗଜ ପ୍ରମତ୍ତ କର ସଂଯତ ହସ୍ତଦଣ୍ଡ ଘଟଣ

x x x

ଉଦର ଶତପତ୍ରର ଶତପତ୍ର ମହତହର
ବରଚରମ ଫଳକ-ରମ୍ୟ-ଗରବ ଖର୍ବକର।[୪୦]

ଏହିପରି କୃଷ୍ଣଙ୍କର ବକ୍ଷ, ଉଦର, ଚରମ ଦେଶ, ବାହୁ, ନେତ୍ର ପ୍ରଭୃତି ସକଳ ଅଙ୍ଗ ସୁଷମାର ସାମାନ୍ୟ ଇନ୍ଦ୍ରିୟଘନତା ଥିଲେ ହେଁ ରୂପ ଗୁଣ ବର୍ଣ୍ଣନାରେ କବି ସମ୍ପୂର୍ଣ୍ଣ ବିମୂର୍ତ୍ତ ଭାବ ସଂଯୋଜନା କରିଛନ୍ତି। କୃଷ୍ଣଙ୍କର ଏହି ରୂପ-ଇନ୍ଦ୍ରିୟକୁ କିଞ୍ଚିତ୍ ସ୍ପର୍ଶ କରିଯାଏ; ମାତ୍ର ବିବଶ ନକରି ଅତୀନ୍ଦ୍ରିୟତାରେ ଆଚ୍ଛନ୍ନ କରି ରଖେ।

ଭକ୍ତଚରଣ ଦାସ

ଭକ୍ତଚରଣ କବିଖ୍ୟାତି ଅର୍ଜନ ନିମନ୍ତେ 'ମଥୁରାମଙ୍ଗଳ' ରଚନା କରିନାହାନ୍ତି। କୃଷ୍ଣଚରିତ ପରିବେଷଣ କରିବା ନିମନ୍ତେ ମନପ୍ରାଣ ଓ ନାମରେ ବୈରାଗୀ ଏହି କବି କେବଳ ବିଭୁ-ସୌନ୍ଦର୍ଯ୍ୟ ବର୍ଣ୍ଣନା ନିମନ୍ତେ ପ୍ରାଣର ଏକ ପରମ ଅତୃପ୍ତି ଘେନି ଗ୍ରନ୍ଥ ରଚନା କରିଛନ୍ତି-

କୃଷ୍ଣ ଚରିତ ଅମୃତ ବାରାଧି।
କଳି-କଲୁଷ-ରୋଗକୁ ଔଷଧି।

ତହୁଁ କିଛି ପ୍ରସଙ୍ଗରେ କହିବି ।
ଦୁଷ୍ଟ ପାତକ ଭାରାକୁ ଦହିବି ।[୪୧]

ରାଗବନ୍ଧନରେ କୃଷ୍ଣକଥା ପ୍ରଚାର କରିବା ଲକ୍ଷ୍ୟ ରଖି ଭକ୍ତକବି ଭକ୍ତିରସ ପରିବେଷଣରେ ଆନନ୍ଦବିଭୋର ହୋଇ ନନ୍ଦ-ନନ୍ଦନ ଗୋକୁଳ-ସୁନ୍ଦର ଶ୍ରୀକୃଷ୍ଣଙ୍କର ସୌନ୍ଦର୍ଯ୍ୟ ଓ ଲୀଳା ଯେଉଁ ବୟସରେ ରସରମ୍ୟତାର ଚରମ ସୀମା ସ୍ପର୍ଶ କରିଛି, ସେହି ବାଲକାଳକୁ ନିର୍ବାଚନ କରିଛନ୍ତି । କେତୋଟି ପଦ ଛାଡିଦେଲେ ଭକ୍ତଚରଣଙ୍କ କାବ୍ୟରେ ସର୍ବତ୍ର ସରଳତା କାବ୍ୟର ମାଧୁରୀ ବୃଦ୍ଧି କରିଛି । କବିଙ୍କର ଭାଷା ଭାବର ଅନୁସାରଣୀ ହୋଇଛି । ଗୋପୀମାନଙ୍କ ତୁଣ୍ଡରେ ଯେଉଁ ଭାଷା, ଭାବ ଓ ସଂଳାପ ଦେଇଛନ୍ତି, ତାହା ଔଚିତ୍ୟାନୁସାରୀ ଓ ପାତ୍ରୋଚିତ ହୋଇଛି । ଏତେ ସ୍ପଷ୍ଟ, ପ୍ରାଞ୍ଜଳ ଓ ମର୍ମସ୍ପର୍ଶୀ ଯେ କହୁଥିବା ଲୋକର ଅନ୍ତରସ୍ଥ ଭାବ-ମୁଦ୍ରା ପାଠକ ନିକଟରେ ମୂର୍ତ୍ତି ଧାରଣ କରେ । ମନେହୁଏ, କବି କୃଷ୍ଣ-ଗୋପୀମାନଙ୍କ ମେଳରେ ନିଜକୁ ସ୍ଥାପନ କରି ଏ କାବ୍ୟ ଲେଖିଛନ୍ତି, ସେମାନଙ୍କ ସହିତ ବାସ କରିଛନ୍ତି ଓ ହୃଦୟ ମିଳାଇ ସୁଖ ଦୁଃଖରେ ଭାଗୀ ହୋଇଛନ୍ତି । କାବ୍ୟ ଯଦି ଆବେଗରେ ଅଭିବ୍ୟକ୍ତି ହୁଏ, ତେବେ ମଧ୍ୟଯୁଗୀୟ କବିମାନଙ୍କ ମଧ୍ୟରେ ଭକ୍ତଚରଣଙ୍କ ସମକକ୍ଷ ଗୋପାଳକୃଷ୍ଣଙ୍କ ଭିନ୍ନ ଅନ୍ୟ କେହି ନାହାନ୍ତି ।

ଭକ୍ତଚରଣ କୃଷ୍ଣ ଓ ଗୋପୀମାନଙ୍କର ଯେଉଁ ସୌନ୍ଦର୍ଯ୍ୟ ବର୍ଣ୍ଣନା କରିଛନ୍ତି, ସେଥିରେ ସ୍ଥୁଳ ଅଙ୍ଗର ପ୍ରାଧାନ୍ୟ ନାହିଁ । କୃଷ୍ଣଙ୍କ ବନମାଳା, ତ୍ରିଭଙ୍ଗଠାଣି, ଦେହକାନ୍ତି, ଶିଖଣ୍ଡଚୂଳ, ବାଙ୍କ ଚାହାଣି ଓ କାଛେଣି ପ୍ରଭୃତି କବିଦୃଷ୍ଟିରେ ସୌନ୍ଦର୍ଯ୍ୟର ସ୍ଥଳ । ଆରାଧ୍ୟ ଦେବତାଙ୍କର ଦୈହିକ ସୁଷମାଠାରୁ ବେଶଭୂଷଣ ପର୍ଯ୍ୟନ୍ତ ଭକ୍ତକବିଙ୍କ ନେତ୍ରରେ ମନୋହର ପ୍ରତୀତ ହୋଇଛି । ଏ ପ୍ରତୀତ ଓ ପ୍ରତ୍ୟକ୍ଷତାରେ ଛଳନା ନାହିଁ । କୃଷ୍ଣଙ୍କର ଧୂଳିଧୂସରିତ ଦେହ, ଗୋଦୋହନ କାଳରେ ବିନ୍ଦୁ ବିନ୍ଦୁ ଦୁଗ୍ଧ ନୀଳବିଗ୍ରହରେ ପଡି ଯେଉଁ ଶୋଭା ଧାରଣ କରିଛି, ତାହା କି ଅନିନ୍ଦ୍ୟ ଓ ଅପୂର୍ବ । ଅକ୍ରୂରଙ୍କ ନେତ୍ର ଜରିଆରେ ଭକ୍ତକବି ସେହି ରୂପ-ସୁଷମାକୁ ସତୃଷ୍ଣ ଭକ୍ତଜନର ଦୃଷ୍ଟିରେ ଦେଖିଛନ୍ତି-

ଦେଖିଲା ଗୋଷ୍ଠେ ଗୋପାଳ ମେଣ୍ଟେ ଗାବ ଦୁହନ୍ତି ହରି
ନୀଳ ଜୀମୂତ-ବରନ ପୀତ-ବସନ ବିନ୍ଦୁ ପରି ।
ଶିରେ ତ୍ରିମୁଣ୍ଡୀ କି ଅବା ମଣ୍ଡି ଥୋଇଛି ଇନ୍ଦ୍ରଧନୁ
ଭ୍ରମର ଶ୍ରେଣୀ ଚୁମ୍ବନ୍ତି ଜାଣି ସୁଗନ୍ଧ ଗନ୍ଧ ଯେଣୁ ।
ଅଳକାପନ୍ତି ଝଳି ଦିଶନ୍ତି ଭ୍ରୂଲତା ପୁଷ୍ପଚାପ
ନୟନବାଣ ଅଞ୍ଜନଗୁଣ କର୍ଣ୍ଣ ପର୍ଯ୍ୟନ୍ତ ଧାପ ।

କାଦମ୍ବରୀ ପାନରେ ପ୍ରମତ୍ତ-ଦୃଷ୍ଟି ବଳରାମଙ୍କ ରୂପ ଅକ୍ରୂର ନେତ୍ରରେ-
ପୁଣି ଚାହିଁଲା ରୋହିଣୀବଳା ଶିରେ ସପତ ଫେଣୀ
ମଣିମୁକୁଟ ଲଲାଟପଟ ଅଳକା ଭୃଙ୍ଗ ଶ୍ରେଣୀ
ଗୋକ୍ଷୀର ବର୍ଣ୍ଣ, ନୟନ ଘୂର୍ମ ଅଳସ ପ୍ରାୟେ ଚାହେଁ
କର୍ଣ୍ଣେ କୁଣ୍ଡଳ କି ମାରତଣ୍ଡ ଚନ୍ଦ୍ରମା ପାଶେ ରହେ।[୪୨]

ଇଚ୍ଛାସୁଖରେ କ୍ଷଣକ୍ଷଣକେ ରୂପ ଅରୂପ ହେଉଥିବା ନନ୍ଦବଳା କାହ୍ନୁଙ୍କୁ ଗୋପାଳ ବାଳକମାନଙ୍କ ମେଳରେ ନନ୍ଦକୋଳରେ ବସିଥିବାବେଳେ ଦେଖି ନେତ୍ର ପବିତ୍ର କରିବା ପାଇଁ ଭକ୍ତପ୍ରବର ଅକ୍ରୂର ଅଭିଳାଷ ରଖି ମନେ ମନେ ସେ କାଳର ଭକ୍ତ-ଭାବଗ୍ରାହୀ ରୂପ କଳ୍ପନା କରିଆସୁଛନ୍ତି-

ଧନ୍ୟରେ ନେତ୍ର ହେବ ପବିତ୍ର ଚାହିଁ ଜଳଦ ତନୁ
ଗୋପାଳ ମେଳେ ନନ୍ଦର କୋଳେ ବସି ଯେ ଥିବେ କାହ୍ନୁ।
ଦୂରୁ ଅନାଇ ଡାକିବେ ଦୁଇ-ଭାଇ ଅକ୍ରୂର ଆସ
ସେ ବାଣୀ ଶୁଣି ଶ୍ରବଣ ବେନି ତେଜିବେ ସର୍ବଦୋଷ।
ଶରୀର ଗନ୍ଧ ପାଇ ଆନନ୍ଦ ହୋଇବ ନାସା ଦ୍ୱାର
କରନ୍ତେ କୋଳ ଅଙ୍ଗ ନିର୍ମଳ ହୋଇବ ଆଜି ମୋର।[୪୩]

ଭକ୍ତର କଳ୍ପନା ବିନା ବିଭୁ-ସୌନ୍ଦର୍ଯ୍ୟର ଏହି ସର୍ବେନ୍ଦ୍ରିୟଗ୍ରାହୀ ରୂପ-ଭାବନା ଅସମ୍ଭବ। ଅମିତ ଆଗ୍ରହ ଓ ଦର୍ଶନ ଉତ୍କଣ୍ଠା ଘେନି ଭକ୍ତ ହୃଦୟ ସେହି ରୂପର ପ୍ରତ୍ୟକ୍ଷ ଦର୍ଶନ ପୂର୍ବରୁ ଧ୍ୟାନ କରିଚାଲିଛି। ଆରାଧ୍ୟ ଦେବତାଙ୍କର ଧ୍ୟାନଧୃତ ଭକ୍ତଚିନ୍ତାମଣି ରୂପ ଭକ୍ତପ୍ରାଣରେ ପରମ ସନ୍ତୋଷ ଓ ଆନନ୍ଦ ଆଣିଦେଇଛି।

ମଥୁରାଗମନ କାଳରେ ଅକ୍ରୂର ଯମୁନା ଜଳରେ ଅବଗାହନ କଲାବେଳେ ଜଳ ମଧ୍ୟରେ ଶ୍ରୀକୃଷ୍ଣଙ୍କର ଯେଉଁ ଦୈବତ ରୂପ ଦର୍ଶନ କରିଛନ୍ତି, ତାହା ଭକ୍ତ ପ୍ରାଣରେ ବିସ୍ମୟ ସୃଷ୍ଟି କରେ ଯେଉଁ ଗୋପ-ଭୂଷଣ ବାଳକ ଶ୍ରୀକୃଷ୍ଣଙ୍କୁ ସେ ଜାଣନ୍ତି ଏ ରୂପ ତ ସେ ନୁହନ୍ତି-

ଦେଖିଲା ବିଚିତ୍ର ପୁର କୋଟି ସୂର୍ଯ୍ୟତେଜ,
ମଧ୍ୟରେ ବିଜୟ କରିଛନ୍ତି ଦେବରାଜେ
ଶିରେ ସପ୍ତଶାଖା ହେମ ମୁକୁଟ ବିରାଜେ
ବାଳଭୃଙ୍ଗ-ପନ୍ତି ପ୍ରାୟେ ଦିଶଇ ଅଳକା
ମୁଖପଦ୍ମ ବେଢ଼ି କି ଚୁମ୍ବନ୍ତି ମଧୁଚଖା
ସୁନ୍ଦର ଦିଶଇ ନୀଳ ଇନ୍ଦୀବର ପରା
ନାସାରେ ମୁକୁତା କି ସେ ଚନ୍ଦ୍ରପାଶେ ତାରା।

x x x

କରିକର ଜିଣି ଚାରି ଭୁଜଦଣ୍ଡ ସାଜେ
ଶଙ୍ଖଚକ୍ର ଗଦାପଦ୍ମ ନିରତେ ବିରାଜେ ।
କଟିରେ ଶୋଭଇ ପୀତ ସୁଝୀନ ଅମ୍ବର
କଳାମେଘ କୋଳେ କିଏ ସ୍ଥକିତ ଅଙ୍ଗିର ?

x x x

ଏମନ୍ତ ସ୍ୱରୂପ ଦେଖି ଆନନ୍ଦ ଅକ୍ରୂର
ପ୍ରେମେ ଥର ଥର ତନୁ କି ରମ୍ଭା ପତର ।(୪୪)

ଏ ରୂପ ଭକ୍ତପ୍ରାଣରେ ବିସ୍ମୟ ସୃଷ୍ଟି କରିବା ସୁନିଶ୍ଚିତ । ପୁଲକାଞ୍ଚିତ ବୟ ଭକ୍ତ ସ୍ୱ-ବିଭୁଙ୍କର ଅଲୌକିକ ସୌନ୍ଦର୍ଯ୍ୟ-ଦର୍ଶନରେ ଆନନ୍ଦ-ବିଭୋର । ନିଜର ଚକ୍ଷୁକୁ ସେ ବିଶ୍ୱାସ କରିପାରୁ ନାହିଁ । ଜଳରୁ ଉଠି କୂଳରେ ସେହି ରୂପର ଭିନ୍ନ ଏକ ମୂର୍ତ୍ତି ଦେଖୁଛି । ଦୁଇ ରୂପ ମଧ୍ୟରେ କେତେ ପାର୍ଥକ୍ୟ ! ଗୋଟିଏ ରୂପରେ ସେ ଐଶୀ ମହିମାରେ ଉର୍ଜ୍ଜସ୍ୱଳ; ଅନ୍ୟଟିରେ ବାଳକୀଳୀଳାର ନୟନମନମୋହନ ଅଭିରାମ ମୂର୍ତ୍ତି ।

ମାତୃହୃଦୟର ସରଳ ବିଶ୍ୱାସ ପୁତ୍ରର ଅନ୍ୟ ପରିଚୟ ଜାଣେ ନାହିଁ । କୃଷ୍ଣଙ୍କ ସମ୍ବାଦ ଘେନି ଉଦ୍ଧବ ଗୋପକୁ ଆସିଛନ୍ତି । ପୁତ୍ର ସ୍ନେହରେ ଅନ୍ଧୁଣୀ ଯଶୋଦା ଉଦ୍ଧବଙ୍କଠାରେ ପୁତ୍ର ସାମ୍ୟ ଦେଖି ପ୍ରଥମେ ଭ୍ରମ କରିଥିଲେ-

କୃଷ୍ଣର ମୂରତି ପରାଏ ଦିଶଇ ଉଦ୍ଧବ ବିଗ୍ରହ
ପୁତ୍ର ପ୍ରାୟ ମଣି ନନ୍ଦର ଘରଣୀ କରଇ ସେନେହ ।(୪୫)

ଯଶୋଦା ପୁତ୍ର ବିଚ୍ଛେଦରେ ଯେଣେ ଚାହିଁଲେ ତେଣେ ସେହି ପୁତ୍ରର ରୂପହିଁ ଦେଖୁଥିଲେ । ଉଦ୍ଧବ ତାଙ୍କ ଆଗରେ କୃଷ୍ଣଙ୍କ ନିର୍ଗୁଣ-ସୌନ୍ଦର୍ଯ୍ୟ ବର୍ଣ୍ଣନା କରିବାକୁ ଲାଗିଲେ-

ସକଳ ଜୀବନରେ ବିହାର କରଇ ନାହିଁ ତା ବିକାର
ସକଳ ମନ୍ତ୍ର ସକଳ ବେଦାନ୍ତରେ ଯେସନେ ଓଁକାର
ସେହି ରୂପେ ଜଳ ସ୍ଥଳ ଆକାଶରେ ପୂରିଛି ଗୋବିନ୍ଦ
ତାହା ନଥିବାର ସଂସାରେ ନାହାନ୍ତି, ବି ଅର୍ଥେ ନ କାନ୍ଦ ।
ତୁମ୍ଭ ଦେହେ ସେହି ମୋର ଦେହେ ସେହି କାନ୍ଦଇ କନ୍ଦାଇ
ହସାଇ ହସି, ରସାଇ ରସେ, ବାନ୍ଧି ବନ୍ଧାଇ ହୁଅଇ ।
ମାରଇ ତାରଇ ସୃଜଇ ସକଳ ତାହାର ଘଟଣା
କାଟୁଁ ଗ୍ରହଯାଏ ବ୍ୟାପି ରହିଅଛି ନଯାଇ ଗଣନା(୪୬)

ଉଦ୍ଧବଙ୍କର ଏହି ନିର୍ଗୁଣ ତତ୍ତ୍ୱ-ସୌନ୍ଦର୍ଯ୍ୟ ବର୍ଣ୍ଣନାରେ ଯଶୋଦାଙ୍କ ମନ ବୁଝିଲା ନାହିଁ। ପୁତ୍ରର ଏହି ରୂପ ସମ୍ବନ୍ଧରେ ସେ ସଚେତନ ନଥିଲେ। ମାତୃତ୍ୱ ସଦା ଅନ୍ଧ। ଯଶୋଦା ସହଜ ସରଳ ବିଶ୍ୱାସର ପ୍ରତୀକ। ଦୃଷ୍ଟିରେ ତାଙ୍କର ମମତାମେଦୁର ମାତୃତ୍ୱର ଚାହାଣି। ସେ ଜାଣିଥିବା ପୁତ୍ରର ପରିଚୟ ପଛରେ ଏତେ ଗୂଢ଼ ଗହନ ତତ୍ତ୍ୱ ରହିଛି-ସେଥିସମ୍ବନ୍ଧରେ ସେ ସମ୍ପୂର୍ଣ୍ଣ ଅନବହିତ। ପୁତ୍ରର ବଳବିକ୍ରମ, ଐଶ୍ୱର୍ଯ୍ୟ, ମହତ୍ତ୍ୱ କିଛି ଶୁଣିବାକୁ ସେ ଚାହାନ୍ତି ନାହିଁ । ସେ କେବଳ ଗେଲବସରର ଶିଶୁପୁତ୍ର କୃଷ୍ଣଙ୍କୁ ଜାଣନ୍ତି । ପୁତ୍ରର କେଶ କୁସୁମରେ ସଜାଇବେ, ଲଲାଟରେ ଚିତା ଲେଖିବେ, କର୍ଣ୍ଣରେ କୁଣ୍ଡଳ ଖଞ୍ଜିବେ ଓ ସେହି ରୂପକୁ ସତୃଷ୍ଣ ନେତ୍ରରେ ଦେଖି, ଅନ୍ୟକୁ ଦେଖାଇ ଆନନ୍ଦ ପାଇବେ। ଉଦ୍ଧବଙ୍କର ଏହି ନିର୍ଗୁଣତତ୍ତ୍ୱ ବଖାଣରେ ଯଶୋଦା କହିଲେ-

ତାହା କେ ଜାଣଇ ମନକୁ ଆଣଇ ମୋ ପୁତ୍ର ମାଧବ।[୪୭] ଊର୍ଦ୍ଧ୍ୱରେତାମାନେ ଉଦ୍ଧବ ବର୍ଣ୍ଣିତ କୃଷ୍ଣଙ୍କର ସେହି ରୂପ ଜାଣିଥିବେ । ନାରୀ ହୋଇ ନନ୍ଦନଛଡ଼ା ସେ ଅନ୍ୟ କୌଣସି ରୂପରେ ପୁତ୍ରକୁ ଜାଣନ୍ତି ନାହିଁ । ନିଜ ହୃଦୟସ୍ଥ ପୁତ୍ରରୂପ ଓ ସନ୍ତାନବାତ୍ସଲ୍ୟ-ଯେଉଁଥିରେ ତାଙ୍କର ବିଶ୍ୱାସ ଓ ମମତା ଅତୁଟ, ତାହା ଭିନ୍ନ ଆଉ କେଉଁ ଅଲୌକିକ ରୂପରେ ପୁତ୍ରର ପରିଚୟ ଗ୍ରହଣ କରିବାକୁ ସେ ଅନିଚ୍ଛୁକ । ଉଦ୍ଧବ ପୁଣି ଯୁକ୍ତି କରି ଜ୍ଞାନଯୋଗ ଓ ବ୍ରହ୍ମସ୍ୱରୂପ ବ୍ୟାଖ୍ୟା କରିବାକୁ ଲାଗିଲେ । ଯଶୋଦାଙ୍କର ସେହି ଏକ ଉତ୍ତର- 'ତାହାକେ ଜାଣଇ ଯେତେ ବୁଝାଇଲେ ମୋ ପୁତ୍ର ମାଧବ' । ଉଦ୍ଧବ ଯାହାଙ୍କୁ 'ବ୍ରହ୍ମ, ବ୍ରହ୍ମ କହୁଛନ୍ତି ଯଶୋଦା ତାଙ୍କୁ କୁମର ବୋଲି ଜାଣନ୍ତି- ବ୍ରହ୍ମ ବ୍ରହ୍ମ ବୋଲି କେତେ ବୋଲ ତାଙ୍କୁ ସେ ମୋର କୁମର । ବ୍ରହ୍ମଜ୍ଞାନ କଥା ଭାବିଲେ ଗୋପରେ କାହିଁକି, ବ୍ରହ୍ମଜ୍ଞାନୀ ଲୋକେ ଥିବାସ୍ଥାନକୁ ଯାଇ ବୁଝାଇପାର । ସେମାନେ ତାହାର ତତ୍ତ୍ୱ ବୁଝିବେ । ଗୋପରେ କେବଳ 'ମାଧବ' ଓ 'ନନ୍ଦନ'- ଏହି ଦୁଇଟି ରୂପ ଛଡ଼ା କୃଷ୍ଣଙ୍କର ଅନ୍ୟ ରୂପ ଜଣାନାହିଁ- 'ମୋହର ନନ୍ଦନ ଘନବରନିଆ ପ୍ରସଙ୍ଗ ଶୁଣାଇ ଚିତ୍ତ ଶାନ୍ତକର ।' ଯଶୋଦା ଯେଉଁ ଜ୍ଞାନ ଭଜନ ସାଧନରେ ନିରତ ଅଛନ୍ତି, ତାହା ହେଲା- 'ଏକା ଶ୍ୟାମଘନ ବରନ ମୋ ଧନ ଏତିକି ଜାଣଇ' । ଉଦ୍ଧବ ପୁଣି କୃଷ୍ଣଙ୍କର ଐଶୀ ମହିମା ବର୍ଣ୍ଣନା କଲେ-

ଯାହା ରୋମମୂଳେ ମାଳ ମାଳ ହୋଇ ଭ୍ରମନ୍ତି ମେଦିନୀ
ସତକୁ ମିଛ ମିଛକୁ ସତ କରିପାରେ ସେ ଜନନୀ ।
ଆଦ୍ୟ ମଧ୍ୟ ପ୍ରାନ୍ତ ଗୋଚର ନୁହଁଇ ଅଶେଷ ଶ୍ରୁତିକି
ମନ ବଚନେ ଭେଦି କେହ୍ନୁ ପାରିବ ତାହାର ଗତିକି ।[୪୮]

ଏଥର ଯଶୋଦା ଆଉ ସହି ପାରିଲେ ନାହିଁ । କୋପରେ ଭର୍ତ୍ସନା କରି ମାତାର ସ୍ୱାଭାବିକ ମମତା ଘେନି କହିଲେ-

ସାକ୍ଷାତେ ଜଠରୁ ଜନମ କରିଛି ଏ ଗଲା ମିଛକୁ
ବ୍ରହ୍ମ ବୋଲି କେତେ ଉଚ୍ଚ କରୁଅଛ ମୋହର ବସ୍ତକୁ ।
ଦେଖିବ କି ଏହିକ୍ଷଣି ମଥୁରାକୁ ଯିବଇ ବହନ
କାଖରେ ବସାଇ ଘେନି ଆସିବି କି ମଦନ ମୋହନ ।(୪୯)

ଏହା ମାତୃ ହୃଦୟର ସ୍ୱାଭାବିକ ପ୍ରତିକ୍ରିୟା । ଏଥିରେ ଛଳନା ନାହିଁ । ଯଶୋଦା ପୁଅକୁ ଅତି ନିକଟରୁ ଯେପରି ଚିହ୍ନିଛନ୍ତି, ଉଦ୍ଧବଙ୍କର ତାଙ୍କଠାରେ ବ୍ରହ୍ମତତ୍ତ୍ୱ ଆରୋପ ଓ ଉଚ୍ଚ କରି ଦେଖାଇବା ଚେଷ୍ଟା ସେ ଚିହ୍ନିବା ନିକଟରେ ହାର ମାନିଛି । ବ୍ୟକ୍ତି ନିଜ ଅନ୍ତରର ପ୍ରତିଷ୍ଠିତ ଭାବକୁ ବଦଳାଇବାକୁ ଚାହେଁ ନାହିଁ । ବ୍ରହ୍ମ ସୁଦୂରର ବସ୍ତୁ । ସେଥିରେ ଅଧିକାର ନଥାଏ । ମାତ୍ର ପୁତ୍ରର 'ମାଧବ' ରୂପ ଅତି ପରିଚିତ ଓ ନିକଟର । ସେଥିଲାଗି ମଥୁରାରେ ଥିଲେ ମଧ୍ୟ ନିଜ ପୁଅକୁ ଚିହ୍ନି କୋଳ କରି ଫେରାଇ ଆଣିବାର ଅଧିକାର-ବିଶ୍ୱାସ ଯଶୋଦାଙ୍କର ରହିଛି । ଉଦ୍ଧବ-ଯଶୋଦା ଉକ୍ତି ପ୍ରତ୍ୟୁକ୍ତିରେ ଏକ ପକ୍ଷରେ ରହିଛି ତତ୍ତ୍ୱ ଓ ଅନ୍ୟ ପକ୍ଷରେ ସରଳ ବିଶ୍ୱାସ । ଯେଉଁ ବିଶ୍ୱାସ-ସୁନ୍ଦର କୃଷ୍ଣ-ମୂର୍ତ୍ତି ଜନନୀ ହୃଦୟରେ ପ୍ରତିଷ୍ଠିତ ତାହା ତତ୍ତ୍ୱ ବ୍ୟାଖ୍ୟାନରେ ଅନ୍ତର୍ହିତ ହେବନାହିଁ ।

ଯଶୋଦାଙ୍କ ନିକଟରେ କୃଷ୍ଣଙ୍କର ବ୍ରହ୍ମସ୍ୱରୂପ ଯେଉଁପରି ବଖାଣିଥିଲେ ଗୋପୀମାନଙ୍କ ଛାମୁରେ ମଧ୍ୟ ଉଦ୍ଧବ ତାଙ୍କର ସେହି ଅନ୍ତର୍ଯ୍ୟାମିତ୍ୱ ଓ ସର୍ବ ଘଟରେ ବିହାର କଥା କହିଛନ୍ତି । ଉଦ୍ଧବ ଜ୍ଞାନୀ ପୁରୁଷ । ତେଣୁ ସେ କୃଷ୍ଣଙ୍କର ଜ୍ଞାନଗମ୍ୟ ରୂପ ଧ୍ୟାନ କରିବା ପାଇଁ ଗୋପୀମାନଙ୍କୁ ପରାମର୍ଶ ଦେଇଛନ୍ତି-

ରୂପରେଖ ନାହିଁ କିଛି ଚନ୍ଦ୍ରମା ପ୍ରାୟ ବ୍ୟାପିଛି
ସେ ଯେହ୍ନେ ଦିଶଇ ଜଳଘଟେ
ସେ ଘଟ ବିନାଶ ଗଲେ ଶୂନ୍ୟ ହୋଏ ଶାସ୍ତ୍ର ବୋଲେ
ପୁଣ ଅନ୍ୟ ଘଟେ ଯାଇ ଘୋଟେ, ଗୋ ଗୋପୀମାନେ,
ଏଣୁ ରୂପ ହୋଇ ରୂପ ନୋହି, ଭାବେ ପାଇ ଅଭାବେ ନ ପାଇ ।(୫୦)

ଏହି ରୂପରେଖହୀନ ନିରଞ୍ଜନ ପୁରୁଷ ପରମବ୍ରହ୍ମଙ୍କୁ ଗୋପୀମାନେ ଚିହ୍ନନ୍ତି ନାହିଁ । କାରଣ ଜ୍ଞାନ ମାଧ୍ୟମରେ ତାଙ୍କୁ ଜାଣିବା ପାଇଁ ସେମାନଙ୍କର ଇଚ୍ଛା ନାହିଁ । ଉଦ୍ଧବ ଯେଉଁ ଜ୍ଞାନ ବୁଝାଇଲେ ତାହା ଶୁଦ୍ଧା ଭକ୍ତିର ବିରୋଧୀ । ଜ୍ଞାନ ଗଜଭୁକ୍ତ କପିତ୍‌ଥବତ୍ ରସହୀନ । ତାହା କରକା ଭଳି ମୁହୂର୍ତ୍ତକରେ ମିଳେଇଯାଏ । ଯେଉଁ ଲୋକ ସୁଧା ଭୁଞ୍ଜିଛି ସେ ମହୁଲ ଫଳରେ ଆସକ୍ତ ହେବ ନାହିଁ । ମଧୁର ଭକ୍ତିରସର

ଉତ୍ସ । ବ୍ରହ୍ମଜ୍ଞାନ ତାହାର ଦାସାନୁଦାସ । ଭକ୍ତିରେ ପ୍ରେମମୟଙ୍କର ଯେଉଁ ସୌନ୍ଦର୍ଯ୍ୟ ସେମାନେ ଦେଖିଛନ୍ତି ଜ୍ଞାନନେତ୍ରରେ ସେ ରଙ୍ଗାଧର କୃଷ୍ଣଙ୍କୁ ଦେଖିବା ସମ୍ଭବ ନୁହେଁ ।

ବସ୍ତୁ ନିଜର ଆକର୍ଷଣ ଗୁଣରେ ପ୍ରେମ ଜାତ କରେ । ଯାହା ଆକର୍ଷଣ କରେ ତାହା ଦର୍ଶକ ନେତ୍ରରେ ସୁନ୍ଦର । ଶ୍ରୀକୃଷ୍ଣଙ୍କୁ ଦେଖିବା ଲାଗି ମଥୁରାନାରୀମାନେ ବେଶବାସ ଅସମ୍ଭାଳ ହୋଇ ଧାଇଁଛନ୍ତି । ଚିର ପିପାସିତ ପ୍ରାଣ ଆଜି ଯେପରି ମନ୍ଦାକିନୀ ଭେଟିଛି । ଏ ପର୍ଯ୍ୟନ୍ତ ନେତ୍ର ସେହି ରୂପକୁ ଖୋଜି ବୁଲୁଥିଲା । କୃଷ୍ଣଙ୍କୁ ଦେଖି ନେତ୍ର ପବିତ୍ର ଓ ସାର୍ଥକ କରିବା ପାଇଁ ଉତ୍କଣ୍ଠାପୂର୍ଣ୍ଣ ହୃଦୟରେ ମଥୁରାନାରୀମାନେ ବାହ୍ୟଜ୍ଞାନଶୂନ୍ୟ ହୋଇ ଧାଇଁଛନ୍ତି । ଏହି କାଳରେ କବି ସେମାନଙ୍କର ଯେଉଁ ବିଭ୍ରମସୁନ୍ଦର ରୂପ ଅଙ୍କନ କରିଛନ୍ତି, ତାହା ସୌନ୍ଦର୍ଯ୍ୟ-ପ୍ରେମର ଲକ୍ଷଣ । କୃଷ୍ଣ ସମୀପରେ ପ୍ରବେଶ ହୋଇ ସେମାନଙ୍କର ଯେଉଁ ଆନନ୍ଦ ହେଲା-

ମରାଳ ଦେଖି କି ମରାଳୀ ତୋଷ
କରୀ ଦେଖି ଯେହ୍ନେ କରିଣୀ ବୃନ୍ଦ
ନିଶାପତି କି ଭେଟିଲା କୁମୁଦ ?
ତେସନ ଆନନ୍ଦ । ଦିନେଶ ଦେଖି ଯେହ୍ନେ ଅରବିନ୍ଦ ।[୫୧]

ନିଜ ନିଜର ମନ ଅନୁସାରେ ସେହି ଏକ ବସ୍ତୁକୁ କିଏ କେତେ ରୂପରେ ଦେଖୁଥାଏ । ଯାହାର ଭାବନା ଯେପରି ବସ୍ତୁ ସ୍ୱରୂପ ତାହାକୁ ସେହିପରି ଦୃଶ୍ୟହୁଏ । ମଥୁରାନାରୀମାନେ ନିଜ ନିଜର ଦୃଷ୍ଟିକୋଣ ଅନୁସାରେ କୃଷ୍ଣଙ୍କୁ ଦେଖିଛନ୍ତି । ଜଣେ କହିଛି-

ଏ ନନ୍ଦନନ୍ଦନ ଅପୂର୍ବ ଧନ । ଜାଣିଲେ ଚିନ୍ତାମଣିର ସମାନ
ଯେ ଯେଉଁ ରୂପେ ଭାବଇ ଅନ୍ତରେ । ସେ ସେହି ରୂପେ ମିଳଇ ତାହାରେ ।[୫୨]

ଆଉ ଜଣେ କୃଷ୍ଣଙ୍କୁ ସାକ୍ଷାତ୍ କନ୍ଦର୍ପ ରୂପରେ ଦେଖି ତାଙ୍କର ଗୁଣଗ୍ରାମ ଓ ରୂପଶୋଭା ବର୍ଣ୍ଣନା କରିବାରେ ଅନର୍ଗଳା ହୋଇଉଠିଛି । କୃଷ୍ଣଙ୍କୁ ମନନେତ୍ର ପୂରାଇ ନଦେଖି ତାଙ୍କ ସମ୍ବନ୍ଧରେ ନାନା କଳ୍ପନା ଜଳ୍ପନା କରିବା ଅସାର ମଣି ଆଉ ଜଣେ ପ୍ରକୃତ ସୌନ୍ଦର୍ଯ୍ୟରସିକା ସେମାନଙ୍କୁ ତିରସ୍କାର କରିଛି । ସୌନ୍ଦର୍ଯ୍ୟ-ସଂଭୋଗ କାଳରେ ଅପ୍ରାସଙ୍ଗିକ ଆଲୋଚନା କରିବାକୁ ସେ ପସନ୍ଦ କରିନାହିଁ ।[୫୩] ଭୋଜନ କଲାବେଳେ ଯେପରି କୌଣସି ବାର୍ତ୍ତା ପଚାରିଲେ ଭୋଜନ ସୁଖରେ ବାଧା ଉପୁଜେ, ସୁନ୍ଦର ପଦାର୍ଥକୁ ଦେଖୁଥିବାବେଳେ ଅନ୍ୟ ପ୍ରସଙ୍ଗ ପକାଇଲେ ସେହିପରି ଦର୍ଶନ-ସୁଖ ମିଳେ ନାହିଁ । ଅନ୍ୟ ବିଷୟରୁ ମନ ଫେରାଇ ଆଣି ରସ ବସ୍ତୁରେ ନିବିଷ୍ଟ କରାଇଲେ ରସାନୁଭୂତିରେ ଅଖଣ୍ଡତା ଆସେ ।

ସୁନ୍ଦରର କରସ୍ପର୍ଶରେ ଅସୁନ୍ଦର ସୌନ୍ଦର୍ଯ୍ୟ ମଣ୍ଡିତ ହୁଏ । କୃଷ୍ଣ କୁବୁଜାର ଅଙ୍ଗସ୍ପର୍ଶ

କରିବାରୁ ସେ ଅପୂର୍ବ ସୁନ୍ଦରୀତ୍ୱ ଲାଭ କଲା ଓ ନିଜର ରୂପରାଶି ଦେଖି ତାହାର ଆଶଙ୍କା ହେଲା ଏତେ ସୌନ୍ଦର୍ଯ୍ୟ ସେ କେଉଁଠାରେ ରଖିବ । ଯେ ସୁନ୍ଦର କଲେ ସେ ହିଁ ଏ ସୌନ୍ଦର୍ଯ୍ୟର ଉପଭୋକ୍ତା ହୁଅନ୍ତୁ । ସୁନ୍ଦର ହିଁ ସୌନ୍ଦର୍ଯ୍ୟର ଉପଯୁକ୍ତ ଗ୍ରାହକ ।

କୃଷ୍ଣ କୁବଳୟା ହସ୍ତୀ ସହିତ ଲଢ଼ିବା ସମୟରେ ସ୍ନେହାଧିକ୍ୟରେ ମଥୁରାନାରୀମାନେ ଭାବୁଥିଲେ-

ଏ କିମ୍ବା ନୋହିଲା ଆମ୍ଭ ନନ୍ଦନ
ଦୁଃଖୀ ଗର୍ଭେ କିମ୍ବା ହେଲା ଜନମ ।[୫୪]

ସୁକୁମାର ରୂପ ପ୍ରତି ସ୍ୱାଭାବିକ ଅନୁରାଗ ପ୍ରକାଶିକା ଏହି ବାଣୀରେ ସେମାନଙ୍କ ହୃଦୟର କୋମଳତା ଓ ମମତ୍ୱବୋଧ ମୂର୍ତ୍ତ ହୋଇଉଠିଛି ।

ରଙ୍ଗ ସଭାତଳେ କୃଷ୍ଣଙ୍କୁ ଦେଖି ସମବେତ ରାଜନ୍ୟମଣ୍ଡଳୀ ଉଲ୍ଲସିତ ହୋଇ ନିଜ ସ୍ଥାନରୁ ଉଠିପଡ଼ିଲେ ଓ ହସ୍ତପ୍ରସାରଣ କରି ତାଙ୍କୁ କୋଳ କରିବାକୁ ମନ କଲେ । ଉପସ୍ଥିତ ଜନତା ମଧ୍ୟରେ ତାଙ୍କୁ କିଏ କି ରୂପରେ ଦେଖିଲେ କବି ବ୍ୟକ୍ତି-ଭେଦରେ ଦୃଷ୍ଟି-ଭେଦ ପ୍ରଦର୍ଶନ କରି ସେହି ଏକ ସୌନ୍ଦର୍ଯ୍ୟର ଭିନ୍ନ ଭିନ୍ନ ରୂପଗୁଣ ବର୍ଣ୍ଣନା କରିଛନ୍ତି-

ଶିଶୁଙ୍କୁ ଦିଶନ୍ତି ଶିଶୁ ପରାଏ
ନାରୀଙ୍କ ଦୃଷ୍ଟି କି ମଦନରାଏ
ବୃଦ୍ଧଙ୍କୁ ବାଳକ ସ୍ୱଭାବମତି
ଜ୍ଞାନିଙ୍କି ନିର୍ଗୁଣରୂପ ଶ୍ରୀପତି
ଭକ୍ତଙ୍କୁ, ନନ୍ଦନନ୍ଦନ ପରା
ନାନା ରୂପ ଧରେ ମନ୍ଦରଧରା ।[୫୫]

ସେହି ଏକ ରୂପ; ମାତ୍ର ବ୍ୟକ୍ତିର ରୁଚି ଓ ଦୃଷ୍ଟି ଅନୁସାରେ ତାହା ଭିନ୍ନ ଭିନ୍ନ ପ୍ରତୀତ ହୋଇଛି । ରୂପକୁ ରୁଚି ଅନୁସାରେ ଗ୍ରହଣ କରାଯାଏ ।

ସୁନ୍ଦର ରୂପକୁ ସଜାଇବା ରୂପଗ୍ରାହୀର ସ୍ୱାଭାବିକ ଅଭିଳାଷ । ଭକ୍ତଚରଣ ଅନ୍ୟତ୍ର ଗୋପୀମାନଙ୍କ ମୁଖରେ କୁହାଇଥିଲେ- 'ଚନ୍ଦନ ବେଶ ମୁଁ କରନ୍ତି ମୋର ହେଉଛି ମନ' । ମାତ୍ର ତାହା ଭୌତିକ ଦେହଧାରୀର ରୂପ ନୁହେଁ । କବିଙ୍କର ବୈରାଗ୍ୟ-ଦୃଷ୍ଟିରେ ମଣିଷର ଏହି ସୁନ୍ଦର ଅଙ୍ଗ ପୂତିଗନ୍ଧମୟ ଓ ଭଙ୍ଗୁର । ଏହା ରମଣୀୟ ଚିତ୍ରିତ ମୃଣ୍ମୟ ପ୍ରତିମା ପରି । ଏହାକୁ ବିଶ୍ୱାସ କରି ଅଥବା ଏହା ପ୍ରତି ଅତିମାତ୍ରାରେ ଆସକ୍ତି ପ୍ରକାଶ କରି 'କଳାଶ୍ରୀମୁଖ'- ଦିବ୍ୟ ସୌନ୍ଦର୍ଯ୍ୟକୁ ବିସ୍ମୃତ ହେବା ଉଚିତ ନୁହେଁ ।[୫୬] ସଂସାର-ବିରାଗୀ କବିଙ୍କର ପାର୍ଥିବ ଶରୀର-ଶୋଭା ପ୍ରତି ଅନାସ୍ଥା ଭାବ ରହିବା ସ୍ୱାଭାବିକ ।

ବ୍ରଜନାଥ ବଡ଼ଜେନା

ବ୍ରଜନାଥ ରାଜଦରବାରର ଚତୁର କଥକଶ୍ରେଣୀୟ କବି । କାବ୍ୟାଦର୍ଶ ପ୍ରତିଷ୍ଠାରେ ସେ କୌଣସି ନୂତନ ଆଭିମୁଖ୍ୟ ଗ୍ରହଣ କରିନାହାନ୍ତି । ରୀତି କାବ୍ୟରେ ରୂପଠାରୁ ବେଶ୍ ପ୍ରାଧାନ୍ୟର ଯେଉଁ ଧାରା ଗଡ଼ି ଆସିଥିଲା ବ୍ରଜନାଥ ସେହି ଧାରାର ଅନୁବର୍ତ୍ତନ କରିଛନ୍ତି । ଶିଷ୍ଟ ପଣ୍ଡିତମାନେ କବିଙ୍କର ଭରସାସ୍ଥଳ । ଉପେନ୍ଦ୍ରଙ୍କର କାବ୍ୟ-ପାଠକ ଥିଲେ ରସିକ, ବୁଧ, ତରୁଣମଣ୍ଡଳୀ । ଅଭିମନ୍ୟୁ 'ଚିହ୍ନରା-ଗ୍ରାହକ'ମାନଙ୍କୁ ଆଶୀର୍ବାଦ କରିଥିଲେ । ବ୍ରଜ-ନାଥଙ୍କ ସମୟକୁ ଉଜ୍ଜ୍ୱଳ-ରସଜ୍ଞ, ଶିଷ୍ଟଜନ ଓ ପଣ୍ଡିତମାନେ କାବ୍ୟର ଗ୍ରାହକ ରୂପେ ଗୃହୀତ ହୋଇଛନ୍ତି । କବି ଅକ୍ଷର-ନିୟମ, ସରୋଷ୍ଠକ ନିରୋଷ୍ଠକ, ବନା ଅବନା ପ୍ରଭୃତିର ପ୍ରଚୁର ପ୍ରୟୋଗ କରିଛନ୍ତି ଓ ନିଜେ ମଧ୍ୟ ଏପରି ପ୍ରୟୋଗରେ କବିର ସ୍ୱାଧୀନତା ବ୍ୟାହତ ହୁଏ ବୋଲି ସ୍ୱୀକାର କରିଛନ୍ତି । 'ବ' ଓ 'ଅ' ପ୍ରଭୃତି ଅକ୍ଷର ଆଦ୍ୟରେ ରଖି ରଚନା କରିଥିବାରୁ ଭାବ-ପ୍ରକାଶରେ ଅସାମର୍ଥ୍ୟ ଅନୁଭବ କରି କବି କହିଛନ୍ତି-

ବଂ-ବର୍ଣ୍ଣ ନିୟତ ହେବାରୁ ରଚିତ
ବହୁତ ବର୍ଣ୍ଣ ନୋହିଲା
ବନ୍ଧନ ଲୋକର କରପାଦ ପର-
କାର ମୋର ଗିର ହେଲା । (୫୭)

ରୀତିର ଦାସ ହେଲେ କବି କିପରି ସ୍ୱାଧୀନତା ହରାଇ ସ୍ୱଚ୍ଛନ୍ଦ ଅଭିବ୍ୟକ୍ତିକୁ ଶୃଙ୍ଖଳ ପରିଧାନ କରାଏ ବ୍ରଜନାଥଙ୍କ ରଚନା ଓ ସ୍ୱୀକାରୋକ୍ତି ତାହାର ଅଭ୍ରାନ୍ତ ଦୃଷ୍ଟାନ୍ତ-

ବୋଲିବାକୁ କ୍ଷମ ନୋହିଲା ଏ ପ୍ରେମ
ବହୁଳତର ରୀତିରେ
ବୋଧାଏ ଜାଣିମ ତୁମ୍ଭେ ତ ନିୟମ
ଶ୍ରମ ଯେ ଅଛି ଏଥିରେ ।(୫୮)

ବୋଧାମାନଙ୍କର 'ନିୟମ ଶ୍ରମ' ବିଷୟରେ ଧାରଣା ଥିବାରୁ ଜଣାଯାଏ, ବ୍ରଜନାଥଙ୍କ କାବ୍ୟପାଠକ ଶବ୍ଦ କସରତ ପ୍ରିୟ । ବିଭାବନା ବଳରେ ଅର୍ଥଗ୍ରହଣ ନିମନ୍ତେ କବି ସେମାନଙ୍କୁ ଅନୁରୋଧ କରିଛନ୍ତି । 'ଅବର୍ଣ୍ଣ ଘଟନ ଗ୍ରନ୍ଥ କଷ୍ଟପ୍ରବର' ଓ 'ଅଛି କଳ୍ପନା ନୁହଇ ଏ ରଚିତ' ଆଦି ପଦରୁ ଜଣାଯାଏ ତାଙ୍କର କାବ୍ୟ ରଚନା ଅକ୍ଷରାଡ଼ମ୍ବର ଓ ଶ୍ରମସାଧ୍ୟତା ଉପରେ ପ୍ରତିଷ୍ଠିତ । 'ହୃଦାନନ୍ଦକର' ଛାନ୍ଦଗୁଡିକୁ ଗୁଣନିପୁଣମାନେ ରସ ସାଭିଳାଷ ହୋଇ ଆସ୍ୱାଦନ କରିବା ନିମନ୍ତେ କବି ସଶ୍ରଦ୍ଧ ଅନୁରୋଧ ଜଣାଇଛନ୍ତି ।

ତାଙ୍କର କାବ୍ୟ ଏକ ସୌଧ । ସେହି କାବ୍ୟ ସୌଧର ନିର୍ମାଣ ରୀତି କବି ପ୍ରାଞ୍ଜଳ ରୂପେ ବୁଝାଇ ଦେଇଛନ୍ତି-

ଅନେକ ଖମ୍ବ-ରାଗ ବାଣୀ । ଅଥ ବସିଛି ପଦ-ଶ୍ରେଣୀ ।
ଅକ୍ଷରମାନ ଇଟାକୁଳ । ଅନୁପ୍ରାସାଦି ଓରାମୂଳ ।
ଅନ୍ତରାନିୟମ ଯେ ଗୁଜ । ଅଭଙ୍ଗ-ଶ୍ଳେଷ ପେଣ୍ଡାବ୍ରଜ ।
ଅନ୍ତର କମମାନେ ଛଳ । ଅଟେ କି ଆସି ଦୁଷ୍ଟକୁଳ ।
ଅନୁଲୋମାଦି ଚିତ୍ରବନ୍ଧ । ଅଟେ ସେ ପିତୁଳା ବିବନ୍ଧ ।
ଅସ୍ଫୁଟଭଙ୍ଗୀ ଛନ୍ଦ ବୃତ୍ତ । ଅଚ୍ଛିଦ୍ରଲତା ନନ୍ଦ୍ୟାବର୍ତ୍ତ ।
ଅକ୍ଷର ସ୍ୱର ମିତ୍ର ବତା । ଅର୍ଥ ଯେ ଗଣ୍ଠି ପାଟସୂତା ।
ଅଳଙ୍କାରାଦି କାବ୍ୟ ରୀତି । ଅସମ ବିତାନର ଦ୍ୟୁତି ।
ଅଷ୍ଟ ଯେ ଏକ ସ୍ଫୁଟ ରସ । ଅଗାର ଭିତ୍ତିରେ ପ୍ରକାଶ ।
ଅତି ସୁରସ ପଦ ଗୁଣ । ଅନିଳାୟନ ସେଟି ଜାଣ
ଅନେକ ଅର୍ଥ ପଦକଷ୍ଟ । ଅସନ୍ଧ କୋଳପ କବାଟ । (୫୯)

ଉପରୋକ୍ତ ଦୀର୍ଘ ଉଦ୍ଧରଣରୁ ପ୍ରତିପାଦିତ ହୁଏ, ବ୍ରଜନାଥ ଜଣେ ଅକ୍ଷର-କର୍ମ-ଶିଳ୍ପୀ । କବିଙ୍କର କାବ୍ୟ-ସୌଧ ଏହି ଶବ୍ଦ-ଉପାଦାନ ଉପରେ ଆଧାରିତ ।

କବିଙ୍କର ପ୍ରକୃତି ବର୍ଣ୍ଣନା ପାରମ୍ପରିକ । ମିଳନ ଓ ବିରହରେ ଉଦ୍ଦୀପନମୟୀ ଓ ବିଳାସିନୀ ପ୍ରକୃତି ନିଜର ରୂପ ବୈଭବ ଘେନି ଉଭା ରହିଛି । ଗ୍ରୀଷ୍ମ-ବର୍ଷା-ଶରତ-ହେମନ୍ତ-ଶୀତ-ବସନ୍ତ ପ୍ରଭୃତି ଷଡଋତୁ ନାୟକ-ନାୟିକାମାନଙ୍କର ରତି ଭାବର ଉଦ୍‌ବୋଧନରେ ସହାୟିକା ହୋଇଛି । ବସନ୍ତର ଶୃଙ୍ଗାର-ଉତ୍ତଳା ପ୍ରକୃତି ବାଳକ ଓ ଜରତୀମାନଙ୍କୁ ମଧ୍ୟ ମନ୍ମଥ-କୌତୁକରେ ଉଚ୍ଛନ୍ନ କରୁଛି । ଭଞ୍ଜୀୟ ରୀତିରେ ପ୍ରକୃତିରେ ନାରୀଭାବ ଆରୋପଣ ମଧ୍ୟ ତାଙ୍କ କାବ୍ୟରେ ପରିଦୃଷ୍ଟ ହୁଏ । କବି ହିମାଳୟ ନଦେଖି ହିମାଳୟ ବର୍ଣ୍ଣନା କଲାପରି ବୋଧହୁଏ ।(୬୦) କୃଷ୍ଣଙ୍କର ବଂଶୀଧ୍ୱନି ଶ୍ରବଣରେ ପ୍ରକୃତିର ସ୍ୱାଭାବିକ କ୍ରିୟା ଅତୀବ ଜୀବନ୍ତ-

ଶୁଷ୍କ ତରୁମାନେ ଚାରୁ ପଲ୍ଲବୀ ହେଲେ
ଶ୍ରୁତି ଡେରି ଗୋରୁମାନେ ଚାହିଁ ରହିଲେ
ଶମନ-ଭଗିନୀ ଉପରକୁ ବହିଲା
ଶ୍ୱସନ ନ ବହି ସ୍ଥିର ହୋଇ ରହିଲା ।
ଶିଳାମାନେ ତରଳିତ ହୋଇ ବହିଲେ
ଶ୍ୱସନ-ଆହାରୀ ଫଣା ତୋଳି ରହିଲେ ।(୬୧)

ଏହା 'ଭାଗବତ'ର ରାସ-ରସ ଉଲ୍ଲସିତା ପ୍ରକୃତିକୁ ସ୍ମରଣ କରାଇଦିଏ। ସେହିପରି ବୃନ୍ଦାବନର ଚନ୍ଦ୍ରିକାଧବଳ ପ୍ରକୃତି ଶୃଙ୍ଗାର-ମାଦକତାରେ ଉତ୍ତେଜନାପୂର୍ଣ୍ଣ ବାତାବରଣ ସୃଷ୍ଟି କରିଛି। କବିଙ୍କର ପ୍ରକୃତି ବର୍ଣ୍ଣନାରେ ସୂକ୍ଷ୍ମ-ଦୃଷ୍ଟି କିମ୍ବା ପ୍ରତ୍ୟକ୍ଷ ଅନୁଭୂତିର ପ୍ରମାଣ ନାହିଁ।

ରୂପର ପ୍ରଭାବ ଓ ପ୍ରକୃତି ଦୃଷ୍ଟିରୁ ବ୍ରଜନାଥଙ୍କର ସୌନ୍ଦର୍ଯ୍ୟ-ଭାବନା ଆଲୋଚନା କଲେ ଜଣାଯାଏ, ସେ ରୂପ ଓ କାମ ଭାବନାକୁ ଏକ କରି ଦେଖିଛନ୍ତି। ରୂପ-ଶୋଭା ନିୟମ ରଖିଦିଏ ନାହିଁ [୬୨]-ଏପରି ଘୃଣ୍ୟ ଭାବୋଦ୍ରେକକାରୀ ରୂପ ଯେତେ ରମଣୀୟ ହେଲେ ହେଁ ଅଶାଳୀନ ଓ ଇତର। ନାରୀକୁ କନ୍ଦର୍ପର ରଥ ରୂପେ କଳ୍ପନା କରିବା ରୀତିଯୁଗୀୟ କାବ୍ୟ-ଭାବନାରେ ଏକ ସାଧାରଣ ମନୋଭଙ୍ଗୀ। ବ୍ରଜନାଥ ଏହାର ବ୍ୟତିକ୍ରମ କରିନାହାନ୍ତି।

ରୂପ ଓ ବେଶ ଚାହିଁ ଧୃତି ହଜାଇବା, ମାନସ ମଜ୍ଜିବା, ଚକ୍ଷୁ ଲାଖି ରହିବା, ଦେହ ଥର ଜାତ ହେବା ଓ ରୋମୋଦ୍‌ଗମ ହେବା ସଙ୍ଗେ ବିଭ୍ରମ ଜାତ କରିବା ବ୍ରଜନାଥଙ୍କ ରୂପ-ସୌନ୍ଦର୍ଯ୍ୟର ଧର୍ମ। ମନରେ କାମ-ଭାବନା ଆଣୁଥିବା ରୂପ ଭିନ୍ନ ତାଙ୍କ କାବ୍ୟରୁ ଅନ୍ୟ କୌଣସି ସମୁନ୍ନତ ରୂପ-ଭାବନା ତାଙ୍କ କାବ୍ୟରେ ମିଳେ ନାହିଁ। ରୂପର ଯେଉଁ ଭଙ୍ଗୀ ନାୟକର ପ୍ରିୟ ତାହା ହେଲା-

ଚାରୁ ଭ୍ରୂଲତା-ନର୍ତ୍ତନ ଭଙ୍ଗୀ ଧୃତି-ବିକର୍ତ୍ତନ
ଖଣ୍ଡେ ମକର-କେତନ-ଶର ପତନ
ସର୍ବ ଦୁଃଖ କରେ ସାନ୍ତ୍ୱନ
ଏଥୁଁ କେଉଁ ସୁଖକର ବଡ ଚିନ୍ତନ।[୬୩]

ନାୟକ ମତରେ, ରୂପର ଏହି ଭଙ୍ଗୀ ଛଡା ଅନ୍ୟ ଭାବନା ତୁଚ୍ଛ।[୬୪] ଶୈଶବ କାଳରେ ପାର୍ବତୀ 'ଅନଙ୍ଗ କୁଟୁଣୀ ପ୍ରତିମା ପରି ଦିଶନ୍ତି ଶୋଭା-ଶିଶୁ ରୂପରେ ମଧ୍ୟ ଶୃଙ୍ଗାର କଳ୍ପନା ଆରୋପ କରାଯାଇଛି। କବିଙ୍କର କୃଷ୍ଣ 'ସ୍ତମ୍ଭନ ମୋହନ ବଶ ଉଚ୍ଚାଟନ'ର ପ୍ରତୀକ ଓ ରାଧା 'ମାନସ ମୋହ ମନ୍ଦିର ମୂର୍ତ୍ତି' ତଥା କାମ ରସବଲ୍ଲି। ପାର୍ବତୀଙ୍କର ରୂପର ଝଳି 'ଅକ୍ଷିମନର ବନ୍ଦୀ ଶାଙ୍କୁଳୀ।' ଏଥିରୁ କୁହାଯାଇପାରେ ଯେ, କବି ବଶ, ଉଚ୍ଚାଟନ, ମୋହନ, ମାଦକ, ସ୍ତମ୍ଭ ଆଦି ଗୁଣାବଳୀ ସମାବେଶ କରି ରୂପର ଇନ୍ଦ୍ରିୟଗ୍ରାହ୍ୟ ସୁଷମାଙ୍କୁ ପ୍ରୋଜ୍ଜ୍ୱଳ କରିଛନ୍ତି।

ଐଶ୍ୱରିକ ସୌନ୍ଦର୍ଯ୍ୟ ସମ୍ପର୍କରେ କବିଙ୍କର ଧାରଣା ଉଚ୍ଚକୋଟିର ଥିଲା। ସେହି ଅନାଦି ବ୍ରହ୍ମର ବିକାର ରୂପେ ପ୍ରକୃତି ଓ ଜୀବଗଣ ସୃଷ୍ଟି ହୋଇଛନ୍ତି। ଈଶ୍ୱର-ବିଭୂତି ଘେନି ଏହି ଚରାଚର ବିଶ୍ୱ ପ୍ରକାଶମାନ। ଏକ ଶକ୍ତି ମାତ୍ରା ଅନୁସାରେ ବିଭିନ୍ନ ବସ୍ତୁରେ ପ୍ରକଟିତ-

ଅଂଶେ ଈଶ୍ୱର ତେଜଃ ବହି। ଅଶେଷଛନ୍ତି ଜନ୍ମ ପାଇ।
ଅଗ୍ନି ଯେସନେ ସତ୍ତା ପାଇ। ଅଭୁତେ ତେଜ ପ୍ରକାଶଇ।
ଅଦୃଶ୍ୟ ପରା କୁଶ ଯୋଗେ। ଅଙ୍ଗାରେ କିଛି ତେଜ ଜାଗେ।
ଅଳ୍ପ ତେଜ ଇନ୍ଧନରେ। ଅଧିକ ତହିଁକି ଦୀପରେ।
ଅପମାନ ଦିହୁଡୀରେ ଜଳେ। ଅବ୍‌ଜ-ଦ୍ୱୀପରେ ମହୋଜ୍ଜ୍ୱଳେ।
ଅଧିକୁଁ ଅଧିକ ଉଜ୍ଜ୍ୱଳ। ଅନୁରୂପକୁ ଦ୍ରବ୍ୟ ମୂଳ।
ଅଙ୍ଗାରୁ ବ୍ରହ୍ମା ରୁଦ୍ର ସରି। ଅଛି ଈଶ୍ୱର ତେଜ ପୁରି।

xxx

ଅଗ୍ନି ଯେ ଏକା ଦ୍ରବ୍ୟବଳେ। ଅନେକ ରୂପ ବହେ ଫଳେ।
ଅନାଦି ବ୍ରହ୍ମାଣ୍ଡ କାରଣ-ଅଂଶେ ଏ ସର୍ବ ସୃଷ୍ଟି ଜାଣ।(୬୫)

ସମଗ୍ର ବିଶ୍ୱକୁ 'ବିରାଟ ଦେବଙ୍କର ଅଙ୍ଗ-ବିଭୂତି' ରୂପେ ଧାରଣା କରିବା କବିଙ୍କର ଆଧାତ୍ମିକ ଚେତନାର ଉତ୍ତୁଙ୍ଗତା ଓ ବିଭୁ-ସୌନ୍ଦର୍ଯ୍ୟରେ ଅଖଣ୍ଡ ବିଶ୍ୱାସର ସମୁଚ୍ଚ ନିଦର୍ଶନ।

ଯଦୁମଣି ମହାପାତ୍ର

ଓଡ଼ିଆ କାବ୍ୟରେ ଶ୍ଳେଷାର୍ଥ ପରିପୂର୍ଣ୍ଣ ରଚନା ନିମନ୍ତେ ଯଦୁମଣି ମହାପାତ୍ରଙ୍କର ପ୍ରବନ୍ଧ ପୂର୍ଣ୍ଣଚନ୍ଦ୍ର ବିଖ୍ୟାତ। ତାଙ୍କ ମତରେ, କବିମାନେ ମଧ୍ୟ 'ପ୍ରବନ୍ଧକାର'। ବିଦଗ୍ଧ, ଶୁକ୍ଳଯଶସ୍ୱୀ, ଶୃଙ୍ଗାରରସ-ରତ୍ନାକରରେ ଅବଗାହନ କରିଥିବା ଗୁଣ ନିଧାନ ଚତୁର ପଣ-ପ୍ରବୀଣ କଳ୍ପନାକାରୀମାନଙ୍କୁ ତାଙ୍କୁ 'କଳା'ର କଳ୍ପନା କରିବାକୁ କବି ନିମନ୍ତ୍ରଣ କରିଛନ୍ତି। (୬୬) କବିଙ୍କ କାବ୍ୟପୁରର 'ଆଶ୍ଚର୍ଯ୍ୟ କଳ୍ପନା ଶିଳ୍ପ' ଦେଖିଲେ ତାହାର ରଚନାକର୍ତ୍ତାର ଅସମ୍ଭବ କଳ୍ପନା ଓ ବିସ୍ମୟଜନକ ଶିଳ୍ପଚାତୁରୀ ସମ୍ବନ୍ଧରେ ଧାରଣା କରିହୁଏ। କବି ନିଜେ କହିଛନ୍ତି-

ପ୍ରବନ୍ଧକାର ବାର ବିଚାର ଚିତ୍ତେ
ଏ କଳା କଳ୍ପନାରେ ଚାତୁରୀ ଯେତେ। (୬୭)

କବିଙ୍କର କାବ୍ୟ 'ରସାତ୍ମକ ବକ୍ରଉକ୍ତି'କୁ ଜୀବନ କରି ରଚିତ। ଉପେନ୍ଦ୍ରଙ୍କର ସିଂହାବଲୋଚନ, ମହାଯମକ, ଦତ୍ତାକ୍ଷର, ଚ୍ୟୁତାକ୍ଷର ପ୍ରଭୃତି କ୍ଲିଷ୍ଟ ଶବ୍ଦାଳଙ୍କାର ପରିହାର କରି ସେ କେବଳ ଶ୍ଳେଷାଳଙ୍କାର ପ୍ରୟୋଗରେ ଅସାଧାରଣ ଦକ୍ଷତା ଦେଖାଇଛନ୍ତି। (୬୮) ପରିହାସୋକ୍ତିନିପୁଣ ଯଦୁମଣିଙ୍କ ପଦାବଳୀ ଶ୍ରୁତିମାଧୁର୍ଯ୍ୟ ଗୁଣରେ ଆକର୍ଷଣୀୟ।

କାବ୍ୟରେ ଆଦିରସର ବାହୁଲ୍ୟ ନାହିଁ କହିଲେ ଚଳେ। 'ଉତ୍କଳ ଘଣ୍ଟ' ଯଦୁମଣି ଆଶୁକବିତ୍ୱ ନିମନ୍ତେ ପ୍ରସିଦ୍ଧ। ବୈଚିତ୍ର୍ୟ-କଳ୍ପନାର ପ୍ରଚୁର ପ୍ରୟୋଗରେ ପାଠକର ମନୋରଞ୍ଜନ ତାଙ୍କର ଲକ୍ଷ୍ୟ। ଶାବ୍ଦୀ-ସୌନ୍ଦର୍ଯ୍ୟ ପିପାସା, ଆଳଙ୍କାରିକମଣ୍ଡନଜନିତ କୃତ୍ରିମତା, ଆଙ୍ଗିକ ପ୍ରତି ସଚେତନ ଦୃଷ୍ଟି ଭାବ-ପ୍ରକାଶର ବାଧକ ହୋଇଛି। କାବ୍ୟ-ସୌନ୍ଦର୍ଯ୍ୟ ସ୍ୱତଃସ୍ଫୂର୍ତ୍ତ ନୁହେଁ, ଆୟାସସିଦ୍ଧ। ଭାବମୁକ୍ତି ଯଦୁମଣିଙ୍କ କାବ୍ୟତତ୍ତ୍ୱରେ ଅପ୍ରଧାନ; ଚାତୁର୍ଯ୍ୟୋକ୍ତି ହିଁ ତାଙ୍କ କାବ୍ୟର ପ୍ରାଣ। ରସାତ୍ମକ ବକ୍ରୋକ୍ତି ପ୍ରିୟତା ତାଙ୍କ କାବ୍ୟରେ ସ୍ପଷ୍ଟ।

'ପ୍ରବନ୍ଧ-ପୂର୍ଣ୍ଣଚନ୍ଦ୍ର'ରେ ପ୍ରକୃତି ଚିତ୍ରଣ କାବ୍ୟର ପରିବେଶ ସହିତ ସମ୍ପର୍କ ରଖେ ନାହିଁ। ଦ୍ୱାରକା ନଗରୀର ଉପବନରେ ବସନ୍ତ ବର୍ଣ୍ଣନା ଶବ୍ଦ ଜାଲରେ କୁଣ୍ଠିତ ରୂପତତ୍ତ୍ୱର ମ୍ରିୟମାଣ ପ୍ରକାଶ। ତାହା ସ୍ୱାଭାବସିଦ୍ଧ ନୁହେଁ; ପ୍ରଯତ୍ନ ସମ୍ପାଦିତ। କବିଙ୍କର ବାସ୍ତ ଅନୁଭୂତି ବର୍ଣ୍ଣିତ ବସ୍ତୁ ପଛରେ ନାହିଁ। ତାହା ଅତିଶୟୋକ୍ତି-ପୀଡିତ ଓ ଅତିମାତ୍ରାରେ ଅନୁଭୂତି ସଂସ୍ପର୍ଶଶୂନ୍ୟ। ବିଚିତ୍ର-କଳ୍ପନାର ଉନ୍ମୁକ୍ତ କ୍ରୀଡା ତହିଁରେ ଲକ୍ଷ୍ୟ କରାଯାଇପାରେ। ସୂର୍ଯ୍ୟାସ୍ତ ଓ ସୂର୍ଯ୍ୟୋଦୟ ବର୍ଣ୍ଣନାରେ କବିଙ୍କର ବୈଚିତ୍ର୍ୟ-କଳ୍ପନା ପ୍ରକୃତିର ସ୍ୱାଭାବିକ ରୂପର ଅଭିବ୍ୟକ୍ତିରେ କିପରି ପ୍ରତିବନ୍ଧକ ହୋଇଛି ଲକ୍ଷ୍ୟ କରାଯାଇପାରେ-ଦିଶିଲେ ରିଙ୍ଗାଳ ଜଳକବଳିତ ହସନ୍ତୀ ଅନଳ ଆକୃତି।

ଚରମାଚଳେ ଚକୋର ଚର୍ବଣରେ ଚତୁର ହୋଇଲା ଝଟତି,
ଜ୍ୟେଷ୍ଠା ଧନିଷ୍ଠା। କାନ୍ତ କାନ୍ତି କରି ମଞ୍ଜିଷ୍ଠା
ପ୍ରକାଶୁ ପ୍ରକାଶେ ଏ ଭାଷେ କିନାଶେ କ୍ଷୀରସାର ମିଠା ପ୍ରତିଷ୍ଠା। (୬୯)

ହସନ୍ତୀ ଅନଳ ପରି ଲାଲ ଦିଶୁଥିବା ସୂର୍ଯ୍ୟଙ୍କୁ ଚରମାଚଳରେ ଦେଖି ଅଗ୍ନିକଣା ଜ୍ଞାନକରି ଚକୋରପକ୍ଷୀମାନେ ଗ୍ରାସ କରିବା ନିମନ୍ତେ ଚଞ୍ଚଳ ହେଲେ। ମଞ୍ଜିଷ୍ଠା ସଦୃଶ ଲାଲ ଦିଶୁଥିବା ଚନ୍ଦ୍ର ଉଦିତ ହେବାରୁ ଅମୃତଠାରେ ଯେ ମିଷ୍ଟତ୍ୱ ଥିଲା ତାହା ହ୍ରାସ ହେଲା। ଏହି ପଦରେ ପ୍ରକୃତି-ସୌନ୍ଦର୍ଯ୍ୟର କୌଣସି ବିଶେଷତ୍ୱ ନାହିଁ। କବିଙ୍କର ଉଦ୍ଭଟ କଳ୍ପନା ହିଁ ମୁଖ୍ୟ। ସେହିପରି ପ୍ରଭାବ ବର୍ଣ୍ଣନାରେ ପ୍ରକୃତି ଗୌଣ ଓ କବି-କଳ୍ପନାର ସ୍ୱଚ୍ଛନ୍ଦ ବିହାର ପ୍ରାଧାନ୍ୟ ଲାଭ କରିଛି-

ସୂପର୍ବାଣଧୂନୀ ମୂର୍ଦ୍ଧନୀଙ୍କ ପୁରେ ଦରଧ୍ୱନି ହେଲା ଉତ୍ପତ୍ତି
ଦିବାକରକର କୁକ୍‌କୁଟ ସଞ୍ଚରି ଚରି ଦେଇଗଲା ଝଟତି।
ରଥାଙ୍ଗ। କି ଯୋଗ ଯୋଗେ ଦ୍ୱିଜରାଜ।
ପୁନ୍ୟାହବାଚନେ ବୁଣିଥିଲା ଯେଉଁ ଅକ୍ଷତ ନକ୍ଷତ୍ର ସମାଜ। (୭୦)

ମହାଦେବଙ୍କ ମନ୍ଦିରରେ ଶଙ୍ଖଧ୍ୱନି ଶୁଣାଗଲାଣି। ଚକ୍ରବାକ ଦମ୍ପତ୍ତିର ବିଚ୍ଛେଦ

ନିମନ୍ତେ ଯଜ୍ଞ କରି ଚନ୍ଦ୍ର ପୁନ୍ୟାହବାଚନ-କାଳରେ ଯେଉଁ ଅକ୍ଷତରୂପ ନକ୍ଷତ୍ରମାନଙ୍କୁ ବିଞ୍ଚିଥିଲେ ତାହାକୁ ସୂର୍ଯ୍ୟକିରଣ କୁକୁଡା ରୂପଧରି ଖୁଣ୍ଟି ଖାଇଗଲେଣି। ଏପରି ବର୍ଣ୍ଣନା ନିମନ୍ତେ ଅନୁଭୂତି ପ୍ରୟୋଜନ ହୁଏ ନାହିଁ। ଚାତୁରୀ ଓ କଳ୍ପନାର ଉନ୍ମୁକ୍ତ କ୍ରୀଡା ଥିଲେ ପ୍ରକୃତିରେ ଏହି ଅସମ୍ଭବ କରାଯାଇପାରେ।

ଯଦୁମଣିଙ୍କ ସୌନ୍ଦର୍ଯ୍ୟ-ଚେତନା ମଧ୍ୟ ଏହି ଅତି କଳ୍ପନା ଓ ଅତିଶୟୋକ୍ତିରେ ଆଚ୍ଛନ୍ନ। ରୂପଗତ ରମ୍ୟବୋଧର ସ୍ୱଚ୍ଛନ୍ଦ ଅଭିବ୍ୟକ୍ତି ପ୍ରତି ପଦେ ପଦେ ବ୍ୟାହତ। ବଳରାମଙ୍କୁ କୁଣ୍ଡୀନ ନଗ୍ରପଥରେ ଦେଖି ତାଙ୍କର ରୂପ ବିଭିନ୍ନ ଶ୍ରେଣୀର ବ୍ୟକ୍ତିମାନଙ୍କ ଦ୍ୱାରା କିପରି ଭିନ୍ନ ଭାବରେ ଆସ୍ୱାଦିତ ଓ ଗୃହୀତ ହୋଇଥିଲା କବି ଚାତୁରୀ ପ୍ରଦର୍ଶନ ପୂର୍ବକ ତାହାର କୌତୁକପୂର୍ଣ୍ଣ ବର୍ଣ୍ଣନା ଦେଇଛନ୍ତି-

କଦମ୍ବଫୁଲ ତୁଲ ହୋଇଲା ରୋମ। କଦମ୍ବ ହୋଇଗଲାକ୍ଷଣି ଉଦ୍‌ଗମ୍।
ମୋଦାଶ୍ରୁଜଳେ ଓଦାକଲେ ହୃଦୟ। ଛଡାଇଦେଲେ ନେତ୍ର ପିଛିଡାଚୟ।
ବଳ ଧବଳ ଅଧବଳ ଦୁକୂଳ। ଦେଖି ନାନା ବିଭ୍ରମେ ହୋଇଲେ ଭୋଳ
ବିପ୍ରେ ଭାବିଲେ ଏ ଜାହ୍ନବୀ ଯମୁନା। ଯା ଲଭିଲେ ବିସୋର ହୁଏ ଯମୁନା।
ପ୍ରୟାଗତୀର୍ଥ ପୁରୁଷାର୍ଥ ନିଜର। ତୁଣ୍ଡେ ଉଚ୍ଚାରି ମୁଣ୍ଡେ ମାରିଲେ କର।
ଶୁଦ୍ଧ ବ୍ରହ୍ମଜାତୀୟ ହୀରା ବାସବ। ଅସିତ ରତନର ଆସ୍ୟ ଆସିବ।
ଲାଗିଲା ବଣିଜାର ଶ୍ରେଣୀରେ ଯାଇଁ। ଭଣି ହେଲା ହୃଦୟ କିଣିବା ପାଇଁ।
ମାଳି ଆଳି ଭାବିଲେ ଜଳଦକାଳ। ମାଳତୀ ଲତାଫୁଲ ପତ୍ରେ ବିଶାଳ।
ଥାଳୀକି ଆଣ ବୋଲି ବାଳୀକି ଡାକି। ବାଳୀଶ ହେଲେ ତୋଳିନେବାକୁ ଟାକି
ଦାଣ୍ଡକି ଘରୁ ଶୁଣା ନାହିଁ ଏମାନ। ଭଣ୍ଡୁ ହୋଇଛି ଦୁଗ୍ଧ ଉଦ୍‌ବର୍ତ୍ତନ।
ଅଗ୍ନି ସଂଲଗ୍ନୀକୃତ ନୋହିଛି ଲବେ। ମଗ୍ନି ହେଲେ ଏ ଭାବେ ଗୋପାଳେସର୍ବେ।(୭୧)

ବଳରାମଙ୍କୁ ଦେଖି ଜନତା ରୋମାଞ୍ଚିତ-ତନୁ ହୋଇ ଆନନ୍ଦାଶ୍ରୁଜଳରେ ବକ୍ଷସ୍ଥଳ ଆର୍ଦ୍ର କଲେ ଓ ଏକ ଦୃଷ୍ଟିରେ ଚାହିଁ ରହିଲେ। ତାଙ୍କର ଧବଳ ବିଗ୍ରହ ଓ କୃଷ୍ଣବର୍ଣ୍ଣ ଦୁକୂଳ ଦେଖି ଲୋକଙ୍କର ନାନା ବିଭ୍ରମ ଜାତ ହେଲା। ବ୍ରାହ୍ମଣମାନେ ଗଙ୍ଗା ଯମୁନାର ସଂଯମ ସ୍ଥାନ ପ୍ରୟାଗରୂପେ ଭାବି ନମସ୍କାର କଲେ। ବଣିକମାନେ ଶୁଦ୍ଧ ବ୍ରହ୍ମଜାତୀୟ ହୀରା ଓ ଇନ୍ଦ୍ରନୀଳମଣି ବିଗ୍ରହ ଦେଖି କିପରି କିଣିବେ ବୋଲି ଭାଳେଣି କଲେ। ମାଳିମାନେ ବର୍ଷାକାଳରେ ମାଳତୀଫୁଲ ବିଶାଳ ପତ୍ର ସହିତ ଶୋଭା ପାଉଛି କି ବୋଲି ତୋଳିବା ପାଇଁ ଭାବି ସ୍ତ୍ରୀମାନଙ୍କୁ ଥାଳି ଆଣିବା ପାଇଁ କହିଲେ। ଗୋପାଳମାନେ ବିନା ଅଗ୍ନ୍ୟୁତାପରେ କ୍ଷୀର ଉତୁରିବା ପରି ଭାବି ଆଶ୍ଚର୍ଯ୍ୟ ହେଲେ।

ଏହିପରି ସପତ୍ନୀ ଓ ଚିକିତ୍ସକମାନେ ମଧ୍ୟ ନିଜ ନିଜ ଦୃଷ୍ଟିକୋଣରୁ ନାନା କଳ୍ପନାଜଳ୍ପନା କରିବାକୁ ଲାଗିଲେ। ବିଭିନ୍ନ ଲୋକେ ନିଜର ରୁଚି-ଅନୁରୂପ ଭାବନାରେ ବଳରାମଙ୍କୁ ଗ୍ରହଣ କରିଥିଲେ ହେଁ ଏଥିରେ କବିଙ୍କର ରୂପତତ୍ତ୍ୱ ପ୍ରକାଶ ପାଇପାରି ନାହିଁ। ଏହାକୁ ଗ୍ରହୀତାର ମନ ଅନୁସାରେ ବସ୍ତୁର ସୌନ୍ଦର୍ଯ୍ୟୋପଭୋଗ କୁହାଯିବ ନାହିଁ। କାରଣ ବସ୍ତୁର ସ୍ୱାଭାବିକ ରୂପ କବିର ଅତିକଳ୍ପନାର ପ୍ରଲେପରେ ଲୁଚିଯାଇ ଅତିରଞ୍ଜିତ ରୂପ ହିଁ ଫୁଟି ଦିଶୁଛି।

କବିସୂର୍ଯ୍ୟ ବଳଦେବ ରଥ

କବିସୂର୍ଯ୍ୟ-ପ୍ରତିଭା ବୈଚିତ୍ର୍ୟମୟୀ। କାବ୍ୟ, ଚମ୍ପୂ, ସଙ୍ଗୀତ ଭଜନ, ଜଣାଣ, ହାସ୍ୟରସମୂଳକ ଗଦ୍ୟ ପଦ୍ୟ ରଚନାରେ ପ୍ରାଚୀନ କବିମାନଙ୍କ ମଧ୍ୟରେ ସେ ସ୍ୱତନ୍ତ୍ର ଆସନର ଅଧିକାରୀ। ଉଚ୍ଚକୋଟିର ସଙ୍ଗୀତଜ୍ଞ ଓ ସ୍ୱରସଂଯୋଜକ ହିସାବରେ ସେ ପ୍ରସିଦ୍ଧି ଅର୍ଜନ କରିଛନ୍ତି। ସାଙ୍ଗୀତିକମାଧୁରୀ ହେତୁ ତାଙ୍କ ରଚନା ଜନପ୍ରିୟ ଓ ହୃଦୟଗ୍ରାହୀ। ଅଳଙ୍କାରପ୍ରିୟତା ଓ ଶବ୍ଦଯୋଜନାରେ ନାନା କାରୁକାର୍ଯ୍ୟ ତାଙ୍କ କବିତାର ଅନ୍ୟ ବିଶେଷତ୍ୱ। ଚମ୍ପୂ କବିସୂର୍ଯ୍ୟଙ୍କର ଅନନ୍ୟସାଧାରଣ କୃତି। ମାତ୍ର ସେହି କବି ଉପେନ୍ଦ୍ର ଭଞ୍ଜୀୟ ରୀତିରେ 'ଚନ୍ଦ୍ରକଳା'ରଚନା କରିଛନ୍ତି। 'ଚନ୍ଦ୍ରକଳା'ର କବି 'ଚମ୍ପୂ'ର କବି ନୁହନ୍ତି। 'ଲାବଣ୍ୟବତୀ' ଛାଞ୍ଚରେ ସୃଷ୍ଟି ଏହି କାବ୍ୟରେ ଭଞ୍ଜୀୟ କାବ୍ୟାଦର୍ଶ ଓ ଶିଳ୍ପରୀତି ଆନୁପୂର୍ବିକ ଗୃହୀତ। ଉପେନ୍ଦ୍ର-ପ୍ରଦର୍ଶିତ ମାର୍ଗରେ ଗତି କରି ମୌଳିକତା ରକ୍ଷା କରିବା କବିସୂର୍ଯ୍ୟଙ୍କ ପକ୍ଷରେ ସମ୍ଭବ ହୋଇନାହିଁ। ଉପେନ୍ଦ୍ର-ପ୍ରଭାବରେ କାବ୍ୟର ପରିକଳ୍ପନା କରିନଥିଲେ ଏହି କବି ହୁଏତ ସୁପ୍ରତିଭାର ପ୍ରତିଭାସରେ ପ୍ରତିଷ୍ଠା ପାଇଥାନ୍ତେ। ଶ୍ରୀହର୍ଷଙ୍କ 'ନୈଷଧ ଚରିତ' କାବ୍ୟ କବିଙ୍କର ଆଦର୍ଶ। ଏହି ମହାକାବ୍ୟର ଛାୟାରେ 'ଚନ୍ଦ୍ରକଳା' ରଚନା କରିଛନ୍ତି ବୋଲି କବି ଉଲ୍ଲେଖ କରିଛନ୍ତି-

ସରସ ଶ୍ରୀହରଷାଦି ମହାକବିମାନେ
ବିହରିଲେ ମହୋନ୍ନତ କବନବିମାନେ
ସେ ବିମାନ ତେଜି ସେ ବିମାନ ଅନାତପ।
କଲି ଚନ୍ଦ୍ରକଳା ଗ୍ରନ୍ଥାରମ୍ଭ ସଂକଳପ। (୭୨)

କବିସୂର୍ଯ୍ୟ କାବ୍ୟପାଠକମାନଙ୍କୁ 'ସହୃଦୟ ରୂପେ ସମ୍ବୋଧନ କରିଛନ୍ତି। ମନ୍ମଥରସ-କଥାପଥ-ପଥିକ' ସହୃଦୟମାନଙ୍କର ଶ୍ରବଣୋତ୍ସବ ସମ୍ପାଦନ ତଥା କାବ୍ୟରେ 'ଦୃଢବନ୍ଧ' ପ୍ରଦର୍ଶନ ନିମନ୍ତେ 'ଚନ୍ଦ୍ରକଳା'ର ପରିକଳ୍ପନା। ଶୃଙ୍ଗାର ରସାତ୍ମକ ଏହି କାବ୍ୟ-

ପଲ୍ଲବାଏ ଏ ଶିଶିରେ ବନ
ବୃଦ୍ଧ ଦେହେ ରଖେ ଯଉବନ। (୭୩)

ରସିକ ଶ୍ରବଣାନନ୍ଦ, ମନସିଜୋଲ୍ଲାସ, ଶ୍ରବଣ ମହୋତ୍ସବ, କର୍ଣ୍ଣ ମନମୋହନ, ଯୁବାମାନସମ୍ମତ ଗହନ ଇତ୍ୟାଦି ପଦରୁ କାବ୍ୟର ପ୍ରକୃତି ଓ ପାଠକମାନଙ୍କ ସମ୍ବନ୍ଧରେ ସୂଚନା ମିଳେ।

ଚମ୍ପୂ ଓ କ୍ଷୁଦ୍ର କବିତାଗୁଡିକରେ କବିସୂର୍ଯ୍ୟଙ୍କର ଯେଉଁ ଆନ୍ତରିକତା ଓ ଆବେଗ ଲକ୍ଷ୍ୟ କରାଯାଏ, ତାହା 'ଚନ୍ଦ୍ରକଳା'ରେ ନାହିଁ। ଚମ୍ପୂରେ ଲଳିତା କବିଙ୍କର କଳ୍ପନାର ସୃଷ୍ଟି। ରାଧାକୃଷ୍ଣଙ୍କ ମଧ୍ୟରେ ସେ ସଂଯୋଗସୂତ୍ରଧାରିଣୀ। ତାହା ଉପସ୍ଥିତି ଅନୁଭୂତ ହେଉଥିବାଯାଏଁ ଚମ୍ପୂର କାବ୍ୟ ଆବେଗ ଜୀବନ୍ତ ଥିଲା। ମାତ୍ର ଯେଉଁଠାରେ ସେ ବିଦାୟ ନେଇଛି, ସେଠାରୁ କାବ୍ୟର ଜୀବନ୍ତ-ଶକ୍ତି ସ୍ତିମିତ ହୋଇପଡିଛି। ଅନ୍ତରାଳବର୍ତ୍ତିନୀ ଏହି ନାରୀ ଓଡିଆ ସାହିତ୍ୟରେ କବିସୂର୍ଯ୍ୟଙ୍କର ଅମର ସୃଷ୍ଟି। ସେବା, ନିଃସ୍ୱାର୍ଥପରତା, ଚାତୁର୍ଯ୍ୟ ଓ ଆନ୍ତରିକତାର ସେ ଚଳନ୍ତି ପ୍ରତିମା। ପ୍ରାଚୀନ କାବ୍ୟରେ ଚରିତ୍ର-ସୌନ୍ଦର୍ଯ୍ୟ ଦୃଷ୍ଟିରୁ ତାହାର ପଟାନ୍ତର ନାହିଁ।

ପ୍ରାଚୀନ କାବ୍ୟ-ବର୍ଣ୍ଣିତ ଶୃଙ୍ଗାରିକ-ପ୍ରକୃତି କବିସୂର୍ଯ୍ୟଙ୍କ ରଚନାରେ ଉନ୍ମାଦନାପୂର୍ଣ୍ଣ ରୂପ ବିଭବରେ ମଣ୍ଡିତ ହୋଇ ଅନୁକୂଳ ପରିବେଶ ସୃଷ୍ଟି କରିଛି। ନାୟିକାର ଲୀଳା-ବିଳାସରେ ନାୟକ ପ୍ରକୃତିର ରତିସର୍ବସ୍ୱ ରୂପ ଦେଖିଛି। (୭୪) ରାଧାକୃଷ୍ଣଙ୍କର ମିଳନାରମ୍ଭରେ ଅକାଳ ବସନ୍ତର ଆବିର୍ଭାବ ନିତାନ୍ତ ଉଚ୍ଚାଟନପୂର୍ଣ୍ଣ-

ମଧୁରେ, ମନ୍ଦ ମନ୍ଦ ହୋଇ ଗନ୍ଧବହ ପ୍ରସରିଲା କଦମ୍ବ ନିକୁଞ୍ଜ ସୀମାରେ
ମରନ୍ଦ ସେକେ ଚମକି ଲୋକେ ଭାଷିଲେ ଇଷିମାରେ
ମିଳିନ୍ଦ ଲତାଦମ୍ଭବନିତା ବଦନେ ମିଶିମାରେ
ମଣ୍ଡିତ ହେଲା ସେ ବନସ୍ଥଳ ମହାରଜତ ମହେନ୍ଦ୍ର ନୀଳମୟୂଖ
ଶିରୀମୟ ମଞ୍ଜରୀ ବିସର ସୁଷମାରେ। (୭୫)

ଏହା ସତ୍ୟ ଯେ, ଗୀତି କବିତାଗୁଡିକରେ ପ୍ରକୃତି ବର୍ଣ୍ଣନା ନିମନ୍ତେ କବି ସୁଯୋଗ ପାଇନାହାନ୍ତି। ମାତ ମିଳନବିରହରେ ପ୍ରକୃତିର ଭୂମିକା ସମ୍ବନ୍ଧରେ ସେ ସଚେତନ ଥିଲେ। ନରନାରୀମାନଙ୍କର ଅଙ୍ଗ-ସୌନ୍ଦର୍ଯ୍ୟ ନିମନ୍ତେ ପ୍ରକୃତିରୁ ଅତି ସୁନ୍ଦର ସୁନ୍ଦର ଉପମାନ ନିର୍ବାଚନ କରାଯାଇଥିବା ଲକ୍ଷ୍ୟ କରାଯାଏ। କବିସୂର୍ଯ୍ୟଙ୍କର ଉପମାନ ନିର୍ବାଚନରୁ ପ୍ରାକୃତିକ ସୁଷମା ପ୍ରତି ତାଙ୍କର ଅନୁରାଗ ସ୍ପଷ୍ଟ ହୁଏ। ରୀତିଯୁଗର ପ୍ରକୃତି ବହୁ ସ୍ଥଳରେ ସ୍ୱଭାବମୟୀ ନହେବାର କାରଣ ହେଲା ପ୍ରକୃତି ବର୍ଣ୍ଣନାରେ କବିର

ଉନ୍ମୁକ୍ତ ବିହାରିଣୀ କଳ୍ପନା ସ୍ୱାଭାବିକତା ପ୍ରତି ଦୃଷ୍ଟି ଦେଇନାହିଁ। 'ଚନ୍ଦ୍ରକଳା'ର ପ୍ରକୃତି ଏହି ଦୃଷ୍ଟିରୁ ନିତାନ୍ତ ପ୍ରଭାବଶୂନ୍ୟ ଓ ଅରମଣୀୟ।-

ଏ ସମୟେ ରବି ବାରୁଣୀ କି ସେବି ଅମ୍ବରକୁ ଦେଲେ ତେଜି
ଅମ୍ବୁଜିନୀ ଚାହିଁ ଅପତ୍ରପା ବହି ରହିଲା ନୟନ ବୁଜି
ଲଜ୍ଜାଭର ଘେନି କୋକବିଳାସିନୀ କାନ୍ତପାଶୁଁ ହେଲା ଦୂର
କୁମୁଦିନୀ ବାସ ମୁଖେ ରଖି ହାସ ପ୍ରକାଶିଲା ଦରଦର। (୭୬)

ପ୍ରଭାତ ବର୍ଣ୍ଣନାରେ ମଧ୍ୟ ସେହି ଦୃଷ୍ଟିକୋଣ-

କୁମୁଦୁଁ ବଳେ କବାଟୀ ଫେଡି ଯହୁଁ ପଳାଇଲେ ଅଳିଯାକ
କେକେରେ କେ ବୋଲି ତାମ୍ରଚୂଡଚୟ ଡାକିଲେ ଯାମିକ ଡାକ
ପୂର୍ବାଶା ଅରୁଣ କରିଣ କୁଙ୍କୁମପଙ୍କ ରାଗବେଶେ ରସି
ରବିଙ୍କି ଯା ବିଭାକର ବୋଲାଇଲା ପଦ୍ମିନୀଏ ଦେଲେ ହସି। (୭୭)

ଏହି ବର୍ଣ୍ଣନାରେ ପ୍ରକୃତି ଦୁଷମାର ଲେଶ ମାତ୍ର ଚିହ୍ନ ନାହିଁ। ନିତାନ୍ତ ସାଧାରଣ ଓ ପରିଚିତ ରୂପ ପ୍ରଦାନ କରିବା ଛଡା ଏହାର ଅନ୍ୟ କୌଣସି ଭୂମିକା ନାହିଁ। କାବ୍ୟର ବିଷୟବସ୍ତୁ ନିମନ୍ତେ ପ୍ରକୃତିର ସହଯୋଗ ମଧ୍ୟ ଅକିଞ୍ଚିତ୍କର।

କବିସୂର୍ଯ୍ୟଙ୍କର ରୂପ-ଦୃଷ୍ଟି ଇନ୍ଦ୍ରିୟ ଓ ଅତିନ୍ଦ୍ରିୟାଶ୍ରୟୀ। କୃଷ୍ଣଙ୍କ ରୂପ ସୁନ୍ଦରୀମାନଙ୍କର ଦର୍ପଣ ସଦୃଶ। ପ୍ରିୟତମଙ୍କୁ ଦର୍ପଣ ସ୍ୱରୂପ କଳ୍ପନା କରିବା ସେମାନଙ୍କର ପ୍ରେମିକ-ସୌନ୍ଦର୍ଯ୍ୟ ପ୍ରତି ନିବିଡ ଆକର୍ଷଣ ଓ ପ୍ରେମନିଷ୍ଠାର ପରିଚାୟକ। ରୂପରେ ରଙ୍ଗ ଯୋଜନାରେ ତାଙ୍କର ବୈଶିଷ୍ଟ୍ୟ ଲକ୍ଷ୍ୟ କରାଯାଏ। ଶ୍ରୀକୃଷ୍ଣଙ୍କ ରୂପରେ ଯେଉଁ ଆକର୍ଷଣୀୟତା, ମାଦକତା ଗତିଶୀଳତା ଓ ବର୍ଣ୍ଣମୟତା ଆରୋପ କରାଯାଇଛି ତାହା ରୂପର ପ୍ରଭାବ ବୃଦ୍ଧି କରିବା ସଙ୍ଗେ ପାଠକର ମାନସ-ପ୍ରତୀତିରେ ମଧ୍ୟ ସହାୟକ ହେଉଛି। ଅତସୀ ଶ୍ୟାମ, ତମାଲଶ୍ୟାମ, କଳା ଇନ୍ଦୀବର, ଜଙ୍ଗମ ନୀଳମଣି, ଚିକ୍କଣ-ଶ୍ୟାମଳଚନ୍ଦ୍ର, ସଞ୍ଚରଣଶୀଳ ନବତମାଳ ଭୂରୁହ, ବ୍ୟୋମ ସଞ୍ଚାରୀ କଳାକର ପ୍ରଭୃତି ପଦରୁ କୃଷ୍ଣଙ୍କ ରୂପରଙ୍ଗ ପ୍ରତି କବି ଚେତନାର ଜାଗରୁକତା ପ୍ରତିପାଦିତ ହୁଏ। ରାଧାଙ୍କ ଦୃଷ୍ଟିରେ କୃଷ୍ଣ ଶୃଙ୍ଗାର ମଙ୍ଗଳମୂର୍ତ୍ତି କିଶୋର, ମୂର୍ତ୍ତିମତୀ ଶ୍ୟାମଳତାର ତେଜ। ସେ ସେହି ତେଜ ଦେଖି ବିବେକଶୂନ୍ୟା। ରାଧାକୃଷ୍ଣଙ୍କୁ ଦେଖିଲେ ବୋଲି କହୁନାହାନ୍ତି। ତାଙ୍କର ରୂପ-ଦୃଷ୍ଟିରେ କୃଷ୍ଣ, ଅପାର୍ଥିବ ନୀଳଜ୍ୟୋତି ରୂପେ ପ୍ରତିଭାତ। ସେ ମହ, ଜ୍ୟୋତି ଆଦି ଶବ୍ଦରେ କୃଷ୍ଣ-ରୂପ-ଦର୍ଶନଜନିତ ନିଜର ପ୍ରତିକ୍ରିୟା ପ୍ରକାଶ କରିଛନ୍ତି। ଏଥିରୁ କୃଷ୍ଣଙ୍କ ଶରୀର ଦ୍ୟୁତି କିପରି ଏକ ଅଶରୀରୀ ସ୍ଥିତି ଲାଭ କରିଛି ଜଣାଯାଏ। ରାଧାଙ୍କ ପକ୍ଷରେ କୃଷ୍ଣପ୍ରାପ୍ତି ଅଭିଳାଷ ମଧ୍ୟ ଅମୂର୍ତ୍ତ-ବାସନା ରୂପରେ ପ୍ରକାଶିତ। ଏକ

'ନୀଳ ଛବି ବାସନା' ତାଙ୍କ ମନରେ ଜାଗିଛି। ଏହି ଅଭିଳାଷ ଦେହ ପ୍ରତି ନୁହେଁ, ମନ ଉପରେ ଅଦେହ-ସୌନ୍ଦର୍ଯ୍ୟର ଯେଉଁ ପ୍ରଭାବ ତା'ରି ପ୍ରତି। ସେହିପରି ରାଧାକୃଷ୍ଣ ଦୁଇଟି 'ମହ' ରୂପରେ ପରିକଳ୍ପିତ। ଏହି ଯୁଗଳରୂପ ମଧ୍ୟ ଅଶରୀରୀ। ଆଧ୍ୟାତ୍ମିକ ଅର୍ଥରେ ହେଲେ ମଧ୍ୟ ଏହି ଦୁଇଟି 'ମହ'ର ମିଳନ ନକଲା ଯାଏ କବି ଶାନ୍ତି ପାଇନାହାନ୍ତି। ଭକ୍ତ କବି କୃଷ୍ଣଙ୍କର ଧ୍ୟାନରୂପକୁ ମଧ୍ୟ ଚମତ୍କାର ଭାବ-ସୌନ୍ଦର୍ଯ୍ୟ ଦାନ କରିଛନ୍ତି-

ଆହା ଧ୍ୟାନେ କି ଶୋଭା ସେ
ଅଖିଳଜନନୀ ନାସା ମୃଗ ମଦ କଲିଟି। (୭୮)

ପୃଥିବୀର ନାସିକାରେ ମୃଗମଦ କଲି ସଦୃଶ ସେ କୃଷ୍ଣଚନ୍ଦ୍ର, ଧ୍ୟାନରେ ତାଙ୍କର ଶୋଭା କି ମନୋହର! ଏ ରୂପ ନିକଟରେ କୃଷ୍ଣଙ୍କର ଶାରୀରିକ-ସୁଷମାମଣ୍ଡିତ ରୂପ ନିଷ୍ପ୍ରଭ। ଅତୀନ୍ଦ୍ରିୟ ରୂପ-କଳ୍ପନାରେ କବିସୂର୍ଯ୍ୟ ଅଭିମନ୍ୟୁଙ୍କର ସମକକ୍ଷ।

ବିରହାବସ୍ଥାରେ ରାଧାକୃଷ୍ଣଙ୍କର ତନୁ-ସୁଷମା କବିଙ୍କ ରୂପ-ଦୃଷ୍ଟିର ବର୍ଣ୍ଣମୟ ଅଭିବ୍ୟକ୍ତି। ଇନ୍ଦ୍ରନୀଳମଣି ହାତୀ ପରି କୃଷ୍ଣଙ୍କର ମନୋହର ଶରୀର-ଦ୍ୟୁତି ରାଧାଚିନ୍ତାରେ ଦ୍ୱିତୀୟାର ଶଶି-ଲେଖା ପରି ନିଷ୍ପ୍ରଭ ଓ କ୍ଷୀଣ। ବିରହରେ ନୀଳୋତ୍ପଳ-ଅଙ୍ଗ ବାସି ହେଲା ପରି ଦିଶିଯାଉଛି। ଝାଉଁଳି ପଡିଥିବା ନବତମାଳର ସୁଷମା ସହିତ ତାହା ସାମ୍ୟ ରଖିଲାଣି। ପ୍ରକୃତିର ବିଭାବମାନଙ୍କରୁ ସାଦୃଶ୍ୟ ଆଣି କୃଷ୍ଣଙ୍କର ବିରହୀ ରୂପକୁ ପ୍ରୋଜ୍ଜ୍ୱଳ କରିବାରେ କବିଙ୍କର ଆଗ୍ରହ-

ଜମ୍ଭାରାତି ନୀଳ ଅଙ୍ଗ ଦୁଃଖଜଳେ ବୁଡ଼ି ଗୋ
ଜର୍ଜର ତମାଳ ଦଳ ପରି ଝଡ଼ି ପଡ଼ି ଗୋ। (୭୯)

ରାଧାଙ୍କ ରୂପରେ ଶୁଚିତା, ମୃଦୁତା, ସ୍ୱଚ୍ଛତା ଓ ତରଳତା ପ୍ରଭୃତି ଗୁଣ ଆରୋପ କରିବା ଫଳରେ ରୂପ-ସୌନ୍ଦର୍ଯ୍ୟର ବୈଚିତ୍ର୍ୟ ପ୍ରକଟିତ ହୋଇଛି। କୃଷ୍ଣରାଧାଙ୍କୁ 'ହୃଦୟ ମଣିମୟ ହୀରା' ଓ 'ମଦନ-ଫଣି-ରଦନ-ବିଷଗଦ' ତଥା 'ଅଖିଳ ବିଭବ ଆଖଣ୍ଡଳ ପଦ ଆରୋହଣ ପରମ୍ପରା' ବୋଲି ସମ୍ବୋଧନ କରିଛନ୍ତି। ଗୋଟିଏ ଗୋଟିଏ ପଦରେ ରାଧାଙ୍କର ତରଳ ଅଙ୍ଗ-ଲାବଣ୍ୟ ମୂର୍ତ୍ତିମତୀ ହୋଇଉଠିଛି-ତୁଷାର ସାମ୍ୟ ସୁପ୍ରହସନନା, କଳାବଳାହକତୁଳାଦଳିତ ନୀଳକୁନ୍ତଳା, ସଞ୍ଚାରିଣୀ ପାଞ୍ଚାଳିକା କାଞ୍ଚନମୟୀ ପ୍ରଲମ୍ବକେଶା, ଶିରୀଷ ଅଙ୍ଗୀ, ବକ୍ର ବିଷମ ଅପାଙ୍ଗୀ, ବିମୋହନ କଳାବତୀ, ଖୋଲା ଖଞ୍ଜରୀଟ ଦୃଶା, ନୂତନ ମନ୍ଦାରବିମ୍ବ-କୁରୁବିନ୍ଦାଧରା' ଆଦି ପଦରେ ରୂପର ଇନ୍ଦ୍ରିୟ-ଆବେଦନ ଥିଲେ ହେଁ ସ୍ଥୂଳତା ନାହିଁ। ରାଧାଙ୍କର 'ଅଂସ ଅବତଂସ ଲହସା ଖୋଷା' ରୂପର ତରଳତା ଓ ଇନ୍ଦ୍ରିୟ ବିମୋହନତା ସୂଚାଏ। ରାଧା-ରୂପର ଅରୂପଭାବନାରେ ମଧ୍ୟ କବିସୂର୍ଯ୍ୟଙ୍କର

ମୌଳିକତା ପରିଲକ୍ଷିତ ହୁଏ। ଦେହ-ସୁଷମା କିପରି ଅଦେହସୁଷମା ଲାଭ କରେ କବିଙ୍କର ନିମ୍ନୋକ୍ତ ପଦାବଳୀ ତାହାର ଉତ୍କୃଷ୍ଟ ପ୍ରମାଣ-

ମନଗଗନତଟ ସମୁଜ୍ଜ୍ୱଳ ଉଦୟ ନିର୍ମଳ ତାରା,
ଭାରତୀଙ୍କର ସାର ଭଣ୍ଡାର ଲୁଣ୍ଠନଖାନା ଜଙ୍ଗୀ,
ଭଜନ ଇଷ୍ଟମନ୍ତ୍ରକାରିକା ଭାବିନୀ,
ଭାବତୁନ୍ଦିଳ କେଳି କୋକିଳ,
ନରଲୋକରେ କୃତବାଗଣୀର ଶିକ୍ଷ ବିଶେଷଶେଷା,
ଲାଜର ବାସଗୃହ ତୁ ରସରାଜର ରାଜଧାନୀ,

ବିଶ୍ୱ ଲାବଣ୍ୟ ସାରସମ୍ଭାର-କାରା, ସରସ୍ୱତୀଙ୍କର ସଙ୍ଗୀତସଭା ଇତ୍ୟାଦି।

ଚମ୍ପୂ ଓ ସଙ୍ଗୀତାବଳୀରେ କବିସୂର୍ଯ୍ୟଙ୍କର ରୂପ-ଭାବନା ସଂଯତ ଓ ପରିମିତ। କୁତ୍ରାପି ରୂପର ମାଂସଳତା ପ୍ରତି ଅନୁରକ୍ତି ପ୍ରକାଶ ପାଇ ନାହିଁ। ମାତ୍ର 'ଚନ୍ଦ୍ରକଳା'ରେ କବିଙ୍କର ରୂପପ୍ରୀତି ଦେହ-କୈନ୍ଦ୍ରିକ। ନିତମ୍ବ, ଚାମୀକର ଘଟଘଟନୀୟ ପାୟୋଧର, କନକମୟ ପୁଳିନ ଘନଜଘନ, ରେମାଳି ଇନ୍ଦ୍ରନୀଳମଣିରେ ନିର୍ମିତ ପାହାଚ ଓ ନିତମ୍ବ ଲଘିଂ ପ୍ରଳମ୍ବ କୁନ୍ତଳ-ନାୟିକା ଅଙ୍ଗର ପ୍ରତିଟି ଅଂଶ ଏହିପରି ଚାକ୍ଷୁଷତା ଓ ସ୍ଥୁଳତାରେ ଲୋଭନୀୟ ଓ ଭୋଗ୍ୟ ହୋଇଉଠିଛି। ଏ ରୂପ କେବଳ ଭୋଗାସକ୍ତି ବଢାଏ ଓ ମନକୁ ବିକ୍ଷିପ୍ତ କରେ।

ସୌନ୍ଦର୍ଯ୍ୟର ନୂତନତା ସମ୍ବନ୍ଧରେ କବିସୂର୍ଯ୍ୟ ସଚେତନ ଥିଲେ। ଶୈଶବ ଛାଡି ନାୟିକା କୈଶୋରରେ ପାଦ ଦେବାରୁ ତା'ରୂପରେ ଯେଉଁ ନୂତନତା ଆସିଲା-

ଅଳ୍ପ ହୋଇ ଆସିବାରୁ କିଶୋରୀ
ପ୍ରତିମା। ପ୍ରତି ମୁହୂର୍ତ୍ତେ ଆନ ଆନ
ଯେଉଁ ରୂପେ ତପନୀୟ ଭଜେ ରୂପ
ଦାହ-ଦାହକେ ବାନ ବାନ। [୮୦]

ସୁନା ଯେଉଁପରି ପ୍ରତି ପୋଡ଼ରେ ଭିନ୍ନ ଭିନ୍ନ ତେଜ ଧରେ, ସେହିପରି ପ୍ରତି ଅବସ୍ଥାରେ ନାୟିକାର ସୁଷମାରେ ପରିବର୍ତ୍ତନ ଆସିଲା। ଏହି ଶୋଭାକୁ କବି ନେତ୍ରପେୟ ରୂପେ ଗ୍ରହଣ କରିଛନ୍ତି। ରୂପ କେବଳ ଚକ୍ଷୁର ବିଷୟ ନୁହେଁ। ନେତ୍ର ଆଦି ନିଖିଳ ଇନ୍ଦ୍ରିୟରେ ମଧ୍ୟ ତାହାର ଆସ୍ୱାଦନ ଚାଲିପାରେ। ରୂପାନୁଭୂତିରୁ ମିଳୁଥିବା ଆନନ୍ଦ ଓ ବ୍ରହ୍ମାନନ୍ଦ-କବିଙ୍କ ମତରେ ଉଭୟ ଅମଳ ଭଳି। ଏଠାରେ ଆନନ୍ଦର ମାଦକ-ପ୍ରଭାବ ସ୍ୱୀକାର କରାଯାଇଛି। କବିଙ୍କର ବିଶ୍ୱାସ ଯେ, ଶୋଭା ନିମନ୍ତେ ଅଳଙ୍କାର ଧାରଣ କରାଯାଏ ଓ ଅଳଙ୍କାର ପିନ୍ଧିଲେ ସୌନ୍ଦର୍ଯ୍ୟ ବନ୍ଦୀ ହୁଏ।[୮୧] ତୈଲଙ୍ଗ ବେଶରଚନା ଓ ଆନ୍ଧ୍ର-ଦେଶୀୟା। ରମଣୀର ଅଙ୍ଗ-ଗଠନ କବିସୂର୍ଯ୍ୟଙ୍କ ନାୟିକାଠାରେ ଦେଖିବାକୁ ମିଳେ।

ଗୋପାଳକୃଷ୍ଣ

ଗୋପାଳକୃଷ୍ଣ ଅନୁଭୂତିସମ୍ପନ୍ନ ମରମୀ କବି। ସେ ରାଧାକୃଷ୍ଣଙ୍କ ପ୍ରଣୟପୂରିତ ହୃଦୟର ଅତଳରେ ପ୍ରବେଶ କରି ମିଳନବିରହ, ଆଶା ଆଶଙ୍କା ପ୍ରଭୃତି ସୂକ୍ଷ୍ମ ଅନୁଭୂତିର ମୂର୍ତ୍ତ ରୂପ ଅଙ୍କନ କରିଛନ୍ତି। କବିଙ୍କର ଏକାନ୍ତ ଆତ୍ମଗତ ଅନୁଭୂତି ଭାବର ମହିମାରେ ଓ ସ୍ୱର ଝଙ୍କାରରେ ପ୍ରକାଶ ପାଇଛି। ଉପଲବ୍ଧିର ଗଭୀରତା ତାଙ୍କର କବିତାକୁ ଆବେଗୋଚ୍ଛଳ କରିଛି। ସାଙ୍ଗୀତିକତା, ଆବେଗ ଓ ଅନୁଭୂତି, ଭକ୍ତପ୍ରାଣର ଆକୁତି, ଦୈନ୍ୟ ତଥା ପ୍ରେମିକ ପ୍ରେମିକାଙ୍କ ହୃଦୟର ନିବିଡ ଗହନ ବ୍ୟଥାକୁ ଏପରି କରୁଣା ମଧୁର କରି ପରିବେଷଣ କରିଛନ୍ତି, ଯହିଁରୁ କବିଙ୍କର ମାନବପ୍ରାଣର ଅତଳରେ ପ୍ରବେଶ କରିବାର କ୍ଷମତା ସହଜରେ ସୂଚିତ ହୁଏ। ଗୋପାଳକୃଷ୍ଣ ଭକ୍ତକବି। ଭକ୍ତସୁଲଭ ଆର୍ତ୍ତି, ଦୀନୋକ୍ତି, ବିନୟ, ଆତ୍ମସମର୍ପଣ, ତଦ୍‌ଗତାବସ୍ଥା, ତନ୍ମୟାବସ୍ଥା, ସ୍ୱତଃସ୍ଫୁର୍ତ୍ତ ବାଚନଭଙ୍ଗୀ, ଚେଷ୍ଟାଦି ଭାବମୁଦ୍ରା ଅଙ୍କନରେ ଓଡ଼ିଆ ସାହିତ୍ୟରେ ସେ ଅଦ୍ୱିତୀୟ। 'ଦୟା ନ କରନ୍ତୁ ମୁଁ ଦାସୀ ସିନାରେ'-ଏହି ପଦଟିରେ ପ୍ରେମିକା ହୃଦୟର ଯେଉଁ ସକରୁଣ ଅଭିବ୍ୟକ୍ତି ଓ ପ୍ରେମାସ୍ପଦର ପ୍ରେମ ଉପରେ ଯେଉଁ ପରମ ବିଶ୍ୱାସ ଓ ନିର୍ଭରଶୀଳତା, ତାହା ସ୍ୱଚ୍ଛ କଥାରେ ଅଭିବ୍ୟଞ୍ଜିତ।

ବୈଷ୍ଣବ କବିତା ପାର୍ଥିବ ସୌନ୍ଦର୍ଯ୍ୟ ଓ ପ୍ରେମର ସଙ୍ଗୀତ ଶୁଣାଇ ପାଠକକୁ ଅପାର୍ଥିବ ଅସୀମର ସତ୍ତାରେ ଲୀନ କରାଇଦିଏ। ବୈଷ୍ଣବ କବିତାରେ ଯେଉଁ ଦେହମୋହ ଓ ଦୈହିକ ପ୍ରେମାସକ୍ତି ପରିଦୃଷ୍ଟ ହୁଏ, ତାହା ରୀତିଯୁଗୀୟ କାବ୍ୟରୁ ସଂକ୍ରମିତ। ଗୋପାଳକୃଷ୍ଣଙ୍କ କବିତାରେ ଏହି ଦେହମୋହ ପରିବର୍ତ୍ତେ ରୂପର ଆକର୍ଷଣୀୟତା ଓ ନିତ୍ୟ ନବୀନତା ଏକ ଅଶରୀରୀ ସ୍ପର୍ଶ ଲାଭ କରିଛି। ତାଙ୍କର ରାଧାକୃଷ୍ଣ 'କିଶୋର ବୟସ ନିତ୍ୟ ନୂତନ' ଓ ଅବିଚଳିତ ନବତାରୁଣ୍ୟର ପ୍ରତିମୂର୍ତ୍ତି। 'ବୃନ୍ଦାରଣ୍ୟ ସାର୍ବଭୌମ୍ୟ ଦମ୍ପତ୍ତି' ଓ ସର୍ବ ବ୍ରଜବାସୀଙ୍କର ନେତ୍ରସମ୍ପତ୍ତି। କୃଷ୍ଣଙ୍କର ଆଧ୍ୟାତ୍ମିକ ରୂପ-

ବ୍ରହ୍ମାର ବ୍ରାହ୍ମୀ ଉତ୍ତର। ମୀମାଂସାରେ ଯେ ଗୋଚର। ରାଜା, ପରାନନ୍ଦ ସ୍ୱରୂପିଣୀ, ସର୍ବଲୋକର ଶୋଭାର ସାର, ଆନନ୍ଦ ସ୍ୱରୂପିଣୀ ଓ ସର୍ବ ସୌନ୍ଦର୍ଯ୍ୟର ଆଶ୍ରୟ। କୃଷ୍ଣ, ଅଖିଳରସ ଶ୍ରୀ ମୂର୍ତ୍ତି, ଚିନ୍ମୟ ଚିଦ୍‌ଘନ ରସମୟ ଓ ଜଗନ୍ମଙ୍ଗଳ। ଅଧର ତାଙ୍କର ଶୁଚିଦ୍ରୁମରେ ରାଗ କୁସୁମ ପରି। ରାଧାକୃଷ୍ଣଙ୍କର ମହାଭାବ ରୂପରେ ସଦା ଶୁଚିରସ ପରିପୂର୍ଣ୍ଣ। କବି ସେହି ରୂପକୁ ସଦା ଧ୍ୟାନ କରିଛନ୍ତି-

ମହାଭାବ ରୂପ ଭାବରେ ମାନସ
ଯାହା ସଙ୍ଗେ ଶୁଚିରସ ରହିଛନ୍ତି ସଦା ବହି ଅବୟବ ରେ।

x x x

ଯା ସୁଷମା ଗୁଣି ଗୁଣି ଗୀତ କରି ଗାଉ ନାରଦ ବୀଣାରେ

କଳବେର ପୁଷ୍ଟ ହୋଇ ଉପବୀତ ଛିନ୍ନ ହେଉଛି ଶ୍ରଦ୍ଧାରେ ।[୮୨]

ରାଧାକୃଷ୍ଣଙ୍କ ମହାଭାବ ରୂପର ସୁଷମା ସମ୍ବନ୍ଧରେ ସଙ୍ଗୀତ ରଚନା କରି ନାରଦ ବୀଣା ସହଯୋଗରେ ଗାନ କରିବାରୁ ଆନନ୍ଦରେ ତାଙ୍କର ଅଙ୍ଗସ୍ଫୀତି ଘଟି ଉପବୀତ ଛିନ୍ନ ହେଉଛି ।

ଅନୁରାଗର ଚିତ୍ରାଙ୍କନରେ ଗୋପାଳକୃଷ୍ଣ ଅନନ୍ୟ । ତମାଳକୁ ଚାହିଁ ଶ୍ୟାମଭ୍ରମ କରି ରାଧା-

ଉଦ୍‌ବେଗ ଚାପଲ୍ୟ, ଭ୍ରମ ପ୍ରଣୟ ହରଷ,

ସ୍ୱେଦ କମ୍ପ ପୁଲକରେ ଶ୍ରୀଅଙ୍ଗ ଅବଶ ।

ହୃଦୟର ଏକାନ୍ତ ଅନୁରାଗ ସତ୍ୟ ହେଲେ ତା'ର ଅଭିବ୍ୟକ୍ତି ମଧ୍ୟ ସୁନ୍ଦର ହୋଇଉଠେ । ପ୍ରେମାସ୍ପଦର ରୂପ-ଭ୍ରମ ପ୍ରେମିକାଠାରେ ଏ ଦଶା ଆଣିଛି । ପ୍ରେମାବେଶରେ ରାଧା ସର୍ବଦିଗରେ ପ୍ରେମମୟଙ୍କୁ ଦେଖୁଛନ୍ତି-

କାହିଁକି ଶ୍ୟାମ ମୂରତି ଗୋ

ସଦା ଦିଶୁଛି ମୋତେ ଦିନ ରାତି ।

ପଛୁ ଆସିଲା ପରି ହୁଏ ମତି

ଚାହିଁଲେ କେ ନ ଦିଶେ ଏ କି ରୀତି ।

ଆସି ଆଗେ ରହୁ ହେଟି ଜରତୀ

ବୋଲୁ ମୋ ହୃଦେ ଲୁକୁଛି ଝଟତି ।

ଏହା ପ୍ରେମିକାର ରୀତି । ସତ୍ୟତା ନ ଥିଲେ ମଧ୍ୟ ପ୍ରେମିକର ଉପସ୍ଥିତି ଅନୁଭବ କରିବା, ପଛେ ପଛେ ଅନୁସରଣ କରୁଥିବା ପରି ମନେହେବା, ଚାହିଁଦେଲେ ପଛରେ କାହାରିକୁ ନଦେଖିବା ଓ କେହି ଦେଖିବା ଭୟରେ ପ୍ରେମିକର ଶୂନ୍ୟାୟିତ ରୂପ ହୃଦୟରେ ପ୍ରବେଶ କରୁଥିବା ପରି ମନେକରିବା-ସବୁକିଛି ଅନୁରାଗାତ୍ମକ ହୃଦୟର ପ୍ରତିକ୍ରିୟା । କବି ଯଥାର୍ଥରେ କହିଛନ୍ତି, ଅନୁରାଗର ବିଚ୍ଛିତ୍ତି ଫଳରେ ପ୍ରେମିକାର ଏପରି ସ୍ଫୂର୍ତ୍ତି ବା ଅନୁଭୂତି ହେଉଛି-

ଗୋପାଳକୃଷ୍ଣ ବୋଲଇ ବିଚ୍ଛିତ୍ତି

ବଶରୁ ଏପରି ହେଉଛି ସ୍ଫୂର୍ତ୍ତି ।[୮୩]

ଚଣ୍ଡୀଦାସ ରାଧାକୃଷ୍ଣଙ୍କ ସୌନ୍ଦର୍ଯ୍ୟର ଅସୀମତାରେ ମୁଗ୍ଧ ହୋଇ ଗାଇଥିଲେ, "ଜନମ ଅବଧି ହାମ ରୂପ ନେହାରନୁ ନୟନ ନା ତିରପତି ଭେଲ ।" ସୌନ୍ଦର୍ଯ୍ୟ-

ସନ୍ଦର୍ଶନ ସ୍ୱଳ୍ପତାରେ ଅତୃପ୍ତ ବିଦ୍ୟାପତିଙ୍କ ରାଧା ସନ୍ତପ୍ତ ହୃଦୟରେ କହିଥିଲେ, "ସଜନି ଲଭା କରି ପେଖନ ନ ଭେଲ।" ବ୍ୟକ୍ତିର ପ୍ରେମ-ଦୃଷ୍ଟି ଓ ସୌନ୍ଦର୍ଯ୍ୟ-ଦର୍ଶନସ୍ପୃହା ଏଥିପାଇଁ ଦାୟୀ। ସୁନ୍ଦର ବସ୍ତୁ ନିତ୍ୟନବୀନ ରୂପ ଧରି ଦର୍ଶକପ୍ରାଣରେ ଆସ୍ୱାଦନ ପିପାସା ବଢାଇ ଲାଗିଥାଏ। ଗୋପାଳକୃଷ୍ଣଙ୍କ ରାଧା କହିଛନ୍ତି-

ବ୍ରଜବିଧୂ ପରି ମୋତେ କେ ଦିଶୁ ନାହିଁ
ମନ ପୂରୁଛି କି ହେଲେ ନିତି ଚାହିଁ। (୮୪)

ସୌନ୍ଦର୍ଯ୍ୟ-ପିପାସୀ ବ୍ୟକ୍ତି ନିକଟରେ ପ୍ରିୟତମର ନିନ୍ଦା ଅସହ୍ୟ ଓ ତା'ପାଇଁ ମିଳୁଥିବା ଅପବାଦ ମଧ୍ୟ ସ୍ୱାଦ୍ୟ ହୋଇଉଠେ-

ଶ୍ୟାମ ଅପବାଦ ମୋତେ ଲାଗିଥାଉ
ନିତି ସେହି ଚିନ୍ତାରେ ମୋ ଦିନ ଯାଉ। (୮୫)

ପ୍ରେମିକ ପାଏ ନିନ୍ଦା, ଅପମାନ, କଳଙ୍କ ସହି ଦୁନିଆ ଦାଣ୍ଡରେ ଚାଲିବାକୁ ଯେ ଗୌରବ ମନେକରେ ଓ ଅସତୀ କୁଳଟାପବାଦ ମୁଣ୍ଡରେ ବହି ଚାଲିବାର ସାହସ ଯାହାର ଅଛି ସେ ସିନା ପ୍ରେମିକା କୁଳରେ ଛତି ଟେକିବ । ଏହାଠାରୁ ପ୍ରେମ ନିମନ୍ତେ ପ୍ରେମିକାର ମହତ୍ ଦାନ ଓ ତ୍ୟାଗ ଆଉ କିଛି ନାହିଁ । ସୌନ୍ଦର୍ଯ୍ୟରେ ମଜ୍ଜିଲେ ନିଜର ସୁଖ ସୌଭାଗ୍ୟ ତୁଚ୍ଛ ପ୍ରତୀତ ହୁଏ । ନିଜର ସୁଖରେ ବାଧା ପଡ଼ିଲେ ମଧ୍ୟ ସେହି ସୁନ୍ଦରଙ୍କର ଶୁଭ ମନାସି କେବଳ ଦର୍ଶନ ସୁଖ ଲାଭ ପାଇଁ କାମନା କରେ । ରାଧାଙ୍କ ପ୍ରାଣରେ ଆବେଗ କି ମର୍ମସ୍ପର୍ଶୀ ଭାଷାରେ ପ୍ରକାଶ ପାଇଛି-

ଦୟା ନ କରନ୍ତୁ ମୁଁ ଦାସୀ ସିନାରେ

xxx

ନିକଟରେ କି ଦୂରେ ନିତି ଶ୍ରୀମୁଖ ଥରେ
ଦେଖୁଥିବି ଏତିକି ମୋ କାମନାରେ।(୮୬)

ଓଡ଼ିଆ ସାହିତ୍ୟରେ ଏପରି ତ୍ୟାଗମୟୀ ରାଧାଙ୍କର ଚିତ୍ର ବିରଳ କହିଲେ ଚଳେ। ଏହାହିଁ ପ୍ରକୃତ ସୌନ୍ଦର୍ଯ୍ୟ-ଉପାସନା।

ରାଧାଙ୍କର ଲଳିତା ମୁଖରୁ କୃଷ୍ଣ ରୂପଗୁଣ ଶୁଣିବା ନିମନ୍ତେ ଉତ୍ସୁକତା ଓ କୃଷ୍ଣଙ୍କର ରାଧାରୂପ ସମ୍ବନ୍ଧରେ ଜାଣିବାର କୌତୂହଳ ମାଧ୍ୟମରେ କବି ସ୍ୱଚ୍ଛ କଥାରେ ରୂପର ବିଭିନ୍ନ ବିଶେଷତ୍ୱ ସୂଚାଇ ଦେଇଛନ୍ତି। ରୂପମୋହଠାରୁ ରୂପ ସମ୍ବନ୍ଧରେ ଶୁଣିବାର ଇଚ୍ଛା ଏଠାରେ ପ୍ରବଳ। କୃଷ୍ଣଙ୍କର ଅଧର, ଓଷ୍ଠ, ହୃଦ, ମଧ୍ୟଦେଶ, ବାହୁଯୁଗଳ, କଣ୍ଠ, ଲଲାଟ, ମୁଖ ଆଦି ବିଭିନ୍ନ ଅବୟବ ଓ ଉଚ୍ଚତା, ବେଶ, ପରିଧେୟ, ଭାଷ, ହାସ, ନାୟକଲକ୍ଷଣ ଆଦି ସମ୍ବନ୍ଧରେ ତନ୍ନ ତନ୍ନ କରି ପଚାରି ଜାଣିବା ପାଇଁ ରାଧାଙ୍କର

ଯେଉଁ ଆଗ୍ରହ ତାହା ତାଙ୍କର ରୂପ-ପ୍ରୀତି ଓ ପ୍ରେମର ଐକାନ୍ତିକତା ପ୍ରତିପାଦନ କରେ। ମାନସିଂ କହନ୍ତି, "ଏହି କବିତାରେ ଯୁବକ କୃଷ୍ଣଙ୍କର ଯେଉଁ ବର୍ଣ୍ଣନା କରାଯାଇଛି, ତାହା କବିଙ୍କ ସମୟରେ ଏହି ଦେଶର ଯୌବନର ଆଦର୍ଶ ଚିତ୍ର। ଦେଶରୁ ସେ ବଳିଷ୍ଠ, ସୁନ୍ଦର, ସୁଭଗ ଯୌବନ କୁଆଡେ ଚାଲିଗଲା।"(୮୭) ଏହି କବିତାରେ କୃଷ୍ଣଙ୍କର ଯେଉଁ ରୂପ ବ୍ୟକ୍ତ ହୋଇଛି ତାହାର ଇନ୍ଦ୍ରିୟ-ଆବେଦନ ଥିଲେ ହେଁ ସେ ରୂପ-ଭାବନା ପ୍ରାଣର ଶୀତଳତା ସମ୍ପାଦନ କରେ। କୃଷ୍ଣଙ୍କର ନୟନ-ସୁଭଗ ରୂପ ପାଠକର ମନଶ୍ଚକ୍ଷୁରେ ଆବର୍ତ୍ତିତ ହୁଏ।

ଗୋପାଳକୃଷ୍ଣ ରୂପାକୃତିକୁ ଅଭିମନ୍ୟୁଙ୍କ ପରି ଅଧିକ ଅମୂର୍ତ୍ତ କରିଦେଇଛନ୍ତି। ଅଙ୍ଗ-ଗଠନ ଓ ଦେହ ସୁଷମା ଏକ ଭାବାତ୍ମକ ସ୍ତରରେ ପହଞ୍ଚିଯାଇଛି। ଫଳରେ ରାଧା-କୃଷ୍ଣଙ୍କ ଅବୟବର ସ୍ଥୂଳ ଚିତ୍ରଣ ପରିବର୍ତ୍ତେ ଅମୂର୍ତ୍ତସୁଷମା ଓ ଲାବଣ୍ୟର ଚିତ୍ର ଫୁଟିଉଠିଛି। ଉପେନ୍ଦ୍ରଙ୍କ ରୂପର ସ୍ଥୂଳ ଇନ୍ଦ୍ରିୟଗୋଚରତା ବିଦାୟ ନେଇ ଗୋପାଳ-କୃଷ୍ଣଙ୍କ ରୂପ-ଭାବନା ସୂକ୍ଷ୍ମ ଭାବାନୁସାରୀ ହୋଇଛି। ଏହି ଅମୂର୍ତ୍ତ ରୂପକୁ ନାୟକ ନାୟିକା ଭାବନ କରିବା ଫଳରେ ଉପଭୋଗ ଓ ବାସନା ପରିବର୍ତ୍ତେ ପ୍ରେମରେ ଆନ୍ତରିକତା, ନିଷ୍ଠା, ବେଦନା, ଆଶା ଆଶଙ୍କା, ଲଜ୍ଜା ଓ ସାମାଜିକ ଅପବାଦର ଭୟ ସମ୍ବନ୍ଧରେ ସଚେତନତା ପ୍ରକାଶ ପାଇଛି। ରୂପ-ସୌନ୍ଦର୍ଯ୍ୟ ଆଉ ସ୍ଥୂଳ ଉପଭୋଗର ସାମଗ୍ରୀ ନହୋଇ ମନରେ ଅତୀନ୍ଦ୍ରିୟ-ଭାବନା ଆଣିଦେଉଛି।

ଷଷ୍ଠ ଅଧ୍ୟାୟ

ରାଧାନାଥ ରାୟ

ଆଧୁନିକ ଓଡ଼ିଆ କାବ୍ୟର ଜନ୍ମଦାତାଭାବେ ରାଧାନାଥ ଅସପତ୍ନ ପ୍ରତିଷ୍ଠା ଓ କବିଯଶର ଅଧିକାରୀ। ଓଡ଼ିଆ କାବ୍ୟର ଗତିପଥ, ଆଭିମୁଖ୍ୟ ଓ ପ୍ରକୃତିକୁ ସେ ସମ୍ପୂର୍ଣ୍ଣ ପରିବର୍ତ୍ତିତ କରିଦେଇଥିଲେ । ସୌନ୍ଦର୍ଯ୍ୟଗ୍ରାହୀ ରାଧାନାଥଙ୍କର ସୌନ୍ଦର୍ଯ୍ୟ ଦର୍ଶନରେ ଥିଲା ଗଭୀର ପ୍ରବେଶ ଓ ଏ ସମ୍ବନ୍ଧରେ ବିସ୍ତୃତ ଅଧ୍ୟୟନ ତଥା ଗଭୀର ପର୍ଯ୍ୟାଲୋଚନା କରି ସେ କାବ୍ୟର ନାନା ସ୍ଥାନରେ ସ୍ୱ ମତ ପ୍ରଖ୍ୟାପନ କରିଯାଇଛନ୍ତି । ସେହି ମତାବଳୀ ଓ ଦୃଷ୍ଟିକୋଣର ସଙ୍କଳନ ତଥା ବିଶ୍ଳେଷଣ ଦ୍ୱାରା ତାଙ୍କର ସୌନ୍ଦର୍ଯ୍ୟତତ୍ତ୍ୱ ନିରୂପଣ କରାଯାଇପାରେ । କବି-ଚେତନାରେ ସୌନ୍ଦର୍ଯ୍ୟ ସମ୍ପର୍କରେ ଯେଉଁ ସ୍ଥିରତର ଧାରଣା ପ୍ରତିଷ୍ଠିତ ଥିଲା ଓ ଯେଉଁ ରୁଚି ତଥା ସୌନ୍ଦର୍ଯ୍ୟବୋଧ ତାଙ୍କର ରୂପଦୃଷ୍ଟିକୁ ନିୟନ୍ତ୍ରିତ କରିଥିଲା, ତାହାର ସ୍ୱରୂପ ପ୍ରକୃତି ନିର୍ଦ୍ଧାରଣ କରିବା ଏଠାରେ ଆମର ଲକ୍ଷ୍ୟ ।

ରାଧାନାଥ ଜଣେ ବିଶୁଦ୍ଧ କଳାକାର । କୌଣସି ଏକ ନିର୍ଦ୍ଦିଷ୍ଟ ସାହିତ୍ୟିକ ମତବାଦର ସେ ଅନୁବର୍ତ୍ତୀ ନୁହନ୍ତି । ଶିଳ୍ପ-କର୍ମ ନିମନ୍ତେ ଆହରଣ ତଥା ମୌଳିକତା-ଉଭୟ ପ୍ରତି ତାଙ୍କର ଦୃଷ୍ଟି ସମାନ। କାବ୍ୟରେ ମିତ୍ରାକ୍ଷର ଓ ଅମିତ୍ରାକ୍ଷର-ଉଭୟ ଛନ୍ଦ ପ୍ରତି ତାଙ୍କର ସମାନୁରାଗ। ସେ କହନ୍ତି, "ଉତ୍କର୍ଷ ଛନ୍ଦସାପେକ୍ଷ ନୁହେଁ, କ୍ଷମତା ସାପେକ୍ଷ।[୧] ସେ ଯେ କହିଥିଲେ, "ମୋହୋଠାରୁ ଭଞ୍ଜଙ୍କର ଅଧିକ ଅନୁକାରୀ ପଦ୍ୟ ଲେଖକ ଓଡ଼ିଶାରେ ବୋଧହୁଏ ଅଳ୍ପ ବାହାରିବେ"-ସେଥିରେ ତାଙ୍କର କୌଣସି ଛଳନା ନଥିଲା। କୌଣସି ବାଧ୍ୟବାଧକତାରେ ପଡି ସେ ଏପରି କହିନଥିଲେ। ଉପେନ୍ଦ୍ରଙ୍କ କାବ୍ୟ ଓ ସୌନ୍ଦର୍ଯ୍ୟ ଦୃଷ୍ଟି ଦ୍ୱାରା ସେ ଯେତିକି ପ୍ରଭାବିତ, କେବଳ ସେତିକି ହିଁ ତାଙ୍କର ଅନୁକାରୀତ୍ୱ। ଏ ଅନୁକରଣ ପୁଣି ରାଧାନାଥୀ ପ୍ରତିଭାବେ ଜାରିତ। ତେଣୁ ସାଧାରଣ

ପାଠକ ରାଧାନାଥଙ୍କଠାରେ ଉପେନ୍ଦ୍ର ପ୍ରଭାବ ଧରିପାରେ ନାହିଁ। ରୀତିକାବ୍ୟରୁ ଭାଷା, ଭାବ, ଅଳଙ୍କାର, ଶୃଙ୍ଗାରିକତା ଆଦି ଆହରଣ ଓ ଯୁଗରୁଚିର ଅନୁକୂଳ କରି ପରିବେଷଣ କରିବା ଫଳରେ ପରମ୍ପରା ପ୍ରତି ତାଙ୍କର ଶ୍ରଦ୍ଧା ଓ ଆଧୁନିକ କାବ୍ୟରଚନାରେ ପରମ୍ପରାର ଦାନ ସମ୍ବନ୍ଧରେ ସେ ସଚେତନ ଥିଲେ। ପରମ୍ପରା, ପରିସ୍ଥିତି ଓ ପୁରୋଦୃଷ୍ଟି ପ୍ରତି ଲକ୍ଷ୍ୟ ରଖି ନବ୍ୟ କାବ୍ୟଧାରାର ପ୍ରବର୍ତ୍ତନ କରିବା ଉଦ୍ଦେଶ୍ୟରେ ପୁରାତନ ସହିତ ଆଧୁନିକତାର ସେ ଯୋଗସୂତ୍ର ସ୍ଥାପନ କରିଯାଇଛନ୍ତି। ପ୍ରାଚୀନରୁ ଗ୍ରହଣ, ବର୍ଜନ ଓ ମାର୍ଜନ କରି ଲୋକରୁଚିର ନିକଟବର୍ତ୍ତୀ କରାଇବା ପ୍ରତ୍ୟେକ କଳାକାରର ଧର୍ମ। ସେ ଦୃଷ୍ଟିରୁ ରାଧାନାଥ ନବ୍ୟ-ରୁଚିର ପ୍ରବର୍ତ୍ତନ ଓ ଆଧୁନିକ ଓଡ଼ିଆ କାବ୍ୟର ପ୍ରାଣ ପ୍ରତିଷ୍ଠାତା।

ଭାବଲୋକରେ ଧନୀ ରାଧାନାଥ ସୌନ୍ଦର୍ଯ୍ୟକୁ ଆଜନ୍ମ ସାଧନ ଧନରୂପେ ଗ୍ରହଣ କରିଥିଲେ। ରୂପପ୍ରାଣତା ଓ ରୂପାରାଧନା ତାଙ୍କର କବିଜୀବନକୁ ନିୟନ୍ତ୍ରିତ କରିଥିଲା। ଏହି ରୂପପ୍ରୀତି ବା ସୌନ୍ଦର୍ଯ୍ୟ-ପ୍ରାଣତା ହେତୁ ନୂତନ କାବ୍ୟ-ଶିଳ୍ପରେ ରାଧାନାଥଙ୍କର ସ୍ୱାକ୍ଷର ସ୍ୱତନ୍ତ୍ର ଭାବେ ଚିହ୍ନିତ ହୁଏ। ପ୍ରକୃତି, ଜୀବନ ଓ ନରନାରୀଙ୍କଠାରେ ସେ ଯେଉଁ ସୌନ୍ଦର୍ଯ୍ୟ ଦେଖିଥିଲେ, ତାହା ଏକାଧାରରେ ଆନନ୍ଦ-ନିରାନନ୍ଦ, ଛାୟା-ଆଲୋକ, କର୍କଶ ବନ୍ଧୁର-ସ୍ନିଗ୍ଧ ସମତଳ ତଥା ରୁଦ୍ର-ସୁନ୍ଦର ରୂପରେ ଅପୂର୍ବ ଓ ମନୋଜ୍ଞ।

ନିସର୍ଗର ବିଶାଳତା ଓ ନିର୍ଜନତା ପ୍ରତି ପ୍ରକୃତିପ୍ରେମୀ ରାଧାନାଥଙ୍କର ନିବିଡ ଆକର୍ଷଣ ଥିଲା। ସୁନ୍ଦର ଓ ମହିମ (Sublime) ମଧ୍ୟରେ ପାର୍ଥକ୍ୟ ଦେଖାଇବା ନିମନ୍ତେ ସେ ବିରାଟ ପ୍ରକୃତିଠାରୁ ଚିଲିକାର ସ୍ନିଗ୍ଧରୂପ ପ୍ରତି ଅନୁରାଗ ପ୍ରଦର୍ଶନ କରିଥିଲେ ମଧ୍ୟ ମନରେ ଥିଲେ ବିରାଟ, ବିଶାଳ, ଉଦାର, ନିର୍ଜନ ପ୍ରକୃତିର ବିବିକ୍ତସ୍ଥଳୀ ବିଳାସୀ; ଗମ୍ଭୀର ଓ ଭୀଷଣ ପ୍ରକୃତିର ଆସକ୍ତ ପ୍ରେମିକ ଓ ରୂପକାର। ନିକାଞ୍ଚନ, କୋଳାହଳଶୂନ୍ୟ ଟଙ୍କିଳ ଛତିଆ, ରାଜନସ୍ଥାନର ଭୀମ ମରୁସ୍ଥଳୀ, ଦେବତାତ୍ମା ହିମାଳୟର ତୁଷାରାବୃତ୍ତ ପ୍ରଦେଶ, ମହେନ୍ଦ୍ର କାନ୍ତାର, ଉର୍ମିବିକ୍ଷୁବ୍ଧ ମହାସିନ୍ଧୁର ବକ୍ଷ, ଧାମରା ମୁହାଣର ପାଣ୍ଡୁ ଜଳାରଣ୍ୟ, ଧୂଆଁଧାର ଜଳପ୍ରପାତ, ସାତକୋଶିଆ ଗଣ୍ଡର ଭୀଷଣ ବିଜନସ୍ଥଳୀ, କେତେକ କାନନ ସଙ୍କୁଳ ରମ୍ୟ ସିକତିଳ ହରଚଣ୍ଡୀଙ୍କ ପୀଠରେ ମନ ତାଙ୍କର ଘୂରିବୁଲୁଥିଲା। ନିର୍ଜନତାର ଯେ ଏକ ଆତ୍ମା ଅଛି, ରାଧାନାଥ ତାହାର ପ୍ରତିଧ୍ୱନି ଶୁଣି ପାରୁଥିଲା। କୋଳାହଳଦ୍ୱେଷୀ ଜାଙ୍ଗଳିକ ପକ୍ଷୀ ପରି ତାଙ୍କର କବି ଆତ୍ମା ପ୍ରକୃତିର ନିକାଞ୍ଚନକୋଳ କୋଳ ଖୋଜି ବୁଲୁଥିଲା। ଭଗ୍ନ କୋଣାର୍କର ବିଜନ ବେଳା, ନନ୍ଦିକେଶ୍ୱରୀ ପଠା। ତାମ୍ରଲିପ୍ତ ଓ ଲୋହିତ୍ୟାର ସଙ୍ଗମ ସ୍ଥଳ, ଚିଲିକାତୀରର ଭଗ୍ନ ଦୁର୍ଗ ଜରାର୍ଜରର ଦେଉଳ-ଏ ସମସ୍ତ ଜଣାଇ ଦିଅନ୍ତି ସେହି ନିଃସଙ୍ଗ ଶିଳ୍ପୀ ଆତ୍ମାର ନିର୍ଜନ ପ୍ରକୃତି ପ୍ରତି ଆକର୍ଷଣ ଓ ଅନୁରାଗ। କି ବିରାଟ କି ସୁନ୍ଦର, ପ୍ରକୃତିର ଉଭୟବିଧ

ରୂପପ୍ରତି ତାଙ୍କର ସମାନ ଆଗ୍ରହ । ରତ୍ନଚିରାର ବନ୍ଧଜଳରେ ତୁଚ୍ଛ ପାଣିଶିଉଳି ଫୁଲଠାରୁ (ଏହା ରାଧାନାଥଙ୍କ 'ସୌଗନ୍ଧକ)' ଗ୍ରାମ ଉପକଣ୍ଠସ୍ଥ ଶିବାଳୟ ସନ୍ନିକଟ ହରିତାଭ କର୍ଣ୍ଣିକାର ଓ ସିନ୍ଦୂରବର୍ଣ୍ଣ ଗୋଡ଼ିବାଣ ପୁଷ୍ପ, ବବୁର ପ୍ରସୂନ ଓ କଳେଇ ଗଦାର ଗନ୍ଧ, ଫୁଲଚୁଇଁ, ଭରତ, ତୁତି, ଚଷାପୁଅ, ମୁନିଆଁ ପ୍ରଭୃତି କ୍ଷୁଦ୍ରପକ୍ଷୀ ଆଦିଙ୍କୁ କବି ଆଦର ସହକାରେ କାବ୍ୟରେ ସ୍ଥାନ ଦେଇଥିଲେ । ନଦୀ, ବନ, ଗିରି, କନ୍ଦରା, ସର, ହ୍ରଦ, ସମୁଦ୍ର, ଆକାଶ, ଝରଣା, ପ୍ରପାତ, ଉପତ୍ୟକା, ପ୍ରାସାଦ, କୀର୍ତ୍ତିସ୍ତମ୍ଭ, ମନ୍ଦିର, ନଗର, ଭାରତ ଓ ଉତ୍କଳର ଚିତ୍ରାର୍ପିତ ଅତୀତ ଓ ବର୍ଣ୍ଣାଢ୍ୟ ବର୍ତ୍ତମାନ କବି କିଛି ବାଦ୍ ଦେଇନାହାନ୍ତି । ସୁଦୂର ପ୍ରସାରିଣୀ କବି କଳ୍ପନା ହିମାଳୟଠାରୁ କାମରୂପ, ରେବାଠାରୁ ଗୋଦାବରୀ, ଉତ୍କଳର ପ୍ରାଚୀନ ଆକୃତି ପ୍ରାଚ୍ୟ ନୀର ଫେନାକୁଳ ସିନ୍ଧୁଠାରୁ ମହେନ୍ଦ୍ର କାନ୍ତାର, ତାଳୀବନଶ୍ୟାମ କନିକା କୁଜଙ୍ଗଠାରୁ ଟଙ୍କିଳ ଛତିଆ ପର୍ଯ୍ୟନ୍ତ ଗତି କରିଛି । ଫଳରେ ରାଧାନାଥୀ କାବ୍ୟ ଏକ ଚଳମାନ୍ ଚିତ୍ରଶାଳା ପରି ପ୍ରତୀତ ହୁଏ । ଏହି ଛବିଗୁଡିକରେ ସେ ସୂକ୍ଷ୍ମାତିସୂକ୍ଷ୍ମ ଯଥାତଥ୍ୟ ଦେବାକୁ ଚେଷ୍ଟିତ । ସବୁଗୁଡିକ ଅତି ବିଶ୍ୱସନୀୟ ଓ ସୁସ୍ପଷ୍ଟରୂପେ ଚିତ୍ରିତ । ତୁଚ୍ଛ, ସାମାନ୍ୟ ଓ ପରିଚିତ ବସ୍ତୁ ତଥା ସ୍ଥାନ ଅପୂର୍ବ ସୁଷମା ମଣ୍ଡିତ ହୋଇ ସାର୍ବିକତା ଲାଭ କରିଛନ୍ତି । ଲୁଣିଆ ପଙ୍କୁଆ ଚିଲିକା, ମଳାଗୁଣୀ ନଈ, ଶିଉଳିଭରା ବନ୍ଧନୀରା ରତ୍ନଚିରା କବିଙ୍କ ବର୍ଣ୍ଣନାରେ ଅତୁଳରୂପ ବିଭବରେ ସହୃଦୟର ହୃଦୟାନୁରଞ୍ଜନ ଓ ମାନସନେତ୍ର ପ୍ରୀତି ସମ୍ପାଦନ କରିଥାନ୍ତି ।

ପ୍ରକୃତିର ସୁଷମା, କୋମଳତା ଓ ସୌମ୍ୟଭାବ ପ୍ରତି କେବଳ ଅନୁରାଗ ପ୍ରକାଶ କରୁଥିବା ବ୍ୟକ୍ତି ପ୍ରକୃତି ପ୍ରେମୀ ବୋଲାନ୍ତି ନାହିଁ । ପ୍ରକୃତିର ମୃଦୁଳତା ଭଳି ଉଗ୍ରଭାବ, ଭୟଙ୍କରତା, କଠୋରତା ତଥା ବିଷମତା ଦ୍ୱାରା ଯେଉଁ ଲୋକର ଚିତ୍ତ ବିସ୍ଫାରିତ ହୋଇ ଆହ୍ଲାଦ ଅନୁଭବ କରେ, ସେ ହିଁ ପ୍ରକୃତ ପ୍ରକୃତି-ଉପାସକ । ରାଧାନାଥଙ୍କ ପ୍ରକୃତି ସୌମ୍ୟସୁନ୍ଦର ହେବା ସଙ୍ଗେ ରୁଦ୍ର-ସୁନ୍ଦର ମଧ୍ୟ । ତାହା ପାଠକ ହୃଦୟରେ ଆହ୍ଲାଦ ମିଶ୍ରିତ ବିସ୍ମୟ ସୃଷ୍ଟି କରେ । ବନ୍ଧୁର ସ୍ନିଗ୍ଧ ରୁକ୍ଷକୁ ସମସୁନ୍ଦର ରୂପେ ପ୍ରତ୍ୟକ୍ଷ କରିବା ରାଧାନାଥଙ୍କ ରୂପଦୃଷ୍ଟିର ଅନନ୍ୟତା ।

ପ୍ରକୃତି ସହିତ ହୃଦୟ-ସମ୍ବନ୍ଧ ସ୍ଥାପନ ପାଇଁ ଦିନେ ଅଧେ ପ୍ରକୃତି କୋଳକୁ ଚାଲିଗଲେ ହେବ ନାହିଁ । ତା' ସହିତ ପ୍ରତ୍ୟକ୍ଷ ଓ ପରୋକ୍ଷରେ, ଦର୍ଶନରେ ଓ ଅଦର୍ଶନରେ ଲୋକାଳୟର କୋଳାହଳ ମଧ୍ୟରେ ଥିବାବେଳେ ସମ୍ପର୍କ ରଖିବାକୁ ପଡ଼ିବ । ତାହାକୁ ସ୍ମୃତିର ସଂଖାଳି କରି ବୁଲିବାକୁ ହେବ । ରାଧାନାଥ ପ୍ରକୃତି ସହିତ ଏହିପରି ନିବିଡ଼ ନିତ୍ୟ ସମ୍ବନ୍ଧ ରଖିଥିଲେ । ଆବାଲ୍ୟ ପ୍ରକୃତିର ବୈଚିତ୍ର୍ୟ ଓ ଲୀଳା-ରହସ୍ୟ ପର୍ଯ୍ୟବେକ୍ଷଣ କରି ସମୟ ପାଇଲେ ତା'ର କୋଳକୁ ଧାଇଁଯାଉଥିଲେ ।

ସେହି ଏକ ପ୍ରକୃତି-ସୌନ୍ଦର୍ଯ୍ୟ ବହୁବାର ଦର୍ଶନ କରି ତା'ର ଅନ୍ତର ରହସ୍ୟକୁ, ବର୍ଣ୍ଣମୟ ଚିତ୍ରମହିମାକୁ ତନ୍ନ ତନ୍ନ କରି ଅନୁଧ୍ୟାନ ଓ ଉପଲବ୍ଧି କରିଥିଲେ। ନିଜର ସତ୍ତା ଓ ସ୍ୱଭାବର ଅନ୍ୱେଷଣ ନିମନ୍ତେ ନିସର୍ଗପ୍ରେମୀ ରାଧାନାଥ ବାରମ୍ବାର ନିସର୍ଗର ଆବେଷ୍ଟନୀକୁ ଫେରିଯିବାକୁ ଚାହିଁଛନ୍ତି। ପ୍ରକୃତି କୋଳରେ ଅବତରଣ ନକଲେ ମାନବ ନିଜର ସ୍ୱଭାବ ଚିହ୍ନିପାରେ ନାହିଁ। ତା'ର ମନୁଷ୍ୟତା ଓ ବ୍ୟକ୍ତିତ୍ୱ ପରିସ୍ଫୁରିତ ହୁଏ ନାହିଁ। ସଂସାରରେ ସେ ଏକ ନିୟନ୍ତ୍ରିତ ଓ ବଦ୍ଧଜୀବ। ସ୍ୱାଧୀନତା ହରାଇ ସେ ପ୍ରତି ପଦେ ପଦେ ଅନ୍ୟର ମନ ଜଗି ଚଳେ। ମାତ୍ର ପ୍ରକୃତିରେ ଅଖଣ୍ଡ ସ୍ୱାଧୀନତା, ଆତ୍ମନିରୀକ୍ଷଣ ଓ ହୃଦୟ-ବିସ୍ତାର ନିମନ୍ତେ ସୁଯୋଗ ମିଳେ। ପ୍ରକୃତି ନିଜେ ବନ୍ଧନମୁକ୍ତା ହୋଇଥିବାରୁ ଅନ୍ୟକୁ ମଧ୍ୟ ସ୍ୱାଧୀନ ବିହାର ଓ ଭାବନା ନିମନ୍ତେ ଅବକାଶ ଦିଏ। ଏଠାରେ ଦୂର ଅତୀତ, ନିକଟ ବର୍ତ୍ତମାନ ଓ ଅନାଗତ ଭବିଷ୍ୟତ ପ୍ରତି ମନ ଧାଇଁଯାଏ। ସଂସାରରେ ମଣିଷ ଭୟଭୀତ, ପ୍ରକୃତିରେ ତା'ର ସାହସ-ବିସ୍ତୃତ ବକ୍ଷପଟ। ନିଜର ଅବସରର ଦିନଗୁଡ଼ିକରେ ସ୍ନିଗ୍ଧତାର ପ୍ରଲେପ ଲେପନ ପାଇଁ ସେ ନିସର୍ଗର ସାନ୍ନିଧ୍ୟ ଲୋଡ଼େ। ପ୍ରକୃତି ଅବକାଶ ଓ କ୍ରୀଡ଼ାସଙ୍ଗିନୀ। ପ୍ରକୃତିକୋଳରେ ମନୁଷ୍ୟ ଜୀବନଭୀରୁ ନୁହେଁ, ଜୀବନପ୍ରେମୀ।

ଆଞ୍ଚଳିକ ରଙ୍ଗଯୋଜନାରେ ରାଧାନାଥ ଅଦ୍ୱିତୀୟ। ତାଙ୍କର ବର୍ଣ୍ଣନା ପଢ଼ି ପାଠକ ତାହାର ମନୋନେତ୍ରରେ ତତ୍ରତ୍ୟ ସ୍ଥାନର ସୁସ୍ପଷ୍ଟ ଚିତ୍ର ଦେଖିପାରେ। ସେତେବେଳେ ପାଠକ ରାଧାନାଥଙ୍କ ଦୃଷ୍ଟିରେ ସେ ସ୍ଥାନ ଓ ବସ୍ତୁକୁ ଦେଖେ। ରାଧାନାଥଙ୍କ ବର୍ଣ୍ଣନା ପଢ଼ି ସେ ସେହି ସ୍ଥାନର ସୌନ୍ଦର୍ଯ୍ୟ ପ୍ରତି ଆକୃଷ୍ଟ ହୁଏ। ତାହାର ମନେହୁଏ, ସେ ନିଜେ ଥରେ କବିଙ୍କ ବର୍ଣ୍ଣିତ ସ୍ଥାନ ଦେଖି ବର୍ଣ୍ଣନା ସହିତ ନିଜର ପ୍ରତ୍ୟକ୍ଷ ଦର୍ଶନଜନିତ ଅନୁଭୂତିକୁ ମିଳାଇ ନିଅନ୍ତା। ମାନସିଂ କହନ୍ତି, "କବିଙ୍କର ପ୍ରକୃତି ବର୍ଣ୍ଣନା ପଢ଼ିଲାବେଳେ ମନେହୁଏ, ସେ କବିତାରେ ଚିତ୍ରାଙ୍କନ କରିଯାଇଛନ୍ତି। ଚାରୁ ଚିତ୍ର ପରି ଗୋଟିଏ ଦୃଶ୍ୟ ପରେ ଆଉ ଗୋଟିଏ ଦୃଶ୍ୟ ଚକ୍ଷୁ ସମକ୍ଷରେ ଭାସିଯାଏ। ସମସ୍ତ ସ୍ୱଚ୍ଛ, ସମସ୍ତ ସୁପ୍ରକଟ।"(୨) ରାଧାନାଥଙ୍କ ନିପୁଣ ତୂଳିକାରେ ପ୍ରକୃତି ଚିତ୍ରସୁଲଭ ରେଖା ଓ ରଙ୍ଗର ବିନ୍ୟାସରେ ଜୀବନ୍ତ ହୋଇଉଠିଛି। ତାଙ୍କର ପ୍ରକୃତି ବର୍ଣ୍ଣନାକୁ ଜଣେ ଚିତ୍ରକର ଚାହିଁଲେ ମନୋଜ୍ଞ ଚିତ୍ରରେ ରୂପାନ୍ତରିତ କରିଦେଇପାରେ। ପ୍ରକୃତିର ଚିତ୍ରାତ୍ମକ ରୂପ ପ୍ରତି ତାଙ୍କର ସହଜ ଅନୁରାଗ ଲକ୍ଷ୍ୟ କରାଯାଏ। ଉତ୍କଳର ଆଲେଖ୍ୟଶାଳା ଚିଲିକାର ଚିତ୍ରମୟୀ ରୂପ ଫୁଟାଇବାରେ ସେ ଅସାଧାରଣ ନୈପୁଣ୍ୟ ଦେଖାଇଛନ୍ତି। ସମଗ୍ର ଉତ୍କଳ ତାଙ୍କ ଦୃଷ୍ଟିରେ ଛବିଳ ପ୍ରତୀତ ହୋଇଛି। 'ଛବିଳ', 'ଆଲେଖ୍ୟଶାଳା' ପ୍ରଭୃତି ପଦ ତାଙ୍କର ଚିତ୍ର-ପ୍ରୀତିର ନିଦର୍ଶନ। ଏହି ଚିତ୍ରକରଙ୍କ ଅପେକ୍ଷାରେ ଉତ୍କଳପ୍ରକୃତି

ମୌନ ପ୍ରତୀକ୍ଷାରେ ରହିଥିଲା। ପ୍ରକୃତିର ରୂପ, ରଙ୍ଗ ଓ ଛାୟାତପର ଅପୂର୍ବ ବିଳାସରେ ରାଧାନାଥୀ କାବ୍ୟ ଆକର୍ଷଣୀୟ ହେବା ସଙ୍ଗେ ରମ୍ୟାନୁଭୂତି ପ୍ରଦାନ କରେ।

ରାଧାନାଥ ପ୍ରକୃତିକୁ ଭାବପ୍ରବଣ ରୋମାଣ୍ଟିକ୍ କଳାକାରର ଦୃଷ୍ଟିରେ ଦେଖୁଥିଲେ। ଶାନ୍ତ ଓ ଅଶାନ୍ତ, ସ୍ପଷ୍ଟ ଓ ଅସ୍ପଷ୍ଟ, ବନ୍ୟ ଓ ରହସ୍ୟମୟ ରୂପ ଏକା ସଙ୍ଗେ ଅଙ୍କନ କରିବା ଦ୍ୱାରା ତାଙ୍କର ପ୍ରକୃତି ଚିତ୍ରରୂପା ଓ ବୈଚିତ୍ର୍ୟମୟୀ। ପ୍ରକୃତି ମଧ୍ୟରେ ଜୀବନ-ଦର୍ଶନ, ମାନବିକତାର ଉପଲବ୍ଧି, ବିଷାଦବାଦ, ଅସୀମତାର ସନ୍ଧାନ ଓ ଜାତୀୟ-ଭାବଚେତନା ରାଧାନାଥଙ୍କ ପ୍ରକୃତି ସୌନ୍ଦର୍ଯ୍ୟଦର୍ଶନର ମୌଳିକତା ପ୍ରତିପାଦନ କରେ।

ସୁନ୍ଦର ବସ୍ତୁ ବା ଦୃଶ୍ୟକୁ ମଣିଷ ସ୍ମୃତି-କୋଷରେ ସଞ୍ଚିତ କରି ରଖିବାକୁ ଚାହେଁ। ସଂସାର ଭିତରେ ଜୀବନକୁ ଦୁର୍ବିଷହ ମଣୁଥିବା ମଣିଷ ସେହି ସୁନ୍ଦର ଦୃଶ୍ୟର ସ୍ମୃତି-ଉଦ୍‌ବୋଧନ କରି ସୁଖ ପାଏ। ପ୍ରକୃତିର ଶିଶୁ ରାଧାନାଥଙ୍କୁ ପ୍ରକୃତିଠାରୁ ବିଦାୟ ନେବା କଥା ସ୍ମରଣ ମାତ୍ରେ ଅବସାଦ ଗ୍ରାସ କରିଛି। ପ୍ରକୃତି କୋଳରୁ ସଂସାରର ନିର୍ମମ ବାତାବରଣକୁ ଫେରିବାକୁ ତାଙ୍କର ମନ ଅନିଚ୍ଛୁକ। ମନୁଷ୍ୟ ସଂସାରୀ ଜୀବ। ତେଣୁ ଫେରିବାକୁ ହିଁ ପଡ଼ିବ। ସଂସାରର ଦୁର୍ବାର ତାଡନା ସହିନପାରି, ତାହାର ଧୂଳି, ମାଳିନ୍ୟ, ବିଷାଦ ଓ ଅସୂୟା ଭୁଲିବାକୁ ସେ ବାରମ୍ବାର ପ୍ରକୃତିମାତାର ବକ୍ଷକୁ ଧାଇଁଯାଏ। ଦାରୁଣ ସଂସାରକୁ ଫେରିବାବେଳ ଆସିବାରୁ କବିମନ ଆଶଙ୍କାନ୍ୱିତ ହୋଇଉଠିଛି। ସେତେବେଳର ଅଭିବ୍ୟକ୍ତି କି କରୁଣ-

ମାଗୁଛି ଚିଲିକା ମେଲାଣି ତୋଠାରେ
ବାହୁଡ଼ିବି ଏବେ ଦାରୁଣ ସଂସାରେ।

ଚିଲିକାଠାରୁ ବିଦାୟ କାଳରେ ରାଧାନାଥଙ୍କ ବାଣୀ ପ୍ରେମିକାଠାରୁ ପ୍ରେମିକର ବିଦାୟବେଳାର ବାଣୀ ଭଳି। ରୂପସୀ ଚିଲିକାର ସଙ୍ଗସୁଖ, ସାନ୍ନିଧ୍ୟକୁ ପାଥେୟକରି ଦାରୁଣ ସଂସାରରେ ସେ କାଳ କାଟିବେ। ସ୍ମୃତି-ଧନରେ ଜୀବନ-ବେଉସା କରିବେ। ସ୍ମୃତି ଭଣ୍ଡାରରେ ଚିଲିକା ଉପଭୋଗର ଐକାନ୍ତିକତା ସହଜରେ ଅନୁମେୟ। ପ୍ରକୃତିର ବିବିକ୍ତ କୋଳରେ ବିଚରଣ କରୁଥିବା ରୂପପ୍ରାଣ ରାଧାନାଥଙ୍କର ପ୍ରାଣର ଆକୁତି କି ସଜଳ-କରୁଣ !

ସଂସାର ଓ ପ୍ରକୃତି ମଧ୍ୟରେ ରାଧାନାଥ ଯେଉଁ ପାର୍ଥକ୍ୟ ଦେଖାଇଛନ୍ତି, ତାହା ହେଲା, ସଂସାରର ନିତ୍ୟ ନୈମିତ୍ତିକ ଜୀବନ ପ୍ରତି ପଦେ ପଦେ ଧରାବନ୍ଧା ଶଗଡ଼ ଗୁଳାରେ ଚାଲେ। ପରର ମନ ଜଗି ଚଳିବାକୁ ମଣିଷ ବାଧ୍ୟ ହୁଏ। ସଂସାରୀ ଜୀବ ଅନିତ୍ୟ ସୁଖରେ ମଜ୍ଜି ଜୀବନକୁ ମହୋତ୍ସବମୟ ମନେ କରେ। ସେ ସୁଖ ବସ୍ତୁ ନୁହେଁ; ଧୂମ ମାତ୍ର। ତା'ଉପରେ ବିଶ୍ୱାସ ସ୍ଥାପନ କରାଯାଇନପାରେ। ସମାଜ କଠୋର

ମାତ୍ର ପ୍ରାକୃତିକ ସୌନ୍ଦର୍ଯ୍ୟରେ ସ୍ନେହ, ଶାନ୍ତି ଓ ସୁଖ ଏକାଧାରରେ ମିଳିପାରେ। ପ୍ରକୃତି ଶାଶ୍ୱତ ସୁଖର ସ୍ଥଳୀ, ବିଶ୍ୱାସ ଦାତ୍ରୀ, ଆଶ୍ୱାସନା ଶାନ୍ତି ସନ୍ତୋଷ ପ୍ରଦାୟିନୀ ଓ ବିଶ୍ରମ୍ଭାଳାପର ବାନ୍ଧବୀ। ତା'ସହିତ ନିଭୃତରେ ଚିତ୍ତବିନିମୟ ଚାଲିପାରେ। ପ୍ରକୃତିର ରମଣୀୟତାରେ ସଂସାରର ଦୁଃଖ ପାଶୋରଯାଏ। ସେ ନିଜେ ପରିପୂର୍ଣ୍ଣା ହୋଇଥିବାରୁ ଅଭାବବୋଧ ମନକୁ ସ୍ପର୍ଶ କରେ ନାହିଁ।

ପ୍ରକୃତିରୁ ସୌନ୍ଦର୍ଯ୍ୟାନୁଭୂତି ଲାଭ ନିମନ୍ତେ ଭାବୁକର ଦୃଷ୍ଟି, କାମଭୁଲା, କାୟା-ଭୁଲା ଶିଶୁର ଦୃଷ୍ଟି ପ୍ରୟୋଜନ। ରାଧାନାଥ ଚିଲିକାର

'ସ୍ୱଭାବେ-ଭାବୁକ-ମାନସ-ଉଲ୍ଲାସୀ'

ଦିଗନ୍ତ ବିସ୍ତାରୀ ତୋର ବାରିରାଶି'କୁ ସେହି କାୟାଭୁଲା ଭାବୁକର ଦୃଷ୍ଟି ଘେନି ଦେଖିଛନ୍ତି। ଦିଗନ୍ତବିସ୍ତାରୀ ବାରିରାଶିର ମାନସୋଲ୍ଲାସୀ ରୂପ ତାଙ୍କୁ ଚିଲିକାର ଅପରୂପ ରହସ୍ୟର ଗଭୀରତାକୁ କଳନା କରିବାକୁ ସୁଯୋଗ ଦେଇଛି। ସୌନ୍ଦର୍ଯ୍ୟକୁ ସେ ବିଳାସୀ ଦୃଷ୍ଟିରେ ଦେଖିନାହାନ୍ତି। କାରଣ ବିଳାସୀର ଦୃଷ୍ଟି ସୌନ୍ଦର୍ଯ୍ୟକୁ ଆବୃତ କରିଦିଏ। ଚିଲିକାକୁ ମଧ୍ୟ ସେ କାର୍ଯ୍ୟକାରିତା ବା ଉପଯୋଗିତା ଦୃଷ୍ଟିରୁ ଦେଖିନାହାନ୍ତି। ନିଃସ୍ୱାର୍ଥ ଭାବୁକ ଦୃଷ୍ଟିରେ, ପ୍ରୟୋଜନହୀନ ପ୍ରୟୋଜନ ଦୃଷ୍ଟିରେ ଦେଖିଛନ୍ତି ଓ ଅପ୍ରୟୋଜନର ଆନନ୍ଦ ଲାଭ କରିଛନ୍ତି। ନିସର୍ଗର ଅତଳରେ କ୍ଲେଶଜୀର୍ଣ୍ଣ ଭଙ୍ଗୁର ମାନବ ଚିତ୍ତ ନିମନ୍ତେ ରହିଛି ଅନବଶେଷ ଶାନ୍ତି, ଅମଳିନ ପ୍ରେମ ଓ ଅକୈତବ ମାଧୁରୀ। ତା'ର ରୂପ ଶୋକ-ପାଶୋରା ଓ ତା'ର ସାନ୍ନିଧ୍ୟ ଶାନ୍ତିବିନାଶିନୀ।

ରାଧାନାଥ କେବଳ 'ଦୁଃଖଗୁରୁଙ୍କର ପଟ୍ଟଶିଷ୍ୟ' ନଥିଲେ-'ଦୁଃଖଦତ୍ତ ଜ୍ଞାନଚକ୍ଷୁରେ ଜଗତ'କୁ ଦେଖିବାରେ ସେ ସତତ ଅଭ୍ୟସ୍ତ ଥିଲେ। ଜାଗତିକ ସୁଖ, ଯାହାକୁ ଜନନେତ୍ର ସୁଖ ବୋଲି ଦେଖେ, ସେ ତାହାକୁ ଧୂମ ଓ ଆକାଶ-କୁସୁମ ମନେକରନ୍ତି। ତାହା ବସ୍ତୁ ନୁହେଁ, ବସ୍ତ୍ୱାଭାସ ମାତ୍ର। ହାତକୁ ଆସିବା ତାହାର, କେବଳ ହାତରୁ ପଡ଼ିବା ପାଇଁ। ଏପରି କ୍ଷଣିକ, ପିଚ୍ଛିଳ ସୁଖ ଉପରେ ରାଧାନାଥ ବିଶ୍ୱାସ ରଖିନାହାନ୍ତି। କବିଙ୍କର କାବ୍ୟ ଓ ଜୀବନୀ ପାଠକଲେ ମନେ ହୁଏ, ସେ ତାଙ୍କ ସମୟରେ ଶିକ୍ଷା ବିଭାଗର ଉଚ୍ଚପଦବୀରେ ଓ ସୁଖ ସ୍ୱାଚ୍ଛନ୍ଦ୍ୟରେ ଥିଲେ। ରାଜା ମହାରାଜା ଗୁଣୀ ପଣ୍ଡିତମଣ୍ଡଳୀଠାରୁ ସେ ଯେପରି ସମ୍ମାନ ପାଉଥିଲେ, ତାହା ଓଡ଼ିଶାର ଅନ୍ୟ କୌଣସି କବିଙ୍କ ଭାଗ୍ୟରେ ଘଟିନାହିଁ। ମାତ୍ର ତା'ସତ୍ତ୍ୱେ ତାଙ୍କର କାବ୍ୟ-ସ୍ୱର ଭିନ୍ନ। ରାଧାନାଥ ବିଷାଦବାଦୀ; ମାତ୍ର ତାଙ୍କର ପ୍ରକୃତି ସ୍ୱାସ୍ଥ୍ୟବତୀ, ରୁଗ୍ଣା ନୁହେଁ; ହାସ୍ୟୋଜ୍ଜ୍ୱଳା ଓ ପରିପୂର୍ଣ୍ଣା-ସୁଖ, ବିଳାସ, ସମ୍ପଦଯୁକ୍ତା ଓ ବୈଚିତ୍ର୍ୟମୟୀ।

ଭଗ୍ନଦୁର୍ଗ, ଜରାଜର୍ଜର ଦେଉଳ, ପରିତ୍ୟକ୍ତ ଦୁର୍ଗର, ମସୀମୟ କକ୍ଷ, ଶୂନ୍ୟତା

ଓ ନିର୍ଜନତା ବିବିକ୍ତବିଳାସୀ ବିଷାଦବାଦୀ ରାଧାନାଥଙ୍କୁ ଜୀବନର କୋଳାହଳରୁ ବାରମ୍ବାର ଘେନିଯାଇଛି। ତାଙ୍କର ମନ ଉଲ୍ଲାସ ପରିପୂର୍ଣ୍ଣ ରାଜଧାନୀ ଓ ଲୋକାଳୟଠାରୁ ନିକାଞ୍ଚନ, ଶ୍ୱାପଦସଙ୍କୁଳ ଅରଣ୍ୟାନୀ, ମରୀଚିକାମୟ ମରୁଭୂମି ଓ କଣ୍ଟକାକୀର୍ଣ୍ଣ ପ୍ରଦେଶରେ ଘୂରି ବୁଲିଛି। ଭଗ୍ନ କୋଣାର୍କର ମୁଖଶାଳା ପ୍ରତିଧ୍ୱନି ଛଳରେ ପାନ୍ଥକୁ ଯେଉଁ ଉତ୍ତର ଦିଏ, ପତନୋନ୍ମୁଖୀ ଦେବାଳୟ ଭବଭଙ୍ଗୁରତାର ଯେଉଁ ଚିତ୍ର ଦେଖାଏ, ଏକଦା ସୁଖ-ସୌଭାଗ୍ୟ ପରିପୂର୍ଣ୍ଣ ରାଜପ୍ରାସାଦର ଅଭ୍ୟନ୍ତର ଲୂତାତନ୍ତୁ ଜାଲରେ ଆଚ୍ଛନ୍ନ ଓ ବ୍ୟାଘ୍ର ଭଲ୍ଲୁକର ବସାରେ ପରିଣତ ହୋଇ ଯେଉଁଠି ଅତୀତକୁ ଉପହାସ କରେ, ସେହି ସ୍ଥାନମାନଙ୍କରେ କବିଙ୍କର ଜୀବନ-ଦର୍ଶନ ପ୍ରକାଶ ପାଇଛି। ମନୁଷ୍ୟ ପ୍ରକୃତିର କ୍ରୀଡାସାମଗ୍ରୀ। ସେ ପ୍ରକୃତିକୁ ସୌନ୍ଦର୍ଯ୍ୟ ଉପଭୋଗ କରି ଆନନ୍ଦ ପାଇପାରେ; ମାତ୍ର ପ୍ରକୃତିକୁ ସ୍ୱବଶରେ ରଖିବା ଚେଷ୍ଟା ହାସ୍ୟାସ୍ପଦ। ଶତ ଶତାବ୍ଦୀର ଅତୀତ ସମୃଦ୍ଧି ଯେଉଁ ବାରବାଟୀର ଭଗ୍ନ ଦୁର୍ଗରେ ସ୍ତୂପୀକୃତ; କବି ତାହାର କାଳର ପ୍ରବାହରେ ଭାସି ଉଠୁଥିବା ଚିତ୍ର ଅଙ୍କନ କରିଛନ୍ତି। ଆବର୍ତ୍ତଚଞ୍ଚଳା ମହାନଦୀ ଭ୍ରୂକୁଟି ରଚନା କରି ବହିଚାଲିଛି। କୂଳର ଜନପ୍ରାଣୀ, ସମୃଦ୍ଧି, ମାନବକରଣୀର ସର୍ବବିଧ ଆଡମ୍ବରକୁ ଭ୍ରୂକ୍ଷେପ ନକରି ତା'ର ଏହି ଶାଶ୍ୱତ ଯାତ୍ରା। ତାହାର ପ୍ରବାହରେ କେତେ ରାଜା ମହାରାଜା, ପ୍ରାସାଦ, ରାଜଧାନୀ ବୁଦ୍‌ବୁଦ୍ ପରି ମିଳାଇଯାଇଛନ୍ତି। ପୁଣି ସେଠାରେ ଯେଉଁ ନୂଆ ଲୀଳା ଲାଗିଛି ମହାନଦୀ ତରଙ୍ଗ-ଭ୍ରୂଭଙ୍ଗରେ ନର-ଗରିମାର ସେହି ମଦମତ୍ତ କ୍ରୀଡା ଦେଖି ନରଭାଗ୍ୟ ଓ ବାହାଦୁରୀକୁ ଉପହାସ କରୁଛି। ଏହା ଟେନିସନଙ୍କ ପ୍ରକୃତିର ଶାଶ୍ୱତ ଘୋଷଣା ସ୍ମରଣ କରାଇଦିଏ-

For men may come and men may go
But I go on forever.

ପ୍ରକୃତିରୁ ଦୃଷ୍ଟାନ୍ତ ଦେଇ ଜୀବନ ପ୍ରତି ତାହାର ଯେଉଁ ତୀର୍ଯ୍ୟକ ଦୃଷ୍ଟି ଓ ମଣିଷ ବଡେଇ ପ୍ରତି ଯେଉଁ କଟାକ୍ଷ ତାହା କବି ପ୍ରକୃତିର ଏକ ବିଭାବ, ମହାନଦୀର ଗତି ପ୍ରବାହରେ ଦେଖାଇ ଦେଇଛନ୍ତି। ପ୍ରକୃତି ନିକଟରେ ମଣିଷ କେତେ ନଗଣ୍ୟ ତା'ର କ୍ରିୟାଧାରା ଫେନିଳ ଅଟ୍ଟହାସରେ ମାନବ-କର୍ମ ଓ ଭାଗ୍ୟକୁ ଉପହାସ କରୁଛି। ଏହି ଚିତ୍ରରେ ମଣିଷର ଶକ୍ତି ଉପରେ ପ୍ରକୃତିର ବିଜୟ ଘୋଷିତ ହୋଇଛି। ପ୍ରକୃତିର ଗତି ଚିରନ୍ତନ ଓ ପାର୍ଥିବ ସୁଖ ସମୃଦ୍ଧି ଅନିତ୍ୟ, ଏହା ମଧ୍ୟ ବୈତରଣୀ-ପ୍ରବାହରେ ଘୋଷିତ ହେଉଛି-

ଭବର ଭଙ୍ଗୁର-ବିଳାସକୁ ହସି ଧବଳ ଫେନି ନିବହେ
ଯା ଶାଶ୍ୱତ ସ୍ରୋତ ଶାଶ୍ୱତ ଶଇଳୁଁ ଶାଶ୍ୱତ ସିନ୍ଧୁକୁ ବହେ।[୩]

ଚିଲିକା ତୀରର ଭଗ୍ନ ଦୁର୍ଗ ଓ ଜରାଜର୍ଜର ଦେଉଳ ମଧ୍ୟ ସେହି କଥା କହନ୍ତି-

ଭଗ୍ନ ଦୁର୍ଗ, ଜରାଜର୍ଜର ଦେଉଳ
ଶୈବାଳ ଅରଣ୍ୟଲତା-ଗୁଳ୍ମାକୁଳ
ମୂର୍ତ୍ତିମତୀ ହୋଇ ଭବ ଭଙ୍ଗୁରତା
ପ୍ରତିଧ୍ୱନି ଛଳେ କହେ ଯେଉଁ କଥା ।[୪]

ପ୍ରକୃତିର ସୌନ୍ଦର୍ଯ୍ୟ ନିତ୍ୟନୂତନ ଓ ଅପରିବର୍ତ୍ତନୀୟ । ମାତ୍ର ତା' ଭିତରେ ସ୍ଥାନ ପାଇଥିବା ନରକରଣୀ ଅଚିରସ୍ଥାୟୀ । ଶୂନ୍ୟସ୍ଥାନରେ ମଧ୍ୟ ଏକ ଆତ୍ମା ଅଛି; ମାତ୍ର ତାହାକୁ ଧରି ଚିହ୍ନିବା ପାଇଁ କବିର ହୃଦୟ ଥିବା ଦରକାର । ଚିଲିକା ତୀରର ଅତୀତ-ଗୌରବ ମୂର୍ତ୍ତିମତୀ ହୋଇ ଭବଭଙ୍ଗୁରତା ଘୋଷଣା କରିବା ରାଧାନାଥଙ୍କ ବିଷାଦ-ବାଦୀ ମନ ଧରିପାରିଛି । ପ୍ରକୃତିର ସୌନ୍ଦର୍ଯ୍ୟ ମାନବ-ଚିତ୍ତର ତତ୍କାଳୀନ ଅବସ୍ଥା ଉପରେ ନିର୍ଭର କରେ । ମାନସିକ ଅବସ୍ଥା ହେତୁ ସେହି ଏକ ବସ୍ତୁ କେବେ ଉଦାସ, କେବେ ପ୍ରଫୁଲ୍ଲ, କେବେ ଗମ୍ଭୀର, କେବେ ଭୟଙ୍କର ଜଣାପଡ଼େ । ଅନୁଭବକର୍ତ୍ତାର ଚିତ୍ତବୃତ୍ତିର ବୈଷମ୍ୟ ହେତୁ ପ୍ରକୃତି ନାନା ରୂପେ ଅନୁଭୂତ ହୁଏ । ରାଧାନାଥ ପ୍ରକୃତିର ହାସ୍ୟୋଜ୍ଜ୍ୱଳା ସ୍ନିଗ୍ଧ ରୂପ ସଙ୍ଗେ ଗମ୍ଭୀର, କଠୋର ଓ ରୁଦ୍ର ରୂପ ଦେଖିଛନ୍ତି । ତାଙ୍କର ପ୍ରକୃତି ଯୁଗପତ୍ ଭୀମ ଓ କାନ୍ତ ।

ପ୍ରକୃତିର ସାମ୍ରାଜ୍ୟ ନ୍ୟାୟ ଉପରେ ପ୍ରତିଷ୍ଠିତ । ଅନ୍ୟାୟ, ଦୁଷ୍କର୍ମ, ହଠକାରିତା ଓ ନିର୍ମମତାର ସେଠାରେ ସ୍ଥାନ ନାହିଁ । ପରସ୍ୱଅପହରଣକାରୀ, ଦମ୍ଭୀ ଦର୍ପୀ ନିମନ୍ତେ ସେ ସଂହାର ମୂର୍ତ୍ତି ଧାରଣ କରେ । ଅନ୍ୟାୟ କୂଟ କାପଟ୍ୟ ତା'ର ଅସହନୀୟ । ମଣିଷର ମତ୍ତତା, ଦାମ୍ଭିକତା, ଗର୍ବ ଆଦିର ମୂଲ୍ୟ ପ୍ରକୃତି ନିକଟରେ ତୁଚ୍ଛ । ରାଧାନାଥ ପ୍ରକୃତିର ସେହି ନ୍ୟାୟ ଦଣ୍ଡଧାରିଣୀ ଭୀମାରୂପ ଦେଖାଇଛନ୍ତି ରକ୍ତବାହୁର ଉତ୍କଳ ଆକ୍ରମଣ ପରେ ଲୁଣ୍ଠନ ଦ୍ରବ୍ୟ ଘେନି ସ୍ୱଦେଶ ପ୍ରତ୍ୟାବର୍ତ୍ତନ କାଳରେ । ମାନବର ନ୍ୟାୟାଳୟରେ ଉଚିତ ବିଚାର ମିଳିନପାରେ; ମାତ୍ର ପ୍ରକୃତିର ନିଷ୍ପତ୍ତି ଅଭ୍ରାନ୍ତ ଓ ଅଖଣ୍ଡନୀୟ ।

ପ୍ରକୃତି-ସୌନ୍ଦର୍ଯ୍ୟରେ ହୃଦୟ-ବିସ୍ତୃତି ଗୁଣ ନିହିତ ଥିବା ରାଧାନାଥ ସ୍ୱୀକାର କରିଛନ୍ତି-

ତୋ ଦର୍ଶନେ କ୍ଷୁଦ୍ର ମନୁଷ୍ୟର ଚିତ୍ତ
ଦେଶେ କାଳେ ହୁଏ ଦୂର ବିସ୍ତାରିତ ।[୫]

ଚିଲିକାର ଶୋଭା ଦର୍ଶନ କଲେ ମନର ଲଘୁ ଭାବ ଦୂର ହୋଇ ମନୁଷ୍ୟର ଚିତ୍ତ ଦୈଶିକତା ଓ କାଳିକତାର ସୀମା ଡେ଼ଇଁ ସର୍ବ ଦେଶ ଓ ସର୍ବକାଳରେ ବିଚରଣ କରେ । ହୃଦୟ-ବିସ୍ତାର ସୌନ୍ଦର୍ଯ୍ୟର ଏକ ବିଶିଷ୍ଟ ଗୁଣ ।

ପ୍ରକୃତିର ଦୃଶ୍ୟ ରୂପ ଓ ଧ୍ୟାନରୂପ- ଉଭୟ ପ୍ରତି ଦର୍ଶକର ସମାନ ଅନୁରାଗ । ଦୃଶ୍ୟ ପ୍ରତି ସେ ଯେଉଁପରି ଆଗ୍ରହ ରଖେ, କଳ୍ପରୂପକୁ ସେହିପରି ସ୍ମରଣ କରି ବିଭୋର ହୁଏ । ସୁନ୍ଦର ବସ୍ତୁ ଓ ଦୃଶ୍ୟ, ସ୍ମରଣରେ ମଧ୍ୟ ଆନନ୍ଦ ଦିଏ ଓ ତା'ର ସୌନ୍ଦର୍ଯ୍ୟକୁ ସ୍ମରଣ ପଥରେ ଆଣୁଥିବା ଲୋକର ପ୍ରତୀତି ଗୋଚର ହୁଏ । ରାଧାନାଥ ସ୍ମରଣ ଉପରେ ଗୁରୁତ୍ୱ ଦେଇ କହିଛନ୍ତି-

ତୃଷାତୁର ରୋଗୀ ଗୃହେ ଯଥା ବସି
ସ୍ମରେ କମଳିନୀ ହରିତ ସରସୀ
ସେହି ରୁକ୍ଷ ଦୃଶ୍ୟେ ସ୍ନିଗ୍ଧ-ଛବି ତୋର
ନେତ୍ରାତିଥି ସ୍ମୃତି କରୁଥିଲା ମୋର ।(୬)

ଯେଉଁଠି ଥିଲେ ମଧ୍ୟ ସୁନ୍ଦର ଦୃଶ୍ୟକୁ ବ୍ୟକ୍ତିର ମନ ଝୁରି ହେଉଥାଏ। 'ସଖୀ ପ୍ରାୟ ତୋତେ ସ୍ମରୁଥିଲି ନିତି'-ଏହି ପଦରେ ମଧ୍ୟ ସୁନ୍ଦର ବସ୍ତୁର ସ୍ମୃତିଧୃତ ରୂପ ଆନନ୍ଦାତ୍ମକ ବୋଲି କୁହାଯାଇଛି। ସୁନ୍ଦର ବସ୍ତୁ ସହିତ ଆମର ସଖୀ-ଭାବ। ତା'ସହିତ ଅନ୍ତର ଖୋଲି ସୁଖ ଦୁଃଖ କହିହୁଏ। ସେଠାରେ ଦୂରତ୍ୱ ନାହିଁ, ଭୟ ଲଜ୍ଜା ସଙ୍କୋଚ ମଧ୍ୟ ତିରୋହିତ। ପ୍ରକୃତି-ସୌନ୍ଦର୍ଯ୍ୟ ସହିତ ହୃଦୟ-ସଂଯୋଗ ସ୍ଥାପନ କରିପାରିଲେ ଯଥାର୍ଥ ସୌନ୍ଦର୍ଯ୍ୟାନୁଭୂତି ଲାଭ କରାଯାଏ। ହୃଦୟ-ସମ୍ବାଦ ହିଁ ସୌନ୍ଦର୍ଯ୍ୟୋପଲବ୍ଧିର ପ୍ରସ୍ତୁତି-ପର୍ବ।

ସୁନ୍ଦର ମନ ସୁନ୍ଦର ପଦାର୍ଥ ପ୍ରତି ଆକୃଷ୍ଟ ହୁଏ ଓ ସୁନ୍ଦର ସ୍ଥାନରେ ଅବସ୍ଥାନ କରେ। ଶରତ କାଳରେ ମାନସରୋବରରୁ ଆଗତ ହଂସମାନେ ନିଜେ ଶୁଭ୍ର ହୋଇଥିବାରୁ ଚିଲିକାର ଶୁଭ୍ରଜଳରେ ବିହାର କରିବା ସେମାନଙ୍କ ପକ୍ଷରେ ସ୍ୱାଭାବିକ। ଯାହାର ମନ କୁତ୍ସିତ, ସେ କୁତ୍ସିତ ସ୍ଥାନ ଓ ବସ୍ତୁ ପ୍ରତି ଆକୃଷ୍ଟ ହୁଏ। କାକ ନିମ୍ବଫୁଲ ଚୋଷଣ କରୁଥିବାବେଳେ ରସିକ ପିକ ଆମ୍ରମୁକୁଳ ସେବନ କରେ। ଶୁଭ୍ରତା ଓ ସ୍ୱଚ୍ଛତାପ୍ରେମୀ ହଂସମାନଙ୍କୁ ପ୍ରଶଂସା କରି କବି କହିଛନ୍ତି-

ନିଜେ ଶୁଭ୍ର ଶୁଭ୍ରେ କରନ୍ତି ବିହାର
ଶୁଭ୍ର-ମୟ ସଦା ଏହାଙ୍କ ସଂସାର।(୭)

ହଂସମାନଙ୍କର ମାନସ-ରାଜ୍ୟ ଓ ଅଙ୍ଗ ଶୁଭ୍ର ହୋଇଥିବାରୁ ଶୁଭ୍ର ଓ ଶୁଚିମନ୍ତ ସ୍ଥାନରେ ଭ୍ରମଣ କରିବା ଯଥାର୍ଥ ହୋଇଛି। ସେମାନଙ୍କ ଆତ୍ମା ଅମଳିନ ଓ ବିହାରକ୍ଷେତ୍ର ମଧ୍ୟ ଶୁଚି-ଶୁଭ୍ର। ବିଶଦତା ସୌନ୍ଦର୍ଯ୍ୟର ଅପରିହାର୍ଯ୍ୟ ଗୁଣ। ଯାହା ଅପୂର୍ଣ୍ଣ ଓ ଅସ୍ପଷ୍ଟ, ତାହା ଅସୁନ୍ଦର। ରାଧାନାଥ ଶରତର ଶୋଭାସୁଷମାରେ ସେହି ବିଶଦ-ସୌନ୍ଦର୍ଯ୍ୟ ଦେଖି ହଂସମାନଙ୍କୁ ତାହାର ସୁଯୋଗ୍ୟଦାୟାଦ ମନେ କରିଥିଲେ। ଉଜ୍ଜ୍ୱଳା ଶରତ୍‌ଲକ୍ଷ୍ମୀଙ୍କ

ପରିବାର ଭଳି ଏହି ହଂସମାନେ ଶରତ୍ ଆରମ୍ଭରେ ଚିଲିକାକୁ ଆସନ୍ତି ଓ ଶରତ ଅନ୍ତର୍ହିତ ହେଲେ ନିଜେ ମଧ୍ୟ ପ୍ରସ୍ଥାନ କରନ୍ତି । ବିଶଦତା ପ୍ରତି ଜୀବଜଗତର ଆକର୍ଷଣ ଓ ଅନୁରାଗ ସେମାନଙ୍କ ସୌନ୍ଦର୍ଯ୍ୟପ୍ରିୟତାର ପରିଚାୟକ ।

ରାଧାନାଥ ଉତ୍କଳୀୟ ଛବିଳ ପ୍ରକୃତିର ପଟ୍ଟପୁରୋଧା । ସମଗ୍ର ଉତ୍କଳକୁ ସେ ଏକ ଚାରୁଚିତ୍ରଶାଳା ରୂପେ ଚିତ୍ର କରିଛନ୍ତି । ମହାଯାତ୍ରାରେ ଉତ୍କଳର ପାର୍ବତ୍ୟ ପ୍ରଦେଶର, ପାର୍ବତ୍ୟରେ ଗଡଜାତ ଓ ପୁରୀ ଅଞ୍ଚଳର, ନନ୍ଦିକେଶ୍ୱରୀରେ କଟକର ଅନୂପ ପ୍ରଦେଶର, ଉଷାରେ ବାଲେଶ୍ୱରର ପ୍ରସିଦ୍ଧ ଅପ୍ରସିଦ୍ଧ ସ୍ଥାନମାନଙ୍କର ଓ ଚନ୍ଦ୍ରଭାଗାରେ ପୁରୀର ନିସର୍ଗ ଲାବଣ୍ୟର ମନୋଜ୍ଞ ବର୍ଣ୍ଣନାରେ ଉତ୍କଳର ଭୌଗୋଳିକ ପ୍ରକୃତି ମୂର୍ତ୍ତହୋଇଉଠିଛି । ସ୍ଥାନୀୟ ପରିବେଶ ଚିତ୍ରଣରେ ସେ ଯେଉଁ କୌଶଳ ଅବଲମ୍ବନ କରିଛନ୍ତି, ତାହା କାବ୍ୟର ବିଷୟବସ୍ତୁକୁ ଗତି ଦାନ କରିଛି । କେଦାରଗୌରୀରେ ଭୁବନେଶ୍ୱରର ସନ୍ଧ୍ୟା, ଯଯାତି କେଶରୀରେ ଯାଜପୁର ବନବର୍ଣ୍ଣନା, ପାର୍ବତୀରେ ପୁରୀର ବସନ୍ତ ଋତୁ ବର୍ଣ୍ଣନା, ଚନ୍ଦ୍ରଭାଗାରେ କୋଣାର୍କର ସନ୍ଧ୍ୟା, ମହାଯାତ୍ରାରେ ସାତକୋଶିଆ ଗଣ୍ଡ ବର୍ଣ୍ଣନାରେ ଆଞ୍ଚଳିକ ରଙ୍ଗ ଓ ରୂପ ସୁନିପୁଣ ଚିତ୍ରକରର ତୁଳିକାରେ ଚିତ୍ର ହେଲା ପରି ଉତ୍ତୀର୍ଣ୍ଣ ହୋଇଛି । 'ଉର୍ବଶ୍ରୀ'ରେ ବସନ୍ତ-ସନ୍ଧି ବର୍ଣ୍ଣନାରେ ରାଧାନାଥ କାଳିଦାସଙ୍କ ଭାବ-ରୂପ ଦ୍ୱାରା ପ୍ରଭାବିତଚୂତାନାଂ ଚିରନିର୍ଗତୋଽପି କଳିକା ବଧ୍ନାତି ନ ସ୍ୱଂ ରଜଃ,[୮] (ଚୂତର ଚିରନିର୍ଗତ କଳିକା ମଧ୍ୟ ନିଜର ରଜବନ୍ଧନ କରୁନାହିଁ) । ରାଧାନାଥ କହିଛନ୍ତି-

ନିଆଳୀ ବସନ୍ତ-ପୂଜା ଇଛି କଳି-
ଗୁଚ୍ଛକୁ କରୁଛି ସଜ
ବଉଳିଛି ବନେ ପିଆଳ-ବିଟପୀ,
ମାତ୍ର ବାନ୍ଧ ନାହିଁ ରଜ । [୯]

ମାତ୍ର ତା'ସହିତ ଉତ୍କଳୀୟ ପ୍ରକୃତିର ସ୍ୱାଭାବିକ ଚିତ୍ର-ବବୁର ପ୍ରସୂନ, କଳେଇ ଗଦା, ତିନ୍ଦୁକ ଓ ନାନା ସ୍ଥାନୀୟ ପକ୍ଷୀଙ୍କର ସମାବେଶ କରି ବାତାବରଣକୁ ପ୍ରଣୟୀ-ପ୍ରଣୟିନୀଙ୍କର ଅତର୍କିତ ମିଳନ ପାଇଁ ଉତ୍କଣ୍ଠିତ କରି ରଖିଛନ୍ତି । ପୁରୁରବା-ଉର୍ବଶୀଙ୍କର ପ୍ରଥମ-ସାକ୍ଷାତ୍ ପୂର୍ବରୁ ବସନ୍ତ ବର୍ଣ୍ଣନା ପ୍ରସଙ୍ଗାନୁକୂଳ ଓ ବାତାବରଣ ପ୍ରଣୟ-ଉନ୍ମୁଖ ଭାବେ ଚିତ୍ରିତ । ଏହା ଭାବାତ୍ମକ ପ୍ରକୃତି । ତେଣୁ ଚରିତ୍ରମାନଙ୍କର ମନୋବସ୍ଥାର ସ୍ଥାୟୀଭାବ ରତିକୁ ପ୍ରଭାବିତ କରେ । ପ୍ରକୃତି ଏଠାରେ ଉଦ୍ଦୀପନ ବିଭାବର ଅନ୍ତର୍ଗତ ।

ଭାରବିଙ୍କର ଉଲ୍ଲାସମୟୀ ପ୍ରକୃତିର ସ୍ୱଚ୍ଛଳ ବାତାବରଣରେ କବିତ୍ୱ ପ୍ରତି ଯେଉଁ ଆଗ୍ରହ ଦେଖିବାକୁ ମିଳେ, ରାଧାନାଥ ତାହାର ଉପଯୋଗ କରିଛନ୍ତି । ଭାରବିଙ୍କ ପ୍ରକୃତିରେ-

ବ୍ୟଥିତମପି ଭୃଶଂ ମନୋହରନ୍ତୀ
ପରିଣତ ଜମ୍ବୁଫଳୋଭୋଗ ହୃଷ୍ଟା
ପରଭୃତ ଯୁବତଃ ସ୍ୱନଂ ବିତେନ
ନବ ନବ ଯୋଜିତ କଣ୍ଠରାଗରମ୍ୟମ୍‌। [୧୦]

ଅର୍ଥାତ୍‌, ପୂର୍ଣ୍ଣ ରୂପରେ ପକ୍ୱ ଜାମ୍ବୁ ଫଳ ଖାଇ ହୃଷ୍ଟା କୋକିଳା ନୂଆ ନୂଆ ଢଙ୍ଗରେ ନିଜ କଣ୍ଠସ୍ୱର ପ୍ରକାଶ କରି ଦୁଃଖୀମନକୁ ମଧ୍ୟ ଆକର୍ଷିତ କରୁଛି। ପ୍ରକୃତିର ଆକର୍ଷଣୀୟ ଓ ଉଲ୍ଲାସମୟୀ ରୂପ ସହିତ ଯୁବତୀର ଉଲ୍ଲେଖରୁ ଉଦ୍ଦୀପନ ସୂଚିତ ହେଉଛି। ଏହାକୁ ରାଧାନାଥ କୋକିଳା 'ଟଙ୍କାରି ଚଢାଉଅଛି କି ସେ ନିଜ କଣ୍ଠଯନ୍ତ୍ରେ ନୂଆ ତାର' କହିଛନ୍ତି। ଯାହାକି ପୁରୁରବା-ଉର୍ବଶ୍ରୀଙ୍କର ମିଳନ ପାଇଁ ଏକ ପ୍ରଣୟ-ପ୍ରଦୀପିତ ପରିବେଶ ସୃଷ୍ଟି କରୁଛି। ହେମକୂଟ ଗିରି ନିତମ୍ବରେ ଉର୍ବଶ୍ରୀଙ୍କୁ ସଖୀ ସହିତ ଛାଡି ଆସିବାବେଳେ ପୁରୁରବାଙ୍କର ମନପ୍ରିୟା ପଛେ ପଛେ ଧାଉଁଥିଲା। ସେତେବେଳେ ବିରହୀ-ବିରହିଣୀଙ୍କର କର୍ଣ୍ଣଜ୍ୱର ଉତ୍ପନ୍ନକାରୀ ଚକୋର-ଚକୋରୀଙ୍କର ଜ୍ୟୋସ୍ନା ପାନ କରି ହର୍ଷ-ବିକସ୍ୱର ସ୍ୱର ଉଦ୍ଦୀପନ ପ୍ରକୃତିର ମନୋଜ୍ଞ ପରିବେଶ ରଚନା କରିଛି। 'ଯଯାତି କେଶରୀ'ର ସନ୍ଧ୍ୟା ନାନା ରଙ୍ଗଶବଳିତ। ପ୍ରକୃତିର ରମଣୀୟ ପୃଷ୍ଠଭୂମିରେ ନାୟିକାର ଜଗତୀ ଉପରେ ବେଶରଚନା ଉଦ୍ଦୀପିତ ପ୍ରକୃତିର ଚିତ୍ର ପ୍ରଦାନ କରେ।

ଭ୍ରମଣକାରୀ ରାଧାନାଥଙ୍କର ସୌନ୍ଦର୍ଯ୍ୟ-ପିପାସା ଥିଲା ପ୍ରବଳ । ପ୍ରକୃତିର ଉନ୍ମୁକ୍ତ କ୍ରୋଡ଼ରେ ବିଚରଣ କରି ତା'ର ରୂପୋତ୍ସବ ସନ୍ଦର୍ଶନ ନକଲେ ପ୍ରକୃତି-ସୌନ୍ଦର୍ଯ୍ୟର ଅବଧାରଣା ଅସମ୍ଭବ । ରାଧାନାଥ କଳ୍ପନାରେ ପ୍ରକୃତିର ସୌନ୍ଦର୍ଯ୍ୟ ଅନୁଭବ କରି ଲେଖିନାହାନ୍ତି । ବର୍ଣ୍ଣିତ ସ୍ଥାନମାନଙ୍କୁ ସ୍ୱଚକ୍ଷୁରେ ବାରମ୍ବାର ଦେଖି କଳ୍ପନା-ରଙ୍ଗରେ ତାହାକୁ ରଞ୍ଜିତ କରି ଚିତ୍ରଣ କରିଛନ୍ତି । ଧାମରା ମୁହାଣର ମହିମୋଜ୍ଜ୍ୱଳ ବାତ୍ୟାବିକ୍ଷୁବ୍ଧ ସମୁଦ୍ରର ଚିତ୍ର ପ୍ରତ୍ୟକ୍ଷ-ଦର୍ଶନ ଦ୍ୱାରା କେବଳ ସମ୍ଭବ । ମାତ୍ର ଏହି ଚିତ୍ରାବଳୀରେ କବିଙ୍କର ସୂକ୍ଷ୍ମ ପର୍ଯ୍ୟବେକ୍ଷଣ ଶକ୍ତିର ପରିଚୟ ଥିଲେ ହେଁ ବହୁସ୍ଥାନରେ କେବଳ ରେଖାଚିତ୍ର ମାଧ୍ୟମରେ ବିଷୟ ବର୍ଣ୍ଣନା କରାଯାଇଛି । ସେଗୁଡିକ ଖଣ୍ଡିଏ ଖଣ୍ଡିଏ ଆଲେଖ୍ୟ ବା ସ୍ଥିରଚିତ୍ର ଭଳି ପାଠକକୁ ଚାହିଁ ରହିଛନ୍ତି । ପ୍ରକୃତି-ଚିତ୍ରଣ ସମ୍ପର୍କରେ ରାଧାନାଥ ତାଙ୍କର ଜଣେ ଗୁଣଗ୍ରାହୀଙ୍କୁ ଯେଉଁ ପତ୍ର ଲେଖିଥିଲେ, ତହିଁରୁ ତାଙ୍କର ପ୍ରକୃତି-ଚିତ୍ରଣ ପ୍ରତି ଦୃଷ୍ଟିଭଙ୍ଗୀ ଜଣାଯାଏ । ସେ ସ୍ପଷ୍ଟ କହିଥିଲେ, ମାନବ ପ୍ରକୃତି ଓ ଜୀବନ ସହିତ ତାଙ୍କର କୌଣସି ସମ୍ପର୍କ ନାହିଁ । ସେ ବହିଃ-ପ୍ରକୃତିର ବର୍ଣ୍ଣନାନିପୁଣ ରୂପକାର ।[୧୧] ଶିଳ୍ପୀର ଏପରି ସତ୍ୟକଥନ ବାସ୍ତବିକ ସାହସ ଓ ଶିଳ୍ପବିଶ୍ୱାସର ପରିଚୟ ଦିଏ । ସ୍ଥାବର ପ୍ରକୃତିର ବର୍ଣ୍ଣାଢ୍ୟ ଓ ମନୋହର ଆଲେଖ୍ୟ ଅଙ୍କନରେ ସେ ଅଦ୍ୱିତୀୟ ।

ରାଧାନାଥଙ୍କର ରସ ଓ ସୌନ୍ଦର୍ଯ୍ୟ ଦୃଷ୍ଟି ସହଜ ଓ ସ୍ୱାଭାବିକ । ତାହା ଚେଷ୍ଟାକୃତ ବା ଆୟାସଲବ୍ଧ ନୁହେଁ । ତେଣୁ ତାଙ୍କର ଅଭିଳାଷ-

ବିନା ପ୍ରୟାସରେ ସୌନ୍ଦର୍ଯ୍ୟ-ପିପାସା

ମେଣ୍ଟିବାର ଥିଲା ତୋହଠାରେ ଆଶା ।[୧୨]

ସୁନ୍ଦର ବସ୍ତୁରୁ ଚେଷ୍ଟାକୃତଭାବେ ସୌନ୍ଦର୍ଯ୍ୟ-ମାଧୁରୀ ଆସ୍ୱାଦନ କରାଯାଏ ନାହିଁ । ବ୍ୟକ୍ତି ଯେଉଁପରି ଅନାୟାସରେ ସୌନ୍ଦର୍ଯ୍ୟ-ପିପାସା ଚରିତାର୍ଥ କରେ, ସୁନ୍ଦର ବସ୍ତୁ ମଧ୍ୟ ସେହିପରି ଜଟିଳ, ଦୁରୂହ ଓ ଅକ୍ଲିଷ୍ଟ ନୋହି ତା' ଆଗରେ ନିଜର ସୌନ୍ଦର୍ଯ୍ୟ-ପାତ୍ର ବାଢ଼ିଦିଏ । ଇଚ୍ଛା ଓ ରୁଚି ଅନୁସାରେ ଦର୍ଶକ ତହିଁରୁ ରସ-ମଧୁ ପାନକରେ । ଚିଲିକାରୁ କବି ଯେଉଁ ସୌନ୍ଦର୍ଯ୍ୟାନୁଭୂତି ଲାଭ କରିଥିଲେ ତାହା ତାଙ୍କର ରୁଚି ଅନୁମୋଦିତ । ମାତ୍ର ବହୁ ସମୟରେ ଭାଗ୍ୟ ରୁଚି-ଅନୁକୂଳ ହୋଇନଥାଏ ।ଏଣୁ ମାନବର ସୌନ୍ଦର୍ଯ୍ୟ-ସମ୍ଭୋଗ ରୁଚି-ନିୟନ୍ତ୍ରିତ ହେଲେ ହେଁ ପରିସ୍ଥିତି ଓ ଭାଗ୍ୟ ସେଥିରେ ବାଧା ସୃଷ୍ଟି କରେ ।

ମୂଳ ସୌନ୍ଦର୍ଯ୍ୟ ଓ ତା'ର ପ୍ରତିବିମ୍ବରେ ସୃଷ୍ଟ ସୌନ୍ଦର୍ଯ୍ୟ ମଧ୍ୟରେ ରାଧାନାଥ ପାର୍ଥକ୍ୟ ଦେଖିଛନ୍ତି । ଆକୃତି, ରଙ୍ଗ ଓ ସକଳ ସାମ୍ୟ ସତ୍ତ୍ୱେ ପ୍ରତିବିମ୍ବିତ ସୌନ୍ଦର୍ଯ୍ୟ କେବେହେଲେ ମୂଳ ସୌନ୍ଦର୍ଯ୍ୟର ସ୍ପର୍ଦ୍ଧା କରିପାରେ ନାହିଁ ।

ଇନ୍ଦ୍ରାୟୁଧେ ତାର ଅଧ-ବିମ୍ବେ ନଭେ ଯେଉଁ ତୁଳନା

ତହୁଁ ବଳି ଇନ୍ଦୁ-ସଙ୍ଗେ ସୁନ୍ଦରୀର ତୁଳା ଅଲଣା ।[୧୩]

ଉଷାମୁଖର ସାଦୃଶ୍ୟ ଇନ୍ଦୁଠାରେ ଥାଇପାରେ; ମାତ୍ର ତା'ସହିତ ତୁଳନା କରିବା ଅଯଥାର୍ଥ । ଆକାଶରେ ଇନ୍ଦ୍ରଧନୁର ପ୍ରତିବିମ୍ବରେ ସୃଷ୍ଟ ଦ୍ୱିତୀୟ ଇନ୍ଦ୍ରଧନୁ ମୂଳ ସହିତ ତୁଳିତ ହୋଇପାରେ ନାହିଁ ।

ସଙ୍ଗୀତର ସୌନ୍ଦର୍ଯ୍ୟଶକ୍ତି ସମ୍ବନ୍ଧରେ ରାଧାନାଥ ଅତି ଉଚ୍ଚମତ ପୋଷଣ କରନ୍ତି-

ସଙ୍ଗୀତ ଆବେଶେ ନାନାରୂପ ମନ

ଅତୀନ୍ଦ୍ରିୟ ଦେଶେ କରେ ବିଚରଣ,

ଚାଲିଯାଏ ଶୂନ୍ୟେ ଶୂନ୍ୟେ କେଉଁ ସ୍ଥାନେ

କି ଲୋଡ଼ିବା ଆଶେ ସେହି ତା ନ ଜାଣେ ।[୧୪]

ଛନ୍ଦ ଓ ଐକ୍ୟର ଆମ ହୃଦୟ ସହିତ ଆତ୍ମିକ ଯୋଗ ରହିଛି । ତେଣୁ ମଧୁର, ବିଷାଦ, ଉତ୍ସାହବ୍ୟଞ୍ଜକ ସଙ୍ଗୀତ ଶୁଣି ଆମ ହୃଦୟ ସେଥିସହିତ ବିଗଳିତ, ବିଷାଦିତ ଓ ଉଲ୍ଲସିତ ହୋଇଉଠେ । ଯୁଦ୍ଧବାଦ୍ୟ ଶୁଣି ସୈନ୍ୟମାନେ ସଙ୍ଗୀତର ତାଳେ ତାଳେ ପାଦ ପକାଇ ଦୁର୍ମଦ ଗତିରେ ଆଗେଇ ଚାଲନ୍ତି । ସଙ୍ଗୀତଶକ୍ତି ଆମ ଭିତରେ ଭକ୍ତିଭାବନା

ମଧ୍ୟ ଜାଗ୍ରତ କରେ । ମୀରାବାଈ ବା ରାମପ୍ରସାଦୀ ଗାନ ଶୁଣି ଭକ୍ତିରେ ବିଗଳିତ ହେବା ଦେଖାଯାଏ । ଉଚ୍ଚକୋଟୀର ସଙ୍ଗୀତରେ ଆତ୍ମବିସ୍ମୃତି ଘଟେ । ଚନ୍ଦ୍ର ରଜନୀର ଉଲ୍ଲାସ ପରିପୂର୍ଣ୍ଣ ପରିବେଶରେ ଚିଲିକାବିହାରୀ ମତ୍ସ୍ୟଜୀବୀମାନଙ୍କ କଣ୍ଠରୁ ଦୂରରୁ ପବନରେ ଭାସି ଆସୁଥିବା କବିସୂର୍ଯ୍ୟଙ୍କ ଅମର ସଙ୍ଗୀତ ଶ୍ରବଣରେ ରାଧାନାଥଙ୍କ ମନ ଅପୂର୍ବ ଭାବାବେଶରେ କେଉଁ ଇନ୍ଦ୍ରିୟାତୀତ ରାଜ୍ୟରେ ବିଚରଣ କରିଛି । ମନ ନିଜର ପ୍ରୟୋଜନ ବା ଅନ୍ୱେଷଣ ସମ୍ବନ୍ଧରେ ସମ୍ପୂର୍ଣ୍ଣ ଅଚେତନ । ଏହା ମନର ଏକପ୍ରକାର ଆକୁଳ ଭାବ । ହ୍ରଦର ନୀଳ ବକ୍ଷରେ ଗୀତ-ତାନ 'ଉଲ୍ଲାସର ଆତ୍ମା ପ୍ରାୟ' ଅଧିଷ୍ଠିତ ହୋଇଥିବା ତାଙ୍କୁ ପ୍ରତୀତ ହୋଇଥିଲା । ସଙ୍ଗୀତର ଯାଦୁକରୀ ପ୍ରଭାବରେ ସମସ୍ତ ପରିବେଶ ମୋହିତ ଓ ମୂର୍ଚ୍ଛିତ । 'ଭାବାନ୍ତର ପୁଣି କ୍ଷଣେ କରେ ଜାତ'- ପ୍ରତି ମୁହୂର୍ତ୍ତରେ ଏକ ପରେ ଏକ ଭାବ ମନୋରାଜ୍ୟ ଅଧିକାର କରି ବସୁଥିଲା । ଦେଶକାଳର ସୀମା ଡେ଼ଇଁ କେଉଁ ଏକ ଅନାମଧେୟ, ଅପରିଚିତ ଓ ଅନାସ୍ୱାଦିତପୂର୍ବ ଭାବାଲୋକରେ ମନକୁ ବିଚରଣ କରାଉଥିଲା । ରାଧାନାଥ ସଙ୍ଗୀତର ଏହି ଅତୀନ୍ଦ୍ରିୟ ପ୍ରଭାବ ଅନୁଭବ କରିଥିଲେ । ସାହିତ୍ୟପାଠ ଓ ସଙ୍ଗୀତ ଶ୍ରବଣ ଫଳରେ ପାଠକ ଓ ଶ୍ରୋତା ଯେଉଁ ବିଶୁଦ୍ଧ ଅପାର୍ଥିବ ଆନନ୍ଦାଲୋକରେ ବିଚରଣ କରେ, ଏଠାରେ ତାହାହିଁ ସୂଚିତ ।

ରୂପ ଓ ଗୁଣର ସମ୍ପର୍କ ବୁଝିବା ନିମନ୍ତେ ରାଧାନାଥଙ୍କ 'ତୁଳସୀ ସ୍ତବକ'ର 'ଉତ୍ସର୍ଗ-ପତ୍ର' ଅନୁସନ୍ଧେୟ । 'ବାଗ୍‌ଦେବୀଙ୍କ ଉଦ୍ୟାନରୁ ସୁନ୍ଦର ପୁଷ୍ପ ତୋଳି' କବି ସ୍ତବକ ପ୍ରସ୍ତୁତ କରିପାରେ । ପୁଣି ରୂପସମ୍ବଳୀ ନହୋଇ ଗୁଣଗ୍ରାହୀ କବି କେବଳ ଗୁଣ ଗାୟନ କରି ମଧ୍ୟ ରୂପର ଅଭାବ ପୂରଣ କରିପାରେ । ତୁଳସୀ ସ୍ତବକରେ 'ରୂପ ସମ୍ପର୍କ ନାହିଁ' । ଗୁଣ ସମ୍ପର୍କ ହେତୁ ତୁଳସୀ ଗ୍ରହଣୀୟ ଓ ପୂଜନୀୟ । ବହୁ ସମୟରେ ରୂପ ନଥାଇ ମଧ୍ୟ ଗୁଣ ହେତୁ ବସ୍ତୁ ବା ବ୍ୟକ୍ତି ଗ୍ରାହ୍ୟ ଓ ପୂଜ୍ୟ ହୁଏ- ଏହାହିଁ ରାଧାନାଥଙ୍କର ବକ୍ତବ୍ୟ । 'ତୁଳସୀ ସ୍ତବକ' ସୁଗୁଣରେ ଏକ ସୁନ୍ଦର ରୂପକମାଳା । ତଥାପି ତହିଁରେ କବିଙ୍କର ରୂପପ୍ରୀତି ଓ ଚିତ୍ରାଳଙ୍କାରର ସ୍ୱାକ୍ଷର ରହିଛି । ଆଶ୍ୱିନ ପ୍ରକୃତିର ଶୁଭ୍ର ଓ ସାତ୍ତ୍ୱିକ ବାୟୁମଣ୍ଡଳ ରୂପ ଓ ବାସର ସାତ୍ତ୍ୱିକତା ପ୍ରମାଣିତ କରେ-

ଅଦୃଶ୍ୟେ ସୋମ ଫୁଲ ବିତରେ ବାସ
ସାତ୍ତ୍ୱିକର ନଥାଏ ନାମେ ପ୍ରୟାସ ।[୧୫]

ସାତ୍ତ୍ୱିକ ସ୍ୱଭାବର ଲୋକ ନାମ ଓ ଯଶରେ ଅମନୋଯୋଗୀ ଅଥଚ କର୍ତ୍ତବ୍ୟରେ ବ୍ରତୀ। ରୂପ ଓ ଗୁଣ ସେହିପରି ଅନୁତ୍କଟ ଭାବେ ଗୋପନରେ ନିଜ ନିଜର କର୍ମ କରିଯା'ନ୍ତି। ସୋମ-ପୁଷ୍ପ ନିଜର ରୂପ ପ୍ରଦର୍ଶନରେ କୁଣ୍ଠିତ ଓ ବାସ-ବିତରଣରେ ଅପ୍ରକଟ ହୋଇ ମଧ୍ୟ ସ୍ୱକର୍ମ ନିରତ। ସୌନ୍ଦର୍ଯ୍ୟ ବା ସୁଗୁଣ ଦେଖାଇ ହେବାର ବସ୍ତୁ

ନାହିଁ । ଅପ୍ରକାଶ୍ୟ ରହି ଅନ୍ୟ ରୂପଗୁଣରେ ଆକୃଷ୍ଟ କରିବା ତାହାର ସ୍ୱଭାବ । ଗୁଣହୀନର କେବଳ ଦେଖାଇ ହେବା ସ୍ୱଭାବ-

ସ୍ଥଳ କମଳେ କେଡ଼େ ରୂପର ଭାତି
ନିର୍ଗୁଣ ହେଲେ ଲୋକେ ହୁଏ ଏ ଜାତି ।[୧୬]

ରୂପ ସହିତ ଗୁଣ ରହିବା ଉଚିତ । ସ୍ଥଳ ପଦ୍ମର ରୂପରେ ଭାତି ଥିଲେ ହେଁ ଗୁଣହୀନ ହେତୁ ରୂପ ହିଁ ତାହାର ସମ୍ବଳ । ଗୁଣହୀନ ରୂପ କେବଳ ଚାକଚକ୍ୟ ଓ ପ୍ରଚାରସର୍ବସ୍ୱ ।

ରାଧାନାଥ ବହୁ ସ୍ଥଳରେ ଉଲ୍ଲେଖ କରିଛନ୍ତି ଯେ, ସୌନ୍ଦର୍ଯ୍ୟ ପ୍ରକୃତ ବୀରର ଉପଭୋଗ୍ୟା । ସୌନ୍ଦର୍ଯ୍ୟ ବହୁଭୋଗ୍ୟା ହେଲେ ହେଁ ଯେ କେହି ତାହାର ଉପଭୋକ୍ତା ହେବା ଅସମ୍ଭବ । ବୀର, ରସିକ ଓ ଅସୀମ ସାହସୀ ପୁରୁଷମାନେ ସୌନ୍ଦର୍ଯ୍ୟର ପୂଜା ଓ ଯଥୋଚିତ ମୂଲ୍ୟ ଦେଇଜାଣନ୍ତି । ବୀରତ୍ୱ ଓ ଯୋଗ୍ୟତା ପ୍ରଦର୍ଶନର ପ୍ରତିଦାନ ସ୍ୱରୂପ-ରୂପ-ସୌନ୍ଦର୍ଯ୍ୟ ଲାଭ ହୁଏ ।

ଲଭିଲ ଦେଖାଇ ଜଗତେ ଯୋଗ୍ୟତା
ସତ୍‌କ୍ରିୟା ରୂପେ ଏ ରୂପ-କଳ୍ପଲତା
ସୁନ୍ଦର ମଧୁର ବେନିଙ୍କ ମିଳନ
ଶୌର୍ଯ୍ୟ ସଙ୍ଗେ ଆହା ସୌନ୍ଦର୍ଯ୍ୟ ଯେସନ ।[୧୭]

ସୌନ୍ଦର୍ଯ୍ୟ ଓ ମାଧୁର୍ଯ୍ୟ ଏକତ୍ର ଅବସ୍ଥାନ କଲେ ଅପରୂପ ଶୋଭା ସୃଷ୍ଟି ହୁଏ । ବୀର ପୁରୁଷୋତ୍ତମ ଓ ଅନିନ୍ଦ୍ୟ ସୁନ୍ଦରୀ ପଦ୍ମାବତୀଙ୍କର ମିଳନ ଶୌର୍ଯ୍ୟ ଓ ସୌନ୍ଦର୍ଯ୍ୟର ମିଳନ ସଦୃଶ । ରାଧାନାଥ ସୌନ୍ଦର୍ଯ୍ୟ ସହିତ ଶୌର୍ଯ୍ୟର ଅବଶ୍ୟମ୍ଭାବୀ ସମ୍ମିଳନ ଚାହିଁଥିଲେ । 'ଶକ୍ତିହୀନ ରୂପ କେବଳ ସିନା ଲଭେ ଦୁର୍ଗତି'-ଚନ୍ଦ୍ରଭାଗାର ଏହି ଉକ୍ତି ମଧ୍ୟରେ ରାଧାନାଥଙ୍କର ନୀରବ ସ୍ୱୀକୃତି ରହିଛି ଯେ, ସୌନ୍ଦର୍ଯ୍ୟମୟୀ ଚନ୍ଦ୍ରଭାଗା ଶକ୍ତିଶାଳିନୀ ହୋଇଥିଲେ ତା'ର ଏପରି ଦୁର୍ଗତି ହୋଇନଥାନ୍ତା । ଆତ୍ମରକ୍ଷଣରେ ନିରୁପାୟ ହୋଇ ଅସମ୍ଭାଳ ବେଶଭୂଷଣା ଚନ୍ଦ୍ରଭାଗା ଜୀବନବିକଳରେ ପଳାୟନ କରିଛି ଓ ନିଜ ରୂପର ଧିକ୍କାର କରିଛି । ରୂପ ନିଜେ ନିଜକୁ ରକ୍ଷା କରିନପାରିଲେ ବା ଅରକ୍ଷଣୀୟା ହେଲେ ତାହାର ନିସ୍ତାର ନାହିଁ । କବି ତେଣୁ ଶକ୍ତିଶାଳୀ ପୁରୁଷଗୁଣ ସହିତ କୋମଳ ନାରୀ ଗୁଣର ମିଶ୍ରଣ କରିବାକୁ ଚାହିଁଛନ୍ତି । ଭଞ୍ଜଯୁଗର କୁସୁମକୋମଳା, ରହଃକେଳିର ସଙ୍ଗିନୀ ନାରୀ ସ୍ଥାନରେ ଅଶ୍ୱାରୋହିଣୀ, ବୀର୍ଯ୍ୟାନୁରାଗିଣୀ ଓ ଦୌଡ ପ୍ରତିଯୋଗିତାରେ ଅବତୀର୍ଣ୍ଣା ନାରୀମାନଙ୍କୁ ସୃଷ୍ଟି କରିଛନ୍ତି । କୋମଳ ନାରୀଭାବ ସହିତ ଦୃପ୍ତ ପୁରୁଷଭାବର ସମ୍ମିଶ୍ରଣରେ 'ରୁଦ୍ରସୁନ୍ଦର' ନାରୀ ସୃଷ୍ଟି କବିଙ୍କର ଉଦ୍ଦେଶ୍ୟ ।

ସୌନ୍ଦର୍ଯ୍ୟ ସହିତ ଶକ୍ତିର ମିଳନ ଅପରିହାର୍ଯ୍ୟ। ବିପଦର ଦାଢରେ ଯୁଝୁଥିବା ପୁରୁଷ ନାରୀ-ଚକ୍ଷୁରେ ସୁନ୍ଦର ଓ ପ୍ରେମପାତ୍ର। ନନ୍ଦିକାର ଚୋଡ଼ଗଙ୍ଗଙ୍କ ଅସ୍ତ୍ର-କୁଶଳତା ଓ ଶୌର୍ଯ୍ୟଦୀପ୍ତ ବୀରତନୁ ଦର୍ଶନ କରି ଅନୁରାଗିଣୀ ହେବା ମଧ୍ୟ ସୌନ୍ଦର୍ଯ୍ୟର ବୀରତ୍ୱ ପ୍ରତି ସ୍ୱାଭାବିକ ଆକର୍ଷଣର ପରିଚାୟକ। ସଂଯୁକ୍ତା 'ବୀରାଙ୍ଗନା ବୀରୋତ୍ସଙ୍ଗସିଂହାସନାର୍ଥିନୀ' ଓ 'ବୀର୍ଯ୍ୟଶୁଳ୍କାରୂପସୀ'; ଅର୍ଥାତ୍, କେବଳ ବୀର୍ଯ୍ୟରୂପକ ଶୁଳ୍କ ପ୍ରଦାନ ଦ୍ୱାରା ସେ ଲଭ୍ୟା ହୋଇପାରେ। ଉଷା ମଧ୍ୟ ସୌନ୍ଦର୍ଯ୍ୟ ଓ ଶୌର୍ଯ୍ୟର ମୂର୍ତ୍ତିମତୀ ପ୍ରତୀକ-

ଯୁବତୀ ସୁଲଭ ସୌନ୍ଦର୍ଯ୍ୟେ ମିଶିଲା ଶୌର୍ଯ୍ୟ ପ୍ରଖର
ବେନି ଗୁଣ ମିଳି କଲେ ରମଣୀକି ରୁଦ୍ର-ସୁନ୍ଦର।[୧୮]

ନନ୍ଦିକା ମଧ୍ୟ ବୀର୍ଯ୍ୟାନୁରାଗିଣୀ ବୀରବାଳା। ଚୋରଗଙ୍ଗଙ୍କ ନିକଟକୁ ତାହାରି ଅଭିସାର ବୀରତ୍ୱ ନିକଟରେ ସୌନ୍ଦର୍ଯ୍ୟର ଅଭିସାର ଭଳି। ସେ ଅପାତ୍ରରେ ପ୍ରେମ ସମର୍ପଣ କରି ନାହିଁ। ଏପରିକି ପ୍ରତ୍ୟାଖ୍ୟାତା ହୋଇ ଆତ୍ମଗ୍ଲାନିକରେ ଜର୍ଜରିତା ଓ ଆତ୍ମନାଶ ଘଟାଇଲେ ମଧ୍ୟ ତା'ର ପିତାଙ୍କୁ ଲିଖିତ ପତ୍ର ସ୍ୱର୍ଗୀୟ ପ୍ରେମର ଚିତ୍ର ପ୍ରଦାନ କରେ। ବୀରତ୍ୱ ପ୍ରତି ସୌନ୍ଦର୍ଯ୍ୟର ଏହି ଆକର୍ଷଣ ରାଧାନାଥଙ୍କ ନାୟିକାମାନଙ୍କର ଶକ୍ତିଶାଳୀ ପୁରୁଷ ରୂପ ପ୍ରତି ଆସକ୍ତି ସୂଚନା କରେ। କବିଙ୍କର ବିଶ୍ୱାସ ଯେ, ଅଳ୍ପବୀର୍ଯ୍ୟ ନରନାରୀମାନେ ସୌନ୍ଦର୍ଯ୍ୟର ପ୍ରକୃତ ମୂଲ୍ୟ ଜାଣନ୍ତି ନାହିଁ।

ସୌନ୍ଦର୍ଯ୍ୟର ଆତ୍ମରକ୍ଷଣ ତଥା ସୌନ୍ଦର୍ଯ୍ୟ ଓ ଶୌର୍ଯ୍ୟର ସମନ୍ୱୟ କଥା ରାଧାନାଥ ଅନେକତ୍ର କହିଛନ୍ତି। ସୌନ୍ଦର୍ଯ୍ୟ ଶକ୍ତିବିହୀନ ହେଲେ ପରୋପଭୋଗରେ ଆସେ। ଶକ୍ତି ବିରହିତ ରୂପ ପ୍ରତି ସମସ୍ତେ ପାପଦୃଷ୍ଟି ପକାନ୍ତି। ତାହା ସହଜଲଭ୍ୟା ଓ ଅନର୍ଥର ହେତୁ ହୁଏ। ଫଣିନୀ ଭାରତ ଭୂମି ବ୍ରାହ୍ମଣ କ୍ଷତ୍ରିୟରୂପୀ ବିଷଦନ୍ତ ଦୁଇଟି ରାଜ୍ୟ ବହିଃଶତ୍ରୁର ଭୀତି ଉତ୍ପନ୍ନ କରୁଥିଲା; ମାତ୍ର ସେ ଦୁହିଁଙ୍କର କଳି ଆଗମନରେ ଅବନତି ହେବ। ଅଗ୍ନିଦେବ ପାଣ୍ଡବମାନଙ୍କୁ କହିଛନ୍ତି-

ଦ୍ୱିଜାତିର ତେଜପୁଞ୍ଜ ଲିଭିଲେ ସେ ରୂପେ
ଏ ଆର୍ଯ୍ୟସମାଜ ତଥା ଦଳି ବୈଦେଶିକେ
ଅକ୍ଷମପତିର ରୂପବତୀ ନାରୀପରି,
ନିଯୋଜିବେ ନିଜ ଭୋଗେ ଭାରତ-ଅବନୀ,
ଶକ୍ତିରେ ସିଂହାର ଯାହା ଶକ୍ତି ଗଲେ ଚାଲି
ପାର୍ଥ ! ସେ ସିଂହାରହୁଏ ଅନର୍ଥର ହେତୁ,
ଅନର୍ଥର ହେତୁ ତେଣୁ ହେବ କଳିଯୁଗେ
ଭାରତଭୂମିର ଏହି ଅନୁପମ ଶୋଭା। [୧୯]

ସ୍ୱର୍ଣ୍ଣପ୍ରସୂ ଭାରତଭୂମିର ଅତୁଳରୂପ ବିଭବ ବିଦେଶୀୟମାନଙ୍କର ପ୍ରଲୋଭନର ସାମଗ୍ରୀ ହେବ। ଶକ୍ତି ଶୋଭାଯୁକ୍ତ ହେଲେ ଯେଉଁପରି ସାର୍ଥକ ହୁଏ, ଶୋଭା ସେହିପରି ଶକ୍ତିମତୀ ହେଲେ ଅମରତ୍ୱ ଲାଭ କରେ। ଏଥିରୁ ଅନୁମିତ ହୁଏ ରାଧାନାଥ ଶକ୍ତିଶାଳିନୀ ସୌନ୍ଦର୍ଯ୍ୟର ଉପାସକ ଥିଲେ।

ସୌନ୍ଦର୍ଯ୍ୟ ନିଷ୍ପାପ ରୂପକୁ ପାଶବିକ କ୍ଷୁଧାର ଶିକାର କଲେ ରାଧାନାଥଙ୍କ ଔଚିତ୍ୟ-ଦୃଷ୍ଟି ତାହାର ପରିଣତି ପ୍ରତି ଉଦାସୀନ ରହିପାରି ନାହିଁ। ସୌନ୍ଦର୍ଯ୍ୟକୁ ପାପଭାଗୀ କରିବା ଓ ପାପଦୃଷ୍ଟିରେ ଦେଖିବା, ଉଭୟର ପରିଣାମ ଭୟାବହ। ରୂପ-ସୌନ୍ଦର୍ଯ୍ୟର ଅନାବିଳ ହେଲେ ଦର୍ଶକ ହୃଦୟର କଲୁଷ ଦୂର କରେ। କୌଶଲ୍ୟା ରୂପର ସେହି ବିମଳିନ ମାଧୁରୀ ଜନନେତ୍ରର କଲୁଷହାରକ ହୋଇଥିଲା ତାକୁ ଦେଖିଲା ଲୋକ ମହତ୍ ଚିନ୍ତା କରୁଥିଲା ଓ ତା'ର ହୃଦୟରୁ ଦୁଷ୍କୃତି ବିନାଶ ହେଉଥିଲା। ଏହା ତାର ରୂପର ପ୍ରଭାବ। ସ୍ନେହ, କରୁଣା, ସ୍ନିଗ୍ଧତା ଓ କୋମଳତାର ସେ ମୂର୍ତ୍ତିମତୀଦେବୀ। ଦୁଃଖୀ ରଙ୍କିଙ୍କ ନିମନ୍ତେ ତା'ର ହୃଦୟ କାନ୍ଦୁଥିଲା। ଏପରି ରୂପର ଯେଉଁ ପରିଣତି ହେଲା, ସେଥିରେ ତା'ର ଚାରା ନଥିଲେ ମଧ୍ୟ ଯେ ତାହାକୁ ସେ ପଥରେ ନେଇଛି, ତା'ର ମୃତ୍ୟୁ ସୁନିଶ୍ଚିତ। କୌଶଲ୍ୟା ପ୍ରତି ଅନ୍ୟାୟ, ସୌନ୍ଦର୍ଯ୍ୟ ପ୍ରତି ଅପମାନ। ସୌନ୍ଦର୍ଯ୍ୟର ଅପମାନ ଘଟାଇଥିବା ବ୍ୟକ୍ତି ଅକ୍ଷମଣୀୟ। ତେଣୁ ପାର୍ବତୀ ସ୍ୱାମୀଘାତିନୀ ହେବାକୁ ମଧ୍ୟ ପଶ୍ଚାତ୍‌ପଦ ହୋଇନାହାନ୍ତି। ପାର୍ବତୀ ଭଳି ଦୁର୍ନୀତି ବିରୁଦ୍ଧରେ ଖଡ୍‌ଗଧାରିଣୀ ନାରୀ ସମାଜରେ ବରଣୀୟ ଦେବୀ। କୌଶଲ୍ୟାର ନିଷ୍ପାପ ମୁଖ ଦେଖି ଜନନୀର ଚକ୍ଷୁ ତାହାକୁ ଅପାର୍ଥିବ ସୌନ୍ଦର୍ଯ୍ୟ ମନେ କରିଥିଲା। ମାତ୍ର ତାହାର ବ୍ୟତିକ୍ରମ ହେବାରୁ ଜ୍ଞାନୀମାନଙ୍କର କଥନ ସମ୍ବନ୍ଧରେ ତାଙ୍କର ସନ୍ଦେହ ଆସିଛି।-

ଜ୍ଞାନୀଏ କହନ୍ତି ସୌନ୍ଦର୍ଯ୍ୟ-ସୃଜନ
ହୋଇନାହିଁ ପାପ ପାଇଁ
ସତ୍ୟ ମଣିଥିଲି ମାଆଲୋ ତୋହର
ସରୋଜ ମୁହଁକୁ ଚାହିଁ। (୨୦)

ଏହି ଉକ୍ତି ମୂଳରେ 'ପାର୍ବତୀ' କାବ୍ୟର ସୃଷ୍ଟି-ପରିକଳ୍ପନା ନିହିତ। ଓଡ଼ିଶା ଇତିହାସକୁ କଳଙ୍କିତ କରିବାକୁ ଚାହିଁଥିଲେ ରାଧାନାଥ ଏହା କରିନଥାନ୍ତେ। ଯେଉଁ ସୌନ୍ଦର୍ଯ୍ୟ ପୂଜାର ଯୋଗ୍ୟ, ତାହାକୁ ଅମଙ୍ଗଳ ଓ ପାପକାର୍ଯ୍ୟ ଉଦ୍ଦେଶ୍ୟରେ ନିୟୋଜିତ କରାଯାଇନପାରେ। କାଳିଦାସଙ୍କ-"ଯଦୁଚ୍ୟତେ ପାର୍ବତି ପାପବୃତ୍ତୟେ ନ ରୂପମିତ୍ୟବ୍ୟଭିଚାରିତଦ୍‌ବଚଃ" ଉକ୍ତି ରାଧାନାଥଙ୍କ ମନରେ ଅଛି। ସୌନ୍ଦର୍ଯ୍ୟକୁ ପାପକାର୍ଯ୍ୟ ଉଦ୍ଦେଶ୍ୟରେ ବ୍ୟବହାର କଲେ ସୌନ୍ଦର୍ଯ୍ୟର ହାନି ହୁଏ ନାହିଁ। ଯେଉଁମାନେ

ସେପରି ଉଦ୍ଦେଶ୍ୟରେ ତାହାକୁ ବ୍ୟବହାର କରନ୍ତି, ସେମାନେ ସେଥିପାଇଁ ପାପଭାଗୀ। "କିଏ ଜାଣିଥିଲା ସେ ରୂପର ହେବ ଏ ଦାରୁଣ ପରିଣାମ"-ରୂପର ଅଭିଶାପ ଓ କରୁଣ ପରିଣତି କବିଙ୍କର ଅସହ୍ୟ। ତାଙ୍କ ଦୃଷ୍ଟିରେ ପୁଣ୍ୟ ସୁନ୍ଦର, ପାପ ଅସୁନ୍ଦର। ପାପର ଚିତ୍ର କୁତ୍ସିତ, ପୁଣ୍ୟର ଚିତ୍ର ସୌନ୍ଦର୍ଯ୍ୟମୟ। କବି ପାପ ଓ ପୁଣ୍ୟ ଉଭୟର ଚିତ୍ର ଦିଅନ୍ତି। ମାତ୍ର ପାପର ଚିତ୍ର ଦେବା ତାଙ୍କର ମୂଳ ଲକ୍ଷ୍ୟ ନୁହେଁ। ପୁଣ୍ୟର ପ୍ରଭାବ ବଢାଇବା ନିମନ୍ତେ ପାପକୁ ତା'ସହିତ ଚିତ୍ର କରାଯାଇଥାଏ। ପରିଣତିରେ ପୁଣ୍ୟର ଜୟ, ପାପର କ୍ଷୟ ଦେଖାଇବା କବିର ଉଦ୍ଦେଶ୍ୟ। ଯେଉଁଠି ପାପ ପୁରସ୍କୃତ ହୁଏ ଓ ପୁଣ୍ୟବାନ୍‌ର ପତନ ଘଟେ, ସେଠାରେ କବି ନ୍ୟାୟ ଦେଇପାରନ୍ତି ନାହିଁ। ରାଧାନାଥ ଯେ, 'ପାର୍ବତୀ' ରଚନା କରିଥିଲେ ଏକ ବ୍ୟଭିଚାରକୁ ସାମାଜିକ ମର୍ଯ୍ୟାଦା ଦେବା ପାଇଁ, ତାହା ନୁହେଁ। ପୁଣ୍ୟକୁ ସୁନ୍ଦର ଓ ପାପକୁ ଅସୁନ୍ଦର କରି ଦେଖାଇବା ତାଙ୍କର ଅଭିପ୍ରେତ। ଏହା ନବୁଝି ରାଧାନାଥଙ୍କ ପ୍ରତି ଦୋଷାରୋପ କରିବା ଅନୁଚିତ। ଏହାକୁ ମଧ୍ୟ ଅଶ୍ଳୀଳ କୁହାଯାଇପାରିବ ନାହିଁ। ବଙ୍କିମଚନ୍ଦ୍ରଙ୍କ ଉକ୍ତି ଉଦ୍ଧାର କରି କଳାରେ ଅଶ୍ଳୀଳତାର ସ୍ଥାନ ସମ୍ବନ୍ଧରେ ସ୍ପଷ୍ଟ ଧାରଣା ଦିଆଯାଇପାରେ, "ଯାହା ଇନ୍ଦ୍ରିୟାଦିର ଉଦ୍ଦୀପନାର୍ଥ ବା ଗ୍ରନ୍ଥକାରଙ୍କର ହୃଦୟସ୍ଥିତ କଦର୍ଯ୍ୟଭାବର ଅଭିବ୍ୟକ୍ତି ନିମନ୍ତେ ଲିଖିତ ହୁଏ, ତାହା ହିଁ ଅଶ୍ଳୀଳତା। ତାହା ପବିତ୍ର ସଭ୍ୟ ଭାଷାରେ ଲିଖିତ ହେଲେ ବି ଅଶ୍ଳୀଳ। ଆଉ ଯାହାର ଉଦ୍ଦେଶ୍ୟ ସେଭଳି ନୁହେଁ, କେବଳ ପାପକୁ ତିରସ୍କୃତ ବା ଉପହସିତ କରିବା ଯାହାର ଉଦ୍ଦେଶ୍ୟ, ତାହାର ଭାଷା ରୁଚି ଏବଂ ସଭ୍ୟତାର ବିରୁଦ୍ଧ ହେଲେ ମଧ୍ୟ ଅଶ୍ଳୀଳ ନୁହେଁ। ଋଷିମାନେ ମଧ୍ୟ ଏଭଳି ଭାଷା ବ୍ୟବହାର କରିଥାନ୍ତେ।"[୨୧] ରାଧାନାଥଙ୍କ 'ପାର୍ବତୀ' କାବ୍ୟ ରଚନା ମୂଳରେ ଏହି ପାପକୁ ଅସୁନ୍ଦର କରି ଦେଖାଇବା ଉଦ୍ଦେଶ୍ୟ ନିହିତ।

ରାଧାନାଥ ଜୀବନର ଶେଷ କାଳରେ ରୂପଜ ମୋହ ଓ ପ୍ରେମାନୁରକ୍ତି ପ୍ରତି ବୀତସ୍ପୃହ ହୋଇ 'ଦଶରଥ ବିୟୋଗେ'ରଚନା କରିଥିଲେ। ରୂପଜ ପ୍ରେମ ଉପରେ ପ୍ରତିଷ୍ଠିତ କାବ୍ୟମାନଙ୍କରେ ରୂପର ଅସାରତା ଓ ରୂପମୋହର ନିନ୍ଦାଗାନ କରିବାକୁ ସୁଯୋଗ ମିଳିନଥିଲା। ରୂପଜପ୍ରେମ ଇନ୍ଦ୍ରିୟ-ଚାଞ୍ଚଲ୍ୟକାରୀ। ଇନ୍ଦ୍ରିୟ ସୁଖ ଉପରେ ପ୍ରତିଷ୍ଠିତ ପ୍ରେମ ଆତ୍ମଘାତୀ ଓ ଅନିଷ୍ଟକାରୀ। ଦଶରଥ ସେହି ରୂପଜ ମୋହର ଅସାରଣ କଥା କହିଛନ୍ତି-

ରୂପଜ ମୋହରେ ମୁହିଁ ମାତି ଯଉବନେ
ବରିଲି କୈକେୟୀ ମୋର ନିୟତି-ରୂପିଣୀ,
ରୂପଜ ମୋହରେ ସିନା ପତଙ୍ଗ ଏପରି-
ପଡେ ମହୋଲ୍ଲାସେ ଯାଇଁ ଦୀପଶିଖାନଳେ ?

ରୂପଜ ମୋହରେ ମୁହିଁ ପୁଷ୍ପମାଳା ଭ୍ରମେ
ଗଳାମାଳା କଲି ଏହି କାଳ-ଭୁଜଙ୍ଗିନୀ। (୨୨)

ରୂପଜ ପ୍ରେମ ସ୍ୱାର୍ଥ ପ୍ରଣୋଦିତ ଓ କାମନା ପୂରଣ ପରେ ଆଶାର୍ଥୀକୁ ଅନାୟାସରେ ନିହତ କରେ। ବ୍ୟକ୍ତି ନଜାଣି ତାହାର ବଶବର୍ତ୍ତୀ ହୁଏ। ମାତ୍ର ଜାଣିଲା ପରେ ତା'ହାତରୁ ଉଦ୍ଧାରର ଉପାୟ ନଥାଏ। ଅନ୍ତିମ ଅବସ୍ଥାରେ ଦଶରଥ ନିଜର ତରୁଣଯୌବନର ଉଚ୍ଛୃଙ୍ଖଳ ରମଣୀ-ବିଳାସର କୁଫଳ ଅନୁଭବ କରିଛନ୍ତି। ଏହି ସ୍ୱୀକାରୋକ୍ତି ଯେଉଁପରି ସତ୍ୟ, ସେହିପରି ଅଶ୍ରୁସଜଳ ଓ କରୁଣ। ଅବାଧ ଭୋଗ-ବିହାର ପୁରୁଷକୁ ଦୁର୍ବଳ କରିଦିଏ। ନାରୀ-ପ୍ରେମରେ ବଶ ପୁରୁଷ ସ୍ତ୍ରୈଣ ଭଳି ନିଜର ସ୍ୱାଧୀନ ଚିନ୍ତା ବିସର୍ଜନ ଦେଇ ସେହି ନାରୀ-ଇଚ୍ଛାର କ୍ରୀଡା ପୁତ୍ତଳିକା ହୁଏ। ନିଜର ତଥା ସ୍ୱଜନମାନଙ୍କର କି ଦୁର୍ଗତି ଘଟାଏ ସେ ନିଜେ ଜାଣିପାରେ ନାହିଁ। ମାତ୍ର ଯେତେବେଳେ ଜ୍ଞାନନେତ୍ର ଉନ୍ମୀଳିତ ହୁଏ, ସେତେବେଳେ ସେ ମୁର୍ମୁର ଦାହରେ ଦହିହୋଇ ନିଜର ଅପକର୍ମ ଓ ଅତିମାତ୍ରାରେ ଇନ୍ଦ୍ରିୟାସକ୍ତିକୁ ଘୃଣା କରେ। ସେହି ନାରୀ, ଯେ କି ତା'ର ସକଳ ପୁରୁଷକାରକୁ ଆବୋରି ବସିଥିଲା, ତାହାକୁ ପିଶାଚିନୀ ବୋଲି ଘୃଣା କରେ। ଦଶରଥ କୈକେୟୀଙ୍କ ରୂପରେ ଭୁଲି ପ୍ରିୟପୁତ୍ର ରାମଙ୍କ ପ୍ରତି ଅନ୍ୟାୟ କରିଥିଲେ। ସେଥିଲାଗି ଅନ୍ତିମ କାଳରେ ଯୌବନର ଭୋଗପିଚ୍ଛିଳ ଜୀବନ ଓ ରୂପପ୍ରୀତି ନିମନ୍ତେ ଆତ୍ମଧିକ୍କାର ଓ ଅନୁତାପାନଳରେ ସେ ଦଗ୍ଧୀଭୂତ।

ରାଧାନାଥ 'ସତୀ ପ୍ରତି ସତୀଦ୍ରୋହୀ ପତିର ଭକ୍ତି'ରେ ମଧ୍ୟ ରୂପଜ ପ୍ରେମର ନିନ୍ଦା କରିଛନ୍ତି। ସାଧ୍ୱୀ ନାରୀର ଚକ୍ଷୁ ତଳେ ପୁରୁଷ ନିଜ ପାପକର୍ମକୁ ଲୁଚାଇ ରଖିପାରେ ନାହିଁ। ଜାନୁପାତି ନିଜର ଦୁଷ୍କର୍ମ ଓ ନାରୀପ୍ରତି ଯେଉଁ ଅନ୍ୟାୟ କରିଥାଏ, ସେଥିପାଇଁ କ୍ଷମା ପ୍ରାର୍ଥନା କରେ। ଇନ୍ଦ୍ରିୟ-ବାସନାରେ ଉଚ୍ଛୃଙ୍ଖଳ କ୍ରୀଡା ପୁରୁଷଭ ସକଳ ଶୁଭବୁଦ୍ଧି ଓ ଯଶଃ ବିନଷ୍ଟ କରେ। ଉପରୋକ୍ତ କବିତା ଦ୍ୱୟରେ ପୁରୁଷରି ଅପକର୍ମ ପାଇଁ ଅନୁତାପ ଓ କ୍ଷମାପ୍ରାର୍ଥନାରୁ ରାଧାନାଥଙ୍କର ଉଦ୍ଦେଶ୍ୟ ସୁସ୍ପଷ୍ଟ।

ପାପୀ ମନ ନିଜ ଚକ୍ଷୁରେ ଦେଖିଥିବା ବସ୍ତୁର ସୌନ୍ଦର୍ଯ୍ୟକୁ ମଧ୍ୟ ଅନୁମୋଦନ କରିପାରେ ନାହିଁ। ସେ ଭାବେ ତାହାର ସୌନ୍ଦର୍ଯ୍ୟ ଦର୍ଶନ କରିବାରେ ଅଧିକାର ନାହିଁ। ସୁନ୍ଦରର ଆରାଧନା ଓ ଉପଭୋଗ ପାଇଁ ତା'ର ମନ ସଙ୍କୁଚିତ ହୁଏ। ନିଜ ଚକ୍ଷୁର ଉପଭୋଗକୁ ତା'ମନର ଅଶୁଚି ଭାବ ଧିକ୍କାର କରେ-

ନାହିଁଟି ସାହସ ମୋର ନିରେଖିବା ପାଇଁ
ହିମବିନ୍ଦୁସ୍ତବକିନୀ କମଳିନୀ ପ୍ରାୟେ
ଏ ମୁଖ ତୋହର ସତି, ସିକ୍ତ ନେତ୍ର ନୀରେ

ଏ ସୁନ୍ଦର ମୁଖ କାଳେ ପଡିବ ଝାଉଁଳି
ସୁକୁମାରି, ଏ ପାପୀର ବିଷ ଦୃଷ୍ଟିପାତେ ।[୨୩]

ସୁନ୍ଦର ସମ୍ମୁଖରେ ପାପୀର ପ୍ରବେଶ ନିମନ୍ତେ ଭୟ, ସୁନ୍ଦରକୁ ସ୍ପର୍ଶ କରିବା ପାଇଁ ସଙ୍କୋଚ; ପାପର ଛାୟାରେ ଓ କରସ୍ପର୍ଶରେ ସୁନ୍ଦର ଝାଉଁଳିଯିବ ବୋଲି ଆଶଙ୍କା।

ପବିତ୍ରତା ଓ ସୌନ୍ଦର୍ଯ୍ୟର ମିଳନରୁ ରାଧାନାଥ ଶ୍ରେଷ୍ଠ ରୂପ ମନେ କରୁଥିଲେ। ସେଥିଲାଗି 'ପାର୍ବତୀ'ରେ ସେ ସୌନ୍ଦର୍ଯ୍ୟରେ କଳଙ୍କ ଦେଖି ସୁନ୍ଦରକୁ ବିକୃତ କରିଥିବା ବ୍ୟକ୍ତିର ବିନାଶ ସାଧନ କରାଇଥିଲେ। 'ମହାଯାତ୍ରା'ରେ ବାରାଙ୍ଗନା ସୌନ୍ଦର୍ଯ୍ୟରେ ଯେଉଁ ଉଦ୍ଦାମ ଉତ୍କଟ ଆକର୍ଷଣ କରିଦେଇଛନ୍ତି, ତାହା ଘୃଣିତ ରୂପ। ଏହି ରୂପ ବିଶିଷ୍ଟ ନାରୀ ସମାଜରେ ଧ୍ୱଂସ ଆନୟନ କରେ। ଅକ୍ଳେଶରେ ସଂଯମର ବନ୍ଧ ଭାଙ୍ଗି କୁଳୀନ ବଂଶର ସନ୍ତାନମାନଙ୍କୁ ମଧ୍ୟ ପ୍ରଲୁବ୍ଧ କରେ ଓ ନାନା ଦୁରାରୋଗ୍ୟ ବ୍ୟାଧିର ବିଷାକ୍ତ ଜୀବାଣୁ ସମାଜରେ ବିକ୍ଷୁ ବିଭ୍ରାଟ ସୃଷ୍ଟି କରେ। ସେଥିଲାଗି କବି ଏହି ରୂପ ପ୍ରତି ସମାଜକୁ ସାବଧାନ କରିଦେଇଛନ୍ତି।

ରୂପର ପୂଜା ନକରି ରୂପ ପ୍ରତି ଆତ୍ୟନ୍ତିକ ଆସକ୍ତି ପ୍ରକାଶ କଲେ ମୃତ୍ୟୁ ଅବଶ୍ୟମ୍ଭାବୀ। ଫଳରେ କେବଳ ଅପଯଶ ହିଁ ସାର ହୁଏ। ସୂର୍ଯ୍ୟଙ୍କର ଚନ୍ଦ୍ରଭାଗା ପ୍ରତି ଭୋଗ ସର୍ବସ୍ୱ ଆସକ୍ତି ହିଁ ରାଧାନାଥଙ୍କ ଦୃଷ୍ଟିରେ ଇତର। ଚନ୍ଦ୍ରଭାଗାର ସୌନ୍ଦର୍ଯ୍ୟରେ ପ୍ରଲୁବ୍ଧ ହୋଇ ତାହାକୁ ବଳାତ୍କାରରେ କରାୟତ୍ତ କରିବାକୁ ଚାହିଁବାରୁ ରୂପ-ପ୍ରତିମାର ତ ବିନାଶ ଘଟିଲା, ସୂର୍ଯ୍ୟ ନିଜେ ମଧ୍ୟ ନିନ୍ଦିତ ହେଲେ ଓ ତାଙ୍କ କର୍ମ ପାଇଁ କୋଣାର୍କ କ୍ଷେତ୍ରରୁ ଅର୍କ-ପୂଜା ବିଧାନ ଉଠିଗଲା।

ସୁନ୍ଦର ବସ୍ତୁକୁ ସ୍ୱାର୍ଥପର ଭାବେ ଭୋଗ କରିବାକୁ ଚାହିଁଲେ ସେ ଧରାଦିଏ ନାହିଁ। ସେ ତା'ର ନିଜ ଇଚ୍ଛାରେ ସମର୍ପିତ ହୁଏ। ଭାଷାଭଳି କଠୋର ମନୋବୃତ୍ତିସମ୍ପନ୍ନା ନାରୀ ନିଜେ ଯେତେବେଳେ ଅନୁରାଗିଣୀ ହୋଇଉଠିଛି, ସେତେବେଳେ ନିଜର ଗତିକୁ ମନ୍ଦ କରିଦେଇଛି। ରୂପମୟୀ ମନର ଏହି ରହସ୍ୟର କାରଣ ଜାଣିବା କଷ୍ଟକର। ଅନୁରାଗ ହିଁ ଏହାର କାରଣ ହୋଇପାରେ। ଜୟନ୍ତକୁ ଦେଖି ଉଷା ମନରେ ଯେଉଁ ଭାବ ଉଦୟ ହୋଇଛି, ତାହା ତାହାର ସୌନ୍ଦର୍ଯ୍ୟାନୁରାଗିଣୀ ମନର ପରିଚାୟକ। ସେ ଏଡ଼େ କଠୋର ଓ ନିର୍ମମ ହୋଇପାରେ, ଯୁବକର ଜୀବନ ସହିତ ଖେଳିବା ଯାହା ପାଇଁ ଏକ ସାଧାରଣ କଥା, ସେ ଯେ ହଠାତ୍ ନିଜର ମନୋଭାବ ପରିବର୍ତ୍ତିତ କରିଦେଇଛି, ତାହା ଅନୁରାଗିଣୀ ମନର କୋମଳତା ଓ ନାରୀତ୍ୱର ବିଶେଷ ଗୁଣ ହେତୁ ସମ୍ଭବ ହୋଇଛି। ଜୟନ୍ତର ରୂପ ସୌନ୍ଦର୍ଯ୍ୟ ମଧ୍ୟ ଏଥିପାଇଁ ଦାୟୀ। ଭାଷାର ମନସ୍ତତ୍ତ୍ୱ ଚିତ୍ରଣରେ ରାଧାନାଥ ପ୍ରକୃତ ସୌନ୍ଦର୍ଯ୍ୟର ଜୟଗାନ କରିଛନ୍ତି-

ହରାଇ ନ ହେଲା ଜୟନ୍ତର ମନେ ଯେଉଁ ହରଷ
ହାରି ଶତଗୁଣେ ତହୁଁ ହୃଷ୍ଟ ହେଲା ଭାଷା ମାନସ।[୨୪]

କାହିଁକି ସେ ତା'ର ଦୁର୍ମଦ ପ୍ରତିଜ୍ଞା ଭୁଲି ରୂପର ଆକର୍ଷଣରେ ପରାଜିତା ହେଲା ଏକଥା ତା'ଛଡା ଆଉ କେହି କହିପାରିବେ ନାହିଁ। ରୂପଦେବତା ଏହାର ଉତ୍ତର ଦେଇପାରନ୍ତି। ଜୟନ୍ତକୁ ଦେଖି ଉଷା ଭାବିଥିଲା ରୂପ-ବିଦ୍ୱେଷୀ କେଉଁ ଅପଦେବତା ଏପରି ସୁନ୍ଦର ପୁରୁଷକୁ ଏହି ମୃତ୍ୟୁପଣରେ ବ୍ରତୀ କରାଇଛି।

ରୂପ, ଶୀଳ ସୌନ୍ଦର୍ଯ୍ୟହୀନ ହେଲେ ଅନାକର୍ଷଣୀୟ ଓ ପ୍ରତ୍ୟାଖ୍ୟାତ ହୁଏ। 'ନନ୍ଦିକେଶ୍ୱରୀ'ରେ ନନ୍ଦିକା ଭଳି ରୂପୈଶ୍ୱର୍ଯ୍ୟଶାଳିନୀ ରାଜକନ୍ୟା ରାତ୍ରିର ନିର୍ଜନ ପ୍ରହରରେ ପୁରୁଷକୁ ଭେଟିଥିଲେ ମଧ୍ୟ ଶତ୍ରୁପକ୍ଷୀୟ ଉତ୍କଳ ରାଜକନ୍ୟାଙ୍କର ଏତାଦୃଶ ବ୍ୟଭିଚାର ପାଇଁ ଚୋରଗଙ୍ଗ ତାହାର ପ୍ରେମ ନିବେଦନକୁ ପ୍ରତ୍ୟାଖ୍ୟାନ କରିଦେଇଛନ୍ତି । ସେହି ଅପୂର୍ବ ସୌନ୍ଦର୍ଯ୍ୟର ମୂର୍ତ୍ତିମତୀ ନାରୀକୁ ଦେଖି ଧର୍ମବୀର ଚୋରଗଙ୍ଗଙ୍କ ଅଟଳ ମନ ବିଚଳିତ ହୋଇନଥିଲା । ରୂପର ଆବେଦନ ଧୈର୍ଯ୍ୟବାନ୍ ପୁରୁଷ ନିକଟରେ ନିଷ୍ଫଳ । ମଦନର ବାଣ ମଧ୍ୟ ନିଷ୍କ୍ରିୟ । କନ୍ଦର୍ପର ସକଳ ଚେଷ୍ଟା ଶିବଙ୍କୁ ମୁହୂର୍ତ୍ତକ ପାଇଁ ଚଞ୍ଚଳ କରିଦେଇଥିଲେ ମଧ୍ୟ ତାଙ୍କର ସଂଯମର ବନ୍ଧ ଦୃଢ଼ ଥିବାରୁ ସେ ତାହାକୁ ଭସ୍ମୀଭୂତ କରିଦେଇଥିଲେ । ନନ୍ଦିକାର କର୍ମ ତାହାର ବଂଶ ଓ ଶୀଳ ଅନୁରୂପ ହୋଇନଥିବାରୁ ଚୋରବୀର ତାହାକୁ ଗ୍ରହଣ କରିନାହାନ୍ତି । ନନ୍ଦିକାକୁ ରାତ୍ରିର ନିର୍ଜନ ପ୍ରହରରେ ନିଜ ସମ୍ମୁଖରେ ଦେଖି-

ଅଦ୍ଭୁତ ସୌନ୍ଦର୍ଯ୍ୟ ଅଦ୍ଭୁତ ଆଶ୍ରୟ
ଶୁଣି ସେନାପତି ମଣିଲେ ବିସ୍ମୟ ।[୨୫]

ପ୍ରେମପାଇଁ ପିତୃଦ୍ରୋହୀ, ରାଜଦ୍ରୋହୀ ଓ ଦେଶଦ୍ରୋହୀ ରୂପ ତିନୋଟି ପାପକର୍ମରେ ପ୍ରବୃତ୍ତ ହୋଇଥିବା ଏହି ନାରୀର ଅପରୂପ ସୌନ୍ଦର୍ଯ୍ୟ ଓ ଅଦ୍ଭୁତ ସାହସ ଦେଖି ସେ ବିସ୍ମିତ ହୋଇଛନ୍ତି । କୋପ, ଘୃଣା, ଦୁଃଖ ଓ ବିସ୍ମୟ ମିଳିତ ହୋଇ ଉପସ୍ଥିତ କର୍ତ୍ତବ୍ୟ ସମ୍ବନ୍ଧରେ ତାଙ୍କର ଚିତ୍ତକୁ ଆନ୍ଦୋଳିତ କରିଛି । ରୂପ ଭୁଲ୍ ବାଟରେ ଯାଇପାରେ; ମାତ୍ର ତାହାକୁ ସେହି କର୍ମରେ ପ୍ରବୃତ୍ତ ନ କରାଇ ନିବୃତ୍ତ କରାଇବା ଧୈର୍ଯ୍ୟଶୀଳ, ସଂଯମୀ ବ୍ୟକ୍ତିର ଉପଯୁକ୍ତ କର୍ମ । ଚୋରଗଙ୍ଗ ସେହି ଅଟଳତାର ପରିଚୟ ଦେଇଛନ୍ତି । ନନ୍ଦିକାର ପ୍ରେମ ସୁନ୍ଦର ହୋଇପାରେ; ମାତ୍ର ତାଙ୍କର କର୍ମ ସୁନ୍ଦର ନୁହେଁ । ସେଥିଲାଗି ସେ ପ୍ରେମିକ ଓ ରାଧାନାଥ, ଉଭୟଙ୍କର ସ୍ୱୀକୃତି ଲାଭରୁ ବଞ୍ଚିତା । ଚୋରଗଙ୍ଗ ତାହାକୁ 'ଦୁଃଶୀଳା' ବୋଲି ସମ୍ବୋଧନ କରିଛନ୍ତି । କାଳେ କାଳେ ଦେଶେ ଦେଶେ ଅପମାନିତା ନାରୀ ନିଜର ଲଳିତ ଦେହକାନ୍ତିକୁ ବ୍ୟର୍ଥଜ୍ଞାନ କରି ଶୂନ୍ୟ ହୃଦୟରେ

ଗୃହକୁ ଫେରିଛି । ପାର୍ବତୀ ରୂପର ଅସାରତା ଅନୁଭବ କରି (ବ୍ୟର୍ଥଂ ସମର୍ଥ୍ୟ ଲଳିତଂ ବପୁରାତ୍ମନଶ୍ଚ) ଦୁରୂହ ତପଶ୍ଚର୍ଯ୍ୟାରେ ବ୍ରତୀ ହୋଇ ଶିବଙ୍କର ପ୍ରେମପାତ୍ରୀ ହୋଇଥିଲେ । ମାତ୍ର ନନ୍ଦିକା ରୂପର ଗ୍ଲାନି ସହି ଆଉ ରାଜପୁରୀ, ପିତୃପୁରୀକୁ ଫେରିନାହିଁ । ମୃତ୍ୟୁ ତାହାର ଏକମାତ୍ର ଅବଲମ୍ବନ ମନେହୋଇଛି ।

ରାଧାନାଥ ମଧ୍ୟ ସତ୍ୟର ସୌନ୍ଦର୍ଯ୍ୟ-ମୂର୍ତ୍ତିରେ ଆସ୍ଥା ରଖିଥିଲେ । 'ସାବିତ୍ରୀ ଚରିତ'ରେ ସାବିତ୍ରୀଙ୍କର ଯମକୁ ଉତ୍ତର ସତ୍ୟ-ସୌନ୍ଦର୍ଯ୍ୟର ମହିମା ପ୍ରଖ୍ୟାପକ-

ସତ୍ୟ ଯେ ସେ ଧର୍ମର ଅଟେ ଆଧାର
ସତ୍ୟ ଧରେ ଧର୍ମକୁ, ଧର୍ମ ସଂସାର
ସତ୍ୟ ଶିବ ସୁନ୍ଦର ସତ୍ୟ ମହାନ
ନିଜେ ସତ୍ୟ ମୂରତି ଶ୍ରୀ ଭଗବାନ ।

ପବିତ୍ରତା ମଧ୍ୟ ସତ୍ୟକୁ ଧାରଣ କରି ମହାନ୍ ହୁଏ-

ପବିତ୍ର ଯା ଜଗତେ ସତ୍ୟ ନିହିତ
ସନ୍ଥର ହୃଦ ସଦା ସତ୍ୟେ ଦୀକ୍ଷିତ ।

ସେହି ସତ୍ୟ-ସୌନ୍ଦର୍ଯ୍ୟ-ପବିତ୍ରତା ବଳରେ ସାବିତ୍ରୀ ସ୍ୱାମୀଙ୍କୁ ମୃତ୍ୟୁ ହସ୍ତରୁ ଫେରାଇ ଆଣିଥିଲେ ।

ପ୍ରକୃତ ସୌନ୍ଦର୍ଯ୍ୟ ମାନବ କାମନାର ଲୋଭାକର୍ଷଣ କରେ ନାହିଁ । କାମୀ ମାନବର ଦୁର୍ବଳ ହୃଦୟ ତାହାର ସମ୍ମୁଖୀନ ହେବାକୁ ଭୟ କରେ । ସାବିତ୍ରୀଙ୍କ ଯୌବନ ସମୁପାଗତା ରୂପ ଦେଖି ଲୋକେ ଭାବୁଥିଲେ-

ବାଳାକୁ ଦେଖିଣ ଲୋକେ ବିସ୍ମୟ ବିହ୍ୱଳେ
ମଣୁଥିଲେ ଦିବୁଁ କିବା ଆସିଛି ଅପ୍‌ସରା
ରାଜକୁଳେ ଥିଲେ ଯେତେ ମୁଖ୍ୟ ନର ନାହା
ଅନିନ୍ଦ୍ୟ ସୌନ୍ଦର୍ଯ୍ୟ ତାର ନିରେଖି ନୟନେ
ମାନବ କାମନାତୀତ ଜ୍ୟୋତିଃ ସ୍ୱରୂପିଣୀ
ଦେବଯୋଗ୍ୟା ଦିବ୍ୟଙ୍ଗନା ମଣି ରୂପସୀ କି
ବରିବାକୁ କେହି, ମନେ ନହେଲେ ସାହସୀ ।[୨୬]

ରାଧାନାଥ ରୂପର ବ୍ୟଭିଚାର ଅସମ୍ଭବ ମଣୁଥିଲେ ଓ ତାହାର ପବିତ୍ରତା, ଶୁଦ୍ଧତା ଏବଂ ନିଷ୍କଳୁଷତା ଉପରେ ଗଭୀର ବିଶ୍ୱାସ ସ୍ଥାପନ କରିଥିଲେ । 'ଫୁଲରାଣୀ'ର ରୂପ ତାଙ୍କର ସକଳ ନାରୀରୂପ ମଧ୍ୟରେ ଆଦର୍ଶ-ସୌନ୍ଦର୍ଯ୍ୟ ଦୃଷ୍ଟିରୁ ଶୀର୍ଷ ସ୍ଥାନୀୟ । କି ନିଷ୍ପାପ, ଅନିର୍ବଚନୀୟ ରୂପ ! ଧରାର ଧୂଳି ତାହାକୁ ମଳିନ କରିପାରେ ନାହିଁ । ସ୍ୱର୍ଗୀୟତା

ଓ ନନ୍ଦନର ପୁଣ୍ୟଗନ୍ଧ ତା' ଦେହରୁ ପ୍ରସରୁଛି । ପବିତ୍ର ଦେହରେ ପବିତ୍ର ମନ ଅବସ୍ଥାନ କରେ । ରୂପ ସୁନ୍ଦର ଅଥଚ ମନ କୁତ୍ସିତ, ଏହା ପ୍ରକୃତ ସୌନ୍ଦର୍ଯ୍ୟ ନୁହେଁ । କବି ଫୁଲରାଣୀକୁ ସେହି ନିଷ୍ପାପ, ଦିବ୍ୟ-ସୌନ୍ଦର୍ଯ୍ୟର ମୂର୍ତ୍ତିମତୀ ଦେବୀ ରୂପେ ଦେଖିଛନ୍ତି-

ବହି ସୁପବିତ୍ର ମନ ସେ ପବିତ୍ର ଦେହେ
ପ୍ରତେ ହେଉଥାଇ ହେରି ଅମର୍ତ୍ତ୍ୟ ସୁଷମା
କୁମାରୀର, ଗଢ଼ିନାହିଁ ବିହି କଦାଚିତେ
ସେ ମାଧୁରୀ ମାରୁ ହେବାଲାଗି ମର୍ତ୍ତ୍ୟ ଭୋଗେ ।[୨୭]

ରୂପ କିପରି ନିଜର ମାଧୁରୀ ଜାଣିପାରେ ନାହିଁ, ତା'ସତ୍ତ୍ୱେ ଅବ୍ୟାଜ-ମନୋହର ରୂପରେ ଜଗଜ୍ଜନମନ ମୋହିଦିଏ, ଫୁଲରାଣୀ ତା'ର ଉଜ୍ଜ୍ୱଳ ଦୃଷ୍ଟାନ୍ତ । ତାହାର ଅନାସ୍ଥା-ମଧୁର ରୂପ ଦେଖି ଓ ପବିତ୍ର ମନର ପରିଚୟ ପାଇ ଲୋକେ ତାହାକୁ ଦିବ୍ୟ-ସୌନ୍ଦର୍ଯ୍ୟର ପ୍ରତିମୂର୍ତ୍ତି ମନେ କରୁଥିଲେ । ଏଥିରୁ ଜଣାଯାଏ, ରାଧାନାଥ ରୂପକୁ ସ୍ଥୂଳ ଉପଭୋଗର ସାମଗ୍ରୀ ଭାବନ୍ତି ନାହିଁ । ରୂପର ସାତ୍ତ୍ୱିକତା ଉପରେ ତାଙ୍କର ବିଶ୍ୱାସ ଥିଲା ଅତୁଟ । ସେ ମାଧୁରୀ ପୁଣି କେତେ ସୂକ୍ଷ୍ମ-

ସୂକ୍ଷ୍ମ ଅପ୍ରଗଲ୍‌ଭ ବଡ଼ ଥିଲା ସେ ମାଧୁରୀ
ଆଶ୍ୱିନେ ଯେସନ ସୋମ ସୁମନ-ବାସନା ।[୨୮]

ଚନ୍ଦ୍ରଭାଗାର ସୌନ୍ଦର୍ଯ୍ୟମଦରେ ସଦାବିହ୍ୱଳା ରୂପ ନିକଟରେ ଫୁଲବାଳାର ଏହି ଅମାଦକ, ଅଚଞ୍ଚଳ, ସଂଯତ ଓ ପରିମିତ ରୂପ କେତେ ସାତ୍ତ୍ୱିକ ଓ ପ୍ରାଣଶୀତଳକାରୀ ! ରୂପର ପ୍ରଚାରରେ ତା'ର ମନ ନଥିଲା । ରୂପ ନିଜର ଉପସ୍ଥିତିକୁ ଅନ୍ୟ ନିକଟରେ ସାବ୍ୟସ୍ତ କରେ ନାହିଁ; ଅଲକ୍ଷ୍ୟରେ ଅପ୍ରଗଲ୍‌ଭ ମାଧୁରୀ ବିସ୍ତାର କରେ- ଆଶ୍ୱିନରେ ସୋମଫୁଲ ନିଜର ବାସ ବିତରଣ କଲା ପରି ।

ଅଳଙ୍କାର ପ୍ରତି ରୂପସୀମାନଙ୍କର ସାଧାରଣତଃ ପ୍ରଲୋଭନ ଥାଏ । ରାଧାନାଥ ଉଷାର ସ୍ୱର୍ଣ୍ଣକମଳ ତୋଳିନେବା ମୂଳରେ ରମଣୀମାନଙ୍କର ସେହି ଭୂଷାପ୍ରିୟତାକୁ କାରଣ ସ୍ୱରୂପ କଳ୍ପନା କରି ତାହାର ପୁରୁଷଗୁଣକୁ ସୁକୁମାରତା ପ୍ରଦାନ କରିଛନ୍ତି । ଅଳଙ୍କାର ଦେଖିଲେ ଉପସ୍ଥିତ କର୍ତ୍ତବ୍ୟ ଭୁଲି ନାରୀମାନେ ତାହାକୁ ହସ୍ତଗତ କରିବା ପାଇଁ ମନ ବଳାଇଥାନ୍ତି । ନାରୀମନର ଏହି ସାଧାରଣ ସତ୍ୟକୁ କବି ପ୍ରକଟ କରିଛନ୍ତି- 'ଅଳଙ୍କାର ସ୍ପୃହା ଛାଡ଼ିପାରନ୍ତି କି କେବେ ଅଙ୍ଗନା' ଉଷା କଠୋର ପ୍ରକୃତିର ନାରୀ ହୋଇପାରେ; ମାତ୍ର ଅଳଙ୍କାର ତା'ର ନାରୀତ୍ୱର ଦୁର୍ବାର ଆକର୍ଷଣର ବସ୍ତୁ ।

ରାଧାନାଥ ସୌନ୍ଦର୍ଯ୍ୟର ସ୍ୱତଃ ପ୍ରକଟ ସମ୍ବନ୍ଧରେ ପୂର୍ଣ୍ଣ ଅବହିତ ଥିଲେ । ସୌନ୍ଦର୍ଯ୍ୟ ନିଜକୁ ଲୁଚାଇ ରଖିପାରେ ନାହିଁ । ରସିକ ସୌନ୍ଦର୍ଯ୍ୟ-ମଧୁ ସନ୍ଧାନରେ

ବହିର୍ଗତ ହୋଇ ବାଧା ବିପଦ ବରଣ କରି ଶେଷରେ ମୃତ୍ୟୁମୁଖରେ ପଡ଼ିଲେ ମଧ୍ୟ ରୂପପ୍ରୀତିର ମୋହ ଛାଡ଼ିପାରେ ନାହିଁ । 'ପୁଷ୍ପେ ଥିଲେ ମଧୁ ଯତନେ ଖୋଜି ମଧୁପ କାଢ଼େ'-ଏଠାରେ ମଧ୍ୟ ମଧୁପର ରସିକତ୍ୱ ଓ ସନ୍ଧାନୀ-ପ୍ରକୃତି ସୂଚିତ । ନିମ୍ନୋକ୍ତ ପଦରୁ ସୌନ୍ଦର୍ଯ୍ୟ-ପ୍ରେମୀର କୋମଳ ହୃଦୟର ପରିଚୟ ମିଳେ-

ଦାରୁଭେଦକ୍ଷମ ଭ୍ରମର ପଶି କମଳ କୋଳେ
ପାଶୋରେ ଆପଣା ବିକ୍ରମ-ପ୍ରେମ-ମୋହନ ଭୋଳେ ।(୨୯)

ଏହାହିଁ ସୌନ୍ଦର୍ଯ୍ୟ-ପ୍ରେମୀର ଲକ୍ଷଣ । ସୌନ୍ଦର୍ଯ୍ୟ-ପ୍ରେମୀ ନିଷ୍ଠୁର ହୋଇପାରେ ନାହିଁ । ଯେଉଁ ଭ୍ରମର କର୍କଶ କଠିନ କାଷ୍ଠ କାଟିପାରେ, ସେ ଚାହିଁଲେ ଫୁଲକୁ କାଟି ବାହାରି ଆସିପାରନ୍ତା । ମାତ୍ର ପ୍ରେମ-ମୋହିତ ଭ୍ରମର କମଳର କୋମଳ ପାଖୁଡ଼ା ଭେଦକରି ଆସିପାରେ ନାହିଁ । ତା'ର ପୌରୁଷ ମୃତ୍ୟୁକୁ ଶ୍ଳାଘ୍ୟ ମଣେ । କାରଣ ପ୍ରେମାରାଧିକାକୁ ଆଘାତ ଦେବା ତା'ର ଅଭିପ୍ରାୟ ହୋଇ ନଥିବାରୁ ନିଜର ବିକ୍ରମ ଓ ବୀର୍ଯ୍ୟର ପରୀକ୍ଷା ଦେବାକୁ ସେ କୁଣ୍ଠିତ ହୁଏ । ସୌନ୍ଦର୍ଯ୍ୟ ଓ ପ୍ରେମର ଏହି ଅମୋଘ ପ୍ରଭାବ ରାଧାନାଥ ଅନୁଭବ କରିଥିଲେ ।

ରାଧାନାଥଙ୍କ ଦୃଷ୍ଟିରେ ପୃଥିବୀ ଦେଖାଇ ହେବାର ସ୍ଥାନ । ବାହ୍ୟ ଚାକଚକ୍ୟରେ ଯେଉଁ ରମଣୀୟତା ତାହା ଶିଶୁ ମନୋହର ଝଳି ମାତ୍ର । ସେପରି ସୌନ୍ଦର୍ଯ୍ୟକୁ କବି ଅସାର ମଣିଛନ୍ତି । ଦେଶୀୟ ଲୋକେ ଆପାଦମସ୍ତକ ଅଜ୍ଞାନରେ ବୁଡ଼ି ରହିଥିବାରୁ ଅବସ୍ତୁରେ ବସ୍ତୁ ଭ୍ରମ କରୁଛନ୍ତି ଓ ଅସାର ଝଟକରେ ଭୁଲି ଶିଶୁଭଳି ଅଳି କରୁଛନ୍ତି । ନବ୍ୟ ଘଡ଼ିଚେନ ପ୍ରାଚୀନକୁଣ୍ଡଳ ପିନ୍ଧି ସଭ୍ୟ ଓ ଅଭିଜାତ-କୁଳୋଦ୍ଭବ ଭାବେ ଆତ୍ମପ୍ରଚାରରେ ବ୍ରତୀ ହେଉଛନ୍ତି । ମାନବର ଅମର ଚିତ୍‌କଣା 'ମୁଁ ତ୍ୱ'ରେ ଜଡ଼ିତ ହୋଇ ପୃଥିବୀରେ ଅସଂଖ୍ୟ ପେଖନା' ଦେଖାଉଛି । ଅହମିକା-ବନରେ ପ୍ରଜାପତି ପରି ଘୂରି ବୁଲୁଥିବା ମଣିଷର ଏହି ଫୁଲା-ପଣ ଓ ଆଡ଼ମ୍ବର ପ୍ରିୟତାକୁ ରାଧାନାଥ ଘୃଣା କରିଛନ୍ତି । ଏହି ଦେଖାଇହେବା ପ୍ରବୃତ୍ତିକୁ କବି ଅନ୍ୟତ୍ର 'ସୁଭଗମ୍ମନ୍ୟତା' ନାମରେ ଅଭିହିତ କରିଥିଲେ ।(୩୦)

'ଚିଲିକା' କାବ୍ୟ ସୁଷମାଗ୍ରାହକ ରାଧାନାଥଙ୍କ ସୌନ୍ଦର୍ଯ୍ୟ-ଦର୍ଶନର ଅମର ଗ୍ରନ୍ଥ । ଗୋପବନ୍ଧୁ ଏହି କାବ୍ୟରେ କବିଙ୍କର ସୌନ୍ଦର୍ଯ୍ୟଗ୍ରାହୀ ମନର ଯେଉଁ ପରିଚୟ ପାଇଥିଲେ, ନିମ୍ନୋକ୍ତ ପଦରେ ବ୍ୟକ୍ତ କରିଛନ୍ତି-

ଉତ୍କଳର ତୁହି ସୌନ୍ଦର୍ଯ୍ୟର ଖଣି
ସାରସ୍ୱତ ନେତ୍ରେ ବାଛି ତହୁଁ ମଣି
ସୁଦକ୍ଷ ବିନ୍ଧାଣୀ ରଚି ଯେଉଁ ହାର

ଅର୍ପିଲେ ଉତ୍କଳେ ଭାରତୀ ଗଳାର
ଚିରଦିନ ତାହା ରାଜିବ ରୁଚିର
ତା ଦେଖି ଭାବୁକେ ଲୋଡ଼ିବେ ତୋ ତୀର ।

ବାସ୍ତବିକ 'ଚିଲିକା' ରେ ରାଧାନାଥଙ୍କ ସୌନ୍ଦର୍ଯ୍ୟପ୍ରୀତି, ସୌନ୍ଦର୍ଯ୍ୟଦର୍ଶନ ଓ ସୌନ୍ଦର୍ଯ୍ୟଦର୍ଶନ ଅଧ୍ୟୟନର ସମସ୍ତ ଜ୍ଞାନ ଠୁଳ ହୋଇଛି । 'ଚିଲିକା' ପାଠ କରି ପାଠକ ଚିଲିକାର କଳ୍ପ-ଶୋଭା ସନ୍ଦର୍ଶନ କରେ ଓ ନିଜ ଜୀବନରେ ଥରେ ଦେଖି ଆସିବାକୁ ଇଚ୍ଛାକରେ । କବିଦୃଷ୍ଟିରେ ଚିଲିକା ଶୋକପାଶୋରା ଅପ୍‌ସରାଭୁବନ, ଅନନ୍ତଯୌବନା ଓ ଉତ୍କଳ ଭୁବନେ ଶୋଭାର ଭଣ୍ଡାର । ସେ ଆଶା ଓ ଆଶ୍ରୟଦାୟିନୀ ତଥା ରୁଦ୍ରସୁନ୍ଦରୀ । ବହୁ ଜୀବଙ୍କୁ ଆଶ୍ରୟ ଓ ଆହାର ଦେଇ ମଧ୍ୟ ତା'ର ଅକ୍ଷୟ ଭଣ୍ଡାର ଶେଷ ହୁଏ ନାହିଁ । ତା'ଠାରେ ଏକାଧାରରେ ଶାନ୍ତି ଓ ଶୀତଳତା ବିଦ୍ୟମାନ । ପବିତ୍ରତା ଓ ସୌନ୍ଦର୍ଯ୍ୟର ଅପୂର୍ବ ସମନ୍ୱୟ ଘଟିଛି ଏହି ରୂପସୀ ହ୍ରଦରେ-

ପବିତ୍ର ସୁନ୍ଦର ସୁନ୍ଦର ପାବନ
ତୋଠାରେ ହୋଇଛି ଏହା ସଂଘଟନ ।

ତା'ର ରୂପର ଶୁଭ୍ରତା ହେତୁ ଶୁଭ୍ର ଜୀବମାନେ ତହିଁରେ ବିହାର କରୁଛନ୍ତି । ସେ ମହାକାଳର ଅଚଞ୍ଚଳ ସ୍ୱାକ୍ଷର ଘେନି ବିରାଜିତା । ଭାରତୀ ଭକ୍ତ ରୂପପାୟୀ କବିଗଣ ତାହାର ଧ୍ୟାନରେ ନିମଗ୍ନ । ମନରେ ଅତୃପ୍ତ ପିପାସା ଘେନି ତାହାର ଶୋଭା ସନ୍ଦର୍ଶନ କଲେ ମଧ୍ୟ ତା'ର ଶୋଭାର ଭଣ୍ଡାର ଅକ୍ଷୟ ।

ସୁନ୍ଦର ବସ୍ତୁ ବାରମ୍ବାର ଦର୍ଶନ କଲେ ମଧ୍ୟ ତୃପ୍ତି ଆସେ ନାହିଁ । ରୂପପ୍ରୀତିର ପିପାସା ଏତେ ବଳବତୀ ଯେ, ଯେତେ ଦେଖିଲେ ମଧ୍ୟ ବସ୍ତୁ ପ୍ରତିଥର ନୂଆ ନୂଆ ଦିଶେ । ତା'ସତ୍ତ୍ୱେ ମନରେ କି ଏକ ଅତୃପ୍ତି ରହିଯାଏ ଓ ସେଥିଲାଗି ବ୍ୟକ୍ତିକୁ ସେହି ବସ୍ତୁ ପ୍ରତି ବାରମ୍ବାର ଫେରିବାକୁ ପଡ଼େ । ସକଳ କର୍ମ ମଧ୍ୟରେ, ଯହିଁଥିଲେ ମଧ୍ୟ ତାହାକୁ ହୃଦୟର ସଙ୍ଗାଳି ଓ ନେତ୍ର-ପ୍ରତିମା କରି ଧାରଣ କରେ । ବସ୍ତୁ ଶୋଭାର ଅନନ୍ୟତା ତା'ର ସୌନ୍ଦର୍ଯ୍ୟକୁ ବଢ଼ାଇଦିଏ । ରାଧାନାଥ ଚିଲିକାର ତୀରବନ, ଜଳଚର ଜୀବ, ତୀରପଲ୍ଲୀ, ହରିଣୟମାନ ଶସ୍ୟକ୍ଷେତ୍ର, ପ୍ରଭାତ ସନ୍ଧ୍ୟାର ବର୍ଣ୍ଣମୟ ଚିତ୍ର, ତୀରସ୍ଥ ଓ ଗର୍ଭସ୍ଥ ପର୍ବତାଦିର ଶୋଭା ବହୁବାର ଦେଖିଥିଲେ ହେଁ ପ୍ରତ୍ୟେକ ଦର୍ଶନରେ ସେ ସବୁର ନିତ୍ୟନୂତନତା ହୃଦୟଙ୍ଗମ କରୁଥିଲେ-

କେତେଥର ଦେଖିଅଛି ଏହି ମାନ
ମାତ୍ର ପ୍ରତିଥର ଦିଶେ ଆନ ଆନ
ଦୃଷ୍ଟପୂର୍ବ ହୋଇ ଅପୂର୍ବ ପ୍ରତୀତି

ସୁନ୍ଦର ପଣର ଚିରନ୍ତନ ରୀତି;
ସୁନ୍ଦରେ ତୃପ୍ତିର ଅବସାଦ ନାହିଁ
ଯେତେ ଦେଖୁଥିଲେ ନୂଆ ଦିଶୁଥାଇ ।[୩୧]

ଏହାହିଁ ସୌନ୍ଦର୍ଯ୍ୟର କ୍ଷଣ କ୍ଷଣ ନବୀନତା ଧାରଣ । ତାହା ଯେତେ ଦେଖୁଥିଲେ ମଧ୍ୟ ପ୍ରତିଥର ନବୀନ ରୂପରେ ପ୍ରତିଭାତ ହୁଏ । ଯେଉଁ ବସ୍ତୁର ଦର୍ଶନ, ମନନ ଓ ରସାସ୍ୱାଦନରେ ଆମର କ୍ଲାନ୍ତି ଆସେ ନାହିଁ, ଯାହାକୁ ଦେଖିବା ପାଇଁ ଆମେ ବାରମ୍ବାର ତାହା ନିକଟକୁ ଧାଇଁଯାଉ, ତାହା ସୁନ୍ଦର । ନିତ୍ୟ ନୂତନତା ତଥା 'ଅପୂର୍ବ ପ୍ରତୀତି' ସୌନ୍ଦର୍ଯ୍ୟର ସାର୍ବଜନୀନ ଓ ଶାଶ୍ୱତ ବୈଶିଷ୍ଟ୍ୟ । ସୌନ୍ଦର୍ଯ୍ୟକୁ କିଏ କେତେ ଭାବରେ ଦେଖିଛନ୍ତି । ମାତ୍ର ରାଧାନାଥ ତହିଁରେ ଅବସାଦ ଦେଖିନାହାନ୍ତି । ଇଂରେଜ କବି କୀଟସ୍‌ଙ୍କ ସୌନ୍ଦର୍ଯ୍ୟ-ଦର୍ଶନ-

A thing of beauty is a joy for ever
It's Loveliness increases
It will never pass into nothingness.

ତଥା ମାଘ କବିଙ୍କର 'କ୍ଷଣେ କ୍ଷଣେ ଯନ୍ନବତାଂବିଧରେ ତଦେବରୂପଂ ରମଣୀୟ ତାୟା'- ଉଭୟ କବିଙ୍କର ରୂପ ଦୃଷ୍ଟିର ସମନ୍ୱୟ କରି ରାଧାନାଥ ନିଜର ସୌନ୍ଦର୍ଯ୍ୟ-ଦର୍ଶନ ଉପସ୍ଥାପନ କରିଛନ୍ତି ।

ରାଧାନାଥଙ୍କର ସୌନ୍ଦର୍ଯ୍ୟ-ତୃଷା ପ୍ରବଳ । ଯେଣେତେଣେ ବୁଲୁଥିଲେ ମଧ୍ୟ ଚିଲିକାର ସୌନ୍ଦର୍ଯ୍ୟ ତାଙ୍କ ମନରୁ ବିସ୍ମୃତ ହୋଇନାହିଁ । ସୁନ୍ଦର ବସ୍ତୁ ସମ୍ମୁଖରେ ନଥିଲେ ମଧ୍ୟ ସ୍ମୃତି-ଉଦ୍‌ବୋଧନ ଫଳରେ ତାହାର ରୂପ ଚାକ୍ଷୁଷ ପ୍ରତ୍ୟକ୍ଷ କରିହୁଏ । ବହୁ ଦୂରବର୍ତ୍ତୀ ସ୍ଥାନ ଓ ପ୍ରତିକୂଳ ପରିବେଶରେ ଥାଇ କବି ଚିଲିକାର ସ୍ନିଗ୍ଧ ରୂପକୁ ପିପାସିତ ହୃଦୟରେ ସ୍ମରଣ କରିଛନ୍ତି-

ତୃଷାତୁର ରୋଗୀ ଗୃହେ ଯଥା ବସି
ସ୍ମରେ କମଳିନୀ ହରିତ ସରସୀ
ସେହି ରୁକ୍ଷ ଦୃଶ୍ୟେ ସ୍ନିଗ୍ଧ-ଛବି ତୋର
ନେତ୍ରାତିଥି ସ୍ମୃତି କରୁଥିଲା ମୋର ।[୩୨]

ଏଠାରେ ସ୍ମୃତି ସାହାଯ୍ୟରେ ପୂର୍ବ ପ୍ରତ୍ୟକ୍ଷ ବସ୍ତୁର ଦର୍ଶନ କଥା କୁହାଯାଇଛି । ସ୍ମୃତି ବସ୍ତୁକୁ ନେତ୍ରଗୋଚର କରାଇଦିଏ ।

ରସ ଓ ସୌନ୍ଦର୍ଯ୍ୟ ବଚନର ବିଷୟ ନୁହେଁ । ରସାନୁଭୂତି ପରି ସୌନ୍ଦର୍ଯ୍ୟାନୁଭୂତି ଅବର୍ଣ୍ଣନୀୟ ଓ ଅନିର୍ବଚନୀୟ । ଚିଲିକାର ରୂପମୁଗ୍ଧ କବି ତେଣୁ ଘୋଷଣା କରିଛନ୍ତି-

ବଚନ ବିଷୟ ନୁହଁଇ ଏ ଛବି
ହୃଦ ସେ କେବଳ ପାରେ ଅନୁଭବି ।

ସୌନ୍ଦର୍ଯ୍ୟ ଅନୁଭୂତିର ବିଷୟ ଓ ଚିତ୍ତଗ୍ରାହ୍ୟ। ଏକମାତ୍ର ସହୃଦୟର ହୃଦୟର ଅନୁଭବହିଁ ତାହାର ପ୍ରମାଣ। ତାଙ୍କରିଠାରେ କେବଳ ଅନୁଭବ କ୍ଷମତା ରହିଛି। ସୁନ୍ଦର ବସ୍ତୁର ପ୍ରଭାବଜନିତ ରମ୍ୟାନୁଭୂତିକୁ କଥାରେ କହିହେବ ନାହିଁ କି କାହାକୁ ବୁଝାଇ ହେବ ନାହିଁ। ସେଥିଲାଗି ହୃଦୟ ଲୋଡ଼ା।

ଚିଲିକାର ସ୍ନିଗ୍ଧ ରୂପରେ ମନକୁ ଦେଶକାଳର ଅତୀତରେ ଭ୍ରମଣ କରାଇବାର ଯେଉଁ ଶକ୍ତି ସ୍ୱୀକୃତ ହୋଇଥିଲା, 'ମହେନ୍ଦ୍ରଗିରି' କାବ୍ୟରେ ମଧ୍ୟ ତାହାର ପୁନରାବୃତ୍ତି ଘଟିଛି-

ଏ ଆଦି ଅଶେଷ ସ୍ଥଳୀ ମହୀତଳେ
ଓଟାରି ନିଅନ୍ତି ମନକୁ ସକଳେ
ଯୁଗ ଯୁଗାନ୍ତର ଲଘିଂ କ୍ଷଣେ ମନ
ଅତୀତର ରାଜ୍ୟେ କରେ ବିଚରଣ
ଅତୀତର ଲୀଳାଖେଳା ଦେଖି ରଙ୍ଗେ
ଏକୀଭୂତ ହୋଇଯାଏ ତହିଁ ସଙ୍ଗେ।

ଏହି ସମୟରେ ମନ କଳ୍ପନା ଜରିଆରେ ତା'ସହିତ ସମ୍ଭାଷଣ କରେ-

ଅତୀତର ଧ୍ୟାନେ ହୋଇ ଏକତାନ
ଅତୀତକୁ ମଣେ ଯେହ୍ନେ ବର୍ତ୍ତମାନ।[୩୩]

ଅତୀତର ଉଦ୍‌ବୋଧନ ଓ ତାହାକୁ ବର୍ତ୍ତମାନ ରୂପେ ଉପସ୍ଥାପନ କରିବାର ଶକ୍ତି ସୌନ୍ଦର୍ଯ୍ୟରେ ରହିଥିବା ରାଧାନାଥ ଅନୁଭବ କରିଥିଲେ।

ରାଧାନାଥ ସଜ୍ଞାନ ଚିତ୍ତରେ ସୌନ୍ଦର୍ଯ୍ୟ ଓ ଉଦାତ୍ତ ତତ୍ତ୍ୱ ଅଧ୍ୟୟନ କରି ସେ ଦୁଇଟି ମଧ୍ୟରେ ପାର୍ଥକ୍ୟ ନିରୂପଣ କରିଛନ୍ତି। ପ୍ରତ୍ୟେକର ଆକୃତିଗତ, ପ୍ରକୃତିଗତ ଓ ଅନୁଭୂତିଜନିତ ବୈଶିଷ୍ଟ୍ୟ ପ୍ରଦର୍ଶନ କରି ଉଦାତ୍ତଠାରୁ ସୌନ୍ଦର୍ଯ୍ୟରେ ଆକର୍ଷଣୀୟତା, ଉଲ୍ଲାସ, ହୃଦୟ-ବିସ୍ତୃତ, ଭାବ-ତାତ୍ପର୍ଯ୍ୟ, ହୃଦୟ-ବିନିମୟ ପ୍ରଭୃତି ଗୁଣର ଉପସ୍ଥିତି ସ୍ୱୀକାର କରିଛନ୍ତି। ପାଶ୍ଚାତ୍ୟ ସୌନ୍ଦର୍ଯ୍ୟ-ଦର୍ଶନ, ବିଶେଷତଃ କାଣ୍ଟ, ବର୍କ ପ୍ରଭୃତିଙ୍କ ରଚନା ତାଙ୍କୁ ପ୍ରଭାବିତ କରିଛି। ସୌନ୍ଦର୍ଯ୍ୟ ଓ ଉଦାତ୍ତର ପାର୍ଥକ୍ୟ ସ୍ପଷ୍ଟ କରିବା ପାଇଁ ସେ ଏକ ପକ୍ଷରେ 'ଚିଲିକା' ଓ ଅନ୍ୟ ପକ୍ଷରେ ଭାରତର ବିଭିନ୍ନ ମହାଦୃଶ୍ୟାବଳୀ ତୁଳନାମୂଳକ ଭାବେ ଉପସ୍ଥାପନ କରିଛନ୍ତି। ଉଦାତ୍ତ-ବୋଧକ ସ୍ଥଳରୂପେ ପର୍ବତ, ମରୁଭୂମି, ମହାବନ, ଉପତ୍ୟକା ଓ ସମୁଦ୍ର-ଏହି ପଞ୍ଚସ୍ଥଳର ମହିମ-ସୌନ୍ଦର୍ଯ୍ୟର

ନାମୋଲ୍ଲେଖ କରିଛନ୍ତି। "ସ୍ତବ୍ଧଭାବେ ସେହି ମହାଦୃଶ୍ୟମାନ" ଦେଖି ତାଙ୍କର ଚିତ୍ତବୃତ୍ତି ସ୍ୱାଭାବିକ ଭାବେ କାର୍ଯ୍ୟ କରିନାହିଁ। ଉଦାତ୍ତ-ବୋଧକ ଶବ୍ଦ 'ମହାଦୃଶ୍ୟ' ସମ୍ବନ୍ଧରେ ସେ ସମ୍ପୂର୍ଣ୍ଣ ଅବହିତ ଓ 'ସ୍ତବ୍ଧତା'କୁ ଉଦାତ୍ତ ଅନୁଭୂତିର ଫଳ ରୂପେ ସ୍ୱୀକାର କରିଛନ୍ତି। ଭୀଷଣ, ଉଦାର, ଗମ୍ଭୀର, ବିକଟ ପ୍ରଭୃତି ଶବ୍ଦ ଉଦାତ୍ତ ବସ୍ତୁର ବିଶେଷତ୍ୱ। ରାଧାନାଥ ଏଗୁଡିକୁ ପଦ ମଧ୍ୟରେ ବ୍ୟବହାର କରିଛନ୍ତି। ଏହି ବସ୍ତୁମାନେ ଉଦାତ୍ତ-ଭାବନାର ଉଦ୍‌ବୋଧକ। ହିମାଳୟର ବିରାଟରୂପ ଦର୍ଶନ କରି ସେ ନିଜର ସ୍ଥିତି ସମ୍ବନ୍ଧରେ ସନ୍ଦିହାନ ହୋଇପଡିଲେ। ଚୈତ୍ତିକ ଅନୁଭୂତି ହରାଇ ସେ ସେହି ମହାଦୃଶ୍ୟ ନିକଟରେ ଅସ୍ମିତା (ମୁଁ ଅଛି)କୁ ବିସ୍ମୟରେ ନିମଜ୍ଜିତ କରି ଆତ୍ମସମର୍ପଣ କରିବସିଲେ; ମହାଦୃଶ୍ୟର ସ୍ତବଗାନ କଲେ-ବିଶ୍ୱରୂପ ଦର୍ଶନ କରି ଅର୍ଜୁନ ଶ୍ରୀକୃଷ୍ଣଙ୍କର ମହିମା ଗାନକଲା ପରି। ଉଦାତ୍ତ ଅନୁଭୂତି ସହିତ ଆତ୍ମସଂରକ୍ଷଣ ଭାବନା ମିଶ୍ରିତ। ରାଧାନାଥ ଭୟରେ ହିମାଳୟର ବନ୍ଦନା ଗାନ କରିଛନ୍ତି। ସୂର୍ଯ୍ୟ କିରଣରେ ତାରକାର ଔଜ୍ଜଲ୍ୟ ହ୍ରାସ ପାଇଲା ପରି ସେହି ପ୍ରବଳ ମହାସତ୍ତା ନିକଟରେ (ସୂର୍ଯ୍ୟ ପ୍ରଚଣ୍ଡ ଓ ତେଜସ୍ୱୀ, ତାରକା କ୍ଷୁଦ୍ରପ୍ରାଣ ଓ ସ୍ୱଚ୍ଛାଲୋକ ବିଶିଷ୍ଟ) ନିଜର କ୍ଷୁଦ୍ରତା ଉପଲବ୍ଧ କଲେ।

ବୃହତ୍‌ରୂପ ବିସ୍ମୟର ଜନନୀ।[୩୪] ହିମାଳୟର ଉତ୍ତୁଙ୍ଗ ମହିମା ଦର୍ଶନ କରି ରାଧାନାଥ "ନମୋ ଦେବାତ୍ମନେ ଶ୍ରୀଗୌରୀ ଗୁରବେ" ବୋଲି ସମ୍ବୋଧନ କରି ନମସ୍କାର ବିଧାନ କଲେ। ଉଦାତ୍ତ ବସ୍ତୁ ମନରେ ଭକ୍ତଭାବ ଜାତ କରେ; ମାତ୍ର ତାହା ଭୟ ସଂଜାତ, ପ୍ରେମ-ଭାବରୁ ନୁହେଁ। ପ୍ରଶଂସା, ପୂଜା, ଭୟ ମିଶ୍ରିତ ଭକ୍ତି, ଲଘୁଭାବ, ଦୀନତା, କ୍ଷୁଦ୍ରତା ପ୍ରଭୃତି ଭାବ ବିରାଟ ବସ୍ତୁ ଦର୍ଶନ କାଳରେ ମନରେ ଉଦୟ ହୁଏ। ଚିତ୍ତବୃତ୍ତିର ନିଜ ପଥ ହୁଡିବା ଓ ଆତ୍ମସତ୍ତା ଲୋପପାଇବା ସେହି ବିରାଟ-ବସ୍ତୁର ପ୍ରଭାବ ଯୋଗୁଁ ଘଟିଥାଏ। ଉଚ୍ଚ ପର୍ବତ, ଦୁସ୍ତର ଦିଗନ୍ତ ବିସ୍ତୃତ ମରୁବାଲି, ନିବିଡତା, ବିସ୍ତୀର୍ଣ୍ଣତା ଓ ଗଭୀରତା ଆଦି ଉଦାତ୍ତ ଅନୁଭୂତି ନିମନ୍ତେ ଅବଲମ୍ବନ ବିଭାବ। ରାଧାନାଥଙ୍କ ବର୍ଣ୍ଣିତ ପଞ୍ଚମହାଦୃଶ୍ୟରେ ଏହି ଗୁଣଗୁଡିକ ଥିବାରୁ ଉଦାତ୍ତ ଅନୁଭୂତି ନିମନ୍ତେ ସେଗୁଡିକର ଅବତାରଣା କରାଯାଇଛି। ସମୁଦ୍ରର ଭୈରବ ଗର୍ଜନ ଓ ସୀମାହୀନ ବ୍ୟାପ୍ତିରେ ବୃହତ୍‌ର ଭାବ-ବ୍ୟଞ୍ଜନା ମିଳେ। ହିମାଳୟର ମହାନିର୍ଜନ ପ୍ରଦେଶରେ କବିଙ୍କର ଚିତ୍ତବୃତ୍ତି ଥକି ପଡିଛି। ନିର୍ଜନତା ଉଦାତ୍ତର ଚିହ୍ନ। ଭୟ, ଆଶ୍ଚର୍ଯ୍ୟ, ସମ୍ଭ୍ରମ ପ୍ରଭୃତି ଭାବ ଉଦାତ୍ତ ଅନୁଭୂତି କାଳରେ ଜାତ ହୁଏ। ଅନ୍ଧକାର, ନୀରବତା, ଐଶ୍ୱର୍ଯ୍ୟ, ଆନନ୍ତ୍ୟ ପ୍ରଭୃତି ତାହାର ହେତୁ ରୂପେ ଉଲ୍ଲେଖ କରାଯାଇଛି।

ରାଧାନାଥଙ୍କ ବର୍ଣ୍ଣନା ଅନୁସାରେ ଆମେ ଉଦାତ୍ତ ଓ ସୌନ୍ଦର୍ଯ୍ୟର ପାର୍ଥକ୍ୟ ଉପସ୍ଥାପନ କରିପାରିବା-ଉଦାତ୍ତ ଗୁରୁ ଉପଦେଶ ଭଳି। ତା'ସହିତ ଆମର ଗୁରୁ ଶିଷ୍ୟର

ସମ୍ପର୍କ। ସେ ସମ୍ପର୍କ ଭୟମିଶ୍ରିତ ଓ ଦୂରସ୍ଥ। ସୌନ୍ଦର୍ଯ୍ୟରେ ସଖୀତ୍ୱ ହୃଦୟ ବିନିମୟ ଓ ତାଦାତ୍ମ୍ୟ। ଉଦାତ୍ତ ଗମ୍ଭୀର, ମହୀୟାନ୍, ଉଜ୍ଜ୍ୱଳ, ରୁକ୍ଷ ଓ କର୍କଶ; ସୌନ୍ଦର୍ଯ୍ୟ ସ୍ନିଗ୍ଧ, ନୟନାଭିରାମ ଓ କର୍ଣ୍ଣପ୍ରିୟ। ତାହା ମନକୁ ଅତୀନ୍ଦ୍ରିୟ ରାଜ୍ୟରେ ବିଚରଣ କରାଏ। ସୌନ୍ଦର୍ଯ୍ୟରେ ଦର୍ଶକର କଳ୍ପନାକୁ ଦେଶକାଳରେ ଭ୍ରମଣ କରାଇବା ଶକ୍ତି ନିହିତ। ଉଦାତ୍ତ ମନକୁ ଅବରୁଦ୍ଧ କରିଦିଏ-

ଅବସାଦେ ଅବା ଆତ୍ମ ବିସ୍ମୃତିରେ
ବୁଡେ ନାହିଁ ମନ ତୋର ରମ୍ୟ ତୀରେ।

ଏହା ଚିଲିକାର ସୌନ୍ଦର୍ଯ୍ୟର ବିଶେଷତ୍ୱ; ମାତ୍ର ଏହାକୁ ଉଦାତ୍ତର ବିପରୀତରେ ସ୍ଥାପନ କରାଯାଇଛି। ଉଦାତ୍ତରେ ଅବସାଦ ଓ ଆତ୍ମ-ବିସ୍ମୃତି; ସୌନ୍ଦର୍ଯ୍ୟରେ ହୃଦୟର ପରିବ୍ୟାପ୍ତି। ମହାଦୃଶ୍ୟ ନିକଟରେ ଚାପଲ୍ୟ ଶୋଭାପାଏ ନାହିଁ। ଦର୍ଶକର କଳ୍ପନା ଅବରୁଦ୍ଧ ହୋଇଯାଏ। ଗୁରୁଜନମାନଙ୍କ ନିକଟରେ ପରିହାସ, ଶିଶୁସୁଲଭ କ୍ରୀଡାପ୍ରିୟତା ପ୍ରକାଶ କରାଯାଏ ନାହିଁ। ସଖୀଠାରେ, ମରମୀଠାରେ ହୃଦୟର ନିଭୃତ କଥା ଖୋଲି କହିହୁଏ। ରାଧାନାଥ ଚିଲିକାର ସ୍ନିଗ୍ଧ ସୌନ୍ଦର୍ଯ୍ୟରେ କଳ୍ପନାର ଉନ୍ମୁକ୍ତ କ୍ରୀଡା ନିମନ୍ତେ ଉପଯୁକ୍ତ କ୍ଷେତ୍ର ପାଇଛନ୍ତି। କାରଣ ସଖୀ-ଭାବ କଳ୍ପନା ନିମନ୍ତେ ପ୍ରୟୋଜନ। ଉଦାତ୍ତ ବସ୍ତୁ ବା ସ୍ଥାନ ଦର୍ଶନ କାଳରେ ତାଙ୍କର କଳ୍ପନା ନିମନ୍ତେ ଅବକାଶ ନଥିଲା। ସେତେବେଳେ କଳ୍ପନା ସଙ୍କୁଚିତା ହୋଇଯାଇଥିଲା। ଚିଲିକାର ଉଲ୍ଲାସମୟୀ ରୂପ ଦେଖି ତାଙ୍କର କଳ୍ପନା ପକ୍ଷ ବିସ୍ତାର କରିଛି। ରାଧାନାଥ ଯେ ମହାଦୃଶ୍ୟାବଳୀ ନିକଟରୁ ଫେରି ଚିଲିକାର ସ୍ନିଗ୍ଧ ରୂପପ୍ରତି ଆକୃଷ୍ଟ ହୋଇଛନ୍ତି, ତାହାର ଏକମାତ୍ର କାରଣ ହେଲା ସେମାନଙ୍କର ନିକଟରେ ଅଧିକ କ୍ଷଣ ରହିବା ତାଙ୍କ ପକ୍ଷରେ ସମ୍ଭବ ହୋଇନାହିଁ। ସେମାନଙ୍କ ସାନ୍ନିଧ୍ୟରେ ବ୍ୟକ୍ତିତ୍ୱ ସଙ୍କୁଚିତ ହୋଇଯାଏ। ମାତ୍ର ସୌନ୍ଦର୍ଯ୍ୟ ବ୍ୟକ୍ତିତ୍ୱର ପରିବ୍ୟାପ୍ତି ଘଟାଏ।

ଉଦାତ୍ତ ଦୃଶ୍ୟ ଦର୍ଶନ ଓ ବର୍ଣ୍ଣନା ପାଠକଲେ ଚକ୍ଷୁ ବୁଜି ହୋଇଯାଏ। ମନରେ ମହାଭୟ, ବିସ୍ମୟ, ଚକିତ ଓ ସ୍ତମ୍ଭ ଜାତ ହୁଏ। ଗୋଟିକ ପରେ ଗୋଟିଏ ଦୃଶ୍ୟ ଓ ଭାବ-ବିସ୍ଫୋଟ ଚକ୍ଷୁ ଓ ମନ ସମ୍ମୁଖରେ ନୃତ୍ୟ କରି ମନର ଗ୍ରହଣ କ୍ଷମତା ଲୋପ କରନ୍ତି। ରାଧାନାଥ ମହାଦୃଶ୍ୟର ସୌନ୍ଦର୍ଯ୍ୟ ଉପଭୋଗ କରିବା ପାଇଁ ନିଜର ଅସାମର୍ଥ୍ୟ ପ୍ରକାଶ କରି କହିଛନ୍ତି-

ଯୋଗୀମାନଙ୍କୁ ସେ ସ୍ଥାନ ମନୋହର
ଇତର ଜନଙ୍କୁ ଅବସାଦକର।

ଯୋଗୀଋଷିମାନେ ସେହି ଦୃଶ୍ୟାବଳୀ ପ୍ରତି ଆକୃଷ୍ଟ ହେବେ; ମାତ୍ର ସାଧାରଣ

ଲୋକଙ୍କ ପାଇଁ ସେଗୁଡିକ ଅବସାଦ କର। କବି ନିଜକୁ ଏକ ମହାଦୃଶ୍ୟାବଳୀର ପ୍ରକୃତ ଉପାସକ ଓ ଗ୍ରାହକ ନୁହନ୍ତି ବୋଲି କହିଛନ୍ତି। କାରଣ ତାଙ୍କର ମନ ସ୍ବଭାବତଃ ଲଳିତ ସୁକୁମାର ଓ କୋମଳ ସ୍ନିଗ୍ଧ ବସ୍ତୁ ପ୍ରତି ଆକୃଷ୍ଟ। ନିଜକୁ ଏହି ମହାନ୍ ଦୃଶ୍ୟାବଳୀର ପ୍ରକୃତ ଅବଧାରକ ନୁହନ୍ତି ବୋଲି କହିବାରେ ତାଙ୍କର କୁଣ୍ଠା ନାହିଁ। କବି ନିଜର ଅନ୍ତରର ସୁକୁମାର ବୃତ୍ତିକୁ ଚିହ୍ନିଛନ୍ତି। ସେ ଯାହା କୋମଳ, ଲାବଣ୍ୟମଣ୍ଡିତ ଓ ସ୍ନିଗ୍ଧ ତାହା ପ୍ରତି ଅନୁରାଗ ପ୍ରକାଶ କରିଛନ୍ତି। ରୁକ୍ଷ, ଉଦାର, ଗମ୍ଭୀର ଦୃଶ୍ୟ ଦେଖି ତାଙ୍କ ହୃଦୟର ସୁକୁମାର ଗୁଣାବଳୀ ବିନଷ୍ଟ ହୋଇଛି। ଜ୍ଞାନୀମାନଙ୍କୁ ପଦ୍ମ ସହିତ ଓ ସାଧାରଣ ଲୋକଙ୍କୁ ଅନ୍ୟ ଅଜଣା ପୁଷ୍ପ ସହିତ ତୁଳନା କରି କବି କହିବାକୁ ଚାହାନ୍ତି, ପଦ୍ମ, ସୂର୍ଯ୍ୟ କିରଣରେ ଫୁଟେ ଓ ଅନ୍ୟ ପୁଷ୍ପମାନେ ତହିଁରେ ମଉଳିଯା'ନ୍ତି। ମାତ୍ର ସେହି ପୁଷ୍ପମାନେ ଚନ୍ଦ୍ର କିରଣରେ ଉଲ୍ଲସିତ ହୁଅନ୍ତି। ମହାଦୃଶ୍ୟର ସୌନ୍ଦର୍ଯ୍ୟ ସେହିପରି ଯୋଗୀଋଷି ଜ୍ଞାନୀମାନଙ୍କ ପାଇଁ ଆକର୍ଷଣୀୟ ହେଲେ ହେଁ ଇତର ଲୋକଙ୍କ ପାଇଁ କ୍ଲାନ୍ତିକର। ସୂର୍ଯ୍ୟ ଉଦାତ୍ତ, ଚନ୍ଦ୍ର ସୁନ୍ଦର, ବିନ୍ଦୁ ସୁନ୍ଦର, ସିନ୍ଧୁ ଉଦାତ୍ତ। ଏହି ଦୃଷ୍ଟିରୁ ବିଶାଳ, ଗମ୍ଭୀର ବସ୍ତୁଠାରୁ କ୍ଷୁଦ୍ର ଓ ସ୍ନିଗ୍ଧ ବସ୍ତୁରେ ହୃଦୟ ଆକର୍ଷଣ କ୍ଷମତା ଅଧିକ। ହିମାଳୟ ଆଦି ବିରାଟ ଚିଲିକା ବିରାଟ ନୋହି ମଧ୍ୟ ସୁବୃହତ୍-

ବିରାଟ ନୋହି ତୁ ଯେଣୁ ସୁବୃହତ
ସ୍ତବ୍ଧ ନୋହି ମନ ହୁଅଇ ଉନ୍ନତ।

ରାଧାନାଥ ସ୍ତବ୍ଧତାର ବିପରୀତରେ ଔନ୍ନତ୍ୟକୁ ସ୍ଥାପନ କରିଛନ୍ତି। ଚିଲିକାର ରମ୍ୟରୂପ ସ୍ତବ୍ଧ କରାଏ ନାହିଁ, ମନକୁ ଉନ୍ନତ କରେ। ସ୍ତବ୍ଧତା ଲଘୁଭାବ ଆନୟନ କରେ ଓ ହୃଦୟ-ବୃତ୍ତିର ନିରୋଧ କରେ; ଉନ୍ନତ ଭାବ ହୃଦୟ-ବିସ୍ତାର କରେ। ରାଧାନାଥ ଚିଲିକାକୁ ସୁନ୍ଦର କହିଲେ ମଧ୍ୟ କ୍ଷୁଦ୍ର କରିନାହାନ୍ତି। ସୁନ୍ଦର କ୍ଷୁଦ୍ର ହେବ, ଏପରି ନୁହେଁ; ତେବେ ଉଦାତ୍ତ ତୁଳନାରେ କ୍ଷୁଦ୍ର।

ଉଦାତ୍ତ ବସ୍ତୁ ନିଜର ଉପସ୍ଥିତି ସାବ୍ୟସ୍ତ କରେ ଓ ଦ୍ରଷ୍ଟାର ସ୍ଥିତିକୁ ଅସ୍ବୀକାର କରେ। ପକ୍ଷାନ୍ତରେ, କବିଙ୍କ ମତରେ, ଚିଲିକାର ସ୍ନିଗ୍ଧରୂପ ଚିତ୍ତ-ଉଲ୍ଲାସକ ହେବା ସଙ୍ଗେ 'ସୁମଧୁର ଦ୍ୱୈତ-ଭାବର ଦ୍ୟୋତକ।' ସେଠାରେ ବ୍ୟକ୍ତିର ଅସ୍ମିତା ବିସ୍ମୟରେ ନିମଜ୍ଜିତ ହୁଏ ନାହିଁ। ମହାନ୍-ସୌନ୍ଦର୍ଯ୍ୟକୁ ବ୍ୟକ୍ତି ନିଜର ଅବଧାରଣାରେ ଆଣିପାରେ ନାହିଁ। ବସ୍ତୁର ଆକାର ଓ ପ୍ରଭାବ ବ୍ୟକ୍ତିର ମନଃ-ସୀମା ପାର ହୋଇଯାଏ। ଅନ୍ୟପକ୍ଷରେ, ସୁନ୍ଦର ବସ୍ତୁରେ ମନ ରମଣ କରେ, ତାହାକୁ ନିଜ ଅନୁରୂପ କରି ଗଢେ ଓ ସମ୍ପୂର୍ଣ୍ଣ ଅବଧାରଣାର ସୀମା ଭିତରକୁ ଆଣିପାରେ। ଚିଲିକାର ଶାନ୍ତ ସୌମ୍ୟ ରୂପ ଦର୍ଶନ କରି ରାଧାନାଥ ତେଣୁ ତାହାକୁ 'ଦ୍ୱୈତ-ଭାବର ଦ୍ୟୋତକ' କହିଛନ୍ତି।

ଚିଲିକାର ସୌନ୍ଦର୍ଯ୍ୟରେ ସେହି ସ୍ନିଗ୍ଧତା ରହିଛି ଯାହା ଚିତ୍ତଉଲ୍ଲାସକ। ଆତ୍ମା ଓ ପ୍ରକୃତିର ଏହି ଦ୍ୱୈତ ସ୍ଥିତିକୁ ସ୍ୱୀକାର କରି ସେ କହିବାକୁ ଚାହାନ୍ତି ଯେ, ଏ ଦୁଇଟି ମିଶି ବିଶ୍ୱର ସୃଷ୍ଟି। ଉଦାତ୍ତ ତତ୍ତ୍ୱ ସହିତ ସୌନ୍ଦର୍ଯ୍ୟତତ୍ତ୍ୱର ପାର୍ଥକ୍ୟ ଦେଖାଇବା ପାଇଁ ସେ ଏହା କହିଛନ୍ତି, କାରଣ ଉଦାତ୍ତରେ ଦ୍ୱୈତ-ଭାବନା ନଥାଏ। ସେଠାରେ ଉଦାତ୍ତ ବସ୍ତୁ ଏକମେବ ଅଦ୍ୱିତୀୟ; ବ୍ୟକ୍ତି ସମ୍ପୂର୍ଣ୍ଣ ଆତ୍ମବିସ୍ମୃତ ଓ ଅବଲୁପ୍ତ; ମାତ୍ର ସୁନ୍ଦର ବସ୍ତୁ ନିଜେ ଉଭା ରହେ ଓ ଅନ୍ୟର ଉପଭୋଗ ନିମନ୍ତେ ଅନୁକୂଳ ପରିବେଶ ସୃଷ୍ଟି କରେ।

ସୌନ୍ଦର୍ଯ୍ୟ ଉଦାତ୍ତ ଭଳି ଦ୍ରଷ୍ଟା ଉପରେ ତାହାର କର୍ତ୍ତୃତ୍ୱ ଓ ପ୍ରଭାବ ବିସ୍ତାର କରେ ନାହିଁ।(୩୫) ସୌନ୍ଦର୍ଯ୍ୟାନୁଭୂତି କାଳରେ ଦ୍ରଷ୍ଟା ଆତ୍ମସ୍ୱାତନ୍ତ୍ର୍ୟ ରକ୍ଷା କରି ନିଜ ମନ ଅନୁରୂପେ ଉପଭୋଗ କରେ; ଅର୍ଥାତ୍ ସେତେବେଳେ ବସ୍ତୁ ଓ ବ୍ୟକ୍ତିର ଆତ୍ମବିନିମୟ ଚଳେ। ଦ୍ରଷ୍ଟା ଯଦି ନିଜତ୍ୱ ହରାଇ ଆତ୍ମ-ବିସ୍ମୃତ ଓ ସତ୍ତାଲୋପ କରିବସେ, ତେବେ ସେଠାରେ ବସ୍ତୁ-ପ୍ରାଧାନ୍ୟ ଅନୁଭୂତ ହେବ; ମାତ୍ର ଚିଲିକାର ସୌନ୍ଦର୍ଯ୍ୟ ଦ୍ୱୈତ-ବୋଧର ଦ୍ୟୋତକ ହୋଇଥିବାରୁ ନିଜର ଉପଭୋଗ୍ୟ ସାମଗ୍ରୀକୁ ନିଜର ଇଚ୍ଛା ଅନୁସାରେ କଳ୍ପନାରେ ରଞ୍ଜିତ କରି ଉପଭୋଗ କରିବା ନିମନ୍ତେ ଦ୍ରଷ୍ଟାର ସ୍ୱାଧୀନତା ଥାଏ। ସେଠାରେ ତାହାର ଆତ୍ମବିସ୍ମୃତି ଓ ଅସ୍ମିତାଲୋପ ଓ ସ୍ଥିତିଶୂନ୍ୟତା ଘଟେ ନାହିଁ।

ବସ୍ତୁର ବସ୍ତୁଗତ ବିରାଟତ୍ୱର ପରିମିତ-ମହିମାକୁ କାଣ୍ଟ ଗଣିତମୂଳକ ଉଦାତ୍ତ ଓ ତାହାର ବିଶାଳତାର ବ୍ୟଞ୍ଜନାରେ ଦର୍ଶକର ଯେଉଁ ଚିତ୍ତ-ବିସ୍ଫାର ଜାତ ହୁଏ, ତାହାକୁ ଗୁଣଗତ ବା ଗତିମୂଳକ ଉଦାତ୍ତ ରୂପେ ଚିହ୍ନିତ କରିଛନ୍ତି। ପ୍ରଥମଟି ବସ୍ତୁର ଆକାର ପ୍ରକାରଗତ ଓ ଦ୍ୱିତୀୟଟି ଗୁଣଗତ ବା ବସ୍ତୁସ୍ୱଭାବଗତ। ବସ୍ତୁଗତ ମହିମାବୋଧ ସମ୍ବନ୍ଧରେ କାଣ୍ଟ କହନ୍ତି, ଯାହା ନିରପେକ୍ଷଭାବେ ବୃହତ୍, ଅଥବା ଯାହା ତୁଳନାରେ ଅନ୍ୟ ସକଳ କ୍ଷୁଦ୍ରାତିକ୍ଷୁଦ୍ର ତାହା ଉଦାତ୍ତ । ରାଧାନାଥ ଉଦାତ୍ତର ଏହି ଦୁଇଟି ରୂପ ସମ୍ବନ୍ଧରେ ସଚେତନ ଥିଲେ । ବସ୍ତୁର ବିରାଟ ଆକୃତି ତଥା ତାହାର କ୍ରିୟା ବ୍ୟାପାରରେ ସେ ଉଦାତତ୍ତ୍ୱ ଅନୁଭବ କରିଛନ୍ତି। ଚିଲିକାର ରୁଦ୍ରରୂପ ବର୍ଣ୍ଣନା ଗତିମୂଳକ ଉଦାତ୍ତର ଉଦାହରଣ।

କାବ୍ୟରେ ଦୁଇ ଉପାୟରେ ଉଦାତ୍ତର ଉଦୟ ହୁଏ। ବସ୍ତୁଗତ ରୂପ-ବୈଭବ, ଯଥା-ଗୀତାର ବିଶ୍ୱରୂପ ଦର୍ଶନ ବା ରାଧାନାଥଙ୍କ ପଞ୍ଚ ମହାଦୃଶ୍ୟର ବର୍ଣ୍ଣନା ଓ ବସ୍ତୁର ବର୍ଣ୍ଣନା ଭଙ୍ଗୀ, ଅର୍ଥାତ୍ ଗତ୍ୟାତ୍ମକତା। ବସ୍ତୁର ଅଲୌକିକ ସ୍ଥିତି ବର୍ଣ୍ଣିତ ହେଲେ ଉଦାତ୍ତର ଅବତରଣ ଘଟେ। ଯୁଗପତ୍ ଭୀମ ଓ କାନ୍ତ ରୂପରେ ସୌନ୍ଦର୍ଯ୍ୟ ଯେତେବେଳେ ଆମକୁ ରସାବେଶରେ ଅଭିଭୂତ କରି ଲୋକୋତ୍ତର ଚମତ୍କାରର ସାକ୍ଷାତ୍କାର କରାଇଦିଏ, ସେତେବେଳେ ସେହି ବିଶିଷ୍ଟ ସୌନ୍ଦର୍ଯ୍ୟକୁ ଉଦାତ୍ତ କୁହାଯାଏ। ଉଦାତ୍ତର ବିଶିଷ୍ଟ

ଲକ୍ଷଣ, ବୃହତ୍‌ର ବ୍ୟଞ୍ଜନା। ଆୟତନର ବିଶାଳତ୍ୱରେ ବୃହତ୍‌ର ଆଭାସ ମିଳେ। ସମତଳ ଭୂମି ନୁହେଁ, ଉତ୍ତୁଙ୍ଗ ପର୍ବତ ଓ ସୁଗଭୀର ପର୍ବତ ଗହ୍ୱର ଆଦି ମହାଭୟ ଓ ଆଶ୍ଚର୍ଯ୍ୟଭାବ ସୃଷ୍ଟି କରନ୍ତି। ଚିଲିକାର ନୀଳଗଣ୍ଡ ଓ 'ଫଣିପତି ଫଣାମଣିରେ ଭାସ୍ୱର' ଗଭୀର ବିବରରେ ଉଦାତ୍ତ ଅନୁଭୂତି ମିଳେ। ସମୁଦ୍ର ଉଦାତ୍ତ ହେବା ମୂଳରେ ତାହାରି ଅମିତ-ବିସ୍ତାର, ଗତି-ଶକ୍ତି ଓ ତରଙ୍ଗ ଭଙ୍ଗର ଉଦ୍ଦାମତା ନିହିତ। ପାଣ୍ଡବମାନେ ମହୋଦଧିର ଜଳକାନ୍ତାରରେ 'ଉଲ୍ଲୋଳ କଲ୍ଲୋଳ ଲୀଳା' ଦର୍ଶନ କରି ବିସ୍ମୟରେ ସ୍ତବ୍ଧ ହୋଇଛନ୍ତି। ଉଦାତ୍ତ ଅନୁଭୂତିରେ ସମୁନ୍ନତି ଓ ମହିମାବୋଧ ଜାତ ହୁଏ। ବ୍ରାଡଲେ ସୀମାହୀନ ମହତ୍ତ୍ୱ ଓ ବୃହତ୍ ଭାବ ପ୍ରକାଶକୁ ଉଦାତ୍ତର ଲକ୍ଷଣ ନିର୍ଦ୍ଦେଶ କରିଛନ୍ତି। ତାଙ୍କ ମତରେ, ଉଦାତ୍ତ ବସ୍ତୁ ପ୍ରତ୍ୟକ୍ଷ ଫଳରେ ଆମ ମନରେ ପ୍ରଥମେ ଏକ ବେଦନା ବା ବ୍ୟର୍ଥତାବୋଧ ଜନ୍ମେ, ସେତେବେଳେ ଆମେ କେତେ କ୍ଷୁଦ୍ର ତାହା ଅନୁଭବ କରୁ। ରାଧାନାଥ ମହାଦୃଶ୍ୟ ଦର୍ଶନ କାଳରେ ନିଜର କ୍ଷୁଦ୍ରତା ଉପଲବ୍ଧି କଲେ ମଧ୍ୟ ତାଙ୍କର ବର୍ଣ୍ଣନା ପାଠ କରି ଆମ ମନରେ ପ୍ରଥମେ ବିସ୍ମୟ, ଭୟ ସଞ୍ଜାତ ହୁଏ। କିନ୍ତୁ ପାଠ କରିସାରିଲା ପରେ ମନରେ ବିରାଟର ଭାବ ସଂକ୍ରମିତ ହୋଇ ସେହି ବସ୍ତୁ ସହିତ ଆମ ହୃଦୟର ସଞ୍ଯୋଗ ଘଟେ। ହିମାଳୟ, ରାଜସ୍ଥାନ ମରୁଭୂମି, ମହୋଦଧି, ବିନ୍ଧ୍ୟ, ଦଣ୍ଡକାରଣ୍ୟ ଆଦିର ମହାନ୍ ସୌନ୍ଦର୍ଯ୍ୟ ଆମ ଆତ୍ମାର ସମୁନ୍ନତି ବିଧାନ କରେ। ସେହି ଏକ ସୌନ୍ଦର୍ଯ୍ୟ ମଧ୍ୟ ସମୟ ଭେଦରେ ଯୁଗପତ୍ ଭୀମ ଓ କାନ୍ତ ରୂପଧାରଣ କରେ। ରାଧାନାଥ ଚିଲିକାର ଶାନ୍ତ-ସଲିଳରେ ସୌନ୍ଦର୍ଯ୍ୟ ଓ ବିକ୍ଷୁବ୍ଧ -ସଲିଳରେ ଉଦାତ୍ତ ରୂପ ସଂଦର୍ଶନ କରିଛନ୍ତି। ପାର୍ବତ୍ୟ ପ୍ରଦେଶରେ ପ୍ରବାହିତା ମହାନଦୀ କବି ଦୃଷ୍ଟିରେ 'ଦୃଶଦ୍‌ବତୀ ରୂପେ ଜର୍ଜରାମୁଖର' ଓ ଅନୂପ ପ୍ରଦେଶରେ 'ସୈକତିନୀ ରୂପେ ନୀଳ ନୀଳାମ୍ବରା।'

ପ୍ରାକୃତିକ ମହାନ୍-ସୌନ୍ଦର୍ଯ୍ୟରେ ଭୟ ଥିଲେ ମଧ୍ୟ ତାହାର ଦର୍ଶନ ନିମନ୍ତେ ଦର୍ଶକ ମନରେ ପ୍ରବଳ ଆଗ୍ରହ ଥାଏ। ଧନୁଷ୍ପାଣି ପୁରୁରବା ମୃଗୟା-ବିହାରରେ ହିମବନ୍ତ ପ୍ରଦେଶରେ ବିଚରଣ କରୁଥିବାବେଳେ ପ୍ରକୃତିର ବିରାଟ ରୂପ ଦେଖିଛନ୍ତି-

ବିରାଟ ମୂରତି ବ୍ୟୋମକେଶ ଗିରି
କୋଟି କୋଟି ସାନୁମାନ
ଭେଦି ଉଠିଅଛି ଊର୍ଦ୍ଧ୍ୱେ, ଗଢା କି ସେ
ସ୍ଫଟିକେ ସ୍ୱର୍ଗ ସୋପାନ।(୩୬)

ଏହି ଅଦ୍ଭୁତ ଶୋଭା ନିରୀକ୍ଷଣ କରିବା ପାଇଁ ସେ ପ୍ରଲୁବ୍ଧ ହୋଇଉଠିଛନ୍ତି। ତେଣୁ କୁହାଯାଇପାରେ, ରାଧାନାଥ ନିଜର ବ୍ୟକ୍ତିଗତ ଭୟ ହେତୁ 'ଚିଲିକା'ରେ

ଉଦାତ୍ତ ବସ୍ତୁ ଓ ଅନୁଭୂତିରେ ହୃଦୟ ସଙ୍କୋଚ ଓ ଅସ୍ମିତା ବିସ୍ମୟରେ ନିମଗନ କଥା କହିଛନ୍ତି। ଉଦାତ୍ତ ଓ ସୌନ୍ଦର୍ଯ୍ୟର ତୁଳନାତ୍ମକ ପାର୍ଥକ୍ୟ ଦେଖାଇବା ମଧ୍ୟ ତାଙ୍କର ଅନ୍ୟତମ ଲକ୍ଷ୍ୟ। ମାତ୍ର ଉଦାତ୍ତ ବସ୍ତୁରେ ଯେଉଁ ପ୍ରଶାନ୍ତି, ଗାମ୍ଭୀର୍ଯ୍ୟ ଓ ସମୁନ୍ନତି, ତାହା ଦ୍ରଷ୍ଟା-ହୃଦୟର ବିଶାଳତା ସହିତ ଆତ୍ମାର ନିରୁଦ୍‌ବିଗ୍ନତାର ସୂଚନା ଦିଏ। କାଣ୍ଟଙ୍କ ମତରେ, ପ୍ରାକୃତିକ ଉଦାତ୍ତ ଅନୁଭବ କରିବାକୁ ହେଲେ ଭୟଶୂନ୍ୟ ହୃଦୟ ହେବାକୁ ପଡିବ। ପୁରୁରବା-ବୀର-ପୁରୁଷ। ବିପଦ, ଭୟ ପ୍ରତି ତାଙ୍କର ଭ୍ରୂକ୍ଷେପ ନାହିଁ। ତେଣୁ ହିମାଦ୍ରିର ବିଶାଳ ପରିବେଶରେ ସେ ନିଃଶଙ୍କ ଚିତ୍ତରେ ମହାନ୍‌-ସୌନ୍ଦର୍ଯ୍ୟ ଉପଭୋଗ କରିଚାଲିଛନ୍ତି।

ରାଧାନାଥ କାଳିଦାସଙ୍କ ସୌନ୍ଦର୍ଯ୍ୟ-ଦର୍ଶନ ଦ୍ୱାରା ବହୁ ଭାବରେ ପ୍ରଭାବିତ। ଯାହା ସୁନ୍ଦର ତାହା ସର୍ବ ଅବସ୍ଥାରେ ସୁନ୍ଦର। ମୃତ୍ୟୁ ବା ଅନ୍ୟ କୌଣସି ସାମୟିକ ଅବସ୍ଥାରେ ତାହା ମାଳିନ୍ୟ ଭଜେ ନାହିଁ। ସ୍ୱଭାବ ସୌନ୍ଦର୍ଯ୍ୟ ଯେ କୌଣସି ଅବସ୍ଥାରେ ନିଜର ସ୍ୱାଭାବିକତା ହରାଏ ନାହିଁ। ବିଷାଦରେ ଓ ମୃତ୍ୟୁରେ ମଧ୍ୟ ରାଧାନାଥଙ୍କ ନରନାରୀମାନେ ଅପୂର୍ବ ସୌନ୍ଦର୍ଯ୍ୟମଣ୍ଡିତ। ରୂପ ବିପଦ ରୂପକ ପରୀକ୍ଷାରେ ଉତ୍ତୀର୍ଣ୍ଣ ହେଲେ ବିଶୁଦ୍ଧ ହୁଏ। ମୃତ୍ୟୁ ଦଣ୍ଡାଦେଶ ଶୁଣି ମଧ୍ୟ ଯଯାତିର ରୂପ ଅଟଳ ଓ ଅମ୍ଳାନ। କବିଙ୍କ ନାୟକ ନାୟିକାମାନେ ପ୍ରମାଣ କରିଦେଇଛନ୍ତି ପ୍ରେମ ଓ ସୌନ୍ଦର୍ଯ୍ୟ ନିକଟରେ ମୃତ୍ୟୁ ଭୟ ତୁଚ୍ଛ। ସମାନ ଅନୁରାଗ ଧାରଣ କରୁଥିବା ଦୁଇଟି ହୃଦୟ ମିଳିତ ହୋଇ ନପାରିଲେ ମୃତ୍ୟୁ ସେମାନଙ୍କ ପକ୍ଷରେ ଶ୍ରେୟସ୍କର। ରାଧାନାଥ କେଦାରଗୌରୀଙ୍କର ସେହି ମିଳନମୁଗ୍ଧ ଦୁଇଟି ହୃଦୟକୁ ମୃତ୍ୟୁରେ ହିଁ ଏକ କରିଦେଇଛନ୍ତି। ଜୀବନରେ ସିନା ସେମାନେ ଏକ ହୋଇପାରିଲେ ନାହିଁ; ମାତ୍ର ମୃତ୍ୟୁରେ ସେ ଦୁହେଁ(ପ୍ରଣୟୀ-ଯୁଗଳ) ଅଭିନ୍ନ ଓ ଏକ ପଥର ପଥିକ।

"ପରସ୍ପର ପ୍ରାପ୍ତିନିରାଶୟୋର୍ବରଂଶରୀରନାଶୋଽପି ସମାନୁରାଗୟୋ"-ଏହି କବିବାଣୀ ସେମାନଙ୍କଠାରେ ସାର୍ଥକ ହୋଇଛି। ନରନାରୀଙ୍କ ମୃତ୍ୟୁରେ ରାଧାନାଥ ସେମାନଙ୍କଠାରେ ଏକ କରୁଣ ବିଷାଦମଖା ଲାବଣ୍ୟ ଦେଖିଛନ୍ତି। ଜୀବନରେ ସେମାନେ ଯେଉଁ ସୌନ୍ଦର୍ଯ୍ୟର ଅଧିକାରୀ ଥିଲେ ମୃତ୍ୟୁରେ ତାହାଠାରୁ କୌଣସି ଗୁଣରେ ସୌନ୍ଦର୍ଯ୍ୟ ହ୍ରାସ ପାଇନାହିଁ। ସେ ରୂପକାନ୍ତି ଯେଉଁପରି ମର୍ମସ୍ପର୍ଶୀ, ସେହିପରି କରୁଣମଧୁର। କେଦାରଗୌରୀ, ଉଷାଜୟନ୍ତ, ନନ୍ଦିକା, ତାରିଣୀ ଆଦିଙ୍କଠାରେ ମୃତ୍ୟୁକାଳୀନ ସୌନ୍ଦର୍ଯ୍ୟର ଯେଉଁ ଅନୁପମ ମାଧୁରୀ ତାହା ସର୍ବ ଅବସ୍ଥାରେ ରୂପର ଅନବଦ୍ୟତା ଓ ଚାରୁତା ପ୍ରତିପାଦନ କରେ। ମୃତ୍ୟୁ, ବ୍ୟକ୍ତିର ସ୍ୱଭାବ ସୌନ୍ଦର୍ଯ୍ୟ ସ୍ଥାନରେ ଏକ ଭିନ୍ନ ସୌନ୍ଦର୍ଯ୍ୟ ଦାନ କରିଛି।[୩୭]

ସୌନ୍ଦର୍ଯ୍ୟ କୌଣସି ଇତର ଭାବରୁ ଝରେ ନାହିଁ କି ଇତର ସ୍ଥାନରେ ତା'ର ଆବିର୍ଭାବ ଘଟେ ନାହିଁ। କାଳିଦାସ କହିଥିଲେ-"ନ ପ୍ରଭାତରଳଂଜ୍ୟୋତିରୁଦେତି ବସୁଧାତଳାତ୍;" ରାଧାନାଥ ଲାବଣ୍ୟମୟୀ ଲଳିତାର ଜନ୍ମସ୍ଥାନ ସମ୍ବନ୍ଧରେ ସେହି ମତ ପୋଷଣ କରିଛନ୍ତି-

ପୁଣ୍ୟଭୂମି ନୋହିଥିଲେ କି ଏ ବାଳା
ଜନମିଥାନ୍ତା ଉତ୍କଳେ
ତ୍ରିଦଶ-ସୁନ୍ଦରୀ ସୌଦାମିନୀ କେବେ
ସ୍ଫୁରେ କି ବସୁଧା ତଳେ ?(୩୮)

ଉତ୍କଳର ରାଜକୁଳରେ ଲଳିତାର ଉଦ୍ଭବ ହେତୁ ସ୍ଥାନ-ମାହାତ୍ମ୍ୟରୁ ତା'ର ସୌନ୍ଦର୍ଯ୍ୟ-ଜ୍ୟୋତି ବିଚ୍ଛୁରିତ ହେଉଛି। ସୌନ୍ଦର୍ଯ୍ୟ ନିମନ୍ତେ ସ୍ଥାନର ମହତ୍ତ୍ୱ ଅନସ୍ୱୀକାର୍ଯ୍ୟ।

ରାଧାନାଥ ମଧ୍ୟ କାଳିଦାସଙ୍କ 'ସର୍ବୋପମାଦ୍ରବ୍ୟ' ଓ ଯଥାପ୍ରଦେଶରେ ବିନିବେଶନ ଦ୍ୱାରା ଏକତ୍ର ସୌନ୍ଦର୍ଯ୍ୟ ଦର୍ଶନ ନିମନ୍ତେ ସ୍ରଷ୍ଟାର ଅଭିଳାଷ ସମ୍ବନ୍ଧରେ ଅବଗତ ଥିଲେ। ତେଣୁ ତାଙ୍କର ନାୟିକାର ରୂପ ଗଠନ ନିମନ୍ତେ ସେହି ଉପାୟ ଅବଲମ୍ବନ କରିଛନ୍ତି-

ଯେ ଯହିଁ ଶୋଭିବ ଉପମାର ଦ୍ରବ୍ୟ
ଏକତ୍ରେ ସକଳ ଲିହି
ଏକଠାରେ ଶୋଭା ଦେଖିବାକୁ ଅବା
ଏ ରୂପ ବିହିଲେ ବିହି।(୩୯)

ରୂପ-ସମ୍ବଳୀ ରାଧାନାଥଙ୍କର ରୂପସିସାସା ଅତୃପ୍ତ ଓ ପ୍ରବଳ। ସେ ନିଜେ ସ୍ୱୀକାର କରିଛନ୍ତି, "ରୂପ ଆକର୍ଷଣ ପ୍ରବଳ ନରେ କିବା ଅମରେ।" ଯାହା ସୁନ୍ଦର, ଇନ୍ଦ୍ରିୟଗ୍ରାହ୍ୟ, ସୁଷମାମଣ୍ଡିତ ଓ ଉପଭୋଗ୍ୟ, ସେ ତାହା ପ୍ରତି ସତୃଷ୍ଣ ଦୃଷ୍ଟିରେ ଚାହିଁଛନ୍ତି। ରାଧାନାଥଙ୍କ ରୂପ-ପ୍ରୀତିକୁ ଲକ୍ଷ୍ୟ କରି ନନ୍ଦକିଶୋର କହିଥିଲେ, "ରାଧାନାଥ ବୈରାଗୀ, ଅଥଚ ଚିର ରସିକ। ଜୀବନରେ ଯେପରି, କାବ୍ୟରେ ସେପରି।(୪୦) ରୂପ ମୁଗ୍ଧ ମଧୁଲୋଭୀ ଭ୍ରମରର ଚିତ୍ତ ଘେନି କବି ରୂପ-ଉନ୍ମୀଳନ ଓ ରୂପସମ୍ଭୋଗରେ ପ୍ରବୃତ୍ତ ହୋଇଛନ୍ତି। ପ୍ରକୃତି ଓ ନରନାରୀମାନଙ୍କ ରୂପରୁ ସେ କୀଟସଙ୍କ ଭଳି 'ସମ୍ବେଦନମୟ ଜୀବନ' ଅନ୍ୱେଷଣ କରିଛନ୍ତି। ପାର୍ଥିବ ଉପାଦାନାବଳୀରୁ ନିଃଶେଷରେ ସୌନ୍ଦର୍ଯ୍ୟ-ରସ ପାନ କରି ସେ ସ୍ୱାଦସୌରଭ-ସ୍ପର୍ଶ ଓ ଶିହରଣରେ ଆନନ୍ଦର ସନ୍ଧାନ କରିଥିଲେ। ରୂପର ଉଚ୍ଚାଟନ ପ୍ରଭାବ ବର୍ଣ୍ଣନାରେ ତାଙ୍କର ଯେପରି ଆସକ୍ତି, ରୂପର ସ୍ନିଗ୍ଧତା, ଆକର୍ଷଣୀୟତା ତଥା ମନୋହାରିତା ବ୍ୟାଖ୍ୟାନରେ ସେହିପରି ତାଙ୍କର ବୈଶିଷ୍ଟ୍ୟ

ପରିଲକ୍ଷିତ। ବିଷାଦବୋଳା କୌଶଲ୍ୟାର ଛବି ଓଡ଼ିଆ ସାହିତ୍ୟରେ ଅତୁଳ୍ୟ। ପଦ୍ମାବତୀଙ୍କର 'ଭୂଲତା ଅଙ୍କା କି ଲଜ୍ଜା ତୁଳିକାରେ'-ରୂପର ସ୍ନିଗ୍ଧତା ଓ ଅମୂର୍ତ୍ତ-ବ୍ୟଞ୍ଜନାରେ ରସୋଜ୍ଜ୍ୱଳ। ଅନ୍ନପୂର୍ଣ୍ଣାର ରୂପ ବର୍ଣ୍ଣନାରେ ରାଧାନାଥ ଅତି ସଂଯତ। ଶୋକାଭିଭୂତା ଅନ୍ନପୂର୍ଣ୍ଣାର ରୂପ ତା'ର କରୁଣ ଅବସ୍ଥାର ଯଥୋଚିତ ରୂପ। ତାହାର ବିଷାଦିତ ସୌନ୍ଦର୍ଯ୍ୟ କବି ଦୃଷ୍ଟିରେ-"ଦିବୁଁ ଅବତୀର୍ଣ୍ଣ ଭବତଳେ ଆହା କରୁଣା କି ଶରୀରିଣୀ"-ଏହି ଗୋଟିଏ ମାତ୍ର ବାକ୍ୟରେ ଅନ୍ନପୂର୍ଣ୍ଣାର ସକଳ ସୁଷମା କୁହାହୋଇଯାଇଛି। ତାହାର ବପୁ ଏତେ ସୁକୁମାର ଯେ, ସ୍ପର୍ଶରେ ସୁଦ୍ଧା ମଉଳିଯିବ। ବିଧାତା ତାହାକୁ ହସ୍ତ ନ ଲଗାଇ କେବଳ ମାନସବ୍ୟାପାର ବଳରେ ସୃଷ୍ଟି କରିଛନ୍ତି। ଏହି ବିଷାଦ-ସଂଯତ ରୂପରେ ହୃଦୟରେ ସ୍ନିଗ୍ଧ-ପ୍ରଲେପ ବୋଳିଦେବାର ଶକ୍ତି ରହିଛି।

ରାଧାନାଥଙ୍କ ନାରୀରୂପ (ଅନ୍ନପୂର୍ଣ୍ଣା, କୌଶଲ୍ୟା, ତାରିଣୀ ଓ ଫୁଲରାଣୀକୁ ଛାଡି) ପୁରୁଷକୁ ପ୍ରଲୁବ୍ଧ, ଚଞ୍ଚଳ ଓ ଉନ୍ମତ୍ତ କରେ। ତାହାର ସୌନ୍ଦର୍ଯ୍ୟରେ ଭୋଗ ଓ କାମନାର ଉନ୍ମାଦ ଆକର୍ଷଣୀ ଶକ୍ତି ରହିଛି। ଉଷାର ସୌନ୍ଦର୍ଯ୍ୟ ଯେପରି ରୁଦ୍ର ସୁନ୍ଦର, ତା'ର ପ୍ରତିଜ୍ଞା ମଧ୍ୟ ସେହିପରି କଠୋର। ତା'ପାଇଁ ବିଭିନ୍ନ ରାଜପୁତ୍ରମାନଙ୍କୁ କମ୍ ଶୁଳ୍କ ଦେବାକୁ ପଡିନାହିଁ। ରୂପ ପାଇଁ ସେମାନଙ୍କର ଜୀବନ ତ୍ୟାଗ ତା'ର ରୂପର ପ୍ରଖର ଦାହିକା ଶକ୍ତିର ପରିଣାମ। ନାରୀରୂପର ଚିତାନଳରେ ପୁରୁଷ ପତଙ୍ଗ ଭଳି ଆତ୍ମୋତ୍ସର୍ଗ ଉଦ୍ଦେଶ୍ୟରେ ଧାବିତ। ସେ ଚକ୍ଷୁରୋଚକ ହୋଇପାରେ; ମାତ୍ର ସ୍ପର୍ଶ ମାତ୍ରେ ଅଗ୍ନିରେ ପତଙ୍ଗ ପରି ମୃତ୍ୟୁ ଅବଶ୍ୟମ୍ଭାବୀ। ସ୍ପର୍ଶ ତା'ର କଲ୍ୟାଣମେଦୁର ନୁହେଁ, ମୃତ୍ୟୁର ଶୀତଳ ସ୍ପର୍ଶ ତହିଁରେ ଅନୁଭବ କରାଯାଏ। ରୂପରେ ରମଣୀୟ ହେଲେ ମଧ୍ୟ କବିଙ୍କର ନାରୀ ବହୁ ସମୟରେ ରୂପଲୋଭୀ ପୁରୁଷମାନଙ୍କର ଅପମାନ ଓ ମୃତ୍ୟୁର କାରଣ ହୋଇଛି। ଉଷା ଦୂରରୁ ଶୀତଳ ରତ୍ନ ପରି ବିଭାତିଲେ ମଧ୍ୟ ଛୁଇଁଲାବେଳକୁ ଉତ୍ତପ୍ତ ଅନଳ ପରି ଏକ ଦିଗ ଉଦ୍‌ଘାଟନ କରେ। ତାଙ୍କର ନାରୀରୂପ ସୌନ୍ଦର୍ଯ୍ୟରେ ଏହି ଦାହିକାଶକ୍ତି ରହିଛି ବୋଲି କୁହାଯାଇପାରେ। ସେ ସହଜଲଭ୍ୟା ନୁହେଁ; ବୀର୍ଯ୍ୟରୂପକ ଶୁଳ୍କ ପ୍ରଦାନ କରି ତାହାକୁ ଲାଭ କରିବାକୁ ପଡେ। କାଳିଦାସ ଉର୍ବଶୀଙ୍କୁ "ସୁକୁମାରଂ ପ୍ରହରଣଂ ମହେନ୍ଦ୍ରସ୍ୟ"-କହିଥିଲେ। ରାଧାନାଥ ମଧ୍ୟ ଉର୍ବଶୀଙ୍କୁ 'ଶତ୍ରୁ ଜିଣିବାକୁ ସୁକୁମାର ଅସ୍ତ୍ରଶସ୍ତ୍ରର ଏ ସୁକୁମାରୀ' ଓ ଚନ୍ଦ୍ରଭାଗାକୁ 'ରୂପାସ୍ତ୍ରର ହେଲା ରୂପସୀ ଷଷ୍ଠ ଅମୋଘ ବାଣ' ରୂପେ କଳ୍ପନା କରିଛନ୍ତି। କନ୍ଦର୍ପ ଚନ୍ଦ୍ରଭାଗାର ରୂପକୁ ସ୍ୱପ୍ରତିଜ୍ଞା ସାଧନର ଅମୋଘ ଅସ୍ତ୍ର ରୂପେ ବ୍ୟବହାର କରିଛି।

ପ୍ରକୃତ ସୌନ୍ଦର୍ଯ୍ୟ ମିତବ୍ୟୟିତାରେ ଫୁଟେ। ରାଧାନାଥ ଏହି ମିତବ୍ୟୟିତା ଦ୍ୱାରା ସୌନ୍ଦର୍ଯ୍ୟ ଫୁଟାଇବାକୁ ଚେଷ୍ଟା କରିଛନ୍ତି। ତାଙ୍କର ଘୋଷଣା ହେଲା,

ଠିକେ ବର୍ଣ୍ଣିବି ମୁଁ ଜେମାରୂପ ଜେମା-
ଚିକୁର ଭାର ପରାୟେ
ଓହ୍ଲାଇଯାଉ ମୋ ଭାରତୀ ତା'ଶିର
କମଳୁ ପୟର ଯାଏ। (୪୧)
ନନ୍ଦିକାକୁ ମଧ୍ୟ ସେହିପରି ଅତ୍ୟଳ୍ପ ଭୂଷା ପରିଧାନ କରାଇଛନ୍ତି-
ଅତ୍ୟଳ୍ପ ଭୂଷଣେ ଶୋହେ ମଉକାଶୀ
ଅଳ୍ପ ତାରା ସିନା ଲୋଡେ ପୂର୍ଣ୍ଣମାସୀ। (୪୨)

ଏହା ରାଧାନାଥଙ୍କର କାବ୍ୟ-ଶିଳ୍ପ ପ୍ରତି ମଧ୍ୟ ପ୍ରଯୁଜ୍ୟ। ପରିମିତ ଓ ସଂଯତ ରୂପ ସୃଷ୍ଟି ହେତୁ ଉପେନ୍ଦ୍ର-ଯୁଗର ସ୍ଫୀତିକୃତ ରୂପ ବର୍ଣ୍ଣନାଠାରୁ ରାଧାନାଥଙ୍କର ରୂପର ଆବେଦନ ଓ ମନୋଜ୍ଞତା ଅଧିକ। ଚନ୍ଦ୍ରଭାଗା ଓ ଲଳିତାର ପ୍ରିୟଙ୍ଗୁଲତା ଭଳି ଅଙ୍ଗ-ଯଷ୍ଟି ଓ ଚନ୍ଦ୍ରଭାଗାର 'ଶାଣଶୀର୍ଣ୍ଣ ପ୍ରାୟ ଅଙ୍ଗନା ଅଙ୍ଗ ଚାରୁ ବଳନ'ରେ ଯେଉଁ ସୌନ୍ଦର୍ଯ୍ୟ ତାହାର ଲୋଳତା ଓ ତରଳତା ଅସାମାନ୍ୟ। ତା'ର ସୁଗୋଲ ନିତମ୍ବରେ ତରଳା ମୋତିମାଳା ଯେଉଁପରି ଆକର୍ଷଣୀୟ, ସେହିପରି ମାଦକତାପୂର୍ଣ୍ଣ। ଏହା ଇନ୍ଦ୍ରିୟଚାଞ୍ଚଲ୍ୟ ସୃଷ୍ଟି କରେ; ମାତ୍ର ଅଶ୍ଳୀଳ ନୁହେଁ।

ରାଧାନାଥଙ୍କ ନାରୀର ନିଟୋଳ ସୁବଳିତ ଅଙ୍ଗଯଷ୍ଟି ଓ ତାହାର ତରଳ ଲାବଣ୍ୟରେ ସଂଯତ ଓ ମାର୍ଜିତ ଇନ୍ଦ୍ରିୟଗ୍ରାହ୍ୟ ରୂପର ପ୍ରକାଶ ଘଟିଛି। ରୀତିଯୁଗର ଶିଳ୍ପଶୈଳୀର ଗତାନୁଗତିକ ରୁଚି ଓ ରୂପର ସ୍ଫୀତିକୃତ ବର୍ଣ୍ଣନା ପରିବର୍ତ୍ତେ ତାଙ୍କର ରୂପବର୍ଣ୍ଣନାରେ ସଂଯମ ଓ ପରିମିତିବୋଧ ପ୍ରତି ସତର୍କ ଦୃଷ୍ଟି ରକ୍ଷିତ। ପ୍ରାଚୀନ କବିମାନଙ୍କ ପରି ନାରୀ ଅଙ୍ଗର ଇନ୍ଦ୍ରିୟ-ବିମୋହନ ଛବି ପ୍ରଦତ୍ତ ହୋଇଥିଲେ ହେଁ ସେଥିରେ ସ୍ଥୂଳତାର ମାତ୍ରା ସ୍ୱଳ୍ପ। କବିଙ୍କର ସୂକ୍ଷ୍ମ ରସବୋଧ ସେ ରୂପର ନିୟାମକ ଓ ଶିଳ୍ପନୈପୁଣ୍ୟର କାରଣ। ପୁରୁଷ ରୂପ ଅଙ୍କନରେ ରାଧାନାଥ ରମଣୀମୋହନ ଆକୃତି କଳ୍ପନା କରିଥିଲେ ହେଁ ସେଥିରେ ଶୌର୍ଯ୍ୟ, ବୀର୍ଯ୍ୟ ଓ ସାହସର ସମାବେଶ ଘଟାଇଛନ୍ତି। ବୀର୍ଯ୍ୟଦୀପ୍ତ ବୀରତନୁ କବିଙ୍କ ଦୃଷ୍ଟିରେ ପୁରୁଷର ସର୍ବଶ୍ରେଷ୍ଠ ରୂପ।

ମଧୁସୂଦନ ରାଓ

ଭକ୍ତକବି ମଧୁସୂଦନ ଉତ୍କଳ ସାହିତ୍ୟରେ ଏକ ପାବନ ନାମ। ସୁରୁଚିସମ୍ପନ୍ନ ସାହିତ୍ୟ ପରିବେଷଣ କରି ଲୋକରୁଚିର ପରିବର୍ତ୍ତନ ପାଇଁ ସେ ସାହିତ୍ୟ ସେବାରେ ବ୍ରତୀ ହୋଇଥିଲେ। ସାହିତ୍ୟ ଓ ସମାଜରେ ଜଣେ ରୁଚି-ସଂସ୍କାରକ ଭାବେ ତାଙ୍କର

ଭୂମିକା। ସମକାଳୀନ ସମାଜର ଲୋକମାନଙ୍କୁ ଶୁଭ, ଧର୍ମ, ନୀତି, ନ୍ୟାୟ ଓ ଜ୍ଞାନ ପଥରେ ଚାଲିବା ପାଇଁ ସେ ଶିକ୍ଷା ଦେଇଯାଇଛନ୍ତି। ଜଣେ ସମାଜ-ଗୁରୁ ହିସାବରେ ତାଙ୍କର ସ୍ଥାନ ଓଡ଼ିଆ ସାହିତ୍ୟରେ ଚିହ୍ନିତ ହୋଇଥାଏ। ନିରନ୍ତର ଧର୍ମପାଳନ, ପରିଶ୍ରମ ଓ ସତ୍ୟ କହିବା ପାଇଁ ସେ ବାଳକମାନଙ୍କୁ କବିତାରେ ଶିକ୍ଷା ଦେଉଥିଲେ। ସାହିତ୍ୟ ମାଧ୍ୟମରେ ପବିତ୍ର, ଶୁଦ୍ଧ ଓ ସାତ୍ତ୍ୱିକ ଭାବ ପରିବେଷଣ ତଥା ନୀତି ଓ ରୁଚି ପ୍ରଚାର ନିମନ୍ତେ ସେ ସତତ ଚେଷ୍ଟିତ ଓ ସେଥିପାଇଁ ପବିତ୍ର ଗମ୍ଭୀର ଭାଷା ନିର୍ବାଚନ କରିଥିଲେ। ସୁରୁଚି, ସୁନୀତି ଓ ସଂଯମର ପ୍ରଚାରକ ମଧୁସୂଦନ ସାହିତ୍ୟରେ ଗ୍ରାମ୍ୟ-ଆମୋଦ ଇତର ଭାବ ଓ ଲଘୁ ପରିହାସ ତଥା ଅଶ୍ଳୀଳ ଇଙ୍ଗିତ ଦେବାକୁ ସଙ୍କୁଚିତ। ଏପରିକି କାଳିଦାସ-କବିତାର ଅନୁବାଦ କାଳରେ ସାମାନ୍ୟ ଅଶାଳୀନ ଭାବପୂର୍ଣ୍ଣ ପଦ ମଧ୍ୟ ଅନୁବାଦରୁ ସେ ବାଦ୍ ଦେଇଛନ୍ତି। ସାହିତ୍ୟରେ ମାର୍ଜିତ ରୁଚି ପ୍ରତି ସେ ସତର୍କ ଦୃଷ୍ଟି ରଖିଥିଲେ।

ଉପଦେଶ ପ୍ରଦାନ ମଧୁସୂଦନଙ୍କ କବିତାର ଲକ୍ଷ୍ୟ। ଉଚ୍ଚକଳା ଶିକ୍ଷାଦାନର ଉଦ୍ଦେଶ୍ୟ ରଖେ ନାହିଁ। ଏକ ବକ୍ର ଉପାୟରେ ଶିକ୍ଷାଦାନ କରିବା ମହତ୍ କଳାର କୌଶଳ। ଶିକ୍ଷଣୀୟ କଳା କଳା-ପ୍ରତିଭାର ମହତ୍ ସୃଷ୍ଟି ନୁହେଁ। କବିତା ଓ ସୌନ୍ଦର୍ଯ୍ୟ ଆକର୍ଷଣୀୟ ତଥା ଉପାଦେୟ-ଉଭୟ ରୂପେ ପାଠକ ମନରେ କାର୍ଯ୍ୟକଲେ ସାର୍ଥକ ହୁଏ। କେବଳ ଆକର୍ଷଣୀୟ ବା କେବଳ ଉପାଦେୟ ହେଲେ ଚଳେ ନାହିଁ। କାରଣ ଔଷଧ ମଧୁସିକ୍ତ ହେଲେ ଆସ୍ୱାଦନୀୟ, ନଚେତ୍ ଅରୁଚି ଜାତ କରେ। (୪୩) ମଧୁସୂଦନଙ୍କ ଅଧିକାଂଶ କବିତା ଉପଦେଶ-ଗର୍ଭ। ସେ କବିତାରେ ପାଠକଙ୍କୁ ଉପାଦେୟ ଉପାଦାନ ପରିବେଷଣ କରିଛନ୍ତି; ମାତ୍ର ତାହା ମଧୁର ହୋଇନଥିବାରୁ ଥରେ ପଢ଼ିଲେ ପରବର୍ତ୍ତୀ ପଠନ ପାଇଁ ଆଗ୍ରହ ଆସେ ନାହିଁ। ଉପଦେଶକୁ କେହି ସୁଖ ପା'ନ୍ତି ନାହିଁ। ସେଥିଲାଗି ଭାରତୀୟ କାବ୍ୟ-ଶାସ୍ତ୍ରରେ କାବ୍ୟ କାନ୍ତା ସମ୍ମିତ ଉପଦେଶ ଦିଏ ବୋଲି କୁହାଯାଇଛି।

କବିତାରେ ଧ୍ୱନନବ୍ୟାପାର ଓ ଚିନ୍ତନବ୍ୟାପାର ମଧ୍ୟରୁ ପ୍ରଥମଟି ଶ୍ରେଷ୍ଠ କବିତା ନିମନ୍ତେ ଅପରିହାର୍ଯ୍ୟ। ମଧୁସୂଦନ ପାଠକମାନଙ୍କ ନିମନ୍ତେ କବିତାରେ ବହୁ ଚିନ୍ତା-ଉପାଦାନ ରଖିଯାଇଛନ୍ତି। ଜୀବନର ସୁଖ ଦୁଃଖ, ଆନନ୍ଦ ବେଦନାର କଥା କହିଛନ୍ତି; ମାତ୍ର ସେସବୁ ପାଠକର ଚିନ୍ତା ଉଦ୍ରେକ କରନ୍ତି। ସେଥିରୁ ତାଙ୍କର ଜୀବନ ଓ ଜଗତର ଜଟିଳ ରହସ୍ୟ ଉଦ୍‌ଘାଟନକାରୀ ମନର ପରିଚୟ ମିଳିପାରେ। ସେ ଚିନ୍ତା ଦାର୍ଶନିକର ପ୍ରିୟ। କବି ଚିନ୍ତା ପରିବର୍ତ୍ତେ ପାଠକଙ୍କୁ ଭାବନଶୀଳ କରାନ୍ତି। ମଧୁସୂଦନଙ୍କ କବିତା ପାଠକର ଚିନ୍ତା ଉଦ୍ରେକ କରେ; ଭାବ-ଉଦ୍‌ବୋଧନ କରାଏ ନାହିଁ। ତାଙ୍କର କବିତା

ଅନୁଭୂତି-ପ୍ରଧାନ ନୁହେଁ, ଚିନ୍ତା-ପ୍ରଧାନ। ଅନୁଭୂତିର ତୀବ୍ରତା ନଥିଲେ କବିତା ନୀରସ ହୁଏ। ଚିନ୍ତାକୁ ଅନୁଭୂତିସ୍ତରକୁ ଆଣି ନପାରିଲେ ଛନ୍ଦ, ମେଳ, ଶବ୍ଦବିନ୍ୟାସର ଚମତ୍କୃତି ଓ ଉଚ୍ଚ ଚିନ୍ତା ସତ୍ତ୍ୱେ ତାହା କବିତା ହୁଏ ନାହିଁ। ଦର୍ଶନ, ନୀତି ପ୍ରଭୃତି ତାତ୍ତ୍ୱିକ ବିଷୟକୁ ମଧ୍ୟ ଅନୁଭୂତିପିହିତ କରି କବିତାରେ ପ୍ରକାଶ କରାଯାଇପାରେ। ମଧୁସୂଦନଙ୍କ ଦର୍ଶନ ଓ ନୀତିବାଣୀ ଚିନ୍ତା ଉଦ୍ରେକ କଲେ ମଧ୍ୟ ରସୋଦ୍ରେକ କରେ ନାହିଁ। କବି ପ୍ରତ୍ୟେକ ଶବ୍ଦରେ ତାଙ୍କର ଅନୁଭୂତି ଭରି ଦେଇଥାନ୍ତି। ଫଳରେ ସେହି ଶବ୍ଦାବଳୀ ପାଠକର ଆବେଗ ଜାତ କରନ୍ତି। ମଧୁସୂଦନ ଅସୀମ, ବିରାଟ, ଭୂମା, ଜ୍ୟୋତି, ଧ୍ୱନି ଆଦି ଶବ୍ଦ ବାରମ୍ବାର ଉଲ୍ଲେଖ କରିଥିଲେ ମଧ୍ୟ ସେଥିରୁ ତାଙ୍କର ହୃଦୟାବେଗର କୌଣସି ପରିଚୟ ମିଳେନାହିଁ। ପାଠକ ବୁଦ୍ଧି ଦ୍ୱାରା ଶବ୍ଦାବଳୀର ସଂଜ୍ଞାଗତ ଅର୍ଥଟିକୁ ବୁଝେ। ମଧୁସୂଦନ ନିଜର ଚିନ୍ତାକୁ କବିତାର ଭାଷାରେ ପରିବର୍ତ୍ତିତ କରିଦେଇଛନ୍ତି। ପୋପ୍‌ଙ୍କ କବିତା ସମ୍ପର୍କରେ କୋଲରିଜ ଏହିପରି ଦୋଷାରୋପ କରିଥିଲେ । କାରଣ ତାଙ୍କ କବିତା ପଦ୍ୟାୟିତ ଚିନ୍ତା ମାତ୍ର। ସହୃଦୟ ପାଠକ ରସର ନିମନ୍ତ୍ରଣରେ କାବ୍ୟ-ସିଂହଦ୍ୱାରରେ ଉପସ୍ଥିତ ହୁଏ। ମଧୁସୂଦନ ପାଠକକୁ ଅଧ୍ୟାତ୍ମରସ ପରିବେଷଣ କରି ତା'ର ଆତ୍ମାର ବିଶୁଦ୍ଧତା ସମ୍ପାଦନ ନିମନ୍ତେ ଚେଷ୍ଟିତ।

ମଧୁସୂଦନଙ୍କ କବିତାରେ ସର୍ବତ୍ର ବ୍ୟକ୍ତି ମଧୁସୂଦନ ଫୁଟି ଦିଶନ୍ତି। କବିଙ୍କର ବ୍ୟକ୍ତିତ୍ୱ ମହାନ୍; ମାତ୍ର କବିତାରେ ତାହାର ନୈର୍ବ୍ୟକ୍ତିକତା ସାଧିତ ହୋଇନାହିଁ। ବ୍ୟକ୍ତିତ୍ୱ ଯେତେବେଳେ ବ୍ୟାପକତା ଲାଭ କରେ, ସେତେବେଳେ ହୁଏ ନୈର୍ବ୍ୟକ୍ତିକ। କବିତାରେ କବି ଲୁଚିଯାଇଥାନ୍ତି ଓ ତାହାକୁ ଚିହ୍ନିବା ସହଜ ହୁଏ ନାହିଁ। ମାତ୍ର ମଧୁସୂଦନଙ୍କ କବିତା ପାଠକଲେ ତାଙ୍କର ପରିଚୟ ଓ ବ୍ୟକ୍ତି-ରୂପ ଅନାୟାସରେ ଉପଲବ୍ଧ ହୁଏ।

ମଧୁସୂଦନଙ୍କ କବିତାର ଏହି ଦୋଷ ସତ୍ତ୍ୱେ ଏହା ସ୍ୱୀକାର୍ଯ୍ୟ ଯେ, ଆର୍ଷବାଣୀ ଓ ଆର୍ଷ-ଭାବନାରେ ତାଙ୍କ କବିତା ସଂଦୀପିତ। ପ୍ରାଣରେ ଗୀର୍ବାଣବିଭବ ଅନୁଭବ କରିବା ଋଷି ମଧୁସୂଦନଙ୍କ ହୃଦୟର ମହାନତା ସୂଚନା କରେ । କବିଙ୍କର ପ୍ରାଣ ବିରାଟ, ଭାବନା ଉଦାର, ଗମ୍ଭୀର ଓ ଅଭିବ୍ୟକ୍ତି ବେଦମନ୍ତ୍ର ପରି ପବିତ୍ର ଓ ଉଦାତ୍ତ । ଭାବନା ଗମ୍ଭୀର ହେଲେ କବିବାଣୀରେ ଉଦାତ୍ତତ୍ୱ ଅବତରଣ କରେ । ମହାନ୍ ଓ ଗମ୍ଭୀର ଭାବନା ଉଦାତ୍ତର ପୋଷକ । ମଧୁସୂଦନଙ୍କର ଉଦାତ୍ତ ଭାବନା ଓ ମହତ୍ ଚରିତ ହେତୁ ତାଙ୍କର କବିତା ପ୍ରାଣର ସମୁନ୍ନତି ବିଧାନ କରେ । ଜୀବନରେ ଯେ ପର୍ଯ୍ୟନ୍ତ ମହତ୍ ଓ ବିରାଟର ଉପଲବ୍ଧି ହୁଏ ନାହିଁ ସେ ପର୍ଯ୍ୟନ୍ତ ଉଦାତ୍ତର ମନ୍ଦ୍ରଘୋଷ ପ୍ରାଣରୁ ଉଠେନାହିଁ । ମଧୁସୂଦନ ଯେ ଋଷି ପ୍ରାଣରେ ଦେବାବତରଣ ଘଟାଇ ପାରିଲେ

ତାହାର କାରଣ ତାଙ୍କର ମହତ୍ ସ୍ୱଭାବ, ଉଚ୍ଚ ଭାବନା ଓ ପୁଣ୍ୟ ଚରିତ । ଔଦାତ୍ତ୍ୟ ଯଦି ଆତ୍ମାର ମହାନତାର ପ୍ରତିଧ୍ୱନି ହୁଏ, ତେବେ ମଧୁସୂଦନଙ୍କ କାବ୍ୟ ଉଦାତ୍ତର ସର୍ବୋତ୍କୃଷ୍ଟ ନିଦର୍ଶନ । ସେ ବିଶ୍ୱର ପ୍ରତ୍ୟେକ ପଦାର୍ଥ ଓ ସୃଷ୍ଟିର ପ୍ରତ୍ୟେକ ବ୍ୟାପାରରେ ବିରାଟ ବ୍ରହ୍ମଙ୍କର ଚେତନା ସତ୍ତା ଦର୍ଶନ ଓ ଅନୁଭବ କରୁଥିଲେ । ବିଶ୍ୱର ରନ୍ଧ୍ରେ ରନ୍ଧ୍ରେ ଭୂମାର ପାବନ ଆବିର୍ଭାବ ଉପଲବ୍ଧି କରି ତାଙ୍କରି ମହିମାରେ ବିହ୍ୱଳ ହେଉଥିଲେ । ତାଙ୍କ ଦୃଷ୍ଟିରେ ପ୍ରତ୍ୟେକ ବସ୍ତୁ ସତ୍, ଚିତ୍ ଓ ଆନନ୍ଦର ଆଲୋକରେ ପୂର୍ଣ୍ଣ । ଯେଉଁ ସନାତନ ଦିବ୍ୟ-ଚେତନଶକ୍ତି ଦ୍ୱାରା ଏହି ବିରାଟ ବିଶ୍ୱ ନିୟନ୍ତ୍ରିତ, ସେହି ସର୍ବବ୍ୟାପୀ ରିତର ପ୍ରତ୍ୟକ୍ଷୀକରଣ କରିଥିବାରୁ କବି ହୃଦୟରେ ବିରାଟର ଅବତରଣ ଘଟିଥିଲା । ସେ ଆକାଶ, ପଦ୍ମ, ଶିଶୁ, ସମୁଦ୍ର, ପର୍ବତ- ସର୍ବତ୍ର ଏହି ରିତ ଶକ୍ତିର ଉପସ୍ଥିତି ଅନୁଭବ କରିଥିଲେ । ଏହି ଜଗତର ପ୍ରତ୍ୟେକ ବସ୍ତୁର ଏକ ଆଧ୍ୟାତ୍ମିକ ତାତ୍ପର୍ଯ୍ୟ ଅଛି । କୌଣସି ବସ୍ତୁ ତୁଚ୍ଛ ବା ଇତର ନୁହେଁ, କାହାରି ସୃଷ୍ଟି ମନ୍ଦ ଉଦ୍ଦେଶ୍ୟରେ ବା ଅକାରଣ ନୁହେଁ । ପ୍ରତ୍ୟେକ ବସ୍ତୁ ସତ୍ୟ ଉଦ୍ଦେଶ୍ୟରେ ଧାବିତ ଓ ମହତ୍‌ରୁ ସୃଷ୍ଟ । ପ୍ରତ୍ୟେକ ବସ୍ତୁ ପଛରେ ଏକ ମହତ୍ ଉଦ୍ଦେଶ୍ୟ ନିହିତ । ମାନବାତ୍ମାର ମହାନତା ଓ ଅସୀମତା ଉପରେ ମଧୁସୂଦନଙ୍କର ଅଟଳ ବିଶ୍ୱାସ ଥିଲା । ମଙ୍ଗଳବାଦୀ କବି ପୃଥିବୀର ସକଳ ଘଟଣାରେ ବିଶ୍ୱବିଧାତାଙ୍କ ମଙ୍ଗଳମୟ ହସ୍ତ ଓ ଶୁଭ ଉଦ୍ଦେଶ୍ୟ ନିହିତ ଥିବା ଲକ୍ଷ୍ୟ କରିଥିଲେ । ମଧୁସୂଦନଙ୍କ କବିତା ପଢ଼ି ପାଠକ ଭୂମାଙ୍କର ମଧୁମତୀ ଭୂମିକାରେ ଅବତୀର୍ଣ୍ଣ ହୁଏ । କବିଙ୍କର ଦିବ୍ୟଦୃଷ୍ଟ ଭାବତାଦାତ୍ମ୍ୟ ଚିତ୍ତରେ ବିଶ୍ୱକୁ ଦେଖୁଥିଲା । ତାଙ୍କର ଚରିତ ଉଦାତ୍ତ, ପ୍ରାଣ ଉଦାତ୍ତ ଓ ବାଣୀ ମଧ୍ୟ ଉଦାତ୍ତ । ବୈଦିକ ଋଷିକବିଙ୍କ ହୃଦୟ ଭଳି ତାଙ୍କର ହୃଦୟ ପ୍ରଶାନ୍ତ ଗମ୍ଭୀର ।

ମଧୁସୂଦନଙ୍କ ଦୃଷ୍ଟିରେ ପ୍ରକୃତି ଅଚେତନ ନୁହେଁ । ସେ ଜଗତର ସକଳ ପଦାର୍ଥରେ ଚୈତନ୍ୟର ସାକ୍ଷାତ୍‌କାର କରୁଥିଲେ । ୱାର୍ଡସୱାର୍ଥଙ୍କ ପରି କବି ଚୈତନ୍ୟମୟୀ ପ୍ରକୃତିକୁ ଶାଶ୍ୱତ ସୌନ୍ଦର୍ଯ୍ୟର ଅଧିଷ୍ଠାତ୍ରୀ, ଦେବତା ରୂପେ ଦେଖିଛନ୍ତି । ପ୍ରକୃତିର ଉଲ୍ଲସିତ ଆତ୍ମାକୁ ନିଜ ଆତ୍ମାରେ ଓ ନିଜକୁ ପ୍ରକୃତିରେ ଅନୁଭବ କରିଛନ୍ତି । ସେତେବେଳେ ଅମ୍ବରଠାରୁ ଧରଣୀ ପର୍ଯ୍ୟନ୍ତ ବିଶ୍ୱ ତାଙ୍କର ନିଜସ୍ୱ ପ୍ରତୀତ ହୋଇଛି । ସର୍ବତ୍ର 'ମୋହରି ମୋହରି' ଧ୍ୱନି ଗୁଞ୍ଜିତ ହେବା ଶୁଣି ପାରିଛନ୍ତି । ନୀଳାକାଶ, ସଞ୍ଚରଣଶୀଳ ମେଘବିତାନ, ଗଗନଚାରୀ ବିହଗଗାନ, ତରଙ୍ଗମୟ ସାଗର, ସ୍ଥାବର ପ୍ରକୃତି, ତରୁଲତା ଫଳଫୁଲ- ସର୍ବତ୍ର ସେ ଏକ ମହାଶକ୍ତିର ଚିନ୍ମୟ ପ୍ରକାଶ ପ୍ରତ୍ୟକ୍ଷ କରିଥିଲେ । ସେହି ଚିନ୍ମୟ ଶକ୍ତିର ସତ୍ତାରେ ଜୀବ ଓ ଜଡ଼ ଜଗତ୍ ସତ୍ତାବାନ୍ ଊର୍ଜସ୍ୱଳ । କବିଙ୍କର କବିତା ସେହି ସତ୍ତାର ଅମର କଳ୍ପନା ସଙ୍ଗୀତରେ ପ୍ରତିଧ୍ୱନିମୟ ।

ପ୍ରକୃତିକୁ ସଙ୍ଗରେ ଘେନି ପରମେଶ୍ୱରଙ୍କ ସନ୍ଧାନରେ ମଧୁସୂଦନ ଗତି କରିଛନ୍ତି ଓ ତାଙ୍କ ନିମନ୍ତେ ଉଭୟେ ସ୍ୱୟମ୍ବରା କୁମାରୀ ହୃଦୟରେ ପରିଣତ ହୋଇଛନ୍ତି । ଏ ଯାତ୍ରା ମଙ୍ଗଳମୟ; ମଙ୍ଗଳମୟଙ୍କ ସନ୍ଧାନରେ ତାଙ୍କର ଋଷିପ୍ରାଣ ପ୍ରକୃତି ସହିତ ତାଦାତ୍ମ୍ୟ ସ୍ଥାପନ କରି ଯାତ୍ରା କରିଛି । ଉତ୍କଳ ସାହିତ୍ୟରେ ଏ ଚିତ୍ରର ଅଭାବ ଥିଲା । ମଧୁସୂଦନଙ୍କ ବ୍ୟତୀତ ଏ ଚିତ୍ର ଆଉ କେହି ଦେଇପାରି ନାହାନ୍ତି । ରାଧାନାଥ ପ୍ରକୃତିର ବାହ୍ୟରୂପର ମୁଗ୍ଧ ସ୍ତାବକ । ପ୍ରକୃତିରେ ଈଶ୍ୱରାନୁଭୂତି ତାଙ୍କ କଳ୍ପନାରେ ଆସିନାହିଁ । ପ୍ରକୃତି ବର୍ଣ୍ଣନା ମଧୁସୂଦନଙ୍କର ଉଦ୍ଦେଶ୍ୟ ନୁହେଁ, ଉପାୟ; ଅର୍ଥାତ୍ ପ୍ରକୃତି ମାଧ୍ୟମରେ ପ୍ରକୃତିର ସ୍ରଷ୍ଟା ପରମକାରଣଙ୍କୁ ଅନ୍ୱେଷଣ କରିବା ଓ ତାଙ୍କରି ମହିମାରେ ମୁଗ୍ଧ ହେବା ତାଙ୍କ କବିଧର୍ମର ମୂଳଲକ୍ଷ୍ୟ । ପ୍ରକୃତିରୁ ପରମ ପ୍ରତି ଗତି ତାଙ୍କର ସକଳ କବିତାରେ ପରିଲକ୍ଷିତ । ପ୍ରଭାତର ମଙ୍ଗଳ ଲଗ୍ନରେ ଜଗତର ବିଚିତ୍ର ସଙ୍ଗୀତ, ବିଚିତ୍ର ବର୍ଣ୍ଣ, ବିଚିତ୍ର ଶୋଭା ମଧ୍ୟରେ ଅସୀମ ସୌନ୍ଦର୍ଯ୍ୟ ବିରାଜିତ । ଜଗତର ଶୋଭାପୀଠ ଉପରେ ପ୍ରତିଷ୍ଠିତ ସେହି ଅନନ୍ତ ସୌନ୍ଦର୍ଯ୍ୟ । ଚେତନାର ଜାଗରଣ ଘଟିଲେ ସେ ସୌନ୍ଦର୍ଯ୍ୟ ପ୍ରତ୍ୟକ୍ଷୀଭୂତ ହୁଏ । କବିଙ୍କର ହିରଣ୍ମୟୀ, ଶରଣ୍ମୟୀ ଓ ଚିନ୍ମୟୀ ପ୍ରକୃତି ମହାଭାବ ଓ ନିର୍ବିକଳ୍ପ ପରମ ସୁନ୍ଦରଙ୍କର ସାନ୍ନିଧ ଲାଭ କରାଇଦିଏ । ବ୍ରହ୍ମଙ୍କର ଆବିର୍ଭାବ ପ୍ରକୃତିରେ ସର୍ବପ୍ରଥମେ ଘଟେ । ତା'ପରେ ଜଡ଼ ପ୍ରକୃତି ଚିତ୍ ପ୍ରକୃତି ସହିତ ମିଶି ସ୍ୱୟମ୍ବରା କୁମାରୀ ହୃଦୟରେ ପରିଣତ ହୋଇ ପରମସୁନ୍ଦରଙ୍କ ସାକ୍ଷାତ୍କାର ଲାଭ କରନ୍ତି । ପ୍ରକୃତି ବ୍ରହ୍ମଙ୍କର ଆଦ୍ୟ ଆବିର୍ଭାବ ସ୍ଥଳ । କବି ଅନୁଭବ କରିଛନ୍ତି, ସତ୍ୟର ସୌନ୍ଦର୍ଯ୍ୟାଲୋକରେ ସମୁଜ୍ଜ୍ୱଳା ଏହି ବିଶ୍ୱପ୍ରକୃତି । ତାହାର ରନ୍ଧ୍ରେ ରନ୍ଧ୍ରେ ଭୂମାଙ୍କର ମିଳନ ବଂଶୀ ବୀଣା ବାଜୁଛି- କବି ପ୍ରାଣରେ ତାହା 'ମୋହରି ମୋହରି' ପ୍ରତିଧ୍ୱନି ତୋଳୁଛି । ପ୍ରକୃତି ସୌନ୍ଦର୍ଯ୍ୟରେ ବ୍ରହ୍ମରସ ଆସ୍ୱାଦନ ଓ ବ୍ରହ୍ମ ସାନ୍ନିଧ ଲାଭ କେବଳ ମଧୁସୂଦନଙ୍କ ପକ୍ଷରେ ସମ୍ଭବ । ହିମାଳୟ ରାଧାନାଥଙ୍କର ଅସ୍ମିତାକୁ ବିସ୍ମୟରେ ନିମଗ୍ନ କରାଇଥିବାବେଳେ ମଧୁସୂଦନ ତହିଁରେ ଜୀବାତ୍ମା ପରମାତ୍ମାର ମଧୁର ବିବାହୋତ୍ସବ ସମ୍ପାଦନ କରିଛନ୍ତି । ମଧୁସୂଦନଙ୍କ ଚେତନାର ମହୋଦାର ଭାବ ପାଠକକୁ କେଉଁ ଏକ ଅତୀନ୍ଦ୍ରିୟ ଜଗତକୁ ଘେନିଯାଏ ।

ମଧୁ-ମାନସ ମଧୁ ସୃଷ୍ଟି କରିଛି । ଆକାଶ, ପବନ, ଜଳ, ସ୍ଥଳ ସମସ୍ତ ମଧୁକ୍ଷରଣ କରୁଛନ୍ତି । ସେହି ବ୍ରହ୍ମ ମଧୁ ପାନ କରି କବିକଣ୍ଠ ବିଭୋର ହୋଇ ଗାନ କରିଛି-

ମଧୁମୟ ସୃଷ୍ଟି ସୁଧାମୟ ସୃଷ୍ଟି
ଏ ସୃଷ୍ଟି ଅମୃତମୟ ହେ ।

ଋତୁ -ନିୟନ୍ତ୍ରିତ ଏହି ବିଶ୍ୱ-ପ୍ରକୃତି ସର୍ବବ୍ୟାପୀ ପରମେଶ୍ୱରଙ୍କ ନିର୍ଦ୍ଦେଶରେ

ନିତ୍ୟ ନବ ନବ ରୂପରେ ପ୍ରକାଶିତ । ଋତୁଚକ୍ରର ଆବର୍ତ୍ତନରେ ପ୍ରକୃତିର ଭିନ୍ନ ଭିନ୍ନ ସୁଷମା ସେହି ମଙ୍ଗଳମୟଙ୍କର ନିର୍ଦ୍ଦେଶରେ କେବେ ସୁନ୍ଦର, କରୁଣ, ଦୀନହୀନ ରୂପରେ ପ୍ରକାଶ ପାଉଛି । ମହାଚିତ୍ରକର ଭଗବାନ ତାଙ୍କର ଅପୂର୍ବ ତୁଳିକାରେ ଏହି ପ୍ରକୃତିକୁ ଚିତ୍ର କରୁଛନ୍ତି । ସୁନ୍ଦର କରୁଛନ୍ତି । ଶୀତର ପ୍ରାବଲ୍ୟରେ ପ୍ରକୃତି ଯେଉଁ ବିବଶା ରୂପ ଧାରଣ କରେ, ତାହା ମଧ୍ୟ ମଙ୍ଗଳମୟଙ୍କ ନିର୍ଦ୍ଦେଶରେ ସଙ୍ଘଟିତ । ସେଥିରେ ଯେଉଁ କରୁଣ ସ୍ପର୍ଶ ଓ ବିଷାଦରାଗିଣୀ ତାହା ବସନ୍ତର ଆଗମନ ଉଦ୍ଦେଶ୍ୟରେ ।

ଭାରତର ଋଷିକବିମାନଙ୍କ ପରି ମଧୁସୂଦନ ଏହି ବିଶ୍ୱକୁ ଆଦିକବି ରଚିତ ଅପୂର୍ବ ମହାକାବ୍ୟ ରୂପେ ଗ୍ରହଣ କରୁଥିଲେ (ପଶ୍ୟ ଦେବସ୍ୟ କାବ୍ୟଂ ନ ବିଭେତି ନ ରିଷ୍ୟତି) । ଏହି ବିଶ୍ୱରେ କେଉଁଠି ଜୀର୍ଣ୍ଣତା, ଅପୂର୍ଣ୍ଣତା ଓ କୁଶ୍ରୀତା ନାହିଁ । ମୃଗତୃଷ୍ଣାପୂର୍ଣ୍ଣ ମରୁଭୂମି, କୁସୁମିତ କାନନ, ଶସ୍ୟଶ୍ୟାମଳ କେଦାର, ନଦୀ ସମୁଦ୍ର, ଭୂଧର, ବିହାୟସ, ପ୍ରଭାତ ସନ୍ଧ୍ୟା, ଋତୁଚକ୍ରର ଆବର୍ତ୍ତନ- ସର୍ବତ୍ର ଓ ସର୍ବକାଳରେ ସେହି ବ୍ରହ୍ମ ବିହାର ସନ୍ଦର୍ଶନ କରି ମୁଗ୍ଧବିହ୍ୱଳ କବିପ୍ରାଣ ପ୍ରକୃତିର ଅମର ସତ୍ତା ମାଧ୍ୟମରେ ବିଶ୍ୱନାଡ଼ୀ ମୂଳାଧାରଙ୍କର ଅନାଦିଚରଣରେ ସମ୍ମିଳିତ ହେବା ପାଇଁ ଧାବିତ । ପ୍ରକୃତିର ମାଧୁର୍ଯ୍ୟମୟୀ ଲୀଳାରେ, ନିସର୍ଗ ଲାବଣ୍ୟରେ ଏକ ଅଦୃଶ୍ୟ ଶକ୍ତି କାର୍ଯ୍ୟ କରୁଥିବା ଓ ଏକ ମହାସତ୍ତା ବିଦ୍ୟମାନ ଥିବା ମଧୁସୂଦନ ଲକ୍ଷ୍ୟ କରିଥିଲେ । ସେହି ମହାଶକ୍ତିର ନିର୍ଦ୍ଦେଶରେ ବିଶ୍ୱପ୍ରକୃତି ପରିଚାଳିତ ଓ ଅଭିବ୍ୟକ୍ତ । (୪୪) ମରୁତ୍ ସୂର୍ଯ୍ୟ ଉଷା ଶର୍ବରୀ ଜଳସ୍ଥଳ ଆକାଶ ସମସ୍ତେ ସେହି ଜ୍ୟୋତିକୁ ବନ୍ଦନା କରୁଛନ୍ତି । ଏହାହିଁ ମଧୁସୂଦନଙ୍କ ପ୍ରକୃତି ସୌନ୍ଦର୍ଯ୍ୟ ଦର୍ଶନର ଅନ୍ତଃସ୍ୱର । ବର୍ଣ୍ଣାଢ୍ୟ ପ୍ରକୃତିର ମନୋଜ୍ଞ ଚିତ୍ରଣଠାରୁ ତା ମଧ୍ୟରେ ଏକ ଅନନ୍ତ ଶକ୍ତିର ଇଙ୍ଗିତ ଲକ୍ଷ୍ୟ କରିବା ମଧୁ-ମାନସର ମହାନତାର ପରିଚାୟକ । ମରୀଚିକାମୟ ତରୁଶୂନ୍ୟ ମରୁ ଅନ୍ତରରୁ ସୁଧାସ୍ରୋତ ବହୁଥିବା ଲକ୍ଷ୍ୟକରି ବିଶ୍ୱବାସୀଙ୍କୁ ସେହି ସୁଧା ପାନ କରିବାକୁ ସେ ଆହ୍ୱାନ କରିଛନ୍ତି । 'ଶୋଭା' ଶୀର୍ଷକ କବିତାରେ କବି ସମଗ୍ର ବିଶ୍ୱକୁ ସରସ ସୁନ୍ଦର, ପବିତ୍ର ଓ ମହୀୟାନ ରୂପେ ଦେଖିଛନ୍ତି । ବିଶ୍ୱରେ ଏତେ ଶୋଭାପୂର୍ଣ୍ଣ ହୋଇ ରହିଥିବା ଦେଖି ସେ ମହାମହିମଙ୍କର ଅନନ୍ତ ମହିମା ଚିନ୍ତା କରି ପରମ ପ୍ରେମାବେଶରେ ଆବିଷ୍ଟ । ତାଙ୍କ ଦୃଷ୍ଟିରେ ଏହି ବିଶ୍ୱ ଏକ ଚିତ୍ର । ବିଶ୍ୱଶିଳ୍ପୀ ଭଗବାନ ଏହାକୁ ନିରନ୍ତର ଚିତ୍ର କରି ଲାଗିଛନ୍ତି । ସେ ମହାଶିଳ୍ପୀ । ଏହି ସମଗ୍ର ଜଗତ୍ ତାଙ୍କ ରଚିତ କାବ୍ୟ । ସେହି କାବ୍ୟ ସଙ୍ଗୀତର ମୋହନ ମାଧୁରୀରେ କବି ପ୍ରାଣ-ପ୍ରବାହ ମିଶାଇ ଦେଇଥିଲେ । ବିଶ୍ୱ ତନ୍ତ୍ରରେ ତାଙ୍କର ଥିଲା ଅଖଣ୍ଡ ପ୍ରତ୍ୟୟ । ତେଣୁ ସେ ସ୍ୱତନ୍ତ୍ର କାବ୍ୟଜଗତ ସୃଷ୍ଟି କରିବାକୁ ଯାଇନାହାନ୍ତି । ବିଶ୍ୱ ସ୍ରଷ୍ଟାଙ୍କର ମହାମହିମା ଓ ବିଶ୍ୱସୃଷ୍ଟିରେ ସଞ୍ଚିତ ଶୋଭା-ଐଶ୍ୱର୍ଯ୍ୟ ପ୍ରତି ପୁଲକପୂରିତ ଅନ୍ତରରେ

କବିପ୍ରାଣ ମୁଗ୍ଧଦୃଷ୍ଟି ଢାଳି ଚାହିଁ ରହିଥିଲା । ଜୀବନ ଓ ଜଗତ ପ୍ରତି ମଧୁସୂଦନଙ୍କର ଯେଉଁ ଦୃଷ୍ଟିଭଙ୍ଗୀ ଥିଲା, ତାହା ଦୁର୍ବଳ ଅସମର୍ଥର ଦୃଷ୍ଟିଭଙ୍ଗୀ ନୁହେଁ; ତାହା ଆଶାବାଦୀ । ଆନନ୍ଦବାଦୀ ପ୍ରାଣ ଚଞ୍ଚଳ ମନୁଷ୍ୟର ଦୃଷ୍ଟିଭଙ୍ଗୀ ।

ମଧୁସୂଦନ ଈଶ୍ୱରଙ୍କୁ ସୌନ୍ଦର୍ଯ୍ୟସାରସର୍ବସ୍ୱ ରୂପେ ଦର୍ଶନ କରିଛନ୍ତି।(୪୫) ପ୍ରତ୍ୟେକ ବସ୍ତୁ ତାଙ୍କ ସହିତ ସମ୍ବନ୍ଧ ସୂତ୍ରରେ ଆବଦ୍ଧ ଓ ତାଙ୍କରି ସୌନ୍ଦର୍ଯ୍ୟାଲୋକରେ ଆଲୋକିତ। ସେ ଆଦିକବି, ଆଦିଚିତ୍ରକର ଓ ସ୍ୱପ୍ରକାଶ୍ୟ। ସେ ପରମପ୍ରମାଣ। ଯୁକ୍ତିତର୍କ ଦ୍ୱାରା ନୁହେଁ, ପ୍ରେମଦ୍ୱାରା ତାଙ୍କୁ ଲାଭ କରାଯାଏ। ଯେ ପରମ ପ୍ରମାଣ, ତାଙ୍କୁ ଅନ୍ୟ କୌଣସି ପ୍ରମାଣ ଦ୍ୱାରା ପରିମାପ କରିବା ଭ୍ରାନ୍ତିପୂର୍ଣ୍ଣ। ପରମ ପ୍ରମାଣ ବୁଦ୍ଧିର ଅତୀତ। ଦୃଶ୍ୟ ଅଦୃଶ୍ୟର ବ୍ୟବଧାନ ଲୋପ କରିବାକୁ ଯେଉଁମାନେ ଚାହାନ୍ତି, ସେମାନେ ବୁଦ୍ଧିଜନିତ ଅହଂକାରର ସ୍ଫୀତ ହୋଇ ସେପରି କରିଥାନ୍ତି। ମାତ୍ର ଈଶ୍ୱର ବୁଦ୍ଧି ଓ ତର୍କର ଅତୀତ। ସେ ସ୍ୱତଃସିଦ୍ଧ; ତାଙ୍କ ପାଇଁ କୌଣସି ପ୍ରମାଣ ନାହିଁ। ତେଣୁ କବି ବିଚାର-ବୁଦ୍ଧି ପରିତ୍ୟାଗ କରି ବିଶ୍ୱାସମାଧୁରୀରେ ଈଶ୍ୱରଙ୍କୁ ପାଇବା ପାଇଁ ପରାମର୍ଶ ଦେଇଛନ୍ତି। ବିଶ୍ୱାସେ ମିଳଇ କୃଷ୍ଣ ତର୍କେ ବହୁଦୂର-କବିଙ୍କ ଦୃଷ୍ଟିରେ ବିଶ୍ୱାସ ସୁନ୍ଦର, ତର୍କ କୁରୂପ। ଆତ୍ମାର ପରମାତ୍ମା ଉଦ୍ଦେଶ୍ୟରେ ଯେଉଁ ଉନ୍ମୁଖତା, ପୂର୍ଣ୍ଣତା ପ୍ରାପ୍ତି ଉଦ୍ଦେଶ୍ୟରେ ଯେଉଁ ଅନ୍ୱେଷଣ ତାହାହିଁ ସୌନ୍ଦର୍ଯ୍ୟ। ସେହି ପରମ ସୁନ୍ଦରଙ୍କୁ ପାଇବା ପାଇଁ ଆତ୍ମାର ଅନନ୍ତପିପାସା। ମଧୁସୂଦନ 'ଜୀବନଚିନ୍ତା'ରେ ସେହି ଜୀବନଜ୍ୟୋତି, ଅନ୍ତରର ନିଧି ଓ ସତ୍ୟର ସୂର୍ଯ୍ୟଙ୍କୁ ଖୋଜିବା ପାଇଁ ଜୀବାତ୍ମାକୁ ଆହ୍ୱାନ ଦେଇଛନ୍ତି। ପୂର୍ଣ୍ଣତା ସୌନ୍ଦର୍ଯ୍ୟର ଅନ୍ୟନାମ। ଯାହା ଅପୂର୍ଣ୍ଣ ତାହା ପୂର୍ଣ୍ଣତା ପ୍ରାପ୍ତି ନିମନ୍ତେ ଉଦଗ୍ରୀବ। ପ୍ରକାଶର ପୂର୍ଣ୍ଣତା ହିଁ ସୌନ୍ଦର୍ଯ୍ୟ ମଧୁସୂଦନଙ୍କ ଈଶ୍ୱର ନିଜ ମହିମାରେ ପ୍ରତିଷ୍ଠିତ, ଭକ୍ତ ଦୃଷ୍ଟିରେ 'ସ୍ପର୍ଶରତନ'। ତାଙ୍କର ସ୍ପର୍ଶରେ ମୃତ ହେବ ଅମୃତ, ମଳିନ ହେବ ଉଜ୍ଜ୍ୱଳ ଓ ତୁଚ୍ଛ ହେବ ମହାର୍ଘ। କବିଙ୍କର ଈଶ୍ୱର କୌଣସି ଧର୍ମୀୟ ଗଣ୍ଡିରେ ଓ ମନ୍ଦିର ବା ମୂର୍ତ୍ତିରେ ଆବଦ୍ଧ ନୁହନ୍ତି। ସେ ଭୂମା, ସର୍ବତ୍ର ପରିବ୍ୟାପ୍ତ, ତାଙ୍କୁ ମୂର୍ତ୍ତି ଓ ମନ୍ଦିରରେ ବାନ୍ଧି ରଖାଯାଇନପାରେ।

କବିଙ୍କର ଈଶ୍ୱର ପ୍ରାଣାରାମ ନିରଞ୍ଜନ, ପତିତ ତାରଣ, ସନ୍ତାପିତ ପ୍ରାଣର ଚନ୍ଦନ ଓ ସଂସାର ବିଷାକ୍ତ ନେତ୍ରରେ ଅଞ୍ଜନସ୍ୱରୂପ। ସାଂସାରିକ ଦୃଷ୍ଟି ଭୋଗସର୍ବସ୍ୱ ଓ ବିଷାକ୍ତ। ତହିଁରେ ଐଶ୍ୱରିକ ଆଲୋକର ଅଞ୍ଜନ ନ ପିନ୍ଧିଲେ କୁଶ୍ରୀ ସୁଶ୍ରୀ ହେବ ନାହିଁ ଓ ସୁନ୍ଦର ପଦାର୍ଥର ସୌନ୍ଦର୍ଯ୍ୟ ଦୃଷ୍ଟିରେ ପଡିବ ନାହିଁ। ବିଭୁ-ସୌନ୍ଦର୍ଯ୍ୟର ଏପରି କଲ୍ୟାଣମେଦୁର ସ୍ପର୍ଶ ମଧୁସୂଦନଙ୍କ ଉପଲବ୍ଧିରେ ହିଁ ଆସିପାରେ। ଜୀବାତ୍ମା ଓ ପରମାତ୍ମାଙ୍କ ସମ୍ପର୍କ ନିର୍ଣ୍ଣୟ ମଧୁସୂଦନଙ୍କ କବିତାର ଉପଜୀବ୍ୟ ବିଷୟ । ଜୀବାତ୍ମା ପରମାତ୍ମାଙ୍କ ସୌନ୍ଦର୍ଯ୍ୟ ଅନ୍ୱେଷଣ କରିଚାଲିଛି। ଅପ୍ରାପ୍ତିରେ ତା'ର ଦୁଃଖ ଓ ବେଦନା। ପ୍ରାପ୍ତିରେ

ସେ ଚରିତାର୍ଥ ଓ ପୂର୍ଣ୍ଣ, ତା'ର ସକଳ ଅଶାନ୍ତି ଯନ୍ତ୍ରଣାର ଶେଷ। ସେହି ସତ୍ୟ-ଶିବ-ସୁନ୍ଦର-ତିନିର ମିଳନବିନ୍ଦୁ ଅନନ୍ତ-ଜୀବନର ଆଧାର ସ୍ୱରୂପ ଈଶ୍ୱରଙ୍କୁ ଅନ୍ତରରେ ନିରୀକ୍ଷଣ କରିବା ପାଇଁ କବି ଜୀବକୁ ଆହ୍ୱାନ କରିଛନ୍ତି। ତାଙ୍କୁ ଲାଭ କଲେ-

ଜୀବନର ଉତ୍ସ ନିର୍ମଳ ଶୁଦ୍ଧ ହେବ କ୍ଷଣକେ
ବହିବ ଅନ୍ତରେ ଉତ୍ସବ-ଧାରା ମହାପୁଲକେ
ଆଶା ପାରିଜାତ ଫୁଟିବ ହୃଦ-ନନ୍ଦନବନେ
ଜ୍ଞାନ ଭକ୍ତି କର୍ମ ସୌରଭ ବ୍ୟାପିଯିବ ଜୀବନେ ।[୪୬]

ଏହା କେବଳ ବ୍ରହ୍ମପଦ ପ୍ରାପ୍ତି ଦ୍ୱାରା ସମ୍ଭବ ।

ମଧୁସୂଦନଙ୍କର ଈଶ୍ୱର ପରମ ପୁରୁଷ । ସେ ଅଶବ୍ଦ, ଅସ୍ପର୍ଶ, ଅରୂପ ଅରସ; ତଥାପି ପରମ ସତ୍ୟ ଓ ମହାନନ୍ଦ ରସ । ଦେଶକାଳାତୀତ, ଦୂରରୁ ସୁଦୂର, ପୁଣି ନିକଟରୁ ନିକଟ । ଚିନ୍ତା-ବାକ୍ୟ-ଅଗୋଚର; ମାତ୍ର ସମଗ୍ର ପ୍ରାଣରେ ତାଙ୍କର ଉପଲବ୍ଧି । ନିଜ ମହିମାରେ ସ୍ଥିତ ସେହି ଦେବତା ନିରାଧାର, ଅଦେହୀ, ସାର୍ବଭୌମ ଓ ଅବାଙ୍‌ମାନସଗୋଚର । ସେ ନିମ୍ନରେ, ଊର୍ଦ୍ଧ୍ୱରେ, ସମ୍ମୁଖରେ, ପଶ୍ଚାତରେ, ଦକ୍ଷିଣରେ, ବାମରେ, ଭିତରେ, ବାହାରେ ସର୍ବତ୍ର ପ୍ରକାଶିତ । 'ମହଦ୍ ଭୟଂ ବଜ୍ର ମୁଦ୍ୟତଂ' ହେଲେ ହେଁ ସେ ରୂପ ପାପୀମାନଙ୍କ ନିମନ୍ତେ । ପ୍ରେମ ଗୁଣରେ ସେ ମହାସୌନ୍ଦର୍ଯ୍ୟ ପରମ ପ୍ରେମିକ ରୂପେ ଦେଖାଦିଅନ୍ତି । ଯେ ଦୂରସ୍ଥ, ତା'ର ଭୟ, ସେ ମୃତ । ଯେ ନିକଟବର୍ତ୍ତୀ ସେ ପ୍ରେମ ଓ ଅମୃତ ଲାଭ କରେ ।

ଜ୍ଞାନୀ ସତ୍ୟ ପଥରେ ଚାଲନ୍ତି, ଶିଳ୍ପୀ ସୁନ୍ଦରର ପଥ ଅବଲମ୍ବନ କରନ୍ତି ଓ ସାଧକ ମୁନିଋଷିମାନେ ଚଳନ୍ତି ମଙ୍ଗଳର ପଥ ଧରି । ମଧୁସୂଦନ ସତ୍ୟ ଓ ଧର୍ମ ପଥରେ ବ୍ରତୀ ହେବାପାଇଁ ଶିଶୁମାନଙ୍କୁ ମଧ୍ୟ ଶିକ୍ଷା ଦେଇଛନ୍ତି । ସତ୍ୟ ଓ ଧର୍ମ ପଥରେ ଗତିକରି ସେ ଜୀବନକୁ ଅମୃତ-ସୋପାନ କରିବାକୁ ଚାହିଁଛନ୍ତି । ଜୀବନର ଚରମ ସିଦ୍ଧି ସେହି ଅମୃତତ୍ୱ ଲାଭରେ ନିହିତ । ସାମାଜିକ ସ୍ୱାର୍ଥ ଓ ଆତ୍ମୋନ୍ନତିର ସାଧନା ହିଁ ମଙ୍ଗଳର ସାଧନା । ସାଧକ ପୁରୁଷ ସେହି ମଙ୍ଗଳ ମାର୍ଗର ପଥିକ । ସକଳ ସୌନ୍ଦର୍ଯ୍ୟ ପରିଣତିରେ ସତ୍ୟର ନିର୍ଯ୍ୟାସ । ମଧୁସୂଦନ କେଉଁଠି ସତ୍ୟ କଥା କହିଛନ୍ତି, ସେଠାରେ ସୌନ୍ଦର୍ଯ୍ୟ ସହଚାରିଣୀ ଭଳି ଉପସ୍ଥିତ ହୋଇଛି । ପଦ୍ମକୁ ମଧ୍ୟ ସେ,

'ସତ୍ୟ ଶିବ ସୁନ୍ଦର ପରମେଶ୍ୱର

ନାମ ସଙ୍ଗତେ ଲଗ୍ନ ନାମ ତୋହର' ରୂପେ ପ୍ରତ୍ୟକ୍ଷ କରିଛନ୍ତି । ସେ ସତ୍ୟ, ସୌନ୍ଦର୍ଯ୍ୟ ଓ ମଙ୍ଗଳକୁ ଗୋଟିଏ ଐକ୍ୟ ସୂତ୍ରରେ ବାନ୍ଧି ଦେଇଛନ୍ତି । ସତ୍ୟକୁ ଧାରଣ କରି ନ ଥିଲେ ସୁନ୍ଦରର ମୂଲ୍ୟ ନାହିଁ । ସତ୍ୟ ଏକ ସୋପାନ-ପାର୍ଥିବ ଜଗତରୁ

ସୌନ୍ଦର୍ଯ୍ୟର ଭାବଜଗତକୁ ଘେନିଯିବା ସତ୍ୟର କାମ । ସତ୍ୟ ଓ ସୌନ୍ଦର୍ଯ୍ୟ ସହଚରୀ ଭଳି ଯୁଗଳ ମୂର୍ତ୍ତିରେ ବିରାଜିତ । ସତ୍ୟ, ଶିବ ଓ ସୁନ୍ଦର– ଏ ତିନୋଟିର ଐକ୍ୟ ଅନୁଭୂତିର ଏକ ଅତୀନ୍ଦ୍ରିୟ ସ୍ତରରେ କେବଳ ଅନୁଭବ କରାଯାଇପାରେ । ଐକ୍ୟ ସକଳ ସୌନ୍ଦର୍ଯ୍ୟର ଆଧାର । ମନୁଷ୍ୟ ଓ ପ୍ରକୃତିରେ ଯାହା ରୂପ ପରିଗ୍ରହ କରିଛି, ତାହା ପରମ ସୁନ୍ଦର । ମଧୁସୂଦନ ସେହି ସତ୍ୟ ଶିବ ସୁନ୍ଦରଙ୍କର ତ୍ରିବିଧ ରୂପ ପଦ୍ମଠାରେ ସନ୍ଦର୍ଶନ କରିଛନ୍ତି । ମଙ୍ଗଳ ସୁନ୍ଦର ସତ୍ୟ–ଏ ତିନୋଟିକୁ କବି ଏକ ସଙ୍ଗେ ଖୋଜିଛନ୍ତି, କେବଳ ମଙ୍ଗଳ ନୁହେଁ, କି ସତ୍ୟ ଓ ସୌନ୍ଦର୍ଯ୍ୟ ନୁହେଁ । ସତ୍ୟ ଶିବ ଓ ସୌନ୍ଦର୍ଯ୍ୟର ଏକରୂପତା ସମ୍ବନ୍ଧରେ ସେ ନିଃସନ୍ଦେହ ଥିଲେ । ସତ୍ୟାନ୍ୱେଷଣ ସୌନ୍ଦର୍ଯ୍ୟର ସୂକ୍ଷ୍ମ ଭାବଜଗତକୁ ଘେନିଯାଏ । ପାର୍ଥିବ ଜଗତ ସେତେବେଳେ ପଛରେ ପଡ଼ିରହେ । ମଧୁସୂଦନ ପଦ୍ମ ସହିତ ହୃଦୟର ନିବିଡ଼ ଯୋଗ ସ୍ଥାପନ କରିବାକୁ ପ୍ରୟାସୀ । ପଦ୍ମ ତାଙ୍କ ଦୃଷ୍ଟିରେ ସୌନ୍ଦର୍ଯ୍ୟ–ସଦ୍ମ, କୋଟି ଲାବଣ୍ୟନିଧି ଓ ସୌନ୍ଦର୍ଯ୍ୟ ସାରଙ୍କ ନିକଟକୁ ଗମନର ଅବଲମ୍ବନ ।

ମଧୁସୂଦନଙ୍କ ଜୀବନର ଆଦର୍ଶ ପବିତ୍ରତାର ଉପଲବ୍ଧି ଓ ଅନୁଭୂତି ଈଶ୍ୱରାନୁଭୂତିରେ ପରିଣତ । କବି ମାନବର ମନକୁ କ୍ଷୁଦ୍ରରୁ ଭୂମା ଆଡ଼କୁ ଓ ସ୍ୱାର୍ଥରୁ ପରମାର୍ଥ ଆଡ଼କୁ ଘେନି ଯାଇଛନ୍ତି । ପରମ ବ୍ରହ୍ମରେ ଯୋଜିତଚିତ୍ତ ହୋଇ ନନ୍ଦିତ ହେବାକୁ ତାଙ୍କର ଅଭିଳାଷ । କାରଣ ସେ ହିଁ ପରିପୂର୍ଣ୍ଣ ଆନନ୍ଦ ଓ ପରମ ସୁନ୍ଦର । ଇନ୍ଦ୍ରିୟ ଜଗତରୁ ଅତିନ୍ଦ୍ରିୟ ଜଗତକୁ ଦୃଷ୍ଟି ଫେରାଇବା ପାଇଁ, ଚିନ୍ମୟ ଅନୁଭୂତିରେ ତନ୍ମୟ ହେବା ପାଇଁ କବି ପ୍ରାଣର ଅନନ୍ତ ଆକୁଳ ପିପାସା ଜାଗି ରହିଥିଲା । ଭୂମାନନ୍ଦ ଲାଭ କରି ଶାନ୍ତ ଜୀବନକୁ ଅନନ୍ତରେ ମିଶାଇ ଦେବାକୁ ପ୍ରାଣ ତାଙ୍କର ଉତ୍‌କଣ୍ଠିତ । ମାତୃହୀନ ଶିଶୁ ଭଳି ଜଗନ୍ମଙ୍ଗଳଙ୍କୁ କେତେବେଳେ ମାତୃରୂପରେ ସନ୍ଦର୍ଶନ କରି ବିହ୍ୱଳ । ଅନନ୍ତ ଚିନ୍ମୟ ଧାମ ଓ ଅନାହତ ଧ୍ୱନି ଆଡ଼କୁ ମନକର୍ଣ୍ଣ ଦେବାକୁ ସେ ଜୀବନ, ଆତ୍ମା ଓ ମାନବକୁ ବାରମ୍ବାର ଚେତାଇ ଦେଇଛନ୍ତି । ଆର୍ଯ୍ୟପ୍ରାଣ ମଧୁସୂଦନ ତମସାର ପରପାରରେ ସେହି ବରେଣ୍ୟ ଭର୍ଗ 'ଆର୍ଯ୍ୟଜ୍ୟୋତି' ଦର୍ଶନ କରିଛନ୍ତି । ଈଶ୍ୱରଙ୍କୁ ସଙ୍ଗରେ ଧରି ସେ ଏହି ଜଗତର ସୁଖ–ସୌନ୍ଦର୍ଯ୍ୟ ଉପଭୋଗ କରିବାକୁ ଚାହିଁଥିଲେ । କ୍ଷୁଦ୍ରତା ଓ ସଂକୀର୍ଣ୍ଣତାର ଗଣ୍ଡି ମଧ୍ୟରୁ ଅନନ୍ତ ଅସୀମରେ ଅନ୍ତର ସଙ୍ଗୀତ ମିଶାଇ ଅସୀମର ପାରାବାରରେ ପ୍ରାଣ ଭସାଇବା ପାଇଁ ସେ ସତତ ବ୍ୟାକୁଳ ଥିଲେ । ପ୍ରାଣୀ ସ୍ୱୀୟ ପ୍ରାଣର ସେହି ସତ୍ୟ–ଶିବ ସୁନ୍ଦରକୁ ଛାଡ଼ି, ଅନନ୍ତ ସରସ ବସନ୍ତର ମଧୁମୟ ଉତ୍ସବକୁ ଭୁଲି, ଯୌବନର ମହାନନ୍ଦ ବିଭବକୁ ବିସ୍ମୃତ ହୋଇ ତୁଚ୍ଛ ଇନ୍ଦ୍ରିୟ ଗ୍ରାମର ବଶବର୍ତ୍ତୀ ହୋଇଥିବାରୁ ଦୁଃଖ ପାଏ । କବି ବହିର୍ବିଶ୍ୱର ନିରାନନ୍ଦ, ଦୁଃଖ ଓ

ଇନ୍ଦ୍ରିୟବିକାରୀ ରୂପରାଜ୍ୟରୁ ଦୃଷ୍ଟି ଫେରାଇ ଜୀବକୁ ନିଜ ଅନ୍ତର ପ୍ରତି ଦୃଷ୍ଟି ଦେବାକୁ ଆହ୍ୱାନ କରିଛନ୍ତି । ପ୍ରାଣରେ କେବଳ ଅନନ୍ତ ଯୌବନ ଓ ସରସ ବସନ୍ତ ବିରାଜିତ ।

ସୌନ୍ଦର୍ଯ୍ୟ ପାର୍ଥିବ ହେଉ ବା ଅପାର୍ଥିବ ହେଉ, ତାହାକୁ ସମ୍ଭୋଗ କରୁଥିବା ମନ ନିଷ୍ପାପ । ପୃଥିବୀର ମଳିନତା ତହିଁରେ ବିରଳ । ଜ୍ଞାନୀର ଅନ୍ତର୍ଦୃଷ୍ଟି ତହିଁରୁ କେବଳ ଅପାର୍ଥିବ ସୌନ୍ଦର୍ଯ୍ୟର ପାବନ ସ୍ପର୍ଶ ପାଏ । ଯେଉଁ ଭୌତିକ ସୌନ୍ଦର୍ଯ୍ୟରୁ ଆମର ଜ୍ଞାନେନ୍ଦ୍ରିୟମାନେ ବାସନାତ୍ମକ ଉତ୍ତେଜନା ପ୍ରାପ୍ତ ହୁଅନ୍ତି, ତାହା ଦୂଷିତ ଓ ପରିତ୍ୟଜ୍ୟ । ମାତ୍ର ଆଧ୍ୟାତ୍ମିକ ଦୃଷ୍ଟି ସେପରି ସୌନ୍ଦର୍ଯ୍ୟରୁ ଦିବ୍ୟ ଜ୍ୟୋତି ସନ୍ଦର୍ଶନ କରିପାରେ । ମଧୁସୂଦନ ନାରୀକୁ ସେହି ଆଧ୍ୟାତ୍ମିକ ଦୃଷ୍ଟିରେ ଦେଖିଛନ୍ତି । ସେଥିଲାଗି ନୃତ୍ୟରଙ୍ଗିଣୀ ବାରବଧୂର ଲଲାଟରେ ମଧ୍ୟ ସତୀତ୍ୱ ଓ ଦେବୀତ୍ୱର ସ୍ୱାକ୍ଷର ତାଙ୍କ ଦୃଷ୍ଟିରେ ପଡ଼ିଛି । ଗର୍ବ ଅବଜ୍ଞାରେ ତା'ର ରୂପକୁ ଚାହିଁବା ପାଇଁ ସେ ସଙ୍କୁଚିତ । ପତିତା ରମଣୀର ଦୁଃଖରେ କାତର ହୋଇ ତା'ଠାରୁ ଦୃଷ୍ଟି ଫେରାଇ ସେ ବିଶ୍ୱଜନନୀଙ୍କ ପ୍ରତି ଚାହିଁଛନ୍ତି ଓ ତାଙ୍କଠାରୁ ଅଭୟବାଣୀ ଶ୍ରବଣ କରି ପତିତାର ମହତ୍ତ୍ୱ ସମ୍ବନ୍ଧରେ ଆଶ୍ୱସ୍ତ ହୋଇଛନ୍ତି । ପତିତାକୁ ଭଗିନୀରୂପେ ସମ୍ବୋଧନ କରିଥିବା କବି ତା'ର ବିଲୋଳ ନୃତ୍ୟ ଓ ଦେହ ଶୋଭା ଦେଖି ଅନ୍ୟମାନଙ୍କ ପରି ଗ୍ରାମ୍ୟ ଆମୋଦ ପାଇବାକୁ ଶ୍ଳାଘ୍ୟ ମଣିନାହାନ୍ତି । ରୂପର ଶୁଦ୍ଧତା ପ୍ରତି କବିଙ୍କର ବିଶ୍ୱାସ ଅଟଳ ଥିଲା ।[୪୭]

ମଧୁସୂଦନ କେବଳ ଜୀବନ ଚିନ୍ତାକରି ଜୀବନର ଅସାରତା ଓ ଅନିତ୍ୟତା ପ୍ରତିପାଦନ କରିନାହାନ୍ତି । 'ନବ ବସନ୍ତ ଭାବନା'ରେ ତାଙ୍କ ପ୍ରାଣରେ ଆଶାର ସଞ୍ଚାର ହୋଇଛି-

ସ୍ୱରଗର ଶିରୀ ସଂପଦେ ହେବୁ ତୁହି ସୁନ୍ଦର
ଅମୃତ ସଙ୍ଗୀତ ଝଙ୍କାରେ ପୂରିଯିବ ଅନ୍ତର ।[୪୮]

ପବିତ୍ର ଜୀବନ ଯାପନ ପରି ଦିବ୍ୟ-ସୌନ୍ଦର୍ଯ୍ୟର ଅମୃତାୟନମୁଖୀ ହେବାକୁ କବି ଜୀବନର ଲକ୍ଷ୍ୟ ରୂପେ ଧରିନେଇଥିଲେ ଓ ସୌନ୍ଦର୍ଯ୍ୟ ସହିତ ପବିତ୍ରତାର ମିଶ୍ରଣ ଘଟାଇ ଶ୍ରେଷ୍ଠ ସୌନ୍ଦର୍ଯ୍ୟ-ମୂର୍ତ୍ତି ଗଢ଼ି ତୋଳିବାକୁ ପ୍ରଯତ୍ନ କରୁଥିଲେ । ନବଜାତ ଶିଶୁ ଦର୍ଶନରେ ନନ୍ଦନର ପାରିଜାତ ଗନ୍ଧ ଆଘ୍ରାଣ କରି ଶିଶୁର ନିଷ୍ପାପ ମୁଖ ଓ ଆକୃତିରେ ସେ ସ୍ୱର୍ଗୀୟ ସୌନ୍ଦର୍ଯ୍ୟ ଦେଖି ପାରୁଥିଲେ । ଶିଶୁ ଭଳି ପ୍ରକୃତି ମଧ୍ୟ ତାଙ୍କ ଦୃଷ୍ଟିରେ ବିମଳଗାତ୍ରୀ ପବିତ୍ରତାମୟୀ ଓ ଶୁଚିସ୍ମିତା । 'ହିମାଚଳେ ଉଦୟ ଉତ୍ସବ'ରେ ସେହି ସୌନ୍ଦର୍ଯ୍ୟ ଓ ପବିତ୍ରତାର ଉଦୟ ଉତ୍ସବ ସଂଗଠିତ । ସୌନ୍ଦର୍ଯ୍ୟ ଓ ପବିତ୍ରତାର ଏପରି ମଧୁର ସମନ୍ୱୟ 'ଋଷିପ୍ରାଣେ ଦେବାବତରଣ'ରେ ମଧ୍ୟ ଦେଖିବାକୁ ମିଳେ । ଉକ୍ତ କବିତା ଦ୍ୱୟରେ ପ୍ରଭାତ କାଳର ହୈମବତୀ ସୁଷମାର ଯେଉଁ ମନୋଜ୍ଞ ଚିତ୍ର ଫୁଟିଛି,

ତାହା ସୌନ୍ଦର୍ଯ୍ୟ ଓ ପବିତ୍ରତା ମନ୍ତ୍ରରେ ସଞ୍ଜୀବିତ ଓ ରସାଣିତ ।

ମଧୁସୂଦନଙ୍କର ବ୍ରହ୍ମାନୁଭୂତି ଓ ରସାନୁଭୂତି ସମସ୍ଥାନୀୟ । ତାଙ୍କର ଈଶ୍ୱର ପରମ ସୁନ୍ଦର; ମାତ୍ର ସେ ରୂପେନ୍ଦ୍ରିୟର ସାମଗ୍ରୀ ନୁହନ୍ତି; ଅରୂପ, ଅରସ, ଅସ୍ପର୍ଶ୍ୟ; କିନ୍ତୁ ସେ ବ୍ରହ୍ମାନନ୍ଦରସ । ତାଙ୍କ ସହିତ ମିଳନରେ ପ୍ରାଣର ପୂର୍ଣ୍ଣତା, ପରମ ଶାନ୍ତି ଓ ଅଖଣ୍ଡ ସୁଖ ଲାଭ ହୁଏ । ସକଳ ଭୋଗ ଓ କାମନାର ସମାପ୍ତି ଘୋଷିତ ହୁଏ । ଚିତ୍ତବୈକଲ୍ୟ ପାଇଁ ଅବକାଶ ନଥାଏ । 'ହିମାଚଳେ ଉଦୟ ଉତ୍ସବ'ରେ କବି ସାମଞ୍ଜସ୍ୟବୋଧ କରିବା ସଙ୍ଗେ ହୃଦୟରେ ସାମ୍ୟ-ସଙ୍ଗୀତ ଧ୍ୱନିତ ହେଉଥିବା ଶୁଣିପାରିଛନ୍ତି । ସେତେବେଳେ ସକଳ ବିରୋଧ, ଅଭାବ, ହୀନତା ଓ କ୍ଷୁଦ୍ରତାର ଅବସାନ ଘଟିଛି । ସେ ପ୍ରାଣରେ ଅସୀମ ସ୍ଫୂର୍ତ୍ତି ଅନୁଭବ କରିଛନ୍ତି । ଅନନ୍ତ ସହିତ ଅନନ୍ତ ମିଳନରେ ଅନନ୍ତ ପ୍ରତୀକ୍ଷାର ଇତି ହୋଇଛି । କେଉଁଠି କିଛି ଅମେଳ ନାହିଁ, କେଉଁଠୁ ବେସୁରା ରାଗିଣୀ ଉଠୁନାହିଁ । ପ୍ରିୟତମ ଆଜି ପ୍ରସନ୍ନ । ଚାରି ଚକ୍ଷୁ ମିଳନରେ ଆଉ ଦୁଃଖ ଓ ଲଜ୍ଜା ବୋଲି କିଛି ନାହିଁ । କବିପ୍ରାଣର ଅନନ୍ତ ଅଭିସାର ଜୀବନ ସନ୍ଧ୍ୟାରେ ସାର୍ଥକ ହୋଇଛି ।[୪୯] ସେହି ମହାମିଳନ ମୁହୂର୍ତ୍ତରେ ସାମଞ୍ଜସ୍ୟ-ଭାବନାରେ ହୃଦୟ ତାଙ୍କର ପରିପୂର୍ଣ୍ଣ । ଏତେବେଳେ ସେ ଅନୁଭବ କରିଛନ୍ତି-

ଏ ନିଖିଳ ବିଶ୍ୱ ଆଜି ନିଜସ୍ୱ ମୋହର
ଏ ବିଚିତ୍ର ଏ ସୁକାନ୍ତ ଧରଣୀ ଅମ୍ବର ।

କବି ଏକାଧାରରେ ଐଶ୍ୱର୍ଯ୍ୟ, ସୌନ୍ଦର୍ଯ୍ୟ, କଲ୍ୟାଣ ଓ ପ୍ରେମର ସ୍ପର୍ଶ ଲାଭ କରିଛନ୍ତି । ତାଙ୍କର ପ୍ରାଣବୀଣାର ପ୍ରତିଟି ତାରରେ ଅଲୌକିକ ମହାସଙ୍ଗୀତ ଗୁଞ୍ଜିତ ହେଉଛି । ସେ ନିଜକୁ ଧନ୍ୟ ମନେ କରୁଛନ୍ତି । ଆଉ କେହି ପର ବୋଲି ପ୍ରତୀତ ହେଉନାହାନ୍ତି । ତୃଣ, କୀଟପତଙ୍ଗ, ଗ୍ରହତାରା ସର୍ବତ୍ର ସମଭାବ ଓ ସମଭ୍ରାତୃତ୍ୱ । ଭକ୍ତି ଓ ପ୍ରେମରେ ଅନ୍ତକରଣ ନିଜକୁ ବିସ୍ତାରିତ କରି ବିଶ୍ୱମୟ ହେବାକୁ ଚାହୁଁଛି । କବି ଅଧ୍ୟାତ୍ମକର୍ଣ୍ଣରେ ଅନାହତ ଧ୍ୱନି ଶୁଣି ପାରୁଛନ୍ତି । ସାଧାରଣ କର୍ଣ୍ଣରେ ସେ ସଙ୍ଗୀତ ଶ୍ରୁତ ହୁଏନାହିଁ । ସର୍ବତ୍ର ଚିନ୍ମୟ ମହାସତ୍ତାଙ୍କୁ ଦର୍ଶନ କରି ତାଙ୍କର ଦୃଷ୍ଟି ପରିଚ୍ଛନ୍ନ ଓ ପବିତ୍ର । ଏହି ସତ୍ତ୍ୱଦୃଷ୍ଟି ଓ ମୋହାବରଣ ଭଙ୍ଗ ହେତୁ ସେ ରସରାଜ ପରମବରେଣ୍ୟଙ୍କର ସାନ୍ନିଧ ଲାଭ ପାଇଁ ଅକିଞ୍ଚନ ଜୀବନକୁ ଉତ୍ସର୍ଗ କରିଦେଇଛନ୍ତି । ପ୍ରିୟତମଙ୍କର ପ୍ରୀତିପୂର୍ଣ୍ଣ ନେତ୍ରରେ ତାଙ୍କର ମୁଗ୍ଧ-ଦୃଷ୍ଟି ଢ଼ାଳି ଜୀବନ ସମର୍ପଣ କରି କୃତାର୍ଥ ହୋଇଛନ୍ତି । ଏହା ଲୋକୋତ୍ତର ଆନନ୍ଦାନୁଭୂତିର ଅବସ୍ଥା ।

ଉଦାତ୍ତ ବସ୍ତୁ ଦର୍ଶନରେ ଓ ଉଦାତ୍ତ ଅନୁଭୂତିରେ ଭୟ ହେତୁ ଦ୍ରଷ୍ଟା ସବୁବେଳେ ଆତ୍ମ-ସ୍ୱାତନ୍ତ୍ର୍ୟ ହରାଇ ବସେ ନାହିଁ । ବହୁ ସମୟରେ ତାର ଉଦାର ମହିମାରେ ପ୍ରାଣ

ବିଲୀନ କରାଇଦିଏ ଓ ତା'ସଙ୍ଗେ ନିଜ ଅନ୍ତରରେ ବସ୍ତୁକୁ ମଧ୍ୟ ଅନୁଭବ କରେ । ହିମାଳୟର ଗମ୍ଭୀର ପ୍ରକୃତି ମଧୁସୂଦନଙ୍କ ଅଦ୍ୱୈତ-ଦୃଷ୍ଟିରେ- (୫୦)

ମୋ ପ୍ରାଣ ବିଲୀନ ହେଲା ପ୍ରକୃତିର ପ୍ରାଣେ
ପ୍ରକୃତିର ପ୍ରାଣ ଉଚ୍ଛ୍ୱସିତ ମୋ ପରାଣେ ।

ଏହି ଯେ ଏକାକାରତ୍ୱ ଓ ଅଦ୍ୱୟ ଉପଲବ୍ଧି ତାହାହିଁ ମଧୁସୂଦନଙ୍କର ପ୍ରକୃତିର ଉଦାତ୍ତ-ଦର୍ଶନ । ପ୍ରକୃତିର ଶୋଭା ଯେଉଁପରି ବ୍ୟକ୍ତିକୁ ତଲ୍ଲୀନ କରାଇଦିଏ, ସେହିପରି ନିଜର ପ୍ରାଣକୁ ବ୍ୟକ୍ତି ପ୍ରାଣରେ ମଧ୍ୟ ଉଜ୍ଜୀବିତ କରାଏ । ପ୍ରକୃତି ସହିତ ପରିଣତ, ଏକୀକୃତ ହୋଇ ମହା ଅଦ୍ୱୈତ-ଭାବନାରେ ଦ୍ରଷ୍ଟା ପ୍ରାଣ ବିଲୀନ ହୁଏ । କବିଙ୍କର ହୃଦୟର କୋଣ ଅନୁକୋଣ ସେହି ଅନାଦି ରସ-ପ୍ରସ୍ରବଣଙ୍କର ରସରେ ନିମଗନ-

ହେ ଅନାଦି ହେ ଅନନ୍ତ ରସ-ପ୍ରସ୍ରବଣ
ମୋର ଆଦି ଅନ୍ତ ରସେ ରସେ ନିମଗନ ।

ସତ୍ୟରେ ପ୍ରାଣ ପୂରି ଉଠିଲେ ଜଗତର କ୍ଷଣିକ ସୁଖ ଓ ମିଥ୍ୟାମୋହ ତୁଚ୍ଛ ପ୍ରତୀତ ହୁଏ । ସତ୍ୟ-ଦ୍ରଷ୍ଟା ମଧୁସୂଦନ । 'ସତ୍ୟସୁନ୍ଦର'ଙ୍କର ପବିତ୍ର ଜ୍ୟୋତି ଦର୍ଶନ କରିଛନ୍ତି, ପ୍ରେମିକା ଦୃଷ୍ଟିରେ ପ୍ରିୟତମଙ୍କର ମୁଖରେ ପ୍ରେମପରିପୂର୍ଣ୍ଣ ମଧୁର ଭାତି ଦର୍ଶନ କରି କବି ଏକ ଭାଗବତୀତନୁ ଲାଭ କରିଛନ୍ତି । ସେତେବେଳେ ନିଜର ଦେହକୁ ଆଉ ତୁଚ୍ଛ ଭାବି ନାହାନ୍ତି । ତାହା ପରମ ସୁନ୍ଦରଙ୍କର ସାନ୍ନିଧ ଲାଭ କରିଛି ଓ ତାଙ୍କ ସହିତ ପ୍ରାଣ ମିଳାଇଛି । ସୁନ୍ଦର ସହିତ ମିଳନରେ ସୁନ୍ଦରତର ହୋଇଉଠିଛି । ପରମାତ୍ମା ଜୀବାତ୍ମାକୁ ବରଣ କରି ପରିଣୟସୂତ୍ରରେ ଆବଦ୍ଧ କରିଦେଇଛନ୍ତି । ଆତ୍ମା ଅନାଦି ଅନନ୍ତ କାଳରୁ ସେହି ପରମାତ୍ମାଙ୍କୁ ବରଣ କରିଥିଲା । ଆଜି ଦୁଇଟି ହୃଦୟ ଭିତରେ ଆଉ ଭେଦ ନାହିଁ । ପରମବର ଯେପରି କହୁଛନ୍ତି, "ମୋ ହୃଦୟ ଭଳି ତୁମ ହୃଦୟ ହେଉ" । ଏଠାରେ ପୌରୋହିତ୍ୟର ପ୍ରୟୋଜନ ନାହିଁ । ସ୍ୱୟମ୍ବରା କୁମାରୀ ହୃଦୟ ପୌରୋହିତ୍ୟ ଲୋଡ଼େ ନାହିଁ । ଯାହା ଜଡ଼ ଥିଲା ତାହା ଆଜି ଚିନ୍ମୟ ହୋଇଉଠିଛି । ପ୍ରଭାତର ଚେତନାର ଜାଗରଣଠାରୁ ଜଡ଼ତ୍ୱ ପରିବର୍ତ୍ତେ ଚୈତନ୍ୟମୟତା ପର୍ଯ୍ୟନ୍ତ ମଧୁସୂଦନ ସେହି ଚେତନାର ଉଦୟ କଥା କହିଛନ୍ତି । ଚୈତନ୍ୟସ୍ୱରୂପ ବ୍ରହ୍ମଙ୍କୁ ଚେତନାର ଜାଗରଣ ବିନା ପାଇବା ସମ୍ଭବ ନୁହେଁ । ନିର୍ମଳ ଚୈତନ୍ୟ ଦ୍ୱାରା ଅନ୍ତରାତ୍ମାରେ ତାହାଙ୍କୁ ଉପଲବ୍ଧି କଲେ ବ୍ରହ୍ମୋପଲବ୍ଧି ଘଟିବ । କବିଙ୍କର ଚିଦାକାଶରେ ସେହି ଜ୍ୟୋତି ସମୁତ୍କୀର୍ଣ୍ଣ । ଜ୍ୟୋତିର୍ମୟ ଭଗବାନ 'ଜ୍ୟୋତିଷାଂ ଜ୍ୟୋତିଃ' କବି ଚୈତନ୍ୟରେ ସମୁଦ୍‌ଭାସିତ ।

ଏହି ଅବସ୍ଥାରେ ପରିବେଷ୍ଟନୀକୁ ବିସ୍ମୃତ ହୋଇ ମଧୁସୂଦନ ଶୁଭ୍ର

ଜ୍ୟୋତିପୁରୁଷଙ୍କୁ କେବଳ ଦେଖିପାରିଛନ୍ତି । ସେ ଭୟ ଦେଖାଉନାହାନ୍ତି, ପାଖକୁ ଟାଣି ନେଉଛନ୍ତି । ଅନନ୍ତ ପ୍ରେମ ଆଶ୍ୱାସଦିଏ, ବିଶ୍ୱାସ ଦିଏ । ପ୍ରୀତିରେ ପ୍ରତ୍ୟୟ ନଥିଲେ ପ୍ରେମିକ ପ୍ରେମିକା ପରସ୍ପର ପ୍ରତି ବିଶ୍ୱାସ କରିପାରୁନଥାନ୍ତେ । ଅସୀମ-ସୁନ୍ଦରଙ୍କର ପ୍ରେମର ତୁଳନା ନାହିଁ । ନିଜର ଉଚ୍ଚ ପଦବୀ ଓ ମହତ୍ତ୍ୱ ସତ୍ତ୍ୱେ କ୍ଷୁଦ୍ର ପ୍ରାଣକୁ ବରଣ କରିବାରେ ସେ ଅକୁଣ୍ଠିତ । ଏହାହିଁ ଅନନ୍ତ ପ୍ରେମର ଲକ୍ଷଣ ।[୫୧] ନିତ୍ୟଲୀଳା ସନ୍ଦର୍ଶନ କରି ନିଜର ଜୀବାତ୍ୱ ବିସ୍ମୃତ ହୋଇ ଅମୃତତତ୍ତ୍ୱରେ ବିଭୋର କବିକଣ୍ଠ ତାଙ୍କରି ସ୍ତବଗାନ କରିଛି । ସତ୍ୟକୁ ଆନନ୍ଦରୂପେ ଲାଭ କରି ଆଉ ସତ୍ୟକୁ ଖୋଜିବାକୁ ପଡ଼ିନାହିଁ । କାରଣ, ସେ ସେତେବେଳେ କେବଳ ସତ୍ୟ ନୁହନ୍ତି, ଆନନ୍ଦମୟ ଅମୃତ । ଅମୃତ ଆହ୍ୱାନ ପ୍ରାଣକନ୍ଦରରେ ପ୍ରତିଧ୍ୱନିତ । ସେହି ଅନନ୍ତର ସୁଦୂରର ଆହ୍ୱାନ ଏବେ ନିକଟରୁ, ପ୍ରାଣରୁ ଶୁଣିବାକୁ ମିଳୁଛି । ପରମ-ବରଙ୍କୁ ବଧୂ ଦୃଷ୍ଟିରେ ଦେଖି ଆଉ ଛାଡ଼ିବାକୁ ଇଚ୍ଛା ନାହିଁ । ଅବଗୁଣ୍ଠନର ଆବରଣ ତଳୁ ନୁହେଁ, ପ୍ରୀତିପୂର୍ଣ୍ଣ ସ୍ନିଗ୍ଧ ଦୃଷ୍ଟି ଢ଼ାଳି ନେତ୍ରରେ ନେତ୍ର ସ୍ଥାପି ସେ ତାଙ୍କୁ ଦେଖିଛନ୍ତି । ଲଜ୍ଜା, ସଙ୍କୋଚ, ଭୟ ଅପସରିଯାଇଛି । ମୁଗ୍ଧତା, ପୂର୍ଣ୍ଣତା ଓ ପ୍ରାପ୍ତିର ଆନନ୍ଦରେ ବିସ୍ମୟ ପୁଲକ ହର୍ଷ ଏକ ସଙ୍ଗେ ଜାତ ହୋଇଛି । କବି ତାଙ୍କୁ ଭେଟି ନାହାନ୍ତି, ପାଇଛନ୍ତି; ତାଙ୍କ ସହିତ ପ୍ରାଣ ମିଳାଇ ପ୍ରଣୟ ସଙ୍ଗୀତ ଗାନ କରିଛନ୍ତି ଓ ପ୍ରାର୍ଥନା କରିଛନ୍ତି, ଏ ମିଳନ ଶାଶ୍ୱତ ହେଉ । ଏହା ନିତ୍ୟ ଶାଶ୍ୱତ ସଙ୍ଗେ ଅନିତ୍ୟର ମହାମିଳନ । ଜଡ଼ଜୀବ ସମ୍ମିଳିତ ହୋଇ ବିଶ୍ୱାତ୍ମାରେ ମିଳିତ ହୋଇଛନ୍ତି ରସସ୍ୱରୂପଙ୍କୁ ଦର୍ଶନ କରି ଓ ନିଜ ଭିତରେ 'ରସୋବୈ ସଃ'ଙ୍କୁ ଅନୁଭବ କରି ଜଡ଼ତ୍ୱ ଅପସରିଯାଇଛି । ସସୀମ ଓ ଅସୀମର ଘଟିଛି ଶୁଭଦୃଷ୍ଟି ବିନିମୟ । ରବୀନ୍ଦ୍ରନାଥ କହିଛନ୍ତି 'ସୌନ୍ଦର୍ଯ୍ୟ ସ୍ୱର୍ଗ ମର୍ତ୍ତ୍ୟର ବିବାହ ବନ୍ଧନ ।'[୫୨] ମଧୁସୂଦନ 'ହିମାଚଳେ ଉଦୟ ଉତ୍ସବ'ରେ ଅସୀମ ଓ ସସୀମର ଏବଂ 'ଋଷିପ୍ରାଣେ ଦେବାବତରଣ'ରେ ଦ୍ୟାବ୍ୟା ପୃଥିବୀର ଶୁଭ ଦୈବ-ବିବାହ ସଂପାଦନ କରାଇଛନ୍ତି । ନେତ୍ର ପରମସୁନ୍ଦରଙ୍କୁ ଦେଖି (ନେତ୍ରୋତ୍ସବ) ଓ କର୍ଣ୍ଣ ସେହି ଅନାହତ ବେଣୁ ବୀଣାସ୍ୱର ଶୁଣି (ଶ୍ରବଣୋତ୍ସବ) ତୃପ୍ତ ଓ ଧନ୍ୟ ହୋଇଛନ୍ତି । ପରମ ସୁନ୍ଦରଙ୍କ ସଙ୍ଗଲାଭ କରି ମଧୁସୂଦନଙ୍କ ଏହି ଜନ୍ମରେ ଘଟିଛି ଜନ୍ମାନ୍ତର ।

ମଧୁସୂଦନ 'ଋଷିପ୍ରାଣେ ଦେବାବତରଣରେ ବାକ୍ୟ ଓ ମନର ଅଗୋଚର, ଅଣୁ ଅଣୁ ଭେଦି ପୂରି ରହିଥିବା ଭୂମା ନିରଞ୍ଜନ ବ୍ରହ୍ମାଙ୍କର କଳ୍ପନା କରିଛନ୍ତି । ସେହି ଅତୀନ୍ଦ୍ରିୟ ବ୍ରହ୍ମସ୍ୱରୂପଙ୍କୁ ଅବଧାରଣା କରିବାରେ ଅସମର୍ଥ ଋଷି ଯୁବାଙ୍କର-

ଦେଖୁ ଦେଖୁ ଅଭିଭୂତ ମହାଭାବେ ଭୋଳା
ଦେଖୁ ଦେଖୁ ନିମୀଳିତ ନୟନର ଡୋଳା

ପରମ ପୁରୁଷଙ୍କର ମହାନ୍-ରୂପ ସନ୍ଦର୍ଶନରେ ପ୍ରଥମେ ସ୍ତମ୍ଭୀଭୂତ ହୋଇ ବାକ୍‌ଶକ୍ତିହୀନ ହେଲେ ମଧ୍ୟ ପର ମୁହୂର୍ତ୍ତରେ ଅନ୍ତରର ଉପଲବ୍ଧ ଆନନ୍ଦାତିଶଯ୍ୟରେ ସୃଷ୍ଟି-ପ୍ରକାଶ ନିମନ୍ତେ ବ୍ୟାକୁଳ । ଅନ୍ତରରେ ପରମସୁନ୍ଦରଙ୍କୁ ଅନୁଭବ କରି ଋଷିଙ୍କର ନିରୁଦ୍ଧ ହୃଦୟାବେଗ ଭାଷା ଛନ୍ଦ ଭାବ ଲୟ ସମନ୍ୱିତ କବିବାଣୀରେ ପ୍ରକାଶ ନିମନ୍ତେ ଆକୁଳିତ-

ଚକିତରେ ଛିନ୍ନ ହେଲା ମର୍ମଗ୍ରନ୍ଥିଚୟ
ଗମ୍ଭୀର ଉଚ୍ଛ୍ୱାସେ ପୂର୍ଣ୍ଣ ଋଷିର ହୃଦୟ ।
ଋଷିର ନିରୁଦ୍ଧକଣ୍ଠ ଭେଦି ଅସମ୍ଭାଳେ
ଉଚ୍ଛୁଳଇ ବାଣୀ-ସ୍ରୋତ ବଦନାନ୍ତରାଳେ ।[୫୩]

ଯାହା ନିରୁଦ୍ଧ ଥିଲା, ତାହା ଅନିରୁଦ୍ଧ ହୋଇ ପ୍ରକାଶ ଲୋଡ଼ିଛି । କବିତା-ଜନ୍ମର ମାଙ୍ଗଳିକ ଶଙ୍ଖ ବାଜିଉଠିଛି । କବି ଏଠାରେ ଋଷିପ୍ରାଣରେ ଦେବାବତରଣ ସଙ୍ଗେ କବିତାର ଶୁଭଜନ୍ମ କଥା କହିଛନ୍ତି । ଭାରତର ଋଷି, କବି, ତାଙ୍କର ଈଶ୍ୱରାନୁଭୂତି ଓ ଈଶସ୍ତୁତି କବିର ସୃଷ୍ଟି ପ୍ରକାଶ କ୍ରିୟା ଅନୁରୂପ । କବି ଅନ୍ତରର ନିବିଡ଼ ଉପଲବ୍ଧିର ପ୍ରକାଶ ସ୍ୱତଃସ୍ଫୂର୍ତ୍ତ ଓ ତାହା ଋଷିର ଭୂମାନୁଭୂତି ପରି-ଏହାହିଁ ଯେପରି ଏହି କବିତାରେ ଅଭିବ୍ୟକ୍ତ ।

ମଧୁସୂଦନ ଭୋଗ୍ୟବସ୍ତୁର ଅସାରତା ଉପଲବ୍ଧି କରି ସେଥିରେ ବିଶ୍ୱାସ ସ୍ଥାପନ କରିବାକୁ କୁଣ୍ଠିତ । ରଞ୍ଜିତ ଅଧର, ଉଜ୍ଜ୍ୱଳ ଚକ୍ଷୁ, ବକ୍ଷର ମହିମା- ଏଇ ସବୁଥିରେ ସୌନ୍ଦର୍ଯ୍ୟ ନାହିଁ । କାରଣ ଏସବୁ ଦିବ୍ୟ ଉପାଦାନରେ ଗଢ଼ା ନୁହନ୍ତି ।[୫୪] ମାନବୀୟ ସୌନ୍ଦର୍ଯ୍ୟର ନଶ୍ୱରତାର ମୁଦ୍ରା ଅଙ୍କିତ । ରମଣୀ-ସୌନ୍ଦର୍ଯ୍ୟରେ ମୁଗ୍ଧ ନହୋଇ ତାହାକୁ ଅସ୍ଥି ରକ୍ତମାଂସର ଅଚିରସ୍ଥାୟୀ ବସ୍ତୁ ପିଣ୍ଡରୂପେ ଦେଖି ଓ ତାହାର ପରିଣାମ କଥା ଚିନ୍ତା କରି ସେ ଶିହରି ଉଠିଛନ୍ତି । ପ୍ରକୃତ ଅମୃତତ୍ୱ ମନର ଗୁଣ ଉପରେ ନିର୍ଭର କରେ । ମନର ସେହି ଦେବତ୍ୱ ହିଁ ମାନବୀୟ ସୌନ୍ଦର୍ଯ୍ୟର କ୍ଷତିପୂରଣ କରିପାରେ । ମଧୁସୂଦନ ସଞ୍ଜତ ଭାଷା ପ୍ରୟୋଗ କରି 'ସ୍ୱର୍ଣ୍ଣଘନ ସମ ବକ୍ଷ'ର ସୌନ୍ଦର୍ଯ୍ୟ ଫୁଟାଇଥିଲେ ହେଁ ତାହାକୁ ଅନିତ୍ୟ କହିଛନ୍ତି । ବିମୋହନ ମନ୍ମଥବିଳାସ କବିଙ୍କ ଦୃଷ୍ଟିରେ ଘୃଣିତ । ତାହା ଚିତ୍ତଚାଞ୍ଚଲ୍ୟ ଆନୟନ କରେ । ସଞ୍ଜମର ବନ୍ଧ ଭାଙ୍ଗି ଅବାଧ ଭୋଗ ପିଚ୍ଛିଳ ପଥରେ ପ୍ରାଣୀକୁ ଘେନିଯାଏ । ସ୍ଥୂଳରୂପ ତେଣୁ ମନର ଅହିତକାରୀ । ତାହା ସାତ୍ତ୍ୱିକତାର ବିଲୋପ ଘଟାଇ ରାଜସିକତା ପ୍ରତି ମନକୁ ଧାବିତ କରାଏ । ଇନ୍ଦ୍ରିୟ ସେବ୍ୟ ଭୋଗାନ୍ମୁଖୀ ଜୀବନ ଦିବ୍ୟଦ୍ରଷ୍ଟା ମଧୁସୂଦନଙ୍କ ଦୃଷ୍ଟିରେ ଇତର ଓ ଗ୍ରାମ୍ୟ-ଆମୋଦ ପରିପୂର୍ଣ୍ଣ ।

ମଧୁସୂଦନଙ୍କ ପ୍ରକୃତି ଓ ରୂପ-ସୌନ୍ଦର୍ଯ୍ୟ ଇନ୍ଦ୍ରିୟକୁ ସ୍ପର୍ଶ କରିଗଲେ ମଧ୍ୟ ଚଞ୍ଚଳ କରେ ନାହିଁ । ରୂପର ସ୍ଥୁଳତାଠାରୁ ସୂକ୍ଷ୍ମତା ଓ ଭୌତିକତାଠାରୁ ଆଧ୍ୟାତ୍ମିକତା ପ୍ରତି ସେ ତୀକ୍ଷ୍ଣ ଦୃଷ୍ଟି ରଖିଥିଲେ । ଦେହ-ଚେତନା ଧରଣୀର ସୀମାଲଂଘନ କରି ଅଦେହ ଗୌରବରେ ବିରାଜିତ । ଦେହ ଅଦେହରେ, ରୂପ ଅରୂପରେ, ଇନ୍ଦ୍ରିୟ ଅତୀନ୍ଦ୍ରିୟରେ ଓ ଭୌତିକ ଆଧ୍ୟାତ୍ମିକରେ ପରିଣତ ହୋଇଛି । ସମୀରରେ ସୌରଭ କିମ୍ବା ସଙ୍ଗୀତ ମିଶି ଅଦୃଶ୍ୟରେ ପ୍ରାଣକୁ ଆକୁଳ କଲା ପରି ତାଙ୍କର ରୂପ-ସୌନ୍ଦର୍ଯ୍ୟ ଏକ ଅଶରୀରୀ ସ୍ଥିତି ଲାଭ କରିଛି । 'କୌଣସି ପରଲୋକବାସିନୀ ପ୍ରତି' ନାମକ କବିତାରେ ବାଲ୍ୟ କ୍ରୀଡ଼ା-ସଙ୍ଗିନୀଙ୍କର ସେ ଯେଉଁ ମାନସୀ-ମୂର୍ତ୍ତି ସ୍ୱପ୍ନରେ ଦେଖିଛନ୍ତି, ତାହା ଏକ ଜ୍ୟୋତି-ପ୍ରତିମା । ସେ ରୂପ ଏ ପୃଥିବୀର ନୁହେଁ, ତାହା ଅସୀମ-ସୁନ୍ଦରଙ୍କ ରାଜ୍ୟର ଅଧିବାସିନୀ । ଏକ ରହସ୍ୟମୟ ନୀରବ ମହିମାରେ କବିଙ୍କ ସମ୍ମୁଖରେ ଦଣ୍ଡାୟମାନା ସେହି ମାନସୀ-ମୂର୍ତ୍ତି ସୁମଧୁର ସ୍ୱରରେ ମିଷ୍ଟ ଭର୍ତ୍ସନା କରି ଯାହା ଶୁଣାଇଛନ୍ତି, ତାହା ଯେଉଁପରି ଗମ୍ଭୀର, ସେହିପରି ସ୍ୱର୍ଗୀୟ । ଧୂଳିମଳିନ ପାର୍ଥିବ ସୌନ୍ଦର୍ଯ୍ୟଠାରୁ ସେ ଉପଦେଶ ସୁଲଭ ନୁହେଁ । ଯେଉଁଠି କାମନା ବାସନାର ଶେଷ, ଭୋଗର ବିରତି, ସେହିଠାରେ ଶୁଚିଶୁଭ୍ରା ସୁନ୍ଦରୀ ଦିବ୍ୟଶକ୍ତିର ଆବିର୍ଭାବ । ଅଶାନ୍ତ ଯୌବନରେ କବି ଯେଉଁ ଅମୃତତତ୍ତ୍ୱ ଦୀକ୍ଷା ପାଇଛନ୍ତି, ତାହାର ପ୍ରଭାବ ତାଙ୍କର ସମଗ୍ର ଜୀବନରେ ସଞ୍ଚରିଯାଇଛି । ସେହି ସତ୍ତ୍ୱରୂପା ବାଲ୍ୟସଖୀ କବିଙ୍କର ଧ୍ୟେୟ ଓ ତାଙ୍କଠାରୁ ଉପଦେଶ ଲାଭ କରି ସେ ବାସନାର ବିନାଶରେ ଶୁଦ୍ଧପ୍ରେମର ଅନୁଭୂତି ପ୍ରାପ୍ତ ହୋଇଛନ୍ତି । ସେ ରୂପକୁ କଳୁଷିତ ଦୃଷ୍ଟିରେ ଚାହିଁ ହୁଏନାହିଁ । ତା' ନିକଟରେ ମସ୍ତକ ସ୍ୱତଃ ଅବନତ ହୋଇଯାଏ । ସେହି ହେଉଛି ସୁନ୍ଦର, ଯାହା ଦେଖିଲେ ପ୍ରଣାମ କରିବାକୁ ଇଚ୍ଛାହୁଏ । ଏପରି ସୌନ୍ଦର୍ଯ୍ୟରେ ଏକ ଅମୋଘ ଶକ୍ତି ରହିଛି, ଯାହା ଦ୍ରଷ୍ଟାକୁ ବଶୀଭୂତ ଓ ଅଭିଭୂତ କରିଦିଏ । ତା'ଠାରୁ କ୍ଳେଦ, ଗ୍ଲାନି ଦୂର କରି ନିଷ୍ପାପ ଓ ବିଶୁଦ୍ଧ କରିଦିଏ । ନିତାନ୍ତ ମୂଢ଼ ପାମର ଲୋକ ମଧ୍ୟ ସେ ରୂପ ନିକଟରେ ଅବନତ ହେବ । ମଧୁସୂଦନଙ୍କ ନାରୀ ସେହି ଦିବ୍ୟ ଚିନ୍ମୟ ଆଲୋକ ଓ ସୌନ୍ଦର୍ଯ୍ୟରେ ପରିପୂର୍ଣ୍ଣ ।

ମଧୁସୂଦନଙ୍କ ନାରୀର ପ୍ରେମରେ ମୁକ୍ତି ଅଛି, ତାହା ବାନ୍ଧି ରଖିବାକୁ ଚାହେଁ ନାହିଁ । ଯେଉଁଠି ଆସକ୍ତି, ସେଠାରେ ବନ୍ଧନ, ସ୍ଥୂଳ ଦେହ ଭୋଗର କାମନା । ପ୍ରକୃତ ପ୍ରେମ ଦେହର ଊର୍ଦ୍ଧ୍ୱରେ ବିଚରଣ କରେ ପ୍ରୀତିର ପ୍ରସନ୍ନତା ଓ ବିମଳ ରୂପକାନ୍ତି ଏକାଧାରରେ ଏହି ଦିବ୍ୟ-ରମଣୀ ମୂର୍ତ୍ତିରେ ପ୍ରକାଶମାନ । ସେ ଅପରୂପ ପ୍ରଶାନ୍ତ ସୌନ୍ଦର୍ଯ୍ୟ ଓ ସ୍ନିଗ୍ଧ ଶୁଭ୍ର କୋମଳତାର ପ୍ରତିମୂର୍ତ୍ତି । ମର୍ତ୍ତ୍ୟଲୋକରେ ଦୁର୍ଲଭ ଏ ରୂପ । ତା'ଠାରୁ ଯେଉଁ ଶୁଭ ଉପଦେଶ ଓ ସଦ୍‌ମାର୍ଗ-ଦର୍ଶନ ମିଳେ, ତାହା ଜୀବନକୁ ମଙ୍ଗଳ ପଥରେ ଗତି କରାଏ ।

'ଯୌବନର ସ୍ୱପ୍ନ'ରେ କବି ଯେଉଁ ଷୋଡ଼ଶୀ ସୁନ୍ଦରୀ ମୂର୍ତ୍ତି କଳ୍ପନା କରିଛନ୍ତି, ତାହା ତାଙ୍କର ଆଦର୍ଶ ନାରୀରୂପ । ନବୀନ ଯୌବନରେ ସେ ହୃଦୟର ଯେଉଁ ଲକ୍ଷ୍ମୀମୂର୍ତ୍ତି ଅନ୍ୱେଷଣ କରୁଥିଲେ, ତାହା ତାଙ୍କର ସ୍ୱପ୍ନରେ ଭାସି ଉଠିଛି । ସେହି ନାରୀମୂର୍ତ୍ତିରେ ଏକ ଦିବ୍ୟ ଲାବଣ୍ୟ ତରଙ୍ଗାୟିତ । ମାନସୀ ମୂର୍ତ୍ତି ଉପରେ ଯେଉଁ ଜ୍ୟୋତ୍ସ୍ନା ମଧୁସୂଦନ ଦେଖିଛନ୍ତି ତାହାର ପଟାନ୍ତର ନାହିଁ । ରମଣୀ ମୂର୍ତ୍ତିର ଶୁଚିତା, ସ୍ନିଗ୍ଧତା ଓ ଦିବ୍ୟତାକୁ ଏହି ଜ୍ୟୋତ୍ସ୍ନା ଯେପରି ବଢ଼ାଇ ଦେଇଛି। ଦିବ୍ୟଧାମରୁ ଅବତରଣ କରିଆସିଥିବା ଏହି ସ୍ୱପ୍ନ ପ୍ରତିମାର ଲାବଣ୍ୟ ପ୍ରାଣଦାହ ଶୀତଳକାରୀ। ସେ ମୂର୍ତ୍ତି ଦର୍ଶନ କଲେ ଚକ୍ଷୁ କେବଳ ପବିତ୍ର ହୁଏ ନାହିଁ, ପ୍ରାଣର ଦହନ ଶାନ୍ତ ହୁଏ। ସେ ଯେପରି ସୁର ତରଙ୍ଗିଣୀ ତଟରୁ ଓହ୍ଲାଇ ଆସିଥିବା ଦେବକନ୍ୟା। ସେ ଅଲୌକିକ ଭୁବନମୋହିନୀ, ଅପାର୍ଥିବ ରୂପରାଶିର ଠାକୁରାଣୀ, କବି-ହୃଦ-ପଦ୍ମବନ-ବିହାରିଣୀ ରାଜହଂସୀ। ତା'ରୂପର ମାଧୁରୀ ଅପ୍ରଗଲ୍‌ଭ ଓ ଅମାଦକ। ମାର୍ଦ୍ଦବ ଓ ପ୍ରସନ୍ନତା ସେ ରୂପରୁ ଝରୁଛି। ଜ୍ୟୋତ୍ସ୍ନା-ବଳୟ ମଧ୍ୟରେ ଅବତୀର୍ଣ୍ଣା କବିଙ୍କର ଆଦର୍ଶ-ମାନସ ଅଧିବାସିନୀ-

ଅମଣ୍ଡନା ଦୀନବସ୍ତ୍ରେ ମନୋଜ୍ଞ-ମଣ୍ଡନୀ
ଅର୍ଦ୍ଧ ମୁକୁଳିତ ନେତ୍ରୀ, ଲଜ୍ଜା ମୂର୍ତ୍ତିମତୀ।[୪୪]

କବିଙ୍କର ଗୃହଜୀବନର ଆଦର୍ଶ ନାରୀମୂର୍ତ୍ତି। ମାନସୀ ଓ ଜାୟାର ଏପରି ଶୁଚିସ୍ମିତା ରୂପ ମଧୁସୂଦନଙ୍କ ରୂପ-କଳ୍ପନାର ସର୍ବଶ୍ରେଷ୍ଠ ଦାନ। ସରଳାକୁମାରୀମାନଙ୍କର ନୀଳପଦ୍ମ ତୋଳି ବାଲୁକାଶଙ୍କର ପୂଜା କଲାବେଳେ ସମୀରରେ ମୃଦୁକମ୍ପିତ ସେମାନଙ୍କର ଜଳାର୍ଦ୍ର କୁନ୍ତଳ ଓ ଶୁଭ୍ରକୁସୁମରେ କେଶମଣ୍ଡନ କରି ରଜନୀରେ ତାରାପୂର୍ଣ୍ଣ ନୀଳ-ଗଗନକୁ ଚାହିଁ ଗୀତ ଗାଇଲାବେଳେ ଅବ୍ୟାଜରମଣୀୟା ସରଳା ଗ୍ରାମ୍ୟବାଳିକାମାନଙ୍କର ସୌନ୍ଦର୍ଯ୍ୟ କବିଙ୍କର ଦୃଷ୍ଟି ପଥରେ ପଡିଥିଲା। ଭାବର ସାତ୍ତ୍ୱିକତା ଓ ନିଷ୍ପାପ ରୂପ ମଧୁସୂଦନଙ୍କ ରୂପ-ଦୃଷ୍ଟିର ବୈଶିଷ୍ଟ୍ୟ। ଇନ୍ଦ୍ରିୟ ଚାଞ୍ଚଲ୍ୟ ବିନା ଅଲକ୍ଷ୍ୟରେ ପ୍ରାଣର ପବିତ୍ରତା ସମ୍ପାଦନ କରିବା ଏକ ଅନିର୍ବଚନୀୟ ରୂପର ମହିମା।

ମଧୁସୂଦନଙ୍କର ଥିଲା ଋଷିର ନେତ୍ର ଓ ହୃଦୟ। ସେଥିରେ ସତ୍ୟ ବିନା ଅନ୍ୟ କିଛି ପ୍ରତିଫଳିତ ହେଉନଥିଲା। ହୃଦୟର ସ୍ୱଚ୍ଛତା ଓ ପବିତ୍ରତା ସହିତ ଏକ ତୁଙ୍ଗ ବ୍ୟକ୍ତିତ୍ୱ ତାଙ୍କ କବିତାରେ ପ୍ରତିଫଳିତ। ସେ ରୁଚି-ସଂସ୍କାରକ ଓ ବିଶୁଦ୍ଧ ସାମାଜିକ ଗୃହ-ଜୀବନର ପକ୍ଷପାତୀ। ଦେଶୀୟ ଲୋକଙ୍କର ଉନ୍ନତ ରୁଚି ଉଚ୍ଚସାହିତ୍ୟର ଆଦର ଓ ବିକାଶ ନିମନ୍ତେ ଦାୟୀ। ଦେଶୀୟ ଲୋକଙ୍କର ରୁଚି ଓ ଧର୍ମନୀତିର ଉନ୍ନତିବିଧାନ କରିବା ପ୍ରତ୍ୟେକ ଗ୍ରନ୍ଥକର୍ତ୍ତାଙ୍କର କର୍ତ୍ତବ୍ୟ। 'ସୌନ୍ଦର୍ଯ୍ୟ ଓ ରୁଚି' ନାମକ ପ୍ରବନ୍ଧରେ ସେ ଲେଖିଥିଲେ-"ଜାତିବିଶେଷର ରୁଚି ସେହି ଜାତିର ନୈତିକ ଅବସ୍ଥାର ପରିଚୟ

ପ୍ରଦାନ କରେ। ଯେଉଁ ଜାତୀୟ ଲୋକେ ପ୍ରତିଭାଶାଳୀ ବ୍ୟକ୍ତିର ସୁରୁଚିସଂଭୂତ ଗ୍ରନ୍ଥମାନଙ୍କୁ ଶ୍ରଦ୍ଧା କରନ୍ତି, ସେମାନଙ୍କ ଧର୍ମନୀତି ଯେ ଉନ୍ନତ, ଏଥିରେ ସନ୍ଦେହ ନାହିଁ। ପକ୍ଷାନ୍ତରେ ଏହା ନିଃସନ୍ଦେହ ଯେ ଯେଉଁ ଜାତୀୟ ଲୋକେ କୁରୁଚିପ୍ରଣୋଦିତ ହୋଇ ଅଶ୍ଳୀଳ ଅପକୃଷ୍ଟ ଗ୍ରନ୍ଥମାନଙ୍କୁ ଆଦର କରନ୍ତି, ସେମାନଙ୍କର ଧର୍ମନୀତି ଅତି ହୀନ ଅଟେ। ଦେଶର ରୁଚି ଓ ଧର୍ମନୀତି ଉନ୍ନତ କରିବା ଅତ୍ୟନ୍ତ ପବିତ୍ର କାର୍ଯ୍ୟ ଅଟେ। ଯେଉଁ ଗ୍ରନ୍ଥକାରମାନେ ଏହି କର୍ତ୍ତବ୍ୟର ଗୁରୁତା ହୃଦୟଙ୍ଗମ ନକରି କେବଳ ଲୋକମାନଙ୍କର ନୀଚ ଆମୋଦ ପ୍ରକୃତି ପରିତୃପ୍ତ କରିବା ପାଇଁ ଯତ୍ନବାନ୍ ହୁଅନ୍ତି, ଯେଉଁମାନେ ଲୋକମାନଙ୍କର କଳ୍ପନା ସମକ୍ଷରେ କୁତ୍ସିତ ଚିତ୍ରମାନେ ଉପସ୍ଥାପିତ କରି ହୃଦୟର ବିକୃତ ଭାବମାନଙ୍କୁ ଉତ୍ତେଜିତ କରନ୍ତି, ସେମାନେ ଦେଶର ପରମ ଶତ୍ରୁ ଅଟନ୍ତି।(୫୬)

ମନୁଷ୍ୟ ତା'ର ରୁଚି ପରିବର୍ତ୍ତନ କଲେ, ଦୃଷ୍ଟି ମାର୍ଜିତ କଲେ, କଳୁଷ ପଙ୍କରୁ ଊର୍ଦ୍ଧ୍ୱକୁ ଉଠିଲେ ଅଚିରାତ୍ ପରମ ସୁନ୍ଦରଙ୍କର ଦର୍ଶନ ପାଇବ। ମଧୁସୂଦନଙ୍କ ସମ୍ପର୍କରେ ନୀଳକଣ୍ଠ କହିଥିଲେ," ଶୁଦ୍ଧ ବିଗ୍ରହରେ ବିମଳ ଆତ୍ମା ରହିବାର କଥା; ମଧୁସୂଦନଙ୍କର ଏ ବିଶୁଦ୍ଧ ବିଗ୍ରହ ଭିତରେ ଅନୁରୂପ ଭାବ ଫୁଟିଅଛି।" (୫୭) ମଧୁସୂଦନଙ୍କର ଆତ୍ମା ସୁନ୍ଦର ଓ ରୁଚି ମଧ ନିର୍ମଳ। କୁଶ୍ରୀତା, କୁରୁଚି, କୁସଂସ୍କାର, ଅନୀତିକୁ ନୀତିର କୁଠାରରେ ହାଣି ସତ୍ୟ-ଶିବ-ସୁନ୍ଦରର ପ୍ରତିଷ୍ଠା ପାଇଁ ସେ ସାହିତ୍ୟ ମାଧ୍ୟମରେ ପ୍ରଯତ୍ନ କରିଥିଲେ। ଜାତୀୟ-ରୁଚି ନିର୍ମାତା କରି ଅଧଃପତିତ, କୁସଂସ୍କାରଗ୍ରସ୍ତ ସ୍ଥୂଳଦୃଷ୍ଟି ସମ୍ପନ୍ନ ସ୍ୱଦେଶବାସୀଙ୍କ ହାତରେ ଶୁଦ୍ଧ ସାହିତ୍ୟ ବାଢ଼ି ଦେଇ ଯାଇଛନ୍ତି। କବିଙ୍କର ଐଶୀ-ଭାବନରେ ଅଲୌକିକ ଅନୁଭୂତି ସନ୍ଦୀପିତ ତଥା ତାଙ୍କର ସୌନ୍ଦର୍ଯ୍ୟ-ଧାରଣା ଆଦର୍ଶାତ୍ମକ ଓ ଆଧ୍ୟାତ୍ମିକ।

ଫକୀରମୋହନ ସେନାପତି

"କାବ୍ୟପାଠର ଉଦ୍ଦେଶ୍ୟ କେବଳ ଆମୋଦ ସମ୍ଭୋଗ ନୁହେଁ। ଆମୋଦ ସମ୍ଭୋଗ ଗୌଣ, ଉପଦେଶ ମୁଖ୍ୟ ଉଦ୍ଦେଶ୍ୟ। କାବ୍ୟଜନସମାଜର ଗୁରୁ ଓ ଉପଦେଷ୍ଟା।"(୫୮)

ପାଠକ ମନରେ ଉଦାର ମହତ୍ତ୍ୱ ଆଣିଦେବା, ତା'ର ସ୍ୱାଭାବିକୀ ବିବେକଶକ୍ତିକୁ ଉତ୍ତେଜିତ କରିବା, ସମାଜର ନୈତିକ ଶୃଙ୍ଖଳାକୁ ଦୃଢ଼ କରିବା, ନୈତିକ ଉପଦେଶ ପ୍ରଦାନ ଓ ମନ ମଧ୍ୟରେ ଅନନ୍ତ ପରଂବ୍ରହ୍ମଙ୍କ ସତ୍ତା ଅନୁଭବ କରାଇଦେବା ଆଦି କାବ୍ୟପାଠର ଫଳଶ୍ରୁତି ରୂପେ ଫକୀର ମୋହନ ସ୍ୱୀକାର କରୁଥିଲେ। 'ମେଘନାଦ

ବଧ କାବ୍ୟ'ର ସମାଲୋଚନାରୁ କାବ୍ୟ ରଚନାର ଉଦ୍ଦେଶ୍ୟ ଓ କାବ୍ୟପାଠର ଉପଯୋଗିତା ସମ୍ବନ୍ଧୀୟ ତାଙ୍କର ପ୍ରତିଷ୍ଠିତ ଧାରଣା ଜଣାଯାଏ। ସ୍ୱକୀୟ ପ୍ରତିଭା ବିକାଶର ପଥ ରୂପେ ସେ ବାଛିନେଇଥିଲେ ଗଳ୍ପୋପନ୍ୟାସ। କାବ୍ୟ କବିତାର କ୍ଷେତ୍ର ଥିଲା ସମକାଳୀନ ରାଧନାଥ ମଧୁସୂଦନଙ୍କର ବିହାରଭୂମି। ସାହିତ୍ୟ ସାଧନାରେ କବିର ଆତ୍ମପ୍ରତ୍ୟୟ, କାବ୍ୟବିଶ୍ୱାସ ଓ କାବ୍ୟିକ ଉଚ୍ଛ୍ୱାସ ତଥା ଅନ୍ତରଧାତୁର ଗଠନ ପ୍ରଭୃତିକୁ ସମାଲୋଚନା କାଳରେ ବିଚାର ଅନ୍ତର୍ଗତ କରାଯିବା ଉଚିତ। କବି ହିସାବରେ ଫକୀରମୋହନଙ୍କ ସାଫଲ୍ୟ ସମ୍ବନ୍ଧରେ ହୁଏତ ମତଭେଦ ଦେଖାଦେଇପାରେ; କିନ୍ତୁ ତାଙ୍କ ନିଷ୍ଠା ସମ୍ବନ୍ଧରେ ପ୍ରଶ୍ନ ଉଠିନପାରେ। ସାହିତ୍ୟର ଇତିହାସ ସାକ୍ଷ୍ୟଦିଏ, ଜଣେ ଜଣେ ଲେଖକ ଏକ ଏକ ବିଶିଷ୍ଟ ପ୍ରତିଭା ଓ କବିମାନସର ଅଧିକାରୀ। ସର୍ବତୋମୁଖୀ ପ୍ରଭିତା ବିରଳ। ଫକୀର ମୋହନଙ୍କ କବିତାର ବୈଶିଷ୍ଟ୍ୟ ହେଲା ତାଙ୍କର ଅନ୍ତର୍ନିହିତ ଧର୍ମପ୍ରବଣତା। ଏଥିରେ ବ୍ରାହ୍ମଧର୍ମର ଗନ୍ଧ ଥିଲେ ହେଁ ଏହା କୌଣସି ଦେଶକାଳର ଧର୍ମ ନୁହେଁ, ଏହା ମୁଖ୍ୟତଃ ମାନବଧର୍ମ।

ଜୀବନର ଅବସର ମୁହୂର୍ତ୍ତରେ ଜୀବନ ଓ ଜଗତର ନାନା ଘଟଣାର ସଂସ୍ପର୍ଶରେ ଆସି ତାଙ୍କ ମନରେ ଯେଉଁସବୁ ଚିନ୍ତା ଓ କଳ୍ପନା ଜାଗିଥିଲା "ଅବସର ବାସରେ" କାବ୍ୟ ଗ୍ରନ୍ଥରେ ତାହାର ଅଭିବ୍ୟକ୍ତି ଘଟିଛି। ନବୀନଚନ୍ଦ୍ର ସେନଙ୍କ "ଅବକାଶରଞ୍ଜିନୀ" ଓ ବାଇରନଙ୍କ "Hours of Idleness" କାବ୍ୟଭଳି ଏ କାବ୍ୟରେ ବିଚିତ୍ରଭାବର କବିତା ସ୍ଥାନ ପାଇଛି। ଏହା କବିଙ୍କର ବ୍ୟକ୍ତିଗତ ଜୀବନର ସୁଖ, ଦୁଃଖ, ଆଶା, ନିରାଶା, ମିଳନର ଆନନ୍ଦ, ଅପ୍ରାପ୍ତିର ବ୍ୟଥା, ସୌନ୍ଦର୍ଯ୍ୟ-ପିପାସା ଓ ଭାବବିଭୋରତା ଘେନି ଏକ ବିଚିତ୍ର ଆସ୍ୱାଦମୟ କାବ୍ୟ ହୋଇଉଠିଛି। ଏହା କବିଙ୍କର ବ୍ୟକ୍ତି-ସମ୍ପର୍କ (Subjective) ରସରେ ଅଭିଷିକ୍ତ। ତେଣୁ ତା'ଭିତରୁ ତାଙ୍କ ପ୍ରାଣର ମଣିଷଟି ଫୁଟିଦିଶେ।

ଫକୀରମୋହନ ବିବିଧ ବିଷୟରେ ବହୁଖଣ୍ଡ କବିତା ରଚନା କରିଛନ୍ତି। ଏଗୁଡିକର ସାହିତ୍ୟିକ ମୂଲ୍ୟ ମଧ୍ୟ ନଗଣ୍ୟ ନୁହେଁ। ଜୀବନ, ଜଗତ, ମରଣ, ଆଶା, ସାଂସାରିକ ପ୍ରୀତି, ଉପଦେଶ, ପ୍ରଶସ୍ତି, ଦୃଷ୍ଟାନ୍ତ ଓ ସାମାଜିକ କୁସଂସ୍କାର-ଏହି ସମସ୍ତ ଫକୀରମୋହନଙ୍କ କବିତାର ଉପଜୀବ୍ୟ। ଏହି କବିତାବଳୀରେ କବିର ନିଷ୍ଠା ଅଛି, ପଦର ସାରଲ୍ୟ ଅଛି; ମାତ୍ର ନାହିଁ ଅଭିବ୍ୟକ୍ତିର ସୁଷମା ଓ କବିର ନିବିଡ ରସାନୁଭୂତିର ପ୍ରମାଣ। କାବ୍ୟ ସମାଲୋଚନା କାଳରେ କବିର ବ୍ୟକ୍ତିପୁରୁଷର ବିଚାର କବି ରୂପେ କରାଯିବା ଉଚିତ। ସ୍ୱଦେଶ, ସ୍ୱଧର୍ମ, ସ୍ୱଜାତି, ସାମାଜିକ କୁସଂସ୍କାର ଆଦି ଦୃଷ୍ଟିରୁ କୌଣସି କବିର କାବ୍ୟବିଚାର ଏକ ଗୌଣ ବ୍ୟାପାର। ସୌନ୍ଦର୍ଯ୍ୟ ସହିତ ବିସ୍ମୟ ଓ

କଳ୍ପନାର ବିଦ୍ୟୁତ୍‌ଛଟା ସହିତ ଅନ୍ତରରେ ସୁଖମୟ ସ୍ମୃତି ଆଲୋଡନ ସୃଷ୍ଟି କରି କବି ଅନ୍ତରର ରୂପ ରଙ୍ଗ ଢାଳି ବହିର୍ବସ୍ତୁର ନବ ରୂପାୟନ ଘଟାଇବେ। କବିତା କବି ଅନ୍ତରର ରସଘନ ପ୍ରକାଶ। କବି କେବଳ ଚିନ୍ତା କରିବେ ନାହିଁ; ସୃଷ୍ଟି ମଧ୍ୟ କରିବେ। ସୃଷ୍ଟି ନୈପୁଣ୍ୟ ଓ ଅଭିବ୍ୟଞ୍ଜନାର ସୌନ୍ଦର୍ଯ୍ୟମାଧୁର୍ଯ୍ୟ ଉପରେ କାବ୍ୟ-ବିଚାର ମୁଖ୍ୟତଃ ନିର୍ଭର କରେ। ଯେଉଁ କବିତା ଆମକୁ ସମ୍ବାଦ ମାତ୍ର ଦେଇଯାଏ, ଯାହାକୁ ଆମେ ହୃଦୟଦେଇ ଅନୁଭବ କରୁନାହିଁ, ତାହା କବିତା ପଦବାଚ୍ୟ ନୁହେଁ। ବକ୍ତବ୍ୟ କବିତାର ଶେଷ କଥା ନୁହେଁ; ସୁଷ୍ଠୁ ରୂପାୟନ ଦ୍ୱାରା ସେହି ବକ୍ତବ୍ୟ ରସଧ୍ୱନିରେ ପରିଣତ ହୋଇଛି କି ନାହିଁ ତାହା ବିଚାର୍ଯ୍ୟ। ପ୍ରଚାର ଉଦ୍ଦେଶ୍ୟ, ନୀତିଜ୍ଞାନ, ଆଦର୍ଶବାଦ କବିତାର ସୌନ୍ଦର୍ଯ୍ୟଲକ୍ଷ୍ମୀଙ୍କୁ ମ୍ରିୟମାଣ କରେ। ଫକୀରମୋହନ ସ୍ୱକୀୟ ଅବସର ଜୀବନର ନାନା ଅଭିଜ୍ଞତା, ଚିନ୍ତା ଓ ସମାଜବିରୋଧୀ ପ୍ରତିକ୍ରିୟା କବିତାରେ ରୂପ ଦେଇଛନ୍ତି। ତେଣୁ ତାଙ୍କ କବିତାର ରସୋତ୍ତୀର୍ଣ୍ଣତା ଖୋଜିବା ନିରର୍ଥକ। ସେଥିରେ ପ୍ରଜ୍ଞା ଅଛି; ତନ୍ମୟତା ନାହିଁ, ଦୃଷ୍ଟିରେ ମାୟାର ଅଞ୍ଜନ ନାହିଁ; ସବୁ ସ୍ୱଚ୍ଛ, ସ୍ପଷ୍ଟ ଓ ନିରାଭରଣ। ଆତ୍ମଦର୍ଶନ ଓ ଆତ୍ମବିଶ୍ଳେଷଣ କବିତାର ବହୁ ସ୍ଥାନ ଅଧିକାର କରି ରହିଛି। କଳ୍ପନାର କ୍ରୀଡା ବିଶେଷ ନାହିଁ। ତା'ର କାରଣ ବୟସାଧିକ୍ୟ ସଙ୍ଗେ କବି ଅନ୍ତରରୁ କଳ୍ପନାର ଧାରା ଶୁଷ୍କ ହୋଇଯାଏ।

ଫକୀରମୋହନଙ୍କ କବିତାରେ ଭାବୁକ-ଦାର୍ଶନିକ ମଣିଷଟି ସ୍ପଷ୍ଟ ଫୁଟି ଦିଶେ। ତହିଁରେ ପରିଣତ ବୟସର ଅଭିଜ୍ଞତାପୁଷ୍ଟ ମନ ଓ ଜୀବନ ସନ୍ଧ୍ୟାରେ ଉପସ୍ଥିତ କବି-ପୁରୁଷର ନିଃସଙ୍ଗ ଜୀବନର ସ୍ୱରଲିପି ଅନୁରଣିତ। ଦୁଃଖଯନ୍ତ୍ରଣା ମଧ୍ୟରେ ମନରେ ଆଶ୍ୱାସନା ଓ ଶାନ୍ତି ପାଇଁ ସେ କବିତା ଲେଖୁଥିଲେ। ଏ ବେଳରେ ଦାର୍ଶନିକ ଚିନ୍ତା ହେବା ସ୍ୱାଭାବିକ। ଜୀବନର ସକଳ ହିସାବ ନିକାଶ କଲାବେଳେ ତାର ଆନନ୍ଦ ବେଦନା, ସୁଖ ଦୁଃଖ, ହାସ୍ୟ ଅଶ୍ରୁ-ପାର୍ଥିବ ଜଞ୍ଜାଳର କଥା କହିଯିବାକୁ କବିପ୍ରାଣ ବ୍ୟାକୁଳ। ତେଣୁ ନିତାନ୍ତ ନିରାଡମ୍ବର ଭାବରେ ନିଜର ଭାବନା ଚିନ୍ତାକୁ ପଦ୍ୟବଦ୍ଧ କରାଯିବାକୁ ଚେଷ୍ଟା ପ୍ରକାଶ ପାଇଛି। ପତ୍ନୀହରା ପୁତ୍ରତାଡିତ ବୃଦ୍ଧ ନିଜ ମନକୁ ଯାହା ଯେତେବେଳେ ଆସିଲା ଦି'ପଦ ଗାଇ ଦେଇଛନ୍ତି। କବିତା ପାଇଁ ଯେଉଁ ପ୍ରସ୍ତୁତି ତାହା ତାଙ୍କର ନଥିଲା। ସବୁଗୁଡିକ ତତ୍‌କାଳୀନ, ଜୀର୍ଣ୍ଣ କରିବାର ଅବସର ନାହିଁ। ସଦ୍ୟ ଘଟଣା, ଯାହା କିଛି ସେ ଦେଖିଲେ ଓ ଭାବିଲେ, ସେ ସମସ୍ତକୁ ପଦ୍ୟାକାରରେ ଥୋଇଯିବାକୁ ଚାହିଁଲେ। ଅନ୍ତତଃ ମାନସିକ ଶାନ୍ତି ତ ମିଳିବ! ଗୀତ ଗାଇବା ଯାହାର ସ୍ୱଭାବ, ସେ ଗୀତର କଳା-କୌଶଳ ପ୍ରତି ଦୃଷ୍ଟି ଦିଏ ନାହିଁ। କବି ନିଜେ କହିଛନ୍ତି-

ନ ଲୋଡିବ ମୋ ଗୀତରୁ ଭାବର ଗାମ୍ଭୀର୍ଯ୍ୟ
ଛନ୍ଦ ବନ୍ଧ ତାନ ମାନ ପଦର ମାଧୁର୍ଯ୍ୟ।
କାରଣ-ଗୀତ ଗାଇବାରେ ଯା'ର ହୋଇଛି ଅଭ୍ୟାସ
ଗାଇବ ସେ, କରୁ ପଛେ ଲୋକ ଉପହାସ।[୫୯]

ତେଣୁ କବିତା ଭଲ ହେଲା କି ମନ୍ଦ ହେଲା ସେଥିପ୍ରତି ଦୃଷ୍ଟି ଦେବାକୁ ତାଙ୍କର ସମୟ ନାହିଁ। ଦୁଃଖ ଜଞ୍ଜାଳ ମଧ୍ୟରେ ମନରେ ଆଶ୍ୱାସନା ଓ ଶାନ୍ତି ପାଇଁ ସେ ଅବିଶ୍ରାନ୍ତ ଧାରାରେ କବିତା ଗାଇ ଯାଇଛନ୍ତି। ବେଦନାହିଁ ତାଙ୍କ କବିତାର ପ୍ରାଣ। କବିଙ୍କ ଭାଷାରେ,-"ପୀଡାଜନିତ ଯନ୍ତ୍ରଣା ବା ଅନ୍ୟ ପ୍ରକାର ବିଘ୍ନାତ ହେତୁରୁ ଚିତ୍ତ ଅବସନ୍ନ ହୋଇପଡିଲେ ଶାନ୍ତି ଓ ଧୈର୍ଯ୍ୟ ଲାଭ ନିମନ୍ତେ କବିତା ରଚନା ବା ଗ୍ରନ୍ଥପାଠରେ ମନୋନିବେଶ କରେ। ଯାହା କିଛି ଦୃଷ୍ଟି ଗୋଚରରେ ଆସେ ବା ଯେଉଁ ଭାବ ମନରେ ଉଦୟ ହୁଏ, କବିତା ଆକାରରେ ଚିତ୍ର କରିପକାଏ।"[୬୦] ଯନ୍ତ୍ରଣା ଓ ଚିତ୍ତର ଅବସନ୍ନତା ନିମନ୍ତେ ମାନସିକ ଶାନ୍ତି ଓ ଧୈର୍ଯ୍ୟ ଲାଭ ଆଶାରେ କବିତା ରଚନାରେ ପ୍ରବୃତ୍ତ ହୋଇ ଦୃଷ୍ଟି ସମକ୍ଷରେ ଆସୁଥିବା ଯେ କୌଣସି ବିଭାବ ଓ ମନରେ ଉଦୟ ହେଉଥିବା ଯେ କୌଣସି ଭାବ ତାଙ୍କ କବିତାରେ ରୂପ ପାଏ। ମାତ୍ର ଲକ୍ଷ୍ୟ କରିବାର କଥା, ରୁଗ୍ଣତା ବା ମନର ଅଶାନ୍ତ ଅବସ୍ଥାରେ ଯାହା କିଛି ମନରେ ଉଦୟ ହେଲେ କବିତାରେ ପରିଣତ ହୁଏ ନାହିଁ।

ନିଃସଙ୍ଗତା ମଧ୍ୟ କବିଙ୍କର ଚିର ସହଚର। ତାଙ୍କ କଥାରେ, "ଚିରଦିନ ଏକାକୀ ରହିବା ମୋ ଭାଗ୍ୟ ଲିପିରେ ଲେଖାଅଛି। ବାଲ୍ୟକାଳରେ ପିତୃମାତୃହୀନ ଥିଲି। ଯୌବନରେ ପତ୍ନୀ ବିରହିତ ହୋଇ ଦୂର ଦେଶରେ ଥିଲି। ଏବେ ବାର୍ଦ୍ଧକ୍ୟରେ ସୁଦ୍ଧା ସନ୍ତାନଠାରୁ ବିଛିନ୍ନ ହୋଇ ନିର୍ଜ୍ଜନ ବାସ କରୁଅଛି। ଏକାକୀ ଥିବାରୁ ଚିନ୍ତା କରିବାକୁ ଯଥେଷ୍ଟ ସମୟ ପାଏ।"[୬୧] ତେଣୁ ଫକୀରମୋହନଙ୍କ କବିତା ନିଃସଙ୍ଗ ଆତ୍ମାର କରୁଣ ଅଭିବ୍ୟକ୍ତି। କବି ଯଥାର୍ଥରେ କାବ୍ୟ ସଂକଳନର ନାମ ଦେଇଛନ୍ତି "ଅବସରବାସରେ।"

ଜୀବନ ପ୍ରତି ସମ୍ମାନ, ମନୁଷ୍ୟ ପ୍ରତି ସହାନୁଭୂତି ଓ ସାର୍ବଜନୀନ ବିଶ୍ୱପ୍ରୀତି ତାଙ୍କ କବିତାର ଛତ୍ରେ ଛତ୍ରେ ପ୍ରକଟିତ। ମାନବପ୍ରେମୀ ଓ ବିଶ୍ୱପ୍ରେମୀ କବି ପ୍ରେମଭାବରେ ନିଖିଳ ଜଗତର ପ୍ରାଣୀ ସମାଜର ଅନ୍ତର ବେଦନାକୁ ନିଜ ଅନ୍ତରରେ ଉପଲବ୍ଧି କରିଥିଲେ। ଏହି ପ୍ରେମ-ଦୃଷ୍ଟି ହିଁ କବିତାରେ କବିର ସହାନୁଭୂତି ଯାହା ଦ୍ୱାରା ସେ ସର୍ବମାନବର, ସର୍ବଦେଶ ଓ କାଳର ଅନ୍ତରରେ ପ୍ରବେଶ କରିପାରେ ଓ ଏମାନେ କବି ହୃଦୟରେ ରେଖାପାତ କରିପାରନ୍ତି। ପ୍ରେମ ହିଁ ଜଗତ ସୃଷ୍ଟି କରେ, ଜଗତ ଜୟ କରେ, ପରକୁ

ଆପଣାର କରିପାରେ। ଆତ୍ମ-ଭାବରେ ବିଶ୍ୱକୁ ଦେଖିବା ପ୍ରେମ-ଦୃଷ୍ଟିରେ ହିଁ ସମ୍ଭବ।

କାବ୍ୟ-ଭାଷା ସମ୍ବନ୍ଧରେ ଫକୀରମୋହନ କେବେ ସଚେତନ ଭାବେ ଅନୁଶୀଳନ କରିନାହାନ୍ତି। ବାଣୀ-ସୁଷମାର ଅଭାବ ଯୋଗୁଁ ଗୀତିପ୍ରେରଣା ବଳିଷ୍ଠ ବାଣୀମୂର୍ତ୍ତି ଲାଭ କରିପାରି ନାହିଁ। ତାଙ୍କର ଭାଷାକୁ ସୁହୃତ୍‌ସମ୍ମିତ କୁହାଯାଇପାରେ।

ଆଧ୍ୟାତ୍ମିକ ଆନନ୍ଦର ପରିପୂର୍ଣ୍ଣ ଉପଭୋଗରୁ ଫକୀରମୋହନ 'ବୌଦ୍ଧାବତାର କାବ୍ୟ' ରଚନାର ପ୍ରେରଣା ପାଇଥିଲେ। ମାତ୍ର ବୟାଳିଶ ଦିନ ମଧ୍ୟରେ ଏ କାବ୍ୟ ରଚନାର ପରିସମାପ୍ତି ଘଟିଥିଲା। ଏହି କାବ୍ୟର ବିଷୟ ଗୌରବ ଓ ଭାବର ଗାମ୍ଭୀର୍ଯ୍ୟ ଓଡ଼ିଆ କାବ୍ୟରେ ଅନନ୍ୟସାଧାରଣ। ମୁନୀନ୍ଦ୍ର ଗୌତମଙ୍କର ବିରାଟ ବୈରାଗ୍ୟ, ଯାହାର ତୁଳନା ଦୁର୍ଲ୍ଲଭ, କାବ୍ୟ ବିଷୟକୁ ଉଦାତ୍ତ କରିତୋଳିଛି। ବୁଦ୍ଧଙ୍କ ଜୀବନକାହାଣୀକୁ କାବ୍ୟରୂପ ଦାନ କରି ସେ ଚାହିଁଥିଲେ ଏହି ମହତ୍ ଚରିତ୍ର ମହାପୁରୁଷ ଓ ପରମ କାରୁଣିକଙ୍କର ଜୀବନୀ ପଢ଼ି ଲୋକେ ଶାନ୍ତିମୟ ଜୀବନଯାପନ କରନ୍ତୁ। ଏହାକୁ କାବ୍ୟ ଭାବରେ ଉପସ୍ଥାପିତ ନକରି ପବିତ୍ର ଚରିତ୍ର ପ୍ରଖ୍ୟାପକ ଧର୍ମଗ୍ରନ୍ଥ ରୂପେ ତଥା ସାଧୁ ମହାପୁରୁଷଙ୍କର ଜୀବନ କାହାଣୀ ରୂପେ ଗ୍ରହଣ କରିବା ପାଇଁ ସେ ଦେଶବାସୀଙ୍କୁ ଅନୁରୋଧ କରି ଯାଇଛନ୍ତି। ପରିଶିଷ୍ଟରେ ପାଠକମାନଙ୍କ ଉଦ୍ଦେଶ୍ୟରେ କହିଛନ୍ତି-

ଏ ମହାପୁରାଣ ପ୍ରତିଦିନ ନିୟମରେ
ଅଧ୍ୟୟନ କରୁଥିବ ପବିତ୍ର ମନରେ।
ଅଧ୍ୟୟନ କର ଗ୍ରନ୍ଥଭାବ ହୃଦଙ୍ଗମ
ନହୁଅ ଶର୍କରାବାହୀ ବଳୀବର୍ଦ୍ଦସମ।
ନକର ସମୟ ନାଶ ଅଳୀକ କାର୍ଯ୍ୟରେ
ଭାବୀ ଦଶା ଭାବି ଚଳ ସୁନୀତି ମାର୍ଗରେ।[୬୨]

ମୁଖବନ୍ଧରେ କବି ଏ କାବ୍ୟକୁ ପଦ୍ୟମୟ କହିବାକୁ କୁଣ୍ଠାବୋଧ କରିନାହାନ୍ତି।

ପ୍ରକୃତିରେ ଆତ୍ମଚିନ୍ତା ଓ ଆତ୍ମଚିନ୍ତା କାଳରେ ପ୍ରକୃତି ଚିତ୍ର ଏହି ଦୁଇ ରୂପରେ ଫକୀରମୋହନଙ୍କ କବିତାରେ ପ୍ରକୃତିର ଭୂମିକା। ପ୍ରକୃତି ବର୍ଣ୍ଣନାରେ ସେ କଳ୍ପନା ଓ ସୌନ୍ଦର୍ଯ୍ୟ-ଦୃଷ୍ଟିର ପରିଚୟ ଦେଇନାହାନ୍ତି। ନୀତି ଓ ଆଦର୍ଶର ପୃଷ୍ଠଭୂମି ରୂପେ ପ୍ରକୃତି ପରିକଳ୍ପିତା। ଏହା ଅମେୟ, ଅଜ୍ଞେୟ ରହସ୍ୟ ସହିତ ପାରମାର୍ଥିକ ଓ ଆଧ୍ୟାତ୍ମିକ ଚିନ୍ତା ଉଦ୍ରେକ କରେ। କାଠଯୋଡି ତୀରରେ ନିଦାଘ ସନ୍ଧ୍ୟା ଯାପନ କାଳରେ କବି ଚିନ୍ତା କରିଛନ୍ତି ପ୍ରକୃତିର ଶାଶ୍ୱତ ମୂଲ୍ୟ-

ଏତିକି ଜାଣିଲି ଏହା ଥିବ ଚିରଦିନ
ନ ରହିବ କିଛିଦିନ ଅନ୍ତେ ମୋର ଚିହ୍ନ।[୬୩]

ମାନବସତ୍ତା ଲୋପ ପାଇପାରେ, ମାତ୍ର ପ୍ରକୃତି ଶାଶ୍ୱତୀ। ପ୍ରକୃତି ଦର୍ଶନ କାଳରେ କବିଙ୍କ ମନରେ ରହିଛି ମଣିଷ ଜୀବନର ଚିନ୍ତା। ପ୍ରକୃତିର କୌଣସି ଏକ ବିଶେଷ ବିଭାବ ବର୍ଣ୍ଣନା କରିବାକୁ ଯିବାବେଳେ ମଣିଷ ଜୀବନ ସହିତ ତାହାର ସାଦୃଶ୍ୟ ବା ପାର୍ଥକ୍ୟ ଉଦୟ ହୋଇଛି। ଏହି ସ୍ଥାନମାନଙ୍କରେ ଫୁଟିଛି ତାଙ୍କର ତତ୍ତ୍ୱ। ତତ୍ତ୍ୱ ବାହୁଲ୍ୟରେ ନିସର୍ଗ-ସନ୍ଦର୍ଶନ ବାଧାପ୍ରାପ୍ତ ହୋଇଛି ଓ ଉପଦେଶ, ନୀତିଜ୍ଞାନ ଆଦି ସ୍ଥାନ ଲାଭ କରିଛି। 'ଗୋଲାପ ସୁନ୍ଦରୀ' କବିତାରେ କଳ୍ପନାର ସୁଷମା ଅନୁଭବ କରାଯାଏ। କବିଙ୍କ ଜୀବନଦର୍ଶନର ସୁସ୍ପଷ୍ଟ ପରିଚୟ ପ୍ରକୃତିର ଏହି ରମଣୀୟ ବିଭାବଟିରେ ଅନୁସନ୍ଧେୟ। ସୌନ୍ଦର୍ଯ୍ୟ ଓ ପବିତ୍ରତାର ସମନ୍ୱୟ ଘଟିଛି ଏହି ରୂପସୀ ଗୋଲାପଠାରେ। ସାଧୁହୃଦୟା ଗୋଲାପ ସୁନ୍ଦରୀ ଓ ଲଜ୍ଜାଶୀଳା କୁଳବଧୂ ରଜନୀଗନ୍ଧା କବି ହୃଦୟର ପ୍ରୀତି ଆକର୍ଷଣ କରିଛନ୍ତି। ପ୍ରଶାନ୍ତ ଓ ମଧୁର ପ୍ରକୃତି ନୀତିଜ୍ଞାନର ପୃଷ୍ଠଭୂମି ରୂପେ ତାଙ୍କ କାବ୍ୟରେ ବିରାଜିତ।(୬୪)

ଫକୀରମୋହନଙ୍କ କବିହୃଦୟର ବାଷ୍ପୋଚ୍ଛ୍ୱାସ ପତ୍ନୀ ବିଚ୍ଛେଦରେ ରଚିତ କବିତାବଳୀରେ ପ୍ରକାଶ ପାଇଛି। ପ୍ରେମର ଅରୁଣରାଗରେ ପରପାରଗତା ପ୍ରିୟାକୁ ଅନୁରଞ୍ଜିତ କରି ବିଶ୍ୱ ପ୍ରକୃତିକୁ ପଟ୍ଟଭୂମିରେ ରଖି ବିରହର ତୀବ୍ରତାରେ ପ୍ରତ୍ୟେକ ପଂକ୍ତିକୁ ଉଷ୍ମ କରିତୋଳିଛନ୍ତି। ଏହି କବିତାଗୁଡିକରେ ପ୍ରେମର ସୂକ୍ଷ୍ମତା ଓ ପ୍ରେମମୟୀର ଅଶରୀରିଣୀ ଭାବରୂପଟି ଫୁଟି ଦିଶେ। କାମନାବାସନାର ନଗ୍ନମୂର୍ତ୍ତି କବିତାକୁ କରିନାହିଁ ସ୍ଥୁଳ ବା ଇତର। କବିତାଗୁଡିକର ତାଙ୍କ ପ୍ରାଣର ଗୀତିପ୍ରବଣତା ସହିତ ଉଚ୍ଛ୍ୱାସ ଅନୁଭବ କରାଯାଏ। ତହିଁରେ ଭୋଗକାଂକ୍ଷାର ଗନ୍ଧ ନାହିଁ; ସୌନ୍ଦର୍ଯ୍ୟର ଚିରନ୍ତନ ପରମ ମନୋହର ରୂପରେ କବିର ଚିତ୍ତଲୋକରେ ସମାସୀନ ପତ୍ନୀ ଦେହାତୀତ ସୌନ୍ଦର୍ଯ୍ୟର ମୂର୍ତ୍ତିମତୀ ଦେବୀର ଆସନ ଲାଭ କରିଛନ୍ତି। ପ୍ରେମ ସଙ୍ଗେ ସୌନ୍ଦର୍ଯ୍ୟର ସମନ୍ୱୟ ଘଟାଇ "ପୁଷ୍ପମାଳା" କାବ୍ୟଗ୍ରନ୍ଥରେ ମଧୁମୟ ଦାମ୍ପତ୍ୟ ପ୍ରେମର ପବିତ୍ର ଚିତ୍ର ବାଢିଛନ୍ତି। ସୌନ୍ଦର୍ଯ୍ୟ ଇନ୍ଦ୍ରିୟଭୋଗର ଅତୀତ। ପ୍ରିୟାକୁ ସ୍ୱର୍ଗୀୟ ଅନିର୍ବଚନୀୟ ସୁଷମାରେ ମହିମାନ୍ୱିତ କରି ଅରୂପ ରୂପରାଶିର ଉଦାର ଲାବଣ୍ୟକୁ ବିଶ୍ୱରେ ପ୍ରସାରିତ ହୋଇଥିବା ସନ୍ଦର୍ଶନ କରିଛନ୍ତି। ଏ ପ୍ରେମଦୃଷ୍ଟି ଓଡ଼ିଆ କାବ୍ୟରେ ଅଭାବ ଥିଲା। ପ୍ରେମର ଏହି ଶାନ୍ତ ସଂଯତ ସମାହିତ ରୂପ ମଧୁସୂଦନଙ୍କ 'ଯୌବନ ସ୍ୱପ୍ନ'ରେ ସୂଚିତ ହୋଇଥିଲା। କିନ୍ତୁ ଆଦର୍ଶ ଦାମ୍ପତ୍ୟ ଜୀବନର ଚିତ୍ର ଆମେ ପ୍ରଥମେ ଫକୀରମୋହନଙ୍କ କବିତାରୁ ପାଇଲୁ। ତାଙ୍କର ପ୍ରେମ-ଭାବନାରେ ଦେହ ସମ୍ପୂର୍ଣ୍ଣ ତିରୋହିତ। କବିପ୍ରିୟା ଅଶରୀରିଣୀ। ସ୍ୱର୍ଗତା ପ୍ରିୟାର ସ୍ମୃତିଧୃତ ରୂପ ହିଁ କବିଙ୍କର ସମ୍ବଳ ଓ ସେହି ରୂପକୁ ସେ ଧ୍ୟାନ କରିଛନ୍ତି। ରୂପର ପ୍ରଶସ୍ତି ଗାନ ପାଇଁ ଦୃଷ୍ଟି ନାହିଁ; ଗୁଣେ ମନ ଭୋର। କବିଙ୍କ ରୂପଧ୍ୟାନ କି ସୂକ୍ଷ୍ମ ଓ ବ୍ୟଞ୍ଜନାଧର୍ମୀ-

ସେ କି ଥିଲା ମୋର ତପସ୍ୟାର ଫଳ ଆନନ୍ଦ ଉତ୍ସବ ସିନ୍ଧୁ
ସେ କି ଥିଲା ମୋର ହୃଦୟ ଆକାଶ ଶାରଦ ପୂର୍ଣ୍ଣିମା ଇନ୍ଦୁ।
ସେ କି ଥିଲା ମୋର ସନ୍ତାପହାରିଣୀ ମୃତ୍ୟୁସଞ୍ଜୀବନୀ ଗୀତି
ଜୀବନ ସଙ୍ଗୀତେ ଥିଲା କି ମୂର୍ଚ୍ଛନା, ଜୀବନ ଚରିତେ ନୀତି।[୬୫]

ବେଦ ଓ ଗାୟତ୍ରୀ ମଧ୍ୟରେ ସମ୍ପର୍କ ଯେପରି ଅବିଚ୍ଛେଦ୍ୟ ଏବଂ ଏ ଦୁଇଟି ମଧ୍ୟରେ ପବିତ୍ରତାର ଯେପରି ଗୋଟିଏ ଚିତ୍ତସମ୍ମୋହନକାରୀ ସ୍ପର୍ଶ ରହିଛି, କବି ଓ ତାଙ୍କର ସ୍ନେହ ସହାନୁଭୂତିଶୀଳା ପତ୍ନୀଙ୍କ ମଧ୍ୟରେ ଯେଉଁ ସମ୍ପର୍କ ଥିଲା, ତାହା ଥିଲା ସେହିପରି ଅଚ୍ଛେଦ୍ୟ, ସେହିପରି ପାବନ-

ହୃଦୟ କଷଟି ଶିଳେ କାଞ୍ଚନର ରେଖା
ନୀଳାକାଶେ ଇନ୍ଦ୍ରଧନୁ ଚିତ୍ରମୟ ଲେଖା।
ବେଦରୁ ଗାୟତ୍ରୀ ମନ୍ତ୍ର କେ ଦେଲା ଲିଭାଇ
ହସି ହସି ଗଲା ମୋତେ କନ୍ଦାଇ କନ୍ଦାଇ।[୬୬]

ତେଣୁ କୁହାଯାଇପାରେ, ଫକୀରମୋହନଙ୍କ କବିପ୍ରାଣର ସ୍ୱତଃସ୍ଫୁର୍ତ୍ତ ପ୍ରକାଶ ଏହି ପ୍ରେମ କବିତାମାଳାରେ ହିଁ ଘଟିଛି। ପ୍ରିୟଜନ ବିରହରେ ବେଦନାର ତପ୍ତ ଅଶ୍ରୁଧାରା ଢାଳି କବି ତର୍ପଣ କରିଛନ୍ତି। ଚକୁଆ ଚକୋଇ ପରି ପାରସ୍ପରିକ ଆତ୍ମସମର୍ପଣ ଓ ଆତ୍ମବିନିମୟ ମଧ୍ୟରେ ଦୀର୍ଘ କୋଡିଏ ବର୍ଷ କାଳ ସେ ଦୁହେଁ ଏକତ୍ର ଅବସ୍ଥାନ କରିଥିଲେ। ସେହି ଯୁଗ୍ମଜୀବନରୁ ଜଣକର ତିରୋଧାନ ଫଳରେ ଅନ୍ୟ ଜଣକର ଜୀବନ ହୋଇଛି ବ୍ୟଥିତ ବିକଳ। କବିଙ୍କ ଜୀବନାକାଶରେ ଯେଉଁ କ୍ଷୁଦ୍ରତାରା ବିରାଜିତ ଥିଲା, ତା'ର ସ୍ନିଗ୍ଧ ମଧୁର କାନ୍ତିରେ ସେ ପ୍ରାଣର ସ୍ପର୍ଶ ଅନୁଭବ କରୁଥିଲେ। ନିଃସଙ୍ଗ ଜୀବନରେ ସେହି ତାରକା ହିଁ ତାଙ୍କ ପ୍ରାଣର ବିଶାଳ ଆକାଶରେ ସ୍ନେହ କୋମଳତାର ମୃଦୁସ୍ପର୍ଶ ହେଉଥିଲା। ମାତ୍ର ସେହି ତାରକା ଅସ୍ତମିତ ହେବା ସଙ୍ଗେ ବିଶାଳ ପ୍ରାଣାକାଶର ଅଙ୍ଗନରେ ନିବିଡ ଶୂନ୍ୟତା ଛାଇଯାଇଛି। ପ୍ରିୟାସ୍ମୃତି ସଙ୍ଗାଳି କରି ଅବଶିଷ୍ଟ ଜୀବନର ବେଉସା କରିବା ଓ ଅବଶେଷରେ ଗ୍ରହନକ୍ଷତ୍ର ଏଡାଇ ଅନନ୍ତ ପଥରେ ଗତି କରି ଅନାମୟ ଧାମରେ ସେହି ଅପାର୍ଥିବୀ ସଙ୍ଗିନୀର ସାନ୍ନିଧ୍ୟ ଲାଭ କରିବା ପାଇଁ ବ୍ୟାକୁଳତା ଫୁଟନ୍ତି। ତେଣୁ ପରିତ୍ୟକ୍ତ ସାହାଡାଗଛ ପରି କବିପୁରୁଷର କ୍ରନ୍ଦନଧ୍ୱନି ଓ ଉଷ୍ଣଶ୍ୱାସରେ କାବ୍ୟର ପ୍ରତିଟି ପଂକ୍ତି ହୋଇଉଠିଛି ତପ୍ତ ଓ କରୁଣ।

ଫକୀରମୋହନଙ୍କର ବିଶ୍ୱାସ ଥିଲା, ଜୀବନରେ ସୌନ୍ଦର୍ଯ୍ୟର ତୃଷା ଓ ପ୍ରଣୟ ପିପାସା ଅତୃପ୍ତ। କାରଣ ସଫଳ କାମନା ଓ ସଂତୃପ୍ତ ବାସନା ଏ ଜଗତରେ ବିରଳ। ସୌନ୍ଦର୍ଯ୍ୟ ଓ ପ୍ରେମର ପରିପୂର୍ଣ୍ଣତୃପ୍ତି କେହି ଲାଭ କରିଛନ୍ତି ବୋଲି କହିପାରିବେ ନାହିଁ।

ଜୀବନର ସୀମିତ ସଂକ୍ଷୁବ୍ଧ ପରିଧି ମଧ୍ୟରେ ବହୁ ଆଶାଭଙ୍ଗ ଓ ଅତୃପ୍ତିର ହାହାକାର। ଏଠାରେ ପ୍ରେମ ଓ ସୌନ୍ଦର୍ଯ୍ୟ ଭଳି ଦୁଇଟି ଶାଶ୍ୱତ ମୂଲ୍ୟବୋଧକୁ ପ୍ରାଣଭରି ଉପଭୋଗ କରିବା ସହଜସାଧ୍ୟ ନୁହେଁ। ଅତୃପ୍ତି ଓ ପ୍ରାଣର ହାହାକାର ହିଁ ଏ ଦୁଇଟିର ଶେଷ ଫଳ।

ଫକୀରମୋହନଙ୍କ ସୌନ୍ଦର୍ଯ୍ୟ ତୃଷ୍ଣା ମୂଳରେ ଭୋଗର ସ୍ୱର ଧ୍ୱନିତ ନୁହେଁ। ସୌନ୍ଦର୍ଯ୍ୟକୁ ଇନ୍ଦ୍ରିୟଗୋଚର କରାଇବା ପ୍ରୟାସ ପରିବର୍ତ୍ତେ ରହିଛି ସୌନ୍ଦର୍ଯ୍ୟ ଓ ପ୍ରେମର ମହତୀ ଶକ୍ତିର ଉପଲବ୍ଧି। କବିପତ୍ନୀ କୃଷ୍ଣକୁମାରୀ ତାଙ୍କ ଜୀବନରେ ଥିଲେ-

ଅନ୍ଧାର ଆଲୁଅ ମୋର ଶାରଦ ଚନ୍ଦ୍ରିକା
ନନ୍ଦନର ପାରିଜାତ ବାସନ୍ତୀ ମଲ୍ଲିକା।
ମୋ ବାଜେଣି ବୀଣାତାନ ପବନେ ମିଶାଇ
ହସି ହସି ଗଲା ମୋତେ କନ୍ଦାଇ କନ୍ଦାଇ।[୬୭]

ଏହି ପଦଟିରୁ ଜଣାଯାଏ, କୃଷ୍ଣକୁମାରୀ କବିଙ୍କ ପ୍ରେମଦୃଷ୍ଟିରେ କି ଅସାଧାରଣ ପବିତ୍ରତା, ଆନନ୍ଦ ଓ ମାଧୁର୍ଯ୍ୟର ପ୍ରତିମୂର୍ତ୍ତି ଥିଲେ। 'ଉପହାର' କବିତାରେ କବିପତ୍ନୀଙ୍କର ସ୍ୱର୍ଗୀୟ ମାର୍ଦ୍ଦବ ମୂର୍ତ୍ତି-

ଦେଖୁଛି ସର୍ବଦା ନୀଳ ଆକାଶରେ ଇନ୍ଦୁ
ଫୁଟିଲା ଗୋଲାପ ପଦ୍ମେ ଶିଶିରର ବିନ୍ଦୁ।
କମନୀୟ ଏ ସମସ୍ତ ନୁହେଁ ସେ ପ୍ରକାର
ଯେମନ୍ତ ସୁନ୍ଦର ତୁମ ନେତ୍ର ଅଶ୍ରୁଧାର।
ସେ ପ୍ରଶାନ୍ତ ମୂର୍ତ୍ତି ସେହି ମୁଦ୍ରିତ ନୟନ
ଜଣାଯାଏ ମୋତେ ବ୍ୟାପି ରହିଛି ଗଗନ।[୬୮]

ସମସ୍ତ ବିଶ୍ୱପ୍ରକୃତିରେ ପରିବ୍ୟାପ୍ତ ସେହି ମୋହିନୀ ମୂର୍ତ୍ତିର ମଧୁରିମା। ଜୀବନର ବିଭିନ୍ନ ପର୍ଯ୍ୟାୟରେ ଯେଉଁ ନାରୀକବିଙ୍କର ବ୍ୟକ୍ତିସତ୍ତାକୁ ଆଚ୍ଛନ୍ନ କରି ରଖିଥିଲେ ସେ ତାଙ୍କ ଜୀବନରୁ ବିଦାୟ ନେବା ପରେ ପ୍ରେମିକ କବିର ସ୍ମୃତିରେ କେତେ ଅରୂପ ଓ ଦୁର୍ଲ୍ଲଭ ମୂର୍ତ୍ତିରେ ପରାଜିତ ରହିଛନ୍ତି-

ଜୀବନ ପ୍ରଭାତେ ମୋର ବିଭାଷ ରାଗିଣୀ
ଦାରୁଣ ନିଦାଘେ ପୁଣ୍ୟତୋୟା ତରଙ୍ଗିଣୀ।
ଦରିଦ୍ର ପରଶମଣି କେ ନେଲା ଛଡାଇ
ହସି ହସି ଗଲା ମୋତେ କନ୍ଦାଇ କନ୍ଦାଇ।[୬୯]

ଫକୀରମୋହନଙ୍କର ପ୍ରେମଦୃଷ୍ଟି ହିଁ ପରପାରଗତା ପ୍ରିୟାର ଏହି ସୌନ୍ଦର୍ଯ୍ୟ ସୃଷ୍ଟି କରିଛି। ଦୟା କ୍ଷମା ସ୍ନେହ ଭକ୍ତି ପ୍ରଭୃତି ସ୍ୱର୍ଗୀୟ ଗୁଣାବଳୀର ମୂର୍ତ୍ତିମତୀ ଦେବୀ

ନାରୀର ଜାୟାରୂପ ହିଁ କବିଙ୍କର ଅନ୍ତରର ପ୍ରଣତି ଦାବି କରିଛି। ସୌନ୍ଦର୍ଯ୍ୟର ଏକ ଆଦର୍ଶ ପ୍ରତିମାନ ରୂପେ 'ଲଛମା' ଉପନ୍ୟାସର ମହାଦେବୀଙ୍କ ସୌନ୍ଦର୍ଯ୍ୟ ଉଲ୍ଲେଖ କରାଯାଇପାରେ-"ଯେଉଁ ସୌନ୍ଦର୍ଯ୍ୟ ଭକ୍ତି, ଶ୍ରଦ୍ଧା ଆକର୍ଷଣ କରେ, ଯେଉଁ ସୌନ୍ଦର୍ଯ୍ୟ ଦେଖିଲେ ମାନବ ପ୍ରଣତ ହେବାକୁ ଇଚ୍ଛା କରେ, ମହାଦେବୀଙ୍କ ସୌନ୍ଦର୍ଯ୍ୟ ସେହିପରି।" [୭୦] ନାରୀ-ସୌନ୍ଦର୍ଯ୍ୟ ବିଧାତାଙ୍କର ବିଚିତ୍ର କଳାପାଟବର ନିଦର୍ଶନ। ସଂସାରର କଣ୍ଟକାକୀର୍ଣ୍ଣ ବନ ମଧ୍ୟରେ ତାହା କୁସୁମିତା ଲତା ଭଳି। ସେ ମୂର୍ତ୍ତିମତୀ ପବିତ୍ରତାର ଅବତାର-ନାରୀରୂପ ଦର୍ଶନରେ ହୃଦୟ ଶାନ୍ତଶୀତଳ ହୁଏ। ରମଣୀ ହୃଦୟରେ ଦୟାମାୟା ସ୍ନେହ ଭକ୍ତି ଯେପରି ସ୍ତୁପାକାରରେ ସଜ୍ଜିତ। ପବିତ୍ରମନା ଓ ନିର୍ମଳ ଚରିତ୍ର ମାନବ ତହିଁରୁ ସ୍ୱର୍ଗୀୟ ସୁଷମା ଅନୁଭବ କରିପାରେ। କେବଳ ଭ୍ରଷ୍ଟାଚାରୀ ବ୍ୟକ୍ତି ହିଁ ତାହାକୁ ପାପ ଦୃଷ୍ଟିରେ ଦେଖେ। ଆନନ୍ଦପ୍ରତିମା ସ୍ୱରୂପିଣୀ ନାରୀ ଗୃହଲକ୍ଷ୍ମୀ ରୂପେ ସୁଧା ମଧୁରିମା ବିତରଣ କରେ।[୭୧] କବିଙ୍କର ନାରୀ-ସୌନ୍ଦର୍ଯ୍ୟ ସମ୍ପର୍କରେ ଏହି ଉଚ୍ଚଧାରଣା କେବଳ ସମ୍ଭବ ହୋଇଛି ନିଜ ଜୀବନରେ ସେହି ମହୀୟସୀ ମହିଳା କୃଷ୍ଣକୁମାରୀଙ୍କ ସାହଚର୍ଯ୍ୟ ଯୋଗୁଁ। ଆତ୍ମଜୀବନୀରେ ଫକୀରମୋହନ ବହୁଥର ତାଙ୍କର ଗୁଣଗ୍ରାମ ଉଲ୍ଲେଖ କରିଛନ୍ତି-"ମୁଁ ଯେ କବିତା ଲେଖିବାକୁ ଶିଖିଛି, ସେଥିର ଅନ୍ୟତମ କାରଣ ମୋ ସ୍ତ୍ରୀ। ସେ ମୋ କବିତା ଶୁଣିବାକୁ ବଡ ଭଲ ପାଉଥିଲେ। ପ୍ରଥମେ ତାଙ୍କ ମନୋରଞ୍ଜନ ସକାଶେ ମୁଁ କବିତା ଲେଖୁଥିଲି। ତାଙ୍କର ମୃତ୍ୟୁପରେ ମୋ ମନର ବ୍ୟାକୁଳତା ନିବାରଣ ନିମନ୍ତେ ମୁଁ କବିତା ଲେଖେ। ମୋର ଅଧିକାଂଶ କବିତା ଦାରୁଣ ପୀଡା, ବିପଦ ଓ ମନର ଅସ୍ଥିରତା ସମୟରେ ଲେଖା।" [୭୨]

ଫକୀରମୋହନ ଈଶ୍ୱରଙ୍କ ସମ୍ବନ୍ଧରେ ବେଳେବେଳେ ସନ୍ଦେହ ପ୍ରକାଶ କରିଥିଲେ ହେଁ ଚରମ ବିଶ୍ୱାସରେ ସେ ଥିଲେ ଆସ୍ତିକ। ବିଧାତାଙ୍କ ମଙ୍ଗଳ ବିଧାନ ଉପରେ ତାଙ୍କର ଥିଲା ଗଭୀର ପ୍ରତ୍ୟୟ। ଈଶ୍ୱର ଆତ୍ମାମୟ; ତେଣୁ ତାଙ୍କର ଅନୁଭବ କେବଳ କରାଯାଇପାରେ। ଐଶ୍ୱରିକ ମହିମାରେ ମଗ୍ନ ହୋଇ ଜଳ ସ୍ଥଳ, ଶୂନ୍ୟମାର୍ଗରେ ବିଭୁସତ୍ତାର ଉପସ୍ଥିତି ସେ ନିଜ ହୃଦୟରେ ଅନୁଭବ କରିଛନ୍ତି। ସାଂସାରିକ ଦୁଃଖ ଯନ୍ତ୍ରଣାର ପରପାରରେ କବି ଏକ ଅମୃତମୟ ସ୍ଥଳର ସନ୍ଧାନ ପାଇଛନ୍ତି ଓ ସେଠାରେ ଚରମ ବିଶ୍ରାମର ସ୍ୱପ୍ନ ଦେଖିଛନ୍ତି-

ଏକମାତ୍ରକ୍ ଜ୍ୟୋତିଷ୍ମାନ ବ୍ୟାପିଅଛନ୍ତି ସର୍ବସ୍ଥାନ
ତାହାଙ୍କୁ ସମ୍ମୁଖରେ ଦେଖୁଛି ଆନନ୍ଦରେ
ଏହି ମୋ ଅନନ୍ତ ବିଶ୍ରାମ।[୭୩]

ଶୈଶବରେ ଜନନୀର ସ୍ନେହ, ଯୌବନରେ ପ୍ରାଣସଙ୍ଗିନୀର ପ୍ରଣୟ, ପିତା-

ମାତାଙ୍କର ସନ୍ତାନ ସ୍ନେହ, ପରିବାର ମଧ୍ୟରେ ବିରାଜିତ ସୁଖ, କୁସୁମରେ ସୌରଭ, ରବିଶଶୀଠାରେ ଆଲୋକର ଧାରା-ଏ ସମସ୍ତ ମୂଳରେ ଆନନ୍ଦର ଉତ୍ସ ଭଗବାନଙ୍କର କୃପା ପ୍ରଚ୍ଛନ୍ନ ଭାବେ ନିହିତ। ତେଣୁ ସମଗ୍ର ବାହ୍ୟ ପ୍ରକୃତି ଭରି ଆନନ୍ଦର ଧାରା ପ୍ରବାହିତ। ଈଶ୍ୱରସୃଷ୍ଟ ପ୍ରତ୍ୟେକ ବସ୍ତୁ ଓ ପ୍ରାଣୀଠାରେ ସୌନ୍ଦର୍ଯ୍ୟର ଅଫୁରନ୍ତ ପ୍ରବାହ ଲକ୍ଷ୍ୟକରି ମୁଗ୍ଧଚିତ୍ତ କବି ସେମାନଙ୍କର ସ୍ରଷ୍ଟା ଈଶ୍ୱରଙ୍କ ସୌନ୍ଦର୍ଯ୍ୟ ସମ୍ପର୍କରେ ଜାଣିବା ପାଇଁ ଅସ୍ଥିର ହୋଇପଡିଛନ୍ତି।[୭୪] ଆଧ୍ୟାତ୍ମିକ ସୌନ୍ଦର୍ଯ୍ୟାଙ୍କନରେ ସେ ଭକ୍ତକବି ମଧୁସୂଦନଙ୍କ ସମଶ୍ରେଣୀୟ।

■

ସପ୍ତମ ଅଧ୍ୟାୟ

ନନ୍ଦକିଶୋର ବଳ

ନନ୍ଦକିଶୋର ଆଧୁନିକ ଓଡ଼ିଆ କାବ୍ୟସାହିତ୍ୟରେ ଏକ ବିଶିଷ୍ଟ ସ୍ୱତନ୍ତ୍ର ପ୍ରତିଭା । ଓଡ଼ିଆର ଜାତିଗତ ପ୍ରବଣତା ତାଙ୍କ କାବ୍ୟ କବିତାରେ ରସ-ସଂସ୍କାର ଲାଭ କରିଛି । ସେ ଓଡ଼ିଆ ଜାତିର ମର୍ମ ବୁଝିଥିଲେ । ରାଧାନାଥ ଓ ମଧୁସୂଦନଙ୍କ ମେଳରେ ଓ ଆଦର୍ଶରେ ତାଙ୍କର ଜୀବନ ଗଢ଼ା ହୋଇଥିଲା । ଗୁରୁଦେବ ମଧୁସୂଦନଙ୍କ ଶିକ୍ଷା, ଆଦର୍ଶ ଓ ସାହଚର୍ଯ୍ୟ ତାଙ୍କ କବିତାରେ ଆଣିଥିଲା ଆଧ୍ୟାତ୍ମିକତାର ସ୍ପର୍ଶ । ନିଜ ଜୀବନରେ ମଧୁସୂଦନଙ୍କ ପ୍ରଭାବକୁ ସେ ବାରମ୍ବାର ସ୍ୱୀକାର କରିଛନ୍ତି । ତଥାପି ତାଙ୍କର ଓଡ଼ିଆ ପ୍ରାଣ ଓଡ଼ିଆର ଭାଷା, ଚଳଣି ଓ ଧର୍ମପାଇଁ ବିଦ୍ରୋହ କରିଛି । ତାଙ୍କର କାବ୍ୟ-ପ୍ରେରଣା ଏଇ ଜାତିଗତ ମାନସିକ ପ୍ରବଣତାରୁ ଉତ୍ସାରିତ ହୋଇଥିଲା । ଯେଉଁ ଦୃଶ୍ୟ, ଘଟଣା, ନରନାରୀ, ଜୀବନାନୁଭୂତି ଅଭିଜାତ ସାହିତ୍ୟରେ ଥିଲେ ଉପେକ୍ଷିତ ଓ ଅପାଂକ୍ତେୟ ସେ ସବୁ ନନ୍ଦକିଶୋରଙ୍କ କାବ୍ୟରେ ହେଲେ ସମାଦୃତ । ସେ ଲୌକିକ ପଲ୍ଲୀମାଟି ଓ ମଣିଷଙ୍କୁ ଅଲୌକିକ କାବ୍ୟିକ ବିଭାବରେ ପରିଣତ କରିଦେଇ ଅନିର୍ବଚନୀୟ ରୂପଦାନ କରିଛନ୍ତି । ସେମାନେ ସାଧାରଣରୁ ଅସାଧାରଣ ହୋଇଯାଇଛନ୍ତି । ଅବଶ୍ୟ ଓଡ଼ିଆ କାବ୍ୟରେ ଏ ପ୍ରଚେଷ୍ଟାର ଜନକ ହେଉଛନ୍ତି ଫକୀରମୋହନ । ବଳଙ୍କ କବିତା ତାଙ୍କ ପ୍ରିୟ ପଲ୍ଲୀର ନିରାଭରଣ ବାଣୀ-ରୂପ । ଫକୀରମୋହନ 'ଉତ୍କଳ ଭ୍ରମଣ'ରେ ତାଙ୍କ କବିତା ପଢ଼ି ଲେଖିଥିଲେ, ତାହା ଚିନ୍ତାବିନା କବି ଲେଖନୀରୁ ସତେ ଅବା ବହିଯାଇଛି ।

ନନ୍ଦକିଶୋରଙ୍କ କବି-ଧର୍ମ ଓ କାବ୍ୟ-ରୂପ ଓଡ଼ିଶାର ପଲ୍ଲୀ ଓ ପଲ୍ଲୀଗୀତିର ଐତିହ୍ୟ ଅବଲମ୍ବନରେ ବିକାଶ ପ୍ରାପ୍ତ ହୋଇଥିଲା । କବିଙ୍କ ରସ ଜୀବନର କ୍ରମବିକାଶ ମୂଳରେ ଏହି ପଲ୍ଲୀପ୍ରୀତି ଓ ପଲ୍ଲୀର ଶୈଶବଶ୍ୟାମଳ ଛାୟା ନିହିତ । କବିର ଚିତ୍ତ-

ବୀଣାରେ କେତେ ନୂଆ ସ୍ୱରରେ ଏହି ପଲ୍ଲୀ ଭୂଇଁର ରୂପ-ରସ-ସ୍ପର୍ଶ ରାଗିଣୀ ତୋଳିଛି । ନାଗରିକ ଜୀବନର କର୍ମ କୋଳାହଳ ମଧ୍ୟରୁ ଫେରି ଆମେ ନନ୍ଦକିଶୋରଙ୍କ ପଲ୍ଲୀର ପ୍ରବାସୀ ହେବାକୁ ଚାହୁଁ । ସେ ପାଠକର ହାତ ଧରି ଆଦରରେ ଘେନିଯା'ନ୍ତି ପଲ୍ଲୀର ନିଭୃତ କୋଳକୁ । ତାଙ୍କ କବିତାରେ ଗାଁ ମାଟିର ଗନ୍ଧ ଓ ମାଟି-ମଣିଷର ବାଣୀ ମିଶ୍ରିତ ହୋଇ ରହିଛି । ପଲ୍ଲୀର ଆତ୍ମା ଯେପରି ତାଙ୍କ କବିତାରେ ମୂର୍ତ୍ତି ଧାରଣ କରି ଉଭା ରହିଛି । ନିଜ ରଚନାରେ ସେ ପ୍ରାକୃତିକ ରଚନାରୀତି ଅବଲମ୍ବନ କରିଥିଲେ । ପଲ୍ଲୀଗୀତିରୁ ନିଜ କବିତାର ଛନ୍ଦ ନିର୍ବାଚନ କରି ଓଡ଼ିଶାର ଲୋକାୟତ୍ତ ଭାଷା ଜରିଆରେ ତାହାକୁ ପ୍ରକାଶ ଦାନ କରିଥିଲେ । ତାଙ୍କ କବି ମାନସର ପ୍ରକାଶ ଭଙ୍ଗୀ ଓଡ଼ିଆର ନିଜସ୍ୱ । ଓଡ଼ିଶାର ଅନ୍ତଃପୁର, ପଥଘାଟର ଭାଷା ତାଙ୍କ କବିତାର ଭାଷା । ତାହା ଅକୃତ୍ରିମ ଓ ଅନଳଂକୃତ ।

ଗତାନୁଗତିକ ଭାବେ ପଲ୍ଲୀ-ପ୍ରକୃତିର ବନ୍ଦନା ବା ପ୍ରଶଂସା ଗାନ କରିଥିଲେ ଆମେ ନନ୍ଦକିଶୋରଙ୍କୁ ପଲ୍ଲୀକବି କହନ୍ତୁ ନାହିଁ । ସେ ପଲ୍ଲୀର ଅନୁଭବୀ ମରମୀ କବି । ତାଙ୍କର କବିତା ଅନୁଭବସିଦ୍ଧ ପଲ୍ଲୀର ମର୍ମବାଣୀ । ଯେଉଁ ପଲ୍ଲୀଛାୟା ତାଙ୍କର ଶୈଶବ ଓ କୈଶୋର ଚିତ୍ତ ଫଳକରେ ପଡ଼ିଥିଲା ଓ ଯେଉଁ କବି ଜୀବନର ଆଦ୍ୟ ସ୍ୱାକ୍ଷର ସେ 'ପଲ୍ଲୀଚିତ୍ର'ରେ ରଖିଥିଲେ, ତାହା ଯେପରି ସନ୍ଧ୍ୟାର ରଚନା 'ପ୍ରଭାତ ସଙ୍ଗୀତ' ପର୍ଯ୍ୟନ୍ତ ଲିଭି ନଥିଲା । ସେ ପଲ୍ଲୀର ରସରୂପକୁ କେବଳ ପ୍ରତ୍ୟକ୍ଷ କରିନଥିଲେ, ଅନ୍ତରର ଅନ୍ତରତମ ପ୍ରଦେଶରେ ତାହାର ରୂପୋଲ୍ଲାସକୁ ଅନୁଭବ କରିଥିଲେ । ପଲ୍ଲୀର ବିଚିତ୍ର ସୁନ୍ଦର ପ୍ରକାଶ ତାଙ୍କ କାବ୍ୟରେ ଲକ୍ଷ୍ୟ କରାଯାଏ । ଦେଶର ପାଠକଗୋଷ୍ଠୀ ପୂର୍ବବର୍ତ୍ତୀ କାବ୍ୟରୁ ଯାହା ପାଇନଥିଲେ ଓ ସେମାନଙ୍କ ମନରୁ ପଲ୍ଲୀର ଯେଉଁ ଚିନ୍ମୟ ଅନୁଭୂତି ଅସ୍ପଷ୍ଟ ହୋଇ ଆସୁଥିଲା ସେ ତାହାକୁ ପରିଷ୍କାର କରି ଉତ୍କଳ-ଭାରତୀଙ୍କୁ ନୈବେଦ୍ୟ ସ୍ୱରୂପ ଅର୍ପଣ କରିଛନ୍ତି ।

ନନ୍ଦକିଶୋରଙ୍କ ପଲ୍ଲୀ କବିତାରେ ଉଚ୍ଚଭାବ ନଥାଇପାରେ; ମାତ୍ର ଏପରି ଏକ ଉଜ୍ଜ୍ୱଳ ମହିମା ଅଛି, ପ୍ରାଣ ଶୀତଳତାର ସ୍ପର୍ଶ ଅଛି ଯାହାର, ଆସ୍ୱାଦନ ଶିକ୍ଷିତ ନଗରବାସୀଙ୍କ ମନକୁ ପଲ୍ଲୀର ଶୋଭାଶ୍ରୀ ପ୍ରତି ଫେରାଇଆଣେ । ସରଳ ପଲ୍ଲୀ ମଣିଷର ପ୍ରାତ୍ୟହିକ ଜୀବନ-ଯାତ୍ରାର ସୁଖ-ଦୁଃଖ ବେଦନା-ନୈରାଶ୍ୟ ବିଜଡ଼ିତ ଚିତ୍ର ତାଙ୍କର ପରିଚିତ ଜଗତରୁ ସଂଗୃହୀତ । ସେ ଯାହା କିଛି ପଲ୍ଲୀର ଦେଖିଛନ୍ତି, କାହାକୁ ତୁଚ୍ଛ ମନେ କରିନାହାନ୍ତି । ସବୁ କିଛି ତାଙ୍କ ନିକଟରେ ଦୁର୍ଲଭ ଓ ପରମ ଆଦରଣୀୟ ଧନ । ସଂସାରରେ ଦୁଃଖ ଅଛି, ଆଘାତ, ଅଶ୍ରୁ ଓ ଅବିଶ୍ୱାସ ଅଛି; ତଥାପି କବି ଏହି ମାଟିକୁ, ତାଙ୍କର ପ୍ରିୟ ପଲ୍ଲୀକୁ ଛାଡ଼ି କୌଣସି ସଂସାରାତୀତର ସନ୍ଧାନ କରିନାହାନ୍ତି ।

ସେ ପଲ୍ଲୀର କବି, ପଲ୍ଲୀର ଆନନ୍ଦ-ବେଦନାର, ଆଲୋକ-ଅନ୍ଧକାରର ଗୀତିକାର । ପଲ୍ଲୀ ସହିତ କବି ସଖୀ-ସ୍ନେହରେ ଆବଦ୍ଧ । ପଲ୍ଲୀ ହିଁ ଯୋଗାଇଛି ତାଙ୍କର ବିପୁଳ କାବ୍ୟ-ଭଣ୍ଡାର ନିମନ୍ତେ ଅଫୁରନ୍ତ ଉପାଦାନ । ପ୍ରକୃତି ଓ ପଲ୍ଲୀର ତୁଚ୍ଛତମ ବସ୍ତୁ ଓ ଘଟଣା ତାଙ୍କ ସ୍ମୃତିର ସଙ୍ଖାଳି ଓ ତହିଁରେ ସେ କେବଳ ଏ ଜନ୍ମର ନୁହେଁ, କେଉଁ ପୂର୍ବ-ଜନ୍ମର ଅଚ୍ଛେଦ୍ୟ ନାଡ଼ି-ବନ୍ଧନ ଅନୁଭବ କରିଛନ୍ତି । 'ନିର୍ଝରିଣୀ' ଓ 'ପଲ୍ଲୀଚିତ୍ର' ପ୍ରଭୃତି କାବ୍ୟ ଗ୍ରନ୍ଥର ସ୍ୱର ପ୍ରାୟ ସମଧର୍ମୀ । ଏଥିରେ ଯେଉଁ ଭାବ ଓ ଚିନ୍ତା, ଆଦର୍ଶ ଓ ପ୍ରେରଣା ଫୁଟିଥିଲା, ତାହା କବିଙ୍କର ପରବର୍ତ୍ତୀ କବିତାବଳୀରେ ସୁଦୃଢ଼ ଓ ଗଭୀର ହୋଇଛି । ନିଜର ପଲ୍ଲୀସ୍ୱରକୁ ସେ କଦାପି ବିସ୍ମୃତ ହୋଇନାହାନ୍ତି । 'ପଲ୍ଲୀଚିତ୍ର' ଓ 'ଜନ୍ମଭୂମି'ରେ ସେ ଯେଉଁ ରାଗିଣୀ ଧରିଥିଲେ ତାହା 'ସନ୍ଧ୍ୟାତାରା' 'ନାନାବାୟା ଗୀତ', 'ନିର୍ଝରିଣୀ' ମଧ୍ୟ ଦେଇ ଜୀବନର ଶେଷ କାଳରେ ରଚିତ 'ପ୍ରଭାତ ସଙ୍ଗୀତ' ପର୍ଯ୍ୟନ୍ତ ଅନାହତ ଓ ଅତୁଟ ରହିଛି । ଜୀବନ-ସନ୍ଧ୍ୟାରେ କବି ପ୍ରଭାତ-ସଙ୍ଗୀତ ଗାଇଛନ୍ତି । ଏହି ବିଚିତ୍ର ହସ କାନ୍ଦ ଭରା ମାନବ ସଂସାର ଓ ପରିଚିତ ପ୍ରିୟ ବିଶ୍ୱକୁ ଆହୁରି ନିବିଡ଼ କରି ଧରି ରଖିବାକୁ ଜୀବନର ଶେଷ କାଳରେ ଚାହିଁଛନ୍ତି । କାବ୍ୟର ଉତ୍ସ ବେଦନାର ଗୁହାରୁ । କବି ପଛରେ ଛାଡ଼ି ଆସିଥିବା ସୁଖସ୍ମୃତିମୟ ଦିନଗୁଡ଼ିକୁ ଝୁରି ହେଉଛନ୍ତି । ତାଙ୍କ ନିକଟରେ ଅତୀତ ମଧୁମୟ; ମାତ୍ର ଯାହା ଆଗକୁ ରହିଲା, ଯାହା ଭବିତବ୍ୟ, ତାହା କଠୋର ଓ ବଡ଼ କ୍ରୂର । ଅତୀତ ସ୍ମୃତିମଧୁର-ଏହା କବିଙ୍କ ପ୍ରତ୍ୟେକ କବିତାର ମୁଖ୍ୟ ସ୍ୱର । ଅତୀତ ବ୍ୟଥା ବା ଅତୀତ-ବିଧୁରତା ତାଙ୍କ କବିତାରେ ବିଧୃତ ଓ ମୂର୍ତ୍ତ । ରବୀନ୍ଦ୍ରନାଥଙ୍କର 'ବିବାଗିନୀ ରାଗିନୀ କେ ଗାୟ' ଭଳି ବଳଙ୍କ କବିତାରେ 'ଶୁଭୁଅଛି ଦୂର ଦେଶୁ ବିଷାଦ ରାଗିଣୀ'ର ବିଷାଦ-ବୈରାଗ୍ୟ ସ୍ୱର ଅହରହ ଧ୍ୱନିତ । ସନ୍ଧ୍ୟାର କ୍ଳାନ୍ତି 'ସନ୍ଧ୍ୟା ସଙ୍ଗୀତ'ରେ ଅନୁଭୂତ ହୁଏ । ବେଦନାଦୀର୍ଣ୍ଣ ହୃଦୟ ଘେନି ସେ ପଡ଼ି ରହିଛନ୍ତି ଓ ନିରବଚ୍ଛିନ୍ନ ଦୁଃଖର ବୋଝ ବହି କାଳ କାଟୁଛନ୍ତି ବୋଲି କହିଛନ୍ତି । ଏହି ବେଦନା କେଉଁଥିରେ ଉପଶମିତ ହେବ କବି ସ୍ଥିର ଭାବେ କିଛି କହି ନାହାନ୍ତି । ଏହା କବି ପ୍ରାଣର ଅକାରଣ କ୍ରନ୍ଦନ ଓ ଅନିରୁଦ୍ଧ ଅଜ୍ଞାତ ବେଦନା । କବି ଯେ କେବଳ ବେଦନାର ଗୀତି ଗାଇଛନ୍ତି ତାହା ନୁହେଁ, ସେ ମଧ୍ୟ ସୁଖର ଗୀତି ଗାଇଛନ୍ତି । ମାତ୍ର ପରିପୂର୍ଣ୍ଣ ସୁଖୋପଲବ୍ଧି ମଧ୍ୟରେ ବି ବିଷାଦର ଛାୟାପାତ ଦେଖିବାକୁ ମିଳେ । ବଳଙ୍କ ବିଷାଦ ବେଦନାର ରୂପ ଓ ସୀମା ନଥିଲେ ହେଁ ସେ ଉଦାସୀନ ନୁହନ୍ତି । ରିକ୍ତ ଐଶ୍ୱର୍ଯ୍ୟର ହାହାକର, ଅପ୍ରାପ୍ତି, ବ୍ୟର୍ଥତା ଓ ବେଦନାର ଗଭୀର ନିଃଶ୍ୱାସ ସହିତ ସେ ମଧ୍ୟ ନବ ଉଦ୍ୟମରେ କର୍ମଭୂମି ବସୁନ୍ଧରାରେ କର୍ମପ୍ରେରଣା ଓ କର୍ମ-ଚାଞ୍ଚଲ୍ୟର ସ୍ୱର ଶୁଣାଇଛନ୍ତି ।

ନନ୍ଦକିଶୋରଙ୍କ ଶିଳ୍ପ-ପ୍ରତିଭାନ ଅନୁଧ୍ୟାନ କଲେ ଜଣାଯାଏ, ସାହିତ୍ୟର ନୈତିକ ଓ ଆଦର୍ଶଗତ ମୂଲ୍ୟ ପ୍ରତି ତାଙ୍କର ଦୃଢ଼ ଆସ୍ଥା ଥିଲା । କଳା-କୈବଲ୍ୟ ଯେଉଁମାନଙ୍କର ଲକ୍ଷ୍ୟ ସେ ଦଳରେ କବି ନିଜକୁ ଅନ୍ତର୍ଭୁକ୍ତ ନକରି ରୁଚିସମ୍ପନ୍ନ ନୈତିକ ଆଦର୍ଶ-ପ୍ରଖ୍ୟାପକ, ସମାଜର ମଙ୍ଗଳକାରୀ ସାହିତ୍ୟ ସୃଷ୍ଟିରେ ବିଶ୍ୱାସ ରଖିଥିଲେ । ମଧୁସୂଦନଙ୍କ ପ୍ରଭାବ-ମଣ୍ଡଳରେ ବଢ଼ିଥିବା ନନ୍ଦକିଶୋରଙ୍କର ବିଶ୍ୱାସ ଥିଲା, କାମନାରେ କମ୍ରପୁଷ୍ପରେ ଯେଉଁ କାବ୍ୟ-ଅର୍ଘ୍ୟ ପ୍ରସ୍ତୁତ କରାଯାଏ, ତାହା ଯେତେ ଆସ୍ୱାଦନୀୟ ହେଲେ ହେଁ ଧ୍ୱଂସକାରୀ । 'ଇନ୍ଦୁମତୀ'-ପ୍ରଣେତା ଗଙ୍ଗାଧରଙ୍କ ପ୍ରତି ତାଙ୍କର ପ୍ରେରଣା ଥିଲା-

ପବିତ୍ର ସୁନ୍ଦର କାବ୍ୟ ଲେଖି ପ୍ରିୟ କବି
ସମୁଜ୍ଜ୍ୱଳ କର ମାତୃଭୂମି ମୁଖଛବି ।

ନନ୍ଦକିଶୋର ଆଦର୍ଶ ସହିତ ବାସ୍ତବର ମିଳନ ଘଟାଇବାକୁ ପ୍ରୟାସୀ ଥିଲେ । ତାଙ୍କର କାବ୍ୟାଦର୍ଶର ନମୁନା ସ୍ୱରୂପ ନିମ୍ନୋକ୍ତ ବାକ୍ୟଗୁଡିକୁ ଉଲ୍ଲେଖ କରାଯାଇପାରେ-

'ନୀତି ପ୍ରତି ଆଦୌ ଦୃଷ୍ଟି ନରଖି କେବଳ ଯଥେଚ୍ଛ ଭାବରେ ସୌନ୍ଦର୍ଯ୍ୟ ବର୍ଣ୍ଣନ କରିବାର ଅବଶ୍ୟମ୍ଭାବୀ ପରିଣାମ ଆଦୌ ବାଞ୍ଛନୀୟ ନୁହେଁ । ଜ୍ଞାନୀ ସକ୍ରେଟିସ୍ କହିଥିଲେ, ସୌନ୍ଦର୍ଯ୍ୟ ଆପେକ୍ଷିକ ମଙ୍ଗଳ ଛଡ଼ା ଆଉ କିଛି ନୁହେଁ । ଯାହା ଉତ୍ତମ ଓ ମଙ୍ଗଳଜନକ ତାହା ସୁନ୍ଦର ଏବଂ ଯାହା ମାନବସମାଜର ଅନିଷ୍ଟକାରୀ ତାହା ଆପାତତଃ ସୁନ୍ଦର ହେଲେ ମଧ୍ୟ ସାଧୁମାନଙ୍କ ମତରେ ଅସୁନ୍ଦର ଓ ହେୟ । ଭାବାସଙ୍ଗର ନିୟମାନୁସାରେ (law of association) ନିସର୍ଗ ଲାବଣ୍ୟମୟୀ ମୂର୍ତ୍ତି ମଧ୍ୟ ଅଭ୍ୟନ୍ତରୀଣ କଳଙ୍କ ସଙ୍ଗରେ କଳଙ୍କିତ ହୋଇପାରେ । ଲଳିତ ଓ ପ୍ରାଞ୍ଜଳ ଭାଷାରେ ଲିଖିତ ନିସର୍ଗସୁନ୍ଦର ଚିତ୍ରସକଳର କୁଶଳ ବର୍ଣ୍ଣନ ମଧ୍ୟ ସମାଜ ପକ୍ଷରେ ଅନିଷ୍ଟକାରୀ ହେଲେ କେବଳ ସେହି କାରଣରୁ ହିଁ ସୁଧୀବର୍ଗଙ୍କ ଦ୍ୱାରା ବର୍ଜନୀୟ ହୁଏ । କବି ଏପରି ବିଷୟରେ ହସ୍ତକ୍ଷେପ କରିବେ ଯାହାକି ପ୍ରକୃତ ସୁନ୍ଦର ଓ ସମାଜର ମଙ୍ଗଳକାରୀ ଏବଂ ମାନବମନର ସାଧୁ ପ୍ରବୃତ୍ତି ସକଳର ଉତ୍ତେଜକ ହେବ ।[୧] ନୀତିବାଦୀ କବିତା ଓ ସୌନ୍ଦର୍ଯ୍ୟମୂଳକ କବିତା ମଧ୍ୟରେ ପାର୍ଥକ୍ୟ ଦର୍ଶାଇ ସେ ଉପରୋକ୍ତ ଭାବେ ମତ ଦେଇଛନ୍ତି । ଉତ୍କଳ ଭାରତୀଙ୍କୁ ସମ୍ବୋଧନ କରି ସେ କହିଛନ୍ତି-

କିନ୍ତୁ କାମଗୀତେ ମତ୍ତ ଉତ୍କଳ ସନ୍ତାନ
ଆଦିରସ ମଦିରାକୁ କରୁଛନ୍ତି ପାନ ।[୨]

ଉତ୍କଳ ସାହିତ୍ୟରେ ଆଦିରସର ଆଧିକ୍ୟ ପାଠକର ନୈତିକ ଉନ୍ନତିର ପ୍ରତିବନ୍ଧକ । ଏ ଧରଣର ସାହିତ୍ୟ ଜାତୀୟ ଜୀବନରେ ସ୍ଖଳନ ଓ ଘୋର ବିଭ୍ରାଟ

ଘଟାଏ । ଦେଶୀୟ ଲୋକେ ଏ ସାହିତ୍ୟର ରସାସ୍ୱାଦନରେ ମତ୍ତ ହୋଇ ନୂତନ ସାହିତ୍ୟର ଆଦର କରନ୍ତି ନାହିଁ । ନନ୍ଦକିଶୋର ବହୁ ସ୍ଥଳରେ ଆଦିରସପୂର୍ଣ୍ଣ ସାହିତ୍ୟର ଅକଲ୍ୟାଣକର ଦିଗ ପ୍ରତି ଆକ୍ଷେପ କରିଛନ୍ତି ।[୩] ମଧୁସୂଦନଙ୍କ କବିତାର ନୈତିକ ମୂଲ୍ୟ ତାଙ୍କର ଅକୁଣ୍ଠ ପ୍ରଶଂସା ଲାଭ କରିଛି- "ଯାହା ନୈତିକ ଭାବରେ ଅସୁନ୍ଦର, ତାହା କାବ୍ୟକଳା ହିସାବରେ ଯେତେ ସୁନ୍ଦର ହେଉପଛେ ସେ (ମଧୁସୂଦନ) ତାହାର ଆଶ୍ରୟ କଦାପି ଗ୍ରହଣ କରିନାହାନ୍ତି ।"[୪]

କବିମାନଙ୍କୁ ନନ୍ଦକିଶୋରଙ୍କର ନିର୍ଦ୍ଦେଶ ଥିଲା, ସାମୟିକ ରୁଚି ନୁହେଁ, ବିଶ୍ୱଜନୀନ ରୁଚି ପ୍ରତି ଦୃଷ୍ଟି ରଖି କଳା ସୃଷ୍ଟି କଲେ ତାହା ଅକ୍ଷୟ ହେବ । ଯେତେବେଳେ ଯେଉଁ ରୁଚି ପ୍ରଚଳିତ କବି ଯଦି ତାହାର ଅନୁବର୍ତ୍ତୀ ହୋଇ ସେହି ପ୍ରବାହରେ ଭାସିଯାନ୍ତି ତେବେ ଜନସାଧାରଣଙ୍କ ପ୍ରତିଷ୍ଠିତ ରୁଚିର ପରିବର୍ତ୍ତନରେ ତାଙ୍କର କୌଣସି ଭୂମିକା ରହେ ନାହିଁ। ତେଣୁ ନନ୍ଦକିଶୋର ଅକ୍ଷୟ-କବିକୀର୍ତ୍ତିର ଆକାଂକ୍ଷୀମାନଙ୍କୁ ସାବଧାନ କରିଦେଇ କହିଛନ୍ତି-"ସାମୟିକ ରୁଚିକୁ ଲକ୍ଷ୍ୟ ନକରି ଯାହା ବିଶ୍ୱଜନୀନ, ଯାହା ଉଦାର, ଯାହା ମାନବମନର ଶ୍ରେଷ୍ଠତର ପ୍ରବୃତ୍ତିର ଉତ୍ତେଜକ, ତାହାହିଁ ଆଲୋଚନା କରିବା ପ୍ରତ୍ୟେକ ଲେଖକଙ୍କର ବିଧେୟ। ତେବେ ଲେଖକ କବିକାଂକ୍ଷିତ ସ୍ଥାୟୀ ଯଶ ଲାଭ କରିପାରିବ।[୫] ପାଠକର ରୁଚି ପରିବର୍ତ୍ତନରେ କେବଳ କବିର ଦାୟିତ୍ୱ ଦର୍ଶାଇ ସେ ନୀରବ ରହିନାହାନ୍ତି। ଯେତେଦିନଯାଏ ଦେଶର ସାଧାରଣ ରୁଚି ପରିମାର୍ଜିତ ନ ହୋଇଛି, ସେ ଯାଏ ଉଚ୍ଚ ସାହିତ୍ୟର ଆବିର୍ଭାବ ଓ ଆଦର ଯେ ଅସମ୍ଭବ-ଏହା ସେ ଦୃଢ଼ କଣ୍ଠରେ ଘୋଷଣା କରିଯାଇଛନ୍ତି।

କାବ୍ୟ-ସୃଷ୍ଟି ନିମନ୍ତେ କବି ଅନ୍ତରରେ ଆବେଗ ଓ ପ୍ରେରଣା ନଥିଲେ କାବ୍ୟର ପ୍ରକୃତ ଜନ୍ମ ମୁହୂର୍ତ୍ତ ଉପସ୍ଥିତ ହୁଏ ନାହିଁ; ଏହା ନନ୍ଦକିଶୋର ନିଜର କବିଜୀବନରେ ମର୍ମେ ମର୍ମେ ଉପଲବ୍ଧି କରିଥିଲେ। କବି ଯେତେବେଳେ ସରସ୍ୱତୀଙ୍କ ଉପାସନା ଛାଡି ବୈଷୟିକ ଉନ୍ନତି ବ୍ୟବସ୍ଥାରେ ବ୍ୟସ୍ତ, ସେତେବେଳେ ଅନୁଭବ କରିଛନ୍ତି ଭାରତୀଙ୍କ କୋଠଭଣ୍ଡାର ଦ୍ୱାର ତାଙ୍କ ପାଇଁ ରୁଦ୍ଧ। କବିତା ଲୋଡେ ଏକ ଏକାନ୍ତ ନିର୍ଭର ହୃଦୟ। ଅନନ୍ୟଚିତ୍ତ ହେବେ କବି। ଏକନିଷ୍ଠ ପୂଜାରୀର ନୈବେଦ୍ୟ ଅର୍ପଣ ନକଲେ କାବ୍ୟ-ସରସ୍ୱତୀ ବରଦା ହୁଅନ୍ତି ନାହିଁ। ନନ୍ଦକିଶୋର ଏକ ପକ୍ଷରେ ବାଣୀ ଆରାଧନା ଓ ଅନ୍ୟପକ୍ଷରେ ବୈଷୟିକ ଉନ୍ନତି-ଉଭୟର ଆକର୍ଷଣରେ ସାରାଜୀବନ ଟାଣି ହୋଇଛନ୍ତି। କବିତା ରଚନାରେ ଏକାନ୍ତ ତନ୍ମୟତା, ଏକାଗ୍ର ଓ ନିରବଚ୍ଛିନ୍ନ ସାଧନା ପ୍ରଦାନ କରି ନପାରି ଓ ନିଜ କବିତାରେ ପ୍ରାଣର ଅକୃତ୍ରିମ ଆବେଗର ଅଭାବ ଅନୁଭବ କରି ମର୍ମଦାହରେ ଦହି ହୋଇଛନ୍ତି-

ବାଣୀ ଆରାଧନା ତେଜି ସେବିଲି ସଂସାର
ମନା ହୋଇଗଲା ମୋତେ ଶ୍ରୀ କୋଠଭଣ୍ଡାର
କବିତା ଲୋଡଇ ସିନା ଏକାନ୍ତ ଅନ୍ତର
ନୋହିଲେ କି ହେବ ଯୋଡି ଶବଦ ମାତର।[୬]

କବି ନିଜେ ସେତେବେଳକୁ ଅନୁଭବ କଲେଣି ତାଙ୍କର ଅନ୍ତରରେ କବିତା ଉତ୍ସ ଶୁଷ୍କ ହୋଇଯାଇଛି। ଯେଉଁ ଏକାନ୍ତ ଅନନ୍ୟନିର୍ଭର ସାଧନା ନିମନ୍ତେ "ନିର୍ଝରିଣୀ"କାବ୍ୟର ଶିରୋନାମାରେ ସେ ଶପଥ ନେଇଥିଲେ-

ଯାଆନ୍ତୁ କମଳା-ସୁଖ-ସୌଧେ ସଖାଗଣ,
ଦରିଦ୍ର-କୁଟୀରେ ତବ ଯାପିବି ଜୀବନ।
ସାରସ୍ୱତ ଭଣ୍ଡାରରୁ କବୀନ୍ଦ୍ର ବନ୍ଦିତା
ବାଛିଦିଅ ଭାରତ ଗୋ ଦୁର୍ଲ୍ଲଭ କବିତା।

ତାହା ପୂରଣ କରିନପାରି ଆତ୍ମଗ୍ଲାନିରେ ଶବ୍ଦନିବହ ଘେନି ପ୍ରାଣଶୂନ୍ୟ କବିତା ରଚନା କରିବା ପାଇଁ କୁଣ୍ଠାବୋଧ କରିଛନ୍ତି। କାରଣ କବିତା ପାଇଁ ପ୍ରାଣର ଯେଉଁ ଆବେଗ ପ୍ରୟୋଜନ ତାହା ଆଉ ଆସୁନଥିବାରୁ କବିତାରେ ନିଜ ପ୍ରାଣର ସ୍ପର୍ଶ ଦେଇନପାରି ସେ ବ୍ୟଥିତ ହୋଇଛନ୍ତି। ଏହି ଆବେଗ ବିନା ସକଳ ଚେଷ୍ଟା ବ୍ୟର୍ଥ। ଶବ୍ଦ ଯୋଡି, ପଦ ପକାଇ, ପ୍ରେରଣାହୀନ ପଦ୍ୟ ଲେଖି ସେ ସନ୍ତୁଷ୍ଟ ରହିପାରିନାହାନ୍ତି। ଅନ୍ତରର ଆଲୋଡ଼ନରୁ ଯେଉଁ କବିତା ଉଦ୍‌ଭୂତ ହୋଇନାହିଁ, ଯେଉଁଥିରେ ଆବେଗ ବା ପ୍ରେରଣା ନାହିଁ, ସେପରି କବିତା କବିର ପଣ୍ଡଶ୍ରମ ମାତ୍ର। ନନ୍ଦକିଶୋର ଆବେଗ ଓ ପ୍ରେରଣାର ଉପସ୍ଥିତି ନିଜ ପ୍ରାଣରେ ଉପଲବ୍ଧି କରିଥିବାରୁ ସୃଷ୍ଟି କର୍ମର ଏହି ମୂଳସୂତ୍ରଟି ସମ୍ବନ୍ଧରେ ସଚେତନ ହୋଇଛନ୍ତି।

"କବିର ଆଧିପତ୍ୟ" ନାମକ କବିତାରେ ନନ୍ଦକିଶୋର କହିବାକୁ ଚାହିଁଛନ୍ତି, ବିଶ୍ୱର ସକଳ ବସ୍ତୁରେ କବିର ଅଧିକାର ଅଛି; ଅର୍ଥାତ୍ ସେ ସକଳ ବସ୍ତୁକୁ ନିଜ କାବ୍ୟର ଅନ୍ତର୍ଗତ କରିପାରେ। "କବିର ପ୍ରାର୍ଥନା" ନାମକ କବିତାରେ ତାଙ୍କ କବିତାର ମୁଗ୍ଧ ପାଠକମାନଙ୍କୁ ପବିତ୍ର ମନରେ କବିତାର ରସାସ୍ୱାଦନ କରି ପବିତ୍ର ଜୀବନଯାପନ କରିବା ପାଇଁ କାମନା କରିଛନ୍ତି। ସେଥିପାଇଁ ପବିତ୍ର ଭାଷା ଓ ପୁଣ୍ୟ ଚିନ୍ତା ତାଙ୍କ ମନରେ ଉଦୟ ହେଉ ଓ ସେ କବିତାରେ ପୁଣ୍ୟ ଆଦର୍ଶ ପ୍ରଚାର କରିଯା'ନ୍ତୁ-ଏହି ସୁମହତ ଆକାଂକ୍ଷା ପ୍ରକାଶ କରିଛନ୍ତି। କବିତା କବିପ୍ରାଣର ସ୍ପର୍ଶ ବହନ କରିଥାଏ। ସେହି ପ୍ରାଣର ସ୍ପର୍ଶ ପାଠକମାନଙ୍କୁ ଦେବା ଓ ଜଗତବାସୀଙ୍କର ମନୁଷ୍ୟତାର ସ୍ଫୁର୍ତ୍ତି ଘଟାଇବା ତାଙ୍କ କବିତାର ଲକ୍ଷ୍ୟ ବୋଲି ଘୋଷଣା କରିଯାଇଛନ୍ତି। ତେଣୁ କବି କାମନା

କରିଛନ୍ତି-"ଲୌହ ପ୍ରାଣ ଦେଇ ପାଇବି ମୁହିଁ ହୈମଜୀବନ"-ଏହି 'ହୈମଜୀବନ' ହିଁ ପ୍ରତ୍ୟେକ କବିର ଅଭିଳାଷ। କବି ଜାଣିଥିଲେ, ଚିନ୍ତାର ସ୍ୱଚ୍ଛତା ଓ ସାଧୁତା ହିଁ କବିତା-ଏହା ନଥିଲେ ପାଠକର ଚିତ୍ତ ମୁଗ୍ଧ ହୁଏନାହିଁ। ପାଠକ କବିର କବିତାରୁ ତାଙ୍କ ପ୍ରାଣର ସୁବାସ ଆଘ୍ରାଣ କରି ପବିତ୍ର ଆଦର୍ଶମୟ ଜୀବନଯାପନ ପାଇଁ ପ୍ରେରଣା ପାଏ। ନନ୍ଦକିଶୋର ତେଣୁ ଈଶ୍ୱରଙ୍କୁ ପ୍ରାର୍ଥନା କରିଥିଲେ, 'କବିର ଜୀବନ ସଙ୍ଗେ ସାଧୁର ଜୀବନ'ଦାନ କରିବା ପାଇଁ। ପବିତ୍ରତା ଧନରେ ଧନୀ ଓ ଶୁଦ୍ଧପୂତ ଜୀବନଯାପନ କରି ଦେଶବାସୀଙ୍କୁ କବିତା ଜରିଆରେ ସେହି ଆଦର୍ଶ ଓ ପବିତ୍ର ଜୀବନର ସ୍ପର୍ଶ ଦେଇଯିବା ପାଇଁ ସେ ଅଭିଳାଷ ପୋଷଣ କରିଥିଲେ ଓ ସେହି ଅନୁସାରେ ନିଜର ସାହିତ୍ୟିକ ମତବାଦ ଉପସ୍ଥାପିତ କରିଥିଲେ।

ନନ୍ଦକିଶୋର ପଲ୍ଲୀ-ସୂତ୍ରରେ ପ୍ରକୃତିକୁ ଭଲପାଇଥିଲେ। ସେ ପଲ୍ଲୀର ଦୁଲାଳ; ପଲ୍ଲୀମାଳିନୀ ଓଡ଼ିଶାର ପ୍ରକୃତି-ମାଧୁରୀର ମୁଗ୍ଧ ଉପାସକ। ପଲ୍ଲୀକୋଳରେ ଲାଳିତପାଳିତ ତାଙ୍କର ତନୁ ଓ ମନ।[୭] ମୃତ୍ୟୁ ପୂର୍ବରୁ କବି ତାଙ୍କର ପ୍ରିୟଜନମାନଙ୍କୁ ଆକୁଳ ନିବେଦନ କରିଥିଲେ-"ମୋତେ ମୋ ପଲ୍ଲୀକୋଳରେ ଶାନ୍ତିରେ ମରିବାକୁ ଦିଅ।" ରାଧାନାଥ ଓ ମଧୁସୂଦନଙ୍କ କାବ୍ୟରେ ପ୍ରକୃତି ପ୍ରତି ଯେଉଁ ଦୃଷ୍ଟିକୋଣ ଫୁଟିଥିଲା ବଳଙ୍କ ପ୍ରକୃତିଦୃଷ୍ଟି ତା'ଠାରୁ ସ୍ୱତନ୍ତ୍ର। ରାଧାନାଥ ଅଭିଜାତ ପ୍ରକୃତିର ଉପାସକ। ମଧୁସୂଦନ କଟକ ସହରର ଅଧିବାସୀ; ବ୍ରାହ୍ମମନ୍ଦିରର ଉପାସନା ସଭାର ନିମିଳିତ ଚକ୍ଷୁ ଅଧ୍ୟାତ୍ମ-ଆନନ୍ଦ ଉପଭୋଗରେ ବିଭୋର ବ୍ୟକ୍ତି। ସେ କେବେ ପଲ୍ଲୀର ବିମଳ ଶୋଭା ସନ୍ଦର୍ଶନ ପାଇଁ ନଗର ଚହଳ ଛାଡି ବାହାରି ପଡିଥିଲେ, ସେଥିଯୋଗୁ ତାଙ୍କୁ ପଲ୍ଲୀପ୍ରକୃତିପ୍ରେମୀ କହି ହେବ ନାହିଁ। ତାହା ପଲ୍ଲୀପ୍ରାଣତା ନୁହେଁ। ସହରୀ ମଣିଷର ମଝିରେ ମଝିରେ ପଲ୍ଲୀ ପ୍ରତି ଯେଉଁ ଉନ୍ମୁଖତା ତାହା ଥିଲା ସେହିପରି। ନନ୍ଦକିଶୋର ଏ ଜାତୀୟ ପଲ୍ଲୀ ପ୍ରେମିକ ନଥିଲେ। ପଲ୍ଲୀ ପ୍ରତି ତାଙ୍କର ନିବିଡ ସହୃଦୟତା ଓ ସଂଖ୍ୟ ଥିଲା । ତାଙ୍କର ଶିରା ପ୍ରଶିରାରେ ରକ୍ତଧାରାର ସ୍ପନ୍ଦନ ସହିତ ପଲ୍ଲୀର ନିବିଡ଼ ଯୋଗ ଥିଲା। ଏହି ସଂଯୋଗ ନଥିଲେ କେହି କବି ହୋଇପାରେ ନାହିଁ। ନନ୍ଦକିଶୋରଙ୍କର ସୌନ୍ଦର୍ଯ୍ୟ-ଧ୍ୟାନ ଓ ସୌନ୍ଦର୍ଯ୍ୟ-କଳ୍ପନା ଏଇ ପଲ୍ଲୀକୁ ଆଶ୍ରୟ କରି ବିକାଶ ପାଇଥିଲା। ନଗରୀର ରାଜସୁଖ ତାଙ୍କ ପକ୍ଷରେ ଘୋର ଦୁଃଖଦାୟକ ହୋଇଥିଲା। ତେଣୁ ସେ ପଲ୍ଲୀର ଶାନ୍ତିପୂର୍ଣ୍ଣ ପଲ୍ଲବମୟ ଅଙ୍କର ଛାୟାତଳ ପାଇଁ ସଦା ରଙ୍କ ଥିଲେ। ପଲ୍ଲୀର ମଧୁରିମାମୟ ନାମ ସହିତ ତାଙ୍କର ଶତ ସ୍ମୃତି ବିଜଡ଼ିତ । କର୍ତ୍ତବ୍ୟାନୁରୋଧରେ ସେ ସହରବାସୀ ହୋଇଥିଲେ ହେଁ ତାଙ୍କ ମନ ଥିଲା ପଲ୍ଲୀମୁଖୀ। ପଲ୍ଲୀବଧୂର ବୁକୁର ମଧୁଚାଖି 'ବସନ୍ତ କୋକିଳ'ର ଯେଉଁ କବି ବିହ୍ୱଳ ହୋଇଥିଲେ ଶେଷ ଦିନଯାଏ ସେ ରସାସ୍ୱାଦନରେ ତାଙ୍କର ତୃପ୍ତି ଆସି ନାହିଁ।

ନନ୍ଦକିଶୋର ବର୍ଷା-ପ୍ରକୃତିର ବିଦଗ୍ଧ ରୂପକାର ଓ ସ୍ୱରସାଧକ। ବର୍ଷାର ଚିରନ୍ତନ ବିରହ-ବାଣୀ ତାଙ୍କ କାବ୍ୟରେ ଅପରୂପ ରୂପ ଲାଭ କରିଛି। ମେଘମେଦୁର ଆକାଶ ଦେଖିଲେ ତାଙ୍କର ମନେପଡେ ଶୈଶବୀୟ ଲୀଳାଚପଳ ଦିନ। ବର୍ଷାର ଭାବ-ବ୍ୟଞ୍ଜନା ବହୁ ଭିନ୍ନ ସ୍ୱର ଓ ପରିସ୍ଥିତିରେ ଫୁଟିଉଠିଛି-ବିରହୀ ବିରହିଣୀ, ଶିଶୁ, ପିତା, ପଲ୍ଲୀମଣିଷ, ସମସ୍ତେ ବର୍ଷାର ରସଘନ ପରିବେଶରେ ଜୀବନର ସ୍ୱାଦ ଖୋଜିଛନ୍ତି। କବିଙ୍କର ଅଧିକାଂଶ କବିତାରେ ବର୍ଷାର ମଧୁର ଆବେଗ ଅନୁଭବ କରାଯାଏ। ବର୍ଷା କବିଚିତ୍ତକୁ ଉତ୍ତଳା ଉନ୍ମନା କରିଛି। ଯୌବନାବେଶବିଧୁର କବି ବର୍ଷାର ସ୍ପର୍ଶରେ ଆକୁଳ-"ତରୁଣ ଯୌବନେ ପରାଣ ପ୍ରତିମା ଛାଡି ଆସିଅଛି ଘରେ" ବୋଲି ଗାଇ ଉଠିଛନ୍ତି। କାଳିଦାସ କହିଛନ୍ତି-ମେଘ ଦେଖି ଅତ୍ୟନ୍ତ ସୁଖୀଲୋକର ଚିତ୍ତ ମଧ୍ୟ ଅନ୍ୟମନା ହୋଇଯାଏ। ପ୍ରତ୍ୟେକ ମଣିଷ ଜଣେ ଜଣେ ଯକ୍ଷ। ସେହି ଚିରନ୍ତନ ବିରହୀ ତା'ଭିତରେ ଅବସ୍ଥାନ କରେ, ଯେ ମେଘ-ଦର୍ଶନରେ ଆତୁର ହୋଇ ଆକୁଳତାମୟ ଅନୁଭୂତି ବାଢ଼ି ବସେ। ନନ୍ଦକିଶୋରଙ୍କ କବି ଅନ୍ତରର ବିଷାଦ-କରୁଣ ସ୍ୱର ଏଇ ବର୍ଷାକୁ ଆଶ୍ରୟ କରି ବାଜିଉଠିଛି। ତାଙ୍କ କବିତାରେ ବର୍ଷା ସତେ ଯେପରି ନିଜେ ବେଦନାର ପ୍ରତୀକ।

କବିଙ୍କର ବର୍ଷା-ବିଷୟକ କବିତାରେ ଅନିର୍ଦ୍ଦେଶ୍ୟ ବିରହର ଆକୁତି ସହିତ ଏକଲା ଗୃହ-କୋଣରେ ବନ୍ଦିନୀ ପ୍ରିୟା ପାଇଁ ପ୍ରବାସୀ ପ୍ରିୟର ବିରହାନୁଚିନ୍ତା ପ୍ରକାଶ ପାଇଛି। ରବୀନ୍ଦ୍ରଙ୍କର ନିମ୍ନୋକ୍ତ ପଦରେ ସେପରି ଅତ୍ୟନ୍ତ ବେଦନା ଓ ଉଦାସ ସ୍ୱର ଫୁଟିଛି-

ଆଜି ମଧୁର ବାତାସେ ହୃଦୟ ଉଦାସେ
ରହେନା ଆବାସେ ମନ ହାୟ!

XXX

ଆଜି କେ ଯେନ ଗୋ ନାଇ ଏ ପ୍ରଭାତେ ତାଇ
ଜୀବନ ବିଫଳ ହୟ ଗୋ।
ତା'ଇ ଚାରିଦିକେ ଚାୟ ମନ କେଁଦେ ଗାୟ
"ଏ ନହେ, ଏ ନହେ, ନୟ ଗୋ।"(୮)

ନନ୍ଦକିଶୋରଙ୍କ ନିମ୍ନୋକ୍ତ ବର୍ଷା-ବିଷୟକ ପଦମାନଙ୍କରେ ସେହି ଅକାରଣ ଅନ୍ୱେଷଣ ଓ ଉଦାସ ସ୍ୱର ଶ୍ରୁତ ହୁଏ-

କେଉଁଠାରେ ଅଛି କିଏ ମୋ ପ୍ରାଣ ବାଞ୍ଛିତ ଧନ
କାହା କଥା ମନେପଡ଼ି ମୋ ମନ ଏଡ଼େ ଉଛନ୍ନ।
ଉଦାସ ଉଦାସ ମନ କିଛି ଭଲ ଲାଗୁ ନାହିଁ
ତଥାପି ଅପୂର୍ବ ସୁଖ ବରଷା ଧାରାକୁ ଚାହିଁ।

ବିଷାଦ ଭରା ଏ ସୁଖ ଅଦ୍‌ଭୁତ ବିଭୁଦାନ
ଓତଃପ୍ରୋତ ଘୋଟିଅଛ କେମନ୍ତ ମୋ ମନପ୍ରାଣ।[୯]

କବିଙ୍କର ବିଷାଦ-ରସରେ ମଧ୍ୟ ସୁଖ ଅଛି ଓ ଏହି ବିଷାଦ-ସୁଖ କବିଙ୍କ ପ୍ରତି ଭଗବାନଙ୍କର ଏକ ବିଶେଷ ଦାନ। ତାହା ତାଙ୍କର ମନପ୍ରାଣ ଆବୋରି ରହିଛି। ଜଣେ ଜଣେ ମନରେ ଏପରି ଗଢ଼ା ହୋଇଥାନ୍ତି ଯେ, ବିଷାଦ-କାରୁଣ୍ୟରେ ସେମାନଙ୍କର ସୁଖ ଜାତ ହୁଏ। ନନ୍ଦକିଶୋରଙ୍କ ଅନ୍ତର ସେହି ବିଷାଦ-ଧାତୁରେ ଗଢ଼ା ହୋଇଥିଲା। ବେଦନା ହିଁ ତାଙ୍କ ପ୍ରକୃତି ଓ କାବ୍ୟ କବିତାର ଅନ୍ତଃସ୍ୱର।

ଶରତ ଓ ବସନ୍ତଠାରୁ ବର୍ଷା ନନ୍ଦକିଶୋରଙ୍କର ପ୍ରିୟତର ଋତୁ। ତାଙ୍କର ବିଷାଦବାଦୀ ମନ ପାଇଁ ତାହା ଉପାଦାନ ଯୋଗାଏ। କବି ନିଜେ କହିଛନ୍ତି-"ଚିନ୍ତା କରିବାକୁ ନବୀନ ବରଷା ଘଟାଏ ଅପୂର୍ବ ଯୋଗ।"[୧୦] ଶରତ ଓ ବସନ୍ତ ସୁଖୀ ଲୋକଙ୍କର ପ୍ରିୟ ଋତୁ। ବର୍ଷା ନନ୍ଦକିଶୋରଙ୍କ ଦୃଷ୍ଟିରେ ବିଷାଦର ଜନନୀ-

ସୁଖର ବସନ୍ତ ଶରଦ ହେ ବର୍ଷା
ସୁଖୀ ପାଇଁ ସେହି ଶୋଭା
ବିଷାଦ-ଜନନୀ ତୋହରି ମୂରତି
ଦୁଃଖୀ-ଦଗ୍ଧ ମନୋଲୋଭା।
ସୁଗମ୍ଭୀର ମନ୍ଦ୍ରେ କି ବିଷାଦ-ଗୀତି
ଗାଅ ହେ ପ୍ରାବୃଟ କବି
ଅନନ୍ତ ପ୍ରଣବ ଗମ୍ଭୀର ଝଙ୍କାରେ
ରଟେ ତବ ସାନ୍ଦ୍ର ଛବି। [୧୧]

ଅତୀତ ଓ ବିଷାଦ ଯେପରି କବିଙ୍କ କାବ୍ୟରେ ଓତଃପ୍ରୋତ ମିଶ୍ରିତ। ବିଶେଷତଃ ମେଘ-ଦର୍ଶନରେ ଏହି ଅତୀତ ସ୍ମୃତି ଜାଗିଉଠିଛି-

ତୋ ଦର୍ଶନେ ଶୁଭେ ମେଘରେ ମୋ କର୍ଣ୍ଣେ
କାହାର ଦୂର ଆହ୍ୱାନ
ଅତୀତ ରାଜ୍ୟର ଅସ୍ପଷ୍ଟ ମୂରତି
ପରଶେ ମୋର ପରାଣ।
ବିଷାଦର ଛାୟା ପତିତ ହୁଅଇ
ହୃଦ କ୍ଷେତ୍ରେ ଘନ ଘନ
ବିଗତ ଜନ୍ମର ସୁଖସ୍ମୃତି ଅବା ଅଲକ୍ଷ୍ୟେ
ଦହେ ମୋ ମନ।[୧୨]

ଏହା କବିଙ୍କର ବାସନା-ଲୋକର ସ୍ପନ୍ଦନ। କବିତାରେ କବି 'ଅବୋଧପୂର୍ବା' ସ୍ମୃତି ଆନୟନ କରନ୍ତି। ତାଙ୍କ କବିତାରେ ଘଟେ ସ୍ମୃତିଲୋକର ନବଜନ୍ମ। ମେଘ ଦର୍ଶନରେ ନନ୍ଦକିଶୋରଙ୍କ ମନତଟରେ କାଳିଦାସୀୟ 'ଅବୋଧପୂର୍ବା' ସ୍ମୃତିର ଉଦ୍‌ବେଳନ ଘଟେ। ନବପ୍ରାବୃଟର ପୃଷତ ଆର୍ଦ୍ର କ୍ଷିତିର ସୁରଭି ଗନ୍ଧ ବହି ମନ୍ଦ ମନ୍ଦ ଗନ୍ଧବହ ପ୍ରସରିଲେ, ଜଳଗହଳରେ ବର୍ଷାଭୂଦଳର ଭୈରବ ନିନାଦ ଶୁଣିଲେ ତାଙ୍କର ମନ ଫେରିଯାଏ କେଉଁ ଅତୀତର ସ୍ମୃତିରାଜ୍ୟକୁ ସଂଗ୍ରହ କରିବାକୁ ତିକ୍ତ-ମଧୁର ଅନୁଭୂତିପୁଞ୍ଜ। ଗଜା ବଉଦର ଶୋଭା, ପର୍ବତ ଶିଖରେ ଧୂମାଳିଆ ମେଘ, ଚାତୁର୍ମାସ୍ୟ ସନ୍ଧ୍ୟାର ମନୋରମ ଦୃଶ୍ୟ, ମେଘାବଗୁଣ୍ଠିତ ବର୍ଷଣମଞ୍ଜୀରମୁଖର ପଲ୍ଲୀ ନିଶିଥିନୀ, ବର୍ଷା ଲକ୍ଷ୍ମୀଙ୍କର ଶ୍ୟାମଳ ମୂର୍ତ୍ତି ଧରି ଜଳାଧିଷ୍ଠାନ, ପଲ୍ଲୀସନ୍ଧ୍ୟାର ଦୀପାନ୍ୱିତା ପଲ୍ଲୀବଧୂ, ପ୍ରାବୃଟର ଶ୍ୟାମ ସମାରୋହ-ଏ ସମସ୍ତଙ୍କୁ ସେ କବିନେତ୍ର ଦେଇ ଦେଖିଛନ୍ତି। ପୃଥିବୀର କ୍ଷଣସୌନ୍ଦର୍ଯ୍ୟ ତାଙ୍କ ମନରେ ରଖିଯାଇଛି ଅଲିଭା ଛାପ। ଏହି ଚିତ୍ରାବଳୀରେ କବିଙ୍କର ଅନୁଭୂତିର ଆନ୍ତରିକତା ଓ କଳ୍ପନାର ବାସ୍ତବତା ଯେପରି ରୂପ ପାଇଛି ତାହା ଅନବଦ୍ୟ।

କବିଙ୍କ କାବ୍ୟରେ ଯେ କାହିଁକି ବିଷାଦର ଛାୟା ପଡ଼ିଛି ତାହାର ମୂଳ ନିମ୍ନୋକ୍ତ ପଦରେ ଖୋଜାଯାଇପାରେ-

ଅଜ୍ଞାତେ ଭୁଞ୍ଜିଲି ଯେ ସୁଖ ଶୈଶବେ
ଏବେ ଏ ଯୌବନେ ତାହା
ଦୂର ଗିରି ପ୍ରାୟ କଳ୍ପନା ନୟନେ
କିବା ମନୋରମ ଆହା !
ସ୍ଥାନେ ଅଛି ପଲ୍ଲୀ, କାଳେ ନାହିଁ ବୋଲି
ସେ ଛବି ନେତ୍ରେ ନଦିଶେ
ସ୍ମୃତି ଦିଏ ସୁଖ; କିନ୍ତୁ ମୋ ସଂଶୟ
ଚିର ସ୍ଥିର ରହେ କି ସେ।(୧୩)

ଶୈଶବରେ ସେ ପଲ୍ଲୀର ଯେଉଁ ଜୀବନ୍ତ ଛବି ଦେଖିଥିଲେ ଏବେ ଯୌବନରେ ଉପନୀତ ହୋଇ କଳ୍ପନା-ନେତ୍ରରେ ସେହି ପଲ୍ଲୀକୁ ଦେଖୁଛନ୍ତି। ସେ ପଲ୍ଲୀ ସ୍ଥାନରେ ଅଛି; ମାତ୍ର କାଳ-ପ୍ରବାହରେ ତା'ର ରୂପ ମ୍ଳାନ ହୋଇଆସିଲାଣି। କେବଳ ଦୁଃଖ, 'ସ୍ଥାନେ-ଅଛି ପଲ୍ଲୀ, କାଳେ ନାହିଁ' ବୋଲି। କାଳରେ ଥିଲେ କବିର ଅନ୍ତର୍ଗୂଢ଼ ବେଦନା ହୁଏତ ଉପଶମିତ ହୁଅନ୍ତା। ମାତ୍ର କାଳର କୁଟିଳା ଗତି କିଏ ଫେରାଇବ !

ବାଲ୍ୟ-ଜୀବନ ତାଙ୍କ ନିକଟରେ ଥିଲା ମଧୁର କବିତାର ଅସରନ୍ତି ଉତ୍ସ। ମାତ୍ର ଯୌବନ ଜୀବନ-ସଂଗ୍ରାମର କାଳ। ଅତୀତ ଓ ଶୈଶବ କବିଙ୍କ କାବ୍ୟର ଦୁଇଟି

ମୁଖ୍ୟ ବିଭାବ। ସେ ସାରାଜୀବନ ଏହି ଅତୀତ ସ୍ମୃତିର ଗୀତଗାନ କଲେ, ତଥାପି ତାଙ୍କର ସ୍ମୃତି-ଭଣ୍ଡାର ଅସରା ରହିଗଲା। ଭବିଷ୍ୟ-ଗର୍ଭରେ ନିହିତ ସୁଖ ଆଶାରେ ଆଶାୟୀ ମାନବ ସୁଖ ଭୁଞ୍ଜୁଥାଏ; ମାତ୍ର ନନ୍ଦକିଶୋରଙ୍କ କବି-ଆତ୍ମା ଅହରହ ବିଗତ ସୁଖ ସ୍ମରଣ କରି ସୁଖ ପାଇଛି। ସେ ଅତୀତର ଦାସ; ତେଣୁ ଅତୀତ ଛଡା ଅନ୍ୟ କୁତ୍ରାପି ତାଙ୍କର ସୁଖର ସନ୍ଧାନ କରିନାହାନ୍ତି। ସେ ନିଜେ ଗାଇଛନ୍ତି-

ଅୟସ୍କାନ୍ତ-ମଣି ଯେସନ ସଦା ଉତ୍ତର ମୁଖୀ
ଅତୀତ ଜୀବନ ଆଡ଼କୁ ଚାହିଁ ହୁଏ ମୁଁ ସୁଖୀ।
ଅତୀତ ଗରଭେ ଅଛଇ ଯେତେ ସ୍ମୃତି-ସଞ୍ଚିତ
ଗାଇଲେ ବହୁତ ବରଷ ନ ସରିବ ମୋ ଗୀତ।

ତେଣୁ ଏବେ ଯାହା କିଛି ସେ ପ୍ରକୃତିରେ ଦେଖୁଛନ୍ତି, ତହିଁରେ-

ଏ ଛବି ମଧ୍ୟରେ ପଡ଼ଇ ପୁରାତନର ଛାୟା
କେହି ନ ପୁଛଇ ଯାହାକୁ କିପାଁ ଏତେ ତା ମାୟା ?[୧୪]

ସଂସାରୀ ଲୋକେ ନୂତନରେ ଆତ୍ମନିବଦ୍ଧ ହୋଇ ପୁରାତନକୁ ଆଉ ଫେରିନାହାନ୍ତି ନାହିଁ; ମାତ୍ର ସେହି ମୃତ୍ୟୁ ଅତୀତ ନନ୍ଦକିଶୋରଙ୍କ ଚିତ୍ତ ଫଳକରେ ସ୍ୱପ୍ନଛାୟା ପରି ପ୍ରତିଫଳିତ ହୋଇ ତାଙ୍କୁ ଅଭିଭୂତ କରେ। ସେ ବାରମ୍ବାର ପଛକୁ ଫେରି ଗତଜୀବନର ପ୍ରିୟ ବସ୍ତୁ ଓ ମଣିଷମାନଙ୍କୁ ସ୍ମରଣ କରିଛନ୍ତି। ମନୁଷ୍ୟ ଜୀବନ ପ୍ରତି ଜନ୍ମାନ୍ତରୀଣ ସୌହୃଦ୍ୟ ଅନୁଭବ କରିବା ସଙ୍ଗେ ସେହି ଅଭୁଲା ଦିନଗୁଡିକ ପ୍ରତି ପ୍ରକାଶ ପାଇଛି ତାଙ୍କ ଅନ୍ତରର ନିବିଡ ଆକର୍ଷଣ। ପଲ୍ଲୀ ଓ ତାହାର ସୁଖ ଦୁଃଖ ତାଙ୍କର ପରମ ଆକାଂକ୍ଷାର ଧନ। ପଲ୍ଲୀର ନଷ୍ଟଶ୍ରୀ ତାଙ୍କୁ ବେଦନା ଦେଇଛି। କବି ଜାଣନ୍ତି ପଲ୍ଲୀ ନିଷ୍କଳଙ୍କ ନୁହେଁ; ତଥାପି ପଲ୍ଲୀର ମଧୁରିମାମୟ ନାମ ଶୁଣିଲେ ତାଙ୍କର ସ୍ମୃତିଲୋକର ଘଟେ ଆଲୋଡନ। ଆଜି ସେ ନାଗରିକ ମଣିଷ, ପଲ୍ଲୀ ଆଉ ତାଙ୍କ ନେତ୍ରରେ ଶୈଶବର ମୋହନ ମାଧୁରୀ ଧରି ଉଭା ହେଉ ନାହିଁ। କବି କାମନା କରିଛନ୍ତି-"ମଧୁର ଶୈଶବ-ଜୀବନ-ସ୍ୱପନେ ମୋ ଏ ଜୀବନ ଯାଉ।"[୧୫] ତେଣୁ ନନ୍ଦକିଶୋରଙ୍କ କବିତା ନାଗରିକଜୀବନରେ ଶୈଶବର ସ୍ମୃତି-ସଞ୍ଚୟନ।

କବିଙ୍କର ପ୍ରକୃତି-ଦୃଷ୍ଟି ବ୍ୟକ୍ତିବାଦୀ। ବ୍ୟକ୍ତିର ଚିତ୍ତଦଶା ଓ ରୁଚି ଅନୁସାରେ ମନ ଅନୁରୂପା ପ୍ରକୃତି ଭିନ୍ନ ଭିନ୍ନ ପ୍ରକୃତି ବିଶିଷ୍ଟ ଲୋକଙ୍କ ନେତ୍ରରେ ଭିନ୍ନ ଭିନ୍ନ ପ୍ରତୀତ ହୁଏ। ଯେତେ ସୁଖ ବିଳାସରେ ରଖିଲେ ମଧ୍ୟ ଜଣେ ବିଷାଦବାଦୀକୁ ପ୍ରକୃତିର ରୂପ ରଙ୍ଗରେ ଉଲ୍ଲାସର ବ୍ୟଞ୍ଜନା ଅନୁଭବ କରାଇ ହେବ ନାହିଁ।

ଦେଖ ଏ ପ୍ରକୃତି ଚିତ୍ର କି ଉଦାର କି ବିଚିତ୍ର
କେହି ଦେଖେ ଏଥି ଘୋର ବିଷାଦର ରୂପ
କେହି ବା ଦେଖୁଛି ପୁଣି ହର୍ଷ ଅପରୂପ ।

ସେ ପ୍ରକୃତିକୁ ବିଷାଦ-ବାଦୀ ଦୃଷ୍ଟିରେ ଦେଖୁଥିବାରୁ ନିଜକୁ ମଧ୍ୟ ଦୋଷୀ କରିଛନ୍ତି । ନିଜର ଆତ୍ମ-ଦର୍ଶନ ଦେଇ ପ୍ରକୃତି ପ୍ରତି ଦୃଷ୍ଟି କୋଣ ବାଢିଛନ୍ତି-

ମୁହିଁ ଘୋର କଳଙ୍କୀରେ ତେଣୁ ଏ ପ୍ରକୃତି
ଦେଖାଏ ସତତ ମୋତେ ବିଷାଦ ମୂରତି ।

ବିଶ୍ୱସଂସାରରେ ଶୋଭା-ସୁଷମାର ଅସରନ୍ତି ହାଟ ବସିଥିଲେ ମଧ୍ୟ ତହିଁରେ ତାଙ୍କ ପ୍ରାଣର ତୃପ୍ତି ନାହିଁ । ସେ ବର୍ଷାର ପ୍ରେମିକ । ବାସନ୍ତିକ ସୁଷମାକୁ ଅସ୍ୱୀକାର କରୁନଥିଲେ ହେଁ ତାଙ୍କର ସ୍ୱାଭାବିକ ପ୍ରବଣତା ବର୍ଷାପ୍ରତି-

ନାଚଇ ବସନ୍ତ ପୁଣି ହସଇ ଶରତ
ବରଷା-ବିଷାଦେ କିନ୍ତୁ ମୋ ହୃଦୟ ରତ
ସୁନ୍ଦରୀ ବାସନ୍ତୀ ଉଷା ଶାରଦ ଯାମିନୀ ଭୂଷା
ବରଷା-ନିଶୀଥ କିନ୍ତୁ ମୋ ହୃଦୟନିଧି
ହୁଅଇ ଉଦ୍‌ବେଳ ଯେବେ ବିଷାଦ ବାରିଧି ।[୧୬]

ସେହିପରି ଦିନର ଭିନ୍ନ ଭିନ୍ନ ସମୟ ମଧ୍ୟରେ ତାଙ୍କର ପ୍ରିୟତମ ଭାଗ ହେଲା ପ୍ରଦୋଷ ସମୟ । ପ୍ରଦୋଷର ବିଷାଦଗାମ୍ଭୀର୍ଯ୍ୟ ତାଙ୍କର ହୃଦୟ ଅଧିକାର କରିବସେ । ସେ ନିଜେ ବିଷାଦ-ସୌନ୍ଦର୍ଯ୍ୟର ଉପାସକ ହେଲେ ହେଁ ବିଷାଦ ଓ ହର୍ଷ ମଧ୍ୟରେ ସମନ୍ୱୟ ଘଟାଇ କହନ୍ତି-

ବିଷାଦ ହରଷ ନୁହେଁ ଜୀବନ ଉଦ୍ଦେଶ
ଏ ଜଗତେ ଦୁହିଁଙ୍କର ଶୁଭ ସମାବେଶ । [୧୭]

ଯେଉଁ କବି 'ଗଲା ପ୍ରିୟ ପୁରାତନ, ଏ ବିଷମ ଦୁଃଖ' କହିଥିଲେ ସେ ପୁଣି ଶ୍ରାନ୍ତ ପୁରାତନକୁ ବିଦାୟ ଦେଇ ଆଶାର ଗୀତ ଶୁଣାଇ କର୍ମ-ଛବି ଚିତ୍ର କରିବା ପାଇଁ ଆତ୍ମାର କବି-ପୁରୁଷକୁ ଆହ୍ୱାନ କରିଛନ୍ତି । 'ପ୍ରଭାତ ଅବକାଶ' ଗୀତିମୂଳକ ରଚନା ହୋଇଥିବାରୁ କବିଙ୍କ ସୌନ୍ଦର୍ଯ୍ୟତତ୍ତ୍ୱ ପ୍ରଖ୍ୟାପନରେ ଆତ୍ମଭାବ ବହନ କରିଛି । ଏଥିରେ କବି ଅନ୍ତରର ଅକପଟ ଅଭିବ୍ୟକ୍ତି ଘଟିଛି ।

ନନ୍ଦକିଶୋର ପଲ୍ଲୀରୁ ବେଳେବେଳେ ଆତ୍ମା ପରମାତ୍ମା ଓ ଅପାର୍ଥିବ ଜଗତ ଆଡକୁ ହାତ ବଢାଇଛନ୍ତି । ପ୍ରକୃତି ଆଶ୍ରୟରେ ଆଧ୍ୟାତ୍ମ-ସୌନ୍ଦର୍ଯ୍ୟର ମହୋଦାର କଳ୍ପନା ତାଙ୍କ କାବ୍ୟରେ ସମ୍ଭବ ହୋଇଛି ଶିକ୍ଷାଗୁରୁ ମଧୁସୂଦନଙ୍କ ସାନ୍ନିଧ୍ୟ ଓ ପ୍ରେରଣା ଯୋଗୁଁ ।

ନିଶୀଥ କାଳରେ ପ୍ରକୃତି ଶୋଭା ସନ୍ଦର୍ଶନ କରି ପ୍ରକୃତି ଅନ୍ତରରେ ପରମେଶ୍ୱରଙ୍କର ଉପସ୍ଥିତ କବି ଲକ୍ଷ୍ୟ କରିଛନ୍ତି-

ସହଜ ସରଳ ମନେ ଏ ଶୋଭା ନିରେଖି
ଯୋଗମଗ୍ନ ଋଷିତୁଲ୍ୟ ପ୍ରକୃତିକୁ ଦେଖି
ବଦ୍ଧ କରେ ବନ୍ଦିଲି ମୁଁ "ନମୋ ଦିଗମ୍ବର
ନମସ୍ତେ ପବିତ୍ର ଶିବ ନମସ୍ତେ ସୁନ୍ଦର।

x x x

ଯେ ଦେବତା ପରିପୂର୍ଣ୍ଣ ସୌନ୍ଦର୍ଯ୍ୟ ସମ୍ପଦେ
ବିରାଜୁଛ, ନମୋ ନମୋ ତବ ପୂତପଦେ।[୧୮]

ଏହା ବୈଦିକ ଋଷିର ନିର୍ବିକଳ୍ପ ବ୍ରହ୍ମ ସର୍ବବ୍ୟାପୀ ପରାତ୍ପରଙ୍କର ମହିମା ସ୍ମରଣ କରାଇଦିଏ। ବିଶ୍ୱସୃଷ୍ଟି ପ୍ରାରମ୍ଭରୁ ଯେଉଁ ଅନନ୍ତ ଅପାର 'ନୀଳଗଗନ କାୟା ବିସ୍ତାରି ରହିଛି ତାହା 'ଭୂମା ବରେଣ୍ୟ ଦେବର କି ବିରାଟ ଛାୟା' ଭାବେ କବିଙ୍କ ଉଦାତ୍ତ-କଳ୍ପନାରେ ଅବତରଣ କରିଛି। ଏହି ବିଶ୍ୱବ୍ରହ୍ମାଣ୍ଡ, ଧୂଳିର ସଂହତି ନୁହେଁ; ଏହା 'ପ୍ରାଣମୟ ଚୈତନ୍ୟ-ଆଗାର।' ବିଶ୍ୱର ଚାରୁଚିତ୍ର ଦେଖି କବି ସତ୍ୟ ଶିବ ସୁନ୍ଦର ଦେବତାଙ୍କର ସୃଷ୍ଟି-ଲୀଳା-ବିଧାନକୁ ଧନ୍ୟବାଦ ଜଣାଇଛନ୍ତି। ସେହି ଦେବତା ବିଶ୍ୱର ପ୍ରତ୍ୟେକ ସୁନ୍ଦର ବିଭାବରେ ବିଦ୍ୟମାନ-

ବିକଚ କୁସୁମ ବନ ବିହଙ୍ଗମ ଗାନ
ମଧ୍ୟରେ ଆନନ୍ଦରୂପେ ପ୍ରଭୁ ଭଗବାନ।[୧୯]

ସୌନ୍ଦର୍ଯ୍ୟ ଈଶ୍ୱରଙ୍କର ବିଭୂତି ଓ ହସ୍ତାକ୍ଷର। ବିଶ୍ୱର ପ୍ରତ୍ୟେକ ଶୋଭନ ବସ୍ତୁରେ ତାଙ୍କରି ସୌନ୍ଦର୍ଯ୍ୟର ଝଲକ। ବିଶ୍ୱବନ୍ଦନାରେ ବିଭୋର କବି ସର୍ବତ୍ର ବିଭୁ-ସୌନ୍ଦର୍ଯ୍ୟର ଆନନ୍ଦ ଛବି ଦେଖିପାରନ୍ତି-

ଶିଶୁ ଶୁଭ୍ରସ୍ମିତ ବଦନ ଦରୋଟିଆ ବଚନ
ଲାବଣ୍ୟମୟୀର ପବିତ୍ର ସୁଧାମୟ ଯୌବନ
ଧରଣୀ ଗଗନ କାନ୍ତାର ନଦୀ ବନପ୍ରାନ୍ତର
ପ୍ରଭାତ ପ୍ରଦୋଷ ଦିବସ ନିଶି କିବା ସୁନ୍ଦର।
ଶରତ ବସନ୍ତ ଏ ଆଦି ଋତୁ ପର୍ଯ୍ୟାୟ ହରି !
ପ୍ରଚାର କରନ୍ତି ବିଚିତ୍ର ଶୋଭା ପ୍ରଭୁ ତୁମ୍ଭରି।[୨୦]

ସେ ଲକ୍ଷ୍ୟ କରିଛନ୍ତି, ଈଶ୍ୱରଙ୍କ ଶ୍ରୀକର ସ୍ପର୍ଶରେ ପ୍ରତ୍ୟେକ ବସ୍ତୁ ସୌନ୍ଦର୍ଯ୍ୟ-ବିଭାରେ ଦୀପ୍ତିମନ୍ତ ଓ ପ୍ରତ୍ୟେକେ ତାଙ୍କରି ସୌନ୍ଦର୍ଯ୍ୟର ଜୟଗାନରେ ମୁଖର। ସେ

ଯାହା କିଛି ପ୍ରକୃତିରେ ଓ ଜୀବନରେ ଦେଖିଛନ୍ତି ସର୍ବତ୍ର ଈଶ୍ୱରଙ୍କର ଉପସ୍ଥିତି ଅନୁଭବ କରିଛନ୍ତି। ପ୍ରକୃତିରେ ପରମ ସୁନ୍ଦରଙ୍କର ସାକ୍ଷାତ୍‌କାର ଲାଭ କରି ତାଙ୍କ ଅନ୍ତରରେ ମୁକ୍ତ ମଧୁର ଛନ୍ଦ ବିଧୂନିତ ହୋଇଉଠିଛି।

ନନ୍ଦକିଶୋର 'ମାନସିକ ଲାବଣ୍ୟ-ପ୍ରସୂତ ନିର୍ମଳ ନିଃସ୍ୱାର୍ଥ ପ୍ରୀତି'ର ଉପାସକ। କବିଙ୍କ ପ୍ରେମାନୁଭୂତି ମଧ୍ୟରେ ସୂକ୍ଷ୍ମ ମହିମାବୋଧ ଉପଲବ୍ଧ ହୁଏ। ଭୋଗ ନୁହେଁ, ତ୍ୟାଗପୂତ ମହିମୋଜ୍ଜ୍ୱଳ ଚାରିତ୍ର୍ୟ-ସୌନ୍ଦର୍ଯ୍ୟରେ ତାଙ୍କର ନାରୀ ଆଦର୍ଶର ବୈଜୟନ୍ତୀ ଉଡ଼ାଇଛି। ଯଯାତିଙ୍କର ଦେବଯାନୀ ପ୍ରତି ପ୍ରେମଦୃଷ୍ଟି କାମନାଜଡ଼ିତ ଓ ଦେହସର୍ବସ୍ୱ ହୋଇପାରେ; ମାତ୍ର ଶର୍ମିଷ୍ଠାର ଅଦେହ-ସୌନ୍ଦର୍ଯ୍ୟ ତାଙ୍କ ପ୍ରାଣର ନମସ୍କାର ଦାବି କରେ। ତାହା 'ମୃଦୁ-ନୀରବ-ବାସନା'। ଆଦର୍ଶ ପ୍ରେମର ସ୍ୱରୂପ ଦେବା ପାଇଁ ଯଯାତିଙ୍କ ପ୍ରେମଦୃଷ୍ଟି ଦେବଯାନୀ ଓ ଶର୍ମିଷ୍ଠା ପ୍ରେମର ତୁଳନା କରିଛି-

ଏକ ତନୁତୃଷ୍ଣା ଉଦ୍ଦାମ ପିପାସା ତୀବ୍ର ସମ୍ଭୋଗ କାମନା
ଆନ ସ୍ୱାର୍ଥହୀନ ସଂଯତ ନିବୃତ୍ତି ମୃଦୁ-ନୀରବ ବାସନା।

ନିଜେ ପୁରୁଷ ନେତ୍ରରେ ଦୁଇ ନାରୀଙ୍କର ଏହି ତୁଳନା ଯଯାତିଙ୍କ ରୂପ-ସୌନ୍ଦର୍ଯ୍ୟ ଓ ପ୍ରେମ-ସୌନ୍ଦର୍ଯ୍ୟ ମାନଦଣ୍ଡ ପ୍ରଦାନ କରେ। ଶର୍ମିଷ୍ଠା ପ୍ରେମର ମୂର୍ତ୍ତିମତୀ ଦେବୀ, ଦେବଯାନୀ କାମର ପ୍ରତୀକ। ଶର୍ମିଷ୍ଠାର ରୂପରେ ମାଦକତା ନାହିଁ, ତାହା ଅପ୍ରଗଲ୍‌ଭା। ରୂପର ପ୍ରଖ୍ୟାପନରେ ତାର ନିରାସକ୍ତି। ସେଥିପାଇଁ ରାଜମନ ସେହି ସମ୍ପୂର୍ଣ୍ଣ ଅପ୍ରଗଲ୍‌ଭା ରୂପ ପ୍ରତି ଧାବିତ ଓ ତା'ରୂପର ସପ୍ରଶଂସ ଆକଳନରେ ପ୍ରବୃତ୍ତ-

ଅଛି ଏକ ଶୋଭା ପ୍ରାଣ ମନଲୋଭା ଜନ୍ମାଏ ଭୋଗ ପିପାସା
ଅଛି ଶୋଭା ଆହା ଦେଖିହୁଏ ଯାହା ଦୂରରୁ ପୂଜିବା ଆଶା।

ଏହି ଦ୍ୱିତୀୟୋକ୍ତ ଶୋଭାର ସେ ପୂଜାରୀ ଓ ସେହି ରୂପକୁ ସେ ଅନ୍ତରରେ ନମସ୍କାର ଜଣାଇଛନ୍ତି। ଭୋଗତୃଷ୍ଣା ପ୍ରବଳହେଲେ ପ୍ରଣୟୀ ପ୍ରଣୟିନୀ ପରସ୍ପର ବାହ୍ୟ ଓ ଅନ୍ତଃସୌନ୍ଦର୍ଯ୍ୟର ଯଥାର୍ଥ ଅବଧାରଣା କରିପାରନ୍ତି ନାହିଁ। କାମନାଦଗ୍ଧ ପ୍ରେମରେ ଶାଶ୍ୱତ ବୋଲି କିଛି ନାହିଁ; ଅବସାଦ ଓ ଆତ୍ମଗ୍ଲାନି ହିଁ ତାହାର ଶେଷଫଳ। ସୌନ୍ଦର୍ଯ୍ୟ-ଦର୍ଶନରେ ତେଣୁ ଭୋଗ ନୁହେଁ, ନିରାସକ୍ତ ଦୃଷ୍ଟି ପ୍ରୟୋଜନ ବୋଲି କୁହାଯାଇଛି। ସଂଯମ ମଧ୍ୟରେ ଯେଉଁ ଭୋଗ ତାହାହିଁ ସୌନ୍ଦର୍ଯ୍ୟଲାଭର ଶ୍ରେଷ୍ଠ ଉପାୟ। ପ୍ରମତ୍ତ ରୂପଦର୍ଶନକାରୀଠାରୁ ସଂଯମର କ୍ଷୁରଧାର ପଥରେ ପଥିକ ରୂପର ଶ୍ରେଷ୍ଠ ପୂଜାରୀ। ସୌନ୍ଦର୍ଯ୍ୟ-ସମ୍ଭୋଗର ଗଭୀରତା ବଢ଼ାଇବା ପାଇଁ ସଂଯମଠାରୁ ଅନ୍ୟ କୌଣସି ଉପାୟ ନାହିଁ। ରବୀନ୍ଦ୍ରନାଥ ନାରୀର ରୂପତଳେ ଦୁଇଟି ମୂର୍ତ୍ତି ଦେଖିଥିଲେ-

ଏକଜନା ଉର୍ବଶୀ, ସୁନ୍ଦରୀ
ବିଶ୍ୱେର କାମନା-ରାଜ୍ୟେ ରାଣୀ,
ସ୍ୱର୍ଗେର ଅପ୍‌ସରୀ।
ଅନ୍ୟଜନା ଲକ୍ଷ୍ମୀ ସେ କଲ୍ୟାଣୀ
ବିଶ୍ୱେର ଜନନୀ, ତାଁରେ ଜାନି,
ସ୍ୱର୍ଗେର ଈଶ୍ୱରୀ।

ସେହି ଦୁଇ ନାରୀ ମଧ୍ୟରେ ଦୁଇ ଭିନ୍ନ ଭାବର ଦ୍ୟୋତନା ସେ ଲକ୍ଷ୍ୟ କରିଥିଲେ-

ଏକଜନ ତପୋଭଙ୍ଗ କରି
ଉଚ୍ଚହାସ୍ୟ-ଅଗ୍ନିରସେ ଫାଲ୍‌ଗୁନେର ସୁରାପାତ୍ର ଭରି
ନିୟେ ଯାୟ ପ୍ରାଣମନ ହରି,

X X X

ଆରଜନ ଫିରାଇୟା ଆନେ
ଅଶ୍ରୁର ଶିଶିର-ସ୍ନାନେ
ସ୍ନିଗ୍ଧ ବାସନାୟ।(୨୧)

ବିଶ୍ୱର ଯୌବନକାମନାର ମୂର୍ତ୍ତିମତୀ ପ୍ରକାଶ ଉର୍ବଶୀଜାତୀୟା ନାରୀ। ତା'ର ବିଲୋଳ ଦୃଷ୍ଟିପାତର ତ୍ରିଭୁବନର ଯୌବନ ଚଞ୍ଚଳ ହୋଇଉଠେ। ନନ୍ଦକିଶୋରଙ୍କର ଦେବଯାନୀ ଏହି ଜାତୀୟା ନାରୀ। ମାତ୍ର ଶର୍ମିଷ୍ଠାର ଅନୁତ୍ତେଜକ ଶାନ୍ତ ସ୍ନିଗ୍ଧ ରୂପତଳେ ନାରୀତ୍ୱର ବନ୍ଦନୀୟ ପ୍ରକାଶ ସେ ଲକ୍ଷ୍ୟ କରିଛନ୍ତି। ଶର୍ମିଷ୍ଠାର ନାରୀତ୍ୱର କଳ୍ପରୂପ ଧ୍ୟାନକଲେ ତା'ର ଅପ୍ରମତ୍ତ ରୂପତଳେ ନାରୀତ୍ୱବୋଧର ଗୌରବ ଓ ଆତ୍ମମର୍ଯ୍ୟାଦାବୋଧ ସହିତ ଜାତି ଉଦ୍ଦେଶ୍ୟରେ ସ୍ୱାର୍ଥତ୍ୟାଗ ଓ ବିଶ୍ୱମଙ୍ଗଳ ପାଇଁ ଆତ୍ମୋତ୍ସର୍ଗର ମହିମୋଜ୍ଜ୍ୱଳ ପରିଚୟ ମିଳେ। ତ୍ୟାଗର ପୃଷ୍ଠଭୂମିରେ ଶର୍ମିଷ୍ଠା-କୃଷ୍ଣକୁମାରୀ-ସୀତା ପ୍ରଭୃତି ନାୟିକାଙ୍କୁ ପ୍ରତିଷ୍ଠିତା କରି ନନ୍ଦକିଶୋର ଆଦର୍ଶ-ଚାରିତ୍ର୍ୟ-ସୌନ୍ଦର୍ଯ୍ୟର ଉଦାହରଣ ଦେଇଯାଇଛନ୍ତି। ଶର୍ମିଷ୍ଠାର ଅପରାଧ କେତେ ସାମାନ୍ୟ, ଅଥଚ କି ଦୁରନ୍ତ ଶାସ୍ତି! କାରୁଣ୍ୟବୋଳା ସୌନ୍ଦର୍ଯ୍ୟର ପ୍ରତିମାନ ରୂପେ ଶର୍ମିଷ୍ଠା ଚରିତ୍ରର ପଟାନ୍ତର ନାହିଁ। ଜୀବନକୁ ଯେ କୁସୁମ କୋମଳ ଭାବେ ସେ ପ୍ରକୃତ ଜୀବନସାଧକ ନୁହେଁ। ଦୁଃଖର ପ୍ରଦୀପ୍ତ ଯଜ୍ଞ ନଳ ମଧ୍ୟରେ ତ୍ୟାଗର କେତନ ଉଡ଼ାଇ ଶର୍ମିଷ୍ଠା ପୃଥିବୀର ସକଳ ଆର୍ତ୍ତ-ପ୍ରପୀଡ଼ିତମାନଙ୍କ ଆଗରେ ଉଚ୍ଚ କର୍ମମୟ ଜୀବନ ଓ ତିତିକ୍ଷାସୁନ୍ଦର ଆଦର୍ଶ ଥୋଇ ଯାଇଛି। ସେ ଆଦର୍ଶର ଏକ ପାବନ ଶିଖା। ଅନ୍ଧକାର ମଧ୍ୟରେ ତା'ର ଜୀବନକୁ ଆଲୋକବର୍ତ୍ତିକା ରୂପେ

ଦେଖି ଭ୍ରାନ୍ତମାନବ ପଥର ସନ୍ଧାନ ପାଇବେ। କର୍ମ ହିଁ ଜୀବନର ପରିମାପକ, ଭୋଗ ନୁହେଁ, 'ଶର୍ମିଷ୍ଠା' କାବ୍ୟର ଏହାହିଁ ପ୍ରାଣବାଣୀ।

ବଳଙ୍କ 'କୃଷ୍ଣକୁମାରୀ' ଓ 'ଶର୍ମିଷ୍ଠା' ମାନସିଂଙ୍କ ମତରେ ରାଧାନାଥୀୟ କାବ୍ୟଶୈଳୀର ଅନୁସରଣରେ ରଚିତ; ମାତ୍ର ଆଦର୍ଶ ଦୃଷ୍ଟିରୁ ଏହି ଦୁଇ କାବ୍ୟ ସମ୍ପୂର୍ଣ୍ଣ ବିପରୀତ।[୨୨] ସୌନ୍ଦର୍ଯ୍ୟର ଆଦର୍ଶ ଶିଳ୍ପୀର ମାନସ ରାଜ୍ୟରେ; ଶିଳ୍ପୀର ମାନସ-ଛାଞ୍ଚରେ ସୃଷ୍ଟି ହୁଏ ଶିଳ୍ପ। ଏଥିପାଇଁ ପ୍ରତ୍ୟେକ ଶିଳ୍ପୀର ସୌନ୍ଦର୍ଯ୍ୟସୃଷ୍ଟି ଅନ୍ୟଠାରେ ସ୍ୱତନ୍ତ୍ର।[୨୩] ନନ୍ଦକିଶୋରଙ୍କ କାବ୍ୟାଦର୍ଶ ରାଧାନାଥଙ୍କଠାରେ ଭିନ୍ନ। ଏହା ତାଙ୍କର ଚିଠିପତ୍ର ଓ ଆଲୋଚନାବଳୀରୁ ପ୍ରମାଣିତ। ସମାଜ ସମକ୍ଷରେ ଆଦର୍ଶ ଚରିତ୍ର ପ୍ରଖ୍ୟାପକ କାବ୍ୟ ଥୋଇଯିବାଲାଗି ଉପରୋକ୍ତ ତିନି କାବ୍ୟରେ ତାଙ୍କର ଶିଳ୍ପଦୃଷ୍ଟି ସଚେତନ ପ୍ରୟାସ କରିଛି।

ସୌନ୍ଦର୍ଯ୍ୟ ସମ୍ବନ୍ଧରେ କବିଙ୍କ ମନରେ ଯେଉଁ ଧାରଣା ଥିଲା, ତାହା ଭାବ-ବିଳାସ ନୁହେଁ, ବାସ୍ତବ ପ୍ରତିଷ୍ଠିତ। ସେ ନାରୀର ଜାୟାରୂପର ଉପାସକ। ତାଙ୍କର ପ୍ରେମ କବିତାର ନାରୀ ପାର୍ଥିବୀ, ଗୃହବଧୂ, ଜଞ୍ଜାଳଗ୍ରସ୍ତା ଓ ସ୍ନେହଶୀଳା; କୌଣସି ଅଲୌକିକ ରାଜ୍ୟର ଅଧିବାସିନୀ ନୁହେଁ। 'ବସନ୍ତ କୋକିଳ' କାବ୍ୟ-ଗ୍ରନ୍ଥରେ ତାଙ୍କର ରୋମାଣ୍ଟିକ ମନର ପରିଚୟ ମିଳିବା ସଙ୍ଗେ ଗାର୍ହସ୍ଥ୍ୟ ପ୍ରେମଚେତନାର ସ୍ୱରୂପ ଏହି ଗ୍ରନ୍ଥରେ ପ୍ରକାଶ ପାଇଛି। ଏହା କବିଙ୍କର ପୂର୍ଣ୍ଣ ଯୌବନର ରଚନା। ଏଥିରେ ତାଙ୍କ ପ୍ରାଣର ଉଦ୍ଦାମତା ଓ ପ୍ରଣୟ-ପିପାସା ଅନୁଭବ କରାଯାଏ।

'ଅର୍ଜୁନୋର୍ବଶୀ'ରେ କବି ସୌନ୍ଦର୍ଯ୍ୟର ମାତୃମୂର୍ତ୍ତିର ବନ୍ଦନା ଗାନ କରିଛନ୍ତି। ଅର୍ଜୁନଙ୍କ ନିକଟକୁ ଅଭିସାର କାଳରେ ଉର୍ବଶୀଙ୍କର ବିଲୋଳ ରୂପରେ ଉନ୍ମାଦନା ଭରିଦେଲେ ମଧ୍ୟ ପରିଣତିରେ ସେ ରୂପର ବ୍ୟର୍ଥତା ପ୍ରମାଣିତା ହୋଇଛି। ଅର୍ଜୁନ ଉର୍ବଶୀଙ୍କୁ ନମସ୍କାର କରି ତାଙ୍କ ପ୍ରେମ ଯାଚନାକୁ ପ୍ରତ୍ୟାଖ୍ୟାନ କରିବାରୁ ଉର୍ବଶୀ ମୂର୍ଚ୍ଛାହତ ହେଲେ ଓ ଚେତନା ଲାଭ କରି ପ୍ରଶ୍ନ କଲେ-

-ତେବେ କିସପାଇଁ
ଦେବସଭା ନୃତ୍ୟେ ଥିଲ ମୋହ ଅଙ୍ଗେ ସତୃଷ୍ଣେ ଅନାଇଁ?
ଅର୍ଜୁନ ଉତ୍ତରଦେଲେ-
କହନ୍ତି ଫାଲଗୁନୀ, "ପୌରବଜନନୀ ଏହି ସୁଲକ୍ଷଣୀ
ଏହି ମନେ କରି ପୂତ ନେତ୍ରେ ଚାହିଁଥିଲି ଗୋ ଜନନି।"

ଏହା ହିଁ ସୌନ୍ଦର୍ଯ୍ୟର ଯଥାର୍ଥ ପୂଜା। ବୀର ଅର୍ଜୁନ ପୌରବଜନନୀଙ୍କର ସୌନ୍ଦର୍ଯ୍ୟ ଅବଲୋକନ କରି ମନେ ମନେ ବିସ୍ମିତ ହୋଇଥିଲେ। ଉର୍ବଶୀ ତାଙ୍କର

ପବିତ୍ର ଦୃଷ୍ଟିପାତ ଓ ସୌନ୍ଦର୍ଯ୍ୟ-ସନ୍ଦର୍ଶନକୁ ଭ୍ରମରେ କାମନାମୂଳକ ମନେ କରିଛନ୍ତି। ଏହି ପ୍ରତ୍ୟାଖ୍ୟାନର ପୁରସ୍କାର ସ୍ୱରୂପ ଅର୍ଜୁନ ଅଭିଶପ୍ତ ହେଲେ ମଧ୍ୟ ଉତ୍ତର ଦେଇଛନ୍ତି-

ପୁଣ୍ୟ ପୁରସ୍କର୍ତ୍ତା ପାପ ଦଣ୍ଡଦାତା ଅଛନ୍ତି ବିଧାତା
ଆଶୀର୍ବାଦ କରି ଅଧମ ସନ୍ତାନେ ଯାଅ ଫେରି ମାତା।

ତେଣୁ ନିର୍ମଳ ସୌନ୍ଦର୍ଯ୍ୟ ସନ୍ଦର୍ଶନ କରିବା କୌଣସି ପାପର କଥା ନୁହେଁ, କିଏ କିପରି ଦେଖୁଛି ତାହାରି ଉପରେ ନିର୍ଭର କରେ ସୌନ୍ଦର୍ଯ୍ୟ-ସମ୍ଭୋଗର ଫଳାଫଳ,- "ରମଣୀ ରୂପଲାବଣ୍ୟରେ ଆବିଳତା ଥାଇପାରେ, ତାହା ଲାବଣ୍ୟର ଦୋଷ ନୁହେଁ, ଦୋଷ ଦର୍ଶକର। କଳଙ୍କିତ ପ୍ରାଣ ଭାବ-ଯୋଗ ଦ୍ୱାରା ସ୍ୱର୍ଗ ସଙ୍ଗରେ ନରକକୁ ସଂଯୋଗ କରେ।"(୨୪) ଏହି ଭାବ-ଯୋଗ ଦ୍ୱାରା ବେଶ୍ୟା-ସୌନ୍ଦର୍ଯ୍ୟରେ ମଧ୍ୟ ଜନନୀତ୍ୱ ସନ୍ଦର୍ଶନ କରାଯାଇପାରେ।

ନନ୍ଦକିଶୋର ଭୋଗବୈଫଲ୍ୟବାଦ ଓ ଜାଗତିକ ନଶ୍ୱର ଦେହ-ସୌନ୍ଦର୍ଯ୍ୟ ସମ୍ବନ୍ଧରେ ଅନେକତ୍ର ମତବ୍ୟକ୍ତ କରିଛନ୍ତି। ଯୌବନହିଁ ରୂପତୃଷ୍ଣାର କାଳ। ଯୁବାକାଳ ଗତ ହେଲେ ରୂପ ମଉଳିଯାଏ। ମାନବୀୟ ସୌନ୍ଦର୍ଯ୍ୟ ଜରା ମରଣର ଅଧୀନ। ବ୍ୟାଧି-ଜରା-ମୃତ୍ୟୁ ହସ୍ତରେ ତାହା ବିକଳତା ପ୍ରାପ୍ତ ହୁଏ। ଦୈହିକ ରୂପର ଅନିତ୍ୟତା ଓ ଜାଗତିକ ସୌନ୍ଦର୍ଯ୍ୟର ଅସ୍ଥିରତା ସମ୍ବନ୍ଧରେ ସ୍ଥାନକାଳପାତ୍ର ଅନୁସାରେ କବିଙ୍କର ଭାବନା ପ୍ରକାଶ ପାଇଛି। ତାଙ୍କର ଡାମରାକାଉ ସୁହାଗିନୀ ନାରୀର ଝିଙ୍ଗାସରେ ତାହାକୁ ସୁନ୍ଦର ଅସୁନ୍ଦରର ତତ୍ତ୍ୱ ଜାଗତିକ ନଶ୍ୱରତା ଦୃଷ୍ଟିରୁ ଶୁଣାଇଛି-

ଆସିବ ନିଦାଘ ଯିବ ତ ମଧୁ
କାହିଁ ଉଡିଯିବ ତୋ ପିକବଧୂ।
ଜୀବନ ଦୁର୍ଦ୍ଦିନେ ବଢ଼ିବ ଦକ
କାହିଁ ଥିବ ତୋର ଚାଟୁ ଗାୟକ ?
କିଏ ଅସୁନ୍ଦର କିଏ ସୁନ୍ଦର
ଘୋର ଭ୍ରାନ୍ତି ଗର୍ତ୍ତେ ପଡ଼ିଛୁ ନର।
ଚର୍ମ ଦିଶେ ସିନା ସୁନ୍ଦର ସାର
ଦେଖ ତା ଭିତରେ କି ନାରଖାର।
ତୋରା ଗୋରା ଦିଶେ ଆଜିରେ ଯାହା
କି ବିଷାଦମୟ ଚରମେ ତାହା।(୨୫)

ପିକ-ବଚନ ମଧୁର ବୋଲି ସୁହାଗିନୀ ନାରୀ କହିଥିଲା। ତେଣୁ ଡାମରାକାଉର ଏହି ନିଷ୍ଠୁର ସତ୍ୟ-କଥନ। ପିକ-ମଧୁର ବଚନ କହିଲେ ମଧ୍ୟ ଅସତ୍ୟ କହେ; କାକ

କଠୋର ହେଲେ ମଧ୍ୟ ସତ୍ୟ-ଭାଷୀ। ସଂସାରୀ ଲୋକର କଳ୍ପନା-ଲୋକରେ ଏହି ସତ୍ୟର ଡାକ ପହଞ୍ଚିପାରେ ନାହିଁ। କାରଣ ସେ କହେ-

ପ୍ରେମ ଡୋରି ମୋର ପରାଣ ନାଡ଼ି
ପ୍ରାଣ ଥାଉଁ ତାହା କେ ପାରେ କାଢ଼ି ?

ଶର୍ମିଷ୍ଠା ମୁଖରେ କବି ରୂପଜ-ପ୍ରୀତିର ନିନ୍ଦା କହିଛନ୍ତି-

ଏ ଜଗତ ଆହା ଚର୍ମବର୍ଣ୍ଣ ବାଇ
ଯାହା ଦେଖେ ଭବେ ନିତି
କାମ ଭୋଗ ତୃଷ୍ଣା ରୂପଜ ମୋହ ସେ,
ନୁହଇଁ ନିଃସ୍ୱାର୍ଥ ପ୍ରୀତି।

ଯୌବନର ସୌନ୍ଦର୍ଯ୍ୟକୁ ସେ ସାର ସୌନ୍ଦର୍ଯ୍ୟ କହିନାହାନ୍ତି। ତାହା ଉତ୍ତଳା, ସଂଯମ-ବିହୀନା ଓ କୂଳଙ୍କଷା। ପରିଣାମ ପ୍ରତି ଦୃଷ୍ଟି ନଦେଇ ଯୁବା ଯଉବନୀ ଏହି କାଳରେ ସ୍ୱ ସ୍ୱ ସୌନ୍ଦର୍ଯ୍ୟ ସମ୍ପଦ ପ୍ରଦର୍ଶନରେ ବିଷମ ଉନ୍ମାଦନାର ଅଧୀନ ହୋଇଥାନ୍ତି। ଯୌବନର କାମନାକ୍ଷୁବ୍ଧ ପ୍ରେମରେ ତୃପ୍ତି ନାହିଁ। ତାହା ଆବିଳ, ସ୍ୱାର୍ଥ ପ୍ରଣୋଦିତ ଓ ଅନିତ୍ୟ। ଯେଉଁ ପ୍ରେମ ଦିବ୍ୟ, ସେଥିରେ ଦେହଭୋଗର କାମନା ତୀବ୍ର ନୁହେଁ। ଦେହଦେହଳୀ ନିକଟରେ ଯେଉଁ ପ୍ରେମ ମୁଣ୍ଡ ପିଟେ, ତାହା କାଳକୂଟ; ତାହା ଜୀବନଦାୟିନୀ ନୁହେଁ, ହୃଦୟନାଶା ଓ କର୍ମନାଶା। ନିଃସ୍ୱାର୍ଥ-ପ୍ରୀତିରେ ଦେହଭୋଗ ପାଇଁ ବଳବତୀ କାମନା ନଥାଏ। ସଂଯମ ଓ ତିତିକ୍ଷା ବଳରେ ଭୋଗାକାଂକ୍ଷାକୁ ଦମନକଲେ ପ୍ରେମର ଶାଶ୍ୱତ ମୂଲ୍ୟ ଅବଧାରିତ ହୁଏ। କଳୁଷିତ ଦୃଷ୍ଟିରେ ସୌନ୍ଦର୍ଯ୍ୟର ଆଧାର ମ୍ରିୟମାଣ ହୋଇଯାଏ। କବି କାମ ଓ ପ୍ରେମ ମଧ୍ୟରେ ତୁଳନା ଦେଇ ଶର୍ମିଷ୍ଠା ମୁଖରେ କୁହାଇଛନ୍ତି-

ପୀରତି ସ୍ୱର୍ଗୀୟ କାମ ନାରକୀୟ
କାମ ନୁହେଁ ପ୍ରେମ ସରି
କାମ ପ୍ରେମ ମଧ୍ୟେ ପ୍ରଭେଦ ବିଶେଷ
ସ୍ୱରଗ ନରକ ପରି।
କାମ ଅମାନିଶା, ଘନକୃଷ୍ଣଧ୍ୱାନ୍ତ
ପ୍ରେମ ପୂର୍ଣ୍ଣେନ୍ଦୁ କିରଣ
କାମ ପ୍ରାବୃଟର ଘୋର ଘନ,
ପ୍ରେମ ପୂର୍ଣ୍ଣେନ୍ଦୁ କିରଣ
କାମ ପ୍ରାବୃଟର ଘୋର ଘନ,

ପ୍ରେମ ଶାରଦ ଚନ୍ଦ୍ରିକା ବନ।
କାମ ନିଦାଘର ଖର ରୌଦ୍ର ତାପ
ପ୍ରେମ ଜ୍ୟୋସ୍ନା ଶରତର
କାମ ଅଟେ ଘୋର କୃଷ୍ଣବର୍ଣ୍ଣ,
ପ୍ରେମ ସ୍ୱଚ୍ଛ ଶୁଭ୍ର ପବିତର।[୨୬]

ନାରଦ ଯଯାତିଙ୍କୁ ଉପଦେଶ ଦେଇଛନ୍ତି-ପ୍ରବୃତ୍ତି ଆପାତଃ ସୁନ୍ଦର, ନିବୃତ୍ତି ପରିଣାମରେ ସୁଖଦ। ତେଣୁ ପ୍ରେୟ ନୁହେଁ, ଶ୍ରେୟ ହିଁ ବରଣୀୟ। ତୃଷ୍ଣା କୁରୂପ, ପକ୍ଷାନ୍ତରେ ସଂଯମ ବିଳାସ ପ୍ରତି ବିତୃଷ୍ଣାଜାତ କରି ଆତ୍ମ-ପ୍ରସାଦନ ସମ୍ପାଦକ କରେ ଓ ପରିଣାମରେ ମହାସୁଖ ଭୁଞ୍ଜାଏ।

ଦେବଯାନୀର ପ୍ରେମ ଶରୀରାସକ୍ତିମୂଳକ, କାମନାପିହିତ ଓ ସ୍ୱାର୍ଥସଙ୍କୁଳ। ଶର୍ମିଷ୍ଠା ଦୂରରୁ ଯଯାତିଙ୍କୁ ପ୍ରୀତିଅର୍ଘ୍ୟ ନିବେଦନ କରି ଚିରନ୍ତନ ପ୍ରୀତି-ମାଧୁରୀ ଉପଭୋଗ ନିମନ୍ତେ ଆକାଂକ୍ଷୀ। ଅନ୍ତତଃ କବିଙ୍କ ଆଦର୍ଶ ରକ୍ଷା ନିମନ୍ତେ ସେ ନିଷ୍କାମ ପ୍ରେମମୟୀ ହେବାକୁ ବାଧ୍ୟ ହୋଇଛି। ସେ ଉପଲବ୍ଧି କରିଛି-

ଅଙ୍ଗ-ଭୋଗ-ଆଶା ନ ପୋଷଇ ମୁହିଁ
ମିଳନ ସମ୍ଭୋଗେ ପ୍ରୀତି।
ପ୍ରଣୟ-କୁସୁମ ଛୁଇଁଲେ ମଉଳେ
ଚିରନ୍ତନ ପ୍ରୀତି ରୀତି।
ପ୍ରୀତି ଦିବ୍ୟ ପକ୍ଷୀ କାମନା-ଜମ୍ୱାଳେ
ନ ପାରଇ ତାହା ରହି
ସ୍ୱାର୍ଥ ହାତ ଦେଲେ ପ୍ରୀତି ଲଜ୍ଜାବତୀ-
ଲତା ଝାଉଁଳି ପଡ଼ଇ।[୨୭]

କାମହିଁ ସୌନ୍ଦର୍ଯ୍ୟର ଆଦି-ପ୍ରେରଣା। ଏହା ପ୍ରତ୍ୟେକ ଜୀବିଠାରେ ସ୍ୱାଭାବିକ ପ୍ରବୃତ୍ତି ରୂପେ ବିଦ୍ୟମାନ। ମାତ୍ର ତା'ର ଉତ୍ତରଣ ଘଟେ ନିର୍ମଳ ନିଃସ୍ୱାର୍ଥ ଦେହହୀନ ପ୍ରୀତିରେ। ଦେହକୁ ଆଶ୍ରୟ କରି ଦେହାତୀତ ଅପାର୍ଥିବ ସୌନ୍ଦର୍ଯ୍ୟଜଗତରେ ପ୍ରବେଶ କଲେ ପ୍ରୀତି-କୁସୁମର ସୌରଭରେ ପ୍ରାଣ ପୂରିଉଠେ। ନନ୍ଦକିଶୋର ତନୁ ଓ ମନ ଉଭୟର ଉପାସନା କରିଥିଲେ ହେଁ ମାନସ-ସୌନ୍ଦର୍ଯ୍ୟକୁ ଉଚ୍ଚ ସ୍ଥାନ ଦେଇଛନ୍ତି-

ସୁବିମଳ ଗଣ୍ଡସ୍ଥଳ, ବିଲୋଳ ନୟନ
ତଦୁପରି ଘନ ସାନ୍ଦ୍ର ଚିକୁର ଶୋଭନ

କହନ୍ତି ସେ ପ୍ରେମ-ରାଜ୍ୟ-ରହସ୍ୟ କାହାଣୀ
ତନୁ ପ୍ରଚାରଇ କେଉଁ ପ୍ରେମରାଜ୍ୟ ବାଣୀ ?
ତନୁ ତଳେ ଅନ୍ତରର ପ୍ରେମରାଜ୍ୟ ଛବି
ଆଭାସ ପାଇଣ ମୁଗ୍ଧ ବିଶ୍ୱେ କୋଟି କବି।
ଗନ୍ଧେ ଆମୋଦିତ ତନୁ ଏମନ୍ତ ସୁନ୍ଦର
ମାନସ କୁସୁମ ଆହା କି ସୁନ୍ଦରତର।(୨୮)

ରମଣୀତନୁ ନିଖିଳ ସୌନ୍ଦର୍ଯ୍ୟର ଆଗାର। ଏପରିକି ପ୍ରାକୃତିକ ବସ୍ତୁଠାରୁ ମଧ୍ୟ ତାହା ସୁନ୍ଦରତର। ତନୁର ଲାବଣ୍ୟ ହେୟ ନୁହେଁ। ସକଳ ରୂପର ଅପଚୟ ଅଛି, ତଥାପି ତରୁଣୀସୌନ୍ଦର୍ଯ୍ୟର ଅପାପବିଦ୍ଧତା ଜଗତର କୋଟି କୋଟି କବିଙ୍କ କାବ୍ୟରେ ବିଘୋଷିତ ହୋଇଛି।(୨୯) ଭୋଗତୃପ୍ତି ନିମନ୍ତେ ନାରୀର ସୌନ୍ଦର୍ଯ୍ୟ ଉଦ୍ଦିଷ୍ଟ ନୁହେଁ। ତେଣୁ ବିଶ୍ୱର କବିମଣ୍ଡଳୀ ତନୁ ତନିମାର ବନ୍ଦନା ଗାଇବା ସଙ୍ଗେ ତନୁ ତଳେ ଅସୀମ ମାନସ-ସୌନ୍ଦର୍ଯ୍ୟର ଆକଳନ କରିଥାନ୍ତି। ଦେହ ସୋପାନ ମାତ୍ର; ତହିଁରୁ ଅଦେହ ସୌନ୍ଦର୍ଯ୍ୟ ଆଡ଼କୁ ଗତି କଲେ ସୌନ୍ଦର୍ଯ୍ୟର ପୂର୍ଣ୍ଣତାରେ ପ୍ରାଣ ପୂରିଉଠେ। ଦେହ ହେୟ ନୁହେଁ; ମାତ୍ର ଦେହକୁ ଅତିକ୍ରମ କରି ନଗଲେ ଏହା ମହାନ୍ ସୌନ୍ଦର୍ଯ୍ୟଲୋକ ଆମ ଦୃଷ୍ଟିର ଅନ୍ତରାଳରେ ରହିଯାଏ।

ନନ୍ଦକିଶୋରଙ୍କର ରସ-ବୁଭୁକ୍ଷା ପଲ୍ଲୀବଧୂର ଲଜ୍ଜାନମ୍ର ସରଳ କମ୍ର ମୁଖ ଓ ପେଷଳ ଦେହଲତାର ଆଶ୍ରୟରେ ତୃପ୍ତି ଲଭିଥିଲା । ତାଙ୍କ କବିତାରେ ପଲ୍ଲୀ ଓ ପଲ୍ଲୀବାଳା ଉଭୟେ ଏକ ଶୁଚିଶୁଭ୍ର ସୌନ୍ଦର୍ଯ୍ୟ ରାଗରେ ଉଦ୍‌ଭାସିତା । ପଲ୍ଲୀର ବିଜନ ଉପବନରେ ପଲ୍ଲୀକନ୍ୟାର ସରଳ ଆନନ ଓ ଯୌବନର ପ୍ରେମମଧୁବୋଳା ପଲ୍ଲୀବଧୂର ସରଳ ଅପାଙ୍ଗ ତାଙ୍କ ଦୃଷ୍ଟିରେ ମାୟାର ଅଞ୍ଜନ ବୋଳିଛି । ସ୍ୱର୍ଣ୍ଣଗୋରୀ ବିପ୍ରନାରୀମାନଙ୍କର ପ୍ରାତଃ ସ୍ନାନ ସମାପନାନ୍ତେ ଜଳାର୍ଦ୍ରବସନରେ ଗୃହ ପ୍ରତ୍ୟାବର୍ତ୍ତନର ଦୃଶ୍ୟ, ଜାନପଦବଧୂଙ୍କର ମୁଗ୍ଧ ଆନତ ନେତ୍ର, ରାଣୀଫୁଲ ପରି ଜହ୍ନ ପଡ଼ିଥିବା ରାତିରେ ପଲ୍ଲୀ ସୀମନ୍ତିନୀମାନଙ୍କର ସୁଖାଳାପ, ପଲ୍ଲୀସନ୍ଧ୍ୟାରେ ତୁଳସୀ ଚଉରାମୂଳେ ସନ୍ନତାଙ୍ଗୀ ଦୀପାନ୍ୱିତା ପଲ୍ଲୀବଧୂ, ଶୀତ ସକାଳେ ଗ୍ରାମପଥରେ ଉଷାସମ ଏକୁଟିଆ ନବବଧୂ, ପଲ୍ଲୀକୁମାରୀର ନିସର୍ଗ-ଲାବଣ୍ୟ କବିଙ୍କ ରମ୍ୟବୋଧର ଉଜ୍ଜ୍ୱଳ ଦୃଷ୍ଟାନ୍ତ। ଅରାଳଭ୍ରୂଲତା-ଯୁକ୍ତାନାରୀ କବିଙ୍କର ବିରହିଣୀ ନାୟିକାର ପ୍ରତିମାନ। ମାତ୍ର ନନ୍ଦକିଶୋରଙ୍କର ରୂପ-ଦୃଷ୍ଟିରେ ସୁକୁମାରତା ସହିତ ଅଶ୍ରୁଘନ ଅନ୍ତରର ସ୍ପର୍ଶ ଅନୁଭବ କରାଯାଏ। ଶାନ୍ତରସ ସହିତ ସ୍ୱକୀୟ ସୌନ୍ଦର୍ଯ୍ୟପ୍ରୀତିର ମିଶ୍ରଣ ଘଟାଇ ସେ "ଦୁଗ୍ଧ ଫୁଲବନ" ନାମକ କବିତାରେ ବିବରା ରମଣୀର ଯେଉଁ ରୂପ ଆଙ୍କିଛନ୍ତି, ତାହା କରୁଣ ବିଷାଦମୟ। କବି

ବିଷାଦ-ସୌନ୍ଦର୍ଯ୍ୟବୋଲା ରୂପ ପ୍ରତି ନିଜର ସ୍ୱାଭାବିକ ଅନୁରାଗ ଓ ଆକର୍ଷଣର କଥା ଅନ୍ୟତ୍ର କହିଛନ୍ତି-

ବିଷାଦର ଛାୟା ଯେଉଁ ଯୌବନେ ଫଳିତ
ସେ ଗମ୍ଭୀର ମୂର୍ତ୍ତି କିନ୍ତୁ ଆକର୍ଷେ ମୋ ଚିତ୍ତ। (୩୦)

ଓଡ଼ିଆ ଲଳନାର ନିସର୍ଗ ସୁନ୍ଦର ତନୁ ଦେଶାଚାରର ନିଗଡ଼ ମଧ୍ୟରେ ଅନାବଶ୍ୟକ ଅଳଙ୍କାର ବହନ କରି ସ୍ୱାଭାବିକ ସୁଷମା ହରାଇ ବସିଥିବା ଦେଖି ସେ ବ୍ୟଥା ପାଇଛନ୍ତି। "ଜେମାଦେଈ" କବିତାରେ ତାଙ୍କର ସମ୍ବେଦନଶୀଳ ହୃଦୟ ବାଳବିଧବାର ଅଶ୍ରୁ ଭାରାକ୍ରାନ୍ତ ଜୀବନଗାଥା ଗାନ କରିଛି।

ପଲ୍ଲୀଜୀବନର ସୁଖ ଦୁଃଖ ଭିତରେ ସତ୍ୟ ଓ ନୀତିର ଅନ୍ୱେଷଣ ବହୁ ସମୟରେ ତାଙ୍କ କବିତାର ସାରଲ୍ୟ ଓ ସହଜ ସ୍ୱରକୁ ବ୍ୟାହତ କରିଛି। 'ଡାମରାକାଉ' ଭଳି ବହୁ କବିତାରେ ସେ ନିରର୍ଥକ ଦାର୍ଶନିକତା ବାଢିଛନ୍ତି। ତାଙ୍କର ଡାମରାକାଉ ଜଣେ ଦାର୍ଶନିକ ଭଳି ପଲ୍ଲୀ ସହର, ନଗର, ଶିକ୍ଷାଳୟ ଓ ବିରହିଣୀମାନଙ୍କ ନିକଟରେ ଜୀବନର ଜଟିଳ ତତ୍ତ୍ୱ ବାଢ଼ିଛି।

ରାଧାନାଥଙ୍କ ଜୀବନର ଦୁଃଖବୋଧ ତାଙ୍କ କାବ୍ୟର ସୁନ୍ଦରବୋଧକୁ ଗ୍ରାସ କରିନାହିଁ। ସେହି ଅଂଶଗୁଡିକ ରାଧାନାଥଙ୍କ କାବ୍ୟରେ ଆତ୍ମଦର୍ଶନ ମାତ୍ର। ନନ୍ଦକିଶୋର ଅଦରକାରୀ ଭାବେ ଦୁଃଖ ବିଷାଦ ନଶ୍ୱରତାର ସ୍ୱର ଶୁଣାଇ କାବ୍ୟରେ ସୁନ୍ଦର ସ୍ପର୍ଶକୁ ନିଷ୍ପ୍ରଭ କରିଛନ୍ତି। ଏହା ସୁସ୍ଥ ମନୋଭାବ ନୁହେଁ। ବିଷାଦିତ ହୃଦୟରେ ଜଗତ୍ ଓ ଜୀବନର ସକଳ ବିଭାବକୁ ଲକ୍ଷ୍ୟ କରିବା ଜଣ ଜଣକର ସ୍ୱଭାବ ସିଦ୍ଧ ହେଲେ ହେଁ ତା'ହାତରୁ ମୁକ୍ତ ନହେଲେ ତାହା ଏକପ୍ରକାର ରୁଗ୍‌ଣତାରେ ପରିଣତ ହୋଇ ଅନାବଶ୍ୟକ ରୂପେ ପ୍ରତୀତ ହୁଏ।

ଗଙ୍ଗାଧର ମେହେର

ସାହିତ୍ୟର ସୁରୁଚି, ସୁନୀତି ଓ ଆଦର୍ଶ ଉପରେ ମଧୁସୂଦନ ଓ ବିଶ୍ୱନାଥ କର ଆଦି ନୀତିବାଦୀ ଶୁଦ୍ଧଭାବାପନ୍ନ ସାହିତ୍ୟିକମାନେ ଯେଉଁ ଗୁରୁତ୍ୱ ଆରୋପ କରିଥିଲେ, ନନ୍ଦକିଶୋର ଓ ଗଙ୍ଗାଧର ସେହି ଆଦର୍ଶ-ପ୍ରତିଷ୍ଠାର ସଦ୍ୟଫଳ। "ଆଦର୍ଶ ସୁନ୍ଦର କାବ୍ୟ" ଲେଖିବାକୁ ନନ୍ଦକିଶୋର ଯେଉଁ ଆହ୍ୱାନ ଦେଇଥିଲେ, ତାହା ତାଙ୍କର ସମକାଳରେ ସଫଳ ରୂପେ ଅନୁସୃତ ହୋଇଥିଲା ଗଙ୍ଗାଧରଙ୍କ କାବ୍ୟାବଳୀରେ। ଗଙ୍ଗାଧରଙ୍କ ଉପରେ ନନ୍ଦକିଶୋରଙ୍କ ପ୍ରଭାବ ଅସ୍ୱୀକାର କରିହେବ ନାହିଁ। ରାଧାନାଥଙ୍କ କାବ୍ୟ-ପ୍ରେରଣା ଓ ନନ୍ଦକିଶୋରଙ୍କ ଆଦର୍ଶ-ପ୍ରେରଣା-ଉଭୟ ଗଙ୍ଗାଧରଙ୍କ କାବ୍ୟ-ସୃଷ୍ଟି ମୂଳରେ କାର୍ଯ୍ୟ

କରିଥିଲା । ରାଧାନାଥ ଥିଲେ ଗଙ୍ଗାଧରଙ୍କ ଦୃଷ୍ଟିରେ ସ୍ୱୟଂ କାବ୍ୟ-"କାବ୍ୟ ହିଁ ଗଲେଣି କାବ୍ୟ ରଚିବାକୁ ରାଧାନାଥ ନାମ ବହି"(୩୧)-କାବ୍ୟକାର ରାଧାନାଥଙ୍କୁ ସେ କି ଉଚ୍ଚ ସମ୍ମାନ ଦେଉଥିଲେ ଏହି ପଦଟି ତାହାରି ବଳିଷ୍ଠ ପ୍ରମାଣ । ତାଙ୍କର ଦୁଇଖଣ୍ଡି କାବ୍ୟ ରାଧାନାଥଙ୍କର ମୁଖବନ୍ଧ ସ୍ୱରୂପ ମନ୍ତବ୍ୟଲେଖ ବହନ କରିଛି । ତେବେ ନନ୍ଦକିଶୋରଙ୍କ କାବ୍ୟାଦର୍ଶ, ଯାହାକି ଆଦର୍ଶ-ପ୍ରତିଷ୍ଠିତ ଓ ସୁରୁଚି-ପ୍ରଖ୍ୟାପକ, ଗଙ୍ଗାଧରଙ୍କ ଦ୍ୱାରା ଆନୁପୂର୍ବିକ ଗୃହୀତ ହୋଇଥିଲା । 'କୀଚକବଧ' ପ୍ରକାଶ ପାଇବା ପରେ ନନ୍ଦକିଶୋର ଗଙ୍ଗାଧରଙ୍କୁ ଏକ ପତ୍ରରେ ଲେଖିଥିଲେ, "ଉତ୍କଳ ସାହିତ୍ୟରେ ଆଦର୍ଶ ଚରିତ୍ର-ଚିତ୍ରଣ ନାହିଁ କହିଲେ ଚଳେ । କବିବର ରାଧାନାଥଙ୍କ ରତ୍ନାବଳୀର ଭଣ୍ଡାର 'ଗ୍ରନ୍ଥାବଳୀ'ରେ ଯେଉଁ ଅଭାବ ରହିଯାଇଛି, ତାହାର ପ୍ରପୂର୍ତ୍ତି କିପରି ହେବ ? 'କୀଚକବଧ' ଯୁବକଯୁବତୀମାନଙ୍କ ହସ୍ତରେ ଦିଆଯିବା ପକ୍ଷରେ କାହାରି କାହାରି ଆପତ୍ତି ହୋଇପାରେ । ତହିଁରେ ପ୍ରଣୟ, ପାପ-ପ୍ରଣୟ ବର୍ଣ୍ଣନା ସଙ୍ଗେ ତଜ୍ଜନିତ ବିଷମୟ ଫଳର ବର୍ଣ୍ଣନା ଥିଲେ ହେଁ ପଢୁପଢୁ ଅପରିପକ୍ୱ ଚରିତ୍ର ଓ ଅଗଠିତ ମନରେ ବିକାରର ଆବିର୍ଭାବ କିମ୍ବା ଛାୟାପାତ ହୋଇପାରେ । ନାରୀପ୍ରଣୟ ବ୍ୟତୀତ ମାନବ-ଚରିତ୍ରର ଅନ୍ୟ ମହତ୍‌ଭାବ କିମ୍ବା ନିର୍ମଳ ସଞ୍ଜାତ ପ୍ରଣୟ-ଚିତ୍ର ଦ୍ୱାରା ପବିତ୍ରୀକୃତ କାବ୍ୟର ଅଭାବ ଉତ୍କଳ ସାହିତ୍ୟରେ ଅଛି । 'ଚିଲିକା', 'ମହାଯାତ୍ରା'ରେ ଯେପରି ପ୍ରକୃତି ଚିତ୍ରଣର ପରାକାଷ୍ଠା ପ୍ରଦର୍ଶିତ ହୋଇଅଛି, ସେହିପରି ମାନବ ଚରିତ୍ର ଚିତ୍ରଣର ଉଚ୍ଚ ଆଦର୍ଶ କିଏ ପୂରଣ କରିବ ?"(୩୨) ଏହି 'ମାନବ ଚରିତ୍ର ଚିତ୍ରଣର ଉଚ୍ଚ ଆଦର୍ଶ' ଓ 'ନିର୍ମଳ ସଞ୍ଜାତ ପ୍ରଣୟ-ଚିତ୍ର' ପ୍ରଦାନ କରିବା ପାଇଁ ତ୍ୟାଗର କେତନ ଧରି ଓଡ଼ିଆ କାବ୍ୟ-କ୍ଷେତ୍ରରେ ଅବତରଣ କରିଥିଲେ ନନ୍ଦକିଶୋରଙ୍କ ସୀତା-ଶର୍ମିଷ୍ଠା-କୃଷ୍ଣକୁମାରୀ; ଗଙ୍ଗାଧରଙ୍କ ରାମ ସୀତା, ଦୁଷ୍ମନ୍ତ ଶକୁନ୍ତଳା, ଅଜଇନ୍ଦୁମତୀ ଓ ପଦ୍ମିନୀ ଆଦି ନାୟକନାୟିକାଗଣ । ଏ ଶୋଭାଯାତ୍ରାର ନରନାରୀଙ୍କର ଲକ୍ଷ୍ୟ ଥିଲା ଆଦର୍ଶ ପ୍ରତିଷ୍ଠା, ଆତ୍ମଦାନ ଓ ସ୍ୱାର୍ଥତ୍ୟାଗ । ଭୋଗ ନୁହେଁ, ତ୍ୟାଗ ହିଁ ସେମାନଙ୍କର ଜୀବନର ମୂଳମନ୍ତ୍ର । ଏମାନେ ଆଦର୍ଶ ରାଜଧର୍ମ, ସ୍ୱାମୀତ୍ୱ, ପାତିବ୍ରତ୍ୟ ଓ ସତୀତ୍ୱର ପରାକାଷ୍ଠା ପ୍ରଦର୍ଶନ କରି ପ୍ରାଚୀନ ଭାରତୀୟ ଜୀବନବୋଧର ଉଜ୍ଜ୍ୱଳ ଓ ମହତ୍ତର ଦିଗ ପ୍ରତି କାବ୍ୟପ୍ରେମୀମାନଙ୍କୁ ଆକୃଷ୍ଟ କରିବା ସଙ୍ଗେ ରାଧାନାଥୀ କାବ୍ୟ-ନାୟକ-ନାୟିକାଙ୍କୁ ଆକ୍ଷେପ କଲେ । ପରବର୍ତ୍ତୀ ସତ୍ୟବାଦୀ କାବ୍ୟରେ ଏ ଇଙ୍ଗିତ ଓ ଆକ୍ଷେପ ଆହୁରି ତୀବ୍ର ହୋଇଉଠିଲା ।

କାବ୍ୟ-ରଚନାରେ ଗଙ୍ଗାଧର ଏକ ପ୍ରଭାବପୁଷ୍ଟ ବ୍ୟକ୍ତିତ୍ୱ । ତାଙ୍କର ଯେ ମୌଳିକତା ନଥିଲା, ତା'ନୁହେଁ; ସେ ପ୍ରଥମେ ପ୍ରଭାବିତ, ତା'ପରେ ମୌଳିକ ହେବାକୁ

ପ୍ରୟାସ କରୁଛନ୍ତି। 'ରସ ରତ୍ନାକର'ର କବି ରୀତି-ପ୍ରଭାବରୁ ମୁକ୍ତ ହେବାକୁ ଆପ୍ରାଣ ଉଦ୍ୟମ କରିଥିଲେ ହେଁ କାବ୍ୟରେ ସେହି ରୀତି-ମାନସ ସ୍ପଷ୍ଟ ଉଚ୍ଚାରିତ ଓ ପ୍ରତିଫଳିତ। ରୀତି-କାବ୍ୟସୁଲଭ ଉକ୍ତି-ବୈଚିତ୍ର୍ୟ ତାଙ୍କ କାବ୍ୟରେ ଯତ୍ରତତ୍ର ଦୃଷ୍ଟିରେ ପଡ଼େ। ବ୍ୟାସ-ବାଲ୍ମୀକି-କାଳିଦାସ-ଭବଭୂତି ପ୍ରଭୃତି ସଂସ୍କୃତ କବିମାନେ ଯେପରି ତାଙ୍କ କଳ୍ପନାର ଚିର ସହଚର, ଉପେନ୍ଦ୍ର ପ୍ରମୁଖ ପ୍ରାଚୀନ ଓଡ଼ିଆ କବି ଓ ରାଧାନାଥ-ମଧୁସୂଦନ-ନନ୍ଦ-କିଶୋର ପ୍ରଭୃତି ଆଧୁନିକ କାବ୍ୟକାରମାନେ ସେହିପରି ତାଙ୍କର ସୃଷ୍ଟି-ମାନସକୁ ପ୍ରେରଣା ଯୋଗାଇଥିଲେ। ଗଙ୍ଗାଧରଙ୍କ ସାହିତ୍ୟକୁ ତାଙ୍କରି ଭାଷାରେ ସାମାନ୍ୟ ପରିବର୍ତ୍ତନ ସହ କୁହାଯାଇପାରେ-

ପ୍ରାଚୀନ ଭାରତୀ ନବୀନେ ଯେସନ
ମିଶ୍ରିତ କରିଛି ନିଜ ଅପଘନ। [୩୩]

ରାଧାନାଥ 'କୀଚକବଧ'ରେ ମନ୍ତବ୍ୟ ଦେଇଥିଲେ, "ପ୍ରାଚୀନ କାହାଣୀକୁ କବି ଗଙ୍ଗାଧରଙ୍କର ରସମୟୀ ଲେଖନୀ ସମ୍ପୂର୍ଣ୍ଣ ନୂତନ ମୂର୍ତ୍ତିରେ ସାଧାରଣଙ୍କ ସମ୍ମୁଖରେ ଉପସ୍ଥାପିତ କରିଅଛି। ପୁରାତନରେ ନୂତନତା ଏବଂ ଆହୃତରେ ମୌଳିକତା ପ୍ରତିଫଳିତ କରିବାର ପ୍ରତିଭାର ବିଧିପ୍ରତିପାଦିତ ଅଧିକାର ଅଟେ।"[୩୪] ଗଙ୍ଗାଧରଙ୍କ ଦୃଷ୍ଟି ପ୍ରାଚୀନ ଭାରତବର୍ଷର ଗୌରବମୟ ଅଧ୍ୟାୟଗୁଡିକର ନିବଦ୍ଧ ଥିଲା। ତାଙ୍କର କାବ୍ୟରୁଚି ନୂତନ; ମାତ୍ର ସ୍ୱର ପୁରାତନ। ଭାରତର ପୁରାଣୈତିହାସବନ୍ଦିତ ଘଟଣା ଓ ଚରିତ୍ରମାନଙ୍କରେ ତଥା ଆର୍ଯ୍ୟଜୀବନ ଚିତ୍ରରେ ସେ ଦେଖିବାକୁ ପାଇଥିଲେ ନିଜ ସୃଷ୍ଟିମାନସର ଯଥାର୍ଥ ପ୍ରତିବିମ୍ବନ। ତେଣୁ ଆଧୁନିକକାଳରେ କାବ୍ୟ ସୃଷ୍ଟି କରିବାକୁ ଯାଇ ସେ ଭାବର ସରଳତା ଓ ଭାଷାର ପ୍ରାଞ୍ଜଳତା ଦୃଷ୍ଟିରୁ ଆଧୁନିକ ହେବାକୁ ଚେଷ୍ଟା କରିଥିଲେ ହେଁ ବିଷୟନିର୍ବାଚନ ଦୃଷ୍ଟିରୁ ପ୍ରାଚୀନ ପ୍ରତି ଥିଲେ ଅନୁରକ୍ତ। ଜାତୀୟ ସାହିତ୍ୟ ଓ ଭାଷା ପ୍ରତି ତାଙ୍କର ଅସୀମ ମମତା ଥିଲା। 'ଉତ୍କଳ ଭାରତୀଙ୍କ ଉକ୍ତି' ନାମକ କବିତାର ନିମ୍ନୋକ୍ତ ପଂକ୍ତିରେ ଗଙ୍ଗାଧରଙ୍କ କାବ୍ୟ-ଧର୍ମ ଓ ଆଦର୍ଶ ଯେପରିକି ପରୋକ୍ଷରେ ଅଭିବ୍ୟକ୍ତି ଲାଭ କରିଛି-

ପାଇଥିଲେ ଦିଅ ବିଲାତି ପ୍ରସୂନ
ଥାଏ ଯଦି ତହିଁ କିଛି ସୌରଭ
ସୌରଭ ନଥିଲେ କାନ୍ତିରେ ନିଉନ
ନଥିଲେ ବଢ଼ିବ ସିନା ଗୌରବ।[୩୫]

ଆଧୁନିକତା ନାମରେ ବିଜାତୀୟ ସାହିତ୍ୟର ରୁଚି-ସୌରଭହୀନ ଭାବ-କୁସୁମର ଅହରଣକୁ ସେ ଓଡ଼ିଆ ସାହିତ୍ୟରେ ପ୍ରବେଶାଧିକାର ଦେବାକୁ ପ୍ରସ୍ତୁତ ନଥିଲେ।

ଆର୍ଯ୍ୟ ସଂସ୍କୃତିର ଉଚ୍ଚ ଆଦର୍ଶ ପ୍ରତି ଗଙ୍ଗାଧରଙ୍କର ଥିଲା ଗଭୀର ନିଷ୍ଠା ଓ ବିଶ୍ୱାସ। ମଧୁସୂଦନଙ୍କ ପରି ସେ ମଧ୍ୟ କାବ୍ୟରେ ସୁରୁଚି ଓ ସୁନୀତି ପ୍ରଚାରର ପକ୍ଷପାତୀ ଥିଲେ। ଆଦର୍ଶ ମନୁଷ୍ୟ ଚରିତ୍ର ଚିତ୍ରଣ କରି ଜାତୀୟ ସାହିତ୍ୟର ପବିତ୍ରତା ସମ୍ପାଦନ କରିବା ଥିଲା ତାଙ୍କର ସାଧନାର ସ୍ୱପ୍ନ। 'ତପସ୍ୱିନୀ'ର ନିମ୍ନୋକ୍ତ ପଦରେ କବିଧର୍ମ ଓ କୀର୍ତ୍ତିମାନ୍, ଅକ୍ଷୟଯଶା, ପୁଣ୍ୟଶ୍ଳୋକ ମହତ ଚରିତ୍ରମାନଙ୍କ ସମ୍ବନ୍ଧରେ ଯେପରିକି ସେ ସଚେତନ ଭାବରେ ମତବ୍ୟକ୍ତ କରିଯାଇଛନ୍ତି-

ଅସାଧ୍ୟ ସାଧନ-ଲବ୍ଧ ପୁଣ୍ୟଧନ
ବହିଛି ଯା ତନୁ-ତରୀ
ଶଇଳ-ନିବାସୀ କବିବୃନ୍ଦ ଆସି
ନେଉଛନ୍ତି କର ଧରି। [୩୬]

କୀର୍ତ୍ତିମାନ୍ ମନୁଷ୍ୟ, ତ୍ୟାଗ ଓ ତପସ୍ୟାରେ ଉର୍ଜସ୍ୱଳ ଚରିତାବଳୀ ଗଙ୍ଗାଧରଙ୍କ ସ୍ରଷ୍ଟାମାନସରେ ଆଲୋଡିତ ହେଉଥିଲେ। କୀର୍ତ୍ତିପ୍ରିୟ ଅମର କବିମାନେ ସେହିଭଳି କର୍ତ୍ତବ୍ୟନିଷ୍ଠ ଓ କୀର୍ତ୍ତିଶାଳୀମାନଙ୍କୁ ସାଦରେ ବରଣ କରି କାବ୍ୟ-ବିଷୟୀଭୂତ କରାଇଥାନ୍ତି। ପ୍ରାଚୀନ ଭାରତୀୟ ଆଦର୍ଶ, ତପୋବନ, ମୁନି ଆଶ୍ରମ, ଉଟଜକନ୍ୟା, ଆଦର୍ଶ ରାଜା, ଆଦର୍ଶ ପ୍ରେମିକ, ଆଦର୍ଶ ପତ୍ନୀ ପ୍ରଭୃତି ତାଙ୍କର ପ୍ରାଚୀନ ପ୍ରୀତିର ନିଦର୍ଶନ। ପ୍ରଣୟବଲ୍ଲରୀ, ତପସ୍ୱିନୀ, ଇନ୍ଦୁମତୀ ପ୍ରଭୃତି କାବ୍ୟରେ ବ୍ୟାସ ଓ କାଳିଦାସଙ୍କର ପ୍ରଭାବକୁ ସେ ଅକୁଣ୍ଠ ଚିତ୍ତରେ ସ୍ୱୀକାର କରିଛନ୍ତି। ମାନବୋଚିତ ଗୁଣାବଳୀ ଓ ଚାରିତ୍ର୍ୟ ସମ୍ପଦରେ ତାଙ୍କର ନରନାରୀ ମହିମାବନ୍ତ। 'ତପସ୍ୱିନୀ'ର ମୁଖବନ୍ଧରେ ଭାରତୀୟମାନଙ୍କ ମନରେ ସିଦ୍ଧରସମୂଳକ ରାମସୀତାଙ୍କର ଯେଉଁ ମୂର୍ତ୍ତି ପ୍ରତିଷ୍ଠିତ, ସେଥିପ୍ରତି ପାଠକମାନଙ୍କର ଦୃଷ୍ଟି ଆକୃଷ୍ଟ କରାଇ ସେ କହିଛନ୍ତି-"ବିଜ୍ଞ ପାଠକବୃନ୍ଦ ଏଥିରୁ ମୋର କୃତିତ୍ୱକୁ ଲକ୍ଷ୍ୟ ନକରି ନିଜ ନିଜର ହୃଦୟସ୍ଥ ସୀତାଙ୍କର ଉଜ୍ଜ୍ୱଳ ନିର୍ମଳ ଓ ପବିତ୍ର ଚରିତ୍ର-ଚିତ୍ରିତ ସ୍ମୃତିପଟକୁ ଥରେ ଉଦ୍‌ଘାଟନ କରି ନାରୀ-ହୃଦୟର ଉନ୍ନତିବିଧାନ କରିବେ।"[୩୭] ଭାରତୀୟ ପାଠକ-ହୃଦୟରେ ସୀତା ଚରିତ୍ରର ଯେଉଁ ମହନୀୟ ଭାବମୂର୍ତ୍ତି ପ୍ରତିଷ୍ଠିତ, ସେଇ ଦୃଷ୍ଟିରୁ କାବ୍ୟର ବିଚାର ଓ ଗ୍ରହଣ ନିମନ୍ତେ ଅନୁରୋଧ କରାଯିବା ମୂଳରେ ରହିଛି ଆର୍ଷଜୀବନ ଚିତ୍ର ଓ ବିଷୟ-ଗୌରବ ପ୍ରତି ତାଙ୍କର ଅକୃତ୍ରିମ ଶ୍ରଦ୍ଧା, ଆକର୍ଷଣ ଓ ନିଷ୍ଠା। କର୍ତ୍ତବ୍ୟ ଓ ନୀତିବୋଧ, ସଂଯମ ଓ ତିତିକ୍ଷା, ଧୈର୍ଯ୍ୟ ଓ କ୍ଷମା ଆଦି ଆର୍ଯ୍ୟଜୀବନଚର୍ଯ୍ୟାର ଉତ୍କୃଷ୍ଟ ଦିଗୁଡିକ ତାଙ୍କ କାବ୍ୟର ପ୍ରତିପାଦିତ ବିଷୟ। ପ୍ରେୟ ନୁହେଁ, ଶ୍ରେୟୋବୋଧର ପ୍ରତିଷ୍ଠା ତାଙ୍କର ଲକ୍ଷ୍ୟ। ଇତରଭାବ, କଳୁଷିତ ଓ ଅନାଦର୍ଶ ରୂପ ତାଙ୍କ ଦୃଷ୍ଟିରେ କୁରୂପ ଓ ଅରୁଚିକର। ସେ କୀଚକର ଲାମ୍ପଟ୍ୟକୁ ଭୀମର

ମୁଷ୍ଟିପ୍ରହାରରେ ସମୁଚିତ ଶିକ୍ଷା ଦାନ କରି ସତୀ-ଧର୍ମର ପରାକାଷ୍ଠା ପ୍ରଦର୍ଶନ କରିଯାଇଛନ୍ତି। ରୂପଜ ମୋହରେ ଅନ୍ଧ କୀଚକ ହିତାହିତ ଜ୍ଞାନଶୂନ୍ୟ ହୋଇ ନିଜ କର୍ମର ପରିଣାମ ନଭାବି ତହିଁରେ ଆତ୍ମାହୁତି ଦେଇଛି; ଫଳରେ ବିପଦ ଓ ସର୍ବନାଶ ବରଣ କରିଛି। ଅନ୍ୟପକ୍ଷରେ, କର୍ତ୍ତବ୍ୟ ଓ ସଂଯମର କ୍ଷୁରଧାର ପଥରେ ନରନାରୀଙ୍କୁ ପରିଚାଳିତ କରି କବି ଆଦର୍ଶ ରାଜଧର୍ମ, ଆଦର୍ଶ ପ୍ରେମ, ଆଦର୍ଶ ସ୍ୱାମୀ ଓ ଆଦର୍ଶ ପତ୍ନୀର ଚିତ୍ର ଦେଇଯାଇଛନ୍ତି। ମେହେରଙ୍କ କାବ୍ୟାଦର୍ଶରେ ଆଦର୍ଶ ଓ ବାସ୍ତବର ସଂଘର୍ଷ ଲାଗି ରହିଥିଲେ ହେଁ ଶେଷରେ ଆଦର୍ଶ ହିଁ ଜୟୀ ହୋଇଛି। ତାଙ୍କର ସମସ୍ତ କାବ୍ୟ ଯେ ଏହି ଆଦର୍ଶବାଦ ଉପରେ ପ୍ରତିଷ୍ଠିତ, ତାହା ଅବିସମ୍ବାଦୀ।

ଗଙ୍ଗାଧର କାବ୍ୟ-ମାନସ ଏକ ସୁରଭିତ-କୃତ୍ରିମ-ଉଦ୍ୟାନ। ତାଙ୍କର କାବ୍ୟ-ଭାଷା ଉଦାତ୍ତ ଗମ୍ଭୀର ନୁହେଁ; ଲଳିତ ମଧୁର। ମନୋଜ୍ଞ ଶବ୍ଦାବଳୀ ଓ ପ୍ରାଞ୍ଜଳ ଅର୍ଥ କାବ୍ୟର ପଦାବଳୀକୁ ପ୍ରସାଦଗୁଣଯୁକ୍ତ କରିଛି। ସହୃଦୟତା ଗୁଣରେ ତାଙ୍କର କାବ୍ୟ ହୃଦୟକୁ ଆକର୍ଷଣ କରେ। କାବ୍ୟର ବିଷୟ ନିର୍ବାଚନରେ ଆଭିଜାତ୍ୟ ଓ ବର୍ଣ୍ଣନା ନୈପୁଣ୍ୟରେ ବିଶୁଦ୍ଧତା ପ୍ରତି ସେ ସଚେତନ ଥିଲେ। ମିତ୍ରାକ୍ଷର ପ୍ରତି ସେ ସମଧିକ ପକ୍ଷପାତୀ, କାବ୍ୟ-ସରସ୍ୱତୀଙ୍କୁ ଲକ୍ଷ୍ୟ କରି ସେ କହିଛନ୍ତି, "ସମାନ ସମାନ ନିଶ୍ୱେ ପଡ଼ିବ ତୋ ପାଦ, ସମସ୍ୱରେ ଉଠୁଥିବ ନୂପୁର ନିନାଦ।"[୩୮] ତାଙ୍କର ବିଶ୍ୱାସ ଥିଲା, ମିତ୍ରାକ୍ଷର ପ୍ରୟୋଗରେ କାବ୍ୟରେ ସଙ୍ଗୀତ-ଧର୍ମ ରକ୍ଷିତ ହୁଏ। ଚିନ୍ତାମଣିଙ୍କ ପରି ଅମିତ୍ରଛନ୍ଦ ବ୍ୟବହାର କରି ଅସଫଳ ହେବା ଅପେକ୍ଷା ସେ ମିତ୍ରାକ୍ଷର ପ୍ରୟୋଗରେ ସ୍ୱପ୍ରତିଭା-ବିକାଶର ଅନୁକୂଳ ସିଦ୍ଧି ଉପଲବ୍ଧ କରିଥିଲେ। ଅଳଙ୍କାର ପ୍ରୟୋଗରେ ରୀତିଯୁଗୀୟ କଳା-କୌଶଳର ମୋହ ଛାଡ଼ିପାରି ନଥିଲେ ହେଁ ସ୍ୱାଭାବିକତା ଓ ବାସ୍ତବତା ଦୃଷ୍ଟିରୁ ସେ ମୌଳିକ ହେବାକୁ ଚେଷ୍ଟା କରିଥିଲେ। ରାଧାନାଥ 'ଇନ୍ଦୁମତୀ' ପାଠକରି ମନ୍ତବ୍ୟ ଦେଇଥିଲେ "ଏହାର ଭାଷା ସରଳ, ଅକ୍ଲିଷ୍ଟ ଏବଂ ଶ୍ରୁତିମଧୁର ହୋଇଅଛି।"[୩୯]

'ତପସ୍ୱିନୀ'ର ପରିକଳ୍ପନା ମହାକାବ୍ୟ ରୂପେ କରାଯାଇଥିଲେ ହେଁ ଆବେଗର ସୌନ୍ଦର୍ଯ୍ୟରେ ଏହାର ବହୁସ୍ଥଳ ସମୁଦ୍‌ଭାସିତ। ତେଣୁ ଏହା ମହାକାବ୍ୟ ହୋଇ ମଧ୍ୟ ଗୀତିଧର୍ମୀ। ମାତ୍ର ମେହେର-ପ୍ରତିଭା କାବ୍ୟଧର୍ମୀ; ଗୀତିକବିତାରେ ସେ ସଫଳତାର ସ୍ୱାକ୍ଷର ରଖିଯାଇନାହାନ୍ତି। 'ଅର୍ଘ୍ୟଥାଳୀ'ର କବିତାବଳୀ ଉପଦେଶାତ୍ମକ। ସଦୁକ୍ତି ଓ ସଦୁପଦେଶ ଦୃଷ୍ଟାନ୍ତ ଜରିଆରେ ପାଠକମାନଙ୍କ ସମକ୍ଷରେ ଉପସ୍ଥାପିତ କରିବା ଏହି ପଦ୍ୟାବଳୀର ଉଦ୍ଦେଶ୍ୟ। ତାଙ୍କର ଗୀତିକବିତାଗୁଡ଼ିକ ଉଦ୍‌ବୋଧନାତ୍ମକ, ସମାଜସଂସ୍କାରମୂଳକ, ନୀତିଗର୍ଭକ, ଆଧ୍ୟାତ୍ମିକ ଓ ପ୍ରକୃତ୍ୟାତ୍ମକ। ଏହି କ୍ଷୁଦ୍ର କବିତାବଳୀରେ କବିଙ୍କର ବ୍ୟକ୍ତିଚିତ୍ତର ସହଜ ଓ ସୁନ୍ଦରତମ ପ୍ରକାଶ ଘଟିଥିଲେ ହେଁ

ତହିଁରେ କାବ୍ୟ-ଆବେଗର ଅଭାବ ଅନୁଭୂତ ହୁଏ। ନିଜକୁ 'ଅମୃତ ସାଗରବିନ୍ଦୁ' ଓ ବିଶ୍ୱକୁ ମଧୁମୟରୂପେ ପ୍ରତ୍ୟକ୍ଷ କରିଥିବା କବି 'ତାକୁ ମଧ ବୋଲିଥାନ୍ତି ଧର୍ମ ଅବତାର' କବିତାରେ ମଣିଷର ଦୋଷ ଦୁର୍ବଳତାକୁ ପଦାରେ ପକାଇ ଦେଇଛନ୍ତି-ଏହାହିଁ କବିଧର୍ମ। ଏହି କବିତାଗୁଡିକରେ ତାଙ୍କର ସତ୍ୟ-ଦୃଷ୍ଟି ସହିତ ବିଶ୍ୱ-ବିଧାନର ଛନ୍ଦୋଧାରାରେ ଅଖଣ୍ଡ ପ୍ରତ୍ୟୟ ପ୍ରକାଶ ପାଇଛି। ବିଶ୍ୱରେ କ୍ଷୁଦ୍ରର ମଧ ସ୍ଥାନ ଅଛି ଓ କୌଣସି ବସ୍ତୁର ସୃଷ୍ଟି ନିରର୍ଥକ ନୁହେଁ- ବହୁ କବିତାରେ ଏହି ଭାବ ପ୍ରଖ୍ୟାପିତ। 'ମଳୟ ଆବାହନ'ରେ କବିଙ୍କର ଦେଶପ୍ରାଣତା ପ୍ରକୃତିର ନୂତନ କର୍ମ-ଦ୍ୟୋତନା ଘେନି ପ୍ରକାଶ ପାଇଛି। ସେ ଉତ୍କଳର ମ୍ଳାନି ନାଶ ପାଇଁ ମଳୟଠାରୁ ଆଶା କରିଛନ୍ତି ଜ୍ୟୋତିପ୍ରକାଶିନୀ ବର୍ତି ଓ ପ୍ରାଣ ଆମୋଦନ-ରସ। 'କବିତା-କଲ୍ଲୋଳ'ର ଦୀର୍ଘ କବିତାବଳୀ ସମ୍ପୂର୍ଣ୍ଣ ପ୍ରକୃତି ବର୍ଣ୍ଣନାତ୍ମକ। ପ୍ରକୃତିର ଯଥାତଥ୍ୟ ପ୍ରଦାନ କରିବା ଉଦ୍ଦେଶ୍ୟରେ ଚିତ୍ରକର ସୁଲଭ ନିପୁଣ ତୁଳିକାରେ ଗୋଟି ଗୋଟି ଗଣି ପଦ୍ୟାକାରରେ ଚିତ୍ର କରାଯାଇଛି। ଏହି କବିତାଗୁଡିକ ଭାବାତ୍ମକ ନୁହେଁ; ଏଥିରେ ଆବେଗ ଓ ଅନୁଭୂତି ସେତେ ନାହିଁ, ଯେତେ ଅଛି ବର୍ଣ୍ଣନାର ପରିପାଟୀ ଓ ଚମତ୍କାରିତା।

ଗଙ୍ଗାଧରଙ୍କ ପ୍ରକୃତି ବର୍ଣ୍ଣନା ଗତାନୁଗତିକ ନୁହେଁ। ପ୍ରକୃତିରେ ଜୀବନ ଆରୋପଣ, ମାନବୀୟ ଅନୁଭୂତି ଓ ଗୁଣାବଳୀର ସଞ୍ଚାର ତଥା ପ୍ରକୃତି ଓ ମନୁଷ୍ୟ ମଧ୍ୟରେ ଆତ୍ମୀୟତା ସ୍ଥାପନ କରି ସେ ଏକ ନୂତନ ରୀତିର ପ୍ରକୃତି-ପ୍ରେମର ପରିଚୟ ଦେଲେ। ତାଙ୍କର ପ୍ରକୃତିରେ କ୍ଷୁବ୍ଧରୂପ, ଉଲ୍ଲାସରୂପ, ମାତୃରୂପ, ଶିକ୍ଷୟିତ୍ରୀରୂପ ଆଦି ସକଳ ମାନବୀୟ ଗୁଣାବଳୀର ସମାବେଶ ଘଟିଛି। କେତେବେଳେ ପ୍ରକୃତି ସ୍ନେହଶୀଳା ଜନନୀ ଭଳି, କେତେବେଳେ ଅନ୍ତରଙ୍ଗ ସଖୀ ଭଳି ଓ କେତେବେଳେ ଉପଦେଶଦାତ୍ରୀ ରୂପେ ଅବତୀର୍ଣ୍ଣ ହୋଇଛି। ତପୋବନ ପ୍ରକୃତିର ଶାନ୍ତ ସଂଯତ ସମାହିତ ରୂପ ମେହେରଙ୍କ ନରନାରୀଙ୍କର ମାନସିକ ତୃପ୍ତି ବିଧାନ କରିଛି। 'ତପସ୍ୱିନୀ' କାବ୍ୟରେ ପ୍ରକୃତିକୁ ଏକ ଚରିତ୍ର ରୂପେ-ଜଣେ ପାରିବାରିକ ସଭ୍ୟା ରୂପେ ଚିତ୍ର କରାଯାଇଛି। ଏହି କାବ୍ୟରୁ ପ୍ରକୃତିକୁ ବାଦ୍ ଦେଲେ କାବ୍ୟର ପ୍ରାଣହାନି ଘଟିବ। କେତେ ବିଭିନ୍ନ ଭୂମିକାରେ ତାହାର ଅଭିନୟ ଦେଖିବାକୁ ମିଳେ। ପ୍ରକୃତିରେ ଉଲ୍ଲାସ, ସମବ୍ୟଥା, ସଖୀତ୍ୱ ଓ ଗୁରୁଜନ ସୁଲଭତା ଦର୍ଶାଇ ମେହେର ମାନବ ଜୀବନ ଓ ପ୍ରକୃତି ମଧ୍ୟରେ ନିବିଡ ସାମଞ୍ଜସ୍ୟ ଓ ସଂଯୋଗ ଦର୍ଶାଇଛନ୍ତି। ଚେତନ ପ୍ରକୃତିର ଅନ୍ତରାଳରେ ଯେଉଁ ଅଧୃଷ୍ୟ ଓ ଅଦୃଶ୍ୟ ଶକ୍ତି କାର୍ଯ୍ୟ କରୁଛି, ସେ ତାହାକୁ ରୂପଦାନ କରିବାକୁ ଚାହିଁଥିଲେ। ମୃଣ୍ମୟୀ ପ୍ରକୃତିକୁ ଚିନ୍ମୟୀ ମମତାମୟୀ ପ୍ରକୃତିରେ ପରିଣତ କରି ସେ ତାହାକୁ କାବ୍ୟର ବିଷୟ ସହିତ ଯୋଡ଼ିଦେଇଛନ୍ତି। ସୀତାଙ୍କର ତପସ୍ୱିନୀ ଜୀବନଯାପନ କରିବାରେ ପ୍ରକୃତି

ଉପଦେଶ, ଉତ୍ସାହ ଓ ସାନ୍ତ୍ୱନା ଦାନ କରିଛି । ସୀତା ପ୍ରକୃତିରୁ ପ୍ରେରଣା ଲାଭ କରି ସତୀ-ଧର୍ମ ପାଳନ ନିମନ୍ତେ ନିଜ ହୃଦୟକୁ ପ୍ରସ୍ତୁତ କରିବା ସଙ୍ଗେ ଜୀବନର ପ୍ରକୃତ ପରିଚୟ ଲାଭ କରିଛନ୍ତି । ବନଶ୍ରୀର ମଧୁମୋହନ ରୂପ ତାଙ୍କର ଶୂନ୍ୟ ହୃଦୟରେ ବୋଳିଛି ଶୀତଳସ୍ପର୍ଶ । ପ୍ରକୃତିକୁ କାବ୍ୟର ଚରିତ୍ରୀଭୂତା କରାଇ ମାନବୀୟ ସୁଖ-ଦୁଃଖରେ ସମଭାଗିନୀ କରାଇଦେବା ଫଳରେ ତା'ର ଅନ୍ତରଙ୍ଗ ରୂପରେ ପ୍ରାଣ-ଚେତନାର ଆଭାସ ମିଳେ । ପ୍ରକୃତି ସହିତ ମାନବର ଏହି ଏକାତ୍ମବୋଧ ପୂର୍ବବର୍ତ୍ତୀ କାବ୍ୟରେ ସୁଲଭ ନଥିଲା ।

ଗଙ୍ଗାଧରଙ୍କ ପ୍ରକୃତି-ଚିତ୍ର ପର୍ଯ୍ୟବେକ୍ଷଣ-ପ୍ରସୂତ । ସେ ରାଧାନାଥଙ୍କ ଭଳି ପ୍ରାକୃତିକ ଦୃଶ୍ୟର ବର୍ଣ୍ଣ ଓ ରୂପ ଅଙ୍କନ କରିବାରେ ମଧ ସ୍ୱ-ଶକ୍ତିର ପ୍ରମାଣ ଦେଇଛନ୍ତି । ପ୍ରକୃତି ଉପରେ ନାରୀଭାବ ବା ମାନବିକ କ୍ରିୟା ଆରୋପ କରିବା ରୀତିଯୁଗର ଏକ ଗତାନୁଗତିକ କବି-ସ୍ୱଭାବରେ ପରିଣତ ହୋଇଥିଲା । ଗଙ୍ଗାଧରଙ୍କ ପ୍ରକୃତିର ମାନବାୟିତ ରୂପ ସେହି ରୀତି-ପରମ୍ପରାର ଏକ ଆଧୁନିକ ସଂସ୍କରଣ । ମାତ୍ର ତହିଁରେ ପୂର୍ବୋକ୍ତ ପ୍ରାଣ-ଚେତନାର ଆଭାସ ତାଙ୍କର ପ୍ରକୃତି-ଦୃଷ୍ଟିର ବିଶେଷତ୍ୱ । ସୂକ୍ଷ୍ମ ପର୍ଯ୍ୟବେକ୍ଷଣ-ପ୍ରସୂତ ସ୍ୱଭାବ ବର୍ଣ୍ଣନା ଜରିଆରେ ଶିକ୍ଷା ପ୍ରଦାନ କରି ମାନବଜୀବନରେ ପ୍ରକୃତିର ଭୂମିକାକୁ ସୂଚାଇଦେବା ତାଙ୍କର ଲକ୍ଷ୍ୟ । ତେବେ ତାଙ୍କର ପ୍ରକୃତି ଦୃଷ୍ଟି ସମ୍ବନ୍ଧରେ ଏହା କୁହାଯାଇପାରେ ଯେ, ପ୍ରକୃତିକୁ ପ୍ରାଣବାନ୍ କରିବାକୁ ସର୍ବତ୍ର ଚେଷ୍ଟା କରିବା ଫଳରେ ତାଙ୍କର ପ୍ରକୃତିରେ ସ୍ୱାଭାବିକତା ବୋଲି ଯାହା କୁହାଯାଏ, ତାହାର କଳାଗତ ସୌନ୍ଦର୍ଯ୍ୟ ବହୁ ସମୟରେ ହ୍ରାସ ପାଇଛି । ଏହା ଏକପ୍ରକାର ରୀତିସିଦ୍ଧ ହୋଇପଡିଛି । ସ୍ୱଭାବ ବର୍ଣ୍ଣନା ସହିତ ଚଟୂଳ କଳ୍ପନାର ମିଶ୍ରଣ ଘଟାଇ ଓ ବଚନ ବୈଦଗ୍ଧ୍ୟ ପ୍ରକଟନ କରି ସେ ରାଧାନାଥୀ ଓ ରୀତିକାଳୀନ ପ୍ରକୃତି ବର୍ଣ୍ଣନାର ସମନ୍ୱୟ ସାଧନ କରିଛନ୍ତି । ତେଣୁ ତାଙ୍କର ପ୍ରକୃତି ବର୍ଣ୍ଣନାରେ ସ୍ୱାଭାବିକତା ସହିତ ବକ୍ରୋକ୍ତିର ସ୍ପର୍ଶ ଅନୁଭବ କରାଯାଏ ।

ଗଙ୍ଗାଧରଙ୍କ କାବ୍ୟରେ ପ୍ରେମ-ସୌନ୍ଦର୍ଯ୍ୟ ତ୍ୟାଗରେ ଉର୍ଜସ୍ୱଳ, ଆତ୍ମପ୍ରତ୍ୟୟରେ ପ୍ରଗାଢ । ନାୟକ ନାୟିକାଙ୍କର ପରସ୍ପର କର୍ମ ଓ ପ୍ରେମରେ ପ୍ରଗାଢ଼ ବିଶ୍ୱାସ ଓ ନିଷ୍ଠା ସେମାନଙ୍କୁ ତପସ୍ୱୀସୁଲଭ ବ୍ୟକ୍ତିତ୍ୱ ଓ ବିଶିଷ୍ଟତା ପ୍ରଦାନ କରିଛି । ପ୍ରେମ ମେହେରଙ୍କ କାବ୍ୟରେ ଏକ ଯଥାର୍ଥ ତପସ୍ୟା, ଏକ ଅଧ୍ୟାତ୍ମ ଯଜ୍ଞ । ଏ ପ୍ରେମ କୃପଣ ନୁହେଁ, ଆତ୍ମଦାନରେ ମହୀୟାନ୍ । ଏହା ଭଞ୍ଜୀୟ କାବ୍ୟର ରୂପଜ ପ୍ରେମ ନୁହେଁ; ଏହା ନୈତିକତାର ଖଡ୍‌ଗଧାର ପଥରେ ପାଦ ଚାଲି ଜୀବନ ସଙ୍କଟରେ ପରୀକ୍ଷିତ ହୋଇଥିବା ବିଶୁଦ୍ଧ ପ୍ରେମ । ସେମାନେ ବିରହରେ ପରସ୍ପର ଦେହକୁ ଝୁରି ଝୁରି ସମୟ ଅତିବାହିତ କରିନାହାନ୍ତି । ପରସ୍ପରର ଗୁଣ ସୌରଭରେ ଆମୋଦିତ ହୋଇ କଠୋର ବିଚ୍ଛେଦ

ବ୍ୟଥାକୁ ପ୍ରେମ-ସାଧନାରେ ପରିଣତ କରିଦେଇଛନ୍ତି। ବିବେକ ରୂପ ମହାଧନରେ ଧନୀ ରାମ ସୀତାଙ୍କର ପ୍ରଣୟ ପ୍ରତି ସମ୍ମାନ ଓ ରାଜଧର୍ମ ପାଳନ ମଧ୍ୟରେ ଯେପରି ସମନ୍ୱୟ ପ୍ରତିଷ୍ଠା କରିପାରିଛନ୍ତି, ତାହା ତାଙ୍କର ପ୍ରଣୟୀ ହୃଦୟର ଉଜ୍ଜ୍ୱଳ ଦୃଷ୍ଟାନ୍ତ। ବିରହରେ ସେ ସୀତାଙ୍କର ଇନ୍ଦ୍ରିୟଗ୍ରାହ୍ୟ ରୂପର ଧ୍ୟାନ କରିନାହାନ୍ତି। ରାମଙ୍କ ଦୃଷ୍ଟିରେ ସୀତା 'ହୃଦୟଚନ୍ଦ୍ରିକା'। ଏହି ହୃଦୟ ଜ୍ୟୋତ୍ସ୍ନା ହିଁ ବିରହୀ ରାମଙ୍କୁ ରାଜଧର୍ମ ପାଳନ ପାଇଁ ପ୍ରେରଣା ଯୋଗାଇଛି। ଏହା ମଧୁସୂଦନଙ୍କର 'ରାମ-ହୃଦୟ-ଜ୍ୟୋତ୍ସ୍ନା ବୈଦେହୀ ସତୀ'ର ଅନୁସରଣରେ କୁହାଯାଇଛି। ସୀତା ସେହିପରି ନିଜର ନିର୍ବାଚନ ବ୍ୟଥାକୁ ପତି-ମଙ୍ଗଳ-ସାଧିନୀ ତପସ୍ୟାରେ ପରିଣତ କରି ଆଦର୍ଶ ପ୍ରଣୟିନୀର ପରିଚୟ ଦେଇଛନ୍ତି। 'ତପସ୍ୱିନୀ'ର ପ୍ରେମ ମାଧୁର୍ଯ୍ୟ ଓ କଲ୍ୟାଣ-ମେଦୁରିତ। ଋଷି ଆଶ୍ରମରେ ବାସନାମୟୀ ସୀତା-ରୂପ ଫୁଟିବା ଅସମ୍ଭବ। ପତିଙ୍କୁ ଦିନେଶ ସମ ମଣି ସୀତା କଠୋର ବିରହବ୍ରତ ଉଦ୍‌ଯାପନ କରିବା ପାଇଁ ସଙ୍କଳ୍ପବଦ୍ଧା। ପ୍ରଣୟୀ-ଯୁଗଳଙ୍କ ମନରେ ମୋହ ନାହିଁ, ତ୍ୟାଗ ଓ ସଂଯମ ନିକଟରେ ଦେହଭୋଗର ବାସନା ହାର ମାନିଛି। ବିରହର ପ୍ରଦୀପ ଆହିତାଗ୍ନି ମଧ୍ୟରେ ସେମାନେ କର୍ତ୍ତବ୍ୟ ଓ କୀର୍ତ୍ତିର ପ୍ରତିଷ୍ଠା ନିମନ୍ତେ ପ୍ରୟାସୀ। ତଥା ଏକ ଅଧ୍ୟାତ୍ମ-ଯଜ୍ଞର ଯଜମାନ ରୂପେ ନିଜ ନିଜ ଆତ୍ମାକୁ ପ୍ରସ୍ତୁତ କରିଛନ୍ତି।

ପ୍ରେମ ମେହେରଙ୍କ କାବ୍ୟରେ ଏକ ଶୁଚିଶୁଭ୍ର ସଂଯମ-ରଶ୍ମିରେ ଉଦ୍‌ଭାସିତ; ତପସ୍ୟାର ଅଟଳତାରେ ଊର୍ଦ୍ଧ୍ୱଶିର। ଗଙ୍ଗାଧର ପ୍ରଣୟର ଅଲୌକିକତା ଗାନ କରିଛନ୍ତି-

...ପ୍ରଣୟିନୀ ପ୍ରଣୟୀର ରୀତି
ବଢାଇ ଏକର ମାନ ଅନ୍ୟ ଲଭେ ପ୍ରୀତି।(୪୦)

ଫୁଲେଶ୍ୱରୀ ସୀତାଙ୍କୁ ରାମଙ୍କର ଏହି ପ୍ରଣୟ-ଧର୍ମ କଥନର ସ୍ୱର କେତେ ଉଦାର ଓ ବିଶ୍ୱଜନୀନ! ନରନାରୀଙ୍କର ପ୍ରଣୟର ସ୍ୱରୂପ ଓ ରୀତି 'ପ୍ରଣୟବଲ୍ଲରୀ'ର ନିମ୍ନୋକ୍ତ ପଦରେ ଗଙ୍ଗାଧରଙ୍କ ପ୍ରେମ-ସୌନ୍ଦର୍ଯ୍ୟର ଆଦର୍ଶ ପ୍ରଖ୍ୟାପନ କରେ-

ପୁଂସ ନାମ ପ୍ରେମ ଯୋଷା ନାମ ପ୍ରୀତି
ସୁଖ ତାଙ୍କ ସୁତ ନାମ
ନିର୍ମଳ ପବିତ୍ର ସ୍ଥାନ ବିଲୋକିଲେ
ଯାଇଥାନ୍ତି ମର୍ତ୍ତ୍ୟଧାମ !(୪୧)

ପ୍ରଣୟର ଏହି ଶୁଚିତା ଓ ଶାଶ୍ୱତ ରୂପ ଗଙ୍ଗାଧରଙ୍କ ସୃଷ୍ଟି-ମାନସର ଏକ ଅନନ୍ୟ ବୈଶିଷ୍ଟ୍ୟ।

ଗଙ୍ଗାଧର ଇନ୍ଦ୍ରିୟଜ ସୌନ୍ଦର୍ଯ୍ୟର ପୂଜାରୀ ନୁହନ୍ତି। ତାଙ୍କର ନାରୀ ଅଙ୍ଗ ବର୍ଣ୍ଣନାରେ ଇନ୍ଦ୍ରିୟଚାଞ୍ଚଲ୍ୟ ନାହିଁ। 'କୀଚକବଧ'ରେ ବିରାଟ ପୁରନାରୀଙ୍କର ଅଙ୍ଗ

ବର୍ଣ୍ଣନା କୀଚକର କାମବୃତ୍ତିକୁ ଉଦ୍ଦୀପିତ କରିବା ପାଇଁ ଉଦ୍ଦିଷ୍ଟ। ବିରାଟ ନଗରୀର ନାଗର ନାଗରୀମାନେ ବାସନ୍ତୀ ପ୍ରକୃତିର ଉଦ୍ଦୀପନ-ସୌନ୍ଦର୍ଯ୍ୟ-ସୁଖ ଉପଭୋଗ କରି ବିଳାସ ଦୋଳାରେ ଦୋଳାୟିତ। ଏହି କାଳରେ ବନଦୁର୍ଗା ପୂଜା ନିମନ୍ତେ ବହିର୍ଗତ ହୋଇଥିବା ଲଳନାବ୍ରଜ ମଧ୍ୟରେ ସୈରିନ୍ଧ୍ରୀଙ୍କୁ ଅତୁଲ୍ୟ ସୌନ୍ଦର୍ଯ୍ୟରାଶିର ଆଧାର ତଥା "ରୂପବତୀ-କୁଳ-କମଳା ମହୀରତନହାର" ସ୍ୱରୂପିଣୀ ରୂପେ ବର୍ଣ୍ଣନା କରାଯାଇଛି। ଭାବିନୀବୃନ୍ଦଙ୍କୁ କବି ମାରର ଅମିତ କାଣ୍ଡ ରୂପେ ବିରାଟ ରାଜଦାଣ୍ଡରେ ଛାଡିଦେଇଛନ୍ତି। ସୁନ୍ଦରୀ ସମାଜର ଏହି ଶୋଭାଯାତ୍ରା ରୂପ ପରିପାଟୀ ପ୍ରଦର୍ଶନ ନିମନ୍ତେ ପରିକଳ୍ପିତ ନୁହେଁ। ଏ ରୂପ କୀଚକର ମୃତ୍ୟୁସୂଚକ ଉଲ୍‌କାପାତ ସଦୃଶ। 'ଇନ୍ଦୁମତୀ'ରେ ପୁର-ନାରୀଙ୍କର ଅଜଦର୍ଶନୋତ୍କଣ୍ଠା ଓ ବିଭ୍ରମ-ବିଳାସ କାଳିଦାସୀୟ ରୀତି ଅନୁସରଣରେ ବର୍ଣ୍ଣିତ। 'ପ୍ରଣୟବଲ୍ଲରୀ କାଳିଦାସଙ୍କ 'ଅଭିଜ୍ଞାନଶାକୁନ୍ତଳମ୍'ର ଅନୁସରଣ ଓ ଅନୁବାଦ ହେଲେ ହେଁ ଭାବଦୃଷ୍ଟିରୁ ଗଙ୍ଗାଧର ସଂଯମ ଅବଲମ୍ବନ କରିଛନ୍ତି। ଆଶ୍ରମ ଜୀବନର ସଂଯତ ପରିବେଶ, ଅକୃତ୍ରିମ ସ୍ନେହବନ୍ଧନ ଓ ବ୍ୟବହାର ମଧ୍ୟରେ ବଲ୍‌କଳିନୀ ଶକୁନ୍ତଳାଙ୍କର ଇନ୍ଦ୍ରିୟଗ୍ରାହ୍ୟ ସୌନ୍ଦର୍ଯ୍ୟ ସଂଯମ-କଞ୍ଚୁକିତ। କାଳିଦାସଙ୍କ ଶକୁନ୍ତଳା ଅନାଘ୍ରାତ ପୁଷ୍ପ, ଅନାବିଦ୍ଧ ରତ୍ନ ଓ ଅଲୂନକିଶଳୟ ସଦୃଶା। ଗଙ୍ଗାଧରଙ୍କ ଶକୁନ୍ତଳା 'ବିଧାତା-ମାନସ-ଲତା-ଚୂଡ-ଶୋଭୀ ଫୁଲ।' ସେ ଫୁଲ ଅମୂଲ୍ୟ ଅତୁଲ୍ୟ; ଭାଗ୍ୟଦେବୀଙ୍କର ଯୋଗ୍ୟ ଶିରୋଭୂଷଣ। ଦୁଷ୍ମନ୍ତ ତାଙ୍କୁ ନିକଟରୁ ଦେଖି ଭାବିଲେ-

ସ୍ୱର୍ଗୀୟ ଲତାର ନବ କୁସୁମ ଏ
ସ୍ୱର୍ଗୀୟ ସୁଷମାନ୍ୱିତ
ସ୍ୱର୍ଗୀୟ ସୌରଭ ସ୍ୱର୍ଗୀୟ ମାର୍ଦ୍ଦବ
ଅନାଘ୍ରାତ ଅଚୁମ୍ବିତ।[୪୨]

ଉପଯୁକ୍ତ ପରିଚୟ ଲାଭ ପୂର୍ବରୁ ଦୁଷ୍ମନ୍ତ ତାଙ୍କୁ ଋଷିକନ୍ୟା ହେତୁ 'କୂପ ପ୍ରତିବିମ୍ବ ତାରା' ରୂପେ ସୁରକ୍ଷିତା ଓ ଅଧରା ମଣିଥିଲେ। ତେଣୁ ତାଙ୍କୁ ଲାଭ କରିବା ସୁଦୂର ପରାହତ ବୋଲି ଧରିନେଇଥିଲେ। ମାତ୍ର ଯେଉଁ ଶୋଭାରାଶି ଅନଳଖଣ୍ଡ ପରି ତାଙ୍କୁ ପ୍ରତୀତ ହୋଇଥିଲା, ପରିଚୟ ଲାଭ ପରେ ତାହା ରତ୍ନସଦୃଶା ଓ ଶାନ୍ତସ୍ନିଗ୍ଧ ବୋଧ ହୋଇଥିଲା।

ଅଭିଜ୍ଞାନ ଶାକୁନ୍ତଳମ୍‌ରେ ଦୁଷ୍ମନ୍ତ ସୌନ୍ଦର୍ଯ୍ୟରସିକ। ତାଙ୍କ ମୁଖରେ କାଳିଦାସ ସୌନ୍ଦର୍ଯ୍ୟର ବ୍ୟାଖ୍ୟା ଦେବା ସଙ୍ଗେ ତାର ରହସ୍ୟ ଫେଡ଼ିଛନ୍ତି। ବେତସଲତା ଅନ୍ତରାଳରୁ ବଲ୍‌କଳିନୀ, ଯୌବନସମୁପାଗତା ଶକୁନ୍ତଳାଙ୍କୁ ଦେଖି ସ୍ୱଭାବ ସୁନ୍ଦର ଅଙ୍ଗରେ ଯେ କୌଣସି ଆଭରଣ ଧାରଣ କଲେ ମଧ୍ୟ ସୁନ୍ଦର ପ୍ରତୀତ ହୁଏ ବୋଲି କହିଥିଲେ।

ସେହିପରି ମଧୁକର-ଉଦ୍‌ବେଜିତା ଶକୁନ୍ତଳାଙ୍କର ତ୍ରସ୍ତଭାବ ଓ ଭ୍ରମରର ରସିକ ସ୍ୱଭାବ ଲକ୍ଷ୍ୟକରି ତତ୍ତ୍ୱାନ୍ୱେଷିଣୀ ବୁଦ୍ଧିଠାରୁ ରସଗ୍ରାହିଣୀ ବୁଦ୍ଧିକୁ ସେ ଶ୍ରେଷ୍ଠ ସ୍ଥାନ ଦେଇଥିଲେ। ଅନ୍ତଃପୁର ମଧ୍ୟରୁ ରାଣୀ ହଂସପଦିକାଙ୍କର ଗାନ ଶୁଣି ଦୁଷ୍ମନ୍ତ ସୌନ୍ଦର୍ଯ୍ୟକୁ ବାସନାଲୋକର ସ୍ପନ୍ଦନ ଓ ଅବୋଧପୂର୍ବା ସ୍ମୃତି ରୂପେ ଅଭିହିତ କରିଥିଲେ। ଗଙ୍ଗାଧର ସୁଅବକାଶ ଲାଭ କରିଥିଲେ ମଧ୍ୟ ଦୁଷ୍ମନ୍ତଙ୍କ ସୌନ୍ଦର୍ଯ୍ୟ-ଦର୍ଶନର ମର୍ମ ଉପଲବ୍ଧି କରିପାରିନାହାନ୍ତି ବୋଲି କହିବାକୁ ପଡେ।(୪୩) ରଘୁବଂଶମ୍ ଓ ଅଭିଜ୍ଞାନ ଶାକୁନ୍ତଳମ୍‌ର ଯେଉଁ ସ୍ଥଳରେ କାଳିଦାସଙ୍କ ସୌନ୍ଦର୍ଯ୍ୟବୋଧ ପ୍ରକାଶିତ ମେହେର ସେହି ପଦଗୁଡିକୁ ଉପେକ୍ଷା କରିଛନ୍ତି। ସ୍ଥାନେ ସ୍ଥାନେ କାଳିଦାସୀୟ ସୌନ୍ଦର୍ଯ୍ୟ-ଧାରଣା ସହିତ ସ୍ୱକୀୟ ସୌନ୍ଦର୍ଯ୍ୟ-ଧାରଣାର ମିଶ୍ରଣ ଘଟାଇଛନ୍ତି-

ଭାଙ୍ଗିଦେଲା ବନବଲ୍ଲଭୀ ଉଦ୍ୟାନ-
ଲତିକାର ଅଭିମାନ
ଗୋଲାପ କଣ୍ଟକ ବନବାସୀ ବୋଲି
ବାସଙ୍ଗ କି ତା ସମାନ।(୪୪)

ଏହା କାଳିଦାସଙ୍କର ନିମ୍ନୋକ୍ତ ଶ୍ଳୋକର ପ୍ରତିଧ୍ୱନି-

ଶୁଦ୍ଧାନ୍ତ ଦୁର୍ଲ୍ଲଭମିଦଂ ବପୁରାଶ୍ରମବାସିନୋ ଯଦିଜନସ୍ୟ
ଦୂରୀକୃତ ଖଲୁ ଗୁଣୈରୁଦ୍ୟାନଲତା ବନଲତାଭିଃ।

ସେହିପରି କାଳିଦାସଙ୍କର 'ଇୟଂ ଅଧିକ ମନୋଜ୍ଞ' ଶ୍ଳୋକଟିକୁ ବିସ୍ତାରିତ କରି ମୌଳିକତା ପ୍ରଦର୍ଶନ ନିମନ୍ତେ ସେ ଚେଷ୍ଟା କରିଛନ୍ତି-

ବିସ୍ଫାରିତ ହୋଇପଡୁଛି ତଥାପି
ଲଳନା-ଲାବଣ୍ୟ-ପ୍ରଭା
ଯଥା-ଶିବ-ଜଟ-ଚନ୍ଦ୍ରିକା, ଶୈବାଳ
ବେଷ୍ଟିତ ପଦ୍ମିନୀ ଅବା;
କଳଙ୍କ ହିଁ ଥାଇ କଳାକାର-କୋଳେ
କରଇ ନେତ୍ର ରଞ୍ଜନ
ସ୍ୱଭାବ-ସୁନ୍ଦର ଅଙ୍ଗଙ୍କୁ ଜଗତେ
ନହୁଏ କିସ ମଣ୍ଡନ ?(୪୫)

'ତପସ୍ୱିନୀ'ରେ ଆଦର୍ଶ ଦୃଷ୍ଟିରୁ ଗଙ୍ଗାଧର ସୀତାଙ୍କର ଦୈହିକ-ଲାବଣ୍ୟ ଓ ରୂପର ରମଣୀୟତା ପ୍ରତି ଦୃଷ୍ଟି ଦେଇନାହାନ୍ତି। ଯେ ତପସ୍ୱିନୀ, ପ୍ରକୃତିକୁ ସର୍ବସୌନ୍ଦର୍ଯ୍ୟ ଦାନ କରି ଯେ ରିକ୍ତା, ତାଙ୍କର ଇନ୍ଦ୍ରିୟ-ଗ୍ରାହ୍ୟ ତନୁ ସୁଷମା ବର୍ଣ୍ଣନା କରିବାକୁ

ଗଙ୍ଗାଧର ଉଚିତ ମନେକରିନାହାନ୍ତି। ରାମଙ୍କର ପ୍ରଜାନୁରଞ୍ଜନ କର୍ତ୍ତବ୍ୟବୋଧ ଓ ସୀତାଙ୍କର ପରିହିତସାଧିନୀ ତଥା ପତିବଂଶର ଯଶୋବର୍ଦ୍ଧନ ନିମନ୍ତେ ତପସ୍ୟା ସେମାନଙ୍କର ଚାରିତ୍ରିକ ଅନ୍ତଃସୌନ୍ଦର୍ଯ୍ୟର ପରିଚାୟକ। ରଘୁବଂଶୀ ରାମଙ୍କର ଶୁଭ ସମ୍ପାଦିନୀ ହେବାକୁ ସୀତା ଉଷାକୁ ଅନୁରୋଧ କରିଛନ୍ତି-ଏଥିରୁ ତାଙ୍କର କଲ୍ୟାଣୀ ରୂପ ଦ୍ୟୋତିତ। ସୀତା, ରାମଙ୍କର ନେତ୍ର କୌମୁଦୀ ଓ ହୃଦୟଜ୍ୟୋତ୍ସ୍ନା। ରାମ ସୀତାଙ୍କର ମାନସରେ ନିତ୍ୟ କ୍ରୀଡାରତ ରାଜହଂସ। ଗଙ୍ଗାଧର ତେଣୁ ବିରହୀ ରାମ ଓ ନିର୍ବାସିତା ସୀତାଙ୍କର ଅଙ୍ଗସୌଷ୍ଟବର ଇନ୍ଦ୍ରିୟଗ୍ରାହ୍ୟ ଚିତ୍ର ଦେଇନାହାନ୍ତି। ସେହିପରି ରୂପ ପ୍ରତି ସାମାନ୍ୟ ଦୃଷ୍ଟି ଦେଇଥିଲେ ହେଁ ନେପଥ୍ୟବିଧାନ-ପରିପାଟୀ ପ୍ରତି ସେ ନିସ୍ପୃହ।

'ପଦ୍ମିନୀ' କାବ୍ୟ ଇତିହାସର ପଦ୍ୟାୟିତ ରୂପ। ଏହାର ପଦାବଳୀ ରସରମ୍ୟତା ଅର୍ଜନ କରିପାରି ନାହିଁ ତଥା ଏଥିରେ କବି-କଳ୍ପନାର ଐଶ୍ୱର୍ଯ୍ୟ ମଧ୍ୟ ପ୍ରକାଶ ପାଇନାହିଁ। ଅସାମାନ୍ୟ ରୂପସୀ ପଦ୍ମିନୀଙ୍କର ରୂପ-ସୌନ୍ଦର୍ଯ୍ୟ ସମ୍ବନ୍ଧରେ ଗଙ୍ଗାଧର ନୀରବ। ଏକ ମହାକାବ୍ୟର ନାୟିକା ଓ ଇତିହାସ ବନ୍ଦିତା ରୂପୈଶ୍ୱର୍ଯ୍ୟଶାଳିନୀ ପଦ୍ମିନୀ, ଯାହାଙ୍କ ରୂପକୁ ଆଦର୍ଶ-ପ୍ରତିବିମ୍ବ ରୂପେ ଦର୍ଶନ କରିବା ପାଇଁ ମହାପ୍ରତାପୀ ଆଲ୍ଲାଉଦ୍ଦିନ ବ୍ୟାକୁଳ, ତାଙ୍କର ରୂପସୌନ୍ଦର୍ଯ୍ୟ ସମ୍ବନ୍ଧରେ ଅନାସକ୍ତ ରହିବା ରସାନୁକୂଳ ନୁହେଁ। ଏହା ଗଙ୍ଗାଧରଙ୍କର ଆଦର୍ଶ-ପୀଡିତ ମନୋଭାବ ଯୋଗୁ ସମ୍ଭବ ହୋଇଛି ବୋଲି କହିବାକୁ ହେବ।

ଗଙ୍ଗାଧରଙ୍କ ଆଧ୍ୟାତ୍ମିକତାରେ କୈତବ ନାହିଁ, କୌଣସି ଗଭୀର ତଥ୍ୟ ଓ ଦର୍ଶନ ପରିବେଷଣ କରିବାକୁ ଯାଉଛନ୍ତି ବୋଲି ସେ ପାଠକଙ୍କୁ ସଚେତନ କରାଇନାହାନ୍ତି। ସେ ପ୍ରଥମେ କବି ଓ ତା'ପରେ ଭକ୍ତ ତଥା ଦାର୍ଶନିକ। ଅମୃତର ସ୍ୱାଦ ସେ ଚାଖିଛନ୍ତି। ସରଳ ମଣିଷର ପ୍ରାଣରେ ଐଶ୍ୱରିକ ସୌନ୍ଦର୍ଯ୍ୟ ଉପଲବ୍ଧି କରିବାକୁ ସେ ଚେଷ୍ଟା କରିଛନ୍ତି। 'ଅର୍ଘ୍ୟଥାଳୀ'ସ୍ଥ ମଧୁମୟ, ଅମୃତମୟ ଓ ଭକ୍ତି- ଏହି ତିନୋଟି ଗୀତି କବିତାରେ ଅନ୍ତର୍ଜଗତ ଓ ବହିର୍ଜଗତର ସୌନ୍ଦର୍ଯ୍ୟସମ୍ପଦର ମଧୁର ସମନ୍ୱୟ ଦେଖିବାକୁ ମିଳେ। ବିଶ୍ୱର ଅନ୍ୟ କୌଣସି ବୈଭବ, ଐଶ୍ୱର୍ଯ୍ୟ ଓ ବୈଚିତ୍ର୍ୟ ପ୍ରତି କବି ଦୃଷ୍ଟି ଦେଇନାହାନ୍ତି। ତାଙ୍କର ଅମୃତ ଦୃଷ୍ଟିରେ ବିଶ୍ୱ ମଧୁମୟ। ବିଶ୍ୱଜଗତ ଏହି ଅମୃତମୟ ଆନନ୍ଦ ନିର୍ଝରିଣୀ ଦ୍ୱାରା ପ୍ଳାବିତ ହୋଇ ଆଧ୍ୟାତ୍ମିକ ଆନନ୍ଦ ଓ ପ୍ରଶାନ୍ତି ଲାଭ କରେ। ବିକଶିତ ଫୁଲଗନ୍ଧରେ, ସରସ କବିତା ଛନ୍ଦରେ; ଚନ୍ଦ୍ର ଜ୍ୟୋତ୍ସ୍ନାରେ, ଆକାଶର ତାରାପୁଞ୍ଜରେ, ନୀରଦ ଧାରାରେ, ତୁଷାର କିରୀଟିନୀ ଉଷାରେ, ନିର୍ଝରିଣୀର ପ୍ରବାହରେ ସେ ଅମୃତର ସ୍ପର୍ଶ ପାଇ ପୁଲକାଞ୍ଚିତ ପ୍ରାଣରେ

କୃପା ଅକୂପାରରେ ଆପଣାକୁ ବିଲୀନ କରିଦେବାକୁ ପ୍ରୟାସୀ। ଉକ୍ତ କବିତା ତ୍ରିତୟ ତାଙ୍କର ଆଧ୍ୟାତ୍ମିକ-ସୌନ୍ଦର୍ଯ୍ୟ-ଦୃଷ୍ଟିର ଯଥାର୍ଥ ପ୍ରମାଣ। ବିଶ୍ୱର ବାହ୍ୟାଭ୍ୟନ୍ତରବ୍ୟାପୀ ମହାମହିମ ଅମୃତମୟଙ୍କର ପରମ ସତ୍ତା ଉପଲବ୍ଧି କରି ସେ ନିଜ ଅନ୍ତରରେ ଅଲୌକିକ ଆନନ୍ଦର ସ୍ପନ୍ଦନ ଅନୁଭବ କରିଛନ୍ତି।

ଚିନ୍ତାମଣି ମହାନ୍ତି

"ଯହିଁରେ ସାର୍ବଜନୀନ ବିଶ୍ୱପ୍ରେମ ନାହିଁ, ମୋହ ମାଦକତାର ତୀବ୍ର ଆକର୍ଷଣ ନାହିଁ, ଅନୁଭୂତିର ତୀବ୍ର ସମୁଜ୍ଜ୍ୱଳ ଚିତ୍ର ନାହିଁ, ଅକ୍ଳାନ୍ତିକର ସୌନ୍ଦର୍ଯ୍ୟ ନାହିଁ, ଅଲୌକିକ କଳା କୌଶଳ ନାହିଁ-ଯହିଁରେ ହୃଦୟ ଆର୍ଦ୍ର ହୁଏ ନାହିଁ, ତାହା ସାହିତ୍ୟ ନାମରେ ଉପଯୁକ୍ତ ନୁହେଁ।"(୪୬)

ଚିନ୍ତାମଣିଙ୍କର ସାହିତ୍ୟ ସାଧନା ଏକ ଅଗ୍ନିପରୀକ୍ଷା, ଏକ ତପସ୍ୱୀସୁଲଭ ଏକାଗ୍ରତା ଓ ଏକାନ୍ତ ନିର୍ଭର ତପସ୍ୟା। ରାଧାନାଥ ଯୁଗର ସର୍ବକନିଷ୍ଠ କବିବର ଚିନ୍ତାମଣି କାନ୍ତକବିଙ୍କ ଭାଷାରେ ଜଣେ "କ୍ଳାନ୍ତିହୀନ ନୈଷ୍ଠିକ ସାଧକ।" ସେ କାଳରେ ରାଧାନାଥଙ୍କ ମନ୍ତ୍ରଶିଷ୍ୟ। କାବ୍ୟ ରଚନାରେ ତାଙ୍କର ଆଦର୍ଶ କିଏ ବୋଲି ପ୍ରଶ୍ନ ହେଲେ ନିର୍ଦ୍ୱନ୍ଦ୍ୱରେ ରାଧାନାଥଙ୍କ ନାମ ଉଲ୍ଲେଖ କରାଯାଇପାରେ। ରାଧାନାଥଙ୍କ ସାହିତ୍ୟାଦର୍ଶ ତାଙ୍କ କବିଜୀବନର ନିୟାମକ; ଯଦିଓ ସେ ଅଳଙ୍କାର ପ୍ରୟୋଗ ଦୃଷ୍ଟିରୁ ରୀତିଯୁଗୀୟ ପାରମ୍ପରିକ ଶୃଙ୍ଖଳା ମାନି ଚଳୁଥିଲେ। ଜଣେ ଭ୍ରମଣକାରୀର ଅଭିଜ୍ଞତା ହିଁ ତାଙ୍କ କାବ୍ୟ ଜୀବନର ପୁଞ୍ଜି ଓ କାବ୍ୟ-କଳାର ପ୍ରାଣ। ସେ ରାଧାନାଥୀ କାବ୍ୟ-ଦ୍ରୁମକୁ ବହୁ ଶାଖାୟିତ କରି ଫୁଲଫଳ-ପଲ୍ଲବରେ ମଣ୍ଡିତ କରି ଓଡ଼ିଆ ସାହିତ୍ୟରେ ଠିଆ କରାଇଛନ୍ତି। ଏଥିରୁ ସେ କାଳରେ ରାଧାନାଥଙ୍କ କାବ୍ୟକଳାର ଚମତ୍କାରିତା କନିଷ୍ଠ କବିମାନଙ୍କୁ କିପରି ପ୍ରଭାବିତ କରିଥିଲା ଜଣାଯାଏ। ଦୃଶ୍ୟଚୟନ, କିମ୍ବଦନ୍ତୀ ସଂଗ୍ରହ, ବିଷୟ ନିର୍ବାଚନ-ସମସ୍ତ ରାଧାନାଥୀ ଢଙ୍ଗରେ ଓ ରାଧାନାଥୀ ଛାଞ୍ଚରେ ଢଳା। ତେବେ ଏହା ସ୍ୱୀକାର କରିବାକୁ ପଡେ ଯେ, ରାଧାନାଥଙ୍କ ପରେ ପ୍ରାକୃତିକ ଉତ୍କଳର ଜଣା ଅଜଣା ମହତ୍ ତୁଚ୍ଛ ସ୍ଥାନ ଘଟଣା ଓ ବସ୍ତୁକୁ ସେ କାବ୍ୟ କବିତାରେ ରୂପ ଦେଇଯାଇଛନ୍ତି। ରାଧାନାଥ ଯେତେବେଳେ ପ୍ରତିଷ୍ଠାର ତୁଙ୍ଗ ଶିଖରରେ ଉପନୀତ, ଚିନ୍ତାମଣି ସେତେବେଳେ ନିଜର କବି ଜୀବନ ଆରମ୍ଭ କଲେ। ଗୋପାଳଚନ୍ଦ୍ର ପ୍ରହରାଜ ତାଙ୍କୁ ରାଧାନାଥ ଯୁଗର ଶେଷ ଶ୍ରେଷ୍ଠ କବି କହନ୍ତି। ତରୁଣ ଚିନ୍ତାମଣିଙ୍କ ସଦ୍ୟ ପ୍ରକାଶିତ କାବ୍ୟଗ୍ରନ୍ଥ ପଢି ରାଧାନାଥ ମନ୍ତବ୍ୟ ଦେଇଥିଲେ-"ଉତ୍କଳ ସାହିତ୍ୟରେ ଏହାଙ୍କର ଯେପରି ବ୍ୟୁତ୍ପତ୍ତିର ପରିଚୟ ପାଇଲି,

ତାହା ଅସାଧାରଣ କହିଲେ ଅତ୍ୟୁକ୍ତି ହେବ ନାହିଁ। ଜଣେ ଛାତ୍ରବୃତ୍ତି ପରୀକ୍ଷୋତ୍ତୀର୍ଣ୍ଣ ବ୍ୟକ୍ତି ପକ୍ଷରେ ଏହା ସାମାନ୍ୟ ଗୌରବାବହ ନୁହେଁ।"(୪୭) ଏହି ମୁଖବନ୍ଧରେ ରାଧାନାଥ ଆହୁରି ମଧ୍ୟ କହିଥିଲେ-"ନିସର୍ଗଦତ୍ତ ଶକ୍ତିର ସୁବ୍ୟବହାର କଲେ ଏ ମହାଶୟ ଯଥା ସମୟରେ ଉତ୍କଳରେ କବିକୀର୍ତ୍ତି ସ୍ଥାପନ କରିବାକୁ ସକ୍ଷମ ହେବେ।" ରାଧାନାଥଙ୍କ ଏହି ଭବିଷ୍ୟତ ବାଣୀ ଚିନ୍ତାମଣିଙ୍କ କବି ଜୀବନରେ କେତେ ପରିମାଣରେ ପ୍ରତିପାଦିତ ହୋଇଥିଲା, ତାହା ଚିନ୍ତାମଣିଙ୍କ କାବ୍ୟର ଆଲୋଚନା କ୍ରମରେ ଅନୁସନ୍ଧେୟ।

କାବ୍ୟରଚନା ଚିନ୍ତାମଣିଙ୍କ ବିଂଶବର୍ଷ ବୟଃକ୍ରମଠାରୁ ଜୀବନସନ୍ଧ୍ୟା ପର୍ଯ୍ୟନ୍ତ ଅବ୍ୟାହତ ରହିଥିଲା। ରାଶି ରାଶି କାବ୍ୟ ଓ କ୍ଷୁଦ୍ର କବିତା ଅନର୍ଗଳ ଭାବରେ ପଦ୍ୟାକାରରେ ରଚନା କରିଯିବାକୁ ସେ ଚେଷ୍ଟିତ ଥିଲେ। ଚିନ୍ତାମଣିଙ୍କ ରଚନାର ବିପୁଳତା ହିଁ ତାଙ୍କ ସାହିତ୍ୟ ସମାଲୋଚନାର ହୋଇଛି ପ୍ରତିବନ୍ଧକ। ତାଙ୍କର ବିପୁଳ କାବ୍ୟ ଜଗତରେ ପ୍ରବେଶ କଲେ ଜଣାଯାଏ, ସେ ଉତ୍କଳର ବଣ ପାହାଡ଼, ନଦୀ ହ୍ରଦ ସମୁଦ୍ର ସର୍ବତ୍ର ଉନ୍ମୁକ୍ତ ଦୃଷ୍ଟି ବିସ୍ତାର କରି ସେଗୁଡ଼ିକୁ କାବ୍ୟର ଅନ୍ତର୍ଗତ କରିଯିବାକୁ ପ୍ରୟାସୀ ଥିଲେ। କାବ୍ୟବିଷୟ ନିର୍ବାଚନରେ ତାଙ୍କର କୌଣସି ବାଛବିଚାର ନଥିଲା। ପରିଦୃଶ୍ୟମାନ ଜଗତରେ ଯାହା ଲଭ୍ୟ ସେ ସକଳକୁ କାବ୍ୟସ୍ଥ କରିବାକୁ ଯାଇ ବସ୍ତୁ ପିଣ୍ଡର ଦୁର୍ଭର ଭାରରେ କାବ୍ୟ-ସରସ୍ୱତୀଙ୍କୁ ସେ ଭାରାକ୍ରାନ୍ତ କରିଯାଇଛନ୍ତି। ଯାହା ସବୁ ଦୃଷ୍ଟିରେ ପଡେ ସେସବୁକୁ କାବ୍ୟରେ ପ୍ରବେଶାଧିକାର ମିଳି ନପାରେ। କବିର ଅନ୍ତର୍ଦୃଷ୍ଟିରେ ସେହି ବସ୍ତୁ ଓ ଘଟଣାର ପ୍ରତିଭାସ ନ ପଡିଲେ ତାହା ନୀରସ ଓ ବସ୍ତୁର ସ୍ତୂପୀକୃତ ପିଣ୍ଡ ମାତ୍ର ହୋଇ ରହିଯାଏ। ବସ୍ତୁର ବାଚନରେ କବିତା ହୁଏ ନାହିଁ। ବସ୍ତୁ ସମଷ୍ଟିରୁ ନିର୍ବାଚନ କରିବା କବିର ଧର୍ମ। ମାତ୍ର ମହାନ୍ତି ନିର୍ବାଚନ କରିନାହାନ୍ତି। ଏହି କବିର ଏକପ୍ରକାର ଅଜୀର୍ଣ୍ଣତା। ଯାହାକିଛି ଦୃଷ୍ଟି ସମକ୍ଷରେ ଦେଖିଛନ୍ତି, ସେ ସମସ୍ତଙ୍କୁ ସେହି ସେହି ରୂପରେ କାବ୍ୟରେ ଛାଡ଼ିଯାଇଛନ୍ତି। କବି ପ୍ରତିଭାର ଜାରକ ରସରେ ଜାରିତ ହୋଇନଥିବାରୁ ସେ ସବୁ ସଦ୍ୟଧୃତ ଫଟୋଗ୍ରାଫୀ ପରି ଜଣାଯାନ୍ତି। ଦୃଷ୍ଟିର ଦର୍ଶନ କବିତାର ଶେଷ କଥା ନୁହେଁ। କବି ଚକ୍ଷୁଦେଇ ଦେଖନ୍ତି ନାହିଁ; ବହିର୍ବିଶ୍ୱର ସକଳ ବିଷୟକୁ ସେ ଚୈତନ୍ୟ ଜରିଆରେ ଦେଖନ୍ତି। ଚୈତନ୍ୟର ବିଷୟ ନହେବାଯାଏ କବିତାର ପ୍ରକୃତ ଜନ୍ମଲଗ୍ନ ଆସେ ନାହିଁ। ହୃଦୟସ୍ଫୁର୍ତ୍ତିହିଁ କାବ୍ୟ ରଚନାର ଅନୁକୂଳ ମୁହୂର୍ତ୍ତ। ମାନସିଂ କହନ୍ତି, "ଓଡ଼ିଶାରେ ସାଧାରଣ ପାଠକର ଅନୁଭବ କିନ୍ତୁ ଏହି ଯେ, ମହାନ୍ତିଙ୍କ ଲେଖନୀରେ ସେହି ଦୈବତ ଅଗ୍ନି ସ୍ଫୁଲିଙ୍ଗଟି ନଥିଲା, ଯାହାକୁ ହିଁ କୁହାଯାଏ କବିପ୍ରତିଭା। ମହାନ୍ତିଙ୍କ କବିତା କେବଳ ପଠନୀୟ ଓ ସହନୀୟ ପଦ୍ୟମାତ୍ର।"(୪୮) ରାଧାନାଥ କାବ୍ୟ-ସୂର୍ଯ୍ୟର ରଶ୍ମିଛଟା

ଚିନ୍ତାମଣିଙ୍କ କାବ୍ୟରେ ଦେଖିବାକୁ ମିଳୁଥିଲେ ହେଁ ସେହି ରଶ୍ମିର ଔଜ୍ଜ୍ୱଲ୍ୟ, ପ୍ରଖରତା ଓ ଉଷ୍ଣତା ଆମେ ଅନୁଭବ କରୁନାହିଁ। ଯେଉଁ ପ୍ରସାଦ ଗୁଣଯୁକ୍ତ ପଦାବଳୀ ଯୋଗୁ ରାଧାନାଥ-ଗଙ୍ଗାଧରଙ୍କ କାବ୍ୟପଂକ୍ତି ପାଠକର ତୁଣ୍ଡରେ ଉଚ୍ଚାରିତ ହୁଏ, ସେହି ଗୁଣର ଅଭାବ ଯୋଗୁଁ ଚିନ୍ତାମଣିଙ୍କ କବିତାପଂକ୍ତି ଉଦ୍ଧାର ବା ଆବୃତ୍ତିଯୋଗ୍ୟତା ହରାଇବସେ। ଅମସୃଣଭାଷା, ସ୍ଥାନେ ସ୍ଥାନେ ଅତି ଭାଷଣ, ବିବୃତ୍ତିଧର୍ମୀ ତଥ୍ୟ ପରିବେଷଣର ଆତିଶଯ୍ୟ ଓ ଭାଷାର ପଲ୍ଲବନ ଭାବର ଆଚ୍ଛାଦନ କରିଛି; ପଦ ମଧ୍ୟରେ ବ୍ୟଞ୍ଜନା ବୋଲି କିଛି ନାହିଁ କି ପାଠକର ଭାବନା ନିମନ୍ତେ କିଛି ଛାଡିଯାଇନାହାନ୍ତି। କାବ୍ୟ-ସୌନ୍ଦର୍ଯ୍ୟର ମୂଳସୂତ୍ର ହେଲା ସଂଯମ। ଏହି ସଂଯମର ଅଭାବରୁ ଚିନ୍ତାମଣିଙ୍କର କାବ୍ୟ-ତଥ୍ୟ-ବାହୁଲ୍ୟରେ ଭାରାକ୍ରାନ୍ତ। ଏହା ସହିତ ନୀତି-ଦର୍ଶନ, ଆଦର୍ଶ ଓ ଗୁରୁଗିରି ପ୍ରତ୍ୟେକ କାବ୍ୟରେ ଅଧିକାଂଶ ସ୍ଥାନ ଅଧିକାର କରିଛି। ଗୁରୁଧର୍ମ ତାଙ୍କ କାବ୍ୟରେ ନିଶ୍ଚିତ ରୂପେ ଏକ ଦୋଷ। ସେ କାବ୍ୟ-ବିଷୟ ନିର୍ବାଚନରେ ଅକାବ୍ୟୋଚିତ ବିଷୟ ମଧ୍ୟ ଗ୍ରହଣ କରିଛନ୍ତି। ଦୃଶ୍ୟମାନ୍ ଜଗତର ସକଳ ବସ୍ତୁ ଘଟଣା ବା ଦୃଶ୍ୟକୁ ସେ କାବ୍ୟରେ ସ୍ଥାନ ଦେଇଛନ୍ତି। ପଦ ମଧ୍ୟରେ ଅନୁଭୂତି ସଞ୍ଚାର କରିବା କବିର ପ୍ରଧାନ ଉଦ୍ଦେଶ୍ୟ। ଚିନ୍ତାମଣିଙ୍କ କାବ୍ୟରେ ଅକୃତ୍ରିମ ଆବେଗ ପରିବର୍ତ୍ତେ କୃତ୍ରିମ ଆବେଗ ସୃଷ୍ଟିର ପ୍ରୟାସ ପରିଲକ୍ଷିତ। କବିତା ଯେ ଉପଲବ୍ଧି, ଉପାର୍ଜନ ନୁହେଁ, ଏହା ଚିନ୍ତାମଣିଙ୍କ କାବ୍ୟ ପାଠକାଳରେ ଅନୁଭବ କରାଯାଏ। ସେ ସାଧନା ବଳରେ ଉପାର୍ଜନ ସ୍ୱରୂପ ବିପୁଳ କାବ୍ୟ ରଚନା କରିଥିଲେ ହେଁ ଉପଲବ୍ଧିର ଦ୍ୱାରରେ ପହଞ୍ଚି ପାରି ନଥିଲେ। ସେ କାବ୍ୟାଦର୍ଶରେ ବହୁ ଅଙ୍ଗୀକାର ଶୁଣାଇଥିଲେ; ମାତ୍ର ସାମର୍ଥ୍ୟ ଅଭାବରୁ ପୂରଣ କରିପାରିନଥିଲେ।

ଚିନ୍ତାମଣିଙ୍କ ନିସର୍ଗବୀକ୍ଷା ମୂଳରେ ଜଣେ ଭ୍ରମଣକାରୀର ମନ ଅନୁସନ୍ଧାନ କରାଯାଇପାରେ। ରାଧାନାଥ ଛାଡିଯାଇଥିବା ପ୍ରାକୃତିକ ଉତ୍କଳର ବନପର୍ବତ ନଦୀହ୍ରଦ ସମୁଦ୍ର ପ୍ରଭୃତି ତାଙ୍କ କାବ୍ୟର ଉପାଦାନ ହୋଇଥିଲେ। ମାତ୍ର ସେ ରାଧାନାଥଙ୍କ ନିସର୍ଗ ବର୍ଣ୍ଣନାର ଭାବରୂପଟି ଧରି ନପାରି ବାହ୍ୟାବରଣ ଘେନି ସାରା ଜୀବନ ବ୍ୟସ୍ତ ରହିଲେ। ତାଙ୍କର ପ୍ରକୃତି ବିଷୟକ କାବ୍ୟାବଳୀ ଚକ୍ଷୁରେ ଦେଖା ବଣପାହାଡର ତାଲିକା ମାତ୍ର ପ୍ରଦାନ କରନ୍ତି। ସେ ସ୍ଥାବର ଚିତ୍ର ଗଣନା ଓ ବସ୍ତୁର ଯଥାଯଥ ରୂପାଙ୍କନରେ ବ୍ୟସ୍ତ ଥିଲେ। ଅଠଚାଳିଶ ଖଣ୍ଡ ପ୍ରକୃତି-ବିଷୟକ କାବ୍ୟରେ ପ୍ରାୟ ଏହି ବହିରଙ୍ଗ ପ୍ରକୃତିର ଚିତ୍ରଣ ପରିଦୃଷ୍ଟି ହୁଏ। ତାଙ୍କର ପ୍ରକୃତିମୂଳକ କାବ୍ୟାବଳୀ ପ୍ରକୃତରେ ଖଣ୍ଡିଏ ଖଣ୍ଡିଏ ଭ୍ରମଣକାହାଣୀ। ତହିଁରୁ ତାଙ୍କର ପର୍ଯ୍ୟବେକ୍ଷଣ, ସ୍ଥାନ, ଦୃଶ୍ୟ-ସୌନ୍ଦର୍ଯ୍ୟର ଅବଲୋକନ କରିବାର ପିପାସାର ପରିଚୟ ମିଳେ। ପ୍ରକୃତିର

ଚାକ୍ଷୁଷ ରୂପ ବର୍ଣ୍ଣନାକୁ ସେ ପ୍ରକୃତିପ୍ରେମ ରୂପେ ଧରିନେଇଥିଲେ। ପ୍ରକୃତି ପ୍ରତି ତାଙ୍କର ମମତା ଓ ବ୍ୟାକୁଳତା ପ୍ରବଳ ଥିଲେ ହେଁ ରାଧାନାଥୀ ରଙ୍ଗ-ଯୋଜନା ତାଙ୍କ କଳ୍ପନାରେ ନଥିଲା।

ଚିନ୍ତାମଣିଙ୍କର ପ୍ରକୃତି ଦିଦୃକ୍ଷାବୃତ୍ତି ଅସାଧାରଣ ଥିଲା। "ମହେନ୍ଦ୍ର" କାବ୍ୟରେ ବର୍ଣ୍ଣିତ ମହେନ୍ଦ୍ର ଆରୋହଣର ଅଭିଜ୍ଞତା ଦୁରାରୋହ୍ୟ ଗିରିଶିରରେ ପହଞ୍ଚିବା ପାଇଁ କବିପ୍ରାଣର ଅସୀମ ଉତ୍ତେଜନା ତାଙ୍କ ଭ୍ରମଣକାରୀ ମନ ଓ ଦୃଶ୍ୟ ଦର୍ଶନ ପିପାସାର ପରିଚୟ ଦିଏ।[୪୯] ମହେନ୍ଦ୍ରର ଅନନ୍ତ ଦୃଶ୍ୟ କବିଙ୍କୁ ଶୋଭା ସାହିତ୍ୟର ସୁବିଶାଳ ପାଠାଗାର ରୂପେ ପ୍ରତୀତ ହୋଇଛି। ଏଠାରେ-

ପାରେ ନାହିଁ ପଶି ଏଥି ପ୍ରାକୃତ ଲାଳସା
ମାନବ ଜୀବନ ଯୁଦ୍ଧ ଖର ଉତ୍ତାପର
ନାହିଁ ଏଥି ଅଧିକାର, ଅଭାବ ଆବରି
ସ୍ୱାର୍ଥ-ବିରୁଡ଼ିର କ୍ଷୁବ୍ଧ ସଦଂଶନ ଜ୍ୱାଳା
ଶିଳାମୟ ସ୍ଥଳ, ମାତ୍ର ସୁନ୍ଦର ମଧୁର
ପ୍ରେମର ଅମୃତ ଉତ୍ସ, ପୁଣି ସ୍ୱାଭାବିକ,
ବିଶ୍ୱରେ ଯା'କିଛି ସତ୍ୟ, ଧ୍ରୁବ ବା ସୁନ୍ଦର
ମିଶିଅଛି ସେ ସକଳ ତନୁରେ ଏହାର।[୫୦]

ପ୍ରକୃତି ବର୍ଣ୍ଣନାରେ ସୂକ୍ଷ୍ମ କଳ୍ପନା-ବିଳାସିତା ତାଙ୍କର ଅନ୍ୟ ଏକ ବିଶେଷତ୍ୱ। ଦୃଷ୍ଟିର ଦର୍ଶନ ସହିତ କାଳ୍ପନିକ ମନନର ମିଶ୍ରଣରେ ରୀତିଯୁଗୀୟ ପ୍ରକୃତି ଚିତ୍ରଣର ଆଭାସ ତାଙ୍କ କାବ୍ୟରେ ଦେଖିବାକୁ ମିଳେ। ମେଘ-ମେଦୁରିତ ମେଘାସନ ଦେଖି ସେ 'ମେଘାସନ' କାବ୍ୟରେ ରୀତିଯୁଗୀୟ ଶୈଳୀରେ ପ୍ରଭାତ ବର୍ଣ୍ଣନା କରିଛନ୍ତି-

ପଙ୍କଜପାଟଳା ଉଷା ଆରକ୍ତିମା
ବ୍ୟାପିଗଲା କ୍ଷଣେ ପୌରନ୍ଦରୀ ସୀମା।
କାଳିନ୍ଦୀ ସଲିଳେ ଯାଉଛି କି ଭାସି
କିବା କୋକନନ୍ଦ ହାର ରାଶି ରାଶି।
କିମ୍ବା ଉଷାରାଣୀ ରକ୍ତ ଓଷ୍ଠାଧର
ପାନ ବୋଳେ ଅବା ଦିଶେ ଚାରୁତର;
ଅବା ପ୍ରାଚୀ ରାତି-ପିନ୍ଧା ବାସ ଛାଡି
ପାଲଟୁଅଛି କି ରଙ୍ଗେ ପାଟଶାଢୀ।

'ମହେନ୍ଦ୍ର' କାବ୍ୟରେ ମହେନ୍ଦ୍ର ଗିରି ଦର୍ଶନ କରି ଫେରିବାବେଳେ କବିଙ୍କର ବିଦାୟ ବାଣୀ ରାଧାନାଥୀ ସ୍ୱର ବହନ କରିଛି-

ଘେନୁଛି ମହେନ୍ଦ୍ର ଏବେ ବିଦାୟ ତୋ ପାଶୁ
ଲଗାଇଛୁ କି ମାୟା ତୁ, ବଳୁ ନାହିଁ ମନ
ତେଜିବାକୁ କ୍ଷଣେ ତୋର ପବିତ୍ର ସଂସର୍ଗ
ମନ ମଧ୍ୟେ ଦେହ ଯଦି ପାରନ୍ତା ପ୍ରବେଶି
କହୁଛି ଶପଥ କରି ଛୁଇଁ ତୋ ଚରଣ
ନିତି ଆସି ପାଦପଦ୍ମ ପୂଜନ୍ତି ତୋହର।

ରାଧାନାଥଙ୍କ ଚିଲିକାଠାରୁ 'ମେଲାଣି' ବେଳାର ବାଣୀରେ ପ୍ରକୃତି ପ୍ରତି କବିପ୍ରାଣର ଆବେଗ ଉପରୋକ୍ତ ପଦମାନଙ୍କରେ ଉପଲବ୍ଧ ହୁଏ ନାହିଁ।

ଚିନ୍ତାମଣିଙ୍କ ମତରେ ପ୍ରକୃତି-ସୌନ୍ଦର୍ଯ୍ୟ ଦ୍ରଷ୍ଟାର ଦିଦୃକ୍ଷାକୁ ଆତ୍ମା ଦାନ କରି ବର୍ଦ୍ଧିତ କରେ। ଦର୍ଶକର ଦର୍ଶନ କାମନାକୁ ଜୀବଦାନ କରୁଥିବାରୁ ପ୍ରକୃତି ଦର୍ଶନରେ ଅଳ୍ପକେ ତୃପ୍ତି ଆସେ ନାହିଁ।[୫୧] ପ୍ରକୃତିର ନିର୍ଜନ କୋଳରେ ବିଚରଣ କାଳରେ ସାଂସାରିକ ଚିନ୍ତା ମନରେ ପ୍ରବେଶ କରିପାରେ ନାହିଁ। ଅଭାବବୋଧ ଓ କାମନାର ଦଂଶନର ତୀବ୍ରତା ପ୍ରକୃତିରେ ଅନୁଭୂତ ହୁଏନାହିଁ। ଏକମାତ୍ର ଗମ୍ଭୀର ମୌନ ଧ୍ୱନି ଛନ୍ଦ-ଭାବ-ସୌନ୍ଦର୍ଯ୍ୟ-ସଙ୍ଗୀତ-ସମନ୍ୱିତ ହୋଇ ପ୍ରତିଧ୍ୱନିତ ହେବା କେବଳ ପ୍ରକୃତିର ବିବିକ୍ତ ସ୍ଥଳରେ ସମ୍ଭବ।[୫୨] ଚିନ୍ତାମଣିଙ୍କର ବିଶ୍ୱାସ, ମାନବର ରୁଚି ନିତ୍ୟ ପରିବର୍ତ୍ତନଶୀଳ। ସମୟ ପ୍ରବାହରେ ମାନବ ନିଜ ରୁଚି ପରିବର୍ତ୍ତନ କରିବାରେ ଲାଗିଛି। ପ୍ରାଚୀନ ରୁଚି ପରିବର୍ତ୍ତେ ନବୀନ ରୁଚିବୋଧ ତା'ଠାରେ ସମ୍ଭବ ହେଉଛି; ମାତ୍ର ପ୍ରକୃତିର ରୁଚି ପରିବର୍ତ୍ତନ ନାହିଁ। ବୃକ୍ଷଲତା ଅନ୍ତରାଳରେ ଲତାମାନଙ୍କର ଜାଲ ନିର୍ମାଣ ରୀତିକୁ ଲକ୍ଷ୍ୟ କରି ପ୍ରକୃତିର ଏହି ଅପରିବର୍ତ୍ତନୀୟ ଅଭିନୟକୁ ସେ ପ୍ରଶଂସା କରିଛନ୍ତି।[୫୩]

ଚିନ୍ତାମଣିଙ୍କର ପ୍ରକୃତିରେ ଉଦାତ୍ତ ଦର୍ଶନ ମଧ୍ୟ ରାଧାନାଥଙ୍କ ଉଦାତ୍ତ ଦର୍ଶନର ଅନୁସରଣ କରିଛି। 'ଚିଲିକା' କାବ୍ୟରେ ହିମାଳୟର ବିରାଟ ରୂପ ରାଧାନାଥଙ୍କ ମନରେ ଯେଉଁ ଭାବନା ଆଣିଥିଲା, ସିଂହରାଜ ଦର୍ଶନରେ ଚିନ୍ତାମଣି ତାହାର ପୁନରାବୃତ୍ତି କରିଛନ୍ତି-

ନିରେଖିବା କ୍ଷଣି ଗିରି ମହାନତା
ଠେଲିଦିଏ ଦୃଷ୍ଟି-ରେଖାକୁ ସର୍ବଥା।
ଅନାୟତ୍ତେ ଆସେ ନୟନ ନିମିଳି
ପକାଏ ବିସ୍ମୟ ହୃତ୍କପାଟ କିଳି,

ପର୍ବତ ପ୍ରପଦେ ହୋଇ ଉପସ୍ଥିତ
ଆତ୍ମକଳନା ମୁଁ କଲି ତା ସହିତ ।
ତୁଟିଗଲା ଖରେ ଭ୍ରାନ୍ତିର ଝଟିକା
ମଣିଲି ସେ ଗଜ ମୁହିଁ ପିପୀଲିକା
କ୍ଷୁଦ୍ର ମୁହଁ କ୍ଷୁଦ୍ର ମୋର ଜ୍ଞାନ ସୀମା
କଳିବ ବା କାହିଁ ମହତ ମହିମା ।
ସେ ମହିମା ମହା-ସାଗର ସଂକାଶ
ନର ମମକାର ଦିଏ ଯହିଁ ଝାସ ।(୫୪)

ମହାନତା ଉଦାତ୍ତର ଏକ ବିଶିଷ୍ଟ ଲକ୍ଷଣ । ଦ୍ରଷ୍ଟାର ଦୃଷ୍ଟିକୁ ତାହା ପ୍ରତିହିତ କରେ । ଦୃଷ୍ଟି ସୀମାର ପରିଧି ମଧ୍ୟରେ ଆସୁନଥିବାରୁ ଦ୍ରଷ୍ଟାର ନୟନ ସଙ୍କୋଚ ଘଟେ ଓ ବିସ୍ମୟରେ ହୃଦୟବୃତ୍ତି କାର୍ଯ୍ୟକ୍ଷମ ଅବସ୍ଥାରେ ରହେ ନାହିଁ । ଚିନ୍ତାମଣି ରାଧାନାଥଙ୍କ ଭଳି ଏହି ଅବସ୍ଥାରେ ପର୍ବତର ପାଦଦେଶରେ ଉଭା ରହି ଆତ୍ମ ତୁଳନାରେ ବୁଡି ରହିଛନ୍ତି । ମାତ୍ର ନିଜର କ୍ଷୁଦ୍ରତ୍ୱ ଓ ଜ୍ଞାନର ସସୀମତା ଉପଲବ୍ଧି କରି ପର୍ବତର ବିରାଟତ୍ୱକୁ ପ୍ରଶଂସା କରିଛନ୍ତି । ମହତର ମହିମା କଳନା କରିବା କ୍ଷୁଦ୍ର ପକ୍ଷରେ ଏକ ଅବ୍ୟାପାର । ମଣିଷର ମମତ୍ୱ ସେହି ବିରାଟତ୍ୱ ନିକଟରେ ଆତ୍ମ-ସମର୍ପଣ କରିବସେ ।

ଉଦାତ୍ତର ଆଉ କେତୋଟି ଲକ୍ଷଣ ନିମ୍ନୋକ୍ତ ପଦରେ ସୂଚିତ ହୋଇଛି-

ଚୌଦିଗେ ବିରାଜେ ଅନନ୍ତ ପ୍ରକୃତି
କଳି ନୁହେଁ ତାର ବିପୁଳ ବିସ୍ତୃତି ।
ଦିଗ୍‌ବଳୟ ଯାଏ ଅସ୍ପଷ୍ଟ ଆଭାସେ
ଯାଇଛି ତେଣିକି ମିଶିଣ ଆକାଶେ ।
ମହାନ ପୃଥିବୀ ମହାନ ଅମ୍ବର
ମହାନ ମହାନ ମିଶି ପୃଥୁତର ।
ମହା ମହାନତା-ପାରାବାରେ ବୁଡ଼ି
ମାନବର ଚିର ଲକ୍ଷ୍ୟ ଯାଏ ହୁଡ଼ି ।
ଧାରଣା ଅତୀତ ସେହି ମହାନତା
ଆଙ୍କିଦିଏ ମନେ ବିଶ୍ୱପତି ସତ୍ତା ।
ପ୍ରସାରେ ଜ୍ଞାନର ଅପ୍ରଶସ୍ତ ସୀମା
କର୍ମୁ ଜଣା ସିନା କର୍ତ୍ତାର ମହିମା ।(୫୫)

ଅନନ୍ତ ପ୍ରକୃତିର ବିପୁଳ ବିସ୍ତୃତି ତାର ବିରାଟ ରୂପ ସମ୍ବନ୍ଧରେ ଦର୍ଶକର ମନଃସୀମା

ମଧ୍ୟରେ ଆସେ ନାହିଁ। ଅସ୍ପଷ୍ଟତା ମଧ୍ୟ ଉଦାତ୍ତର ରୂପ କଳନା ନିମନ୍ତେ ପ୍ରତ୍ୟବାୟ ସୃଷ୍ଟି କରେ। ଅସ୍ପଷ୍ଟତା ମଧ୍ୟ ଉଦାତ୍ତର ଚିହ୍ନ। ଦୁଇଟି ମହାନ୍ ବସ୍ତୁର ମିଳନରେ ଉଦାତ୍ତ ରୂପ ଅଧିକ ବିସ୍ମୟର କାରଣ ହୁଏ। ଉଦାତ୍ତର ଧାରଣାତୀତ ରୂପ ଦର୍ଶନରେ ଦର୍ଶକର ମନର ଅବରୁଦ୍ଧ ଅବସ୍ଥାଠାରୁ ଜ୍ଞାନର ସଂକୀର୍ଣ୍ଣ ସୀମାକୁ ବିସ୍ତୃତି ଦାନ କରିବାର ଶକ୍ତି ସ୍ୱୀକାର କରିଛନ୍ତି। କାରଣ ଉଦାତ୍ତ ଦର୍ଶନରେ ସ୍ୱୀକୃତ ହୋଇଛି ଯେ, ବିରାଟ ରୂପ ମନର ଭାବନା ଶକ୍ତିକୁ ପ୍ରାଥମିକ ଅବସ୍ଥାରେ ଅବରୋଧ କଲେ ହେଁ ପରବର୍ତ୍ତୀ ସମୟରେ ତାହା ଜ୍ଞାନ କ୍ଷେତ୍ରକୁ ପ୍ରସାରିତ କରିଥାଏ। ଉଦାତ୍ତର ଏକ ନୂତନ ବ୍ୟାଖ୍ୟା ଦେଇ ସେ ପ୍ରକୃତିର ବିରାଟ ରୂପରେ ସୌନ୍ଦର୍ଯ୍ୟର ସମାବେଶ ଘଟାଇଛନ୍ତି। ସିଂହରାଜ ଗିରି ଭୀଷଣ-ଦର୍ଶନ ହୋଇପାରେ; ମାତ୍ର ତା'ଠାରେ ସୌନ୍ଦର୍ଯ୍ୟର ଅଭାବ ନାହିଁ-

ଭୀଷଣ ସେ, ମାତ୍ର ସୁଷମାନିଧାନ
ଭୀଷଣତା ସିନା ଶୋଭା ଉପାଦାନ।
ନୋହିଥିଲେ ବିଦ୍ୟୁ ବଜ୍ରାଗ୍ନିସଙ୍କୁଳ
ଦିଶନ୍ତା କି କେବେ ଏ ରୂପେ ଉଢ଼ଳ।
କାଳ-ଭୁଜଙ୍ଗମ-ଫଣା ଭୟଙ୍କର
ନ ଦିଶେ କି ମଣି-ପ୍ରଭାରେ ଭାସ୍କର।[୫୬]

ତେଣୁ ଭୀଷଣ, ବିରାଟ, ଅସୀମ ବସ୍ତୁ ଯେ ସୁନ୍ଦର ହେବ ନାହିଁ-ଏହା କୁହାଯାଇ ନପାରେ। ବିରାଟ ସୌନ୍ଦର୍ଯ୍ୟରେ ଏପରି ଏକ ଶକ୍ତି ରହିଛି, ଯାହା ଲଳିତ-ସୌନ୍ଦର୍ଯ୍ୟରୁ ସହଜରେ ମିଳି ନଥାଏ।

ଚିନ୍ତାମଣିଙ୍କ ସୌନ୍ଦର୍ଯ୍ୟ ଦର୍ଶନର ନିର୍ଦ୍ଦିଷ୍ଟ ରୂପରେଖ ପ୍ରସ୍ତୁତ କରିବା ପାଇଁ ତାଙ୍କ କାବ୍ୟାବଳୀରୁ ବିକ୍ଷିପ୍ତ ପଂକ୍ତିମାନଙ୍କର ସାହାଯ୍ୟ ନିଆଯାଇପାରେ। ତହିଁରୁ ତାଙ୍କର ସୌନ୍ଦର୍ଯ୍ୟବୋଧର ସୂକ୍ଷ୍ମତା ଓ ଗଭୀରତା ଅନୁଭୂତ ହୁଏ। ସୌନ୍ଦର୍ଯ୍ୟ ପାଇଁ ତାଙ୍କ ପ୍ରାଣରେ ଅସୀମ ପିପାସା ରହିଥିଲା। ମାତ୍ର ଅନ୍ତରର ସୌନ୍ଦର୍ଯ୍ୟ-ବାସନା ଏକ ତାତ୍ତ୍ୱିକ ରୂପ ନେଇ ତାଙ୍କ କାବ୍ୟାବଳୀରେ ସଫଳ ଭାବେ ପ୍ରମାଣିତ ହୋଇପାରି ନଥିଲା। ରାଧାନାଥଙ୍କ ସୌନ୍ଦର୍ଯ୍ୟ-ଦର୍ଶନ ଯେପରି ତାଙ୍କ କାବ୍ୟ-କଳାରେ ପଦେ ପଦେ ଅନୁସ୍ୟୂତ, ଚିନ୍ତାମଣିଙ୍କ ତତ୍ତ୍ୱ ଓ ତାହାର ପ୍ରୟୋଗ କ୍ଷେତ୍ରରେ ତାହା ହୋଇନାହିଁ।

ସୌନ୍ଦର୍ଯ୍ୟ କ୍ଷେତ୍ରରେ କୃତ୍ରିମତା ପୀଡ଼ାଦାୟକ। ସ୍ୱାଭାବିକ ଭାବରେ ଯାହା ବିକାଶ ପାଇନାହିଁ, ତାହା ଅପୂର୍ଣ୍ଣ ଓ ଯନ୍ତ୍ରଣାଦାୟକ। ଚୀନଦେଶୀୟ ଲୋକେ ବାଳିକାର ପାଦକୁ ବାନ୍ଧି ସୁନ୍ଦର କରିବା ପାଇଁ ଅତି ପିଲାଦିନୁ ଚେଷ୍ଟା କରିଥାନ୍ତି। ମାତ୍ର ତା'ଫଳରେ ବାଳିକାମାନଙ୍କର ପାଦ ଯନ୍ତ୍ରଣା ଭୋଗି ଭୋଗି ଅପୂର୍ଣ୍ଣଭାବେ ବୃଦ୍ଧି ପ୍ରାପ୍ତ ହୁଏ। ଏଥିରେ

ଯେଉଁ ସୌନ୍ଦର୍ଯ୍ୟ ଫୁଟେ, ତାହା ଯନ୍ତ୍ରଣାପ୍ରସୂତ; ଏଣୁ ଚିନ୍ତାମଣି ଏପରି କ୍ଳେଶଦାୟକ ଉପାୟରେ ସୌନ୍ଦର୍ଯ୍ୟ-ସମ୍ପାଦନ ପଦ୍ଧତିକୁ ଘୃଣା କରିଛନ୍ତି-

ସୁନ୍ଦରୀ ପ୍ରସ୍ତୁତ ଆଶେ ନିଷ୍ଠୁର ଚୈନିକେ
ବାନ୍ଧିଣ ବାଳିକା ପଦ, ଅର୍ପି ତାକୁ ହାୟ,
ପ୍ରାଣାନ୍ତକ କଷ୍ଟ, ଶେଷେ ଗଢୁ ଗଢୁ ଦିଅଁ
ପକାନ୍ତି ବାନର ଗଢି, ତହୁଁ ଅଭାଗିନୀ
ଆଜନ୍ମ ଅପୂର୍ଣ୍ଣପାଦେ ଭୁଞ୍ଜେ ଶୋଭାସୁଖ,
ଯେ ଶୋଭା ଯନ୍ତ୍ରଣାଦାୟୀ, ଜୁହାର ତା'ପଦେ।[୫୭]

ଜଗତରେ ରୂପର ଆଦର ଥିଲେ ହେଁ କେବଳ ରୂପ କୌଣସି ବ୍ୟକ୍ତି ବା ବସ୍ତୁର ସର୍ବଶ୍ରେଷ୍ଠ ପରିଚୟ ନୁହେଁ। ଗୁଣହୀନ ରୂପ ସଂସାରରେ ବିକାଏ ନାହିଁ। ଏପରି ମଧ୍ୟ ଦେଖାଯାଏ, ଅସୁନ୍ଦର ବସ୍ତୁ ଗୁଣ ସହଯୋଗରେ ଉଚ୍ଚ ସ୍ଥାନ ଲାଭ କରିପାରେ। ଗୁଣର ଶୁଭ୍ରତା କୁତ୍ସିତକୁ ମଧ୍ୟ ଭୂଷିତ କରେ-

....ଯାଏ ନାହିଁ ରୂପେ ଚିହ୍ନା
ବିଶେଷତ୍ୱ କା'ର, ମାତ୍ର ଚିହ୍ନା ଯାଏ ଗୁଣେ,
ଗୁଣ ଯାର ଶୁଭ୍ର, ହେଉ ପଛେ କଦାକାର
ସୁନ୍ଦର ସେ-ସୁନ୍ଦରର ସୁନ୍ଦର ଭୂଷଣ।[୫୮]

ସୌନ୍ଦର୍ଯ୍ୟ ଓ ଇନ୍ଦ୍ରିୟସେବା ସମ୍ପର୍କରେ ଚିନ୍ତାମଣି ନାନା ସ୍ଥାନରେ ନିଜର ଦୃଷ୍ଟିକୋଣ ଛାଡିଯାଇଛନ୍ତି। ଇନ୍ଦ୍ରିୟସୁଖ ସମ୍ପାଦନ ଆଶାରେ ଯେଉଁ ସୌନ୍ଦର୍ଯ୍ୟ-ସମ୍ଭୋଗ ତାହାର ପରିଣତି ଭୟାବହ। ରାଧାନାଥ ଯେଉଁ ଭାବଟିକୁ ମାତ୍ର କେତୋଟି ଧାଡ଼ିରେ ସାରି ଦେଇଥାନ୍ତେ ଚିନ୍ତାମଣି ତାହାକୁ ବହୁ ପଦରେ ପ୍ରକାଶ କରି ଇନ୍ଦ୍ରିୟସୁଖର ଭୟାବହତା ପ୍ରତିପାଦନ କରିଛନ୍ତି-

କାହିଁ ମତ୍ସ୍ୟଜୀବୀ ମତ୍ସ୍ୟକୁଳବୁଡ଼ା
ନଦୀ ବକ୍ଷେ ନାବେ ଜାଳି ଦିଏ ହୁଡା।
ସେ ଆଲୋକ ନଦୀ ଜଳେ ପ୍ରତିଫଳି
ତପ୍ତ ହାଟକର ଶୋଭା ଦିଏ ଦଳି।
ଦେଖିଣ ସେ ଶୋଭା ଦୂରୁ ମୀନକୁଳ
ହୋଇ ଅତିଶୟ ଆନନ୍ଦେ ଆକୁଳ।
ନେତ୍ରଯୁଗ ପ୍ରୀତି-ସମ୍ପାଦନ ଆଶେ
ଆସନ୍ତି ସକଳେ ଧାଇଁ ତାହା ପାଶେ।

ସେ ଆଲୋକେ ଅଙ୍ଗ ମିଶାଇବା ପାଇଁ
ଡେଇଁ ପଡ଼ି ନାବେ ପଡ଼ନ୍ତି ସେ ଯାଇଁ।
ଗୋଟିଏ ଇନ୍ଦ୍ରିୟ ସେବାରେ ସକଳେ
ପଡ଼ିଲେ ଅକାଳେ ଶମନ କବଳେ
ସେବେ ନର ସଦା ପାଞ୍ଚଟି ଇନ୍ଦ୍ରିୟ
କି ଗତି ତାହାର ବିଜ୍ଞେ ଭାବି ନିଅ।(୫୯)

ଇନ୍ଦ୍ରିୟସୁଖର ଭୟାବହ ପରିଣାମ ଦେଖାଇଥିବା ସତ୍ତ୍ୱେ ଚିନ୍ତାମଣି ନେତ୍ରେନ୍ଦ୍ରିୟର ସୌନ୍ଦର୍ଯ୍ୟର-ପ୍ରଲୋଭନର ଦୁର୍ବାର ତାଡ଼ନାକୁ ଅସ୍ୱୀକାର କରିନାହାନ୍ତି। ଦୃଶ୍ୟ-ଦର୍ଶନକାରୀର ନିର୍ଭୀକତା ସମ୍ବନ୍ଧରେ କହିବାକୁ ଯାଇ ମହେନ୍ଦ୍ର କାବ୍ୟରେ ଲେଖିଛନ୍ତି-

ଆରୋହଣକାଳେ ସେହି ବିକଟ ସଙ୍କଟ
ପଦେ ପଦେ ଦେଉଥାଏ ଭୀତି, କ୍ଳାନ୍ତି, ବାଧା
ମାତ୍ର ଦୃଶ୍ୟ ପ୍ରଲୋଭନ ନମାନେ ତାହାକୁ
ନେଉଥାଏ ଟାଣି ଯେହ୍ନେ ଊର୍ଦ୍ଧ୍ୱେ ହାତ ଧରି
ମୃତ୍ୟୁ ଭୟ ତୁଚ୍ଛ ସିନା ସୌନ୍ଦର୍ଯ୍ୟ ନିକଟେ
ନୋହିଲେ ପତଙ୍ଗ ଅଙ୍ଗ ଦିଅନ୍ତା କି ଢାଳି
ଅଗ୍ନି କୁଣ୍ଡେ, ନେତ୍ର-ପ୍ରୀତି ସମ୍ପାଦନ ଆଶେ। (୬୦)

ଦୃଶ୍ୟ-ସୌନ୍ଦର୍ଯ୍ୟର ଏହି ଦୁର୍ନିବାର ଆକର୍ଷଣକୁ ଏଡ଼ାଇବା ଦ୍ରଷ୍ଟାର ନେତ୍ର ପକ୍ଷରେ ସମ୍ଭବ ହୁଏ ନାହିଁ। ସୌନ୍ଦର୍ଯ୍ୟର ନେତ୍ରେନ୍ଦ୍ରିୟ-ତୃପ୍ତି ଏତେ ବଳବତୀ ଯେ ମୃତ୍ୟୁର ସମ୍ଭାବନାକୁ ତାହା ଅସ୍ୱୀକାର କରି ସେଥିପ୍ରତି ଆକୃଷ୍ଟ ହୁଏ। ଦର୍ଶକ ଭାବୁକମାନେ ସୌନ୍ଦର୍ଯ୍ୟ-ମାଧୁରୀରେ ମନର ସ୍ୱାଧୀନଭାବକୁ ନିଜ ଆୟତ୍ତରେ ରଖିପାରନ୍ତି ନାହିଁ। ସୌନ୍ଦର୍ଯ୍ୟର ସ୍ୱଭାବ ହେଲା ପକ୍ଷୀ ଧରିବା ଯନ୍ତ୍ର ପରି। ଯହିଁରେ ଅନିଚ୍ଛା ସତ୍ତ୍ୱେ ଆତ୍ମସମର୍ପଣ କରିବା ଏକମାତ୍ର ପରିଣତି। ମନ ଓ ନେତ୍ରର ବନ୍ଦୀଶାଳା ପରି ସୁନ୍ଦର ବସ୍ତୁ ବା ସୌନ୍ଦର୍ଯ୍ୟର ମାଧୁରୀ କାର୍ଯ୍ୟ କରିଥାଏ। ପରିଣାମରେ ତାହା କେବଳ ସୁଖ ହିଁ ଦେଇଥାଏ। ସକଳ ଆତ୍ମସ୍ୱାତନ୍ତ୍ର୍ୟ ଓ କ୍ଳାନ୍ତି-ବାଧା-ବିପଦ-ଏପରିକି ମୃତ୍ୟୁ ଭୟ ଏଡ଼ାଇ ସେହି ବସ୍ତୁରେ ମନୋନିବେଶ କରିବାକୁ ପଡ଼େ। ଚିନ୍ତାମଣି ସୌନ୍ଦର୍ଯ୍ୟର ଏହି ଅପ୍ରତିହତ ପ୍ରଭାବ ସମ୍ବନ୍ଧରେ କହିଛନ୍ତି-

ହେରି ଏ ମାଧୁରୀ ଭାବୁକ ଭବୀନେ
ନ ପାରିବେ ରଖି ମନକୁ ସ୍ୱାଧୀନେ।
ସୌନ୍ଦର୍ଯ୍ୟ ସ୍ୱଭାବ ଅଠା କାମ୍ପା ପରି

ମନୋନେତ୍ର-ଖଗେ ଦୃଢେ ନିଏ ଧରି।
ଉଭୟର ସେହୁ ସୁଖ କାରାଗାର
ଭୁଲାଏ ଯେସନ ଇନ୍ଦ୍ରଜାଲିକାର।(୬୧)

ସ୍ୱଭାବ ସୁନ୍ଦର ବସ୍ତୁ ଯେଉଁ ଅବସ୍ଥାରେ ଥିଲେ ମଧ୍ୟ ସୁନ୍ଦର ପ୍ରତୀତ ହୁଏ। କାରଣ ହେଲା, ନିସର୍ଗ-ସୁନ୍ଦର ବସ୍ତୁ ସ୍ଥାନ, ଅବସ୍ଥା ଓ ପ୍ରତିକୂଳତା ଅନୁସାରେ ରୂପ ପରିବର୍ତ୍ତନ କରେ ନାହିଁ। ଚିନ୍ତାମଣି ଏହି ସହଜ ସତ୍ୟଟିକୁ ନିମ୍ନୋକ୍ତ ପଦରେ ବ୍ୟକ୍ତ କରିଛନ୍ତି-

ଶାଖେ ବସି କେକୀ ବହି ଶୋଭା-ଭୂତି
ଇନ୍ଦ୍ରଧନୁ ଲୀଳା କରେ ଅନୁକୃତି।
ବାତେ ଇତସ୍ତତଃ ହୁଏ ଚିତ୍ରପୁଚ୍ଛ
ତଥାପି ବହାଏ ସୁଷମାର ଉତ୍ସ।
ସ୍ୱଭାବ ସୁନ୍ଦର ପଦାର୍ଥ ନିକର
ଯେ ଭାବରେ ଥିଲେ ସେ ଭାବେ ସୁନ୍ଦର।(୬୨)

'ପାଟଣା କାବ୍ୟ'ରେ ଚିନ୍ତାମଣି କୌଣସି ବସ୍ତୁ ବା ସ୍ଥାନ ସୁନ୍ଦର ପ୍ରତୀତ ହେବା ମୂଳରେ ଏକ ବିଶିଷ୍ଟ କାରଣ ଦର୍ଶାଇଛନ୍ତି। ସେହି ସ୍ଥାନ ଚିର-ସୁନ୍ଦରୀ ଓ ଆଦରଣୀୟ ଯାହା ଚିତ୍ତ ପ୍ରସନ୍ନତା ସମ୍ପାଦନ କରେ। ଶିବ ଭୋଗୈଶ୍ୱର୍ଯ୍ୟ ଛାଡି ଭୂତ ପ୍ରେତାଧୂସିତ ଶ୍ମଶାନରେ ବାସ କରିବା ମୂଳରେ ବ୍ୟକ୍ତିର ସେହି ହୃଦୟ-ବୃତ୍ତିର ପ୍ରସନ୍ନତାହିଁ କାର୍ଯ୍ୟ କରେ। ସ୍ଥାନ ବା ବସ୍ତୁ ନିଜେ ସୁନ୍ଦର ନହେଲେ ମଧ୍ୟ ବ୍ୟକ୍ତିର ଚିତ୍ତଦଶା ବା ହୃଦୟବୃତ୍ତିର ଗଠନ ଅନୁସାରେ ତାହା ପ୍ରିୟ ଓ ରମଣୀୟ ହୋଇପାରେ। ଚିତ୍ତ-ପ୍ରସନ୍ନତା ହିଁ କୌଣସି ସ୍ଥାନ ବସ୍ତୁ ବା ବ୍ୟକ୍ତିକୁ ସୁନ୍ଦର ପ୍ରତୀତ କରାଇଥାଏ। ଚିତ୍ତ-ପ୍ରସନ୍ନତା ଓ ହୃଦୟ-ବିସ୍ତାର ଆଦି ସୌନ୍ଦର୍ଯ୍ୟର ବିଶେଷତ୍ୱ ରୂପେ ଗୃହୀତ।

ରାଧାନାଥ ଶୌର୍ଯ୍ୟ ଓ ସୌନ୍ଦର୍ଯ୍ୟର ମିଳନକୁ ପ୍ରକୃଷ୍ଟ ମିଳନ ବୋଲି କହିଥିଲେ। ଶକ୍ତିହୀନ ରୂପ କେବଳ ଲାଞ୍ଛନା ଭୋଗ କରେ-ଏହାକୁ ସେ ନିଜର ନାୟକନାୟିକାମାନଙ୍କ ଜୀବନରେ ପ୍ରମାଣିତ କରିଛନ୍ତି। ଚିନ୍ତାମଣି ତାଙ୍କରି ଅନୁସରଣରେ ଭାଷାନ୍ତରରେ କହିଛନ୍ତି-"ଶୌର୍ଯ୍ୟସିନା ସୁଷମାର ଉପଯୁକ୍ତ ବର।" (୬୩) ଏ ଦୁଇଟିର ସମବାୟରେ ଶ୍ରେଷ୍ଠ ସୌନ୍ଦର୍ଯ୍ୟର ପ୍ରତିମାନ ସୃଷ୍ଟି ହୁଏ। ଜାଗତିକ ଉନ୍ନତିର ଚରମୋତ୍କର୍ଷ ସାଧନ ପାଇଁ ଶୋଭା ଓ ଶୌର୍ଯ୍ୟର ମିଳନ ଅପରିହାର୍ଯ୍ୟ। ଏ ମିଳନ ଆକସ୍ମିକ ନୁହେଁ; ଏହା ବିଧିନିର୍ଦ୍ଦିଷ୍ଟ। କାରଣ ଶୋଭା, ଶୌର୍ଯ୍ୟକୁ ହିଁ ବରଣ କରେ। (୬୪) ଶୌର୍ଯ୍ୟ ପ୍ରତି ସୌନ୍ଦର୍ଯ୍ୟର ଏ ଆକର୍ଷଣ ଏକ ସହଜାତ ପ୍ରବୃତ୍ତି। ଶୋଭାବତୀ ନାରୀ ବୀରପୁରୁଷର

ଶିଞ୍ଜିନୀ-କର୍କଶ ପାଣି ଗ୍ରହଣ କରିବା ପାଇଁ ବିପଦକୁ ମଧ ବରଣ କରିଥାଏ; କୋମଳାଙ୍ଗୀ ପଦ୍ମିନୀ ଖର-ଦିଧିତିଙ୍କୁ ଚାହିଁ ବିକଶିତ ହୁଏ।

ପ୍ରେମ-ସୌନ୍ଦର୍ଯ୍ୟର ପ୍ରକୃତି ଓ ପ୍ରଭାବ ସମ୍ପର୍କରେ ଚିନ୍ତାମଣି ଅତି ଉଚ୍ଚ ମତ ପୋଷଣ କରୁଥିଲେ। କ୍ଷଣସ୍ଥାୟୀ, ଗ୍ରାମ୍ୟ ସୁଖମିଶ୍ରିତ ଇନ୍ଦ୍ରିୟମୂଳକ ପ୍ରଣୟ ତାଙ୍କ ଦୃଷ୍ଟିରେ ବ୍ୟଭିଚାର ବା ନାଗରିକ ପ୍ରେମ-

ଘୃଣ୍ୟ ସିନା ରକ୍ଷିକନ୍ୟେ ନାଗରିକ ପ୍ରେମ
ତାହା ବ୍ୟଭିଚାର, ଅତଃ ନରକର ଦୂତ;
.......ତଥା ହେୟ ପରିତ୍ୟଜ୍ୟ
ଗ୍ରାମ୍ୟ ସୁଖମିଶା ପ୍ରେମ-ଇନ୍ଦ୍ରିୟମୂଳକ।[୬୫]

ଯେଉଁ ପ୍ରଣୟରେ ସ୍ଥିରତା ନାହିଁ, ଯେଉଁ ପ୍ରଣୟ ଆତ୍ମା-କୁସୁମର ପ୍ରସ୍ଫୁଟନ ଘଟାଏ ନାହିଁ।[୬୬] ଯହିଁରେ ଆତ୍ମାର କ୍ଷୁଦ୍ରତ୍ୱ ଲୋପ ପାଇ ମହତ୍ତ୍ୱର ପ୍ରତିଷ୍ଠା ହୁଏ ନାହିଁ, ଯାହା ଆତ୍ମୋତ୍କର୍ଷ ସାଧନ କରେ ନାହିଁ ଓ ଯାହାର ପ୍ରଭାବରେ ଆତ୍ମାର ଅମରତା ପ୍ରତିଷ୍ଠିତ ହୁଏ ନାହିଁ, ସେପରି ପ୍ରଣୟ ରୂପଜ ମୋହମାତ୍ର। ରୂପଜ ଓ ଇନ୍ଦ୍ରିୟସେବାମୂଳକ ପ୍ରଣୟ ପାମରୋଚିତ ଓ ଇତର। ପ୍ରକୃତ ପ୍ରଣୟ ରୂପର ଚାକଚକ୍ୟ ଓ ଇନ୍ଦ୍ରିୟସୁଖ ପରିବର୍ତ୍ତେ ଅନ୍ତରତମ ମିଳନ-ଅମୃତ କାମନା କରେ। ହୃଦୟ ଘେନି ତାର ବଣିଜ ଚାଲେ। ପ୍ରଜାପତି ତା'ର ଇନ୍ଦ୍ରଧନୁ ବର୍ଣ୍ଣବିଭାରେ ତନୁ ରଞ୍ଜିତ କରି ପୁଷ୍ପର ମନ ଭୁଲାଇ ବାସ ଲୁଟିବା ପାଇଁ ଆସେ। ମାତ୍ର-

...ମୂଢ଼ ଜାଣେ ନାହିଁ-ନଚାହେଁ ପ୍ରଣୟ
ଚହଟ ଚିକ୍କଣ ରୂପ ବା ଇନ୍ଦ୍ରିୟ ସେବା
ଚାହେଁ ସେ ଅନ୍ତରତମ ମିଳନ-ଅମୃତ
ପ୍ରଣୟର ଧର୍ମ ଏହା କରିପାରେ ସେହୁ
ମହତ୍ତ୍ୱରେ ପରିଣତ ଆତ୍ମାର କ୍ଷୁଦ୍ରତ୍ୱେ,
ଯେ ପ୍ରଣୟ ରୂପଜ, ସେ ଇତର ପ୍ରଣୟ।[୬୭]

ଏପରି ପ୍ରଣୟ ଆପାତଃ ସରଳ ପ୍ରତୀୟମାନ ହେଲେ ହେଁ ଅନ୍ତିମରେ ବିଷମୟ ଫଳ ଦେଇଥାଏ। ଏହା ଗ୍ରାମ୍ୟ ପ୍ରୀତି ଓ ମୋହମଦିରାସିକ୍ତ। ଚିନ୍ତାମଣିଙ୍କ ମତରେ ପ୍ରକୃତ ପ୍ରଣୟରେ ଦେହ ନୁହେଁ, ହୃଦୟ ହିଁ ଧ୍ୟେୟ। ଆତ୍ମଦାନରେ ପ୍ରଣୟୀ ପ୍ରଣୟିନୀଙ୍କର ଚିର-ସୁଖ। ପ୍ରେମର ଏହି ସ୍ତରରେ ସୌନ୍ଦର୍ଯ୍ୟର ଯଥାର୍ଥ ଆକଳନ ସମ୍ଭବ।

■

ଅଷ୍ଟମ ଅଧ୍ୟାୟ

ଓଡ଼ିଆ କାବ୍ୟରେ କଳ୍ପନା-ଚିତ୍ର

କବିର ସୌନ୍ଦର୍ଯ୍ୟ-ଚେତନାର ଉତ୍କର୍ଷ ଓ ଅପକର୍ଷ ତାଙ୍କର କଳ୍ପନା-ଚିତ୍ରରେ ନିବଦ୍ଧ। କବିତାରେ ଚିତ୍ରକଳ୍ପ ମାଧ୍ୟମରେ କବି ବାକ୍‌ପ୍ରତିମାବଳୀ ସୃଷ୍ଟି କରିଯାନ୍ତି। ଏହା ମାଧ୍ୟମରେ କବି ନିଜର ଅନୁଭୂତିକୁ ପାଠକ ମନରେ ପୁନରନୁଭୂତ କରାଇ ଦିଅନ୍ତି ଓ ପାଠକ ନିଜର ଆବେଗକୁ କବିର ଆବେଗରେ ଦେଖିପାରି ଆନନ୍ଦ ବିଭୋର ହୋଇଉଠେ। କବିତା ଯେଉଁ କାଳ୍ପନିକ ଅନୁଭୂତି ପରିବେଷଣ କରେ, ତାହାରି ଉପରେ କବିତାର ବିଚାର ନିର୍ଭର କରେ। କଳ୍ପନା ବହୁ ବସ୍ତୁ ଓ ଘଟଣା ମଧ୍ୟରେ ସମନ୍ୱୟ-ସାଧନକାରିଣୀ ଓ ବାକ୍-ପ୍ରତିମାମାନଙ୍କର ଜନୟିତ୍ରୀ ହୋଇଥିବାରୁ କବିତାରେ ଚିତ୍ରକଳ୍ପ ସଙ୍ଗତ-ସୁନ୍ଦର ହୋଇଥାଏ। ସଙ୍ଗତ ଓ ଜୀବନ୍ତ ଚିତ୍ରକଳ୍ପ କବିର ଅନୁଭୂତିର ଚମତ୍କାରିତା ପ୍ରତିପାଦନ କରେ। କଳ୍ପନା ମନର ଭାବନା ଉପରେ କ୍ରିୟାକରି ନିଜ ରଙ୍ଗରେ ରଙ୍ଗାଇ ଦିଏ ଓ ତହିଁରୁ ଅନ୍ୟ ଭାବ-ରୂପ ସୃଷ୍ଟି କରେ। ବସ୍ତୁର ମୂଲ୍ୟ ଦେଖିବା ଓ ବସ୍ତୁର ସାଦୃଶ୍ୟକୁ ସମ୍ମାନଦେବା ସୃଜନୀ-କଳ୍ପନାର ଧର୍ମ। ସଫଳ ରୂପକଳ୍ପ ସୃଷ୍ଟି କରିବା କବିର ସଞ୍ଜମଶକ୍ତି ଉପରେ ନିର୍ଭର କରେ। ସଞ୍ଜମହୀନ ଚିତ୍ରକଳ୍ପ ପ୍ରୟୋଗ, ଅଳଙ୍କାରର ସାଡମ୍ବର ଶୋଭାଯାତ୍ରା ଶିଳ୍ପୀର ନିକୃଷ୍ଟ ଶିଳ୍ପ-କଳ୍ପନାର ପରିଚାୟକ ଓ କାବ୍ୟିକ ନିଷ୍ଠାହୀନତାର ଚିହ୍ନ। ସେପରି ଚିତ୍ର ଦୁର୍ବଳ, ସାଧାରଣ ଓ ଶ୍ରମସାଧ୍ୟ କବିତ୍ୱର ଫଳ। ଚିତ୍ରକଳ୍ପ ରଚନାର ଉପାଦାନ ହେଲା ଭାବନା, ଅନୁଭୂତି, ଅଭିବ୍ୟକ୍ତି, କ୍ରିୟା ଓ ଚରିତ୍ର। ଏସବୁ ବସ୍ତୁର ସାଦୃଶ୍ୟକୁ ମାନି ଚଳନ୍ତି ଓ ଏକ ପୂର୍ଣ୍ଣାବୟବ ସର୍ବାଙ୍ଗ ସୁନ୍ଦର ଚିତ୍ର ପ୍ରଦାନ କରନ୍ତି। ସୁନିପୁଣ ଚିତ୍ରକରର ତୁଳିକୋଭିନ୍ନ ଚିତ୍ର ଭଳି କବି ପ୍ରାକୃତିକ ଦୃଶ୍ୟ, ଅବସ୍ଥା ଓ ଗତି ଚିତ୍ରଣ କରନ୍ତି। ସେହି ଛବିଳ କଳ୍ପନା ତାଙ୍କର ଗଭୀର ପ୍ରକୃତି ପର୍ଯ୍ୟବେକ୍ଷଣ ଓ ଅଧ୍ୟୟନ ପ୍ରସୂତ।

କାବ୍ୟ ଏକ ମିଶ୍ରକଳା । ଏହା ଏକାଧାରରେ ଶ୍ରବ୍ୟ ଓ ଦୃଶ୍ୟ । ଛନ୍ଦ, ଯମକ, ଅନୁପ୍ରାସାଦି ଏହାକୁ ସାଙ୍ଗୀତିକତା ଦାନ କରନ୍ତି । ଛନ୍ଦମୟ ଆକୃତି ସହିତ ପ୍ରତିରୂପତା ପ୍ରଦାନ କରିବା କବିତାର କ୍ରିୟା ବ୍ୟାପାର । ପାଠକଲେ ଏହା ମୁଖ୍ୟତଃ ଚକ୍ଷୁରେ ଭାସିଉଠେ । ଆବୃତ୍ତି କଲେ କର୍ଣ୍ଣ ଜରିଆରେ ଏହାର ଆବେଦନ ମର୍ମକୁ ସ୍ପର୍ଶକରେ । ବସ୍ତୁ ପ୍ରତୀକ ଜରିଆରେ ଏହା ପାଠକର ମାନସନେତ୍ରରେ ଚିତ୍ରାତ୍ମକ ରୂପ ଫୁଟାଏ । ଏହି ମୂର୍ତ୍ତିତା ହେତୁ ଏହାକୁ ଦୃଶ୍ୟକଳା କୁହାଯାଏ । ଏହି ପ୍ରତିରୂପଣ ପ୍ରତ୍ୟକ୍ଷ ନୁହେଁ; ଏହା ଏକ କାଳ୍ପନିକ ପ୍ରତିରୂପଣ । ଏହା କେବଳ ଗତି, କ୍ରିୟା ଓ ଚିତ୍ତାବସ୍ଥା ଉପସ୍ଥାପନ କରେ ନାହିଁ, ସ୍ଥପତି ଓ ଚିତ୍ରକର ଭଳି ଉଜ୍ଜ୍ୱଳ ଚାକ୍ଷୁଷ ଛବି ଫୁଟାଏ । ରଙ୍ଗ, ଗନ୍ଧ, ସ୍ପର୍ଶ, ପୀଡା ବା ଆନନ୍ଦ ଓ ଚେଷ୍ଟା ଆଦି ବାହ୍ୟ ଓ ଆଭ୍ୟନ୍ତର ସମ୍ବେଦନର ଚିତ୍ରାବଳୀ ଜାଗ୍ରତ କରେ । ସେଥିଲାଗି କବିତାରେ ସକଳ କଳାର ଅସ୍ତିତ୍ୱ ସମ୍ବନ୍ଧରେ ଟେନିସନ କହିଥିଲେ-

All the charms of all the muses often flowering in a single line (To virgil).

କବି ଶବ୍ଦ ମାଧ୍ୟମରେ ବର୍ଣ୍ଣମୟ ଚିତ୍ର ଯୋଜନା କରନ୍ତି । କବିତାର ଚିତ୍ରାତ୍ମକ ଚମତ୍କାରିତା ପାଠକର ଚେତନାକୁ ଚଞ୍ଚଳ କରେ । ସକଳ କଳା ସଙ୍ଗୀତ କଳାର ସମକୋଟିକୁ ଉଠିବାକୁ ଚାହାନ୍ତି । ଯେତେବେଳେ ଚିତ୍ର ଓ ସଙ୍ଗୀତର ସମନ୍ୱୟ ହୁଏ । ଧ୍ୱନିମାଧୁରୀ ହୃଦୟହାରୀ ଝଙ୍କାର ସୃଷ୍ଟି କରେ । ପାଠକର ଚିତ୍ତ-ବୀଣାରେ ସ୍ୱର-ଝଙ୍କାର ମନ୍ଦ୍ରିତ ହୋଇଉଠେ । ସେହି ଅନୁରଣନ ବହୁକ୍ଷଣ ଯାଏ ଲାଗି ରହେ । ଧ୍ୱନିମାଧୁର୍ଯ୍ୟ ଓ ଚିତ୍ରଗୁଣ-ଏହି ଦୁଇଟିର ଉପସ୍ଥିତି ସେତିକିବେଳେ ସାର୍ଥକତା ଲାଭ କରେ, ଯେତେବେଳେ କାବ୍ୟ ଅର୍ଥଗୌରବ ମଣ୍ଡିତ ହୁଏ । ଏଣୁ କୁହାଯାଇପାରେ, ଚିତ୍ରଧର୍ମିତା ସଙ୍ଗେ ସାଙ୍ଗୀତିକତା ଅର୍ଥଗୌରବ ସମନ୍ୱିତ ହେଲେ ପ୍ରକୃତ କବିତା ପଦବାଚ୍ୟ ହୁଏ । ଭାବର ମୂର୍ତ୍ତରୂପ ହିଁ ସୌନ୍ଦର୍ଯ୍ୟ । କବିତାରେ ଅଭିବ୍ୟକ୍ତ ସାମଗ୍ରୀ ମୂଳକଥା ନୁହେଁ, ଯାହା କାବ୍ୟିକ ଅଭିବ୍ୟକ୍ତି, ତାହାହିଁ କବିତାର ସାରକଥା । ଅର୍ଥ କି ଉପାୟରେ ଅଭିବ୍ୟକ୍ତ ହେବ, କବି ସେଥିପ୍ରତି ଦୃଷ୍ଟି ଦେବେ ଓ ସେହି ଅଭିବ୍ୟକ୍ତି ଉପରେ ନିର୍ଭର କରେ ତାଙ୍କର ରସ-ପରିବେଷଣ କ୍ଷମତା । ସମାଲୋଚକ ମଧ୍ୟ ଏହି ଉପାୟଟି ଉପରେ ଦୃଷ୍ଟି ଦେବେ । ଶିଳ୍ପୀ କେତେ ଆନ୍ତରିକତା ସହିତ ତାହାକୁ ଅଭିବ୍ୟକ୍ତି ଦେଇଛନ୍ତି, ତାହା ପାଠକର ରସାସ୍ୱାଦନ କାଳରେ ଜଣାଯାଏ । ଏହି ଅର୍ଥରେ ଅଭିବ୍ୟଞ୍ଜନା ହିଁ କବିତାରେ ମୁଖ୍ୟ ହୋଇଉଠେ । ଅଭିବ୍ୟକ୍ତି ହିଁ କାବ୍ୟକଳାର ପ୍ରାଣ । ଏହା ଏକ ବା ଏକାଧିକ ରମଣୀୟ ଉପାୟରେ ଘଟଣାକୁ ପାଠକ ମନରେ ଛାପି ଦିଏ ଓ ବସ୍ତୁର ଏକ କାଳ୍ପନିକ

ଅବସ୍ଥା ସମ୍ବନ୍ଧରେ ପାଠକ ମନରେ ପ୍ରତ୍ୟୟ ଜାତ କରିବାକୁ କ୍ଷମ ହୁଏ। ବସ୍ତୁର ଯେଉଁ ରୂପ ସ୍ରଷ୍ଟାର ସୃଜନୀ କଳ୍ପନାରେ ପ୍ରକାଶିତ ହୁଏ, ତାହା ହିଁ କବିତାରେ ଉପସ୍ଥାପିତ ହୁଏ। ଏହାଛଡା ବସ୍ତୁର ଅନ୍ୟବିଧ ରୂପ ଓ ବ୍ୟାପାର ଥିଲେ ମଧ୍ୟ ତାହା କବିର ପ୍ରୟୋଜନରେ ଆସେ ନାହିଁ। ବସ୍ତୁର ସୌନ୍ଦର୍ଯ୍ୟ, ଐଶ୍ୱର୍ଯ୍ୟ, ମହାନତା ଓ ସୌଭାଗ୍ୟ ସମ୍ବନ୍ଧରେ ଦ୍ରଷ୍ଟା ବିଶ୍ୱାସ କରିବାକୁ ଲାଗେ। କବିତାର ଅଭିବ୍ୟଞ୍ଜନା କାଳ୍ପନିକ ଭାବ ଉଦ୍‌ବୋଧିତ କରେ। କଳ୍ପନା-ଚିତ୍ର ସୃଷ୍ଟିର ଉଦ୍ଦେଶ୍ୟ ହେଲା, ରସଭୋକ୍ତା ମନରେ ବର୍ଣ୍ଣନୀୟ ବସ୍ତୁର ସୌନ୍ଦର୍ଯ୍ୟ ଓ ଐଶ୍ୱର୍ଯ୍ୟ ମୁଦ୍ରିତ କରିଦେବା। କବିତା ସୌନ୍ଦର୍ଯ୍ୟର ପଥ ଦେଇ ସତ୍ୟର ଦ୍ୱାରରେ ରସିକକୁ ପହଞ୍ଚାଇଦିଏ। ଏହାର ଚରମ ଲକ୍ଷ୍ୟ, ରସନୀୟ ଘଟଣାର ଆନନ୍ଦାତ୍ମକ ଜ୍ଞାନ ପ୍ରଦାନ କରିବା। ଔଚିତ୍ୟ ଦୃଷ୍ଟି କବିର ସୌନ୍ଦର୍ଯ୍ୟାନୁଭୂତି ଲାଭର ଓ ଚିତ୍ରକଳ୍ପ ବିଧାନର ନିୟାମକ।

ଚିତ୍ରକଳ୍ପ ଶବ୍ଦ-ଚିତ୍ରରେ ନିର୍ମିତ । ଏହା ଦୈନନ୍ଦିନ ଜଗତର ସାଧାରଣ ଅଭିବ୍ୟକ୍ତି ନୁହେଁ, ଏକ ଅସାଧାରଣ ଅଭିବ୍ୟକ୍ତି । ସମ୍ବେଗ ଅବସ୍ଥାରେ ତାହାର ସତ୍ୟତା ସ୍ଥିର କରାଯାଏ । କବି କିପରି ଚିତ୍ରକଳ୍ପ ଯୋଜନା କରିବେ, ସେ ସମ୍ବନ୍ଧରେ ଆନନ୍ଦବର୍ଦ୍ଧନଙ୍କର ବିଚାର ନିତାନ୍ତ ଅଭ୍ରାନ୍ତ କବିତାରେ ଅଳଙ୍କାରର ସନ୍ନିବେଶକୁ ସେ 'ଅପୃଥଗ୍‌ଯତ୍ନନିର୍ବର୍ତ୍ୟ' ବୋଲି କହିଥିଲେ । ଯମକ, ଶ୍ଳେଷ ପ୍ରଭୃତି ଅଳଙ୍କାର; ଯାହା ପାଇଁ କବିର ସ୍ୱତନ୍ତ୍ର ପ୍ରଯତ୍ନ ପ୍ରୟୋଜନ ହୁଏ, ସେପରି ଦୁରୂହ ଅଳଙ୍କରଣକୁ ସେ କାବ୍ୟକଳାର ବାହ୍ୟ ସଂଯୋଜନ ଭଳି ବିଚାର କରୁଥିଲେ । କାରଣ ସେଗୁଡିକ କବିର ଭାବାତ୍ମକ ଅବସ୍ଥାରେ ସୃଷ୍ଟ ନୁହନ୍ତି, କବିର ଚେତନ ଚିନ୍ତାର ଫଳ; କବି ଚେଷ୍ଟାକୃତ ଭାବେ କାବ୍ୟ କୌଶଳ ଦେଖାଇବା ପାଇଁ ସେଗୁଡିକର ଆଶ୍ରୟ ନେଇଥାନ୍ତି । ଉପମା, ରୂପକ ଆଦି କ୍ଷେତ୍ରରେ ସେପରି ହୁଏନାହିଁ । ସେଗୁଡିକ ସୃଷ୍ଟି ହେଲାମାତ୍ରେ କିପରି ହେଲା ବୋଲି କବି ନିଜେ ବିସ୍ମିତ ହୁଅନ୍ତି । ତେଣୁ ଆନନ୍ଦବର୍ଦ୍ଧନଙ୍କ ମତରେ, ରସ ତାହାର ରସ-ମୂର୍ତ୍ତି ଧାରଣ ପ୍ରକ୍ରିୟାରେ କାବ୍ୟ-ଚିତ୍ର ବା ଚିତ୍ରାଳଙ୍କାରକୁ ବହନ କରିଆଣେ; ଏଣୁ କବି ପକ୍ଷରେ ତାହାର ସୃଷ୍ଟି ପାଇଁ ସ୍ୱତନ୍ତ୍ର ଯତ୍ନ ଅନାବଶ୍ୟକ । ଅଳଙ୍କାର ବିଚ୍ଛିନ୍ନ ବସ୍ତୁ ଓ ଭାବ ମଧ୍ୟରେ ସମ୍ପର୍କ ସ୍ଥାପନ କରେ ଓ ବିଷୟବସ୍ତୁର ଏକ ପୂର୍ଣ୍ଣାବୟବ ତଥା ସଂଶ୍ଳିଷ୍ଟ ଚିତ୍ର ପ୍ରଦାନ କରେ । ବିଷୟର ଏହି ପୂର୍ଣ୍ଣାଙ୍ଗ ଚିତ୍ର ସୌନ୍ଦର୍ଯ୍ୟୋପଲବ୍ଧିର ମୂଳ କାରଣ । ରସ ଅସଂହତ ଚିତ୍ରାବଳୀ ମଧ୍ୟରେ ଅନୁଭୂତ ହୁଏନାହିଁ । କାବ୍ୟାଳଙ୍କାର ଚିତ୍ରକଳ୍ପରେ ସଂହତି ଆନୟନ କରେ । ଫଳତଃ ସୌନ୍ଦର୍ଯ୍ୟାନନ୍ଦ ପ୍ରଦାନ କରିବାରେ ଏକ ମୁଖ୍ୟ ଅଂଶ ଗ୍ରହଣ କରେ । ବାମନ ସକଳ ଅଳଙ୍କାରକୁ ସେହି ଏକ ଉପମାର ବିବିଧ ରୂପାନ୍ତର ବୋଲି ସ୍ୱୀକାର କରିଥିଲେ ଓ

ଅପ୍‌ପୟ ଦୀକ୍ଷିତ ମଧ୍ୟ କହିଛନ୍ତି ଯେ, ଏକ ଉପମା ଭିନ୍ନ ପରିସ୍ଥିତିରେ ବିଭିନ୍ନ ଅଳଙ୍କାରର ଭୂମିକା ଗ୍ରହଣ କରେ । ବିସଦୃଶ ବସ୍ତୁ ଓ ଭାବ ମଧ୍ୟରେ ଉପମା ଏକ ବିଶେଷ ପ୍ରକାର ସମ୍ପର୍କ ପ୍ରତିଷ୍ଠା କରେ । ସେହି ଚିତ୍ରକଳ୍ପରୁ ଆମେ ଆନନ୍ଦ ପାଉନାହିଁ, ଯେଉଁଥିରେ କବି ଇଚ୍ଛାକୃତ ତର୍କଣା ବା ଉତ୍‌ପ୍ରେକ୍ଷା ଦ୍ୱାରା ଦାୟିତ୍ୱଶୂନ୍ୟ ଭାବେ ମିଥ୍ୟାର ଅବତାରଣା କରିଥାନ୍ତି । ତାହା କବିର ଶକ୍ତିଶାଳୀ ସମ୍ବେଗ ସହିତ ଜନ୍ମଲାଭ କରେନାହିଁ । ପାଠାନ୍ତେ ତାହା ପାଠକ ମନରେ କିପରି ହେଲା ବୋଲି ବିସ୍ମୟ ସୃଷ୍ଟି କରେ ନାହିଁ ଓ ନିତାନ୍ତ ବିରକ୍ତିଜନକ ତଥା ଅରମଣୀୟ ବୋଧହୁଏ । କାବ୍ୟରେ ପ୍ରଦତ୍ତ ମୁଖ୍ୟ ସମ୍ବେଗ ସହିତ ଯେଉଁ ଅତିକଥନ ସହଭାବ ରକ୍ଷା କରେ, ତାହା ପାଠକ ପକ୍ଷରେ ଆନନ୍ଦପ୍ରଦ ହୁଏ । ଉତ୍‌ପ୍ରେକ୍ଷା ଓ ଅତିଶୟୋକ୍ତି ପାଠକର ମନକୁ ମୁଗ୍ଧ କରେ । ଉତ୍‌ପ୍ରେକ୍ଷାରେ କବିର କଳ୍ପନା ଅବାଧ ସୁଯୋଗ ପାଏ । ମାତ୍ର ଏ ଦୁଇଟିର ପ୍ରୟୋଗ ପ୍ରତି କବି ସାବଧାନ ରହିବା ଉଚିତ । କାବ୍ୟକଳାକୁ ଆକର୍ଷଣୀୟ କରିବାକୁ ହେଲେ ମିଥ୍ୟା ଜ୍ଞାନ ସୃଷ୍ଟି କରିବାର ଅହେତୁକ ଓ କୌତୂହଳଜନକ କୌଶଳକୁ ସାବଧାନତା ସହକାରେ ନିୟନ୍ତ୍ରଣ କରିବାକୁ ହେବ । ନହେଲେ କବିର ଉଦ୍‌ଭଟ କଳ୍ପନା ଅନର୍ଥ ସୃଷ୍ଟି କରିବସେ । ଉପମା ବା ଚିତ୍ରକଳ୍ପ ପାଠକର ଭାବନା ନିମନ୍ତେ ଯେପରି ବିରକ୍ତିକର ଓ ବିଭ୍ରାନ୍ତିକର ନହୁଏ କବି ସେଥିପ୍ରତି ଦୃଷ୍ଟି ଦେବେ । ସହୃଦୟ ଅନୁଭବୀର ଭାବନା-ଶକ୍ତିକୁ ମର୍ଯ୍ୟାଦା ଦେବାକୁ ପଡ଼ିବ । ଅଳଙ୍କାରକୁ ଛଦ୍ମ ରୂପରେ ଉପସ୍ଥାପନ କଲେ ଏହା ସାଧିତ ହୋଇପାରିବ । କଳାକୁ ଗୂଢ଼ କରି ରଖିବାରେ ହିଁ ଶ୍ରେଷ୍ଠ କଳାକାରର ପରିଚୟ । ଅଳଙ୍କାର ଫୁଟି ନପଡିଲେ ପ୍ରଭାବଶାଳୀ ହୁଏ । ସେତେବେଳେ ଆଉ କୌଣସି ଅବିଶ୍ୱାସ ରହେ ନାହିଁ । ଯେଉଁ ଚିତ୍ରରେ ପ୍ରଥମେ ଶ୍ରମ ହେତୁ ବିଚାରାତ୍ମକ ସ୍ତର ଦେଇ ପାଠକକୁ ଯିବାକୁ ହୁଏ, ପରିଣତିରେ ସେ ରସାନୁଭୂତି ଲାଭ କରିପାରନ୍ତି ନାହିଁ । କବିତା ବିଚାର କ୍ଷେତ୍ରରେ ରସାନୁଭୂତି ହିଁ ପ୍ରଥମ ଓ ଶେଷ କଥା । ତାହା ଯଦି କବିତାରୁ ନମିଳେ, କବିତା ପଠନ ପଣ୍ଡଶ୍ରମ ମାତ୍ର ।

କାବ୍ୟରେ ଚିତ୍ରକଳ୍ପ ସୃଷ୍ଟି ଓ ପ୍ରୟୋଗ କିପରି ଯଥୋପଯୁକ୍ତ ଓ ସୁନ୍ଦର ହେବ, ସେଥି ସମ୍ବନ୍ଧରେ ପୃଷ୍ଠଭୂମି ପ୍ରସ୍ତୁତ କରିବା ଲକ୍ଷ୍ୟ ରଖି କଳ୍ପନା-ଚିତ୍ର ସମ୍ବନ୍ଧରେ ଏଠାରେ ଆଲୋଚନା କରାଯାଇଛି । ଓଡ଼ିଆ କବିମାନଙ୍କର କଳ୍ପନା-ଚିତ୍ର ଓ ତାହାର ସଫଳତା ତଥା ଅସଫଳତା ବିଚାର ନିମନ୍ତେ ଏହି ଆଲୋଚନା ଅପରିହାର୍ଯ୍ୟ। ପାଠକର ରସ ଓ ସୌନ୍ଦର୍ଯ୍ୟ ପ୍ରତୀତି କାବ୍ୟର ଚିତ୍ରମୟତା ହେତୁ ସମ୍ଭବ ହୁଏ। କାବ୍ୟ ପାଠ ପରେ ସେହି ଗୋଟିଏ ଗୋଟିଏ ଚିତ୍ର-ରୂପ ହିଁ ତା'ର ମନୋନେତ୍ରରେ ଆବର୍ତ୍ତିତ ହେଉଥାଏ। କଳ୍ପନାର ଚିତ୍ର-ବିଧାୟିନୀ ଶକ୍ତି ଅନୁସାରେ କାବ୍ୟର ମୂଲ୍ୟ ବିଚାର କରାଯାଏ। ତେଣୁ

କବି-କଳ୍ପନାର ରୂପୋଲ୍ଲାସ ଅନୁଭବ କରିବା ନିମନ୍ତେ କଳ୍ପନାଚିତ୍ରଗୁଡିକୁ ଦୃଷ୍ଟିରେ ରଖିବାକୁ ପଡ଼ିବ। ଓଡ଼ିଆ କାବ୍ୟର ବିଦଗ୍ଧ ପାଠକ ହୃଦୟରେ ଯେଉଁ ଚିତ୍ର, ଚରିତ୍ର, ଘଟଣା, ପରିବେଶ ଓ ମନୋଭବ ଆଦି ରସଲାବଣ୍ୟମୂର୍ତ୍ତି ଧରି ବିରାଜିତ ଓ ତା'ର ସୌନ୍ଦର୍ଯ୍ୟ-ଚେତନାକୁ ସନ୍ଦୀପିତ ରଖିଛନ୍ତି, ସେଗୁଡ଼ିକୁ କାବ୍ୟ-ସୌନ୍ଦର୍ଯ୍ୟର ଗୌରବ ବୃଦ୍ଧି ପରିପ୍ରେକ୍ଷୀରେ ବିଚାର କରିବା ଏଠାରେ ଆମର ଲକ୍ଷ୍ୟ। ପୁନଶ୍ଚ ଯେଉଁ କାରଣରୁ କବିତାରେ ଚିତ୍ରଧର୍ମିତା ଫୁଟିପାରି ନାହିଁ, ତାହା ମଧ୍ୟ ପ୍ରସଙ୍ଗକ୍ରମେ ଉଲ୍ଲେଖ କରାଯିବ। ଉପେନ୍ଦ୍ର ପ୍ରମୁଖ କବିମାନଙ୍କର କଳ୍ପନା ଓ ଚିତ୍ରକଳ୍ପ ସମ୍ବନ୍ଧରେ ବିସ୍ତୃତ ଉଦାହରଣ ଦେବା ସମ୍ଭବ ହେଉନଥିବାରୁ କେତୋଟି ବିଶିଷ୍ଟ ଉଦାହରଣ ଦେଇ ସେଗୁଡିକୁ ବିଶ୍ଳେଷଣ କରିବା ଚେଷ୍ଟା କରାଯାଇଛି।

ପ୍ରାଚୀନ କବିମାନେ ଶବ୍ଦର ଶ୍ରୁତିଗୁଣ ପ୍ରତି ଅଧିକ ମନୋଯୋଗୀ ଥିଲେ। ପାଠକର କର୍ଣ୍ଣେନ୍ଦ୍ରିୟ-ଚୈତନ୍ୟର ଉଲ୍ଲାସ ଓ ତୃପ୍ତି ବିଧାନ ନିମନ୍ତେ ସେମାନଙ୍କର ସକଳ ଶକ୍ତି ବ୍ୟୟିତ ହେଉଥିଲା। ଅଳଙ୍କାରର ନିକୃଷ୍ଟ ଦିଗ-ଶବ୍ଦାଳଙ୍କାର ପ୍ରତି ଥିଲା ସମଧିକ ଆଗ୍ରହ। ଅର୍ଥାଳଙ୍କାର ପ୍ରତି ଆଗ୍ରହ ଥିଲେ ହେଁ ଶବ୍ଦାଳଙ୍କାରର ଭିଡ଼ରେ ତାହାର ଶ୍ୱାସରୁଦ୍ଧ ହୋଇଛି। ରୂପ ଓ ବୋଧ ନୁହେଁ, କାବ୍ୟର ଗାନଯୋଗ୍ୟତା ଆନୟନ ପାଇଁ ସ୍ୱର-ସଂଯୋଜନା ଉପରେ ଗୁରୁତ୍ୱ ଦିଆଯାଉଥିଲା। କବିତାରେ ସାଙ୍ଗୀତିକତା ଓ ଚିତ୍ରଧର୍ମିତା ଏହି ଦୁଇଟି ଗୁଣ ଅନୁସନ୍ଧେୟ। ଯେଉଁଠି ସଙ୍ଗୀତ ଓ ଚିତ୍ରଧର୍ମ ଏକତ୍ର, ସେଠାରେ କବିତା ସାର୍ଥକତା ଲାଭ କରେ। ଉପେନ୍ଦ୍ର ଆଦି ପ୍ରାଚୀନ କବିମାନଙ୍କ କାବ୍ୟରେ ସାଙ୍ଗୀତିକ ଗୁଣ ପ୍ରାଧାନ୍ୟ ଲାଭ କରିଛି। ଯେଉଁ ସ୍ଥଳମାନଙ୍କରେ ଚିତ୍ରଧର୍ମ ସହିତ ସଙ୍ଗୀତଧର୍ମ ମିଶିଛି, ସେଠାରେ କବିତାର ଆବେଦନ ଶକ୍ତି ବୃଦ୍ଧି ପାଇଛି। "ଦେଖରେ ନଳିନୀ ନଳିନୀ ନଳିନୀରେ ପୂରିତ" କିମ୍ବା "ବୃହଭାନୁ ଭାନୁ ଭାନୁ ପ୍ରଭା ତାପ ନାହିଁ, ବୃତ୍ତ ତମାଳ ମାଳ ମାଳତୀ ଲତା ଯହିଁ" ପ୍ରଭୃତି ପଦରେ ଅଭିଧାଶ୍ରିତ ଶବ୍ଦସଙ୍ଗୀତ ଦ୍ୱାରା ଚିତ୍ର ଫୁଟାଇବାକୁ ଚେଷ୍ଟା କରାଯାଇଛି। ଏହା ଶ୍ରୁତିମାଧୁରୀ ଜାତ କରୁଥିଲେ ହେଁ ଚାକ୍ଷୁସ ରୂପ ସୃଷ୍ଟି କରୁନାହିଁ। ପ୍ରାଚୀନ କବିମାନଙ୍କର ଭାଷା ମଧ୍ୟ ଚିତ୍ରୋପମ ନୁହେଁ। ଫଳରେ କବିତାର ଚିତ୍ରଧର୍ମିତା କେବଳ ସଙ୍ଗୀତ ଗୁଣ ଉପରେ ନିର୍ଭର କରିଛି। ଉପେନ୍ଦ୍ର ମଧ୍ୟ ଘୋଷଣା କରିଛନ୍ତି, "ସଚିତ୍ର ହୋଇବ ଛାନ୍ଦବନ୍ଧୀ ଅନୁପ୍ରାସେ"। ଅନୁପ୍ରାସ ଦ୍ୱାରା ଚିତ୍ର-ରଚନା ଶ୍ରୁତିସୁଖ ଜାତ କଲେ ମଧ୍ୟ ନେତ୍ର-ଗୋଚର ହେବା କ୍ଷମତା ଧାରଣ କରେ ନାହିଁ।

ଦୀନକୃଷ୍ଣ 'ସତ ମିଛ କରି କହିବା' କବି-କଳ୍ପନାର କ୍ରିୟା ବୋଲି ବିଚାର କରୁଥିଲେ। କବିବଚନ-ବିନ୍ୟାସରେ ତାରତମ୍ୟ ହେତୁ ଅସମ୍ଭବକୁ ସମ୍ଭବ ଓ ଅସୁନ୍ଦରକୁ

ସୁନ୍ଦର ବୋଲି ପ୍ରତିପାଦନ କରିପାରେ। କବିମାନେ 'କୁବେରକୁ ବୋଲନ୍ତି କୋଟି କାମ'-ଏହି ଉକ୍ତିରୁ ସୂଚିତ ହୁଏ କବି-ଉକ୍ତିରେ ଅତିଶୟୋକ୍ତି ଓ ଚାତୁରୀ ହେତୁ ନାନା ଉଦ୍ଭଟ, ଅବାସ୍ତବ ଘଟଣା ଓ ବସ୍ତୁ କାବ୍ୟରେ ଅବତରଣ କରନ୍ତି। ଉପମା ପ୍ରୟୋଗ କାଳରେ କବି ପକ୍ଷରେ ବଚନ-ଚାତୁରୀ ରକ୍ଷା କରିବା କିପରି ଅପରିହାର୍ଯ୍ୟ ହୋଇପଡ଼େ, ନିମ୍ନୋକ୍ତ ପଦରେ ଦୀନକୃଷ୍ଣ ତାହା ସ୍ପଷ୍ଟ ସ୍ୱୀକାର କରିଛନ୍ତି-

କବି ତା ଜାଣି ନ ପାରି
ତହିଁକି ଉପମା କରି
ରଖିବାକୁ ନିଜ ବଚନ ଚାତୁରୀ।[୧]

ପ୍ରାୟ ସକଳ ରୀତିଯୁଗୀୟ କବିମାନଙ୍କର ପରି ଦୀନକୃଷ୍ଣ ଅଧ୍ୟାହାର ବା ତର୍କଣା କରିବାରେ ଧୁରନ୍ଧର। ବସ୍ତୁ-ସ୍ଥିତି ବର୍ଣ୍ଣନା କଲାବେଳେ କବି ତହିଁରେ ଉତ୍‌ପ୍ରେକ୍ଷା-ଦୃଷ୍ଟିବଳରେ ନାନା ସମ୍ଭାବନା ଠୁଳ କରି ଚିତ୍ରୋପମତା ଆନୟନ କରିଛନ୍ତି। ବିଶେଷତଃ ନାରୀ-ଅଙ୍ଗ ଏ କ୍ଷେତ୍ରରେ ତାଙ୍କର ପ୍ରଧାନ ଆଲମ୍ବନ। ଗୋପୀମାନଙ୍କର ଶରୀରକୁ କେତେବେଳେ କାମଦେବର ରଥ ରୂପେ, କେତେବେଳେ ପୁଷ୍ପିତ ଲତା ରୂପ, କେତେବେଳେ କାମ-ସରୋବର ରୂପେ ବର୍ଣ୍ଣନା କରି ଅଧ୍ୟାହାର-ପଟୁତା ପ୍ରଦର୍ଶନ କରାଯାଇଛି-

କନକ ଲତାରେ କମଳ କୋଳରେ ବିକାଶେ ବେନି ଇନ୍ଦୀବର
କୁନ୍ଦ କଳି ସଙ୍ଗେ ଫୁଟିଅଛି ରଙ୍ଗେ ବନ୍ଧୁଜୀବକ ମନୋହର,
କମଳା, କୋକନଦରେ ଗନ୍ଧଫଳୀ
କି କରି ବିଧାତା କରିଛି ଏ ଲତା ଚିତ୍ରକୁ ପଡିଅଛି ବଳି।[୨]

ଗୋପୀର ଶରୀରକୁ ଏକ ସୁବର୍ଣ୍ଣଲତା ରୂପେ ପ୍ରଥମେ କଳ୍ପନା କରାଯିବାରୁ ତହିଁରେ ଲତାର ଅନ୍ୟ ବିଭାବ ଆରୋପ କରିବା ସ୍ୱାଭାବିକ ହୋଇପଡିଛି। ଶରୀର-ଲତାରେ ମୁଖରୂପକ ପଦ୍ମ କ୍ରୋଡରେ ନୀଳ ଇନ୍ଦୀବର ସମ ଚକ୍ଷୁଯୁଗଳ ଶୋଭାପାଉଛି। ପୁନଶ୍ଚ କୁନ୍ଦଦନ୍ତ ସହିତ ଓଷ୍ଠ ରୂପକ ମନୋରମ ବଧୂଲି ଫୁଲ ବିକଶିତ ହୋଇଛି। ରକ୍ତପଦ୍ମ ସଦୃଶ ହସ୍ତ ସହିତ ଚମ୍ପାକଢ଼ ସଦୃଶ ଅଙ୍ଗୁଷ୍ଠି ରହିଛି। ବିଧାତା ଏ ଅପୂର୍ବ ଲତା ଉତ୍ପନ୍ନ କରି ଚିତ୍ରାଙ୍କିତ ଲତାକୁ ଲଜ୍ଜିତ କରାଉଛନ୍ତି। ପ୍ରକୃତରେ ଏହା ଗୋଟିଏ ଚିତ୍ର; ମାତ୍ର ନାନା ସମ୍ଭାବନାରେ ପୂର୍ଣ୍ଣ। ଏହି ଚିତ୍ରରେ କବିଙ୍କର ରଙ୍ଗଜ୍ଞାନ ଓ ବସ୍ତୁ-ସନ୍ନିବେଶ ଔଚିତ୍ୟାନୁମୋଦିତ ହେଲେ ହେଁ ପରମ୍ପରାରେ ପ୍ରଚଳିତ ଉପମାନ ପ୍ରୟୋଗଠାରୁ ସେ ଅଧିକ ସୌନ୍ଦର୍ଯ୍ୟ-କଳ୍ପନା କରିପାରିନାହାନ୍ତି। ଚଟୁଳ ଓ କୁଟିଳ ଉକ୍ତି ତଥା ଚାତୁର୍ଯ୍ୟୋକ୍ତି ପ୍ରୟୋଗର ପ୍ରାଚୁର୍ଯ୍ୟ ହେତୁ କାବ୍ୟରେ ଚିତ୍ରକଳ୍ପ ସୃଷ୍ଟି ନିମନ୍ତେ ସ୍ୱଳ୍ପ ଅବକାଶ ରହିଛି।

ପ୍ରକୃତିର ରୂପ ଓ କ୍ରିୟା ବର୍ଣ୍ଣନା କାଳରେ ଦୀନକୃଷ୍ଣ ସ୍ଥାନେ ସ୍ଥାନେ ବାସ୍ତବିକତା ଓ ସ୍ୱାଭାବିକତା ପ୍ରତି ଦୃଷ୍ଟି ଦେଇଛନ୍ତି। ଏଥିରେ ତାଙ୍କର ଉତ୍‌ପ୍ରେକ୍ଷା-ଦୃଷ୍ଟି ବାସ୍ତବାନୁସାରୀ ହୋଇ ଭାବାତ୍ମକ ବିମ୍ବ ସୃଷ୍ଟି କରୁଛି। ଗ୍ରୀଷ୍ମ ବର୍ଣ୍ଣନାର ସ୍ୱାଭାବିକ ଚିତ୍ର-

କୁଶଳ ନର୍ତ୍ତକୀ ଭ୍ରମରୀ ପରାୟେ ଭ୍ରମିଲେ ବାତଚକ୍ରମାନେ
କୁଟୁମ୍ବୀ ଦୀନଜନ ମନ ପରାୟେ ସନ୍ତାପି ହେଲେ ଏକା ଦିନେ,
ସୁଜନେ, କୃଶ ହୋଇଲା ନଦୀଜଳ
କାନ୍ତ ଘନରସ ବିହୀନେ ଯେମନ୍ତ ଦିଶନ୍ତି ବିରହିଣୀକୁଳ।(୩)

ଏହି ଚିତ୍ରରେ କବି ତାଙ୍କ ସମୟର ନୃତ୍ୟନିପୁଣାମାନଙ୍କର ଭ୍ରମରୀ ନୃତ୍ୟ ସହିତ ଗ୍ରୀଷ୍ମକାଳର ବାତଚକ୍ରର ଗତିକୁ ତୁଳନା କରିଛନ୍ତି; ମାତ୍ର ଚିତ୍ରର ଭାବାତ୍ମକତା ରହିଛି ବହୁକୁଟୁମ୍ବୀ ଧନହୀନ ଗୃହସ୍ଥର ମାନସିକ ଅଶାନ୍ତି ସହିତ ପ୍ରଖର ସୂର୍ଯ୍ୟକିରଣରେ ସନ୍ତପ୍ତ ହେଉଥିବା ଦିନମାନଙ୍କର ଭାବ-ବ୍ୟଞ୍ଜନା ତୁଳନାରେ। ସେହିପରି କ୍ଷୀଣହୃଦୟା ନଦୀମାନଙ୍କର ରୂପ ଶୃଙ୍ଗାର-ଲୀଳାରୁ ବଞ୍ଚିତ ବିରହିଣୀମାନଙ୍କର କୃଶ-କଳେବର ସହିତ ତୁଳନା କରାଯାଇଛି। ଏଠାରେ ସାମ୍ୟ-ସ୍ଥାପନ ବସ୍ତୁର ତାତ୍କାଳିକ ଅବସ୍ଥା ଉପରେ ନିର୍ଭର କରୁଛି।

ଉପମାରେ ସ୍ୱାଭାବିକତା, ରଙ୍ଗ-ବୋଧ, ଗତିଶୀଳତା ଓ ସ୍ୱଚ୍ଛତା ଦୀନକୃଷ୍ଣଙ୍କ ବୈଶିଷ୍ଟ୍ୟ। ରାସକ୍ରୀଡା ପ୍ରତ୍ୟାବୃତ୍ତା ଗୋପୀମାନଙ୍କର ରୂପ ଏ ଦୃଷ୍ଟିରୁ ସାର୍ଥକ ଉଦାହରଣ।(୪) କବି ଗୋଟିଏ ଗୋଟିଏ ପଦରେ ରଙ୍ଗର ଯଥାସଂସ୍ଥାନ ଓ ପର୍ଯ୍ୟବେକ୍ଷଣର ସୂକ୍ଷ୍ମତା ପ୍ରକାଶ କରିଛନ୍ତି। ଗୋପୀମାନଙ୍କ ପୂର୍ବୋକ୍ତ ରୂପରେ ଉପଭୋଗର ଚିହ୍ନଗୁଡିକ ବ୍ୟକ୍ତ କରିବା ପାଇଁ ଦୀନକୃଷ୍ଣ କୁବଳୟରେ ସିନ୍ଦୂରର ମେଳ ଘଟାଇ ନେତ୍ରର ଅରୁଣିମା, ସୁରଙ୍ଗ ଦଶନ ପାତ୍ରରେ ଶୁକର ଦଂଶନ ଚିହ୍ନ (ଶୁକ ଚଞ୍ଚୁଆଘାତପ୍ରାପ୍ତ ବିମ୍ବଫଳ ରୀତିଯୁଗର ଏକ ପ୍ରିୟ ଉପମା) ବହନ କରିଥିବା ବିମ୍ବଫଳ ସଦୃଶ ଚୁମ୍ବନଦାଗ, କରଜଘାତରେ ଉରଜ ଯୁଗଳର ଶୋଭା ସହିତ କରି-କୁମ୍ଭରେ ଅଙ୍କୁଶ ମୁନ ବାଜିବାର ଶୋଭା ଓ ଗଣ୍ଡସ୍ଥଳରେ ଚୁମ୍ବନକାଳୀନ ତାମ୍ବୁଳବୋଳ ଲାଗି ସ୍ୱର୍ଣ୍ଣ ମହୀରେ ଇନ୍ଦ୍ରଗୋପର ଶୋଭାଧାରଣ କରିଥିବା ପ୍ରତ୍ୟକ୍ଷ କରିଛନ୍ତି। ଏହି ଚିତ୍ରରେ ଶୃଙ୍ଗାର-ପ୍ରମୋଦର ଅବଶେଷ ସର୍ବତ୍ର ବିଦ୍ୟମାନ।

ଉପେନ୍ଦ୍ର କବିତାକୁ "ଅନୁଭୂତିରୁ ପ୍ରଖ୍ୟାତ ମାନସ ରଚନା" ରୂପେ ଗ୍ରହଣ କରିଥିଲେ। କଳ୍ପନା ତାଙ୍କ ବିଚାରରେ 'ମାନସ ରଚନା' ମାତ୍ର ତହିଁରେ କଳ୍ପନାର ବହୁବର୍ଣ୍ଣ ଆଲିମ୍ପନ ଓ ଅନୁଭୂତି ଅପେକ୍ଷା କବିଙ୍କର ଖିଆଲି କଳ୍ପନା ଅବାସ୍ତବ ଓ ଅସମ୍ଭବ ପ୍ରତି ଧାବିତ ହୋଇଥିବା ଲକ୍ଷ୍ୟ କରାଯାଏ। ଉପେନ୍ଦ୍ରଙ୍କର ଶୈଳୀକୁ

ବୈଚିତ୍ର୍ୟଶୈଳୀ କୁହାଯାଇପାରେ। ଏହା ଶୈଳୀ ପୌରାଣିକ ଓ ଚଟୁଳ କଳ୍ପନା ଉପରେ ନିର୍ଭର କରେ। ଏଥିରେ ସ୍ରଷ୍ଟାର ଅନୁଭୂତିର ନିବିଡତା ନଥାଏ। ଅତିଶୟୋକ୍ତି, ଉତ୍‌ପ୍ରେକ୍ଷା ଗର୍ଭିତ କଳ୍ପନା ଦ୍ୱାରା ପାଠକର ମନ ମୋହିବା ଓ ଚାତୁରୀ ଛଳରେ ରୂପ ସୃଷ୍ଟି କରିବା ଦୀନକୃଷ୍ଣ, ଉପେନ୍ଦ୍ର, ଅଭିମନ୍ୟୁ, ଯଦୁମଣି, କବିସୂର୍ଯ୍ୟ ପ୍ରମୁଖ କବିମାନଙ୍କର ପ୍ରଧାନ କାବ୍ୟ-କୌଶଳ। ଏମାନେ ଶ୍ରୀହର୍ଷଙ୍କ କଳ୍ପନାର ଅନୁସରଣ କରି ତାଙ୍କର ଆଦର୍ଶରେ କବିତ୍ୱ ପ୍ରକାଶ ନିମନ୍ତେ ଚେଷ୍ଟା କରିଛନ୍ତି। ଶ୍ରୀହର୍ଷଙ୍କ କବିତାରେ ଚିତ୍ରମୟତାର ଅଭାବ ଦେଖାଯାଏ; ମାତ୍ର କଳ୍ପନା-ବୈଚିତ୍ର୍ୟରେ ତାଙ୍କ ପ୍ରତିଭାର ପରିଚୟ ମିଳେ। ନୈଷଧକାର ନିଜକୁ 'ଉତ୍‌ପ୍ରେକ୍ଷା କବି' କହିବାରେ ଗୌରବ ଅନୁଭବ କରିଛନ୍ତି। ଦମୟନ୍ତୀଙ୍କ ମୁଖବର୍ଣ୍ଣନା ତାଙ୍କର ଉତ୍‌ପ୍ରେକ୍ଷା ବା ବୈଚିତ୍ର୍ୟ-କଳ୍ପନାର ଉଦାହରଣ।(୫) ଉପରୋକ୍ତ ଓଡ଼ିଆ କବିମାନେ ତାଙ୍କର ଅନୁଗାମୀ। ଶ୍ରୀହର୍ଷଙ୍କ କଳ୍ପନା-ବୈଚିତ୍ର୍ୟର ଦାୟାଦ ହୋଇପଡିଥିବାରୁ ସେମାନଙ୍କ କାବ୍ୟରେ ଚିତ୍ରାତ୍ମକତା ସ୍ଥାନରେ ଚଟୁଳ କଳ୍ପନାବିଳାସ ହିଁ ପ୍ରାଧାନ୍ୟ ଲାଭ କରିଛି।

ଏଠାରେ ଉପେନ୍ଦ୍ରଙ୍କ ବୈଚିତ୍ର୍ୟ-କଳ୍ପନାର କେତୋଟି ଉଦାହରଣ ଦେଇ କବିତାରେ ସାର୍ଥକ ଚିତ୍ରକଳ୍ପ ସୃଷ୍ଟିରେ ସେଗୁଡିକ କିପରି ଅନ୍ତରାୟ ହୋଇଛନ୍ତି, ଆଲୋଚନା କରାଯାଉଛି।

ସୁଭଦ୍ରାଙ୍କର ମୁଖଚନ୍ଦ୍ର ସହିତ ତୁଳିତ ହୋଇ ନପାରିବାର କାରଣ ଉତ୍‌ପ୍ରେକ୍ଷାକରି ପଣ୍ଡିତମାନେ ସ୍ଥିର କଲେ-

ସୁମୁଖୀ ଲପନ ଶୋଭା କୀର୍ତ୍ତିନାରୀ ହେଲା
ସୁମନ ପୁରେ ପଙ୍କିଳ ପଥେ ଯାଉଥିଲା ଯେ।
ସୋପାନ ବିଚାରି ଶଶୀ ପରେ ପାଦ ଦେଲା
ସେ ପଙ୍କ କଳଙ୍କ ହୋଇ ଅଙ୍କରେ ରହିଲା ଯେ।(୬)

ସୁଭଦ୍ରାଙ୍କ ମୁଖଶୋଭା କୀର୍ତ୍ତିନାରୀ ରୂପ ଧରି ଦେବତାଙ୍କ ପୁର ଉଦ୍ଦେଶ୍ୟରେ ଯାତ୍ରା କରୁଥିଲା। ପଙ୍କିଳ ପଥରେ ଯାତ୍ରା କାଳରେ ପାଦରେ ପଙ୍କ ଲାଗିଥିଲା ଓ ସେ ପାହାଚ ବୋଲି ଭାବି ଚନ୍ଦ୍ର ଦେହରେ ପାଦ ପକାଇଦେବାରୁ ଚନ୍ଦ୍ରରେ ସେ ପଙ୍କ ଲାଗି ତା' ଦେହରେ କଳଙ୍କ ଭଳି ଦେଖାଯାଉଥିବାରୁ ସୁଭଦ୍ରା ମୁଖକୁ ଚନ୍ଦ୍ରମୁଖ କୁହାଯିବ ନାହିଁ। କୀର୍ତ୍ତିନାରୀ ସ୍ୱର୍ଗକୁ ଗଲେ ମଧ୍ୟ ପଙ୍କିଳ ପଥରେ କାହିଁକି ଯିବେ ଓ ତାଙ୍କ ପାଦରେ କାହିଁକି ପଙ୍କ ଲାଗିବ ତଥା ଚନ୍ଦ୍ର ଉପରେ କାହିଁକି ପାଦ ପକାଇବେ-ଏସବୁ କଥାର ଯୌକ୍ତିକତା କେଉଁଠି, କିଛି ବୁଝା ପଡୁନାହିଁ। ଏହା କବିଙ୍କର କୌଣସି ଅନୁଭୂତିକୁ ରୂପ ଦେଉନାହିଁ। ନିତାନ୍ତ ତୁଚ୍ଛ ଘଟଣା ଓ କପୋଳକଳ୍ପନା ଛଡା ଏଥିରେ

କଳ୍ପନାର ରମଣୀୟତା, ସଙ୍ଗତ ଓ ଆବେଗର ଗଭୀରତା ନାହିଁ। ଏହି ବର୍ଣ୍ଣନା କେବଳ କୌତୁକାବହ ଓ କବିଙ୍କର ଚାତୁରୀ ପ୍ରଦର୍ଶନର ଉପାୟ। ଏଥିରେ ସମ୍ବେଗର ତର୍କ କିମ୍ବା ବୁଦ୍ଧିର ସ୍ପର୍ଶ ନାହିଁ। କଳ୍ପନାର କେନ୍ଦ୍ରଗାମିତା, ସମ୍ବନ୍ଧସୂତ୍ରତା ଓ ବିଷୟାଶ୍ରୟତା ବିନା ଏହା ନିତାନ୍ତ ଅପ୍ରାସଙ୍ଗିକ ହୋଇଉଠିଛି।

ସୁଭଦ୍ରାଙ୍କ କେଶ ସହିତ ସମାନ ହେବା ଆଶାରେ ମୂଢ ମୟୂର ବ୍ରହ୍ମାଙ୍କ ନିକଟକୁ ଯାଇ ପ୍ରାର୍ଥନା କଲା। ସୁଭଦ୍ରାଙ୍କ ନୀଳ କୁଟଳ ଗହଳ ଓ ଚିକ୍କଣ ଲମ୍ବ କେଶ ସହିତ ତାହାର ପୁଚ୍ଛକୁ ସମାନ କରିବା ସ୍ପର୍ଦ୍ଧା ଦେଖି ବ୍ରହ୍ମା ଗଳଥା ଦେଇ ବିଦାୟ କରିଦେଲେ। ସେହିଦିନଠାରୁ ମୟୂର ପୁଚ୍ଛରେ ବ୍ରହ୍ମାଙ୍କ ଗଳଥା ଚିହ୍ନ ରହିଯାଇଛି-

ସୁକୁନ୍ତଳା ସୁକୁନ୍ତଳ ନୀଳ କୁଟିଳ ଗହଳ
ଚିକ୍କଣ ଲମ୍ବ ବିଭିନ୍ନ ବାସ ନିବାସ
ସୁହୃଦ ମୂଢ଼ ବରହୀ ପୁଚ୍ଛ ଲକ୍ଷ୍ୟ ହେବା ପାଇଁ
ଗଳଥା ପାଇଲା ଯାଇଁ ଲୋକେଶ ପାଶ
ସେ ଚିହ୍ନ ଚନ୍ଦ୍ରିକା ପ୍ରମାଣ
ସଭୟ ହୋଇଲେ ଶୁଣି ଉପମାରଣ।[୭]

ମୟୂର ପୁଚ୍ଛର ଚନ୍ଦ୍ରିକା ଚିହ୍ନ କବିଙ୍କୁ ଏପରି ମିଥ୍ୟା କଳ୍ପନା କରିବାକୁ ସୁଯୋଗ ଦେଇଛି। ମାତ୍ର ଏହି ବର୍ଣ୍ଣନାରେ ବାସ୍ତବତା ଓ ଅନୁଭୂତି ନଥିବାରୁ ମନରେ ସାମାନ୍ୟ କୌତୁହଳ ଜାତ କରୁଛି। ଏଥିରୁ ମଧ୍ୟ ନାୟିକା ରୂପର କୌଣସି ବ୍ୟଞ୍ଜନା ମିଳୁନାହିଁ।

ସେହିପରି ଚନ୍ଦ୍ରୋଦୟ କାଳରେ କବିଙ୍କର ଉତ୍ପ୍ରେକ୍ଷା ଦୃଷ୍ଟି ଲକ୍ଷ୍ୟ କରିଛି-

ଦେଖି ପ୍ରାଚୀ-ନିଷାଦ ପଦ୍ମିନୀ ବ୍ୟଭିଚାର
ଛଡ଼ାଇ ନେଇଛି ଏକ ତାଟଙ୍କ କି ତାର।[୮]

ମିଳନ ରାତ୍ରିର ଚନ୍ଦ୍ରୋଦୟ ପରିବେଶ ନିମନ୍ତେ ଉପରୋକ୍ତ ଉତ୍ପ୍ରେକ୍ଷା କରିବାର ଯଥାର୍ଥ୍ୟ କେଉଁଠି ତାହା କବି ଚିନ୍ତା କରିନାହାନ୍ତି। ପଦ୍ମିନୀର ସୂର୍ଯ୍ୟ ଓ ଭ୍ରମର ପ୍ରତି ଆସକ୍ତି ଦେଖି ପୂର୍ବଦିଗ-ଶବର କୁଳଟାପଣ ନିମନ୍ତେ ତା'କର୍ଣ୍ଣରୁ ତାଟଙ୍କ କାଢି ନେଇଛି ଓ ଚନ୍ଦ୍ର ସେହି ତାଟଙ୍କ ଭଳି ଶୋଭା ପାଉଛି। ପଦ୍ମର ସୂର୍ଯ୍ୟ ଓ ଭ୍ରମର ସହିତ ସମ୍ପର୍କକୁ ବ୍ୟଭିଚାର ଦୃଷ୍ଟିରେ ଦେଖାଯାଇପାରେ ଓ ଚନ୍ଦ୍ରର ଆକୃତି ମଧ୍ୟ ତାଟଙ୍କ ଭଳି ପ୍ରତୀତ ହୋଇପାରେ; ମାତ୍ର ପୂର୍ବଦିଗ-ଶବର ପଦ୍ମିନୀର କର୍ଣ୍ଣଭୂଷା କାଢ଼ିନେବା ଓ ତାହା ଚନ୍ଦ୍ର ହୋଇ ଆକାଶରେ ରହିବା ତର୍କଣାରେ ସମ୍ଭବ ହେଲେ ହେଁ ବାସ୍ତବତା ଦୃଷ୍ଟିରୁ ଅସମ୍ଭବ। ଏହି ବର୍ଣ୍ଣନା ନିମନ୍ତେ ଅନୁଭୂତି ପ୍ରୟୋଜନ ହୁଏ ନାହିଁ; କପୋଳକଳ୍ପନାର ପ୍ରଖରତା ଥିଲେ ଯେ କୌଣସି କବି ଏ ଧରଣର ଚିତ୍ର ଦେଇପାରନ୍ତି। କବିର ଚାପଲ୍ୟ ଓ

କ୍ରୀଡାପ୍ରିୟତା ହେତୁ ବର୍ଣ୍ଣିତ ଘଟଣା ଓ ବସ୍ତୁ ପଛରେ ଅନୁଭୂତିସ୍ନିଗ୍ଧ ଭାବ ବାସ୍ତବତା ରହେ ନାହିଁ। ରୀତିଯୁଗର ପ୍ରଭାତ, ସନ୍ଧ୍ୟା, ରାତ୍ରି ବର୍ଣ୍ଣନା ବୈଚିତ୍ର୍ୟ-କଳ୍ପନାରେ ପୂର୍ଣ୍ଣ। କୌଣସି ଗୋଟିଏ ଚିତ୍ରରେ କବିର ଅନୁଭୂତି ଓ ଆବେଗ ରୂପ ପାଇନାହିଁ।

ଏହିପରି ଅଜସ୍ର ଉତ୍‌ପ୍ରେକ୍ଷାଗର୍ଭ ଚିତ୍ର ଉପେନ୍ଦ୍ର-କାବ୍ୟରୁ ଉଦ୍ଧାର କରାଯାଇପାରେ। ମାତ୍ର ଏହା କବିଙ୍କ ଘୋଷିତ 'ମାନସ ରଚନା' ଓ ଏଥିରେ ବାସ୍ତବତା ଓ ସତ୍ୟ ଖୋଜିଲେ ନିରାଶ ହେବାକୁ ପଡେ। ଦୀନକୃଷ୍ଣ, ଉପେନ୍ଦ୍ର, ଅଭିମନ୍ୟୁ, ଯଦୁମଣି ପ୍ରଭୃତି ରୀତିଯୁଗୀୟ କବିମାନଙ୍କ କାବ୍ୟରେ ଏହି ବୈଚିତ୍ର୍ୟ-କଳ୍ପନାର ଭୂରି ଭୂରି ଚିତ୍ର ଦେଖିବାକୁ ମିଳେ। ଭକ୍ତଚରଣ ସ୍ଥାନେ ସ୍ଥାନେ ଏହାର ସାହାଯ୍ୟ ନେଇଥିଲେ ହେଁ ଅଧିକ ବାସ୍ତବିକ ଓ ସ୍ୱାଭାବିକ ବର୍ଣ୍ଣନାର ଆଶ୍ରୟ ନେଇଛନ୍ତି। କବିସୂର୍ଯ୍ୟ ଉପେନ୍ଦ୍ର-ପ୍ରଭାବରେ 'ଚନ୍ଦ୍ରକଳା'ରେ କଳ୍ପନା-ବିଳାସ ପ୍ରକାଶ କରିଥିଲେ ମଧ୍ୟ 'ଚମ୍ପୂ'ରେ କଳ୍ପନାର ସ୍ପର୍ଶ ମଞ୍ଜୁଳ ଓ ହୃଦୟଗ୍ରାହୀ। ଗୋପାଳକୃଷ୍ଣ ଦରଦୀ ଅନୁଭବୀ କବି। ତାଙ୍କର କଳ୍ପନା ସଂଯତ ଓ ଔଚିତ୍ୟାନୁସାରୀ। ଗୀତିକାବ୍ୟ ହେତୁ ଅତିକଳ୍ପନାର ଆଶ୍ରୟ ନେବାକୁ ତାଙ୍କର ବିଷୟବସ୍ତୁ ସୁଯୋଗ ଦେଇନାହିଁ। ରାଧାନାଥ କଳ୍ପନା ଓ ବୈଚିତ୍ର୍ୟ-କଳ୍ପନା ଉଭୟର ସାହାଯ୍ୟ ନେଇଛନ୍ତି। ମଧୁସୂଦନଙ୍କ କବିତାରେ କଳ୍ପନା ନିମନ୍ତେ ସ୍ୱଳ୍ପ ଅବକାଶ ଥିଲେ ହେଁ କଳ୍ପନା-ବିଳାସ ତାଙ୍କ କାବ୍ୟରେ ପରିଲକ୍ଷିତ ହୁଏ ନାହିଁ।

ବ୍ରଜନାଥ ଓ ଯଦୁମଣି ଗୋଟିଏ ହେଲେ ସାର୍ଥକ ଚିତ୍ରକଳ୍ପ ସୃଷ୍ଟି କରିପାରିନାହାନ୍ତି। ଉକ୍ତ କବିଦ୍ୱୟ ସମ୍ପୂର୍ଣ୍ଣ ଉତ୍‌ପ୍ରେକ୍ଷା ଓ ଅତିଶୟୋକ୍ତିରେ କଳ୍ପନାର ଚମତ୍କାରିତା ପ୍ରଦର୍ଶନ ନିମନ୍ତେ ଚେଷ୍ଟା କରିଛନ୍ତି। ଯଦୁମଣିଙ୍କର ଭାଷା ଶ୍ଳେଷାତ୍ମକ। ଚିତ୍ରମୟ ଭାଷା ଅଭାବରୁ କାବ୍ୟରେ ମାନସ-ପ୍ରତୀତି ଜାତ କରୁଥିବା ପଂକ୍ତି ବିରଳ। ନିମ୍ନୋକ୍ତ ଚିତ୍ରରେ ତାଙ୍କର ପର୍ଯ୍ୟବେକ୍ଷଣ ଶକ୍ତିର ପରିଚୟ ମିଳୁଥିଲେ ହେଁ ତହିଁରେ ଆଶୁକବିତ୍ୱ-ବିଳାସର ମାତ୍ରା ଅଧିକ। ବିଷ୍ଣୁ କାହିଁକି ଚକ୍ରଗଦାପଦ୍ମ ଆଦି ଛାଡି ଶଙ୍ଖ ପ୍ରତି ଅଧିକ ସ୍ନେହୀ, ତାହା ଜଣେ କବି ଆଉ ଜଣେ କବିଙ୍କୁ ପ୍ରଶ୍ନ କରିବାରୁ ସେ ଉତ୍ତରଦେଲେ-

ମାଣିକ୍ୟ କଙ୍କଣ କିରଣବ୍ରାତ,
ପତନ୍ତୁ ପ୍ରତିବିମ୍ବ ଚଞ୍ଚଳିତ,
କ୍ଷୀର ପାରାବାର ନନ୍ଦନା ଗଳା
ତାମ୍ବୁଳ ବିଟିକା ଭକ୍ଷଣ ଲୀଳା
ଏହି ପାଞ୍ଚଜନ୍ୟ,
ହେଉଁ ଯାକିଲେ ହରି ପାଞ୍ଚଜନ୍ୟ।[୯]

ମାଣିକ୍ୟ କଙ୍କଣର ପ୍ରତିବିମ୍ବ ବିଷ୍ଣୁଙ୍କ ଦସ୍ତସ୍ଥିତ ନିର୍ମଳ ଶଙ୍ଖରେ ପ୍ରତିବିମ୍ବିତ

ହେବାରୁ ଲକ୍ଷ୍ମୀ ପାନପିକ ଢୋକିବାବେଳେ କଣ୍ଠର ସ୍ୱଚ୍ଛତା ହେତୁ ଯେଉଁ ଅରୁଣରାଗ ଫୁଟିଉଠେ, ସେହି ଶୋଭା ଧାରଣ କଲା। ବିଷ୍ଣୁ ପାଞ୍ଚଜନ୍ୟରେ ଲକ୍ଷ୍ମୀଙ୍କ କଣ୍ଠସାମ୍ୟ ଦେଖି ତାହାକୁ ଆଦର କରନ୍ତି। କଣ୍ଠ ସହିତ ଶଙ୍ଖର ସାଦୃଶ୍ୟ ଅଛି। ନିର୍ମଳ ଶଙ୍ଖରେ ମାଣିକ୍ୟ କଙ୍କଣର ପ୍ରତିବିମ୍ବ ଓ କଣ୍ଠରେ ପାନପିକ ଢୋକିବା ବେଳର ଅରୁଣିତ ଶୋଭା ବିଷ୍ଣୁଙ୍କ ମନରେ ସାଦୃଶ୍ୟ-ପ୍ରତୀତି ଆଣିଛି। ହେଲେ ଏ ଚିତ୍ରରେ ଆଶୁକବିତ୍ୱ ଓ ଅତିଶୟୋକ୍ତି ମୁଖ୍ୟ। ଅନୁଭୂତିକୁ ଛାଡି କବି ଯେତେବେଳେ କଳ୍ପନା-ବିଧାନରେ ତର୍କବୁଦ୍ଧିର ସାହାଯ୍ୟ ନିଏ, ସେତେବେଳେ ଏହିପରି ବର୍ଣ୍ଣନା ସମ୍ଭବ ହୁଏ।

ପ୍ରାଚୀନ କବିମାନଙ୍କର ସାଦୃଶ୍ୟ-ଯୋଜନା ଗତାନୁଗତିକ। ଏହି କବିମାନେ ଭାରତୀୟ ସମାଜରେ ସୌନ୍ଦର୍ଯ୍ୟର ଯେଉଁ ଉପମାନ ସାଧାରଣତଃ ଗୃହୀତ ହୋଇଥିଲା, ସେଗୁଡିକୁ ପ୍ରଚୁର ପରିମାଣରେ ପ୍ରୟୋଗ କରିଥିଲେ। ସେମାନେ କେତେ ସାଦୃଶ୍ୟ ଦେଖିଥିଲେ ଭାବିଲେ ବିସ୍ମିତ ହେବାକୁ ପଡେ। ସେଗୁଡିକରୁ ଅଧିକାଂଶ ପରମ୍ପରାରୁ ଗୃହୀତ ଓ ଆଉ କେତେକ ସେମାନଙ୍କର କଳ୍ପନା-ପ୍ରସୂତ। କଳ୍ପନା-ସୃଷ୍ଟ ସାଦୃଶ୍ୟ ଯୋଜନାରେ ସେମାନଙ୍କର କୃତିତ୍ୱ ଓ କବିତ୍ୱ ପରିସ୍ଫୁଟ। ଏକ ଏକ ଅଙ୍ଗରେ ବହୁ ସାଦୃଶ୍ୟ ସମାବେଶ କରାଯାଇଥିବା ଲକ୍ଷ୍ୟ କରାଯାଏ। ବସ୍ତୁ-ପ୍ରତୀକ ଭାବେ ଏଗୁଡିକୁ ପ୍ରୟୋଗ କରାଯାଇଥିବାରୁ ତହିଁରୁ ରୂପର ରମ୍ୟାନୁଭୂତିମୂଳକ ପ୍ରତୀତି ମିଳେ ନାହିଁ। ଚାକ୍ଷୁଷ ସାଦୃଶ୍ୟ ପ୍ରତି ସେମାନଙ୍କର ପ୍ରବଳ ମୋହ ଥିଲା। ତେଣୁ ରୂପାତ୍ମକ ସାଦୃଶ୍ୟଠାରୁ ଭାବାତ୍ମକ ସାଦୃଶ୍ୟ ସ୍ୱଳ୍ପ ପରିମାଣରେ ମିଳେ। ଯେଉଁ ସ୍ଥାନରେ ସ୍ୱରୁଚିର ସମାବେଶ ଘଟିଛି, ସେଠାରେ କଳ୍ପନାର ନବୋନ୍ମେଷ କ୍ରିୟା ଦୃଷ୍ଟିଗୋଚର ହୁଏ। ମାତ୍ର ଯେଉଁଠାରେ ପରମ୍ପରାଗତ ଉପମାନକୁ ଗ୍ରହଣ କରାଯାଇଛି, ସେଠାରେ କଳ୍ପନାର କାରୟିତ୍ରୀ ରୂପ ସ୍ପଷ୍ଟ ହୋଇନାହିଁ। ପରମ୍ପରା ପାଳନ ହେତୁ ରୀତିକବିମାନେ ସ୍ୱାତନ୍ତ୍ର୍ୟପୂର୍ବକ ଚିତ୍ରକଳ୍ପ ରଚନାରେ କାରୟିତ୍ରୀ କଳ୍ପନାର ବିନିଯୋଗ କରିପାରିନାହାନ୍ତି। ଏହି କବିମାନେ ଯେଉଁଠାରେ ସ୍ୱାତନ୍ତ୍ର୍ୟ ପ୍ରଦର୍ଶନ ନିମନ୍ତେ ଚେଷ୍ଟା କରିଛନ୍ତି, ସେଠାରେ ପ୍ରକୃତ ସୃଜନୀ-କଳ୍ପନାର ଅବତରଣ ଘଟିଛି। ପରମ୍ପରାସିଦ୍ଧ ରୀତିରେ ରଚିତ ଚିତ୍ରାବଳୀ ସାଧାରଣ ଓ ଅନାକର୍ଷଣୀୟ ହୋଇଉଠିଛି। ପ୍ରଚଳିତ ରୀତିରେ ପୁରୁଣା ଉପମାନଗୁଡିକର ପ୍ରତୀତି ଦେଉଥିବା ସାଦୃଶ୍ୟ ଚୟନ ହେତୁ ସେମାନଙ୍କ କଳ୍ପନା ସୀମିତ ପରିଧିରେ କ୍ରିୟା କରିଛି। ତେଣୁ ପ୍ରତ୍ୟେକ ଚିତ୍ରର ରୂପରେଖ ବୈଶିଷ୍ଟ୍ୟଶୂନ୍ୟ ଓ ଏକପ୍ରକାର ହୋଇଯାଇଛି। ରୀତିଯୁଗର ନଖଶିଖ ବର୍ଣ୍ଣନାରେ ଚିତ୍ରକଳ୍ପର ରେଖା ପ୍ରଭାବଶାଳୀ ହେଲେ ମଧ୍ୟ ସାଧାରଣ ପ୍ରତୀତ ହୁଏ। ପରମ୍ପରାରେ ଯେଉଁ ସାଦୃଶ୍ୟ ସୁନ୍ଦର ବୋଲି ଚଳିଆସିଥିଲା, ଏମାନେ ତାହାକୁ ପରିତ୍ୟାଗ କରିପାରିନାହାନ୍ତି। ପରମ୍ପରାନୁମୋଦିତ ଉପମାନର ଅତ୍ୟଧିକ

ପ୍ରୟୋଗ ହରାଇଛନ୍ତି। ରୂପ-ବର୍ଣ୍ଣନାମୂଳକ କଳ୍ପନା-ଚିତ୍ର ବହୁ ସମୟରେ ଆକର୍ଷଣ-କ୍ଷମତା ଓ ନବୀନତା ଧାରଣ କରିନଥିବାରୁ ସାଧାରଣ କୋଟିରେ ରହିଯାଇଛି। ଏହା ମଧ୍ୟ କୁହାଯାଇପାରେ ଯେ, ରୀତିଯୁଗର ଅଧିକାଂଶ କବିଙ୍କର କଳ୍ପନା ମାର୍ଜିତ ଓ ସୁଶିକ୍ଷିତ ନୁହେଁ। ବୈଚିତ୍ର୍ୟ-କଳ୍ପନାରେ ଚିତ୍ର ରଚନା କରିବା, ଅତିଶୟ, ଅସମ୍ଭବ, ବାସ୍ତବତାଶୂନ୍ୟ କଳ୍ପନା ଫଳରେ ଚିତ୍ରକଳ୍ପ ପ୍ରଭାବଶାଳୀ ଓ ସମ୍ପର୍କାଶ୍ରୟୀ ହୋଇପାରିନାହିଁ। କଳ୍ପନାର ବିଷୟାଶ୍ରୟତା ବିନା ଏହା ବାହ୍ୟ ସଂଯୋଜନ ଭଳି ଜଣାପଡେ। ଅସଙ୍ଗତ ପଦାର୍ଥର ସଂଯୋଜନ କରି ଅଦ୍ଭୁତ ରୂପ ସୃଷ୍ଟି କରିବା ଦ୍ୱାରା ବର୍ଣ୍ଣିତ ବସ୍ତୁର ଗୁଣଧର୍ମ ଓ ସୌନ୍ଦର୍ଯ୍ୟ ଫୁଟିପାରିନାହିଁ। ଏହା ରୀତିକାଳର ଏକ ସାଧାରଣ କଳା-କୌଶଳ।

ଉପେନ୍ଦ୍ରଙ୍କର କେତୋଟି ସାର୍ଥକ କଳ୍ପନା-ଚିତ୍ର ଉପସ୍ଥାପନ କରି ସେଗୁଡ଼ିକର କାବ୍ୟୋପଯୋଗିତା ଓ ରମଣୀୟତା ବିଚାର କରାଯାଉଛି।

ଅନିର୍ବଚନୀୟତାର ବ୍ୟଞ୍ଜନା ଯେଉଁ ରୂପରୁ ମିଳେ, ତାହାହିଁ ଶ୍ରେଷ୍ଠ ରୂପ। ସଦ୍ୟସ୍ନାତା କିଶୋରୀର ସ୍ୱାଭାବିକ ରୂପର ଅନିନ୍ଦ୍ୟ ସୁଷମା 'ଲାବଣ୍ୟବତୀ'ର ନିମ୍ନୋକ୍ତ ପଦରେ ଫୁଟିଛି-

ସ୍ନାନ ଅବଶେଷେ କୂଳକୁ କୁଳପାଳିକା ଆସି
ଗଉର ଅଙ୍ଗରେ ଜଡ଼ି ସେ ଶାଢ଼ୀ ଏମନ୍ତ ଦିଶି।
ସ୍ଫଟିକ ବାଡ ଫୁଟି ଦିଶେ କି ସେ ହେମ ପିତୁଳା
ସ୍ତନ ସମ୍ପୁଟେ କି ବାରଣ ଦନ୍ତ ପିଧାନ କଲା।

XXX

ବିନ୍ଦୁ ବିନ୍ଦୁ ଜଳ ରହିଛି ଚାରୁକୁଟିଳ ବାଳେ
ତୁଷାର ବୃଷ୍ଟି କି ହୋଇଛି ନବ ତମାଳ ଦଳେ।
ନବଘନେ କିମ୍ବା ଉଇଁଛି ତାର ତାରକାଶ୍ରେଣୀ
ମୋତି ପତନ କି ହୋଇଛି ନୀଳମଣି ଧରଣୀ।[୧୦]

ଏକପ୍ରକାର ରୂପ ଅଛି ଯାହା କେବଳ ଅସୁନ୍ଦର ଓ ପୁରୁଣା ହୁଏ ନାହିଁ। ସଦ୍ୟସ୍ନାତା କିଶୋରୀର ଚିକୁରରେ ବିନ୍ଦୁ ବିନ୍ଦୁ ଜଳ ରହି ନବ-ତମାଳରେ ତୁଷାର ବୃଷ୍ଟିର ସାମ୍ୟ ମନକୁ ଆଣିଛି। ଏ ରୂପ-ବର୍ଣ୍ଣନାରେ ଇନ୍ଦ୍ରିୟମୋହନତା ଥିଲେ ହେଁ ଏକ ଶୁଭ୍ରତା ଓ ଶୁଚିତା ପ୍ରକଟିତ। ଏ ରୂପ ଦେଖି ଇନ୍ଦ୍ରିୟ ଚାଞ୍ଚଲ୍ୟ ଘଟେ ନାହିଁ, ମୁଗ୍ଧ ଦୃଷ୍ଟିରେ ଚାହିଁ ରହିବାକୁ ଇଚ୍ଛା ହୁଏ। ନାରୀ ସୌନ୍ଦର୍ଯ୍ୟର ମୂର୍ତ୍ତିମତୀ ସତ୍ତା। ତାହାର ରୂପଶୋଭା ଦର୍ଶନ କରିବା କୌଣସି ଲଜ୍ଜାର କଥା ନୁହେଁ। ଲାବଣ୍ୟବତୀର ଏହି ରୂପ ଦର୍ଶନ ଓ ଉପଭୋଗ

କରିବାରେ କାହାରି ଆପତ୍ତି ରହିବ ନାହିଁ। ଇନ୍ଦ୍ରିୟ-ଉତ୍ତେଜନା ଆଣିଦେଉଥିବା ରୂପ, ଅଶୁଭ ଉଦ୍ଦେଶ୍ୟରେ ସୃଷ୍ଟି ହୋଇଥିବା ରୂପ ଓ ଯେଉଁ ରୂପର ମୂଲ୍ୟ କୌଣସି ଆଭ୍ୟନ୍ତରୀଣ ଗୁଣଦ୍ୱାରା ପ୍ରେରିତ ନୁହେଁ, ସେହି ରୂପ କେବଳ ନିନ୍ଦାଯୋଗ୍ୟ। ଉପରୋକ୍ତ ଚିତ୍ରରୁ ଯେଉଁ ବ୍ୟଞ୍ଜନା ମିଳେ, ତାହା ଆନନ୍ଦ ଓ ଆହ୍ଲାଦ ଦେବା ସଙ୍ଗେ ସହୃଦୟର ନେତ୍ର ସମ୍ପତ୍ତି ହୋଇ ରହେ। ଚିର ଅମଳିନ ଲାବଣ୍ୟବତୀର ଏହି ମୂର୍ତ୍ତି ଯୁଗେ ଯୁଗେ ରସିକ ଚିତ୍ତରେ ପ୍ରତିଷ୍ଠିତ ହୋଇ ରହିବ।

ହୃଦୟଗତ ବେଦନା ଅନୁଭୂତିସ୍ନିଗ୍ଧ ହୋଇ ପ୍ରକାଶ ପାଇଲେ କବିର କୃତ୍ରିମ ଅଳଙ୍କରଣର ପ୍ରୟୋଜନ ହୁଏ ନାହିଁ। ଭାବ ସେଠାରେ ରସମୂର୍ତ୍ତି ଧରି ଉଭା ହୁଏ। ବର୍ଷା କାଳରେ ରାମଙ୍କର ବିରହ ଭାବନା ଓ ମେଘକୁ ସୀତାଙ୍କର ବିରହକାଳୀନ ରୂପ କଥନରେ ସୀତାଙ୍କ ପ୍ରତି ତାଙ୍କର ଅନୁରାଗ କେତେ ହୃଦୟଗ୍ରାହୀ ଓ ଔଚିତ୍ୟାନୁମୋଦିତ ତାହା ନିମ୍ନୋକ୍ତ ପଦର ଅଭିବ୍ୟଞ୍ଜିତ–

ବଲ୍ଲଭୀ ବୋଲି ମୋର ତାକୁ ଚିହ୍ନିବ ଯେ ଶଯ୍ୟା କରିଥିବ ଧରା
ବିଶୀର୍ଣ୍ଣ ଶାଣବସା ରତ୍ନ ଗଣ୍ଠିରୁ ଫିଟି ପତନ ହେଲା ପରା
ବାରିବାହ ହେ, ବସିଥିବ ଅବା ଦେଖିବ
ବେଣୀ ପୃଷ୍ଠଭାଗେ ମନ୍ଦଧୂଳି ପାତ ସ୍ଥକିତ ନାଗ ପ୍ରାୟ ଥିବ।[୧୧]

ଏହି ପଦରେ ବିରହୀ ରାମଙ୍କର ହୃଦୟୋଚ୍ଛ୍ୱାସ ଔଚିତ୍ୟପୂର୍ଣ୍ଣ ଓ ସ୍ୱତଃସ୍ଫୂର୍ତ୍ତ। ଆନ୍ତରିକତାର ନିବିଡ଼ତା ଏ ଚିତ୍ରଟିକୁ ସର୍ବକାଳର ମାନବାତ୍ମାର ସତ୍ୟତମ ଅଭିବ୍ୟକ୍ତିରେ ପରିଣତ କରିଛି। ଏହା ବିରହୀ ହୃଦୟର ଅକୈତବ ମାର୍ମିକ ଅଭିବ୍ୟକ୍ତି। ଏଠାରେ କି ଅତିକଳ୍ପନା କରିବାକୁ ଯାଇନାହାନ୍ତି। ଅନୁଭୂତି ଓ ବାସ୍ତବତା ମିଶି ଚିତ୍ରଟିକୁ ସଜଳ ସୁନ୍ଦର କରି ତୋଳିଛନ୍ତି। ଉପମା ସଂଗ୍ରହ ପାଇଁ କବିଙ୍କୁ ବହୁ ଦୂର ଯିବାକୁ ପଡିନାହିଁ। ଗଣ୍ଠିଧନ ତାଙ୍କର ମନେପଡିଛି। ସୀତା ସେହିଭଳି ଏକ ରତ୍ନ। ବିରହରେ ଶାଣବସା ରତ୍ନ ପରି ବିଶୀର୍ଣ୍ଣା ଦିଶୁଥିବେ। ମାତ୍ର ଅସାବଧାନତା ଓ ଅବହେଳାରୁ ପ୍ରେମିକ ରାମଚନ୍ଦ୍ର ତାଙ୍କୁ ହରାଇ ବସିଛନ୍ତି । ସୃଜନୀ-କଳ୍ପନାର ଏହା ଉତ୍କୃଷ୍ଟ ଉଦାହରଣ। ସମଗ୍ର ଚିତ୍ରଟି ଗୋଟିଏ ସ୍ପନ୍ଦନରେ ସ୍ପନ୍ଦିତ ହେଉଛି। ବିରହୀ ଅନ୍ତର ସହିତ ସହାନୁଭୂତିଶୀଳ ହୋଇନଥିଲେ କବି ଏପରି ମର୍ମସ୍ପର୍ଶୀ ଚିତ୍ର ଦେଇପାରିନଥାନ୍ତେ। କବି କଳ୍ପନାରେ ବିଶ୍ୱର ପ୍ରେମିକ ପ୍ରାଣରେ ପ୍ରାଣ ମିଳାଇ ସହୃଦୟର ଅନ୍ତରରେ ରସ ଓ ରମ୍ୟବୋଧ ସୃଷ୍ଟି କରିବାକୁ କ୍ଷମ ହୋଇଛନ୍ତି। ରାମଙ୍କର ସ୍ନେହସଜଳ ଓ ସହାନୁଭୂତିଶୀଳ ହୃଦୟ ଏହି ଚିତ୍ରରେ ସ୍ପନ୍ଦିତ ହେଉଛି । କବିର ମାନସିକତା ଏପରି ଏକ ଭାବରସରେ ଆପ୍ଲୁତ ଯେ, ତାକୁ ଚିନ୍ତା କରିବାକୁ ପଡି ନାହିଁ। ଏ ଚିତ୍ର କେବେ ପୁରୁଣା ହୁଏ ନାହିଁ। ସକଳ

ଦେଶର ସୁଧୀସହୃଦୟ ଏହାର ରସ ଗ୍ରହଣ କରିପାରିବେ। ଏଥିରେ ସାର୍ବିକତା ଓ ବିରହର ଏପରି ଏକ ସାଧାରଣୀକୃତ୍ ରସମୂର୍ତ୍ତି ଅଭିବ୍ୟଞ୍ଜିତ ଯାହା ଉପେନ୍ଦ୍ରଙ୍କୁ ଶ୍ରେଷ୍ଠ କବିମଣ୍ଡଳୀରେ ସ୍ଥାନ ଦେବ। ଚିତ୍ରଟିରେ ପାଣ୍ଡିତ୍ୟ, ଆଲଙ୍କାରିକତା, ଶବ୍ଦକାଠିନ୍ୟ ଓ ଚାତୁରୀ ଆଦି କିଛି ନାହିଁ, ତଥାପି ସହଜ ସରୋଜ ଭଳି ଢଳ ଢଳ ବିରହକାଳୀନ ରାମଙ୍କର ଅଭିବ୍ୟକ୍ତି। ଅତି ସାଧାରଣ ଉପମା, ସାଧାରଣ ଉଚ୍ଛ୍ୱାସ, ତଥାପି ମନେହୁଏ ଏପରି ଆବେଗପୂର୍ଣ୍ଣ ଅଭିବ୍ୟକ୍ତି ବିରହୀ ମୁଖରୁ ଶୁଣାଯାଇନଥିଲା। ଆଧୁନିକ ମଣିଷ ଓ ପ୍ରାଚୀନ ମଣିଷ ମଧ୍ୟରେ ପାର୍ଥକ୍ୟ ନାହିଁ। ମାନବଚିତ୍ତର ଭାବବୃତ୍ତିଗୁଡ଼ିକ ସେହି ଏକ ପଥରେ ପ୍ରକାଶିତ। ସମାନ ଅନୁଭୂତି ଓ ଅଭିଭୂତି, ଆନନ୍ଦ-ବେଦନା ଆଜି ମଧ୍ୟ ତାହାକୁ ଚଞ୍ଚଳ କରେ। ସୃଜନୀରସର ମହିମାରେ କବିର ଲେଖନୀ ପୁରୁଣା ପ୍ରେମ, ଆବେଗ, ଅନୁଭୂତିକୁ ନୂତନ ଦ୍ୟୋତନା ଓ ପ୍ରାଣଚାଞ୍ଚଲ୍ୟପୂର୍ଣ୍ଣ କରି ପ୍ରକାଶ ଦାନ କରେ। ବିରହୀ ରାମଙ୍କର ଏହି ଉକ୍ତି ମନକୁ ସ୍ପର୍ଶ ଓ ଚଞ୍ଚଳ କରିବା ସଙ୍ଗେ ସର୍ବକାଳର ବିରହୀ ହୃଦୟ ସହିତ ପରିଚିତ କରାଇଦିଏ। ତଥା ପାଠକର ବୁଦ୍ଧି ଓ କଳ୍ପନାକୁ ରସର ଉପାଦାନ ଯୋଗାଏ।

ହୃଦୟର ଏକାନ୍ତ ଅନୁରାଗ ସତ୍ୟ ହେଲେ ତାହାର ଅଭିବ୍ୟକ୍ତି ମଧ୍ୟ ସୁନ୍ଦର ଓ ବୈଚିତ୍ର୍ୟମୟ ହୋଇଉଠେ। ଦ୍ରଷ୍ଟାନେତ୍ରର ମାଧୁରୀ ଦୃଷ୍ଟ ରୂପରେ ଢାଳି ହୋଇଗଲେ ତାହା ସାବଲୀଳ ଓ ସ୍ୱତଃ ସ୍ଫୂର୍ତ୍ତ ଚିତ୍ରମୂର୍ତ୍ତି ରୂପେ ପ୍ରକାଶ ପାଏ। ଚିତ୍ରକଳ୍ପ ରଚନା କ୍ଷେତ୍ରରେ ତେଣୁ ହୃଦୟାବେଗକୁ ଅପରିହାର୍ଯ୍ୟ ଗୁଣରୂପେ ଗ୍ରହଣ କରାଯାଏ। 'ଲାବଣ୍ୟବତୀ'ର ସ୍ୱପ୍ନ ଦର୍ଶନ କାଳରେ ଏହି ହୃଦୟାବେଗ ଦୃଶ୍ୟବସ୍ତୁର କଳ୍ପନା-ଚିତ୍ର ସୃଷ୍ଟିରେ ସାହାଯ୍ୟ କରିଛି। ଲାବଣ୍ୟବତୀର ଶଯ୍ୟା ପାର୍ଶ୍ୱରେ ଉଭା ହୋଇ ଚନ୍ଦ୍ରଭାନୁ ତାହାର ଶୋଭା-ସନ୍ଦର୍ଶନ କରି ଭାବୁଛି-

ଅଣିମାଦି ସୁଖଦାୟୀ ଶୋଇଅଛି ଅଣିହୋଇ
ପଲ୍ୟଙ୍କ ଅଙ୍କରେ ଦିଶେ ଏମନ୍ତ ଶୋଭା
ରସାଣ ରଜତ ବାଡ଼େ କନକଲତା କି ଜଡ଼େ
ବିଶଦ ଘନରେ କି ସେ ଚପଳା ପ୍ରଭା
ବାମକର କପୋଳତଳ
କେନ୍ଦୁ ପଲ୍ଲବେ ଥୁଆ କି ଫୁଲ୍ଲ କମଳ।[୧୨]

ଉଜ୍ଜ୍ୱଳ ରୁପା କାନ୍ଥରେ ସୁନାଲତା ଜଡ଼ିଲା ପରି ପଲ୍ୟଙ୍କ ମଧ୍ୟରେ ଲାବଣ୍ୟବତୀ ଅଣି ହୋଇ ଶୋଇ ରହିଛି। କବି ଏହି ଗୋଟିଏ ସାଦୃଶ୍ୟ ଦେଇ ତା'ର ନିଦ୍ରାଗତ ରୂପକୁ ଫୁଟାଇବାରେ ସନ୍ତୁଷ୍ଟ ହୋଇନାହାନ୍ତି। ବିଶଦ ଘନରେ ବିଜୁଳି ଝଟକ ପରି

ଲାବଣ୍ୟବତୀର ନିଦ୍ରାଳସ ଦେହ ପଲ୍ୟଙ୍କ ଅଙ୍କରେ ଶୋଭା ପାଉଛି। ନିଦ୍ରିତା ଲାବଣ୍ୟବତୀ ଗଣ୍ଡସ୍ଥଳରେ ହାତଟି ଦେଇଥିବାରୁ ତାହା ନୂଆ କେନ୍ଦୁପତ୍ରରେ ଫୁଟନ୍ତ ପଦ୍ମଫୁଲଟିଏ ଥୁଆ ହେଲା ପରି ପ୍ରତୀତ ହେଉଛି। ଏହି ଚିତ୍ର ପରେ ପରେ କବି ଆଉ କେତେଗୁଡିଏ ଉପମାନ ଯୋଜନା କରି ନିଦ୍ରିତା ନାୟିକାର ମୁଦ୍ରିତ ନୟନ ଆଦିକୁ ରୂପ ଦାନ କରିଛନ୍ତି। କବିଙ୍କର ଆବେଗ ସକଳ ସାଦୃଶ୍ୟ ଆଣି ଦେବାରେ ସାହାଯ୍ୟ କରିଛି। ପ୍ରତିଟି ସାଦୃଶ୍ୟ ରସଗର୍ଭ ଓ ଚାକ୍ଷୁଷ।

ସ୍ୱପ୍ନୋତ୍‌ଥିତା ଶିଥିଳାଙ୍ଗୀ ନାୟିକାର ଅଳସଭଙ୍ଗ ଓ ନାୟକକୁ କୁଚ ମଙ୍ଗଳ କଳସ ପ୍ରଦର୍ଶନର ଶୋଭା, ବିଦ୍ୟୁପରିଧି ମଧ୍ୟରେ ଚନ୍ଦ୍ରର ଅବସ୍ଥିତି ପରି ଊର୍ଦ୍ଧ୍ୱ ଛନ୍ଦାୟିତ ବାହୁଦ୍ୱୟ ମଧ୍ୟରେ ନାୟିକାର ବଦନଶ୍ରୀ ତଥା ଜୃମ୍ଭାୟିତ ମୁଖରେ କୋକନଦର ଅରୁଣିମା କବି ଦେଖିପାରିଛନ୍ତି। ପ୍ରକୃତିରୁ ଦୁଇଟି ଉପମାନ ଆଣି ନାୟିକାର ଉପସ୍ଥିତ ଦୈହିକ ସୁଷମାରେ ଆରୋପ କରି ଚିତ୍ରଟିକୁ ଜୀବନ୍ତ କରିଦେଇଛନ୍ତି। ଏହା ଯେମିତିକି ସ୍ୱାଭାବିକ, ସେତିକି ଔଚିତ୍ୟାନୁମୋଦିତ। ଏହାଦ୍ୱାରା ଚିତ୍ରର ସଂହତି, ସଜଳତା, ଚାକ୍ଷୁଷତା ଆଦି ବୃଦ୍ଧି ପାଇଛି। ରୂପର ଭାଷାରେ କବି ପରିସ୍ଥିତି ବର୍ଣ୍ଣନା କରିଛନ୍ତି।

ଉପେନ୍ଦ୍ରଙ୍କ ନାୟିକାର ହସ ନିତାନ୍ତ ସଂଯତ ଓ ସଲଜ୍ଜ। ତା'ର ହସ ଏପର୍ଯ୍ୟନ୍ତ ସହୃଦୟର ମନଶ୍ଚକ୍ଷୁ ବିନା ପ୍ରତ୍ୟକ୍ଷୀଭୂତ ହୋଇନାହିଁ। ହସ ଭଳି ଏକ ଅମୂର୍ତ୍ତ ସୁଷମାକୁ କବି କେତେ ସୂକ୍ଷ୍ମ ପର୍ଯ୍ୟବେକ୍ଷଣ ବଳରେ ରୂପ ଦେଇଛନ୍ତି-

ଅରୁଣ କୋଳେ ନବ ଚନ୍ଦ୍ରମା ଦିଶି
ବିଜୁଳି ପରି ଯାଇ ସେ କ୍ଷଣି ମିଶି
କାଚ କଳସେ ଯଥା ଜଳ ଗୁପତ
ପଡ଼ିଲା ପରି ଦିଶେ ନ ପଡ଼ଇ ତ।
ହସିଲାବେଳେ ଖସିପଡିଲା ପରା
ଖସି ନପଡେ ତଥା ଅମୃତଧାରା।(୧୩)

କବିଙ୍କର ସୂକ୍ଷ୍ମ ସୌନ୍ଦର୍ଯ୍ୟବୋଧ ଏହି ଚିତ୍ରରେ ଅଭିବ୍ୟଞ୍ଜିତ। ପୂର୍ଣ୍ଣଗର୍ଭା କାଚପାତ୍ର ମଧ୍ୟସ୍ଥ ଜଳ ପ୍ରତି ମୁହୂର୍ତ୍ତରେ ଟଳ ଟଳ ହେଉଥିଲେ ମଧ୍ୟ ଯେଉଁପରି ତଳେ ପଡିଯାଏ ନାହିଁ, ଲାବଣ୍ୟବତୀର ଅଧରରେ ଉଦୟ ହୋଇ ଅଧରରେ ସମାପ୍ତ ହେଉଥିବା ହାସ ସେହିପରି ପରିମିତ ଓ ସଂଯତ। ଏ ଚିତ୍ରରେ ଗତି, ସ୍ୱଚ୍ଛତା ଓ ତରଳତା ରହି ଚିତ୍ରକଳ୍ପଟିକୁ ନିତାନ୍ତ ଜୀବନ୍ତ କରି ତୋଳିଛି। ନାୟିକା ଓଷ୍ଠର ହାସ ତା'ର ଆତ୍ମାର ବିମଳିନ ଅଭିବ୍ୟକ୍ତି। ଉପେନ୍ଦ୍ରଙ୍କ ସୃଜନୀ କଳ୍ପନା ଓ ରମ୍ୟାନୁଭୂତିର ଏହା ସାର୍ଥକ ନିଦର୍ଶନ। ରଙ୍ଗ ଓ ରୂପ

ତରଳ ଲାବଣ୍ୟରେ ପରିଣତ ହୋଇ ପାଠକକୁ ନାୟିକାର ଅନ୍ତର-ସ୍ୱରୂପ ପର୍ଯ୍ୟନ୍ତ ପହଞ୍ଚାଇ ଦେଉଛି।

ରତି-ମନ୍ଦିର ଦ୍ୱାରରେ ନାୟିକାର ପାଦ ଲଜ୍ଜାବଶତଃ ଦ୍ୱାରବନ୍ଧକୁ ଟପିଯାଇ ପାରୁ ନାହିଁ। କବିଙ୍କର ବାସ୍ତବବୋଧ କଳ୍ପନାର ଅନୁଗମନ କରି ଦୁଇଟି ସାଦୃଶ୍ୟ ସଂଯୋଗ କରିଛି।-

ଚକ୍ରବାଡ ପରି ଦେହଳୀ କି ବାଳା ତହିଁ
ଅମ୍ବୁଜ ଅରୁଣ ପଦ ନପାରେ ବଳାଇ।
ନଦୀ ଯାଇ ଯଥା ସିନ୍ଧୁ ସଙ୍ଗମରେ ଲୋଭୀ
ସେତୁ ଲଘିଂ ନ ପାରିବା ଲକ୍ଷଣ ବଲ୍ଲଭୀ। (୧୪)

ଉଦୟ ଓ ଅସ୍ତ ପର୍ବତର ସୀମା ଟପି ସୂର୍ଯ୍ୟ ଯେପରି ଯାଇପାରନ୍ତି ନାହିଁ, ନାୟିକା ସେହିପରି ଲଜ୍ଜା ହେତୁ ନିଜର ରକ୍ତପଦ୍ମ ସଦୃଶ ପାଦ ବଢାଇ ଦ୍ୱାର ସୀମା ପାର ହୋଇ କେଳି-ମନ୍ଦିର ଭିତରକୁ ଯାଇପାରୁନାହିଁ। ସମୁଦ୍ର ସଙ୍ଗମ ଉଦ୍ଦେଶ୍ୟରେ ଉଲ୍ଲସିତା ହୋଇ ବହି ଆସିଥିବା ନଦୀ ଯେପରି ସେତୁ ଲଙ୍ଘନ କରି ନପାରି ଆକୁଳିତ ହୁଏ, ଲଜ୍ଜା ହେତୁ ଲାବଣ୍ୟବତୀ ସେହି ଅବସ୍ଥାକୁ ଭଜିଛି। ଏହି ଚିତ୍ରରେ ନାୟିକାର ତତ୍‌କାଳୀନ ମାନସିକ ଅବସ୍ଥା ରୂପ ପାଇଛି। ଚିତ୍ରଟି ଗତି ସୂଚକ ଓ ଅନୁରାଗ ବ୍ୟଞ୍ଜକ। ସ୍ଥିର ଚିତ୍ରକଳ୍ପ ଅପେକ୍ଷା ଗତିଯୁକ୍ତ ଓ ହୃଦୟାବେଗସୂଚକ ଚିତ୍ରକଳ୍ପ ରଚନା କଠିନ। କାରଣ ଏଥିରେ କବିଙ୍କୁ ଏପରି ସାଦୃଶ୍ୟ ବା ଅପ୍ରସ୍ତୁତ ନିର୍ବାଚନ କରିବାକୁ ପଡ଼େ, ଯହିଁରୁ ସଙ୍କେତ ଦ୍ୱାରା ସ୍ଥିତିର ଦୃଶ୍ୟାତ୍ମକ ଆଭାସ ମିଳେ। ଏହା ଏକ ସଫଳ ଓ ରସୋତ୍ତୀର୍ଣ୍ଣ କଳ୍ପନା-ଚିତ୍ର।

ଅଭିମନ୍ୟୁ କଳ୍ପନା-ବିଳାସ ପ୍ରଦର୍ଶନରେ ଉପେନ୍ଦ୍ରଙ୍କର ସମଧର୍ମା। ଅତିଶୟୋକ୍ତି ଓ ଉତ୍‌ପ୍ରେକ୍ଷା ଦ୍ୱାରା ସୃଷ୍ଟ ଚିତ୍ରାବଳୀ ଆବେଗଶୂନ୍ୟ ହୋଇଥିବାରୁ ତହିଁରେ କବିଙ୍କର ଚାତୁରୀ ମୁଖ୍ୟ ହୋଇଉଠିଛି। ଚନ୍ଦ୍ରକିରଣର ଶୁକ୍ଳିମା କିପରି ଭ୍ରମ ସୃଷ୍ଟି କରିଛି, ତାହା ନିମ୍ନ ଚିତ୍ରରେ ଅତିଶୟୋକ୍ତି ଗର୍ଭ କଳ୍ପନାରେ ରୂପ ପାଇଛି-

ଶିବାଙ୍କୁ ହୋଇଲେ ଭୀମ ଅଛନ୍ତି ନାହାନ୍ତି ଭ୍ରମ
ଭୀମ ଗଙ୍ଗାଙ୍କୁ ଲୋଡିଲେ ଜଟା ଫିଟାଇ
କୁସୁମବତୀ ବ୍ରତତୀ ଅଦୃଷ୍ଟ ରଜାର ରୀତି
ମୋତିହାରବନ୍ତୀ ମତି ଚିନ୍ତାକୁ ପାଇ
ଭ୍ରମରେ ଭ୍ରମରେ ଭ୍ରମନ୍ତି। ମଧୁପ ପରାୟେ କୁମୁଦିନୀ ଲୋଡ଼ନ୍ତି।(୧୫)

ଉପରୋକ୍ତ ପଦରେ ଚନ୍ଦ୍ରିକାର ଶୁଭ୍ରତାରେ ସାରା ସୃଷ୍ଟି ଶୁଭ୍ର ହୋଇଉଠିବା,

ପାର୍ବତୀ ଶୁକ୍ଳିମାର ପ୍ରଚାରରେ ଶିବଙ୍କର ବିଭୂତି ଭୂଷିତ ଶରୀର ଦେଖି ନପାରିବା, ଶିବ ଗଙ୍ଗାଙ୍କୁ ଜଟା ଖୋଲି ଖୋଜିବା ସହିତ ଜ୍ୟୋସ୍ନା ହେତୁ ପୁଷ୍ପିତଲତାରେ ଫୁଲ ଫୁଟିବା ନଫୁଟିବା କିଛି ଜଣାନପଡିବା ଓ ମୋତିହାର ପିନ୍ଧିଥିବା ନାରୀ ମନରେ ମୋତିମାଳର ଅସ୍ତିତ୍ୱ ସମ୍ବନ୍ଧରେ ଭ୍ରମ ଜାତ ହେବା ଆଦି ଚାତୁରୀ ପ୍ରଦର୍ଶନ ଛଳରେ କୁହାଯାଇଥିଲେ ମଧ୍ୟ ଚିତ୍ରରୂପ ଧାରଣ କରୁନାହିଁ। ଏହା କୌତୁକ-କଳ୍ପନାର ଦାନ। ଅଭିମନ୍ୟୁ ଏ ଧରଣର ଚିତ୍ର ବହୁ ପରିମାଣରେ ସୃଷ୍ଟି କରିଛନ୍ତି।

ଉପରୋକ୍ତ ଚିତ୍ରକଳ୍ପ ରଚନା-ରୀତି ବ୍ୟତୀତ ଅଭିମନ୍ୟୁ ବହୁ ଚାକ୍ଷୁଷ ଚିତ୍ରକଳ୍ପ ସୃଷ୍ଟି କରିଛନ୍ତି। ବିଦଗ୍ଧ-ଚିନ୍ତାମଣିର ସମଗ୍ର ତ୍ରିଂଶ ଛାନ୍ଦ ଏକ ମନୋଜ୍ଞ ଚିତ୍ରଶାଳା। ବହୁ ଦୃଶ୍ୟାତ୍ମକ ସୃଷ୍ଟିରେ ସମୃଦ୍ଧ ଏହି ଛାନ୍ଦ ଅଭିମନ୍ୟୁଙ୍କ ସୌନ୍ଦର୍ଯ୍ୟବୋଧ ଓ ସୂକ୍ଷ୍ମ ପର୍ଯ୍ୟବେକ୍ଷଣ ଶକ୍ତିର ପରିଚୟ ଦେଉଥିଲେ ହେଁ ଅତି-କଳ୍ପନାମିଶ୍ରିତ ହୋଇଥିବାରୁ ଜୀବନ୍ତ ହୋଇପାରି ନାହିଁ।

ନାୟକ ନାୟିକାଙ୍କର ହୃଦୟବୃତ୍ତିର ଅନୁଭାବାତ୍ମକ ଚିତ୍ର ଅଙ୍କନରେ ଅଭିମନ୍ୟୁ ଅସାଧାରଣ ପାରଦର୍ଶିତା ଦେଖାଇଛନ୍ତି। ସେହି ଚିନ୍ତାବଳୀରେ କଳ୍ପନାର ମଞ୍ଜୁଳ ସ୍ପର୍ଶ ଅନୁଭବ କରିହୁଏ। ଅବସ୍ଥା ବା ଭାବମୁଦ୍ରା ଲେଖନରେ ସେ ନରନାରୀଙ୍କର ସୂକ୍ଷ୍ମ ଅନୁଭବକୁ ଭାବାତ୍ମକ ଚିତ୍ର ରୂପରେ ପ୍ରକାଶ କରିଛନ୍ତି। ତାହା ଅନୁଭୂତିରେ ସ୍ପନ୍ଦିତ ଓ କବିଙ୍କର ମାନବଚିତ୍ତର ସୂକ୍ଷ୍ମବୃତ୍ତିଗୁଡିକୁ ରୂପଦାନ କରିବା ଶକ୍ତିର ପରିଚାୟକ। ପ୍ରୀତି ଭଳି ଏକ ଅମୂର୍ତ୍ତ ଭାବର ଶକ୍ତି ବା ଗୁଣ ଦୁଇଟି ନୂତନ ଉପମା ପ୍ରୟୋଗ ଦ୍ୱାରା ବ୍ୟକ୍ତ କରାଯାଇଛି-

ପୀରତିର ପୁଣି ଏଡ଼େ ଗୁଣ
ଆଗୋ, କେ ଜାଣିଥିଲା କି ମନେ ପୁଣ
କ୍ଷଣକେ ବୁଡ଼ାଏ କ୍ଷଣକେ ପୋଡ଼ାଏ
ଲୋହକାର ସଣ୍ଡୁଆସି ପଣ, ଆଗୋ ପ୍ରାଣମିତ
ଚିତ୍ତବୃତ୍ତି ହେଲା ଭୂତଗ୍ରସ୍ତବତ
ପ୍ରାଣସ୍ଥିତ ଧୂମଗତି ଅହିବତ।[୧୬]

ଲୋହକାର ସଣ୍ଡୁଆସି ଭଳି ପ୍ରତି କ୍ଷଣକେ ବୁଡାଏ ଓ କ୍ଷଣକେ ପୋଡାଏ, ଭୂତଗ୍ରସ୍ତ ଭଳି ଚିତ୍ତବୃତ୍ତି କାର୍ଯ୍ୟକରେ ତଥା ଗର୍ତ୍ତ ମୁଖରେ ଧୂମ ସଂଯୋଗ କଲେ ତହିଁରେ ଥିବା ସର୍ପ ଯେପରି ସନ୍ତାପିତ ହୁଏ ଇତ୍ୟାଦି ଦୃଷ୍ଟାନ୍ତ ଛଳରେ ବ୍ୟକ୍ତ କରାଯାଇଛି। ଏହା ବିରହିଣୀ ନାୟିକାର ସଜଳ ଅଭିବ୍ୟକ୍ତି। ସମଗ୍ର ଛାନ୍ଦଟି ଦୃଷ୍ଟାନ୍ତ ଅଳଙ୍କାରରେ ପୂର୍ଣ୍ଣ। ଏଗୁଡିକ ଜୀବନର ପ୍ରତ୍ୟକ୍ଷ ଅନୁଭୂତିରୁ ସଂଗୃହୀତ ଓ ଜୀବନରସରେ ଜାରିତ।

ବ୍ୟାବହାରିକ ଜଗତରୁ ଅନୁଭବ ସିଦ୍ଧ ଉପମାନ ସଂଗ୍ରହ କରି ଅଭିମନ୍ୟୁ ଚରିତ୍ରମାନଙ୍କର ଅବସ୍ଥା ଓ ହୃଦୟାବେଗ ଫୁଟାଇବାକୁ ଚାହିଁଛନ୍ତି। ଏପରି ଉପମା ସୃଷ୍ଟିରେ ସେ ଅନନ୍ୟସାଧାରଣ ଦକ୍ଷତା ଦେଖାଇଛନ୍ତି। କବି କଳ୍ପନାରେ ରାଧାଙ୍କ ପ୍ରେମ ଓ ବିରହାବସ୍ଥାର ସହାନୁଭୂତିପୂର୍ଣ୍ଣ ଚିତ୍ର ପ୍ରଦାନ କରିଛନ୍ତି। ଚରିତ୍ରମାନଙ୍କର ମନ ଓ ହୃଦୟରେ ସହାନୁଭୂତି ସହିତ ପ୍ରବେଶ ନକଲେ ଓ କଳ୍ପନାରେ ସେମାନଙ୍କର ସୁଖଦୁଃଖରେ ଭାଗୀ ନହେଲେ ସେମାନଙ୍କର ପ୍ରକୃତ ଅବସ୍ଥା ଓ ମନୋଭାବ ଚିତ୍ର କରିହେବ ନାହିଁ।

ଅଭିମନ୍ୟୁଙ୍କ ବିରହକାଳୀନ ଅନୁଭୂତି ଓ ଅନୁରାଗ ପ୍ରକାଶକ ପଦାବଳୀ ଆବେଗ ଓ ଅନୁଭୂତିର ମାର୍ମିକ ଚିତ୍ର ପ୍ରଦାନ କରେ। ଅନୁରାଗର ଚିତ୍ର ଓ ଆବେଗର ସହଜ ସ୍ଫୁର୍ତ୍ତି ଦେଖି ପାଠକର ନୟନପତ୍ର ଆର୍ଦ୍ର ହୁଏ। ଏହି ସହଜ ଚିତ୍ରଗର୍ଭା ପଦାବଳୀ ସ୍ୱରର ବ୍ୟଂଜନାଶକ୍ତି ବଳରେ ଅଳ୍ପ କଥାରେ ଅସାମାନ୍ୟ ଅଭିବ୍ୟକ୍ତି ଲାଭ କରିଛି। ଅନୁଭବର ସ୍ୱର ବକ୍ତାର କଥନରେ ଆଶ୍ଚର୍ଯ୍ୟ ବ୍ୟଂଜନାଗର୍ଭ ହୋଇଉଠିଛି। ଅନୁଭୂତିର ଆକୁଳ ସ୍ୱର ଶୁଣି ପାଠକ ନିଜ ଅନ୍ତରର ପ୍ରେମ-ବିହ୍ୱଳ ହୃଦୟର ଅଶ୍ରୁପୂର୍ଣ୍ଣ ଆକୁଳତା ଅନୁଭବ କରେ; ପ୍ରେମମୟୀ ରାଧାଙ୍କର କରୁଣ ଦଇନି, ଆକୁଳତା, ଉନ୍ମାଦ ଓ ଜିଜ୍ଞାସାର ଚିତ୍ର ନିଜ ଚକ୍ଷୁ ସମକ୍ଷରେ ଦେଖିପାରେ। ତାଙ୍କ ଅନ୍ତରରେ କ'ଣ ଘଟୁଛି, ତାହା କେତୋଟି ସରଳ ଓ ସାମାନ୍ୟ ପଦରେ ମୂର୍ତ୍ତ ହୋଇଛି। ଏହି ସ୍ଥଳମାନଙ୍କରେ ଅଧିକ ପରିମାଣରେ ଭାବାତ୍ମକ ଚିତ୍ରକଳ୍ପ ଦେଖାଯାଏ । ଅଭିବ୍ୟକ୍ତିର ସ୍ୱଚ୍ଛତା ଓ ଆବେଗର ସ୍ୱାଭାବିକତା କିପରି ବିରହିଣୀ ରାଧାଙ୍କର ମନୋଭାବକୁ ଚିତ୍ରରୂପ ଦେଇଛି ନିମ୍ନୋକ୍ତ ଦୃଷ୍ଟାନ୍ତରୁ ବୁଝାଯାଇପାରେ-

କୁଟୁଣୀ ପ୍ରତିମା ପରା କରି
ଆଗୋ, ପ୍ରେମ ନଚାଉଛି ନାନା ପରି
ଚିତ୍ତ ଆତଯାତ ଭାବନା ନିରତ
ହୋଇଲା ସିନ୍ଧୁ ଲହରୀ ସରି, ଆଗୋ ସଖୀବୃନ୍ଦେ
ପରାୟତ୍ତକର୍ମୀ ହେଲି ଅନୁବାଦେ
ଅନାୟତ୍ତ ବନ୍ଦୀ ବୃଷ ନାସାଭେଦେ।[୧୭]

ଗୋପଲୀଳାରେ ସଖୀ କଣ୍ଢେଇକୁ ନଚାଇଲା ପରି ପ୍ରେମ ରାଧାଙ୍କୁ ନିଜ ଇଚ୍ଛାରେ ଚଳାଉଛି। ଅନ୍ୟର ଅଧୀନରେ ଥିବା ଲୋକ ଯେପରି ସ୍ୱାଧୀନଭାବେ କିଛି କରିପାରେ ନାହିଁ ଓ ନାସାଭେଦ କରି ବୃଷକୁ ବନ୍ଦୀ କଲେ, ତା'ର ଯେଉଁ ଅବସ୍ଥା ହୁଏ, ରାଧାଙ୍କର ଅବସ୍ଥା ଠିକ୍ ସେହିପରି ହୋଇଛି। ମନୋଭାବ ଓ ଅବସ୍ଥାର ଏ ଚିତ୍ର ଅଭିମନ୍ୟୁଙ୍କର ଅନୁଭୂତିର ଦାନ।

ରଙ୍ଗରେ ଚିତ୍ର ଫୁଟାଇବା ଅଭିମନ୍ୟୁଙ୍କ କଳ୍ପନାର ଅନ୍ୟ ଏକ ବିଶେଷତ୍ୱ। ଫଳରେ ଚିତ୍ରରେ ଚାକ୍ଷୁଷତା ଆସିବା ସଙ୍ଗେ ରୂପର ଆକର୍ଷଣୀୟତା ବୃଦ୍ଧି ପାଇଛି। ବିରୋଧୀ ରଙ୍ଗବିଶିଷ୍ଟ ଦୁଇଟି ବସ୍ତୁର ଏକତ୍ର ଅବସ୍ଥିତିରେ ଅଭିମନ୍ୟୁ ବର୍ଣ୍ଣ-ବ୍ୟତିରେକ ସୃଷ୍ଟି କରିଛନ୍ତି। ଏପରି ପ୍ରୟୋଗ ତାଙ୍କ କାବ୍ୟରେ ପ୍ରଚୁର ପରିମାଣରେ ମିଳେ। ପଦ୍ମପତ୍ର ଉପରେ ଶାୟିତା ବିରହିଣୀ ରାଧାଙ୍କର ଶୀର୍ଣ୍ଣଦେହ ନୀଳା ମହୀରେ ଦ୍ୱିତୀୟା ଶଶୀପତନ ହେଲାପରି ପ୍ରତୀତ ହେଉଛି। ମିଳନ କାଳରେ ରାଧାକୃଷ୍ଣଙ୍କର ଦେହକାନ୍ତିକୁ ମେଘବିଜୁଳି, ଅନ୍ଧାର ଚାନ୍ଦିନୀ ସହିତ ତୁଳନା କରାଯାଇଛି ଓ ସେ ଦୁହିଁଙ୍କ ଦ୍ୟୁତିରେ ବନଭୂମି ପୀତଶ୍ୟାମ ହୋଇଉଠିଛି। ମଦନମାଳୀ କୃଷ୍ଣବର୍ଣ୍ଣ ଓ ପୀତାଭ କୁରୁବକ ଫୁଲ ଗୁନ୍ଥି ଥୋଇଲା ପରି କିମ୍ବା କନ୍ଦର୍ପ ଓ ବସନ୍ତ କୌତୁକରେ ହଳଦୀ ବସନ୍ତ ଓ ପିକକୁ ଲଢ଼ାଇବା ପରି ରାଧାକୃଷ୍ଣଙ୍କର ଯୁଗଳରୂପ ପ୍ରତୀତ ହେଉଛି। ଏହି ଚିତ୍ରାବଳୀରେ ଅଭିମନ୍ୟୁଙ୍କର ସୂକ୍ଷ୍ମ ରଙ୍ଗଜ୍ଞାନ ପ୍ରକାଶିତ। ବସ୍ତୁସ୍ଥିତିର ସ୍ୱଷ୍ଟତା ଓ ରୂପର ଇନ୍ଦ୍ରିୟଘନତା ଏହି ବିପରୀତ-ରଙ୍ଗ ଯୋଜନା ଫଳରେ ବୃଦ୍ଧି ପାଇଛି।

ଭକ୍ତଚରଣ କାବ୍ୟରେ ଅଳ୍ପ କେତୋଟି ସ୍ଥାନରେ ବୈଚିତ୍ର୍ୟ-କଳ୍ପନାର[୧୮] ପ୍ରୟୋଗ କରିଥିଲେ ହେଁ ସର୍ବତ୍ର ସମ୍ବେଗ-ସଞ୍ଚର କଳ୍ପନାହିଁ ଭାବର ସହଚରୀ ହୋଇଛି। କାବ୍ୟର ସ୍ଥାନ, କାଳ, ଚରିତ୍ର ଓ ମନୋଭାବ ଏତେ ବାସ୍ତବ ଯେ, କବିଙ୍କୁ କଳ୍ପନାରେ କିଛି ସୃଷ୍ଟି କରିବାକୁ ପଡି ନାହିଁ। ସେ ଚରିତ୍ରମାନଙ୍କର ସ୍ୱଭାବ ଓ ଅବସ୍ଥା ସହିତ ନିଜର ଭକ୍ତ ସୁଲଭ ହୃଦୟର ସହାନୁଭୂତି ସ୍ଥାପନ କରିଥିଲେ। ଗୋପରେ ଜଣେ ଅଧିବାସୀ ରୂପେ ବ୍ରଜଦାଣ୍ଡରେ ଗୋପାଳବାଳକମାନଙ୍କ ସଙ୍ଗେ ସଙ୍ଗ ହୋଇ ବୁଲିବାର କାଳ୍ପନିକ ଅନୁଭୂତି ଲାଭ କରିଥିଲେ ଓ ଗୋପୀମାନଙ୍କର ବିରହ ଦଶାରେ କଳ୍ପନାର ସହାନୁଭୂତିମୂଳକ ସମ୍ବନ୍ଧ ସ୍ଥାପନ କରିଥିଲେ। ଭକ୍ତକବି କୃଷ୍ଣଗୋପୀ ପ୍ରେମରେ ମଜ୍ଜି ନଥିଲେ ତାଙ୍କର କାବ୍ୟ ଆବେଗ ଏତେ ଜୀବନ୍ତ ଓ ରସୋଚ୍ଛଳ ହୋଇନଥାନ୍ତା। ଶ୍ରୀକୃଷ୍ଣ ଗୋଦୋହନ, ଗୋପାଳ ବାଳକମାନଙ୍କ ଗତିଭଙ୍ଗୀ ଓ ଗୋପୀମାନଙ୍କର ଭାବମୁଦ୍ରା ଅଙ୍କନରେ ସେ ଅନନ୍ୟସାଧାରଣ ବୈଶିଷ୍ଟ୍ୟ ଦେଖାଇଛନ୍ତି। ସୁଖୀ ଗୋପଗ୍ରାମ ଓ ମଥୁରାରେ ଗୋପଶିଶୁମାନଙ୍କର ସ୍ୱାଭାବିକ ରୂପ ଓ ଆଚରଣ କବିଙ୍କର ସହଜ କଳ୍ପନାରେ ଜୀବନ୍ତ ହୋଇଉଠିଛି। ଗୋପୀମାନଙ୍କର ବିରହକାଳୀନ ମନୋଭାବ କଥନ ଭାବାତ୍ମକ ଚିତ୍ର ପ୍ରଦାନ କରେ।

ଶିଶୁସ୍ୱଭାବ ଚିତ୍ରଣରେ ଅଭିମନ୍ୟୁ, ଭକ୍ତଚରଣ ଓ ଗୋପାଳକୃଷ୍ଣ ଅପ୍ରତିଦ୍ୱନ୍ଦ୍ୱୀ। ଶିଶୁ କୃଷ୍ଣଙ୍କର ମୌଳିକ ସ୍ୱଭାବର ଚିତ୍ରଣ ଏହି କବିମାନଙ୍କ ରଚନାରେ ଏତେ ଜୀବନ୍ତ ଯେ, ପାଠକର ମନୋନେତ୍ରରେ ସେ ରୂପ ଓ ଭଙ୍ଗୀ ମୁଦ୍ରିତ ହୋଇଯାଏ। ଜନନୀ

ହୃଦୟର ଆକୁଳତା ଓ ତା'ର ମମତାମୟୀ ମୂର୍ତ୍ତି ମଧ୍ୟ ସେହି ଚିତ୍ରରେ ବିଧୃତ। ସ୍ୱଭାବୋକ୍ତି ଓ ସ୍ୱଭାବ ଚିତ୍ରରେ ଏହି ଅଂଶମାନ ଓଡ଼ିଆ ସାହିତ୍ୟରେ ଅନବଦ୍ୟ। କବିମାନଙ୍କର କଳ୍ପନାରେ ରଞ୍ଜିତ ଏହି ଚିତ୍ରାବଳୀ ଯୁଗ ଯୁଗ ଧରି ପାଠକକୁ ରସ ଓ ରୂପ ପରିବେଷଣ କରିଆସିଛନ୍ତି।

ରାଧାନାଥ କଳ୍ପନାର ତାତ୍ତ୍ୱିକ ସ୍ୱରୂପ ସମ୍ବନ୍ଧରେ ଅବହିତ ଥିଲେ। ସେ ଅନୁଭବ କରିଥିଲେ ଯେ, କଳ୍ପନା ଶକ୍ତି ଦ୍ୱାରା ହିଁ କାବ୍ୟଜଗତରେ ନବୀନତା ଓ ରମଣୀୟତା ଆନୀତ ହୋଇପାରେ। କଳ୍ପନା ବଳରେ କବିବାଣୀରେ ଅପୂର୍ବ ଶକ୍ତି ଆସେ। ଦୂରବର୍ତ୍ତୀ, ଅଦୃଶ୍ୟ ବସ୍ତୁ, ଘଟଣା ଓ ସ୍ଥାନମାନଙ୍କୁ ଏହି ଶକ୍ତିବଳରେ କାବ୍ୟରେ ଅବତୀର୍ଣ୍ଣ କରାଯାଇପାରେ। କଳ୍ପନା ପ୍ରତି ଏହି ଜାଗରୁକତା ହେତୁ ରାଧାନାଥ ପାଶ୍ଚାତ୍ୟ କଳ୍ପନା ସିଦ୍ଧାନ୍ତର ନିକଟବର୍ତ୍ତୀ ଓ ତାଙ୍କ କଳ୍ପନାରେ ଚିତ୍ର-ବିଧାନ କ୍ଷମତା ଅଧିକ।[୧୯]

ବାସ୍ତବିକତା ଓ କଳ୍ପନା ସମ୍ବନ୍ଧରେ ରାଧାନାଥଙ୍କର ଚେତନା ଚିଲିକାର ବାସ୍ତବରୂପ ଓ କଳ୍ପରୂପ ମଧ୍ୟରେ ପ୍ରକଟିତ। ବାସ୍ତବର ସୂର୍ଯ୍ୟାଲୋକରେ କଳ୍ପନାର କୌମୁଦୀ ଉଭେଇଯାଏ। 'ଚିଲିକା'ରେ ରାଧାନାଥ କଳ୍ପନା ସଙ୍ଗିନୀର ସହାୟତାରେ କାଳସ୍ରୋତର ପ୍ରତିଲୋମରେ ଭାସି କେତେ ଅଘଟଣ ବସ୍ତୁ, ଦୃଶ୍ୟ ଓ ଚରିତ୍ରଙ୍କୁ ଦେଖୁଥିଲେ, ଯାହାକି କଳ୍ପନାର ଅଘଟଣ ଘଟଣ ପଟୀୟସୀ କ୍ରିୟାର ସୂଚକ। କବି ଯେତେବେଳ ପର୍ଯ୍ୟନ୍ତ ଚିଲିକାର ଅତୀତକୁ କଳ୍ପନାରେ ଦେଖୁଥିଲେ, ସେ ପର୍ଯ୍ୟନ୍ତ ସେ ସୌନ୍ଦର୍ଯ୍ୟର ଅଲୌକିକ ଜଗତରେ ବିଚରଣ କରୁଥିଲେ-କେତେ ଅଦୃଶ୍ୟ, ଅସମ୍ଭବ ସ୍ଥାନ ଓ ଘଟଣା ଅବଲୋକନ କରୁଥିଲେ; ମାତ୍ର ଯେଉଁ ମୁହୂର୍ତ୍ତରେ ତାଙ୍କର ଧ୍ୟାନ ଭଙ୍ଗ ହେଲା, ସେ ଭାବଜଗତରୁ ଯଥାର୍ଥ ଜଗତକୁ ଫେରିଆସିଲେ ଏବଂ ସମ୍ମୁଖରେ ଚିଲିକାର ବାସ୍ତବ ଅମର ସତ୍ତା ବିରାଜିତ ଥିବା ଦେଖିଲେ। ସେ ମନେକଲେ, ଦେଖିଥିବା ଘଟଣା ସକଳ କଳ୍ପନା-କୌଶଳର ଫଳ। ଚିଲିକାର ବାସ୍ତବରୂପ ସୁନ୍ଦର; ମାତ୍ର ତା'ର କଳ୍ପରୂପରେ ହୃଦୟହାରିତା ଓ ମନକୁ ବିସ୍ମୃତି ଦାନ କରିବାର ଶକ୍ତି ଅପରିମେୟ। କଳ୍ପନାର ସରସତା ଓ ବାସ୍ତବର କଠୋରତା ସମ୍ବନ୍ଧରେ ରାଧାନାଥଙ୍କର ଉକ୍ତି ଉଦ୍ଧାର କରାଯାଇପାରେ, "କୌଣସି ସ୍ଥାନ ଦେଖିବା ଆଗେ କଳ୍ପନା ସେଥିର ଛବି ଦେଖାଇଥାଏ। ସେହି ଛବି ସଙ୍ଗେ ଘେନି ଆମ୍ଭେ ସେହି ସ୍ଥାନକୁ ଯାଉଁ। ସ୍ଥାନକୁ ଯାଇ ଦେଖୁଁ ଯେ କଳ୍ପନାର ଛବିରୁ ପ୍ରକୃତ ଛବି ଅନେକ ଅନ୍ତର। ଯେତେ ନିକଟବର୍ତ୍ତୀ ହେଉଥାଉଁ, ସେହି ପରିମାଣରେ ଅଶ୍ରଦ୍ଧା ବଳବତୀ ହେଉଥାଏ।"[୨୦] ବସ୍ତୁର ବାସ୍ତବ ଓ କଳ୍ପରୂପ ମଧ୍ୟରେ ଏହି ପାର୍ଥକ୍ୟ ସମ୍ବନ୍ଧରେ କବି ସଚେତନ ଥିଲେ। ତେଣୁ ସେ କାବ୍ୟରେ ବର୍ଣ୍ଣିତ ସ୍ଥାନ, ଘଟଣା ଓ ଦୃଶ୍ୟ ଆଦି କଳ୍ପନା-ନେତ୍ରରେ ଦେଖି ଚିତ୍ର କରିଛନ୍ତି।

ରାଧାନାଥ କଳ୍ପନାକୁ ଏକ ଦୈବତ ଶକ୍ତି ରୂପେ ଗ୍ରହଣ କରିଥିଲେ। କଳ୍ପନା ଭଗବତୀ ସରସ୍ୱତୀଙ୍କର ସହଚରୀ। ସେ କବିଙ୍କୁ ଦିବ୍ୟଚକ୍ଷୁ ପ୍ରଦାନ କରନ୍ତି ଓ ତା'ରି ବଳରେ କବି ଅତୀତ ଦୃଶ୍ୟ ଦେଖିପାରନ୍ତି।[୨୧] ଅଜଣା ଅଶୁଣା ଦେଶ, ଦୃଶ୍ୟ, ମନୁଷ୍ୟ ଓ ଘଟଣାକୁ ଏହି 'କବି-କଳ୍ପନା' ବଳରେ ବିସ୍ମୃତି-ଗର୍ଭରୁ ଉଦ୍ଧାର କରି କାବ୍ୟରେ ପରିବେଷଣ କରାଯାଏ-

କେଉଁ କେଉଁ ଦେଶ ସେ କଥା କାହାରି ନାହିଁ ତ ଜଣା
ବିସ୍ମୃତି ଗରଭୁଁ ଉଦ୍ଧାରି ଆଣୁ ତା କବି-କଳ୍ପନା।[୨୨]

ବିଭିନ୍ନ ବସ୍ତୁ ମଧ୍ୟରେ ସମ୍ବନ୍ଧ ସ୍ଥାପନ କରିବା କଳ୍ପନାର କ୍ରିୟା। ଗୋଟିଏ ବିଷୟର ଅବତାରଣା କରିବାକୁ ଯାଇ ରାଧାନାଥ ତହିଁରେ ନାନା ଘଟଣା ଓ ଦୃଶ୍ୟ ସଂଯୋଜନ କରି ସ୍ୱକଳ୍ପନାର ଚମତ୍କାରିତା ପ୍ରଦର୍ଶନ କରିଛନ୍ତି; ମାତ୍ର ସେହି ସଂଯୋଜନ କେବେ ଅପ୍ରାସଙ୍ଗିକ ବୋଧହୁଏ ନାହିଁ। ସେ ଏପରି କୌଶଳରେ ସେଗୁଡିକୁ କାବ୍ୟ ବିଷୟ ସହିତ ଗ୍ରଥିତ କରିଦିଅନ୍ତି ଯେ, ତାହା ଯେପରି କାବ୍ୟର ଅପରିହାର୍ଯ୍ୟ ଅଙ୍ଗ ହୋଇପଡ଼େ। ରାଧାନାଥଙ୍କ ପ୍ରତ୍ୟେକ କାବ୍ୟରେ ଏହି କୌଶଳ ସୁସ୍ପଷ୍ଟ। 'ଉଷା'ରେ ବିଭିନ୍ନ ଦେଶର ରାଜପୁତ୍ରମାନଙ୍କର ଉଷା ସ୍ୱୟମ୍ବର ଉଦ୍ଦେଶ୍ୟରେ ଆଗମନ, 'ପାର୍ବତୀ'ରେ ବିଜୟ ଅଗ୍ନିର ଯାତ୍ରାପଥ, ଉତ୍କଳ ମହିଷୀଙ୍କର ନିରାଜନା ପାଇଁ ବିଭିନ୍ନ ଗଡ଼ଜାତର ଉପହାର, 'ଚନ୍ଦ୍ରଭାଗା'ରେ ଦେବଦେବୀଙ୍କର ବିଭିନ୍ନ ପୀଠରୁ ଆଗମନ ଇତ୍ୟାଦି ସ୍ଥଳରେ ପ୍ରସଙ୍ଗାନୁକୂଳ ଭାବେ ବିଷୟ ସଂଯୋଜନ କରି ସେ କାବ୍ୟର ବୈଚିତ୍ର୍ୟ ଓ ଚମତ୍କାରିତା ବୃଦ୍ଧି କରିଛନ୍ତି। ସେ ମଧ୍ୟ ଅନୁମାନ ଓ ପ୍ରବାଦକୁ କଳ୍ପନା ବଳରେ କବିତାରେ ପରିଣତ କରିଦେଇଛନ୍ତି। କବି 'ମହେନ୍ଦ୍ର'କୁ 'ସମଗ୍ର ଉତ୍କଳ ଶୋଭା-ତିଳୋତ୍ତମା' କହିଥିଲେ ମଧ୍ୟ ଜୀବନରେ ମହେନ୍ଦ୍ର ଆରୋହଣର ସୁଯୋଗ ପାଇନଥିଲେ। ତାହାକୁ ଦୂରରୁ ମାତ୍ର ଦର୍ଶନ କରି ସେ କଳ୍ପନାରେ ଆରୋହଣ ସୁଖ ପାଇଥିଲେ। ଏହି କାବ୍ୟରେ ସେ ସ୍ୱୀକାର କରିଛନ୍ତି-

କଳ୍ପନା ଯୋଗାଇ ଦେବାରୁ ବାହନ
ସେ ବାହନେ କଲି ଗିରି ଆରୋହଣ
ଦୟା ବହି ସେହି କଳ୍ପନା-ସୁନ୍ଦରୀ
ଗିରି ମାର୍ଗେ ମୋର ହେଲେ ସହଚରୀ।[୨୩]

ଦୃଶ୍ୟ-ଦର୍ଶନ ନିମନ୍ତେ କଳ୍ପନା କବିଙ୍କୁ ବାହନ ଯୋଗାଇଦିଏ ଓ ତା'ରି ବଳରେ ସେ ଦୁଷ୍ପ୍ରବେଶ୍ୟ ସ୍ଥାନ ଓ କାଳରେ ପ୍ରବେଶ କରି ନାନା ଦୃଶ୍ୟ ଓ ଘଟଣା ସନ୍ଦର୍ଶନ କରନ୍ତି। କାବ୍ୟରେ ବର୍ଣ୍ଣିତ ସ୍ଥାନ ଦର୍ଶନ କାଳରେ ରାଧାନାଥଙ୍କର 'କଳ୍ପନା-ସୁନ୍ଦରୀ'

ସହଚାରିଣୀ ରୂପେ ରହି ତାଙ୍କୁ ଦୁରୂହ ସ୍ଥାନ ଓ ଦୁର୍ଲକ୍ଷ୍ୟ ଦୃଶ୍ୟ ଦେଖିବାରେ ସାହାଯ୍ୟ କରିଛି ।

ରାଧାନାଥଙ୍କ ପ୍ରକୃତି ପ୍ରେମ ତାଙ୍କର କଳ୍ପନାକୁ ବିସ୍ତୃତି ଓ ବୈଚିତ୍ର୍ୟ ଦାନ କରିଛି । କଳ୍ପନାର ଛାୟାତପ ଓ ବହୁବର୍ଣ୍ଣୀ ଆଲିମ୍ପନ ଏହି ପ୍ରକୃତିପ୍ରୀତି ଯୋଗୁ ସମ୍ଭବ ହୁଏ । କାବ୍ୟ ପ୍ରକୃତି ବର୍ଣ୍ଣନାତ୍ମକ ହେଲେ କଳ୍ପନାରେ ସୂକ୍ଷ୍ମରେଖା ଓ ଉଜ୍ଜ୍ୱଳ ରଙ୍ଗ ଫୁଟିବା ସ୍ୱାଭାବିକ ହୋଇପଡ଼େ । ରାଧାନାଥଙ୍କର ପ୍ରତ୍ୟକ୍ଷ ଜ୍ଞାନ ତାଙ୍କ କଳ୍ପନାର ସହାୟକ ହୋଇଛି । ପ୍ରତ୍ୟକ୍ଷ ଜ୍ଞାନ ଲାଭ କରିନଥିଲେ ବର୍ଣ୍ଣିତ ଦୃଶ୍ୟ ଓ ସ୍ଥାନମାନଙ୍କର ସାଧାରଣ ବୈଶିଷ୍ଟ୍ୟ ପ୍ରଦର୍ଶନ କରିବା ସମ୍ଭବ ହୋଇନଥାନ୍ତା । ସ୍ଥାନୀୟ ଚିତ୍ର ଅଙ୍କନ ନିମନ୍ତେ ଚାକ୍ଷୁଷ ଦର୍ଶନ ଅପରିହାର୍ଯ୍ୟ ।[୨୪] 'ଚିଲିକା'ରେ ସତ୍ୟବାଦୀର ଦ୍ୱିଜକନ୍ୟାମାନଙ୍କ ସ୍ନାନକାଳରେ ଯେଉଁ ଚିତ୍ର ଅଙ୍କିତ ତାହା ପାଠକକୁ ମୁହୂର୍ତ୍ତକ ପାଇଁ ସେହି ସ୍ଥାନକୁ ଘେନିଯାଏ । ସେ ରତ୍ନଚିରା-ସ୍ନାନାର୍ଥିନୀ ଦ୍ୱିଜକନ୍ୟାମାନଙ୍କର ତାମରସ ମୁଖ ରତ୍ନଚିରା ଜଳରେ ଦେଖିବାକୁ ପାଏ ଓ ସୌଗନ୍ଧିକ ଗନ୍ଧରେ ଆମୋଦିତ ହୋଇଉଠେ । କବି-କଳ୍ପନା ପ୍ରସାଦରୁ ରତ୍ନଚିରାଜଳରେ ପ୍ରତିବିମ୍ବିତ ସେମାନଙ୍କର ମୁଖାରବିନ୍ଦ ଅବଲୋକନ କରେ ଓ ସାକ୍ଷୀ ଗୋପୀନାଥ ହୃଦୟହାରିଣୀ ଦ୍ୱିଜକନ୍ୟା ଲକ୍ଷ୍ମୀଙ୍କ ପ୍ରଣୟର କରୁଣ କାହାଣୀକୁ ସ୍ମରଣ କରେ । ସର୍ବତ୍ର ନଦୀରେ ନାରୀମାନେ ସ୍ନାନ କରନ୍ତି; ମାତ୍ର ସେତେବେଳେ ନଦୀ ହେମତାମରସମୟ ଦେଖାଯିବା ରାଧାନାଥଙ୍କ କଳ୍ପନା-ଦୃଷ୍ଟିର ଚମତ୍କାରିତା ।

କବି ବସ୍ତୁ ସୃଷ୍ଟି କରନ୍ତି ନାହିଁ, ବସ୍ତୁରୁ ରୂପ ଫୁଟାଇବାରେ ତାଙ୍କର ବିଶେଷତ୍ୱ । ରାଧାନାଥ ପାହାଡ଼, ନଦୀ, ବନ, ସମୁଦ୍ର ଓ ନାନା ସ୍ଥାନର ନାମ ତାଲିକା ଦେଇଥିଲେ ସେଗୁଡିକ କାବ୍ୟର ଶୋଭା ବର୍ଦ୍ଧନ କରିନଥାନ୍ତେ । ବସ୍ତୁର ନାମୋଲ୍ଲେଖ ନକରି ସେ ବସ୍ତୁରୂପର ଚମତ୍କାରିତା ପ୍ରଦର୍ଶନ କରିଛନ୍ତି । ପାହାଡ଼ର ନାମଠାରୁ ପାହାଡ଼ର ରୂପ ଅଧିକ ଆକର୍ଷଣୀୟ । କାରଣ ପ୍ରାକୃତିକ ଜଗତର ବସ୍ତୁ ବହୁ ସମୟରେ ଆକୃତିହୀନ । ରାଧାନାଥ ସୂଚନାରେ ପର୍ବତମାନଙ୍କର ଆକୃତି ଅନୁରୂପ ବର୍ଣ୍ଣନା କରିଛନ୍ତି-ଶୂଳାକୃତି, ଉଲ୍ଲାକୃତି, ତୋରଣାକୃତି, କୂର୍ମ-ପୃଷ୍ଠାକାର, ସେତୁ ଆକାର, ଉନ୍ନତ ଆନତ, ସରଳ କୁଞ୍ଚିତ ଆଦି ପାହାଡ଼ର ରୂପ ଚାକ୍ଷୁଷ ଚିତ୍ରରେ ପରିଣତ ହୋଇଯାଇଛି । ପାଠକ ଏହି ଆକାରରୁ ବସ୍ତୁର ରୂପ କଳ୍ପନା-ନେତ୍ରରେ ଦେଖିପାରେ । ରାଧାନାଥ ଯେତେବେଳେ କୌଣସି ଦୃଶ୍ୟକୁ କୋମଳ ସହାନୁଭୂତି ସହ ଦେଖି ଉପସ୍ଥାପିତ କରିବା ପାଇଁ କଳ୍ପନାର ସାହାଯ୍ୟ ନେଇଛନ୍ତି, ସେଠାରେ ସ୍ଥାନୀୟ ପରିବେଶ ସହିତ ତାହାକୁ ଯୋଡ଼ିଦେଇ ପ୍ରତ୍ୟକ୍ଷ ରୂପରେ ପ୍ରକାଶ କରିଛନ୍ତି । ସ୍ଥାନୀୟ ରଙ୍ଗ, ପରିବେଶ ଓ ଦୃଶ୍ୟ ଯୋଜନା କରି ବର୍ଣ୍ଣନାକୁ

ଚାକ୍ଷୁଷ ଚିତ୍ରରେ ପରିଣତ କରିଦେବା ହେତୁ କାବ୍ୟର ଚିତ୍ରମୟତା ଓ ଇନ୍ଦ୍ରିୟ ଘନତା ବୃଦ୍ଧି ପାଇଛି। ବିରଜା ମଣ୍ଡଳର ବୀରପଲ୍ଲୀ 'ପୂଗମାଳେ ଯହିଁ ଜଡ଼େ ନାଗବଲ୍ଲୀ ଭଦ୍ରକ ପଦରେ ଛନ୍ଦି ହୋଇ ରହିଥିବା ଉତ୍କଳର କାଳିନ୍ଦୀ, ରୂପିଣୀ ସାଳନ୍ଦୀ କେତକକାନନ ସଙ୍କୁଳ ସିକତାମୟ ହରଚଣ୍ଡୀ ପୀଠ, କୁଳିର ଅରୁଣ ପୂର୍ବ ପାରାବାର ପୁଳିନ ଦେଶ, ତାଳୀବନ ଶ୍ୟାମ କନିକା କୁଜଙ୍ଗ, ଶୈଳ ସ୍ରୋତ ସରରେ ସୁରମ୍ୟ ଖିମିଡ଼ି, ଫଣୀଧରାକୃତି ମୈନାକ ଶିଖରୀ, କରୀମୁଣ୍ଡାକୃତି ଖଣ୍ଡାହଣା, ଗୁଳ୍ମ-ଜଟିଳ ଜଟିଆ, କୁହେଳିରେ ନୀଳବର୍ଣ୍ଣ ଭୃଗୁମାନ ଗିରି, ପୁନ୍ନାଗ ଅରଣ୍ୟ-ଲକ୍ଷ୍ମୀ-ଦର୍ପଣ ଭାର୍ଗବୀ-ଆଦି ପଦରେ ସ୍ଥାନୀୟ ବିଶେଷତ୍ୱ ସୂଚିତ ହୋଇଥିବାରୁ ପାଠକ ମନରେ ସେ ସ୍ଥାନରେ ଚିତ୍ର ଅଙ୍କିତ ହୋଇଯାଏ। ପ୍ରକୃତି ବର୍ଣ୍ଣନା କାଳରେ ସ୍ଥାନୀୟ ବିଶେଷତ୍ୱ ପ୍ରତି ରାଧାନାଥ ସତର୍କ ଦୃଷ୍ଟି ଦେଇଥିଲେ। ଏ ରୀତି ସେ କାଳିଦାସଙ୍କ ପ୍ରଭାବରେ ଗ୍ରହଣ କରିଥିଲେ। 'ପାର୍ବତୀ'ର ରାତ୍ରି ବର୍ଣ୍ଣନା କିପରି ସ୍ଥାନୀୟ ପରିବେଶର ଚିତ୍ର ଫୁଟାଏ, ତାହା ନିମ୍ନୋକ୍ତ ପଦରୁ ଜଣାଯାଏ-

ଦୂରେ ସମଗରା ଦହ ରଜତର
ଆସ୍ତରଣ ପରି ଦିଶେ
ଦିଗ୍‌ବଳୟେ ନୀଳ-ତରୁରାଜି ତା'ର
ଦାଢ଼େ ଅଙ୍କରେଖା କି ସେ? (୨୪)

ଏହା କବିଙ୍କର ସୂକ୍ଷ୍ମ ନିରୀକ୍ଷଣପ୍ରସୂତ ପ୍ରାକୃତିକ ଚିତ୍ର। କୌମୁଦୀସ୍ନାତ ପ୍ରାକୃତିକ ପରିବେଶରେ ସମଗରା ଦହ ଦୂରରୁ ରଜତର ଆସ୍ତରଣ ପରି ପ୍ରତୀୟମାନ ହେଉଛି। ତା'ର ଦାଢ଼ରେ ଦିଗନ୍ତର ନୀଳବୃକ୍ଷରାଜି କଳଙ୍କରେଖା ଭଳି ପ୍ରତୀତ ହେଉଛି। ଏହି କାଳରେ ନିଶାଚର ପକ୍ଷୀର ଉଲ୍ଲାସମୁଖର ନଭଗତିକୁ କବି ସ୍ଥାନୀୟ ପରିବେଶ ସହିତ ଏପରି ମିଶାଇ ଦେଇଛନ୍ତି ଯାହା ଫଳରେ ସ୍ଥାନ, କାଳ ଓ ଗତିର ଏକ ମନୋଜ୍ଞ ବାତାବରଣ ସୃଷ୍ଟି ହୋଇଛି-

ସରପାଟୁଁ ଉଡ଼ି ସୁଖେ ଭାସି ଭାସି
ତରଳ ଶଶୀ ମୟୂଖେ
ନଭେ ରାବି ରାବି ଯାଉଛି ଟେଣ୍ଟୋଇ
ସୁନୀଳ ଚିଲିକା ମୁଖେ।

ଉପରୋକ୍ତ ପଦରେ ସ୍ଥାନୀୟ ପରିବେଶ ସହିତ ରାତ୍ରିର ନିସ୍ତବ୍ଧତା ଓ ପ୍ରାକୃତିକ ଜୀବ ଟେଣ୍ଟୋଇର ସୁନୀଳ ଚିଲିକା ଅଭିମୁଖେ ଉଡ୍‌ଡ୍ୟନ ସୂଚିତ। ଚିତ୍ରଟି ଗତିସୂଚକ ହେବା ସଙ୍ଗେ ମନରେ ପରିବେଶ ସମ୍ବନ୍ଧରେ ସ୍ଥିରଧାରଣା ଆଣି ଦେଉଛି। କାବ୍ୟରେ

ସଘନ ବାତାବରଣ ସୃଷ୍ଟିକରି ବର୍ଣ୍ଣିତ ସ୍ଥାନ ଓ ଦୃଶ୍ୟକୁ ପାଠକ ନିକଟରେ ଜୀବନ୍ତ ଓ ଚାକ୍ଷୁଷରୂପେ ଉପସ୍ଥାପିତ କରିବା ରାଧାନାଥୀ-କଳ୍ପନାର ବିଶେଷତ୍ୱ। 'ମହାଯାତ୍ରା'ରେ ସାତକୋଶିଆର ଆରଣ୍ୟକ-ସୁଷମା-

ଗଗନ-ପରଶୀ ବେନି ଦିଗେ ତୁଙ୍ଗଭୃଗୁ-
ସଙ୍କଟେ ସଙ୍କୋଚି ବପୁ, ବାହାରଇ ଯହିଁ
ପୁଣି ପୂର୍ବାକାରେ ସ୍ରୋତ ପୂର୍ବସିନ୍ଧୁଗାମୀ,
ବିଜନ-ଭୀଷଣ ସ୍ଥଳୀ, ବନଗଜବ୍ରଜ-
କଣ୍ଡୂଳ-କପୋଳ-ପିଣ୍ଡ-ଘର୍ଷଣେ କମ୍ପିତ-
ଦ୍ରୁମାବଳୀ ଦେହୁଁ ଯହିଁ ଝରଇ ପ୍ରବାହେ
ସୁରଭି ଅରଣ୍ୟ ପୁଷ୍ପ ପୁଞ୍ଜ ପୁଞ୍ଜ ହୋଇ
ବନଦେବୀଙ୍କର କି ସେ ଅର୍ଘ୍ୟ-ଲାଜାଞ୍ଜଳି ? (୨୬)

କିମ୍ବା ଚିଲିକାର ରୁଦ୍ରରୂପ ବର୍ଣ୍ଣନା ସଘନ ବାତାବରଣ ସୃଷ୍ଟି କରେ। ଏହି ଚିତ୍ରମାନଙ୍କରେ ସ୍ଥିତି ସହିତ ଧ୍ୱନି ସଂଯୋଗ ଦ୍ୱାରା ପରିବେଶର ସଘନତାର ନିର୍ଦ୍ଦେଶ ମିଳେ।

ପ୍ରାକୃତିକ ପରିବେଶର ଉଦାତ୍ତ ଚିତ୍ର ମଧ୍ୟ ରାଧାନାଥଙ୍କ କଳ୍ପନାରେ ଅବତରଣ କରିଛି।

ନୀରତରୁହୀନ ବନ୍ଧୁର କର୍କଶ
କରାଳ ଯେସନ କାଳ ସର୍ବଂକଷ।

ରାଜସ୍ଥାନ ମରୁଭୂମିର ଚିତ୍ର ଦେବା କାଳରେ ନୀରତରୁହୀନ, ବନ୍ଧୁର, କର୍କଶ ପ୍ରଭୃତି ଶବ୍ଦାବଳୀ ସ୍ଥାନୀୟ ପରିବେଶକୁ ଭୟଙ୍କର ଓ ଗମ୍ଭୀର କରିଦେଉଛି। "କରାଳ ଯେସନ କାଳ ସର୍ବଂକଷ"-ଏହା ମିଲଟନଙ୍କର "A universe of death" ଭଳି ଅକଳ୍ପନୀୟ ଓ ଅନବଧାରଣୀୟ। ଏହା ମନରେ ସ୍ପଷ୍ଟ ଚିତ୍ର ଦେଉନାହିଁ। କାରଣ ସର୍ବଂକଷ କାଳର କରାଳ ରୂପ ଧାରଣ କରିବା ପାଇଁ ଆମ ମନ ଅସମର୍ଥ। ତାହା ମନଃଶକ୍ତିର ସୀମା ପାର ହୋଇ ଆମକୁ ଅଭିଭୂତ କରିଦିଏ। ସେହିପରି "ନୀରଦାନେ ଦକ୍ଷ ମରୀଚିକାବେଣୀ"-ବକ୍ରୋକ୍ତି ଓ ବ୍ୟଙ୍ଗମୁଖରେ ନିଷ୍ଫଳା, ନିର୍ଜଳା ମରୁଭୂମିର ସାର୍ଥକ ଚିତ୍ରକଳ୍ପ।

କାଳର ଯଥାର୍ଥ ଚିତ୍ରଣ ଦ୍ୱାରା ରାଧାନାଥ କାବ୍ୟର ବିଷୟକୁ ଗତି ଦାନ କରିଛନ୍ତି। ସପ୍ତସ୍ରୋତା ତୀରସ୍ଥ ମହାବନରେ ଗ୍ରୀଷ୍ମ ମଧ୍ୟାହ୍ନ ସ୍ୱାଭାବିକ ଓ ଜୀବନ୍ତ। ମୃଗମାନଙ୍କର ଚଞ୍ଚଳ ଦୃଷ୍ଟିପାତ ଓ ଜଳପାନ ଉଦ୍ଦେଶ୍ୟରେ ଆଗମନ ଭାଷାର ତରଳ ମାଧୁର୍ଯ୍ୟ ଓ

ବର୍ଣ୍ଣନାର ସତ୍ୟତାରେ ଚିତ୍ରରେ ପରିଣତ ହୋଇଛି। ପାଠକ ତହିଁରୁ ଗ୍ରୀଷ୍ମ ମଧ୍ୟାହ୍ନର ପ୍ରଖରତା ଓ ପ୍ରାକୃତିକ ପରିବେଶର ସଘନତା ଅନୁଭବ କରେ। 'ନନ୍ଦିକେଶ୍ୱରୀ'ରେ ମଧ୍ୟ ଗ୍ରୀଷ୍ମ-ମଧ୍ୟାହ୍ନ ସଜୀବ ରୂପେ ଚିତ୍ରିତ। ଶ୍ରୁତ୍ୟନୁପ୍ରାସମୂଳକ ନିମ୍ନୋକ୍ତ ପଦରେ-

ଦୂର ଝରନାଦ ଝିଙ୍କାରି ଝଙ୍କାର
କରେ ନିଶିଥିନୀ ପ୍ରଭାବ ପ୍ରଚାର।

ରାତ୍ରିର କ୍ରମବର୍ଦ୍ଧମାନତା ସଙ୍ଗେ ସ୍ଥାନ ଓ କାଳର ବର୍ଣ୍ଣନାକୁ ସାମାନ୍ୟ କେତୋଟି ଶବ୍ଦରେ ଯେପରି ପ୍ରଭାବଶାଳୀ କରାଯାଇଛି, ତାହା ରାତ୍ରିର ପ୍ରଶାନ୍ତ ନୀରବତା ସୂଚିତ କରେ। ଚତୁର୍ଦ୍ଦିଗ ନୀରବ ନିଷ୍ପନ୍ଦ, ତହିଁ ସଙ୍ଗେ ଝିଙ୍କାରୀର ଝଙ୍କାର ମିଶି ଜନପ୍ରାଣୀ ବିରଳ ସ୍ଥାନର ଭୟଙ୍କରତା ଓ ରାତ୍ରିର ଗଭୀରତା ଅନୁଭବ କରାଇଦିଏ।

ରାଧାନାଥ ମନୋଭାବ, ଅବସ୍ଥା ଓ ମୁଖଭାବ ପରିବର୍ତ୍ତନରେ ମଧ୍ୟ ପ୍ରକୃତି ବର୍ଣ୍ଣନାର ସାହାଯ୍ୟ ନେଇଛନ୍ତି। ଯଯାତି ସହିତ ବିବାହ ସମ୍ବାଦ ଜନତାର ହର୍ଷ କୋଳାହଳରୁ ଜାଣି ଲଳିତାର ଯେଉଁ ଆଙ୍ଗିକ ରୂପାନ୍ତର ହେଲା, ତାହା ପ୍ରକୃତିର ଋତୁ ପରିବର୍ତ୍ତନ ଓ ସୂକ୍ଷ୍ମାତିସୂକ୍ଷ୍ମ ଚିତ୍ର ମାଧ୍ୟମରେ ପ୍ରକାଶ କରାଯାଇଛି। ଏଥିରେ ବର୍ଣ୍ଣିତ ଅଣସର ଚିତ୍ର ଯେତିକି ବାସ୍ତବଧର୍ମୀ ସେତିକି ପ୍ରକୃତିର ସୂକ୍ଷ୍ମ ପର୍ଯ୍ୟବେକ୍ଷଣର ପରିଚାୟକ। ଏହା ଏକ ଦୀର୍ଘ ବର୍ଣ୍ଣନାତ୍ମକ ଓ ଉପମା-ସ୍ୱଭାବୋକ୍ତିଗର୍ଭିତ ଚିତ୍ର। ଗ୍ରୀଷ୍ମ ଓ ବର୍ଷାର ସନ୍ଧିକାଳର ଏ ଚିତ୍ର ଓଡ଼ିଆ ସାହିତ୍ୟରେ ଅତୁଳନୀୟ। ରାଧାନାଥ ବାସ୍ତବର କିପରି ମନୋଜ୍ଞ ଜୀବନ୍ତ ଚିତ୍ର ଅଙ୍କନ କରିପାରନ୍ତି, ଏହା ତାହାର ଏକ ସାର୍ଥକ ଉଦାହରଣ। 'ଉର୍ବଶୀ'ରେ ମଧ୍ୟ କଳେଇଗଦା, ବବୁର ପ୍ରସୂନ ଇତ୍ୟାଦି ବାସ୍ତବଧର୍ମୀ ବର୍ଣ୍ଣନା କବିଙ୍କ ସୂକ୍ଷ୍ମ-ପର୍ଯ୍ୟବେକ୍ଷଣର ଫଳ।

ରାଧାନାଥ ମହାକାଳର ଅଖଣ୍ଡ ପ୍ରବାହ ଓ ଅପ୍ରତିହତ ଶକ୍ତି ବର୍ଣ୍ଣନାରେ ଉଦାତ୍ତବୋଧକ ଚିତ୍ର ଫୁଟାଇଛନ୍ତି। ନିମ୍ନୋକ୍ତ ପଦରେ ମହାକାଳର ଅଖଣ୍ଡ ରୂପ ଓ ମାନବ ଭାଗ୍ୟର ଅସାରତାକୁ କେତେ ଅଳ୍ପ କଥାରେ ଶକ୍ତିଶାଳୀ ରୂପେ ଚିତ୍ରଣ କରାଯାଇଛି-

ସର୍ବେ ଯିବ ଭାଇ ଉଭେଇ ଅଚିରେ
ବୁଦ୍ ବୁଦ୍ ପରାୟେ ଏହି ନଦୀ-ନୀରେ
ଅଖଣ୍ଡ ଦଣ୍ଡାୟମାନ-କାଳ-ସିନ୍ଧୁ
ମଧ୍ୟେ ବିନ୍ଦୁ ରହି ନୁହଁ ଏକ ବିନ୍ଦୁ।[୨୭]

ପଦଟିରେ ମାନବଜୀବନର ନଶ୍ୱରତା ଓ ମୃତ୍ୟୁ-ଦେବତାଙ୍କର ନିର୍ବିକାର ଚିତ୍ର ବ୍ୟଞ୍ଜିତ। ମାନବ ଭାଗ୍ୟକୁ ଅଖଣ୍ଡ କାଳସିନ୍ଧୁ ନିକଟରେ ନଗଣ୍ୟ ପ୍ରତିପନ୍ନ କରି ଭାବଟିକୁ

ଉଦାତ୍ତ କରିଦିଆଯାଇଛି । ଅଖଣ୍ଡ କାଳସିନ୍ଧୁର ଦଣ୍ଡାୟମାନତା ଓ ବିନ୍ଦୁରୂପୀ ମାନବର ନିଃଶେଷରେ ତହିଁରେ ମିଶିଯିବା ଉଦାତ୍ତ-ଉଦ୍‌ବୋଧକ । 'ପାର୍ବତୀ'ରେ କଞ୍ଚୁକୀର ନୈଶଚିନ୍ତା ଭୀତି-ଉତ୍ପାଦନକାରୀ ଚିତ୍ର ପ୍ରଦାନ କରେ । ନିର୍ଜନ ରାତ୍ରିରେ ଅବଳାର କରୁଣ ଅସ୍ଫୁଟ କ୍ରନ୍ଦନ ତଥା ଅଶୁଭ ଶକୁନର ଉଲ୍ଲେଖ ଭୟାବହ ପରିବେଶର ଚିତ୍ର ଦିଏ । ଭଗ୍ନକୋଣାର୍କର ବେଳାଭୂମିର ନିର୍ଜନ ପରିବେଶ ପାନ୍ଥ ମନରେ ଶୂନ୍ୟତାବୋଧ ଜାତ କରେ ଓ ପୂର୍ବ-ଗୌରବର ଶ୍ମଶାନିତ ପରିବେଶରେ ତା'ମନରେ ଅବସାଦ ଛାଇଯାଏ । ଗୌରବୋଜ୍ଜ୍ୱଳ ଉତ୍କଳୀୟ କଳା-ସୌନ୍ଦର୍ଯ୍ୟର ସକରୁଣ ପରିଣତି ରାଧାନାଥଙ୍କ ଜାତୀୟ ଭାବଚେତନାକୁ ଆନ୍ଦୋଳିତ କରିଛି । ସେ ନିଜେ କୋଣାର୍କର ଭୂଲୁଣ୍ଠନରେ ମର୍ମାହତ । ଜାତୀୟ ଗୌରବର ମୂକସାକ୍ଷୀ ସ୍ୱରୂପ ଭଗ୍ନକୋଣାର୍କ କବିଙ୍କୁ ନୈରାଶ୍ୟର ଅତଳରେ ନିକ୍ଷିପ୍ତ କରିଛି-

ସେ ପୂର୍ବ-ଗୌରବ ସାକ୍ଷିଣୀ ମୁଖଶାଳା ମାତର
ପ୍ରତିଧ୍ୱନି ଛଳେ ପାନ୍ଥକୁ ଏବେ ଦିଏ ଉତ୍ତର ।
ପଦଟିର ଅନ୍ତଃସ୍ୱର ନିତାନ୍ତ କରୁଣ ଓ ସଜଳ ।

କାବ୍ୟରେ କଳ୍ପନା-ଚିତ୍ରର ସଜୀବତା ଓ ସଦ୍ୟତା ନିମନ୍ତେ ରଙ୍ଗ-ଯୋଜନାର ମହତ୍ତ୍ୱପୂର୍ଣ୍ଣ ଭୂମିକା ରହିଛି । କାରଣ କବିର ରଙ୍ଗବୋଧ ହେତୁ ଚିତ୍ରରେ ଇନ୍ଦ୍ରିୟଘନତା ଓ କଳାତ୍ମକ ସୌଷ୍ଠବ ପ୍ରକାଶପାଏ । ରାଧାନାଥଙ୍କ ରଙ୍ଗଜ୍ଞାନରୁ ସୌନ୍ଦର୍ଯ୍ୟର ଶୁଚିତା, ସ୍ୱଚ୍ଛତା, ସରଳତା, ଉଚ୍ଚାଟନ, ଉଲ୍ଲାସ ଆଦି ସୂଚିତ ହୁଏ । ତାଙ୍କ କାବ୍ୟରେ ସ୍ୱର୍ଣ୍ଣ, ପାଟଳ, ନୀଳ ପ୍ରଭୃତି ରଙ୍ଗର ପ୍ରଚୁର ପ୍ରୟୋଗ ଦେଖିବାକୁ ମିଳେ । ନାୟିକାର ରଙ୍ଗ କୋବିଦାର ପାଟଳ ବସନ ପରିଧାନ, ଅପରାଜିତାର ନୀଳିମାରେ ଗିରିମାନଙ୍କର ଶୋଭା, ପ୍ରବାଳ-ପାଟଳା ସନ୍ଧ୍ୟା, କୁଙ୍କୁମୋଚ୍ଛୁରିତ ପଶ୍ଚିମାଶା, ମୟୂରକଣ୍ଠୀ ବସନ ପରିହିତ ପର୍ବତ ଆଦି କବିଙ୍କର ରଙ୍ଗଯୋଜନା ଓ କଳ୍ପନାର ଚମତ୍କାରିତା ହେତୁ ଚିତ୍ର ସୃଷ୍ଟି କରନ୍ତି । 'ନନ୍ଦିକେଶ୍ୱରୀ'ର ସନ୍ଧ୍ୟା ବର୍ଣ୍ଣନାରେ ସ୍ୱର୍ଣ୍ଣବର୍ଣ୍ଣର ବହୁଳ ପ୍ରୟୋଗ ଦେଖି ମନେହୁଏ, ସୃଷ୍ଟିର ସକଳ ନୟନାଭିରାମ ବସ୍ତୁ ହରିଦ୍‌ବର୍ଣ୍ଣ ଧାରଣ କରିଛନ୍ତି । କବି ମଧ୍ୟ ବର୍ଣ୍ଣ-ବ୍ୟତିରେକ ଦୃଷ୍ଟିରୁ ସ୍ୱର୍ଣ୍ଣାଙ୍ଗୀ ରତି ନିମନ୍ତେ ହଳଦୀବସନ୍ତ ଓ ଶ୍ୟାମବର୍ଣ୍ଣ ମଦନ ନିମନ୍ତେ ପିକର କଳ୍ପନା କରିଛନ୍ତି । ରଙ୍ଗର ଏହି ପ୍ରତିରୂପତା ସ୍ୱାଭାବିକ ଓ ଔଚିତ୍ୟପୂର୍ଣ୍ଣରୀତିରେ ଉପସ୍ଥାପିତ ।

ବୟସ, ଅବସ୍ଥା ଓ ମନୋଭାବ ଆଦିକୁ ଚିତ୍ର ରୂପେ ଉପସ୍ଥାପିତ କରିବାରେ ରାଧାନାଥଙ୍କ କଳ୍ପନାର ସୂକ୍ଷ୍ମତା ପ୍ରକଟିତ । ପଳିତ କେଶ, ଲୋଳିତ ଚର୍ମ, ଶିରାଳ ଶରୀର ଓ ବୟସ ଭାରରେ ଅବନତ ରାଜଭକ୍ତ କଞ୍ଚୁକୀର ଅବସ୍ଥା ଅନୁରୂପ ବର୍ଣ୍ଣନା

ତାହାର ଶାରୀରିକ ରୂପକୁ ସ୍ପଷ୍ଟ କରିଦିଏ। ରାଣୀ ପାର୍ବତୀଙ୍କର କନ୍ୟାର ଦୁର୍ବିପାକ ଓ ଅନ୍ତର୍ହିତ ସମ୍ବାଦ ଶ୍ରବଣରେ ମୁହୁର୍ମୁହୁ ତୁଷାନଳରେ ଦହିହେବା ସଦୃଶ ଅବସ୍ଥା, ସକଳ ସୁଖୈଶ୍ୱର୍ଯ୍ୟ ମଧ୍ୟରେ ଥାଇ ଜଗତର ସୁଖରେ ମନ ନ ଲାଗିବା, ଦୋଳୋତ୍ସବରେ ଆନନ୍ଦମୁଖର ରାଜପୁରୀ ବିଷ ଭଳି ପ୍ରତୀତ ହେବା ତାଙ୍କର ବିଷାଦିତ ହୃଦୟର କରୁଣ ଚିତ୍ର ପ୍ରଦାନ କରେ। ଏହା ଜନନୀ ହୃଦୟର ବତ୍ସଳତା ପ୍ରଖ୍ୟାପକ। ପାର୍ବତୀଙ୍କର ଏହି ମୁହ୍ୟମାନ ରୂପରେ ରାଧାନାଥଙ୍କର ବାସ୍ତବଦୃଷ୍ଟି ରୋଗପାଣ୍ଡୁର ମୁଖରେ କରୁଣବ୍ୟଞ୍ଜନ ଏକ ହାସ ଲକ୍ଷ୍ୟ କରିଛି। ମର୍ମନ୍ତୁଦ ସେହି ହାସରେ ସଂସାରର ଆନନ୍ଦମୁଖରତା ପ୍ରତି ଅନାସକ୍ତି ଓ ନିଜର ସୁଖ ସୌଭାଗ୍ୟ ପ୍ରତି ତାଚ୍ଛଲ୍ୟ ବ୍ୟଞ୍ଜିତ ହେଉଛି। ପ୍ରେମିକର ଆସନ୍ନ ମୃତ୍ୟୁରେ ମୁହ୍ୟମାନା, ଆଶଙ୍କା, ଭୟ ଓ ଶୋକବିହ୍ୱଳା ଲଳିତାର ରୂପ ମଧ୍ୟ ସେହିପରି ଶାରୀରିକ ଓ ମାନସିକ ଅବସ୍ଥାର ପ୍ରଖ୍ୟାପକ। ସୂକ୍ଷ୍ମ ଭାବରାଜ୍ୟ ଓ ଅନ୍ତର ପ୍ରକୃତିର ଚିତ୍ର ନିମନ୍ତେ ନନ୍ଦିକାର ଦ୍ୱନ୍ଦ୍ୱପୂର୍ଣ୍ଣ ମନର ବିଶ୍ଳେଷଣ କରାଯାଇପାରେ-

ବସି ଅକ୍ଷୋଦରୀ ସଂଶୟ ଦୋଳାରେ
ସୁକୁମାରୀ ଘାରି ହେଉଥିଲା ମାରେ।

ଏକ ପକ୍ଷରେ ପ୍ରେମ, ଅନ୍ୟ ପକ୍ଷରେ ପିତା ଓ ରାଜ୍ୟ; ଏକ ପକ୍ଷରେ ପ୍ରେମର ପ୍ରବଳ ତାଡ଼ନା, ଅନ୍ୟ ପକ୍ଷରେ ପ୍ରତ୍ୟାଖ୍ୟାନର ଭୟ ନନ୍ଦିକା ମନରେ ସଂଶୟ ଜାତ କରି ତା'ର ଅନ୍ତରକୁ ଆନ୍ଦୋଳିତ କରିଛି। ସ୍ୱଳ୍ପ କଥାରେ ନନ୍ଦିକାର ସଂଶୟାୟିତ ମନର ଅଭିବ୍ୟକ୍ତି ଘଟିଛି।

ଚଳମାନ୍ ଚିତ୍ର ସୃଷ୍ଟିରେ ମଧ୍ୟ ରାଧାନାଥଙ୍କର କଳ୍ପନାର ରମଣୀୟତା ଲକ୍ଷ୍ୟ କରାଯାଏ। ଦୃଶ୍ୟ, ସ୍ଥିତି ବା ବସ୍ତୁବିଶେଷର ଗତିଯୁକ୍ତ ଅଙ୍କନ ଦ୍ୱାରା ଏହି ଚିତ୍ରକଳ୍ପ ସୃଷ୍ଟି ହୁଏ। ସ୍ଥିର ସୌନ୍ଦର୍ଯ୍ୟଠାରୁ ଗତିଶୀଳ ସୌନ୍ଦର୍ଯ୍ୟ ଚମତ୍କାର ଓ ମାନସ-ପ୍ରତୀତି ନିମନ୍ତେ ଅନୁକୂଳ। ରାଧାନାଥ ନନ୍ଦିକାର ଅଭିସାର କାଳରେ କାଠଯୋଡ଼ି ବନ୍ଧରେ ତାହାର ଗତିକୁ ବାଡ଼ବାଗ୍ନି ଶିଖା ପରି ଚିତ୍ରଣ କରିଛନ୍ତି। ଉଷାର ଧାବନକାଳୀନ ରୂପ ସେହିପରି ଗତିସୂଚକ। 'ଚନ୍ଦ୍ରଭାଗା'ରେ ହଳଦୀ ବସନ୍ତ ଓ ସଞ୍ଚାଣର ଗତିର ଦୃଶ୍ୟ ପାଠ କଲେ ପକ୍ଷୀ ଦୁଇଟି ଶୂନ୍ୟରେ କିପରି ଗତି କରୁଛନ୍ତି, ତାହାର ଚିତ୍ର ପାଠକର ମନଶ୍ଚକ୍ଷୁରେ ନାଚିଯାଏ। ଚକ୍ଷୁ ସମକ୍ଷରେ ଯେଉଁ ଚିତ୍ର ଆବର୍ତ୍ତିତ ହେଉଛି, ପାଠକ ତାହାର ଆସ୍ୱାଦନ ସଙ୍ଗେ ମାନସ-ପ୍ରତୀତି ଲାଭ କରେ। 'ଚିଲିକା'ରେ ନୌକାରୋହଣପୂର୍ବକ ଏକ ପାର୍ଶ୍ୱରୁ ଅପରପାର୍ଶ୍ୱକୁ ଯିବାବେଳେ ବହୁ ଗତିଶୀଳ ଚିତ୍ର ସୃଷ୍ଟି ହୋଇଛି। ସେଗୁଡ଼ିକ ପ୍ରତ୍ୟକ୍ଷାତ୍ମକ ସ୍ଥିତି ଓ ଦୃଶ୍ୟ ଉପରେ ଆଶ୍ରିତ। ରାଧାନାଥ ନିଜେ ସେଠାରେ ଦ୍ରଷ୍ଟା। ତାଙ୍କ ମନ ଉପରେ ନୌକାଯାତ୍ରା କାଳରେ ଦୃଶ୍ୟାବଳୀର ଯେଉଁ ପ୍ରଭାବ ପଡ଼ିଛି,

ତାହାକୁ ସେ ଗତିଶୀଳ ରୂପେ ଅଭିବ୍ୟକ୍ତି ଦେଇଛନ୍ତି । 'ଚନ୍ଦ୍ରଭାଗା'ର ଫେନଚୂଡ଼ ଲହରୀ ବେଳାଭୂମିର ସ୍ତରେ ସ୍ତରେ ସଞ୍ଚରିଯବା ଦୃଶ୍ୟ ମଧ୍ୟ ଗତିବୋଧକ ।

ରାଧାନାଥ ଉତ୍‌ପ୍ରେକ୍ଷା ପ୍ରୟୋଗରେ ମୌଳିକତା ପ୍ରଦର୍ଶନ କରିଛନ୍ତି । ତାହା ଅତିକଳ୍ପନାରେ ଭାରାକ୍ରାନ୍ତ ଓ ବାସ୍ତବ ସଂଶ୍ରବଶୂନ୍ୟ ନୁହେଁ । ତାଙ୍କର ଉତ୍‌ପ୍ରେକ୍ଷାରେ ପୌରାଣିକ କଳ୍ପନା ଓ ସ୍ଥାନୀୟ ଚାକ୍ଷୁଷ ପ୍ରତ୍ୟକ୍ଷ ମିଶ୍ରିତ ହୋଇଥିବାରୁ ମୌଳିକ ଓ ସତ୍ୟ ଭଳି ପ୍ରତୀତ ହୁଏ । ଚିଲିକାର ନୀଳ ଜଳରେ ସନ୍ଧ୍ୟାରାଗର ପ୍ରତିଫଳନ ଦେଖି ସେ ପୌରାଣିକ କଳ୍ପନାର ଆଶ୍ରୟରେ ଉତ୍‌ପ୍ରେକ୍ଷା କରିଛନ୍ତି-

ସନ୍ଧ୍ୟାରାଗ ହେରି ହ୍ରଦ-ନୀଳୋରସେ
ଆସଇ ଏ ଭାବ ଭାବୁକ ମାନସେ
ପ୍ରଚେତା-ପ୍ରବାଳ ପ୍ରାସାଦର ରୁଚି
ନୀଳ ନୀରୁ ଅବା ଫୁଟି ବାହାରୁଚି ।

ପ୍ରଚେତା ଜଳାଧିପତି ଓ ସମୁଦ୍ରରେ ପ୍ରବାଳ ମିଳୁଥିବାରୁ ଜଳାବରଣ ତଳୁ ତାଙ୍କର ପ୍ରବାଳ ନିର୍ମିତ ପ୍ରାସାଦର ରଙ୍ଗ ବିକୀରିତ ହେବା ଅସମ୍ଭବ ନୁହେଁ । କବିଙ୍କର ନିରୀକ୍ଷିତ କଳ୍ପନା, ଉତ୍‌ପ୍ରେକ୍ଷା ଆଶ୍ରୟକରି ରମଣୀୟ ଦୃଶ୍ୟ ସୃଷ୍ଟି କରିଛି । ଶତ୍ରୁ ଭୟରେ ପର୍ବତମାନେ ଚିଲିକାର ଜଳରେ ଲୁଚି ରହିବା ଓ ଭଗବତୀପୀଠର ସାନ୍ନିଧ୍ୟ ଲାଭ କରି ନିଶ୍ଚିନ୍ତରେ ଗୁଳ୍ମାକୀର୍ଣ୍ଣ ଶୀର୍ଷ ଦେଶ ଟେକିବା-ଏଠାରେ ପୌରାଣିକ କଳ୍ପନା ଓ ସ୍ଥାନୀୟ ପରିବେଶର ମିଶ୍ରଣରେ ଉତ୍‌ପ୍ରେକ୍ଷାର ମୌଳିକତା ପ୍ରକାଶ ପାଇଛି । ଏହା ପୌରାଣିକ କଳ୍ପନା ଓ କବିଙ୍କର ପ୍ରତ୍ୟକ୍ଷଦର୍ଶୀ ଅଭିଜ୍ଞତା ହେତୁ ଅସମ୍ଭବ ମନେହୁଏ ନାହିଁ ।

ଅଭିଜ୍ଞତା କାବ୍ୟାନୁଭୂତିରେ ପରିଣତ ହେଲେ ଚିତ୍ରରୂପ ଧାରଣ କରେ, ରାଧାନାଥଙ୍କର କେତୋଟି ଦୀର୍ଘାୟିତ ଉପମା (Long-drown simile) ତାହାର ପ୍ରମାଣ । ଓଡ଼ିଆ କାବ୍ୟରେ ଏପରି ଉପମା ପ୍ରୟୋଗ ତାଙ୍କ ପୂର୍ବରୁ ପରିଦୃଷ୍ଟ ହୁଏ ନାହିଁ । ଅନୁଭୂତି ଓ କଳ୍ପନାର ମିଶ୍ରଣ ଫଳରେ ଚିତ୍ରାବଳୀ ବାସ୍ତବ ଓ ଚାକ୍ଷୁସ ରୂପ ଧରି ଉଭା ହୁଏ । ମହାକାବ୍ୟ ନିମନ୍ତେ ଦୀର୍ଘାୟିତ ଉପମାର ପ୍ରୟୋଗ ଗୁରୁତ୍ୱପୂର୍ଣ୍ଣ ।[୨୮] ରାଧାନାଥ ଏହି ଉପମା ପ୍ରୟୋଗରେ ସ୍ୱକୀୟ ପ୍ରତ୍ୟକ୍ଷ ଜ୍ଞାନର ପରିଚୟ ଦେଇଛନ୍ତି । କଳିର ଆଗମନକୁ ଦୁଇଟି ସ୍ଥାନୀୟ ପରିଚିତ ଉପମା ଦ୍ୱାରା ପ୍ରାଞ୍ଜଳ କରାଯାଇଛି । କଳି ପ୍ରଚଣ୍ଡ ବିକ୍ରମରେ ଭାରତର ଧର୍ମପୁଞ୍ଜ ପ୍ରତି ଆକ୍ରମଣ କରିବାରୁ ସେମାନେ ମହାଭୟରେ ପଳାୟନ କଲେ । ଏହି ଘଟଣାକୁ ଚିଲିକାର ନୀଳ ବକ୍ଷରେ ସନ୍ତରଣରତ ଶ୍ୱେତ ହଂସମାନଙ୍କର ସଞ୍ଚାଣ ଭୟରେ ଜୀବନ ବିକଳରେ ପଳାୟନ ଓ କୋଣାର୍କର ସୈକତ ପ୍ରଦେଶରେ ମୃଗମାନଙ୍କର ମହାବଳ ବ୍ୟାଘ୍ରର ସହସା ଆକ୍ରମଣରେ ପଳାୟନ ସହିତ

ତୁଳନା କରାଯାଇଛି । ଫଳରେ କଳି ଆଗମନର ଭୀତି ଉତ୍ପାଦନକାରୀ ଚିତ୍ର ଫୁଟିଉଠିଛି । ଅନ୍ୟ ଗୋଟିଏ ଦୀର୍ଘାୟିତ ଉପମାରେ କଳିଯୁଗରେ ବିପ୍ର ଓ କ୍ଷତ୍ରିୟମାନଙ୍କର ଅବନତି କଥା ଶୁଣି ଧର୍ମାତ୍ମା ଯୁଧିଷ୍ଠିରଙ୍କର କାତର-ଭାବକୁ ବ୍ୟକ୍ତ କରାଯାଇଛି-

ଗୃହସ୍ଥ ସଞ୍ଚୟ ପଟୁ ଯତନେ ସମ୍ପାଦି
ସମ୍ପତ୍ତିକି ଠୁଳ କରି ରଖି ଆଟୁ ଘରେ
ନିଶ୍ଚିନ୍ତ ରହଇ ଅଗ୍ନି-ଭୟ ମନେ ମନେ
ଦୈବେ ଯେବେ ଦେଖେ ବହ୍ନି ଆଟୁ ମଞ୍ଚ ତଳେ
ଗୃହପତି, କାତର ସେ ହୁଅଇ ଯେସନେ
ବିପ୍ର, କ୍ଷତ୍ରିୟର ଭାବୀ ଅବନତି ଶୁଣି
କାତର ତେସନ ହେଲେ କୌନ୍ତେୟ ସୁମତି । (୨୯)

ଏହା ନିତାନ୍ତ ବାସ୍ତବଧର୍ମୀ ଚିତ୍ର ଓ କବିଙ୍କର ପର୍ଯ୍ୟବେକ୍ଷଣ ଶକ୍ତିର ପରିଚାୟକ । ଧର୍ମରକ୍ଷକ ଯୁଧିଷ୍ଠିରଙ୍କର ଧର୍ମର ପତନ ସମ୍ବାଦରେ କାତର ଭଜିବା ଔଚିତ୍ୟପୂର୍ଣ୍ଣ ।

ଭାରତରେ ବୌଦ୍ଧଧର୍ମର ପ୍ରଚାର ଫଳରେ କିୟତ୍‌କାଳ ପାଇଁ ଆଲୋକର ପ୍ରବାହ ଖେଳିଲେ ମଧ୍ୟ ସ୍ୱାର୍ଥାନ୍ଧ ବ୍ରାହ୍ମଣମାନଙ୍କର ଦର୍ପରେ ତାହା ନିର୍ବାପିତ ହେବ । ରାଧାନାଥ ଏହି ଘଟଣାକୁ ଏକ ଦୀର୍ଘ ଉପମାରେ ପ୍ରତ୍ୟକ୍ଷଦର୍ଶୀ ଅଭିଜ୍ଞତା ବଳରେ ଚିତ୍ର କରିଛନ୍ତି-

ଜରାଜୀର୍ଣ୍ଣ ଦେଉଳର ତାମସ ଗରଭେ
ସଂସ୍କାର ସକାଶେ ଯେବେ ଜାଳଇ ସ୍ଥପତି
ଦିହୁଡ଼ି, ତା ଶିଖା ଯେହ୍ନେ ଦିଅନ୍ତି ଲିଭାଇ
ଡେଣା ବିଞ୍ଚି ଚିର ତମଃ ସଞ୍ଚାରୀ ଚିମଣି
ପଲ ପଲ ବାହାରି ସେ ଦେଉଳ ସନ୍ଧିରୁ,
ସେହି ରୂପେ ଏହି ଜ୍ଞାନ-ପ୍ରଦୀପର ଶିଖା
ଲିଭାଇ ଦେବେଟି ବେଗେ ସ୍ୱାର୍ଥାନ୍ଧ ଦ୍ୱିଜାତି । (୩୦)

ଏଠାରେ ବ୍ରାହ୍ମଣମାନଙ୍କୁ ତମଃ ସଞ୍ଚାରୀ ଚିମଣି ରୂପେ କଳ୍ପନା କରାଯାଇଛି । ବୌଦ୍ଧଧର୍ମର ଆଲୋକ ଲିଭାଇଦେଇ ଦେଶକୁ ଚିରଦିନ ଅନ୍ଧକାରରେ ରଖିବା ପାଇଁ ସେମାନଙ୍କର ପ୍ରୟାସ । 'ଚନ୍ଦ୍ରଭାଗା'ରେ ମଧ୍ୟ ସଞ୍ଜ୍ଞାଶର ହେମାଙ୍ଗ ହଳଦୀବସନ୍ତର ପଶ୍ଚାତ୍‌ଧାବନ ଏକ ଦୀର୍ଘ ଉପମା ସାହାଯ୍ୟରେ ଚିତ୍ର କରାଯାଇଛି । ଏହି ଚିତ୍ରାବଳୀରେ କବିଙ୍କର ସୂକ୍ଷ୍ମ ପର୍ଯ୍ୟବେକ୍ଷଣ ଓ ବିଷୟାଶ୍ରୟୀ ଔଚିତ୍ୟ ଦୃଷ୍ଟି ଲକ୍ଷ୍ୟ କରାଯାଏ ।

କବିର କଳ୍ପନା ଆବେଗଗର୍ଭ ହେଲେ କବିତା କିପରି ସମ୍ବେଗାତ୍ମକ ଓ ଚିତ୍ରାତ୍ମକ

ହୁଏ ମାତା ନିକଟରେ କୌଶଲ୍ୟା ନିଜର ବିପାକ କାହାଣୀ କହିବା କାଳରେ ତାହାର ସାର୍ଥକ ଦୃଷ୍ଟାନ୍ତ ମିଳେ। ଦୁଃଖୀର ଦୁଃଖରେ ପୃଥିବୀରେ କାହାରି ସମବେଦନା ଜାଗେ ନାହିଁ। ଅତ୍ୟାଚାରିତ ପ୍ରତି କେହି ଦୃଷ୍ଟି ଦିଅନ୍ତି ନାହିଁ କି ତା'ଦୁଃଖରେ ଅଶ୍ରୁ ମୁଞ୍ଚନ୍ତି ନାହିଁ। ଦୁଃଖିନୀ କୌଶଲ୍ୟାର ବିପାକ ଏତେ ବଳିପଡିଛି ଯେ, ତା'ପରି ହତଭାଗିନୀ ଆଉ କେହି ନାହାନ୍ତି ବୋଲି ମନେହୁଏ। ମାତାକୁ ସେହି ଦୁଃଖର କାହାଣୀ କହିଲାବେଳେ ଏକ କରୁଣ ଦୃଶ୍ୟ ସହିତ ନିଜର କରୁଣ ଜୀବନର କାହାଣୀକୁ ସାଦୃଶ୍ୟ ମାଧ୍ୟମରେ ସେ ପ୍ରକାଶ କରିଛି-

ଏକାକୀ ବୁଡ଼ଇ ତରଣୀ ଯେସନ
ଜଳଧି ନୀଳ-ତରଙ୍ଗେ,
ଫେନଚୂଡ ତୁଙ୍ଗ-ତରଙ୍ଗ ଚୌଦିଗେ
ନାଚୁଥାନ୍ତି କ୍ରୂର-ରଙ୍ଗେ।
ଊର୍ମି-ଅଟ୍ଟହାସ ବୁଡ଼ାଇ ଦିଅଇ
ତରୁଣୀ-କରୁଣ ଧ୍ୱନି
ଶୂନ୍ୟ ଅନାଇଁ ନିଜ ଦୁଃଖ ଗାଇ
ଆକୁଳେ ବୁଡ଼େ ତରଣୀ। (୩୧)

କୌଶଲ୍ୟାର ଦୁଃଖ, ଏହି ଚିତ୍ରରେ ଯେଉଁ ସାଦୃଶ୍ୟ ଦ୍ୱାରା ଅଭିବ୍ୟକ୍ତ ତାହା କବିର ଆବେଗମୟୀ କଳ୍ପନାର ଦାନ । କାରୁଣ୍ୟମୟୀ କୌଶଲ୍ୟା ସମୁଦ୍ର ଗର୍ଭରେ ନିମଜ୍ଜମାନା ତରଣୀ ସଦୃଶ ନିଜର ଅସହାୟ ଅବସ୍ଥାକୁ ତୁଳନା କରିଛି । ବିରାଟାକାର ଊର୍ମି ମୁଖରେ ପଡ଼ି କର୍ଣ୍ଣଧାରହୀନ ତରଣୀଟି ଆକୁଳରେ ଉଦ୍ଧାର ପାଇଁ କରୁଣ ସ୍ୱରରେ ପ୍ରାର୍ଥନା କଲେ ମଧ୍ୟ ଚତୁର୍ଦ୍ଦିଗରେ ଊର୍ମିର ତାଣ୍ଡବ ଓ କୋଳାହଳରେ ତାହାର କ୍ରନ୍ଦନ କାହାରି ନିକଟରେ ପହଞ୍ଚି ପାରେ ନାହିଁ । ଶେଷରେ ନିଃସହାୟା ତରଣୀଟି ନିଜ ଭାଗ୍ୟକୁ ଆଦରି ଶୂନ୍ୟକୁ ଚାହିଁ ଚାହିଁ ଊର୍ମି କ୍ଷୋଭରେ ସାଗରର ଅତଳରେ ବିଲୁପ୍ତ ହୋଇଯାଏ । କୌଶଲ୍ୟାର ଅବସ୍ଥା ସେହି ସହାୟହୀନା ତରଣୀ ସଦୃଶ । ବିଶ୍ୱରେ ଏପରି କେହି ନାହାନ୍ତି ଯେ କି ତା' ଦୁଃଖରେ ସମଭାଗୀ ହେବେ । ସମସ୍ତେ ନିଜ ନିଜ ସୁଖ ନେଇ ବ୍ୟସ୍ତ । ଅନ୍ୟର ଦୁଃଖ ପ୍ରତି ଦୃଷ୍ଟି ଦେବା ନିମନ୍ତେ କାହାରି ସମୟ ନାହିଁ । ଏହି ଚିତ୍ରରେ ରାଧାନାଥଙ୍କ କାବ୍ୟ-ଆବେଗ ଏତେ ପ୍ରବଳ ଯେ, ପାଠକର ଅନ୍ତସ୍ଥଳରେ ପ୍ରବେଶ କରି ଏହା ନିଜର ପ୍ରଭାବ ପ୍ରତିଷ୍ଠା କରେ । କାରୁଣ୍ୟ କେତେ ପ୍ରଭାବଶାଳୀ ହୋଇ ରସଘନମୂର୍ତ୍ତିରେ ଚିରକାଳର ପାଠକ ହୃଦୟକୁ ମଥିତ କରେ କୌଶଲ୍ୟାର ଏହି ଉକ୍ତି ତାହାର ସର୍ବୋତ୍କୃଷ୍ଟ ପ୍ରମାଣ ।

ମଧୁସୂଦନ ବ୍ୟକ୍ତିଗତ ଧର୍ମଜୀବନରେ କଳ୍ପନାକୁ ଅଧ୍ୟାତ୍ମଭାବନା ନିମନ୍ତେ ଅନ୍ତରାୟ ସ୍ୱରୂପ ଗ୍ରହଣ କରିଥିଲେ । ତେଣୁ ସେ ବିଶ୍ୱ ଜନନୀଙ୍କୁ ପ୍ରାର୍ଥନା କରିଥିଲେ-

ନିଅ ଏ କଳ୍ପନା ସ୍ମୃତି ବୁଦ୍ଧି ହୃଦୟ ପ୍ରବୃତ୍ତି
ଶୁଦ୍ଧ କର ଏ ପ୍ରକୃତି ନାଶ ମା ସର୍ବବିକାର। (୩୨)

ଆଧ୍ୟାତ୍ମିକତା ପ୍ରାପ୍ତି ପଥରେ କଳ୍ପନା, ସ୍ମୃତି, ବୁଦ୍ଧି ଓ ହୃଦୟବୃତ୍ତି ଆଦି ପ୍ରତିବନ୍ଧକ ସୃଷ୍ଟି କରନ୍ତି । ମାତ୍ର କଳ୍ପନାର ନିର୍ବାସନ ଘଟିଲେ କବିତ୍ୱର ପରିପ୍ରକାଶ ମଧ୍ୟ ରୁଦ୍ଧ ହୋଇଯାଏ । ମଧୁସୂଦନ ତେଣୁ କବିତ୍ୱ ନିମନ୍ତେ କବି-କଳ୍ପନା ଓ କଳ୍ପନାର ଜନନୀ ସରସ୍ୱତୀଙ୍କୁ ବନ୍ଦନା କରିଛନ୍ତି । ସେ ସରସ୍ୱତୀଙ୍କୁ 'ନିତ୍ୟ ନବ ନବ ସୃଷ୍ଟି ପ୍ରକାଶିନୀ' ଓ 'କବି ଜନନୀ' ରୂପେ ଦର୍ଶନ କରିଥିଲେ ।

ମଧୁସୂଦନଙ୍କ କବିତାରେ ଏହି ବ୍ୟକ୍ତି ଜୀବନ ଓ କବି ଜୀବନ ମଧ୍ୟରେ ସଂଘର୍ଷର ଚିତ୍ର ମିଳେ । କବି ଯଦି ବ୍ୟକ୍ତି ଜୀବନର ଧର୍ମ, ନୀତି, ରୁଚି, ଶୀଳ ଆଦିକୁ ମୁଖ୍ୟ କରି ଗ୍ରହଣ କରିନଥାନ୍ତେ, ତେବେ ତାଙ୍କର କାବ୍ୟ-ସ୍ୱର ଭିନ୍ନ ହୋଇଥାନ୍ତା । ଏହିପରି ବିଶେଷ ଦୃଷ୍ଟିକୋଣରୁ କାବ୍ୟ-ସୃଷ୍ଟି ନିମନ୍ତେ ଏକ ସମର୍ପିତ ପ୍ରାଣ କବି ଭାବେ ସେ ଯାହା ସୃଷ୍ଟି କରିଛନ୍ତି, ତାହା କବି ମଧୁସୂଦନଙ୍କୁ ନ ଚିହ୍ନାଇ ଧର୍ମପ୍ରଚାରକ, ରୁଚି ସଂସ୍କାରକ, ଶିକ୍ଷକ ଓ ଆଧ୍ୟାତ୍ମତତ୍ତ୍ୱର ଦିବ୍ୟଦ୍ରଷ୍ଟା ରୂପେ ପରିଚିତ କରାଇଛି । ଏହି ସଂଘର୍ଷ ହିଁ ତାଙ୍କୁ ବହୁ ସ୍ଥଳରେ କବିତ୍ୱ ପ୍ରଦର୍ଶନରୁ ବିରତ କରିଛି । ସେ କାଳିଦାସଙ୍କୁ 'କଳ୍ପନା-ନନ୍ଦନ-ବନ-ବିହାର-ରସିକ' ରୂପେ ସମ୍ବୋଧନ କରିଥିଲେ ମଧ୍ୟ ନିଜେ କଳ୍ପନା କାନନରେ ବିହାର କରିବାକୁ ଧର୍ମ ଜୀବନରେ ଚାହିଁ ନାହାନ୍ତି । ମାତ୍ର ଏହା କୁହାଯାଇପାରେ ଯେ, ମଧୁସୂଦନ ଉଚ୍ଚକୋଟିର କବିତ୍ୱ ଶକ୍ତିର ଅଧିକାରୀ ଥିଲେ। ଉଦାତ୍ତ ଭାବପୂର୍ଣ୍ଣ କବିତା ରଚନାରେ ସେ ଅନନ୍ୟ। ନୀତିବାଦୀ ସଂସ୍କାରକ ମଧୁସୂଦନଙ୍କୁ ଅତିକ୍ରମ କରି ଯେଉଁ କବିତା ବା କାବିତାଂଶରେ କବି ଶିଳ୍ପୀ ମଧୁସୂଦନ ଆତ୍ମପ୍ରକାଶ କରିଛନ୍ତି, ସେହି ଚିତ୍ରାବଳୀର କଳ୍ପନା-ସୌନ୍ଦର୍ଯ୍ୟ ଆଲୋଚନା କରିବା ଏଠାରେ ଆମର ଲକ୍ଷ୍ୟ।

ମଧୁସୂଦନଙ୍କ ପ୍ରକୃତି ବର୍ଣ୍ଣନା ସ୍ୱାଭାବିକ ଓ ଚିତ୍ରାତ୍ମକ; ଶବ୍ଦାବଳୀର ସ୍ୱଚ୍ଛତା ହେତୁ ଏହା ସହଜରେ ହୃଦୟକୁ ସ୍ପର୍ଶ କରେ। ପଦମାନଙ୍କରେ କୌଣସି ସଯତ୍ନଗ୍ରଥିତ ଅଳଙ୍କାର ନଥିଲେ ହେଁ ତାହା ଅସାଧାରଣ ସ୍ପର୍ଶ-ଶକ୍ତି ଧାରଣ କଲେ। ଏହା ଅଲକ୍ଷିତ ଭାବେ ପାଠକର ହୃଦୟକୁ ଛୁଇଁଯାଏ ତଥା ବର୍ଣ୍ଣିତ ଦୃଶ୍ୟ, ଘଟଣା ଓ ସ୍ଥାନରେ ପହଞ୍ଚାଇଦିଏ। ଶରତ୍ ଚିତ୍ରର ସେହି ସ୍ୱାଭାବିକତା ନିମ୍ନ ପଦରେ ମିଳେ-

ପ୍ରଫୁଲ୍ଲ କୁସୁମ ବନୁ ପୁଷ୍ପ ଗନ୍ଧ ହରି
ଶୀତଳ ସୁରଭି ପଦ୍ମକାନନେ ସଞ୍ଚରି,
ନଚାଇ ତରଙ୍ଗେ ନଦୀ ସରୋବର ନୀର
ନଚାଇଣ ଶସ୍ୟାବଳୀ ବହଇ ସମୀର।

ଏହା ରମଣୀୟ ଶବ୍ଦ-ଚିତ୍ର ପ୍ରଦାନ କରେ। ପାଠ କଲେ ମନରେ ଶରତର କୋମଳ ସ୍ପର୍ଶ ଅନୁଭୂତ ହୁଏ। ଶବ୍ଦ-ସଜ୍ଜାରେ ଏପରି ଏକ ସ୍ପର୍ଶାତୁରତା ରହିଛି ଯାହା ଶରତର ସ୍ନିଗ୍ଧ ମାଧୁରୀକୁ ଭାବ-ରୂପ ଦାନ କରୁଛି।

କବିର କବିତା ଓ ଚିତ୍ରକରର ତୁଳିକୋନ୍ମୀଳିତ ଚିତ୍ର ପଠନ ଓ ଦର୍ଶନରେ ପାଠକ କି ଏକ ଅପୂର୍ବ ଭାବାବେଶରେ ମଗ୍ନ ହୁଏ। ନିତିଦିନିଆ ଦୃଶ୍ୟ ଓ ବସ୍ତୁ ଆମ ନିକଟରେ ତୁଚ୍ଛ ଓ ନୀରସ ବୋଧ ହେଲେ ମଧ୍ଯ କବି ଦ୍ୱାରା ପରିବେଷିତ ହେଲେ ଅପୂର୍ବ, ରମଣୀୟ ଓ ନୂତନ ପ୍ରତୀତ ହୁଏ। ପୁଷ୍କରିଣୀରେ ପଦ୍ମର ବିକାଶ ଓ ସ୍ଥିତି ମଧୁସୂଦନଙ୍କ ଶବ୍ଦ ଚିତ୍ରରେ ରମଣୀୟ ଓ ଭାଷାର ତରଳ ପ୍ରୟୋଗ ହେତୁ ଅପୂର୍ବ ହୋଇଉଠିଛି-

ଢଳ ଢଳ ସୁନୀଳ ସରସୀ ଜଳ
ଢଳ ଢଳ ଶ୍ୟାମଳ ନଳିନୀଦଳ
ଢଳ ଢଳ ଭାସ୍କର ରଶ୍ମି ଉଜ୍ଜ୍ୱଳ
ତା'ମଧ୍ୟେ ଢଳ ଢଳ ତୁହି କମଳ।

ଶବ୍ଦ ସ୍ୱଚ୍ଛତା ହେତୁ ପଦ୍ମର ଶୁଚିତା, ସ୍ନିଗ୍ଧତା ଓ ମୋହନ ମାଧୁରୀ ପରିବେଷ୍ଟନୀ ସହିତ ଅଭିବ୍ୟକ୍ତି ଲାଭ କରିଛି। 'ଢଳ ଢଳ' ଶବ୍ଦର ପୁନଃ ପୁନଃ ପ୍ରୟୋଗ ଅପ୍ରାସଙ୍ଗିକ ନୁହେଁ ବରଂ ବର୍ଣ୍ଣିତ ବସ୍ତୁର ସ୍ଥିତି ଓ ଗତିସୂଚକ। ଏହା ଚାକ୍ଷୁଷ ଓ ସ୍ପାର୍ଶିକ ଚିତ୍ର ପ୍ରଦାନ କରେ।

ପ୍ରକୃତ ମହାନତାର ସାକ୍ଷାତ୍‌କାର ଲାଭ କରିଥିଲେ କବିଙ୍କୁ କୌଣସି ଅଳଙ୍କାରର ସାହାଯ୍ୟ ନେବାକୁ ପଡ଼େ ନାହିଁ। ଯେଉଁ କବି ମହାନତାର ଉପଲବ୍ଧ କରିନଥାନ୍ତି, ସେ କୃତ୍ରିମ ଅଳଙ୍କାର ଯୋଜନା ଦ୍ୱାରା ଭାବର ଦାରିଦ୍ର୍ୟ ଘୋଡ଼ାଇବାକୁ ଚେଷ୍ଟା କରନ୍ତି। ରଚନାରୁ ସ୍ରଷ୍ଟାର ବିରାଟ ଉପଲବ୍ଧର ପ୍ରତିଧ୍ୱନି ମିଳେ। ସେ ବିଷୟବସ୍ତୁର ଗୌରବରେ କେତେ ଅଭିଭୂତ ହୋଇଛନ୍ତି ତାହା ରଚନାର ପ୍ରତ୍ୟେକ ପଦରେ, ଏପରିକି ପ୍ରତ୍ୟେକ ଶବ୍ଦରେ, ପ୍ରକାଶ ପାଇଥାଏ। ମଧୁସୂଦନ ବିରାଟର ଉପଲବ୍ଧିରେ ଅଭିଭୂତ ହୋଇଥିଲେ। "ଋଷିପ୍ରାଣେ ଦେବାବତରଣ" ଓ "ହିମାଚଳେ ଉଦୟ ଉତ୍ସବ" ପାଠ କଲେ କବି କି ଭବ୍ୟ ଭାବାବେଶରେ ତନ୍ମୟ ତାହା ପାଠକ ଉପଲବ୍ଧି କରେ। କବିଙ୍କର ସେହି ଓଁକାର

ଝଙ୍କାରମୟୀ ବାଣୀ ନିଜ ଅନ୍ତରରେ ଅନୁଭବ କରି ଗୀର୍ବାଣ-ବିଭବରେ ତା'ର ଅନ୍ତର ପରିପୂର୍ଣ୍ଣ ହୋଇଉଠେ। ଉଦାତ୍ତ-କଳ୍ପନା ଆତ୍ମାର ସମୁନ୍ନତି ବିଧାନ କରେ। ମଧୁସୂଦନ ମହତୀ-କଳ୍ପନା ବୈଦିକ ଉଷାର ଚିତ୍ର ଅଙ୍କନ କରିଛି-

ଏକେ ପୌର୍ଣ୍ଣମାସୀ ଜ୍ୟୋତ୍ସ୍ନା-ଧବଳ ଭୁବନ
ତରଳ ରଜତପୂରେ ପ୍ଲାବିତ ଶୋଭନ
ଦ୍ୟୁଲୋକ-ଦୁହିତା ଉଷା ତହିଁରେ ଆବର
ଦୋହନ କରନ୍ତି କାମଧେନୁ ତ୍ରିଦିବର।

ଏ ଚିତ୍ର ବିସ୍ମୟଜନକ ହୋଇ ମଧ୍ୟ କାନ୍ତତ୍ୱକୁ ପରିହାର କରିନାହିଁ। ସ୍ୱର୍ଗର କନ୍ୟା ଉଷା ତ୍ରିଦିବର କାମଧେନୁ ଦୋହନ କରିବା ମଧୁସୂଦନଙ୍କ ଦିବ୍ୟଦୃଷ୍ଟିରେ ହିଁ ପ୍ରତୀତ ହୋଇପାରେ। ଏହି ଚିତ୍ରରେ କାନ୍ତୋଦାତ୍ତ ମିଶ୍ରିତ ହୋଇ ରହିଛି।

ପୁଣ୍ୟତୋୟା ସରସ୍ୱତୀ ତଟରେ ଉଭା ହୋଇଥିବା ଋଷିଯୁବାଙ୍କର ଶାରୀରିକ ବର୍ଣ୍ଣନା ମଧୁସୂଦନଙ୍କ ଆର୍ଯ୍ୟରୂପ-କଳ୍ପନାର ସର୍ବଶ୍ରେଷ୍ଠ ନିଦର୍ଶନ। ସ୍ୱର୍ଣ୍ଣଦୀ ପୁଳିନରେ ସ୍ୱର୍ଣ୍ଣନମେରୁ ସଦୃଶ ଏହି ତରୁଣ ଋଷିଙ୍କର ଦୀର୍ଘକାୟ ହିମ-ଗୌର ରମ୍ୟ କଳେବର, ଚୈତନ୍ୟର ଲୀଳାମଞ୍ଚ ସଦୃଶ ପ୍ରଶସ୍ତ ଲଲାଟ, ଆକର୍ଣ୍ଣବିଶ୍ରାନ୍ତ ବିଶାଳ ଲୋଚନ, ତୀକ୍ଷ୍ଣ ଅସି ମୁନ ପ୍ରାୟ ନାସାଗ୍ର ଓ ବାଣୀଙ୍କର ମାଣିକ୍ୟ ସୋପାନ ସଦୃଶ ଓଷ୍ଠଯୁଗ, ମଧୁସୂଦନ କଳ୍ପିତ ଆର୍ଯ୍ୟଋଷିର ଆଦର୍ଶ ରୂପ। ଋଷିକଣ୍ଠରୁ କବିତାର ଆଦ୍ୟ ଉଚ୍ଚାରଣ ଘଟିବ ବୋଲି କବି ଓଷ୍ଠଯୁଗକୁ ବାଣୀଙ୍କର ମାଣିକ୍ୟ ସୋକାନ ରୂପେ କଳ୍ପନା କରିଛନ୍ତି

"ହିମାଚଳେ ଉଦୟ ଉତ୍ସବ'ରେ ଜୀବାତ୍ମା ଓ ପରମାତ୍ମାର ଶୁଭ ବିବାହ ଉଦ୍ଦେଶ୍ୟରେ ମିଳନଭୂମି ପ୍ରସ୍ତୁତ କରିବା ପାଇଁ ଚତୁର୍ଦ୍ଦିଗର ପ୍ରକୃତି ନିସ୍ତବ୍ଧ ସ୍ଥିର ହୋଇ ପୁଣ୍ୟ ପ୍ରତୀକ୍ଷାରେ ଉଭା ରହିଛି। ଈଶ୍ୱରଙ୍କର ପ୍ରସନ୍ନ ସୁନ୍ଦର କଲ୍ୟାଣମେଦୁର ନେତ୍ର ସହିତ ଜୀବାତ୍ମାର ଦୃଷ୍ଟି ବିନିମୟର ଚିତ୍ର ସାତ୍ତ୍ୱିକତାପୂର୍ଣ୍ଣ। ମଧୁସୂଦନ ସେହି ଦୃଷ୍ଟି ବିନିମୟର ସ୍ନିଗ୍ଧତାକୁ ନିମ୍ନୋକ୍ତ ପଦରେ ଅନବଦ୍ୟ ଭାବ ଗୌରବ ମଣ୍ଡିତ କରି ପାଠକର ନେତ୍ରଗୋଚର କରାଇଛନ୍ତି-

ଅନାଇଁ ରହିଛି ମହାବ୍ୟୋମେ ଯଥା ସତୀ
ସାଗର-ଅମ୍ବରା ମହାଦେବୀ ବସୁମତୀ
କିରଣ କିରୀଟୀ ରବି-ବିମ୍ବେ କିମ୍ବା ଯଥା
ଅନାଏଁ ପଦ୍ମିନୀ ପଦ୍ମମୟୀ ଟେକି ମଥା।(୩୩)

ପ୍ରେମିକ ପ୍ରତି ପ୍ରେମିକାର ମୁଗ୍ଧ ଦୃଷ୍ଟି, ସାଗର-ଅମ୍ବରା ବସୁମତୀର ମହାବ୍ୟୋମ

ପ୍ରତି ଓ ପଦ୍ମିନୀର ରବିଙ୍କ ପ୍ରତି ଦୃଷ୍ଟିପାତ ସହିତ ସାଦୃଶ୍ୟ ହେତୁ କଳ୍ପନା କରାଯାଇଛି । ଚିତ୍ରଟିରେ କବିଙ୍କର ଦିବ୍ୟାନୁଭୂତିର ସ୍ପର୍ଶ ରହିଛି । ମୁଗ୍ଧତା, ଶୁଚିତା ଓ ସ୍ନିଗ୍ଧତା ସତେ ଯେପରି ଏହି ଚିତ୍ରରେ ଭରି ରହିଛି । ଏପରି ସ୍ୱର୍ଗୀୟ ଧ୍ୟାନଦୃଷ୍ଟିର ଚିତ୍ର ଓଡ଼ିଆ କାବ୍ୟରେ ମଧୁସୂଦନଙ୍କ କଳ୍ପନାରେ ହିଁ ସମ୍ଭବ । ସେହିପରି 'ସାଶୀର୍ବାଦ ଭାନୁ-ଚୁମ୍ବ ଲଭି ଭାଲଦେଶେ' ହିମାଳୟର ଶୃଙ୍ଗାବଳୀ ମହାପ୍ରେମାବେଶରେ ଥରି ଉଠିବା ଭାନୁଙ୍କର ପିତୃ ସ୍ନେହର ଅନାବିଳ ଚିତ୍ର ପ୍ରଦାନ କରେ । ସଂଯତମନା ମଧୁସୂଦନ ହିଁ ପ୍ରକୃତିର ଏହି ଔଚିତ୍ୟପୂର୍ଣ୍ଣ କ୍ରିୟା-ମାଧୁରୀ ସନ୍ଦର୍ଶନ କରିପାରନ୍ତି । ଚନ୍ଦ୍ରାଲୋକିତ ନୀରବ ରଜନୀରେ ସୁପ୍ତା ଧରଣୀର ଫୁଲ୍ଲ ରୂପ ଦେଖି କବି କଳ୍ପନା କରିଛନ୍ତି-

ଗଭୀର ନିଶୀଥ କାଳେ ନିଦ୍ରିତା ଧରଣୀ
ସ୍ୱପନେ ତୋ ମହାମୂର୍ତ୍ତି କରେ ଦରଶନ
ହସଇ ନୀରବେ ତେଣୁ ମହାନନ୍ଦେ ଧନୀ
ସୁପ୍ତ ଶିଶୁ ଦେଖି ଯେହ୍ନେ ସ୍ୱର୍ଗୀୟ ସ୍ୱପନ ।[୩୪]

ଜ୍ୟୋତ୍ସ୍ନାପ୍ଲାବିତ ଗଭୀର ନିଶୀଥରେ ନିଦ୍ରିତା ଧରଣୀ ସ୍ୱପ୍ନରେ ଆକାଶର ମହାମୂର୍ତ୍ତି ଦର୍ଶନ କରି ହସିବା ସହିତ ସୁପ୍ତ ସରଳ ଶିଶୁର ସ୍ୱର୍ଗୀୟ ସ୍ୱପନ ଦେଖି ହସିବା ତୁଳନା କରାଯାଇଛି । ଏହା ଉଚ୍ଚକୋଟିର କଳ୍ପନାର ସୃଷ୍ଟି । ସୁପବିତ୍ର ଓ ସୁମାର୍ଜିତ କଳ୍ପନା ନଥିଲେ ଏପରି ଚିତ୍ର ସୃଷ୍ଟି କରାଯାଇ ନ ପାରେ । କବି ଭାବର ଅନୁସାରୀ କରି ଏହି ଚିତ୍ରରେ ସାମ୍ୟ ସ୍ଥାପନ କରିଛନ୍ତି । ଅନ୍ତର୍ଚକ୍ଷୁ ଦ୍ୱାରା ଏପରି ଦୃଶ୍ୟ ଦର୍ଶନ କରାଯାଇପାରେ । କବିଙ୍କର ବ୍ରାହ୍ମ-ଦୃଷ୍ଟି ପ୍ରକୃତିର ଏହି ପବିତ୍ର ରୂପ କଳ୍ପନା କରିଛି ।

ଫକୀରମୋହନ କବିତ୍ୱ ନିମନ୍ତେ କଳ୍ପନାର ମହତ୍ତ୍ୱ ଉପଲବ୍ଧି କରିଥିଲେ । କବିତା ଭଗବତୀ ବୀଣାପାଣିଙ୍କର ଶ୍ରୀହସ୍ତପାଳିତା ବିହଗୀ; ତା'ର ଗତି ତ୍ରିଭୁବନସଞ୍ଚାରିଣୀ । ସେ କୌଣସି ପାର୍ଥିବ ବିହଗୀ ନୁହେଁ, ଅମରଲୋକର ଅଧିବାସିନୀ । କଳ୍ପନା ଏହି ଅମର ବିହଗୀର ଜନନୀ ।[୩୫] କବି ଓ ଚିତ୍ରକର- ଉଭୟଙ୍କର କର୍ମ ସମାନ । ସେ ଦୁହେଁ ଚିତ୍ର ରଚନାରେ ନିପୁଣ ଓ କଳ୍ପନା ହିଁ ସେମାନଙ୍କର ଏକମାତ୍ର ଅବଲମ୍ବନ । ସେ ଦୁହିଁଙ୍କ ମଧ୍ୟରେ ଭେଦାଭେଦ ନାହିଁ । ଜଣେ ବହିଃ-ଚିତ୍ର ଓ ଆଉ ଜଣେ ଅନ୍ତଃ-ଚିତ୍ର ପ୍ରଦର୍ଶନରେ ଦକ୍ଷ ।[୩୬] କଳ୍ପନାରାଜ୍ୟରେ କବି ଏକେଶ୍ୱର । ତାଙ୍କର ସାମ୍ରାଜ୍ୟ ଅସୀମ । ସଜୀବ ନିର୍ଜୀବ ସକଳ ବସ୍ତୁ ତାଙ୍କର ଆୟତ୍ତାଧୀନ ।[୩୭] କବିର କଳ୍ପନାଲକ୍ଷ୍ମୀ ମୁହୂର୍ତ୍ତକରେ ସ୍ୱର୍ଗ ମର୍ତ୍ତ୍ୟ ବିଚରଣ କରି ଆସନ୍ତି । କବିତ୍ୱ ଫକୀରମୋହନଙ୍କ ବିଚାରରେ ବିଧିଦତ୍ତ ।

କଳ୍ପନାର ଏହି ଅପରିସୀମ ଶକ୍ତି ଓ କ୍ରିୟା-ବ୍ୟାପାର ଉପରେ ବିଶ୍ୱାସ ରଖିଥିଲେ

ହେଁ ଫକୀରମୋହନଙ୍କ କବିତାରେ କଳ୍ପନାର ଐଶ୍ୱର୍ଯ୍ୟ ଓ ପ୍ରସାର ପରିଲକ୍ଷିତ ହୁଏ ନାହିଁ। ତାଙ୍କର ବିଶ୍ୱାସ,

ଜଗତରେ କବି ସର୍ବ ଲୋକ
କେହି ବା ବିଶେଷ, କେହି ଅଳପ ମାତ୍ରକ।(୩୮)

କବିତ୍ୱର ଏହି 'ଅଳ୍ପ ବିଶେଷ' ପ୍ରତିଭାସାପେକ୍ଷ। ମାତ୍ର ଫକୀରମୋହନଙ୍କ କବିତା ତାଙ୍କ ଭାଷାରେ 'ଅଭ୍ୟାସବଶରେ' ଓ 'ସରଳ ଭାଷାରେ' ଲିଖିତ। ଏଥିରେ ଭାବର ଗାମ୍ଭୀର୍ଯ୍ୟ, ପଦର ମାଧୁର୍ଯ୍ୟ, ଛନ୍ଦବନ୍ଧ ଇତ୍ୟାଦି କୌଣସି କଳା-କୌଶଳ ପ୍ରଦର୍ଶନ ନିମନ୍ତେ ସେ ପ୍ରୟାସୀ ନୁହନ୍ତି। କ୍ଷୁଦ୍ର କବିତାବଳୀରେ ତାଙ୍କର 'ଗୀତ ଗାଇବାର ମନ'ଟି ହିଁ ସ୍ପଷ୍ଟ ହୋଇଉଠିଛି।

ବସ୍ତୁ ବା ଘଟଣାର ରସମୂର୍ତ୍ତି ତାହାର ବ୍ୟାବହାରିକ ରୂପଠାରୁ ସ୍ୱତନ୍ତ୍ର। ବସ୍ତୁର ରସରୂପ ହିଁ ସାହିତ୍ୟର ସାମଗ୍ରୀ। ଫକୀରମୋହନଙ୍କ କ୍ଷୁଦ୍ର କବିତାମାନଙ୍କରେ ବିଷୟ ଉପସ୍ଥାପନ ହିଁ ମୁଖ୍ୟ। ବସ୍ତୁର ଭାବ-ରୂପ ସମ୍ବନ୍ଧରେ ସେ ଧ୍ୟାନ କରିନାହାନ୍ତି। ତେଣୁ କଳ୍ପନାର ବୈଚିତ୍ର୍ୟ, ବୈବିଧ୍ୟ, ଚିତ୍ରାତ୍ମକ-ଗୁଣ ତଥା ମନକୁ ଦେଶକାଳାତୀତରେ ଭ୍ରମଣ କରାଇବାର ଶକ୍ତି ପ୍ରକାଶ ପାଇପାରି ନାହିଁ। ବୟସ ବୃଦ୍ଧି ସଙ୍ଗେ କବିମନରୁ କଳ୍ପନାର ଉତ୍ସ ଶୁଷ୍କ ହୋଇଯିବା ସ୍ୱାଭାବିକ। ମାତ୍ର ପତ୍ନୀ-ବିଚ୍ଛେଦରେ ରଚିତ କବିତାବଳୀରେ କବି ଫକୀରମୋହନଙ୍କ ମାନସିକ-ଲାବଣ୍ୟ-ପ୍ରସୂତ କଳ୍ପନାର ରମଣୀୟତା ପ୍ରେୟସୀର ଅଶରୀରିଣୀ ଭାବମୂର୍ତ୍ତି-ନିର୍ମାଣରେ ଦେଖିବାକୁ ମିଳେ। ପ୍ରେମିକ ମନର ଉଦାର ସୁଷମାର ପ୍ରତିମୂର୍ତ୍ତି ରୂପେ ପ୍ରିୟାର ଏହି ଅମୂର୍ତ୍ତ ରୂପ-ଭାବନା କବିଙ୍କ ସୌନ୍ଦର୍ଯ୍ୟ-କଳ୍ପନାର ସର୍ବଶ୍ରେଷ୍ଠ ଦାନ।

ନନ୍ଦକିଶୋର ପ୍ରତିଭା ଓ କଳ୍ପନାର ଲକ୍ଷଣ ଓ କ୍ରିୟା ସମ୍ବନ୍ଧରେ ଯେଉଁ ମତ ପୋଷଣ କରୁଥିଲେ, ତାହା ଭାରତୀୟ ଓ ପାଶ୍ଚାତ୍ୟ କଳ୍ପନାତତ୍ତ୍ୱର ନିକଟବର୍ତ୍ତୀ। ପୁରାତନ ପ୍ରିୟ ପଦାର୍ଥକୁ କବି ପ୍ରତିଭା ବଳରେ ପାଠକର ମନଶ୍ଚକ୍ଷୁ ନିକଟରେ ପ୍ରତିଭାତ କରାଏ- "କାରଣ ପୁରାତନ ପ୍ରିୟ ପଦାର୍ଥକୁ ମନଶ୍ଚକ୍ଷୁ ସମ୍ମୁଖରେ ଉଜ୍ଜ୍ୱଳ ରୂପେ ପ୍ରତିଭାତ କରାଇବା ହିଁ କବି ପ୍ରତିଭାର ପ୍ରଧାନ ଲକ୍ଷଣ। ଏଥିପାଇଁ ନୂତନ ତତ୍ତ୍ୱ ଆବିଷ୍କାର ଓ ପାଣ୍ଡିତ୍ୟର ପ୍ରୟୋଜନ ହୁଏ ନାହିଁ।" (୩୯) ଅନୁଭୂତି ଥିଲେ ଓ ତାହାର ମାର୍ମିକ ଅଭିବ୍ୟକ୍ତି ଘଟିଲେ କବିତା ରସୋତ୍ତୀର୍ଣ୍ଣ ହୁଏ। ନିତ୍ୟ ପରିଚିତ ବସ୍ତୁକୁ ପ୍ରତିଭା ନବ ନବ ରୂପ ପ୍ରଦାନ କରେ। କଳ୍ପନାରେ ବସ୍ତୁଜଗତକୁ ଆଦର୍ଶାୟିତ କରିନେଲେ ତାହା ଆଉ ବସ୍ତୁ ଭଳି ପ୍ରତୀତ ହୁଏ ନାହିଁ। ସବୁ ସେହିପରି ଥାଏ; ମାତ୍ର ବାସ୍ତବ ଜଗତରେ ଦେଖିବାକୁ ମିଳୁଥିବା ବସ୍ତୁ ଓ କ୍ରିୟା ସଙ୍ଗେ ତା'ର ଅନ୍ତର ପ୍ରଚୁର। ନନ୍ଦକିଶୋର

ପ୍ରତିଭା-ଦତ୍ତ ଏହି ଅନିର୍ବଚନୀୟ ଆଲୋକ-ସମ୍ପାତରେ ବସ୍ତୁ-ବିଭାବର ରମଣୀୟତା ସମ୍ବନ୍ଧରେ ସଚେତନ ଥିଲେ-"କବି-ପ୍ରତିଭା ସ୍ୱୀୟ ମହତୀ କଳ୍ପନାଶକ୍ତି ବଳରେ ପ୍ରୋକ୍ତ ନୂତନତ୍ୱକୁ ପୁନରାୟନ କରି ନିତ୍ୟ ଲକ୍ଷିତ ପଦାର୍ଥ ସକଳର ଚତୁର୍ଦ୍ଦିଗରେ ଅପୂର୍ବ ମୋହାବରଣ ବେଷ୍ଟିତ କରାଇଦିଏ। ସେ ମୋହରେ କେତେ ସୁଖ। ତାହା ହିଁ ସତ୍ୟର ପ୍ରଭାବ। ଯେଉଁ ସତ୍ୟକୁ ଚକ୍ଷୁପଟରୁ ଅପସାରିତ କରିଥାଏ, କବିପ୍ରତିଭା ମାନବକୁ ପୁଣି ସେହି ସତ୍ୟ ଧନର ଅଧିକାରୀ କରେ। ଆମ୍ଭମାନଙ୍କର ନିତ୍ୟ ଦୃଷ୍ଟ ପଦାର୍ଥ କି ରୂପ ଛାୟାବାଜି ସଦୃଶ ବୋଧ ହୋଇପାରେ ଏବଂ କବିପ୍ରତିଭା କି ରୂପ ପୁରାତନ ପଦାର୍ଥକୁ ଚିର ନୂତନ ବେଶରେ ସଜାଇଦିଏ...।" (୪୦) ସତ୍ୟ ଓ କଳ୍ପନା ମଧ୍ୟରେ ଯେଉଁ ପାର୍ଥକ୍ୟ ତାହା ହେଲା, ସତ୍ୟ ଚିରନ୍ତନ, କଳ୍ପନା ବିଚିତ୍ରରୂପିଣୀ ଓ ମୁଖରା। ଭାବର ଜନ୍ମଦାତ୍ରୀ ଓ ତାହାର ବିସ୍ତୃତିକାରିଣୀ ହେଲା ଏହି କଳ୍ପନା। ସତ୍ୟ ସ୍ଥିର, ନୀରବ। ମୁଖରା କଳ୍ପନା ଦତ୍ତବସ୍ତୁରୁ କେତେ ନବ ନବ ଅର୍ଥ ଦ୍ୟୋତିତ କରେ।

ନନ୍ଦକିଶୋରଙ୍କ ପଲ୍ଲୀ-କବିତାଗୁଡ଼ିକ ଶୈଶବ ଓ କୈଶୋରର ସ୍ମୃତିମୂଳକ କଳ୍ପନାର ଦାନ। ଅତୀତ ଆମ ନିକଟରେ ଚିର ମଧୁମୟୀ ମୂର୍ତ୍ତି ଧରି ଉଭା ହୁଏ। କଳ୍ପନା-ପଟରେ ଅତୀତର ଚିତ୍ର ପ୍ରାଣ-ମନ-ଲୋଭନୀୟ ରୂପେ ଅଙ୍କିତ ହୋଇଥାଏ।

କବି ଗାଇଛନ୍ତି-

...ଦୟାକରି କଳ୍ପନାସୁନ୍ଦରୀ
ଦେଇଛନ୍ତି ମୋତେ ବର
ସୁନ୍ଦର ଶୈଶବ ଛବିରାଜି ଦୂରୁ
ଦିଶଇ ସୁନ୍ଦରତର।[୪୧]

ଶୈଶବର ସେହି ମୋହନ-ମାଧୁରୀ "ଦୂର ଗିରିପ୍ରାୟ କଳ୍ପନା ନୟନେ କିବା ମନୋରମ ଆହା।" ନନ୍ଦକିଶୋରଙ୍କ କଳ୍ପନା ପ୍ରକୃତିର ଲୀଳା କ୍ଷେତ୍ରରେ ଆଶୈଶବ ପାଳିତ-

ନିସର୍ଗର ଲୀଳା କ୍ଷେତ୍ରରେ ବିଧାତାଙ୍କ କୃପାରୁ
ପାଳିତ ହେଉଛି କଳ୍ପନା ଅତି ଶୈଶବ କାଳୁ।[୪୨]

ନିସର୍ଗ-ବୀକ୍ଷା ନିମନ୍ତେ କଳ୍ପନା-ଚକ୍ଷୁ ପ୍ରୟୋଜନ। କଳ୍ପନା-ନେତ୍ରରେ ନ ଦେଖିଲେ ପ୍ରକୃତିର କୌଣସିରୂପ ସ୍ପଷ୍ଟ ହୁଏ ନାହିଁ। ପ୍ରାକୃତିକ ଦୃଶ୍ୟର ସୌନ୍ଦର୍ଯ୍ୟ-ମାଧୁରୀକୁ କଳ୍ପନା ହିଁ ସୁନ୍ଦରତର ଓ ମଧୁରତର କରିଦିଏ। କଳ୍ପନାର ଦୃଷ୍ଟି ସୁଦୂରର-"ଦୂର ପ୍ରବାସରୁ ପ୍ରଣୟିନୀର ପ୍ରୀତି ସ୍ମୃତି କି ମାୟା ମୋହମୟୀ।"[୪୩] ଏଣୁ ନିକଟ-ଦର୍ଶନ ଫଳରେ ଲାଭ କରୁଥିବା ଆନନ୍ଦାନୁଭୂତିଠାରୁ 'କାବ୍ୟରସଯୁକ୍ତ କଳ୍ପନାମୃତସିକ୍ତ

ନିସର୍ଗ ଲାବଣ୍ୟ ସମ୍ଭୋଗ ଶତଗୁଣ ମଧୁରତର ।'[୪୪] ଏହି ଶୈଶବୀୟ ସ୍ମୃତିରେ ଅନୁରଞ୍ଜିତ ହୋଇଥିବାରୁ ବଳଙ୍କ କଳ୍ପନାରେ ଯେଉଁ ବସ୍ତୁ, ଘଟଣା ଓ ଦୃଶ୍ୟ ରୂପ ପାଇଛନ୍ତି, ସେ ସବୁରେ ରୂପ-ରଙ୍ଗ-ଗୁଣ-କ୍ରିୟା ମୁଦ୍ରିତ ହୋଇଛି ।

ସ୍ମୃତି ଓ କଳ୍ପନା ମଧ୍ୟରେ ପାର୍ଥକ୍ୟ ହେଲା ସ୍ମୃତି ଅତୀତ ଘଟଣାର ବିବରଣୀ ଦିଏ; ମାତ୍ର କଳ୍ପନା ଏହି ଅତୀତ ଘଟଣାରାଶିର ନବତମ-ସଂଘଟନ କରେ । କଳ୍ପନା ସୃଜନକାରିଣୀ । ବଳଙ୍କ କବିତାରେ ଅତୀତର ବିବରଣୀ ଭୂରି ଭୂରି ରହିଛି । ସେ ସ୍ଥଳରେ ସେ ସ୍ମୃତି ମୂଳକ ବିବରଣୀ ପ୍ରଦାନ କରିଚାଲିଛନ୍ତି । ମାତ୍ର ଯେଉଁଠି ସେ ସୃଜନ କରିଛନ୍ତି, ସେଠାରେ କଳ୍ପନାର ରଙ୍ଗ, ନବୀନତା, ସରସତା, ଭାବର ଅନ୍ୱିତି ଓ ଅନୁଭବର ମୂର୍ତ୍ତିରୂପ ପ୍ରଦାନ କରିଛନ୍ତି ।

କବିର ଭାବପ୍ରଧାନ ଚିତ୍ତର ତନ୍ମୟତା ଚିତ୍ର-କଳ୍ପରେ ଖୋଜାଯାଇପାରେ । କବି ନିଜର ସକଳ ଅନୁଭୂତିକୁ ସୁନ୍ଦରର ଅନୁଭୂତିରେ ରଞ୍ଜିତ ଓ ପର୍ଯ୍ୟବସିତ ନକଲାଯାଏ କବିତା ହୁଏ ନାହିଁ । ସେ ଯାହା ଦେଖିବେ ଓ ଅନୁଭବ କରିବେ ସେ ସବୁକୁ ଶୋଭନ କରି ପ୍ରକାଶ ଦାନ କରିବେ । ସେହି ପ୍ରକାରର ରସମୂର୍ତ୍ତି ମଧ୍ୟରେ ଅଭିବ୍ୟଞ୍ଜିତ ହେଉଥିବା ତାଙ୍କ ପ୍ରାଣର ସୂକ୍ଷ୍ମ ଅନୁଭୂତି ଓ ଦୃଷ୍ଟିର ଲାଳିତ୍ୟ । ସାଧାରଣ ପ୍ରତ୍ୟକ୍ଷକୁ ସାଧାରଣ ଭାବେ ନକହି କଳ୍ପନା ନେତ୍ରରେ ଦେଖି ଉପମା ଜରିଆରେ କହିବା ଫଳରେ ତାହା ମନୋରମ ଓ ହୃଦ୍ୟ ହୋଇଉଠେ । କବି ଅତୀନ୍ଦ୍ରିୟ ଭାବଦୃଷ୍ଟିର ଅଧିକାରୀ । ଏହି ଦୃଷ୍ଟିକୁ institution ବା ପ୍ରତିଭାନ କୁହାଯାଇଛି ଏଇଥିପାଇଁ ଯେ, ଏହା ବିନା କାବ୍ୟସୃଷ୍ଟି ଅସମ୍ଭବ । କବିର ଏହା inner voice-ଅନ୍ତର୍ବାଣୀ ବା ସ୍ୱଚ୍ଛଦୃଷ୍ଟି । ଅତୀନ୍ଦ୍ରିୟ ଦୃଷ୍ଟିରେ ଯାହା ପ୍ରତ୍ୟକ୍ଷ କରାଯାଏ ତାହା ଭାବରୂପ; ଇନ୍ଦ୍ରିୟଦ୍ୱାରା କେବଳ ବସ୍ତୁ ପ୍ରତ୍ୟକ୍ଷୀଭୂତ ହୁଏ । କାବ୍ୟରେ ବସ୍ତୁ ପ୍ରାଧାନ୍ୟ ନଥାଏ, ଥାଏ ଭାବପ୍ରାଧାନ୍ୟ । ଏଠାରେ ନନ୍ଦକିଶୋରଙ୍କ ଅନ୍ତର୍ମାନସର ସାର୍ଥକ ପ୍ରତିବିମ୍ବରୂପେ ଦୁଇଟି ଚିତ୍ରକଳ୍ପ ସମ୍ବନ୍ଧରେ ଆଲୋଚନା କରାଯାଉଛି ।

ପଲ୍ଲୀର ରସ-ରୂପର ଉଲ୍ଲାସକୁ ନନ୍ଦକିଶୋର କିପରି ଅନୁଭବ କରିଥିଲେ, ତାହା ପଲ୍ଲୀ ସନ୍ଧ୍ୟାରେ ବ୍ରୀଡ଼ାବତୀ ସନ୍ନତାଙ୍ଗୀ ପଲ୍ଲୀବଧୂର ତୁଳସୀ ଚଉଁରାମୂଳେ ସନ୍ଧ୍ୟାଦୀପ ଦାନ କାଳରେ ଅନିର୍ବଚନୀୟ ଭାବ-ମାଧୁରୀ ଲାଭ କରି ପ୍ରକାଶ ପାଇଛି-

ଦୂରୁ ପଥିକର ନିରାଶ ନୟନେ ପ୍ରଦୋଷ-ପ୍ରଦୀପ ଶୋଭା
ପଲ୍ଲୀ-ସୀମନ୍ତିନୀ-କର-ପଲ୍ଲବରେ କେମନ୍ତେ ସୁମନୋଲୋଭା ।
ମୃଦୁ ବାତାଘାତେ ମନ୍ଦ ଆନ୍ଦୋଳିତ ଦୀପଶିଖା ଶୋଭାବନ
ମୃଦୁ ଗତି ଯୋଗୁ ଯୁବତୀ ବକ୍ଷୋଜ ବେନି ମୃଦୁ ନିସ୍ପନ୍ଦନ ।

ବ୍ରୀଡ଼ା ଭରେ ବାଳା ଅରାଳଭୂଲତା-ଅପାଙ୍ଗ ଢାଳିଲାବେଳେ
କୁଙ୍କୁମ ଗଉରୀ ତା ଅଙ୍ଗ-ଯଷ୍ଟିରେ ଲାବଣ୍ୟର ଛାୟା ଖେଳେ ।
ସୁବର୍ଣ୍ଣ କାସାରେ ସୁବର୍ଣ୍ଣ କମଳ ମଣି ମୃଣାଳରେ ଦୋଳେ
ସରୋଜେ ଷଟ୍‌ପଦ ସମ ମୁଖପଦ୍ମେ ବେନି ନୀଳନେତ୍ର ଡୋଳେ ।
ସନ୍ଧ୍ୟାର ପ୍ରଦୀପ, ବେନି ନୀଳନେତ୍ର, ନବୀନ ବକ୍ଷୋଜ ବେନି
କିଏ ସେ ସୁନ୍ଦର, କେ ସୁନ୍ଦରତର ତୁଳିବ କବି ବି ଘେନି ।(୪୫)

ପଲ୍ଲୀ ସନ୍ଧ୍ୟାର ମାୟାଂ ଜନବୋଳା ପରିବେଶରେ ଧୀର ପଦପାତ, ଗୁରୁ ଗୁରୁ କମ୍ପିତ ବକ୍ଷ, ବିଲୋଳ ଲୋଚନରେ ଦୃଷ୍ଟିପାତର ଠାଣି, ପଦ୍ମରେ ଭ୍ରମରର ଅବସ୍ଥାନ ଭଳି ମୁଖପଦ୍ମରେ ନୀଳନେତ୍ର ଓ କରପଲ୍ଲବରେ ମାଟିର ପ୍ରଦୀପ-ଶିଖା ତଥା ମୃଦୁ ପବନରେ ଆନ୍ଦୋଳିତ ଦୀପଶିଖା-ଏ ଯେଉଁ ଅନିର୍ବଚନୀୟ ରୂପ-ମାଧୁରୀ ଏହି ପଦଗୁଡ଼ିକରେ ବିଳସିତ ତାହାର ଆବେଦନ ଅସାଧାରଣ। ଏ ରୂପରେ ଅନିର୍ବଚନୀୟତାର ଯେଉଁ ଇଙ୍ଗିତ ମିଳେ, ତାହା ଉପମାର ଅନୁପମତା ଓ ରୂପକର ରୂପବୁଭୁକ୍ଷୁତା ହେତୁ ସମ୍ଭବ ହୋଇଛି। ଏହାହିଁ ସକଳ ଉଚ୍ଚାଙ୍ଗ କବିତାର ଲକ୍ଷଣ। ଏଠାରେ କବି ସନ୍ଧ୍ୟାର ଗୋଟିଏ ସର୍ବାଙ୍ଗ ସୁନ୍ଦର ଚିତ୍ର ଉପସ୍ଥାପନ କରିଛନ୍ତି। କୌଣସି ଗୋଟିଏ ଦୃଶ୍ୟ ଉପରେ ଅଧିକ ବାକ୍ୟ ବ୍ୟୟ ନକରି ପାଠକ ମନରେ ରସ-ପ୍ରତୀତି ଆନୟନ ପାଇଁ ଦୃଶ୍ୟ ସମୁଚ୍ଚୟ ନିର୍ବାଚନ କରି ସେଗୁଡ଼ିକୁ ଏକ ଅନବଦ୍ୟ ଭାବ-ମୂର୍ତ୍ତିଦେଇ ଶେଷରେ ଏକ ଅମୀମାଂସିତ ରୂପ-ଜିଜ୍ଞାସା ଛାଡ଼ିଦେଇ ଯାଇଛନ୍ତି-"ସନ୍ଧ୍ୟାର ପ୍ରଦୀପ, ବେନି ନୀଳନେତ୍ର, ନବୀନ ବକ୍ଷୋଜ ବେନି। କିଏ ସେ ସୁନ୍ଦର, କେ ସୁନ୍ଦରତର ତୁଳିବ କବି କି ଘେନି?"ସନ୍ଧ୍ୟାର ଏ ଚିତ୍ର ରାଧାନାଥ-ମଧୁସୂଦନଙ୍କ କଳ୍ପନାରେ ଆସିନଥିଲା। ରାଧାନାଥଙ୍କ ରୂପୈଶ୍ୱର୍ଯ୍ୟଶାଳିନୀ ରାଜକନ୍ୟାମାନେ ଏ ରୂପ ନିକଟରେ ହାର ମାନିବେ। କେଉଁ ରୂପ ଗରବିଣୀ ନାଗରିକା ପଲ୍ଲୀ-ବଧୂର ଏହି ନିସର୍ଗ ଲାବଣ୍ୟର ପ୍ରତିସ୍ପର୍ଦ୍ଧିନୀ ହେବ! ଏହି ପଦଗୁଡ଼ିକରେ ରୂପ ଯେତେ ନାହିଁ, ତା'ଠାରୁ ଅଧିକ କିଛି ଅରୂପ ଲାବଣ୍ୟ। ରୂପଠାରୁ ଲାବଣ୍ୟ ଉଚ୍ଚସ୍ତରୀୟ। ଲାବଣ୍ୟରେ ମନକୁ ଆକର୍ଷଣ କରିବାର ଯେଉଁ ଶକ୍ତି ତାହା ବ୍ୟାଖ୍ୟାର ଅପେକ୍ଷା ରଖେ ନାହିଁ। ଏହି ଚିତ୍ରରୁ କବିଙ୍କର ଦୃଷ୍ଟିର ଲାଳିତ୍ୟ ଓ କଳ୍ପନାର ଶୁଚିତା ଅନୁଭବ କରିହୁଏ। ଚିତ୍ରଟିରେ ଗତିଶୀଳତା ଓ ପ୍ରାଣଶୀତଳକାରୀ ସ୍ପର୍ଶ ରହିଛି।

ପଲ୍ଲୀ ପଥରେ ଏକଦା ପ୍ରଭାତ କାଳରେ ପଥିକ କବିର ରୋମାଣ୍ଟିକ୍ ଅନୁଭୂତି ଓ ବାସ୍ତବବୋଧ ଏକ ଅନୁପମ ଚିତ୍ରକଳ୍ପ ସୃଷ୍ଟି କରିଛି-

ଉଷା ସମ ଗ୍ରାମ ପଥେ କିଏ
ଏକୁଟିଆ ନବଧୂଟିଏ
ଥୁରୁଥୁରୁ ହୁଏ ଜାଡେ ପଥୁ ଘୁଞ୍ଚି ହୁଏ ଆଡ଼େ
ମୁଁ ଆଡ଼ ହୁଅନ୍ତେ ପାଦେ ବାଜି ଲାଜକୁଳୀ
ବ୍ରୀଡ଼ାବତୀ ସେ ବ୍ରତତୀ ପଡ଼ିଲା ଝାଉଁଳି ? (୪୬)

ଏକ ଶୀତ ସକାଳର ଚିତ୍ର ଦେଇ ପଲ୍ଲୀର ବ୍ରୀଡ଼ାନତା ନବବଧୂର ଲଜ୍ଜାଭାବକୁ ବ୍ୟକ୍ତ କରାଯାଇଛି। ଆମର ପରିଚିତ ଅନୁଭୂତିର ଅଭିବ୍ୟକ୍ତି ଘଟିଛି ଏହି ଚିତ୍ରରେ। ଏହା ଏକ ସାଧାରଣ ଦୃଶ୍ୟ ହେଲେ ହେଁ ଚିତ୍ର-କଳ୍ପନାର ସ୍ପର୍ଶାତୁରତା ଓ ଚିତ୍ରର ସଜଳତା ଅବିସମ୍ବାଦିତ।

ଗଙ୍ଗାଧର କବି-ପ୍ରତିଭାର ମହତ୍ତ୍ୱ ସମ୍ବନ୍ଧରେ ଅଳ୍ପ କେତୋଟି ସ୍ଥାନରେ ମତବ୍ୟକ୍ତ କରିଥିଲେ ହେଁ କଳ୍ପନାର ମୂର୍ତ୍ତି-ବିଧାୟିନୀ ଶକ୍ତି ସମ୍ବନ୍ଧରେ ସଚେତନ ହୋଇନାହାନ୍ତି। ପ୍ରତିଭା-ପ୍ରଦତ୍ତ ପ୍ରତିଚକ୍ଷୁ ଲାଭ କରି କବି ତୁଚ୍ଛକୁ ମଧ୍ୟ ମହତ୍ ରୂପେ ସନ୍ଦର୍ଶନ କରନ୍ତି-

ପ୍ରତିଭା-ପ୍ରଦତ୍ତ ପ୍ରତିଚକ୍ଷୁ ଲାଭ
ସାନକୁ ହିଁ ବଡ ଦେଖିଥାନ୍ତି କବି।(୪୭)

ତଥା- ଭାବି କବି ଭାବ-ରାଜ୍ୟେ ରଖେ ଅଧିକାର
ପ୍ରତିଭା କଳ୍ପନା-ରଥେ ସାରଥି ଯାହାର।(୪୮)

ଏହି ପଦମାନଙ୍କରୁ ଜଣାଯାଏ ପ୍ରତିଭା ଓ କଳ୍ପନା କବିତ୍ୱ ନିମନ୍ତେ ଅପରିହାର୍ଯ୍ୟ ବୋଲି ସେ ବିଚାର କରୁଥିଲେ। ସେ 'ସ୍ମୃତି'କୁ ମଧ୍ୟ କଳ୍ପନା ରୂପେ ଗ୍ରହଣ କରିଥିବା ଜଣାଯାଏ। (୪୯) ସ୍ମୃତି-କୋଳରେ ବିଚରଣ କରି ଅପୂର୍ବ ସୁଖ ଲାଭ କରାଯାଇପାରେ। ମାତ୍ର ସ୍ମୃତିମୂଳକ କଳ୍ପନାରେ ଚିତ୍ରକଳ୍ପ ଉଦ୍ଭବ ସବୁବେଳେ ସମ୍ଭବ ହୁଏ ନାହିଁ। ପ୍ରାଣର ଆବେଗ ଓ ଅନୁଭୂତିର ତୀବ୍ରତା ନଥିଲେ ସ୍ମୃତି ଉଦ୍‌ବୋଧିତ ଚିତ୍ରକଳ୍ପ ସାର୍ଥକ ହୁଏ ନାହିଁ। ଏହା ବ୍ୟତୀତ ଗଙ୍ଗାଧର ଉପମା ପ୍ରୟୋଗ ନିମନ୍ତେ କଳ୍ପନାର ସହାୟତା ଲୋଡ଼ିଛନ୍ତି-

ସୁନ୍ଦରୀ ସମାନ ଉପମା ଦେବାକୁ
ବହୁତ କଲି କଳ୍ପନା।(୫୦)

କଳ୍ପନା-ତତ୍ତ୍ୱ ସମ୍ବନ୍ଧରେ ଗଙ୍ଗାଧରଙ୍କର ଅନବଧାନତା ସତ୍ତ୍ୱେ ସ୍ୱକୀୟ ନୈସର୍ଗିକ ପ୍ରତିଭା ବଳରେ ସେ ବହୁ ସାର୍ଥକ ଚିତ୍ରକଳ୍ପ ରଚନାର ଅଧିକାରୀ। ତାଙ୍କର ପ୍ରକୃତି ବର୍ଣ୍ଣନାରେ ସ୍ୱାଭାବିକତା ସହିତ ବକ୍ରୋକ୍ତିର ମଞ୍ଜୁଳ ସ୍ପର୍ଶ ରହିଛି। ପୂର୍ବରୁ କୁହାଯାଇଛି, ଗଙ୍ଗାଧର ଏକ ରୀତି-ମନର ଦାୟାଦ ଥିଲେ। ସେଥିପାଇଁ ତାଙ୍କ କାବ୍ୟର ବହୁ ଉପମାରେ

ବୈଚିତ୍ର୍ୟ-କଳ୍ପନା ଓ ବକ୍ରୋକ୍ତିର ପ୍ରଭାବ ରହିଛି। ସେ ସବୁରେ ଗଙ୍ଗାଧରଙ୍କ ବିଶେଷତ୍ୱ ନାହିଁ। ମାତ୍ର ସ୍ୱଭାବ-ଚିତ୍ର ଅଙ୍କନରେ ସେ ଅସାଧାରଣ ପାରଦର୍ଶିତା ପ୍ରଦର୍ଶନ କରିଛନ୍ତି। ଦଣ୍ଡୀ ସ୍ୱଭାବୋକ୍ତିକୁ କାବ୍ୟର ଈପ୍‌ସିତ କହିଥିଲେ-

ଜାତି କ୍ରିୟାଗୁଣ ଦ୍ରବ୍ୟ ସ୍ୱାଭାବାଖ୍ୟାନମୀଦୃଶମ୍
ଶାସ୍ତ୍ରେଷ୍ୱସୈବ ସାମ୍ରାଜ୍ୟଂ କାବ୍ୟେଷ୍ୱପ୍ୟେତଦୀପ୍‌ସିତମ୍।[୫୧]

ସ୍ୱଭାବୋକ୍ତିରେ ଚିତ୍ରକଳ୍ପଗତ ସ୍ୱଚ୍ଛତା ରହିବା ସଙ୍ଗେ ପାଠକର ମନପ୍ରସାଦନ କ୍ଷମତା ଥାଏ। ଏଥିରେ ଚମତ୍କାର ସେତେ ନଥାଇପାରେ; ମାତ୍ର ଏହାଦ୍ୱାରା ଚିତ୍ରରେ ସ୍ୱାଭାବିକତା ଫୁଟେ ତଥା ଏହି ଚିତ୍ର-ରଚନା ମୂଳରେ କବିର ଔଚିତ୍ୟବୋଧ କାର୍ଯ୍ୟ କରେ। ସ୍ୱଭାବ ଚିତ୍ରରେ ଜାତି, ଗୁଣ, ଦ୍ରବ୍ୟ ଓ କ୍ରିୟାର ଯଥାଯଥ ଚିତ୍ରଣ ଘଟିଥିବାରୁ ଆହ୍ଲାଦଦାୟକ ହୁଏ। ପଶୁପକ୍ଷୀ ଓ ପ୍ରକୃତିର ସ୍ୱାଭାବିକ ଚେଷ୍ଟା ଓ ଅବସ୍ଥା ନିଖୁଣ ରୂପେ ଏଥିରେ ରୂପ ପାଏ। ଜୀବଜନ୍ତୁ ଓ ପ୍ରକୃତିର ନୈସର୍ଗିକ ଲୀଳା-ମାଧୁରୀକୁ ଜୀବନ୍ତ ଚିତ୍ରରେ ପରିଣତ କରିଦେବା ଶକ୍ତି ଗଙ୍ଗାଧରଙ୍କର ଥିଲା; ମାତ୍ର ସ୍ୱଭାବୋକ୍ତି-ଗର୍ଭିତ ଚିତ୍ରାବଳୀରେ କବିଙ୍କର ଅନ୍ତର-ଆବେଗ ନଥିବାରୁ ତାହା ବର୍ଣ୍ଣନାଧର୍ମୀ ହୋଇପଡିଛି।

ଗଙ୍ଗାଧରଙ୍କ କାବ୍ୟରେ ପରମ୍ପରାଗତ ଉପମାନ ଓ ମୌଳିକ ସୃଷ୍ଟ ଉପମାନଗୁଡିକର ନିର୍ଦ୍ଧାରଣ କଲେ ଜଣାଯାଏ, ସେ ମୌଳିକ ସୃଷ୍ଟ ଉପମାନ ପ୍ରୟୋଗରେ ସ୍ୱକୀୟ ସୂକ୍ଷ୍ମ ପର୍ଯ୍ୟବେକ୍ଷଣ ଓ ଅନୁଭୂତିର ପରିଚୟ ଦେଇଛନ୍ତି। ସେ ପ୍ରକୃତିରୁ ଭୂରି ଭୂରି ଉପମାନ ଗ୍ରହଣ କରିଛନ୍ତି। ସେଗୁଡିକ କାବ୍ୟିକ ହେବା ସଙ୍ଗେ ସୁନ୍ଦର-ପ୍ରତୀତି ମଧ୍ୟ ଦେଉଛନ୍ତି। ମାତ୍ର ଗଙ୍ଗାଧରଙ୍କ ସର୍ବଶ୍ରେଷ୍ଠ ଚିତ୍ର-କଳ୍ପନାର ନିଦର୍ଶନ ମିଳେ ଭାବାତ୍ମକ ବିମ୍ବ ରଚନାରେ। ଏଠାରେ ଦୁଇଟି ସାର୍ଥକ ଚିତ୍ରକଳ୍ପ ସମ୍ବନ୍ଧରେ ଆଲୋଚନା କରି ଗଙ୍ଗାଧରଙ୍କ କାବ୍ୟ-ଆବେଗ ଓ କଳ୍ପନାର ସହାନୁଭୂତିଶୀଳତା ପ୍ରତିପାଦନ କରାଯାଉଛି-

ତପସ୍ୱିନୀ ସୀତାଙ୍କ ଜୀବନରେ ଆଉ କୌଣସି ସୁଖର ସମ୍ଭାବନା ନାହିଁ-"ଏ ଜୀବନେ ନାହିଁ ତା'ର ସୁଖ-ସୂର୍ଯ୍ୟୋଦୟ।" ଏଣୁ ନିଦ୍ରାଦେବୀ ଜାନକୀଙ୍କ ଭବିଷ୍ୟ ଜାଣିବା ପାଇଁ ଯୋଗମାୟାଙ୍କୁ ଅନୁରୋଧ ଜଣାଇଛନ୍ତି। ନିଦ୍ରାଦେବୀଙ୍କ ନିବେଦନରେ ଜାନକୀଙ୍କ ଜୀବନର ବ୍ୟର୍ଥତାର ଯେଉଁ କରୁଣ ସ୍ୱର ବାଜିଉଠିଛି ତାହା-

ପ୍ରାଣ-ଆଳବାଳେ ନେତ୍ର-ଜଳ କରି ଦାନ
ଅବଳା ରଚିଲା ପତି-ଭକତି-ଉଦ୍ୟାନ।
ନ ଫୁଟିଲା ଫୁଲ ତହିଁ ନ ଫଳିଲା ଫଳ,
କହ ତ ଜୀବନ ହେବ କି ଘୋର ବିକଳ?[୫୨]

ନାରୀ-ଜୀବନର ଏହି କାରୁଣ୍ୟମୟ ବିକଳତା ଭାବାତ୍ମକ ଚିତ୍ର-କଳ୍ପନାରେ ରୂପ ପାଇ ସମଗ୍ର କାବ୍ୟର ଅନ୍ତଃସ୍ୱର ପ୍ରକଟ କରିଦେଉଛି। ଭାବାତ୍ମକ ଚିତ୍ରକଳ୍ପ ସହଜରେ ପ୍ରତୀତିଗମ୍ୟ ହୁଏ ନାହିଁ। ସମ୍ବେଦନଶୀଳ ହୃଦୟ ନହେଲେ ଏହାର ଭାବ-ରୂପଟିର ତାତ୍ପର୍ଯ୍ୟ ଧରି ପାରିବା କଷ୍ଟକର ହୁଏ। ଭାବାତ୍ମକ ଚିତ୍ରକଳ୍ପ ନିର୍ମାଣ ପାଇଁ ଶକ୍ତିଶାଳୀ କଳ୍ପନା ଓ ସହାନୁଭୂତି ପ୍ରୟୋଜନ। ପାତ୍ରର ମନୋବସ୍ଥା ସହିତ ଅନ୍ତରର ସହାନୁଭୂତି ସ୍ଥାପନ ନକଲେ ଏହି ଚିତ୍ର ସୃଷ୍ଟି କରାଯାଇନପାରେ। ଇନ୍ଦ୍ରିୟପ୍ରତ୍ୟକ୍ଷ ନହେଲେ ହେଁ ଏ ଧରଣର ଚିତ୍ରକଳ୍ପ ଅନୁଭବ-ବେଦ୍ୟ ଓ ସୂକ୍ଷ୍ମ-ଭାବ ଉଦ୍‌ବୋଧକ। ଆଲୋଚ୍ୟ ଚିତ୍ରକଳ୍ପରେ ସୀତାଙ୍କର ଜୀବନ-ତରୁର ସକରୁଣ ପରିଣତିକୁ କବି ଯେପରି ଅଶ୍ରୁମୟୀ ଅଭିବ୍ୟକ୍ତି ଦେଇଛନ୍ତି, ତାହା କେବଳ ସହୃଦୟର ଅନୁଭବ-ସାକ୍ଷିକ। ଏହା ଏତେ ସୂକ୍ଷ୍ମ ରେଖା ଓ ଭାବରେ ପରିପୂର୍ଣ୍ଣ ଯେ, ସୀତାଙ୍କର ଦୁଃଖମୟ ଜୀବନର ନିଷ୍ଫଳ ପରିଣତିକୁ ସହୃଦୟର ଚିତ୍ତଲୋକରେ ପ୍ରତିଫଳିତ କରାଇଦିଏ। ଏଥିପାଇଁ କବିଙ୍କୁ କୌଣସି ଇନ୍ଦ୍ରିୟପ୍ରତ୍ୟକ୍ଷ ଉପମାନର ସାହାଯ୍ୟ ନେବାକୁ ପଡିନାହିଁ। ପ୍ରାଣ-ଆଳବାଳରେ ନେତ୍ର ଜଳ ଦାନ କରି ସୀତା ଯେଉଁ ପତି ଭକ୍ତିର ଉଦ୍ୟାନ ରଚନା କରିଥିଲେ ତାହା ବନ୍ଧ୍ୟା, ଉଷର ମରୁରେ ପରିଣତ ହୋଇଛି। ଏହି ବିକଳ ବିଭଙ୍ଗ ଜୀବନର ନିଷ୍ଠୁର କାହାଣୀ ଭାବାତ୍ମକ ଚିତ୍ରକଳ୍ପ ରୂପରେ ଏଥିରେ ଫୁଟିଛି। ଏପରି ବିମ୍ବ କେବଳ ମହାକବିମାନଙ୍କ ରଚନାରେ ସୁଲଭ। ସମଗ୍ର 'ତପସ୍ୱିନୀ' କାବ୍ୟର କରୁଣ ରସ ଯେପରି ଏହି ପଦଟିରେ ଭାବମୂର୍ତ୍ତି ଲାଭ କରିଛି। ସୀତାଙ୍କର କରୁଣ ଜୀବନ ସମ୍ବନ୍ଧରେ ଏହା ନିଦ୍ରାଦେବୀଙ୍କର ନୁହେଁ-କବି ଗଙ୍ଗାଧରଙ୍କ ବାଷ୍ପାକୁଳ ଅନ୍ତରର ଅଭିବ୍ୟକ୍ତି।

ନିର୍ବାସିତ ସୀତା ବିରହୀ ରାମଙ୍କ ଦୃଷ୍ଟିରେ ମାନସ-ପ୍ରତିମା। ବାସ୍ତବ ସୀତାଠାରୁ ଏହି ମାନସୀ-ସୀତାମୂର୍ତ୍ତି ଆହୁରି ମନୋରମା ଓ ରାମଙ୍କର ଅନ୍ତରତମବାସିନୀ-

ନାହିଁ ସିନା ଘରେ, ହୃଦ-ପ୍ରେମ-ସରେ
ମୋ ପ୍ରିୟା-କମଳ-କଳି
ପଡ଼ିଅଛି ଫୁଟି ମକରନ୍ଦ ଲୁଟି
କରୁଅଛି ମନ-ଅଳି।(୫୩)

କର୍ତ୍ତବ୍ୟ ନିର୍ଦ୍ଧାରଣରେ ସଂଶୟାକୁଳ ଦ୍ୱନ୍ଦ୍ୱଗ୍ରସ୍ତ ରାଜପୁରୁଷର ରାଜଧର୍ମ ଓ ସ୍ୱଧର୍ମ ମଧ୍ୟରେ ଅନ୍ତର୍ଦ୍ୱନ୍ଦ୍ୱର ଫଳ ସ୍ୱରୂପ ପ୍ରିୟା ଜାନକୀଙ୍କର ଯେଉଁ ଶୁଚିଶୁଭ୍ର ରୂପ ରାମଙ୍କ କଳ୍ପଲୋକରେ ଅବତରଣ କରିଛି ତାହା ବିରହୀ-ହୃଦୟର ସଜଳ ଅଭିବ୍ୟକ୍ତି। ବିରହରେ ରାମ ସୀତାଙ୍କର ବାସ୍ତବ ପରିଚୟ ଲାଭ କରିଛନ୍ତି ଓ ସୀତାଙ୍କ ପ୍ରତି ତାଙ୍କ ଅନ୍ତରର ଅକୃତ୍ରିମ ପ୍ରଣୟକୁ ତାରକାପୂର୍ଣ୍ଣ ମୁକ୍ତ ବିହାୟସ ତଳେ ପ୍ରକାଶ କରିଛନ୍ତି। ଏହି ଅଭିବ୍ୟକ୍ତିରେ

କୃତ୍ରିମତା ନାହିଁ, ଏହା ରାମଙ୍କ ପ୍ରାଣର ସତ୍ୟତମ ଅଭିବ୍ୟକ୍ତି ଓ ବିରହୀ ପ୍ରେମିକ ପ୍ରାଣର ସୁନ୍ଦରତମ ନିଷ୍କପଟ ଅଶ୍ରୁ-ତପସ୍ୟାର ଉଜ୍ଜ୍ୱଳ ସ୍ୱାକ୍ଷର ବହନ କରିଛି । ଅଭିବ୍ୟକ୍ତିର ସୌନ୍ଦର୍ଯ୍ୟ, ଉଚ୍ଛ୍ୱାସ ଓ ଆବେଗର ପରିପୂର୍ଣ୍ଣ ଭାବମୂର୍ତ୍ତି ଅରୂପ-ଚେତନା ମଧ୍ୟରେ ପ୍ରକଟିତ । ସୀତାଙ୍କର ଯେଉଁ ପ୍ରେମମୟୀ-ପ୍ରତିମାକୁ ରାମ ହୃଦୟରେ ସ୍ଥାପନ କରି କଠୋର ରାଜଧର୍ମ ପାଳନ ବ୍ରତୀ ହୋଇଛନ୍ତି; ତା'ରି ନିକଟରେ ତାଙ୍କ ପ୍ରାଣର ଏହି ସତ୍ୟ-କଥନ । ଗଙ୍ଗାଧରଙ୍କ ଅରୂପ କଳ୍ପନାର ଏହା ଅଭ୍ରାନ୍ତ ନିଦର୍ଶନ ।

ଚିନ୍ତାମଣି ସ୍ୱକାବ୍ୟର ନାନା ସ୍ଥଳରେ କଳ୍ପନା ପ୍ରତି ନିଜର ଦୃଷ୍ଟିକୋଣ ଛାଡି ଯାଇଛନ୍ତି । 'କଳ୍ପନା ଶୀର୍ଷକ କବିତାରେ ସେ କଳ୍ପନାକୁ ସ୍ୱପ୍ନମୟୀ ଅରୂପ ସୁନ୍ଦରୀ ରୂପେ ସମ୍ବୋଧନ କରି ତାହାର ଅନନ୍ତ ଶକ୍ତି ଓ ଅସୀମ ମାୟା ତଥା ଭଙ୍ଗାଗଢାର ନିତ୍ୟଲୀଳା ସମ୍ବନ୍ଧରେ ମତବ୍ୟକ୍ତ କରିଛନ୍ତି । କଳ୍ପନା ଅସମ୍ଭବ-ସୃଷ୍ଟିକାରିଣୀ, ଅଦ୍ଭୁତର ଜନୟିତ୍ରୀ ଓ ବହୁରୂପା । ସେ ମାନବର ମନକୁ ନିମେଷକରେ ଅଦୃଷ୍ଟ ଅଶ୍ରୁତ ରାଜ୍ୟରେ ଭ୍ରମଣ କରାଇବାର ଶକ୍ତି ଧାରଣ କରେ । ଶିଳ୍ପୀର କାରୁକଳା ରଚନା ଏହି କଳ୍ପନା ଶକ୍ତି ବଳରେ ସମାହିତ ହୁଏ । ବିଶ୍ୱର ପ୍ରତ୍ୟେକ ବସ୍ତୁ କଳ୍ପନାର ଛାଞ୍ଚରେ ଢଳାହୋଇ ନୂତନ ରୂପ ଧାରଣ କରେ-

କିଏ ତୁମ୍ଭେ ସ୍ୱପ୍ନମୟୀ ଅରୂପ ସୁନ୍ଦରୀ,
ଅନନ୍ତ ତୁମ୍ଭର ଶକ୍ତି ଅନନ୍ତ ଶାମ୍ବରୀ ।
ସୃଜୁଅଛି ଯେତେ ତୁମ୍ଭେ ଭାଙ୍ଗୁଅଛ ତେତେ,
ଚଳାଉଛ ଏ ଜଗତେ ଅଙ୍ଗୁଳି ସଙ୍କେତେ ।
କଳ୍ପନେ, ପ୍ରକୃତ ତୁମ୍ଭେ ଅଦ୍ଭୁତର ମାତା,
ରଚୁଛ ଗାଉଛ କେତେ ଅସମ୍ଭବ ଗାଥା ।

XXX

ତୁମ୍ଭରି ସାହାଯ୍ୟେ ଶିଳ୍ପୀ ରଚେ କାରୁକଳା
ସଂସାରର ସର୍ବବସ୍ତୁ ତୁମ୍ଭ ଛାଞ୍ଚେ ଢଳା ।[୫୪]

କଳ୍ପନା ଭାବୁକର ରତ୍ନ ଓ କବିର ସମ୍ବଳ । ସ୍ୱର୍ଣ୍ଣ ବିହଙ୍ଗିନୀ କଳ୍ପନା ପକ୍ଷ ବିସ୍ତାର କରି ମୁହୂର୍ତ୍ତକରେ ସୃଷ୍ଟି ପରିକ୍ରମା କରେ । ତାହାର ଭଣ୍ଡାର କେବେ ଶୂନ୍ୟ ହୁଏ ନାହିଁ-

ଶୂନ୍ୟ ନୁହେଁ ତୁମ୍ଭ ଝୁଲି ଆଶା ଝୁଲି ଯଥା
ଯେତେ ବ୍ୟୟ କଲେ ପୂରିଉଠେ ସେ ସର୍ବଥା ।[୫୫]

ଚିନ୍ତାମଣି କଳ୍ପନା-ଦେବୀଙ୍କୁ ଆବାହନ କରି ଭାବି ଭୂତ ବର୍ତ୍ତମାନର ଚାରୁ-ଚିତ୍ର ରଚନା ନିମନ୍ତେ ତାଙ୍କର ସାହାଯ୍ୟ ପ୍ରାର୍ଥନା କରିଛନ୍ତି । କଳ୍ପନା ତ୍ରିକାଳଦର୍ଶିନୀ । କଳ୍ପନା-ଶକ୍ତି ବଳରେ କବିହୃଦୟରେ ଅଭିଳଷିତ ବସ୍ତୁର ଛବି ଅଙ୍କିତ ହୋଇଯାଏ-

ପ୍ରସାଦାର୍ଥୀ ହୋଇ ମୁଁ ତୁମ୍ଭର
ମାଗୁଅଛି ନତଶିରେ ଏ ଭିକ୍ଷା ଶ୍ରୀପଦେ
ଆଙ୍କିଦିଅ ହୃଦ-ପଟେ ଅଭୀପ୍ସିତ ଛବି।[୫୬]

ସୁକବିର କଳ୍ପନା-ଧାରାରେ ଭାବରାଶି ଯଥାକ୍ରମ ଅନୁସାରେ ଭାସିଆସନ୍ତି-

ସୁକବି-କଳ୍ପନା-ପ୍ରବାହେ ଯେସନ
ଭାସିଆସେ କ୍ରମେ ଭାବ ଅଗଣନ।[୫୭]

କଳ୍ପନା-ପ୍ରକ୍ରିୟାରେ ଭାବର ଅନ୍ୱିତି ଘଟେ। ଭାବର କ୍ରମ-ରକ୍ଷା ନକଲେ କଳ୍ପନା ଦିଗହରା ହୋଇ ଘୋର ବିଭ୍ରାଟ ସୃଷ୍ଟି କରେ। ଅନିୟନ୍ତ୍ରିତ କଳ୍ପନା ଓ ହୃଦୟାବେଗ ଘେନି କେହି କାବ୍ୟ ସୃଷ୍ଟି କରିପାରନ୍ତି ନାହିଁ। ଚିନ୍ତାମଣି କଳ୍ପନାର ସମନ୍ୱୟକାରିଣୀ କ୍ରିୟା ସମ୍ବନ୍ଧରେ ସଚେତନ ଥିଲେ। 'ଘୁମୁସର କାବ୍ୟ'ରେ ସେ ସ୍ୱୀକାର କରିଛନ୍ତି, କଳ୍ପନା ହିଁ ତାଙ୍କର କାବ୍ୟ-ସାଧନାର ପ୍ରଧାନ ଅବଲମ୍ବନ-

ସାଫଲ୍ୟ ସହିତ ନାହିଁ ମୋର ଭେଟ
କଳ୍ପନା-ପିଷ୍ଟକେ ପୂରାଉଛି ପେଟ।

କଳ୍ପନାର ତାତ୍ତ୍ୱିକ ସ୍ୱଭାବ ଓ କ୍ରିୟା ସମ୍ବନ୍ଧରେ ଏତେ ଉଚ୍ଚ ମତ ପୋଷଣ କରୁଥିଲେ ହେଁ ବିପୁଳ କାବ୍ୟ-ସୃଷ୍ଟି ମଧ୍ୟରେ ଚିନ୍ତାମଣିଙ୍କର କଳ୍ପନା ଚିତ୍ର-ରଚନା କରିବାକୁ ସମର୍ଥ ହୋଇନାହିଁ। ସେ କେବଳ ବିଷୟାଶ୍ରୟୀ କଳ୍ପନା ସହିତ ରୀତିଯୁଗୀୟ କାଳ୍ପନିକତାର (Fancy) ର ମିଶ୍ରଣ ଘଟାଇ ନିଜର କର୍ତ୍ତବ୍ୟ ସାଙ୍ଗ କରିଛନ୍ତି।

ପ୍ରକୃତି ବର୍ଣ୍ଣନାତ୍ମକ କାବ୍ୟରେ ଉପମା ପ୍ରୟୋଗରେ ଚିନ୍ତାମଣିଙ୍କର ରମ୍ୟ-ଦୃଷ୍ଟିର ପରିଚୟ ମିଳେ-

କାହିଁ ବା ଅତଣ୍ଡୀଲତା ମାଡ଼ିଛି ବହଳେ
ଚନ୍ଦନପାଟୀ କି ତାହା ବନଦେବୀଙ୍କର,
ଅଥବା ନୀରବ ହାସ୍ୟ ଶୋଭରାଣୀଙ୍କର।[୫୮]

ଅତଣ୍ଡୀଲତା (ଶୁକ୍ଳବର୍ଣ୍ଣ ଲତାବିଶେଷ) ବୃକ୍ଷମାନଙ୍କରେ ମାଡ଼ିଥିବା ଲକ୍ଷ୍ୟ କରି ସେ ତାହାକୁ ବନଦେବୀଙ୍କର ଚନ୍ଦନପାଟୀ ରଚନା ବା ଶୋଭାରାଣୀଙ୍କର ନୀରବ ହାସ୍ୟ ବୋଲି ମନେ କରିଛନ୍ତି। ଏହି ଚିତ୍ରରେ ଗତି ନାହିଁ କି ଆବେଗ ନାହିଁ। ତେଣୁ ସ୍ଥିର ଚିତ୍ର ଭଳି ପ୍ରତୀତ ହେଉଛି।

ଦିଗ୍‌ବଳୟର ଶୋଭା ବର୍ଣ୍ଣନା କରି ସେ ନିମ୍ନୋକ୍ତ ଉତ୍‌ପ୍ରେକ୍ଷାରେ ଉପନୀତ ହୋଇଛନ୍ତି-

ଗୋଲାକୃତି କ୍ଷିତି, ଗଗନ ଉଭୟ,
ତଦ୍ଦର୍ଶନେ ହୁଏ ଏ ଭାବ ଉଦୟ।
ଧରା ନୀଳରତ୍ନ ପେଟିକା ସଂକାଶ
ଢାଙ୍କୁଣି ତାହାର ନୀଳ ମହାକାଶ। (୫୯)

କବିର ପ୍ରଧାନ କର୍ମ ସୃଷ୍ଟି। ସେହି ସୃଷ୍ଟି-ନୈପୁଣ୍ୟ ଓ ପ୍ରକାଶର ସୌନ୍ଦର୍ଯ୍ୟ-ମାଧୁର୍ଯ୍ୟ ଉପରେ କବି-ପ୍ରତିଭାର ବିଚାର କରାଯାଇଥାଏ। ଚିନ୍ତାମଣି ଚିନ୍ତା ଯୋଗାଇଛନ୍ତି ପ୍ରଚୁର; ମାତ୍ର ସ୍ୱଳ୍ପ ସ୍ଥାନରେ ସେ ସୃଷ୍ଟି କରିଛନ୍ତି। ଚିତ୍ର ପ୍ରସୂତୀ କଳ୍ପନା ନିମନ୍ତେ କବିଚିତ୍ତର ସମାଧି ଅବସ୍ଥା କେଉଁଠି ଘଟିଥିଲା ପରି ବୋଧହୁଏ ନାହିଁ। ପୁନଶ୍ଚ ସେ ଚିତ୍ରଣର ସେହି ସମାଧି ଅବସ୍ଥା ସହିତ ପାଠକ ମନର ରସସଂଯୋଗ ଘଟାଇ ପାରିନାହାନ୍ତି। ରସ-ସମାହିତ-ଚିତ୍ତ ହେବା ତାଙ୍କ ଭାଗ୍ୟରେ କମ୍ ଘଟିଛି।

■

ଉପସଂହାର

ଶିଳ୍ପ ଓ କବିତାରେ ସୌନ୍ଦର୍ଯ୍ୟ ହେଲା 'ମାୟାବନ-ବିହାରିଣୀ ହରିଣୀ'-ଏହାକୁ ଲାଭ କରିବା ପାଇଁ ଯୁଗେ ଯୁଗେ କବିଶିଳ୍ପୀଦଳ ତା'ର ପଶ୍ଚାଦ୍ଧାବନ କରିଆସୁଛନ୍ତି। ପ୍ରତ୍ୟେକ ଯୁଗ ଓ କବି ସେମାନଙ୍କର ସୌନ୍ଦର୍ଯ୍ୟତତ୍ତ୍ୱ ଦେଇଚାଲିଛନ୍ତି। ଏହା ସ୍ଥିତିଶୀଳ ନୁହେଁ, ଗତିମାନ୍। ତେଣୁ ଆମେ ଦେଖୁଁ ବିଭିନ୍ନ ଯୁଗରେ କବିମାନେ ଶିଳ୍ପଜଗତରେ ନୂତନ ସୌନ୍ଦର୍ଯ୍ୟତତ୍ତ୍ୱ ପ୍ରଚାର କରୁଛନ୍ତି। ଉପେନ୍ଦ୍ରଙ୍କ ସୌନ୍ଦର୍ଯ୍ୟତତ୍ତ୍ୱ ଯେଉଁପରି ତାଙ୍କ କାବ୍ୟର ନିୟାମକ, ପରବର୍ତ୍ତୀ ରାଧାନାଥ-ମଧୁସୂଦନ ପ୍ରଭୃତିଙ୍କ ସୌନ୍ଦର୍ଯ୍ୟତତ୍ତ୍ୱ ସେହିପରି ସେମାନଙ୍କର କାବ୍ୟର ମର୍ମ ଉଦ୍‌ଘାଟନ କରିବାରେ ସହାୟକ। ପ୍ରତ୍ୟେକ କଳାକୃତି ଏକ କାମଧେନୁ। ଭୋକ୍ତାର ଶକ୍ତି ଅନୁସାରେ ତହିଁରୁ ରସ-ଦୁଗ୍ଧ କ୍ଷରିତ ହୁଏ। ରସିକର କର୍ତ୍ତବ୍ୟ ତାହାକୁ ଉତ୍ତମ ରୂପେ ଦୋହନ କରିବା। ପ୍ରକୃତ ରସିକ କବିର ଭାବବ୍ୟଞ୍ଜନାରୁ ସୌନ୍ଦର୍ଯ୍ୟ ଆସ୍ୱାଦନ କରେ।

ବିଶୁଦ୍ଧ କଳାତ୍ମକ ଦୃଷ୍ଟିରୁ ଓଡ଼ିଆ କାବ୍ୟର ମଧ୍ୟକାଳୀନ ଓ ଆଧୁନିକ ଯୁଗର କବିମାନଙ୍କର ସୌନ୍ଦର୍ଯ୍ୟ ଚେତନା ଓ ଶିଳ୍ପବୈଭବ ଆଲୋଚନା କରି ଆମେ ନିମ୍ନୋକ୍ତ ଉପସଂହାରରେ ଉପନୀତ ହେଉ-

ଓଡ଼ିଆ ରୀତିକାବ୍ୟର କଳା-ବୈଭବ ସ୍ୱକୀୟ ଆନୁଷଙ୍ଗିକତାରେ ମହାନ୍। ରୀତିକାଳର ସାଂସ୍କୃତିକ ମାନଦଣ୍ଡରେ ସୌନ୍ଦର୍ଯ୍ୟବୋଧର ସ୍ୱରୂପ କବିମାନଙ୍କର ସ୍ୱଭାବ ଅନୁଯାୟୀ ପ୍ରକାଶ ପାଇଛି। ଏହି ଯୁଗର କାବ୍ୟାଦର୍ଶ ଅନୁସାରେ ରସିକ-ନେତାମାନେ ଥିଲେ କାବ୍ୟର ପ୍ରକୃତ ଗ୍ରାହକ। ତତ୍‌କାଳୀନ ଜନଜୀବନ ରସିକତାରେ ବୈଚିତ୍ର୍ୟ ସନ୍ଦର୍ଶନ କରୁଥିଲା। ସ୍ଥୂଳ ମନୋରଞ୍ଜନ ଓ ଅଗଭୀର ରସିକତା କବିମାନଙ୍କର ମୂଳ ଉଦ୍ଦେଶ୍ୟ ଥିଲା। କାବ୍ୟାତ୍ମାର ଉତ୍କର୍ଷ ଅପେକ୍ଷା ଶାରୀରିକ ଅଳଙ୍କାର ସଂଯୋଜନରେ ସମଧିକ ଗୁରୁତ୍ୱ ଆରୋପ କରାଯାଉଥିଲା। ଆଳଙ୍କାରିକ ଶୈଳୀର ଦୁର୍ଭର ଭାରରେ କାବ୍ୟର ସ୍ୱତଃସ୍ଫୂର୍ତ୍ତତା ବିଲୁପ୍ତ ହୋଇଥିଲା। ଏହି ଯୁଗର କାବ୍ୟରେ ଧର୍ମ ଓ ପ୍ରେମର ପ୍ଲାବନ ଦେଖିବାକୁ ମିଳେ। ଧର୍ମର ଏକାଧିପତ୍ୟ ସହିତ କାମଗନ୍ଧୀ ପ୍ରେମ-ରସ ଏକ ପାତ୍ରରେ ପରିବେଷଣ କରାଯାଇଥିଲା।

ଦୀନକୃଷ୍ଣ ଭକ୍ତିରସ ଓ ପ୍ରେମରସକୁ ମିଶ୍ରିତ କରି କାବ୍ୟରସିକମାନଙ୍କର ଗ୍ରାହକତ୍ୱ ଦାବି କରିଛନ୍ତି। ସମଗ୍ର 'ରସକଲ୍ଲୋଳ' ଶୃଙ୍ଗାର ରସରେ ପ୍ଳାବିତ। ରୂପ ଶୃଙ୍ଗାର, ହାବଭାବ ଶୃଙ୍ଗାର, ପ୍ରକୃତି ଶୃଙ୍ଗାର ତଥା କାବ୍ୟାଦର୍ଶରେ ମଧ୍ୟ ଶୃଙ୍ଗାରିକତା ପ୍ରାଧାନ୍ୟ ଲାଭ କରିଛି। ରୂପଦୃଷ୍ଟିରୁ ବିରହ ଓ ସମ୍ଭୋଗ ଶୃଙ୍ଗାରକାଳୀନ ରୂପ ମୁଖ୍ୟ ସ୍ଥାନ ଗ୍ରହଣ କରିଛି। ମାତ୍ର ଋତୁ ବର୍ଣ୍ଣନା ଓ ଗୋପୀମାନଙ୍କ ଖେଦବାଣୀରେ ରସକଲ୍ଲୋଳ ମଧୁର ଓ କରୁଣ ହୋଇଛି।

ଉପେନ୍ଦ୍ର ଅଳଙ୍କାର ଓ ଦେହବାଦୀ। ତାଙ୍କର କାବ୍ୟ ଓ ସୌନ୍ଦର୍ଯ୍ୟ ଦେହ ନିର୍ଭର। ଏହି ଯୁଗର ଅନ୍ୟ କବିମାନେ ମଧ୍ୟ ଉପେନ୍ଦ୍ରଙ୍କ ଅନୁସରଣରେ ଅଳଙ୍କାର ସୌନ୍ଦର୍ଯ୍ୟ ପ୍ରତି ମୋହ ଛାଡିପାରି ନାହାନ୍ତି। ରୂପ ପରିପାଟୀ ବର୍ଣ୍ଣନା ଓ ଅଳଙ୍କାର ପ୍ରୟୋଗ ଅପରିହାର୍ଯ୍ୟ ରୂପେ ବିବେଚିତ ହୋଇଛି। ତରୁଣ-ରୂପ ସେମାନଙ୍କ ଚେତନାର ଉଜ୍ଜ୍ୱଳ ଆଲୋକ-ସମ୍ପାତରେ ଚାକ୍ଷୁଷ ଓ ଲୋଭନୀୟ ରୂପେ ସମୁଦ୍‌ଭାସିତ।

ରୀତିକାଳୀନ ସୌନ୍ଦର୍ଯ୍ୟ-ଚେତନା ନାରୀ-ସମ୍ପୃକ୍ତ। ରମଣୀର ଯୌବନମଦ-ବିଳସିତ ତନୁ ସେମାନଙ୍କର ପରମ ସମ୍ବଳ। କାବ୍ୟକୁ ରତିକ୍ରୀଡ଼ା ରୂପେ ପରିକଳ୍ପନା ଓ ରତିକ୍ରୀଡାକୁ କାବ୍ୟ ରୂପେ ପ୍ରତିପାଦନ କରିବା ଦ୍ୱାରା ଶୃଙ୍ଗାରରସର ସାର୍ବଭୌମତ୍ୱ ପ୍ରତି ଉପେନ୍ଦ୍ରଙ୍କ ଗଭୀର ବିଶ୍ୱାସ ଓ କାବ୍ୟଶିଳ୍ପର ଆଦର୍ଶ ସୂଚିତ ହୁଏ। ଉପେନ୍ଦ୍ର କାବ୍ୟ ଅର୍ଥୀଜନମାନଙ୍କ ନିମନ୍ତେ ଉଦ୍ଦିଷ୍ଟ। ରସିକ ସାମନ୍ତଗୋଷ୍ଠୀ ଓ ପଣ୍ଡିତମାନଙ୍କର ରୁଚି ଦୃଷ୍ଟିରୁ କାବ୍ୟର ପରିକଳ୍ପନା କରାଯାଇଛି।

ବୈଚିତ୍ର୍ୟ ହିଁ ସୌନ୍ଦର୍ଯ୍ୟ। ଉପେନ୍ଦ୍ର ସାହିତ୍ୟରେ ପ୍ରେମ, ସୌନ୍ଦର୍ଯ୍ୟ, ପ୍ରକୃତି ଓ କାବ୍ୟ-ବିଷୟର ବୈଚିତ୍ର୍ୟହୀନତା ପରିଲକ୍ଷିତ। ଅନୁଭୂତି ମଧ୍ୟ ବୈଚିତ୍ର୍ୟଶୂନ୍ୟ। ସେହି ପ୍ରାଚୀନ ପ୍ରେମ ଓ ପରିଚିତ ସୌନ୍ଦର୍ଯ୍ୟ କେତେ ନୂତନ ପଦ୍ଧତିରେ ପ୍ରକାଶ ପାଇପାରେ; ମାତ୍ର ଉପେନ୍ଦ୍ରଙ୍କ ପ୍ରେମ-ଭାବନା ଓ ରୂପଦୃଷ୍ଟି ଗତାନୁଗତିକ। କବିଙ୍କର ନାରୀମାନେ ଗୋଟିଏ ଛାଞ୍ଚରେ ଢଳା ହେଲା ପରି ମନେହୁଅନ୍ତି। ପ୍ରତ୍ୟେକ କାବ୍ୟରେ ସେହି ଏକ ରୂପ, କ୍ରିୟା ଓ ମନୋଭାବ। ଶୃଙ୍ଗାରୀ କବି ଏହି ବିଶ୍ୱକୁ ଶୃଙ୍ଗାର-ରସମୟ ରୂପେ ଦେଖିଛନ୍ତି। ପ୍ରକୃତି ବର୍ଣ୍ଣନାରେ ତେଣୁ ଶୃଙ୍ଗାରିକତା ହିଁ ପ୍ରାବଲ୍ୟ ଲାଭ କରିଛି। ପ୍ରକୃତିର ଚିତ୍ ଶକ୍ତି ପରିବର୍ତ୍ତେ ରତି-ରସ-ତତ୍ପରା ରୂପ ପ୍ରଦର୍ଶିତ। ତାହା ବହୁବର୍ଣ୍ଣା ଓ ବିଚିତ୍ରରୂପିଣୀ ନୁହେଁ। ପ୍ରାଚୀନ କାବ୍ୟରେ ପ୍ରକୃତି ବର୍ଣ୍ଣନାର ଏକରୂପତା ପାଠ କରି ଅସ୍ୱସ୍ତି ଜାତ ହୁଏ। ରାଜୋଦ୍ୟାନ ତତ୍ରତ୍ୟ ପ୍ରାକୃତିକ ପରିବେଶ କେବଳ ଉଦ୍ଦୀପନ ଦୃଷ୍ଟିରୁ ନିର୍ବାଚିତ ହୋଇଥିବା ଲକ୍ଷ୍ୟ କରାଯାଏ।

ଉପେନ୍ଦ୍ର ସୁକୁମାର ସୌନ୍ଦର୍ଯ୍ୟର କବି। ତେଣୁ ଭୟଙ୍କର, ଉଦାତ୍ତ ରୂପ ପରିବର୍ତ୍ତେ

ତାଙ୍କ କାବ୍ୟରେ କେବଳ ସୁନ୍ଦରର ଅବତରଣ ଘଟିଛି। ସୌନ୍ଦର୍ଯ୍ୟର କୋମଳ ଦିଗ ପ୍ରତି ଦୃଷ୍ଟି ଦେଇଥିବାରୁ କଠୋର, ପରୁଷ ରୂପ ତାଙ୍କ କାବ୍ୟରେ ବିରଳ। ଭୋଗ-ସର୍ବସ୍ୱ ରୂପ-ଦୃଷ୍ଟି ହେତୁ ରୂପର ଅଲୌକିକ ପ୍ରଭାବ ବହୁ ସମୟରେ ଉପଲବ୍ଧ ହୁଏ ନାହିଁ।

ଭାବର ମହତ୍ତ୍ୱ ଓ ଆବେଗର ଗଭୀରତା ଅଭିମନ୍ୟୁ ଓ ଗୋପାଳକୃଷ୍ଣଙ୍କ ରଚନାକୁ ରସସିକ୍ତ କରିଛି। ଉପେନ୍ଦ୍ର ପ୍ରେମ ଓ ଉପଭୋଗକୁ ଏକ ରୂପେ ଦେଖିଥିବାବେଳେ ଗୋପାଳକୃଷ୍ଣ ଉପଭୋଗକୁ ପ୍ରେମଠାରୁ ସ୍ୱତନ୍ତ୍ର କରିଦେଇଛନ୍ତି।

ଅଭିମନ୍ୟୁ ପ୍ରେମାନୁଭୂତି ଓ ସୌନ୍ଦର୍ଯ୍ୟାନୁଭୂତି ମଧ୍ୟରେ ପାର୍ଥକ୍ୟ ଦେଖିନାହାନ୍ତି। ଅଙ୍ଗ ବା ରୂପ ବର୍ଣ୍ଣନାରେ ଉପେନ୍ଦ୍ରଙ୍କୁ ଅନୁସରଣ କରିଥିଲେ ହେଁ ସେ ବହୁ ସ୍ଥଳରେ ମୌଳିକତା ପ୍ରଦର୍ଶନ କରିଛନ୍ତି। ପ୍ରେମ ଓ ରୂପର ଆଧ୍ୟାତ୍ମିକତା ପ୍ରତି ସେ ସଚେତନ ଦୃଷ୍ଟି ରଖିଥିଲେ; ମାତ୍ର ଉପେନ୍ଦ୍ର-ପ୍ରଭାବରେ ରୂପର ସ୍ଥୂଳତା ପ୍ରତି ମୋହ ଛାଡ଼ିପାରିନଥିଲେ।

ବ୍ରଜନାଥ ଅଧ୍ୟାତ୍ମ-ସୌନ୍ଦର୍ଯ୍ୟ ସମ୍ପର୍କରେ ଉଚ୍ଚ ଭାବନା ବ୍ୟକ୍ତ କରିଥିଲେ ହେଁ ତାଙ୍କର ପ୍ରକୃତି ଓ ମାନବୀୟ ସୌନ୍ଦର୍ଯ୍ୟରେ ସ୍ଥୂଳତାର ମାତ୍ରା ଅଧିକ। ଅନୁଭୂତି ଓ ମାର୍ଜିତ ରୂପ-ଦୃଷ୍ଟି ଅଭାବରୁ ତାଙ୍କର କାବ୍ୟ ରମ୍ୟାନୁଭୂତି ପ୍ରଦାନ କରେ ନାହିଁ।

ଭକ୍ତଚରଣ ଓ ଗୋପାଳକୃଷ୍ଣ ଐଶ୍ୱରିକ ସୌନ୍ଦର୍ଯ୍ୟ-ମହିମା ବର୍ଣ୍ଣନାରେ ଭକ୍ତସୁଲଭ ହୃଦୟର ପରିଚୟ ଦେଇଛନ୍ତି। କବିସୂର୍ଯ୍ୟ ବଳଦେବ ଉପେନ୍ଦ୍ର ପ୍ରଭାବରେ କାଳ୍ପନିକ କାବ୍ୟରେ ସୌନ୍ଦର୍ଯ୍ୟର ସ୍ଥୂଳତା ପ୍ରତି ଆସକ୍ତି ପ୍ରଦର୍ଶନ କରିଥିଲେ ହେଁ ସ୍ୱକୀୟ ଅନବଦ୍ୟ 'ସୃଷ୍ଟି ଚମ୍ପୂ'ରେ ସୌନ୍ଦର୍ଯ୍ୟର ଦିବ୍ୟ-ଆଲୋକ ପ୍ରକାଶ କରିଛନ୍ତି।

ଯଦୁମଣିଙ୍କର ରୂପ-ଦୃଷ୍ଟି ଚାତୁର୍ଯ୍ୟ ଓ ଶ୍ଳେଷୋକ୍ତିରେ ଆଚ୍ଛନ୍ନ। ତାଙ୍କର ଭାଷା ମଧ୍ୟ ଚିତ୍ରାତ୍ମକ ନୁହେଁ। ଆଶୁକବିତ୍ୱ ଓ ଉତ୍ପ୍ରେକ୍ଷା-ଦୃଷ୍ଟି ସୌନ୍ଦର୍ଯ୍ୟର କୌଣସି ବୈଶିଷ୍ଟ୍ୟ ସୂଚନା କରେ ନାହିଁ।

ବିଭ୍ରମ-ସୌନ୍ଦର୍ଯ୍ୟ ବର୍ଣ୍ଣନାରେ ଅଧିକାଂଶ ରୀତିଯୁଗୀୟ କବି ଉତ୍ସୁକତା ଦେଖାଇଛନ୍ତି। ନାୟକ ଦର୍ଶନରେ ନାୟିକାର ଏହି ମନୋଭାବ କାବ୍ୟରେ ରମଣୀୟତା ସୃଷ୍ଟି କରିଛି।

ପ୍ରାକୃତିକ ଅଧୃଷ୍ୟ ଓ ଅଦୃଶ୍ୟ ଶକ୍ତିକୁ ରୂପଦାନ କରିବାର ପ୍ରୟାସ ପ୍ରାଚୀନ କାବ୍ୟରେ ବିରଳ। ଆଧୁନିକ କାବ୍ୟରେ ଏହା ଏକ ବିଶେଷତ୍ୱ। ପ୍ରକୃତି ହିଁ ରାଧାନାଥଙ୍କ ସୌନ୍ଦର୍ଯ୍ୟ କଳ୍ପନାକୁ ବୈବିଧ୍ୟ ଓ ବୈଚିତ୍ର୍ୟ ଦାନ କରିଛି। ରାଧାନାଥ ଥିଲେ କୈବଲ୍ୟ କଳାପ୍ରେମୀ; ଆତ୍ମାରେ ମହାନ୍ ବିପ୍ଳବୀ-ଜୀବନ ସାଧକ। ତାଙ୍କ ପରେ ମଧୁସୂଦନ-ଫକୀରମୋହନ-ଗଙ୍ଗାଧର ଶିଳ୍ପ-ସୌନ୍ଦର୍ଯ୍ୟଠାରୁ ଆଦର୍ଶ-ସୌନ୍ଦର୍ଯ୍ୟ ଓ ନୈତିକତା ପ୍ରତି ଆକୃଷ୍ଟ ହେଲେ। ରାଧାନାଥୀ ସାହିତ୍ୟ ସମ୍ବନ୍ଧରେ ତତ୍କାଳୀନ ସାହିତ୍ୟିକ-ବିବାଦ

ନନ୍ଦକିଶୋର-ଗଙ୍ଗାଧରଙ୍କୁ ସାହିତ୍ୟର ଆଦର୍ଶବାଦିତା ପ୍ରତି ଆକୃଷ୍ଟ କରିଥିଲା। ରାଧାନାଥଙ୍କ କାବ୍ୟାଦର୍ଶ ବିରୁଦ୍ଧରେ ନନ୍ଦକିଶୋର ଓ ଗଙ୍ଗାଧର ପ୍ରତ୍ୟକ୍ଷରେ ଓ ପରୋକ୍ଷରେ ବିଦ୍ରୋହ କରିଥିଲେ ହେଁ ସେମାନଙ୍କ ବିଦ୍ରୋହମୂଳତଃ ଆଦର୍ଶବାଦ ଦୃଷ୍ଟିରୁ ଥିଲା। ରାଧାନାଥ ଅଭିଜାତ ଭାବନାର କବି; ମଧୁସୂଦନ ଆନନ୍ଦଲୋକର, ଆଧ୍ୟାତ୍ମିକ ବିଶ୍ୱାସର କବି। ଫକୀରମୋହନ ଓ ନନ୍ଦକିଶୋର ଜନସାଧାରଣର କବି ହେବା ପାଇଁ ଚାହିଁଥିଲେ। ଗଙ୍ଗାଧର ଭାରତୀୟ ଜୀବନଚର୍ଯ୍ୟାର ଆଦର୍ଶ ଓ ନୈତିକ ଦିଗ ପ୍ରତି ସମଧିକ ପକ୍ଷପାତୀ ଥିଲେ।

ରାଧାନାଥ ପ୍ରକୃତି ଓ ନାରୀକୁ ରୁଦ୍ର-ସୁନ୍ଦର କରି ଚିତ୍ରଣ କରିଛନ୍ତି। ତାଙ୍କ ସୌନ୍ଦର୍ଯ୍ୟ ଚେତନାରେ ଭୀଷଣତା ଓ ସୁନ୍ଦରତା-ଉଭୟର ଆବିର୍ଭାବ ଘଟିଛି । ଚିତ୍ରରୂପା ଓ ବହୁଗୁଣମୟୀ ପ୍ରକୃତି ତଥା ବିଚିତ୍ର ସ୍ୱଭାବବିଶିଷ୍ଟା ନାରୀ ଓ ବହୁବିଧ ନାୟକ ରାଧାନାଥଙ୍କ କାବ୍ୟରେ ଦେଖିବାକୁ ମିଳନ୍ତି । ଉପେନ୍ଦ୍ରଙ୍କ ନାରୀ-ଅଙ୍ଗ ବର୍ଣ୍ଣନାରେ ଅଶ୍ଳୀଳତା ରହିଛି; ମାତ୍ର ରାଧାନାଥଙ୍କ ନାରୀ ବର୍ଣ୍ଣନାରେ ସଂଯତ ଓ ମାର୍ଜିତ ଇନ୍ଦ୍ରିୟଗ୍ରାହ୍ୟ ରୂପର ପ୍ରକାଶ ଘଟିଛି । ଉପେନ୍ଦ୍ର ଶୃଙ୍ଗାରୀ ସ୍ୱଭାବର କବି । ସ୍ୱକୀୟ ନାରୀ-ଭାବ ହେତୁ କୁସୁମକୋମଳା ନାରୀ ସୃଷ୍ଟି କରିଛନ୍ତି । ରାଧାନାଥଙ୍କଠାରେ ପରୁଷ ହୃଦୟ ଓ କୋମଳ ହୃଦୟର ମିଶ୍ରଣ ଘଟିଥିଲା । ଏ ଦୁଇ ଭାବର ସମନ୍ୱୟ ହେତୁ ତାଙ୍କ କାବ୍ୟରେ ସୌନ୍ଦର୍ଯ୍ୟର ଶକ୍ତି ଓ କୋମଳତା ଯୁଗପତ୍ ଅନୁଭୂତ ହୁଏ । ରୀତିଯୁଗର ଅଙ୍ଗ-ବର୍ଣ୍ଣନା-ସର୍ବସ୍ୱ କାବ୍ୟଠାରୁ ରାଧାନାଥଙ୍କ କାବ୍ୟର ବିଶେଷତ୍ୱ ହେଲା, ସେ କାବ୍ୟର ପ୍ରସଙ୍ଗାନୁକୂଳ, ସଂଯତ ଓ ଔଚିତ୍ୟପୂର୍ଣ୍ଣ ରୀତିରେ ରୂପ ବର୍ଣ୍ଣନା କରିଛନ୍ତି । ସୌନ୍ଦର୍ଯ୍ୟର ଉଦାତ୍ତ ଗୁଣ ପ୍ରତି ମଧ ତାଙ୍କର ମାନସିକ ପ୍ରବଣତା ଲକ୍ଷ୍ୟ କରାଯାଏ । ସୌନ୍ଦର୍ଯ୍ୟର ତାତ୍ତ୍ୱିକ ଦିଗ ତାଙ୍କର ସଚେତନ ଅବଧାନତା ଓ ଅଧ୍ୟୟନ ଯୋଗୁଁ ଉଦ୍‌ଘାଟିତ । ସେ ସ୍ୱକାବ୍ୟର ନାନା ସ୍ଥଳରେ ଶିଳ୍ପ ଓ ସୌନ୍ଦର୍ଯ୍ୟ ସମ୍ପର୍କିତ ଧାରଣା ବ୍ୟକ୍ତ କରିଛନ୍ତି ।

ପ୍ରାଚୀନ କାବ୍ୟରେ ସ୍ଥାନୀୟ ପରିବେଶ ବା ଆଞ୍ଚଳିକ ରଙ୍ଗ ପରିଲକ୍ଷିତ ହୁଏନାହିଁ । ରାଧାନାଥଙ୍କ କାବ୍ୟର ଏହା ଏକ ଅନନ୍ୟ ବିଶେଷତ୍ୱ । ସେ ସ୍ଥାନ ଓ କାଳ ବର୍ଣ୍ଣନାରେ ନିପୁଣ । ଦୈଶିକତା ଓ କାଳିକତାର ସୀମା ଲଂଘନ କରି ସେସବୁ ସାଧାରଣୀକୃତ୍ ରୂପେ ସର୍ବଦେଶ ଓ ସର୍ବକାଳର ଚିତ୍ର, ଚରିତ୍ର ଓ ଘଟଣାରେ ପରିଣତ ହୋଇଛନ୍ତି । ପ୍ରାଚୀନ ଓଡ଼ିଆ କବିମାନେ ପ୍ରକୃତି ପର୍ଯ୍ୟବେକ୍ଷଣ ନକରି ଉତ୍‌ପ୍ରେକ୍ଷା ଦୃଷ୍ଟିରେ ପ୍ରକୃତି ବର୍ଣ୍ଣନା କରିଥିବାରୁ କଳ୍ପନାର ସୂକ୍ଷ୍ମରେଖା ଓ ରଙ୍ଗ ପ୍ରକାଶ ପାଇନାହିଁ । ପ୍ରକୃତିରେ ଯେଉଁ ନିତ୍ୟ ନବୀନ ଲୀଳା ସଂଘଟିତ, ତାହା କବି-ତର୍କଣାରେ ରୂପ ପାଏନାହିଁ । ରାଧାନାଥଙ୍କ ପ୍ରକୃତି ସୂକ୍ଷ୍ମ ନିରୀକ୍ଷଣ ଫଳରେ ଚିତ୍ର-ସ୍ୱରୂପା ଓ ବୈଚିତ୍ର୍ୟମୟୀ ।

ରାଧାନାଥ ଅନ୍ତର୍ଜଗତଠାରୁ ବହିର୍ଜଗତକୁ ପ୍ରଲୁବ୍ଧ ଦୃଷ୍ଟିରେ ଦେଖୁଥିଲେ । ବହିର୍ଜଗତର ସୌନ୍ଦର୍ଯ୍ୟରେ ରସଲୀନ ହେଉଥିଲେ; ମାତ୍ର ତତ୍ତ୍ୱବୋଧ କାଳରେ ସେ ଅନ୍ତର୍ଜଗତକୁ ଫେରିଯାଉଥିଲେ । ରାଧାନାଥ ଭାବୁକ ଓ କବି । ସେ ଯେତେବେଳେ ଭାବୁକ ହୋଇଛନ୍ତି, ସେତେବେଳେ ନିତାନ୍ତ ନିଃସଙ୍ଗ ଅନୁଭବ କରିଛନ୍ତି ।

ମଧୁସୂଦନଙ୍କ କବିତା ଘୋଷଣାଧର୍ମୀ । ଆବେଗ କାବ୍ୟାନୁଭୂତିରେ ରୂପାନ୍ତରିତ ନହେବା ଫଳରେ ଶୋଭନ ବିବୃତି ମାତ୍ରରେ ପର୍ଯ୍ୟବସିତ । ତାଙ୍କର ବହୁ କବିତା ବୋଧ ଦୃଷ୍ଟିର ପରିଚାୟକ । ସେ ସୃଷ୍ଟି ସହିତ ଭାବ-ତାଦାତ୍ମ୍ୟ ସ୍ଥାପନ କରିନାହାନ୍ତି; ଦୂରତ୍ୱ ରଖି ଅନୁଶାସନ ବାଣୀ ଶୁଣାଇଛନ୍ତି । ମଧୁସୂଦନ ଅଧିକ ମାତ୍ରାରେ ଭାବୁକ । ଅଦୃଶ୍ୟ ଜଗତର ସତ୍ୟ ଓ ଶୋଭା-ସୁଷମାକୁ ଉଦ୍‌ଘାଟନ କରିବା ନିମନ୍ତେ ଭାବୁକ ମନୁଷ୍ୟର ଏକାକୀ ଆତ୍ମାର ପ୍ରୟାସ ତାଙ୍କ କବିତାରେ ଲକ୍ଷ୍ୟ କରାଯାଏ ।

ମଧୁସୂଦନଙ୍କର ବୋଧ-ଦୃଷ୍ଟି ପ୍ରବଳ ଓ ତାହା ତାଙ୍କର ରସଦୃଷ୍ଟିକୁ ବ୍ୟାହତ କରିଛି । ଫଳରେ ରସଦୃଷ୍ଟି ସ୍ତିମିତ ହୋଇ ରସାନନ୍ଦର କାରଣ ହେଉନାହିଁ । ସେ ଅନ୍ୟାୟ, ଅସତ୍ୟ, ଅଶୁଚି, ଅସୁନ୍ଦର, ଅନୈତିକ ଓ ସ୍ଖଳନ ପ୍ରତି ସଂକୁଚିତ । ସେ ଜଗତକୁ ବୋଧ-ଦୃଷ୍ଟିରେ ଦେଖିଛନ୍ତି; ମାତ୍ର ଉପଭୋଗ କରିନାହାନ୍ତି ।

ରାଧାନାଥ ଜଗତକୁ ରସ ଦୃଷ୍ଟିରେ ଦେଖିଛନ୍ତି । ଜୀବନ ଓ ସୃଷ୍ଟିକୁ ସେ ଉପଭୋଗ କରିଛନ୍ତି, ତହିଁରେ ମଜ୍ଜି ତା'ର ଅତଳରେ ପ୍ରବେଶ କରିଛନ୍ତି । ଜଗତକୁ ଉପଭୋଗ କରି ଯେଉଁ ରସାନନ୍ଦ ଲାଭ କରାଯାଏ, ତାହାହିଁ ତାଙ୍କର ପରମ ସମ୍ପଦ । ଏ ଦୃଷ୍ଟିରୁ ସେ ଜଣେ ନିର୍ଲିପ୍ତ କୈବଲ୍ୟ କଳାପ୍ରେମୀ । ଜୀବନର ହାସ, ଅଶ୍ରୁ, ଆନନ୍ଦ ନିରାନନ୍ଦ, କୁତ୍ସିତ ସୁନ୍ଦର, ପାପ ପୁଣ୍ୟ ପ୍ରତି ତାଙ୍କର ସମାନ ଦୃଷ୍ଟି ।

ମଧୁସୂଦନ ମନରେ ବୈରାଗୀ, ଜୀବନର ନିରାସକ୍ତ ପ୍ରେମିକ । ରାଧାନାଥ ମନରେ ଉଦାସୀ; ମାତ୍ର ତାହା ତାଙ୍କର ବ୍ୟକ୍ତି-ଧର୍ମ । କବି-ଧର୍ମର ପ୍ରକାଶ କ୍ଷେତ୍ରରେ ସେ ପରମ ଆସକ୍ତ ଓ ଭୋଗୀ । ପ୍ରକୃତିର ରୂପ-ରସ-ଗନ୍ଧ ଓ ନାରୀ ଅଙ୍ଗର ସୁଷମାକୁ ଉପଭୋଗ କରିବା ପାଇଁ ସୁଷମାଗ୍ରାହକ ରାଧାନାଥ ଅକୁଣ୍ଠ । ତାଙ୍କର ପ୍ରାଣ ନିତ୍ୟ ବସନ୍ତର ରାଜ୍ୟ । ଇନ୍ଦ୍ରିୟଗାହ୍ୟ ରୂପର ସେ ଆସକ୍ତ ପ୍ରେମିକ । ଜୀବନ ଓ ଜଗତର ଫୁଲ ଓ କଣ୍ଟା- ଉଭୟ ତାଙ୍କ ଦୃଷ୍ଟିରେ ପଡ଼ିଛି ।

ଇନ୍ଦ୍ରିୟପରତା ଯେଉଁପରି ଉପେନ୍ଦ୍ର-ରାଧାନାଥଙ୍କ କାବ୍ୟର ଦୋଷ, ଆଧ୍ୟାତ୍ମିକତା, ସେହିପରି ମଧୁସୂଦନଙ୍କ କବିତାର ରସ ପରିପାକର ଅନ୍ତରାୟ ଓ ଭାବର ଅସ୍ପଷ୍ଟତାର କାରଣ ।

ମଧୁସୂଦନଙ୍କ ବୋଧଦୃଷ୍ଟି ଓ ପ୍ରଜ୍ଞାଦୃଷ୍ଟିରେ ଉତ୍ତମ ସମାଜ ଗଠନ ଓ ମାନବ

ଜୀବନର ସର୍ବୋତ୍ତମ ବିକାଶ ସାଧିତ ହୋଇପାରେ । ବ୍ୟକ୍ତିଗତ ସାଧୁତା ଓ ଧାର୍ମିକ ଅଭିରୁଚି ତାଙ୍କ କାବ୍ୟର ଗତିଧାରା ନିୟନ୍ତ୍ରଣ କରିଥିଲା । ସେ ସୌନ୍ଦର୍ଯ୍ୟର ସତ୍ୟ-ମୂର୍ତ୍ତିରେ ବିଶ୍ୱାସ ସ୍ଥାପନ କରିଥିଲେ । ଐଶ୍ୱରିକ ସୌନ୍ଦର୍ଯ୍ୟାଙ୍କନରେ ତାଙ୍କର ଅଧ୍ୟାତ୍ମ-ବିଶ୍ୱାସ ପ୍ରାବଲ୍ୟ ଲାଭ କରିଛି । ସେ ସୌନ୍ଦର୍ଯ୍ୟକୁ ଅଲୌକିକ ଭାବନାର ମାଧ୍ୟମରୂପେ ଗ୍ରହଣ କରିଥିଲେ । ବ୍ୟକ୍ତି, ସମାଜ ଓ ବିଶ୍ୱର କଲ୍ୟାଣ ନିମନ୍ତେ ସୌନ୍ଦର୍ଯ୍ୟର ଆଧ୍ୟାତ୍ମିକ ଓ ନୈତିକ ମୂଲ୍ୟ ପ୍ରତି ସେ ଜାଗ୍ରତ ଦୃଷ୍ଟି ରଖିଥିଲେ । ତାଙ୍କର ନାରୀ ସ୍ୱର୍ଗୀୟ ସୌନ୍ଦର୍ଯ୍ୟର ପାର୍ଥିବ ପ୍ରତିବିମ୍ବ ଓ ଅସୀମ-ସୁନ୍ଦରଙ୍କ ରାଜ୍ୟର ଅଧିବାସିନୀ । ବାସନା କାମନାର ବିନାଶ ଘଟିଲେ ସେ ରୂପର ପ୍ରକୃତ ଅବଧାରଣା କରାଯାଇପାରେ ।

ମଧୁସୂଦନଙ୍କ ହୃଦୟ ଯେଉଁପରି ଗମ୍ଭୀର, ତାଙ୍କର କାବ୍ୟୋଚ୍ଚାରଣ ମଧ୍ୟ ସେହିପରି ମହିମାମୟ । 'ଋଷିପ୍ରାଣେ ଦେବାବତରଣ ' ଓ 'ହିମାଚଳେ ଉଦୟ ଉତ୍ସବ' ତାଙ୍କର ବିରାଟ କଳ୍ପନାର ସର୍ବଶ୍ରେଷ୍ଠ ଦାନ । କଳ୍ପନା ବା ଭାବନାରେ ଉଦାତ୍ତର ଉପସ୍ଥିତି ଏହି ଦୁଇଟି କବିତାରେ ଅନୁଭୂତ ହୁଏ ।

ଫକୀରମୋହନ କବିତା ଲେଖିବାବେଳକୁ ଜୀବନର ବିଚିତ୍ର ଅଭିଜ୍ଞତାରେ ଋଦ୍ଧିମନ୍ତ । କବିପ୍ରାଣର ଆଶା ନିରାଶା, ଅଭିଯୋଗ ଅନୁଯୋଗ, ଦୁଃଖ ସୁଖ, ଆତୁରତା ଓ ଜୀବନ ଯନ୍ତ୍ରଣା, ବିରହର ଅଭିବ୍ୟକ୍ତି, ବିପଦରେ ଧୈର୍ଯ୍ୟ, ଦୁଃଖ ଦୁର୍ବିପାକରେ ସାହସ ଓ ସାନ୍ତ୍ୱନା, ସୁଖ ସମ୍ଭୋଗରେ ସଂଯମ ଓ ତିତିକ୍ଷା- ତାଙ୍କ କବି ବ୍ୟକ୍ତିତ୍ୱର ମୂଳ ସ୍ୱର । ତାଙ୍କୁ ଆଧୁନିକ ଓଡ଼ିଆ ବସ୍ତୁବାଦୀ ସାହିତ୍ୟର ଅନ୍ୟତମ ପ୍ରବକ୍ତା କୁହାଯାଇପାରେ । କ୍ଷୁଦ୍ର କବିତାବଳୀରେ ବ୍ୟକ୍ତି ଫକୀରମୋହନଙ୍କ ବିକାଶ ଲକ୍ଷ୍ୟ କରାଯାଏ । ସେ ବ୍ୟକ୍ତିତ୍ୱର ବିକାଶ ବିଭିନ୍ନ ଭୂମିକାରେ-ଧର୍ମ, ଦର୍ଶନ, ପ୍ରକୃତି, ସମାଜ, ଜୀବନ, ଭଣ୍ଡତା ଓ କୁସଂସ୍କାର-ଏ ସକଳ ବିଷୟରେ ସେ କବିତା ରଚନା କରିଛନ୍ତି । ଫକୀରମୋହନ ଜୀବନବାଦୀଶିଳ୍ପୀ, ତେଣୁ ତାଙ୍କ କବିତାରେ ମାନବ ଜୀବନର ସୁଖ-ଦୁଃଖ, ଚିନ୍ତା ବିଷାଦ, ଆଶା-ନିରାଶା, ଆନନ୍ଦ ନିରାନନ୍ଦ, ମାନବ ଜୀବନର ଶାଶ୍ୱତ ମୂଲ୍ୟ ସମ୍ବନ୍ଧରେ ପ୍ରଶ୍ନ-ସକଳ ଜୀବନଭିତ୍ତିକ ସମସ୍ୟା ଉତ୍‌ଥାପିତ ।

ଫକୀରମୋହନଙ୍କ କବିତାରେ ବ୍ୟଞ୍ଜନା ଶକ୍ତିର ଅଭାବ ପରିଲକ୍ଷିତ । ସେ ଓଡ଼ିଶାର ସାମାଜିକ ଇତିହାସ ବା ପଦ୍ୟାୟିତ ବିବରଣୀ ଦେଇଯାଇଛନ୍ତି । ତାହା ବାସ୍ତବପୀଡ଼ିତ ଓ କଳାଗତ ଚାରୁତାବର୍ଜିତ । ତହିଁରେ ଅନୁଭୂତିରେ ବିଚିତ୍ରତା ଅଛି; ମାତ୍ର ଭାବର ଶକ୍ତିଶାଳୀ ସ୍ୱତଃସ୍ଫୂର୍ତ୍ତ ସଂହତ ପ୍ରକାଶ ନାହିଁ;ନିଷ୍ଠା ଅଛି, ଅଭିବ୍ୟକ୍ତିର ସୁଷମା ନାହିଁ । ଯେଉଁ ବୟସରେ କବିତ୍ୱର ଉତ୍ସ ଶୁଷ୍କ ହୋଇଯାଏ, ସେହି ବୟସରେ ଫକୀରମୋହନ କବିତା ରଚନା ଆରମ୍ଭ କରିଥିଲେ । ଏ ବୟସରେ ଅଭିଜ୍ଞତା-

ସଂପଦ ଅଧିକ ହେଲେ ହେଁ କବିତା ପ୍ରାଣର ଯେଉଁ ଆବେଗ ଲୋଡ଼େ, ତାହା ନ ଥିବାରୁ ତାଙ୍କ କବିତାର ବୈବିଧ ଓ ବୈଚିତ୍ର୍ୟ ସତ୍ତ୍ୱେ ତାହା ନୀରସ ଓ ଅରମଣୀୟ ପଦ-ଯୋଜନା ମାତ୍ରରେ ରହିଯାଇଛି । ମାତ୍ର ତାଙ୍କର ପତ୍ନୀ-ବିଚ୍ଛେଦରେ ଲିଖିତ କବିତାବଳୀ ଉଚ୍ଚକୋଟିର ପ୍ରାଣ-ଆବେଦନ ରସରେ ସ୍ନିଗ୍ଧ । ବିରହୀ ଅନ୍ତରର ଉଷ୍ମ-ଶ୍ୱାସରେ ପ୍ରତ୍ୟେକ ପଂକ୍ତି ପ୍ରାଣମୟ ଓ ଉଷ୍ମ ।

ବାର୍ଦ୍ଧକ୍ୟରେ ଉପନୀତ ସମାହିତ ଚିତ୍ତ କବି ସାଂସାରିକ ଭୋଗୈଶ୍ୱର୍ଯ୍ୟ, ବିଳାସ ବ୍ୟସନରୁ ମନ ଫେରାଇ ପରମ ମଙ୍ଗଳମୟଙ୍କ ପ୍ରତି ଚିତ୍ତର ଉନ୍ମୁଖତା ପ୍ରଦର୍ଶନ କରିଛନ୍ତି । ସେ ନୈରାଶ୍ୟବାଦର କଥା ବହୁସ୍ଥଳରେ କହିଥିଲେ ମଧ୍ୟ ନୈରାଶ୍ୟ ତାଙ୍କ କବିତାର ମୂଳ ସ୍ୱର ନୁହେଁ । ତାଙ୍କର ସୌନ୍ଦର୍ଯ୍ୟତତ୍ତ୍ୱ ଉପଦେଶାତ୍ମକ ତଥା ଆଧ୍ୟାତ୍ମିକ-ସୌନ୍ଦର୍ଯ୍ୟାଙ୍କନରେ କବି ବନ୍ଧୁ ମଧୁସୂଦନଙ୍କର ସେ ସମାନଧର୍ମା ।

ନନ୍ଦକିଶୋର କବିଚିତ୍ତର ପ୍ରେରଣାରେ ନୁହେଁ, ରାଧାନାଥୀ କାବ୍ୟାଦର୍ଶ ବିରୁଦ୍ଧରେ ନିଜ କାବ୍ୟର ଆଦର୍ଶ ଗଢ଼ିତୋଳିଥିଲେ । ସୌନ୍ଦର୍ଯ୍ୟ ସୃଷ୍ଟିରେ ମଧ୍ୟ ସେ ଆଦର୍ଶବାଦୀ । ରାଧାନାଥ ଓ ମଧୁସୂଦନଙ୍କ ମେଳରେ ଓ ଆଦର୍ଶରେ ବଢ଼ିଥିବା ନନ୍ଦକିଶୋର ଯେପରି ପୂର୍ବସୂରୀମାନଙ୍କ ସାହିତ୍ୟ ସାଧନାର ପଥରୁ ଦୂରେଇ ଯାଇଛନ୍ତି । ସେ ଜନସାଧାରଣଙ୍କ ଲାଖି ଓ ସେହିମାନଙ୍କୁ ଉପଜୀବ୍ୟ କରି କବିତା ଲେଖିଛନ୍ତି ।

ନନ୍ଦକିଶୋର ସମାଲୋଚକ, ପ୍ରାବନ୍ଧିକ, ଗାଳ୍ପିକ, ଔପନ୍ୟାସିକ ଓ କାବ୍ୟକାର; ମାତ୍ର ତାଙ୍କର ମୁଖ୍ୟ ପରିଚୟ ସେ ପଲ୍ଲୀକବି । ତାଙ୍କ କବିତାରୁ ପାଠକ ପଲ୍ଲୀ ରସର ଆସ୍ୱାଦନ ପାଏ । ପଲ୍ଲୀର ସ୍ୱପ୍ନ-ରସ ସ୍ପର୍ଶରେ ତାଙ୍କର ଜୀବନ ପୁଲକାଞ୍ଚିତ । ପଲ୍ଲୀ ସହିତ ନିବିଡ଼ ଆତ୍ମୀୟତାର ବନ୍ଧନରେ ସେ ଥିଲେ ଆବଦ୍ଧ । ପଲ୍ଲୀ ପ୍ରକୃତି ଓ ପଲ୍ଲୀ ଜୀବନରୁ ନୂତନ ସୌନ୍ଦର୍ଯ୍ୟ-ମଧୁ ଆହରଣ ପାଇଁ ସେ କବିତା ରଚନା କରିଥିଲେ । ପଲ୍ଲୀ ଥିଲା ନନ୍ଦକିଶୋରଙ୍କର ଶୈଶବର ଧାତ୍ରୀ, କୈଶୋରର ପ୍ରଣୟିନୀ, ଯୌବନର ସ୍ୱପ୍ନସଙ୍ଗିନୀ ଓ ବାର୍ଦ୍ଧକ୍ୟର ସ୍ମୃତି-ସମ୍ବଳ । ପଲ୍ଲୀ-ପ୍ରକୃତି ପ୍ରତି ପ୍ରେମ ତାଙ୍କର ହୃଦୟ-ରକ୍ତ-ପ୍ରବାହରେ ମିଶ୍ରିତ ହୋଇ ରହିଥିଲା । ତାଙ୍କ କବିତା ପାଠ କଲେ ଓଡ଼ିଆ ପାଠକର ଜନ୍ମାନ୍ତରୀଣ ସଂସ୍କାର ଓ ଜାତିଗତ ବାସନା ତରଙ୍ଗିତ ହୋଇଉଠେ । ଆଜିର ପାଠକ ହୁଏତ ପଲ୍ଲୀ-ଜୀବନ-ନାଡ଼ିରୁ ବିଚ୍ଛିନ୍ନ ହୋଇ ତା'ର ଜାତିସ୍ମରତ୍ୱକୁ ବିସ୍ମୃତ ହୋଇଥିବାରୁ ବଳଙ୍କ କବିତାର ରସାନୁଭବ ପାଇଁ ସମର୍ଥ-ଚିତ୍ତ ହୋଇପାରେ ନାହିଁ । କବିଙ୍କ ପଲ୍ଲୀର ଅଧିବାସୀ ନହେଲେ ତାଙ୍କ କବିତାର ରସାସ୍ୱାଦନ ସମ୍ଭବ ନୁହେଁ । ଓଡ଼ିଶାର ଲୋକାୟତ ବାଣୀ ଯେତେବେଳେ ରାଧାନାଥ-ମଧୁସୂଦନଙ୍କ କାବ୍ୟ-ସାଧନାରେ ଅନାଦୃତ, ବଳଙ୍କ କବିତାରେ ତାହା ସୁରକ୍ଷିତ । ଜାନପଦୀ ଭାଷା ମାଧ୍ୟମରେ ପଲ୍ଲୀ-ଜୀବନର ଆଶା

ଅଭିଳାଷ, ମାନବ ଜୀବନଯାତ୍ରାର ବର୍ଣ୍ଣୋତ୍ସବମୟ ଚିତ୍ର ଓ ଗାର୍ହସ୍ଥ୍ୟଜୀବନର ଅଭିଜ୍ଞତା ପ୍ରଦାନ କରିବା ନନ୍ଦକିଶୋରଙ୍କର ଲକ୍ଷ୍ୟ । ତହିଁରେ ତାଙ୍କର ଅନୁଭୂତି ଓ ବାସ୍ତବବୋଧ ମୁଦ୍ରିତ ।

କବି ନନ୍ଦକିଶୋର ଅନ୍ତରରେ ଥିଲେ ଏକାନ୍ତ ଶିଶୁ । ତାଙ୍କ କବିତାରେ ସେହି ଶିଶୁ ମନ ଓ ପ୍ରାଣ ତଥା ଶିଶୁସୁଲଭ ସରଳତା ପ୍ରକଟିତ । ଶୈଶବ ଓ କୈଶୋରକୁ ସେ ଯେପରି ଜୀବନର ପ୍ରିୟ କାଳ କରି ଦେଇଯାଇଛନ୍ତି । ଶୈଶବ ଓ ଶିଶୁ ତାଙ୍କ କବିତାର ମାପକାଠି- ସେ ସବୁକିଛିକୁ ଶିଶୁ ଦୃଷ୍ଟି ଦେଇ ଦେଖିଛନ୍ତି; ମାତ୍ର ତହିଁରେ ସ୍ଥାନେ ସ୍ଥାନେ ପ୍ରୌଢ଼-ମନ ପ୍ରବେଶ କରି ଅମୃତରେ ବିଷ ମିଶାଇଦେଲା ପରି ହୋଇଛି । ଶିଶୁଙ୍କ ପାଇଁ ପ୍ରୌଢ଼ କବିତା ଲେଖିଲେ ତହିଁରେ ତାଙ୍କର ପ୍ରୌଢ଼ ମନଟିର ଛାପ ପଡ଼ିଯିବା ସ୍ୱାଭାବିକ ।

ନନ୍ଦକିଶୋରଙ୍କ ପ୍ରକୃତି-ଚିତ୍ର ସ୍ୱାଭାବିକ । ତାଙ୍କର ପ୍ରକୃତି ସ୍ୱଚ୍ଛ, ନିରାଭରଣା, ପଲ୍ଲୀବଧୂ ଭଳି ସରଳା; ମାତ୍ର ବିଷାଦ ସୌନ୍ଦର୍ଯ୍ୟବୋଳା କରୁଣସ୍ୟ ମୂର୍ତ୍ତି । କବି ବିଶ୍ୱାସରେ ଥିଲେ ଆସ୍ତିକ । ସେ ମଧ୍ୟ ପ୍ରକୃତିରେ ପରମସୁନ୍ଦରଙ୍କର ସାକ୍ଷାତ୍‌କାର ଲାଭ କରି ବିଭୁ-ସୌନ୍ଦର୍ଯ୍ୟର 'ଆନନ୍ଦଛବି' ଅଙ୍କନ କରିଛନ୍ତି । ପ୍ରକୃତି ଆଶ୍ରୟରେ ସେ ଭଗବତ୍ ଉପଲବ୍ଧି ବା ଈଶ୍ୱରାନୁଭୂତି ଲାଭ କରିଥିଲେ ।

ନିସର୍ଗ କବି ନନ୍ଦକିଶୋର ପଲ୍ଲୀ-କୁମାରୀ ଓ ବଧୂମାନଙ୍କର ନିସର୍ଗ ଲାବଣ୍ୟ ସନ୍ଦର୍ଶନ କରି ସୌନ୍ଦର୍ଯ୍ୟର ନିସର୍ଗତତ୍ତ୍ୱ ଉପସ୍ଥାପନ କରିଛନ୍ତି । ମାତ୍ର ଜାଗତିକ ସୌନ୍ଦର୍ଯ୍ୟର ଅନିତ୍ୟତା ସେ ସର୍ବତ୍ର ଘୋଷଣା କରିଛନ୍ତି । ସୌନ୍ଦର୍ଯ୍ୟର ଅପାପବିଦ୍ଧତା ପ୍ରତି ତାଙ୍କର ବିଶ୍ୱାସ ଦୃଢ଼ ଥିଲା । ସେ ନିତ୍ୟ ଶାଶ୍ୱତ ସୌନ୍ଦର୍ଯ୍ୟର ପୂଜାରୀ; ତେଣୁ ନଶ୍ୱର ଦେହସୌନ୍ଦର୍ଯ୍ୟ ଓ ପ୍ରଣୟକୁ ମୋହଯୁକ୍ତ କହିଛନ୍ତି । ତନୁଠାରୁ ମନ ସୌନ୍ଦର୍ଯ୍ୟ ପ୍ରତି ତାଙ୍କର ଆକର୍ଷଣ ପରିଲକ୍ଷିତ ହୁଏ । ସେ ସୂକ୍ଷ୍ମ ରୂପର ଉପାସନା କରିଛନ୍ତି । ମରଣଶୀଳ ମାନବକୁ ଡାକି ବିଶ୍ୱର ଶୋଭାରାଶି ଦେଖିନେବା ଲାଗି ପ୍ରବର୍ତ୍ତନା ଦେଇଛନ୍ତି । ରୂପ-ସୌନ୍ଦର୍ଯ୍ୟ ଦର୍ଶନ ପାଇଁ ଚିତ୍ତ ସଂଯମ ସାଧନ ପ୍ରୟୋଜନ- ଏହା ସେ ଦୃଢ଼ କଣ୍ଠରେ ସ୍ୱୀକାର କରିଛନ୍ତି । ତାଙ୍କର ସୌନ୍ଦର୍ଯ୍ୟତତ୍ତ୍ୱ ଉପଦେଶାତ୍ମକ ।

ନନ୍ଦକିଶୋରଙ୍କ କବିତାରୁ ଯେଉଁ କାବ୍ୟାସ୍ୱାଦ ମିଳେ, ତାହା ବିଷାଦ-ଆନନ୍ଦ; ସୌନ୍ଦର୍ଯ୍ୟ-ମୂର୍ତ୍ତି କାରୁଣ୍ୟବୋଳା । ଅତୀତ ପ୍ରତି ତାଙ୍କର ମୋହ ପ୍ରବଳ ଥିଲା । ବର୍ତ୍ତମାନର ପରିପ୍ରେକ୍ଷୀତରୁ ସେ ଅତୀତକୁ ବିଷାଦମୟ ରୂପେ ଦେଖୁଥିଲେ । ସେ ଭୋଗବୈଫଲ୍ୟବାଦର କଥା ଅନେକତ୍ର କହିଛନ୍ତି । ନାରୀ-ରୂପର ଅପଚୟ ଦେଖି ସେ ବ୍ୟଥିତ ହୋଇଛନ୍ତି । ଅପ୍ରାପ୍ତି ଓ ବ୍ୟର୍ଥବେଦନାର ଗଭୀର ନିଃଶ୍ୱାସ ତାଙ୍କ କବିତାରୁ ଅନୁଭୂତ ହୁଏ ।

ପ୍ରୀତି-ସୌନ୍ଦର୍ଯ୍ୟ ଅଙ୍କନରେ ନନ୍ଦକିଶୋର ସଂଯମ ଅବଲମ୍ବନ କରିଛନ୍ତି । ବାସନା-ବିନାଶୀ ପ୍ରେମସାଧନାରେ ସେ ତାଙ୍କର ନରନାରୀଙ୍କୁ ବ୍ରତୀ କରାଇଛନ୍ତି । ପ୍ରେମ ତାଙ୍କ କାବ୍ୟରେ ଉଦଗ୍ର କାମନା ରୂପରେ ଆତ୍ମପ୍ରକାଶ କରିନାହିଁ; ବିଷାଦ ରସରେ ସିକ୍ତ ହୋଇଉଠିଛି । ଶର୍ମିଷ୍ଠା ଓ ଦେବଯାନୀ ଉଭୟ ରୂପ ମଧ୍ୟରେ ସେ ଶର୍ମିଷ୍ଠାର ରୂପପ୍ରତି ସମ୍ବେଦନଶୀଳ ଓ ପକ୍ଷପାତୀ । କବିଙ୍କ ସୌନ୍ଦର୍ଯ୍ୟ-ଚେତନାରେ ଶର୍ମିଷ୍ଠାର ଅନୁଗ୍ର ରୂପ ଦୂରରୁ ପୂଜାଯୋଗ୍ୟ । ଦେବଯାନୀର ରୂପ ତରଳ ଲାଭା ସଦୃଶ, କାମନାର ଉଷ୍ଣତାରେ ଅଧୀର । ସେ କାମନାର କମ୍ରପୁଷ୍ପ; ପକ୍ଷାନ୍ତରେ ଶର୍ମିଷ୍ଠା ସୂକ୍ଷ୍ମ ଅପ୍ରଗଲ୍‌ଭ ରୂପର ଦେବୀ । କବିଙ୍କ ସୌନ୍ଦର୍ଯ୍ୟକଳ୍ପନା ମୂଳରେ ନିହିତ ନାରୀ-ସୌନ୍ଦର୍ଯ୍ୟର ଏହି ଦୁଇ ରୂପ ତାଙ୍କର କାବ୍ୟାଦର୍ଶ ଓ ସୌନ୍ଦର୍ଯ୍ୟ-ଚେତନାର ସାର୍ଥକ ପ୍ରତିବିମ୍ବ ।

ଗଙ୍ଗାଧର ନିସର୍ଗର କବି ଥିଲେ ମଧ୍ୟ ଆଧ୍ୟାତ୍ମିକତା, ନୈତିକତା, ଶ୍ରେୟ, ସତ୍ୟ, ନିଷ୍ଠା ପ୍ରଭୃତି ଆର୍ଷ ଗୁଣାବଳୀରେ ସୌନ୍ଦର୍ଯ୍ୟ ଅବଲୋକନ କରୁଥିଲେ । ଯାହା ବାସନାସଙ୍କୁଳ, ତାହା ହେୟ-ଏହାହିଁ ଯେପରି ତାଙ୍କ କାବ୍ୟାବଳୀର ମର୍ମବାଣୀ । ଆର୍ଯ୍ୟ ଜୀବନଚିତ୍ର ଓ ଭାରତୀୟ ପୁରାଣ ଇତିହାସର ମହନୀୟ ଚରିତାବଳୀ ତାଙ୍କୁ କାବ୍ୟ ପ୍ରେରଣା ଯୋଗାଇଛନ୍ତି ।

ପ୍ରକୃତିର ଋତୁରଙ୍ଗଶାଳାରେ ମେହେର-କାବ୍ୟ ପାଠକଙ୍କୁ ପ୍ରବେଶ କରାଇଦିଏ । ଚେତନାଯୁକ୍ତା ପ୍ରକୃତି ତାଙ୍କର ଅନନ୍ୟସାଧାରଣ ଦୃଷ୍ଟିର ପରିଚାୟକ । ସେ ମଧ୍ୟ ମଧୁସୂଦନ ଓ ନନ୍ଦକିଶୋରଙ୍କ ପରି ପ୍ରକୃତି ବର୍ଣ୍ଣନାତ୍ମକ କବିତାରେ ଈଶ୍ୱର-ନିର୍ଭରତା ପ୍ରକାଶ କରିଛନ୍ତି ।

କବିଙ୍କର ନରନାରୀମାନେ ଦେହ-ଭୋଗ ପରିବର୍ତ୍ତେ ତ୍ୟାଗର କେତନ ଉଡ଼ାଇଛନ୍ତି । ସୀତାଙ୍କର ସତୀତ୍ୱ ମହିମା ଓ ତପୋକ୍ଲିଷ୍ଟ ମହିମୋଜ୍ଜ୍ୱଳ ମୂର୍ତ୍ତି ଗଙ୍ଗାଧରଙ୍କ ରୂପ-କଳ୍ପନାର ସାର୍ଥକ ଅବଦାନ । ବହିଃ ସୌନ୍ଦର୍ଯ୍ୟ ବା ଅଙ୍ଗ-ସୌଷ୍ଠବର ବର୍ଣ୍ଣନାଠାରୁ ଚାରିତ୍ରିକ ଅନ୍ତଃସୌନ୍ଦର୍ଯ୍ୟ ପ୍ରକଟନରେ ସେ ପାରଦର୍ଶିତା ଅର୍ଜନ କରିଛନ୍ତି । ମେହେର ପ୍ରତିଭା ସ୍ୱଭାବତଃ କରୁଣ କୋମଳ ଶାନ୍ତ ପ୍ରକୃତି ଓ ସୌନ୍ଦର୍ଯ୍ୟ ନିମନ୍ତେ ଅନୁକୂଳ ।

ସାହିତ୍ୟ ପ୍ରତି ଅକୃତ୍ରିମ ପ୍ରୀତି, ନିରଳସ ସାଧନା ଚିନ୍ତାମଣିଙ୍କ କାବ୍ୟ-ସୃଷ୍ଟି ମୂଳରେ ନିହିତ । ପ୍ରତିଭା ଓ ସାଧନା କେତେ ପରିମାଣରେ ଜଣକୁ କବି କରାଏ ତାହାର ବିଭାଜନରେଖା ନିର୍ଣ୍ଣୟ କରାଯାଇ ନପାରେ; ମାତ୍ର କବିତ୍ୱ ପାଇଁ ସାଧନା ଅପରିହାର୍ଯ୍ୟ ହେଲେ ହେଁ ପ୍ରତିଭା ନ ଥିଲେ କବିତ୍ୱର ସମ୍ୟକ୍ ସ୍ଫୂର୍ତ୍ତି ଘଟେନାହିଁ- ଏହା ଚିନ୍ତାମଣିଙ୍କ କାବ୍ୟ-ଜୀବନରେ ପ୍ରମାଣିତ । ଚିନ୍ତାମଣିଙ୍କ କାବ୍ୟରଚନା ସାଧନାମୂଳକ;

ମାତ୍ର ପ୍ରତିଭା-ପ୍ରସୂତ ନୁହେଁ । ତାଙ୍କର କବିତା ଚୈତନ୍ୟର ଦାନ ନୁହେଁ, ସାଧନା ଓ ମନନର ପରିଣାମ ।

ରାଧାନାଥ ଚିନ୍ତାମଣିଙ୍କ କାବ୍ୟଗୁରୁ । ରାଧାନାଥଙ୍କ ଅନୁଯାୟୀ କବିଭାବେ ସେ ଓଡ଼ିଆ ସାହିତ୍ୟରେ ଲାଞ୍ଛନ ବହି କବିଯଶଃ ପ୍ରାପ୍ତ ହୋଇଛନ୍ତି । ସେ ରାଧାନାଥୀ ଶୈଳୀର ନିପୁଣ ଓ ଅକପଟ ଅନୁକାରୀ । ରାଧାନାଥୀ କାବ୍ୟ ଓ ପ୍ରକୃତିର ବାହ୍ୟ ରୂପ ଗ୍ରହଣ କରି ସେ ଅଜସ୍ର କାବ୍ୟ ରଚନା କରିଯାଇଛନ୍ତି । ତାଙ୍କର ପ୍ରକୃତି ବିଷୟକ କାବ୍ୟମାଳାରେ ଭ୍ରମଣକାରୀ ସୁଲଭ ଭୌଗୋଳିକ ତଥ୍ୟ ପରିବେଷଣର ପ୍ରୟାସ ପରିଲକ୍ଷିତ ହୁଏ । ତାଙ୍କ କବିତାରେ ଅଭିଜ୍ଞତା ପ୍ରଚୁର; ମାତ୍ର ନାହିଁ ଅନୁଭୂତିର ହୀରକଦ୍ୟୁତି । କବିଙ୍କର ଭାରତୀ ବାଚଂଯମଭୂତି ଧାରଣ କରନ୍ତି ନାହିଁ । କାବ୍ୟପଂକ୍ତି ବାହୁଲ୍ୟଭରା ବର୍ଣ୍ଣନାଧର୍ମୀ ଦୀର୍ଘଭାଷଣ, ସମ୍ବାଦ ପରିବେଷଣ ଓ ବିବୃତିଧର୍ମୀ । ପଦରଚନାରେ ସଙ୍ଗୀତ-ମାଧୁରୀ ଓ ପ୍ରସାଦ ଗୁଣର ଅଭାବ । କବିତାପଂକ୍ତି ଅନ୍ତରୋତ୍ତାପହୀନ ଓ ନୀରସ । ସେ ବହୁ ସ୍ଥାନରେ ମିତବାକ୍ ନୁହନ୍ତି, ସରବ । ବ୍ୟଞ୍ଜନାରେ ନ କହି ପଲ୍ଲବିତ କରିବା, ବିସ୍ତାରିତ କରିବା ତାଙ୍କର ଧର୍ମ ।

ଚିନ୍ତାମଣିଙ୍କ କାବ୍ୟୋଚ୍ଚାରଣ ଗୁରୁଗମ୍ଭୀର ଓ ଗୁରୁସୁଲଭ ଉପଦେଶପୂର୍ଣ୍ଣ । ଅନୁଶାସନର କଠୋରତା ଓ ନୀତିର ବ୍ୟାଖ୍ୟା ବହୁ ସମୟରେ ପାଠକ ପକ୍ଷରେ ପୀଡ଼ାଦାୟକ । ପ୍ରକୃତିରେ ନୀତି ନିରୂପଣ ତାଙ୍କର ଏକ ସାଧାରଣ ପ୍ରୟାସ । ଏହା ରାଧାନାଥଙ୍କ 'ତୁଳସୀ ସ୍ତବକ'ର ପ୍ରଭାବ ବୋଲି ଅନୁମାନ କରାଯାଇପାରେ । ତଥାପି ତାଙ୍କର ନୀତିଦର୍ଶନ ଅଭିଜ୍ଞତାମୂଳକ । ଉତ୍କଳ ପ୍ରକୃତିର ବହୁ ମନୋରମ ସ୍ଥଳର ନିପୁଣ ଚିତ୍ର ତାଙ୍କ କାବ୍ୟରେ ବିଦ୍ୟମାନ; ମାତ୍ର ଦୃଶ୍ୟ ବର୍ଣ୍ଣନା ଓ ନୀତିବ୍ୟାଖ୍ୟାନ ହାତ ଧରାଧରି ହୋଇ ଚାଲିଛନ୍ତି । ଗମ୍ଭୀରତା ଓ ନୈତିକତା ତାଙ୍କ କାବ୍ୟର ମୁଖ୍ୟ ସ୍ୱର ।

ରାଧାନାଥଙ୍କ ପରି ଚିନ୍ତାମଣିଙ୍କ କାବ୍ୟରେ ଆରଣ୍ୟକ-ସୁଷମା ପ୍ରତି ଅନୁରାଗ ଓ ଆକର୍ଷଣ ଛତ୍ରେ ଛତ୍ରେ ପରିଲକ୍ଷିତ । ତାଙ୍କର ପ୍ରକୃତି ବନ୍ୟ ଓ ଭୀଷଣତାରେ ।

କାଳ୍ପନିକ କାବ୍ୟମାନଙ୍କରେ ରୀତିକାବ୍ୟ ସୁଲଭ ନାୟିକାର ଅଙ୍ଗ ବର୍ଣ୍ଣନା ପରିଦୃଷ୍ଟ ହୁଏ । ପ୍ରଣୟ-ଧର୍ମରେ ସେ ଆଦର୍ଶବାଦୀ ସ୍ୱର ଶୁଣାଇଛନ୍ତି । ଚିନ୍ତାମଣିଙ୍କ ଉଦାତ୍ତ ଧାରଣା ରାଧାନାଥୀୟ ହେଲେ ହେଁ ବହୁସ୍ଥଳରେ ସ୍ୱକୀୟ ଧାରଣା ତାଙ୍କୁ ବୈଶିଷ୍ଟ୍ୟ ପ୍ରଦାନ କରିଛି ।

■

ପାଦଟୀକା

ଭୂମିକା:

(୧) The Dance of Shiv-Ananda Coomarswamy, P.96 ରୁ ଉଦ୍ଧୃତ ।

(୨) କାବ୍ୟମୀମାଂସା-ପୃ ୧୩୦

(୩) ବକ୍ରୋକ୍ତି ଜୀବିତମ୍-୧/୨୪ ବୃତ୍ତି

(୪) ସମାଲୋଚନା ସାହିତ୍ୟ-ସଂ-ଶ୍ରୀ କୁମର ବନ୍ଦୋପାଧ୍ୟାୟ, ପୃ.୩୯୬

(୫) ଓଡ଼ିଆ ସାହିତ୍ୟ-ପ୍ରକାଶ (୨ୟ ଖଣ୍ଡ)-ବିନାୟକ ମିଶ୍ର, ପୃ. ୧

(୬) ରବୀନ୍ଦ୍ର ରଚନାବଳୀ-୧୦ମ ଖଣ୍ଡ, ପୃ. ୨୧୫

(୭) Problem of Art-Peter Green, P.6

(୮) Imagery in Poetry-R.Mukherjee. Pp.10-11

ପ୍ରଥମ ଅଧ୍ୟାୟ:

(୧) "For what is beautiful in running is ugly in wrestling and conversely. For everything is good and beautiful for whatever purpose it serves well, but bad and ugly for what is does not." Philosophies of Beauty-E.F.Carritt, PP. 1-2

(୨) History of Aesthertics-Bosanquet, P.53.

(୩) Philosophies of Beauty-E.F.Carritt, PP.30-31

(୪) Aristotle's theory of poetry and fine art-Butcher, PP 124-25

(୫) Aristotle's theory of poetry and fine art-Butcher, PP 35

୬. Philosophy of Art and Beauty-Kuhrs, P.96.

୭. I bid, P.96

୮. "It imitates actual dees, not by means of narrative; and by pity and fear effects the purgation of such emotions. Philosophies of Beauty-Carritt, P.33

୯. Philosophies of Beauty-Carritt, P. 32-35.

୧୦. "The end, then, of fine art, according to Aristotle's doctrine, is a certain pleasurable impression produced upon the mind of the hearer or the spectator."-Aristotle's theory of poetry and fine-Butcher, P.206

୧୧. Ibid, PP 211-213.

୧୨. Philosophies of Beauty-carritt, P. 36

୧୩. Philosophies of Beauty-carritt, PP. 44-46

୧୪. Philosophies of Art and Beauty-Kuhrs, P-191

୧୫. The Pocker Aquinas, Ed.Vernon J.Bourke, pp.262-67.

୧୬. Literary criticism, A short History-William W, Wimsatt, Jr.and Cleanth Brooks, 1957, p.129.

୧୭. "That is the best part of beauty, which a picture cannot express...There is no excellent beauty that hath not some strangeness in the proportion."
Philosophies of Beauty, p.56

୧୮. Poesie...is and arte of imitation,...a representing counterfetting, or figuring foorth: to speak metaphorically, a speaking picture: with this end, to teach and delight."
Philosophies of Beauty, p.53

୧୯. "One may be a poet without versing and a versifier without poetry." Aristotles's theory of poetry and fine art, p.144

୨୦. "Music is counting performed by the mind without knowing that it is counting."
History of Aesthetics. p.177

୨୧. Philosophies of Beauty-carritt, p.57

୨୨. Philosophies of Art and Beauty-Kuhrs, pp-263-64.

୨୩. Philosophies of Beauty-carritt, p.65

୨୪. Philosophies of Beauty, p.67

୨୫. Philosophies of Beauty-carritt, pp.70-71

୨୬. Philosophies of Beauty-carritt, pp.74-76

୨୭. Ibid,pp.84-85

୨୮. Ibid,p.85

୨୯. "The first element in beauty is fitness, the second variety, and the third Regularity, but of Regularity only so much as fitness requires."
-Philosophies of Beauty-carritt, p.88

୩୦. ...."Beauty acts by relaxing the solids of the whole system."
Philosophies of Beauty p.94

୩୧. Philosophies of Beauty, p.93-95

୩୨. "Art consists, in my opinion, in being able to get above all singular forms, Local costumes, particularities, and details of every kind." Ibid,p.95

୩୩. Philosophies of Beauty, pp.101-103

୩୪. "The tones of the Human Voice...are beautiful or sublime only as they express Passions or Affections which excite our sympathy."-Ibid, p.106

୩୫. Philosophy of Art and Beauty-Kuhns pp.281-293

୩୬. Response to poetry-Dr.G.B.Mohan, p.64.

୩୭. Modern Continental Literary Criticism,-Ed.O.B.Hardison, p-18

୩୮. Modern Continental Literary Criticism, Ed.O.B.Hardison,pp.36-37.

୩୯. Philosophies of Beauty-Carritt, p.127.

୪୦. Philosophy of Art and Beauty-p.368.

୪୧. Modern Continental Literary Criticism, p.51.

୪୨. Writers on Writing-Walter Allen, pp.82-83.

୪୩. "No evil can touch him who looks on human beauty; he feels himself at one with himself and with the world."
-Philosophy of Art and Beauty-p.475.

୪୪. "There is no better deliverance from the world than through art." Story of Philosophy, will Durant, p.337.

୪୫. "Beauty is inexplicable; it is a hovering, floating, and glittering shadow, whose outline eludes the grasp of definition." Indian Aesthetics-R.S. Sastri p.156ରେ ଉଦ୍ଧୃତ ।

୪୬. Philosophy of Art and Beauty, p.458

୪୭. Ibid, p,411

୪୮. Philosophies of Art and Beauty, -p.383

୪୯. Ibid, p.424

୫୦. "The great arts can have but three principal directions of purpose: first, that of enforcing the religion of men; secondly, that of perfecting their ethical stare; thirdly, that of doing them material service."-Lectures on Art, pp-43-44

୫୧. Modern Painters, Part II, P:16

୫୨. Modern Continental Literary Criticism, p.228

୫୩. Philosophies of Beauty-Carritt, p.186

୫୪. Philosophies of Beauty-Carritt, pp.190-191

୫୫. Modern Continental Literary Criticism, p.130

୫୬. "The more utterly we surrender ourselves to beauty the farther we depart from goodness."-Response to Poetry, Dr. G.B.Mohan, p.127

୫୭. "The ant of our time and our circle has become a prostitute and this comparison holds good even in minute detail. Like her it is not limited to certain times, like her it is always adorned, like her it is always saleable and like her it is enticing and ruinous."-Modern Continental Literary Criticism, p.137

୫୮. Philosophies of Beauty-Carritt, pp.198-201

୫୯. Modern Continental Literary Criticism, pp.206-214

୬୦. Philosophies of Beauty, p.243

୬୧. Philosophy of Art and Beauty-p.567.

୬୨. Philosophies of Beauty-p.244.

୬୩. Aesthetics and literary Criticism R.B.Patankar, p.185

୬୪. Philosophy of Beauty,pp.252-258

୬୫. A Modern Book of Aesthetics-Ed.Melvien Rader, 1960, pp.395-99.

୬୬. A Readers Guide to Literary Terms-Karl Beckson, p.II

୬୭. Modern Continental Literary criticism, pp.241-249

୬୮. Ibid-pp.113-115.

୬୯. Further studies in a Dying culture-Caudwell, p.84

୭୦. Further studies in a Dying culture-Caudwell, p.115

୭୧. Philosophies of Beauty-Carritt, pp.264-65.

୭୨. Vision and Design-Roger Fry, pp.26-32.

୭୩. "Our reaction to works of art is a reaction to a relation and not to sensations or objects or persons or events." Philosophies of Beauty, pp.267.

୭୪. Ibid-pp.312-13.

୭୫. Aestheticism-R.V.Johnson.p 16

୭୬. Ibid-p.3

୭୭. Philosophies of Beauty, p.186

୭୮. Aestheticism, p. 80

୭୯. Philosophies of Beauty- p.196

୮୦. "All art is quite useless."-Aestheticism, p. 81

୮୧. "No artist has ethical sympathies. An ethical sympathy in an artist is an unpardonable mannerism of style." Philosophies of Beauty- p.196

୮୨. "(Art) is a goddess of dainty thought-reticent of habit, abjuring all obtrusiveness, purposing in no way to better others. She is withal, selfishly occupied with her own perfection only-having no desire to teach-seeking and finding the beautiful in all condition and in all times."
-Religion of beauty, Ed.Richard Aldington p.127

୮୩. Aestheticism, pp.77-78

୮୪. "The ultimate function of literature, and its ultimate justification, is to be sublime and to have on its readers the effect of ecstasy or transport that sublimity has."-Critical Approaches to Literature-D.Daiches.pp.46-47

୮୫. "The soul seems to be naturally uplifted by true sublimity and rising on loftier pinions, to be filled with joy and pride, as having itself brough forth what is has heard."-Philosophies of Beauty, p.37

୮୬. Philosophies of Beauty, pp.88-89

୮୭. Taste and criticism in the Eighteenth century-Needham, p.176

୮୮. Taste and Criticism in the Eighteenth Century-Needham, pp.178-79

୮୯. Taste and Criticism in the Eighteenth Century, pp.179-80

୯୦. The Theory of Beauty-E.F.Carritt.p.225.

୯୧. Philosophies of Beauty, pp.117-120

୯୨. Oxford Lectures in poetry-A.C.Bradley, p-37.

୯୩. Sublime, grand, beautiful, graceful, pretty-Ibid, p.40.

୯୪. "But whatever strikes us as sublime produces an impression of greatness and more-of exceeding or even overwhelming greatness...Remove the greatness in imagination and the sublimity vanishes-oxford Lectures or poetry, p.41.

୯୫. "Thou whose exterior semblance doth belie. Thy soul's immensity...Mighty propher ! Seer blest ! on whom those truths do rest, which we are toiling all our Lives to find."-Ibid, p.43

୯୬. Oxford Lectures in poetry-pp.44-46

୯୭. Oxford Lectures in poetry-pp.51-52

୯୮. "Beauty,... we may perhaps say, is the image of the total presence of the infinite within any limits it may choose to assume. Sublimity the image of its boundlessness of its rejection of any pretension to independence or absoluteness on the part of its finite forms, the one the image of its immanence, the other of its transcendence." Ibid, p.62.

୯୯. "The beautiful is a quality in the object, while the sublime manifests itself in the thought." Philosophy of the Beautiful-W.Knight, p.134

୧୦୦. "The Beauty in objects appeals to us directly by what it is the sublime appeals to us indirectly by what it suggests." Ibid, p.58.

ଦ୍ୱିତୀୟ ଅଧ୍ୟାୟ:

(୧) ....The idea of the beautiful in Nature did not exist in Hindu mind."-D.R.Bhandarkar volume, Ed. B.C.Law, p, 63

(୨) "But there is scarcely a trace of feeling for the beautiful in the Brahmonical or Budhistic writings."-D.R.Bhandarkar volume, p.63

(୩) Indian Aestherics, R.S.Sastri, p-45

(୪) D.R.Bhandarkar volume, p.65

(୫) କାବ୍ୟ ମେଁ ସୌନ୍ଦର୍ଯ୍ୟ ଓ ଉଦାତ୍ତତତ୍ତ୍ୱ-ଶିବବାଲକ ରାୟ, ପୃ, ୪୮

(୬) ସୌନ୍ଦର୍ଯ୍ୟତତ୍ତ୍ୱ-ଅନୁବାଦ-ଆନନ୍ଦ ପ୍ରକାଶ ଦୀକ୍ଷିତ-ରେ ଉଦାହୃତ,

(୭) (କ) ଭାରତୀୟ ସୌନ୍ଦର୍ଯ୍ୟ ଶାସ୍ତ୍ରକୀ ଭୂମିକା, ଡ.ପଞ୍ଚହ ସିଂହ, ପୃ.୧୧୨,

(ଖ) Studies in vedic Interpretation, A.B.Purani, p.154.

(୮) "That which belongs to Indra," "that which is of Indra" Ibid, p.217

(୯) ଭାରତୀୟ ସୌନ୍ଦର୍ଯ୍ୟ ଶାସ୍ତ୍ରକୀ ଭୂମିକା, ପୃ.୧୨୨.

(୧୦) ତତୈବ, ପୃ.୧୨୧

(୧୧) ତତୈବ, ପୃ. ୩୦-୩୧

(୧୨) ତତୈବ (ପୂର୍ବ ପୀଠିକା), ପୃ.୪୧.

(୧୩) Studies in vedic Interpretation, p.222.

(୧୪) ଭାରତୀୟ ସୌନ୍ଦର୍ଯ୍ୟ ଶାସ୍ତ୍ରକୀ ଭୂମିକା (ପୂର୍ବପୀଠିକା) ପୃ.ଟ

(୧୫) Studies in vedic Interpretation, p.222.

(୧୬) Studies in vedic Interpretation (Urvasi in the Rig Veda)- A.B.Purani, pp.157-174

(୧୭) ତୈତ୍ତିରୀୟୋପନିଷଦ୍-୨,୫।

(୧୮) ମୁଣ୍ଡକୋପନିଷଦ୍-୨,୩।

(୧୯) ତୈତ୍ତିରୀୟୋପନିଷଦ୍-୩,୬।

(୨୦) ତତୈବ-୨,୯।

(୨୧) ତତୈବ-୨,୮

(୨୨) ତତୈବ-୨,୭

(୨୩) The dance of Shiva A.Coomarswamy, p.23

(୨୪) Contribution to a Bidlography of Indian Art and Aesthetics- Harida Mitra, p.37

(୨୫) Indian Aesthetics and Art Activity, Simla, 1968 p.36

(୨୬) ତତୈବ, p.37

(୨୭) Indian Aesthetics and Art Activity, p.48 & contributions to a Bibliography of Indian Art and Aesthetics, p.47.

(୨୮) Contribution to a Bibliography of Indian Art and Aesthetics, pp.52-53.

(୨୯) Contribution to a Bibliography of Indian Art and Aesthetics, pp.51.

(୩୦) Fundamentals of Indian Art-S.N.Dasgupta, P.138

(୩୧) Contribution to a Bibliography of Indian Art and Aesthetics, pp.21-22.

(୩୨) Contribution to a Bibliography of Indian Art and Aesthetics, pp.21.

(୩୩) ବାଗେଶ୍ୱରୀ ଶିଳ୍ପ ପ୍ରବନ୍ଧାବଳୀ, ପୃ.୧୧୧।

(୩୪) Transformation of Nature in Art, 1934. p.173

(୩୫) Fundamentals of Indian Art, pp.135-36

(୩୬) The dance of Shiva A.Coomarswamy, p.27

(୩୭) Fundamentals of Indian Art, p. III

(୩୮) The dance of Shiva, pp.26-27

(୩୯) ସୁନ୍ଦରକାଣ୍ଡ, ୧୫/୩୭-୩୯।

(୪୦) ଭାଗବତ, ୧୦/୪୫/୧୯

(୪୧) ଭାଗବତ, ୧୦/୪୩/୨୦,୨୧.

(୪୨) Indian Aesthetics, R.S.Sastri, P.55 ରେ ଉଦ୍ଧୃତ

(୪୩) ଭାଗବଦ୍‌ଗୀତା, ୧୦/୪୧

(୪୪) ପ୍ରତିମା ନାଟକମ୍-ଭାସ, ବ୍ୟାଖ୍ୟାକାର, ଶ୍ରୀରାମଚନ୍ଦ୍ର ମିଶ୍ର, ପୃ-୧୨-୧୩

(୪୫) ରଘୁବଂଶମ୍, ୬/୩୦

(୪୬) ଅଭିଜ୍ଞାନ ଶାକୁନ୍ତଳମ୍-୫/୯୬

(୪୭) କାଳିଦାସ କୀ ଲାଲିତ୍ୟଯୋଜନା, ହଜାରୀପ୍ରସାଦ ଦ୍ୱିବେଦୀ, ପୃ.୧୧୬

(୪୮) କୁମାରସମ୍ଭବମ୍-୫/୧

(୪୯) ତତ୍ରୈବ-୫/୮୬

(୫୦) କୁମାରସମ୍ଭବମ୍-୫/୩୬

(୫୧) ତତ୍ରୈବ-୧/୪୯

(୫୨) କୁମାରସମ୍ଭବମ୍-୧/୩୨

(୫୩) ତତ୍ରୈବ-୫/୯

(୫୪) ଅଭିଜ୍ଞାନଶାକୁନ୍ତଳମ୍-ପ୍ରଥମ ଅଙ୍କ

(୫୫) ତତ୍ରୈବ-ଷଷ୍ଠ ଅଙ୍କ

(୫୬) ମାଳବିକାଗ୍ନିମିତ୍ରମ୍-୨ୟ ଅଙ୍କ

(୫୭) କୁମାରସମ୍ଭବମ୍-୮/୨୦

(୫୮) କିରାତାର୍ଜ୍ଜୁନୀୟମ୍-୭/୫

(୫୯) ତତ୍ରୈବ-୪/୨୨

(୬୦) ମାଲତୀ ମାଧବମ୍, ପ୍ରଥମ ଅଙ୍କ, ୨୧ ଶ୍ଳୋକ

(୬୧) ଶିଶୁପାଳବଧମ୍-୪/୧୭

(୬୨) କାବ୍ୟାଲଙ୍କାର ସୂତ୍ରବୃତ୍ତି, ୧,୧,୨

(୬୩) ଧ୍ୱନ୍ୟାଲୋକ-ଅନୁବାଦ, କୁଳମଣି ମିଶ୍ର, ପୃ.୬୨

(୬୪) "କାବ୍ୟଶୋଭାକରାନ୍ ଧର୍ମାନଲଂକାରାନ୍ ପ୍ରଚକ୍ଷତେ।" କାବ୍ୟାଦର୍ଶ-୨,୯

(୬୫) "ଚାରୁତ୍ୱାତିଶୟବତାମିତ୍ୟର୍ଥଃ। ସୁଲକ୍ଷିତା ଇତି ଯତ୍ କିଳୈଷାଂ ତଦ୍ ବିନିର୍ମୁକ୍ତଂ ରୂପଂ ନ ତତ୍ କାବ୍ୟେଽଭ୍ୟର୍ଥନୀୟମ୍।" ଧ୍ୱନ୍ୟାଲୋକ-ଲୋଚନ, ପୃ.୨୯୦

(୬୬) "ସର୍ବୋଽପି ହ୍ୟଲଙ୍କାରଃ କବିସମୟପ୍ରସିଦ୍ଧ୍ୟନୁରୋଧେନ ହୃଦ୍ୟତୟା କାବ୍ୟଶୋଭାକର ଏକ ଅଲଙ୍କାରତାଂ ଭଜତେ। ଅତଃ ଗୋ ସଦୃଶ୍ୟ ଗବୟଃ ଇତି ନୋପମା"-ଚିତ୍ରମୀମାଂସା, ପୃ.୬

(୬୭) "ଚାରୁତ୍ୱପ୍ରତୀତିଃ ତର୍ହି କାବ୍ୟମ୍ୟ ଆତ୍ମା ଇତି ତଦ୍ ଅଙ୍ଗୀକୁର୍ମ ଏକ। ନାସ୍ତି ଖଲ୍ୱୟଂ ବିବାଦ ଇତି।" ଧ୍ୱନ୍ୟାଲୋକ-ଲୋଚନ, ପୃ.୩୩

(୬୮) କାବ୍ୟପ୍ରକାଶ-୧/୪

(୬୯) ଧ୍ୱନ୍ୟାଲୋକ, ଅନୁବାଦ, କୁଳମଣି ମିଶ୍ର, ପୃ.୭୮

(୭୦) ଧ୍ୱନ୍ୟାଲୋକ, ଅନୁବାଦ, କୁଳମଣି ମିଶ୍ର, ପୃ.୮୦

(୭୧) "କାବ୍ୟଶୋଭୟାଃ କର୍ତ୍ତାରେ ଧର୍ମା ଗୁଣାଃ"-ବାମନ

(୭୨) ବକ୍ରୋକ୍ତିଜୀବିତମ୍-୧୬

(୭୩) "ଶବ୍ଦସ୍ୟ ହି ବକ୍ରତା ଅଭିଧେୟସ୍ୟ ଚ ବକ୍ରତା ଲୋକୋତ୍ତୀର୍ଣ୍ଣେନ ରୂପେଣାବସ୍ଥାନ ମିତି।"-ଧ୍ୱନ୍ୟାଲୋକ-ଲୋଚନ, ପୃ. ୨୦୮

(୭୪) ବକ୍ରୋକ୍ତିଜୀବିତମ୍-୧/୬

(୭୫) ବକ୍ରୋକ୍ତିଜୀବିତମ୍-୧/୧୭-୨୦

(୭୬) ବକ୍ରୋକ୍ତିଜୀବିତମ୍-୧/୫୫

(୭୭) ..."ବନ୍ଧସୌନ୍ଦର୍ଯ୍ୟଂ ଲାବଣ୍ୟମବଧୀୟତେ।" ତତ୍ରୈବ, ୧/୩୨

(୭୮) ଔଚିତ୍ୟ ବିଚାରଚର୍ଚ୍ଚା-୩

(୭୯) "ଅନୌଚିତ୍ୟାଦୃତେ ନାନ୍ୟଦ୍ ରସଭଙ୍ଗସ୍ୟ କାରଣମ୍।
ପ୍ରସିଦ୍ଧୌଚିତ୍ୟବନ୍ଧସ୍ତୁ ରସସ୍ୟୋପନିଷତ୍ ପରା।"
-ଧ୍ୱନ୍ୟାଲୋକ, କୁଳମଣି ମିଶ୍ର ପୃ.୧୯୬

(୮୦) ଧ୍ୱନ୍ୟାଲୋକ (କୁଳମଣି ମିଶ୍ର)-ପୃ.୧୦

(୮୧) ଧ୍ୱନ୍ୟାଲୋକ-ଲୋଚନ, ଅଭିନବଗୁପ୍ତ, II ୪

(୮୨) ସାହିତ୍ୟ ଦର୍ପଣ-ବିଶ୍ୱନାଥ, III ୩୫

(୮୩) କାବ୍ୟାନୁଶାସନ, ୧-୩

(୮୪) ଧ୍ୱନ୍ୟାଲୋକ-ଲୋଚନ, ୧-୪

(୮୫) ସାହିତ୍ୟ ଦର୍ପଣ-୩.୩୩

(୮୬) ତତୈବ-୩.୩୪

(୮୭) ଦଶରୂପକ, ୪-୪୩

(୮୮) ସାହିତ୍ୟ ଦର୍ପଣ, ୩-୩୫

(୮୯) Aesthetic Experience According to Abhinava Gupta R.Gnoli, p.14

(୯୦) History of Indian Philosophy, Vol. I.S.N. Dasgupta P.263

(୯୧) କାବ୍ୟେର ରୂପ ଓ ରସ-ଶ୍ୟାମାପଦ ଚକ୍ରବର୍ତ୍ତୀ, ପୃ.୫୨

(୯୨) "ଯଥା ବୀଜାତ୍ ଭବେତ୍ ବୃକ୍ଷୋ ବୃକ୍ଷାତ୍ ପୁଷ୍ପ ଫଳ ଯଥା।
ତଥା ମୂଂ ରସଃ ସର୍ବେ ତେଭ୍ୟୋ ଭାବଃ ବ୍ୟବସ୍ଥିତାଃ।।"
ନାଟ୍ୟଶାସ୍ତ୍ର, ୬-୩୮

(୯୩) ଅଭିନବଭାରତୀ, ପୃ.୨୯୪

(୯୪) Aesthetic Experience According to Abhinava Gupta, p.22

(୯୫) ରସ ଗଙ୍ଗାଧର-ପ୍ରଥମାନନମ୍, ପୃ.୮୭
(୯୬) ତତ୍ରୈବ-ପ୍ରଥମାନନମ୍ ପୃ. ୯୬
(୯୭) ତତ୍ରୈବ-ପୃଷ୍ଠା ୧୦-୧୧
(୯୮) ରସଗଙ୍ଗାଧର, ପୃ ୧୩୧
(୯୯) Sanskrit Poetics-Srikrishna Chaitanya, p.407
(୧୦୦) "ଅଧିକାରୀ ଚାତ୍ର ବିମଳ-ପ୍ରତିଭାନଶାଳିହୃଦୟଃ।"-ଅଭିନବଭାରତୀ, ପୃ.୨୭୯
(୧୦୧) ଧ୍ୱନ୍ୟାଲୋକ-ଲୋଚନ, ୧/୧ଟୀକା
(୧୦୨) ପରାତ୍ରିଂଶିକା-ଅଭିନବଗୁପ୍ତ, ପୃ.୪୩-୪୫
(୧୦୩) ଉଜ୍ଜ୍ୱଳନୀଳମଣି-ଉଦ୍ଦୀପନପ୍ରକରଣ
(୧୦୪) ତତ୍ରୈବ-ଉଦ୍ଦୀପନପ୍ରକରଣ

ତୃତୀୟ ଅଧ୍ୟାୟ:

(୧) କାବ୍ୟାଳଙ୍କାର-୫/୩
(୨) ଦଶରୂପକ-୪/୮୫
(୩) ଧ୍ୱନ୍ୟାଲୋକ-ଅନୁବାଦ-କୁଳମଣି ମିଶ୍ର ପୃ. ୩୬୭-୭୭
(୪) ତତ୍ରୈବ-ପୃ.୩୭୦
(୫) ତତ୍ରୈବ-ପୃ.୪୦୧
(୬) କାବ୍ୟମୀମାଂସା-୧୨ଶ ଅଧ୍ୟାୟ
(୭) ଅଗ୍ନିପୁରାଣ କା କାବ୍ୟଶାସ୍ତ୍ରୀୟ ଭାଗ-ରାମଲାଲ ବର୍ମା, ପୃ. ୩୮ ଓ ଧ୍ୱନ୍ୟାଲୋକ-ପୃ.୩୭୧
(୮) କାବ୍ୟ ପ୍ରକାଶ ୧/୧
(୯) ଧ୍ୱନ୍ୟାଲୋକ-ପୃ.୩୭୨
(୧୦) କାବ୍ୟାନୁଶାସନ, ପୃ.୩୭୯, "ନୋଦିତା କବିତାଲୋକେ ଯାବଜ୍ଜାତା ନ ବର୍ଣ୍ଣନା।"
(୧୧) "For poetic idealization is not a frivolous embellishment, but a profound penetration, in virtue of which we pass from troublous emotion to the serenity of contemplation." କାବ୍ୟ ଜିଜ୍ଞାସା, ଅତୁଳଚନ୍ଦ୍ର ଗୁପ୍ତ, ପୃ.୧୭ରେ ଉଦ୍ଧୃତ।
(୧୨) Aesthetic-B.Croce, p.74
(୧୩) "Poetry is the spontaneous overflow of powerful feeling: it takes origin from emotion recollected in tranquility,"-Writers on writing: Ed.Walter Allen, P.18.
(୧୪) Aesthetic-Croce, p.21

(୧୫) ସମାଲୋଚନା ସାହିତ୍ୟ, ସଂ-ଶ୍ରୀକୁମାର ବନ୍ଦ୍ୟୋପାଧ୍ୟାୟ, (ଆନନ୍ଦବର୍ଦ୍ଧନ ଓ ଅଭିନବ ଗୁପ୍ତ"-ସୁବୋଧ ଚନ୍ଦ୍ର ସେନଗୁପ୍ତ), ପୃ.୬୮-୯
(୧୬) ଧ୍ୱନ୍ୟାଲୋକ-ଲୋଚନ-୧/୫ ଟୀକା
(୧୭) ବକ୍ରୋକ୍ତିଜୀବିତମ୍-ପୃ. ୧୩୫
(୧୮) ବିକ୍ରୋକି ଜୀବିତମ୍ ପୃ.୨୨୫
(୧୯) ରୀତିକାଲୀନ ରୀତିକବିୟୌଁ ବା କାବ୍ୟ-ଶିକ୍ଷ ଡା: ମହେନ୍ଦ୍ର କୁମାର, ପୃ.୧୧ରେ ଉଦ୍ଧୃତ।
(୨୦) ସୌନ୍ଦର୍ଯ୍ୟ ଶାସ୍ତ୍ର କେ ତତ୍ତ୍ୱ-ଡା.କୁମାର ବିମଳ, ପୃ.୧୨୩
(୨୧) କାବ୍ୟାଳଙ୍କାର, ୧/୫
(୨୨) କାବ୍ୟାଦର୍ଶ, ୧/୧୦୩-୧୦୪
(୨୩) କାବ୍ୟାଳଙ୍କାର, ୧/୧୫-୧୬-୧୭
(୨୪) କାବ୍ୟମୀମାଂସା-ପୃ.୧୧-୧୨
(୨୫) ଧ୍ୱନ୍ୟାଲୋକ, ପୃ.୨୦
(୨୬) ଧ୍ୱନ୍ୟାଲୋକ, ପୃ.୩୮୨ ଓ "ଭାରତୀୟ ସାହିତ୍ୟ ଶାସ୍ତ୍ର" (୧ମ ଖଣ୍ଡ) ବଳଦେବ ଉପାଧ୍ୟାୟ, ପୃ.୩୪୨
(୨୭) ଧ୍ୱନ୍ୟାଲୋକ-ଲୋଚନ, ପୃ.୨୨
(୨୮) ତତ୍ରୈବ-ପୃ.୧
(୨୯) ବ୍ୟକ୍ତିବିବେକ-ପୃ.୧୦୮
(୩୦) ବକ୍ରୋକ୍ତିଜୀବିତମ୍-ପୃ.୪୮
(୩୧) Philosophies of Beauty-Carritt, p.24
(୩୨) A. Mid-Summer Night's Dream-Act V.Sc.I.12-17
(୩୩) Fancy and Imagination-R.L.Brett.p.II
(୩୪) Ibid, P.14
(୩୫) Ibid, PP.27-28
(୩୬) Fancy and Imagination, p.29
(୩୭) Biographia Literaria-Coleridge, p-271
(୩୮) Writers on writing-Walter Allen, p.26
(୩୯) Studies in Aesthetics-P.B.Choudhuri pp, 102 and 116
(୪୦) Biographia Literaria, p-167
(୪୧) Biographia Literaria, p-174
(୪୨) Ibid, P.167

(୪୩) The Creative Impulse-H.Caudwell, p.30

(୪୪) "Poetical matter permeats the soul of all, the expression alone that is to say the form makes the poet."-Corce-Aesthetic, p.42.

(୪୫) "Matter attacked and conquered by form gives place to concrete form."-Ibid, p.9

(୪୬) ବକ୍ରୋକ୍ତି ଔର ଅଭିବ୍ୟଞ୍ଜନା-ରାମନରେଶ ବର୍ମା, ପୃ. ୧୮୪ରେ ଉଦ୍ଧୃତ।

(୪୭) "Describe not be object itself, but the effect it produces."- Sanskrit poetics; K.Chaitanya. p.16 ରେ ଉଦ୍ଧୃତ।

(୪୮) କବିତାର ବିଚିତ୍ର କଥା-ଡ.ହରପ୍ରସାଦ ମିତ୍ର, ପୃ. ୫୧ରେ ଉଦ୍ଧୃତ।

(୪୯) ରବୀନ୍ଦ୍ର ରଚନାବଳୀ (ଉତ୍ସର୍ଗ)-ଦ୍ୱିତୀୟଖଣ୍ଡ, ପୃ.୬୪

(୫୦) Philosophies of Beauty-Carritt, p.175

(୫୧) The Aesthetic Experience According to Abhinava Gupta, R.Gnoli, p.13

(୫୨) କାବ୍ୟପ୍ରକାଶ, ୪/୨୮ ବୃତ୍ତି

(୫୩) Biographia Literaria, p-177

(୫୪) Understanding Poetry-Cleanth Brooks & R.P, Warren, P-270

(୫୫) Poetic Image-C.D.Lewis, p.40

(୫୬) ଚିତ୍ରମୀମାଂସା-ଅପ୍ପୟ ଦୀକ୍ଷିତ, ପୃ.୬

(୫୭) ପ୍ରବନ୍ଧ ପ୍ରବାହ, ପୃ.୪୫

(୫୬) Aesthetic-B.Croce, p.69

ଚତୁର୍ଥ ଅଧ୍ୟାୟ:

(୧) "ଖରରୂପୀ ଖଳଙ୍କୁ ମୁଁ କହୁଛି ବଚନ।
ଲତା ପରି କବିତା କଷ୍ଟରେ ଉତ୍ପନ୍ନ।" କନକଲତା-ତ୍ରିବିକ୍ରମ ଭଞ୍ଜ (ଭଞ୍ଜପୂର୍ବବର୍ତ୍ତୀ)

(୨) ଲାବଣ୍ୟବତୀ ମୁଖବନ୍ଧ-ଆର୍ତ୍ତବଲ୍ଲଭ ମହାନ୍ତି, ପୃ.୯୩

(୩) Literary Criticism in Ancient India, R.Mukherjee, p.342

(୪) ରସକଲ୍ଲୋଳ-ଛା ୭/୪୦

(୫) ତତ୍ରୈବ-ଛା-୭/୩୭-୩୯

(୬) ଝଙ୍କାର, ୧୯୭୧, ଅକ୍ଟୋବର, "ଭଞ୍ଜ ସାହିତ୍ୟର ପୃଷ୍ଠଭୂମି"
ଡ.କାହ୍ନୁଚରଣ ମିଶ୍ର

(୭) (କ) "କେତେ କଉତୁକି-ଅଛଇ ଏଥି।" (ଖ) "କଉତୁକ କଥାମାନଙ୍କରେ ରସିକ।" (ଗ) "କୁଟିଳ ବର୍ଣ୍ଣାବଳୀରେ ଅଦ୍ଭୁତ।" (ଘ) "କୁଟିଳଭାଷୀ ସଜନୀ

ଆସି ଦେଖିଲା ଏହି କାଳେ।" (ଙ) "କୁଟିଳ କରି ବୋଲେ ଚତୁରୀ ବିଭା ହେଲା କି ବୋଲି।" (ଚ) କନ୍ଦର୍ପ ରସରେ ପୂରି ପରସ୍ପର ବକ୍ର-ବଚନ ଭାଷନ୍ତି।"

(୮) ରସକଲ୍ଲୋଳ-ଛା.୭/୩୧.

(୯) ତତ୍ରୈବ-ଛା.୧୫/୨

(୧୦) ତତ୍ରୈବ-ଛା.୧୬/୧୦

(୧୧) ତତ୍ରୈବ-ଛା.୧୪/୧୯

(୧୨) ତତ୍ରୈବ-ଛା.୧୩/୧୭

(୧୩) "କେତେ ବା, କହିବି ଅନୁଭବ କଥା
କହୁଥିଲେ ପଦେ ପଦେ ସୁଖ ଉଦେ କେବଳ ଗୁଆଁରକୁ ବ୍ୟଥା।"
-ତତ୍ରୈବ-ଛା.୮/୩

(୧୪) "କାମ ଦିଗ ବିଜେ ରଥ ପ୍ରାୟେ ରାଜେ ବନ୍ଧୁ ତୋହର କବେଳର।
କଳିତ ନିତମ୍ବ ଚକ୍ର ଅବଲମ୍ବ କରିଛି ଉତ୍ତମ ଅମ୍ବର।
କମଳା, କି ତପ କରିଛି ଅନଙ୍ଗ।
କରି ମନୋରମ ସମ୍ପୂର୍ଣ୍ଣ ଏ ରଥ ଆରୋହି ମନ୍ଥେ ସର୍ବ ଅଙ୍ଗ।"
ତତ୍ରୈବ, ଛା.୮/୧୭

(୧) ବୈଦେହୀଶ ବିଳାସ-୫୨ ଛାନ୍ଦ

(୨) ଲାବଣ୍ୟବତୀ-୧/୭

(୩) କୋଟିବ୍ରହ୍ମାଣ୍ଡସୁନ୍ଦରୀ-୪/୪୮

(୪) ବୈଦେହୀଶ ବିଳାସ-୫୨/୫୨

(୫) ସୁଭଦ୍ରା ପରିଣୟ-୧/୨୧

(୬) ଲାବଣ୍ୟବତୀ-୧/୮

(୭) ସୁଭଦ୍ରା ପରିଣୟ-୧/୧୫

(୮) ଲାବଣ୍ୟବତୀ-୧/୧୨

(୯) ତତ୍ରୈବ-୩୩/୧

(୧୦) ରସିକ ହାରାବଳୀ-୧/୫-୬

(୧୧) ତତ୍ରୈବ-୧୫/୧୭

(୧୨) କୋଟିବ୍ରହ୍ମାଣ୍ଡସୁନ୍ଦରୀ-୨୮/୧

(୧୩) ଲାବଣ୍ୟବତୀ-୫/୩୧

(୧୪) ରସିକ ହାରାବଳୀ-୫/୨୭

(୧୫) କୋଟିବ୍ରହ୍ମାଣ୍ଡସୁନ୍ଦରୀ-୩୪ ଛାନ୍ଦ

(୧୬) ତତ୍ରୈବ-୨୦/୨୦

(୧୭) ସୁଭଦ୍ରା ପରିଣୟ—୧ ୫/ ୮ ୭

(୧ ୮) କୋଟିବ୍ରହ୍ମାଣ୍ଡସୁନ୍ଦରୀ—୧ ୭/ ୭

(୧ ୯) ତତ୍ତ୍ୱୀବ—୧ ୯/ ୧

(୨ ୦) ରସପଞ୍ଚକ—ଶେଷବୋଲି

(୨୧) ସୁଭଦ୍ରା ପରିଣୟ—୧/ ୧ ୫—୧ ୮

(୨ ୨) କୋଟିବ୍ରହ୍ମାଣ୍ଡସୁନ୍ଦରୀ—୩୪/ ୪୪—୪ ୭

(୨୩) ରସିକ ହାରାବଳୀ—୧ ୫/ ୨ ୦

(୨ ୪) ରସିକ ହାରାବଳୀ—୪/ ୭

(୨ ୫) ଲାବଣ୍ୟବତୀ—୧ ୪/ ୨ ୪

(୨ ୭) କୋଟିବ୍ରହ୍ମାଣ୍ଡସୁନ୍ଦରୀ—୧ ୩/ ୪

(୨ ୭) ବୈଦେହୀଶ ବିଲାସ—୩/ ୪ ୭

(୨ ୮) ତତ୍ତ୍ୱୀବ—୧ ୦/ ୨ ୦

(୨ ୯) ସୁଭଦ୍ରା ପରିଣୟ—୨/ ୧

(୩୦) କୋଟିବ୍ରହ୍ମାଣ୍ଡସୁନ୍ଦରୀ—୮/ ୮

(୩୧) ସୁଭଦ୍ରା ପରିଣୟ—୨/ ୧୩

(୩୨) ଲାବଣ୍ୟବତୀ—୨/ ୭ ୯—୮ ୦

(୩୩) ସୁଭଦ୍ରା ପରିଣୟ—୨/ ୧ ୭

(୩୪) ତତ୍ତ୍ୱୀବ—୨/ ୨୩

(୩୫) କୋଟିବ୍ରହ୍ମାଣ୍ଡସୁନ୍ଦରୀ—୧ ୨/ ୫—୭

(୩୭) ଲାବଣ୍ୟବତୀ—୪/ ୧

(୩୭) ତତ୍ତ୍ୱୀବ—୪/ ୨—୩

(୩୮) ବୈଦେହୀଶ ବିଲାସ—୧ ୯/ ୮—୯, ୧ ୧ ଓ ୧୩

(୩୯) ଲାବଣ୍ୟବତୀ—୨ ୪/ ୧ ୦—୧ ୧

(୪୦) ରସିକ ହାରାବଳୀ—୭/ ୫—୨ ୪

(୪୧) ସୁଭଦ୍ରା ପରିଣୟ—୧ ୦/ ୧ ୪

(୪ ୨) ଲାବଣ୍ୟବତୀ—୩ ୧/ ୮

(୪୩) ରସିକ ହାରାବଳୀ—୭/ ୧ ୪—୨ ୫

(୪୪) ଲାବଣ୍ୟବତୀ—୨ ୮/ ୩—୪

(୪ ୫) ତତ୍ତ୍ୱୀବ—୫/ ୨ ୧

(୪ ୭) ତତ୍ତ୍ୱୀବ—୫/ ୨ ୯

(୪ ୭) ରସିକହାରାବଳୀ—୭/ ୯

(୧୭) ତତ୍ରୈବ-୭୪/୨୦

(୧୮) ତତ୍ରୈବ-୩୯/୨୫-୨୬

(୧୯) ତତ୍ରୈବ-୪୨/୧୩

(୨୦) ତତ୍ରୈବ-୪୨/୧୪-୨୦

(୨୧) ତତ୍ରୈବ-୪୨/୨୮

(୨୨) ତତ୍ରୈବ-୯/୧୦

(୨୩) ତତ୍ରୈବ-୧୦/୪୫

(୨୪) ତତ୍ରୈବ-୨୭/୧୯

(୨୫) ତତ୍ରୈବ-୭୧/୪୯

(୨୬) ତତ୍ରୈବ-୭୪/୮

(୨୭) ତତ୍ରୈବ-୮୪/୬

(୨୮) ତତ୍ରୈବ-୫୪/୫୫

(୨୯) ତତ୍ରୈବ-୭୯/୫

(୩୦) ମେଘନାଦବଧ କାବ୍ୟ, ମଧୁସୂଦନ ଦତ୍ତଙ୍କ ପତ୍ରରୁ ଉଦ୍ଧୃତ ।

(୩୧) ବିଦଗ୍ଧ ଚିନ୍ତାମଣି-୭୭/୧୮-୨୦

(୩୨) ତତ୍ରୈବ-୪୭/୪

(୩୩) ତତ୍ରୈବ-୪୧/୬-୧୦

(୩୪) ତତ୍ରୈବ-୪୦/୧୮-୧୯

(୩୫) ତତ୍ରୈବ-୪୧/୧୪-୧୫

(୩୬) ତତ୍ରୈବ-୪୭/୨

(୩୭) ତତ୍ରୈବ-୭୧/୪୨

(୩୮) ତତ୍ରୈବ-୪୭/୧୫-୧୬

(୩୯) ତତ୍ରୈବ-୩୪/୧୪

(୪୦) ତତ୍ରୈବ-୨୯/୧୧-୧୩

(୪୧) ମଥୁରାମଙ୍ଗଳ-୧/୨୮-୨୯

(୪୨) ତତ୍ରୈବ-୨/୧୮-୨୬

(୪୩) ତତ୍ରୈବ-୨/୫-୭

(୪୪) ତତ୍ରୈବ-୧୦/୧୯-୨୨, ୨୫-୨୬ ଓ ୩୧ ପଦ

(୪୫) ତତ୍ରୈବ-୧୫/୪

(୪୬) ତତ୍ରୈବ-୧୫/୧୮-୨୧

(୪୭) ତତ୍ରୈବ-୧୫/୨୨

(୪୮) ତତ୍ରୈବ-୧୫/୪୭-୪୮
(୪୯) ତତ୍ରୈବ-୧୫/୫୨-୫୩
(୫୦) ତତ୍ରୈବ-୧୭/୨
(୫୧) ତତ୍ରୈବ-୨୦/୫
(୫୨) ତତ୍ରୈବ-୨୦/୧୧
(୫୩) ତତ୍ରୈବ-୨୦/୧୮-୨୦
(୫୪) ତତ୍ରୈବ-୨୧/୨୨
(୫୫) ତତ୍ରୈବ-୨୧/୩୯
(୫୬) କବିତା ପ୍ରବେଶ-(ମନବୋଧ ଚଉତିଶା)-ପୃ.୨୮
(୫୭) ବ୍ରଜନାଥ ଗ୍ରନ୍ଥାବଳୀ, ପୃ.୨୫୨
(୫୮) ତତ୍ରୈବ-ପୃ,୨୬୩
(୫୯) ତତ୍ରୈବ-ପୃ,୪୬୬
(୬୦) ତତ୍ରୈବ-ପୃ,୨୯୯
(୬୧) ତତ୍ରୈବ-ପୃ,୧୮୫
(୬୨) ତତ୍ରୈବ-"ନିୟମ ରଖିଦିଏ କି ତୋ ଶୋଭା'-ପୃ, ୯୦
(୬୩) ତତ୍ରୈବ-ପୃ,୨୬
(୬୪) ତତ୍ରୈବ-ପୃ,୩୦୨
(୬୫) ତତ୍ରୈବ-ପୃ,୪୬୭
(୬୬) "ଏ କଳା କଳ୍ପନା କର କଳ୍ପକେ"-୨ୟ ଛାନ୍ଦ, ପ୍ରବନ୍ଧ ପୂର୍ଣ୍ଣଚନ୍ଦ୍ର ଶୃଙ୍ଗାର ରଙ୍ଗ ରତ୍ନାକର ତରଙ୍ଗ ସ୍ନାନିଯେ ବିଚାର ମରମେ"-୪ର୍ଥ/୧-ତତ୍ରୈବ
(୬୭) ତତ୍ରୈବ-୭/୧
(୬୮) ଓଡ଼ିଆ ସାହିତ୍ୟର ଇତିହାସ-ପଣ୍ଡିତ ବିନାୟକ ମିଶ୍ର, ପୃ.୧୬୦
(୬୯) ପ୍ରବନ୍ଧ ପୂର୍ଣ୍ଣଚନ୍ଦ୍ର-୩/୪୧
(୭୦) ତତ୍ରୈବ-୮/୨୨
(୭୧) ତତ୍ରୈବ-୭/୧୫-୨୦
(୭୨) କବିସୂର୍ଯ୍ୟ ଗ୍ରନ୍ଥାବଳୀ-ପୃ, ୩୩୪
(୭୩) ତତ୍ରୈବ-ପୃ, ୪୨୪
(୭୪) ତତ୍ରୈବ-ପୃ, ୨୬୪
(୭୫) ତତ୍ରୈବ-ପୃ, ୧୫୪
(୭୬) ତତ୍ରୈବ-ପୃ, ୩୪୯
(୭୭) ତତ୍ରୈବ-ପୃ, ୩୫୦

(୭୮)	ତତ୍ରୈବ-ପୃ, ୧୨୮
(୭୯)	ତତ୍ରୈବ-ପୃ, ୧୮୯
(୮୦)	ତତ୍ରୈବ-ପୃ, ୩୬୬
(୮୧)	ତତ୍ରୈବ-ପୃ, ୩୮୮
(୮୨)	ଗୋପାଳକୃଷ୍ଣ ପଦ୍ୟାବଳୀ, ପୃ.୧୧୩
(୮୩)	ତତ୍ରୈବ-ପୃ, ୧୩୮-୩୯
(୮୪)	ତତ୍ରୈବ-ପୃ, ୧୫୭
(୮୫)	ତତ୍ରୈବ-ପୃ, ୧୬୪
(୮୬)	ତତ୍ରୈବ-ପୃ, ୧୫୮
(୮୭)	କବି ଓ କବିତା-ପୃ, ୫୨

ଷଷ୍ଠ ଅଧ୍ୟାୟ:

(୧)	ରାଧାନାଥ ଗ୍ରନ୍ଥାବଳୀ-ପୃ-୪୯୪
(୨)	କବି ଓ କବିତା, ପୃ, ୭୪
(୩)	ରାଧାନାଥ ଗ୍ରନ୍ଥାବଳୀ-ପୃ-୨୨୧
(୪)	ତତ୍ରୈବ-ପୃ,୧୪୯
(୫)	ତତ୍ରୈବ-ପୃ,୧୫୫
(୬)	ତତ୍ରୈବ-ପୃ,୧୫୦
(୭)	ତତ୍ରୈବ-ପୃ,୧୫୨
(୮)	ଅଭିଜ୍ଞାନଶାକୁନ୍ତଳମ୍
(୯)	ରାଧାନାଥ ଗ୍ରନ୍ଥାବଳୀ, ପୃ,୨୬୭
(୧୦)	କିରାତାର୍ଜ୍ଜୁନିୟମ୍-ସର୍ଗ ୧୦/୨୨
(୧୧)	ଉତ୍କଳ ସାହିତ୍ୟ, ୧୨ଶ ଭାଗ, ୨ୟ ସଂଖ୍ୟା, ଜୈଷ୍ଠ, ୧୩୧୫ (ଅଖିଳ ଚନ୍ଦ୍ର ପାଲିତଙ୍କୁ ପତ୍ର)-"ମୋର ରଚନା ସହିତ ଜୀବନ ର କୌଣସି ସମ୍ପର୍କ ନାହିଁ। ମୁଁ କେବଳ ବହିଃ ସଂସାରର ପ୍ରାକୃତିକ ଦୃଶ୍ୟର ସୌନ୍ଦର୍ଯ୍ୟ ଘେନି ବ୍ୟାପୃତ ଥିଲି। ପାର୍ବତୀୟ ପ୍ରଦେଶ ପୁନଃ ପୁନଃ ପରିଭ୍ରମଣ ନିବନ୍ଧକ ପ୍ରକୃତି ସହିତ ଆଳାପ ପରିଚୟର ମଧ୍ୟ ଯଥେଷ୍ଟ ସୁବିଧା ପାଇଥିଲି। ମୋର ଓଡ଼ିଆ କାବ୍ୟଗୁଡିକ ଉତ୍କଳୀୟ ପ୍ରକୃତିର ପ୍ରତିକୃତି କହିଲେ ମଧ୍ୟ ଚଳେ।"
(୧୨)	ରାଧାନାଥ ଗ୍ରନ୍ଥାବଳୀ-ପୃ, ୧୬୦
(୧୩)	ତତ୍ରୈବ-ପୃ,୮୨
(୧୪)	ତତ୍ରୈବ-ପୃ,୧୫୯

(୧୫) ତତ୍ରୈବ-ପୃ, ୨୬୪
(୧୬) ତତ୍ରୈବ-ପୃ, ୨୬୪
(୧୭) ତତ୍ରୈବ-ପୃ, ୧୫୬
(୧୮) ତତ୍ରୈବ-ପୃ, ୮୫
(୧୯) ତତ୍ରୈବ-ପୃ, ୧୯୩
(୨୦) ତତ୍ରୈବ-ପୃ, ୧୨୬
(୨୧) ବଙ୍କିମ ଗ୍ରନ୍ଥାବଳୀ (ବିବିଧ ଖଣ୍ଡ) ପୃ. ୧୨୫, ବଙ୍ଗୀୟ ସାହିତ୍ୟ ପରିଷଦ
(୨୨) ରାଧାନାଥ ଗ୍ରନ୍ଥାବଳୀ, ପୃ-୨୯୪
(୨୩) ତତ୍ରୈବ-ପୃ,୩୫୧
(୨୪) ତତ୍ରୈବ-ପୃ, ୧୦୩
(୨୫) ତତ୍ରୈବ-ପୃ,୭୫
(୨୬) ତତ୍ରୈବ-ପୃ,୩୦୪
(୨୭) ତତ୍ରୈବ-ପୃ,୩୬୦
(୨୮) ତତ୍ରୈବ-ପୃ,୩୬୦
(୨୯) ତତ୍ରୈବ-ପୃ,୪୯
(୩୦) ତତ୍ରୈବ(ବିବେକୀ)-ପୃ,୩୭୯
(୩୧) ତତ୍ରୈବ-ପୃ, ୧୫୨
(୩୨) ତତ୍ରୈବ-ପୃ, ୧୫୦
(୩୩) ତତ୍ରୈବ-ପୃ,୩୨୪
(୩୪) ତତ୍ରୈବ-ପୃ,୪୬୪ (ବୈତରଣୀର ଦୁଇ ରୂପର ତୁଳନା) ଭ୍ରମଣକାରୀର ପତ୍ର।
(୩୫) "Sublimity is beauty which forces itself upon our mind, beauty which strikes us as it were against our will and inspit of ourselves." (Collingwood).
Philosophies of Beauty. E.F.Carritt. P.293.
(୩୬) ରାଧାନାଥ ଗ୍ରନ୍ଥାବଳୀ ପୃ, ୨୬୮
(୩୭) ଉଷା-ଜୟନ୍ତ, ନନ୍ଦିକା, କେଦାର-ଗୌରୀ ଓ ତାରିଣୀ (ପ୍ରତାପରୁଦ୍ର ଦେବ)
(୩୮) ରାଧାନାଥ ଗ୍ରନ୍ଥାବଳୀ ପୃ, ୨୨୭
(୩୯) ତତ୍ରୈବ-ପୃ, ୨୨୭
(୪୦) ନନ୍ଦକିଶୋର ଗ୍ରନ୍ଥାବଳୀ, ପୃ, ୯୫୬
(୪୧) ରାଧାନାଥ ଗ୍ରନ୍ଥାବଳୀ, ପୃ, ୨୨୪
(୪୨) ତତ୍ରୈବ-ପୃ,୭୩
(୪୩) "ସ୍ୱାଦୁକାବ୍ୟରସୋନ୍ମିଶ୍ରଂ ଶାସ୍ତ୍ରମପ୍ୟୁପଭୁଞ୍ଜତେ।

ପ୍ରଥମାଲୀଢ଼ମଧବଃ ପିବନ୍ତି କଟୁ ଭେଷଜମ୍।"-ଭାମହ, କାବ୍ୟାଳଙ୍କାର, ୫/୩

(୪୪) ମଧୁସୂଦନ 'ଅଭିବ୍ୟକ୍ତିବାଦ' ଅଧ୍ୟୟନ କରି ତତ୍ ସମ୍ବନ୍ଧରେ ଅବହିତ ଥିଲେ। ବଡକୁମାର ବଳଭଦ୍ର କବିଙ୍କର 'ଅଭିବ୍ୟକ୍ତିବାଦ' ସମ୍ବନ୍ଧୀୟ ଏକ ବକ୍ତୃତା ଶୁଣି ସେହି ନାମରେ ଏକ କବିତା ରଚନା କରିଛନ୍ତି।

-ବଳଭଦ୍ର ଗ୍ରନ୍ଥାବଳୀ, (୨ୟ ଖଣ୍ଡ)

(୪୫) 'ସଙ୍ଗୀତମାଳା' (ମଧୁସୂଦନ ଗ୍ରନ୍ଥାବଳୀ)-"ସେହି ବିଶ୍ୱଜନୀନ ନିତ୍ୟ ସୁନ୍ଦର ବିଶ୍ୱବନ୍ଦିତ ଚରଣକମଳୋଦ୍ଦେଶ୍ୟରେ ଉତ୍ସୃଷ୍ଟ ହେଲା।"

(୪୬) ତତ୍ରୈବ-ପୃ,୮୩

(୪୭) "କେ ଚାହିଁବ ଚାହୁଁ ତୋତେ ଗର୍ବ ଅବଜ୍ଞାରେ,
କିନ୍ତୁ ଲୋ ଭାଗିନି, ମୁହିଁ ତୋ ଦୁଃଖେ କାତର
ଆହତ ମୋ ପ୍ରାଣ ତୋର ମର୍ମ-ହାହାକାରେ,
କାନ୍ଦଇ ବିକଳେ ମୋର ବ୍ୟଥିତ ଅନ୍ତର।" ତତ୍ରୈବ-ପୃ, ୧୧୨

(୪୮) ତତ୍ରୈବ, ପୃ,୮୩

(୪୯) 'ହିମାଚଳ ଉଦୟ ଉତ୍ସବ' ୧୯୧୨ ମସିହାରେ ଲିଖିତ ଓ ତାହା କବିଙ୍କର ତିରୋଧାନ ବର୍ଷ।

(୫୦) "Are not the mountains, waves, and skies, a part of me and of my scul, as I of them?"
-Byron, Child Horald. (III). Lxxv. ତୁଳନୀୟ।

(୫୧) ବିଶ୍ୱନାଥ କରଙ୍କ 'ଅନନ୍ତ ପ୍ରେମ' ପ୍ରବନ୍ଧରେ ଏହି ଲକ୍ଷଣ ପ୍ରବର୍ତ୍ତ ବିବିଧ ପ୍ରବନ୍ଧ।

(୫୨) ରବୀନ୍ଦ୍ର ରଚନାବଳୀ, ୧୪ଶ ଖଣ୍ଡ, ପୃ.୬୨୪

(୫୩) ମଧୁସୂଦନ ଗ୍ରନ୍ଥାବଳୀ,-ପୃ.୯୪-୯୫

(୫୪) "ଜଗତର ଲୋଚନ ନନ୍ଦନ
ଯୁବତୀର ରକ୍ତାଧର ରମ୍ୟଜ୍ୟୋତି ନୟନର,
ସ୍ୱର୍ଣ୍ଣ ଘନ ସମବକ୍ଷ, ଚାରୁ ପଦ୍ମାନନ୍ଦ,
ଇନ୍ଦ୍ରଧନୁ ଶୋଭାସମ ପଳାନ୍ତି ବହନ।"-ତତ୍ରୈବ, ପୃ,୬୧

(୫୫) ତତ୍ରୈବ, ପୃ-୧୦୬

(୫୬) ନନ୍ଦକିଶୋର ସାହିତ୍ୟ ସମୀକ୍ଷା, ଡା.ନଟବର ସାମନ୍ତରାୟ-ପୃ.୧୧ରେ ଉଦ୍ଧୃତ।

(୫୭) ଓଡ଼ିଆ ଭାଷା ଓ ସାହିତ୍ୟ-ପୃ.୨୧୮

(୫୮) ଫକୀରମୋହନ ଗ୍ରନ୍ଥାବଳୀ, ୨ୟ ଖଣ୍ଡ-ପୃ.୭୧୨

(୫୯) ତତ୍ରୈବ-୧ମ ଖଣ୍ଡ, ପୃ,୪୫୬

(୬୦) ତତ୍ରୈବ-ଅବସରବାସରେ ଭୂମିକା

(୬୧) ତତ୍ରୈବ-ପୃ,୧୯୬

(୬୨)   ତତ୍ରୈବ-୧ମ ଖଣ୍ଡ, ପୃ.୫୩୪
(୬୩)   ତତ୍ରୈବ-ପୃ,୩୬୪
(୬୪)   ଯୁଗସ୍ରଷ୍ଟା ଫକୀରମୋହନ-ସର୍ବେଶ୍ୱର ଦାସ, ପୃ.୧୩୦
(୬୫)   ଫକୀରମୋହନ ଗ୍ରନ୍ଥାବଳୀ, ୧ମ ଖଣ୍ଡ, ପୃ.୪୨୬
(୬୬)   ତତ୍ରୈବ-ପୃ,୨୫୩
(୬୭)   ତତ୍ରୈବ-୧ମ ଖଣ୍ଡ, ପୃ.୨୫୨
(୬୮)   ତତ୍ରୈବ-୧ମ ଖଣ୍ଡ, ପୁଷ୍ପମାଳା, 'ଉତ୍ସର୍ଗପତ୍ର' ଶୀର୍ଷକ କବିତା।
(୬୯)   ତତ୍ରୈବ-ପୃ,୨୫୩
(୭୦)   ତତ୍ରୈବ-ଦ୍ୱିତୀୟ ଖଣ୍ଡ, ପୃ.୨୮୫
(୭୧)   ତତ୍ରୈବ, ୧ମ ଖଣ୍ଡ, ପୃ,୨୭୦
(୭୨)   ତତ୍ରୈବ, ପୃ,୧୮୬
(୭୩)   ତତ୍ରୈବ, ପୃ,୪୨୯
(୭୪)   ତତ୍ରୈବ, ୧ମ ଖଣ୍ଡ, ପୃ,୫୪୪

ସପ୍ତମ ଅଧ୍ୟାୟ:

(୧)   ନନ୍ଦକିଶୋର ଗ୍ରନ୍ଥାବଳୀ, ପୃ-୧୦୮୯
(୨)   ତତ୍ରୈବ, ପୃ-୪୨୮
(୩)   "ସହଜସାଧ୍ୟ ଓ ସାଧାରଣ ବୋଧଗମ୍ୟ ହେଲେ ହେଁ କାମର ଉତ୍ତେଜକ କବିତା ସମାଜର ଉନ୍ନତି ପାଇଁ ପ୍ରୟୋଜନୀୟ ନୁହେଁ।" ତତ୍ରୈବ, ପୃ-୧୦୮୯
(୪)   ତତ୍ରୈବ, ପୃ-୯୮୫
(୫)   ତତ୍ରୈବ, ପୃ-୧୦୯୦
(୬)   ତତ୍ରୈବ, ପୃ-୪୬୬
(୭)   "ନନ୍ଦକିଶୋର ପ୍ରକୃତିର ଉପାସକ ନ ଥିଲେ। ନନ୍ଦକିଶୋର ଥିଲେ ପ୍ରକୃତିର ସନ୍ତାନ।"-ସୁରେନ୍ଦ୍ର ମହାନ୍ତି, ନବଭାରତ, ସେପ୍ଟେମ୍ବର, ୧୯୫୦ ପୃ.୪୦୬
(୮)   ରବୀନ୍ଦ୍ର ରଚନାବଳୀ-୧ମ ଖଣ୍ଡ, ପୃ.୧୭୯
(୯)   ନନ୍ଦକିଶୋର ଗ୍ରନ୍ଥାବଳୀ-ପୃ.୫୬୯
(୧୦)   ତତ୍ରୈବ-ପୃ.୧୦୩
(୧୧)   ତତ୍ରୈବ-ପୃ.୧୧୨
(୧୨)   ତତ୍ରୈବ-ପୃ.୧୧୧
(୧୩)   ତତ୍ରୈବ-ପୃ.୨୯
(୧୪)   ତତ୍ରୈବ-ପୃ.୫୮୦

(୧୫) ତତ୍ରୈବ-ପୃ.୨୮
(୧୬) ତତ୍ରୈବ-ପୃ.୧୪୪
(୧୭) ତତ୍ରୈବ-ପୃ.୧୪୫
(୧୮) ତତ୍ରୈବ-ପୃ.୧୪୬
(୧୯) ତତ୍ରୈବ-ପୃ.୪୧୨
(୨୦) ତତ୍ରୈବ-ପୃ.୬୦୬
(୨୧) ରବୀନ୍ଦ୍ର ରଚନାବଳୀ-ଦ୍ୱିତୀୟ ଖଣ୍ଡ, ପୃ.୫୦୦
(୨୨) କବି ଓ କବିତା, ପୃ.୫୦୪, ଗ୍ରନ୍ଥମନ୍ଦିର
(୨୩) "ନିତ୍ୟ ଶୋଭାମୟ ଓ ନୂତନତ୍ୱର ଅକ୍ଷୟ ଉତ୍ସପ୍ରେମର ନିସର୍ଗ ସୁନ୍ଦର ଚିତ୍ର ଅଙ୍କନରେ ହସ୍ତପଟୁତା ପ୍ରଦର୍ଶନ କରି ସ୍ୱୀୟ ମହତୀ ଶକ୍ତି ଓ ପବିତ୍ର ପ୍ରତିଭାକୁ ଚିରଜୀବିତ କରିବା କବିଙ୍କର କର୍ତ୍ତବ୍ୟ ଅଟେ।"-ଗ୍ରନ୍ଥାବଳୀ, ପୃ.୧୦୯୩
(୨୪) ତତ୍ରୈବ-ପୃ-୧୦୨୨
(୨୫) ତତ୍ରୈବ-ପୃ.୧୩୧
(୨୬) ତତ୍ରୈବ-ପୃ.୮୪୦
(୨୭) ତତ୍ରୈବ-ପୃ.୮୩୮
(୨୮) ତତ୍ରୈବ-ପୃ.୨୨୭
(୨୯) "ତରୁଣୀର ତନୁ ଅପେକ୍ଷା ସୁନ୍ଦରତର ସୃଷ୍ଟି କି ସଂସାରରେ ଅଛି ? ବୋଧହୁଏ ନାହିଁ। କିନ୍ତୁ ହା ! ସେ ସୌନ୍ଦର୍ଯ୍ୟର ଅପଚୟ କେତେ !"
ତତ୍ରୈବ-ପୃ.୧୦୨୨
(୩୦) ତତ୍ରୈବ-ପୃ.୧୪୫
(୩୧) ଗଙ୍ଗାଧର ଗ୍ରନ୍ଥାବଳୀ, ପୃ-୧୯୬
(୩୨) ଗଙ୍ଗାଧର ପତ୍ରାବଳୀ, ସଂ-ଶିବପ୍ରସାଦ ଦାଶ, ପୃ-୬୭-୬୮
(୩୩) ମୂଳପଦ ଥିଲା-ସଂସ୍କୃତ ଭାରତୀ ଉତ୍କଳେ ଯେସନ
ମିଶ୍ରିତ କରିଛି ନିଜ ଅପଘନ-ଗଙ୍ଗାଧର ଗ୍ରନ୍ଥାବଳୀ, ପୃ-୨୩୨
(୩୪) ତତ୍ରୈବ, ପୃ.୧୨୭
(୩୫) ତତ୍ରୈବ, ପୃ.୨୬୨
(୩୬) ତତ୍ରୈବ, ପୃ.୧୪
(୩୭) ତତ୍ରୈବ-(ତପସ୍ୱିନୀ ମୁଖବନ୍ଧ)
(୩୮) ତତ୍ରୈବ-ପୃ.୩୧୯
(୩୯) ତତ୍ରୈବ-ଇନ୍ଦୁମତୀ (ମନ୍ତବ୍ୟ)
(୪୦) ତତ୍ରୈବ-ପୃ.୨୮

(୪୧) ତତ୍ରୈବ-ପୃ.୧୧୩

(୪୨) ତତ୍ରୈବ-ପୃ.୭୧

(୪୩) 'ପ୍ରଣୟବଲ୍ଲରୀ' ପ୍ରସ୍ତାବନା ଶ୍ଳୋକରେ ଗଙ୍ଗାଧର କହିଛନ୍ତି-
ନୟନେ ପଡ଼ିବ ଯତନେ ଯହିଁକି ନ ପାଇବ ମୋର ହସ୍ତ,
ସେ ଉଚ୍ଚ ଡାଳର କୁସୁମ ଚୟନେ ରହିବି ହୋଇ ନିରସ୍ତ।
ତତ୍ରୈବ-ପୃ.୬୩
ଏହା କବିର ନମ୍ରତା ହୋଇପାରେ; ମାତ୍ର ଏହା ଅସାମର୍ଥ୍ୟ ନା ଇଚ୍ଛାକୃତ-
ତାହା ସୌନ୍ଦର୍ଯ୍ୟତତ୍ତ୍ୱ ସମ୍ବଳିତ ପଦାବଳୀର ବିଶ୍ଳେଷଣରୁ ସ୍ପଷ୍ଟ ହୁଏ।

(୪୪) ତତ୍ରୈବ-ପୃ.୬୬

(୪୫) ତତ୍ରୈବ-ପୃ.୬୬

(୪୬) ଚିନ୍ତାମଣି ଗ୍ରନ୍ଥାବଳୀ, ୪ର୍ଥ ଭାଗ, ପୃ.୨୪୬

(୪୭) ୧୮୯୫ରେ ପ୍ରକାଶିତ 'ମୋହିନୀ' କାବ୍ୟର ମୁଖବନ୍ଧ।

(୪୮) ଓଡ଼ିଆ ସାହିତ୍ୟର ଇତିହାସ, ପୃ. ୨୯୩

(୪୯) "ଦୃଷ୍ଟି ମାତ୍ରେ ଇଚ୍ଛା ହୁଏ ସେ ଶୋଭା-ସାଗରେ
ପିଇବାକୁ ଏକା ଚୋଟେ ଅଗସ୍ତ୍ୟ ପରାଏ।"-ମହେନ୍ଦ୍ର, ପୃ.୧୨

(୫୦) ତତ୍ରୈବ-ପୃ.୫୩-୫୪

(୫୧) "ଦିଦୃକ୍ଷାକୁ ଆତ୍ମା ଦାନ କରି ସେ ସୁଷମା
କରେ ବିବର୍ଦ୍ଧିତ; ତେଣୁ ନ ମେଣ୍ଟେ ଅଙ୍କେ ସେ।"-ତତ୍ରୈବ-ପୃ.୧୦୬

(୫୨) ତତ୍ରୈବ-ପୃ.୯୧ ଓ "କୋଳାହଳଦ୍ୱେଷୀ କବି ବାସସ୍ଥଳ,
ପଶେ ନାହିଁ ତହିଁ ଭବ କୋଳାହଳ।" ସାଳନ୍ଦୀ, ପୃ.୪୪

(୫୩) "ନାହିଁ ତୋର ଆନ ସୁରୁଚିତରେ ଆଶ।
ମାନବ କେବଳ ସିନା ରୁଚି ଦାସ।"-ସାଳନ୍ଦୀ, ପୃ.୧୫

(୫୪) ସିଂହରାଜ, ପୃ.୧-୨

(୫୫) ତତ୍ରୈବ-ପୃ.୩୭-୩୮

(୫୬) ତତ୍ରୈବ-ପୃ.୫

(୫୭) ପ୍ରଣୟଚିଟାଉ, ପୃ.୯୮

(୫୮) ତତ୍ରୈବ-ପୃ.୨୯

(୫୯) ସାଳନ୍ଦୀ-ପୃ.୧୭

(୬୦) ମହେନ୍ଦ୍ର-ପୃ.୧୮-୧୯

(୬୧) ସିଂହରାଜ, ପୃ.୯

(୬୨) ତତ୍ରୈବ-ପୃ.୯

(୬୩) ପ୍ରଣୟଚିଟାଉ, ପୃ.୧୧

(୬୪) "ଶୋଭା ଶୌର୍ଯ୍ୟ ମିଳନ ହିଁ ଚରମ ଉତ୍କର୍ଷ/ଜାଗତିକ ଉନ୍ନତିର ବିଧି ନିର୍ଦ୍ଦିଷ୍ଟ ଏ।"-ତତ୍ରୈବ-ପୃ.୬୪

(୬୫) ପ୍ରତିଲେଖ, ପୃ.୨୮

(୬୬) "ଆତ୍ମା-କୁସୁମ ଯେ ନ ପାରେ ଫୁଟାଇ
ପ୍ରେମ ନାମେ ତା'ର ଅଧିକାର ନାହିଁ।"-ସିଂହରାଜ, ପୃ.୬

(୬୭) ପ୍ରଣୟଚିଟାଉ, ପୃ.୨୦

ଅଷ୍ଟମ ଅଧ୍ୟାୟ:

(୧) ରସକଲ୍ଲୋଳ-୩୧/୧୩

(୨) ତତ୍ରୈବ-୮/୧୬

(୩) ତତ୍ରୈବ-୧୫/୨

(୪) ତତ୍ରୈବ-୨୪/୪-୬

(୫) "ହୃତ-ସାରଂ ଇବେନ୍ଦୁ-ମଣ୍ଡଳମ୍ ଦମୟନ୍ତୀ-ବଦନାୟ ବେଧସା।
କୃତ-ମଧ୍ୟ-ବିଳଂ ବିଲୋକ୍ୟତେ ଧୃତ ଗମ୍ଭୀର-ଖନୀ-ଖ-ନୀଲିମ।"
ନୈଷଧଚରିତମ୍-୨/୨୫

(୬) ସୁଭଦ୍ରା ପରିଣୟ-୧/୫୭-୫୮

(୭) ତତ୍ରୈବ-୩/୩

(୮) ଲାବଣ୍ୟବତୀ-୩୨/୧୨

(୯) ପ୍ରବନ୍ଧ ପୂର୍ଣ୍ଣଚନ୍ଦ୍ର-୨/୩୮-୩୯

(୧୦) ଲାବଣ୍ୟବତୀ-୬/୩୯-୪୦ ଓ ୪୨-୪୩

(୧୧) ବୈଦେହୀଶ ବିଳାସ-୨୯/୨୧

(୧୨) ଲାବଣ୍ୟବତୀ-୧୧/୧୨

(୧୩) ତତ୍ରୈବ-୧୪/୨୪-୨୫

(୧୪) ତତ୍ରୈବ-୩୩/୧-୨

(୧୫) ବିଦଗ୍ଧ ଚିନ୍ତାମଣି-୩୦।୬

(୧୬) ତତ୍ରୈବ-୬୯/୨

(୧୭) ତତ୍ରୈବ-୬୯/୨୩

(୧୮) ଗୋପୀମାନଙ୍କର ପତ୍ର ଲେଖି ଫୁଲମଣ୍ଡା ଭିତରେ ଥୋଇ ତା' ଉପରେ ସର୍ପ ଚିତ୍ର, ତା'ପାଖରେ ହନୁମାନ୍ ଓ ମହାଦେବଙ୍କ ଚିତ୍ର ଅଙ୍କନ କରିବା। ମଥୁରା ମଙ୍ଗଳ-୨୯/୩୮

(୧୯) "ହେମାଙ୍ଗି କଳ୍ପନେ ! ଚିର ନବ ରସାମ୍ରିକେ
ଅମୂଲ୍ୟରତନ ତୁମି ଭାବେର ନିଲୟେ।
ନିତ୍ୟ ନଭଭାବେ ଦେବି ! ମକ୍କାଓ ରସିକେ
କଖନ ଗୋଲକେ ଲଓ, କଭୁ ବା ନିରୟେ।
x x x
କୃପା କରି ହତଭାଗ୍ୟେ ଏ ମିନତି କରି
ଏଇ ବର ଯାଚି ଦେବି ଓ ଚରନେ ଧରି।।"
ବଙ୍ଗଳା 'କବିତାବଲୀ'-ପ୍ରଥମଭାଗ (୧୮୬୮) "କଳ୍ପନାଦେବୀ" ଶୀର୍ଷକ କବିତା।

(୨୦) ରାଧାନାଥ ଗ୍ରନ୍ଥାବଳୀ, ପୃ.୩୮୭

(୨୧) "ଧରନ୍ତି କଳ୍ପନା ନାମ ସେ ସୁନ୍ଦରୀ,
ବୀଣାପାଣିଙ୍କର ଚିର ସହଚରୀ,
ଭକ୍ତିଭାବେ ତାଙ୍କୁ କଲି ଆରାଧନା,
ଦିବ୍ୟଚକ୍ଷୁ ମୋତେ ଦେଲେ ଚନ୍ଦ୍ରାନନା।" -ତତ୍ରୈବ, ପୃ,୧୫୫

(୨୨) ତତ୍ରୈବ-ପୃ.୮୬

(୨୩) ତତ୍ରୈବ-ପୃ.୩୧୯

(୨୪) "ବିନା ଦର୍ଶନରେ ଏ ଭାଗ ଅନୁଭୂତ ହେବାର ନୁହେଁ।" (ଭ୍ରମଣକାରୀର ପତ୍ର) -ତତ୍ରୈବ-ପୃ.୪୫୫

(୨୫) ତତ୍ରୈବ-ପୃ.୧୧୮

(୨୬) ତତ୍ରୈବ-ପୃ.୧୭୭

(୨୭) ତତ୍ରୈବ-ପୃ.୨୮୦

(୨୮) ହୋମର ଏହିପରି Epic simile ବ୍ୟବହାରରେ ଦକ୍ଷତା ଅର୍ଜନ କରିଥିବାରୁ ଏହାକୁ ମଧ୍ୟ Homeric simile କୁହାଯାଏ।

(୨୯) ରାଧାନାଥ ଗ୍ରନ୍ଥାବଳୀ-ପୃ.୧୯୧

(୩୦) ତତ୍ରୈବ-ପୃ.୧୯୫

(୩୧) ତତ୍ରୈବ-ପୃ.୧୨୮

(୩୨) ମଧୁସୂଦନ ଗ୍ରନ୍ଥାବଳୀ-ପୃ.୧୬୭

(୩୩) ତତ୍ରୈବ-ପୃ.୧୨୮

(୩୪) ତତ୍ରୈବ-ପୃ.୬୦

(୩୫) ଫକୀରମୋହନ ଗ୍ରନ୍ଥାବଳୀ-୧ ଖଣ୍ଡ, ପୃ.୪୫୩

(୩୬) ତତ୍ରୈବ-ପୃ.୩୯୦

(୩୭)	ତତ୍ରୈବ-ପୃ.୨୩୫
(୩୮)	ତତ୍ରୈବ-ପୃ.୪୫୭
(୩୯)	ନନ୍ଦକିଶୋର ଗ୍ରନ୍ଥାବଳୀ, ପୃ.୧୦୦୭
(୪୦)	ତତ୍ରୈବ-ପୃ.୧୦୨୬
(୪୧)	ତତ୍ରୈବ-ପୃ.୧୯
(୪୨)	ତତ୍ରୈବ-ପୃ.୫୮୦
(୪୩)	ତତ୍ରୈବ-ପୃ.୧୦୧୬
(୪୪)	ତତ୍ରୈବ-ପୃ.୧୦୧୯
(୪୫)	ତତ୍ରୈବ-ପୃ.୩୮-୩୯
(୪୬)	ତତ୍ରୈବ-ପୃ.୩୬
(୪୭)	ଗଙ୍ଗାଧର ଗ୍ରନ୍ଥାବଳୀ-ପୃ.୨୩୪
(୪୮)	ତତ୍ରୈବ-ପୃ.୨୪୧
(୪୯)	"ଏଠାରେ ମୋ ସ୍ମୃତି କଲା ସୁଧାପାନ। ଚଢ଼ି ବୁଢାରଜା ଶିଖରୀ-ସୋପାନ।"
ତତ୍ରୈବ-ପୃ.୨୩୨
(୫୦)	ତତ୍ରୈବ-ପୃ.୧୯୫
(୫୧)	କାବ୍ୟାଦର୍ଶ-୨ୟ ପରିଚ୍ଛେଦ
(୫୨)	ଗଙ୍ଗାଧର ଗ୍ରନ୍ଥାବଳୀ-ପୃ.୫୫
(୫୩)	ତତ୍ରୈବ-ପୃ.୧୩
(୫୪)	ସନ୍ଧ୍ୟାତାରା-ପୃ.୯
(୫୫)	ସନ୍ଧ୍ୟାତାରା, ପୃ.୨୦
(୫୬)	ଉତ୍କଳକମଳା, ପୃ.୧-୨
(୫୭)	ସାଳନ୍ଦୀ, ପୃ.୧୧
(୫୮)	ମହେନ୍ଦ୍ର-ପୃ.୧୬
(୫୯)	ସିଂହରାଜ-ପୃ.୩୮

ନିର୍ବାଚିତ ଗ୍ରନ୍ଥପଞ୍ଜି

ସଂସ୍କୃତ

ଅଭିନବଗୁପ୍ତ- ଅଭିନବ ଭାରତୀ (ହିନ୍ଦୀ ବ୍ୟାଖ୍ୟା ସହିତ),
ବ୍ୟାଖ୍ୟା-ଆଚାର୍ଯ୍ୟ ବିଶ୍ୱେଶ୍ୱର, ପ୍ରଥମ ସଂସ୍କରଣ

" ଧ୍ୱନ୍ୟାଲୋକ-ଲୋଚନ, ଚୌଖମ୍ବା ସଂସ୍କୃତ ସିରିଜ, ବାରାଣସୀ

" ପରାତ୍ରିଂଶିକା, "

ଅପ୍ପୟ ଦୀକ୍ଷିତ- ଚିତ୍ର ମୀମାଂସା, "

ଆନନ୍ଦ ବର୍ଦ୍ଧକ- ଧ୍ୱନ୍ୟାଲୋକ, ଅନୁ-କୁଳମଣି ମିଶ୍ର
ଓଡ଼ିଶା ସାହିତ୍ୟ ଏକାଡ଼େମୀ

କାଳିଦାସ-ଅଭିଜ୍ଞାନ ଶାକୁନ୍ତଳମ୍,ଚୌଖମ୍ବା ସଂସ୍କୃତସିରିଜ, ବାରାଣସୀ

" କୁମାର ସମ୍ଭବମ୍, "

" ମାଳବିକାଗ୍ନିମିତ୍ରମ୍, "

" ବିକ୍ରମୋର୍ବଶୀୟମ୍, "

" ରଘୁବଂଶମ୍, "

" ବକ୍ରୋକ୍ତିଜୀବିତମ୍, "

ଜଗନ୍ନାଥ-ରସଗଙ୍ଗାଧର, "

ତୈତ୍ତିରୀୟୋପନିଷଦ, "

ଦଣ୍ଡୀ-କାବ୍ୟାଦର୍ଶ, "

ଧନଞ୍ଜୟ-ଦଶରୂପକ, "

ବାମନ-କାବ୍ୟାଳଂକାର ସୂତ୍ର ବୃତ୍ତି "

ବାଲ୍ମୀକିରାମାୟଣ-ଅନୁ-ପଣ୍ଡିତ ଲିଙ୍ଗରାଜ ମିଶ୍ର

ଗୋପବନ୍ଧୁ ସାହିତ୍ୟ ମନ୍ଦିର, କଟକ
ବାତ୍ସ୍ୟାୟନ-କାମସୂତ୍ର, ଗୈଖମ୍ବା ସଂସ୍କୃତ ସିରିଜ୍, ବାରାଣସୀ
ବିଶ୍ୱନାଥ କବିରାଜ-ସାହିତ୍ୟ ଦର୍ପଣ (ହିନ୍ଦୀ ଟୀକା-ସହିତ),
                    ଟୀକା-ଶାଳଗ୍ରାମ ଶାସ୍ତ୍ରୀ, ଦ୍ୱିତୀୟ ସଂସ୍କରଣ
ବିଷ୍ଣୁଧର୍ମୋତ୍ତର ପୁରାଣମ୍- ଚୌଖମ୍ବା ସଂସ୍କୃତ ସିରିଜ୍
ବ୍ୟାସ-ଶ୍ରୀମଦ୍ ଭାଗବତ, ”
” ଶ୍ରୀମଦ୍ ଭଗବତ୍ ଗୀତା, ”
ଭବଭୂତି-ଉତ୍ତର ରାମ ଚରିତ, ”
” ମାଲତୀ ମାଧବ, ”
ଭାରତ-ନାଟ୍ୟଶାସ୍ତ୍ରମ୍, ଓଡ଼ିଶା ସାହିତ୍ୟ ଏକାଡ଼େମୀ
ଭାମହ-କାବ୍ୟାଲଙ୍କାର, ଚୌଖମ୍ବା ସଂସ୍କୃତ ସିରିଜ୍
ଭାରବି-କୀରାତାର୍ଜୁନୀୟମ୍, ”
ଭାସ-ପ୍ରତିମା ନାଟକମ୍, ”
ଭୋଜ- ସରସ୍ୱତୀ କଣ୍ଠାଭରଣ, ”
ମମ୍ମଟ- କାବ୍ୟ ପ୍ରକାଶ, ଅନୁ- ନାରାୟଣ ମହାପାତ୍ର,
                    ଓଡ଼ିଆ ସାହିତ୍ୟ ଏକାଡ଼େମୀ
ମମ୍ମଟ ଭଟ୍ଟ- ବ୍ୟକ୍ତି ବିବେକ, ଚୌଖମ୍ବା ସଂସ୍କୃତ ସିରିଜ୍
ମାଘ- ଶିଶୁପାଳ ବଧମ୍, ”
ମୁଣ୍ଡକୋପନିଷଧ, ”
ରାଜଶେଖର-କାବ୍ୟମୀମାଂସା, ”
ରୂଦ୍ରଟ-କାବ୍ୟାଲଙ୍କାର, ”
ରୂପଗୋସ୍ୱାମୀ-ଉଜ୍ଜ୍ୱଳନୀଳମଣି, ”
ଶ୍ରୀହର୍ଷ-ନୈଷଧ ଚରିତ, ”
ହେମଚନ୍ଦ୍ର-କାବ୍ୟାନୁଶାସନ, ”
କ୍ଷେମେନ୍ଦ୍ର-ଔଚିତ୍ୟ ବିଚାର ଚର୍ଚ୍ଚା, କାବ୍ୟମାଳା ସିରିଜ୍, ବମ୍ବେ ୧୯୦୧

ଓଡ଼ିଆ :

କର ବିଶ୍ୱନାଥ-ବିବିଧ ପ୍ରବନ୍ଧ, କଟକ ଷ୍ଟୁଡ଼େଣ୍ଟସ୍ ଷ୍ଟୋର, ୧୯୬୧
ଗଙ୍ଗାଧର ଗ୍ରନ୍ଥାବଳୀ-ଦାସ ବ୍ରଦର୍ସ, କଟକ
ଗୋପାଳକୃଷ୍ଣ ପଦ୍ୟାବଳୀ- ଦାଶରଥି ପୁସ୍ତକାଳୟ, କଟକ

ଚିନ୍ତାମଣି ଗ୍ରନ୍ଥାବଳୀ- (୪ର୍ଥ ଭାଗ) ଭଦ୍ରକ
ଦାଶ କୁଳମଣି (ସଂ)-କବିସୂର୍ଯ୍ୟ ଗ୍ରନ୍ଥାବଳୀ, କଟକ ପବ୍ଲିଶିଂ ହାଉସ, ୧୯୬୫
ଦାଶ ଶିବପ୍ରସାଦ-ଗଙ୍ଗାଧର ପତ୍ରାବଳୀ (ସଂ), ସମ୍ବଲପୁର
ଦାସ ନୀଳକଣ୍ଠ-ଓଡ଼ିଆ ଭାଷା ଓ ସାହିତ୍ୟ, ନିଉ ଷ୍ଟୁଡେ଼ଣ୍ଟସ୍ ଷ୍ଟୋର, କଟକ
ନନ୍ଦକିଶୋର ଗ୍ରନ୍ଥାବଳୀ-ପ୍ରକାଶକ-ହେମନ୍ତ କିଶୋର ବଳ, ୧୯୬୨
ପଟ୍ଟନାୟକ ଦେବୀପ୍ରସନ୍ନ-ସାହିତ୍ୟ ବୀକ୍ଷା, ଗ୍ରନ୍ଥ ମନ୍ଦିର, କଟକ,୧୯୬୫
ପଟ୍ଟନାୟକ ସୁଧାକର-ବ୍ରଜନାଥ ଗ୍ରନ୍ଥାବଳୀ(ସଂ), ଓଡ଼ିଆ ସାହିତ୍ୟ ଏକାଡ଼େମୀ
ଫକୀରମୋହନ ଗ୍ରନ୍ଥାବଳୀ (୧ମ ଓ ୨ୟ ଭାଗ)-କଟକ ଷ୍ଟୁଡେ଼ଣ୍ଟସ୍ ଷ୍ଟୋର
ବଳଭଦ୍ର ଗ୍ରନ୍ଥାବଳୀ (୨ୟ ଖଣ୍ଡ)- ଓଡ଼ିଆ ସାହିତ୍ୟ ଏକାଡ଼େମୀ
ଭଞ୍ଜ ଉପେନ୍ଦ୍ର-ଅବନା ରସତରଙ୍ଗ
" କଳା କଉତୁକ
" କୋଟିବ୍ରହ୍ମାଣ୍ଡସୁନ୍ଦରୀ
" ପ୍ରେମସୁଧାନିଧି
" ବୈଦେହୀଶ ବିଳାସ
" ରସିକ ହାରାବଳୀ
" ସୁଭଦ୍ରା ପରିଣୟ
ମହାନ୍ତି ଆର୍ତ୍ତବଲ୍ଲଭ- ବିଦ୍ଗ୍ଧ ଚିନ୍ତାମଣି (ସଂ), ଉତ୍କଳ ବିଶ୍ୱବିଦ୍ୟାଳୟ
" ମଥୁରା ମଙ୍ଗଳ, "
" ରସ କଲ୍ଲୋଳ, "
" ଲାବଣ୍ୟବତୀ, "
ମହାପାତ୍ର ଖଗେଶ୍ୱର-ସମାଲୋଚନାର ଦିଗଦିଗନ୍ତ, ଫ୍ରେଣ୍ଡସ୍ ପବ୍ଲିଶର୍ସ, କଟକ, ୧୯୭୨
ମଧୁସୂଦନ ଗ୍ରନ୍ଥାବଳୀ- କଟକ ଷ୍ଟୁଡେ଼ଣ୍ଟସ୍ ଷ୍ଟୋର, ୧୯୬୩
ମହାପାତ୍ର ଯଦୁମଣି-ପ୍ରବନ୍ଧ ପୂର୍ଣ୍ଣଚନ୍ଦ୍ର, କଟକ ପ୍ରିଣ୍ଟିଂ କମ୍ପାନୀ, ୧୮୯୭
ମାନସିଂ ମାୟାଧର- କବି ଓ କବିତା, ଭାରତୀ ବିହାର, କଟକ, ୧୯୪୮
ମିଶ୍ର ବିନାୟକ- ଓଡ଼ିଆ ସାହିତ୍ୟ ପ୍ରକାଶ, ଓଡ଼ିଶା ବୁକ୍ ଏଜେନ୍ସି, କଟକ
" ଓଡ଼ିଆ ସାହିତ୍ୟର ଇତିହାସ, ରାଷ୍ଟ୍ରଭାଷା ପୁସ୍ତକ ଭଣ୍ଡାର, କଟକ, ୧୯୬୨
ରାୟ ଦୁର୍ଗାଚରଣ- ରାଧାନାଥ ଜୀବନୀ, କଟକ, ୧୯୪୧
ରାୟ ଶଶୀଭୂଷଣ-ପ୍ରବନ୍ଧ-ପ୍ରବାହ
ରାଧାନାଥ ଗ୍ରନ୍ଥାବଳୀ-କଟକ ଟ୍ରେଡ଼ିଂ କମ୍ପାନୀ, ୧୯୬୨

ସାମନ୍ତରାୟ ନଟବର- ନନ୍ଦକିଶୋର ସାହିତ୍ୟ ସମୀକ୍ଷା, ଓଡ଼ିଶା ସାହିତ୍ୟ ଏକାଡ଼େମୀ

ବଙ୍ଗଳା :

ଗୁପ୍ତ ଅତୁଲଚନ୍ଦ୍ର-କାବ୍ୟ ଜିଜ୍ଞାସା, ବିଶ୍ୱଭାରତୀ ଗ୍ରନ୍ଥାଳୟ, କଲିକତା, ଦ୍ୱିତୀୟ ସଂସ୍କରଣ

ଚକ୍ରବର୍ତ୍ତୀ ଶ୍ୟାମାପଦ-କାବ୍ୟେର ରୂପ ଓ ରସ, ଇଣ୍ଡିଆନ ଆସୋସିଏଟେଡ୍ ପବ୍ଲିଶିଂ କମ୍ପାନୀ, କଲିକତା, ପ୍ରଥମ ସଂସ୍କରଣ

ଚୌଧୁରୀ ପ୍ରବାସଜୀବନ- ସୌନ୍ଦର୍ଯ୍ୟ-ଦର୍ଶନ, ବିଶ୍ୱଭାରତୀ

ଠାକୁର ଅବନୀନ୍ଦ୍ରନାଥ-ବାଗେଶ୍ୱରୀ ଶିଳ୍ପ ପ୍ରବନ୍ଧାବଲୀ, ରୂପା ଏଣ୍ଡକୋ : କଲିକତା

ଦତ୍ତ ମାଇକେଲ ମଧୁସୂଦନ-ମେଘନାଦ ବଧ କାବ୍ୟ, ସମ୍ପାଦନା- ସଜନୀକାନ୍ତ ଦାସ, ବଙ୍ଗୀୟ ସାହିତ୍ୟ ପରିଷଦ, କଲିକତା

ଦାଶଗୁପ୍ତ ସୁଧୀର କୁମାର-କାବ୍ୟାଲୋକ (୧ମଖଣ୍ଡ), ଏ ମୁଖାର୍ଜି ଏଣ୍ଡ କୋ; ଲିଃ କଲିକତା, ଚତୁର୍ଥ ସଂସ୍କରଣ

ଦାସ ଶ୍ରୀଶଚନ୍ଦ୍ର-ସାହିତ୍ୟ ସନ୍ଦର୍ଶନ, ୪ର୍ଥ ସଂସ୍କରଣ

ନନ୍ଦୀ ସୁଧୀରକୁମାର-ନନ୍ଦନତତ୍ତ୍ୱ, ଶ୍ରୀଭୂମି ପବ୍ଲିଶିଂ କମ୍ପାନୀ, କଲିକତା

ବଙ୍କିମ ଗ୍ରନ୍ଥାବଲୀ (ବିବିଧ ଖଣ୍ଡ)-ବଙ୍ଗୀୟ ସାହିତ୍ୟ ପରିଷଦ, କଲିକତା

ବନ୍ଦ୍ୟୋପାଧ୍ୟାୟ ଶ୍ରୀକୁମାର-ସମାଲୋଚନା ସାହିତ୍ୟ (ସଂ) ଏ ମୁଖାର୍ଜି ଏଣ୍ଡ୍ କୋ:ଲି କଲିକତା

ବସୁ ନନ୍ଦଲାଲ-ଶିଳ୍ପକଥା, ବିଶ୍ୱଭାରତୀ, ଶାନ୍ତିନିକେତନ

ବିଶି ପ୍ରମଥନାଥ-ସାହିତ୍ୟ ସଂପୁଟ (ସଂ), ”

ମିତ୍ର ହରପ୍ରସାଦ- କବିତାର ବିଚିତ୍ର କଥା, ରବୀନ୍ଦ୍ର ଲାଇବ୍ରେରୀ, କଲିକତା

ରବୀନ୍ଦ୍ର ରଚନାବଲୀ- ପଶ୍ଚିମବଙ୍ଗ ସରକାର (ଜନ୍ମ ଶତବାର୍ଷିକୀ ସଂସ୍କରଣ)

ରାୟ ସତ୍ୟେନ୍ଦ୍ରନାଥ-ସାହିତ୍ୟ ତତ୍ତ୍ୱେ ରବୀନ୍ଦ୍ରନାଥ, ସଂସ୍କୃତ ପୁସ୍ତକ ଭଣ୍ଡାର, କଲିକତା

ହିନ୍ଦୀ :

ଉପାଧ୍ୟାୟ ବଳଦେବ- ଭାରତୀୟ ସାହିତ୍ୟ ଶାସ୍ତ୍ର (୧ମ ଓ ୨ୟ ଭାଗ), ନନ୍ଦ କିଶୋର ଏଣ୍ଡ ସନ୍‌ସ, ବାରାଣସୀ, ୨ୟ ସଂସ୍କରଣ

କୁମାର ବିମଳ- ସୌନ୍ଦର୍ଯ୍ୟ ଶାସ୍ତ୍ର କେ ତତ୍ତ୍ୱ, ରାଜକମଲ, ଦିଲ୍ଲୀ, ”

ଛାୟାବାଦୀକାବ୍ୟ କୀ ସୌନ୍ଦର୍ଯ୍ୟଶାସ୍ତ୍ରୀୟ ଅଧ୍ୟୟନ

ଦାଶଗୁପ୍ତ ସୁରେନ୍ଦ୍ରନାଥ- ସୌନ୍ଦର୍ଯ୍ୟ ତତ୍ତ୍ୱ, ଅନୁ-ଆନନ୍ଦ ପ୍ରକାଶ ଦୀକ୍ଷିତ,
ଭାରତୀ ଭଣ୍ଡାର, ଏଲାହାବାଦ

ଦ୍ୱିବେଦୀ ହଜାରୀପ୍ରସାଦ- କାଳିଦାସ କୀ ଲାଳିତ୍ୟ-ଯୋଜନା,

ରାଜକମଲ ପ୍ରକାଶନ, ଦିଲ୍ଲୀ, ୧୯୭୦
ନଗେନ୍ଦ୍ର-ଭାରତୀୟ କାବ୍ୟତତ୍ତ୍ୱ କୀ ଭୂମିକା, ନେସନାଲ ପବ୍ଲିଶିଂ ହାଉସ, ଦିଲ୍ଲୀ, ୨ୟ ସଂସ୍କରଣ
    "   କାବ୍ୟ ମେଁ ଉଦାତ୍ତ ତତ୍ତ୍ୱ, ରାଜପାଲ ଏଣ୍ଡ ସନ୍‌ସ ଦିଲ୍ଲୀ
ବର୍ମା ରାମଲାଲ- ଅଗ୍ନିପୁରାଣ କା କାବ୍ୟଶାସ୍ତ୍ରୀୟ ଭାଗ, ନେସନାଲ ପବ୍ଲିଶିଂ ହାଉସ, ଦିଲ୍ଲୀ
ବର୍ମା ରାମନରେଶ- ବକ୍ରୋକ୍ତି ଔର ଅଭିବ୍ୟଞ୍ଜନା, ଜ୍ଞାନମଣ୍ଡଳ ଲି: ବନାରସ
ବାରଲିଙ୍ଗେ ସୁରେନ୍ଦ୍ର- ସୌନ୍ଦର୍ଯ୍ୟ ତତ୍ତ୍ୱ ଔର କାବ୍ୟ-ସିଦ୍ଧାନ୍ତ,
                    ଅନୁ- ମନୋହର କାଲେ
                    ନେସନାଲ ପବ୍ଲିଶିଂ ହାଉସ, ଦିଲ୍ଲୀ
ମହେନ୍ଦ୍ର କୁମାର- ରୀତିକାଳୀନ ରୀତି କବିୟୌଁ କୀ କାବ୍ୟଶିକ୍ଷ,
ଆର୍ଯ୍ୟ ବୁକ୍ ଡିପୋ, ଦିଲ୍ଲୀ
ମେଘ ରମେଶକୁନ୍ତଳ- ମଧ୍ୟଯୁଗୀନ ରସଦର୍ଶନ ଔର ସମକାଲୀନ
ସୌନ୍ଦର୍ଯ୍ୟବୋଧ, ରାଧାକୃଷ୍ଣ ପ୍ରକାଶନ, ଦିଲ୍ଲୀ
ରଘୁବଂଶ-ପ୍ରକୃତି ଔର କାବ୍ୟ, ସାହିତ୍ୟ ଭବନ ଲି:
ଏଲାହାବାଦ, ୧୯୫୧
ରାୟ ଶିବବାଲକ- କାବ୍ୟ ମେଁ ସୌନ୍ଦର୍ଯ୍ୟ ଔର ଉଦାତ୍ତତତ୍ତ୍ୱ,
                    ବସୁମତୀ, ଏଲାହାବାଦ
ସିଂହ ଫତହ- ଭାରତୀୟ ସୌନ୍ଦର୍ଯ୍ୟଶାସ୍ତ୍ର କୀ ଭୂମିକା,
ନେସନାଲ ପବ୍ଲିଶିଂ ହାଉସ, ଦିଲ୍ଲୀ

ଇଂରାଜୀ

Allen Walter — -Writers on Writing (Ed.). Phoenix House, London.

Arldington — -The Religion of Beauty (Ed.) London.1950

Backson Kari & Ganz Arthur
— -A Readers Guide of Litrary Terms
-A Dictionary, Thames and Hudson, London, 1966.

Bagchi A. — -Aesthetics in Modern Psychology, Sanskrit College, Calcutta.

Bandopadhyaya Pratap — -Observations on the Similies in the Naisadha charita, Sanskrit Pustak Bhandar, Calcutta, 1961.

Bosanquet Bernard — -History of Aesthetics, George Allen & Unwin, London, 1949

Bradely A.C. — -Oxford Lectures on Poetry, Macmillan & Co., Newyork, 1965.

Brett R.L. — -Fancy and Imagination, Methuen & Co.Ltd. London.

Brooks Cleanth &
Warren R.P.
— -Understanding Poetry, Holt, Renchart & Winston, Newyork, 3rd Edition.

Burke-Vernon J. — -The Pocket Aquinas (Ed.) Washington Square Press. Newyork.

Butcher S.H.(Translated)	-Aristotle's Theory of Poetry and Fine Art, Loyal Book Depot, Meerut.
Carritt E.F.	-An Introduction to Aesthetics, Hutchinson's University Library, London.
"	-Philosophies of Beauty (Ed.) Oxford Clarendan Press. London.1931
"	-Theory of Beauty, Methuen & Co.Ltd. London,1914.
Chatterjee P.C.	-Fundamental Questions in Aesthetics, Indian Institute of Advanced Study, Simla, 1968.
Chaturvedi S.P.	-Ancient Criticism (Ed.), Jai Prakash Nath & Co., Meerut.
Choudhuri P.J.	-Tagore on Literature and Aesthetics, Rabindra Bharati, 1965.
"	-Studies in Aesthetics, Rabindra Bharati, 1964
Coleridge S.T.	-Biographia Literaria, Everyman's Library, Newyork, 1967
Caudwell C.	-Further Studies in A Dying Culture, The Bodle Head, London, 1950.
Caudwell H.	-The Creative Impulse, Macmillan & Co., London, 1951
Coomarswamy A.K.	-Dance of Shiva, Sagar Publications, New Delhi, 1968.
"	-Transformation of Nature in Art, Newyork.
Croce	-Aesthetic, Translated by Douglas Ainslie, Vision Press Ltd. London.
Daichis David	-Critical Approaches to Literature, Longman's, Calcutta.

Dasgupta S.N.	-History of Indian Philosophy (vol.I), Cambridge, 1992.
"	-Fundamentals of Indian Art, Bharatiya Vidya Bhavan, Bombay, 1969.
Durant will	-Story of Philosophy.
Fry Roger	-Vision and Design, Penguin Books.
Green Jay E.	- One hundred Great Thinkers (Ed.), Washington Square Press, Newyork, 1957.
Gupta Rakesh	- Psychological Studies in Rasa, Aligarh, First Edition.
Gnoli R.	- The Aesthetic Experience According to Abhinava Gupta, Chukhamba Sanskrit Series, Varanasi, 1968.
Green Peter	-The Problem of Art. Longman's Green & Co., London.
Hardison O.B.	-Modern Continental Literary Criticism (Ed.)
Hospers John	-Introductory Readings in Aesthetics, The Free Press Co., Newyork.
Hofstadkar Albert and Kuhns Richard	-Philosophy of Art and Beauty (Ed.) Indian Aesthetics and Art Activity (Ed.), Indian Institute of Advances Study, Simla.
Johnson R.V.	-Aestheticism, Methuen & Co. Ltd. London, 1969
Krishna Chaitanya	-Sanskrit Poetics, Assia Publishing House, Bombay
Knignt William	-The Philosophy of the Beautiful, London, 1914.
Law B.C.	-D.R.Bhandarkar Volume (Ed.)

Lewis C.D.	-The Poetic Image, Janathan Cape, London, 1968.
Mitra Haridas	-Contribution to A Bibliography of Indian Art and Aesthetics, Viswa Bharati, 1951.
Mukherjee Ramaranjan	-Imagery in poetry, Sanskrit Pustak Bhandar, Calcutta. 1977
"	Literary Criticism in Ancient India. Sanskrit Pustak Bhandar, Calcutta.
Mohan G.B.	-Response to poetry, Peoples' Publishing House, New Delhi.
Needham H.A.	-Taste and Literary Criticism in Eighteenth Century, George G.Harrap & Co.Ltd., London.
Newton Eric	-The meaning of Beauty, Penguin Books.
Patankar R.B.	-Aesthetics and Literary Criticism, Nachiketa Publications, Bombay, 1969
Purani A.B.	-Studies in Vedic Interpretation, Chaukhamba Sanskrit Series, Varanasi
Rader Melvien	-A modern book of Aesthetics (Ed.) Newyork, 1960
Ruskin John	-Modern Painters, Everymans', London
"	-Lectures on Art, George Allen & Co.London, 1904
Read Herbert	-The Meaning of Art, Penguin Books.
Saintsbury G.	-Loci Critici, Loyal Book Depot. Meerut, 1966
Sastri A.C.	-Studies in Sanskrit Aesthetics, P.Ghosh & Co., Calcutta, 1952.
Sastri K.S.R.	-Indian Aesthetics, Srirangam, 1928.
Sastri P.S.	-Coleridge's Theroy of Poetry,

S.Chand & Co.(P.V.T.) Ltd., New Delhi.

Shakespeare -A mid-Summer Night's Dream.

Vatsayana Kapila -Classical Indian Dance in Literature and the Arts, Sangeet Natak Akademy, Delhi

Wimsatt William K. & Books Cleanth-Literary Criticism-A short History, Oxford and IBH Publishing Co., Calcutta

ପତ୍ରପତ୍ରିକା

ଉତ୍କଳ ସାହିତ୍ୟ-୧ ୨/୨

ଝଙ୍କାର-ଅକ୍ଟୋବର, ୧୯୭୧

ଡଗର-(ରାଧାନାଥ ବିଶେଷାଙ୍କ), ୨୪/୬-୭

ଦେଶ (ବଙ୍ଗଳା)-ସାହିତ୍ୟ ସଂଖ୍ୟା, ମେ, ୧୯୬୮

ପାରିଭାଷିକ ଶବ୍ଦାବଳୀ

Absolute-ନିର୍ବିକଳ୍ପ, ପରମସୁନ୍ଦର
Abstract-ଅରୂପ, ସୂକ୍ଷ୍ମ
Aesthetics-ସୌନ୍ଦର୍ଯ୍ୟ ଶାସ୍ତ୍ର, ସୌନ୍ଦର୍ଯ୍ୟ-ଦର୍ଶନ
Aesthetic Activity-ଚିତ୍ତରଞ୍ଜିନୀ ବୃତ୍ତି
Aesthetic Delight-ରସାନନ୍ଦ, ସୌନ୍ଦର୍ଯ୍ୟାନନ୍ଦ
Aesthetic Experience-ସୌନ୍ଦର୍ଯ୍ୟାନୁଭୂତି, ରସାନୁଭୂତି
Artistic-କଳାତ୍ମକ
Artistic Enjoyement-କଳାତ୍ମକ ଉପଭୋଗ
Association of Ideas-ଭାବାନୁଷଙ୍ଗ
Catharsis-ବିରେଚନ
Colour-Contrast-ରଙ୍ଗ-ବ୍ୟତିରେକ
Communication-ସଂପ୍ରେକ୍ଷଣ
Concreteness-ସ୍ଥୂଳତା, ଅବୟବତା
Contemplation-ଧ୍ୟାନ
Correspondences-ସମ୍ବନ୍ଧ ସମୂହ
Creative Imagination-ସୃଜନୀ-କଳ୍ପନା
Empathy-ତାଦାତ୍ମ୍ୟ, ସମାନୁଭୂତି
Emotion-ସମ୍ବେଗ
Esmplastic power-ମୂର୍ତ୍ତିବିଧାୟିନୀ-ଶକ୍ତି
Expression-ଅଭିବ୍ୟଞ୍ଜନା, ଅଭିବ୍ୟକ୍ତି, ପ୍ରକାଶ
Fancy-ବୈଚିତ୍ର୍ୟ-କଳ୍ପନା
Feeling-ବେଦନା, ଭାବାନୁଭୂତି
Harmony-ସଙ୍ଗତି, ଐକ୍ୟ
Image-ଚିତ୍ରକଳ୍ପ, ବିମ୍ବ

Imagery-ଚିତ୍ର-ବିଧାନ
Imaginative Responce-କାଳ୍ପନିକ ଜାଗରୁକତା
Impression-ପ୍ରଭାବ
Inarticulate-ଅବ୍ୟକ୍ତ
Inspiration-ପ୍ରେରଣା, ଅନୁପ୍ରେରଣା
Intuition-ପ୍ରତିଭାନ, ଅନ୍ତର-ଦର୍ଶନ
Local colour-ଆଞ୍ଚଳିକ ରଙ୍ଗ
Muse-କାବ୍ୟଦେବୀ, କଳ୍ପନାଲକ୍ଷ୍ମୀ
No Stalgia-ଅତୀତ-ବିଧୁରତା
Objective-correlative-ବସ୍ତୁ-ବିଭାବ
Order-ବ୍ୟବସ୍ଥା, କ୍ରମ
Perception-ଦର୍ଶନ, ପ୍ରତ୍ୟକ୍ଷ
Pleasure-ଆନନ୍ଦ
Poetic imagination-କବି-କଳ୍ପନା
Poetical idieas-କାବ୍ୟିକପ୍ରତ୍ୟୟ
Proportion-ଅନୁପାତ
Propriety-ଔଚିତ୍ୟ
Response-ଜାଗରୁକତା, ପ୍ରତ୍ୟର୍ଥତା
Sensibility-ବେଦ୍ୟମାନତା
Sensuous-ଇନ୍ଦ୍ରିୟଘନ
Simile-ଉପମା
Smoothness-ମସୃଣତା
Subjective-ବ୍ୟକ୍ତି-ସମ୍ପର୍କିତ
Sublime-ଉଦାତ୍ତ, ମହିମ
Suggestion-ବ୍ୟଞ୍ଜନା, ଧ୍ୱନି,
Symmetry-ସମ୍ପାତ, ସୁସଙ୍ଗତ
Synthesis-ସନ୍ତୁଳନ, ସମନ୍ୱୟ
Taste-ରୁଚି
Tenderness-କୋମଳତା
Value-ମୂଲ୍ୟ
Variety-ବୈବିଧ୍ୟ

ପଦ ଓ ନାମକୋଷ

BLACK EAGLE BOOKS

www.blackeaglebooks.org
info@blackeaglebooks.org

Black Eagle Books, an independent publisher, was founded as
a nonprofit organization in April, 2019. It is our mission to
connect and engage the Indian diaspora and the world at large
with the best of works of world literature published on a
collaborative platform, with special emphasis on
foregrounding Contemporary Classics and New Writing.